Abitur 2021

Kurshefte Geschichte

Gesamtband Niedersachsen

Erarbeitet von

Joachim Biermann,
Daniela Brüsse-Haustein,
Dr. Silke Möller,
Dr. Christian Peters
Marian Picker,
Markus Rassiller,
Robert Rauh,
Dr. Beate Sommersberg,
Robert Quast und
Ursula Vogel

 Die Webcodes zum Lehrwerk geben Sie auf **www.cornelsen.de/webcodes** ein.

Cornelsen

**Kurshefte Geschichte
Gesamtband Niedersachsen – Abitur 2021**

Das Lehrwerk wurde erarbeitet von Dr. Silke Möller (Erlangen), Dr. Christian Peters (Quakenbrück), Marian Picker (Hannover), Robert Quast (Bissendorf), Markus Rassiller (Hannover), Robert Rauh (Berlin), Dr. Beate Sommersberg (Oldenburg) und Ursula Vogel (Kreuzau)

mit Beiträgen von Joachim Biermann, Daniela Brüsse-Haustein, Robin Gliffe, Martin Grohmann, Dr. Wolfgang Jäger, Dr. Matthias Kneip, Manfred Mack und Prof. Dr. Dietmar von Reeken

Die Probeklausur und deren Lösungshinweise wurden konzipiert von Joachim Biermann (Bersenbrück), Daniela Brüsse-Haustein (Haren)

Redaktion: Britta Köppen, Dr. Silke Möller, Michael Venhoff
Karten: Carlos Borrell, Berlin
Bildassistenz: Anne Dombrowsky
Umschlaggestaltung: Ungermeyer, grafische Angelegenheiten, Berlin
Umschlagbild: Shutterstock.com/Jacob Lund
Layout und technische Umsetzung: tiff.any GmbH, Berlin/Uwe Rogal

www.cornelsen.de

Die Webseiten Dritter, deren Internetadressen in diesem Lehrwerk angegeben sind, wurden vor Drucklegung sorgfältig geprüft. Der Verlag übernimmt keine Gewähr für die Aktualität und den Inhalt dieser Seiten oder solcher, die mit ihnen verlinkt sind.

1. Auflage, 1. Druck 2019

Alle Drucke dieser Auflage sind inhaltlich unverändert
und können im Unterricht nebeneinander verwendet werden.

© 2019 Cornelsen Verlag GmbH, Berlin

Dieses Werk berücksichtigt die Regeln der reformierten Rechtschreibung und Zeichensetzung. Ausnahmen bilden Originaltexte, bei denen lizenzrechtliche Gründe einer Änderung entgegenstehen.

Das Lehrwerk enthält Fremdtexte, die aus didaktischen Gründen gekürzt wurden; sie sind in den Literaturangaben mit * gekennzeichnet.

Das Werk und seine Teile sind urheberrechtlich geschützt. Jede Nutzung in anderen als den gesetzlich zugelassenen Fällen bedarf der vorherigen schriftlichen Einwilligung des Verlages. Hinweis zu §§ 60 a, 60 b UrhG: Weder das Werk noch seine Teile dürfen ohne eine solche Einwilligung an Schulen oder in Unterrichts- und Lehrmedien (§ 60 b Abs. 3 UrhG) vervielfältigt, insbesondere kopiert oder eingescannt, verbreitet oder in ein Netzwerk eingestellt oder sonst öffentlich zugänglich gemacht oder wiedergegeben werden.
Dies gilt auch für Intranets von Schulen.

Druck: Mohn Media Mohndruck, Gütersloh

ISBN: 978-3-06-065632-5 (Schülerbuch)
ISBN: 978-3-06-065633-2 (E-Book)

PEFC zertifiziert
Dieses Produkt stammt aus nachhaltig bewirtschafteten Wäldern und kontrollierten Quellen.
www.pefc.de

Inhaltsverzeichnis

Zur Arbeit mit diesem Kursheft 6

---

1 Die Amerikanische Revolution 9

Schauplatz 10

1.1 Einführung: Krisen, Umbrüche und Revolutionen 12

1.2 Die Ursprünge des Konflikts 22
Methode: Schriftliche Quellen interpretieren 36
Anwenden und wiederholen 38

1.3 Perspektiven der Konfliktparteien 40
Methode: Darstellungen analysieren 56
Methode: Ein historisches Urteil entwickeln 58
Anwenden und wiederholen 60

1.4 Unabhängigkeitserklärung und Unabhängigkeitskrieg 62
Methode: Verfassungsschaubilder interpretieren 78
Anwenden und wiederholen 80

1.5 Die Rezeption der Gründungsphase 82
Methode: Historische Gemälde interpretieren 92
Anwenden und wiederholen 94

1.6 Kernmodul 96

1.7 Wahlmodul: Die Französische Revolution 104
Anwenden und wiederholen 118

1.8 Wahlmodul: Die Russische Revolution 120
Anwenden und wiederholen 134

---

2 Die „Völkerwanderung" 137

Schauplatz 138

2.1 Wandlungsprozesse in der Geschichte 140

2.2 Ursachen und Verlauf der „Völkerwanderung" 152
Methode: Schriftliche Quellen interpretieren 168
Anwenden und wiederholen 170

2.3 Das Ostgotenreich in Italien 172
Anwenden und wiederholen 192

2.4 Das Merowingerreich unter Chlodwig 194
Methode: Geschichtskarten interpretieren 212
Anwenden und wiederholen 214

2.5 Die Rezeption der „Völkerwanderung" 216
Methode: Darstellungen analysieren 230
Anwenden und wiederholen 232

2.6	Kernmodul	234
2.7	**Wahlmodul: Die Kreuzzüge**	**244**
	Anwenden und wiederholen	254
2.8	**Wahlmodul: Spanischer Kolonialismus**	**256**
	Anwenden und wiederholen	266

3 Das deutsch-polnische Verhältnis ... 269

Schauplatz ... 270

3.1 Einführung: Zur Geschichte des deutsch-polnischen Verhältnisses ... **272**

3.2 Ursprünge und Auflösung des Königreichs Polen ... **280**
Methode: Geschichtskarten und historische Karten interpretieren ... 290
Anwenden und wiederholen ... 292

3.3 Nationalismus und Nationalstaatsbildung im 19. Jahrhundert: Deutschland und Polen im Vergleich ... **294**
Methode: Schriftliche Quellen interpretieren ... 310
Anwenden und wiederholen ... 312

3.4 Konfliktfeld Nationalstaat: Deutschland und Polen von 1871 bis in die 1920er-Jahre ... **314**
Methode: Karikaturen interpretieren ... 330
Methode: Politische Plakate interpretieren ... 332
Anwenden und wiederholen ... 334

3.5 Die deutsche Besatzung Polens im Zweiten Weltkrieg ... **336**
Methode: Darstellungen analysieren ... 350
Anwenden und wiederholen ... 352

3.6 Das deutsch-polnische Verhältnis nach dem Zweiten Weltkrieg ... **354**
Anwenden und wiederholen ... 370

3.7 Kernmodul ... **372**

3.8 Wahlmodul: Der Erste Weltkrieg ... **382**
Anwenden und wiederholen ... 390

3.9 Wahlmodul: Nationalsozialismus und deutsches Selbstverständnis ... **392**
Anwenden und wiederholen ... 398

4 Geschichts- und Erinnerungskultur ... 401

4.1 Kernmodul: Geschichts- und Erinnerungskultur ... **402**
Anwenden und wiederholen ... 422

4.2 Geschichte im Film ... **424**
Methode: Historische Spielfilme analysieren ... 436
Methode: Historische Dokumentationen analysieren ... 440
Methode: Verfassen einer Filmkritik ... 442
Methode: Ein Erklärvideo mithilfe eines Storyboards erstellen ... 444
Anwenden und wiederholen ... 446

Abiturvorbereitung

Hinweise zu den Operatoren 448
Formulierungshilfen für die Bearbeitung von Quellen und Darstellungen 453
Tipps zur Vorbereitung auf die Abiturthemen 455
Probeklausuren mit Lösungshinweisen 456

Anhang

Zusatzaufgaben und Tipps 475
Lösungen zu den Methodenseiten 485
Unterrichtsmethoden 504
Fachmethoden 507
Literaturhinweise 512
Zeittafel 517
Die Präsidenten der USA 523
Die Staaten der USA nach Beitrittsdatum 525
Begriffslexikon 526
Personenlexikon und Personenregister 538
Sachregister 548
Bildquellen 558

Zur Arbeit mit diesem Kursheft

Vorwissen aus SEK I oder Alltagswissen aktivieren
Die **Schauplatz**-Seiten aktivieren Ihr Vorwissen mithilfe spielerischer, quizähnlicher Aufgaben.

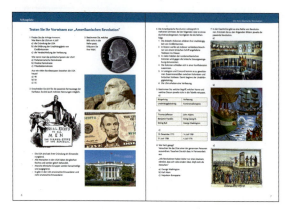

Sich orientieren und eigene Fragen und Hypothesen formulieren
Jedes Kapitel beginnt mit der **Auftaktseite**. Interessante Bilder bieten erste Gesprächsanlässe. Ein kurzer Text führt in das Kapitelthema ein. Arbeitsaufträge regen Sie zur Formulierung von Fragen und Hypothesen an. Ein Zeitstrahl ermöglicht die zeitliche Orientierung.

Ein Thema untersuchen
Am Anfang der **Themeneinheit** orientiert Sie ein Hinweiskasten über die zentralen Inhalte des Kapitels. Der **Darstellungstext** erläutert das Thema. In der Randspalte finden Sie Porträtbilder mit biografischen Informationen, Begriffserläuterungen, Verweise auf die Materialien sowie Webcodes.
Der anschließende **Materialteil** bietet Quellen, Darstellungen, Abbildungen, Karten und statistische Materialien zur eigenständigen Bearbeitung. Ein einführender Kasten gibt Ihnen „Hinweise zur Arbeit mit den Materialien". Die Arbeitsaufträge regen immer wieder zu Partner- oder Gruppenarbeit, Präsentationen und kreativen Lernarrangements an. Tipps geben Ihnen Hilfestellung. Bei Wahlaufgaben können Sie unter verschiedenen Zugängen und/oder Materialien zum Thema auswählen. Vertiefungsangebote ermöglichen Ihnen eine weitergehende Beschäftigung mit dem Thema.

Zur Arbeit mit diesem Kursheft

Methodisch arbeiten

Die **Methodenseiten** sind exemplarisch ins Kapitel integriert und trainieren Ihre Kompetenzen im Umgang mit Quellen, Darstellungen und anderen Materialien. Arbeitsschritte bieten Ihnen eine Anleitung für die Bearbeitung eines Übungsbeispiels. Mithilfe der Lösungshilfen im Anhang können Sie sich selbst überprüfen.

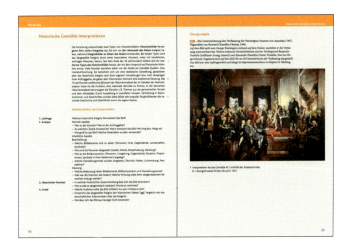

Mehr Sicherheit

Jedes Kapitel schließt mit der **„Anwenden und wiederholen"**-Seite. Ein **Anwendungsbeispiel** trainiert Ihre Kompetenz in der schriftlichen Klausur bzw. Abiturprüfung. Arbeitsaufträge mit Wahl- und Vertiefungsmöglichkeiten, Formulierungshilfen sowie zentrale Begriffe ermöglichen Ihnen das **Wiederholen** zentraler Kapitelinhalte.

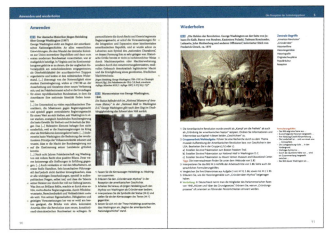

Kernmodul und Wahlmodule

Ein eigenes Kapitel zum **Kernmodul** bietet theoretische Texte und verknüpft sie durch Arbeitsaufträge und Verweise mit den anderen Kapiteln.
Zwei **Vertiefungskapitel** bereiten weitere Wahlmodulthemen als Themeneinheit auf. Die Arbeitsaufträge fordern immer wieder zum Vergleich mit den anderen Wahlmodulthemen auf.

Hilfen im Anhang

Der Anhang unterstützt Sie bei der Arbeit mit dem Buch. Hier finden Sie:
– Hinweise zu den Operatoren,
– Formulierungshilfen für die Arbeit mit Quellen und Darstellungen,
– Zusatzaufgaben und inhaltliche Tipps,
– eine Probeklausur mit Lösungshinweisen,
– Lösungshilfen zu den Methodenseiten,
– eine Übersicht der eingeführten Unterrichts- und Fachmethoden,
– Lexika und Register.

1 Die Amerikanische Revolution

Historische Entwicklungen verlaufen nicht immer kontinuierlich nach „vorne", auf ein Ziel hin, sondern unterliegen gleichzeitig mehr oder weniger starkem Wandel. Krisen, Umbrüche und Revolutionen sind besonders verdichtete Formen des Wandels, in denen beschleunigte Veränderungsprozesse ablaufen. Die Amerikanische Revolution ist die erste große Revolution der Neuzeit, die vor allem mit ihren politischen Ideen und Verfassungsdokumenten die Grundlagen für alle westlichen Demokratien schuf. Sie wird auch als „Verfassungsrevolution" bezeichnet, da sie auf gesellschaftlicher Ebene keine wesentlichen Veränderungen brachte. Anders die gut zehn Jahre später einsetzende Französische Revolution, die von den amerikanischen Ereignissen beeinflusst wurde: Sie gilt heute als klassische Revolution, da sie als Totalrevolution tiefgreifende Veränderungen auf sozialer, politischer, wirtschaftlicher und kultureller Ebene mit sich brachte.

Schauplatz

Testen Sie Ihr Vorwissen zur „Amerikanischen Revolution"

1 Finden Sie die richtige Antwort.
Was feiern die USA am 4. Juli?
a) die Gründung der USA
b) die Erklärung der Unabhängigkeit von Großbritannien
c) die Verabschiedung der Verfassung

Wie nennt man das politische System der USA?
a) Parlamentarische Demokratie
b) Direkte Demokratie
c) Präsidialdemokratie

Aus wie vielen Bundesstaaten bestehen die USA heute?
a) 48
b) 50
c) 55

2 Entscheiden Sie sich für die passende Kernaussage der Karikatur. Es sind auch mehrere Nennungen möglich.

- Die USA sind seit ihrer Gründung ein Einwanderungsland.
- Alle Menschen in den USA haben die gleichen Rechte und werden gleich behandelt.
- Manche ethnische Gruppen werden benachteiligt und ausgegrenzt.
- Es gibt in den USA erwünschte Einwanderer und nicht erwünschte Einwanderer.

3 Bestimmen Sie, welches Bild nicht in die Reihe passt. Erläutern Sie Ihre Wahl.

Die Amerikanische Revolution

4 Die Amerikanische Revolution vollzog sich in mehreren Schritten. Bei der folgenden Liste ist etwas durcheinandergeraten. Korrigieren Sie die Reihenfolge.
  1. Die dreizehn Kolonien erklären ihre Unabhängigkeit von Großbritannien.
  2. In Boston werfen als Indianer verkleidete Bewohner von einem britischen Schiff angelieferte Teekisten ins Wasser.
  3. In vielen Städten der nordamerikanischen Kolonien wird gegen die britische Steuergesetzgebung demonstriert.
  4. Die Kolonien schließen sich in einer Konföderation zusammen.
  5. In Lexington und Concord kommt es zu gewaltsamen Zusammenstößen zwischen Kolonisten und britischen Soldaten. Damit beginnt der Unabhängigkeitskrieg.
  6. Die USA erhalten eine Verfassung.

5 Bestimmen Sie, welcher Begriff, welcher Name und welches Datum jeweils nicht in die Tabelle reinpasst.

a)

Bürgerkrieg	Verfassung
Unabhängigkeitskrieg	Kontinentalkongress

b)

Thomas Jefferson	John Adams
Benjamin Franklin	König Georg III.
Sitting Bull	George Washington

c)

12. Dezember 1773	14. Juli 1789
21. Juni 1788	4. Juli 1776

6 Wer hat's gesagt?
Versuchen Sie das Zitat einer der genannten Personen zuzuordnen. Tauschen Sie sich dazu in Partnerarbeit aus.

„Alle Revolutionen haben bisher nur eines bewiesen, nämlich, dass sich vieles ändern lässt, bloß nicht die Menschen."

  a) George Washington
  b) Karl Marx
  c) Napoleon Bonaparte

7 In der Geschichte gibt es eine Reihe von Revolutionen. Ermitteln Sie zu den folgenden Bildern jeweils die passende Revolution.

a)

b)

c)

1.1 Einführung: Krisen, Umbrüche und Revolutionen

> *In diesem Kapitel geht es um*
> - *Definition und Anwendung der Begriffe Krise, Umbruch und Revolution zur Charakterisierung von historischem Wandel,*
> - *ausgewählte Theorien zu Revolutionen,*
> - *ausgewählte Theorien zur Modernisierung,*
> - *die Amerikanische Revolution im Vergleich zur Französischen und zur Russischen Revolution,*
> - *die Bedeutung der Amerikanischen Revolution für das heutige Selbstverständnis der USA.*

Krisen, Umbrüche und Revolutionen als Formen des historischen Wandels

Historische Entwicklungen verlaufen nicht immer in Kontinuität nach „vorne", auf ein Ziel hin, sondern unterliegen gleichzeitig mehr oder weniger starkem Wandel. Krisen, Umbrüche und Revolutionen sind besonders **verdichtete Formen des Wandels**. Hier laufen beschleunigte Veränderungsprozesse ab. Bestimmte Ereignisse und ihre besonderen Dynamiken führen zu Entscheidungssituationen, in denen die Entwicklung in die eine oder andere Richtung gehen kann, d. h., es kann zu Veränderungen kommen oder die Verhältnisse stabilisieren sich nach einer Weile wieder. Die Veränderungen können in Form eines teilweisen Bruches, aber auch in Form einer umfassenden Zäsur auftreten. Die Begriffe Krise, Umbruch und Revolution werden in der Alltagssprache oft ähnlich verwendet, doch in der Geschichtswissenschaft wird genauer unterschieden, und zwar nach dem **Grad der Veränderungen**, die geschichtliche Ereignisse nach sich ziehen. Revolution ist die umfassendste und am stärksten verdichtete der Veränderungen, darin sind sich alle Wissenschaftler einig. Es ist jedoch oft schwierig, genaue Grenzen zu ziehen. Nicht jeder politische oder gesellschaftliche Umbruch muss eine Revolution sein. Und auch der Begriff „Revolution" selbst wird in der Wissenschaft oft unterschiedlich verwendet. "Industrielle Revolution" bezeichnet beispielsweise eine Entwicklung, die sich über mehr als 50 Jahre erstreckte und in verschiedenen Ländern zu unterschiedlichen Zeiten die wirtschaftlichen, sozialen und kulturellen Strukturen eines Staates, einer Gesellschaft schrittweise veränderte. Die „Russische Revolution" umfasst dagegen weniger als ein Jahr und besteht aus zwei Teilrevolutionen, wobei der zweite Teil, die

▶ M 3: Rudolf Vierhaus über den Begriff der Krise

▶ M 4: Peter Wende über den Begriff der Revolution

M 1 Kurstafel des DAX im Handelssaal der Frankfurter Wertpapierbörse, Fotografie, 2009.
Besonders oft wird der Begriff Krise heute im Bereich der Wirtschaft verwendet: Finanzkrise, Bankenkrise oder Eurokrise.

M2 „Die Freiheit führt das Volk an", Ölgemälde von Eugène Delacroix, 1830

Oktoberrevolution, aufgrund ihres geplanten Ablaufes von Historikern meistens als „Putsch" eingeordnet wird. Und schließlich gibt es noch die Begriffe „Revolte" oder „Staatsstreich". Sind sie deckungsgleich mit Revolutionen?
Zu einer Klärung von Begriffen und historischen Entwicklungen können **Theorien und**
25 **Modelle** beitragen. Diese entstehen, indem Wissenschaftler zum Beispiel verschiedene Revolutionen wie die Amerikanische Revolution oder die Französische Revolution genauer untersuchen und miteinander vergleichen. Am Ende stehen Definitionen, Ablaufschemata oder Kriterienkataloge, die als allgemeingültig beispielsweise für eine Revolution erklärt werden. Bei der Deutung von historischen Umbruchsituationen kann
30 man sich ihrer bedienen und so zu einer begründeten eigenen Einschätzung kommen.

Theorien zu Revolutionen

Bei allem Bemühen um die Herausarbeitung **grundlegender Kriterien von Revolutionen*** enthalten aber auch Theorien und Modelle perspektivisch gebundene Bewertungen eines Sachverhaltes. Die Analyse der Amerikanischen und der Französischen Revolution von der jüdischen deutsch-amerikanischen Wissenschaftlerin **Hannah Arendt**
5 von 1963 kreist immer auch um die Frage, wie eine Demokratie gestaltet sein muss, um dem Totalitarismus zu widerstehen. **Alexis de Tocqueville** (1805–1859) ordnet die Französische Revolution ganz anders ein als der US-amerikanische Historiker Crane Brinton im 20. Jahrhundert. Tocqueville hebt vor allem die gesellschaftliche Entmachtung von Adel und Kirche in Frankreich hervor, also die soziale Revolution. **Crane Brin-**
10 **ton** entwickelt auf der Basis von vier Revolutionen (englische „Glorious Revolution" 1688; Amerikanische Revolution 1776; Französische Revolution 1789; Russische Revolution 1917) einen Grundtyp, der Ursachen, Verlauf, Akteure und Ideen umfasst. Ein sehr anschauliches, aber auch sehr vereinfachtes Modell stellt der amerikanische Soziologe **James C. Davies** zur Diskussion: Seine „J-Kurve" soll zeigen, dass Revolutionen aus-
15 brechen, wenn die Erwartungen der Bevölkerung und ihre tatsächlichen Lebensumstände zu weit auseinander gehen. Und schließlich gibt es noch die marxistischen

Grundlegende Kriterien von Revolutionen:
– nachhaltige und tiefgreifende Veränderungen
– die Veränderungen umfassen die sozialen und politischen Strukturen, gegebenenfalls auch die kulturellen und wirtschaftlichen Strukturen
– die Geschwindigkeit der Ereignisse kann unterschiedlich sein
– Gewalt bis hin zu Kriegen geht oft mit einer Revolution einher, ist aber kein notwendiges Merkmal

▶ Kap. 1.6: Kernmodul (S. 97–101)

1.1 Einführung: Krisen, Umbrüche und Revolutionen

Revolution
- cornelsen.de/Webcodes
- Code: qejiji

Theorien von **Karl Marx, Friedrich Engels und Wladimir I. Lenin**, die den Einfluss der materiellen Lebensbedingungen auf die Geschichte betonen und daraus abgeleitet eine Zwangsläufigkeit von Revolutionen beim Übergang von einer Gesellschaftsform in die andere feststellen.

Theorien zur Modernisierung

Grundlegende Kriterien von Modernisierung:
- Prozess der Auflösung von traditionalen Gesellschaften und Übergang in moderne Gesellschaften
- umfasst Politik, Wirtschaft, Gesellschaft und Kultur
- erstreckt sich über mehrere Jahrhunderte
- kein einförmiger, unumkehrbarer Fortschrittsprozess, sondern Phasen der beschleunigten Entwicklung wechseln sich ab mit Phasen des Stillstandes und des Rückschrittes

Mit einer anderen Form des Wandels befassen sich Modernisierungstheorien. Hier geht es nicht wie bei den Revolutionen um die Analyse kurzer, verdichteter Veränderungsprozesse, sondern um langfristige Entwicklungen, die aber ebenso umfassende Veränderungen der Strukturen mit sich bringen. Modernisierungstheorien setzen sich dabei mit Formen der **„Moderne"** auseinander, deren Beginn im 18./19. Jahrhundert angesetzt und von der Amerikanischen, der Französischen und der Industriellen Revolution eingeleitet wird. Manche sehen die Wurzeln der Moderne auch schon im 15./16. Jahrhundert angelegt, als mit der Renaissance ein neues Menschenbild, neue Staats- und Wirtschaftsformen entstanden. Obwohl man sich weitgehend einig ist bezüglich der **grundlegenden Kriterien von Modernisierung***, sind die Inhalte und die Anwendung in der Geschichtswissenschaft umstritten.

In den Geschichts- und Sozialwissenschaften spielen Modernisierungstheorien seit den 1950er- und 1960er-Jahren eine wichtige Rolle. Grundlegend für die Geschichtswissenschaft waren die Arbeiten des Soziologen **Max Weber** zur westlichen Moderne. Eine zentrale Funktion hat für ihn das sich verändernde religiöse Weltbild, das Prozesse der Säkularisierung und der Rationalisierung durchmacht, die auch auf Staat, Wirtschaft und Gesellschaft wirken. Der Historiker **Hans-Ulrich Wehler** entwickelte diese Konzepte weiter. Beide Wissenschaftler orientieren sich dabei an der europäischen Geschichte. Der israelische Soziologe **Shmuel Eisenstadt** entwickelte dagegen das Konzept „multipler Modernen". Indem er mit dem Begriff der „Achsenzeit" ein kriteriengebundenes Konzept einführt, kann er „Modernen" in unterschiedlichen Kulturen zu unterschiedlichen Zeiten feststellen.

▶ Kap. 1.6: Kernmodul (S. 101–103)

Modernisierung
- cornelsen.de/Webcodes
- Code: toduhu

Amerikanische Revolution im Vergleich

▶ Kap. 1.7: Französische Revolution

Mit der Amerikanischen Revolution steht in diesem Kursheft die erste große Revolution der Neuzeit im Zentrum, die vor allem mit ihren politischen Ideen und Verfassungsdokumenten die **Grundlagen für alle westlichen Demokratien** schuf. Sie wird auch als **Verfassungsrevolution** bezeichnet, da sie auf gesellschaftlicher Ebene keine wesentlichen Veränderungen brachte. Schon in der gut zehn Jahre später einsetzenden Französischen Revolution wirkte sie nach. Die **Französische Revolution** gilt heute als klassische Revolution, da sie als **Totalrevolution** tiefgreifende Veränderungen auf sozialer, politischer, wirtschaftlicher und kultureller Ebene mit sich brachte. Auf politischer Ebene erlebte Frankreich anschließend viele Veränderungen, von Napoleon bis hin zur heutigen Fünften Republik. Die in Folge der Unabhängigkeitserklärung entstandenen Vereinigten Staaten von Amerika zeichnen sich dagegen durch eine hohe staatlich-politische Stabilität aus, obwohl in den ersten Jahren noch die eine starke Zentralmacht befürwortenden „Föderalisten" gegen die „Republikaner" kämpften, die eine weitgehende Eigenständigkeit der Einzelstaaten wollten. Beide Gruppen hatten ihre Wurzeln in der Revolution und zogen dort im Kampf gegen die britische Kolonialmacht an einem Strang. Der Slogan „Freiheit oder der Tod" hob das ursprüngliche konkrete politische Anliegen von „Keine Steuern ohne Repräsentation" auf eine höhere ideelle Ebene. Die Ideen der Aufklärung spielten ebenso wie in Frankreich eine wichtige Rolle. Mit der Amerikanischen Revolution begann die Herausbildung eines modernen Staatswesens und einer amerikanischen Identität zugleich. Der Kampf für „Recht" und „Freiheit" trug auch zum wachsenden amerikanischen Sendungsbewusstsein im 19. Jahrhundert und seiner Rolle als Supermacht im 20. und 21. Jahrhundert bei. Noch heute werden mit dem Nationalfeiertag am 4. Juli die Unabhängigkeitserklärung von 1776 als nationales Schlüsselereignis gefeiert und den „Gründervätern" wie George Washington, Thomas Jefferson und Benjamin Franklin vielfältige Denkmäler gesetzt.

Frankreich bildete zwar schon vor der Revolution eine Nation, doch auch hier ist das heutige nationale Selbstverständnis eng mit der Revolution verknüpft, vor allem mit der ersten Phase, denn auch in Frankreich geht der Nationalfeiertag am 14. Juli auf ein revolutionäres Ereignis zurück, den Sturm auf die Bastille.

Die **Russische Revolution** ist in verschiedener Hinsicht ein Sonderfall. Getragen von unzufriedenen Bauern und Arbeitern brachte die Februarrevolution ein Ende des Zarenreichs und mit den Arbeiter- und Soldatenräten ein neues politisches Gremium. Doch mit der Duma, dem russischen Parlament, und ihren vor allem liberalen Mitgliedern der Mittel- und Oberschicht gab es keinen völligen politischen und sozialen Bruch. Dieser erfolgte erst in der Oktoberrevolution durch die kommunistischen Bolschewisten unter Führung von Wladimir I. Lenin. In den Folgemonaten wurde die Sowjetrepublik gegen den Willen der Mehrheit der Bevölkerung mit diktatorischen Mitteln und Gewalt durchgesetzt. Für das Selbstverständnis der Sowjetunion spielte die Revolution eine ebenso zentrale Rolle wie für die USA und Frankreich, doch mit dem erneuten Systembruch in den 1990er-Jahren hat sie an Bedeutung verloren.

▶ Kap. 1.8: Russische Revolution

1 Arbeiten Sie auf der Basis des Darstellungstextes zentrale Begriffe heraus, die den Verlauf von Geschichte charakterisieren. Formulieren Sie zu jedem Begriff eine Definition in Ihren eigenen Worten.
2 Erklären Sie auf Basis der Darstellung die Begriffe Verfassungsrevolution und Totalrevolution. Ordnen Sie Ihnen bekannte Revolutionsbeispiele diesen Begriffen zu.
Tipp: siehe S. 475.
3 Erläutern Sie den Zusammenhang zwischen Revolution und Modernisierung.
4 In Deutschland ist der 3. Oktober der einzige „gesetzliche Feiertag" des Bundes und wird als „Tag der deutschen Einheit" bezeichnet. Er bezieht sich auf den Beitritt der DDR zum „Geltungsbereich des Grundgesetzes".
Gruppenarbeit/Präsentation: Untersuchen Sie arbeitsteilig die Rolle und Gestaltung von Nationalfeiertagen bzw. nationalen Feiertagen und stellen Sie eine kleine Präsentation zusammen:
  – USA: 4. Juli
  – Frankreich: 14. Juli
  – Deutschland: 3. Oktober
  – Israel: Unabhängigkeitstag, wechselnde Daten
  – Russland: 4. November
5 **Vertiefung:** Diskutieren Sie Unterschiede und Gemeinsamkeit.
6 **Zusatzaufgabe:** siehe S. 475.

> **Hinweise zur Arbeit mit den Materialien**
> Am Anfang stehen die Begriffsanalysen zu Krise und Revolution durch die Historiker Rudolf Vierhaus (M 3) und Peter Wende (M 4). Letzterer liefert einen direkten Zugang zum historischen Gegenstand Revolution als die Revolutionstheorien, die stärker verallgemeinern und abstrahieren, und bildet deshalb eine nützliche Einführung in die Thematik. Die Materialien M 5 bis M 7 ermöglichen die Erarbeitung des Bezugs der Amerikanischen Revolution zum heutigen Selbstverständnis der USA. M 8 und M 9 nennen aktuelle Beispiele, die den amerikanischen „Nationspathos" von Präsident Trumps „America first"-Konzept mit der Kritik von afroamerikanischen Football-Spielern an Diskriminierung und Rassismus im Land kontrastieren.
>
> **Zur Vernetzung mit dem Kernmodul**
> Vor allem M 4 bietet Anschlussmöglichkeiten an das Kernmodul, beispielsweise an die Theorien von Hannah Arendt (M 6, S. 100 f.) sowie von Crane Brinton (M 2, S. 97 f.), die sich beide mit der Rolle von Gewalt sowie mit dem Umfang und Ebenen von revolutionären Veränderungen auseinandersetzen.

Krisen, Umbrüche und Revolutionen

M 3 Der Historiker Rudolf Vierhaus definiert in einem Lexikonartikel den Begriff „Krisen" (2002)

K. [= Krisen] sind Prozesse, deren Anfänge, Höhepunkte, Ende prinzipiell datierbar sind. Niedergangs-, Auflösungs-, Verfallsprozesse sind keine K., wohl aber können ihnen sich steigernde K. vorange-
5 gangen sein. K. sind prinzipiell offene Prozesse; ihre Geschwindigkeit, ihr Ausgang nicht zwangsläufig, ihr Ablauf und ihr Wendepunkt selten so deutlich erkennbar wie in einem Krankheitsprozess. [...] Von K. kann gesprochen werden, wenn zuvor bestehende
10 stabile und funktionierende Zustände sich aufzulösen beginnen [...] und die eingetretenen Störungen nicht mit hergebrachten Mitteln überwunden werden können, sondern eine *renovatio*, eine Reform, eine Revolution, erforderlich wird und erfolgt; ge-
15 schieht dies nicht, handelt es sich nicht (mehr) nur um eine K. Kennzeichen von K. ist, dass es in ihrem Prozess Alternativen gibt, Phasen und Konstellationen, in denen sich entscheidet, ob sie überwunden werden können. K. sind keine Naturprozesse, wohl
20 aber können z. B. Erdbeben, Flutkatastrophen, Dürreperioden K. auslösen: Hunger-K., aber auch K. des Vertrauens in die Fähigkeit von Regierung und Verwaltung, mit ihnen fertigzuwerden. [...] K. müssen, um als solche bezeichnet werden zu können, objekti-
25 ven Charakter haben, also nicht nur herbeigeredet sein, indem vorübergehenden und vereinzelten krisenhaft erscheinenden Symptomen von Veränderung aus Sorge übertriebene Bedeutung zugeschrieben wird. Sehr unterschiedliche Prozesse sind in der Ge-
30 schichte als K. erfahren und unterschiedlich gedeutet worden. Als K. wurden sowohl zeitlich und räumlich begrenzte als auch globale Prozesse bezeichnet; es wird von Funktions-K. eines politischen Systems wie von langfristigen Kultur-K. gesprochen. [...] Vor al-
35 lem die großen Veränderungsprozesse in der Menschheitsgeschichte haben zu immer neuen Versuchen geführt, sie in ihrem Verlauf zu beschreiben, zu verstehen und zu erklären. [...] Nur in seltenen Fällen sind K. auf bestimmte Ursachen zurückzuführen;
40 mehrere und verschiedenartige Umstände und Konstellationen haben in ihrem Zusammen- und Gegeneinanderwirken Prozesse in Gang gebracht und vorangetrieben, die sich zu ernsthaften K. entwickelten. Die 1788 zur Versammlung der Generalstaaten in
45 Versailles zusammentretenden Deputierten wollten keine Revolution machen, nicht die Monarchie abschaffen, nicht eine Herrschaft des Schreckens errichten. Intensive Forschung hat die Vielfalt der elementaren Vorbedingungen wie der eher zufälligen
50 und momentanen Antriebe der Revolution gezeigt: das vielleicht eindrucksvollste Beispiel einer „großen" K., die sich zu revolutionärem Umbruch steigerte, der selbst wieder in die K. geriet, weitere K. nach sich zog, aber im Ergebnis entscheidende Bedeutung
55 für die Entwicklung der europ. Kultur gehabt hat. K. bewirken nicht notwendig Kontinuitätsbrüche; aus ihnen können neue Konstellationen hervorgehen, die die erfolgreiche Überwindung der K. ermöglichen. Ist dies nicht der Fall, wird die K. zum Prozess
60 des Zerfalls und der Auflösung der vorher bestehenden Verhältnisse. Solche Prozesse können sich lange hinziehen und Phasen vorübergehender Stabilisierung durchlaufen.

Rudolf Vierhaus, Artikel „Krisen", in: Stefan Jordan (Hg.), Lexikon Geschichtswissenschaft. Hundert Grundbegriffe, Reclam, Stuttgart 2002, S. 193–195.*

1 Fassen Sie die Begriffserläuterungen von Rudolf Vierhaus thesenartig zusammen.

2 Nennen Sie Beispiele historischer Krisen und überprüfen Sie daran die Definition des Autors.
Tipp: siehe S. 475.

M4 Der Historiker Peter Wende analysiert den Begriff „Revolution" (2000)

Vor diesem Hintergrund lässt sich […] in Anlehnung an Theodor Schieder Revolution als „besondere Form des historischen Wandels" definieren. […] Und es gilt bei dieser Definition natürlich, die Kriterien für die ‚besondere Form' der Veränderung zu fixieren, d. h. zu fragen, was mit welchen Mitteln wie rasch und wie gründlich verändert werden muss, damit von einer Revolution die Rede sein kann:

1. *Das Objekt des revolutionären Wandels* ist die politisch organisierte und in bestimmter Form verfasste Gesellschaft: Die Revolution setzt den Staat als politische Einheit, als Konzentration politischer Macht und Legitimität voraus, andernfalls bedarf sie einschränkender Qualifikation und muss beispielsweise als soziale, ökonomische oder kulturelle Revolution näher bezeichnet werden. Dabei lassen sich in dem Bereich von Staat und Gesellschaft vier mögliche Ebenen revolutionären Wandels unterscheiden. Dieser wird in der Regel die personelle Zusammensetzung der Regierung betreffen; die Revolution stürzt die alten und legitimiert neue Machthaber. Allerdings darf sie sich nicht auf den bloßen Austausch von politischen Eliten bzw. Führungspersonen beschränken. Denn wenn lediglich die Ausschaltung bzw. der Wechsel der bestehenden Regierungsführung zu registrieren ist, sollte eher von Palastrevolution, von Staatsstreich bzw. Putsch die Rede sein. Auch wenn, besonders im 20. Jahrhundert, das Wort „Revolution" als Legitimationstitel für gewaltsame politische Veränderungen positiv besetzt ist und daher immer wieder das Auswechseln herrschender Oligarchien, die Machtergreifung von Militärjuntas gerade auch von den involvierten Akteuren als Revolution bezeichnet wird, sollte der Historiker hier nicht dem Sprachgebrauch der Herrschenden folgen. […]

Anders jedoch, wenn der erzwungene Wandel nicht nur die Regierung, sondern zugleich auch die politische Organisationsform der Gesellschaft betrifft. Wo ein radikaler Umbruch im Bereich der staatlichen Institutionen stattfindet, eine neue Verfassung entworfen, verkündet und durchgesetzt wird, lässt sich eher schon von Revolution, zumindest von politischer Revolution sprechen. Und dies gilt erst recht, wenn radikale Veränderung nicht vor bestehenden Eigentumsverhältnissen haltmacht, sondern auch die sozialen Strukturen erfasst, sodass die Revolution als Totalumwälzung einer bestehenden Gesellschaft definiert werden kann. Sie schließt dann auch schließlich als vierte Ebene der Veränderung die der sozialen und politischen Legitimationsideologie ein, auf der ein neues Denken sich durchsetzt und neue Normen und Ideale als die geistigen Grundlagen einer neuen gesellschaftlichen und politischen Ordnung verkündet werden.

2. Die Revolution ist gleichermaßen definiert durch die *Art und Weise*, in der sie Veränderung durchsetzt. Denn Revolution impliziert Gewalt, genauer: als unrechtmäßig verstandene Gewaltanwendung zwischen rechtlich nicht gleichgestellten Parteien. Dies meint in der Regel Gewalt „von unten", Gewalt des Volkes gegen die Herrschenden. So betrachtet impliziert Revolution auch stets Elemente von Aufstand und Rebellion, die für sich genommen allerdings andere, nämlich begrenztere Zielsetzungen verfolgen. Solche Revolten sind gemeinhin Ausdruck verletzten Rechtsempfindens und […] Akte der sozialen Chirurgie, Operationen der Renovation. Das klassische Beispiel sind etwa Unruhen aus Anlass überhöhter Brotpreise; aber auch die Rebellion des englischen Parlaments gegen den König 1640 diente zunächst dem Ziel, die alte Verfassung wiederherzustellen. Solcher Aufruhr kann durchaus am Beginn einer Revolution stehen, wenn aus dem Widerstand schließlich das Programm für eine neue, eine andere politische Verfassung erwächst. Dabei kann an die Stelle von spontanen Gewaltakten schließlich der Bürgerkrieg als die höchste Stufe innerstaatlicher gewaltsamer Auseinandersetzung treten, als der bewaffnete Konflikt zwischen den Repräsentanten der alten und den Vorkämpfern einer neuen Ordnung. In dem Maße, wie Revolution Gewalt, besonders Gewalt von unten impliziert, unterscheidet sie sich von der Reform, die ebenfalls Wandel, nicht selten radikalen Wandel bewirken kann, jedoch im Rahmen der bestehenden Ordnung stattfindet bzw. zumindest initiiert wird. Das Subjekt der Aktion ist dabei in der Regel die bestehende Regierung, d. h. reformiert wird „von oben" in einem gesteuerten, an den Normen der bestehenden Verfassung orientierten Prozess.

Die Art und Weise der Veränderung definiert Revolution auch insofern, als dieser Wandel rasch vollzogen werden muss. Zwar hat es sich durchaus eingebürgert, auch langfristige historische Prozesse, besonders im Bereich der ökonomischen Entwicklung, mit dem Begriff der Revolution zu belegen, und so spricht man nicht nur von der Industriellen Revolution, sondern auch von der Neolithischen Revolution, um den Übergang von der Kultur nomadisierender Jäger und Sammler zu der sesshafter Ackerbauern zu bezeichnen. Doch diese Variante des modernen Revolutionsbegriffes […] soll uns hier nicht beschäftigen.

3. In dem Maße, wie Revolution als besondere Form des historischen Wandels definiert ist, muss sie *Folgen* zeitigen. Wohl gibt es kaum eine Revolution, an deren Ende nicht in der einen oder anderen Form eine Restauration, eine zumindest partielle Rückkehr zu vorrevolutionären Zuständen zu verzeichnen ist. Dennoch, wo keinerlei Veränderung registriert werden kann, lässt sich, auch angesichts des ungeheuren Ausmaßes innerstaatlicher Gewalt, nicht von Revolution sprechen. Vielmehr schließt die Frage nach der Revolution auch immer die Frage nach dem Umfang und der Dauer des Neuen ein. Doch es genügt nicht, die Revolution als Phänomen durch die Besonderheiten ihrer Erscheinungsformen zu definieren, etwa als „in kurzer Zeit gewaltsam und illegal bewirkter radikaler Umbruch im Bereich der Institutionen, der Sozialstruktur, der Ideologie, Eigentumsverhältnisse und der Elitenzusammensetzung einer gegebenen Gesellschaft" (H. Wassmund, [...]). Um von Revolution zu sprechen, bedarf es des subjektiven Willens der Handelnden zur Veränderung. Die Zielsetzungen der Revolutionäre sind konstitutives Element von Revolution und diese müssen auf die Realisierung von Freiheit ausgerichtet sein. Seit der Amerikanischen und besonders seit der Französischen Revolution, die hier musterbildend gewirkt hat, schließt die Revolution den Entschluss zur Gestaltung der Zukunft ein. [...] Wenn man somit eine auf die Realisierung von Freiheit hin orientierte Sinngebung revolutionären Handelns als konstitutives Element des Revolutionsbegriffs begreift, erhält dadurch [...] jene Phase allgemeiner Modernisierung, welche mit der Amerikanischen Revolution einsetzte und mit der großen Französischen Revolution ihren Höhepunkt erreichte, eine Schlüsselstellung. So gesehen markieren von nun an Revolutionen Wendepunkte der Geschichte des 19. und 20. Jahrhunderts; und zwar in erster Linie der europäischen Geschichte bzw. der Geschichte einer Welt, die im Zeichen der Ausbreitung Europas steht, bis sie sich schließlich von dessen Hegemonie befreit, nicht zuletzt auf dem Wege der Revolution.

Peter Wende, Einleitung, in: ders. (Hg.), Große Revolutionen der Geschichte. Von der Frühzeit bis zur Gegenwart, C. H. Beck, München 2000, S. 11–14.*

1 Erstellen Sie eine Kriterien-Liste zur Bestimmung von Revolutionen.
2 Diskutieren Sie die These des Autors, dass „von nun an Revolutionen die Wendepunkte der Geschichte" markieren (Z. 137 f.).
3 Zusatzaufgabe: siehe S. 475.

Deutungen der Amerikanischen Revolution

M5 Die Freiheitsstatue vor New York, Fotografie, 2008.

Die von Frédéric-Auguste Bartholdi 1875 entworfene Statue ist ein Geschenk Frankreichs an die USA. In der linken Hand hält die Göttin der Freiheit eine Tafel mit dem Datum der Unabhängigkeitserklärung.

1 Interpretieren Sie Symbolik und Gestik der Statue.
2 Nehmen Sie Stellung zur Gesamtdeutung des Denkmals.

M6 Der Historiker Volker Depkat über die Rolle der Amerikanischen Revolution in der Geschichte der USA (2016)

So facettenreich und vielschichtig die Geschichte der USA auch ist, sie lässt sich durchaus auf bestimmte Grundlinien und Hauptthemen zurückführen. Da ist zunächst das Thema von den USA als revolutionär begründetes und bis heute nicht abgeschlossenes Experiment in Sachen Demokratie. Dieses markierte im ausgehenden 18. Jahrhundert den Beginn einer möglichen, durch Grundrechtsliberalismus, Konstitutionalismus und Volkssouveränität definierten politischen Moderne. Für die Durchführung ihres Demokratieexperiments konnten die Amerikaner nur sehr bedingt auf europäische Vorbilder zurückgreifen. Sie mussten deshalb ihren Weg buchstäblich im Gehen finden, und dieser Weg war steinig. Die Etablierung, die Ausgestaltung und der wiederholte Umbau einer freiheitlich-liberalen, parlamentarischen Demokratie in einem föderal organisierten Flächenstaat war ein von scharfen Konflikten strukturierter Prozess, in dem *Krise* und *Transformation* eng ineinander verschlungen waren. Diese spannungsgeladene Konstellation formierte einerseits eine Vielzahl von Reformbewegungen, die die fortlaufende Ausweitung demokratischer Selbstbestimmungsrechte im Lichte des revolutionären Ideals von *„Life, Liberty, and the Pursuit of Happiness"* vorantrieben. Andererseits jedoch entfaltete der Grundsatzstreit über die Ausgestaltung der auf universalen Grundwerten beruhenden Demokratie mit dem Amerikanischen Bürgerkrieg (1861–1865) ein selbstzerstörerisches Potenzial, das das mit großen Hoffnungen gestartete Experiment in Sachen Demokratie fast beendet hätte.

Volker Depkat, Geschichte der USA, Kohlhammer, Stuttgart 2016, S. 9 f.

1 Beschreiben Sie die Bedeutung der Amerikanischen Revolution für die Entwicklung der USA.

M7 Der Amerikahistoriker Michael Hochgeschwender über die Amerikanische Revolution als Gründungsmythos (2016)

Die Amerikanische Revolution war ein komplexes, mitunter widersprüchliches historisches Ereignis, genauer: eine epochale Kette von Ereignissen, ein Prozess, der lange vor dem Ausbruch der Gewalttätigkeit 1774 begann und erst Jahrzehnte nach dem Frieden von Paris 1783, der den USA die Unabhängigkeit brachte, allmählich zu einem Ende kam. Historische Ereignisse aber sind beständig interpretationsbedürftig. Und nicht umsonst haben sich Historiker, Politikwissenschaftler und Publizisten seit den 1780er-Jahren über den Charakter der Amerikanischen Revolution gestritten. Dabei leisteten sie immer wieder auch Mythen Vorschub. Für Leopold von Ranke[1] etwa stellte der amerikanische Unabhängigkeitskampf aus der Sicht des Jahres 1854 die größte Revolution der Weltgeschichte dar, da just hier der kühne Weg zu liberalen Fortschritts- und Freiheitsidealen beschritten worden sei. [...] R. R. Palmer[2] beispielsweise sprach von einem Virus der Freiheit, der von Amerika ausgegangen sei und einerseits die Besonderheit [...] der Vereinigten Staaten begründet, sich andererseits aber im gesamten transatlantischen Raum als wirksam erwiesen habe. Die Revolution in Frankreich sei ohne das amerikanische Vorbild kaum denkbar. Ähnliches gelte für die Unabhängigkeitsbewegungen in Lateinamerika oder die fortschrittlichen liberalen Bewegungen im Rest Europas. In dieser Sichtweise [...] stand die Amerikanische Revolution ohne jede Ambivalenz für einen idealistischen Durchbruch in die Moderne. Gerade für Amerikaner war das unter Gesichtspunkten der nationalen Identität zentral, denn diese Interpretation erleichterte es, aus den Ereignissen von 1776 einen Gründungsmythos zu konstruieren, der gleichzeitig nach innen – im Zuge nationaler Integration – und nach außen – hegemonial – nutzbar war. Die USA befanden sich im eigenen Selbstverständnis von Beginn an auf der richtigen Seite der Geschichte, nicht nur weil sie den Unabhängigkeitskrieg gegen Großbritannien gewonnen hatten, sondern vor allem weil sie in einzigartiger Weise für die Idee von Freiheit, Fortschritt, Demokratie, Modernität und Eigentum eintraten. Die Revolution hatte ihnen eine exzeptionelle Mission mit auf den Weg gegeben, die es weltweit durchzusetzen galt.

Michael Hochgeschwender, Die Amerikanische Revolution. Geburt einer Nation 1763–1815, C. H. Beck, München 2016, S. 9 f.*

[1] *Leopold von Ranke:* deutscher Historiker (1795–1886)
[2] *Robert Roswell Palmer:* amerikanischer Historiker (1909–2002)

1 Erläutern Sie Hochgeschwenders Charakterisierung der Amerikanischen Revolution und ihrer Folgen.
2 Skizzieren Sie den Zusammenhang zwischen Revolution und „exzeptioneller Mission" (Z. 43 f.).

USA im 21. Jahrhundert

M 8 US-Präsident Donald Trump in seiner Rede zum Amtsantritt (2017)

Wir, die Bürger von Amerika, werden jetzt gemeinsam in einer nationalen Anstrengung unser Land wieder aufbauen und seine Versprechen für alle Menschen erneuern. [...] Worauf es wirklich ankommt, ist
5 nicht, welche Partei unsere Regierung führt, sondern ob unsere Regierung vom Volk geführt wird. Der 20. Januar 2017 wird als der Tag in der Erinnerung bleiben, an dem das Volk wieder zu den Herrschern dieser Nation wurde. Die vergessenen Männer und
10 Frauen unseres Landes werden nicht mehr vergessen sein. Alle hören jetzt auf euch. Ihr seid zu Millionen gekommen, um Teil einer Bewegung zu werden, wie sie die Welt noch nie zuvor gesehen hat.
Im Zentrum dieser Bewegung steht die entscheiden-
15 de Überzeugung, dass die Nation ihren Bürgern dienen muss. Amerikaner wollen tolle Schulen für ihre Kinder, sichere Wohngegenden für ihre Familien und gute Jobs für sich selbst. Dies sind gerechtfertigte und vernünftige Forderungen von rechtschaffenen Men-
20 schen und einer rechtschaffenen Öffentlichkeit.
[...] Wir sind heute hier zusammengekommen, um ein neues Dekret zu erlassen, das man in jeder Stadt, in jeder ausländischen Hauptstadt und in jedem Machtzentrum hören soll. Vom heutigen Tag an wird
25 eine neue Vision unser Land regieren. Vom heutigen Tag an wird es nur noch Amerika zuerst heißen, Amerika zuerst [*America First*].
Jede Entscheidung zum Handel, zur Besteuerung, zur Einwanderung, zur Außenpolitik wird sich am Wohl
30 der amerikanischen Arbeiter und amerikanischen Familien orientieren. Wir müssen unsere Grenzen vor der Verwüstung schützen, die andere Länder anrichten, die unsere Produkte herstellen, unsere Unternehmen stehlen und unsere Arbeitsplätze zerstö-
35 ren.
[...] Wir werden uns bei den Nationen der Welt um Freundschaft und Wohlwollen bemühen, aber wir tun dies in dem Verständnis, dass es das Recht aller Nationen ist, ihre eigenen Interessen vorneanzustel-
40 len. Wir wollen niemandem unsere Lebensweise aufzwingen, sondern wir wollen sie als Beispiel leuchten lassen. Wir werden leuchten, damit uns alle folgen. Wir werden unsere alten Allianzen verstärken und neue bilden und die zivilisierte Welt gegen radikal-
45 islamischen Terrorismus vereinen, den wir auslöschen werden. Die Grundlage unserer Politik wird die absolute Loyalität zu den Vereinigten Staaten von Amerika sein, und durch unsere Loyalität zu unserem Land werden wir die Loyalität zueinander wie-
50 derentdecken. Wenn ihr euer Herz dem Patriotismus öffnet, dann gibt es keinen Platz für Vorurteile.
[...] Die Bibel sagt uns, „wie gut und angenehm es ist, wenn die Völker Gottes zusammen in Einheit leben". Wir müssen unsere Gedanken offen aussprechen, un-
55 sere Meinungsverschiedenheiten offen diskutieren, aber immer Solidarität anstreben. Wenn Amerika geeint ist, dann ist Amerika unaufhaltsam.
Keiner sollte Angst haben. Wir sind beschützt und wir werden immer beschützt sein. Wir werden von
60 den großartigen Männern und Frauen unseres Militärs und der Sicherheitskräfte beschützt. Und, was am wichtigsten ist, wir werden von Gott beschützt.
Ein neuer nationaler Stolz wird unsere Seelen wachrütteln, unsere Blicke heben und unsere Spaltungen
65 heilen. Es ist Zeit, sich an die alte Weisheit zu erinnern, die unsere Soldaten niemals vergessen werden – dass, egal ob wir schwarz, oder braun oder weiß sind, in unseren Adern dasselbe, rote Blut von Patrio-
70 ten fließt. Wir alle genießen dieselben glorreichen Freiheiten und wir alle salutieren der gleichen, großartigen amerikanischen Flagge.
[...] Gemeinsam werden wir Amerika wieder stark machen. Wir werden Amerika wieder wohlhabend
75 machen. Wir werden Amerika wieder stolz machen. Wir werden Amerika wieder sicher machen. Und ja, gemeinsam werden wir Amerika wieder großartig machen.
Danke. Gott segne euch. Und Gott segne Amerika.
80 Danke. Gott segne Amerika.

https://www.whitehouse.gov/briefings-statements/the-inaugural-address/ (Download vom 8.10.2018). *Übersetzt von Silke Möller.*

1 Arbeiten Sie Begriffe, Ideen und Emotionen heraus, mit denen Donald Trump Bezug auf die Amerikanische Revolution nimmt.
2 Diskutieren Sie, ob der Slogan „America First" und die damit zusammenhängende Politik ihrem Anspruch nach revolutionären Charakter haben.
3 **Vertiefung:** Vergleichen Sie die Rede Trumps mit den Antrittsreden von George W. Bush (2001) und Barack Obama (2009).

Reden US-Präsidenten
cornelsen.de/Webcodes
Code: vivapu

M9 Spieler der „Oakland Raiders", Fotografie, 24. September 2017.
Aus Protest gegen Präsident Trumps Aufforderung, Spieler zu entlassen, die bei der Hymne nicht aufstehen, blieben die Football-Spieler bei der Nationalhymne vor dem Spiel gegen die Washington Red Skins sitzen. Sie unterstützten damit die Aktion des Football-Spielers Colin Kaepernik, der aus Protest gegen soziale Missstände und Gewalt gegen Afroamerikaner seit September 2016 bei der Nationalhymne kniete.

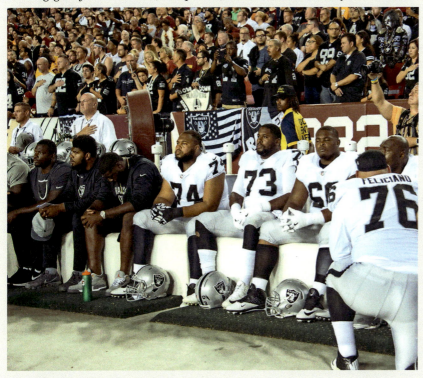

1 Informieren Sie sich über den Football-Spieler Colin Kaepernik und die Debatte um seine Aktion.
2 **Podiumsdiskussion:** *„Life, Liberty, and Pursuit of Happiness"*, die Grundwerte der Verfassung in den USA heute.
Tipp: siehe S. 475.

1.2 Die Ursprünge des Konflikts

M1 Bostoner Bürger verhalten sich feindlich gegenüber britischen Soldaten 1774, Stich, 19. Jahrhundert.
In den nordamerikanischen Kolonien waren nach dem „French and Indian War" zehntausend britische Soldaten belassen worden, um die Einflussnahme des Mutterlandes auf die Kolonie zu verstärken.

1607 | In Jamestown/Virginia entsteht die erste britische Niederlassung

1620 | Die sogenannten *Pilgrim Fathers* aus England landen mit dem Schiff *Mayflower* in Nordamerika

1629 | Gründung der *Massachusetts Bay Company*

Die Amerikanische Revolution hat eine lange und eine kurze Vorgeschichte. Die lange Vorgeschichte beginnt mit der Besiedlung der amerikanischen Atlantikküste durch ganz unterschiedlich motivierte Auswanderer. Die einen wollten reich werden, die anderen wollten vor allem die Freiheit haben, ihre religiösen Vorstellungen zu verwirklichen. Nordamerika bot Platz für alle diese „Träume", und der britische König förderte die Besiedlung des Kontinents, denn auch er erhoffte sich durch die insgesamt 13 neuen Kolonien mehr Macht und Geld. Im Süden entstanden Tabak- und Baumwollplantagen, die mithilfe afrikanischer Sklaven bewirtschaftet wurden. In den mittleren Kolonien florierten Viehzucht und Landwirtschaft. Im Norden wuchsen die großen Metropolen wie Boston, New York und Philadelphia dank Fischerei, Handel und Schiffbau heran. Die indigene Bevölkerung wurde dabei immer weiter in den Westen verdrängt. Mit dem wirtschaftlichen Erfolg, mit dem Bevölkerungswachstum, mit dem Funktionieren eigener politischer Institutionen stieg das Selbstbewusstsein der Kolonisten. Und dennoch, die meisten Bewohner der Kolonien waren stolz auf ihre englische Herkunft, begriffen sich als wichtige Mitglieder des Britischen Empire und legten Wert auf ihre Bindung an das Mutterland. Sie wollten aber keine „reinen Befehlsempfänger" sein, möglichst viel Autonomie für ihre Entscheidungen und ernst genommen werden.

Die kurze Vorgeschichte des Konflikts beginnt mit dem Ende des Siebenjährigen Krieges, dem sogenannten *French and Indian War*, in dem England Frankreich in Nordamerika als Kolonialmacht verdrängte und dessen Kolonien im Norden übernahm. Doch der Krieg war teuer und die Kolonisten sollten einen großen Teil der Rechnung übernehmen, obwohl sie selbst tatkräftig mitgekämpft hatten. Das stieß auf Widerstand, zumal gleichzeitig die politischen Zügel in London angezogen wurden: Steuern zahlen ohne politische Mitsprache? Das war für die Mehrheit der Bevölkerung in den nordamerikanischen Kolonien nicht akzeptabel. Sie wehrten sich mit Boykotten, Demonstrationen und „Entschließungsanträgen". Doch eine Revolution bzw. die Unabhängigkeit wollte noch keiner. Schließlich spitzte sich die Lage zu und am 16. Dezember 1773 warfen als „Indianer" verkleidete Mitglieder der Gruppe *Sons of Liberty* in Boston angelieferten englisch-indischen Tee in das Hafenbecken. Ein revolutionärer Akt!

1 **Plakat:** Entwerfen Sie Plakate für eine Demonstration gegen die Steuergesetzgebung der britischen Krone.
2 Charakterisieren Sie Situation und Stimmung auf Bild M 1.
   Tipp: Nutzen Sie die Informationen der Bildlegende.
3 Erläutern Sie die Konfliktlinien zwischen dem englischen Mutterland und den Kolonien und diskutieren Sie, ob eine Revolution 1773 unausweichlich war.

1763	Eine Proklamation König Georgs III. verbietet den Landerwerb im Westen und ordnet die Kolonien neu
1764	Britisches Parlament verabschiedet das Zuckergesetz für die nordamerikanischen Kolonien
1765	Das Stempelsteuer-Gesetz erhebt Gebühren auf alle Papiererzeugnisse und amtliche Dokumente in den nordamerikanischen Kolonien
1766	Rücknahme des Stempelsteuer-Gesetzes
1756–1763	Siebenjähriger Krieg (*French and Indian War*) in Nordamerika
1768	Townshend-Gesetz: Zölle auf britische Waren in den nordamerikanischen Kolonien
1770	5. März: Boston-Massaker
1773	16. Dezember: *Boston Tea Party*

1.2 Die Ursprünge des Konflikts

> *In diesem Kapitel geht es um*
> – die Entstehung der englischen Kolonien in Nordamerika im 17. und 18. Jahrhundert,
> – die gesellschaftlichen, wirtschaftlichen und politischen Strukturen der Kolonien,
> – den Konflikt zwischen England und Frankreich um die koloniale Vorherrschaft in Nordamerika („French-Indian War"),
> – den Konflikt zwischen England und den amerikanischen Kolonien um Steuern und um ihr Verhältnis zueinander,
> – die ersten Ansätze zur Herausbildung einer Gemeinschaft der dreizehn Kolonien.

Staat und Gesellschaft in den Kolonien

Puritaner
Kirchliche Reformbewegung in England, die für eine strikte Trennung von Kirche und Staat, für Toleranz und Gewissensfreiheit und ein einfaches gottgefälliges Leben eintrat.

Kongregationalisten
Untergruppe der Puritaner, die die Autonomie der einzelnen Kirchengemeinde betonte.

An der Ostküste Nordamerikas entstanden vom ausgehenden 16. bis zur Mitte des 18. Jahrhunderts 13 englische Kolonien. Es handelte sich dabei um **Siedlungskolonien**, d. h. das Land wurde durch die Ansiedlung von europäischen Einwanderern in Besitz genommen. Es war keine militärische Eroberung vorausgegangen wie beispielsweise in Südamerika oder im französischen Nordamerika. Dabei gab es insgesamt drei Organisationstypen von Kolonien: Eigentümerkolonien, Handelsgesellschaftskolonien und Kronkolonien. Sie unterschieden sich vor allem in ihrer Leitung. Mal stand ein Einzelner, mal ein Vertreter einer Handelsgesellschaft, mal ein Gouverneur des Königs an der Spitze der Kolonie. Ein Großteil der Kolonien war aber im Auftrag der Krone entstanden. In der Hoffnung, **wirtschaftlichen Profit** zu machen, hatte der König sogenannte „Charter" vergeben, die Privilegien und Herrschaftsrechte an die Kolonisten übertrugen. Die Kolonien sollten das Mutterland mit Rohstoffen versorgen und Fertigprodukte aus England abnehmen. Die erste Siedlung, Virginia, entstand 1607 in der Chesapeake-Bucht, 1634 folgte nördlich angrenzend Maryland. Aber es kamen nicht nur Kaufleute, Händler oder Landwirte nach Amerika. Die zweite wichtige Trägerschicht der Besiedlung waren **religiöse Gruppen**, die auf dem neuen Kontinent Schutz vor politischer Verfolgung suchten. So auch die Puritaner*, die gegen die anglikanische Kirche aufbegehrten, weil sich aus ihrer Sicht der Protestantismus der Anglikaner nicht stark genug vom Katholizismus gelöst hatte. 1620 landeten die Ersten, die *Pilgrim Fathers*, mit der „Mayflower" in New Plymouth/Massachusetts, 1630 gründeten die von John Winthrop angeführten Kongregationalisten* die Kolonie Massachusetts. Beide Gruppen besaßen ein besonderes, religiös geprägtes Sendungsbewusstsein. Sie wollten in Nordamerika ein ideales Gemeinwesen errichten, das als Vorbild für andere wirken sollte.

Von den Siedlungsschwerpunkten Virginia/Maryland und Neuengland/Massachusetts aus entstand allmählich ein britisches Kolonialgebiet, wobei die einzelnen Kolonien unterschiedliche gesellschaftliche Strukturen hatten und **jede Kolonie für sich eine Einheit** bildete. Da immer mehr Menschen die beschwerliche Überfahrt über den Atlantik in Kauf nahmen, um der Armut zu entgehen und sich in den Kolonien von Nordamerika eine neue und bessere Existenz aufzubauen, wuchs die Einwohnerzahl der Kolonien stetig. Bis zur Mitte des 18. Jahrhunderts hatten die Siedler die gesamte Ostküste in Besitz genommen. Neben Engländern und Iren kamen auch Niederländer, Schweden und Deutsche. Bereits 1619 wurden die ersten Afrikaner nach Jamestown gebracht, um auf den Tabak-Plantagen als Sklaven zu arbeiten. Die amerikanische indigene Bevölkerung wurden von den Kolonisten immer weiter nach Westen verdrängt. Zum überwiegenden Teil geschah dies zunächst friedlich durch Verträge. Es gab auch vielfältige Handelsbeziehungen zwischen den weißen Siedlern und der indigenen Bevölkerung.

M1 John Winthrop (1588–1649), Stich, 19. Jahrhundert.
John Winthrop war ein puritanischer Pfarrer und erster Gouverneur der „Massachusetts Bay Company".

▶ M 6: John Winthrop über die puritanische Gemeinschaft

1.2 Die Ursprünge des Konflikts

M2 Koloniale Entwicklung in Nordamerika bis 1750

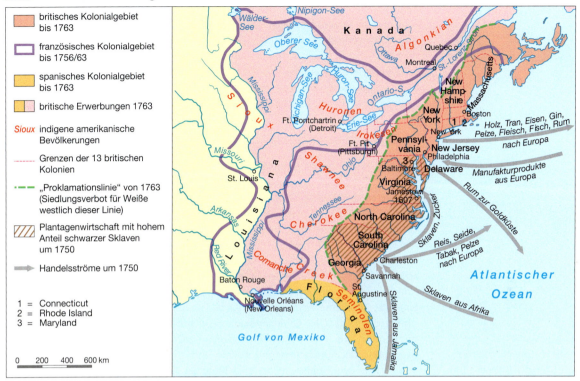

Trotz ihrer Unterschiedlichkeit kann man die 13 Kolonien in drei Regionen zusammenfassen: Neuengland, den Mittleren Atlantik und den Süden. Die **Wirtschaft** der von den Puritanern geprägten nördlichen Kolonien beruhte auf Fischerei, Schiffbau und Überseehandel. In ihren Hafenstädten, allen voran Boston und Philadelphia, entwickelte sich ein kapitalkräftiges Bürgertum. Die mittleren Kolonien um Pennsylvania galten als Kornkammern Nordamerikas. Im Süden dominierte der Plantagenanbau von Tabak, Reis, Baumwolle und Indigo, der eng mit der Sklaverei verbunden war. Politisch bestimmend waren hier meist anglikanische oder katholische Großgrundbesitzer. Zwischen den früh erschlossenen Küstenregionen und den Gebieten der indigenen Bevölkerung im Westen entstand eine Grenzzone, die *Frontier*, die durch den Zuzug von Siedlern ständig nach Westen vorrückte. Opfer der Erschließung wurde die amerikanische Urbevölkerung. Kriege und Umsiedlungen reduzierten ihre Anzahl, Gesetze nahmen ihnen ihre Unabhängigkeit. Ende des 19. Jahrhunderts lebte ein Großteil in Reservaten.

Hatte die englische Regierung im 17. Jahrhundert die Gründung und Entwicklung der Kolonien im Wesentlichen Einzelpersonen und Gesellschaften überlassen und nur ihre Oberhoheit über die Gewährung von Herrschaftsrechten deutlich gemacht, so übernahm sie im 18. Jahrhundert bei Problemen oft selbst die Initiative, zog gewährte Privilegien zurück und setzte königliche Gouverneure als Chef der lokalen Regierungen ein. Damit glichen sich die **politischen Strukturen** in den Kolonien einander an. Neben dem Gouverneur gab es einen ernannten Rat („*Council*"), der den Gouverneur bei der Verwaltung beriet, sowie ein lokal gewähltes Parlament („*Assemblies*"), das an der Gesetzgebung und der Steuerbewilligung mitwirkte. Wie für die Engländer des Mutterlandes galten auch für die freien Einwohner der Kolonien die Rechtsgarantien der *Magna Charta** und der *Bill of Rights**. Sie hatten Anspruch auf eine unabhängige Rechtsprechung und die Unverletzlichkeit des Eigentums. Der Machtausgleich zwischen Monarch und Parlament, den die *Glorious Revolution** (1688) im Mutterland herbeigeführt hatte, stärkte auch in den Kolonien die Stellung der Volksvertretungen gegenüber den

Magna Charta Libertatum
In der „Großen Urkunde der Freiheit" von 1215 räumte der englische König dem Adel u. a. die Mitwirkung bei der Festsetzung der Steuern ein. Sie wurde eine der wichtigsten Grundlagen des englischen Verfassungsrechts.

Glorious Revolution/Bill of Rights
Im Machtkampf mit dem König (1688/89) setzte der Adel die *Bill of Rights* durch. Das Gesetz von 1689 schrieb die Rechte des Parlamentes gegenüber dem König fest, u. a. regelmäßige Einberufung, Steuerbewilligung.

1.2 Die Ursprünge des Konflikts

vom König berufenen Gouverneuren. Die politischen Freiheiten sowie Wohlstand und Bildung kamen allerdings nur den Weißen zugute, die indigene amerikanische Bevölkerung und die Sklaven blieben ausgeschlossen.

Allmählich entwickelte sich in den Kolonien ein **kulturelles Gemeinschaftsgefühl**, das die Unterschiede zwischen ihren weißen Bewohnern abmilderte. Mit dem wirtschaftlichen Erfolg stieg zudem das Selbstbewusstsein der Kolonisten. Sie sahen sich einerseits in der englischen Tradition als freie Staatsbürger mit bestimmten Rechten, andererseits blickten sie aber auch als Siedler stolz auf ihre besonderen Leistungen.

Konflikt zwischen England und Frankreich in Nordamerika

Bereits 1752/53 kam es zu ersten kriegerischen Auseinandersetzungen zwischen England und Frankreich in Nordamerika. Beide Seiten verbündeten sich jeweils mit befreundeten „Indianerstämmen". Daher stammt die Bezeichnung **„French and Indian War"** (1754–1763), die vor allem von amerikanischen Historikern verwendet wird. In Europa bevorzugte man die Bezeichnung **Siebenjähriger Krieg (1756–1763)**, da man den kolonialen Konflikt lange Zeit als Teil des Kampfes zwischen Preußen und England auf der einen sowie Österreich und Frankreich auf der anderen Seite um die Vorherrschaft in Europa, ja sogar als den Teil eines weltumspannenden Kriegs ansah. Und beide Kriege wurden in ein und demselben Friedensvertrag (von Paris) beigelegt.

Einen der Konfliktherde in Nordamerika bildete das Ohio-Tal. Das Unterhaus von Virginia hatte 1745 der *Ohio Company* Siedlungsrechte für das Land übertragen, die jedoch mit dem Anspruch der französischen Nordamerika-Kolonien kollidierten, das das Gebiet jenseits der Appalachen französischer Einflussbereich sei. Als die Briten eine Reihe von Forts in dem Gebiet errichteten, strebte der Gouverneur von Neufrankreich eine Rückeroberung an und errichtete seinerseits Forts in der Region. Es kam zum Krieg. Das Besondere auf britischer Seite war, dass man nicht nur Soldaten aus dem Mutterland einsetzte, sondern auch Milizen aus den Bewohnern Neuenglands bildete. Ein junger Offizier der britischen Truppen war George Washington aus Virginia. Nach verlustreichen jahrelangen Kämpfen setzten sich am Ende die zahlenmäßig überlegenen Briten durch, auch dank ihrer Flotte. Im Frieden von Paris musste Frankreich Kanada, wie die französischen Kolonien auch genannt wurden, vollständig an England abtreten. Damit hatten sich die Engländer in Nordamerika durchgesetzt und der Weg für eine weitere Ausbreitung der Siedler war geebnet. Doch der Krieg auf insgesamt vier Kontinenten hatte eine riesige Schuldenlast erzeugt.

M3 Robert Rogers, Offizier und Anführer der Robert's Rangers, kolorierter Stich, 19. Jahrhundert.
Robert Rogers (1731–1795) aus Massachusetts führte im „French and Indian War" eine Miliz von Einheimischen an. Sie standen außerhalb der Armee und mussten sich nicht an die Regeln der Kriegführung halten. Im Unabhängigkeitskrieg wurden auch solche Milizen eingesetzt.

Der Steuerstreit zwischen den Kolonien und England

Die leeren Staatskassen sollten nun vor allem mithilfe von neuen Steuern gefüllt werden, doch in England selbst waren diese Möglichkeiten schon ausgeschöpft. Bisher hatte Großbritannien in erster Linie durch Handelsabkommen finanziell von den Kolonien profitiert. Diese ermöglichten ihnen den günstigen Einkauf von Rohstoffen und garantierten den Absatz für produzierte Güter. Da der Handel florierte, war die Umsetzung der Abkommen im Einzelnen bisher nicht überprüft worden. Es stellte sich jedoch heraus, dass die Siedler die Abkommen immer wieder unterliefen und England durch Schmuggel viel Geld verlor. Hier setzte der britische Premierminister Grenville 1764 an, als er den sogenannten *Sugar Act* (**Zuckergesetz**) einbrachte, der zwar die Zölle auf Melasse, Zuckersirup, senkte, aber nun scharfe Kontrollen durchführte und bei Verstößen hart durchgriff. Verschiedene lokale Parlamente legten Protest gegen die neuartige Einmischung und Kontrolle der kolonialen Angelegenheiten ein, doch es gab nur eine schwache Kooperation zwischen den Gremien und so verliefen die Proteste im Sand. Mit dem Argument, dass die Kolonisten in Nordamerika besonders von dem Abzug der Franzosen profitierten, rechtfertigte Grenville dann 1765 die erstmalige Einführung einer direkt nach London fließenden Steuer. Mit dem *Stamp Act* (**Stempelsteuergesetz**) sollte fortan auf jedes öffentlich verwendete Papier, also Verwaltungsschriftstücke, Zeitungen, ja sogar Spielkarten, eine Abgabe erhoben werden.

Zusätzlich wollte König Georg III. mit seiner **Proklamation von 1763** zur Neuordnung der britischen Herrschaft in Nordamerika vor allem die Verhältnisse in den neuen Kolonialgebieten in Kanada und Florida regeln: Mit der Errichtung einer direkten Verwaltung über das südlich der Appalachen gelegene Gebiet setzte er den Siedlern Grenzen und unterwarf sie somit britischer Kontrolle. Zusammen mit den neuen Handelspraktiken und Steuern sorgte diese Form der direkten Herrschaft für Empörung und Unruhe in den Kolonien.

▶ M 15: Stempelsteuergesetz 1765

▶ M 14: Proklamation von 1763

Die Stempelsteuer-Unruhen

Eine Welle mit Protesten auf verschiedenen Ebenen setzte ein, die sogenannten **Stempelsteuer-Unruhen**. Es kam zu Demonstrationen, zu Boykotten von britischen Waren, in Zeitungen und Flugschriften wurde gegen die britische Politik gewettert. Und der Protest blieb nicht gewaltfrei. Am 14. August 1765 zerstörte beispielsweise in Boston eine aufgebrachte Menge das Gebäude der neuen Zollbehörde. Anschließend zogen sie weiter zum Haus des königlichen Steuereintreibers und verwüsteten dieses. Als Kopf der Massenbewegung fungierte eine Gruppe von Handwerkern und Kaufleuten, die sich in Boston gegründet hatte: die *Sons of Liberty*. Bald entstanden in anderen Städten ähnliche Organisationen, die zum Teil miteinander vernetzt waren und den Protest vor Ort organisierten. Unterstützt wurden sie von den Zeitungen, die die Nachrichten von den Protestaktionen überregional verbreiteten und so dafür sorgten, dass es auch in anderen Städten zu vergleichbaren Aktionen kam. Ein wichtiger Teil der Aktivitäten bestand in der Blockade der neuen Zolleinrichtungen, und diese waren so erfolgreich, dass am Ende nur ein Beamter seinen Dienst antreten konnte.

M4 Die Stempelsteuer-Unruhen in Boston 1765, Stich, anonym, 19. Jahrhundert

1.2 Die Ursprünge des Konflikts

Der Stempelsteuerkongress und seine Folgen

Doch auch auf der politisch-institutionellen Ebene der Kolonien kam es zu Protesten. Die verschiedenen lokalen Parlamente verabschiedeten Resolutionen, in denen sie das Gesetz ablehnten. Dabei kristallisierten sich einige zentrale Argumente heraus: Die Kolonisten seien frei und den englischen Bürgern gleichgestellt, ihre Interessenvertretung bildeten die Lokalversammlungen und sie seien wichtiger Bestandteil des Britischen Empire. Im Oktober 1765 kam es dann erstmals zu einer gemeinsamen Versammlung von Vertretern von insgesamt neun Kolonien, dem **Stempelsteuerkongress** in New York. Am Ende stand eine gemeinsame offizielle Erklärung, die zwar die Treue gegenüber dem König und dem englischen Parlament betonte, gleichzeitig jedoch auf die Unrechtmäßigkeit der Steuer verwies. Ihr Argument: Da die Kolonien im englischen Parlament nicht mit Abgeordneten vertreten seien, hätten sie auch nicht über die Steuern mitbestimmen können. Da eine Mitbestimmung auf die große Entfernung auch nicht möglich sei, könne das Steuerrecht faktisch nur durch die lokalen Parlamente ausgeübt werden.

Der Streit zwischen England und den Kolonien hatte jetzt eine **grundsätzliche Dimension** angenommen. Die Kolonien pochten darauf, sich im Rahmen des Empire selbstständig zu verwalten, wobei die Steuerbewilligung gerade aufgrund der britischen Rechtstradition einen besonderen Stellenwert einnahm. Der Slogan „*No taxation without representation*" (Keine Steuern ohne Vertretung) hat im Stempelsteuerstreit seine Wurzeln. Zu diesen politisch-rechtlichen Ursachen des Konflikts kam das wachsende Zusammengehörigkeitsgefühl der Kolonien. Selbst wenn die Plantagenbesitzer des Südens und die Schiffsbauer oder Whiskey-Brauer des Nordens einen anderen sozialen, wirtschaftlichen und auch religiösen Hintergrund hatten, so fühlten sie sich alle als Bewohner der Kolonien miteinander verbunden. Und sie begannen sich gemeinsam zu organisieren, ihre Positionen zu formulieren und Aktivitäten umzusetzen.

Die **Konfliktlinien der Amerikanischen Revolution** waren also bereits 1765 deutlich. In der Geschichtswissenschaft wird der Beginn der Revolution deshalb schon mit dem Jahr 1763 angesetzt, also mit dem Ende des *French-Indian War*. Im Anschluss begann der „gewaltsame Prozess", „durch den sich 13 britische Kolonien Nordamerikas vom Mutterland emanzipierten, als unabhängige Einzelstaaten konstituierten und zu den Vereinigten Staaten von Amerika zusammenschlossen" (Volker Depkat).

▶ M 18: Entschließung des Stempelsteuerkongresses

Leben in den Kolonien

cornelsen.de/Webcodes
Code: qojaqo

1 Beschreiben Sie auf Basis der Darstellung die Entwicklung der Kolonien in Nordamerika.
2 Erläutern Sie, warum sich der Streit um eine Steuer zu einem Grundsatzstreit ausweitete.
3 Vorgeschichte der Revolution oder Revolution? Nennen Sie revolutionäre Elemente der Jahre 1763 bis 1765, die für eine Datierung des Revolutionsbeginns auf 1763 sprechen.
4 Beziehen Sie die Überlegungen von Crane Brinton bezüglich der Ursachen und Verlaufsmuster von Revolutionen (M 2, S. 97 f.) in Ihre Argumentation mit ein.
Tipp: siehe S. 475.
5 **Lernprojekt:** Fertigen Sie auf der Grundlage Ihrer Ergebnisse aus Aufgabe 4 einen Stichwortzettel mit den Oberbegriffen „Ursachen", „1. Phase", „Krise", „Folgen" an. Ergänzen Sie das Lernprodukt schrittweise nach der Bearbeitung der folgenden Kapitel.

Die Ursprünge des Konflikts 1.2

Hinweise zur Arbeit mit den Materialien
In einem ersten Themenblock sollen die **gesellschaftlichen Strukturen in den Kolonien** und damit zusammenhängend rechtliche, religiöse und ökonomische Aspekte aufgezeigt werden. Die ersten beiden Materialien ermöglichen die genauere Betrachtung der Massachusetts Bay Company (M 5, M 6), da Massachusetts mit seiner Hauptstadt Boston zu einem wichtigen Schauplatz der Amerikanischen Revolution wird. Wissenschaftliche Texte und Bildmaterialien zeigen die unterschiedlichen Strukturen der Kolonien auf (M 7 bis M 12). Anschließend wird der **Konflikt zwischen England und Frankreich** im French-Indian War vor allem in Bezug auf seine Folgen für die englischen Kolonien beleuchtet. Zum einen führte der Konflikt zu einer Entfremdung zwischen Kolonien und Mutterland (M 13), zum anderen zu einer verstärkten Durchsetzung der britischen Zentralmacht (M 14). Besonders **tiefgreifende Folgen für die nordamerikanischen Kolonien** hatte das Bemühen der britischen Regierung, durch neue Steuern ihre angespannte Finanzsituation zu verbessern. Hier wird das Beispiel der **Stempelsteuer** (1765) genauer erläutert (M 15 Stempelsteuergesetz), das vielfältige Formen des Protestes (M 16, M 17) nach sich zog. Mit dem **Stempelsteuerkongress** tagten die Kolonien erstmals in einem gemeinsamen Gremium und verfassten eine gemeinsame Erklärung (M 18).

Zur Vernetzung mit dem Kernmodul
Es bietet sich eine Verbindung zu Crane Brintons Analyse von Voraussetzungen von Revolutionen an (M 2, S. 97 f.). Es kann außerdem der Aspekt der Modernisierung in den Kolonien untersucht werden (M 8, S. 102 f.).

Gesellschaft in den Kolonien

M 5 Erste Charter von Massachusetts von König Karl I. (4. März 1629)
[…] Und weiter, […] dass es einen Gouverneur, einen Stellvertretenden Gouverneur und achtzehn Assistenten der genannten Gesellschaft [*Massachusetts Bay Company*] geben soll, welche von Zeit zu Zeit
5 durch die freien Männer der genannten Gesellschaft aufgestellt, gewählt und ausgewählt werden sollen, […] welche genannten Beamten sich der Aufgabe widmen sollen, für die beste Verfügung und Ordnung der allgemeinen Geschäfte und Angelegenheiten Sorge
10 zu tragen, welche die genannten Ländereien und Grundstücke […] und die Regierung des Volkes selbst betreffen. […]
Und weiter, […] dass der Gouverneur der genannten Gesellschaft […] die Macht haben soll, von Zeit zu Zeit die genannte Gesellschaft zu versammeln, und 15 […] die genannte Gesellschaft […] kann einmal in jedem Monat oder öfter, wenn es ihr so belieben sollte, sich versammeln und einen Rat oder Versammlung ihrer selbst halten und abhalten, für die bessere Ordnung und Lenkung ihrer Angelegenheiten […]. 20
[…] Wir gewähren den genannten, dem Gouverneur und der Gesellschaft, […] dass alle und jeder einzelne unserer Untertanen, […] welcher […] innerhalb der genannten Lande wohnen sollte, alle Freiheiten und Immunitäten eines freien und natürlichen Untertanen 25 innerhalb irgendeines unserer Herrschaftsgebiete haben und genießen soll, […]. Und […] es soll und mag rechtmäßig sein, für den Gouverneur […] und jene Assistenten und Freien der genannten Gesellschaft, wie sie für den Augenblick in irgendeinem der 30 vorgenannten allgemeinen Räte versammelt sind, oder in irgendeinem anderen Rat, welcher besonders zusammengerufen und für diesen Zweck versammelt wird, oder für den größeren Teil derselben, […] von Zeit zu Zeit alle Art von wohltätigen und vernünfti- 35 gen Ordnungen, Gesetzen, Statuten und Verordnungen, Direktiven und Instruktionen zu erlassen, die den Gesetzen dieses unseres Königreiches von England nicht zuwiderlaufen […].

Zit. nach: Dokumente zur Geschichte der Vereinigten Staaten von Amerika, hg. von Herbert Schambeck, Helmut Widder, Marcus Bergmann, Duncker & Humblot, 2., erw. Aufl., Berlin 2007, S. 23 f.*

1 Skizzieren Sie die politische Ordnung der Kolonie Massachusetts.
2 Bestimmen Sie die Rolle des Königs in dieser Ordnung.

M 6 John Winthrop, erster Gouverneur der *Massachusetts Bay Colony*, in einer Predigt (1630)
Denn wir müssen bedenken, dass wir wie eine Stadt auf dem Hügel sein sollen, die Augen aller Menschen sind auf uns gerichtet. Die Schaffung einer beispielhaften puritanischen Gemeinschaft wird England bekehren – und durch England die gesamte Welt. 5

Zit. nach: Horst Gründer, Eine Geschichte der europäischen Expansion, Theiss, Stuttgart 2003, S. 80.

1 Arbeiten Sie aus der Predigt die Ziele Winthrops für die Zukunft heraus. Unterscheiden Sie zwischen religiösen und politischen Zielen.
2 **Zusatzaufgabe:** siehe S. 475.

1.2 Die Ursprünge des Konflikts

M7 Plantagenwirtschaft im Süden Nordamerikas, Stich, ca. 17. Jahrhundert

M8 Neu-Amsterdam (später New York), Stich, ca. 17. Jahrhundert.

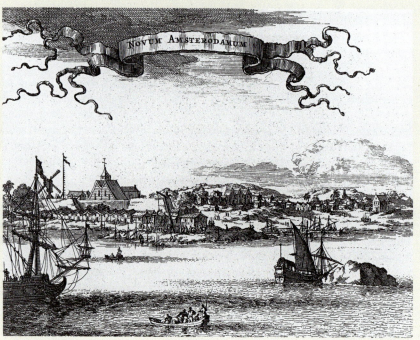

1 Arbeiten Sie die Unterschiede zwischen Stadt und Land in den nordamerikanischen Kolonien heraus.
Tipp: Beziehen Sie die Karte M 2 und den Text M 9 mit ein. Weitere Hinweise siehe S. 475 f.

M9 Der Historiker Volker Depkat über die Unterschiede zwischen den britischen Kolonien in Nordamerika (2016)

Bis zur Mitte des 18. Jahrhunderts war so ein weit gespanntes, sehr komplexes britisches Kolonialreich entstanden, dessen herausragendes Merkmal eine Vielfalt in ökonomischer, ethnischer, religiöser und kultureller Hinsicht war. Diese Vielfalt ist zum einen das Ergebnis der ganz unterschiedlichen räumlich-geografischen Konstellationen in Nordamerika, zum anderen gründet sie zentral auf der ganz unterschiedlichen Genese der einzelnen britischen Kolonien in Nordamerika. Allerdings lässt sich die Diversität zu größeren regionalen Einheiten zusammenfassen, wobei sich drei Großregionen abzeichnen: der Süden, Neuengland und der Mittlere Atlantik.

[...] Die Plantagenökonomie des Südens produzierte eine ihr eigene Gesellschaft, die nur wenig mit denen Neuenglands oder des Mittleren Atlantiks zu tun hatte. Diese Pflanzergesellschaft war stark hierarchisch gegliedert und der Besitz in ihr war ungleich verteilt. An der Spitze stand die schmale Schicht der quasi-feudalen Pflanzeraristokratie, die die politische, soziale, wirtschaftlich und kulturelle Macht in ihren Händen hatte. [...] Die Pflanzerfamilien waren verwandtschaftlich eng untereinander verbunden; Sippenloyalität, gemeinsame wirtschaftliche Interessen, Abgrenzung zu den unteren sozialen Schichten und zugleich paternalistische Verantwortung für sie waren bestimmend für die Familien. Im Unterschied zu den feudalen Gesellschaften Europas beruhte der Vorherrschaftsanspruch der Pflanzereliten jedoch nicht auf Geburt und Privilegien, sondern auf materiellem Wohlstand, Bildung und den schwer zu fassenden Kategorien „Ansehen", „Status", „Ehre" und „Würde". [...]

Neuengland wurde in den 1630er-Jahren durch die sogenannte *Great migration*, in deren Verlauf etwas weniger als 23 000 englische Puritaner nach Amerika emigrierten, rasch besiedelt. Entlang der Atlantikküste entstand eine ganze Reihe von Siedlungen, wobei Salem und Boston schnell zu dynamisch wachsenden Hauptorten heranwuchsen. [...] In sozialer Hinsicht war Neuengland die egalitärste und in ethnischer Hinsicht die homogenste Region im kolonialen Britisch Nordamerika. Dort lebte eine Gesellschaft freier, weißer Eigentümer mit anglo-amerikanischem Hintergrund und puritanischen Weltsichten. Die Neuengländer waren nicht reich, aber wohlhabend genug, um materiell unabhängig und im Sinne des *Common Law*[1] frei zu sein. Selbstständige Farmer, Kaufleute und Handwerker aus den mittleren Schichten dominierten eine Gesellschaft, in der es kaum *Indentured Servants*[2] und so gut wie keine afroamerikanischen Sklaven gab. [...] Um 1700 war Boston die drittwichtigste Hafenstadt des britischen Weltreiches. Im Zuge dieser Entwicklung wurde das Transportgewerbe zu einem ganz eigenen blühenden Wirtschaftszweig. Da sowohl die Fischerei als auch der Überseehandel einen großen Bedarf an Schiffen produzierten und Neuengland sehr waldreich war, entstand eine dynamisch wachsende Schiffbauindustrie. [...]

Die Wirtschaft der Kolonien am Mittleren Atlantik war durch Handel, Gewerbe und hochgradig diversifizierte Landwirtschaft bestimmt. New York, Pennsylvania und New Jersey waren „Brotkolonien", die eine breite Vielfalt an Agrarerzeugnissen, vor allem Getreide und Fleisch, [...] produzierten. An der Küste entstand eine Reihe von Städten, in denen Handel und Gewerbe konzentriert waren. Hier entwickelten sich New York City und Philadelphia nach schwierigen Anfängen zu den wichtigsten Handelsknotenpunkten. [...] In ethnisch-kultureller Hinsicht war der Mittlere Atlantik die vielfältigste Region des kolonialen Nordamerika. Hier bildete sich die spezifische, auf individueller Freiheit und sozialer Pluralität gründende Modernität der späteren USA viel früher und prägnanter aus als im puritanisch durchsetzten Neuengland oder in den Sklavereigesellschaften des Südens. Dafür gibt es zwei Hauptgründe. Zum einen ist die multikulturelle Diversität des Mittleren Atlantik dem Umstand geschuldet, dass die kolonialen Anfänge hier nicht überall durch England, sondern auch durch Schweden und die Niederlande markiert wurden. Zum anderen waren die Kolonien in der zweiten Hälfte des 17. Jahrhunderts in den Händen sehr unternehmerischer Eigentümer, die die Besiedlungspolitik energisch vorantrieben und dabei potenzielle europäische Auswanderer nicht nur mit dem Versprechen billigen Landes, sondern auch mit dem Versprechen religiöser Freiheit lockten.

Volker Depkat, Geschichte der USA, Kohlhammer, Stuttgart 2016, S. 32 ff.*

1 *Common Law:* Recht durch Gesetze und richterliche Urteile
2 *Indentured Servants:* Personen, die sich per Vertrag für eine bestimmte Zeit zur Arbeit verpflichtet hatten, um z. B. die Kosten für ihre Überfahrt nach Amerika zu finanzieren

1 **Mindmap:** Gliedern Sie die drei genannten „Großregionen" und ihre jeweiligen Strukturen und Eigenschaften in einer Mindmap.
2 Analysieren Sie, welche Eigenschaften und Interessen die Kolonien Mitte des 18. Jahrhunderts verbunden haben.

M 10 Ein Dorf der Sioux, kolorierte Lithografie von George Cattlin (1796–1872), o. J.

M 11 Der Amerikanist Werner Arens und der Anglist Hans-Martin Braun über das Verhältnis von Engländern und indigener Bevölkerung in Nordamerika (2004)

Die Engländer kamen nicht wie die Spanier als Eroberer, sondern als Siedler; doch auch sie erhoben Anspruch auf indianisches Land. Sie waren überzeugt, sie besäßen einen gesetzlichen Titel allein
5 schon deshalb, weil das Land im Namen eines christlichen Königs entdeckt worden war. Dann gab ihnen ein königliches Patent ein Vorkaufsrecht. Zudem gehörte nach eigenem Rechtsverständnis alles nicht dauerhaft besiedelte Land demjenigen, der sich darauf niederließ. Schließlich kauften sie das Land auch
10 noch von den umliegenden Stämmen, um das finanzielle Abenteuer einer militärischen Eroberung zu vermeiden. Und wenn es doch zu kriegerischen Auseinandersetzungen kam, dann ging es offiziell nie um
15 Landbesitz, sondern etwa, wie im Falle des Pequot-Krieges von 1636–38, um die Bestrafung von Indianern, die Weiße gemordet hatten. [...]
Landbesitz im Sinne des europäischen Rechts gab es bei den indianischen Völkern der Ostküste nicht. Da
20 Siedlungen bei nachlassender Bodenfruchtbarkeit verlassen wurden, hätte ein dauerhaftes Besitzrecht auch wenig Sinn gemacht. Land war im Grunde frei.

Wenn Europäer den Indianern daher Land abkauften, sicherten sie sich ein in der indianischen Rechtstradition unbekanntes Rechtsgut. [...]
25
De facto hatte keiner der zahllosen Verträge lange Bestand. Selbst wenn die Kolonialverwaltung und später die amerikanische Regierung festen Willens waren, die Verträge einzuhalten, dann besaßen sie nicht die Macht, unzufriedene Siedler, die Einzelstaa-
30 ten und -territorien oder aufsässige militärische Führer im Zaum zu halten.

Werner Arens und Hans-Martin Braun, Die Indianer Nordamerikas. Geschichte, Kultur, Religion, C. H. Beck, München 2004, S. 89 ff.*

1 Arbeiten Sie die wesentlichen Probleme zwischen den weißen Siedlern und der indigenen Bevölkerung heraus.

M 12 Der Historiker Horst Dippel über die politischen Strukturen in den Kolonien (1999)

In den königlichen Kolonien wurde der Gouverneur vom König ernannt – häufig ein Mitglied des englischen niederen Adels, der an dieser Pfründe interessiert war und dessen Ernennung und Amtsdauer vom Wohlwollen seiner mächtigen Freunde in England abhing –, was in den [...] übrigen Kolonien durch
5

den Eigentümer selbst geschah, während sich Connecticut und Rhode Island selbst regierten. Der Gouverneur, dem ein von ihm ernannter Rat zur Seite stand, war einerseits der höchste Repräsentant der Krone in den Kolonien und der Wahrer der imperialen Interessen. Andererseits stand ihm die nach dem Zensuswahlrecht gewählte Versammlung (*Assembly*) gegenüber, die ihrerseits, nach dem Vorbild des englischen Parlaments, die Finanzhoheit in Anspruch nahm. In dem damit institutionalisierten Spannungsverhältnis zwischen imperialen und kolonialen Interessen kam nicht nur dem Gouverneur, der jede gesetzgebende Maßnahme der Versammlung mit einem absoluten Veto belegen konnte, eine wesentliche Rolle zu, sondern auch den drei wichtigsten englischen Regierungsorganen – dem Handelsministerium (*Board of Trade*), dem Schatzamt (*Treasury*) und der Zollkommission (*Customs commissioners*) –, die alle ein Mitspracherecht bei der Verwaltung der Kolonien beanspruchten. So konnte etwa das Handelsministerium jedes koloniale Gesetz annullieren. Die kolonialen Institutionen hatten sich im Laufe der Zeit herausgebildet und verfestigt. Dabei gelang es den *Assemblies* in einer Reihe von Kolonien in Folge der Glorreichen Revolution in England (1688/89), ihre Position nachhaltig zu stärken.

Horst Dippel, Geschichte der USA, C. H. Beck, 3. Aufl., München 1999, S. 11 f.*

1 Erstellen Sie ein Schaubild der kolonialen Institutionen.

2 Vergleichen Sie mit der Charter von Massachusetts von 1629 (M 5).

Konflikt zwischen England und Frankreich

M 13 Der Historiker Jürgen Heideking über die Folgen des „French-Indian War" (2003)

Die Engländer feierten einen der größten Triumphe ihrer Geschichte, doch gerade der Kriegsausgang in Nordamerika sollte sich rasch als eine Art Pyrrhus-Sieg erweisen. Zum einen brachte er latente Animositäten und emotionale Gegensätze an die Oberfläche, die sich zwischen den Menschen im Mutterland und in den Kolonien aufgebaut hatten. Während die englischen Offiziere und Beamten klagten, dass ihnen die Siedler nicht den gebührenden Respekt entgegenbrächten und dass es ihnen an Bildung und Manieren mangele, fühlten sich die Amerikaner herablassend und als Menschen zweiter Klasse behandelt. Das traf sie umso härter, als sie in den vergangenen Jahrzehnten – unter dem Einfluss der europäischen Aufklärungsliteratur – das positive „Selbstimage" eines einfachen, rustikalen, unverdorbenen Volkes entwickelt hatten. Sie rechneten sich die „typischen" kolonialen Tugenden an: kraftvoll, energisch und unverbildet; streitbar, aber freiheitsliebend; wohlhabend, aber unberührt von Luxussucht. Gleichzeitig stärkte die Beteiligung an den erfolgreichen Feldzügen ihr Selbstbewusstsein und ihre Überzeugung, nach der Beseitigung der „französischen Gefahr" für die eigene Sicherheit zu sorgen und ein *American Empire* im Westen aufbauen zu können. Das Gefühl der Entfremdung wurde durch den Versuch William Pitts[1], seine Vision eines rational organisierten und zentral gelenkten Empires zu verwirklichen, noch gesteigert. Seine straffe Empire-Politik war darauf ausgerichtet, alten, nur noch halbherzig befolgten merkantilistischen Regulierungen wieder die gebührende Geltung zu verschaffen. Insbesondere sein Bemühen, den schwungvollen Handel der Kolonien mit den französischen Karibikinseln als Schmuggel und „Verrat" zu unterbinden, gefährdete die wirtschaftliche Existenz so manchen amerikanischen Kaufmannes.

Jürgen Heideking, Geschichte der USA, UTB, 3. Auflage, Tübingen 2003, S. 28.

1 *William Pitt:* britischer Premierminister von 1766 bis 1768

1 Beschreiben Sie die Folgen des *French and Indian War*.

M 14 Proklamation König Georgs III. zur Errichtung neuer Kolonien und einer Siedlungsgrenze im Westen (7. Oktober 1763)

[…] Es ist rechtmäßig und vernünftig und von grundlegender Bedeutung für unsere Interessen und die Sicherheit unserer Kolonien, dass die verschiedenen Völker und Stämme der Indianer, mit denen wir verbunden sind und die unter unserem Schutz leben, in denjenigen Teilen unseres *Dominions* und unserer Territorien, die nicht an uns abgetreten oder von uns gekauft worden sind, weder belästigt noch gestört werden sollen. Wir erklären deshalb, auf Ratschlag unseres Kronrates, als unseren königlichen Willen, dass kein Gouverneur oder Oberbefehlshaber in irgendeiner der Kolonien Quebec, Ost-Florida oder West-Florida sich anmaße, unter welchem Vorwand auch immer, Landvermessungsvollmachten zu gewähren oder Freibriefe für Gebiete zu verleihen, die sich jenseits der Grenze des jeweiligen *governements* befinden […]. Und dass weiterhin kein Gouverneur oder Oberbefehlshaber in irgendeiner unserer anderen Kolonien oder Ansiedlungen einstweilen und bis unsere Absichten bekanntgegeben sind, es sich anmaße Landvermessungsvollmachten zu gewähren oder Freibriefe für all jene Gebiete zu verleihen, die sich jenseits der Ursprünge oder Quellen irgendeines der Flüsse befinden, die von Westen und Nordwesten in den Atlantischen Ozean münden, oder für all jene Gebiete, die [...] nicht an uns abgetreten oder von uns gekauft worden sind und die den besagten Indianern oder einigen von ihnen vorbehalten sind.

Zit. nach: Dokumente zur Geschichte der Vereinigten Staaten von Amerika, hg. von Herbert Schambeck, Helmut Widder, Marcus Bergmann, Duncker & Humblot, 2., erw. Aufl. Berlin 2007, S. 63 f.*

1 Charakterisieren Sie die Veränderungen, die sich für die dreizehn nordamerikanischen Kolonien aus den Bestimmungen ergeben.

Der Streit um die Stempelsteuer

M 15 Ausschnitt aus dem britischen Stempelsteuergesetz (22. März 1765)

Da durch ein Gesetz der letzten Session des Parlaments einzelne Abgaben verordnet, beibehalten und bestimmt wurden, um die Kosten der Verteidigung, des Schutzes und der Sicherheit der britischen Kolonien und Pflanzungen in Amerika zu decken, und da es gerecht und notwendig ist, Vorkehrungen für die Erhebung weiterer Einkünfte in Eurer Majestät Besitzungen in Amerika zur Deckung der genannten Ausgaben zu bedenken [...], wird in Kraft gesetzt [...], dass von und nach dem [1. November 1765] errichtet, erhoben, gesammelt und gezahlt werde an Seine Majestät, seine Erben und Nachfolger in allen Kolonien und Pflanzungen in Amerika, die jetzt bestehen oder späterhin unter der Herrschaft Seiner Majestät, seiner Erben und Nachfolger sein mögen, für jede Packung oder jedes Stück Schreibpergament, Pergament oder Blatt oder Stück Papier, auf das gepresst, geschrieben oder gedruckt werden soll irgendeine Erklärung, ein Gesuch, eine Replik, eine Erwiderung, ein Rechtseinwand oder andere Prozessakten oder eine Abschrift davon an irgendeinem Gerichtshof in den britischen Kolonien und Pflanzungen in Amerika, eine Stempelgebühr von drei Pence.
[Es folgen weitere Stempelanordnungen, deren Höhe von einem halben Penny bis 20 Shilling schwanken. Erfasst sind sämtliche Zeitungen, Anschläge, Pamphlete, Lizenzen, Handelswechsel, Schuldscheine, Schuldverschreibungen, Reklamen, Almanache, Pachtverträge, gesetzliche Dokumente und ähnliche Papiere.]

Wolfgang Lautemann (Bearb.), Geschichte in Quellen, Bd. 4, bsv, München 1981, S. 72.*

M 16 Aus den Entschließungsanträgen der Kolonie Virginia zum Stempelsteuergesetz (30. Mai 1765)

Es wurden nur die ersten fünf Anträge angenommen, aber die Anträge insgesamt fanden in allen Kolonien rasche Verbreitung:

1) Entschließung, dass die ersten Ankömmlinge und Siedler in Seiner Majestät Kolonie und Herrschaft Virginia alle Freiheiten, Privilegien, Gerechtsame und Immunitäten mit sich gebracht und ihren Nachkommen und allen anderen Untertanen Seiner Majestät, die seither in besagter Kolonie Seiner Majestät gelebt haben, überliefert haben, die von jeher das Volk von Großbritannien innegehabt, genossen und besessen hat [...].
3) Entschließung, dass die Besteuerung des Volkes durch es selbst oder durch von ihm selbst zu seiner Repräsentation gewählte Personen, die allein wissen, was an Steuern das Volk zu tragen imstande oder welches die billigste Weise der Erhebung ist und selbst betroffen werden durch jede dem Volke auferlegte Steuer, die einzige Sicherheit gegen untragbare Besteuerung und das unterscheidende Charakteristikum der britischen Freiheit ist, ohne welches die überlieferte Verfassung nicht weiter bestehen kann [...].
5) Entschließung, dass die Generalversammlung dieser Kolonie das einzige und völlig ausschließliche Recht und die Vollmacht besitzt, den Einwohnern dieser Kolonie Steuern und Abgaben aufzuerlegen, und dass jeder Versuch, irgendeine andere Person oder andere Personen, wer auch immer es sei, als die genannte Generalversammlung mit einer solchen Macht zu bekleiden, geeignet ist, sowohl die britische als auch die amerikanische Freiheit zu zerstören.
6) Entschließung, dass Seiner Majestät untertäniges Volk, die Einwohner dieser Kolonie, nicht gebunden ist, irgendeinem Gesetz oder einer wie immer gearteten Verordnung Gehorsam zu leisten, deren Bestimmung es ist, ihnen irgendeine Steuer welcher Art auch immer aufzuerlegen, es seien denn die Gesetze und Verordnungen der vorgenannten Generalversammlung.

Wolfgang Lautemann (Bearb.), Geschichte in Quellen, Bd. 4, bsv, München 1981, S. 73.*

1 Arbeiten Sie die unterschiedlichen Positionen und Argumente im Stempelsteuerstreit heraus und stellen Sie diese in einer Tabelle einander gegenüber (M 15, M 16).

2 Beurteilen Sie die Ernsthaftigkeit des Streits.
Tipp: siehe S. 476.

Die Ursprünge des Konflikts 1.2

M 17 „Die Amerikaner widersetzen sich der Stempelakte und verbrennen das aus England nach Amerika gesandte Stempelpapier zu Boston/Massachusetts im August 1765" von Daniel Chodowiecki, kolorierter Stich, Ende 18. Jahrhundert

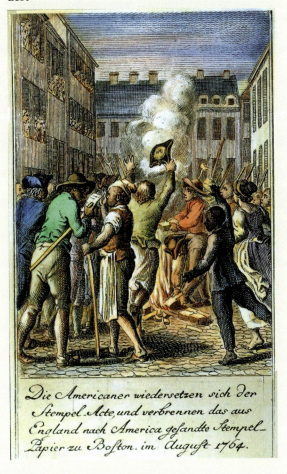

Die Amerikaner wiedersetzen sich der Stempel Acte, und verbrennen das aus England nach America gesandte Stempel Papier zu Boston. im Auguft 1764.

M 18 Aus einer Entschließung des Stempelsteuerkongresses (19. Oktober 1765)

Vom 7. bis 25. Oktober 1765 hielten die Neuenglandkolonien in New York den sog. Stempelsteuerkongress ab, an dem 27 Abgeordnete aus neun Kolonien teilnahmen. Das britische Parlament in London weigerte sich, die folgende Entschließung zur Kenntnis zu nehmen (Auszug):

I. Dass die Untertanen Seiner Majestät in diesen Kolonien der Krone Großbritannien die Ergebenheit schulden, die für seine innerhalb des Reichs gebore-
5 nen Untertanen Pflicht ist, und dass sie der erhabenen Körperschaft des Parlaments von Großbritannien alle schuldige Unterordnung zu leisten haben. [...]

III. Dass es ein unzertrennlicher Bestandteil der Freiheit eines Volkes und das unzweifelhafte Recht von
10 Engländern ist, dass ihnen Steuern nur mit ihrer eigenen, persönlich oder durch ihre Vertreter erteilten Zustimmung auferlegt werden.

IV. Dass die Bevölkerung dieser Kolonien im Unterhaus von Großbritannien nicht vertreten ist und we-
15 gen der räumlichen Entfernung nicht vertreten sein kann. [...]

VIII. Dass die Stempelsteuerakte, die den Einwohnern dieser Kolonien Steuern auferlegt, und mit ihr verschiedene andere Akte, die die Gerichtshoheit der Admiralitätsgerichte über die althergebrachten
20 Grenzen ausdehnen, offenbar den Umsturz der Rechte und Freiheiten der Kolonisten erstreben.

IX. Dass die durch verschiedene Parlamentsgesetze kürzlich auferlegten Abgaben wegen der besonderen Umstände dieser Kolonien außerordentlich schwere
25 und drückende Lasten mit sich bringen; und dass ihre Bezahlung wegen der Knappheit an Metallgeld völlig undurchführbar ist.

X. Da die Gewinne aus dem Handelsverkehr der Kolonien letztlich in Großbritannien zusammenfließen
30 und sie ihrerseits die Fabrikate bezahlen, die sie nur von dort beziehen dürfen, so leisten sie [...] einen sehr großen Beitrag zu allen Geldbewilligungen, die der Krone dort gewährt werden. [...]

XII. Dass Wachstum, Wohlergehen und Glück dieser
35 Kolonien vom vollen und freien Genuss ihrer Rechte und Freiheiten sowie von einem gegenseitig freundschaftlichen und Gewinn bringenden Verkehr mit Großbritannien abhängen.

XIII. Dass den britischen Untertanen in diesen Kolo-
40 nien das Recht zusteht, Bittschriften beim König sowie bei jedem Parlamentshaus einzureichen.

Schließlich ist es die unabweisliche Pflicht dieser Kolonien gegenüber dem Besten der Souveräne, dem Mutterland und sich selbst, auf einer loyalen und ehr-
45 fürchtigen Adresse an Seine Majestät und demütige Bitten an beide Häuser des Parlamentes zu bestehen, um die Zurücknahme des Gesetzes über die Bewilligung und Auflegung gewisser Stempelgebühren zu erreichen, dazu aller Klauseln anderer Gesetze des
50 Parlaments, durch welche die Jurisdiktion der Admiralität im oben genannten Sinne ausgedehnt wird, und der jüngst erlassenen Gesetze zur Einschränkung des amerikanischen Handels.

Zit. nach: Wolfgang Lautemann (Bearb.), Geschichte in Quellen, Bd. 4, bsv, München 1981, S. 72 ff.*

1 Charakterisieren Sie die Reaktion der breiten Bevölkerung auf die Stempelsteuer (M 17).
2 Analysieren Sie die Reaktion der politischen Gremien auf die Stempelsteuer (M 18).
3 **Zusatzaufgabe:** siehe S. 476.

Methode

Schriftliche Quellen interpretieren

Quellen bilden die Grundlage unserer historischen Kenntnisse. Ihre **systematische Analyse** ermöglicht uns die Rekonstruktion und Deutung von Geschichte. Quellen können konkrete Sachzeugnisse wie Bauwerke, Münzen, Schmuck, Malereien, Skulpturen und Gebrauchsgegenstände oder abstrakte wie Sprache oder in besonderer Weise geprägte Landschaften sein. Schriftliche Zeugnisse werden von der Geschichtswissenschaft seit dem 19. Jahrhundert unterteilt in **erzählende Quellen**, die zum Zweck der Überlieferung verfasst wurden – z. B. Chroniken, Geschichtsepen, Mono- und Biografien –, sowie **dokumentarische Quellen** – Urkunden, Akten, Gesetzestexte und Zeitungen –, die gesellschaftliche und private Ereignisse und Prozesse unmittelbar und meist unkommentiert wiedergeben.

Bei der Untersuchung schriftlicher Quellen kommt es darauf an, zusätzlich zur Analyse der formalen und inhaltlichen Merkmale deren präzise Einordnung in den historischen Kontext vorzunehmen und ihren Aussagegehalt kritisch zu überprüfen. Denn Quellen vermitteln nie objektives Wissen über die Vergangenheit, sondern spiegeln bestimmte Wahrnehmungen wider, die sich je nach Standort der Beteiligten erheblich unterscheiden können. Diese Standortgebundenheit der historischen Akteure, z. B. Zugehörigkeit zu einer sozialen Schicht, muss bei der Interpretation der Quelle berücksichtigt werden.

Arbeitsschritte zur Interpretation

1. Leitfrage
– Welche Fragestellung bestimmt die Untersuchung der Quelle?

2. Analyse
Formale Aspekte
– Um welche Quellengattung handelt es sich (z. B. Brief, Rede, Vertrag)?
– Wann und wo ist der Text entstanden bzw. veröffentlicht worden?
– Wer ist der Autor (ggf. Amt, Stellung, Funktion, soziale Schicht)?
– Was ist das Thema des Textes?
– Wer ist der Adressat bzw. sind die Adressaten (z. B. Privatpersonen, Institutionen, Herrschende, Öffentlichkeit, Nachwelt)?
– Welche Intentionen oder Interessen verfolgt der Autor?

Inhaltliche Aspekte
– Was sind die wesentlichen Textaussagen?
– Welche Begriffe sind von zentraler Bedeutung (Schlüsselbegriffe)?
– Wie ist die Textsprache (z. B. sachlich, emotional, appellativ, informativ, argumentativ, manipulierend, ggf. rhetorische Mittel)?
– Welche Überzeugungen, Interessen oder Intentionen vertritt der Autor?
– Welche Wirkung soll der Text bei den Adressaten erzielen?

3. Historischer Kontext
– In welchen historischen Zusammenhang lässt sich die Quelle einordnen?
– Auf welches Ereignis, welchen Konflikt, welche Prozesse bzw. Epochen bezieht sich der Inhalt der Quelle?

4. Urteil
Beurteilung nach sachlichen Aspekten (Sachurteil)
– Welchen politisch-ideologischen Standpunkt nimmt der Autor ein?
– Inwieweit ist der Text glaubwürdig? Enthält der Text Widersprüche?
– Welche Problematisierung ergibt sich aus dem Text?

Bewertung nach heutigen Wertmaßstäben (Werturteil)
– Wie lassen sich die Aussagen des Textes im Hinblick auf die Leitfrage aus heutiger Sicht bewerten?

Schriftliche Quellen interpretieren

Übungsaufgabe

M1 Aus den Anweisungen der Stadt Braintree/Massachusetts zum britischen Stempelsteuergesetz, von John Adams (14. Oktober 1765)

Wir können nicht länger die Klage zurückhalten, dass viele Maßnahmen des letzten Ministeriums und einige der letzten Akte des Parlaments nach unserer Meinung die Neigung haben, uns unserer wichtigsten Rechte und Freiheiten zu berauben. Wir werden uns gleichwohl auf den Parlamentsakt beschränken, der gewöhnlich das Stempelgesetz genannt wird, durch den eine sehr lästige und unserer Meinung nach verfassungswidrige Steuer uns allen auferlegt werden soll und durch den wir zahlreichen und hohen Strafen unterworfen werden, gerichtlich belangt sowie Recht erlangen sollen, nach Belieben eines Anklägers in einem Admiralitätsgericht, dem keine Jury zur Seite steht. Wir haben dies eine lästige Steuer genannt, weil die Auflagen so zahlreich und so hoch und die Behinderungen für das Geschäftsleben in diesem jungen und dünn besiedelten Land so groß sind, dass es für das Volk völlig unmöglich wäre, darunter zu leben, selbst wenn keine Auseinandersetzungen über das Recht und die Machtbefugnis, ein solches Gesetz zu erlassen, bestünden. Weiterhin erklären wir diese Steuer für verfassungswidrig. Wir haben es zu jeder Zeit für ein großes und grundlegendes Prinzip der Verfassung gehalten, dass kein freier Mann irgendeiner Steuer unterworfen werden darf, der er nicht selbst persönlich oder durch seinen Vertreter zugestimmt hat. Und die Maxime des Gesetzes, wie wir es immer anerkannt haben, kommt zu demselben Schluss, dass nämlich kein freier Mann, es sei denn durch seinen Willen oder durch sein Vergehen, seines Eigentums beraubt werden darf. Wir halten es daher für eindeutig, dass es unvereinbar mit dem Geist des Gemeinen Rechtes und dem wesentlichen fundamentalen Prinzip der britischen Verfassung ist, wenn wir einer durch das britische Parlament auferlegten Steuer unterworfen werden sollen, da wir in dieser Versammlung in keiner Weise vertreten sind, es sei denn aufgrund eines fiktiven Rechtes, so sinnlos in der Theorie wie ungerecht in der Praxis, wenn sich solch eine Besteuerung darauf gründen sollte. [...]

Zit. nach: Wolfgang Lautemann (Bearb.), Geschichte in Quellen, Bd. 4, bsv, München 1981, S. 73 f.

1 Interpretieren Sie M 1 mithilfe der Arbeitsschritte.
▶ Lösungshinweise finden Sie auf S. 485 f.

M2 John Adams, Lithografie nach einem Gemälde von Gilbert Stuart von 1828, 19. Jahrhundert.
John Adams (1735–1826) repräsentierte die Kolonie Massachusetts auf dem Ersten und Zweiten Kontinentalkongress, war der Hauptautor der Verfassung von Massachusetts, Mitautor der Unabhängigkeitserklärung. Unter Washington war er Vize-Präsident, 1797 dann Präsident der USA.

Anwenden

M1 Der Historiker Michael Hochgeschwender über die nordamerikanischen Kolonien kurz vor Beginn der Revolution (2016)

Die nordamerikanischen Kolonien zeichneten sich also in ihrer Gesamtheit durch ein außerordentlich hohes, lange unterschätztes Maß an gesellschaftlicher Komplexität und sozialer Ausdifferenzierung aus. [...] Obendrein war die ethnokulturelle Ausdifferenzierung wegen der Migration aus ganz Europa und der Sklaverei erheblich höher als in Großbritannien. Vergleicht man die nordamerikanischen Kolonialgesellschaften mit dem zeitgenössischen frühneuzeitlichen Europa, wird man von älteren Thesen, die eine hohe soziale Homogenität [...] suggerieren, abrücken müssen. Doch damit fällt nicht das gesamte Argument von der sozialen Sonderstellung der nordamerikanischen Kolonialgesellschaften, denn in der Tat hatten sie sich traditionale alteuropäische Gleichheitsvorstellungen säkularer und radikalreformatorischer Provenienz bewahrt. Das Erbe der radikalen puritanischen, anabaptistischen[1], sozialrevolutionären *levellers*[2] des 17. Jahrhunderts war in Nordamerika weitaus lebendiger geblieben als in Großbritannien, vom Kontinent ganz zu schweigen. Diesen altrevolutionären Zug ergänzte die konservative rückwärtsgewandte Rede von den Rechten freier Engländer, die problemlos im Namen einer egalitären Ideologie instrumentalisiert werden konnte. [...]
Man darf sich die Kolonien des Jahres 1770 nicht als rückständige Provinzen am Rande eines weltumspannenden Imperiums vorstellen. Vielmehr handelte es sich um in jeder Hinsicht aufstrebende Regionen, die auf einigen Ebenen mit dem imperialen Zentrum mithalten konnten und die manche binnenimperialen Konkurrenten bereits hinter sich gelassen hatten. Die wirtschaftlichen Entwicklungen hatten eine doppelte Folge: Einerseits beförderten sie das Entstehen der bereits genannten bürgerlich-aristokratischen, transatlantischen Oligarchie, andererseits begünstigten sie aber auch das Entstehen eines spezifischen Selbstbewusstseins bei den kolonialen Eliten, das sich in einer Krisensituation gegen die britische Dominanz wenden ließ. Die Amerikaner, gleichgültig, ob sie in Boston, Philadelphia, New York oder Virginia lebten, wollten auf lange Sicht nicht mehr die zweite Geige spielen.
Gleichzeitig befestigt die sozioökonomische Analyse die These von der sattelzeitlichen Ambivalenz[3], welche für das Umfeld der Amerikanischen Revolution so charakteristisch war. Wie in Großbritannien liefen traditionale und modernisierende Prozesse nebeneinanderher und wirkten aufeinander ein, ohne dass es zu einem echten Ausgleich [...] gekommen wäre. Dies war an sich noch keine hinreichende Basis für eine vorrevolutionäre Situation, eher eine Möglichkeitsbedingung. Je länger indes diese Instabilität anhielt, umso eher konnte es zu kleinen oder größeren Explosionen kommen. Der soziale und ökonomische Zündstoff war bereits am Glimmen.

Michael Hochgeschwender, Die Amerikanische Revolution, C. H. Beck, München 2016, S. 45ff.*

1 *anabaptistisch:* auch Täufer genannt, radikal-reformatorische Bewegung, die im 16. Jh. v. a. in Deutschland und den Niederlanden aktiv war
2 *levellers:* frühdemokratische, englische Bewegung, die sich für Religionsfreiheit und Abschaffung der Stände u. a. während des Bürgerkriegs in England (1642–1649) einsetzte
3 *die sattelzeitliche Ambivalenz:* Der Begriff „Sattelzeit" wurde von dem Historiker Reinhart Koselleck für die Übergangszeit von Früher Neuzeit und Moderne geprägt. Ambivalenz bedeutet Doppelwertigkeit bzw. Zerrissenheit.

1 Fassen Sie die Thesen von Michael Hochgeschwender in Bezug auf die nordamerikanischen Kolonien zusammen.
2 Beschreiben Sie die sozialen, religiösen und ökonomischen Besonderheiten der nordamerikanischen Kolonien in Abgrenzung zu Großbritannien auf der Basis Ihres Vorwissens genauer.
3 Nehmen Sie Stellung zu dem vom Autor hergestellten Zusammenhang zwischen Revolution und „sozialem und ökonomischem Zündstoff" (Z. 55 f.).

M2 Faneuil Hall in Boston, Massachusetts, 1776, kolorierter Stich, anonym, o. J.

Die Ursprünge des Konflikts 1.2

Wiederholen

M 3 „Das Königreich des Friedens", Ölgemälde des US-amerikanischen Malers Edward Hicks (1780–1849), 1846.
Der Titel des Bildes spielt auf das in der Bibel (Jesaja) prophezeite Königreich Gottes auf Erden an. Im Hintergrund sind die Verhandlungen des Quäkers William Penn mit den Delaware-Indianern von 1683 zu sehen, die zur Gründung der Kolonie Pennsylvania führten.

Zentrale Begriffe
Assemblies
French and Indian War
indigene amerikanische Bevölkerung
Gouverneur
Mutterland
nordamerikanische Kolonien
Puritaner
Plantagenwirtschaft
Siedler
Siedlungsgrenze
Siedlungskolonie
Sklaven
Stempelsteuer
Stempelsteuerkongress
Zentralmacht

1 Beschreiben Sie die Bildelemente des Gemäldes von Edward Hicks (M 3) und formulieren Sie unter Einbeziehung der Zusatzinformationen eine Gesamtaussage. Nutzen Sie bei Bedarf die Formulierungshilfen.
2 Vergleichen Sie die Gesamtaussage des Bildes (M 3) mit der Predigt des Puritaners und ersten Gouverneurs von Massachusetts, John Winthrop (M 6, S. 29).
3 Erläutern Sie auf der Basis der Karte M 2 (S. 25) sowie der Materialien M 7 bis M 12 (S. 30–33) die politischen, sozialen, ökonomischen und kulturellen Grundstrukturen der nordamerikanischen Kolonien vor 1763.
4 **Wahlaufgabe:** Bearbeiten Sie entweder a) oder b).
   a) Analysieren Sie den Konflikt um die Stempelsteuer, indem Sie in einer Tabelle Motive und Ziele von Großbritannien und den Kolonien gegenüberstellen.
   b) Verfassen Sie einen fiktiven Brief aus Sicht eines nordamerikanischen Siedlers an seine in England lebende Familie, in dem er dieser seine ablehnende Haltung gegenüber der Stempelsteuer zu erklären versucht.
5 Bewerten Sie die Auswirkungen des Streits um die Stempelsteuer auf das Verhältnis zwischen den nordamerikanischen Kolonien.
6 **Vertiefung:** Lesen Sie im Kernmodul den Text von Hans-Ulrich Wehler über Modernisierungsprozesse (M 8, S. 102 f.). Überprüfen Sie, ob man in Bezug auf die Entwicklung in den Kolonien von Modernisierung sprechen kann.

Formulierungshilfen
– Auf dem Bild sieht man im Vordergrund …
– Im Hintergrund sind … dargestellt.
– Die Kinder sind mit … bekleidet, ihre Gestik verweist auf …
– Menschen und Tiere sind in Gruppen geordnet, z. B. …
– Die Farbgebung ist …
– Insgesamt vermittelt das Bild … Eindruck.
– Der Maler deutet mit seinem Bild die Situation in den nordamerikanischen Kolonien folgendermaßen: …

1.3 Perspektiven der Konfliktparteien

M1 „Die weiblichen Kämpfer", unbekannter Künstler, englische Karikatur, 1776.
Das Bild ist unterschrieben mit „Oder wer soll", dann folgt das Datum (26. Januar 1776) und der Preis (6 d). Den beiden kämpfenden Frauen werden folgende Worte in den Mund gelegt: „Ich werde dich zwingen, gehorsam zu sein, du rebellisches Luder" und „Freiheit, Freiheit für immer, so lange ich existiere, Mutter". Die Begriffe „Gehorsam" und „Freiheit" werden am unteren Bildrand noch einmal wiederholt.

1765 | Stempelsteuerkongress
1766 | Rücknahme der Stempelsteuer, aber Verkündung des Deklarationsgesetzes (Kolonien der Krone untergeordnet)
1770 | 5. März: Boston-Massaker

Perspektiven der Konfliktparteien 1.3

Der Konflikt um die Stempelsteuer hatte die nordamerikanischen Kolonien und die Mehrheit ihrer Bevölkerung empört, auf die Straße gebracht und politisiert. Der gemeinsame Feind, die britischen Gouverneure und Steuereintreiber, hatte für eine Einheit gesorgt, die neu war. Es war zunächst eine Einheit der Interessen, die sich jedoch
5 Schritt für Schritt zu einer politischen Einheit auf mehreren Ebenen entwickelte. Es entstanden Organisationen wie die *Sons of Liberty* und Institutionen wie die *Committees of Correspondence*. Diese Netzwerke kommunizierten wichtige Infos, koordinierten und organisierten gemeinsame Aktionen. Auf oberster Ebene war das der Stempelsteuerkongress von 1765, die erste Zusammenkunft einer Mehrheit der Kolonien. Hier waren
10 neun Kolonien vertreten, im Ersten Kontinentalkongress 1774 schon zwölf Kolonien. Die Konfliktparteien waren damit klar: Auf der einen Seite war Großbritannien mit seinen Akteuren: der britische König, das Parlament, die britischen Soldaten sowie die britischen Beamten in den Kolonien. Auf der anderen Seite standen die nordamerikanischen Kolonien, Akteure: die einzelnen Kolonien mit ihren regionalen Parlamenten, die
15 *Sons of Liberty* sowie die überregionalen Zusammenschlüsse im Stempelsteuerkongress bzw. Kontinentalkongress. Die Perspektiven der Konfliktparteien veränderten sich jedoch im Lauf der Ereignisse. Mit Zuspitzung des Konfliktes kam es in den Kolonien zu einer Spaltung in Loyalisten und Patrioten. Die Loyalisten wollten unbedingt den britischen König als Oberhaupt behalten und Teil des Britischen Empire bleiben. Die Konflikte
20 hofften sie durch Reformen zu lösen. Die Patrioten fühlten sich nun mehr als Amerikaner denn als Mitglieder des Empire. Sie betrachteten es als ihr gutes Recht als freie Bürger, über die Erhebung von Steuern selbst zu bestimmen. Dies sahen sie spätestens Anfang 1776 nach Beginn der militärischen Auseinandersetzungen nur in einem unabhängigen Staat gewährleistet.

1 Interpretieren Sie die Karikatur (M 1). Gehen Sie dabei darauf ein, wie der Kampf zwischen Großbritannien und den Kolonien dargestellt und gedeutet wird.

2 In Kanada ist bis heute die britische Königin bzw. der britische König das Staatsoberhaupt. Das Land ist zwar einerseits Teil des sogenannten britischen Commonwealth, andererseits aber politisch völlig unabhängig von Großbritannien – eine Konstruktion, die den nordamerikanischen Loyalisten gefallen hätte. Stellen Sie begründete Vermutungen an, warum die Loyalisten in Nordamerika zur Minderheit wurden. Berücksichtigen Sie Ihre Kenntnisse aus Kapitel 1.2.

1773	1774	1775	1776
10. Mai: Teegesetz 12. Dez.: *Boston Tea Party*	Frühjahr: Britisches Parlament beschließt Zwangsmaßnahmen (*Coercive Acts*) gegen Massachusetts Sept./Okt.: Erster Kontinentalkongress tagt in Philadelphia	18./19. April: Kampf bei Lexington und Concord 10. Mai: Start des Zweiten Kontinentalkongresses 15. Juni: Aufstellung einer Kontinentalarmee unter Führung von General George Washington	Januar: Thomas Paine veröffentlicht die Schrift „Common Sense"

1775

1.3 Perspektiven der Konfliktparteien

> *In diesem Kapitel geht es um*
> - *die Folgen des Stempelsteuerkongresses für die Kolonien,*
> - *die erneute Zuspitzung des Konflikts durch die Boston Tea Party 1773,*
> - *die Spaltung der Kolonisten in Patrioten und Loyalisten und ihre jeweiligen Positionen auf dem Kontinentalkongress 1774,*
> - *den Beginn der militärischen Auseinandersetzungen 1775,*
> - *das Aufkommen der Idee der Unabhängigkeit.*

Entfremdung zwischen den Kolonien und Großbritannien

Die Proteste der Kolonisten gegen das Stempelsteuergesetz hatten Erfolg. Im Februar 1766 beschloss das britische Parlament die Rücknahme des Gesetzes. Vor allem die Boykotte von britischen Waren und die gewaltsamen Aktionen gegen Zollbehörden und Steuereintreiber hatten Wirkung gezeigt und die britischen Steuereinnahmen merklich sinken lassen. Im März 1766 verabschiedete das britische Parlament dann ein weiteres Gesetz, den *Declaratory Act* (**Deklarationsgesetz**), der die durch die Rücknahme der Stempelsteuer gezeigte politische Schwäche ausgleichen sollte. In der Erklärung wurde deutlich gemacht, dass die Kolonien der britischen Krone und dem Parlament untergeordnet seien und diese folglich prinzipiell das Recht und die Autorität hätten, jede Art von Gesetz für die Kolonien zu erlassen. Ein klares Zeichen, dass das britische Mutterland nur einen kurzzeitigen taktischen Rückzug angetreten hatte, aber seine Macht und Vorrechte in den Kolonien nicht aufgeben wollte. Doch die Machtdemonstration ging in der Freude über den Erfolg der Proteste unter. Zunächst kehrte etwas Ruhe in den nordamerikanischen Kolonien ein. Die Wirtschaftslage entspannte sich, aber der erbitterte Streit um die Steuerfrage hatte auf verschiedenen Ebenen Spuren hinterlassen. Die Gremien in den Kolonien hatten sich als Interessenvertretung und als Ort politischer Debatten profiliert. Es entstand außerdem so etwas wie eine **politische Publizistik**. Abgeordnete der Regionalparlamente, Anwälte und Unternehmer setzten sich mit Rechtsfragen rund um die Steuergesetze auseinander und trugen Argumente für die Berechtigung ihrer Forderung nach mehr Beteiligung zusammen. Einige von ihnen spielten während der Revolution und in den ersten Jahren der Republik eine zentrale Rolle, so wie John Adams, John Dickinson, Benjamin Franklin, John Hancock, Patrick Henry, Thomas Jefferson oder James Otis.

Bereits 1767 unternahm Großbritannien den nächsten Versuch, seine finanzielle Krise mithilfe von Steuereinnahmen aus den Kolonien zu bekämpfen. Der neue britische Finanzminister Charles Townshend setzte das sogenannte **Townshend-Programm** durch, das zum einen Zölle auf Luxuswaren und weiterverarbeitete Güter (z. B. Glas, Tee, Kaffee, Farbe und bestimmte Modeartikel) erhob, und zum anderen die Ahndung von Verstößen gegen die Zollregularien verschärfte. Die Einnahmen sollten direkt in die Finanzierung der kolonialen Verwaltung in Nordamerika investiert werden. Doch sowohl die Zölle und die Verschärfung der Strafen als auch die Finanzierung der Kolonialverwaltung stießen auf Proteste. Die Bewohner der Kolonien waren inzwischen so ablehnend gegenüber der britischen Kolonialverwaltung eingestellt, dass sie jede neue Maßnahme als Einmischung betrachteten. Dieses Mal kam es jedoch nur verein-

▶ M 5: Gesetz zum Verhältnis der nordamerikanischen Kolonien und Großbritannien

▶ M 7: Mark Häberlein über das politische Denken der Kolonisten

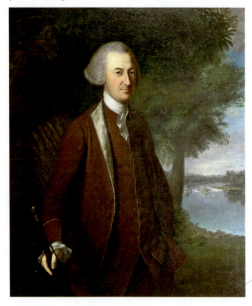

M 1 John Dickinson, Ölgemälde von Charles Willson Peale, 1770.
John Dickinson (1732–1808) arbeitete als Anwalt in Pennsylvania und verfasste zahlreiche Essays zu der Steuerfrage. Er war Mitglied des Stempelsteuerkongresses sowie beider Kontinentalkongresse. Er ist auch der Autor des „Liberty Song" (M 12, S. 50).

zelt zu Protesten und gewaltsamen Aktionen, immer wieder auch provoziert von den in den Kolonien stationierten britischen Soldaten. Diese nahmen beispielsweise öffentliche Gebäude in ihren Besitz oder fällten die von Bewohnern als Zeichen ihres Protestes gepflanzten Freiheitsbäume.

Besonders stark waren die Proteste in **Massachusetts und der Hafenstadt Boston**. Hier wandten sich die Mitglieder des Parlamentes mit einem Schreiben an die anderen Kolonien und forderten ein gemeinsames Vorgehen gegen die britischen Gesetze. Großbritannien reagierte mit der Auflösung der Versammlung. Daraufhin gründeten die *Sons of Liberty* ein *Committee of Correspondence* (**Korrespondenzkomitee**), um mit den anderen Städten und Kolonien in Kontakt zu bleiben. Andere Kolonien folgten dem Beispiel später und schufen damit die Basis für eine interkoloniale Infrastruktur, die im Verlauf der Revolution eine wichtige Rolle spielte. Außerdem wuchsen insbesondere die Bostoner *Sons of Liberty* zu einer einflussreichen Organisation an, die einzelne radikale Mitglieder hatte, die auch zum Mittel der Gewalt griffen. Um die Unruhen in Boston unter Kontrolle zu bringen, verstärkten die Briten ihre militärische Präsenz. Am 5. März 1770 kam es aufgrund der angespannten Lage zu einem tragischen Zwischenfall, der von den *Sons of Liberty* zum *Boston Massacre* stilisiert wurde. Fünf Demonstranten waren durch die Schüsse britischer Soldaten gestorben.

M2 Das *Boston Massacre* vom 5. März 1770, zeitgenössische Radierung von Paul Revere (1735–1818), nachträglich koloriert, o. J.

1.3 Perspektiven der Konfliktparteien

Die *Boston Tea Party* und die Reaktion der britischen Regierung

Erst 1773 kam es zu einer erneuten Zuspitzung der Lage, als das britische Parlament den *Tea Act* (**Teegesetz**) verabschiedete. Mit einer Teesteuer hatte dieses Gesetz jedoch nichts zu tun. Mit den gesetzlichen Maßnahmen sollte lediglich der Import von Tee der *East India Company* gefördert und so die finanziell angeschlagene Handelsgesellschaft gestützt werden. Für die Kolonisten hatte das Gesetz sogar positive Wirkungen: Tee wurde billiger. Doch inzwischen ging es der Mehrheit der Kolonisten um das Prinzip. Sie waren nicht mehr bereit, irgendeine Form von Einmischung in Steuerfragen durch das britische Parlament zu akzeptieren. Erneut kam es also zu Protesten in den Kolonien. Einige Teeschiffe mussten die Kolonien wieder verlassen, ohne ihre Ladung loszuwerden. Als Ende November 1773 drei Schiffe der *East India Company* mit Tee an Bord in den Hafen von Boston einliefen, beschloss auch hier die Stadtversammlung, die Entladung der Fracht zu untersagen. Der britische Statthalter Thomas Hutchinson bestand jedoch auf der Entladung. So kletterten einige Tage später sechzig als „Indianer" verkleidete Mitglieder der *Sons of Liberty* auf die Handelsschiffe und warfen die geladenen Teekisten ins Hafenbecken – die „*Boston Tea Party*". Erst im Nachhinein wurde die Geheimaktion zu einer Demonstration von Stärke und Patriotismus erhoben, die auf Bildern meist mit jubelndem Publikum und nationalen Symbolen wie Fahnen ausgeschmückt wurde. Die Geschichtsschreibung zur Amerikanischen Revolution erhob sie zu einem Schlüsselereignis, vergleichbar mit der Stürmung der Bastille zu Beginn der Französischen Revolution.

Die Reaktion der britischen Regierung erfolgte schnell. Mit den *Coercive Acts* (**Zwangsgesetze**) wurden drastische Strafmaßnahmen gegen die gesamte Kolonie Massachusetts ergriffen: Der Hafen von Boston wurde geschlossen, die Stadtversammlung aufgelöst und die militärische Präsenz noch einmal erhöht. Die von kolonialer Seite als *Intolerable Acts* (**Unerträgliche Gesetze**) bezeichneten Maßnahmen erreichten jedoch genau das Gegenteil. In Massachusetts wurden die neuen Bestimmungen von der Bevölkerung boykottiert: Die Stadtversammlung tagte weiter, Beamte, die die Gesetze umsetzen wollten, wurden bedroht und an ihrer Arbeit gehindert. In den anderen Kolonien kam es zu einer großen Welle der Unterstützung. Sie schlossen sich dem Boykott britischer Waren an, und auch hier kam es zu gewaltsamen Aktionen gegen Vertreter der britischen Krone. Unter dem Druck der Zwangsmaßnahmen rückten die Kolonien immer weiter zusammen.

Der Erste Kontinentalkongress und der Beginn der kriegerischen Auseinandersetzungen

Einen wichtigen Schritt auf dem Weg zur Revolution bildet der Erste Kontinentalkongress, der am 5. September 1774 mit Delegierten aus zwölf Kolonien (nur Georgia fehlte) in Philadelphia zusammenkam. Noch viel stärker als der Stempelsteuerkongress von 1765 sah sich diese interkoloniale Versammlung mit der Aufgabe konfrontiert, für die Kolonien eine gemeinsame Position und Politik zu entwickeln und diese gegenüber Großbritannien zu vertreten. Dem Kontinentalkongress kam faktisch die Aufgabe einer nationalen Regierung zu. In der Wahrnehmung der Beteiligten spielte das jedoch noch keine Rolle. Sie sahen sich eher als Koordinatoren des kolonialen Widerstandes, um in der Auseinandersetzung mit dem Mutterland eine möglichst starke Position einzunehmen. Ziel war in erster Linie die Rücknahme der Zwangsmaßnahmen gegen Massachusetts. Aus diesem Grund verabschiedete der Kongress zwei wesentliche Beschlüsse: Ein **Assoziationsartikel** verpflichtete die dreizehn Kolonien zur Solidarität untereinander und zur gemeinsamen Durchführung von Boykottmaßnahmen; eine **Erklärung zu den kolonialen Rechten** betonte noch einmal die aus dem englischen Recht abgeleiteten Grundsätze zu Steuern und Repräsentation. Und noch ein Beschluss wurde gefällt, ein

---

East India Company
Die Handelsgesellschaft besaß staatlich geschützte Monopolrechte für den Handel mit Gütern aus Indien. Ein wichtiges Produkt war Tee.

M 3 „Die *Boston Tea Party* vom 13. Dezember 1773", Stich von Daniel Chodowiecki, 1784

Vorgeschichte der Amerikanischen Revolution

cornelsen.de/Webcodes
Code: becuwi

weiterer Kontinentalkongress sollte die Arbeit fortführen, falls der britische König die Strafmaßnahmen gegen Massachusetts noch nicht zurückgenommen hatte.

In den Folgemonaten kam es vor allem in Massachusetts häufiger zu **Zusammenstößen zwischen britischen Soldaten und lokalen Milizen**. Die Lage wurde immer angespannter. Die Milizen begannen vermehrt Waffen- und Munitionslager anzulegen und bereiteten sich relativ offen auf eine militärische Konfrontation vor. Als der britische Militärgouverneur von Massachusetts im April 1775 Soldaten in die Stadt Concord schickte, um ein dortiges Waffenlager aufzulösen, warnte der Bostoner Paul Revere nach einem legendären Ritt durch die Nacht die Milizen vor. Bereits in **Lexington** erwarteten sie die britischen Truppen und es kam zu einem Gefecht, das sie jedoch verloren. In **Concord** gelang den Rebellen trotz zahlenmäßiger Unterlegenheit ein Sieg, die Briten mussten den Rückzug antreten. Die Opferzahlen auf beiden Seiten waren groß. Die anderen Kolonien erklärten sich wie im Assoziationsartikel vereinbart solidarisch, der Krieg hatte begonnen und bestimmte fortan auch die Politik.

Der Zweite Kontinentalkongress: Patrioten gegen Loyalisten

Kurz nach den Kämpfen von Lexington und Concord trat der Zweite Kontinentalkongress im Mai in Philadelphia zusammen und beschloss, eine eigene Armee, die sogenannte Kontinentalarmee, zu bilden. Als Oberbefehlshaber setzte der Kongress **George Washington** ein, einen Plantagenbesitzer aus Virginia, der im *French and Indian War* als Offizier auf der Seite der Briten gekämpft hatte. Der Kontinentalkongress agierte damit endgültig als **nationale Regierung der Kolonien**. Obwohl sich die Kolonien nun faktisch im Krieg mit Großbritannien befanden, hatten auf dem Kontinentalkongress die Befürworter eines Ausgleichs mit Großbritannien, die **Loyalisten**, immer noch die Mehrheit. Im Juli 1775 verabschiedete der Kongress auf Initiative von John Dickinson die Palmzweig-Petition an König Georg III., in der die Zugehörigkeit zu Großbritannien betont, aber auch die Rücknahme aller Zwangsmaßnahmen gefordert wurde. Doch die Stimmen der **Patrioten**, die auf dem Selbstbestimmungsrecht für die Kolonien bestanden, wurden lauter und radikaler. 1774 hatte der Plantagenbesitzer **Thomas Jefferson** aus Virginia noch auf eine Beschwerdeliste an den britischen König gesetzt, dabei jedoch mit naturrechtlichen Argumenten die Souveränität der Kolonisten und ihre Gleichstellung mit den Briten betont. Im März 1775 sah der Rechtsanwalt Patrick Henry, ebenfalls aus Virginia, in einer berühmten Rede keine Kompromissmöglichkeiten mehr, für ihn gab es nur noch die Wahl zwischen „Freiheit oder Tod". Der Gedanke der Unabhängigkeit Amerikas kam trotz Krieg und britischer Kompromisslosigkeit erst zu Beginn des Jahres 1776 auf und wurde von einem erst zwei Jahre zuvor nach Amerika ausgewanderten britischen Intellektuellen, **Thomas Paine**, mit der Schrift *Common Sense* (dt. „Gesunder Menschenverstand") in die Diskussion gebracht. Die Idee fand schnell viele Anhänger und der Druck auf den Zweiten Kontinentalkongress stieg, eine Entscheidung zu treffen.

M 4 „Patrick Henry spricht im Provinzialkongress von Virginia im Mai 1765", Gemälde von Fredrick Rothermel (1818–1896), 1851

▶ M 17: Palmzweig-Petition

▶ M 13: Thomas Jefferson über die Rechte der britischen Amerikaner

▶ M 16: Patrick Henry's Rede „Freiheit oder Tod"

▶ M 20: Thomas Paine „Common Sense"

1 Beschreiben Sie in eigenen Worten, wie sich die Auseinandersetzungen zwischen Kolonien und Großbritannien zwischen 1766 und 1775 zuspitzten.
   Tipp: Fertigen Sie zur Visualisierung eine Verlaufsskizze an.
2 Erläutern Sie, inwieweit der Zweite Kontinentalkongress als nationale Regierung der Kolonien agierte.

1.3 Perspektiven der Konfliktparteien

Hinweise zur Arbeit mit den Materialien

In diesem Kapitel sollen die **Perspektiven der Konfliktparteien** im Rahmen der Ereignisse auf dem Weg in die Amerikanische Unabhängigkeit beleuchtet werden. Es umfasst die Jahre 1765 bis 1776 und stellt die politisch-institutionellen Akteure und hier insbesondere die Ansichten der **Loyalisten** (Befürworter des Verbleibs in der britischen Monarchie) sowie der **Patrioten** (Befürworter weitgehender Reformen bis hin zur Unabhängigkeit der Kolonien) in den Vordergrund. In einem ersten Block werden die Folgen des **Stempelsteuerkongresses von 1765** thematisiert. Zunächst wird die britische Reaktion (M 5) gezeigt, dann bietet ein wissenschaftlicher Text (M 6) Anhaltspunkte für die Analyse. Ein weiterer wissenschaftlicher Text zeigt Veränderungen im Denken der Kolonisten durch die Steuergesetze auf (M 8). Ein Bildmaterial (M 7) ermöglicht die Erschließung der Rolle der „Sons of Liberty". Als Nächstes wird das Ereignis der „Boston Tea Party" sowohl von einem Zeitgenossen (M 10) als auch von einem Historiker beleuchtet (M 9), wobei hier besonders die britische Reaktion in den Blick genommen wird. Ein satirisches Bildmaterial (M 11) rundet den Block ab. Auf der Folie der Ereignisse rund um den Ersten und den Zweiten Kontinentalkongress werden die unterschiedlichen Positionen der **Loyalisten** (M 12, M 14, M 18) und der **Patrioten** (M 13, M 15) dargestellt. Abschließend wird die weitere **Zuspitzung hin zu einer Revolution** durch die Militäreinsätze von Lexington (M 17) sowie die Feststellung der Rebellion durch Georg III. (M 19) aufgezeigt. Abgerundet wird dieser Teil durch die Schrift **„Common Sense" von Thomas Paine** (M 20), der den Gedanken der Unabhängigkeit naturrechtlich herleitete und verbreitete. Drei Materialien (M 21 bis M 23) zur Frage des „Revolutionsbeginns" schließen das Kapitel ab.

Zur Vernetzung mit dem Kernmodul

Auf der Basis der J-Kurve von James C. Davies (M 5, S. 100) kann die Rolle des Bedürfnisses nach rechtlicher Gleichstellung und Freiheit im Vorfeld der Revolution untersucht werden. Es können außerdem Crane Brintons Revolutionsmuster (M 2, S. 97 f.) angewendet werden.

Stempelsteuerkongress 1765 und seine Folgen

M 5 Aus dem britischen Gesetz zum Verhältnis zwischen den nordamerikanischen Kolonien und Großbritannien (18. März 1766)

Da verschiedene Repräsentantenhäuser in Seiner Majestät Kolonien und Pflanzungen vor kurzem für sich selbst oder für die dortigen allgemeinen Versammlungen das alleinige und ausschließliche Recht in Anspruch nahmen, den Untertanen Seiner Majestät in den genannten Kolonien und Pflanzungen Steuern und Abgaben aufzuerlegen; und da sie im Verfolg dieses Anspruchs gewisse Abstimmungen und Beschlüsse vornahmen und Verordnungen erließen, die der gesetzgebenden Gewalt des Parlaments abträglich und mit der Abhängigkeit der genannten Kolonien und Pflanzungen von der Krone Großbritanniens unvereinbar sind, so wird erklärt:

Die genannten Kolonien und Pflanzungen in Amerika waren und sind rechtmäßig und notwendig der Reichskrone und dem Parlament von Großbritannien untergeordnet und von ihnen abhängig; und des Königs Majestät, durch und mit Rat und Zustimmung der geistlichen und weltlichen Lords und der Gemeinen von Großbritannien im versammelten Parlament, besaß und besitzt rechtmäßig und notwendig volle Gewalt und Vollmacht, Gesetze und Statuten zu erlassen, kraft deren die Kolonien und das Volk von Amerika, Untertanen der Krone Großbritanniens, in allen erdenklichen Fällen verpflichtet werden. [...] Und alle Beschlüsse, Abstimmungen, Anordnungen und Verfahren in irgendeiner der genannten Kolonien und Pflanzungen, wodurch die Macht und Vollmacht des Parlaments von Großbritannien, Gesetze und Statuten wie oben gesagt zu erlassen, geleugnet oder bezweifelt wird, sind vollständig nichtig und kraftlos bezüglich aller und jeder Absichten und Zwecke, und sie werden hiermit dazu erklärt.

Zit. nach: Wolfgang Lautemann (Bearb.), Geschichte in Quellen, Bd. 4, bsv, München 1981, S. 76.*

1 Beschreiben Sie den im Gesetz dargelegten rechtlichen Status der Kolonien.
2 Stellen Sie die Bestimmungen des Gesetzes der Argumentation des Stempelsteuerkongresses (M 18, S. 35) gegenüber.
3 **Zusatzaufgabe:** siehe S. 476.

M 6 Der Historiker Michael Hochgeschwender über die Folgen des Konfliktes um die Stempelsteuer (2016)

Die Krisen und Unruhen um die Stempelsteuer hatten die 13 Festlandskolonien nachdrücklich zusammengeschweißt. Die kreolische Oligarchie, bestehend aus urbanen Eliten und ländlicher *gentry*, hatte bei allen weiterhin bestehenden Gefühlen der Zugehörigkeit zum britischen Weltreich, auf das man sehr wohl stolz war, ein Gefühl der Eigenständigkeit entwickelt. Gleichzeitig hatte sie zu einer momentanen, aber ausbaufähigen Handlungseinheit mit den Unterschichten gefunden, die allerdings durchweg höchst fragil blieb. [...] Gerade der New Yorker Kongress vom Spätsommer 1765 trug dazu bei, aus den disparaten, jeweils auf London und das Mutterland ausgerichteten Kron- und Eigentümerkolonien eine zumindest vorläufige Handlungseinheit zu schweißen, die sie von den kanadischen Kolonien, vor allem Québec, und den westindischen Besitzungen abhob. Mit den *Sons of Liberty* und den Korrespondenzgesellschaften existierten nun institutionelle Organe dieser überkolonialen Einheit. Allerdings wird man die Resultate der *Stamp-Act*-Krise nicht überbewerten dürfen. Mit der Rücknahme des Gesetzes 1766 beruhigte sich die Situation in Nordamerika rasch. Der *Declaratory Act* [siehe M 5] wurde weiter nicht als beunruhigend aufgenommen, obschon er hier und da Kritik erntete. Viel wichtiger war das Ende der Nachkriegsrezession. Den Kolonien, selbst Boston und Philadelphia, ging es wirtschaftlich und finanziell ab 1765/66 wieder deutlich besser als in den Jahren unmittelbar nach Ende des Siebenjährigen Krieges.

Michael Hochgeschwender, Die Amerikanische Revolution, C. H. Beck, München 2016, S. 134.*

M 7 Die *Sons of Liberty* hängen zwei britische Steuereintreiber am *Tree of Liberty* am 14. August 1765, kolorierte Lithografie, 1775

M 8 Der Historiker Mark Häberlein über das Denken der Kolonisten (2018)

Zwischen 1763 und 1775 ist aber auch eine deutliche Radikalisierung des Denkens der Amerikaner feststellbar. Vor 1770 beschränkte sich die politische Publizistik weitgehend auf die Rechtfertigung des Widerstands gegen die britischen Gesetze. Die Kolonisten bemühten sich um eine möglichst präzise Definition der jeweiligen Befugnisse des Londoner Parlaments und ihrer eigenen *Assemblies*, sie versuchten darzulegen, welchen Schaden die britischen Maßnahmen den Kolonisten zufügten. John Dickinson, ein wohlhabender Anwalt in Philadelphia und der wohl meistgelesene amerikanische politische Publizist der 1760er-Jahre, setzte sich in mehreren Schriften mit den britischen Maßnahmen auseinander, in denen er überwiegend pragmatisch argumentierte und sich um eine sorgfältige Grenzziehung zwischen den Befugnissen des Parlamentes und den Rechten der Kolonisten in Fragen der Besteuerung bemühte. [...] Das Parlament habe Dickinson zufolge jedoch noch nie zuvor Steuergesetze für die Kolonien erlassen. Bei Stempelsteuer und Townshend-Zöllen handelte es sich daher um gefährliche und verfassungswidrige Neuerungen. Mit der neuerlichen Zuspitzung des Konflikts zwischen Mutterland und Kolonien seit der „Boston Tea Party" wurden die zuvor so sorgfältig gezogenen Grenzen zwischen Regulierung des Handels und interner Besteuerung jedoch zunehmend hinfällig. Spätestens seit den Zwangsgesetzen gegen Massachusetts stellt sich für die Kolonisten die grundsätzliche Frage, welche Befugnisse sie dem Parlament noch zuzugestehen bereit waren, und Autoren wie James Wilson aus Pennsylvania und Thomas Jefferson aus Virginia argumentierten nun, dass das Parlament keinerlei Autorität über die Kolonien besitze. Für sie bestand das britische Empire de facto aus unabhängigen politischen Gemeinschaften mit autonomen Legislativen, die nur durch den König als gemeinsames Oberhaupt zusammengehalten wurden.

Mark Häberlein, Entstehung und Konsolidierung der amerikanischen Republik (1763–1800), in: Geschichte der USA, Reclam, 2., aktual. Auflage, Stuttgart 2018, S. 103–186, S. 130f.*

---

1 Fassen Sie die Auswirkungen des Stempelsteuerstreits auf die Kolonien zusammen (M 6).
2 Beurteilen Sie auf Basis des Bildes M 7 die Rolle der *Sons of Liberty*.
3 Erläutern Sie die schrittweise Radikalisierung im Denken der Kolonisten (M 8).

Die *Boston Tea Party* 1773

M 9 Der Historiker Volker Depkat über den *Tea Act* (2016)

Mit dem *Tea Act* wurde es der *East India Company* erlaubt, ihren Tee in den Kolonien des britischen Weltreichs direkt zu vermarkten. [...] Obwohl Tee dadurch tatsächlich billiger wurde, kurbelte der *Tea Act* die
5 Debatte über Souveränität in den Kolonien erneut an, zumal die Kolonisten inzwischen nicht mehr bereit waren, überhaupt noch irgendwelche – vom Londoner Parlament erhobene – Steuern zu akzeptieren. Die kolonialen Proteste kulminierten am 16. Dezem-
10 ber 1773 in der berühmten *Boston Tea Party*. Bereits Ende November 1773 waren drei Schiffe der *East India Company* mit Tee an Bord in den Hafen von Boston eingelaufen, doch die Stadtverordnetenversammlung hatte beschlossen, die Löschung der
15 Ladung zu verhindern und zu diesem Zweck eigene Wachen aufgestellt. Der Gouverneur Massachusetts, Thomas Hutchinson, hatte aber auf der Entladung der Schiffe bestanden. Der Konflikt schwelte für rund zwei Wochen, dann enterten rund 60 als Indianer
20 verkleidete *Sons of Liberty* am 16. Dezember die Handelsschiffe und warfen den Tee in das Bostoner Hafenbecken. Um neun Uhr abends hatten sie 342 Kisten mit Tee im Wert von rund £ 10 000 zerstört.
Die Reaktion des britischen Mutterlandes erfolgte
25 prompt. Auf Anraten von Premierminister Frederick Lord North verabschiedete das britische Parlament im Frühjahr 1774 die *Coercive Acts*, die von den Kolonisten als *Intolerable Acts*, als nicht hinnehmbare Gesetze also, bezeichnet wurden: Der Hafen Bostons
30 wurde für den Handel geschlossen, die Sitzungen der Stadtverordnetenversammlung ausgesetzt, die Befugnisse des Gouverneurs erweitert, die Präsenz britischer Truppen verstärkt und die Strafverfolgung der Aufrührer erleichtert. Diese Strafmaßnahmen
35 der britischen Regierung stießen in den Kolonien auf erbitterten Widerstand. [...] Eine gewaltige Solidarisierungswelle schwappte über alle 13 Kolonien entlang der Atlantikküste, die alle britischen Versuche, Boston und Massachusetts zu isolieren, grandios
40 scheitern ließen. Überall kam es zu Boykotten britischer Waren und zu gewaltsamen Übergriffen auf Regierungsgebäude und Vertreter der Krone, deren Macht rasant verfiel.

Volker Depkat, Geschichte der USA, Kohlhammer, Stuttgart 2016, S. 55 f.*

M 10 John Adams (1735–1826), 2. Präsident der USA, in seinem Tagebuch über die *Boston Tea Party* (17. Dezember 1773)

Gestern Abend wurden drei Ladungen Bohea-Tee ins Meer geschüttet. Heute morgen segelt ein Kriegsschiff los [nach England].
Dies ist die bisher großartigste Maßnahme. Dieses
5 letzte Unternehmen der Patrioten hat eine Würde, eine Majestät, eine Erhabenheit an sich, die ich bewundere. Das Volk sollte sich nie erheben, ohne etwas Erinnerungswürdiges zu tun – etwas Beachtenswertes und Aufsehenerregendes. Die Vernichtung
10 des Tees ist eine so kühne, entschlossene, furchtlose und kompromisslose Tat, und sie wird notwendigerweise so wichtige und dauerhafte Konsequenzen hervorrufen, dass ich sie als epochemachendes Ereignis betrachten muss.
15 Dies war nur ein Angriff auf Eigentum. [...]
Die Frage ist, ob die Vernichtung des Tees nötig war. Ich fürchte, sie war absolut notwendig. Er konnte nicht zurückgeschickt werden, weil Gouverneur, Admiral und der Zoll es nicht erlaubten. Allein in deren
20 Macht lag es, den Tee zu retten. An der Wasserfestung und den Kriegsschiffen wären die Teeschiffe nicht vorbeigekommen. Die Alternative war daher, den Tee zu vernichten oder an Land zu bringen. Ihn an Land zu bringen hätte bedeutet, dass wir das Be-
25 steuerungsrecht des Parlaments anerkennen, gegen das der Kontinent zehn Jahre lang gekämpft hat. Es hätte bedeutet, dass wir die Arbeit von zehn Jahren zunichte machen und uns und unsere Nachkommen den ägyptischen Sklaventreibern unterwerfen – den
30 drückenden Abgaben, der Schmach und Schande, den Anschuldigungen und der Verachtung, dem Elend und der Unterdrückung, der Armut und der Knechtschaft.

Zit. nach: Dokumente zur Geschichte der Vereinigten Staaten von Amerika, hg. von Herbert Schambeck, Helmut Widder, Marcus Bergmann, Duncker & Humblot, 2., erw. Aufl. Berlin 2007, S. 69 f.*

1 Erörtern Sie die Rolle der *Boston Tea Party* im Rahmen der revolutionären Ereignisse sowohl aus wissenschaftlicher Sicht (M 9) als auch aus Sicht des Zeitzeugen (M 10).
2 Interpretieren Sie die satirische Zeichnung (M 11).
3 Vertiefung: Fassen Sie zusammen, welche Formen des Protestes es in den Kolonien gab.
Tipp: Lesen Sie erneut den Darstellungstext S. 42 ff.

M 11 „Die Bostoner bezahlen den Steuereintreiber, oder Teeren und Federn", satirische Zeichnung, anonym, 1774.

Im Vordergrund flößen fünf Bürger von Boston dem britischen Steuereintreiber mit Gewalt Tee ein. Im Hintergrund sind der Liberty Tree *sowie die* Boston Tea Party *zu sehen.*

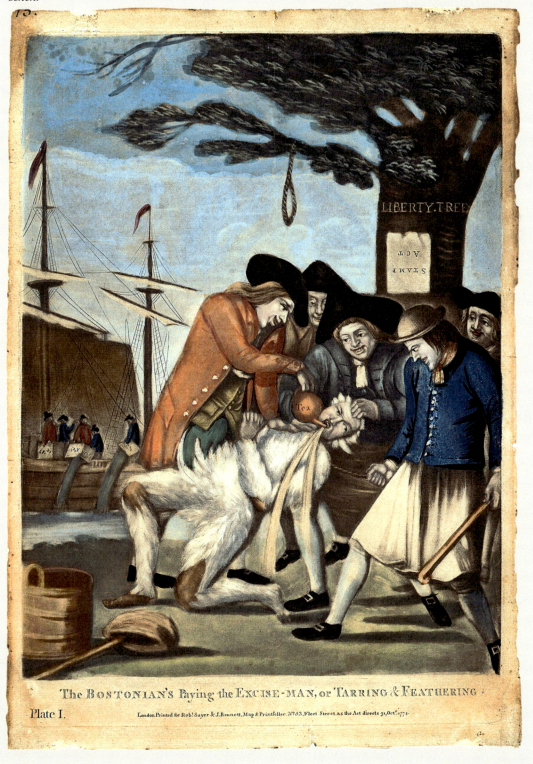

1.3 Perspektiven der Konfliktparteien

Patrioten und Loyalisten

M 12 „Liberty Song" von John Dickinson (Version von 1768)

Come, join hand in hand, brave Americans all,
And rouse your bold hearts at fair Liberty's call;
No tyrannous acts shall suppress your just claim,
Or stain with dishonor America's name.
5 In Freedom we're born and in Freedom we'll live.
Our purses are ready. Steady, friends, steady;
Not as slaves, but as Freemen our money we'll give.

Our worthy forefathers, let's give them a cheer,
To climates unknown did courageously steer;
10 Thro' oceans to deserts for Freedom they came,
And dying, bequeath'd us their freedom and fame.
In Freedom we're born and in Freedom we'll live.
Our purses are ready. Steady, friends, steady;
Not as slaves, but as Freemen our money we'll give.

15 The tree their own hands had to Liberty rear'd,
They lived to behold growing strong and revered;
With transport they cried, now our wishes we gain,
For our children shall gather the fruits of our pain.
In Freedom we're born and in Freedom we'll live.
20 Our purses are ready. Steady, friends, steady;
Not as slaves, but as Freemen our money we'll give.

Then join hand in hand, brave Americans all,
By uniting we stand, by dividing we fall;
In so righteous a cause let us hope to succeed,
25 For heaven approves of each generous deed.
In Freedom we're born and in Freedom we'll live.
Our purses are ready. Steady, friends, steady;
Not as slaves, but as Freemen our money we'll give.

http://www.contemplator.com/america/liberty.html (Download vom 4.6.2018).

1 Arbeiten Sie die zentralen Begriffe und Aussagen des Liedes heraus.
2 Ordnen Sie das Lied in den historischen Kontext ein.
3 **Vertiefung:** Recherchieren Sie die Biografie von John Dickinson.

Übersetzung: Das Lied der Freiheit
cornelsen.de/Webcodes
Code: tegube

M 13 Thomas Jefferson in seiner Schrift „A Summary View of the Rights of British America" (1774)

Thomas Jefferson, Plantagenbesitzer aus Virginia und einer der Hauptautoren der Unabhängigkeitserklärung, gehörte zu den führenden Persönlichkeiten der Gruppe der „Patrioten". Er verfasste diesen Text als Anleitung für die Delegierten Virginias auf dem Ersten Kontinentalkongress.

Fester Entschluss zur Instruktion der Delegierten des Kontinentalkongresses mit den Deputierten aus den anderen Staaten Britisch Amerikas, dass diese Ihrer Majestät, als dem führenden Beamten [*chief magistrate*] des Britischen Empire, einen bescheidenen und pflichtbewussten Brief mit Beschwerden seiner Untertanen in Amerika vorlegen sollen; Beschwerden, die ausgelöst wurden durch viele unerträgliche Eingriffe und widerrechtliche Anmaßungen von der Legislative eines Teils des Empires in die Rechte, die Gott und die Gesetze allen Menschen gleich und unabhängig gegeben haben. […]

Dieser Brief soll ihn daran erinnern, dass unsere Vorfahren, bevor sie nach Amerika emigrierten, freie Einwohner der Britischen Gebiete in Europa waren und das Recht besaßen, das die Natur allen Menschen gegeben hat, und […] dass sie im Streben nach neuen Wohnorten neue Gesellschaften errichtet haben, in denen sie solche Gesetze und Regeln geschaffen haben, die das allgemeine Wohlergehen [*public happiness*] beförderten. Ebenso wie die sächsischen Vorfahren, im Rahmen dieses universellen Rechtes, ihre ursprüngliche Heimat in Nordeuropa verlassen haben und die Insel Britannien in Besitz genommen haben, […] und dort ihr Gesetzessystem etabliert haben, das so lange dem Ruhm und Schutz dieses Landes gedient hat. Niemals wurde vom Mutterland, aus dem sie gekommen waren, der Anspruch erhoben, ihnen übergeordnet zu sein; und wenn ein solcher Anspruch erhoben würde, würden sich die britischen Untertanen Ihrer Majestät auch mit fester Überzeugung auf ihre Rechte berufen, die sie von ihren Vorfahren erhalten haben, um die Souveränität ihres Staates gegenüber solchen Anmaßungen zu bewahren.

http://www.history.org/almanack/life/politics/sumview.cfm (Download vom 6.6.2018); übersetzt von Silke Möller.*

1 Geben Sie die Argumente von Thomas Jefferson wieder.
2 Nehmen Sie Stellung zu seiner Position.

M 14 Joseph Galloway, Abgeordneter aus Pennsylvania, auf dem Ersten Kontinentalkongress über den Plan einer Union zwischen den Kolonien und England (28. September 1774)

Beschluss, dass dieser Kongress Seiner Majestät die Bitte vortragen wird, die Lasten aufzuheben, unter denen seine treuen Untertanen in Amerika sich mühen, und ihm versichert wird, dass die Kolonien die
5 Idee mit Abscheu von sich weisen, von der britischen Regierung unabhängige Gemeinwesen zu sein, uns heiß wünschen, es möge eine politische Union errichtet werden nicht allein unter ihnen, sondern mit dem Mutterland, den Prinzipien Sicherheit und Frei-
10 heit entsprechend, die in der Verfassung aller freien Regierungen wesentlich sind und besonders das Prinzip der britischen Gesetzgebung bilden. Und da diese Kolonien infolge der lokalen Verhältnisse im Parlament von Großbritannien nicht repräsentiert
15 sein können, werden sie in aller Ergebenheit Seiner Majestät und seinen beiden Häusern des Parlaments folgenden Plan vortragen, mit dessen Hilfe die ganze Kraft des Empires zusammengefasst werden kann in jedem Notfall und die Interessen beider Mächte be-
20 fördert und die Rechte und Freiheiten Amerikas gesichert werden mögen.

Plan einer vorgeschlagenen Union zwischen Großbritannien und den Kolonien.
Eine britische und amerikanische gesetzgebende
25 Körperschaft zur Regelung der Verwaltung der allgemeinen Angelegenheiten Amerikas unter Einschluss aller genannten Kolonien soll in Amerika vorgeschlagen und errichtet werden; mit und unter dieser Regierung soll jede Kolonie ihre gegenwärtige Verfas-
30 sung und die Vollmacht behalten, ihre eigenen wie auch immer gearteten inneren politischen Fragen in allen Fällen zu regeln und zu verwalten.
Der genannten Regierung soll ein Präsident vorstehen, der vom König ernannt wird, und ein Großrat,
35 der von den Vertretern des Volkes der einzelnen Kolonien in ihren respektiven Versammlungen gewählt wird alle drei Jahre einmal. [...]

Zit. nach: Dokumente zur Geschichte der Vereinigten Staaten von Amerika, hg. von Herbert Schambeck, Helmut Widder, Marcus Bergmann, Duncker & Humblot, 2., erw. Aufl. Berlin 2007, S. 72 f.

1 Erläutern Sie die Vorschläge für eine Union.
2 Setzen Sie die Unionspläne in Beziehung zu den Ideen Thomas Jeffersons (M 13).
  Tipp: siehe S. 476.
3 **Zusatzaufgabe:** siehe S. 476.

M 15 Rede von Patrick Henry vor dem Provinzialkongress von Virginia (23. März 1775)

Herr Präsident, niemand schätzt wohl die Vaterlandsliebe und die Fähigkeiten der ehrenwerten Herren, die eben zu dem hohen Haus gesprochen haben, mehr als ich. Aber verschiedene Menschen sehen oft
5 die gleichen Probleme verschieden an. Daher wird man es hoffentlich nicht als Geringschätzung dieser Herren ansehen, wenn ich frei und ohne Einschränkung meine eigenen Empfindungen und Ansichten ausspreche, auch wenn sie den ihren direkt entgegen-
10 gesetzt sind. [...] Wenn ich in einem solchen Augenblick mit meiner Meinung zurückhielte, [...] würde ich mich nach meinem Dafürhalten des Verrats an meinem Land schuldig machen und damit auch der Treulosigkeit gegenüber der himmlischen Majestät,
15 die ich mehr ehre und achte als alle irdischen Könige.
[...] Wir haben alles in unserer Macht Stehende getan, um den jetzt aufziehenden Sturm abzuwenden. Wir haben Petitionen eingereicht – wir haben protes-
20 tiert – wir haben demütig gebeten – wir haben uns vor dem Königsthron in den Staub geworfen und haben darum gefleht, er möge eingreifen und die despotischen Hände seines Kabinetts und des Parlaments zügeln. Unsere Petitionen wurden missachtet, unsere
25 Proteste haben weitere Gewalttaten und Schmähungen bewirkt, unsere Gesuche übersehen, und wir wurden verächtlich vom Fuße des Thrones fortgestoßen. Nach alledem wird die weitere Verfolgung der liebgewordenen Hoffnung auf Frieden und Aussöh-
30 nung zwecklos. Es gibt keinen Raum für irgendwelche Hoffnungen! Wenn wir wirklich frei sein wollen – wenn wir die unschätzbaren Rechte, für die wir so lange gekämpft haben, unverletzt erhalten wollen – wenn wir den edlen Kampf, den wir so lange geführt
35 haben und den wir nach unseren feierlichen Versprechungen bis zur Erreichung unseres ruhmreichen Zieles führen wollten, nicht schmählich abbrechen wollen – dann müssen wir kämpfen! [...]
Es hat keinen Zweck, Herr Präsident, die Sache zu be-
40 mänteln. Manche Herren mögen noch so sehr nach Frieden schreien – es gibt keinen Frieden. Der Krieg hat in Wirklichkeit schon begonnen! [...] Ich weiß nicht, wie sich andere entscheiden werden, aber für mich gibt es nur Freiheit oder Tod!

Zit. nach: Dokumente zur Geschichte der Vereinigten Staaten von Amerika, hg. von Herbert Schambeck, Helmut Widder, Marcus Bergmann, Duncker & Humblot, 2., erw. Aufl. Berlin 2007, S. 86 ff.*

1 Erläutern Sie, wie Patrick Henry die Lage im März 1775 einschätzt.
2 Überprüfen Sie seine Einschätzung.

1.3 Perspektiven der Konfliktparteien

M 16 Die Schlacht von Lexington am 19. April 1775, kolorierter Stich, 1874

1 Interpretieren Sie die bildliche Darstellung der Ereignisse von Lexington.

M 17 Der Historiker Michael Hochgeschwender über den Beginn des Unabhängigkeitskrieges (2016)

Mit den Schüssen von Lexington und Concord waren die Würfel gefallen. Die amerikanischen Kolonien befanden sich in offenem Aufruhr, wenngleich die Kampfhandlungen vorerst auf Neuengland begrenzt waren. In den anderen Kolonien wurde noch eifrig darüber diskutiert, ob und wie man sich den Neuengländern anschließen würde. Aber das interkoloniale Netz der *Association Committees*, der *Sons of Liberty*, der Korrespondenzgesellschaften und des Kontinentalkongresses war inzwischen dicht und effizient genug, um die Solidarität mit dem Nordosten zu garantieren. [...] Im Süden, in Virginia, war es vor allem [...] Patrick Henry, der am 23. März, also noch vor Concord, das *House of Burgesses*, die dortige *Assembly*, mit einer leidenschaftlichen Rede, die angeblich in den Worten „*Give me liberty or give me death*" gipfelte [siehe M 15], auf den bevorstehenden gemeinsamen Kampf einstimmte. Es ist nicht ganz klar, ob er diese Worte wirklich so gesprochen hat, aber Henry und auch George Washington, Thomas Jefferson sowie andere Großgrundbesitzer Virginias waren inzwischen fest entschlossen, nicht einfach als Zuschauer dabeizustehen, falls die Briten Massachusetts militärisch bestrafen würden. Ihrer Entscheidung lag die Überzeugung zugrunde, ihre Existenz und ihre Freiheit seien durch die britische Regierung und die Gesetze des Parlamentes unmittelbar bedroht. [...] Angesichts der unerwarteten militärischen Erfolge der kolonialen Milizen bei Concord, Boston und Ticonderoga lag das Gesetz des Handelns erst einmal wieder bei der Politik, das heißt beim Kontinentalkongress, der seit Mai in Philadelphia tagte. [...] Diese Institution sollte bis 1783 die Geschicke erst der rebellischen Kolonien, dann der jungen Vereinigten Staaten von Amerika lenken. Als Präsident fungierte John Hancock, neben Samuel Adams in britischen Augen der bestgehasste Mann [...]. Seine Wahl musste den Briten als schiere Provokation erscheinen und war wohl auch als solche gedacht. Als erste Amtshandlung erklärte der Kontinentalkongress, die Kolonien befänden sich im Verteidigungszustand, und rief die Milizen und weitere Freiwillige zu den Fahnen.

Michael Hochgeschwender, Die Amerikanische Revolution, C. H. Beck, München 2016, S. 174 ff. *

1 Arbeiten Sie die Kernaussagen des Autors heraus.
2 Überprüfen Sie, ob sich die Kolonien tatsächlich im „Verteidigungszustand" befanden.

M 18 „Palmzweig-Petition" des Zweiten Kontinentalkongresses an Georg III. (5. Juli 1775)

Nach dem Schlusse des letztern Krieges [...] begann ein neues System von Statuten und Verordnungen, nach welchen die Kolonien verwaltet werden sollten, sie zu beunruhigen, und sie mit peinigender Furcht
5 und Misstrauen zu erfüllen. Zu ihrem größten Erstaunen sahen sie plötzlich auf einen auswärtigen Krieg einheimische Gefahren folgen, die sie für weit bedenklicher hielten. [...]
Indem Eurer Majestät Minister auf ihrem Plan be-
10 standen, und ihn durch offenbar feindselige Angriffe durchsetzen wollten, zwangen sie uns, die Waffen zu unserer Verteidigung zu ergreifen. [...] Wenn wir erwägen, wie bürgerliche Zwietracht die streitenden Parteien zu glühender Rache und unheilbaren Erbit-
15 terungen anfeuert, so halten wir es für unsere Pflicht, gegen Gott, gegen Ew. Majestät, gegen unsere Mitbürger, und gegen uns selbst, alle Mittel, die nicht unserer Sicherheit zuwider sind, anzuwenden, um das fernere Blutvergießen zu verhindern und das bevor-
20 stehende Unglück, das dem britischen Reiche droht, abzuwenden. [...]
Wir bitten daher, dass Ew. Majestät Ihre königliche Gewalt huldreich dazu gebrauchen möge, uns von der schmerzlichen Furcht und dem Misstrauen zu
25 befreien [....], dass Maßregeln ergriffen werden mögen, wodurch das Leben der Untertanen Ew. Majestät vor ferneren Gefahren gesichert werden und dass endlich die Statute aufgehoben werden, die unmittelbar eine von Ew. Majestät Kolonien ins Unglück stür-
30 zen, aufgehoben würden.

Zit. nach: Dokumente zur Geschichte der Vereinigten Staaten von Amerika, hg. von Herbert Schambeck, Helmut Widder, Marcus Bergmann, Duncker & Humblot, 2., erw. Aufl. Berlin 2007, S. 89 f.*

M 19 Proklamation der Rebellion von Georg III. (23. August 1775)

Die formelle Ausrufung der Rebellion überschnitt sich mit der Ankunft der Palmzweig-Petition, da eine Übermittlung immer mehrere Wochen dauerte.
Georg Rex,
In Ansehung, dass eine Anzahl unserer Untertanen in verschiedenen Teilen unserer Kolonien und Pflanzungen in Nordamerika, verführt durch gefährliche
5 und übelwollende Menschen, vergessen der Untertanenpflicht, die sie der Macht schulden, die sie geschützt und erhalten hat, nachdem der öffentliche Friede durch zahlreiche Akte der Aufsässigkeit gestört worden ist, um den gesetzlichen Handel zu hin-
10 dern und unsere loyalen Untertanen zu bedrücken, die ihn ausüben, dass sie neuerdings zu offener und eingestandener Rebellion übergegangen sind, indem sie sich in feindlicher Weise zusammengetan haben, um der Ausführung des Gesetzes Widerstand zu leisten und verräterisch gegen uns Krieg vorzubereiten, 15 zu befehlen und zu erheben:
[...] halten wir es durch und mit Zustimmung unseres Staatsrates für geboten, diese unsere königliche Proklamation zu erlassen, und wir erklären hiermit, dass nicht nur alle unsere Offiziere und Beamte ver- 20 pflichtet sind, die äußersten Anstrengungen zu machen, um eine solche Rebellion zu unterdrücken [...], sondern dass auch alle unsere Untertanen in diesem Reiche und in den betroffenen Herrschaften durch das Gesetz gehalten sind, zur Unterdrückung einer 25 solchen Rebellion ihre Hilfe und ihren Beistand zu leisten und alle gegen uns und unsere Krone und Würde gerichteten verräterischen Konspirationen und Anschläge aufzudecken und bekanntzumachen. 30

Zit. nach: Dokumente zur Geschichte der Vereinigten Staaten von Amerika, hg. von Herbert Schambeck, Helmut Widder, Marcus Bergmann, Duncker & Humblot, 2., erw. Aufl. Berlin 2007, S. 93 f.*

1 Erläutern Sie, warum der Kontinentalkongress die Palmzweig-Petition direkt an den britischen König Georg III. richtete (M 18).
2 Charakterisieren Sie die Reaktion Georgs III. im August 1775 (M 19).
3 3 **Arbeitsteilige Gruppenarbeit:**
   a) Arbeiten Sie die zentralen Argumente der Patrioten heraus und nennen Sie wichtige Vertreter (M 12 bis M 16).
   b) Arbeiten Sie die zentralen Argumente der Loyalisten heraus und nennen Sie wichtige Vertreter (M 12 bis M 16).
4 **Vertiefung:** Stellen Sie in kleinen Schaubildern die verschiedenen von den Kolonisten vorgeschlagenen Lösungsmodelle für die nordamerikanischen Kolonien dar.

M 20 Thomas Paine in seiner Schrift „Common Sense" (1776)

Thomas Paine (1737–1809) war 1774 von England nach Amerika ausgewandert. Durch seine Schrift „Common Sense" (1776), die weite Verbreitung erfuhr, gelang es ihm, in Nordamerika zum Sprecher der Massen zu werden.
Da man die Sache von der Beweisführung auf die Waffen verwiesen hat, ist eine neue Zeitrechnung für die Politik angebrochen, ist eine neue Denkweise entstanden. Alle Pläne, Vorschläge usw., die vor dem 19. April [1775], also vor dem Beginn der Feindselig- 5 keiten, liegen, sind wie Kalender vom vergangenen Jahr, die damals taugten, heute aber überholt und

nutzlos sind. [...] Wir haben mit dem Schutz durch Großbritannien geprahlt, ohne daran zu denken, dass dessen Beweggrund der eigene Vorteil und nicht Zuneigung war, und dass es uns nicht unsertwegen vor unseren Feinden schützte, sondern seinetwegen vor seinen Feinden. [...]

Europa, nicht England, ist das Stammland Amerikas. Diese Neue Welt ist die Zuflucht für die verfolgten Freunde der bürgerlichen und religiösen Freiheit aus allen Teilen Europas gewesen. [...] Eigene Regierung ist unser natürliches Recht. [...]

Ihr, die ihr euch jetzt gegen Unabhängigkeit wendet, ihr wisst nicht, was ihr tut; ihr öffnet ewiger Tyrannei die Türe, denn ihr haltet den Sitz der Regierung leer. Tausende und Zehntausende würden es für ruhmvoll halten, von diesem Erdteil die barbarische und höllische Macht zu verjagen, die zu unserer Vernichtung die Indianer und Neger aufreizte. [...]

O ihr, die ihr die Menschheit liebt! Ihr, die ihr nicht bloß der Tyrannei, sondern dem Tyrannen selbst zu trotzen wagt, haltet stand! In jedem Fleck der Alten Welt herrscht Unterdrückung. Die Freiheit ist über die ganze Erde gehetzt worden. Asien und Afrika haben sie schon seit langem vertrieben, Europa betrachtet sie als Fremde, und England hat ihr das Zeichen zur Abfahrt gegeben. O nehmt die Flüchtlinge auf und bereitet der Menschheit rechtzeitig eine Zufluchtsstätte. [...] Wer sich Natur zum Führer nimmt, kann nicht leicht in seiner Beweisführung irregemacht werden, und auf dieser Grundlage stehe ich allgemein dafür ein: Unabhängigkeit ist eine gerade, einfache Richtlinie, die in unserer Hand liegt, Versöhnung aber ist eine außerordentlich verwirrte und verwickelte Sache, bei der sich ein verräterischer, launenhafter Hof einmischen muss [...]. Kurz, Unabhängigkeit ist das einzige Band, das uns verknüpfen und zusammenhalten kann. [...]

Lasst die Namen Whig und Tory[1] ausgetilgt sein, lasst keine anderen unter uns erklingen als die eines guten Bürgers, eines offenen und beherzten Freundes, eines tugendhaften Beschützers der Rechte der Menschheit und der freien und unabhängigen Staaten von Amerika!

Zit. nach: Wolfgang Lautemann (Bearb.), Geschichte in Quellen, Bd. 4, bsv, München 1981, S. 99.*

1 *Whigs und Tories:* Dies sind die beiden wichtigsten politischen Gruppierungen in Großbritannien. Die Whigs setzen sich traditionell für die Rechte des Parlaments, die Tories für die Macht der Krone ein.

1 Erläutern Sie die Thesen von Thomas Paine zur Lage der amerikanischen Kolonien.
2 Beurteilen Sie seine Argumentation.

Wende zur Revolution?

M 21 Der Historiker Volker Depkat über die „Wende zur Revolution" (2016)

Das Revolutionäre der sich zwischen 1774 und 1776 ereignenden Wende ist dadurch definiert, dass die Kolonisten in der Rechtfertigung ihres Widerstands aus dem britischen Verfassungskontext ausbrachen und ihn auf die neue Grundlage des aufklärerischen Naturrechtsliberalismus stützten. Hatten sie sich in ihrem Protest bisher auf die ungeschriebenen Traditionen der britischen Verfassung, die *Rights of Englishmen* und die in den kolonialen *Charters* von der Krone gewährten Rechte berufen, so griffen sie nach 1774 immer mehr auf die universalen Prinzipien der Aufklärung zurück. Folglich ging es seit 1774 immer weniger um Steuern und immer mehr um die Grundfragen legitimer Herrschaft und den Zweck von Staatlichkeit überhaupt. Damit einher ging eine grundlegende Hinwendung zur Zukunft: Bis zur revolutionären Wende von 1774/76 war der koloniale Widerstand gegen die imperiale Politik des Mutterlandes rückwärtsgewandt gewesen, denn es ging den Kolonisten um die Bewahrung des Status quo, wie er sich bis 1763 etabliert hatte. [...] Die Wende zur Revolution, die in der Erklärung der Unabhängigkeit am 4. Juli 1776 kulminierte, ist deshalb auch eine Wende von der Vergangenheitsorientierung hin zur Ausrichtung auf eine offene Zukunft, deren Gestaltung sich die Revolutionäre zur Aufgabe machten.

Von entscheidender Bedeutung für die Wende zur Revolution war der Zusammentritt des Ersten Kontinentalkongresses in Philadelphia am 5. September 1774. Die insgesamt 56 Delegierten aus zwölf Kolonien – nur Georgia war nicht vertreten – bildeten das nach dem *Stamp Act Congress* zweite interkoloniale Parlament und sahen sich mit der Aufgabe konfrontiert, die Interessen der Kolonien gegenüber dem Mutterland zu vertreten und den eskalierenden kolonialen Widerstand zu organisieren. Dadurch arbeitete der Erste Kontinentalkongress faktisch als nationale Regierung, ohne dass die Delegierten das damals schon von sich gedacht oder dass die Kolonisten das so gesehen hätten. Der Kontinentalkongress rief die Bewohner der 13 Kolonien zur Verschärfung des Boykotts bis hin zum völligen Abbruch aller Handelsbeziehungen zum Mutterland auf. [...] Zudem stellten die Delegierten des Ersten Kontinentalkongresses in der am 14. Oktober verabschiedeten *Declaration of Colonial Rights and Grievances* fest, dass das britische Parlament keinerlei Autorität über die inneren Angelegenheiten der Kolonien im britischen Herrschaftsverband habe. Diese Resolution war die letzte große

Manifestation eines sich auf die *Rights of Englishmen* berufenden Widerstandes gegen die Politik des Mutterlandes.

Volker Depkat, Geschichte der USA, Kohlhammer, Stuttgart 2016, S. 56.*

1 Analysieren Sie die von Volker Depkat genannten Elemente der revolutionären Wende.
2 **Vertiefung:** Erörtern Sie die Verwendung der Begriffe „revolutionär" und „Revolution".
Tipp: Beziehen Sie die Darstellung von Kapitel 1 sowie die Hinweise zur Formulierung eines Sach-/Werturteils von S. 58 mit ein.

M 22 Der US-amerikanische Historiker Crane Brinton (1898–1968) über die ersten Stadien der Amerikanischen Revolution (1965)

Man kann zwar in gewissem Sinne sagen, dass die amerikanische Revolution eigentlich 1765 mit dem Stempelgesetz begann oder dass jedenfalls die Agitation, die zur Widerrufung dieses Gesetzes führte, die Generalprobe für die Bewegung des anschließenden Jahrzehnts bildete. Die Reichsregierung war jedenfalls entschlossen, in Amerika lebhaft zu reagieren. Townshends milde Zölle auf Tee, Glas, Blei und noch einige Importwaren gingen mit einem Versuch einher, sie auf rationelle, moderne Art einzuheben. Die königliche Zollbürokratie in Amerika war pflichttreu, aber nicht böswillig. Das Ergebnis waren Zusammenstöße mit zunehmend besser organisierten Gruppen von Amerikanern. Es kam zum Teeren und Federn von Zolldenunzianten, zum Raub beschlagnahmter Güter unter den Augen der Zollbeamten, zu Schmährufen gegen englische Truppen, dann zu den historischen Zwischenfällen, die in allen amerikanischen Schulbüchern stehen, wie dem Bostoner Massaker von 1770 und der „Bostoner Tea Party".

Die Schließung des Hafens von Boston, die Entsendung einer Armee nach Massachusetts und die Quebec-Akte selbst waren Maßnahmen der Reichsregierung gegen die schon im Aufstand befindlichen Kolonien. Man kann lange darüber streiten, an welchem Punkt der formale Beginn der amerikanischen Revolution anzusetzen ist. Man kann dazu den ersten Kontinentalkongress 1774, die Gefechte von Lexington und Concord 1775 oder die Unabhängigkeitserklärung vom 4. Juli 1776 nehmen. Die komplexen Gruppenkämpfe, aus denen die Revolutionen entstehen, werden erst später in offiziellen Daten für das patriotische Ritual fixiert. Die ersten Schritte der amerikanischen Revolution waren vielfältig und erstreckten sich über ein Jahrzehnt. Nur ein Pedant kann verlangen, ein bestimmtes Einzeldatum aus dieser langen Reihe von Geschehnissen als offiziellen Beginn der amerikanischen Revolution herauszulösen.

Crane Brinton, Anatomie der Revolution, hg. von Manfred Lauermann, übersetzt von Walter Theimer, Karolinger Verlag, durchgesehene und erweiterte Auflage, Wien 2017 [engl. Original 1965], S. 88 f.

1 Fassen Sie zusammen, welche Ereignisse Crane Brinton nennt und wie er sie bewertet.
2 Erläutern Sie, was Crane Brinton mit folgendem Satz meint: „Die komplexen Gruppenkämpfe […] werden erst später in offiziellen Daten für das patriotische Ritual fixiert."
3 Geben Sie die von Crane Brinton herausgearbeiteten Bedingungen für den Ausbruch einer Revolution wieder. Ordnen Sie das Material von Kapitel 3 auf dieser Basis ein.
▶ M 2, S. 97 f.
Tipp: siehe S. 476.

M 23 Die *Sons of Liberty* stürzen die Statue Georgs III. am 9. Juli 1776 in New York, Stich nach Felix O.C. Darley, 1877

PULLING DOWN THE STATUE OF THE KING.

1 Erläutern Sie die Bedeutung des dargestellten Vorgangs.
2 **Zusatzaufgabe:** siehe S. 476.

Methode

Darstellungen analysieren

Zu den zentralen Aufgaben des Historikers gehört die Arbeit mit Quellen, die in schriftlicher, bildlicher und gegenständlicher Form einen direkten Zugang zur Geschichte bieten. Ihre Ergebnisse präsentieren die Wissenschaftler in selbst verfassten Darstellungen – häufig auch **Sekundärtexte** genannt –, in denen sie unter Beachtung wissenschaftlicher Standards die Ergebnisse ihrer Quellenforschungen sowie ihre Schlussfolgerungen und Bewertungen veröffentlichen. Grundsätzlich lassen sich Darstellungen in **zwei große Gruppen** gliedern:
– in fachwissenschaftliche und
– in populärwissenschaftliche bzw. „nichtwissenschaftliche" Darstellungen.
Die **fachwissenschaftlichen Texte** wenden sich an ein professionelles Publikum, bei dem Grundkenntnisse des Faches, der Methoden und der Begrifflichkeit vorausgesetzt werden können. Zu den relevanten Kennzeichen fachwissenschaftlicher Darstellungen gehört, dass alle Einzelergebnisse durch Verweise auf Quellen oder andere wissenschaftliche Untersuchungen durch Fußnoten belegt werden. **Populärwissenschaftliche Darstellungen**, die sich an ein breiteres Publikum wenden, verzichten dagegen auf detailliert belegte Erkenntnisse historischer Befunde und Interpretationen. In erster Linie geht es darum, komplexe historische Zusammenhänge anschaulich und vereinfacht zu präsentieren. Zu dieser Gruppe werden beispielsweise publizistische Texte und historische Essays in Zeitungen und Magazinen sowie Schulbuchtexte gezählt.

Arbeitsschritte zur Interpretation

1. Leitfrage — Welche Fragestellung bestimmt die Untersuchung der Darstellung?
2. Analyse *Formale Aspekte*
– Wer ist der Autor (ggf. zusätzliche Informationen über den Verfasser)?
– Um welche Textsorte handelt es sich?
– Mit welchem Thema setzt sich der Autor auseinander?
– Wann und wo ist der Text veröffentlicht worden?
– Gab es einen konkreten Anlass für die Veröffentlichung?
– An welche Zielgruppe richtet sich der Text (Historiker, interessierte Öffentlichkeit)?
– Welche Intentionen oder Interessen verfolgt der Verfasser?
Inhaltliche Aspekte
– Was sind die wesentlichen Aussagen des Textes?
   a) anhand der Argumentationsstruktur: These(n) und Argumente
   b) anhand der Sinnabschnitte: wesentliche Aspekte und Hauptaussage
– Wie ist die Textsprache (z. B. appellierend, sachlich oder polemisch)?
– Welche Überzeugungen vertritt der Autor?

3. Historischer Kontext — Auf welchen historischen Gegenstand bezieht sich der Text?
– Welche in der Darstellung angesprochenen Sachaspekte bedürfen der Erläuterung?

4. Urteil — Ist der Text überzeugend im Hinblick auf die fachliche Richtigkeit (historischer Kontext) sowie auf die Schlüssigkeit der Darstellung?
– Welche Gesichtspunkte des Themas werden vom Autor kaum oder gar nicht berücksichtigt?
– Was ergibt ggf. ein Vergleich mit anderen Darstellungen zum gleichen Thema?
– Wie lässt sich der dargestellte historische Gegenstand aus heutiger Sicht im Hinblick auf die Leitfrage bewerten?

Übungsaufgabe

M 1 Der Historiker Jürgen Heideking über die ideologischen Ursprünge der Revolution (2003)

Der Gesinnungswandel, der aus treuen Untertanen der Krone Patrioten und Rebellen machte, hatte sich erstaunlich rasch vollzogen. John Adams bezeichnete diesen intellektuellen Prozess rückblickend als
5 den eigentlichen Kern des Geschehens. Die Revolution, so schrieb er 1815 an Thomas Jefferson, habe in den Köpfen der Menschen stattgefunden, und sie sei schon abgeschlossen gewesen, bervor 1775 bei Lexington und Concord Blut vergossen wurde. Diese
10 Beobachtung trifft insofern zu, als die Ursprünge des britisch-amerikanischen Disputs, wie der Historiker Bernard Bailyn nachgewiesen hat, in erster Linie geistig-ideologischer Natur waren. Das beharrliche Pochen auf die „alten englischen Rechte" diente nicht
15 der Verschleierung materieller Interessen, wenngleich diese sicher auch eine Rolle spielten. Den unerlässlichen Nährboden für die Widerstandshaltung bildete vielmehr ein Geflecht von Denkgewohnheiten, Verhaltensweisen und Wertvorstellungen, das in
20 die tieferen Bewusstseinsebenen hineinreichte und breite soziale Schichten beeinflusste. Die gebildeten Kolonisten schöpften ihre Argumente und Konzepte aus vielen Quellen: aus den Werken englischer Juristen wie Sir Edward Coke und William Blackstone; aus
25 der liberalen Natur- und Vertragsrechtslehre John Lockes; aus der Literatur der Aufklärung [...]. Ganz besonders empfänglich waren sie selbst und ihr Publikum aber für die Maximen der englischen Oppositionsliteratur, deren beide Elemente – das radikale aus
30 John Trenchards und Thomas Gordons *Cato's Letters* und das konservativ-nostalgische des *Patriot King* von Lord Bolingbroke – in ihrem Bewusstein zu einer verhältnismäßig geschlossenen Weltanschauung, zu einer spezifisch amerikanischen Country-Ideologie
35 verschmolzen. Sie diente als Rahmen, in den sich alle anderen, oft widersprüchlichen Denkmuster und geistigen Strömungen einfügen ließen [...]. Im Lichte dieser Ideologie mit ihrem extremen Machtmisstrauen, ihrer Hochschätzung der klassisch-römischen
40 Bürgertugenden (*virtue*) und ihren Warnungen vor einem unmerklichen schleichenden Verlust der Freiheit reimten sich die Ereignisse seit 1763 zu einem logischen Ganzen, zu einer von langer Hand geplanten, weitverzweigten und systematisch vorangetrie-
45 benen Verschwörung gegen die Kolonien zusammen. Die neuen Steuern, das Insistieren der Briten auf der absoluten Parlamentssouveränität, der Ausbau der Kolonialverwaltung, die Verlegung von Truppen in die Städte und schließlich die harte Bestrafung von Massachusetts – all das waren keine Reformen, son-
50 dern Anhaltspunkte für einen generellen Anschlag auf das Selbstbestimmungsrecht der Kolonisten, auf einen *„deliberate, systematic plan of reducing us to slavery"*, wie es der junge virginische Pflanzer Thomas Jefferson 1774 in seinem Pamphlet *A Summary View*
55 *of the Rights of British America* ausdrückte.

Jürgen Heideking, Geschichte der USA, UTB, 3. Auflage, Tübingen 2003, S. 36 f.

1 Analysieren Sie M 1 mithilfe der Arbeitsschritte von S. 56.
▶ Lösungshinweise finden Sie auf S. 486 f.

Methode

Ein historisches Urteil entwickeln

Im Allgemeinen werden im Fach Geschichte zwei Formen der Urteilsbildung unterschieden: **Sachurteile und Werturteile**. Die Trennung ist nicht immer eindeutig, da es auch Überschneidungen gibt; so basiert ein nachvollziehbares Werturteil in der Regel auf vorher vorgenommenen Sachurteilen.

Sachurteil
Es gibt drei unterscheidbare Formen des Sachurteils:
a) Ein Sachurteil dient der Beurteilung von Thesen, Ergebnissen und Kontroversen der Geschichtswissenschaft (z. B. zu den Ursachen des Ausbruchs des Ersten Weltkriegs).
   Beispiel: „Die Verantwortung für den Ausbruch des Ersten Weltkrieges liegt nach neueren wissenschaftlichen Erkenntnissen nicht mehr allein beim deutschen Kaiserreich."
b) Ein Sachurteil beurteilt den historischen Gehalt von Aussagen zur Bedeutung von Personen und Ereignissen, in Geschichtsbildern und Mythen (z. B. zum Lutherbild im Nationalsozialismus).
   Beispiel: „Luthers Ziel war nicht die Schaffung einer deutschen Nation; diese gab es im 16. Jahrhundert noch nicht. Sein Anliegen war vielmehr eine Reform der katholischen Kirche."
c) Ein Sachurteil bestimmt die Bedeutung und/oder den Stellenwert des jeweiligen Subjekts, Ereignisses oder Phänomens im historischen Kontext.
   Beispiel: „Das mittelalterliche Stadtrecht mit der ihm zugrunde liegenden Idee der Schwurgemeinschaft bildete einen Gegenpol zum Feudalismus der agrarisch geprägten Gesellschaft auf dem Lande."
Operatoren: beurteilen, überprüfen (implizit)

Werturteil
Ein Werturteil beruht auf einer persönlichen Bewertung historischer Sachverhalte aus gegenwärtiger Perspektive. Ihm liegen Werte und Normen zugrunde, auf deren Basis das Verhalten, die Idee usw. einer historischen Person oder Gruppe bewertet wird.
   Beispiel: „Der Weg in den Ersten Weltkrieg macht deutlich, wie schnell menschliches Handeln in eine Katastrophe führen kann, wenn Verständigungsbereitschaft und Friedfertigkeit fehlen."
Operator: „Stellung nehmen"

Weitere Operatoren fordern ein Sach- und/oder Werturteil: „sich auseinandersetzen", „erörtern" und „interpretieren". In der Regel ergibt es sich aus dem zu beurteilenden Sachverhalt, ob neben einem Sachurteil auch ein Werturteil möglich und/oder sinnvoll ist.

Sowohl dem Sachurteil als auch dem Werturteil müssen **Kriterien** zugrunde gelegt werden, mit deren Hilfe man die Argumentation strukturieren und das Urteil fällen kann. Sie sind die **Qualitätsmerkmale der Urteilsbildung**. Im Geschichtsunterricht und im Abitur kommen folgende Kriterien vor:
Sachurteil: Triftigkeit, Stimmigkeit, (Differenziertheit), Sachgerechtigkeit, historische Korrektheit.
Werturteil: Menschlichkeit, Selbstbestimmung, Friedenserhaltung, Verantwortung für individuelles und gesellschaftliches Verhalten, Gedanken- und Meinungsfreiheit, Übereinstimmung mit christlichen und weltanschaulichen Normen.
Besonders wichtig beim Werturteil ist auch die Reflexion der Tatsache, dass heutige Wertvorstellungen nicht uneingeschränkt auf die Vergangenheit angewendet werden können.

Übungsaufgabe

M 1 Der US-amerikanische Historiker Joseph J. Ellis über Deutung und Bedeutung der Amerikanischen Revolution (2005)

Kein Ereignis der amerikanischen Geschichte, das zu seiner Zeit so unwahrscheinlich war, hat in der Rückschau so unvermeidlich ausgesehen wie die Amerikanische Revolution. Was die Unvermeidlichkeit angeht, gab es allerdings schon damals Stimmen, die Patrioten in spe dazu drängten, die amerikanische Unabhängigkeit als eine frühe Version von *manifest destiny*, der schicksalhaften Bestimmung des Landes, anzusehen. Tom Paine beispielsweise behauptete, es sei einfach eine Sache des gesunden Menschenverstandes, dass eine Insel keinen Kontinent regieren könne. Und Thomas Jefferson betonte in seiner lyrischen Wiedergabe der Gründe für das gesamte Revolutionsunternehmen den selbstverständlichen Charakter der Prinzipien, um die es ging. Mehrere andere prominente amerikanische Revolutionäre redeten ebenfalls so, als seien sie Schauspieler in einem historischen Drama, dessen Drehbuch schon von den Göttern geschrieben war. [...]

Verstärkt und in unser kollektives Gedächtnis eingegraben wurden diese frühen Vorahnungen vom amerikanischen Schicksal durch den nachfolgenden Triumph der politischen Ideale, welche die amerikanische Revolution, wie Jefferson es so schön formulierte, „der gerecht urteilenden Welt" erstmals verkündete. Überall in Asien, Afrika und Lateinamerika haben ehemalige Kolonien europäischer Mächte mit so vorhersehbarer Regelmäßigkeit ihre Unabhängigkeit errungen, dass der Kolonialstatus zu einem exotischen Relikt vergangener Tage, zu einer bloßen Durchgangsstation für aufstrebende Nationen geworden ist. Das republikanische Experiment, das die Revolutionsgeneration so kühn in Gang gesetzt hatte, stieß in den darauffolgenden zwei Jahrhunderten auf erbitterten Widerstand, aber es besiegte die monarchischen Dynastien des 19. und danach dann die totalitären Despotien des 20. Jahrhunderts völlig, genau wie Jefferson es vorhergesagt hatte. Wenngleich die Behauptung, es stehe, wie es ein zeitgenössischer politischer Philosoph formuliert hat, das „Ende der Geschichte" bevor, etwas extrem klingt, ist doch wahr, dass alle alternativen Formen der politischen Organisation gegen die liberalen Institutionen und Ideen, die erstmals gegen Ende des 18. Jahrhunderts in den Vereinigten Staaten eingeführt wurden, vergebliche Rückzugsgefechte zu führen scheinen. Zumindest kann man wohl mit einiger Sicherheit sagen, dass eine Form der repräsentativen Staatsverfassung, die auf dem Prinzip der Volkssouveränität beruht, und eine Form der Marktwirtschaft, die ihren Antrieb aus den Energien der einzelnen Bürger bezieht, zu den allgemein anerkannten Elementen nationalen Erfolges in aller Welt geworden sind. Diese Vermächtnisse sind uns so vertraut, wir sind so sehr gewohnt, ihren Erfolg als selbstverständlich zu betrachten, dass die Ära, in der sie geboren wurden, in der Erinnerung einfach als ein Land der unausweichlichen Ergebnisse erscheinen muss. [...]

Zwar erhöht die heutige Sicht unsere Wertschätzung für die Solidität und Stabilität des republikanischen Erbes, aber sie macht uns auch blind für die atemberaubende Unwahrscheinlichkeit und Leistung selbst. Alle wesentlichen Errungenschaften waren beispiellos. Zwar hat es vor der Amerikanischen Revolution zahlreiche koloniale Erhebungen gegen imperiale Herrschaft gegeben, nie aber hatte vorher eine solche stattgefunden. Im Verbund stellten das britische Heer und die britische Flotte die stärkste Militärmacht der Welt dar, die im Laufe des darauffolgenden Jahrhunderts alle Nationen, welche mit ihr um den Anspruch als erste Hegemonialmacht der modernen Zeit konkurrierten, besiegen sollten. Zwar ist im 20. Jahrhundert das republikanische Paradigma [...] zur politischen Norm geworden, aber vor der Amerikanischen Revolution ist abgesehen von einigen schweizerischen Kantonen und griechischen Stadtstaaten kein republikanisches Regierungssystem von langer Dauer gewesen, und nie war ein solcher Versuch auf einem Territorium unternommen worden, das so groß war wie die dreizehn Kolonien. [...] Und schließlich hatten die dreizehn Kolonien [...] keine Geschichte einer dauerhaften Kooperation. Schon allein der Begriff „Amerikanische Revolution" propagiert ein völlig fiktives Gefühl von nationalem Zusammenhalt, das zum damaligen Zeitpunkt nicht vorhanden war und sich nur in latenter Form durch Historiker erkennen lässt, die sich damit beschäftigen, im Nachhinein zu würdigen, wie es kommen konnte, dass sich alles so zum Guten wendete.

Joseph J. Ellis, Sie schufen Amerika. Die Gründergeneration von John Adams bis George Washington, C. H. Beck, München 2005, S. 13 ff.*

1 Erörtern Sie M 1.
▶ Lösungshinweise finden Sie auf S. 487 f.
▶ Arbeitsschritte zur Analyse von Darstellungen finden Sie auf S. 56.

Anwenden

M1 Die Historikerin Charlotte A. Lerg über die Reaktion der britischen Regierung auf die *Boston Tea Party* (2010)

Als die Nachricht von der „Zerstörung des Tees im Hafen von Boston", wie die *Boston Tea Party* damals noch offiziell hieß, im Frühjahr 1774 London erreichte, reagierte das Parlament unverzüglich mit einer
5 Reihe von harschen Gesetzen, den sogenannten *Coercive Acts* (von „coercive" = „jemandem den Willen beugen"). Schon ihre Bezeichnung deutet darauf hin, dass sie einer direkten Bestrafung für die Unruhen in Amerika gleichkamen. Zu diesen Bestimmungen ge-
10 hörte der *Boston Port Act*, der den Hafen von Boston weitestgehend abriegelte und damit praktisch stilllegte, sowie der *Massachusetts Government Act*, der die Kolonialcharta von Massachusetts aus dem Jahr 1692 dahingehend änderte, dass den lokalen Ver-
15 sammlungen jegliche Art von Selbstregierung entzogen wurde. Besonders diese beiden Gesetze richteten sich klar gegen Boston und die Kolonie von Massachusetts. Aber bei diesen Bestimmungen blieb es nicht.
20 Es folgte der *Administration of Justice Act*. Damit wurde es möglich, eines Kapitalverbrechens oder des Verrats angeklagte Bewohner der Kolonien in London oder überall im Britischen Empire vor Gericht zu stellen. [...] Zusätzlich bedeutete diese neue Regulie-
25 rung der Gerichtsbarkeit ein gesteigertes Risiko für die Anführer des Widerstandes, die sich offen gegen die englische Regierung aussprachen und sich damit des Verrats schuldig machten. Während sie in den Kolonien mit einem milden Urteil der Geschworenen
30 rechnen konnten, weil die Grundstimmung in der Bevölkerung ebenfalls dem Mutterland gegenüber kritisch war, würde ein Londoner Gericht zweifellos anders entscheiden. Ganz abgesehen davon, bedeutete die Verlagerung der Rechtsprechung einen wei-
35 teren Machtverlust für die lokalen Regierungsversammlungen. [...]
Damit war eine beachtliche Anzahl an Bestimmungen erlassen worden, mit denen die Regierung in London ihre Macht demonstrieren, bekräftigen und
40 behaupten wollte. Letztendlich war der Effekt eher gegenteilig. Für viele Amerikaner, nicht nur in Massachusetts, waren diese Gesetze „Intolerable Acts", das letzte noch fehlende Indiz dafür, dass in Großbritannien kein ernsthaftes Interesse an Verhandlungen
45 und Versöhnung bestand.

Charlotte A. Lerg, Die Amerikanische Revolution, A. Francke Verlag, Tübingen, Basel 2010, S. 32 f.*

M2 Appell des Kontinentalkongresses an die „Mituntertanen" in Großbritannien (21. Oktober 1774)

Freunde und Mituntertanen!
[...] Sind also die Eigentümer des Bodens von Amerika nicht ebenso die Herren ihres Eigentumes wie Ihr des Eurigen; oder sollen sie es der Willkür Eures Parlamentes oder irgendeines anderen Parlamentes
5 oder Rates, dessen Mitglieder sie nicht wählten, überlassen? Kann der Zwischenraum der See, die uns trennt, Ungleichheit in den Rechten veranlassen oder kann ein Grund angegeben werden, warum englische Untertanen, die dreitausend Meilen weit von dem
10 Königlichen Palast wohnen, mindere Freiheit genießen sollten als diejenigen, die nur dreihundert Meilen davon leben?
Die Vernunft blickt mit Unwillen auf einen solchen Unterschied, und freie Männer können die Rechtmä-
15 ßigkeit desselben nicht einsehen. Und dennoch, wie eingebildet und ungerecht solche Unterscheidungen sind, so behauptet doch das Parlament, dass es ein Recht habe, uns in allen Fällen ohne Ausnahme zu binden, wir mögen einwilligen oder nicht; dass es un-
20 ser Eigentum gebrauchen könne, wenn und auf was für eine Art es wolle; dass wir Kostgänger seiner Güte in allen Dingen wären, die wir besitzen und sie nicht länger behalten könnten, als es geruhen würde, sie uns zu lassen. [...]

Zit. nach: Dokumente zur Geschichte der Vereinigten Staaten von Amerika, hg. von Herbert Schambeck, Helmut Widder, Marcus Bergmann, Duncker & Humblot, 2., erw. Aufl. Berlin 2007, S. 80 f.*

1 Erläutern Sie die Strafmaßnahmen Großbritanniens gegen Massachusetts (M1).
2 Erklären Sie, warum vor allem der *Administration of Justice Act* auf Widerstand stieß.
3 Arbeiten Sie aus M2 die zentralen Begriffe der Argumentation heraus.
4 Begründen Sie, warum sich der Kontinentalkongress an die „Mituntertanen" in Großbritannien wendet.
5 Setzen Sie sich mit der britischen Politik gegenüber den nordamerikanischen Kolonien auseinander.

Wiederholen

M 3 „Boston Tea Party" am 16. Dezember 1773, kolorierte Lithografie, anonym, o. J.
Links im Bild sieht man die Flagge der East India Company, rechts die „Grand Union Flag". Beide enthalten links oben in der Ecke den britischen Union Jack.

Zentrale Begriffe
Boston Tea Party
Boykott
Committees of Correspondence
Freiheitsbaum
Kontinentalarmee
Kontinentalkongress
Loyalisten
Naturrecht
Patrioten
Sons of Liberty

1 Beschreiben Sie die zentralen Ereignisse der Jahre 1765 bis 1775.
2 Interpretieren Sie das Bild M 3 und seine Deutung der *Boston Tea Party*. Nutzen Sie bei Bedarf die Formulierungshilfen.
3 **Wahlaufgabe:** Bearbeiten Sie entweder a), b) oder c).
   a) **Zeitungsartikel:** Verfassen Sie einen Zeitungsartikel über die *Boston Tea Party* für eine Bostoner Zeitung.
   b) **Bericht:** Stellen Sie aus der Perspektive des britischen Statthalters in Boston, Thomas Hutchinson, einen Bericht an seinen Vorgesetzten in London zusammen.
   c) **Historisches Urteil:** Formulieren Sie ein Sachurteil zu den Ereignissen.
4 Charakterisieren Sie die Perspektive der Gruppe der Patrioten im Jahr 1775.
5 **Vertiefung:** Setzen Sie sich mit der Biografie und den Positionen von Patrick Henry aus Virginia auseinander. Lesen Sie dazu erneut S. 45 der Darstellung und M 15, S. 51. Recherchieren Sie im Internet. Stellen Sie Ihre Ergebnisse in Form eines Referates oder einer Präsentation in Ihrem Kurs vor.
6 Nehmen Sie Stellung zu der Frage nach dem Beginn der Amerikanischen Revolution.
   Tipp: Beziehen Sie die Argumente von Volker Depkat (M 21, S. 54 f.) und Crane Brinton (M 22, S. 55 sowie Kernmodul M 2, S. 97 f.) mit ein.

Formulierungshilfen
– Das Bild zeigt folgende Szene: …
– Das Publikum reagiert …
– Die Atmosphäre ist …
– Die Farbgebung/Anordnung der Bildelemente …
– Die beiden Flaggen symbolisieren …
– Das Bild deutet die Boston Tea Party als …

1.4 Unabhängigkeitserklärung und Unabhängigkeitskrieg

M1 „The Declaration of Independence", Ölgemälde von John Trumbull, 1786–1794.
Vor dem Schreibtisch das „Fünfer-Komitee" (von links nach rechts): John Adams, Roger Sherman, Robert Livingston, Thomas Jefferson, Benjamin Franklin, die die Erklärung erarbeitet hatten. Hauptautor der Erklärung war Thomas Jefferson, die anderen vier nahmen nur Korrekturen vor. Am Tisch sitzend: John Hancock, Präsident des Kontinentalkongresses.

1775 | Mai: Beginn des Zweiten Kontinentalkongresses, Gründung der Kontinentalarmee unter General George Washington

1776 | 12. Juni: *Virginia Bill of Rights*
Juni: *Committee of Five* erarbeitet Erklärung zur Unabhängigkeit
2. Juli: Der Kontinentalkongress entscheidet sich einstimmig für die Unabhängigkeit von Großbritannien
4. Juli: Feierliche Veröffentlichung der Unabhängigkeitserklärung
26. Dezember: Washington startet Überraschungsangriff auf hessisch-britische Truppen in Trenton

1777 | 11. September: Schlacht von Brandywine Creek
26. September: Briten besetzen Philadelphia

1778 | 6. Februar: Frankreich erkennt als erster Staat die USA an, Abschluss Bündnisvertrag
10. Juli: Frankreich erklärt Großbritannien den Krieg

1781 | 5. September: Seeschlacht in der Chesapeake Bay
17. Oktober: Britischer Oberbefehlshaber Cornwallis ergibt sich in Yorktown

1775–1783 Unabhängigkeitskrieg

Der 4. Juli, Tag der Veröffentlichung der Unabhängigkeitserklärung, ist der Nationalfeiertag der USA – damals und heute ein Tag der Euphorie, der im ganzen Land gefeiert wird. Ein Tag, der den Kern des amerikanischen Selbstverständnisses verkörpert und die Einheit der USA betont. Die Unabhängigkeitserklärung war tatsächlich weit mehr als nur die Verkündung der rechtlichen Abtrennung von Großbritannien. Sie gilt als das wichtigste Verfassungsdokument der USA. Und sie ist revolutionär und modern, denn sie führt die zentralen naturrechtlichen und staatstheoretischen Ideen des 18. Jahrhunderts in einem für alle nordamerikanischen Kolonien gültigen Dokument zusammen. Doch sie ist nicht das erste Dokument dieser Art in Nordamerika. Am 12. Juni 1776 hatte die Kolonie von Virginia ihrer Verfassung einen Grundrechtekatalog (*Bill of Rights*) vorangestellt, an dem sich die Unabhängigkeitserklärung orientiert. Sie beginnt mit der Definition der von Gott gegebenen, für alle gleichen und unveräußerlichen Menschenrechte, darunter „Leben, Freiheit und das Streben nach Glück". Es folgen die Aufgaben einer guten Regierung und eine Liste der Verstöße durch König Georg III. Erst diese Verstöße rechtfertigen nämlich nach der modernen Staatstheorie im Anschluss an Thomas Hobbes und John Locke die Loslösung von britischer Herrschaft. Die guten Untertanen dürfen den Tyrannen stürzen. Das Dokument wurde ein Bestseller. Alle amerikanischen Kolonien erhielten Abschriften vom Kongress und verteilten diese weiter bis in die kleinste Pfarrei. Zeitungen veröffentlichten Ausschnitte. Es gab öffentliche Aushänge. Und es entstanden innerhalb kürzester Zeit deutsche und französische Übersetzungen, die auch in Europa schnell die Runde machten.

1 „Leben, Freiheit und das Streben nach Glück": Überlegen Sie, welche Grundrechte diese Formulierung umfasst.
2 Erörtern Sie die Einordnung von König Georg III. als „Tyrann".
3 Informieren Sie sich über die Künstler der Bilder M 1 und M 2. Vergleichen Sie die Bilder über die Unterzeichnung der Unabhängigkeitserklärung.

M 2 Unterzeichnung der Erklärung der Unabhängigkeit in der Unabhängigkeitshalle von Philadelphia, am 4. Juli 1776, von Daniel Chodowiecki (1726–1801), Stich, Berlin, Ende 18. Jahrhundert

1783 | Frieden von Paris: Großbritannien erkennt die USA an
1787 | US-Verfassung (ratifiziert 1788): Der Staatenbund wird zum Bundesstaat
1789 | Bill of Rights der Kolonie Virginia wird als Verfassungszusatz aufgenommen (ratifiziert 1791)
1789–1797 | George Washington erster Präsident der USA

1.4 Unabhängigkeitserklärung und Unabhängigkeitskrieg

> *In diesem Kapitel geht es um*
> – *den Prozess der Staatsgründung in Nordamerika,*
> – *die verschiedenen amerikanischen Verfassungsdokumente (Bill of Rights, Unabhängigkeitserklärung, 13 Artikel der Konföderation, Amerikanische Verfassung),*
> – *das Ideal, das die Verfassungsdokumente anstreben,*
> – *die Probleme und Kritikpunkte, die sich in der Realität aus den Verfassungsdokumenten ergeben,*
> – *den Unabhängigkeitskrieg.*

M1 „Schreiben der Unabhängigkeitserklärung", Ölgemälde von Jean L. G. Ferris (1863–1930), ca. 1921.
Am Tisch sitzen Benjamin Franklin und John Adams, die Texte von Thomas Jefferson (stehend) durchsehen und korrigieren.

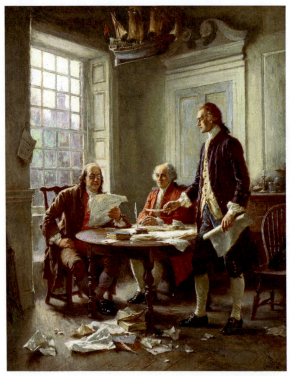

▶ M5: Bill of Rights

▶ M7: Unabhängigkeitserklärung

▶ M10: 13 Artikel der Konföderation

Der Weg zur Unabhängigkeit

Der Gedanke der Unabhängigkeit war durch Thomas Paine und seine Schrift *„Common Sense"* Anfang des Jahres 1776 aufgebracht und verbreitet worden. Weitere britische Gesetzesmaßnahmen, die u. a. den Handel mit den Kolonien unterbanden, machten deutlich, dass Großbritannien auf eine Unterwerfung der Kolonien setzte und Verhandlungen keinen Sinn mehr machten. Den ersten Schritt unternahm die Kolonie Virginia. Bereits im Mai 1776 traf der Provinzialkongress von Virginia die Entscheidung, dass seine Delegierten auf dem Kontinentalkongress die Unabhängigkeit offiziell vorschlagen sollten. Doch nicht alle Kolonien positionierten sich so klar. Es kam zu heftigen Debatten und letztlich zu einem erneuten Kompromiss. Alle Delegierten sollten genaue Anweisungen in ihren lokalen Parlamenten einholen. Gleichzeitig forderte der Kontinentalkongress die Kolonien auf, sich Verfassungen zu geben. Und wieder war die Kolonie Virginia federführend: Am 12. Juni verabschiedeten die Delegierten eine Verfassung, die mit einer **Bill of Rights**, also einer Sammlung von Grundrechten begann. Außerdem setzte der Kontinentalkongress ein Komitee bestehend aus fünf Personen ein (John Adams, Benjamin Franklin, Thomas Jefferson, Robert Livingston, Roger Sherman), die eine Erklärung der Unabhängigkeit vorbereiten sollten. Am 2. Juli entschied sich der Kontinentalkongress einstimmig für die Unabhängigkeit von Großbritannien, der erste Schritt auf dem Weg zu einer gemeinsamen amerikanischen Identität.

Die **Unabhängigkeitserklärung**, die der Kontinentalkongress am **4. Juli 1776** unterzeichnete und verkündete, begründete die Trennung vom Mutterland mit dem Widerstandsrecht und der Naturrechtsphilosophie der europäischen Aufklärung. Darüber hinaus wurde ein völlig neues Modell der politischen und gesellschaftlichen Ordnung begründet, in dem die individuelle Freiheit an die oberste Stelle gesetzt wurde. Jeder Mensch hat die gleichen Rechte, und Zweck jeder Regierung ist es, diese Rechte und Freiheiten zu schützen. Zwischen 1776 und 1780 gaben sich die Einzelstaaten republikanische Grundordnungen. Mit den 1781 ratifizierten **„13 Artikeln der Konföderation"** wurde aus den britischen Kolonien ein lockerer Staatenbund, der die Souveränität der Einzelstaaten betonte und auf eine starke zentrale Exekutive verzichtete. Parallel zu diesen politischen Entwicklungen lief die militärische Auseinandersetzung, die diese zum Teil blockierte, zum Teil aber auch vorantrieb. Von Sieg oder Niederlage hing die Zukunft der Vereinigten Staaten ab. 1781 konnten die Amerikaner die Briten bei Yorktown zur Kapitulation zwingen. 1783 erkannte das kriegsmüde Großbritannien im Frieden von Paris die Unabhängigkeit der USA an. Doch die USA sahen sich nun vielfältigen inneren Problemen gegenüber, die vorher durch den Krieg überlagert worden waren: Die öffentlichen Finanzen waren zerrüttet, die Wirtschaft kriselte und verschiedene soziale Gruppen forderten mehr politische Teilhabe. Viele waren der Meinung, dass die Probleme nur auf nationaler Ebene und nur mithilfe von starken staatlichen Institutionen gelöst werden könnten. 1787 wurde der Konvent von Philadelphia eingesetzt und erarbeitete eine Verfassung, die aus dem lockeren Staatenbund einen föderalen Bundesstaat mit einer Zentralregierung machte. Der Ratifizierungsprozess der **Verfassung** wurde zur Zerreißprobe, den die Befürworter der Verfassung, die sogenannten Föderalisten (u. a. Alexander Hamilton, James Madison) schließlich knapp gewannen. Am Ende stimmten alle Einzelstaaten für die neue Bundesverfassung, obwohl die Bedenken, dass eine starke Zentralmacht die Freiheiten zu stark einschränken würde, immer noch weit verbreitet waren. 1789 wurde **George Washington**, als Kriegsheld und General des Unabhängigkeitskrieges praktisch über den politischen Gruppen stehend, zum ersten Präsidenten der USA gewählt.

▶ M 11: Verfassung der Vereinigten Staaten von Amerika

▶ M 12: Alexander Hamilton über die Bundesregierung

▶ M 13: James Madison über „checks and balances"

Die amerikanische Verfassung: Ideal und Wirklichkeit

Die Amerikanische Revolution war weit mehr als eine koloniale Befreiungsrevolution, sie war vor allem auch eine Verfassungsrevolution. Die monarchische Regierung wurde zunächst umgangen und dann beseitigt; revolutionäre Ausschüsse und Provinzialkongresse übten 1775/76 fast überall die Macht aus. Tatsächlich revolutionär war dann die Verfassungsgebung in den amerikanischen Einzelstaaten, bei der von Anfang an das **Prinzip der Volkssouveränität** die Grundlage bildete. Alle Gewalt ging, wie die „Virginia Bill of Rights" vom 12. Juni 1776 erklärte, vom Volk aus. Diesem Grundsatz wurde auch praktisch Rechnung getragen. Die ersten Einzelstaatenverfassungen waren noch von den normalen Parlamenten ausgearbeitet und verabschiedet worden. In Massachusetts dagegen wurde die Ausarbeitung der Verfassung einer besonderen verfassunggebenden Versammlung anvertraut. Alle männlichen Einwohner durften an sämtlichen mit der Verfassungsgebung zusammenhängenden politischen Akten teilnehmen. Der Verfassungsentwurf wurde allen Gemeinden zur Annahme vorgelegt, wobei die Zustimmung von zwei Dritteln erforderlich war. Mit der Verfassung von Massachusetts aus dem Jahre 1780 wurde die Idee vom Volk als der konstituierenden Gewalt zum ersten Mal in der Geschichte verwirklicht.

Innovativ war die Amerikanische Revolution auch darin, dass sie das **Prinzip des Bundesstaats** einführte. Gegenüber der bis dahin bekannten lockeren staatenbündischen Organisationsform, wie sie die Vereinigten Staaten zunächst mit den „Articles of Confederation" von 1781 übernahmen, wurde mit der Verfassung von 1787 eine bis dahin einzigartige Trennung der Kompetenzen zwischen Bund und Einzelstaaten vollzogen. Neu war auch die in der „Northwest Ordinance" von 1787 geschaffene Möglichkeit, hinzukommende Territorien nach einer Übergangsphase als gleichberechtigte Mitgliedsstaaten in die Union aufzunehmen.

Die Verfassung schuf ein System der **Gewaltenteilung** und **wechselseitigen Kontrolle** („checks and balances") zwischen Exekutive, Legislative und Judikative. Damit wurde dem weit verbreiteten Misstrauen gegenüber zu viel politischer Macht Rechnung getragen. Im Herbst 1789 wurde ein Grundrechtekatalog („Bill of Rights") als Zusatz in die Verfassung aufgenommen, dem als Vorlage die Virginia Bill of Rights gedient hatte. Er garantierte jedem Amerikaner Glaubens-, Rede-, Presse- und Versammlungsfreiheit sowie die Unverletzlichkeit der Person, der Wohnung und das Recht auf Verteidigung.

M2 Die Verfassung der USA von 1787

Die Verfassung wurde 1787 beschlossen, 1789 durch zehn Verfassungszusätze, die „Bill of Rights", ergänzt und ratifiziert. Sie ist – ergänzt durch 17 weitere Verfassungszusätze – bis heute in Kraft.

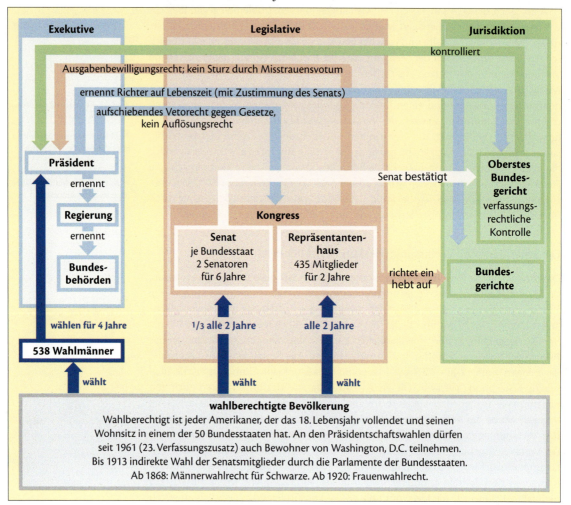

Die proklamierten **Bürger- und Menschenrechte** blieben in der Verfassung jedoch auf die freien männlichen Bürger beschränkt. Ausgeschlossen von der politischen Teilhabe waren Sklaven, die als Eigentum eines weißen Herrn keine Rechte besaßen, Frauen, die indianische Urbevölkerung und in den meisten Staaten die im Vergleich zu Europa eher kleine Gruppe von besitzlosen Männern. Dabei war in den Verfassungsversammlungen der Gemeinden und Staaten erörtert worden, ob es rechtens sei, Frauen und Sklaven von den Menschen- und Bürgerrechten auszuschließen. Die relativ frühe politische Gleichberechtigung der Frauen in einigen amerikanischen Bundesstaaten hat hier eine ihrer Wurzeln. Auch die Lage der Sklaven verbesserte sich durch die Amerikanische Revolution nicht, obwohl einige nördliche Staaten in den 1780er-Jahren Gesetze zur **Abschaffung der Sklaverei** beschlossen. In Massachusetts sowie durch Bundesgesetz im Nordwest-Territorium wurde sie sofort aufgehoben. Allerdings hatte die Sklaverei in diesen Gebieten ökonomisch kaum eine Rolle gespielt. Dagegen stieg zwischen 1790 und 1810 die Zahl der auf den Plantagen in den Südstaaten eingesetzten Sklaven von 700 000 auf 1,2 Millionen.

Der Unabhängigkeitskrieg

Der militärische Konflikt hatte schon vor dem Akt der Unabhängigkeitserklärung begonnen. Als der britische König Georg III. die Kolonialisten als Rebellen bezeichnete und weitere Truppen in die Kolonien entsandte, bereiteten die Siedler militärische Verteidigungsmaßnahmen vor. 1775 stellte der Kontinentalkongress eine Armee auf, die unter
5 der Führung von **George Washington** in einen Krieg gegen die britischen Truppen eintrat. Die *„Continental Army"* verlor allerdings die ersten Schlachten. Viele Zeitgenossen zweifelten an einem Erfolg der Amerikaner. Und nicht alle Kolonisten waren „Patrioten", es gab noch viele „Loyalisten", vor allem im Süden, die die Briten unterstützten. Die militärisch überlegenen Briten gingen ebenfalls davon aus, dass es nur eine Frage der Zeit
10 sei, bis die Kolonialisten aufgeben würden. Aber unter der Bedrohung von außen standen die Kolonien eng zusammen. Die Schlacht von Lexington, bei der 250 britische Soldaten und 90 Amerikaner starben, war ein erstes Zeichen, dass sich die Siedler gegenüber der Übermacht behaupten konnten. Die folgende Schlacht von Bunker Hill gewannen die Briten, sie verloren dabei aber mehrere tausend Soldaten und wurden
15 erheblich geschwächt. Im Lauf der Zeit gewannen die zunächst schlecht bewaffneten und ausgebildeten amerikanischen Soldaten die Oberhand über die britischen Truppen. Entscheidend für ihren Sieg war, dass sie das Hinterland der von den Briten besetzten Hafenstädte beherrschten. Hinzu kam, dass sich Frankreich und Spanien auf ihre Seite stellten und sie wirtschaftlich und militärisch unterstützten.

▶ M 17: Jürgen Heideking über den Unabhängigkeitskrieg

▶ M 18: Karte zur Entstehung der USA

M 3 Die Schlacht von Princeton, Ölgmälde von John Trumbull, 1787

Mehrere Faktoren gaben schließlich den Ausschlag für den Sieg der Amerikaner:
- Die **Unterstützung der britischen Armee** durch königstreue Siedler blieb weitestgehend aus. Als Folge musste fast der komplette Nachschub an Soldaten und Material für die britischen Truppen über mehr als 3 000 Meilen herangeschifft werden.
- Ein großes Problem für die Briten war die **territoriale Ausdehnung** der Kolonien. Das mögliche Schlachtfeld erstreckte sich von Florida im Süden bis Kanada im Norden und von der Atlantikküste im Osten bis zum Mississippi im Westen.
- Es gab auch kein **Hauptziel**, etwa eine Hauptstadt, das die Briten hätten attackieren können, um den Krieg zu gewinnen. Die Kolonialisten nutzten die Weite des Landes immer wieder aus, um sich zurückzuziehen.
- Den britischen Soldaten fehlte oft die **Motivation**, gegen die britischen Kolonialisten zu kämpfen. Die britische Regierung hatte zudem Probleme, überhaupt Soldaten für diesen Krieg zu rekrutieren. Am Ende warb sie Soldaten aus verschiedenen unabhängigen deutschen Staaten an. Viele von ihnen kamen aus Hessen, die sogenannten *Hessians**.
- Damit die Briten den Krieg gewinnen konnten, mussten sie den **Widerstand** in den Kolonien niederwerfen. Die Amerikaner hingegen mussten nur lange genug kämpfen. Je mehr der Krieg die Briten kostete, desto näher rückte der Sieg der Kontinentalarmee.
- Auf amerikanischer Seite griffen auch Händler, Rechtsanwälte, Schuhmacher und Studenten zu den Waffen. Diese **Bürgerarmee** war unberechenbarer als eine professionelle Armee. Sie hatte zwar einen hohen Austausch an Soldaten, diese waren dafür aber hoch motiviert, da sie nicht für einen Monarchen, sondern für ihre Unabhängigkeit, für ihr Eigentum, ihr Land kämpften.

Die „Hessians"
Da die Landgrafschaft Hessen-Kassel unter erheblichen wirtschaftlichen Problemen litt, „vermietete" Landgraf Friedrich II. mehr als 10 000 Soldaten an Großbritannien. Dieses setzte die hessischen Söldner in Nordamerika ein.

M4 Übersicht über die Kriegshandlungen 1775–1783

1775	19. April	In Lexington und Concord verhindern amerikanische Siedler die Auflösung der Materiallager der Rebellen; Tote unter den Rebellen; Rückzug der Briten nach Boston
	10. Mai	Rebellen erobern das Fort Ticonderoga
	16./17. Juni	Rebellen belagern Boston, Schlacht von Bunker Hill; Rückzug der Rebellen
	30./31. Dez.	Schlacht von Quebec; Niederlage der Rebellen gegen Briten
1776	März	Rebellen erzwingen Rückzug der Briten aus Boston
	27. Aug.	Kampf um New York beginnt (Long Island, Brooklyn Heights); Briten siegen
	26. Dez.	General George Washington überquert den Fluss Delaware und startet einen Überraschungsangriff auf mit den Briten verbündete Hessen in Trenton bei New York; amerikanischer Sieg; Rückzug nach Pennsylvania
1777	3. Jan.	Schlacht von Princeton: Washington überquert erneut den Delaware und geht nach New Jersey; Sieg gegen Briten bei Princeton
	11. Sept.	Schlacht von Brandywine Creek; Sieg der Briten
	26. Sept.	Schlacht von Germantown, Briten nehmen Philadelphia ein
	17. Okt.	Schlacht von Saratoga (New York), britischer General Burgoyne kapituliert

1778	6. Feb.	Bündnis zwischen Amerika und Frankreich; Frankreich tritt in den Krieg ein
	28. Juni	Schlacht von Monmouth ohne eindeutigen Sieger
	29. Dez.	Briten nehmen Savannah ein
1779	9. Okt.	Amerikanische Rückeroberung von Savannah scheitert
1780	16. Aug.	Schlacht bei Camden; britischer Sieg
1781	5. Sept.	Seeschlacht in der Chesapeake Bay
	19. Okt.	Britische Armee kapituliert nach der letzten entscheidenden Schlacht in Yorktown (Virginia)
1783	3. Sept.	Unterzeichnung Frieden von Paris

Bilanz und Ausblick

Die amerikanische Verfassung sowie die als zehn Ergänzungsartikel angehängte *Bill of Rights* institutionalisierten die Ideen der Amerikanischen Revolution. Sie bauten eine komplett **neue staatliche Ordnung** auf, die den Anfang der politischen Moderne einläutete und als Vorbild für andere diente: Volkssouveränität, Gewaltenteilung, Men-
5 schen- und Bürgerrechte sowie das Konstrukt des föderalen Bundesstaates bilden bis heute die Säulen der Vereinigten Staaten von Amerika. Zu einem sozialen und ökonomischen Umbruch kam es jedoch nicht. Die Sklaverei beispielsweise wurde beibehalten, um den Zusammenhalt der Union nicht zu gefährden. Die alten nordamerikanischen Eliten, Rechtsanwälte, Plantagenbesitzer oder Kaufleute, füllten im Wesentlichen auch
10 die neuen Schlüsselpositionen aus. Nur viele englandtreue Loyalisten verließen das Land.
Die innere Gründung der USA erwies sich als schwierig. Es wurde gerungen um die Kompetenzen des Präsidenten, um bestimmte Bundessteuern, um die Haltung gegenüber dem revolutionären Frankreich. Politische Parteien, Vorläufer der heutigen Repub-
15 likaner und Demokraten, bildeten sich schrittweise heraus und stritten in den Folgejahren vehement um die Auslegung der Verfassung und die Gestaltung der Union. Die Reihe der ersten Präsidenten spiegelt die Vielfalt der politischen Positionen wider: 1. George Washington (neutral), 2. John Adams (Föderalist), 3. Thomas Jefferson (Demokratisch-Republikanische Partei). Trotz der zahlreichen Konflikte der Anfangsjahre
20 hebt die geschichtswissenschaftliche Forschung hervor, dass mit dem Ende des Unabhängigkeitskrieges und der Verabschiedung der Verfassung der Anfangspunkt für die Entstehung einer amerikanischen Nation gesetzt ist, selbst wenn die Zeitgenossen das noch nicht so empfunden haben. Darüber hinaus haben wichtige Bestandteile des amerikanischen Selbstverständnisses ihre Wurzeln in der Amerikanischen Revolution: freie
25 und individuelle Lebensgestaltung, Gesellschaft rechtlich freier und gleicher Staatsbürger, Leistungsbereitschaft.

Amerikanische Revolution

cornelsen.de/Webcodes
Code: micuva

1 Gliedern Sie den Verlauf der Ereignisse von 1776 bis 1787, indem Sie sie begründet in Phasen einteilen.
2 Erläutern Sie auf Basis des Schaubildes M 2 das politische System der USA.
3 Nehmen Sie Stellung zur Einordnung der Amerikanischen Revolution als Verfassungsrevolution.
Tipp: Lesen Sie erneut Kapitel 1.1, S. 14 f.

1.4 Unabhängigkeitserklärung und Unabhängigkeitskrieg

> **Hinweise zur Arbeit mit den Materialien**
> Die Materialien teilen sich auf in drei Themenblöcke. Zunächst soll das **Ideal der amerikanischen Verfassung**, d. h. die niedergeschriebenen und von der Mehrheit der Delegierten verabschiedeten ideellen und institutionellen Festlegungen auf Basis der zentralen Dokumente, Bill of Rights (M 5), Unabhängigkeitserklärung (M 7), 13 Artikel der Konföderation (M 10) sowie der Verfassung (M 11) und einiger Bildmaterialien erschlossen werden.
> Die **Realität der amerikanischen Verfassung** ist insofern vielschichtig, als sie ständigen historischen Veränderungen unterlag. Zunächst sollen mithilfe einiger Quellen die zeitgenössischen Debatten im Vorfeld der Verabschiedung der Verfassung sowie in den ersten Jahren der Republik beleuchtet werden. Zentrale Streitpunkte waren hier die Rechte der Zentralregierung (M 12) sowie der Themenkomplex Gewaltenteilung und System des **checks and balances** (M 13). Fachwissenschaftliche Sekundärtexte (M 14, M 15) bieten verschiedene Ansätze für die Analyse und Einordnung der Bedeutung der amerikanischen Verfassung und Staatsgründung.
> In einem abschließenden Materialblock wird der **Unabhängigkeitskrieg** beleuchtet, der eng mit den politischen Entscheidungen zu Unabhängigkeit und Staatsgründung verzahnt ist und wesentlich zum nationalen Gründungsmythos der USA beigetragen hat. Ein Bildmaterial (M 16), eine fachwissenschaftliche Deutung (M 17) sowie eine Karte (M 18) zeigen verschiedene Perspektiven des Themenbereichs auf.
>
> **Zur Vernetzung mit dem Kernmodul**
> Es bestehen Anschlussmöglichkeiten zu Hannah Arendt (M 6, S. 100 f.). Die Aspekte Freiheit als zentrales Anliegen von Revolutionen und ihre dauerhafte politische Verankerung lassen sich in den Verfassungsdokumenten untersuchen. Crane Brinton (M 2, S. 97 f.) stellt Verlaufsformen der Hochphase von Revolutionen zur Verfügung. Und schließlich können Aspekte von Modernisierung auf politischer und gesellschaftlicher Ebene infolge der neuen Verfassung mithilfe von Weber und Wehler (M 7, M 8, S. 101 ff.) analysiert werden.

Bill of Rights, Unabhängigkeitserklärung und Amerikanische Verfassung – Ideal

M 5 Aus den *Bill of Rights* der Kolonie Virginia (12. Juni 1776)

Im Mai 1776 forderte der Zweite Kontinentalkongress die trennungswilligen Kolonien auf, sich eigene Verfassungen zu geben. Virginia stellte seiner Konstitution eine „Bill of Rights" voran; die Kerninhalte fanden 1791 als Zusatzartikel Eingang in die US-Verfassung:

I. Dass alle Menschen von Natur aus gleich frei und unabhängig sind und bestimmte angeborene Rechte besitzen, die sie ihrer Nachkommenschaft durch keinen Vertrag rauben oder entziehen können, wenn sie eine staatliche Verbindung eingehen, nämlich das Recht auf den Genuss des Lebens und der Freiheit, auf die Mittel zum Erwerb und Besitz von Eigentum, das Streben nach Glück und Sicherheit und das Erlangen beider.

II. Dass alle Gewalt im Volke ruht und folglich von ihm abgeleitet ist, dass die Behörden seine Bevollmächtigten und Diener sind und ihm zu aller Zeit verantwortlich.

III. Dass eine Regierung eingesetzt ist oder eingesetzt sein sollte zum allgemeinen Wohle, zum Schutz und zur Sicherheit des Volkes, der Nation oder der Gemeinde; dass von all den verschiedenen Regierungsformen diejenige die beste ist, die fähig ist, den höchsten Grad von Glück und Sicherheit hervorzurufen, und die am wirksamsten gegen die Gefahr schlechter Verwaltung gesichert ist; und dass die Mehrheit einer Staatsgemeinde ein unzweifelhaftes, unveräußerliches und unverletzliches Recht hat, eine Regierung zu reformieren, zu verändern oder abzuschaffen, wenn sie diesen Zwecken unangemessen oder entgegengesetzt befunden wird, und zwar in einer Weise, die für das Allgemeinwohl am dienlichsten scheint. [...]

V. Dass die gesetzgebenden und vollziehenden Gewalten eines Staates getrennt und von der richterlichen unterschieden werden sollen. [...]

VI. Dass die Wahlen der Mitglieder, die als Vertreter des Volkes in der Versammlung dienen sollen, frei sein sollten und dass alle Menschen, die genügend ihr dauerndes Interesse an der Allgemeinheit und ihre Bindung an die Staatsgemeinde nachweisen können, das Recht zur Wahl haben, dass ihnen ihr Eigentum nicht zu öffentlichen Zwecken besteuert oder genommen werden kann ohne ihre eigene Einwilligung oder die der so gewählten Volksvertreter; dass sie ferner durch kein Gesetz gebunden werden können, dem sie nicht in gleicher Weise im Interesse der Allgemeinheit zugestimmt haben. [...]

VIII. Dass bei allen hochnotpeinlichen oder peinlichen Prozessen jedermann das Recht hat, nach Ursache und Natur seiner Anklage zu fragen, seinen Anklägern und deren Zeugen gegenübergestellt zu werden, Zeugen zu seinen Gunsten herbeizurufen und eine sofortige Untersuchung durch einen unparteiischen Gerichtshof aus zwölf Leuten seiner Nachbarschaft zu verlangen, ohne deren einmütige Zustimmung er nicht schuldig befunden werden kann. [...]

IX. Dass keine übermäßige Bürgschaft verlangt werden, keine übermäßigen Geldbußen und auch keine grausamen oder ungewöhnlichen Strafen auferlegt werden sollten. [...]

XII. Dass die Pressefreiheit eins der stärksten Bollwerke der Freiheit ist und nur durch despotische Regierungen beschränkt werden kann.

XIII. Dass eine wohlgeordnete Miliz, die aus dem Volke gebildet und im Waffendienst geübt ist, die natürliche und sichere Verteidigung eines freien Staates ist; dass man stehende Heere in Friedenszeiten, als für die Freiheit gefährlich, vermeiden sollte; und dass auf alle Fälle die militärische Gewalt in strenger Unterordnung unter der zivilen stehen und von dieser geleitet werden sollte. [...]

XVI. Dass die Religion oder die Ehrfurcht, die wir unserem Schöpfer schulden, und die Art, wie wir uns dieser Pflicht entledigen, nur durch unsere Vernunft und Überzeugung bestimmt werden kann, nicht durch Machtspruch oder Gewalt; und dass daher alle Menschen zur freien Religionsausübung gleicherweise berechtigt sind, entsprechend der Stimme ihres Gewissens, und dass es die gegenseitige Pflicht aller ist, christliche Milde, Liebe und Barmherzigkeit aneinander zu üben.

Zit. nach: Wolfgang Lautemann (Bearb.), Geschichte in Quellen, Bd. 4, München (bsv) 1981, S. 107–109.*

1 Analysieren Sie die grundlegenden Aussagen der *Virginia Bill of Rights* von 1776.
2 Vergleichen Sie das Dokument mit der Erklärung der Menschen- und Bürgerrechte in Frankreich, Kap. 1.7, M 14, S. 115 f.
Tipp: siehe S. 476.
3 **Vertiefung:** Hannah Arendt stellt als Charakteristikum von Revolutionen fest, dass sie beanspruchen, die „Sache der Menschheit" zu vertreten. Überprüfen Sie diese These auf der Basis von M 5.
▶ M 6, S. 100 f.
4 **Zusatzaufgabe:** siehe S. 476.

M 6 Verkündung der Unabhängigkeitserklärung am 4. Juli 1776, Stich, aus dem Buch „The Life of George Washington", 1865–1869

1 Beschreiben Sie die auf dem Bild dargestellte Stimmung.

M 7 Die Unabhängigkeitserklärung der USA nach einem Entwurf von Thomas Jefferson (4. Juli 1776)

Folgende Wahrheiten erachten wir als selbstverständlich: Dass alle Menschen gleich geschaffen sind; dass sie von ihrem Schöpfer mit gewissen unveräußerlichen Rechten ausgestattet sind; dass dazu Leben, Freiheit und das Streben nach Glück gehören; dass zur Sicherung dieser Rechte Regierungen unter den Menschen eingerichtet werden, die ihre rechtmäßige Macht aus der Zustimmung der Regierten herleiten; dass, wenn irgendeine Regierungsform sich für diese Zwecke als schädlich erweist, es das Recht des Volkes ist, sie zu ändern oder abzuschaffen und eine neue Regierung einzusetzen und sie auf solchen Grundsätzen aufzubauen und ihre Gewalten in der Form zu organisieren, wie es zur Gewährleistung ihrer Sicherheit und ihres Glücks geboten zu sein scheint. Gewiss gebietet die Vorsicht, dass seit langem bestehende Regierungen nicht um unbedeutender und flüchtiger Ursachen willen geändert werden sollten, und demgemäß hat noch jede Erfahrung gezeigt, dass die Menschen eher geneigt sind zu dulden, solange die Übel noch erträglich sind, als sich unter Abschaffung der Formen, die sie gewöhnt sind, Recht zu verschaffen. Aber wenn eine lange Reihe von Missbräuchen und Übergriffen, die stets das gleiche Ziel verfolgen, die Absicht erkennen lässt, sie absolutem Despotismus zu unterwerfen, so ist es ihr Recht, ist es ihre Pflicht, eine solche Regierung zu beseitigen und sich um neue Bürgen für ihre zukünftige Sicherheit umzutun. Solchermaßen ist das geduldige Ausharren dieser Kolonien gewesen und solchermaßen ist jetzt die Notwendigkeit, welche sie treibt, ihre früheren Regierungssysteme zu ändern. Die Geschichte des gegenwärtigen Königs von Großbritannien ist die Geschichte wiederholten Unrechts und wiederholter Übergriffe, die alle auf die Errichtung einer absoluten Tyrannei über die Staaten zielen. [...]

In jenem Stadium dieser Bedrückungen haben wir in den untertänigsten Ausdrücken um Abhilfe ersucht; unser wiederholtes Ersuchen ist lediglich durch wiederholtes Unrecht beantwortet worden. Ein Fürst, dessen Charakter durch jede Handlung in solcher Weise gekennzeichnet ist, kann als ein Tyrann bezeichnet werden, der als Herrscher über ein freies Volk ungeeignet ist. Auch haben wir es nicht unterlassen, unserer britischen Brüder hinlänglich eingedenk zu sein. Wir haben sie von Zeit zu Zeit von den Versuchen ihrer gesetzgeberischen Gewalt in Kenntnis gesetzt, eine gesetzwidrige Rechtsprechung über uns zu errichten. Wir haben sie an die näheren Umstände unserer Auswanderung und unserer Siedlung hier erinnert. [...] Wir müssen uns daher mit der Notwendigkeit abfinden, welche unsere Trennung gebietet, und sie, wie die übrige Menschheit, für Feinde im Krieg, für Freunde im Frieden halten.

Daher tun wir, die Vertreter der Vereinigten Staaten von Amerika, versammelt in einem allgemeinen Kongress, an den Obersten Richter der Welt betreffs der Rechtlichkeit unserer Absichten appellierend, im Namen und kraft der Autorität des rechtlichen Volkes dieser Kolonien feierlich kund und erklären, dass diese Vereinigten Kolonien freie und unabhängige Staaten sind und es von Rechts wegen sein sollen; dass sie von jeglicher Treuepflicht gegen die britische Krone entbunden sind und dass jegliche politische Verbindung zwischen ihnen und dem Staate Großbritannien vollständig gelöst ist und sein soll und dass sie als freie und unabhängige Staaten Vollmacht haben, Kriege zu führen, Frieden zu schließen, Bündnisse einzugehen, Handel zu treiben und alle anderen Akte und Dinge zu tun, welche unabhängige Staaten von Rechts wegen tun können. Und zur Stütze dieser Erklärung verpfänden wir alle untereinander in festem Vertrauen auf den Schutz der göttlichen Vorsehung unser Leben, unser Gut und unsere heilige Ehre.

Zit. nach: Adolf Rock, Dokumente der amerikanischen Demokratie, 2. Aufl., Limes, Wiesbaden 1953, S. 102ff.*

M 8 **Durch den Kongress entfernte Passage aus dem Entwurf Jeffersons**

Er [Georg III.] hat einen grausamen Krieg gegen die menschliche Natur selbst geführt, indem er die heiligsten Rechte des Lebens und der Freiheit in den Angehörigen eines fernen Volkes verletzt hat, das ihn nie beleidigt hat, indem er sie gefangen nahm und als Sklaven in eine andere Hemisphäre verschleppte oder sie auf ihrem Transport dorthin einem elenden Tode preisgab. Diese seeräuberische Kriegsführung, die Schmach heidnischer Völker, ist die Kriegsführung des Christlichen Königs von Großbritannien, der entschlossen ist, seinen Markt einzurichten, wo Menschen gekauft und verkauft werden sollen. Er hat sein Einspruchsrecht preisgegeben durch Unterdrückung jedes gesetzgeberischen Versuchs, solchen schändlichen Handel zu verhindern oder einzuschränken. Und damit diese Häufung von Scheußlichkeiten eines Zuges ungewöhnlicher Färbung nicht entbehre, treibt er jetzt die gleichen Menschen an, mitten unter uns die Waffen zu erheben, um sich jene Freiheit zu erkaufen, deren er sie beraubte, indem sie die morden, denen er sie auch aufgedrängt hatte: So bezahlt er für frühere Verbrechen gegen die Freiheit eines Volkes mit Verbrechen, die er dieses gegen das Leben eines anderen begehen ließ.

Zit. nach: Wolfgang Lautemann (Bearb.), Geschichte in Quellen, Bd. 4, bsv, München 1981, S. 92.

1 Analysieren Sie die wichtigsten Argumente, mit denen die amerikanischen Kolonien ihre Trennung vom englischen Mutterland begründen (M 7).

2 Erläutern Sie das Staatswesen, das die Verfasser der Erklärung anstrebten (M 7).

3 Charakterisieren Sie Jeffersons Einschätzung von König Georg III. (M 8).

M 9 **Amerikanische Banknote von 1776**

1 Arbeiten Sie die Bedeutung einer eigenen gemeinsamen Währung für die Kolonien heraus.

M 10 Aus den 13 Artikeln der Konföderation (15. November 1777)

Art. 1: Der Titel dieser Conföderation soll seyn: Die Vereinigten Staaten von Amerika.

Art. 2: Jeder Staat behält seine Souveränität, Freiheit und Unabhängigkeit und jegliche Gewalt, Gerichtsbarkeit und Recht, welches nicht durch dieses Bündnis ausdrücklich den Vereinigten Staaten im versammelten Congress[1] übertragen wird.

Art. 3: Die benannten Staaten treten hierdurch miteinander in einen festen Freundschaftsbund, für gemeinsame Verteidigung, Sicherheit ihrer Freiheiten und wechselseitige wie allgemeine Wohlfahrt, sie verbinden sich, einer dem anderen beizustehen gegen allen und jeden sich zeigenden Zwang oder auf sie gemachte Angriffe, in Bezug auf die Religion, Souveränität, den Handel oder unter was für einem Vorwand sie geschehen. [...]

Zit. nach: Dokumente zur Geschichte der Vereinigten Staaten von Amerika, hg. von Herbert Schambeck, Helmut Widder, Marcus Bergmann, Duncker & Humblot, 2., erw. Aufl. Berlin 2007, S. 140ff.

1 *der Congress:* Gemeint ist ein neu einzusetzender Konföderationskongress.

1 Beschreiben Sie die Inhalte der ersten drei Artikel.
2 Erklären Sie die konkrete Nennung von Angriffen auf Religion, Souveränität und Handel (Z. 14 f.).
Tipp: siehe S. 476.

M 11 Verfassung der Vereinigten Staaten von Amerika (1787)

Präambel

Wir, das Volk der Vereinigten Staaten, von der Absicht geleitet, unseren Bund zu vervollkommnen, die Gerechtigkeit zu verwirklichen, die Ruhe im Innern zu sichern, für die Landesverteidigung zu sorgen, das allgemeine Wohl zu fördern und das Glück der Freiheit uns selbst und unseren Nachkommen zu bewahren, setzen und begründen diese Verfassung für die Vereinigten Staaten von Amerika.

Artikel I

Abschnitt 1. Alle in dieser Verfassung verliehene gesetzgebende Gewalt ruht im Kongress der Vereinigten Staaten, der aus einem Senat und einem Repräsentantenhaus besteht. [...]

Abschnitt 2. Das Repräsentantenhaus besteht aus Abgeordneten, die alle zwei Jahre in den Einzelstaaten vom Volke gewählt werden. [...]

Abschnitt 3. Der Senat der Vereinigten Staaten besteht aus je zwei Senatoren von jedem Einzelstaat, die von dessen gesetzgebender Körperschaft auf sechs Jahre gewählt werden.[1]

Abschnitt 7. Alle Gesetzesvorlagen zur Aufbringung von Haushaltsmitteln gehen vom Repräsentantenhaus aus; der Senat kann jedoch wie bei anderen Gesetzesvorlagen Abänderungs- und Ergänzungsvorschläge einbringen. [...]

Jede Anordnung, Entschließung oder Abstimmung, für die Übereinstimmung von Senat und Repräsentantenhaus erforderlich ist [...], muss dem Präsidenten der Vereinigten Staaten vorgelegt und, ehe sie wirksam wird, von ihm gebilligt werden; falls er ihre Billigung ablehnt, muss sie von Senat und Repräsentantenhaus mit Zweidrittelmehrheit nach Maßgabe der für Gesetzesvorlagen vorgeschriebenen Regeln und Fristen neuerlich verabschiedet werden.

Abschnitt 8. Der Kongress hat das Recht:

Steuern, Zölle und Abgaben und Akzisen[2] aufzuerlegen und einzuziehen, um für die Erfüllung der Zahlungsverpflichtungen, für die Landesverteidigung und das allgemeine Wohl der Vereinigten Staaten zu sorgen; alle Zölle, Abgaben und Akzisen sind aber für das gesamte Gebiet der Vereinigten Staaten einheitlich festzusetzen;

auf Rechnung der Vereinigten Staaten Kredit aufzunehmen;

den Handel mit fremden Ländern, zwischen den Einzelstaaten und mit den Indianerstämmen zu regeln; [...]

Münzen zu prägen, ihren Wert und den fremder Währungen zu bestimmen und Maße und Gewichte zu normen; [...]

Postämter und Poststraßen einzurichten; [...]

dem Obersten Bundesgericht nachgeordnete Gerichte zu bilden; [...]

Artikel II

Abschnitt 1. Die vollziehende Gewalt liegt bei dem Präsidenten der Vereinigten Staaten von Amerika. [...]

Abschnitt 3. Er hat von Zeit zu Zeit dem Kongress über die Lage der Union Bericht zu erstatten und Maßnahmen zur Beratung zu empfehlen, die er für notwendig und nützlich erachtet. Er kann bei außerordentlichen Anlässen beide oder eines der Häuser einberufen [...]. Er hat Sorge zu tragen, dass die Gesetze gewissenhaft vollzogen werden, und er erteilt allen Beamten der Vereinigten Staaten die Ernennungsurkunden. [...]

Zit. nach: Dokumente zur Geschichte der Vereinigten Staaten von Amerika, hg. von Herbert Schambeck, Helmut Widder, Marcus Bergmann, Duncker & Humblot, 2., erw. Aufl. Berlin 2007, S. 169ff.*

1 Durch den XVII. Zusatzartikel 1913 geändert, seitdem Wahl der Senatoren durch die Bevölkerung.
2 *die Akzise:* eine indirekte Verbrauchssteuer

1 Charakterisieren Sie auf der Basis von M 11 die Stellung von Kongress und Präsident in der amerikanischen Verfassung.
2 **Vertiefung:** Setzen Sie sich mit den föderalen Strukturen der amerikanischen Verfassung auseinander.
Tipp: siehe das Schaubild M 2, S. 66, sowie die Arbeitsschritte zur Interpretation von Verfassungsschaubildern, S. 78 f.
3 **Präsentation:** Erläutern Sie in einer Präsentation das Ideal der Verfassung.
4 **Zusatzaufgabe:** siehe S. 476.

Amerikanische Verfassung – Debatten und Realität

M 12 Alexander Hamilton (1755–1804), der maßgeblichen Einfluss auf den Verfassungsentwurf ausübte, über die Macht der Bundesregierung (1787)

Verzichten wir auf alle Pläne für eine Bundesregierung, so würde uns das zu einer einfachen offensiven und defensiven Allianz führen und uns in eine Lage bringen, in der wir uns abwechselnd als Freunde oder
5 Feinde gegenüberständen, je nachdem, was uns unsere gegenseitige Rivalität – von den Intrigen fremder Mächte geschürt – gerade vorschriebe. [...]
Wenn [...] die Maßnahmen der Föderation nicht ohne Mitwirkung der Regierungen der Einzelstaaten
10 durchgeführt werden können, besteht wenig Aussicht, dass sie überhaupt durchgeführt werden. Die leitenden Männer der verschiedenen Mitgliedstaaten werden, ob sie dazu ein verfassungsmäßiges Recht haben oder nicht, selbst über die Richtigkeit der
15 Maßnahmen zu entscheiden trachten. Sie werden Erwägungen anstellen, ob die Beschlüsse oder Erlässe ihrem Interesse oder ihren unmittelbaren Zielen entsprechen und ob deren Annahme ihnen im Augenblick gelegen oder ungelegen erscheint. All das wird
20 getan werden, und zwar im Geiste einer eigennützigen und argwöhnischen Prüfung und ohne jene Kenntnis der gesamtnationalen Umstände und Gründe, die für ein richtiges Urteil nötig sind. [...]
In unserem Falle, also unter der Föderation, bedarf es
25 zur völligen Durchführung jeder wichtigen Maßnahme, die von der Föderation ausgeht, der Übereinstimmung des souveränen Willens von dreizehn Staaten. Es ist geschehen, was vorzusehen war: Die Maßnahmen der Union sind nicht durchgeführt worden; die
30 Pflichtverletzungen der Staaten haben Schritt für Schritt ein solches Ausmaß erreicht, dass schließlich alle Räder der nationalen Regierung zu einem betrüblichen Stillstand gekommen sind. Der Kongress besitzt derzeit kaum die Möglichkeit, die Formen der Verwaltung so lange aufrechtzuerhalten, bis die Staa-
35 ten Zeit haben werden, sich über einen leistungsfähigen Ersatz für den gegenwärtigen Schatten der Bundesregierung zu einigen.

Zit. nach: Herbert Schambeck u. a. (Hg.), Dokumente zur Geschichte der Vereinigten Staaten von Amerika, Duncker & Humblot, Berlin 1993, S. 20.*

1 Analysieren Sie die aktuellen Probleme im Verhältnis der Einzelstaaten und der Union.
2 Erörtern Sie den Lösungsvorschlag von Alexander Hamilton.

M 13 James Madison (1751–1836) über das Prinzip der *„checks and balances"* (1788)

Zu den Haupteinwänden, welche die achtenswerten Gegner der Verfassung vorbringen, gehört die ihr angelastete Verletzung jenes politischen Grundsatzes, der besagt, dass die gesetzgebende, die vollziehende
5 und richterliche Gewalt deutlich voneinander getrennt sein müssen. Es wird behauptet, dass diese für die Freiheit wesentliche Vorsichtsmaßregel beim Aufbau der Zentralregierung nicht berücksichtigt worden sei. Die verschiedenen Machtbefugnisse sei-
10 en in einer Weise verteilt und miteinander vermischt, die nicht nur jede Symmetrie und Schönheit der Form zerstöre, sondern auch die Gefahr heraufbeschwöre, dass wichtige Teile des Gebäudes unter dem Übergewicht anderer Teile zusammenbrechen
15 können. [...] Schon bei oberflächlicher Betrachtung der britischen Verfassung werden wir bemerken, dass gesetzgebende, vollziehende und richterliche Gewalt keineswegs gänzlich voneinander getrennt und unterschieden sind. Der Träger der vollziehen-
20 den Gewalt bildet einen integrierenden Bestandteil der gesetzgebenden Autorität. Er allein hat das Recht, mit fremden Souveränen Verträge abzuschließen, die nach ihrem Abschluss mit gewissen Einschränkungen Gesetzeskraft erlangen. Alle Mitglie-
25 der des richterlichen Zweiges der Regierung werden von ihm ernannt, können auf Antrag der beiden Häuser des Parlaments von ihm abgesetzt werden und bilden, wenn es ihm beliebt, sie zu konsultieren, ein ihm verfassungsmäßig zustehendes Ratskollegium.
30 Ein Zweig der gesetzgebenden Körperschaft stellt aufgrund der Verfassung ein zweites, größeres Ratskollegium für den Träger der vollziehenden Gewalt dar. Der gleiche Zweig ist jedoch andrerseits in Fällen von Hochverrat der einzige Träger der richterlichen
35 Gewalt, während er in allen übrigen Fällen die höchs-

te Berufungsinstanz darstellt. Die Richter sind wieder so eng mit der gesetzgebenden Körperschaft verbunden, dass sie häufig an deren Beratungen teilnehmen, wenn ihnen auch keine gesetzgebende Stimme zusteht.

Aus diesen Tatsachen, von denen Montesquieu ausging, kann mit voller Klarheit Folgendes geschlossen werden: Wenn Montesquieu sagt, „es kann keine Freiheit geben, wo gesetzgebende und vollziehende Gewalt in ein und derselben Person oder in ein und derselben Körperschaft vereinigt sind oder wo die richterliche Gewalt von der gesetzgebenden und von der vollziehenden Gewalt getrennt ist", so meint er damit keineswegs, dass die drei Zweige der Regierung untereinander auf ihre spezifische Tätigkeit nicht ein gewisses Maß von Einfluss ausüben oder einander nicht wechselseitig kontrollieren sollten.

Zit. nach: Alexander Hamilton u. a., Der Föderalist. Artikel 47, hg. von Felix Ermacora, Manzsche Verlagsbuchhandlung, Wien 1958, S. 277 ff.*

1 Erläutern Sie das Verhältnis von Gewaltenteilung und „checks and balances" nach James Madison.
2 Vergleichen Sie mit dem deutschen Grundgesetz.
3 **Vertiefung:** Informieren Sie sich in der Fachliteratur und im Internet über die „Federalist Papers". Arbeiten Sie die Kernthesen der Föderalisten heraus.
Tipp: deutsche Übersetzung: A. Hamilton, J. Madison, J. Jay, Die Federalist Papers. Vollständige Ausgabe, hg. und übersetzt von Barbara Zehnpfennig, C. H. Beck, München 2007.

M 14 Der Historiker Hans-Ulrich Wehler über die Amerikanische Revolution als „Verfassungsrevolution" (1987)

In der Tat ist die Amerikanische Revolution ihrer universalhistorischen Wirkung und Bedeutung nach hauptsächlich eine Verfassungsrevolution gewesen. Im Vergleich mit dieser politischen Quintessenz machten die sozialen Veränderungen nur eine untergeordnete Komponente aus. Das entscheidende Resultat bildete die Gründung eines großen Flächenstaats in der Form einer föderativ organisierten Republik, welche auf die neuartige Legitimationsbasis der Volkssouveränität gestellt wurde, die öffentliche Ordnung in einer schriftlichen Verfassung regelte, gewählte Volksvertretungen einführte und außer der strikten Gewaltenteilung ein ungeahntes Maß von liberalen Freiheits- und demokratischen Gleichheitsrechten verwirklichte. Die einzelstaatlichen Verfassungen, bald auch die Unionsverfassung, garantierten unveräußerliche Menschen- und Bürgerrechte; das Recht auf Widerstand gegen ein rechtsverletzendes Regime, die Eigentumsrechte und zahlreiche naturrechtlich fundierte Zielvorstellungen der Aufklärung wurden gesetzlich verankert, darüber hinaus wurden sie feste Bestandteile jenes *American Creed*, der das neue Gemeinwesen als Integrationsideologie überwölbte.

Hans-Ulrich Wehler, Deutsche Gesellschaftsgeschichte, Bd. 1, C. H. Beck, München 1987, S. 347.

1 Ordnen Sie die von Wehler genannten politischen Neuerungen ein, indem Sie sie anhand der verschiedenen Verfassungsdokumente belegen.

M 15 Der Historiker Udo Sautter über die Verfassungsrealität in Bezug auf Sklaverei und Religion (1998)

Die Halbheit der amerikanischen Revolution äußerte sich besonders deutlich in der Beibehaltung der Sklaverei als Institution. Die volltönende Eingangspassage der Unabhängigkeitserklärung war mit Blick auf die imperiale Verfassungsfrage geschrieben worden. Zu einer Verwirklichung des ihr zugrunde liegenden naturrechtlichen Konzepts innerhalb der amerikanischen Gesellschaft selbst konnte man sich nicht entschließen. Die Unangemessenheit dieses Verhaltens wurde von nicht wenigen Zeitgenossen schmerzlich empfunden. Einige nördliche Staaten gingen auch mit gutem Beispiel voran. In Pennsylvania, Connecticut, Rhode Island, New York und New Jersey verabschiedete man in den 1780er-Jahren Gesetze, die auf ein allmähliches Auslaufen der Sklaverei abzielten. Aber nur in Massachusetts und, durch Bundesgesetz, im Nordwest-Territorium schaffte man die Einrichtung sofort ab. Hier konnte man es sich wirtschaftlich leisten, hatte die Sklaverei doch nie eine bedeutende Rolle gespielt. In allen Staaten von Maryland an südwärts hielt man am Hergebrachten fest. [...]

Die Beziehungen zum Schöpfer selbst behielten vielfach ebenfalls unterschiedlichen Wert. Zwar wurde die bevorzugte Stellung der anglikanischen Kirche in den südlichen Staaten durch die Revolution erschüttert oder sogar ganz aufgegeben, aber meist bedeutete dies nur die Erweiterung der Zahl der bevorrechtigten Konfessionen. Virginias *Statute for Religious Freedom* (1786), von Jefferson konzipiert, blieb vorerst noch ein einsames Manifest sonst nicht angewandter Aufklärung. Wo die Kirche nicht direkt mit dem verhassten britischen Regime hatte identifiziert werden müssen, war man wesentlich weniger emanzipatorisch gesinnt. Der Pluralismus der Konfessionen schuf in den Mittelstaaten die im Ganzen tole-

rantere Atmosphäre, obwohl zum Beispiel auch ein so liberaler Staat wie Pennsylvania noch das passive Wahlrecht zur Volksvertretung auf Protestanten beschränkte. Im puritanischen Neuengland hingegen
40 war man so unduldsam wie je und sicherte durch erzwungene Kirchensteuern und ähnliche Mittel die Sonderstellung des Establishments. [...]
Wenn von einer weiter gehenden revolutionsbedingten Veränderung der amerikanischen Verhältnisse
45 die Rede sein soll, so ist eher auf die durch die politische Umwälzung eröffneten Möglichkeiten zu verweisen als auf vollendete Entwicklungen.

Udo Sautter, Geschichte der Vereinigten Staaten von Amerika, 6. Aufl., Kröner, Stuttgart 1998, S. 93 f.*

1 Fassen Sie die Aussagen des Autors zusammen.
2 Vergleichen Sie die Aussagen mit M 14.
3 Erörtern Sie auf der Basis von M 12 bis M 15, ob die Amerikanische Revolution die Modernisierung voranbrachte.
Tipp: siehe S. 476 f.

Unabhängigkeitskrieg 1775 bis 1783

M 16 General George Washington in Valley Forge, Winterquartier 1777/78, Ölgemälde von Tompkins Harrison Matteson, 1854

1 Erläutern Sie die Kernaussage des Bildes.

M 17 Der Historiker Jürgen Heideking über den Amerikanischen Unabhängigkeitskrieg (2003)
Während die amerikanischen, französischen und britischen Armeen den Kampf nach den klassischen Regeln von Bewegung, Belagerung und Feldschlacht führten, versanken weite Teile des Landes im Bürgerkrieg oder erlebten zumindest bürgerkriegsähnliche Zustände. Briten und Patrioten kämpften nicht nur gegeneinander, sondern stets auch um die Gunst und Kontrolle der lokalen Bevölkerung. Damit nahm die Auseinandersetzung, insbesondere in der dünn besiedelten und schwer zugänglichen *back country* des

Südens, den Charakter eines Volks- und Guerillakrieges an, den die Patrioten entschlossener und mit mehr Geduld und Beharrungsvermögen zu führen verstanden. Die britische Strategie, von städtischen Zentren oder festen Plätzen aus die umliegenden Landstriche zu „pazifizieren", bewirkte oft das genaue Gegenteil. Sie trieb viele Unentschiedene und Neutrale in die Arme der patriotischen Milizen und „Sicherheitskomitees", die überall dort vordrangen, wo die Briten ihre militärische Präsenz nicht im erforderlichen Maße aufrechterhalten konnten. Der wichtigste Beitrag dieser für den konventionellen Kampf weniger geeigneten Verbände bestand in der Politisierung des Krieges: Sie bestraften die „Verräter", enteigneten loyalistischen Besitz, zogen die Schwankenden auf ihre Seite und vermittelten den Anhängern das Gefühl, für eine gerechte Sache zu kämpfen. Je länger der Krieg dauerte, desto weniger konnten die Briten die ihnen treu ergebenen Amerikaner schützen, und desto mehr ging ihr Einfluss auf die öffentliche Meinung verloren. Die Ausweitung der kolonialen Revolte zu einer breiten, aggressiven Volksbewegung kündigte bereits vor Yorktown die englische Niederlage an und ließ nach 1781 weitere militärische Anstrengungen vollends aussichtslos erscheinen. [...] In vieler Hinsicht nahmen die Briten also bittere Erfahrungen vorweg, die Kolonialmächte im Kampf gegen nationale Befreiungsbewegungen später immer wieder sammeln sollten.

Jürgen Heideking, Geschichte der USA, UTB, 3. Auflage, Tübingen 2003, S. 55 f.*

1 Beschreiben Sie die verschiedenen Formen des Krieges.
2 Erklären Sie die Einordnung des Unabhängigkeitskrieges als „nationale Befreiungsbewegung".
3 **Gruppenarbeit:** Setzen Sie sich auf der Basis von Kap. 1.3 und 1.4 mit dem Thema Revolution und Gewalt auseinander. Erstellen Sie dazu in Gruppenarbeit Placemats (siehe S. 505).

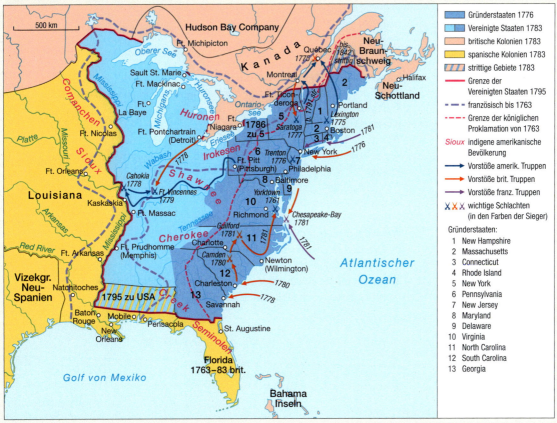

M 18 Entstehung der USA 1763–1795

1 Analysieren Sie auf Basis der Karte den Entstehungsprozess der USA.
2 **Zusatzaufgabe:** siehe S. 477.

Methode

Verfassungsschaubilder interpretieren

Eine Verfassung bestimmt den gesetzlichen Rahmen eines Staates, indem sie die Staatsform, den organisatorischen Aufbau, die Aufgaben und die Beziehungen der einzelnen Institutionen sowie die Rechte der Bevölkerung festlegt. Verfassungsschaubilder bieten dabei eine Möglichkeit, die häufig umfangreichen und komplizierten Gesetzestexte grafisch und für den „Leser" damit vereinfacht und übersichtlich darzustellen. Die folgenden Arbeitsschritte fördern die Fähigkeit, Verfassungsschaubilder angemessen zu analysieren und zu interpretieren. Als Vorläufer moderner Verfassungen gelten die Analysen bestehender Staats- und Regierungsformen in der griechischen Antike, wie sie z. B. Aristoteles formulierte. Die moderne Verfassungsentwicklung begann in Europa im 17. Jahrhundert mit der in England verabschiedeten *Bill of Rights*. Erstmals wurden die Rechte des Einzelnen gegenüber dem Staat sowie die Gewaltenteilung festgeschrieben.

Die am 16. April 1871 vom Reichstag verabschiedete Verfassung des Deutschen Reiches glich inhaltlich weitgehend der Verfassung des Norddeutschen Bunds von 1867 und resultierte aus den Verträgen, die der Bund unter Führung Preußens infolge der militärischen Erfolge im Deutsch-Französischen Krieg von 1870 mit dem Großherzogtum Baden und Hessen sowie dem Königreich Bayern und Württemberg zur Vorbereitung auf die Reichsgründung geschlossen hatte. Die Verfassung, die am 4. Mai 1871 in Kraft trat, existierte faktisch bis zum 9. November 1918 (Abdankung des Kaisers) und wurde formalrechtlich erst durch die Weimarer Reichsverfassung vom 14. August 1919 aufgehoben.

Arbeitsschritte zur Interpretation

1. Historische Einordnung	– Für welchen Staat gilt die Verfassung?
	– Wann und durch wen wurde die Verfassung verabschiedet und wann wurde sie in Kraft gesetzt?
	– Wie lange war die Verfassung gültig?
2. Verfassungsorgane	– Welche Verfassungsorgane sind dargestellt?
	– Wie sind die Organe zusammengesetzt und welche Aufgaben bzw. Befugnisse besitzen sie?
3. Machtverteilung	– Welche Auskunft gibt das Schaubild über die staatliche Machtverteilung, die Machtkonzentration und -beschränkung?
	– Wie wird die Gewaltenteilung umgesetzt?
4. Rechte des Volkes	– Wer darf wen wie oft wählen?
	– Welche Rechte werden der Bevölkerung garantiert?
5. Struktur des Staates	– Um welche Staatsform handelt es sich?
	– Beinhaltet die Verfassung föderative oder/und zentralistische Elemente?
6. Kritik	– Worüber gibt das Schaubild keine Auskunft?

Übungsaufgabe

M1 Die Verfassung des Deutschen Reiches von 1871

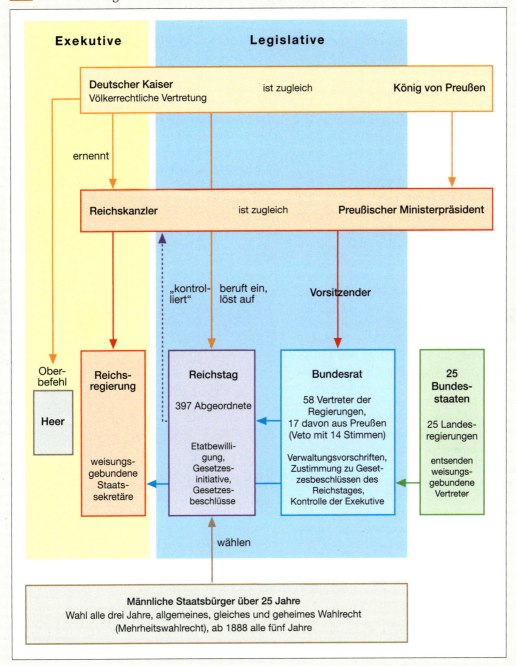

3 Interpretieren Sie das Verfassungsschaubild M 1 mithilfe der Arbeitsschritte.
▶ Lösungshinweise finden Sie auf S. 488 f.

Anwenden

M1 Der Historiker Volker Depkat über die Verfassung von 1787 (2016)

Die von der Verfassung von 1787 konstituierte Ordnung war etwas Noch-nie-Dagewesenes. Sie ist zu Recht als „Revolution in der Revolution" bezeichnet worden, wobei das Revolutionäre der Verfassung von
5 1787 vor allem darin zu sehen ist, dass die von ihr konstituierte Ordnung einer flächenstaatlichen Republik, die föderal organisiert war und in allen ihren Teilen auf dem Prinzip der Volkssouveränität gründete, ein historisches Novum war. Die Verfassung von
10 1787 stellte sowohl die Legislative als auch die von ihr getrennte Exekutive auf die Grundlage der Volkssouveränität. Die Verfassung selbst wurde direkt vom Volk gebilligt, das somit sowohl Souverän als auch Autor einer auf einem schriftlichen Dokument ru-
15 henden Verfassungsordnung war, der es sich im Anschluss selbst unterwarf. Unerhört war ferner, dass die Verfassung eine flächenstaatliche Republik begründete, die von Beginn an sogar noch auf Ausdehnung nach Westen angelegt war, denn neue Staaten
20 sollten gemäß Artikel IV, Abschnitt 3 in die Union aufgenommen werden dürfen. Das war ein kühner Bruch mit allem, was damals über Geschichte und Theorie von Republiken bekannt war. Bis 1787 war es nämlich weithin geteilte Überzeugung, dass republi-
25 kanisch verfasste Staaten allein in überschaubaren, flächenmäßig kleinen Gemeinwesen wie beispielsweise in den Städten oder kleinen Staaten wie den Niederlanden oder der Schweiz zu bestehen vermochten. Immer wenn Republiken in den Raum ex-
30 pandierten, schienen Freiheit und Demokratie an ihr Ende zu gelangen; sie lösten sich entweder auf oder entwickelten sich in eine Monarchie. Die Verfassungsväter kannten diese Ansichten, setzten sich dennoch über sie hinweg.
35 Zwei Aspekte der Verfassung sollten sich für die weitere Geschichte der USA als in besonderem Maße folgenreich erweisen. Da ist erstens die Tatsache, dass das Problem der Sklaverei ungelöst geblieben war. Zweitens sollte es sich als historisch folgenreich er-
40 weisen, dass der Text der Verfassung einige Dinge sehr ausführlich und eindeutig regelt, während er andere Punkte vage hält. Die Verfassung bestimmt die Organe, die Strukturen und die Verfahren des politischen Prozesses sowie Qualifikationen für die zen-
45 tralen politischen Ämter. Unbestimmt blieben jedoch der politische Charakter des Präsidentenamtes und sein Ort im politischen Prozess, die konkreten Zuständigkeiten der Bundesregierung im politischen Tagesgeschäft sowie die spezifische Ausgestaltung des Verhältnisses von Bundesregierung und Einzel-
50 staaten. Die Klärung dieser offenen Fragen hatten die Verfassungsväter ganz bewusst dem die durch die Verfassung angestoßenen und regulierten politischen Prozess überlassen. Deshalb entfaltete sich Politik in den USA seit dem ausgehenden 18. Jahrhun-
55 dert als eine fortlaufende, kontroverse Interpretation und Re-Interpretation des Verfassungstextes, und das barg […] ein hohes Konfliktpotenzial, das bis hin zum Bürgerkrieg führen konnte.

Volker Depkat, Geschichte der USA, Kohlhammer, Stuttgart 2016, S. 79.*

M2 Banner im Präsidenten-Wahlkampf, 1800.
Das Banner wirbt für den Präsidentschaftskandidaten Thomas Jefferson mit den Worten: „Thomas Jefferson – President of the U.S.A., John Adams – no more"

1 Fassen Sie zusammen, welche Aspekte der Verfassung von 1787 der Autor als „Revolutionär" kennzeichnet.
2 Erläutern Sie die Kernpunkte der Dokumente, die der Verfassung vorangingen, und ordnen Sie diese in Bezug auf Ihre politischen Folgen ein.
3 Erstmals wurde in den USA 1789 ein Staatsoberhaupt, der Präsident, vom Volk gewählt. Analysieren Sie seine Kompetenzen. Arbeiten Sie die Folgen für das politische System heraus.
4 Nehmen Sie Stellung zur Rolle eines „politischen" Präsidenten in einer Demokratie.

Wiederholen

M3 *„Constitution Cut"*, amerikanischer Druck, spätes 18. Jahrhundert

Zentrale Begriffe
13 Artikel der Konföderation
Anti-Föderalisten
Bundesstaat
checks and balances
Föderalisten
Gewaltenteilung
Kontinentalarmee
Milizen
Parteien
Präsident
Staatenbund
Unabhängigkeitserklärung
Union
Verfassung
Volkssouveränität

1 **Schaubild:** Stellen Sie die revolutionären Elemente der *Virginia Bill of Rights* und der Unabhängigkeitserklärung in einem Schaubild dar und illustrieren Sie inhaltliche Bezüge durch Pfeile.
2 Erklären Sie das System des *„checks and balances"* der amerikanischen Verfassung.
3 **Pro-und-Kontra-Diskussion:** Führen Sie eine Diskussion zwischen Föderalisten und Anti-Föderalisten durch. Stimmen Sie nach Abschluss der Diskussion in Ihrem Kurs ab. Welche Gruppe bekommt die Mehrheit?
4 Interpretieren Sie das Bildmaterial M 3.
5 **Wahlaufgabe:** Bearbeiten Sie entweder a) oder b).
Der 3. Präsident der USA Thomas Jefferson hat gesagt: „Schlechte Kandidaten werden von Bürgern gewählt, die nicht zur Wahl gehen." Erörtern Sie dieses Zitat, indem Sie
a) einen Essay verfassen,
b) ein Sachurteil erstellen.
6 Erläutern Sie die Rolle des Unabhängigkeitskrieges im Rahmen der Amerikanischen Revolution.
7 **Vertiefung:** Vergleichen Sie Ihre Ergebnisse aus Aufgabe 6 mit den Revolutionskriegen in Frankreich und dem Bürgerkrieg in Russland.

Formulierungshilfen
– Der Druck ist … entstanden.
– Im Vordergrund sind … dargestellt.
– Die einzelnen Personen repräsentieren …
– Gestik und Farbgestaltung unterstreichen …
– Als wichtiges Symbol im Zentrum fungiert …
– Im Hintergrund sind … dargestellt.
– Der englische und der lateinische Text bedeuten übersetzt …
– Das Bild deutet die Verfassung als …

1.5 Die Rezeption der Gründungsphase

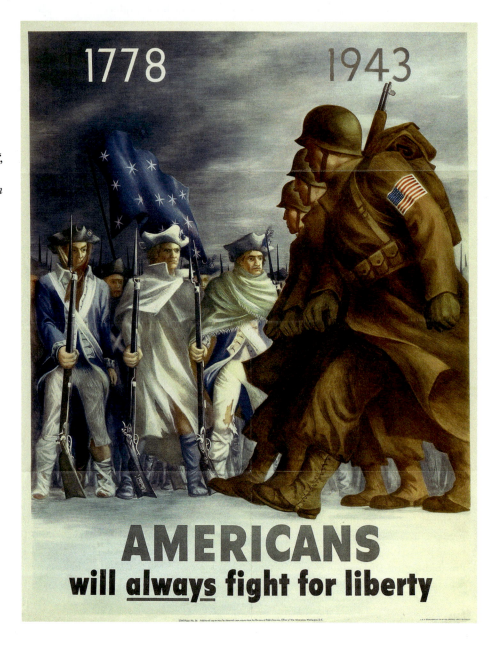

M1 „Americans will always fight for liberty", Plakat, USA, 1943.
Im Dezember 1941 traten die USA in den Zweiten Weltkrieg ein, indem sie zunächst Japan, dann Deutschland und Italien den Krieg erklärten. Auf dem Plakat von 1943 heißt es: „Die Amerikaner werden immer für die Freiheit kämpfen."

1789	Erstes Buch über die Amerikanische Revolution von David Ramsay
1804–1807	Fünfbändige Biografie von John Marshall über George Washington
1805	Mercy Otis Warren veröffentlicht das Buch „History of the American Revolution"
1858	Mount Vernon Ladies Association macht aus Washingtons Haus eine Gedenkstätte
1861	Gedicht von Henry Wadsworth Longfellow „Paul Revere's Ride"

Die Rezeption der Gründungsphase 1.5

„Amerika wurde zum Angriffsziel, weil wir in der Welt die strahlendste Fackel der Freiheit und der Selbstverwirklichung sind. Und niemand wird den Glanz dieses Lichtes auslöschen." Das sagte der 43. Präsident der USA, George W. Bush, in einer Fernsehansprache nach den Anschlägen vom 11. September 2001 und schwor die Bevölkerung so auf die „Verteidigung einer großen Nation" und ihrer Werte ein. Mit den Begriffen „Freiheit" und „Selbstverwirklichung" nahm er direkt Bezug auf die „selbstverständlichen Wahrheiten", die der Unabhängigkeitserklärung vom 4. Juli 1776 vorangestellt sind: *„Life, Liberty and the Pursuit of Happiness"*.

Immer wieder beschworen Präsidenten der USA die besondere Stärke, den Gemeinsinn, den Freiheitswillen und die „eiserne Entschlossenheit" ihrer Nation. Die Wurzeln für diesen wichtigen Bestandteil der amerikanischen Selbstwahrnehmung verortete man in der Zeit der Amerikanischen Revolution und den Gründungsjahren der Vereinigten Staaten von Amerika. Später kamen die Ideen vom *„Manifest Destiny"*, von der Auserwähltheit der Amerikaner zu expandieren, hinzu. Schon zu Beginn des 19. Jahrhunderts wurden Steuerstreit und Unabhängigkeitskrieg als Kampf um Freiheit und Selbstbestimmung gedeutet. Interne erbitterte Kämpfe um die Kompetenzen der zentralen Bundesinstitutionen, Aufstände und Proteste der Bevölkerung in den ersten Jahren der Republik wurden verdrängt. Stattdessen hob man die Gründung einer neuen Nation mit einem modernen demokratischen Staatswesen als Vorbild für alle anderen Staaten hervor. In besonderer Weise wurden die „Gründerväter" wie Washington, Jefferson und Hamilton zum Inbegriff dieser politischen Werte und darüber hinaus zu moralischen und persönlichen Vorbildern, die alle folgenden Politiker in den Schatten stellten. Die Mythen um Freiheitsliebe, Entschlossenheit und moralische Integrität der Revolutionäre sind bis heute wirksam und werden von den Massenmedien wie Filmen und TV-Serien, aber auch von Museen und Gedenkstätten immer wieder reaktiviert.

M2 „Erzwingt den Frieden", Entwurf von René Graetz (1908–1974), Plakat, DDR, nach 1949

1 Beschreiben Sie weitere historische Ereignisse und Entwicklungen (Erster Weltkrieg, Zweiter Weltkrieg, Irakkrieg), bei denen die Amerikaner auf „Freiheit" und „Demokratie" als Motive für ihr Eingreifen bei internationalen Konflikten verwiesen. Arbeiten Sie Unterschiede und Gemeinsamkeiten heraus.
2 Vergleichen Sie die Plakate aus den USA und der DDR.
Tipp: Erstellen Sie ein Vergleichsraster, siehe S. 477.

1941 | Das Denkmal *Mount Rushmore* mit vier in den Fels geschlagenen Präsidentenköpfen wird fertiggestellt

1948–1956 | Einrichtung des *National Historical Parc Pennylvania* in Philadelphia
1951 | Der *Boston Freedom Trail* wird eröffnet

1985 | Der Film „The Revolution" erscheint

2000 | Der Film „The Patriot" erscheint

1.5 Die Rezeption der Gründungsphase

> **In diesem Kapitel geht es um**
> – die Rezeption der „American Revolution" in der Geschichtsschreibung, in der Literatur und in Museen,
> – den Mythos der „Gründerväter" und seine Analyse,
> – den Beitrag von Historiengemälden zur Rezeption der Gründungsphase,
> – den Film „Der Patriot" aus dem Jahr 2000 und seine Deutungen der Revolution.

Rezeption und Geschichte

M 1 Grabstein für die Opfer des Boston-Massaker, Old Granary Burying Ground Boston, Fotografie, 2010.

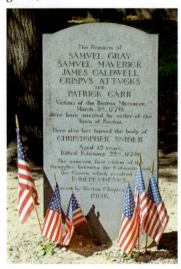

Auf dem Grabstein wird auch an den zwölfjährigen Jungen Christopher Snider erinnert, der als „unschuldiges erstes Opfer im Kampf zwischen den Kolonisten und der Krone, der zur Unabhängigkeit führte", am 22. Februar 1770 starb. Aufgestellt wurde der Grabstein vom Ortsverband Boston 1906.

▶ **M 4:** Joseph J. Ellis über die frühe Historiografie

Mythos
Geschichte oder Ähnliches von der Entstehung eines Volkes oder der Welt, die Personen, Ereignisse etc. überhöht und glorifiziert

Der Vorgang der „Rezeption", also der **Aufnahme bzw. Wahrnehmung**, ist ein wichtiger Aspekt von Geschichte insgesamt. Da historische Ereignisse und Zusammenhänge im Rückblick immer gedeutet werden, also aus einer individuellen, zeit- und ortsgebundenen Sicht wahrgenommen und dargestellt werden, unterliegen im Prinzip alle historischen Quellen der Rezeption. Das gilt für sogenannte Überrest-Quellen, die nicht mit einer Überlieferungsabsicht verfasst wurden, natürlich weniger als für Traditions-Quellen, die für bestimmte Adressaten und mit einer bestimmten Absicht erstellt wurden. Rezeption meint aber im engeren Sinne die **bewusste wissenschaftliche, museale oder künstlerische Verarbeitung von historischen Ereignissen, Personen und Entwicklungen**. Wichtige Bereiche der Rezeption bilden: die Geschichtsschreibung bzw. Geschichtswissenschaft, Museen, Denkmäler oder die Gestaltung von Originalschauplätzen, die Literatur, die darstellende Kunst, insbesondere Historiengemälde und historische Porträts, sowie die moderne Populärkultur, zum Beispiel in Form von Kinofilmen oder Fernsehserien. Hinzu kommen nationale Traditionen wie Nationalfeiertage und der schulische Geschichtsunterricht, die ebenfalls zur Deutung und Verankerung von bestimmten Ereignissen im Bewusstsein der Menschen beitragen. Und Rezeption hat selbst eine Geschichte, **Rezeptionsgeschichte**, denn die Wahrnehmung und Deutung verändert sich mit der Zeit, ist also ebenfalls zeit- und ortsgebunden.

„American Revolution"

Schon kurz nach der Revolution erschienen die ersten Geschichtswerke und bemühten sich um eine Interpretation der Ereignisse. Dabei kamen sie zu unterschiedlichen Ergebnissen, die zum Teil auf den anhaltenden Streit zwischen den Föderalisten und den Anti-Föderalisten bzw. Demokratischen Republikanern zurückzuführen sind. Die Amerikanische Revolution wurde einerseits als **Kampf um die individuelle Freiheit**, als erster Schritt zur Umsetzung liberaler Fortschritts- und Freiheitsideen interpretiert. Dies beinhaltete die Abgrenzung gegenüber dem traditionellen frühneuzeitlichen Europa sowie die Überordnung von Freiheit über staatliche Ordnung. In dieser Geschichte avancierte Thomas Jefferson, der 3. Präsident und Anti-Föderalist, zum Helden. Andererseits wurde die Amerikanische Revolution als **Gründung einer Nation mit einem stabilen modernen Staat** und Gemeinwesen gedeutet. Die Bundesverfassung mit der Schaffung einer starken Zentralmacht wird damit zum Höhepunkt der Revolution und George Washington, John Adams sowie Alexander Hamilton zu den eigentlichen Revolutionären. Beide Rezeptionslinien zogen sich auch durch das 19. Jahrhundert und erhielten zum Teil mythologische* Dimensionen. Einig war man sich vor allem in den USA in Bezug auf den Vorbildcharakter der neuen Republik und die besondere Mission der amerikanischen Nation für die Freiheit, die im Wesentlichen auf die Gründungsjahre zwischen 1776 und 1787 zurückgeführt wurden. Bis heute bildet die „Unabhängigkeit" bzw. die „Amerikanische Revolution" einen zentralen Bezugspunkt amerikanischer Identität.

Die **museale Aufbereitung** der Revolutionsjahre begann erst Mitte des 19. Jahrhunderts, als die *„Mount Vernon Ladies Association"* das frühere Anwesen von George Washington erwarb und in eine Gedenkstätte verwandelte. Erst Mitte des 20. Jahrhunderts folgten der *Boston Freedom Trail* (1951) und der *Independence National Historic Park* in Philadelphia, die sich mit zentralen Ereignissen der Revolution an den Originalschauplätzen auseinandersetzen. Die **literarische Rezeption** in Form von Anekdotensammlungen und Gedichten erlebte ihren Höhepunkt im 19. Jahrhundert.

▶ M 6: Bild „The Freedom Trail"

▶ M 7: Gedicht zu Paul Reveres Ritt

M 2 Mount Rushmore, Fotografie, 2004.
Das Mount Rushmore Memorial wurde 1941 fertiggestellt. Es besteht aus vier in die Felsen des Berges hineingearbeiteten Porträts der wichtigsten Präsidenten der USA: George Washington, Thomas Jefferson, Theodore Roosevelt und Abraham Lincoln. Vor dem Fels finden sich Tafeln mit Ausschnitten aus den wichtigsten Reden der Dargestellten.

„Gründerväter"

Stärker als die eigentlichen Revolutionsereignisse standen die wichtigsten Persönlichkeiten der Gründungsphase im Vordergrund der Rezeption. Als *„Founding Fathers"* (Gründerväter) werden die Unterzeichner von Unabhängigkeitserklärung und Verfassung sowie weitere führende Persönlichkeiten der Revolution bezeichnet. Ihnen werden besondere Fähigkeiten wie Stärke, Integrität und Weitsicht zugeschrieben. Aus diesem Kreis von über hundert Personen stechen einige besonders heraus. An erster Stelle steht der General der Kontinentalarmee und 1. Präsident der USA **George Washington**. Hinzu kommen **John Adams**, **Benjamin Franklin** und **Thomas Jefferson** als Verfasser der Unabhängigkeitserklärung sowie **Alexander Hamilton**, **James Madison** und **John Jay** als Autoren der *„Federalist Papers"* und Unterstützer der Verfassung. Die fast Heiligen ähnliche Verehrung der *„Fathers"*, wie sie zunächst nur genannt wurden, beginnt in den 1830er-Jahren nach dem Tod der Gründergeneration und hält bis heute an. Praktisch in jeder größeren amerikanischen Stadt gibt es vor öffentlichen Gebäuden

1.5 Die Rezeption der Gründungsphase

M3 Statue von Alexander Hamilton (1755/57–1804) vor dem Finanzministerium in Washington, Fotografie, 2009

M 11: Michael Hochgeschwender über Geschichte und Populärkultur

▶ M 11 bis M 13: Der Film „Der Patriot"

Museale Rezeption
cornelsen.de/Webcodes
Code: tikiwu

oder an zentralen Plätzen Statuen der Gründer, nur Abraham Lincoln, Präsident der Bürgerkriegszeit, kann da mithalten. Die Grundlagen wurden jedoch schon in den ersten Jahren der Republik gelegt. Alle „Gründerväter" hinterließen zahlreiche Schriften, Briefe und Reden, in denen sie nicht nur ihre Ideen, sondern auch sich selbst schon im Bewusstsein ihrer historischen Bedeutung präsentierten. Hinzu kamen die zeitgenössischen Porträts von John Trumbull, Charles W. Peale und Gilbert Stuart, die Washington, Jefferson und die anderen als würdevolle und aufrechte Persönlichkeiten darstellten. Gerade auch weil die Revolution in Amerika nicht zu gewaltsamen Kämpfen zwischen den einzelnen Protagonisten führte, sondern der Streit letztlich mithilfe der Verfassung institutionalisiert und durch die Gründung von Parteien kanalisiert wurde, fand auch keine Diskreditierung der Hauptakteure statt. Washington, Jefferson und Hamilton konnten so ungebrochen als Helden des Unabhängigkeitsprozesses und als Urheber des neuen Staatswesens erinnert werden.

Populärkultur

Heute erfolgt die Rezeption von Geschichte nur noch zum Teil über Denkmäler, Museen, Gemälde oder Biografien. Einflussreicher ist die Populärkultur, allen voran Spielfilme und TV-Serien, die als Massenmedien für eine breite Rezeption sorgen. Vor allem in den USA spielen sie eine wichtige Rolle bei der Aktivierung von Geschichtsbildern und der Bestätigung der ideologischen Selbstsicht, sogar bei der Aufarbeitung bestimmter Traumata. Im Vergleich zu anderen historischen Themen wie dem Vietnamkrieg oder dem Bürgerkrieg diente die Amerikanische Revolution oft nur als Folie für klassische Westernfilme (*Drums along the Mohawk*, 1939, *The Last of the Mohicans*, 1992), in denen der Kampf gegen die indigene Bevölkerung und das harte Leben der Siedler im Vordergrund standen. Der erste Film, der sich direkt und kritisch mit der Revolution auseinandersetzte, erschien im Jahr 1985 unter dem Titel „Revolution" mit Al Pacino in der Hauptrolle, wurde aber kaum beachtet. Im Jahr 2000 veröffentlichte der deutsche Regisseur Roland Emmerich sein Werk „Der Patriot" mit Mel Gibson in der Hauptrolle als Familienvater, der vom Kriegsverweigerer über den Rache suchenden Milizführer und Einzelkämpfer zu einem führenden Teil der Kontinentalarmee wird. An der Kinokasse war der Film ein Erfolg, doch alle Kritiker waren sich einig, dass der Film eine einseitige und historisch irreführende Sicht präsentiert. Er bediente dabei viele Klischees und Mythen, u. a. ein konservatives Familienideal, das aktive Einstehen von jungen Männern für ihre Ideale oder die Legitimation von persönlicher Rache. Der Historiker Michael Hochgeschwender bilanziert in seiner Analyse der Amerikanischen Revolution in der modernen Populärkultur: „An Mythen kratzt man als Filmregisseur nicht ungestraft". Und gerade in Bezug auf die Amerikanische Revolution und seine „Gründerväter" sind mythische Verklärungen ein wichtiger Bestandteil der Rezeption.

1 Erläutern Sie die beiden Hauptlinien der frühen historiografischen Rezeption. Vergleichen Sie mit aktuellen wissenschaftlichen Analysen (Kapitel 1.1, M 6 und M 7).
2 Analysieren Sie auf der Basis von Internetseiten (siehe Webcode) die Darstellung von Geschichte in Museen und „Historical Parcs" in den USA.
3 **Arbeitsteilige Gruppenarbeit/Lernplakat:** Recherchieren Sie zu den sieben wichtigsten Gründervätern (Washington, John Adams, Franklin, Jefferson, Hamilton, Madison, Jay) biografische Informationen, Bilder, Schriften und Denkmäler. Fassen Sie die Informationen in einem Lernplakat zusammen.
4 **Filmpräsentation:** Wählen Sie einen Film oder eine Serie aus, die ein Ereignis der US-amerikanischen Geschichte behandelt. Stellen Sie die Produktion im Plenum vor und gehen Sie besonders auf die Frage ein, welchen Beitrag zur Rezeption dieses Ereignisses die Serie/der Film leistet.
Tipp: siehe S. 477.

1.5 Die Rezeption der Gründungsphase

Hinweis zur Arbeit mit den Materialien
*Die folgenden Materialien widmen sich den drei thematischen Schwerpunkten des Lehrplans. Am Anfang finden sich wissenschaftliche Texte zur **Rezeption der „American Revolution"** in der Geschichtsschreibung (M 4) sowie im nationalen Gedächtnis der USA (M 5). Ergänzt werden diese durch Materialien zur musealen und literarischen Aufbereitung bestimmter Erinnerungsorte der Revolution, hier das Beispiel des Freedom Trails in Boston (M 6) sowie der „Held" Paul Revere und sein mythischer Ritt durch die Nacht (M 8). Im Anschluss stehen die **„Gründerväter" der USA** im Vordergrund und ihre Heroisierung durch Geschichtsschreibung und Denkmäler. Besondere Aufmerksamkeit wird George Washington gewidmet, dem General der Revolutionsarmee und ersten Präsidenten der USA (M 9, M 10). In diesem Rahmen wird auch ein Historiengemälde vorgestellt und so aufbereitet, dass seine Bedeutung erschlossen werden kann. In einem abschließenden Block wird am Beispiel des **Films „Der Patriot"** aus dem Jahr 2000 aufgezeigt, welchen Beitrag die Populärkultur zur Deutung und Verarbeitung, aber auch zur Mythologisierung historischer Prozesse leisten kann (M 11 bis M 13).*

Zur Vernetzung mit dem Kernmodul
Shmuel Eisenstadt (M 9, S. 103) betrachtet die Folgen von Revolutionen für die politischen Symbole und Kulturen im neuen System. Hier lassen sich Bezüge zur Rezeption herstellen.

„American Revolution"

M 4 Der amerikanische Historiker Joseph J. Ellis über die Rezeption der „Amerikanischen Revolution" durch zeitgenössische Historiker (2005)

Es gibt zwei seit langem etablierte Möglichkeiten, diese Geschichte zu erzählen. Beide sind Ausdruck der politischen Parteiungen und ideologischen Lager der Revolutionsära selbst [...]. Mercy Otis Warrens
5 *History of the American Revolution* (1805) definierte die Interpretation des „reinen Republikanismus", die auch die Version darstellte, für die sich die Republikanische Partei entschied und die daher später als „Jeffersonsche Interpretation" bezeichnet wurde. Sie
10 schildert die Amerikanische Revolution als Befreiungsbewegung, als klaren Bruch nicht nur mit der englischen Herrschaft, sondern auch mit den historischen Verderbtheiten europäischer Monarchie und Aristokratie. [...] Das revolutionäre Kernprinzip ist
15 dieser Interpretationstradition zufolge die individuelle Freiheit. Sie hat radikale und, modern gesprochen, libertäre Implikationen, weil sie jede Anpassung persönlicher Freiheit an staatliche Disziplin als gefährlich ansieht. [...]
Die alternative Interpretation erfuhr ihre umfas- 20
sendste Artikulation erstmals durch John Marshall in seinem gewaltigen fünfbändigen Werk *The Life of George Washington* (1804–1807). Sie sieht die Amerikanische Revolution als beginnende Nationalbewegung, deren wenn auch latente Ursprünge weit in die 25
Kolonialzeit zurückreichen. Die Verfassungsvereinbarung von 1787–88 wird so zur natürlichen Erfüllung der Revolution, und die Führer der Föderalistischen Partei in den 1790er-Jahren – Adams, Hamilton und, am bedeutendsten, Washington – erscheinen 30
als die wahren Erben des revolutionären Vermächtnisses. [...] Das revolutionäre Kernprinzip ist aus dieser Sicht nicht individualistisch, sondern kollektivistisch, denn sie fasst den wahren Geist von 1776 als die tugendhafte Preisgabe persönlicher, staatlicher 35
und regionaler Interessen angesichts der höheren Ziele Amerikas als Nation, die sich zunächst in der Kontinentalarmee und später dann in der neu eingesetzten Bundesregierung verkörperten. Sie hat konservative, aber auch protosozialistische Implikatio- 40
nen, weil sie das Individuum nicht als die souveräne Einheit in der politischen Gleichung ansieht und ihr mehr an Regierungsdisziplin gelegen ist, die als konzentrierendes und kanalisierendes Instrument für nationale Entwicklung fungiert. 45

Joseph J. Ellis, Sie schufen Amerika. Die Gründergeneration von John Adams bis George Washington, C. H. Beck, München 2005, S. 27 f.*

1 Beschreiben Sie die Kernpunkte der verschiedenen Rezeptionslinien.
2 Erörtern Sie die frühe Rezeption der Amerikanischen Revolution.

M 5 Die Historikerin Charlotte A. Lerg über die Amerikanische Revolution heute (2010)

Die Amerikanische Revolution hat in den USA eine gesellschaftliche Bedeutung, die über rein wissenschaftliches Interesse weit hinausgeht. Gründungsmythen sind zentraler Bestandteil nationaler Identität; für die Vereinigten Staaten bildet die 5
Unabhängigkeit 1776 eindeutig dieses definitorische Moment. Unzählige Mythen und Legenden, die sich um Ereignisse, Persönlichkeiten, Orte und Relikte jener Zeit ranken, gehören zum alltäglichen Leben der Amerikaner – in der politischen Rhetorik ebenso wie 10
in der vielfältigen Populärkultur. Als wichtiger Teil des öffentlichen Gedächtnisses prägen sie das Selbstverständnis der Weltmacht bis heute.

1.5 Die Rezeption der Gründungsphase

[...] Mit der engen Bindung des Nationalbewusstseins an die historischen Ereignisse war jedoch von Anfang an ein ständiger Kampf um Deutungshoheit und Interpretation verbunden. [...] Außer um Chronologien der Ereignisse und Biografien der Akteure drehten sich die Debatten in der Forschung zur amerikanischen Unabhängigkeit seit dem 20. Jahrhundert vor allem um den folgenden Fragekomplex: Wer oder was war die treibende Kraft? Waren es wirtschaftliche Interessen oder politische Ideen? Ging die Dynamik von der kolonialen Elite oder von den unteren Schichten aus? Mit der neueren Sozialgeschichte kamen seit den 1960er-Jahren neue Fragestellungen hinzu: Welche Rolle spielten Minderheiten, und was bedeutete die Revolution für sie? Welchen Bezug hatten Schwarze, Frauen oder Indianer zur Geschichte der Staatsgründung?

Charlotte A. Lerg, Die Amerikanische Revolution, UTB, Tübingen 2010, S. 7.*

1 Erläutern Sie den Zusammenhang zwischen „Gründungsmythos" und dem „Kampf um Deutungshoheit".

M6 Karte des „Freedom Trail" in Boston, Fotografie, 2015

1 Charakterisieren Sie die Rolle von Originalschauplätzen für die historische Rezeption.

M7 Paul Revere's Ride, Gedicht von Henry Wadsworth Longfellow (1861)

Der Goldschmied Paul Revere warnte 1775 durch einen nächtlichen Ritt nach Concord die amerikanischen Milizen vor dem Anrücken der britischen Truppen.

Listen, my children, and you shall hear
Of the midnight ride of Paul Revere,
On the eighteenth of April, in Seventy-Five:
Hardly a man is now alive
Who remembers that famous day and year.

[Es folgen zehn Strophen über die Stationen des Rittes]

It was two by the village clock,
When he came to the bridge in Concord town.
He heard the bleating of the flock,
And the twitter of birds among the trees,
And felt the breath of the morning breeze
Blowing over the meadows brown.
And one was safe and asleep in his bed
Who at the bridge would be first to fall,
Who that day would be lying dead,
Pierced by a British musket-ball.

You know the rest. In the books you have read,
How the British Regulars fired and fled,—
How the farmers gave them ball for ball,
From behind each fence and farmyard-wall,
Chasing the red-coats down the lane,
Then crossing the fields to emerge again
Under the trees at the turn of the road,
And only pausing to fire and load.

So through the night rode Paul Revere;
And so through the night went his cry of alarm
To every Middlesex village and farm,—
A cry of defiance, and not of fear,
A voice in the darkness, a knock at the door,
And a word that shall echo forevermore!
For, borne on the night-wind of the Past,
Through all our history, to the last,
In the hour of darkness and peril and need,
The people will waken and listen to hear
The hurrying hoof-beats of that steed,
And the midnight message of Paul Revere.

https://www.poets.org/poetsorg/poem/paul-reveres-ride (Download vom 8.10.2018).*

1 Interpretieren Sie das Gedicht, indem Sie die Darstellung Paul Reveres, der Briten sowie der „Farmer" bestimmen.

Übersetzung: Der Ritt von Paul Revere
cornelsen.de/Webcodes
Code: sedegu

„Gründerväter"

M 8 Der Historiker Michael Hochgeschwender über „Revolution" und „Gründerväter" (2016)

Die Revolutionäre mochten tot sein, die Erinnerung an die Revolution blieb höchst lebendig, und dies bis in die Gegenwart hinein. Für die Vereinigten Staaten von Amerika stellt die Revolution der 1770er-Jahre
5 den zentralen, sakral aufgeladenen Referenzrahmen ihrer patriotischen Identität dar. Der bewaffnete Kampf gegen die ferne britische Kolonialmacht, die Weisheit und Voraussicht der Gründervätergeneration, die Verfassung und die Unabhängigkeitserklä-
10 rung als heilige, beinahe unfehlbare Texte der nationalen Zivilreligion, in die auch Washington, Jefferson, Franklin und andere *founding fathers* gemeinsam mit dem zweiten Gründer der Republik, Abraham Lincoln, als Heiligenfiguren integriert sind, all dessen
15 wird an Feiertagen gedacht. Der gesamte Überlieferungsschatz des frühen 19. Jahrhunderts, all die schönen Anekdoten und Erzählungen, die Gedichte und selbst noch Teile der oft hymnischen Geschichtsschreibung der romantischen Epoche werden mit
20 großem Eifer weitertradiert. [...] Die großen Präsidentendenkmäler in Washington, D. C., aber auch die Nationalparks etwa um Valley Forge oder die nationalen Gedenkstätten Mount Vernon und Monticello wurden erst im Laufe der zweiten Hälfte des 19. Jahr-
25 hunderts in die nationale Gedenkkultur integriert. Nicht selten verdankten sie sich privater Initiative, da der amerikanische Staat, dessen Nationalempfinden bis nach dem Bürgerkrieg vage und unscharf blieb, es nicht als seine zentrale Aufgabe empfand, fördernd
30 einzugreifen. Insofern entwickelte sich die amerikanische Identitätskultur von unten her, von Privatleuten, Medien und den Parteien, oder auf der mittleren Ebene der Einzelstaaten. Im Mittelpunkt standen dabei über mehr als ein Jahrhundert der schulische Un-
35 terricht und natürlich die obligatorische Feier des 4. Juli. Dabei wirkte sich der Glanz der Vergangenheit nicht unmittelbar günstig auf die Akzeptanz der jeweils aktuellen Politikergeneration aus. Verglichen mit den übermenschlichen Heroen des Gründungs-
40 mythos, mussten sie auswechselbar, parteiisch, ja unfähig wirken.

Michael Hochgeschwender, Die Amerikanische Revolution. Geburt einer Nation 1763–1815, C. H. Beck, München 2016, S. 431.*

1 Geben Sie wieder, welche Quellen der Rezeption der Autor nennt.
2 Erörtern Sie die Folgen für die aktuelle Politik.
3 **Zusatzaufgabe:** siehe S. 477.

M 9 Der amerikanische Historiker Joseph J. Ellis im Vorwort zu seiner Washington-Biografie (2017)

Und bei Washington zeigt sich das Patriarchenproblem besonders eindringlich: wir sehen ihn auf Mount Rushmore, auf der Mall, auf den Dollarnoten und dem 25-Cent-Stück, aber immer als Ikone – fern,
5 kühl, einschüchternd. [...]
Im Verlauf der amerikanischen Geschichte blieb unsere Reaktion auf Washington im Besonderen und auf die Gründerväter im Allgemeinen in eben dieses emotionale Muster verstrickt, ohnmächtig oszillie-
10 rend zwischen Vergötterung und Verdammung. Im Falle Washingtons reicht die Skala von den Märchen, die Pastor Weems von einem frommen jungen Mann erzählte, der keine Lüge über die Lippen brachte, bis zu verächtlichen Urteilen über den totesten, weißen
15 Mann in der amerikanischen Geschichte.
Dieses Bild eines Helden/Schurken ist in Wirklichkeit die Vorder- und Rückseite derselben Medaille: eine Karikatur, die uns mehr über uns selbst sagt als über Washington. Die in der akademischen Welt ge-
20 genwärtig vorherrschende Meinung sieht Washington als Mitschuldigen an der Schaffung einer Nation, die imperialistisch, rassistisch, elitär und patriarchalisch gewesen ist. [...]
Wir sind sensibler geworden gegenüber den intellek-
25 tuellen und emotionalen Gegebenheiten, die im kolonialen Amerika eine revolutionäre Ideologie hervorgebracht haben; auch haben wir heute ein weitaus besseres Verständnis für die sozialen und politischen Kräfte, die Virginias Pflanzerklasse zur Rebellion ge-
30 trieben haben. Auch unsere Einschätzung der strategischen Alternativen, vor denen beide Seiten im Unabhängigkeitskrieg standen, hat sich verfeinert, hinzu kommt ein vertieftes Verständnis für die nicht miteinander zu vereinbarenden Versionen des „Geis-
35 tes von 1776", die in den 1790er-Jahren zum Ausbruch von politischem Parteienstreit führten. Washingtons Leben verlief ebenso wie seine zunehmend gefestigte Laufbahn im Kontext dieses verwickelten historischen Geschehens, das in seiner Gesamtheit einen
40 neuen Rahmen für die Einschätzung seiner Entwicklung und seiner Leistung geliefert hat. [...]
Mir schien, Benjamin Franklin sei weiser gewesen als Washington, Alexander Hamilton brillanter, John Adams belesener, Thomas Jefferson intellektuell dif-
45 ferenzierter und James Madison politisch scharfsinniger. Doch ausnahmslos jeder dieser prominenten Akteure war der Meinung, Washington sei ihm fraglos überlegen gewesen. In der Galerie der Großen, die so oft als Gründerväter zum Mythos gemacht wer-
50 den, wurde Washington als *primus inter pares* aner-

kannt, als der Gründervater schlechthin. Wie kam das? In diesem Buch habe ich nach einer Antwort gesucht, die in den Tiefen des ehrgeizigsten, entschlossensten und kraftvollsten Menschen einer Epoche verborgen ist, der es an würdigen Rivalen wahrhaft nicht gefehlt hat. Wie er so wurde und was er dann damit anfing – das ist die Geschichte, die ich erzählen will.

Joseph J. Ellis, Seine Exzellenz George Washington. Eine Biographie, übersetzt von Martin Pfeiffer, C. H. Beck, München 2005, S. 10.*

1 Überprüfen Sie auf Basis von M 9, ob Joseph J. Ellis mit seiner Biografie zum Mythos um die „Gründerväter" beiträgt.

M 10 Porträt von George Washington, 1. Präsident der Vereinigten Staaten von Amerika, Ölgemälde von Jose Perovani, 1796.
Auf dem Tisch ist ein Stadtplan von Washington zu sehen.

1 Interpretieren Sie das Gemälde.
2 Vertiefung: Vergleichen Sie die Darstellung mit den Bildmaterialien von S. 76, 93 und 95.
   Tipp: siehe S. 477.

Der Film „Der Patriot" von 2000

M 11 Der Historiker Michael Hochgeschwender über den Film „Der Patriot" (2016)

Das mythische Amerika wurde und wird zuvörderst über Spielfilme und TV-Serien konstruiert, die ihren Zuschauern ein bisweilen kohärentes, oft aber auch durchaus kritisches Bild der amerikanischen Geschichte in emotionalisierter, unterhaltsamer Form darbieten. Dies gilt indes nicht für die Epoche der Revolution, obwohl es sich um die Geburtsstunde der USA handelte. Nimmt man die Großproduktionen Hollywoods zum Maßstab, taucht die Amerikanische Revolution praktisch nicht auf. Zumindest verblasst sie neben Westernproduktionen, Spielfilmen zum Bürgerkrieg, zum Kalten Krieg, zu Vietnam oder über einzelne Politiker. [...] Das ist in der Tat [...] erklärungsbedürftig, vor allem wenn man bedenkt, wie wichtig Hollywoodproduktionen ansonsten für das Geschichtsbild und die ideologische Selbstsicht der USA sind. Die Bewältigung des Vietnamtraumas und selbst die verschiedenen Phasen nationaler Versöhnung nach dem Bürgerkrieg wurden im 20. Jahrhundert maßgeblich mithilfe von Filmen oder TV-Serien durchgeführt. [...]
Ganz anders [als der Film *The Last of the Mohicans* von 1992] *The Patriot*, ein Film, dessen unkritischer, anachronistischer Patriotismus bestens zum amerikanischen nationalen Triumphalismus zwischen dem Sieg über die Sowjetunion im Kalten Krieg und den islamistischen Attentaten vom 11. September 2001 passt. Roland Emmerichs[1] Blockbuster behandelt eine Episode der Revolution, den Bürgerkrieg zwischen den Milizen der Whigs und Tories[2] sowie der *British Legion* Banastre Tarletons[3] im westlichen South Carolina. Die von Mel Gibson dargestellte Figur Benjamin Martin ist dem Anführer der Whig-Milizen, Francis Marion, dem Sumpffuchs, der britische Colonel Tavington Banistre Tarleton nachempfunden. Während sich der Film in Detailfragen um Authentizität bemüht, sind seine politischen Generalisierungen mehr dem Gründungsmythos der USA als der historischen Realität geschuldet. Die Brutalität der Whig-Milizen und ihr durchaus interessengeleiteter Kampf werden nicht berücksichtigt, die Motivation der Tories bleibt undeutlich, das Freiheitspathos bezieht sich auf einen transhistorischen, inadäquaten Freiheitsbegriff, die Briten werden einseitig als übermäßig brutal dargestellt, der Vernichtungskrieg der Siedler gegen die Indianer wird nicht thematisiert. Vollkommen unrealistisch ist die Darstellung des schwarzen Sklaven Occam, der sich als Milizionär im Dienste der Revolution seine Freiheit er-

50 kämpft. [...] Wohl gerade wegen dieser ideologisch motivierten Ungenauigkeit erfreute sich *The Patriot* eines enormen Publikumszuspruchs.

Michael Hochgeschwender, Die Amerikanische Revolution. Geburt einer Nation 1763–1815, C. H. Beck, München 2016, S. 433f.*

1 *Roland Emmerich:* deutscher Regisseur (geb. 1955 in Stuttgart). Lebt und arbeitet vor allem in den USA. Führte Regie bei verschiedenen Blockbustern, u. a. *Independence Day* (1996).
2 *Whigs und Tories:* Bei Michael Hochgeschwender entsprechen die Whigs den „Patrioten" und die Tories den „Loyalisten".
3 *Banastre Tarleton:* britischer Offizier (1754–1833), der berüchtigt war für seine harte Kriegführung und Gewalt gegen Zivilisten.

M 12 Der Hauptdarsteller Mel Gibson bei der Premiere des Films „Der Patriot" am 27. Juni 2000 in Los Angeles, Fotografie, 2000.

Der australische Schauspieler Mel Gibson hat in seiner Karriere schon viele klassische Heldenrollen gespielt. In „Der Patriot" spielt er die Figur des Benjamin Martin, eines Witwers, zunächst als Anti-Held, der sich aus dem Unabhängigkeitskrieg heraushält, um sich um seine Familie zu kümmern. Als ein Sohn stirbt, wird er zum Milizenführer und unbarmherzigen Rächer. Schließlich wird er mit seiner Miliz Teil der regulären Armee und ist als solcher an der Entscheidungsschlacht von Yorktown beteiligt.

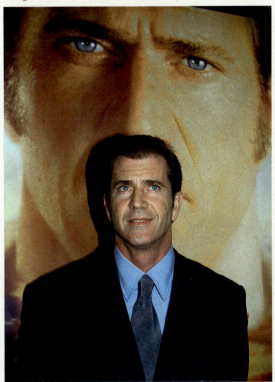

1 Sehen Sie sich den Film „Der Patriot" an und erstellen Sie eine Liste mit den wichtigsten Protagonisten und ordnen Sie diese in einer Mindmap an.
2 Analysieren Sie zwei ausgewählte Szenen in Bezug auf die filmsprachlichen Mittel (siehe unten).
3 Arbeiten Sie die Kernaussagen des Films heraus.
4 Nehmen Sie auf der Basis Ihrer eigenen Analyse des Films Stellung zu der Bewertung durch Michael Hochgeschwender (M 11).
5 **Zusatzaufgabe:** siehe S. 477.

Methode Historische Filme analysieren

cornelsen.de/Webcodes
Code: dabizu

M 13 Auswahl wichtiger filmsprachlicher Mittel

Kamera/ Einstellungsgröße	Unterschiedliche Einstellungsgrößen zeigen Nähe oder Distanz; Totale: Personen in Umgebung Halbnah: ganzer Körper → Gestik Nah: Brustbild → Mimik Detail: z. B. Gesicht → Gefühle
Kamera/ Blickwinkel	Normalsicht: vermittelt Objektivität der filmischen Darstellung Untersicht: Person wird als übermächtig gezeigt, manchmal auch karikiert Obersicht: Person klein, unbedeutend
Kamera/ Bewegung	Kameraschwenk/-fahrten: Begleitung, Verfolgung, Vorauseilen; schnelle Schwenks erzeugen Dramatik; Handlungsfluss kann beschleunigt werden, durch statische Kamera verlangsamt
Bilder	Licht erzeugt Stimmung, betont Wichtiges, rückt Unwichtiges in den Schatten; Farben können Realismus erzeugen, symbolische Bedeutung tragen und Emotionen hervorrufen
Schnitt und Montage	Schnelle Schnitte erzeugen Spannung; Einstellungen werden in Beziehung gesetzt und erzählen eine Geschichte
Ton	Geräusche zeigen Unsichtbares, unterstützen aber auch die Realität; Musik drückt Gefühle aus, unterstützt das Tempo und markiert Höhepunkte der Geschichte

Methode

Historische Gemälde interpretieren

Die Forschung unterscheidet zwei Typen von Historienbildern: **Historienbilder im engeren Sinn** stellen **Ereignisse** dar, die sich vor **der Lebenszeit des Malers** ereignet haben, während **Ereignisbilder zu Zeiten des Malers** entstanden. Bei beiden Typen wird das dargestellte Ereignis durch einen besonderen Moment, meist mit handelnden, wichtigen Personen, betont. Seit dem Ende des 18. Jahrhunderts bildete sich ein **moderner Typus des Historienbildes** heraus, der mit dem Anspruch auf historische Wahrheit antrat. Viele Künstler betrieben daher vor der Arbeit am Gemälde Quellen- bzw. Literaturforschung. Sie bemühten sich um eine realistische Darstellung, gestalteten aber das historische Ereignis nach ihren eigenen Vorstellungen bzw. nach denjenigen ihrer Auftraggeber, sie gaben dem historischen Moment eine bestimmte Deutung. Das 19. Jahrhundert stellte eine Blütezeit der Historienmalerei dar. Im Zeitalter der Nationalstaaten hatte sie die Funktion, eine nationale Identität zu formen. In der deutschen Historienmalerei bevorzugten die Künstler z. B. Themen aus der germanischen Vorzeit und dem Mittelalter. Durch Ausstellung in nationalen Museen, Verbreitung in Reproduktionen und Zeitschriften wurden diese Bilder sehr populär. Sie glorifizierten die nationale Geschichte und überhöhten somit die eigene Nation.

Arbeitsschritte zur Interpretation

1. Leitfrage — Welches historische Ereignis thematisiert das Bild?

2. Analyse
Formale Aspekte
– Wer ist der Künstler? Wer ist der Auftraggeber?
– Zu welchem Zweck entstand es? Wann entstand das Bild? Wo hing bzw. hängt es?
– Wie groß ist das Bild? Welche Materialien wurden verwendet?

Inhaltliche Aspekte
Beschreibung
– Welche Bildelemente sind zu sehen (Personen, Orte, Gegenstände, Landschaften, Symbole)?
– Wie sind die Personen dargestellt (Gestik, Mimik, Körperhaltung, Kleidung)?
– Wie ist die Bildkomposition (Personen, Umgebung, Gegenstände, Situation, Proportionen, Symbole in ihren Relationen) angelegt?
– Welche Darstellungsmittel wurden eingesetzt (Technik, Farben, Lichtwirkung, Perspektive)?

Deutung
– Welche Bedeutung haben Bildelemente, Bildkomposition und Darstellungsmittel?
– Was war die Intention des Malers? Welche Wirkung sollte beim zeitgenössischen Betrachter erzeugt werden?

3. Historischer Kontext
– In welchen historischen Zusammenhang lässt sich das Bild einordnen?
– Wie wurde es zeitgenössisch rezipiert? Wurde es verbreitet?

4. Urteil
– Welche Funktion sollte das Bild erfüllen? An wen richtete es sich?
– Entspricht das dargestellte Ereignis den historischen Fakten? (ggf. Vergleich mit wissenschaftlichen Erkenntnissen über das Ereignis)
– Wie lässt sich das Bild aus heutiger Sicht bewerten?

Historische Gemälde interpretieren

Übungsaufgabe

M1 „Die Unterzeichnung der Verfassung der Vereinigten Staaten von Amerika 1787", Ölgemälde von Howard Chandler Christy, 1940.
Auf dem Bild sieht man George Washington stehend auf dem Podest, nachdem er die Verfassung unterzeichnet hat. Weitere bekannte Persönlichkeiten sind im Vordergrund Benjamin Franklin (hellblauer Anzug, sitzend) und Alexander Hamilton (hinter Franklin, ihm ins Ohr sprechend). Insgesamt sind auf dem Bild 39 von 55 Unterzeichnern der Verfassung dargestellt. Das Bild war eine Auftragsarbeit und hängt im Repräsentantenhaus im Kapitol in Washington.

1 Interpretieren Sie das Gemälde M1 mithilfe der Arbeitsschritte.
▶ Lösungshinweise finden Sie auf S. 489 f.

Anwenden

M1 Der deutsche Historiker Jürgen Heideking über George Washington (1997)

George Washington steht am Beginn der amerikanischen Nationalgeschichte. An allen wesentlichen Entwicklungen, die den Wandel der dreizehn Kolonien zur Union souveräner Republiken und dann zum
5 ersten modernen Bundesstaat vorantrieben, war er maßgeblich beteiligt. In Virginia und im Kontinentalkongress gehörte er zu denen, die der englischen Kolonialpolitik am entschiedensten entgegentraten; als Oberbefehlshaber der amerikanischen Truppen
10 organisierte und lenkte er den militärischen Widerstand, [...] überzeugt von der Notwendigkeit einer starken Zentralregierung, wirkte er 1787/88 an der Ausarbeitung und Annahme einer neuen Verfassung mit; und im Präsidentenamt schuf er die Grundlagen
15 für einen republikanischen Bundesstaat, in dem die Amerikaner ihre nationale Identität finden konnten.
[...] Im Unterschied zu vielen republikanischen Theoretikern, die Misstrauen gegen Regierungsmacht
20 und speziell gegen zentralisierte Regierungsmacht für einen Wert an sich hielten, sah Washington in einer starken, energisch handelnden Bundesregierung die beste Gewähr für Freiheit und Sicherheit der Bürger. Das [...] föderative Element behagte ihm nicht
25 sonderlich, weil er die Staatenregierungen im Krieg eher als Störfaktoren kennengelernt hatte. [...] Andererseits hatte Washington die Bedeutung des revolutionären Prinzips der Volkssouveränität erkannt und wusste, dass er die Macht der Bundesregierung nur
30 auf die Zustimmung seiner Landsleute gründen konnte.
[...] Nach acht Jahren Präsidentschaft zog Washington mit vollem Recht eine positive Bilanz. Zwar waren keineswegs alle Hoffnungen in Erfüllung gegan-
35 gen. [...] Auch verdankte er viel den Mitarbeitern, an erster Stelle Hamilton. Sein konsultativer Führungsstil darf jedoch nicht darüber hinwegtäuschen, dass er alle wichtigen Entscheidungen, speziell in außenpolitischen Fragen, selbst traf, und dass die Talente
40 seiner Berater nur durch ihn voll zur Geltung kamen. Was ihm an Brillanz fehlte, machte er durch eine solide, methodische Regierungsweise, durch Pflichtbewusstsein, Berechenbarkeit und Verlässlichkeit mehr als wett. Von seinen Eigenschaften, Fähigkeiten und
45 geistigen Voraussetzungen her war er wohl am besten geeignet, die Brücke vom alten, kolonialen Amerika über die Revolution zum neuen, konstitutionell-demokratischen Bundesstaat zu schlagen. Er personifizierte die durch Recht und Gesetz begrenzte Regierungsmacht, er schuf die Voraussetzungen für
50 die Integration und Expansion einer kontinentalen amerikanischen Republik, und er wurde schon zu Lebzeiten zum Symbol des „nationalen Charakters", an dessen Formung ihm so sehr gelegen war. Historische Größe bewies er nicht in herkömmlicher Weise
55 durch Machtusurpation oder Machterweiterung, sondern durch den verantwortungsbewussten, maßvollen Gebrauch demokratisch legitimierter Macht und die Ermöglichung eines geordneten, friedlichen Machtwechsels.
60

Jürgen Heideking, George Washington 1789–1797, in: Christof Mauch (Hg.), Die Präsidenten der USA, C. H. Beck, erweiterte Auflage, München 2018 [1. Auflage 1997], S. 57f., 63f., 73f.*

M2 Marmorstatue von George Washington, 1840.
Die Statue befindet sich im „National Museum of American History" in der „National Mall" in Washington D.C. George Washington gibt nach dem Sieg im Unabhängigkeitskrieg das Schwert dem Volk zurück.

1 Fassen Sie die Kernaussagen Heidekings zu Washington zusammen.
2 Erläutern Sie den „Gründervater-Mythos" in der Rezeption der amerikanischen Geschichte.
3 Arbeiten Sie heraus, ob Jürgen Heideking auch den Mythos von Washington als Gründervater bedient.
4 Interpretieren Sie die Symbolik der Statue (M 2) und stellen Sie sie den Kernaussagen des Textes (M 1) gegenüber.
5 Setzen Sie sich mit der These Heidekings auseinander, dass Washington am „Beginn der amerikanischen Nationalgeschichte" stand.

Wiederholen

M 3 „Die Helden der Revolution. George Washington an der Seite von Johann De Kalb, Baron von Steuben, Kazimierz Pulaski, Tadeusz Kosciuszko, Lafayette, John Muhlenberg und anderen Offizieren", kolorierter Stich von Frederick Girsch, ca. 1870

Zentrale Begriffe
„American Revolution"
„Gründerväter"
Historienfilme
Historiengemälde
Historiografie
Originalschauplätze
Populärkultur
Rezeption

1 Die Amerikanische Revolution wurde sowohl als „Kampf um die Freiheit" als auch als „Gründung der amerikanischen Nation" rezipiert. Ordnen Sie Informationen und Erkenntnisse aus Kapitel 1.4 diesen beiden „Geschichten" zu.
2 **Gruppenarbeit/Wahlaufgabe:** Führen Sie eine Recherche durch zu dem Thema museale Aufbereitung der Amerikanischen Revolution bzw. von Geschichte in den USA. Bearbeiten Sie in der Gruppe a), b) oder c).
   a) Erstellen Sie eine Präsentation zum *Boston Freedom Trail*.
   b) Erstellen Sie eine Präsentation zur *National Mall* in Washington D.C.
   c) Erstellen Sie eine Präsentation zu *Mount Vernon Museum and Educational Center*.
   Tipp: Die Internetadressen finden Sie unter dem Webcode von S. 86.
3 Interpretieren Sie das Bild M 3 mithilfe der Arbeitsschritte von S. 92. Siehe auch die sprachlichen Formulierungshilfen.
4 Vergleichen Sie Ihre Erkenntnisse aus Aufgabe 3 mit M 10, S. 90, sowie mit M 2, S. 94.
5 Erläutern Sie, wie die Historiengemälde zum „Gründerväter-Mythos" beigetragen haben.
6 **Vertiefung:** In Deutschland nennt man die Mitglieder des Parlamentarischen Rates von 1948 „Mütter und Väter des Grundgesetzes". Erörtern Sie, warum „Gründungsprozesse" oft orientiert an führenden Persönlichkeiten erinnert werden.

Formulierungshilfen
– Das Bild zeigt eine Szene aus …
– Es sind folgende Personen dargestellt: …
– Ihre Kleidung/Gestik/Körperhaltung …
– Die Landschaft ist … und vermittelt eine … Atmosphäre.
– Die Lichtgestaltung rückt … in den Vordergrund.
– Wichtiges Symbol ist …
– Durch die räumliche Nähe von … wird ein Zusammenhang hergestellt zwischen …
– Das Bild deutet Washington als …

1.6 Kernmodul

Theorien Vergleich
cornelsen.de/Webcodes
Code: xesapu

> **Hinweise zur Arbeit mit den Materialien**
> Der Materialteil zum Kernmodul widmet sich Theorien zur „**Revolution**" (M 1–M 6) und zur „**Modernisierung**" (M 7–M 9).
> – **M 1** (Alexis de Tocqueville) bietet die Möglichkeit, die Abgrenzung zwischen Reform und Revolution am Beispiel von Frankreich zu diskutieren.
> – **M 2** (Crane Brinton) stellt ein umfassendes Raster für Ursachen und Abläufe von Revolutionen zur Verfügung.
> – **M 3–M 4** (Karl Marx, Friedrich Engels, Wladimir Lenin) erläutern die zentrale Rolle von Revolutionen im „Fortschritt" der Geschichte aus Sicht des Kommunismus. Es wird die Dominanz ökonomischer Ursachen betont.
> – **M 5** (James C. Davies) setzt sich mit enttäuschten individuellen Erwartungen als Ursache für Revolutionen auseinander und bietet die „J-Kurve" als Modell an.
> – **M 6** (Hannah Arendt) legt den Schwerpunkt auf den Begriff der Freiheit, den Aspekt der Gewalt (Revolutionskriege) und auf die Frage nach der Institutionalisierung der demokratischen Ideen.
> – **M 7** (Max Weber) und **M 8** (Hans-Ulrich Wehler) bestimmen die Elemente des europäischen Modernisierungsprozesses.
> – **M 9** (Shmuel Eisenstadt) zeigt die Vielfalt von Modernen im globalen Kontext sowie die Rolle von Revolutionen in diesem Prozess auf.

Themenfelder des Kernmoduls	Materialhinweise Kernmodul	Thematische Anknüpfungspunkte des verbindlichen Wahlmoduls	Kapitel des verbindlichen Wahlmoduls	Materialhinweise zum verbindlichen Wahlmodul
Revolution/Reform	M 1 Alexis de Tocqueville	Französische Revolution	Kapitel 1.7	M 8, M 10–M 15
Zentrale Elemente von Revolutionen	M 2 Crane Brinton	Steuerstreit, Boston Tea Party, Loyalisten und Patrioten, Kontinentalkongress	Kapitel 1.3	M 5, M 9–M 15, M 18–M 20
		Unabhängigkeit/Verfassung	Kapitel 1.4	M 5–M 13
Historischer Materialismus	M 3/M 4 Marx, Engels, Lenin	Russische Revolution	Kapitel 1.8	M 7–M 14, M 17
Ursachen von Revolutionen	M 5 James C. Davies	Ursprünge des Konflikts	Kapitel 1.2	M 13–M 18
		Steuerstreit, Boston Tea Party	Kapitel 1.3	M 5, M 10–M 15
		Französische Revolution	Kapitel 1.7	M 5–M 9
		Russische Revolution	Kapitel 1.8	M 7–M 8
Revolution/Freiheit	M 6 Hannah Arendt	Unabhängigkeitserklärung/Amerikanische Verfassung: Ideal und Realität	Kapitel 1.4	M 5–M 13
Revolution/Gewalt		Unabhängigkeitskrieg		M 17–M 18
Modernisierung in Europa	M 7/M 8 Max Weber, Hans-Ulrich Wehler	Gesellschaft in den Kolonien	Kapitel 1.2	M 9–M 12
		Stempelsteuerkongress, Kontinentalkongress	Kapitel 1.3	M 8, M 9, M 12–M 14, M 21
		Amerikanische Verfassung	Kapitel 1.4	M 5–M 13
Vielfalt von Modernen/Revolution und Moderne	M 9 Shmuel Eisenstadt	Rezeption	Kapitel 1.5	M 4, M 5, M 8–M 10
		Russische Revolution	Kapitel 1.8	M 7, M 8, M 12

Revolutionstheorien

M1 Alexis de Tocqueville (1805–1859) über die Französische Revolution (1856)

Die Revolution ist nicht, wie man geglaubt hat, darauf ausgegangen, das Reich des religiösen Glaubens zu zerstören; sie ist trotz des gegenteiligen Anscheins, im Wesentlichen eine soziale und politische Revolution gewesen; und im Bereich der Institutionen der letztgenannten Art hat sie keineswegs dahin gestrebt, die Unordnung zu verewigen, sie gewissermaßen dauernd zu machen, die Anarchie zu methodifizieren, wie einer ihrer Hauptgegner sagte, sondern vielmehr die Macht und die Rechte der Staatsregierung auszudehnen. Sie sollte nicht, wie andere gemeint haben, den Charakter verändern, den unsere Zivilisation bis dahin gehabt hatte, und den Fortschritt derselben hemmen, ja auch nicht einmal eines der Grundgesetze wesentlich abändern, auf denen in unserem Abendland die menschlichen Gesellschaften beruhen. Betrachtet man sie gesondert von allen Nebenumständen, die zu verschiedenen Zeiten und in verschiedenen Gegenden ihre Physiognomie vorübergehend verändert haben, so sieht man deutlich, dass diese Revolution nur die Wirkung gehabt hat, jene politischen Institutionen, die mehrere Jahrhundert hindurch bei den meisten europäischen Völkern die ungeteilte Herrschaft gehabt hatten und die man gewöhnlich unter dem Namen Feudalwesen zusammenfasst, abzuschaffen, um an deren Stelle eine gleichförmigere soziale und politische Ordnung einzuführen, deren Grundlage die Gleichheit war.

Dies genügte, um eine ungeheure Revolution zu veranlassen; denn abgesehen davon, dass jene alten Einrichtungen mit fast allen religiösen und politischen Gesetzen Europas vermischt und gleichsam verflochten waren, hatten sie überdies eine Menge Ideen, Gefühle, Gewohnheiten und Sitten erzeugt, die mit ihnen innig verwachsen waren. Es bedurfte einer furchtbaren Konvulsion[1], plötzlich aus dem Gesellschaftskörper einen Teil herauszuziehen und zu vernichten, der derart an allen seinen Organen haftete. Das ließ die Revolution noch größer erscheinen, als sie es war; sie schien alles zu zerstören, denn was sie zerstörte, hing mit allem zusammen und bildete gleichsam mit allem einen einzigen Körper.

Wie radikal auch die Revolution gewesen sein mag, so hat sie doch weit weniger Neuerungen gebracht, als man gewöhnlich annimmt [...]. Mit Recht sagt man von ihr, dass sie alles vernichtet hat oder im Zuge ist zu vernichten [...], was in der alten Gesellschaft von den aristokratischen und feudalen Einrichtungen herrührte, alles, was sich in irgendeiner Weise damit verknüpfte, alles, was in welchem Grade es auch sein mochte, das geringste Gepräge derselben trug. Sie hat von der alten Welt nur das beibehalten, was jenen Einrichtungen stets fremd geblieben war oder ohne sie bestehen konnte. Weniger als jede andere Erscheinung ist die Revolution ein zufälliges Ereignis gewesen. Sie ist allerdings der Welt ganz unerwartet gekommen, und war sie nur die Vollendung der langwierigsten Arbeit, der plötzliche und gewaltsame Abschluss eines Werkes, an dem zehn Menschenalter gearbeitet hatten. Wäre sie nicht eingetreten, so würde das alte Gebäude trotzdem, hier früher, dort später, überall zusammengestürzt sein; es würde nur nach und nach stückweise gefallen sein, statt plötzlich einzustürzen. Die Revolution hat auf einmal, durch eine krampfhafte und schmerzliche Anstrengung, ohne Übergang, ohne Warnung und schonungslos vollbracht, was sich nach und nach von selbst vollbracht haben würde. Das war ihr Werk.

Alexis de Tocqueville, Der alte Staat und die Revolution, übersetzt von Theodor Oelckers, Verlag J. G. Hoof, Münster 2007, S. 38ff.*

1 *die Konvulsion:* medizinischer Ausdruck für Schüttelkrampf

1 Fassen Sie die Ziele und die Folgen der Französischen Revolution zusammen.
2 Nehmen Sie Stellung zu der These, dass die Veränderung „sich nach und nach von selbst vollbracht haben würde" (Z. 67 f.).

M2 Der amerikanische Historiker Crane Brinton (1898–1968) über Ursachen und Phasen von Revolutionen (1938/1965)

Selbst wenn man Zugeständnisse gegenüber denen macht, die darauf bestehen, dass historische Ereignisse einzigartig sind, so bleibt es doch richtig, dass die vier untersuchten Revolutionen[1] einige erstaunliche Gemeinsamkeiten aufweisen. [...]
Erstens waren alle diese Gesellschaften im Großen und Ganzen im ökonomischen Aufstieg begriffen, als die Revolution begann, und die revolutionären Bewegungen hatten ihre Wurzeln eher bei den vermögenden Leuten, die sich mehr eingeschränkt und verärgert als total unterdrückt fühlten. Sicher gingen diese Revolutionen nicht auf die unterdrückten, die hungernden und elenden Menschen zurück. Die Revolutionäre waren keine Verzweifelten. Die Revolutionen wurden aus der Hoffnung heraus geboren und ihre Ideen waren optimistisch.
Zweitens findet man in den vorrevolutionären Gesellschaften zwar tatsächlich sehr starke Klassenunterschiede, aber diese waren deutlich komplexer als Marxisten zugeben würden. Es handelte sich 1640,

1776 und 1789 um keinen Kampf des feudalen Adels gegen das Bürgertum bzw. 1917 des Bürgertums gegen das Proletariat. Die stärksten Emotionen entwickelten sich bei den Männern und Frauen, die Geld verdienten oder zumindest genug Geld zum Leben hatten und die verbittert die Unvollkommenheit des sozial privilegierten Adels wahrnehmen. [...] Revolutionen sind wahrscheinlicher, wenn die sozialen Klassen näher beieinander liegen als weit voneinander getrennt. [...] Es ist schwer zu sagen, warum in manchen Gesellschaften mit fast gleichgestellten Klassen eine stärkere Verbitterung herrschte als in anderen.

Drittens gibt es das Phänomen der Übertragung der Gefolgschaft der Intellektuellen. [...] Wir müssen einfach nur feststellen, dass dies bei allen vier Gesellschaften beobachtet werden kann.

Viertens war der Regierungsapparat ineffizient, teilweise aufgrund von Vernachlässigung, teilweise wegen fehlender Anpassung der alten Institutionen an die neuen Bedingungen der Gesellschaft [...], in Folge von ökonomischem Wachstum, Herausbildung neuer Klassen, neuer Transportmöglichkeiten, neuer Wirtschaftsmethoden. Diese neuen Bedingungen belasteten den Regierungsapparat in unerträglicher Weise, da dieser noch auf einfachere Rahmenbedingungen ausgerichtet war.

Fünftens begann die herrschende Klasse, genauer gesagt einige von ihnen sich selbst zu misstrauen, oder sie verloren ihren Glauben an die Traditionen und Gebräuche ihrer Klasse, wurden zu Intellektuellen, Menschenfreunden oder liefen zu den rebellierenden Gruppen über. Vielleicht führte ein größerer Teil als früher ein unmoralisches, ausschweifendes Leben, wobei man nicht sagen kann, ob dies bereits ein Symptom für den Verlust von Traditionen in der herrschenden Klasse war. Jedenfalls war die herrschende Klasse politisch rückständig.

Die dramatischen Ereignisse, die die Dinge in Bewegung brachten [...], standen bei drei der vier Revolutionen in engem Zusammenhang mit der Finanzverwaltung des Staates. Beim vierten Beispiel Russland brach die Verwaltung unter der Last des erfolglosen Krieges zusammen und hatte damit nur zum Teil finanzielle Gründe. Aber in allen untersuchten Gesellschaften trat die Ineffizienz und die Unzulänglichkeit der Regierungsstrukturen bereits in der ersten Phase der Revolution offen zutage. Es gibt eine Phase – die ersten Wochen oder Monate –, in der es so aussieht, als wenn die Regierung verhindern könnte, dass die wachsende Aufregung in einen Sturz der Regierung mündet. Diese Versuche der Regierung, in allen vier Fällen war es der Einsatz von Gewalt, scheiterten. Und dieses Scheitern bildete den Wendepunkt und brachte die Revolutionäre an die Macht. [...]

Die Ereignisse, die wir der ersten Phase zugeordnet haben, liefen natürlich nicht bei allen vier Revolutionen in der gleichen Form oder Reihenfolge oder mit den gleichen Inhalten ab. Aber wir haben die wichtigsten Bestandteile aufgelistet und sie weisen bei allen Gemeinsamkeiten auf: finanzieller Zusammenbruch; Organisation der Unzufriedenen, um den drohenden Zusammenbruch zu verhindern; Forderungen, die bei Umsetzung die faktische Absetzung der Regierenden bedeutet hätten; Einsätze von Gewalt durch die Regierung und ihr Scheitern; und das Ergreifen der Macht durch die Revolutionäre. [...]

[A]ber mit ihrem Machtantritt wird deutlich, dass sie keine Einheit sind. Die Gruppe, die die erste Phase dominiert, nennen wir die Moderaten [...]. In drei der vier Revolutionen wurden sie früher oder später abgesetzt, getötet oder gingen ins Exil. Man kann in England, Frankreich und Russland einen Prozess beobachten, bei dem nach einer Reihe von Krisen – einige gingen mit Gewalt, Straßenkämpfen und Ähnlichem einher – eine Gruppe von Männern abgesetzt und eine andere, radikalere an die Macht gebracht wird. [...]

Die Regierung der Extremisten haben wir als Periode der Krise definiert. Dieses Stadium wurde während der Amerikanischen Revolution nicht erreicht, obwohl die Behandlung der Loyalisten, der Druck, die Armee zu unterstützen [...] durchaus als Phänomene des Terrors wie in den anderen Gesellschaften betrachtet werden können. Wir können uns hier nicht mit der Frage beschäftigen, warum die Amerikanische Revolution kurz vor Erreichen der echten Krisensituation stoppte, warum die Moderaten niemals verdrängt wurden, zumindest nicht vor 1800.

Crane Brinton, A summary of Revolutions, in: James C. Davies (ed.), When men revolt and why. A reader in political violence and revolution, 1971, S. 318–325. Übersetzt von Silke Möller.*

1 Englische Revolution 1688/89, Amerikanische Revolution, Französische Revolution und Russische Revolution

1 Beschreiben Sie die Ursachen von Revolutionen.
2 Charakterisieren Sie die Phasen der Revolution.
3 Ordnen Sie die Ereignisse der Amerikanischen Revolution den verschiedenen Phasen zu.
4 **Vertiefung:** Begründen Sie auf der Basis Ihrer Kenntnisse über die Amerikanische Revolution, warum diese keine „echte Krisensituation" erreichte.
5 **Zusatzaufgabe:** siehe S. 477.

M3 Karl Marx und Friedrich Engels in ihrer Schrift „Zur Kritik der Politischen Ökonomie" (1859)

In der gesellschaftlichen Produktion ihres Lebens gehen die Menschen bestimmte, notwendige, von ihrem Willen unabhängige Verhältnisse ein, Produktionsverhältnisse[1], die einer bestimmten Ent-
5 wicklungsstufe ihrer materiellen Produktivkräfte[2] entsprechen. Die Gesamtheit dieser Produktionsverhältnisse bildet die ökonomische Struktur der Gesellschaft, die reale Basis, worauf sich ein juristischer und politischer Überbau erhebt und welcher be-
10 stimmte gesellschaftliche Bewusstseinsformen entsprechen. Die Produktionsweise des materiellen Lebens bedingt den sozialen, politischen und geistigen Lebensprozess überhaupt. Es ist nicht das Bewusstsein der Menschen, das ihr Sein, sondern umgekehrt
15 ihr gesellschaftliches Sein, das ihr Bewusstsein bestimmt. Auf einer gewissen Stufe ihrer Entwicklung geraten die materiellen Produktivkräfte der Gesellschaft in Widerspruch mit den vorhandenen Produktionsverhältnissen oder, was nur ein juristischer Aus-
20 druck dafür ist, mit den Eigentumsverhältnissen, innerhalb deren sie sich bisher bewegt hatten. Aus Entwicklungsformen der Produktivkräfte schlagen diese Verhältnisse in Fesseln derselben um. Es tritt dann eine Epoche sozialer Revolution ein. Mit der
25 Veränderung der ökonomischen Grundlage wälzt sich der ganze ungeheure Überbau langsamer oder rascher um. In der Betrachtung solcher Umwälzungen muss man stets unterscheiden zwischen der materiellen, naturwissenschaftlich treu zu konstatie-
30 renden Umwälzung in den ökonomischen Produktionsbedingungen und den juristischen, politischen, religiösen, künstlerischen oder philosophischen, kurz, ideologischen Formen, worin sich die Menschen dieses Konflikts bewusst werden und ihn aus-
35 fechten. Sowenig man das, was ein Individuum ist, nach dem beurteilt, was es sich selbst dünkt, ebenso wenig kann man eine solche Umwälzungsepoche aus ihrem Bewusstsein beurteilen, sondern muss vielmehr dies Bewusstsein aus den Widersprüchen des
40 materiellen Lebens, aus dem vorhandenen Konflikt zwischen gesellschaftlichen Produktivkräften und Produktionsverhältnissen erklären. Eine Gesellschaftsformation geht nie unter, bevor alle Produktivkräfte entwickelt sind, für die sie weit genug ist,
45 und neue höhere Produktionsverhältnisse treten nie an die Stelle, bevor die materiellen Existenzbedingungen derselben im Schoß der alten Gesellschaft selbst ausgebrütet worden sind. Daher stellt sich die Menschheit immer nur Aufgaben, die sie lösen kann,
50 denn genauer betrachtet wird sich stets finden, dass die Aufgabe selbst nur entspringt, wo die materiellen Bedingungen ihrer Lösung schon vorhanden oder wenigstens im Prozess ihres Werdens begriffen sind.

Zit. nach: Klaus Körner (Hg.), Karl Marx Lesebuch, dtv, München 2008, S. 171 f.

1 *die Produktionsverhältnisse:* die „gesellschaftlichen" Beziehungen, die die Menschen bei der Produktion, beim Austausch, bei der Verteilung und beim Verbrauch von Produkten eingehen
2 *die Produktivkräfte:* die natürlichen Ressourcen, die Arbeitskräfte sowie die Produktionsmittel und das technische Wissen eines Landes

1 Erläutern Sie die Zusammenhänge zwischen Mensch, Gesellschaft und Ökonomie.
Tipp: Visualisieren Sie die Zusammenhänge in einem Schaubild. Weitere Hinweise siehe S. 477.
2 Arbeiten Sie Ursachen und Phasen von Revolutionen nach Marx und Engels heraus.
3 **Vertiefung:** Vergleichen Sie mit dem von Crane Brinton (M 2) vorgeschlagenen Modell.

M4 Die Revolutionstheorie von Wladimir I. Lenin (1920)

Das Grundgesetz der Revolution, das durch alle Revolutionen und insbesondere durch alle drei russischen Revolutionen des 20. Jahrhunderts[1] bestätigt worden ist, besteht in Folgendem:
5 Zur Revolution genügt es nicht, dass sich die ausgebeuteten und unterdrückten Massen der Unmöglichkeit, in der alten Weise weiterzuleben, bewusst werden und eine Änderung fordern; zur Revolution ist es notwendig, dass die Ausbeuter nicht mehr in der al-
10 ten Weise leben und regieren können. Erst dann, wenn die „Unterschichten" das Alte *nicht mehr wollen* und die „Oberschichten" *in der alten Weise nicht mehr können*, erst dann kann die Revolution siegen.
Mit anderen Worten kann man diese Wahrheit so
15 ausdrücken: Die Revolution ist unmöglich ohne eine gesamtnationale (Ausgebeutete und Ausbeuter erfassende) Krise. Folglich ist zur Revolution notwendig:
erstens, dass die Mehrheit der Arbeiter (oder jedenfalls die Mehrheit der klassenbewussten, denkenden,
20 politisch aktiven Arbeiter) die Notwendigkeit des Umsturzes völlig begreift und bereit ist, seinetwegen in den Tod zu gehen;
zweitens, dass die herrschenden Klassen eine Regierungskrise durchmachen, die sogar die rückständigs-
25 ten Massen in die Politik hineinzieht (das Merkmal einer jeden wirklichen Revolution ist die schnelle Verzehnfachung, ja Verhundertfachung der Zahl der zum politischen Kampf fähigen Vertreter der werktä-

tigen und ausgebeuteten Masse, die bis dahin apathisch war), die Regierung kraftlos macht und es den Revolutionären ermöglicht, diese Regierung schnell zu stürzen.

Wladimir I. Lenin, Der „linke Radikalismus", die Kinderkrankheit im Kommunismus, in: W. I. Lenin, Ausgewählte Werke in sechs Bänden, Bd. V, Dietz Verlag, Berlin 1975, S. 538 f.

1 Revolutionen von 1905, vom Februar und Oktober 1917.

1 Fassen Sie zusammen, welche Elemente zu Lenins „Grundgesetz der Revolution" gehören.
2 **Gruppenarbeit:** Überprüfen Sie in drei Arbeitsgruppen die Theorie Lenins anhand der Amerikanischen, Französischen und Russischen Revolution.

M5 Bedürfnisbefriedigung und Revolution, die J-Kurve von James C. Davies (1962)

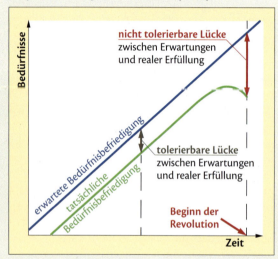

1 Erläutern Sie die in der Grafik dargestellten Zusammenhänge.
2 Setzen Sie sich mit den Thesen von James C. Davies auseinander, indem Sie sie auf die Amerikanische Revolution anwenden.
Tipp: siehe S. 477.

M6 Hannah Arendt (1906–1975) in ihrer Schrift „Über die Revolution" (1963)
Was die Amerikanische Revolution in der Unabhängigkeitserklärung vor bald zweihundert Jahren proklamierte, dass ein Volk nach dem anderen „unter den Mächten der Erde den unabhängigen und gleichen Rang erlangen würde, auf den ein jedes gemäß den Gesetzen der Natur und ihres Gottes Anspruch habe", ist mit einer manchmal fast beängstigenden Geschwindigkeit wahr geworden. Und in einer solchen sich über die ganze Erde erstreckenden Situation gibt es nichts mehr, wofür es sich zu kämpfen lohnte, als das, was das Älteste ist und von allem Anfang an, jedenfalls im Abendland, das eigentliche Wesen von Politik bestimmt – nämlich die Sache der Freiheit gegen das Unheil der Zwangsherrschaft jeglicher Art.

Dieser Tatbestand ist bemerkenswert und versteht sich keineswegs von selbst. Unter dem Kreuzfeuer jener Zweige der Psychologie und der Gesellschaftswissenschaften, deren Sinn und Ziel die Entlarvung ist, konnte es wohl scheinen, als sei dem Begriff der Freiheit nun wirklich der Garaus gemacht worden. Selbst die Revolutionäre, von denen man doch eigentlich hätte annehmen dürfen, dass sie unausrottbar in einer Tradition verwurzelt sind, von der man noch nicht einmal sprechen kann, ohne das Wort Freiheit in den Mund zu nehmen, sind bekanntlich nur zu bereit, Freiheit zu den „kleinbürgerlichen Vorurteilen" zu rechnen; gerade sie haben vergessen, dass das Ziel der Revolution heute wie seit eh und je nichts anderes sein kann als eben Freiheit. Aber nicht weniger verblüffend als dies Verschwinden der Freiheit aus dem revolutionären Vokabular dürfte wirken, dass Wort und Begriff plötzlich wieder aufgetaucht sind, um die ernsteste aller gegenwärtigen politischen Diskussionen zu ordnen und zu artikulieren, nämlich die Debatte über die Kriegsfrage, d. h. über die Berechtigung der Gewalt in der Politik. Geschichtlich gesehen, gehört der Krieg zu den ältesten Phänomenen der aufgezeichneten Vergangenheit, während es Revolutionen im eigentlichen Sinne vor der Neuzeit nicht gibt, die Revolution als politisches Phänomen also zu den modernsten Gegebenheiten gehört.

Für die Modernität der Revolution ist vermutlich nichts so charakteristisch wie, als dass sie von vornherein beanspruchte, die Sache der Menschheit zu vertreten, und zwar gerade weil die Menschheit im achtzehnten Jahrhundert nicht mehr als eine „Idee" war. Es handelte sich nicht nur um Freiheit, sondern um Freiheit für alle, und dies mag der Grund sein, warum die Revolution selbst, im Unterschied zu den revolutionären Ideologien, umso moderner und zeitgemäßer geworden ist, je mehr die „Idee" der Menschheit sich durch die moderne Technik zu einer handgreiflichen Realität entwickelt hat. [...] Was aber nun den Freiheitsbegriff anlangt, so ist er zwar mit dem Wesen der Revolution von Anfang an verbunden, hat aber ursprünglich mit Krieg und Kriegszielen kaum etwas zu tun. Daran ändert auch die Tatsache nichts, dass Befreiungskriege in der historischen Erinnerung der Völker oft mit einem besonderen Nimbus[1] umgeben worden sind oder dass in der Kriegspropaganda, die von den „Heiligsten Gütern der Nation" spricht, die Freiheit als Schlagwort immer wieder auftaucht. Denn all dies besagt keineswegs, dass darum die Befreiungskriege in Theorie und Praxis als die einzigen „gerechten Kriege" galten.

Hannah Arendt, Über die Revolution, Piper, München 2011, S. 9ff.*

1 *der Nimbus:* Heiligenschein, Ruhmesglanz

1 Analysieren Sie die Rolle des Begriffes Freiheit in der Geschichte von Revolutionen.
2 Erläutern Sie, was Hannah Arendt unter „Modernität" von Revolutionen versteht.

Theorien zur Modernisierung

M7 Der deutsche Historiker Hans-Ulrich Wehler über den modernisierungshistorischen Ansatz von Max Weber (2000)

„Welche Verkettung von Umständen hat dazu geführt", lautete seine Ausgangsfrage, „dass gerade auf dem Boden des Okzidents, und nur hier, Kulturerscheinungen auftreten, welche doch […] in einer Entwicklungsrichtung von universeller Bedeutung und Gültigkeit lagen". Die allgemeinste und zugleich hochspezifische Voraussetzung bildet, Weber zufolge, der einzigartige, alle Realitätsdimensionen durchziehende und prägende Rationalismus der okzidentalen Kultur. Dieser Grundzug sei wiederum abhängig von „der Fähigkeit und Disposition der Menschen zu bestimmten Arten praktisch-rationaler Lebensführung". Ihre „wichtigsten formenden Elemente" seien „die magischen und religiösen Mächte und die im Glauben an sie verankerten ethischen Pflichtvorstellungen".

Deshalb arbeitete Weber die unterschiedlichen, aber jeweils das Realitätsverständnis und seine Denkfiguren formenden, daher auch verhaltensleitenden religiösen „Weltbilder" heraus. Obwohl Weber aus theoretischen Gründen keine strenge Hierarchie der westlichen Modernisierungsursachen entwickelte, wird man doch mit dem Einfluss des religiösen „Weltbildes" beginnen können: mit dem Sonderfall des jüdisch-christlichen Monotheismus. Dank seiner strengen Architektonik, dem transzendenten Gott auf der einen Seite und seiner irdischen Gemeinde auf der anderen Seite, die sich in seinem Auftrag die Welt untertan machen soll, führt es zu der „Entzauberung" der diesseitigen Welt. Gemeint ist damit […] vor allem auch die Durchsetzung eines zunehmend säkularisierten Weltverständnisses, das auf die rationale Erschließung und Bewältigung schlechthin aller Probleme baut. […]

Als nicht minder folgenreich erwies sich die Trennung von Staat und Kirche, die beide unter heftigen Konflikten ihre eigenen autonomen Sphären entwickelten […]. Überhaupt führten die Freiräume für die politischen Herrschaftsinstitutionen, die Kirchen, die ständischen Selbstverwaltungsorgane, die Korporationen zu einem parzellierten Rechts- und Machtsystem. Daraus ging ein fragiler, häufig gefährdeter, aber die unterschiedlichen Kräfte austarierender „pluralistischer" Balancezustand hervor, unter dessen Schutzdach sich in relativer Autonomie neue Entwicklungen anbahnen und durchsetzen konnten – die Grundlage des gesellschaftlichen und politischen Liberalismus im Westen. Obwohl ein florierender Handels- und Gewerbekapitalismus etwa in den katholischen oberitalienischen Städten entstand, maß Weber dem Protestantismus, insbesondere der Rigidität seiner calvinistischen Variante, eine extrem hohe Bedeutung für die innerweltlich-asketische Verhaltenssteuerung bei, die der Entfaltung des modernen Kapitalismus zugutekam. […]

Nur hier entstand aus römischem und germanischem Erbe ein rationales Recht, das imstande war, den „Rechtsapparat wie eine technisch rationale Maschine funktionieren" zu lassen. Seinen Kern bildeten zuverlässig geschützte private Eigentumsrechte, deren Bedeutung nach dem Urteil des Juristen Weber schlechterdings nicht überschätzt werden könne.

Nur im Westen ist auch der Staat ein rationales Kunstprodukt im Sinne einer dauerhaften „politischen Anstalt mit rational gesatzter Verfassung, rational gesatztem Recht und einer an rational gesatzten Regeln und Gesetzen orientierten Verwaltung durch Fachbeamte". Wenn der Kapitalismus „des berechenbaren Rechts und der Verwaltung nach formalen Regeln bedarf", stellt beides mit verlässlicher Sicherheit nur der westliche Staat, der sein Herrschaftssystem auch als homogenen Rechtsbezirk ausbaut und sich „das Monopol der physischen Gewaltsamkeit" sichert. Während des inneren Staatsbildungsprozesses wird der Feudalismus überwunden, das Privatrecht gesichert, die Despotie, aufs Ganze gesehen, vermieden, der Staatsapparat institutionell fest verankert. In der staatlichen Bürokratie, die dabei in den Mittelpunkt rückt, sieht Weber ein weiteres westliches Unikat, zu dem er nirgendwo sonst eine analog einflussreiche Verwaltungsinstitution findet. […] Weber ist von der organisationstechnischen Überlegenheit der westlichen Bürokratie als Herrschaftsinstrument und Herrschaftsträger so überzeugt, dass er ihr auch in universalhistorischer Perspektive eine unwiderstehliche Durchsetzungskraft zubilligt.

Zugleich sind die allmählich entstehenden europäischen Staaten seit dem ausgehenden 15. Jahrhundert in ein welthistorisch einzigartiges, da ein monolithisches Großreich vermeidendes Staatensystem eingebunden, in dem eine unabhängige, die spätere ökonomische Konkurrenz modellartig vorwegnehmende Rivalität aller Mitglieder herrscht, die diese zur pausenlosen Anspannung aller Kräfte anhält. Unter solchen extremen Wettbewerbsbedingungen tritt der Staat in ein symbiotisches Verhältnis zum Kapitalismus, der staatliche Ressourcen ebenso stärkt, wie der Staatsapparat dem Kapitalismus zuverlässige Rahmenbedingungen und Unterstützung gewährleistet. [...]

Von besonders folgenreicher Bedeutung ist die „Eigenart der Sozialordnung des Okzidents". Dabei steht an erster Stelle der Aufstieg „des abendländischen Bürgertums", das nur dort in selbstständigen Stadtgemeinden das wirtschaftliche und politische Leben ordnet und dauerhaft – ein einzigartiges Phänomen im Konkurrenzkampf der Eliten – den Adel als Machtoligarchie verdrängt. Nur hier arbeitet sich auch der Sozialtypus des „Bourgeois" als eines marktwirtschaftlich und später produktionskapitalistisch orientierten Unternehmers empor. Nur hier entsteht die Rechtsfigur des „Staatsbürgers". Nur hier setzen sich Erwerbs- und Berufsklassen durch, die auf der Güter- und Leistungsverwertung auf Märkten, aber auch auf hoher sozialer und geografischer Mobilität beruhen.

Diesem Bürgertum gelingt die epochale Leistung, eine „nirgends sonst auf der Erde entwickelte, allein an den Chancen des Marktes orientierte", dauerhafte, „rationale Betriebsorganisation" zu schaffen, in deren Arbeits- und Herrschaftsverband, auch dank der „Trennung von Haushalt und Betrieb", formell freie Lohnarbeit, maschinelle Ausrüstung und Produktionsablauf kombiniert und durch „rationale Buchführung" kontrolliert werden.

Damit entsteht die Schlüsselorganisation für die „schicksalsvollste Macht unseres modernen Lebens", denn der Kapitalismus bestimmt „heute", auch hier teilte Weber völlig Marx' Urteil, „den Lebensstil aller Einzelnen, die in dieses Triebwerk hineingeboren werden, mit überwältigendem Zwang", der letztlich in ein „stahlhartes Gehäuse" führe. Mit dieser Unternehmensform wird auch die institutionelle Voraussetzung für ein weiteres Unikat geschaffen, das „Proletariat als Klasse".

[...] Weber ist nie der Illusion vom Primat einer einzigen Modernisierungskraft erlegen, sei es des religiösen „Weltbildes" oder des Kapitalismus. Vielmehr geht es ihm immer um die Gesamtkonfiguration westlicher Eigenarten mit historisch wechselnden Impulszentren.

Hans-Ulrich Wehler, Modernisierung und Modernisierungstheorien, in: ders., Umbruch und Kontinuität. Essays zum 20. Jahrhundert, C. H. Beck, München 2000, S. 222–227.*

1 Charakterisieren Sie die Rolle von religiösen Weltbildern für die Herausbildung der Moderne.
2 Gliedern Sie die Folgen der „Entzauberung der Welt" nach Weber.
3 **Mindmap:** Visualisieren Sie Elemente der Moderne und ihre Verbindungen untereinander in einer Mindmap.
Tipp: Zur Methode der Mindmap siehe S. 504.

M8 Der Historiker Hans-Ulrich Wehler über Modernisierung und Geschichte (1975)

In diesem Modernisierungsprozess setzten sich angeblich vor allem sechs Subprozesse durch:
1. Wirtschaftliches Wachstum als eine kumulative Dauerbewegung industrieller Expansion [...].
2. „Strukturelle Differenzierung", [...]. Aus dem alteuropäischen „ganzen Haus" gliedert sich eine zunehmend arbeitsteilige Wirtschaft, aus Herrschaft als individueller Verfügungsgewalt über einen Personenverband die überindividuelle Staatsorganisation eines Territoriums, aus dem öffentlichen Leben die bürgerliche Privat- und Intimsphäre aus. Auf einer Integrationsebene müssen dann [...] die Differenzierungen wieder vermittelt werden, etwa im Konsens über allgemein akzeptierte Werte.
3. Wertewandel, z. B. im Sinne von Parsons[1] als Übergang von partikularistischen, diffusen, unspezifischen zu universalistischen, funktional spezifizierten Wertemustern, die in Sozialisationsprozessen verinnerlicht und handlungsleitend werden.
4. Mobilisierung. Sie wird verstanden als Erzeugung von räumlicher und sozialer Mobilität, aber auch als Erhöhung der Erwartungen (kulturelle Mobilisierung, *Revolution of Rising Expectations*) und als Verfügbarmachung von Ressourcen und Mitteln.
5. Partizipation. Je komplizierter die Differenzierung, umso mehr [...] seien Vermittlungsmechanismen erforderlich, die Teilnahme unabweisbar machen. Und je erfolgreicher die Mobilisierung von Ressourcen sei, umso wichtiger würden Entscheidungsgremien, in denen zur Legitimierung von Präferenzentscheidungen Mitwirkung notwendig werde.
6. Institutionalisierung von Konflikten. Um die Tradition ungeregelter Konflikte überwinden zu können, die noch im 19. Jahrhundert (z. B. im Konflikt zwischen Kapital und Arbeit) tendenziell an die Grenze des Bürgerkriegs führen konnten, sei eine Vermei-

dungsstrategie erforderlich, die Konflikte dadurch einhegt, dass sie organisations- und verfahrensabhängig gemacht werden. [...]

40 Den Hauptgewinn des Modernisierungsprozesses sehen viele Theoretiker [...] in der wachsenden Herrschaft des Menschen über seine natürliche und soziale Umwelt, anders gesagt: in der anhaltenden Ausweitung der Steuerungs- und Leistungskapazitä-
45 ten.

Hans-Ulrich Wehler, Modernisierungstheorie und Geschichte, Vandenhoeck & Ruprecht, Göttingen 1975, S. 16 f.*

1 *Talcott Parsons:* amerikanischer Soziologe (1902–1979), Begründer der strukturell-funktionalistischen Theorie

1 Geben Sie die sechs Subprozesse der Modernisierung mit eigenen Worten wieder.
2 Weisen Sie nach, dass die Amerikanische Revolution den Modernisierungsprozess vorangetrieben hat, indem Sie zu jedem Subprozess Beispiele aus der Geschichte der Revolution nennen.
3 **Vertiefung:** Theoretiker bezeichnen die heutige Zeit als Phase der Postmoderne, also „Nachmoderne". Begründen Sie diese Zuordnung auf der Basis von Webers und Wehlers Definitionen der Moderne.

M9 Der israelische Soziologe Shmuel N. Eisenstadt über Revolutionen und Moderne (2006)

Die großen Revolutionen können nicht isoliert betrachtet werden, sondern nur im Rahmen der kulturellen Bedingungen und der übergeordneten historischen Prozesse. Zudem muss man berücksichtigen,
5 dass sie nur eine Variante der zahlreichen Veränderungsprozesse darstellen, die in modernen Gesellschaften möglich sind.
So hat die vorangegangene Analyse deutlich gezeigt, dass sich die revolutionäre Form gesellschaftlicher
10 Veränderung und Transformation, die sich in voller Ausprägung in den großen Revolutionen zeigt, in sehr spezifischen gesellschaftsgeschichtlichen Kontexten entwickelte. Diese Kontexte können in unterschiedlichen Gesellschaften in unterschiedlichen
15 Zeiten gegeben sein. In ihnen entwickelte sich die spezifische Verbindung zwischen Revolutionen und der Moderne.
Die großen Revolutionen stellten den Höhepunkt und die Konkretisierung der sektiererischen[1] und he-
20 terodoxen[2] Potenziale dar, die sich in den Achsenzeit-Kulturen[3] entwickelten – besonders in den Kulturen, in denen das politische Forum als zumindest eines der Foren für die Umsetzung der transzendentalen Visionen angesehen wurde. [...] Während die-
25 ser Revolutionen wurden die sektiererischen Aktivitäten aus den Randbereichen und den isolierten Teilen der Gesellschaft herausgeholt und nicht nur mit Rebellion, Volksaufständen und Protestbewegungen verwoben, sondern auch mit dem Kampf im politischen Zentrum. Sie wurden in das allgemeine 30 politische Forum und dessen Zentren transponiert. Die Themen und Symbole des Protests wurden zu einem grundlegenden Bestandteil des zentralen gesellschaftlichen und politischen Symbolrepertoires der neuen Regime. [...] 35
Die großen Revolutionen stellen eines der einschneidendsten Ereignisse der Menschheitsgeschichte in Bezug auf gesellschaftliche und politische Veränderung dar. Die einzigartigen Merkmale dieser Revolutionen liegen darin begründet, dass sie durch einen 40 sehr intensiven Auseinandersetzungsprozess zusammengeführt wurden, der durch den Einfluss internationaler Kräfte sowie mehrerer Dimensionen gesellschaftlichen Wandels (Wechsel des politischen Regimes, neue Prinzipien der politischen Legitimati- 45 on, Veränderungen in den Klassenstrukturen) in engem Zusammenhang mit neuen Formen der politischen Wirtschaft verstärkt wurde. [...]
[...] Diese Revolutionen – so bedeutend und einschneidend sie auch waren – sind nur eines von vie- 50 len wichtigen Mustern gesellschaftlicher und kultureller Veränderungen, das nur in sehr spezifischen historischen Situationen auftritt. Andere Kombinationen struktureller und institutioneller Faktoren wie z. B. in Japan, Indien, Südasien oder Lateinamerika 55 führten zu andersgearteten Veränderungsprozessen und neuen Formen politischer Regime. Dabei handelt es sich nicht nur um „misslungene" Scheinrevolutionen. Sie sollten nicht an den Revolutionen gemessen werden. Sie zeigen vielmehr die Bedeutung 60 und Berechtigung anderer Muster der gesellschaftlichen Veränderung oder Transformation und sollten in diesem Sinne untersucht werden.

Shmuel Eisenstadt, Die großen Revolutionen und die Kulturen der Moderne, übersetzt von Ulrike Brandhorst, Verlag für Sozialwissenschaften, Wiesbaden 2006, S. 144 f.*

1 *sektiererisch:* einer Sekte anhängend
2 *heterodox:* andersgläubig
3 *Achsenzeit-Kulturen:* Der Begriff stammt ursprünglich von Karl Jaspers. Damit sind China, Indien, Orient und Okzident gemeint, die in einer Übergangszeit bedeutende Fortschritte gemacht haben.

1 Analysieren Sie Rolle und Form von Revolutionen in der Moderne nach Eisenstadt.
2 Überprüfen Sie, inwiefern Eisenstadt über andere Revolutionstheorien des Kernmoduls hinausgeht.
Tipp: siehe S. 477.
3 **Zusatzaufgabe:** siehe S. 477.

1.7 Wahlmodul: Die Französische Revolution

M1 „La République", Ölgemälde von Sébastien-Melchior Cornu, 1848.
Die Frauenfigur hält eine Papierrolle mit der Aufschrift „Volkssouveränität" in der Hand. Auf dem Sockel stehen die Begriffe „Freiheit", „Gleichheit" und „Brüderlichkeit".

1789	Januar: Emmanuel Sieyès', „Was ist der Dritte Stand?" erscheint	
	5. Mai: Eröffnung der Generalstände	
	17. Juni: Der Dritte Stand der Generalstände erklärt sich zur Nation	
	14. Juli: Sturm auf die Bastille	
	4. Aug.: Abschaffung der Privilegien	
	26. Aug.: Erklärung der Menschen- und Bürgerrechte	
	5./6. Okt.: Zwangsumsiedlung des Königs nach Paris	
1791	20./21. Juni: Fluchtversuch der königlichen Familie	
	3. Sept.: liberale Verfassung, Frankreich wird konstitutionelle Monarchie	
1792	20. April: Frankreich erklärt Österreich und Preußen den Krieg	
	10. Aug.: Sturm auf die Tuilerien	
	21./22. Sept.: Frankreich wird Republik	
1793	21. Jan.: König Ludwig XVI. wird hingerichtet	
1793–1794	Zeit der Terrorherrschaft unter Führung Robespierres	
1794	27. Juli: Sturz Robespierres	
1795	23. September: Direktorialverfassung	
1795–1799	Direktorium übernimmt Herrschaft	

Die Französische Revolution gilt als wichtiger Meilenstein für die Entwicklung der Menschenrechte und der Demokratie in Europa und weltweit. Lange Zeit fungierte sie in der europäischen Geschichtswissenschaft als Epochengrenze zwischen Früher Neuzeit und Neuzeit bzw. als das Ereignis, das den endgültigen Durchbruch zur Moderne brachte, indem sie den Wandel von einer absolutistischen Monarchie in eine Republik vollzog. Sie legte mit ihren Prinzipien Freiheit, Gleichheit und Brüderlichkeit sowie ihren Verfassungen darüber hinaus die Grundlage für das Modell der modernen Gesellschaftsordnung, das bis in die Gegenwart die Basis des Selbstverständnisses demokratischer Staaten bildet. Inzwischen wird die „epochale" Bedeutung der Französischen Revolution in der historischen Forschung etwas zurückgenommen. Viele Elemente der feudalen Gesellschaft in Frankreich seien schon vor der Revolution in Auflösung begriffen gewesen. Und im politischen Bereich hätte man sich am Vorbild der konstitutionellen Monarchie in Großbritannien sowie den Verfassungsdokumenten der Vereinigten Staaten orientiert. Die Französische Revolution bündelte also die Erfahrungen der Englischen und der Amerikanischen Revolution und schuf vor allem mit der Erklärung der Menschen- und Bürgerrechte von 1789 ein Dokument mit Vorbildfunktion, das bis heute universale Gültigkeit hat.

1 **Cluster:** Reaktivieren Sie Ihr Vorwissen zur Französischen Revolution, indem Sie in Ihrem Kurs ein Cluster mit Begriffen, Personen und Ereignissen erstellen.
   Tipp: siehe S. 477 f.
2 Analysieren Sie das Bild „Die Republik" (M 1) hinsichtlich seiner Bildelemente und seiner Kernaussage.
   Tipps: Nutzen Sie die methodischen Arbeitsschritte S. 92.
3 Vergleichen Sie die Bilder M 1 und M 2.
4 **Vertiefung:** Erläutern Sie die politische Bedeutung der Nachbildung der Freiheitsstatue in Paris.

M 2 Nachbildung der Freiheitsstatue von New York auf der Ile au Cygne in Paris, Fotografie, o. J.
Die Statue wurde zum 100. Jahrestag der Revolution 1889 in Paris aufgestellt und blickt nach Westen in Richtung New York. Auf der Tafel in der Hand steht: „IV. Juliet 1776, XIV. Juliet 1789". Es gibt noch vier weitere Freiheitsstatuen in Paris.

1799 | 9. November: Napoleon übernimmt die Herrschaft
1804 | *Code civil* Napoleon lässt sich zum „Kaiser der Franzosen" krönen

1.7 Wahlmodul: Die Französische Revolution

In diesem Kapitel geht es um
- *die Konfliktlinien vor der Französischen Revolution,*
- *die Formen des Protestes,*
- *die politischen Ideen und die Verfassungsfragen,*
- *die Rezeption der Französischen Revolution.*

Krise des Ancien Régime

Gegen Ende des 18. Jahrhunderts geriet das französische **Ancien Régime*** in eine tiefe gesellschaftlich-politische Krise, die sich zu einer Staatskrise ausweitete und schließlich zum Ausbruch der Revolution führte. Die Geschichtswissenschaft macht dafür ein komplexes Ursachenbündel verantwortlich:
- die katastrophale Finanzlage infolge der hohen **Staatsverschuldung**,
- die wachsende **Verarmung der Bevölkerung,** vor allem des Dritten Standes (Bürgertum und Bauern) aufgrund von Hungersnöten und einer hohen Steuer- und Abgabenlast,
- die Verkrustung der aus dem Mittelalter stammenden Ständegesellschaft durch Beharren des Ersten und Zweiten Standes (Geistlichkeit und Adel) auf **Privilegien** wie z. B. der Steuerfreiheit,
- die erfolglosen Versuche König Ludwigs XVI., eine **Finanz- und Steuerreform** durchzusetzen.

Die Revolutionäre beriefen sich zudem auf die **Aufklärung**, die zum geistigen Wegbereiter wurde. Vorbildwirkung hatte hier vor allem die **Amerikanische Revolution (1763–1787)**, in deren Zentrum die Errichtung eines neues politischen Systems auf der Basis von verschiedenen Verfassungsdokumenten stand.

Ancien Régime
Bezeichnung für Frankreich vor der Revolution 1789; es war politisch vom Absolutismus und sozial von der mittelalterlichen Ständegesellschaft geprägt.

▶ M 5: Gerd van den Heuvel über die Grundbesitzverteilung

▶ M 7: Beschwerdeschrift aus Colmar

▶ Kap. 1.4: Unabhängigkeitserklärung und Unabhängigkeitskrieg

M 1 Das Erwachen des Dritten Standes, anonymes koloriertes Flugblatt, 1789.
Im Hintergrund: die Schleifung der Bastille.

Wahlmodul: Die Französische Revolution **1.7**

Die Phasen der Französischen Revolution	
1770–1789	Die vorrevolutionäre Phase: Krise des Ancien Régime
1789–1791	Die liberale Phase der Revolution
1791–1794	Radikalisierung der Revolution (1791–1793) und Terrorherrschaft („La Grande Terreur"), auch: Jakobinerherrschaft (1793 bis 1794)
1794–1799	Die Verbürgerlichung der Revolution (auch: Herrschaft der Thermidorianer und des Direktoriums)
1799–1815	Die nachrevolutionäre Phase: Herrschaft Napoleons

Die liberale Phase: Freiheit und Rechtsgleichheit

Die liberale Phase der Französischen Revolution (1789–1791) ist gekennzeichnet durch das Nach- und Ineinander verschiedener Revolutionen: die **Verfassungsrevolution**, die **Revolution der Stadtbürger und die Revolution der Bauern**. Als König Ludwig XVI. im Frühjahr die **Generalstände*** zur Behebung der Finanzkrise einberief, verlangten die
5 Vertreter des Dritten Standes grundlegende Veränderungen. Vor allem der geforderte neue Abstimmungsmodus (nach „Köpfen", nicht nach Ständen) stieß auf Widerstand des Königs und großer Teile des Adels. Daraufhin erklärte sich der Dritte Stand am 17. Juni 1789 zur **Nationalversammlung**, die nach dem Prinzip der Volkssouveränität politische Mitbestimmungsrechte (Gesetzgebung, Steuerbewilligung) beanspruchte.
10 Am 20. Juni 1789 schworen die Abgeordneten, erst nach der Verabschiedung einer Verfassung auseinanderzugehen (**Ballhausschwur**). Angesichts der Unnachgiebigkeit des Königs erklärte sich die Nationalversammlung am 9. Juli zur **Verfassunggebenden Versammlung**.
In den Städten kam es aufgrund der katastrophalen wirtschaftlichen Lage zum Sturz
15 der alten königlichen und zur Bildung neuer bürgerlicher Stadträte sowie zum Ausbruch spontaner Gewalt. Am 14. Juli 1789 eroberten etwa 8 000 bewaffnete Pariser Bürger die Bastille, die alte Stadtfestung. Obwohl militärisch ohne Bedeutung erlangte der Sturm auf die Bastille Symbolkraft für die gesamte Französische Revolution. Unter dem Eindruck gewaltsamer Bauernunruhen auf dem Land verabschiedete die Nationalver-
20 sammlung in der Nacht vom 4. auf den 5. August 1789 den Verzicht auf feudale Abgaben und auf alle steuerlichen Privilegien. Damit war die mittelalterliche Feudalordnung beseitigt.

Generalstände
Im Mittelalter entstandene Ständeversammlung des Ancien Régime, die seit 1614 nicht mehr einberufen worden war. Sie setzte sich aus dem Ersten Stand (Klerus), dem Zweiten Stand (Adel) und dem Dritten Stand (die nicht privilegierte Bevölkerung = ca. 98 %) zusammen. Die Abstimmung erfolgte nach Ständen, sodass Klerus und Adel den Dritten Stand stets mit 2 : 1 überstimmen konnten.

▶ M 11: Gemälde Ballhausschwur

Erklärung der Menschenrechte

Als Grundlage der neuen Ordnung verabschiedete die Nationalversammlung am 26. August 1789 die Erklärung der Menschen- und Bürgerrechte, die sich erstmals auf alle Menschen in allen Ländern bezog. Mit diesem umfassenden Geltungsanspruch gilt die Erklärung als Schlüsseldokument für die europäische Verfassungsentwicklung. Sie
5 wurde in der Nationalversammlung vor ihrer Verabschiedung heftig debattiert und war im Ergebnis ein Kompromiss, der auf zahlreichen Entwürfen und Ergänzungen basierte. Diskutiert wurde beispielsweise die Frage, ob und inwieweit die Franzosen den Amerikanern folgen sollten. Wie die amerikanischen Rechtskataloge bestimmt die französische Erklärung zunächst die natürlichen Rechte des Menschen und definiert deren
10 Schutz als Zweck der staatlichen Herrschaftsordnung. Darüber hinaus proklamiert sie die Souveränität der Nation: Unter Berufung auf Rousseau sollten die Gesetze den allgemeinen Willen (*volonté générale*) zum Ausdruck bringen. Hierin zeigt sich „die repu-

▶ M 14: Erklärung der Menschen- und Bürgerrechte

Jean-Jacques Rousseau
Rousseau (1712–1778) war ein wichtiger Philosoph der Aufklärung. Sein politisches Hauptwerk heißt „Vom Gesellschaftsvertrag oder Prinzipien des Staatsrechts" und erschien 1762.

107

blikanisch-demokratische Idee der Gleichursprünglichkeit von Menschenrechten und Volkssouveränität" (Matthias Koenig).

Obwohl die Erklärung der Bürger- und Menschenrechte aufgrund ihres revolutionären und universalistischen Pathos eine globale Ausstrahlungskraft hatte, wurde sie auch vehement kritisiert. Ungeklärt blieb das Verhältnis von Freiheit und Gleichheit, das Verhältnis von Rechten und Pflichten sowie die Frage, für wen die Menschenrechte Gültigkeit besitzen. Denn die Erklärung galt nur für erwachsene, Steuer zahlende Männer. Frauen besaßen – auch in den USA – keine politischen Rechte.

Verfassung von 1791

▶ M 15: Verfassung von 1791

Nach zweijähriger Beratung verabschiedete die Nationalversammlung am 3. September 1791 eine Verfassung, die auch der König zehn Tage später widerwillig mit seiner Unterschrift bestätigte. Sie sah die Bildung einer **konstitutionellen Monarchie** vor und verwirklichte entsprechend den Ideen der Aufklärung die Prinzipien der Gewaltenteilung und der Volkssouveränität. Vorangestellt wurde der neuen Verfassung die Menschenrechtserklärung von 1789. Allerdings gelang es den Revolutionären nur zum Teil, die politischen Konsequenzen aus ihr zu ziehen. So ließ beispielsweise das indirekte Zensuswahlrecht nicht alle Franzosen zur Wahl der Nationalversammlung zu. Ungeachtet dieser Inkonsequenz entstand mit der französischen Verfassung von 1791 erstmals ein demokratisch legitimierter Nationalstaat auf dem europäischen Kontinent. Außerdem ebnete sie den Weg zur modernen **parlamentarischen Demokratie** und wurde neben der amerikanischen Verfassung zum Leitbild aller Verfassungen des 19. Jahrhunderts.

M2 Die französische Verfassung von 1791

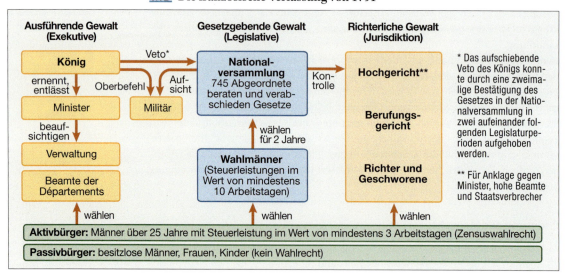

Radikalisierung der Revolution

Trotz der Verabschiedung der Verfassung beruhigten sich die politischen Verhältnisse in Frankreich nicht. Im Gegenteil: Die Revolution radikalisierte sich und mündete in einer Terrorherrschaft (**„La Terreur"**, 1791–1794). Verursacht wurde diese Entwicklung durch eine Reihe außen- und innenpolitischer Faktoren: Zum einen arbeiteten der König und Teile der Aristokratie gegen die Umsetzung der Verfassung. Werteverfall des Geldes, Arbeitslosigkeit und weiterhin steigende Lebensmittelpreise verschärften außerdem die soziale Krise und führten zu „Teuerungsunruhen". Schließlich verursachte

der drohende Krieg gegen die europäischen Monarchien die Furcht, Österreich und Preußen könnten die französischen Emigranten unterstützen, ihre Macht zurückzuerlangen.
Nach Beginn der Koalitionskriege (1792–1809) zwischen Frankreich und den europäischen Großmächten beschleunigten sich die Ereignisse: Im August 1792 stürmten Sansculotten* die Tuilerien, das königliche Stadtschloss, nahmen die Königsfamilie fest und zwangen die Legislative, **Neuwahlen zu einem Nationalkonvent** auszurufen. Der neue Nationalkonvent, der am 21. September 1792 erstmals zusammentrat, erklärte die Abschaffung der Monarchie sowie die Errichtung der „unteilbaren Republik". Und er verurteilte den König wegen „Verschwörung gegen die Freiheit" zum Tode und ließ ihn am 21. Januar 1793 öffentlich guillotinieren. Die neue **Verfassung von 1793** sah ein allgemeines Wahlrecht und Elemente der direkten Mitbestimmung vor, trat jedoch nicht in Kraft, weil die Jakobiner* eine revolutionäre Diktatur errichteten.

Politische Gruppierungen
– **Sansculotten:** Sie repräsentierten die politisierten kleinbürgerlichen Schichten und prägten seit dem Sturm auf die Tuilerien 1792 das politische Geschehen. Sie verteidigten die Republik und wollten Formen direkter Demokratie durchsetzen.
– **Jakobiner:** Sie waren radikale Demokraten und wollten die Republik. Sie stützten sich auf Kleinbürger und Arbeiter.
– **Girondisten:** Sie waren liberale Demokraten, strebten eine konstitutionelle Monarchie an und repräsentierten das Besitzbürgertum.

„Schreckensherrschaft": Despotismus der Freiheit?

Zu den entscheidenden politischen Akteuren wurden in dieser Phase (1793–1794) die Jakobiner. Zusammen mit den Sansculotten machten sie die Girondisten* für die Koalitionskriege sowie für königstreue Bauernaufstände verantwortlich und entmachteten sie. Am 6. April 1793 errichteten die Jakobiner einen Wohlfahrtsausschuss, der unter der Führung Robespierres* die Regierungsgewalt übernahm. In der Folgezeit vereinigte diese Institution immer mehr Macht auf sich und übte eine „Schreckensherrschaft" (*La Terreur*) aus. Diese war gekennzeichnet durch Einschränkungen der Bürgerrechte sowie durch Revolutionstribunale, die Zehntausende zum Tode verurteilten. Robespierre legitimierte die Revolutionsdiktatur mit dem zentralen Argument, sie sei nur vorläufig. Die Republik müsse sich mithilfe von Terror gegen die militärische Belagerung von außen und die Konterrevolution im Innern behaupten.
Zu den Kennzeichen der Schreckensherrschaft gehörten aber auch die Verkündung sozialer Grundrechte, z. B. das Recht auf Arbeit, das Recht auf Bildung, sowie einer Reihe sozialpolitischer Maßnahmen wie die Festsetzung von Höchstpreisen für Getreide und die öffentliche Unterstützung von Armen und Kranken. Robespierre, der als kompromissloser Verfechter der Gleichheitsidee galt, berief sich dabei auf Aufklärer wie Montesquieu und Rousseau, die in der Forderung nach Gleichheit nicht nur ein rechtliches, sondern auch ein soziales Problem erkannt hatten. Sie waren der Meinung, dass der Schutz des privaten Eigentums zwar Aufgabe des Staates sein sollte, ungleiche Besitzverteilung jedoch eine Gefahr für die Demokratie darstellte. Die Diskussion über die Frage, wie soziale Gleichheit zu verwirklichen sei, reichte von der Einschränkung des Privateigentums (Jakobiner) bis zur Herstellung möglichst gleicher Besitzverhältnisse (Sansculotten).

M 3 Maximilien de Robespierre (1758–1794), Gemälde, französische Schule, um 1790

Das Direktorium: Rückkehr zu den liberalen Anfängen?

Mit den militärischen Erfolgen des Volksheeres gegen die europäischen Monarchien ließ sich die Diktatur nicht mehr rechtfertigen. Als der Terror zunehmend auch Konventsmitglieder bedrohte, formierte sich eine Opposition gegen Robespierre, der am 27. Juli 1794 verhaftet und am nächsten Tag mit 21 seiner engsten Anhänger guillotiniert wurde. Nach dem Ende der Jakobinerdiktatur begann die Herrschaft des Direktoriums (1794–1799), in der das Besitzbürgertum seine Macht wiederherstellte. Der Konvent knüpfte an die Verfassungen von 1789 bzw. 1791 an und verabschiedete am 22. August **1795 die Direktorialverfassung**. Die Wahl eines fünfköpfigen Direktoriums als oberstes Exekutivorgan sollte die Machtkonzentration in den Händen eines Einzelnen verhindern. Die Gewaltenteilung war gewährleistet, allerdings wurde das Wahl-

Französische Verfassungen
cornelsen.de/Webcodes
Code: tehefa

recht wieder an das Einkommen gebunden (Zensuswahlrecht) und die unter den Jakobinern eingeführten sozialen Grundrechte abgeschafft. Die neue Regierung, das Direktorium, stützte sich primär auf das Militär. Als im Sommer 1799 die royalistische Opposition in der Armee und der jakobinische Widerstand in den Städten zunahm, stürzte General Napoleon Bonaparte (1769–1821) am 9. November 1799 das Direktorium, übernahm die Regierungsgewalt und erklärte die Revolution für beendet.

Napoleon – der Erbe der Revolution?

M4 Napoleon Bonaparte (1769–1821) als Erster Konsul, anonymes Gemälde, um 1800

Mit der Konsularverfassung vom 13. Dezember 1799 begann die nachrevolutionäre Phase (1799–1815). Napoleon war für zehn Jahre „Erster Konsul", fungierte als oberster Befehlshaber und verfügte über die Gesetzesinitiative. Sukzessive baute er seine Herrschaft aus: 1802 ließ er sich das Konsulat auf Lebenszeit übertragen und zwei Jahre später durch Senatsbeschluss und Plebiszit zum **Kaiser der Franzosen** krönen. Obwohl Napoleon die Alleinherrschaft ausübte, genoss sein autoritäres Regime in der Bevölkerung eine hohe Akzeptanz. Sie basierte nicht nur auf seinen militärischen Erfolgen und dem Bedürfnis nach innenpolitischer Sicherheit und Ordnung, sondern auch auf dem gewährten Schutz der errungenen bürgerlichen Freiheiten. So schuf er mit dem *Code civil* von 1804 eine einheitliche Gesetzgebung, in der die Freiheit des Einzelnen, der Schutz des Eigentums, die Trennung von Staat und Kirche, die Zivilehe und Ehescheidung sowie die Rechtsgleichheit – allerdings zunächst nur für die männliche Bevölkerung – garantiert wurde. Mit dem Zivilprozessbuch von 1806 und dem Strafprozessbuch von 1808 wurden zudem neue Prinzipien für Gerichtsverhandlungen festgelegt. Über die Einführung in von Frankreich besetzten Territorien, wie z. B. die nordwestdeutschen Gebiete, wirkte diese weit über Frankreich hinaus und beeinflusste die Rechtsentwicklung in Europa.

Nach der **Entmachtung Napoleons** verabschiedete der Senat im April 1814 eine entsprechend dem Modell von 1791 erarbeitete Verfassung (*charte constitutionelle*) einer **konstitutionellen Monarchie** und berief den Bruder des letzten Königs auf den Thron.

---

1 Beschreiben Sie auf Basis der Darstellung die Veränderungen auf der politischen Ebene in Frankreich von 1789 bis 1814.
   Tipp: siehe S. 478.
2 **Partnerarbeit/Kurzvortrag:** Fertigen Sie in Partnerarbeit einen Kurzvortrag zu einem zentralen Akteur oder einer politischen Gruppierung der Revolution an (Robespierre, Napoleon, Emmanuel Joseph Sieyès, Jakobiner, Sansculotten, Girondisten).
3 **Vertiefung:** Begründen Sie, warum man die Französische Revolution als Totalrevolution bezeichnet.
4 **Zusatzaufgabe:** siehe S. 478.

Hinweise zur Arbeit mit den Materialien
Die Materialien zum Wahlmodul „Die Französische Revolution" sollen in erster Linie der Herausarbeitung verschiedener **Vergleichsaspekte zur Amerikanischen Revolution** dienen. Sie gliedern sich in insgesamt vier Themenblöcke.
Zunächst geht es um die **Konfliktlinien vor der Französischen Revolution**. Wirtschaftliche und soziale Probleme vor allem der Landbevölkerung (M 5 bis M 7) spielen in Frankreich ebenso eine Rolle wie die Forderung nach einer angemessenen politischen Vertretung der Mehrheit der Bevölkerung, besonders scharf formuliert von Emmanuel Joseph Graf Sieyès (M 8). Im zweiten Teil werden unterschiedliche **Formen des Protestes** beleuchtet. Sie reichen von einem zeitgenössischen Bericht über die ersten Brotunruhen in Paris (M 9) über einen Sekundärtext zur Ausbreitung von „Revolutionskomitees" (M 10) bis hin zum Ballhausschwur in der Nationalversammlung (M 11). Ein weiterer zeitgenössischer Text formuliert Bedenken bezüglich einer möglichen Radikalisierung der Revolution (M 12). Den zentralen Vergleichsaspekt zur Amerikanischen Revolution in der Forschung bilden die **politischen Ideen und Verfassungsfragen**. Um Parallelen und Unterschiede zu erarbeiten sind ein wissenschaftlicher Text (M 13) sowie folgende Dokumente der Französischen Revolution abgedruckt: die Erklärung der Menschen- und Bürgerrechte (M 14) sowie die Verfassung von 1791 (M 15). Abschließend soll die **Rezeption der Revolution** in Form von nationalen Symbolen und Feiertagen betrachtet werden (M 16, M 17).

Zur Vernetzung mit dem Kernmodul
Hier bietet sich als Erstes ein Bezug zu der Analyse der Französischen Revolution durch den Franzosen Alexis de Tocqueville an (M 1). Die Ursachen der Revolution lassen sich mit der J-Kurve (M 5) sowie mit den von Crane Brinton erarbeiteten Strukturen von Revolutionen (M 2) analysieren. Aspekte der Modernisierung (Weber M 7, Wehler M 8) können in Bezug zu den sozialen und politischen Veränderungen gesetzt werden.

Konfliktlinien vor der Französischen Revolution

M 5 Der Historiker Gerd van den Heuvel über Bevölkerungsentwicklung und Grundbesitzverteilung am Ende des Ancien Régime (1982)
Die Bevölkerung Frankreichs wuchs im Laufe des 18. Jahrhunderts von ca. 20 auf ca. 27 Millionen an. Vor der Revolution zählte der Klerus rund 130 000 und der Adel 350 000 Personen; der Dritte Stand umfasste etwa 98 Prozent der Bevölkerung, darunter ca. 22,5 Millionen Bauern. Klerus und Adel verfügten bei Ausbruch der Revolution über rund 10 bzw. 25 Prozent des Grundbesitzes, während Stadtbürger und Bauern im Verhältnis zu ihrem Anteil an der Bevölkerung nur 25 bzw. 35 Prozent des Landes besaßen.

Gerd van den Heuvel, Grundprobleme der französischen Bauernschaft 1730–1794, Oldenbourg, München 1982, S. 40.

M 6 Bäuerliche Sozialstruktur im nördlichen Pariser Becken 1685 und 1789

Soziale Gruppen	1685 (Tsd.)	(%)	1789 (Tsd.)	(%)
Großpächter	243	10,2	252	8,4
Unabhängige Mittelbauern	236	9,9	91	3,0
Kleinbauern	701	29,5	1021	33,0
Dienstboten, Knechte	146	6,1	337	11,2
Handwerker	269	11,3	479	15,9
Händler	166	7,0	132	4,4
Verschiedene	141	5,9	298	9,9
Witwen	474	20,0	400	13,3

Gerd van den Heuvel, Grundprobleme der französischen Bauernschaft 1730–1794, Oldenbourg, München 1982, S. 43.

1 Analysieren Sie die Veränderungen in der Bevölkerungsstruktur (M 5 und M 6).
2 Erklären Sie, warum die Grundbesitzverteilung in Frankreich für Konfliktstoff sorgte (M 5).

M 7 Aus den Beschwerdeschriften der Gemeinde Colmare (22. März 1789)
1. Wenn der Klerus und der Adel so wie wir zahlten, dann würde das den Staat erheblich stärken, wodurch er im Stande wäre, dem unterdrückten Volk Erleichterung zu verschaffen.
2. Wir erbitten die Abschaffung der indirekten Steuern und der Salzsteuer. [...]
5. Wir erbitten ferner die Abschaffung einer großen Zahl von Ämtern. Wir halten die Abschaffung des Amtes des Einnehmers der Taille¹, des Obersteuereinnehmers, der Direktoren, Kontrolleure und anderer Hilfsangestellter für notwendig. [...]
8. Wir fühlen uns auch berechtigt, eine Bemerkung zum Frondienst auf den großen Straßen zu machen. Wir halten es für natürlicher, dass diejenigen für Kosten und Unterhalt aufkommen, die sie beschädigen,

aber ohne Behinderung des Handels. Wenn indessen neue Straßen gebaut werden müssen, soll das wie in früherer Zeit erfolgen. […]

10. Wir bitten um die Abschaffung überflüssiger Mönche und Nonnen.

11. Wir bitten, dass Gemeindeland und leere Flächen zum Vorteil des Staates bestellt werden.

12. Wir bitten, dass alle Maschinen jeder Art, wie die zum Baumwollspinnen, abgeschafft werden, da sie der Bevölkerung Schaden zufügen.

Zit. nach: Geschichte in Quellen, Bd. 4, bearb. von Wolfgang Lautemann, bsv, München 1987, S. 150 f.*

1 *die Taille:* direkte Steuer

1 Erläutern Sie die Inhalte und Ziele der Forderungen.
2 Vertiefung: Vergleichen Sie mit dem Streit um die Stempelsteuer in den nordamerikanischen Kolonien.
Tipp: Lesen Sie hierzu S. 26 ff. nach.

M 8 Emmanuel Joseph Sieyès über den politischen Willen der Nichtprivilegierten (Januar 1789)

Emmanuel Joseph Graf Sieyès (1748–1836) war seit 1780 bischöflicher Generalvikar, im Vorfeld der Revolution entfachten seine revolutionären (Flug-)Schriften eine Diskussion über die politische Situation im Ancien Régime: Freiheit und Repräsentation treten in das Zentrum seiner Analyse vom Januar 1789:

Der Plan dieser Schrift ist ganz einfach. Wir legen uns nur drei Fragen vor:
1. Was ist der Dritte Stand? – *Alles.*
2. Was ist er bis jetzt in der politischen Ordnung gewesen? – *Nichts.*
3. Was verlangt er? – *Etwas zu werden.*

Man wird in der Folge sehen, ob diese Antworten richtig sind. Nachher werden wir die Mittel betrachten, welche man angewendet hat, und untersuchen, welche Mittel man ergreifen muss, damit der Dritte Stand wirklich etwas wird.

Wir werden also zeigen:
4. was zu seinen Gunsten die Minister versucht haben und was die Privilegierten selbst vorschlagen;
5. was man hätte tun sollen;
6. was dem Dritten Stand zu tun übrig bleibt, um den Platz einzunehmen, der ihm gehört.

Der Dritte Stand ist eine vollständige Nation

[…] Alle öffentlichen Dienstgeschäfte lassen sich im jetzigen Zustande unter die vier bekannten Benennungen, nämlich des Kriegsdienstes, der Rechtspflege, der Kirche und der Staatsverwaltung, bringen. Es wäre überflüssig, sie einzeln durchzugehen, um zu zeigen, dass der Dritte Stand überall neunzehn Zwanzigstel dazu hergibt, mit diesem Unterschiede, dass er mit allem, was wirklich beschwerlich ist, und mit allen Diensten belastet wird, welche der privilegierte Stand zu tun sich weigert. Die einträglichen und ehrenvollen Stellen sind allein von den Gliedern des privilegierten Standes besetzt. […]

Diese Ausschließung ist ein gesellschaftliches Verbrechen und eine wahre Feindseligkeit gegen den Dritten Stand. […]

Was ist eine Nation? Eine Gesellschaft von Verbundenen, welche unter einem gemeinschaftlichen Gesetz leben und deren Stelle durch eine und dieselbe gesetzgebende Versammlung vertreten wird. Ist es nun nicht zu gewiss, dass der Adelsstand Vorrechte, Erlassungen genießt, welche er seine Rechte zu nennen sich erdreistet und welche von den Rechten des großen Ganzen der Bürger abgesondert sind? Er tritt dadurch aus der gemeinen Ordnung, aus dem gemeinschaftlichen Gesetz heraus. Also machen schon seine bürgerlichen Rechte aus ihm ein eigenes Volk in der Nation. […]

Was ist der Dritte Stand bis jetzt gewesen? Nichts
Kurz zusammengefasst: Der Dritte Stand hat bis jetzt bei den Reichsständen keine wahren Stellvertreter gehabt; er befand sich also nicht im Besitz seiner politischen Rechte.

Was verlangt der Dritte Stand? Etwas zu werden
[…] Er will haben 1., dass wahre Stellvertreter bei den Reichsständen, d. h. Abgeordnete, aus seinem Stand genommen werden, welche die Ausleger seines Willens und die Verteidiger seines Interesses sein können.

Allein wozu würde es ihm nützen, den Reichsständen beizuwohnen, wenn das dem seinigen entgegengesetzte Interesse dort die Oberhand hätte? Er würde durch seine Gegenwart die Unterdrückung, deren ewiges Opfer er sein würde, nur bestätigen. Also ist es wohl gewiss, dass er bei den Reichsständen nicht stimmen kann, wenn er da nicht einen wenigstens gleichen Einfluss mit den Privilegierten haben soll. Er verlangt 2. ebenso viele Stellvertreter wie die beiden anderen Stände zusammen. Da aber diese Gleichheit der Stellvertretung vollkommen täuschend sein würde, wenn jede Kammer ihre abgesonderte Stimme hätte, so verlangt der Dritte Stand also 3., dass die Stimmen nach den Köpfen und nicht nach den Ständen genommen werden sollen. Das sind die Forderungen, welche unter den Privilegierten Feueralarm zu verbreiten schienen; sie haben geglaubt, dass dadurch die Verbesserung der Missbräuche unvermeidlich würde. Die bescheidene Absicht des Dritten Standes ist es, bei den Reichsständen den gleichen Einfluss wie die Bevorrechtigten zu haben.

Emmanuel Joseph Sieyès, Qu'est-ce que le Tiers Etat? Paris 1789, S. 6f., 27f., zitiert nach: Irmgard und Paul Hartig, Die Französische Revolution, Klett, Stuttgart 1997, S. 37f.*

1 Fassen Sie die politischen Forderungen von Sieyès zusammen.
2 Erläutern Sie Parallelen zu den Argumenten der Kolonisten in Nordamerika in Bezug auf die Verbindung von politischer Repräsentanz und legislativer Gewalt (siehe Kap. 1.2 und 1.3).

Formen des Protestes

M 9 General de Besenval berichtet über Hungerunruhen (Juli 1789)

General de Besenval, vom Herzog de Broglie, dem Kriegsminister, mit der Verteidigung von Paris im Juli 1789 betraut, berichtet:

Seit acht Jahren habe ich im Auftrag des Königs das Kommando über die Provinzen im Innern des Landes, bestehend aus den Provinzen Ile de France ohne die Stadt Paris, Soissonnais, Berry, Bourbennais, Orléanais, Touraine und Maine. Die zahlreichen Aufgaben in den ausgedehnten Gebieten vermehrten sich im April des Jahres 1789 noch durch den spürbaren Mangel an Getreide, der eine nahe Hungersnot ankündigte. Die Knappheit an Brot und die ungewisse Zukunft verbreiteten Angst und Schrecken und steigerten die allgemeine Unruhe. Auf den Märkten kam es zu Tumulten und die Transporte der Regierung in die am stärksten betroffenen Gebiete wurden abgefangen: Das zwang mich, die mir zur Verfügung stehenden Truppen aufzuteilen, um die vielen Märkte, die mir unterstanden, zu schützen, die Ordnung aufrechtzuerhalten, die Getreidetransporte zu sichern und Ruhe in den Gebieten herzustellen, in denen verwegene Banditen Gewalttaten begingen. Bis zum 12. Juli, an dem die Revolution ausbrach, hatte ich die Genugtuung, in meinem Befehlsbereich den Frieden wahren zu können, ohne dass sich ein ärgerlicher Zwischenfall ereignete, […] obgleich die große Zahl von Kommandos, die ich stellen musste, es unmöglich machte, in jedem Fall einen Offizier an die Spitze zu stellen. Die Befehle, die ich gegeben hatte, wurden genau und pünktlich ausgeführt, so vollkommen war zu dieser Zeit die Disziplin. Ich habe schon gesagt, dass ich in Paris überhaupt keine Befehlsgewalt hatte, wo in normalen Zeiten die allgemeine Verwaltung dem Parlament unterstand und alle Einzelheiten in den Händen des *Ministre de la Maison* lagen. Die immer stärker werdende Unruhe sowie die Knappheit der Lebensmittel erzwangen die Anwendung der in ähnlichen Fällen gebräuchlichen Mittel, das heißt, die beiden Regimenter der Palastwache und der Schweizergarde wurden eingesetzt, um die Ordnung aufrechtzuerhalten.

Die Französische Revolution in Augenzeugenberichten, hg. von Georges Pernoud und Sabine Flaissier, Klett, Stuttgart 1989, S. 22.*

1 Beschreiben Sie die Situation auf dem Land rund um Paris im Sommer 1789.
2 Arbeiten Sie typische Elemente der ersten Phase einer Revolution heraus, wie sie Crane Brinton darstellt.
▶ Kap. 1.6, M 2, S. 97f.

M 10 Der Historiker Rolf Reichardt über die Herausbildung politischer Organisationen (1999)

Ein grundlegendes Massenphänomen der Französischen Revolution [war]: jenes Netz meist spontan gegründeter Revolutionsklubs oder Volksgesellschaften, das sich, ausgehend von den städtischen Zentren, 1791/92 über das ganze Land verbreitete und zur Zeit seiner größten Dichte, um die Jahreswende 1793/94, bis zu 6000 Sozietäten umfasste. Tulle gehört zu den Städten mit über 4000 Einwohnern, die landesweit sämtlich einen Revolutionsklub aufweisen, während diese Quote bei Orten mit 2000 bis 3000 Einwohnern auf 87% und bei den Dörfern auf 13% sinkt. Das war freilich immer noch genug, um die wichtigsten revolutionären Schlagworte auch auf dem platten Lande bekannt zu machen. Insgesamt traten 15 bis 30% aller erwachsenen Männer (in Tulle 20%) einem Revolutionsklub bei. Verglichen mit den 850 Freimaurerlogen der 1780er-Jahre, bedeutete dies nicht nur quantitativ, sondern auch qualitativ eine neue Dimension; denn während die Logen der Aufklärungszeit ziemlich unpolitische Geheimgesellschaften und nur ein Sozietätsmodell unter anderen (Akademien, Salons, Lesekabinette) waren, waren die revolutionären Volksgesellschaften zugleich öffentlich und politisch und galten zu ihrer Zeit als die einzige legitime Form der Vereinigung.

Rolf E. Reichardt, Das Blut der Freiheit, Fischer, 2. Auflage, Frankfurt/M. 1999, S. 84f.

1 Charakterisieren Sie die Veränderungen der politischen Organisationsformen.
2 Analysieren Sie die Bedeutung von Vernetzung und Kommunikation während einer Revolution.
3 **Flugblatt:** Entwerfen Sie ein Flugblatt mit politischen Forderungen vom Juli 1789.
4 **Zusatzaufgabe:** siehe S. 478.

M 11 Der Schwur im Ballhaus am 20. Juni 1789, von Jacques-Louis David, Ölgemälde, um 1790

1 Arbeiten Sie die wichtigsten Bildelemente heraus und formulieren Sie eine Gesamtaussage.
Tipp: Nutzen Sie die Arbeitsschritte zur Bildanalyse von S. 92.

M 12 Der deutsche Pädagoge und Sprachforscher Johann Heinrich Campe (1746–1818), in einem Brief aus Paris (14. August 1789)

In Paris ist unterdes nichts Neues vorgefallen. Das Volk hält sich, trotz der fortdauernden Anarchie und trotz des knappen Brotvorrats, kleine unbedeutende Auftritte abgerechnet, noch immer ruhig – zum Er-
5 staunen aller, welche wissen, was die Worte Volk, Anarchie und Brotmangel in Verbindung miteinander zu bedeuten haben. [...] Ob indes dieser unerhörte Zustand von Mäßigung und Ruhe bei fortwährender Gesetzlosigkeit und Zerrüttung der bürgerlichen Ver-
10 hältnisse noch lange andauern wird? [...] Es kann daher und wird wahrscheinlich noch zu blutigen Auftritten kommen, weil es unmöglich scheint, dass die neue Konstitution so geschwind vollendet und an allen ihren Teilen an die Stelle der alten gesetzt werden
15 könnte, als nötig wäre, wenn man jener Verwilderung zuvorkommen wollte. Unterdes werden die geheimen Bemühungen der Aristokraten, die neue Freiheit, wo möglich, in ihren Keimen zu zerknicken, fortdauern; unterdes werden der Adel und die Geist-
20 lichkeit, sowohl in der Nationalversammlung als auch im Lande, ihre letzten Kräfte aufbieten, um der Vollendung des größten Denkmals unseres Jahrhunderts, einer auf Vernunft und Menschenrecht gegründeten Konstitution, tausend Hindernisse und
25 Schwierigkeiten in den Weg zu legen; unterdes wird das Volk immer argwöhnischer, immer eifersüchtiger auf seine neue Freiheit, an die es noch nicht gewöhnt ist, immer rascher in seinem Verfahren, immer unbändiger und zügelloser werden; und – der Men-
30 schenfreund wendet mitleidig seine Augen von den Gräueln weg, welche die Folgen sein können!

Johann Heinrich Campe, Briefe aus Paris zur Zeit der Revolution (1790), zit. nach: Irmgard und Paul Hartig, Die Französische Revolution im Urteil der Zeitgenossen und der Nachwelt, Klett, Stuttgart 1980, S. 6f.*

1 Erläutern Sie die Lageanalyse von Campe.
2 Setzen Sie sich mit seinen Befürchtungen für die Zukunft auseinander.

Politische Ideen und Verfassungsfragen

M 13 Der Historiker Hans Fenske über „Staatsformen im Zeitalter der Revolutionen" (2007)

Noch in der Mitte des 18. Jahrhunderts hatte die uneingeschränkte Monarchie im Diskurs [Reden] über die Staatsformen die weitaus meisten Verfechter, wobei freilich zur Voraussetzung gemacht wurde, dass
5 der Herrscher sich dem Gemeinwohl verpflichtet fühle und die Gesetze achte. Aber die Anhänger einer konstitutionellen Monarchie nach dem Vorbild Englands, das seit 1689 Verfassungsstaat war, gewannen stetig an Boden. Der erste moderne Verfassungsstaat,
10 also ein auf dem Willen der Nation beruhendes, gewaltenteilig organisiertes und die Menschenrechte garantierendes Gemeinwesen, wurde indessen nicht in Europa, sondern in Nordamerika errichtet, nachdem es wegen der Zuständigkeiten bei der Steuerer-
15 hebung zwischen der britischen Krone und den Kolonisten zu einem langwierigen Streit und schließlich zum Kriege gekommen war. Das alles wurde in Europa sehr aufmerksam beobachtet. Die einflussreichsten Teilnehmer an der Debatte über die Neugestal-
20 tung des Staates in Frankreich am Vorabend der Revolution und in ihrer ersten Phase zielten auf eben dies, auf einen auf der Volkssouveränität beruhenden gewaltenteiligen Rechtsstaat. Am Ende stand nach schwersten Erschütterungen allerdings nur ein auto-
25 ritärer Rechtsstaat mit pseudokonstitutioneller Fassade.

Hans Fenske, Staatsformen im Zeitalter der Revolutionen, in: Alexander Gallus/Eckehard Jesse (Hg.), Staatsformen von der Antike bis zur Gegenwart, 2., aktual. Aufl., Böhlau, Köln 2007, S. 184 f.

1 Beschreiben Sie die englischen und amerikanischen Einflüsse auf die politische Debatte in Frankreich.
2 **Mindmap:** Gliedern Sie die zentralen Ideen der *Bill of Rights* und der Unabhängigkeitserklärung in einer Mindmap.
Tipp: Lesen Sie dazu erneut M 5 und M 7, S. 70 ff.

M 14 Erklärung der Menschen- und Bürgerrechte durch die französische Nationalversammlung (26. August 1789)

Die als Nationalversammlung vereinigten Vertreter des französischen Volkes betrachten die Unkenntnis der Menschenrechte, die Vergessenheit oder Missachtung, in die sie geraten sind, als die einzigen Ursa-
5 chen der öffentlichen Missstände und der Verderbtheit der Regierungen. Daher haben sie beschlossen, in einer feierlichen Erklärung die angestammten, unveränderlichen und heiligen Rechte des Menschen darzutun, auf dass diese Erklärung jeglichem Gliede
10 der menschlichen Gesellschaft ständig vor Augen sei und ihm seine Rechte und Pflichten für und für ins Gedächtnis rufe; auf dass die Handlungen der gesetzgebenden sowie die der ausübenden Gewalt jederzeit am Endzweck jeder politischen Einrichtung gemes-
15 sen werden können und so mehr Achtung finden mögen: dass die Forderungen der Bürger, nunmehr auf klare und unerschütterliche Prinzipien begründet, stets der Aufrechterhaltung der Verfassung und dem Wohl aller dienen.

20 So erkennt und verkündet die Nationalversammlung angesichts des Höchsten Wesens und unter seinen Auspizien die Rechte des Menschen und des Bürgers wie folgt:

Art. 1. Frei und gleich an Rechten werden die Men-
25 schen geboren und bleiben es. Die sozialen Unterschiede können sich nur auf das gemeine Wohl gründen.

Art. 2. Der Zweck jedes politischen Zusammenschlusses ist die Bewahrung der natürlichen und un-
30 verlierbaren Menschenrechte. Diese Rechte sind Freiheit, Eigentum, Sicherheit und Widerstand gegen Bedrückung.

Art. 3. Jegliche Souveränität liegt im Prinzip und ihrem Wesen nach in der Nation: Keine Körperschaft
35 und kein Einzelner kann eine Autorität ausüben, die sich nicht ausdrücklich von ihr herleitet.

Art. 4. Die Freiheit besteht darin, alles tun zu können, was anderen nicht schadet. Also hat die Ausübung der natürlichen Rechte bei jedem Menschen keine
40 anderen Grenzen als die, den anderen Mitgliedern der Gesellschaft den Genuss der gleichen Rechte zu sichern. Diese Grenzen können nur durch das Gesetz bestimmt werden.

Art. 5. Das Gesetz hat nur das Recht, Handlungen zu
45 verbieten, die der Gesellschaft schädlich sind. Was nicht durch das Gesetz verboten ist, darf nicht verhindert werden, und niemand kann gezwungen werden, etwas zu tun, was das Gesetz nicht befiehlt.

Art. 6. Das Gesetz ist der Ausdruck des Gemeinwil-
50 lens. Alle Bürger haben das Recht, persönlich oder durch ihre Vertreter an seiner Schaffung mitzuwirken. Es muss für alle das gleiche sein, mag es nun beschützen oder bestrafen. Alle Bürger sind vor seinen Augen gleich. Sie sind in der gleichen Weise zu allen
55 Würden, Stellungen und öffentlichen Ämtern zugelassen, je nach ihrer Fähigkeit und ohne andere Unterschiede als ihre Tüchtigkeit und Begabung.

Art. 7. Niemand darf angeklagt, verhaftet oder gefangen gehalten werden, es sei denn in den vom Gesetz bestimmten Fällen. [...] Wer Willkürakte anstrebt,
60 befördert, ausführt oder ausführen lässt, ist zu bestrafen; aber jeder Bürger, der durch ein Gesetz geru-

fen oder erfasst wird, muss augenblicklich gehorchen; durch Widerstand macht er sich schuldig.

Art. 8. Das Gesetz darf nur unbedingt und offensichtlich notwendige Strafen festsetzen und niemand darf bestraft werden, es sei denn kraft eines bereits vor seinem Delikt erlassenen, veröffentlichten und legal angewandten Gesetzes.

Art. 9. Jeder wird so lange als unschuldig angesehen, bis er als schuldig erklärt worden ist; daher ist, wenn seine Verhaftung als unerlässlich gilt, jede Härte, die nicht dazu dient, sich seiner Person zu versichern, auf dem Gesetzeswege streng zu unterdrücken.

Art. 10. Niemand darf wegen seiner Überzeugungen behelligt werden, vorausgesetzt, dass ihre Betätigung die durch das Gesetz gewährleistete öffentliche Ordnung nicht stört.

Art. 11. Die freie Mitteilung seiner Gedanken und Meinungen ist eines der kostbarsten Rechte des Menschen. Jeder Bürger darf sich also durch Wort, Schrift und Druck frei äußern; für den Missbrauch dieser Freiheit hat er sich in allen durch das Gesetz bestimmten Fällen zu verantworten.

Art. 12. Die Sicherung der Menschen und Bürgerrechte macht eine öffentliche Gewalt notwendig; diese Gewalt wird demnach zum Nutzen aller eingesetzt, nicht aber zum Sondervorteil derjenigen, denen sie anvertraut ist.

Art. 13. Für den Unterhalt der öffentlichen Gewalt und für die Ausgaben der Verwaltung ist eine allgemeine Steuer vonnöten: Sie ist gleichmäßig auf alle Bürger zu verteilen nach Maßgabe ihres Vermögens.

Art. 14. Die Bürger haben das Recht, selbst oder durch ihre Vertreter die Notwendigkeit einer öffentlichen Auflage zu prüfen, sie zu bewilligen, ihren Gebrauch zu überwachen und ihre Teilbeträge, Anlage, Eintreibung und Dauer zu bestimmen.

Art. 15. Die Gesellschaft hat das Recht, von jedem öffentlichen Beauftragten ihrer Verwaltung Rechenschaft zu fordern.

Art. 16. Eine Gesellschaft, deren Rechte nicht sicher verbürgt sind und bei der die Teilung der Gewalten nicht durchgeführt ist, hat keine Verfassung.

Art. 17. Da das Eigentum ein unverletzliches und heiliges Recht ist, darf es niemandem genommen werden, es sei denn, dass die gesetzlich festgestellte öffentliche Notwendigkeit es augenscheinlich verlangt, und nur unter der Bedingung einer gerechten und im Voraus zu entrichtenden Entschädigung.

Zit. nach: Walter Markov u. a. (Hg.), Die Französische Revolution, Propyläen, Berlin 1989, S. 66 ff.*

1 Erläutern Sie die Präambel der Erklärung.
2 Arbeiten Sie Rechte und Pflichten der Bürger heraus.
3 Charakterisieren Sie die Rolle der Gesellschaft.
4 **Vertiefung:** Vergleichen Sie mit dem Grundgesetz der Bundesrepublik.
Tipp: siehe S. 478.

M 15 Die Verfassung von 1791
Den Beginn der Verfassung bildete die Erklärung der Menschen- und Bürgerrechte vom 26. August 1789.
Titel III. Von den öffentlichen Gewalten
Art. 1. Die Souveränität ist einheitlich, unteilbar, unveräußerlich und unverjährbar. Sie gehört der Nation. Kein Teil des Volkes und keine einzelne Person kann sich ihre Ausübung aneignen.
Art. 2. Die Nation, von der allein alle Gewalten ihren Ursprung haben, kann sie nur durch Übertragung ausüben. Die französische Verfassung ist eine Repräsentativverfassung. Ihre Repräsentanten sind die gesetzgebende Körperschaft und der König.
Art. 3. Die gesetzgebende Gewalt ist einer Nationalversammlung übertragen, die aus Abgeordneten besteht, die durch das Volk frei und auf Zeit gewählt werden, um sie mit Billigung des Königs auf die Art auszuüben, die nachstehend bestimmt wird.
Art. 4. Die Regierung ist monarchisch. Die ausführende Gewalt ist dem König übertragen, um unter seiner Autorität durch die Minister und andere verantwortliche Beamte auf die Art ausgeübt zu werden, die nachstehend bestimmt wird.
Art. 5. Die richterliche Gewalt ist den durch das Volk auf Zeit gewählten Richtern übertragen.

Kapitel I. Von der gesetzgebenden Nationalversammlung
Art. 1. Die Nationalversammlung, welche die gesetzgebende Körperschaft bildet, ist immerwährend und ist nur aus einer Kammer zusammengesetzt.
Art. 2. Sie wird alle zwei Jahre durch Neuwahlen gebildet. […]
Art. 5. Die gesetzgebende Körperschaft kann durch den König nicht aufgelöst werden.

Abschnitt I. Zahl der Abgeordneten. Grundlagen der Abordnung
Art. 1. Die Zahl der Abgeordneten der gesetzgebenden Körperschaft beträgt 745 nach Maßgabe der 83 Departements, aus denen sich das Königreich zusammensetzt, und ohne Rücksicht auf diejenigen, welche den Kolonien bewilligt werden dürfen.
Art. 2. Die Abgeordneten werden auf die 83 Departements nach den drei Verhältnissen des Gebietes, der Bevölkerung und der direkten Besteuerung verteilt.

Abschnitt II. Urversammlungen. Bestellung der Wahlmänner

Art. 1. Um die gesetzgebende Nationalversammlung zu wählen, treten die aktiven Bürger alle zwei Jahre in den Städten und den Kantonen zu Urversammlungen zusammen. [...]

Kapitel II. Vom Königtum, der Regentschaft und den Ministern

Abschnitt I. Vom Königtum und dem König

Art. 1. Das Königtum ist unteilbar und dem regierenden Hause im Mannesstamm nach dem Rechte der Erstgeburt erblich übertragen. [...]

Art. 2. Die Person des Königs ist unverletzlich und heilig. Sein einziger Titel ist König der Franzosen.

Art. 3. Es gibt in Frankreich keine Autorität, die über dem Gesetze steht. Der König regiert nur durch dieses. Und nur im Namen des Gesetzes kann er Gehorsam verlangen. [...]

Kapitel III. Von der Ausübung der gesetzgebenden Gewalt

Abschnitt I. Macht und Aufgaben der gesetzgebenden Nationalversammlung

Art. 1. Die Verfassung überträgt ausschließlich der gesetzgebenden Körperschaft die folgenden Vollmachten und Aufgaben:
1. Gesetze vorzuschlagen und zu beschließen. Der König kann allein die gesetzgebende Körperschaft auffordern, eine Sache in Beratung zu nehmen;
2. die öffentlichen Ausgaben festzusetzen;
3. die öffentlichen Steuern anzusetzen, ihre Art, Höhe, Dauer und Erhebungsweise festzulegen. [...]

Art. 2. Der Krieg kann nur durch ein Dekret der gesetzgebenden Körperschaft, das auf förmlichen und notwendigen Vorschlag des Königs erlassen und von ihm bestätigt wird, beschlossen werden. [...]

Abschnitt III. Von der königlichen Bestätigung

Art. 1. Die Beschlüsse der gesetzgebenden Körperschaft werden dem König vorgelegt, der ihnen seine Zustimmung verweigern kann.

Art. 2. Im Falle, dass der König seine Zustimmung verweigert, ist diese Verweigerung nur von aufschiebender Wirkung.

Günther Franz (Hg.), Staatsverfassungen, Wissenschaftliche Buchgesellschaft, 2. Auflage, München 1964, S. 309 ff.*

1 Analysieren Sie die Aufgaben von Legislative und Exekutive.
Tipp: Beziehen Sie das Verfassungsschaubild von S. 108 sowie die Arbeitsschritte von S. 78 mit ein.
2 Vergleichen Sie mit dem amerikanischen System des „checks and balances".

Rezeption

M 16 Statue der Republik, Paris, Fotografie, 2012

1 „La Republique" ist ein Synonym für Frankreich. Erläutern Sie den Zusammenhang von Französischer Revolution und nationalem Selbstverständnis.

M 17 Feuerwerk über dem Hafen von Marseille am Nationalfeiertag, Fotografie, 14. Juli 2013

1 Recherchieren Sie Bilder vom französischen Nationalfeiertag und vergleichen Sie mit Bildern von den Feierlichkeiten in den USA am 4. Juli.

Anwenden

M1 Der Journalist Rainer Traub über Thomas Jefferson und die Französische Revolution (2010)

Jeffersons Frankreich-Begeisterung hielt sich während seiner Zeit als US-Gesandter in Paris – von 1785 bis 1789 – in Grenzen; voll entflammte sie erst nach seiner Rückkehr in die USA. Er war zwar ein scharfer
5 Gegner der Monarchie als Institution, glaubte aber zunächst an die guten Absichten Ludwigs XVI. Im Übrigen traute er den Franzosen keine Revolution zu. Seine Skepsis begründete der Botschafter im November 1788 in einem Brief an Washington mit einem
10 echt puritanischen Argument: Die französische Nation sei zwar „von unserer Revolution aufgeweckt" worden und spüre „ihre Stärke". Doch drohe jeder politische Fortschritt an den lockeren Sitten der Franzosen, an der „Allmacht" der Sexualität und am „Ein-
15 fluss der Frauen in der Regierung" zu scheitern.
Am 11. Juli 1789 äußerte sich Jefferson in einem Brief an [Thomas] Paine dann doch beeindruckt darüber, dass die Nationalversammlung „die alte Regierung gestürzt" habe und entschlossen dabei sei, „das Kö-
20 nigreich an allen vier Ecken in Brand zu setzen". Seine Achtung stieg weiter, als das Bürgertum nach dem Bastille-Sturm die militärische Macht an sich gerissen hatte und Lafayette Pariser Kommandant geworden war: „Eine gefährlichere Kriegsszene als jene, die
25 Paris in den letzten fünf Tagen bot", schrieb er demselben Briefpartner, „habe ich in Amerika nie gesehen."
Ende 1789 kehrte der Botschafter in die USA zurück, um dort auf Präsident Washingtons Wunsch Außen-
30 minister zu werden. Die Verteidigung der Französischen Revolution machte Jefferson nun zur Chefsache. Er identifizierte sie mit der „heiligen Sache der Freiheit", als deren Garant sich der Autor der amerikanischen Unabhängigkeitserklärung sah.
35 Auch die gewalttätigsten Auswüchse in Frankreich rechtfertigte Jefferson nun als unvermeidlichen Preis des Fortschritts: Man könne nicht erwarten, „den Übergang vom Despotismus zur Freiheit in einem Federbett zu erleben". Ein Landsmann, der den Terror
40 kritisierte, wurde 1793 energisch von ihm zurechtgewiesen. „Die Freiheit der ganzen Erde" hänge vom Ausgang des Kampfes in Frankreich ab: „Wurde je zuvor ein solcher Preis mit so wenig unschuldigem Blut errungen? Ich selbst war zutiefst erschüttert über das
45 Schicksal einiger Märtyrer, die für diese Sache ihr Leben ließen, doch lieber hätte ich die halbe Welt verwüstet, als ihr Scheitern gesehen; wären in jedem Land nur ein Adam und eine Eva übrig geblieben, und wären sie aber frei, so wäre das besser als der jet-
50 zige Zustand."

Rainer Traub, Schlüssel und Kerker (Auszug), SPIEGEL GESCHICHTE 1/2010, Seite 92ff., http://www.spiegel.de/spiegel/spiegelgeschichte/d-68812755.html (Download vom 13.6.2018).

M2 Anonymes Flugblatt, das eine Bilanz des Terrors zieht, Ende 1794.
Robespierre guillotiniert den Henker. Zu seinen Füßen die Verfassung von 1791 und 1793; auf der Grabespyramide steht die Aufschrift: „Hier ruht ganz Frankreich".

1 Erläutern Sie die Einstellung von Thomas Jefferson zur Französischen Revolution (M1).
2 Beschreiben Sie die in M1 genannten historischen Ereignisse und Jeffersons Deutung.
3 Interpretieren Sie das Flugblatt M2.
4 Nehmen Sie Stellung zu Jeffersons Schlussfolgerung: „wären in jedem Land nur ein Adam und eine Eva übrig geblieben, und wären sie aber frei, so wäre das besser als der jetzige Zustand".

Wiederholen

M 3 Sturm auf die Bastille, 14. Juli 1789, Ölgemälde, französische Schule, 18. Jahrhundert

Zentrale Begriffe
Brüderlichkeit
Code civil
Direktorium
Dritter Stand
Freiheit
Girondisten
Gleichheit
Jakobiner
Menschen- und Bürgerrechte
Sansculotten
La Terreur
Verfassung
Volkssouveränität

1 Beschreiben Sie auf der Basis der Darstellung S. 106 ff. die verschiedenen Phasen der Französischen Revolution, indem Sie für jede Phase einige Stichworte nennen und diese kurz erläutern.
Tipp: Nutzen Sie die Tabelle S. 107.
2 Charakterisieren Sie die Darstellung des Sturms auf die Bastille in M 3. Greifen Sie bei Bedarf auf die Formulierungshilfen zurück.
3 Erklären Sie, warum der Sturm auf die Bastille zum Auslöser der Revolution wurde. Beziehen Sie die Thesen zu Ursachen von Revolutionen von Crane Brinton (Kap. 1.6 Kernmodul, M 2) in Ihre Überlegungen mit ein.
4 **Wahlaufgabe:** Bearbeiten Sie entweder Aufgabe a), b) oder c).
Vergleichen Sie die Französische Revolution mit der Amerikanischen Revolution, indem Sie Unterschiede und Gemeinsamkeiten der folgenden Themenbereiche in einer Tabelle gegenüberstellen:
a) Konfliktlinien vor der Revolution,
b) Protestformen und Verlauf,
c) politische Ideen und Verfassungen.
5 Die Französische Revolution gilt in der Geschichtswissenschaft als „klassisches Revolutionsmodell", weil sie Umbrüche auf politischer, sozialer und wirtschaftlicher Ebene herbeiführte. Überprüfen Sie diesen Befund auf Basis der Darstellung und der Materialien.
6 **Vertiefung:** Setzen Sie sich mit der Französischen Revolution als Epochengrenze zwischen Früher Neuzeit und Neuzeit auseinander, indem Sie die Auswirkungen der Revolution auf die benachbarten Länder ermitteln.

Formulierungshilfen
– Auf dem Bild ist/sind ... zu sehen.
– Im Vordergrund des Bildes ist/sind ... dargestellt.
– Im Hintergrund sieht man ...
– Die dargestellten Personen ...
– Folgende Gegenstände/Symbole werden verwendet ...
– Die ... Farbgebung des Bildes erzielt die Wirkung, dass ...
– Das Gemälde deutet die historischen Ereignisse folgendermaßen ...

1.8 Wahlmodul: Die Russische Revolution

M1 Lenin auf der Tribüne, Gemälde von Aleksandr Gerasimov, 1947

1861 | Aufhebung der Leibeigenschaft

Wahlmodul: Die Russische Revolution **1.8**

Russland ist eine Weltmacht mit einer wechselvollen Geschichte. Die Revolutionen von 1917, die das Ende des russischen Zarenreiches herbeiführten und den Beginn des Sowjetstaats einleiteten, stellen eine tiefgreifende historische und politische Zäsur dar. In der Februarrevolution gingen Menschen aller Gesellschaftsschichten massenhaft auf
5 die Straße und forderten „Brot", „Frieden" und die Abdankung des Zaren, dessen autokratisches Regime sie für die schlechte Lage verantwortlich machten. Eine Verhaftungswelle von Regimekritikern beschleunigte die politische Radikalisierung der Bevölkerung. Am 23. Februar 1917 schlossen sich auch die Soldaten den Protesten an und wurden zusammen mit den Arbeitern zu den Hauptträgern der Revolution, die in Ar-
10 beiter- und Soldatenräten die politische Führung beanspruchten und gemäßigt linke, sozialistische Ideen vertraten. Damit standen sie in Konkurrenz zu den liberalen Kräften der Duma, dem seit 1906 existierenden russischen Parlament, das mit der Bildung einer provisorischen Regierung ebenfalls Anspruch auf die Führung erhob. Unter dem allgemeinen Druck dankte der Zar ab, es kam zu einer Phase der „Doppelherrschaft" von
15 Provisorischer Regierung und den Arbeiter- und Soldatenräten.
Anfang April 1917 trat der radikale Sozialist und Bolschewik Wladimir Iljitsch Lenin auf den Plan. Gleich nach seiner Rückkehr aus dem Exil in der Schweiz forderte er eine Fortsetzung der Revolution, um die alleinige Macht der Arbeiter, die von Marx und Engels als Vollendung des Kommunismus propagierte „Diktatur des Proletariats" zu erreichen.
20 Doch Provisorische Regierung und gemäßigte Sozialisten setzten sich mithilfe des Militärs noch einmal durch. Erst im Oktober 1917 sorgten die sich weiter verschärfenden Versorgungskrisen und der andauernde Krieg für einen Umschwung. Am 24. Oktober besetzten Arbeiter und Soldaten unter bolschewistischer Führung nach einem genauen Masterplan wichtige Orte in Petrograd und Moskau und verhafteten die Mitglieder der
25 Regierung, am 26. Oktober trat die erste Sowjetregierung zusammen. Die Oktoberrevolution war vollzogen, doch Historiker sprechen hier eher von einem Staatsstreich. Im Gegensatz zur Amerikanischen Revolution und Französischen Revolution haben die politischen Ideen der Russischen Revolution mit dem Ende der Sowjetunion 1990/91 an Bedeutung verloren.

1 Fassen Sie Ihre Kenntnisse der Amerikanischen und der Französischen Revolution zusammen, indem Sie jeweils in einer Mindmap zentrale Begriffe und Ereignisse darstellen.
2 Erläutern Sie die Grundzüge von Febuarrevolution und Oktoberrevolution.
3 Interpretieren Sie das Gemälde M 1.
4 Stellen Sie Hypothesen bezüglich der Rolle Lenins in der Russischen Revolution auf und überprüfen Sie diese nach Bearbeitung des Kapitels.

1917	23. Feb.: Streik von Arbeitern in Petrograd (St. Petersburg)
	27. Feb.: In Petrograd und Moskau bilden sich Arbeiter- und Soldatenräte
	2. März: Die Duma bildet eine Provisorische Regierung unter Fürst Lwow; Zar Nikolaus II. dankt ab
	3./4. April: Rückkehr von Lenin aus dem Exil und Verkündung seiner „Aprilthesen"
	3.–24. Juni: Erster Allrussischer Sowjetkongress der Arbeiter- und Soldatenräte
	Juli: Julikrise: Bewaffnete Massendemonstrationen und Straßenschlachten
	24. Okt.: Beginn der „Oktoberrevolution": Bolschewiki besetzen wichtige Plätze in Petrograd; Verhaftung der Provisorischen Regierung
	25. Okt.: Menschewiki und Sozialrevolutionäre verlassen aus Protest den Sowjetkongress
	26. Okt.: „Rat der Volkskommissare" bildet die Regierung unter Führung von Lenin und Trotzki
	12. Nov.: Wahlen zur Verfassungsgebenden Versammlung
1918	5./6. Januar: Die Verfassungsgebende Versammlung wird von den Bolschewiki gewaltsam aufgelöst
	Friede von Brest-Litowsk, Rückzug Russlands aus dem Ersten Weltkrieg
	10. Juli: Verkündung der Verfassung der „Russländischen Sozialistischen Föderativen Sowjetrepublik"
1918–1921	März 1918: Beginn des Bürgerkriegs zwischen der kommunistischen Roten Armee und den Weißen Garden
1924	Tod Lenins und Machtkampf um die Führung

1895 Gründung der Russischen Sozialdemokratischen Arbeiterpartei	1905 Erste Russische Revolution	1914–1918 Erster Weltkrieg		
1895	1900	1905	1910	1915	1920	1925

1.8 Wahlmodul: Die Russische Revolution

In diesem Kapitel geht es um
- *die Gründe, die zum Ausbruch der Revolution in Russland führten,*
- *die Formen des Protestes während der Februar- und der Oktoberrevolution,*
- *die politischen Ideen der beteiligten Parteien und Akteure,*
- *die Rezeption.*

Die Ursachen der Revolution

In Russland waren die politischen, sozialen und ökonomischen Verhältnisse zu Beginn des 20. Jahrhunderts anders als in den west- und mitteleuropäischen Ländern. Die Aufhebung der **Leibeigenschaft**, die erst 1861 als Teil eines Reformprogramms von Zar Alexander II. erfolgte, hatte das Leben auf dem Land nicht nachhaltig modernisiert. Noch immer befand sich das meiste Land in der Hand von adeligen Gutsbesitzern, die Bauern bekamen nur kleinere Parzellen von der Gemeinde zugeteilt, deren Erträge kaum zum Leben reichten. Sie konnten zudem nicht frei über die Art der Bewirtschaftung entscheiden und durften nicht ihren Wohnort wechseln. Und der Bildungsstand war auf dem Land deutlich niedriger als in der Stadt. Drei von vier Erwachsenen waren Analphabeten. Verschärft wurde die Lage auf dem Land durch die **Bevölkerungsexplosion**. Hatte Russland 1860 etwa 60 Millionen Einwohner, so waren es 1913 bereits 174 Millionen. Doch auch in der Stadt gab es viele strukturelle Probleme. Die **Industrialisierung** hatte in Russland deutlich später begonnen. Der zaristische Staat förderte die Modernisierung der Industrie, jedoch ohne ihre sozialen Folgen durch politische Modernisierung abzusichern. Die **autokratische Herrschaft** des Zaren zeigte sich vor allem im System eines Polizeistaates, der die lückenlose Überwachung der Untertanen zum Ziel hatte. So blieb kaum Spielraum für eine öffentliche Diskussion über Probleme und Reformideen. Die politische Opposition wurde verfolgt, verhaftet und zum Teil verbannt. Viele gingen ins westeuropäische Exil und radikalisierten sich.

Im Jahr 1905 verschärften sich u. a. wegen des Krieges gegen Japan die sozialen und politischen Spannungen im Land. Es kam zu einer Streikbewegung der Arbeiter in den Städten und Bauernaufständen in weiten Teilen des Landes. Da die Armee größtenteils loyal blieb, wurden die Aufstände blutig niedergeschlagen. Trotzdem sah sich Zar Nikolaus II. zu Zugeständnissen gezwungen. 1906 wurde eine **Verfassung** mit einem Parlament, der Reichsduma, gewährt. Aber deren Rechte blieben gering. Es gab keine Verantwortlichkeit der Minister gegenüber dem Parlament und keine Kontrolle der Regierung. Vor allem über Krieg und Frieden entschied allein der Zar. Dennoch spricht man aufgrund der politischen Veränderungen von der Revolution von 1905. Es kam nicht zu Veränderungen der sozialen und wirtschaftlichen Strukturen. Nur wenige Bauern (Kulaken) profitierten von einem Schuldenerlass sowie von der Erlaubnis aus der Dorfgemeinschaft auszutreten und ihr Land als Eigentum in eigener Verantwortung zu bewirtschaften.

M1 Zar Alexander II. (1818–1881), Stich, anonym, o. J.

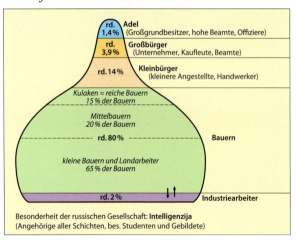

M2 Die gesellschaftliche Schichtung 1913.
Die Zahlen sind Schätzungen. Gestrichelte Linien deuten an, dass sich seit der Bauernbefreiung von 1861 die alte geburtsständische Gliederung verändert. Ein Teil des Adels sank auf das Niveau mittlerer Bauern ab.

Die Februarrevolution 1917

Nach 1914 genügten zwei Kriegsjahre, um Russland in eine tiefe Krise zu stürzen. Anfang 1917 nahm eine **Streikbewegung** im Lande Massencharakter an. Die revolutionäre Bewegung entwickelte sich entlang der Eisenbahn, dem Nervenzentrum der Revolution. Die städtischen Mittel- und Unterschichten beteiligten sich daran ebenso wie große Teile der Landbevölkerung. Am 23. Februar 1917 (nach altem Kalender) standen in St. Petersburg (Petrograd) 128 000 Arbeiter und Arbeiterinnen im Streik und demonstrierten; binnen kurzer Zeit verbrüderten sich fast alle Garnisonssoldaten mit den Demonstranten. Sie stürmten die Waffenarsenale des Heeres und übernahmen die Macht in der Stadt; zwei Tage später wurde der Generalstreik ausgerufen. Zum Sprachrohr des Aufstandes entwickelte sich der **Petrograder Arbeiter- und Soldatenrat***, dem überwiegend gemäßigte Linke angehörten. Die Streikenden forderten Brot, die Beendigung des Krieges und die Beseitigung des Zarismus. Am 26. Februar schlossen sich weitere militärische Einheiten den Aufständischen an. Am 27. Februar war die Hauptstadt völlig in der Hand der Arbeiter und Soldaten. Die **Duma*** wollte politisch nicht an die Seite gedrängt werden und kündigte nun ebenfalls ihren Gehorsam auf, indem sie sich weigerte, einem Befehl des Zaren zur Selbstauflösung nachzukommen. Als ein Einlenken des Zaren ausblieb und der Druck der Straße immer stärker wurde, kam es zur Machtergreifung des Parlaments. Es ließ die Regierung des Zaren und regionale Militärbefehlshaber verhaften und ernannte einen neuen Oberkommandierenden. Zar Nikolaus II. versuchte noch mithilfe von Fronttruppen die Revolution aufzuhalten, musste aber schließlich abdanken; das Ende der dreihundertjährigen Herrschaft der Romanovs war gekommen. Schon bald nach diesen Februartagen bildete sich eine „**Doppelherrschaft**" in Russland aus. Überall im Lande übernahmen **Sowjets** faktisch die Macht.

In den Sowjets dominierten zwei Parteien, die **Menschewiki*** und die **Sozialrevolutionäre***. Beide hatten ihre soziale Basis in der Intelligenz. Die Menschewiki bezogen sich in ihrer Agitation und Programmatik eher auf die Industriearbeiter, die Sozialrevolutionäre eher auf die Bauern. Insbesondere die Bauern waren in dem riesigen Land schwer zu organisieren. Gemeinsam war beiden Parteien ein schematisches Bild von historischer Entwicklung, das sich an dem Ablauf der europäischen Revolutionen und an den Vorstellungen von Marx und Engels orientierte, wonach Russland zunächst eine längere Periode bürgerlich-kapitalistischer Entwicklung zu durchlaufen hätte. Die Menschewiki und die Sozialrevolutionäre forderten daher die bürgerlichen Parteien aus der zaristischen Zeit auf, eine Regierung zu bilden. Das Resultat war die Provisorische Regierung. Sie bestand aus Vertretern der bürgerlichen Parteien und einem Minister der Sozialrevolutionäre, Alexander Kerenski, der im Sommer schließlich Regierungschef wurde. Dem Modell der „Doppelherrschaft" entsprechend, entstanden neben den Räten lokale Organe der Regierungsgewalt, die aber relativ bedeutungslos blieben.

Die Arbeiter, Bauern und Soldaten in den neuen Räten traten für einen sofortigen Friedensschluss ein. Darüber hinaus forderten sie weitgehende Mitbestimmungs- und Kontrollrechte für die sich überall bildenden Fabrikkomitees und eine grundlegende Agrarreform. Damit waren Konflikte mit der Provisorischen Regierung vorgezeichnet. Die stürmische Entwicklung in den Sommermonaten – die innere Auflösung der russischen Armee, die spontanen Landnahmeaktionen der Bauern, der Versuch eines Gegenputsches, die Radikalisierung der Massen, deren Forderungen nach Frieden, Brot und Land nicht erfüllt wurden – schwächte die Macht der Regierung Kerenski stark.

Arbeiter- und Soldatenräte/Sowjets
Aus den Streikkomitees in Moskau und St. Petersburg waren 1905 die ersten Sowjets (russ. = Räte) hervorgegangen. Die Führung der Streiks lag bei den spontan gebildeten Arbeiterausschüssen einzelner Betriebe. Sie schlossen sich hier und da zu gesamtstädtischen Streikkomitees zusammen, die zu einer dauernd gewählten Arbeiterversammlung („Rat der Deputierten") mit politischer Zielsetzung werden konnten. Die Sowjets waren ursprünglich parteilos. Allerdings bemühten sich vor allem die sozialistischen Gruppen, in ihnen die Kontrolle zu erlangen.

Duma
Altslawischer Begriff für eine beratende Versammlung. Ab 1905 bezeichnete man damit das russische Parlament.

▶ M 11: Kerenski über die Doppelherrschaft

Menschewiki
(russ. = Minderheitler) gemäßigter, am Prinzip der demokratisch organisierten Massenpartei festhaltender Flügel der 1898 gegründeten Sozialdemokratischen Arbeiterpartei Russlands; stand im Gegensatz zu den Bolschewiki; 1912 endgültige Spaltung von den Bolschewiki.

Sozialrevolutionäre
1901/02 entstandene russische Partei, hervorgegangen aus radikalen Gruppen der Narodniki (russ. = Die-ins-Volk-Gehenden). Die Sozialrevolutionäre erstrebten im Unterschied zu den Marxisten über freie Assoziationen von Kleinproduzenten einen bäuerlichen Sozialismus; im Kampf gegen den Zarismus bedienten sie sich auch des individuellen Terrors.

▶ M 12: Bericht aus Woronesh

1.8 Wahlmodul: Die Russische Revolution

Bolschewiki
(= russ. Mehrheitler) revolutionäre Parteigruppierung, die streng von oben nach unten organisiert war und den Anspruch hatte, dass ihre Mitglieder wichtige Posten in allen Massenorganisationen innehaben, um die verschiedenen gesellschaftlichen Schichten auf den Weg des Sozialismus zu führen.

▶ M 17: Lenins Aprilthesen

Die Oktoberrevolution

In dieser Situation wurden die Bolschewiki*, die nur eine kleine Minderheit in den Räten darstellten, zum Sprachrohr insbesondere der städtischen Massen. Im April 1917 war ihr Vorsitzender **Wladimir Iljitsch Lenin** (1870–1924) mithilfe der deutschen Reichsregierung aus dem Schweizer Exil nach Russland zurückgekehrt. Lenin vertrat im Gegensatz zu den Menschewiki und zu Teilen der eigenen Partei die Auffassung, dass die Revolution mit Energie weitergetrieben werden müsse und dass allein eine Arbeiter- und Soldatenregierung, deren Keimform er im Petrograder Sowjet verwirklicht sah, die nationalen und sozialen Probleme des Landes lösen könne. Noch am Tag seiner Ankunft rief er mit seinen „Aprilthesen" zur Fortsetzung der Revolution auf. 5

Die bolschewistische Propaganda wirkte sich verschärfend auf die Auseinandersetzungen aus. Im **Juli 1917** nahm die Zahl der Streiks und Aussperrungen wieder zu. Eine galoppierende Inflation und die sich verschlechternde Versorgungslage führten zu erneuten Demonstrationen. In den Dörfern gingen die Bauern vielerorts zur spontanen Landnahme über und vertrieben ihre Grundherren. An der Front und in den Garnisonen wuchs der Unmut über den ausbleibenden Friedensschluss. Eine von der Regierung angeordnete Kriegsoffensive endete mit einem fluchtartigen Rückzug und teilweisen Zerfall der Armee. Dies befeuerte den Juliaufstand in Petrograd, der mit Demonstrationen und Straßenkämpfen zwischen den bolschewistischen Roten Garden und Regierungstruppen einherging. Doch der Aufstand scheiterte, Lenin floh nach Finnland und die Regierung unter Kerenski ging gestärkt aus dem Machtkampf hervor. 10 15 20

M 3 Mitgliederbewegung der Russischen Sozialdemokratischen Arbeiterpartei (Bolschewiki), danach Kommunistische Partei (Angaben leicht gerundet, Ausschnitt)

Datum	Mitgliederzahl
1917 Januar	23 600
1917 August	200 000
1918	390 000
1921	732 500
1922	528 400
1924	472 000[1]

Zit. nach: Hartmann Wunderer, Die Russische Revolution, Reclam, Stuttgart 2014, S. 50 f.

1 Nach dem Bürgerkrieg nahm man eine Reorganisation der Partei vor, mehrere hunderttausend Mitglieder wurden aus der Partei entfernt.

M 4 Lenin im Hauptquartier der Bolschewiken im Smolny-Institut in Petrograd im Oktober 1917, Ölgemälde, Schule des sozialistischen Realismus, o. J.

Im **Herbst 1917** trieb die Krise von Wirtschaft, Armee und Staat ihrem Höhepunkt zu. Es kam zu Hungerunruhen, gewaltsamen Übernahmen von Fabriken durch Streikende, auf dem Land entbrannte ein regelrechter Bauernkrieg um das gutsherrliche Land. Bei den Septemberwahlen erzielten die Bolschewisten große Stimmengewinne und stellten nun in den wichtigsten Sowjets die Mehrheit. Angesichts dieser Entwicklung beschwor der zurückgekehrte Lenin seine Partei, in einem Staatsstreich die Macht zu ergreifen. Nach heftigen Debatten gelang es ihm, die Mehrheit des Zentralkomitees der Bolschewiki für den bewaffneten Aufstand zu gewinnen.

In der Nacht vom 24. auf den 25. Oktober nahmen militärische Einheiten und bewaffnete Arbeiterbrigaden strategische Punkte der Stadt ein. In der Nacht zum 26. Oktober ließ Leo Trotzki, einer der engsten Mitstreiter Lenins, das „Revolutionäre Militärkomitee", ein Organ des Petrograder Sowjets, den Regierungssitz, das „Winterpalais", stürmen. Die Regierung wurde abgesetzt. Es gab keine Massendemonstrationen, kaum Tote. Noch am Abend trat der Petrograder Sowjet zusammen, in dem die Bolschewiki die absolute Mehrheit hatten, und verkündete zwei Dekrete: das **„Dekret über den Frieden"**, gerichtet an alle Krieg führenden Länder, und das **Dekret über die entschädigungslose Enteignung von Grund und Boden**. Außerdem bildete der Petrograder Sowjet eine provisorische Arbeiter- und Bauernregierung (Rat der Volkskommissare) und wählte das „Gesamtrussische Zentralexekutivkomitee". Als die Wahlen zur verfassunggebenden Nationalversammlung, die noch die Provisorische Regierung veranlasst hatte, im November 1917 eine Mehrheit der Sozialrevolutionäre ergaben und das gewählte Parlament sich weigerte, die Sowjetmacht uneingeschränkt anzuerkennen, löste der Rat der Volkskommissare das Parlament im Januar 1918 durch Truppeneinsatz auf. Wenige Tage später wurde die Auflösung und die „Deklaration der Rechte des werktätigen und ausgebeuteten Volkes" vom 3. Allrussischen Rätekongress in Petrograd gebilligt. Die Deklaration bildet einen wichtigen Bestandteil der am 10. Juni 1918 in Kraft gesetzten Verfassung der Russischen Sozialistischen Föderativen Sowjetrepublik (RSFSR).

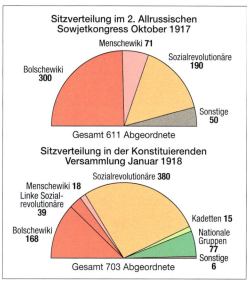

M 5 Wahlergebnisse in Russland (1917/1918)

▶ M 18: Verfassung

Bürgerkrieg

Das Schicksal der Revolution aber entschied sich im Bürgerkrieg. Von seiner Gründung an stand der neue Staat unter starkem Druck. Neue Wellen von Umverteilung, zum Teil mit unvorstellbaren Gewaltausbrüchen, erschütterten die Dörfer. In der Industrie trafen die Betriebskomitees, die an die Stelle der privaten Unternehmer getreten waren, konfliktreich mit den Vertretern des Staates aufeinander, die eine planvolle Lenkung der Volkswirtschaft anstrebten. Zudem war eine breite gegenrevolutionäre Bewegung von „Weißen" entstanden, zunächst gestützt von deutschen und österreichischen Truppen, nach deren Kapitulation von Großbritannien, Frankreich, den USA und Japan. Die von Trotzki aufgebaute Rote Armee kämpfte jedoch die gegenrevolutionären Bewegungen in lange andauernden und verlustreichen Kämpfen nieder. In der sowjetischen Geschichtsschreibung wurde dies als „heroische Periode der Großen Revolution" bezeichnet, Lenin vor allem in der nachstalinistischen Zeit zum nationalen Helden erhoben. Heute zeichnet die Geschichtswissenschaft ein differenzierteres, zum Teil sehr kritisches Bild von Lenin.

▶ M 20: Dimitri Wolkogonow über Lenin

▶ M 21: Robert Service über Lenin

1.8 Wahlmodul: Die Russische Revolution

M6 Bürgerkrieg in Russland 1918–1921

Dokumente russische Geschichte
cornelsen.de/Webcodes
Code: rehidi

- - - - Frontlinie des Ersten Weltkriegs im Februar 1918
→ österreich-ungarische, deutsche und türkische Invasion Februar 1918
→ Landungen britischer und französischer Ententetruppen
→ Operationen der Roten Armee

Vordringen der Interventen und Weißgardisten:
— 1918
— 1919
— 1920

1 Fassen Sie die Ursachen der Revolution in Russland zusammen. Nehmen Sie eine begründete Gewichtung vor.
2 **Lernplakat:** Erstellen Sie ein Lernplakat zum Verlauf der Revolution zwischen Januar und Ende Oktober 1917.
   Tipp: siehe S. 504.
3 Diskutieren Sie auf der Basis der Darstellung, ob der Begriff „Oktoberrevolution" gerechtfertigt ist oder ob man besser vom „Oktoberputsch" der Bolschewiki sprechen sollte.
4 Analysieren Sie die Karte M 6.
5 **Zusatzaufgabe:** siehe S. 478.

1.8 Wahlmodul: Die Russische Revolution

> *Hinweis zur Arbeit mit den Materialien*
> Die Materialien zum Wahlmodul „**Die Russische Revolution**" sollen den Vergleich mit der Amerikanischen Revolution ermöglichen. Texte und Bilder gliedern sich in zu den Kapiteln 1.2 bis 1.5 parallele Themenabschnitte bzw. weisen die gleiche Struktur wie Kapitel 1.7 auf.
> Zunächst geht es um die Erarbeitung der **Konfliktlinien vor der Russischen Revolution**. Materialien zum Polizeisystem (M 7) und zur Situation auf dem Land (M 8) werden ergänzt durch eine Grafik zur Entwicklung der politischen Opposition (M 9). Anschließend zeigen verschiedene Materialien das Spektrum der **Protestformen** während der Revolution auf. Auf ein Bildmaterial zu Arbeiterstreiks (M 10) folgt ein rückblickender Zeitzeugentext zur Doppelherrschaft zwischen Duma und den Räten der Sowjets nach der Februarrevolution (M 11). Bauernunruhen (M 12) im Sommer 1917 verschärfen die Lage. Die Diskussion um einen bewaffneten Aufstand in den Zentralkomitees der Bolschewiken (M 13, M 14) schließen diesen Block ab. Den Schwerpunkt des Kapitels bilden die Materialien zu **politischen Ideen und Organisationsformen/Verfassung**. Am Anfang stehen die Erklärung der Duma nach dem Sturz des Zaren (M 15). Danach dokumentieren Lenins April-Thesen (M 17) sowie die Verfassung vom 10. Juli 1918 (M 18) die politischen Grundsätze der Bolschewiken und ihre Form der Umsetzung in der Sowjetrepublik. Abschließend widmet sich der Themenabschnitt **Rezeption** der Person Lenins und seiner Überhöhung in der Sowjetunion (M 19) sowie seiner wissenschaftlichen Analyse (M 20, M 21).
>
> *Zur Vernetzung mit dem Kernmodul*
> Zunächst bieten sich die marxistischen Revolutionstheorien (M 3, M 4) zum Vergleich an. Außerdem lassen sich die Ereignisse mithilfe des Rasters von Crane Brinton in ihrem revolutionären Charakter untersuchen (M 2). Schließlich kann man die Frage nach der Modernisierungsfunktion der Revolution in Russland stellen (M 7, Max Weber).

Konfliktlinien vor der Russischen Revolution

M 7 Der Direktor des Petersburger Polizeidepartements A. A. Lopuchin über das russische Polizeisystem (1907)

Angesichts dessen, dass dem Gendarmenkorps die elementaren wissenschaftlichen Rechtsbegriffe fehlen, dass es das öffentliche Leben nur so kennt, wie es sich innerhalb der Mauern von Militärakademien und Regimentskasernen manifestiert, läuft seine ganze politische Einstellung auf Folgendes hinaus: dass hier das Volk ist und dort die Staatsgewalt, dass diese ständig von jenem bedroht wird, weshalb sie von Sicherheitsmaßnahmen abhängig ist, und dass man sich bei der Durchführung dieser Maßnahmen ungestraft jeden Mittels bedienen kann. [...] Dies führt dazu, dass jedes öffentliche Geschehnis den Charakter einer Bedrohung der Staatsgewalt annimmt. Daraus ergibt sich die Folge, dass der Schutz des Staates, wie ihn das Gendarmenkorps wahrnimmt, sich in einen Krieg gegen die gesamte Gesellschaft verwandelt und letzten Endes auch zur Zerstörung der Staatsautorität führt, deren Unverletzlichkeit nur durch die Eintracht mit der Gesellschaft gewährleistet werden kann. Durch die Verbreiterung der Kluft zwischen Staatsautorität und Volk führt es eine Revolution herbei. Deshalb ist die Tätigkeit der politischen Polizei nicht nur volksfeindlich, sondern auch staatsschädlich.

Zit. nach: Richard Pipes, Russland vor der Revolution. Staat und Gesellschaft im Zarenreich, dtv, München 1984, S. 324.*

1 Charakterisieren Sie das Verhältnis von Polizei und Bevölkerung in Russland.

M 8 Der Historiker Carsten Goehrke über das Verhältnis zwischen der russischen Dorfgemeinde (auf Russisch *mir* oder *obščina*) und den adligen Landgütern (2003)

Neben den staatlichen Amtsträgern und Polizeiorganen konzentrierte sich der Hass der Bauern nach wie vor auf die Besitzer der Adelsgüter. Auch wenn sie nicht mehr die Leibeigenen des Gutsherrn waren, hatte sich zwischen den beiden Seiten ein ganzes Geflecht wechselseitiger Abhängigkeiten entwickelt. Dass die Bauern vom früheren Herrn [...] Ackerland und Weiden pachteten, habe ich bereits erwähnt. [...] Dieser wiederum versicherte sich der bäuerlichen Arbeitskraft, indem er Geld auslieh. „Im Herbst zahlt der Bauer die Steuern. Da braucht er Geld um jeden Preis. So geht er denn zum Gutsbesitzer, um sich Geld zu holen, er erhält auch welches, und noch dazu als ein Almosen – wenn er sich verpflichtet, es im nächsten Jahre abzuarbeiten." Auf diese Weise konnten die meisten Gutsbesitzer die Anzahl ihrer ständigen Tagelöhner niedrig halten. [...]
Aber je mehr sich die Landknappheit der Bauern verschärfte, desto stärker mussten ihnen die in den Händen der Gutsbesitzer nach 1861 verbliebenen Ländereien in die Augen stechen – unabhängig davon, ob sie früher diesem Gut als Leibeigene zugeschrieben waren oder nicht. [...] So versammelten sich beispielsweise die Bauern der Wolost Chowanskaja

25 (Kreis Serdobsk, Gouvernement Saratow) am 29. Juli 1902 nach der Frühliturgie vor der Kirche „und debattierten untereinander, dass das Land ihnen gehören müsse und dass sie folglich das Getreide von den Gutsfeldern wegführen dürften, sobald es geschnit-
30 ten sei". [...] Der Grund und Boden sollte nur demjenigen zur Verfügung stehen, der ihn mit eigenen Händen bearbeitete, und auch nur so lange, wie dies der Fall war. Der Gutsbesitzer zählte für die Bauern nicht dazu und hatte daher auch kein Anrecht auf
35 sein Land. Sie waren der Meinung, bei der Bauernbefreiung von 1861 seien sie um den Rest ihres Landes zugunsten des Gutsadels betrogen worden und dieses Unrecht müsse nun wieder rückgängig gemacht werden. Immer noch neigten die Bauern dazu, zwi-
40 schen dem „guten" Zaren und seinen „bösen" Beamten zu unterscheiden. 1887 begründete eine Gemeindeversammlung aus dem Gouvernement Wologda ihre Weigerung, ausstehende Ablösungszahlungen nachzuentrichten, folgendermaßen: „Der Zar hat
45 [uns] von den Zahlungen befreit, aber die Beamten, hohe wie niedere, und nach ihnen die Vorsteher und Ältesten wollen die oberste Gewalt betrügen, um sich einzuschmeicheln." Aus dem Recht, das man für sich reklamierte, erwuchs nach herkömmlicher bäuerli-
50 cher Überzeugung nahtlos das Recht auf Selbsthilfe und Selbstjustiz. Alle Zusammenstöße zwischen *Mir* und Staatsmacht in Fragen der Landnutzung lassen sich auf diese gegensätzlichen Rechtsauffassungen zurückführen.
55 Tausende derartiger Landgüter, die den bäuerlichen Hunger nach Boden anstachelten, breiteten sich über große Teile Russlands aus und bildeten mehr noch als im späten 18. Jahrhundert die Brückenköpfe einer adlig-urbanen Gegenkultur. Villen und Schlös-
60 ser im Zentrum der Besitzung spiegelten die Wandlungen des Architekturgeschmacks von Neoklassizismus und Tudor über die Neugotik bis hin zum Jugendstil. Was im 19. und frühen 20. Jahrhundert zur russischen Malerei, Musik und Literatur gewor-
65 den ist, verdankt seine Entstehung zu einem beträchtlichen Teil diesem verstreuten Inselreich adliger Landsitze. Doch den Bauern blieb diese Gegenwelt fremd, unverständlich, feindlich.

Carsten Goehrke, Russischer Alltag, Band 2, Auf dem Weg in die Moderne, Chronos-Verlag, Zürich 2003, S. 256 f.*

1 Erläutern Sie auf der Basis von M 8 und des Darstellungsteils die Situation der Bauern in Russland.
2 **Vertiefung:** Erklären Sie, warum es 1917 zum Revolutionsausbruch gekommen ist. Beziehen Sie die J-Kurve von James C. Davies (Kernmodul Kap. 1.6, M 5) in Ihre Argumentation ein.

M 9 Stammbaum der Opposition 1825 bis 1903

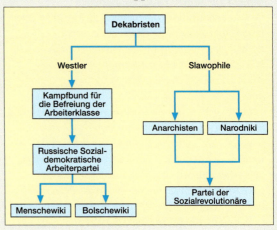

1 **Internetrecherche:** Informieren Sie sich über führende Persönlichkeiten der Oppositionsgruppen.
Tipp: siehe S. 478.

Formen des Protestes

M 10 Treffen streikender Arbeiter im Putilow-Werk in Petrograd im Februar 1917, Fotografie, 1917

1 Beschreiben Sie die im Bild dargestellte Form des Protestes.
2 Vergleichen Sie mit den Protestformen während der Amerikanischen Revolution. Arbeiten Sie Gemeinsamkeiten und Unterschiede heraus.
Tipp: Lesen Sie zu den Protestformen in Amerika S. 27 f. und S. 42 ff.

M 11 Alexander Kerenski (1881–1970), ehemaliger Ministerpräsident der Provisorischen Regierung (1961)

Die Duma-Mehrheit musste viel vergessen, bevor sie sich auf die Seite der Revolution stellen, sich auf einen offenen Konflikt mit der zaristischen Macht einlassen und ihre Hand gegen die traditionelle Autori-
5 tät erheben konnte. Wir, die Vertreter der Opposition, […] schlugen jetzt offiziell das vor, was man als den revolutionären Kurs bezeichnen könnte. Wir forderten, dass die Duma sofort in die offizielle Sitzungsperiode eintrete, ohne irgendeinen Auflösungsbefehl zu
10 beachten. Einige schwankten. Die Mehrheit und Rodsjanko[1] stimmten nicht mit uns überein. Argumente, Überredung und leidenschaftliche Bitten waren vergebens. Die Mehrheit glaubte immer noch zu sehr an die Vergangenheit. Die Verbrechen und Tor-
15 heiten der Regierung hatten es noch nicht bewirkt, diesen Glauben zu zerstören. Der Rat lehnte unseren Vorschlag ab und beschloss, dass die Duma in „inoffizieller" Sitzung zusammenkommen sollte. Politisch und psychologisch bedeutete dies, dass es ein priva-
20 tes Treffen einer Gruppe von Privatpersonen geben würde, von denen viele Männer von großem Einfluss und Autorität waren, aber eben nur Privatpersonen. Die Versammlung war nicht die eines Staatsorgans und sie hatte keine formelle Autorität, wofür sie all-
25 gemeine Anerkennung verlangen konnte. Diese Weigerung, formell die Sitzungsperiode fortzusetzen, war vielleicht der größte Fehler der Duma. Sie bedeutete gerade in dem Augenblick Selbstmord zu begehen, als sie die höchste Autorität im Lande war und
30 eine entscheidende und fruchtbare Rolle gespielt haben könnte, wenn sie offiziell gehandelt hätte. Diese Weigerung legte die charakteristische Schwäche einer Duma bloß, die sich in ihrer Mehrheit aus Vertretern der oberen Klassen zusammensetzte und die
35 unvermeidlich die Meinungen und den Gemütszustand des Landes verzerrt wiedergab. Und so schrieb die kaiserliche Duma […] ihr eigenes Todesurteil im Augenblick der revolutionären Wiedergeburt des Volkes. Die Mehrheit setzte die Duma bewusst auf
40 eine Ebene mit anderen selbsternannten Organisationen, wie der Rat der Arbeiter und Soldatendeputierten, der gerade da erschien. Später gab es Bemühungen, die Duma als eine offizielle Institution wiederzubeleben, aber sie kamen zu spät. Die Duma
45 starb am Morgen des 12. März (Neue Zeit), an dem Tag, an dem ihre Stärke und ihr Einfluss am größten waren. Am nächsten Tag, dem 13. März (Neue Zeit), gab es bereits zwei Zentren der Autorität, die beide ihre Existenz der Revolution verdankten: die Duma
50 in inoffizieller Sitzung mit ihrem Provisorischen Komitee, ernannt als eine provisorische Körperschaft, die die Ereignisse dirigieren sollte, und der Rat der Sowjets der Arbeiter- und Soldatendeputierten mit seinem Exekutivkomitee.

Zit. nach: Martin Grohmann, Heiko Haumann, Gabriele Rappmann, Wirtschaft und Gesellschaft in der Sowjetunion, übersetzt von Gabriele Rappmann, Schroedel, Hannover 1979, S. 10.*

1 *Michail Rodsjanko:* Vorsitzender der Staatsduma

1 Fassen Sie die Kernaussagen Kerenskis bezüglich der Rolle der Duma während der Revolution zusammen.

M 12 Aus dem Bericht des Gouvernement-Kommissars von Woronesh (2. Juni 1917)

Die Fälle von Übertretungen verschiedener Art und von ungesetzlichen Handlungen nehmen im Gouvernement von Tag zu Tag zu, vor allem im Zusammenhang mit der Landfrage. Überall setzen die Bauern
5 dem Weiterbestand der Gutswirtschaften Schwierigkeiten entgegen, sie übernehmen die Gutswirtschaften vollständig oder teilweise, schicken ihr Vieh auf die Gutsweide, weiden die Getreidefelder, Heuschonungen und Waldschläge ab, entfernen Angestellte
10 und Arbeiter, holen die Kriegsgefangenen fort, setzen niedrige Pachtzinsen fest, die oft nicht zur Bezahlung der Abgaben und Bankzinsen ausreichen, und erzwingen obendrein, dass diese nicht an die Gutsbesitzer, sondern an das Kreiskomitee entrichtet wer-
15 den. Sie setzen für die Arbeiter unglaublich hohe Löhne fest, verbieten die Einstellung von Arbeitern aus anderen Kreisen, erheben Gemeindesteuern, […] ziehen Kloster und Kirchenländereien sowie staatliche Waldungen usw. ein. Alle diese Funktionen wer-
20 den häufig auf Verordnung oder mit Bewilligung der Kreiskomitees und mitunter auch der *Ujesd*-[Bezirks-]Komitees ausgeübt. Haussuchungen und Verhaftungen auf Befehl solcher Organisationen oder selbst auf Initiative einzelner Bürger sind eine ziem-
25 lich häufige Erscheinung. Es sind auch einige Fälle zwangsweiser Entfernung von Beamten der alten Verwaltung, Geistlicher und Privatpersonen aus dem Gebiet der betreffenden Örtlichkeit vorgekommen.

Sergei Dubrowski, Die Bauernbewegung in der Russischen Revolution 1917, Berlin 1929, S. 66.*

1 Charakterisieren Sie die Lage auf dem Land.
2 Vergleichen Sie mit der Situation in den Städten.
   Tipp: Beziehen Sie die Darstellung S. 123 und M 10 in Ihre Argumentation ein.
3 Überprüfen Sie auf der Basis von M 7 bis M 12 die Revolutionstheorien von Marx/Engels und Lenin (Kernmodul Kap. 1.6, M 3, M 4).

M 13 Argumente für einen bewaffneten Aufstand aus dem Beschluss des Zentralkomitees (10. Oktober 1917)

Das ZK stellt fest, dass die internationale Lage der russischen Revolution (der Aufstand in der deutschen Flotte als extreme Äußerung der in ganz Europa heranwachsenden sozialistischen Weltrevolution, dann die Gefahr eines Friedens der Imperialisten mit dem Ziel, die Revolution in Russland abzuwürgen), die militärische Lage (die unbezweifelbare Entscheidung der russischen Bourgeoisie sowie Kerenskis und seiner Anhänger, Petrograd den Deutschen zu übergeben) wie auch die Erlangung der Mehrheit der proletarischen Partei in den Sowjets, – dass all dies in Verbindung mit dem Bauernaufstand und mit der Hinwendung des Vertrauens des Volkes zu unserer Partei (die Wahlen in Moskau¹), endlich die offene Vorbereitung eines zweiten Kornilow-Putsches² (Abzug von Truppen aus Petrograd, die Heranführung von Kosaken nach Petrograd, die Umzingelung von Minsk durch Kosaken usw.), – dass all dies den bewaffneten Aufstand auf die Tagesordnung setzt.

1 Bei den Wahlen zu den Bezirksparlamenten in Moskau am 24. September 1917 konnten die Bolschewiki in elf Bezirken die absolute Mehrheit erreichen und auch in den übrigen Bezirken gut abschneiden.
2 *der Kornilow-Putsch:* s. Darstellungstext

Zit. nach: Martin Grohmann, Heiko Haumann, Gabriele Rappmann, Wirtschaft und Gesellschaft in der Sowjetunion, übersetzt von Gabriele Rappmann, Schroedel, Hannover 1979, S. 34.

M 14 Argumente gegen einen bewaffneten Aufstand aus dem Bericht „Zur gegenwärtigen Lage" der Mitglieder des ZK G. Sinowjews und J. Kamenews (11. Oktober 1917)

Man sagt: 1. für uns ist schon die Mehrheit des Volkes in Russland und 2. für uns ist die Mehrheit des internationalen Proletariats. Leider ist weder das eine noch das andere wahr, und darin liegt der springende Punkt. In Russland ist die Mehrheit der Arbeiter und ein bedeutender Teil der Soldaten für uns. Aber alles andere ist fraglich. Selbstverständlich hängt unser Weg nicht nur von uns allein ab. Der Gegner kann uns zwingen, den Entscheidungskampf vor den Wahlen zur konstituierenden Versammlung anzunehmen. […] Aber soweit die Wahl von uns abhängt, können und müssen wir uns jetzt auf eine *Verteidigungsposition* beschränken. […] Die Kräfte der proletarischen Partei sind selbstverständlich sehr bedeutend, aber die entscheidende Frage besteht darin, ob tatsächlich unter den Arbeitern und Soldaten die Stimmung so ist, dass sie selbst schon die Rettung nur im Straßenkampf sehen und auf die Straße drängen. […] Unter diesen Umständen wird es eine tiefe historische Unwahrheit, die Frage des Übergangs der Macht in die Hände der proletarischen Partei so zu stellen: jetzt oder nie!

Nein! […] [N]ur durch eine Methode kann sie ihre Erfolge unterbrechen, nämlich dadurch, dass sie unter den jetzigen Umständen die Initiative der Aktion auf sich nimmt und damit das Proletariat den Schlägen der gesamten vereinigten Konterrevolution, unterstützt von der kleinbürgerlichen Demokratie, aussetzt. Gegen diese verderbliche Politik erheben wir die Stimme der Warnung.

Zit. nach: Martin Grohmann, Heiko Haumann, Gabriele Rappmann, Wirtschaft und Gesellschaft in der Sowjetunion, übersetzt von Gabriele Rappmann, Schroedel, Hannover 1979, S. 34f.*

1 Beschreiben Sie die unterschiedlichen Positionen innerhalb der Bolschewiken.
2 **Zusatzaufgabe:** siehe S. 478.

Politische Ideen und Verfassung

M 15 Aus der ersten Erklärung der Provisorischen Regierung (2. März 1917)

Bürger! Das Vollzugskomitee von Mitgliedern der Reichsduma hat nunmehr mit der wohlwollenden Hilfe der Truppen und der hauptstädtischen Bevölkerung eine derartige Überlegenheit über die finsteren Mächte des alten Regimes errungen, dass es an die festere Organisierung der Exekutivgewalt gehen kann. […]

Bei seiner Tätigkeit wird sich das Kabinett von folgenden Prinzipien leiten lassen:

1. Vollständige und sofortige Amnestie aller politischen und religiösen Vergehen einschließlich terroristischer Angriffe, militärischer Revolten, Verbrechen in der Landwirtschaft usw.
2. Freiheit der Rede, der Presse, Vereins-, Versammlungs- und Streikfreiheit und Ausdehnung der politischen Freiheit auf Personen, die im Militärdienst stehen, soweit es die militärische Technik zulässt.
3. Abschaffung aller benachteiligenden Unterschiede infolge der Zugehörigkeit zu bestimmten Ständen, Religionsgemeinschaften und Nationalitäten.
4. Sofortige Einberufung einer Konstituierenden Versammlung auf der Grundlage des allgemeinen, gleichen, geheimen und direkten Wahlrechts […].
5. Ersetzung der Polizei durch eine Volksmiliz mit gewählter Leitung, die den Organen der lokalen Selbstverwaltung untersteht.

7. Die militärischen Einheiten, die an der revolutionären Bewegung teilgenommen haben, nicht zu entwaffnen und aus Petrograd zu entfernen.

8. Unter Aufrechterhaltung strenger militärischer Disziplin an der Front und im Militärdienst Befreiung der Soldaten von allen Beschränkungen allgemeiner Rechte, deren sich die anderen Bürger erfreuen.

Die Provisorische Regierung erachtet es als ihre Pflicht, zu betonen, dass sie nicht beabsichtigt, militärische Umstände zu einer Hinausschiebung der oben angedeuteten Reformen und anderen Maßnahmen auszunützen.

Zit. nach: Hartmann Wunderer, Die Russische Revolution, Reclam, Stuttgart 2014, S. 118 ff.*

1 Erläutern Sie die Ankündigungen der Provisorischen Regierung.

M 16 Russische Münze nach der Abdankung des Zaren, 1917.
Aufschrift: Es lebe/Freiheit und Gleichheit.

1 Ordnen Sie die Münze zeitlich ein, Frühjahr 1917 oder Oktober 1917, und begründen Sie.

M 17 Lenin legte diese Thesen nach seiner Ankunft in Russland am 3. April 1917 vor:

1. In unserer Stellung zum Krieg, der von Seiten Russlands auch unter der neuen Regierung Lwow und Co. – infolge des kapitalistischen Charakters dieser Regierung – unbedingt ein räuberischer imperialistischer Krieg bleibt, sind auch die geringsten Zugeständnisse an die „revolutionäre Vaterlandsverteidigung" unzulässig.

Einem revolutionären Krieg, der die revolutionäre Vaterlandsverteidigung wirklich rechtfertigen würde, kann das klassenbewusste Proletariat seine Zustimmung nur unter folgenden Bedingungen geben:

a) Übergang der Macht in die Hände des Proletariats und der sich ihm anschließenden ärmsten Teile der Bauernschaft;
b) Verzicht auf alle Annexionen in der Tat und nicht nur in Worten;
c) tatsächlicher und völliger Bruch mit allen Interessen des Kapitals. [...]
Organisierung der allerbreitesten Propaganda dieser Auffassung unter den Fronttruppen. [...]

2. Die Eigenart der gegenwärtigen Lage in Russland besteht im Übergang von der ersten Etappe der Revolution, die infolge des ungenügend entwickelten Klassenbewusstseins und der ungenügenden Organisiertheit des Proletariats der Bourgeoisie die Macht gab, zur zweiten Etappe der Revolution, die die Macht in die Hände des Proletariats und der ärmsten Schichten der Bauernschaft legen muss. [...] Diese Eigenart fordert von uns die Fähigkeit, uns den *besonderen* Bedingungen der Parteiarbeit unter den unerhört breiten, eben erst zum politischen Leben erwachten Massen des Proletariats anzupassen.

3. Keinerlei Unterstützung der Provisorischen Regierung, Aufdeckung der ganzen Verlogenheit aller ihrer Versprechungen, insbesondere hinsichtlich des Verzichts auf Annexionen. Entlarvung der Provisorischen Regierung statt der unzulässigen, Illusionen erweckenden „Forderung", diese Regierung, die Regierung der Kapitalisten, solle aufhören, imperialistisch zu sein.

4. [...] Aufklärung der Massen darüber, dass die Sowjets der Arbeiterdeputierten die einzig mögliche Form der revolutionären Regierung sind und dass daher unsere Aufgabe, solange sich diese Regierung von der Bourgeoisie beeinflussen lässt, nur in geduldiger, systematischer, beharrlicher, besonders den praktischen Bedürfnissen der Massen angepasster Aufklärung über die Fehler ihrer Taktik bestehen kann.

5. Keine parlamentarische Republik – von den Sowjets der Arbeiterdeputierten zu dieser zurückzukehren wäre ein Schritt rückwärts –, sondern eine Republik der Sowjets der Arbeiter-, Landarbeiter- und Bauerndeputierten im ganzen Lande, von unten bis oben.

Abschaffung der Polizei, der Armee, der *Beamtenschaft (D. h. Ersetzung des stehenden Heeres durch die allgemeine Volksbewaffnung. [Lenins Anmerkung])*

Entlohnung aller Beamten, die durchweg wählbar und jederzeit absetzbar sein müssen, nicht über den Durchschnittslohn eines guten Arbeiters hinaus.

6. Im Agrarprogramm Verlegung des Schwergewichts auf die Sowjets der Landarbeiterdeputierten.

65 Konfiskation aller Gutsbesitzerländereien. Nationalisierung des gesamten Bodens im Lande; die Verfügungsgewalt über den Boden liegt in den Händen der örtlichen Sowjets der Landarbeiter und Bauerndeputierten. [...]

7. Sofortige Verschmelzung aller Banken des Landes zu einer Nationalbank und Errichtung der Kontrolle über die Nationalbank durch den Sowjet der Arbeiterdeputierten.

8. Nicht „Einführung" des Sozialismus als unsere *unmittelbare* Aufgabe, sondern augenblicklich nur Übergang zur *Kontrolle* über die gesellschaftliche Produktion und die Verteilung der Erzeugnisse durch den Sowjet der Arbeiterdeputierten.

Wladimir I. Lenin, Werke, Bd. 24, Dietz, Berlin 1978, S. 3–6.*

1 Fassen Sie Lenins Thesen zusammen und bewerten Sie die gewählte inhaltliche Reihenfolge (1. bis 8.).
2 Vergleichen Sie Lenins Thesen mit der Erklärung der Provisorischen Regierung (M 15).

M 18 Verfassung der Russischen Sozialistischen Föderativen Sowjetrepublik (10. Juli 1918)
Erstes Kapitel.
1. Russland wird zur Sowjetrepublik der Arbeiter-, Soldaten- und Bauerndeputierten erklärt. Die gesamte Macht im Zentrum wie vor Ort steht diesen Sowjets zu.
2. Die Russische Sowjetrepublik gründet sich auf der freien Vereinigung der freien Nationen als ein Bund nationaler Sowjetrepubliken.
Zweites Kapitel.
3. Indem sie die Beseitigung jeder Ausbeutung eines Menschen durch den anderen, die völlige Abschaffung der Einteilung der Gesellschaft in Klassen, die schonungslose Unterdrückung der Ausbeuter, die Herstellung einer sozialistischen Organisation der Gesellschaft und des Sieges des Sozialismus in allen Ländern sich zur Grundaufgabe macht, beschließt der 3. Allrussische Sowjetkongress der Arbeiter-, Soldaten- und Bauerndeputierten weiter:
a) In Verwirklichung der Sozialisierung des Landes wird jedes private Eigentum an Grund und Boden aufgehoben, und der gesamte Bestand an Land wird zum Gemeineigentum des Volkes erklärt und den Werktätigen ohne jedes Entgelt auf der Grundlage der ausgleichenden Bodenbenutzung übergeben.

b) Alle Wälder, die Bodenschätze und die Gewässer [...] die Mustergüter und landwirtschaftlichen Betriebe werden zum Nationalvermögen erklärt.
c) Als erster Schritt zum vollen Übergang der Fabriken, Betriebe, Bergwerke, Eisenbahnen [...] in das Eigentum der Arbeiter- und Bauern-Sowjetrepublik wird das Sowjetgesetz über die Arbeiterkontrolle und den Obersten Volkswirtschaftsrat zwecks Sicherung der Gewalt der Werktätigen über die Ausbeuter bestätigt. [...]
e) Als Vorbedingung für die Befreiung der werktätigen Massen vom Joch des Kapitalismus wird der Übergang aller Banken in das Eigentum des Arbeiter- und Bauernstaates bestätigt. [...]
g) Im Interesse der Sicherung der vollen Macht der werktätigen Massen und der Beseitigung jeder Möglichkeit einer Wiederherstellung der Macht der Ausbeuter wird die Bewaffnung der Werktätigen, die Bildung einer sozialistischen Roten Armee der Arbeiter und Bauern und die völlige Entwaffnung der besitzenden Klassen angeordnet.
Drittes Kapitel. [...]
4. In unbeugsamer Entschlossenheit, die Menschheit aus den Krallen des Finanzkapitals und des Imperialismus, die in diesem verbrecherischsten aller Kriege die Erde mit Blut überschwemmt haben, zu befreien, schließt sich der 3. Allrussische Sowjetkongress der von der Sowjetgewalt durchgeführten Politik der Beseitigung aller Geheimverträge, der Organisierung einer Verbrüderung der Arbeiter und Bauern der jetzt miteinander kriegführenden Heere im weitesten Umfange und der Erreichung eines demokratischen Friedens um jeden Preis ohne Annexionen und Kontributionen auf der Grundlage der Selbstbestimmung der Nationen voll und ganz an. [...]
Viertes Kapitel. [...]
7. Der 3. Allrussische Sowjetkongress der Arbeiter-, Soldaten- und Bauerndeputierten vertritt die Ansicht, dass zum gegenwärtigen Zeitpunkt des entscheidenden Kampfes des Proletariats gegen seine Ausbeuter für diese in keinem Machtorgan Raum vorhanden ist. Die Macht muss ganz und ausschließlich den werktätigen Massen und ihren bevollmächtigten Vertretern, den Sowjets der Arbeiter-, Soldaten- und Bauerndeputierten gehören. [...]

http://www.1000dokumente.de/index.html?c=dokument_ru&dokument=0005_ver&object=pdf&st=&l=de (Download vom 26.6.2018).*

1 Analysieren Sie die Umsetzung von Lenins Ideen in der Verfassung.
Tipp: siehe S. 478.

Rezeption

M 19 „Stalin-Lenin-Chor", 30. Jahrestag der Revolution von 1917, Fotografie von Jewgeni Chaldej, 1947

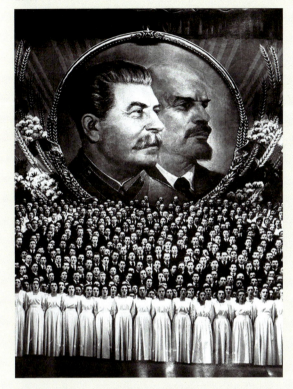

M 20 Der russische Historiker Dimitri Wolkogonow über Lenin (1994)

Lenin war ein Diktator besonderen Typs – er war der Prototyp des revolutionären Diktators. Im Gegensatz zu Stalin, der einen Menschen häufig wegen persönlicher Differenzen vernichtete, wandte Lenin seine grausamen Maßnahmen mit der Überzeugung an, nur so die Diktatur des Proletariats verwirklichen zu können. Er war von Natur aus nicht rachsüchtig, sondern lediglich der Ansicht, dass die Revolution durch eine Schwächung der Diktatur zugrunde gehen würde. Diese jakobinische Denkweise war allerdings nicht minder gefährlich als die stalinistische Grausamkeit. Lenin „veredelte" lediglich seine Gewalttaten und verlieh ihnen einen revolutionären Heiligenschein.

Wenn es um die Partei oder die Revolution ging, kannte Lenin keine Skrupel. [...] Lenin zog die Strategie des Augenblicks einer weitsichtigen historischen Strategie vor. Oft genug handelte er ohne klaren Plan und hatte nur allgemeine Ziele im Blick. Des Öfteren berief er sich auf die Worte Napoleons: „Zuerst stürzt man sich ins Gefecht – das weitere wird sich finden."

Er war bereit, seine politische Linie um hundertachtzig Grad zu ändern, wenn er erkannte, dass er damit rascher ans Ziel gelangen würde. [...]

Der Führer der Bolschewiki war eine Verkörperung historischer Verantwortungslosigkeit. Die Idee, den Planeten „rot" zu färben, basierte auf dem Lügenpaket eines Schreibtischmenschen, der über viele Jahre hinweg verschiedene Pläne für die kommunistische Weltrevolution entwarf und dabei eine Vielzahl von ethnischen, nationalen, religiösen, geografischen und kulturellen Faktoren außer Acht ließ. Für ihn gab es nur einen Wert, den er um jeden Preis verteidigte: die Macht.

Dimitri Wolkogonow, Lenin. Utopie und Terror, Econ, Düsseldorf 1994, S. 540 ff.*

M 21 Der britische Historiker Robert Service über Lenin (2000)

Trotz vieler Meinungsverschiedenheiten setzte sich mehr und mehr die Einschätzung durch, dass Lenin nicht ganz der originäre Weltenschöpfer gewesen war, als den ihn sowohl die Kommunisten als auch ihre Feinde hingestellt hatten, seit er 1917 erstmals die Welt auf sich aufmerksam gemacht hatte. Weitere Forschungen zum politischen, sozialen und ökonomischen Umfeld deuteten vielmehr darauf hin, dass Lenin ganz erheblich im Sinne russischer Traditionen gewirkt hatte. Ohne es zu wollen, stellten viele Autoren es jetzt so hin, als sei Lenins Beitrag zur Geschichte seines Landes eher von befördernder als von gestaltender Qualität gewesen.

Hierbei wurde sehr vieles übersehen. Es gab Umschwünge in der Geschichte Russlands und der Welt, die ohne Lenin nicht stattgefunden hätten. Er prägte entscheidend Ereignisse, Institutionen, Gepflogenheiten und Grundeinstellungen. Das wurde schon zu seinen Lebzeiten so empfunden, und die meisten Kommentatoren empfanden es viele Jahre später noch immer so. [...]

Es wäre abwegig zu behaupten, dass es ohne Lenin keine linkssozialistische Partei in Russland gegeben hätte. Aber gleichermaßen absurd wäre die Unterstellung, dass der sowjetische Einparteien- und Einideologienstaat auch entstanden wäre, wenn Lenin nicht gelebt hätte.

Robert Service, Lenin. Eine Biographie, C. H. Beck, München 2000, S. 628–635.*

1 Charakterisieren Sie auf der Basis des Bildes M 19 die Lenin-Rezeption in den 1940er-Jahren in der Sowjetunion.
2 Vergleichen Sie die Analysen von Wolkogonow und Service (M 20, M 21).

Anwenden

M1 Resolution einer Arbeiterversammlung der Putilow-Werke in Petrograd (9. September 1917)

Die allgemeine Versammlung [...] hielt es für unaufschiebbar:
1. die Arbeiterkontrolle über die Produktion einzuführen;
2. entschiedene Maßnahmen zur Regulierung der Ernährungsfrage zu ergreifen;
3. eine Vermögens- und Einkommensteuer mit maximalem Satz einzuführen, das Vermögen der Kirchen und Klöster zu konfiszieren [...];
4. die Abschaffung gutsherrlichen Eigentums an Grund und Boden zu erklären;
5. eine Säuberung des Kommandobestandes durchzuführen und aus der Armee alle konterrevolutionären Offiziere zu entfernen;
6. die Bolschewiki und andere revolutionäre Kämpfer aus dem Gefängnis zu befreien und sie nicht weiter zu verfolgen;
7. die Arbeiter zu bewaffnen;
8. die konterrevolutionäre Reichsduma und den Reichsrat aufzulösen;
9. die Kadetten und andere Vertreter der bürgerlichen Parteien der Macht zu entheben, eine einheitliche Regierung aus Vertretern der konsequenten revolutionären Demokratie zu schaffen, die dieses ganze Programm im Bereich der Innenpolitik verwirklichen kann [...]. Die Provisorische Regierung muss gleichzeitig vorschlagen, an allen Fronten einen sofortigen Waffenstillstand zu schließen.

Zit. nach: Hartmann Wunderer, Die Russische Revolution, Reclam, Stuttgart 2014, S. 125 f.*

M2 Lenin in dem Dekret zur Auflösung der Verfassunggebenden Versammlung (6. Januar 1918)

Die Konstituierende Versammlung, gewählt aufgrund von Kandidatenlisten, die vor der Oktoberrevolution aufgestellt worden waren, brachte das alte politische Kräfteverhältnis zum Ausdruck, aus einer Zeit, als die Kompromissler und die Kadetten an der Macht waren. Das Volk konnte damals, als es für die Kandidaten der Partei der Sozialrevolutionäre stimmte, nicht zwischen den rechten Sozialrevolutionären, den Anhängern der Bourgeoisie, und den linken Sozialrevolutionären, den Anhängern des Sozialismus, seine Wahl treffen. So kam es, dass diese Konstituierende Versammlung, die die Krönung der bürgerlichen parlamentarischen Republik sein sollte, sich der Oktoberrevolution und der Sowjetmacht unvermeidlich in den Weg stellen musste. [...] Die werktätigen Klassen mussten sich aufgrund der eigenen Erfahrung davon überzeugen, dass sich der alte bürgerliche Parlamentarismus überlebt hat, dass er mit den Aufgaben der Verwirklichung des Sozialismus absolut unvereinbar ist, dass nicht gesamtnationale, sondern nur Klasseninstitutionen (wie es die Sowjets sind) imstande sind, den Widerstand der besitzenden Klassen zu brechen und das Fundament der sozialistischen Gesellschaft zu legen. Jeder Verzicht auf die uneingeschränkte Macht der Sowjets [...] würde den Zusammenbruch der ganzen Oktoberrevolution der Arbeiter und Bauern bedeuten. [...] In der Tat führen die Parteien der rechten Sozialrevolutionäre und der Menschewiki außerhalb der Konstituierenden Versammlung den erbittertsten Kampf gegen die Sowjetmacht, fordern in ihrer Presse offen zum Sturz der Sowjetmacht auf, bezeichnen die zur Befreiung von der Ausbeutung notwendige gewaltsame Unterdrückung des Widerstandes der Ausbeuter durch die werktätigen Klassen als Willkür und Ungesetzlichkeit, nehmen die im Dienste des Kapitals stehenden Saboteure in Schutz und gehen so weit, dass sie unverhüllt zum Terror aufrufen, mit dessen Anwendung „unbekannte Gruppen" bereits begonnen haben. Es ist klar, dass der übrig gebliebene Teil der Konstituierenden Versammlung infolgedessen nur die Rolle einer Kulisse spielen könnte, hinter der der Kampf der Konterrevolutionäre für den Sturz der Sowjetmacht vor sich gehen würde.

Deshalb beschließt das Zentralvollzugskomitee: Die Konstituierende Versammlung wird aufgelöst.

Zit. nach: Manfred Hellmann (Hg.), Die russische Revolution 1917, dtv, München 1964, S. 347 f.*

1 Ordnen Sie die Forderungen der Petrograder Arbeiterversammlung (M 1) den Bereichen Wirtschaft, Gesellschaft und Politik zu.
2 Erläutern Sie die Konsequenzen der Forderungen und ordnen Sie diese einer Partei zu.
3 Analysieren Sie, wen Lenin zu den „Konterrevolutionären" zählt (M 2), und vergleichen Sie mit M 1.
4 Beschreiben Sie Lenins Modell von der „Diktatur des Proletariats" (siehe auch Kap. 1.6 Kernmodul M 4, S. 99 f.) und setzen Sie es in Beziehung zu seiner Begründung der Auflösung der Verfassunggebenden Versammlung.
5 Nehmen Sie Stellung: War die „Oktoberrevolution" eine Revolution oder ein Staatsstreich?

Wiederholen

M 3 Der Bolschewik, Ölgemälde von Boris Kustodijew, 1920

Zentrale Begriffe
Arbeiter- und Soldatenräte (Sowjets)
Autokratie
Bolschewiki
Diktatur des Proletariats
Doppelherrschaft
Duma
Februarrevolution
Kommunismus
Menschewiki
Oktoberrevolution
Rote Armee
Sozialismus
Sozialrevolutionäre

1. Beschreiben Sie die Konfliktlinien vor der Russischen Revolution.
2. Erläutern Sie die Formen des Protestes während der Revolutionen (siehe Darstellung sowie M 10 bis M 14) und ordnen Sie diese unterschiedlichen Phasen des Jahres 1917 zu.
3. Interpretieren Sie das Bild M 3 und formulieren Sie eine Kernaussage. Nutzen Sie die sprachlichen Formulierungshilfen.
4. Überprüfen Sie die Kernaussage von M 3 bezüglich der Rolle der Bolschewiken während der Russischen Revolution.
5. **Schaubild:** Erläutern Sie die politischen Strukturen der Sowjetrepublik in einem Verfassungsschaubild.
   Tipp: Nehmen Sie andere Verfassungsschaubilder (USA S. 66, Deutsches Reich S. 79, Frankreich S. 108) zur Orientierung.
6. **Wahlaufgabe:** Bearbeiten Sie entweder a), b) oder c).
   Setzen Sie sich mit der Rolle von Lenin während der Revolution auseinander:
   a) in Form eines Referates,
   b) in Form eines Essays,
   c) in Form einer Präsentation.
7. **Pro-und-Kontra-Diskussion:** Soziale Gleichheit in der „Diktatur des Proletariats" versus „Freiheit und Streben nach Glück". Diskutieren Sie die Umsetzung der Menschenrechte in der Russischen und der Amerikanischen Revolution.
8. **Vertiefung:** Erörtern Sie, ob die Russische Revolution ein Motor der Modernisierung im Sinne von Max Weber (Kap. 1.6 Kernmodul, M 7) war.

Formulierungshilfen
– Im Zentrum des Bildes …
– Des Weiteren sind dargestellt …
– Die Farbgebung vermittelt den Eindruck, dass …
– Das zentrale Symbol …
– Der historische Kontext von 1920 …
– Der Künstler will mit seinem Bild illustrieren, dass …

2 Die „Völkerwanderung"

Auch bei Entwicklungen, die sich über einen längeren Zeitraum vollziehen, lässt sich das Wechselspiel von Kontinuität und Wandel beobachten. Derartige Wandlungsprozesse können sich durch grundlegende Veränderungen der Lebensbedingungen innerhalb einer Gesellschaft vollziehen; sie sind andererseits besonders deutlich zu erfassen, wenn Gruppen aus unterschiedlichen Kulturkreisen mit unterschiedlichen Motiven, Zielen und Sichtweisen aufeinandertreffen und sich gegenseitig beeinflussen. Die „Völkerwanderung" hat einen solchen langfristigen Transformationsprozess eingeleitet bzw. begleitet. Sie markiert den Übergang von der Antike zum Mittelalter. An ihrem Beispiel lassen sich die Folgen von Migrationsprozessen sowie von Kulturkontakten wie Kulturkonflikten untersuchen.

Schauplatz

Testen Sie Ihr Vorwissen zur „Völkerwanderung"

1 Bestimmen Sie, welcher Begriff oder Namen jeweils nicht in die Reihe passt. Erläutern Sie Ihre Wahl.

a)

Wanderungsbewegungen	Ende des Römischen Reiches
Föderaten	Investiturstreit

b)

Karl der Große	Chlodwig I.
Theoderich	Romulus Augustulus

2 Die folgenden Objekte stammen aus der Zeit der „Völkerwanderung". Tauschen Sie sich mit einem Partner/einer Partnerin darüber aus, welche Informationen sie uns heute über das Leben der damaligen Menschen liefern können.

a) Merowingische Scheibenfibel, 7. Jahrhundert; Fundort: Picardie, Frankreich.
Eine Scheibenfibel ist eine Spange, Schnalle, Klammer oder Nadel zum Zusammenhalten der Kleidung. Eine scheibenförmige, oft reichverzierte Platte ist als Abdeckung über der Nadelkonstruktion angebracht.

b) Grabmal des Ostgotenkönigs Theoderich (um 453–526), erbaut um 520

c) Fränkische Tonbehälter und ein Trinkbecher aus Glas, 6. Jahrhundert n. Chr.

d) Armring mit Tierköpfen verziert aus Silber, Gold und Edelsteinen; Fundort: Marchélepot, Dep. Somme, Frankreich

3 Richtig oder falsch? Diskutieren Sie mit einem Partner/einer Partnerin.
- Migration und Mobilität sind grundlegende Erscheinungsformen menschlichen Lebens.
- Der Begriff „Völkerwanderung" bezeichnet die Expansion des Römischen Reiches nach Westen, in deren Verlauf die Bewohner der angrenzenden Reiche integriert wurden.
- Die „Völkerwanderung" kennzeichnet eine Epoche des Übergangs.
- Den Begriff „Germanen" verwendeten die Römer als Sammelbezeichnung für alle Bewohner der östlich des Rheins gelegenen Gebiete.
- Die Römer schotteten die Grenzen ihres Reiches strikt gegen alle Eindringlinge ab.
- Theoderich herrschte 30 Jahre lang erfolgreich über die Westgoten.
- Theoderich erschlug eigenhändig seinen Rivalen Odoaker.
- Die merowingischen Könige gründeten Deutschland.
- 476 n. Chr. hörte das Weströmische Reich mit der Absetzung des Kaisers Romulus faktisch auf zu existieren.

4 Hier ist etwas durcheinandergeraten. Korrigieren Sie die Reihenfolge.
- Theoderich tötet Odoaker
- Eroberung Roms durch die Goten unter Alarich
- die Terwingen (Westgoten) siedeln auf römischem Gebiet
- die Karolinger lösen die Merowinger als fränkische Herrscher ab
- Schlacht bei Adrianopel
- Ende des Ostgotenreichs
- Absetzung des Romulus Augustulus, Ende des Weströmischen Reiches
- Vorstoß der Goten über die Donau in das Römische Reich
- Taufe des merowingischen Königs Chlodwig

5 Welche Aussagen passen zur Grafik?

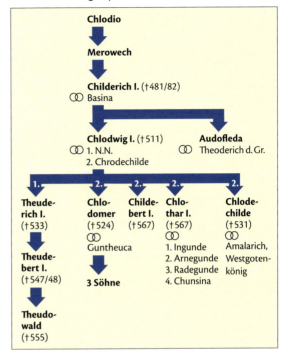

- Die genauen Geburtsdaten der Merowinger sind in der Regel unbekannt.
- Merowech ist der Bruder von Childerich I.
- Chlodwig verheiratete seine Schwester Audofleda mit dem Ostgotenkönig Theoderich.
- Chlodwig I. und seine Frau Chrodehilde bekamen fünf Söhne.

2.1 Wandlungsprozesse in der Geschichte

> **In diesem Kapitel geht es um**
> - Migration und Mobilität als grundlegende Erfahrung von Menschen in der Geschichte,
> - die „Völkerwanderung" als historischen Transformationsprozess,
> - die Dimensionen und Formen von unterschiedlichen Kulturbegegnungen,
> - die Notwendigkeit der Dekonstruktion von Begriffen von „Volk", „Stamm" und „Völkerwanderung",
> - den Konstruktcharakter von „Völkern" und „Stämmen" vor dem Hintergrund der Ethnogenese sowie
> - historische Beispiele im Spannungsfeld von Migration, Kulturkontakt und Kulturkonflikt.

Migration und Mobilität in der Geschichte

Um das Jahr 41 n. Chr. verfasste der römische Philosoph Seneca (ca. 1 v. Chr. – 65 n. Chr.) eine Trostschrift an seine Mutter Helvia, in der er seine politische Verbannung als Beispiel einer menschlichen Grunderfahrung deutet: „Von den Himmlischen, wohlan, wende dich zur Welt der Menschen: sehen wirst du, dass Stämme und Völker insgesamt gewechselt haben den Wohnsitz. Was haben mitten in der Barbaren Länder griechische Städte zu bedeuten? Was unter Indern und Persern die makedonische Sprache? [...] Attischer [aus Athen stammend] Herkunft ist in Asien eine Menge von Menschen; Milet hat die Bevölkerung von fünfundsiebzig Städten in alle Welt verströmt; die gesamte Küste Italiens, soweit sie vom unteren Meer bespült wird, hieß Großgriechenland. [...] Durch unwegsames, durch unerkundetes Gelände hat sich bewegt menschliche Leichtfertigkeit. Kinder und Frauen und die vom Alter schwerfälligen Eltern haben sie mit sich geschleppt. Die einen, von langer Irrfahrt umgetrieben, haben nicht nach ihrem Wunsch ausgewählt den Ort, sondern aus Müdigkeit den nächstbesten in Besitz genommen; die anderen haben mit den Waffen sich Recht auf fremder Erde geschaffen. Manche Völker [...] verschlang das Meer, manche haben sich dort niedergelassen, wo sie aller Hilfsmittel Mangel zum Bleiben gezwungen hat."*

Menschen verließen zu allen Zeiten und unter unterschiedlichen Bedingungen ihre Siedlungsgebiete oder Wohnorte, um Zuflucht oder eine neue Heimat zu finden. Die historische Migrationsforschung hat in den letzten Jahrzehnten herausgearbeitet, dass es sich bei dem Phänomen der Migration um eine **Conditio humana** (Klaus J. Bade) handelt: Migration und Mobilität sind Grundbedingungen und grundlegende Erscheinungsformen menschlichen Lebens. Anlässe, Motive, konkrete Verläufe und die Folgen von Migrationsbewegungen sind dabei jeweils äußerst unterschiedlich und komplex.
Migration und Mobilität sind nicht nur Kennzeichen der neueren Geschichte oder gar exklusive Merkmale des gegenwärtigen Globalisierungsprozesses. Bereits in der Antike lassen sich alle wesentlichen Typen der Migration „als Grundmomente individueller historischer Erfahrung und großer historischer Konstituierungs- und Veränderungsprozesse" (Uwe Walter) nachweisen. Migrationsbewegungen führen dabei zum einen fremde „Völker" in ein neues, unbewohntes oder bereits bewohntes Gebiet. Beispiele hierfür sind die „Völkerwanderung" aus der Zeit der Spätantike sowie die Erschließung unentdeckten und vermeintlich unbewohnten Landes durch Kolonialisten vor allem in der Neuzeit, wie die „Entdeckung" Amerikas durch Kolumbus. Zum anderen sind auch **Binnenwanderungen** Teil von Mobilitätserfahrungen und Ausdruck des menschlichen Mobilitätsbedürfnisses. Bereits in der Antike lassen sich Urbanisierungsprozesse als Bei-

M 1 Porträt des römischen Philosophen Seneca

* *Zit. nach:* L. Annaeus Seneca, Trostschrift an die Mutter Helvia, VII. 1–3, in: ders., Philosophische Schriften, Bd. 2, hg. v. Manfred Rosenbach, WGB, Darmstadt 1999, S. 311 f.

▶ M 6: Klaus J. Bade

▶ M 7: Soziologisches Modell der Migration

spiele für Binnenmigrationsprozesse nachweisen. Die Kreuzzüge des Mittelalters stellen eine weitere, sehr spezifische Form von Migrationsbewegung dar. In allen Fällen liegen der Migration unterschiedliche Anlässe, Ursachen, Motive und Folgen zugrunde, vermischen sich politische, wirtschaftliche und religiöse Dimensionen menschlichen Handelns.

▶ Kap. 2.7: Die Kreuzzüge (S. 244 ff.)

Die Bedeutung der „Völkerwanderung" als historischer Gegenstand

Auch wenn Migration eine menschliche Grunderfahrung ist, stellt sich die Frage nach der spezifischen Relevanz eines historischen Gegenstandes wie der „Völkerwanderung". Warum sollten sich gerade die sozialen, politischen und militärischen Prozesse zwischen den Jahren 376 und 568 n. Chr. dazu eignen, das Phänomen der Migration und dessen Auswirkungen auf menschliches Denken und Handeln exemplarisch zu verdeutlichen? Drei Antworten lassen sich hierauf formulieren:

Erstens: Immer dann, wenn historische Ereignisse, Prozesse oder auch ganze Epochen im Rückblick mit gesellschaftlich und politisch weitreichenden Deutungen ‚aufgeladen' werden, lohnt sich ein genauer Blick sowohl auf den historischen Gegenstand als auch auf die **Rezeption dieses Gegenstandes**. Gerade am Beispiel der „Völkerwanderung" lässt sich erkennen, dass deren Rezeption immer auch von zeitgenössischen Zielen instrumentalisiert und entsprechend gedeutet wird. Hier ist zunächst eine genaue Rekonstruktion der möglichen Vergangenheit – in diesem Falle also die Vorgänge in der Völkerwanderungszeit – wichtig. Anschließend gilt es zu untersuchen und damit zu dekonstruieren, wie von dieser Vergangenheit als Geschichte erzählt wird. In der Auseinandersetzung mit solchen Fragen bildet sich ein kritisches Geschichtsbewusstsein heraus. Ein Beispiel hierfür ist z. B. die Auseinandersetzung über den 12. Oktober: Dieser Tag wird in vielen Staaten Amerikas als Feiertag zur „Entdeckung Amerikas" durch Christoph Kolumbus begangen, wogegen sich jedoch zunehmend Proteste richten. Mit diesen Protesten wird zugleich eine andere Rezeption von Geschichte eingefordert.

▶ M 15 und M 16, S. 165 ff. sowie Kap. 2.5: Die Rezeption der „Völkerwanderung" (S. 216 ff.)

Zweitens: Immer dann, wenn die Zeitgenossen selbst ihre Lebensumstände als Zeit der Veränderung oder gar als krisenhaft wahrnehmen, kann eine historische Relevanz aus heutiger Perspektive angenommen werden. Zur Zeit der „Völkerwanderung" kann die Plünderung Roms durch die Westgoten unter der Führung Alarichs im Jahr 410 n. Chr. als Beispiel gelten, das schon von Zeitgenossen wie dem spätantiken Philosophen und Kirchenlehrer Augustinus von Hippo (354–430 n. Chr.) als **Signum des Wandels, der Krise und auch des drohenden Untergangs** gedeutet wurde. Zu diesen krisenhaften Erfahrungen gehören auch Momente der Begegnung verschiedener Kulturen, die ein weites Spektrum menschlichen Zusammenlebens abdecken können: von einer produktiven Kulturbeziehung bis hin zum gewaltsam ausgetragenen Kulturkonflikt.

▶ M 15 und M 16, S. 165 ff. sowie Kap. 2.1: Wandlungsprozesse in der Geschichte (S. 140 ff.)

Drittens: Die „Völkerwanderung" hat in der Perspektive der *longue durée** (Fernand Braudel) einen langfristigen historischen **Transformationsprozess** eingeleitet bzw. begleitet. Die militärische und politische Krise vor allem des Weströmischen Reiches im 3. Jahrhundert n. Chr., die faktische Teilung des Römischen Reiches in West- und Ostrom im Jahr 395 n. Chr., das Ende des Weströmischen Reiches im Jahr 476 n. Chr. (spätestens 493 n. Chr.) sowie die Gründung relativ autonomer „germanischer" Reiche auf weströmischem Boden ab dem 4. Jahrhundert n. Chr., die zur Grundlage der späteren politischen Gliederung des mittelalterlichen Europas wurden, markieren den Übergang von der Antike zum Mittelalter. Die „Völkerwanderung" stellt daher ein **konstitutives Merkmal einer Epoche des Übergangs** dar: der Spätantike. In welchem Ausmaß die „Völkerwanderung" diesen Transformationsprozess auslöste bzw. begleitete, wird in der Geschichtswissenschaft allerdings kontrovers diskutiert. Sowohl bei der „Völkerwanderung" als auch beim Spanischen Kolonialismus zeigt sich die Transformation am deutlichsten in der Entstehung neuer politischer Ordnungen bzw. Staaten und den damit bis in die Gegenwart hineinreichenden Folgen, z. B. der Dekolonialisierung*. Die spätantiken,

longue durée
(„lange Dauer"), zentraler Begriff der Annales-Schule zur Bezeichnung einer der drei Zeit-Ebenen der Geschichte; damit gemeint sind gesellschaftliche, politische und wirtschaftliche Strukturen oder geografische Gegebenheiten, die sich im Gegensatz zur (politischen) Ereignisgeschichte nur sehr langsam ändern.

▶ M 5: Fernand Braudel

▶ Kap. 2.8: Spanischer Kolonialismus (S. 258 ff.)

Dekolonialisierung (auch: Dekolonisation oder Entkolonialisierung)
Einvernehmliche oder gewaltsam erlangte Aufhebung der Kolonialherrschaft; die Länder Lateinamerikas erlangten in der Regel Anfang des 19. Jh. ihre Unabhängigkeit.

▶ Kap. 2.3: Das Ostgotenreich (S. 172 ff.) und Kap. 2.4: Das Merowingerreich (S. 194 ff.)

„germanischen" Reichsgründungen konnten dabei von vorübergehender Dauer sein, wie das Reich der Ostgoten in Italien, oder langfristigen Einfluss auf die geopolitische Entwicklung haben, wie das Frankenreich, das ebenfalls auf dem Gebiet des Imperium Romanum entstand und zur Grundlage der politischen Ordnung des frühen europäischen Mittelalters wurde.

Kulturkontakte und Kulturkonflikte

▶ Kap. 2.7: Die Kreuzzüge (S. 244 ff.)

Historische Migrationsprozesse gehen häufig mit der **Begegnung unterschiedlicher Kulturen** einher. In den letzten Jahren wurden verschiedene Modelle diskutiert, die die Begegnungen von Kulturen und deren Auswirkungen jeweils unterschiedlich beschreiben und erklären. Der Schweizer Historiker Urs Bitterli (*1935) hat am Beispiel seiner Analysen des Spanischen Kolonialismus die **Begriffe „Kulturberührung", „Kulturbeziehung", „Kulturzusammenstoß" sowie „Akkulturation" und „Kulturverflechtung"** entwickelt. Obgleich Bitterli mit seinem Modell einen umfangreichen Zugriff auf die „Überseegeschichte" (sie ersetzt begrifflich und konzeptionell die als überholt geltende Kolonialgeschichte) ermöglicht, ist kritisch zu prüfen, ob die den Begriffen zugrundeliegenden Konzepte auch auf andere Begegnungen unterschiedlicher Kulturkreise angewendet werden können – etwa auf die „Völkerwanderung" oder die Kreuzzüge.

▶ M 9 + M 10: Urs Bitterli

▶ M 11: Peter Burke

Der britische Kulturhistoriker Peter Burke (*1937) beleuchtet mit dem Begriff der **„Transkulturation"** Prozesse kulturellen Austausches zwischen verschiedenen Kulturen. Der Begriff verdeutlicht, wie sich in Kulturbegegnungen die Elemente aller beteiligten Kulturen mischen und miteinander interagieren. Kultureller Austausch kann sich dabei auf religiöser Ebene vollziehen, wenn sich etwa bei den durch die Spanier „eroberten" Südamerikanern heimische Kulte mit dem Katholizismus vermischten. Kultureller Austausch kann aber auch die Übernahme und Vermischung rechtlicher und bürokratischer Elemente umfassen. So stellten sich die „Germanenreiche", die ab dem 4. Jahrhundert n. Chr. auf römischem Boden entstanden (und meist auch wieder verschwanden), ganz bewusst in die Tradition römischen Rechts oder auch römischer Verwaltungsabläufe, übernahmen hierbei beispielsweise römische Strukturen und passten diese auf ihre Bedürfnisse an, sodass die neu entstehenden Strukturen selbst für viele Römer attraktiver wurden. So berichtet etwa der christliche Kirchenvater Salvian von Marseille (ca. 400–475 n. Chr.) davon, dass viele Römer, obgleich sie von deren Sitten abgestoßen waren, lieber unter der Herrschaft der Goten lebten, weil sie das ungerechte römische Steuerwesens und die hohe Belastung dadurch nicht mehr dulden wollten.

Kulturbegegnungen und Kulturkontakte rufen mitunter auch **Konflikte** hervor. Dies kann in einen offen ausgetragenen Konflikt – Bitterli nennt dies „Kulturzusammenstoß" – münden; die Kreuzzüge sind hierfür ein Beispiel. Es können auch nicht-militärische Konflikte entstehen, die längerfristige Aushandlungs- und Integrationsprozesse erforderlich machen. Da die römischen Kaiser und die römische Aristokratie den Westgoten über Jahrzehnte die Integration ins Römische Reich ver-

M 2 „Kreuzfahrer zur Zeit des ersten Kreuzzuges bewundern den Reichtum des Orients", Holzstich nach Gustave Doré, 1877, spätere Kolorierung

weigerten (was über ein *foedum** auf römischem Boden möglich gewesen wäre), führte dies zu weitreichenden Wanderungs- und Plünderungszügen der Westgoten auf römischem Territorium und mündete schließlich in den Überfall auf Rom durch die Westgoten. Andererseits konnte auch eine erfolgreiche Integration gelingen. So war der römische Heermeister Stilicho, zunächst Gegenspieler des Alarich, „germanischer" Herkunft. Stilicho steht damit stellvertretend für all jene „Germanen" im Dienste des römischen Heeres, auf die das Römische Reich seit dem 3. Jahrhundert immer öfter und umfangreicher zur Grenzsicherung zurückgreifen musste. Dies führte unter anderem zu einem Wissenstransfer über Taktiken, Strategien, Waffen und Waffennutzung, von dem die „Germanen" über Jahrzehnte profitierten.

foedum
vertragliche Regelung zwischen Römern und Barbaren mit gegenseitigen Rechten und Pflichten, z. B. bei der Heeresfolge

M3 Detail des „Portonaccio-Sarkophag", der in Portonaccio, einem Stadtviertel Roms, gefunden wurde, 2. Jh. n. Chr.
Der prächtige Sarkophag zeigt ein komplexes Schlachtgeschehen zwischen Römern und Barbaren (Germanen). Möglicherweise könnte der Sarkophag für die Beisetzung eines Generals bestimmt gewesen sein, der an den Feldzügen von Mark Aurel (161–180 n. Chr.) teilgenommen hatte. Das Gesicht des im Zentrum reitenden Offiziers ist nicht ausgearbeitet; er sollte erst nach dem Tod des Auftraggebers sein Antlitz erhalten.

Ethnogenese und kollektive Identität

Wer waren die „Germanen"*, welche „Stämme" und „Völker" machten sich aus der „Barbaren Länder" auf den Weg ins Imperium Romanum, das damalige kulturelle und politische Zentrum der Welt? Die in der Übersetzung von Senecas Dialog (S. 140) verwendeten Begriffe „Volk" und „Stamm" verweisen auf die aus dem 18. und 19. Jahrhundert stammende Idee des Volkes, das als kulturell und ethnisch homogen gedacht und durch klar bestimmbare Eigenschaften als Stamm, d. h. Abstammungsgemeinschaft, definiert wurde. Mithilfe archäologischer Funde konnte jedoch gezeigt werden, dass es sich bei den spätantiken Gruppen nicht um ethnisch homogene oder geschlossene „Völker" bzw. „Stämme" handelt. Vielmehr verbergen sich hinter den schriftlich überlieferten Gruppenbezeichnungen wie „Goten" oder „Franken" **heterogen zusammengesetzte Personengruppen bzw. -verbände**, die aus den unterschiedlichsten Motiven Wanderbewegungen durchführten und vor allem durch gemeinsame Ziele zusammengehalten wurden. Die biologische bzw. ethnische Abstammung der Gruppenmitglieder

Germanen
Der Begriff war ursprünglich eine römische Sammelbezeichnung für alle Bewohner der Gebiete östlich des Rheins. Er belegt dabei aber nicht die Existenz einer Völkergruppe dieses Namens, die trotz ihrer räumlichen Zersplitterung in verschiedene Stämme eine gemeinsame Sprache, Religion und Kultur besaß. Diese Ansicht ist eine neuzeitliche Erfindung.

Eine Einführung der Bundeszentrale zur „Völkerwanderung"
cornelsen.de/Webcodes
Code: piqafu

spielte eine eher untergeordnete Rolle für diese Interessengemeinschaften. Entscheidend waren gesellschaftsbildende und kulturelle Aspekte wie die Übernahme von Sitten und Gebräuchen, von Riten und religiösen Praktiken, das Erlernen der Sprache, das Tragen von Kleidung und die Akzeptanz eines Anführers oder einer Gruppe von Anführern. Dies galt nicht nur für Nicht-Römer, die „Barbaren", sondern auch für die Römer selbst und war Teil des römischen Selbstverständnisses: Römer war derjenige, der sich die römische Kultur als Orientierungspunkt wählte, der die Sprache der Römer lernte, sich wie ein Römer kleidete und allgemein nach den Sitten und den Gesetzen der Römer lebte; vor allem aber auch derjenige, der innerhalb des römischen Staates eine offiziell anerkannte Position erlangen konnte. Die Zugehörigkeit zu einem Personenverband war das Ergebnis von Selbstzuschreibungen, von Fremdzuschreibungen und der Ausbildung von kollektiver Identität. Diese Offenheit und der Konstruktcharakter kollektiver Identität galten auch für die „germanischen" Verbünde. Als die Westgoten, die im Jahr 376 n. Chr. in Thrakien Zuflucht gefunden hatten, aus verschiedenen Gründen in den Jahren 376 bis 378 n. Chr. gegen die römische Verwaltung rebellierten und Landstriche in der römischen Provinz Thrakien plünderten, schlossen sich diesen Westgoten auch Römer und andere „Germanen" an, die mit ihrer rechtlichen Situation bzw. ihren Lebensbedingungen unzufrieden waren. Diese Personengruppen blieben bei ihrem neuen „Volk" und wurden oftmals Teil der Zielkultur. Dies verdeutlicht, dass „Volk" und „Stamm" keine festen, homogenen Größen sind. Daher hat die Forschung in den letzten Jahren verstärkt die sogenannte **Ethnogenese** der „germanischen" Stammesgruppen in den Blick genommen. Der Begriff beschreibt und erklärt die **Entstehung kollektiver Identitäten bei Gruppen**: In einem komplexen sozialen Prozess entsteht vor allem durch Selbstzuschreibungen und durch die Konstruktion eigener Abstammungsgeschichten eine spezifische Gruppenidentität. Ein Beispiel für solch konstruierte Abstammungsgeschichten sind die *origines gentium* (Sg.: *origo gentis*), die antiken Herkunftsgeschichten von „Stämmen" oder „Völkern". Bei Griechen, Römern, aber auch den Goten dienten diese konstruierten historischen Narrative dazu, den eigenen Ursprung in die ferne Vergangenheit zu legen sowie eine ethnisch-homogene Abstammungsgemeinschaft zu behaupten und zu legitimieren. Wanderungsbewegungen stellen hier ein wesentliches Merkmal zur Konstruktion der kollektiven Identität einer ebenso konstruierten ethnischen Einheit dar.

Was war die „Völkerwanderung"?

▶ M 4: Karte der Wanderungsbewegungen

▶ Darstellungstext Seite 155 f.

Der Vorgang kollektiver Identitätsbildung und -stiftung ist einem kontinuierlichen Wandel unterworfen. Die Westgoten, die vor der Vertreibung durch die Hunnen zwischen den Karpaten und dem Schwarzen Meer siedelten, waren andere Westgoten als jene, die sich nach jahrelangen Wanderungen schließlich im 5. Jahrhundert n. Chr. im heutigen Spanien und Portugal niederließen. In diesem Sinne hat es „*die* Goten", „*die* Hunnen", aber auch „*Die* Römer" nicht gegeben. „Die Germanen" und ihre kollektive Identität sind geradezu eine römische Erfindung: Gaius Julius Caesar verfolgte mit der Behauptung eines mächtigen und geschlossenen „germanischen" Kriegsvolkes, das jenseits des Rheins lebte, politische und propagandistische Ziele. In dieser Zeit entstand derjenige Germanenmythos, der später durch den römischen Historiker Tacitus aufgegriffen und verbreitet wurde und der sich bis in das 19. Jahrhundert halten sollte.
Auch der Begriff „Wanderung" ist kritisch zu betrachten. Folgt man den Pfeilen auf Geschichtskarten zur „Völkerwanderung", so ist man schnell verleitet, Züge von homogenen „Stammesverbänden" als kontinuierliche Bewegung von einem Ursprungsort zu einem Zielort zu rekonstruieren. Doch diese Vorstellung führt in die Irre: Kamen die Wanderbewegungen der Angeln und Sachsen relativ schnell zu einem Ende, so zeigt sich bei den Wanderbewegungen beispielsweise der Westgoten ein anderes Bild: Auf der Suche nach Anerkennung in Form eines *foedums* durchstreiften sie knapp 150 Jahre

lang das Territorium des Römischen Reiches, bis sie schließlich auf der Iberischen Halbinsel die Sueben besiegten und ein Reich gründeten. Während dieser Zeit der Wanderung schlossen sich viele Menschen dem Personenverband an, der dadurch kulturell und ethnisch transformiert wurde. Zusammenfassend lässt sich konstatieren: „Die Völkerwanderung" als homogenen „Sturm der starken nördlichen Völker" auf das dekadente Rom – wie es die Geschichtsschreibung des 19. Jahrhunderts vermitteln wollte – hat es nicht gegeben. Auch sind Analogien zu heutigen Fluchtbewegungen und Migrationsphänomenen problematisch: Komplexe historische Sachverhalte und ebenso komplexe Phänomene der Gegenwart werden hierbei grob vereinfacht.

Formulierungshilfen zu M 4
- Mit unterschiedlichen Farben gekennzeichnet sind ...
- Die unterschiedlichen Dicken der Pfeile bedeuten ...
- Im zeitlichen Verlauf lässt sich eine Bewegung von ... nach ... ablesen.
- Die Ausdehnung des Römischen Reiches verändert sich von ... bis .... insofern, dass ...
- Mit dem Symbol der gekreuzten Schwerter sind ... eingetragen.

M 4 Wanderungsbewegungen im 4. und 5. Jahrhundert n. Chr.

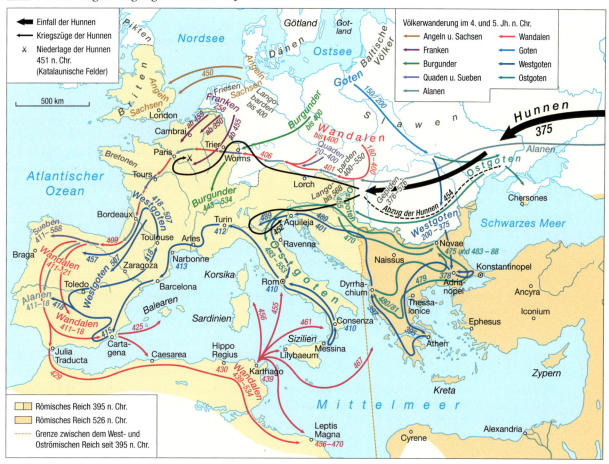

1 Charakterisieren Sie auf Grundlage des Darstellungstextes sowie der Karte M 4 die Migrationsbewegungen zur Zeit der Spätantike und deren Einfluss auf das Römische Reich.
2 **Partnerarbeit/Mindmap:** Erstellen Sie eine Mindmap zur Frage, warum sich die Beschäftigung mit der „Völkerwanderung" eignet, um sich exemplarisch mit Migrationsprozessen und deren Auswirkungen auseinanderzusetzen.
3 **Pro-und-Kontra-Diskussion:** Der Darstellungstext problematisiert den Einsatz von Karten beim Thema „Völkerwanderung". Sammeln Sie Pro- und Kontra-Argumente für den Einsatz solcher Karten, wie sie hier mit M 4 abgebildet ist.

2.1 Wandlungsprozesse in der Geschichte

> *Hinweise zur Arbeit mit den Materialien*
> – Dass sich die Zeit der „Völkerwanderung" und die von ihr initiierten Transformationsprozesse der spätantiken Welt über mehrere hundert Jahre erstrecken, kann anhand des Modells von Fernand Braudel (M 5), das historischen Wandel auf der Grundlage langfristiger, prozesshafter Veränderungen konturiert, verdeutlicht werden. Die Texte von Klaus Bade, Ingrid Oswald und Dirk Hoerder (M 6 bis M 8) stellen das Phänomen der Migration aus je unterschiedlichen Perspektiven dar: Migration als Grundbedingung des Menschseins (M 6), Motive, Modelle und Typen von Migration (M 7) sowie die Folgen von Migration im Hinblick auf das Zusammentreffen unterschiedlicher Kulturen (M 8).
> – Die Materialien M 9 und M 10 (Bitterli) sowie M 11 (Burke) präzisieren in jeweils unterschiedlichen Modellen die Bedingungen und Folgen des Zusammentreffens unterschiedlicher Kulturen.
>
> *Zur Vernetzung mit dem Kernmodul*
> – M 5 (Braudels Strukturierungsversuch) wird durch M 10, S. 243 aus Kapitel 2.6 ergänzt, wobei hier die Bedeutung einzelner Ereignisse stärker in den Blick gerückt wird.
> – Die Beiträge M 6 bis M 8 können ergänzt werden durch die Materialien M 1 bis M 5 des Kernmoduls (S. 234 ff.), die die allgemein-theoretischen Ansätze auf den historischen Kontext von Ursachen und Verlauf der „Völkerwanderung" beziehen.
> – Die Materialien M 9 bis M 11 können kombiniert werden mit M 6 bis M 10 aus dem Kapitel 2.6 (S. 240 ff).

M 5 Der französische Historiker Fernand Braudel über die verschiedenen Zeitebenen bei der Rekonstruktion von Geschichte (1969)

Jede historische Arbeit zerlegt die vergangene Zeit und entscheidet sich je nach mehr oder weniger bewussten Vorlieben und mehr oder weniger exklusiven Standpunkten für die eine oder andere der
5 chronologischen Realitäten. Die traditionelle Geschichtsschreibung hat sich auf die kurze Zeit, auf das Individuum spezialisiert, und so sind wir seit langem an einen überstürzten, dramatischen, kurzatmigen Bericht gewöhnt. Der neuen Wirtschafts- und
10 Sozialgeschichte dagegen geht es bei ihren Untersuchungen in erster Linie um die zyklischen Schwankungen und deren Dauer; sie hält sich an die Luftspiegelung der Preiskurven bzw. an die Wirklichkeit ihres zyklischen Aufstiegs und Falls, und so gesellt
15 sich heute zum Bericht (oder traditionellen „Rezitativ") das Rezitativ der Konjunktur, das die Vergangenheit in großen Zeiträumen von 10, 20, 50 Jahren betrachtet.

Dieses zweite Rezitativ wiederum wird überlagert von einer Geschichte mit einem noch viel längeren, 20 über Jahrhunderte hinweg reichenden Atem: von der Geschichte der langen, der sehr langen Dauer. [...] Sie bezeichnet das Gegenstück zu François Simiands Ereignisgeschichte, wie er die kurzatmige Geschichte als einer der Ersten [...] taufte. [...] Für mich ist das 25 Ereignis etwas Explosives, eine „klingende Neuigkeit" [...]. Es erfüllt das Bewusstsein der Zeitgenossen mit seiner übermäßigen Rauchentwicklung, ist aber schnell verpufft, sodass kaum Zeit bleibt, die Flamme wahrzunehmen. [...] 30

Darum wollen wir uns anstelle von Ereignis für den eindeutigeren Begriff der kurzen Zeit entscheiden, die kurze Zeit der Individuen, des Alltags [...].
Eine neue Mode des historischen Berichts tauchte auf, das – wenn man so sagen darf – „Rezitativ" der 35 Konjunktur, des Zyklus bzw. des „Interzyklus", das uns die Wahl zwischen einem Dutzend Jahren, einem Vierteljahrhundert und dem halben Jahrhundert [...] als äußerster Grenze lässt. Beispielsweise steigen die Preise in Europa von kurzen, oberflächlichen Einbrü- 40 chen abgesehen von 1791 bis 1817, während sie von 1817 bis 1852 fallen. [...]

Den [...] weitaus nützlicheren Schlüssel liefert das Wort Struktur, das, ob gut oder schlecht gewählt, die Probleme der langen Dauer beherrscht. Die Beob- 45 achter des Sozialen verstehen darunter eine Organisation, einen Zusammenhang, relativ feste Beziehungen zwischen bestimmten Realitäten und sozialen Massen. Für uns Historiker ist eine Struktur zweifellos etwas Zusammengefügtes, ein Gebäude, mehr 50 noch aber eine Realität, der die Zeit nicht viel anhaben kann und die sie deshalb sehr lange mitschleppt. Ja, manche Strukturen werden aufgrund ihrer Langlebigkeit für zahllose Generationen zu einem festen Bestand und behindern dadurch die Geschichte, 55 hemmen sie, indem sie ihren Ablauf beherrschen. Andere Strukturen wiederum zerfallen schneller. Alle aber sind gleichzeitig Stütze und Hindernis. Hindernis, insofern sie Grenzen bezeichnen [...], die der Mensch und seine Erfahrung kaum zu überschreiten 60 vermögen. Man denke nur, wie schwer sich in manchen Fällen ein bestimmter geografischer Rahmen, bestimmte biologische Realitäten, bestimmte Produktionsgrenzen bzw. die einen oder anderen geistigen Zwänge sprengen lassen: denn auch die geistigen 65 Rahmen sind Langzeitgefängnisse. Das einleuchtendste Beispiel scheint noch immer der von der Geografie ausgeübte Zwang zu sein. [...] Man nehme nur einmal [...] die Dauerhaftigkeit bestimmter Lebensbereiche der Küstenregionen oder die Standorttreue der Städte und der Straßen und damit auch des Verkehrs, kurzum, die erstaunliche Festigkeit des geografischen Rahmens der Kulturen.

Fernand Braudel, Geschichte und Sozialwissenschaften. Die lange Dauer, in: ders.: Schriften zur Geschichte 1. Gesellschaften und Zeitstrukturen, übers. v. Gerda Kurz und Siglinde Summerer, Klett-Cotta, Stuttgart 1992, S. 52–62.*

1 Gliedern Sie die verschiedenen Zeitebenen, die Braudel vorschlägt, mithilfe einer grafischen Darstellung.
Tipp: Visualisieren Sie z. B. mit einem Zeitstrahl.
Inhaltliche Tipps: siehe S. 478.

2 Erklären Sie einen Ihnen bekannten historischen Transformationsprozess (z. B. Industrialisierung) auf der Grundlage der Thesen Braudels.

3 Diskutieren Sie, auf welchen von Braudel vorgeschlagenen Zeitebenen Migrationsprozesse rekonstruiert werden können. Beziehen Sie sich auf Ihnen bekannte historische oder eigene Migrationserfahrungen.

M6 Der Historiker Klaus J. Bade über die Bedeutung von Migration für den Menschen (2002)

Den „*Homo migrans*" gibt es, seit es den „*Homo sapiens*" gibt; denn Wanderungen gehören zur *Conditio humana* [was den Menschen grundsätzlich ausmacht] wie Geburt, Fortpflanzung, Krankheit und Tod. Migrationen als Sozialprozesse sind, von Flucht und Zwangswanderungen abgesehen, Antworten auf mehr oder minder komplexe ökonomische und ökologische, soziale und kulturelle Existenz- und Rahmenbedingungen. Die Geschichte der Wanderungen ist deshalb immer auch Teil der allgemeinen Geschichte und nur vor ihrem Hintergrund zu verstehen. Das gilt auch für die europäische Migrationsgeschichte. Vorstellungen von Europa und seinen Grenzen aber wandelten sich im Epochenverlauf. Die daraus resultierende Frage, wie europäische Geschichte zu verstehen und zu schreiben sei, hat eine lange Forschungsgeschichte und ist [...] auch von aktueller Bedeutung. Raumbezogen kann man, trotz vieler Überschneidungen, z. B. Aus-, Ein- und Binnenwanderungen unterscheiden. Orientierungshilfe bietet auch die Frage nach Anlässen, Motiven und Zwecken. Dabei kann man z. B. wirtschaftlich und beruflich-sozial motivierte Migrationen eingrenzen und innerhalb dieses Feldes wiederum Erwerbsmigrationen als Existenznotwendigkeit (*subsistence migration*) oder als Verbesserungschance (*betterment migration*) unterscheiden. Durch Verlust bzw. Zerstörung der wirtschaftlichen Existenzgrundlagen, mithin letztlich ebenfalls wirtschaftlich bedingt, sind aber z. B. auch jene Überlebenswanderungen, für die das späte 20. Jahrhundert den Sammelbegriff „Umweltflucht" geprägt hat. Von so motivierten Migrationen kann man wiederum religiös-weltanschaulich, politisch, ethno-nationalistisch oder rassistisch bedingte Flucht bzw. Zwangswanderungen abgrenzen. Dazu zählen auch die Vertreibungen und Zwangsumsiedlungen des 20. Jahrhunderts, bei denen die Bewegung von Menschen über Grenzen häufig die Folge der Bewegung von Grenzen über Menschen war.

Klaus J. Bade, Europa in Bewegung. Migration vom späten 18. Jahrhundert bis zur Gegenwart, C. H. Beck, München 2002, S. 12f.*

1 Partnerarbeit: Benennen Sie Beispiele für die von Bade genannten Formen von Migration.

M7 Die Soziologin Ingrid Oswald über ein soziologisches Modell von Migration (2007)

In der Fachliteratur gibt es keine einheitliche Definition der Begriffe „Migration" bzw. „Wanderung". Angesichts der zu beobachtenden Begriffsvielfalt eignet sich für soziologische Zwecke eine relativ komplexe Begriffsumschreibung, mit der wichtige Aspekte der Theoriebildung in den Blick genommen werden. Konstitutiv sind die drei (Forschungs-)Dimensionen:
– Ortswechsel
– Veränderung des sozialen Beziehungsgeflechts
– Grenzerfahrungen.

Migration wird daher [...] verstanden als ein Prozess der räumlichen Versetzung des Lebensmittelpunkts, also einiger bis aller relevanten Lebensbereiche, an einen anderen Ort, der mit der Erfahrung sozialer, politischer und/oder kultureller Grenzziehung einhergeht. [...]

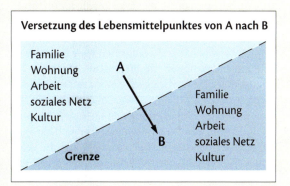

Die „Grenze" (in der Abbildung die diagonale gestrichelte Linie) kann dabei eine Nationalstaatsgrenze sein, ein Fluss, der zwei Regionen voneinander trennt, aber auch nicht-räumliche Grenzen, wie es die zwischen Sprach- und Wissensräumen oder religiöse bzw. kulturell-ethnische Abgrenzungen sind. Ob diese Grenzen im Migrationsprozess überwunden werden (können) oder ob sie in seinem Verlauf erst entstehen, weil soziale und kulturelle Unterschiede wahrgenommen und als solche artikuliert und gelebt werden, spielt dabei keine Rolle. Die Offenheit des Konzepts betont die empirische Vielfalt sowie den Prozesscharakter von Wanderungen, die sich mitunter über Generationen hinziehen. Ebenso offen bleiben zeitlicher und personeller Umfang, Distanzen, Ursachen und Motive, da diese nicht prinzipiell die Notwendigkeit der Neuordnung von Lebensmittelpunkten infrage stellen, wohl aber die Begleitumstände bestimmen, wie diese Neuordnung gelingt bzw. gelingen kann. [...]

Das Lebensmittelpunkt-Modell soll verdeutlichen, welche Lebensbereiche von Migration betroffen sind bzw. sein können und wie komplex und langwierig ein Migrationsprozess ist. Je nachdem, welche Fragestellung interessiert, kann dieser oder jener Bereich als solcher und in seiner Funktion für andere Bereiche thematisiert werden. [...] Migrationsverläufe betreffen ebenso Nicht-Migranten aller sozialen Gruppierungen sowie Ziel-, Transit- und Herkunftsgesellschaften bzw. Segmente derselben.

Da in den Zielregionen von Migration in der Regel komplexe Sozialorganisationen existieren, die durch Zuwanderung verändert werden und sich ändern müssen, können natürlich Konflikte zwischen den Eingesessenen und den Zuwanderern bzw. zwischen den Akteuren einzelner Migrationsphasen entstehen. Die sozialen Einschnitte, die sowohl Individuen wie Familien oder Gruppen, die aufnehmende und die abgebende Gesellschaft verarbeiten müssen, können dabei sehr gravierend sein und sind es meist auch.

Das Modell ermöglicht bei Fragen nach der Integration von Zuwanderern die analytische Trennung der relevanten Bereiche und macht verständlich, warum „unvollständige" Migrationsformen wie beispielsweise Pendelmigrationen die Integration einzelner Lebensbereiche in die Zielgesellschaft erschweren bzw. nicht benötigen [...]. Bei Fragen nach lebensweltlichen Relevanzen und Prioritäten lässt sich ein breites Spektrum von Motivationen untersuchen, ohne auf simple Erklärungen, wie beispielsweise die generell starke Anziehungskraft höherer Löhne, zurückgreifen zu müssen [...]. Vice versa ermöglichen derartige Fragen auch Erklärungsansätze nicht nur dafür, warum Menschen wandern, sondern warum sie an einem bestimmten Ort bleiben, auch wenn es an vielen Orten der Welt vielleicht „besser" wäre. Und schließlich lässt sich beschreiben, wie sich mit Grenz- und Abgrenzungserfahrungen kulturelle und ethnische Identitäten formen [...]. [...]

Migration ist also wesentlich mehr als eine Ortsveränderung oder der Wechsel eines Wohnsitzes, sie ist aber auch nicht immer ein Wechsel der Gruppenzugehörigkeit, denn Zuwanderer können mitunter völlig isoliert oder im Kreise ihnen bekannter Zuwanderer oder der Familie leben bzw. als Pendler an der Aufnahme sozialer Beziehungen am Zielort gar nicht interessiert sein.

Ingrid Oswald, Migrationssoziologie, UVK Verlagsgesellschaft, Konstanz 2007, S. 13–18.*

1 Erarbeiten Sie aus M 6 und M 7 die zentralen Merkmale der Beschreibung und Erklärung von Migration.

2 Stellen Sie die Ansätze von Bade und Oswald hinsichtlich der Aspekte Anlässe, Motive, Formen sowie kollektive wie individuelle Folgen gegenüber.
Tipp: Fertigen Sie eine Tabelle mit den Aspekten als Überschriften an und notieren Sie Ihre Ergebnisse darin stichpunktartig.

3 Erörtern Sie die Vor- und Nachteile der beiden Modelle hinsichtlich einer Beschreibung und Erklärung historischer Sachverhalten.

M 8 Der Historiker Dirk Hoerder über die Folgen von Migration (2010)

Migranten geben am Ziel ihre alltägliche Lebensweise, ihre materielle Kultur nicht auf. Sie assimilieren sich nicht bedingungslos, sondern beginnen einen schrittweisen Prozess der Akkulturation, einer Annäherung an die neue Gesellschaft. Sie ändern Gewohnheiten und Praktiken, erlernen die neue Sprache oder zumindest die für sie relevanten Sprachregister in einem Prozess des Aushandelns von notwendigen oder geforderten Veränderungen. Sie sind bereit zu einer (teilweisen) Eingliederung (*accommodation, adjustment*), wobei die Empfängergesellschaft die Möglichkeiten zur Integration oder Inkorporation bieten muss. Ohne diese beidseitige Bereitschaft erfolgt eine Selbstsegregation oder Ausgrenzung. Die volle Teilhabe an der neuen Gesellschaft wird prozesshaft über meist drei Generationen erreicht. Die Rhetorik des „Kulturverlustes" belastet den Prozess, das Einbringen von Eigenheiten und Arbeitskraft, die die neue Gesellschaft ihrerseits verändern, erleichtert ihn. Je nach staatlich gesetztem Rahmen können Neuankömmlinge und Alteingesessene eine Gemeinschaft bilden oder in Nation und ethnische Enklaven zerfallen.

Dirk Hoerder, Geschichte der deutschen Migration. Vom Mittelalter bis heute, C. H. Beck, München 2010, S. 12 f.

1 Arbeiten Sie heraus, welche Gründe des Scheiterns und welche Bedingungen des Gelingens von Migration Hoerder nennt. Nennen Sie ggf. weitere.
2 **Visualisierung:** Erklären Sie die Komplexität der von Hoerder beschriebenen Zusammenhänge, indem Sie diese in einem Schaubild verdeutlichen.

M9 Der Historiker Urs Bitterli über Kulturberührung, Kulturzusammenstoß und Kulturbeziehung als Formen des Kulturkontakts (1986)

Urs Bitterli hat die von ihm vorgeschlagenen Formen des Kulturkontakts vor dem Hintergrund des Aufeinandertreffens von Europäern mit den Kulturen Lateinamerikas entwickelt. Dies ist bei der Übertragung auf andere historische Beispiele zu berücksichtigen.

Unter Kulturberührung verstehen wir das in seiner Dauer begrenzte, erstmalige oder mit großen Unterbrechungen erfolgende Zusammentreffen einer Gruppe von Europäern mit Vertretern einer geschlos-
5 senen archaischen Bevölkerungsgruppe. [...] Neben ihrer Zufälligkeit und ihrer kurzen Dauer sind solche Kulturberührungen gekennzeichnet durch die rudimentären Formen der Kommunikation zwischen den aufeinandertreffenden Kulturvertretern. Man
10 verständigte sich zwar, aber nicht in der umfassenden Form des Gesprächs, sondern durch Zeichensprache und Mimik; man tauschte zwar Geschenke aus, aber lediglich, um die Annäherung zu erleichtern, nicht um eine Partnerschaft, wie die Handelsbe-
15 ziehung sie erfordert, herzustellen. [...] Fast immer standen diese Kulturberührungen im Zeichen freundlicher gegenseitiger Annäherung. Zwar ist ein reiches Spektrum von Varianten zu beobachten von der extremen Scheu [...] bis zur geradezu überströ-
20 menden Sympathiekundgebung [...].
Es lag in der Natur dieser Art des Kulturkontakts, dass er meist nur wenige Jahre währte. Dann pflegte sich entweder – im glücklichste Falle – ein *Modus vivendi*[1] friedfertigen gegenseitigen Austauschs einzu-
25 spielen, der zu neuen Abhängigkeiten und beidseitigen Anpassungen führte: die Kulturbeziehung war entstanden. Oder es ereignete sich – leider der häufigere Fall –, dass die Kulturberührung in einen Kulturzusammenstoß umschlug, der die kulturelle Existenz
30 des militärisch und machtpolitisch schwächeren Partners bedrohte und seine physische Existenz gefährdete oder gar auslöschte. [...] Neben der hauptsächlichen Konfliktursache der Besitzaneignung gab es eine große Zahl weiterer Konfliktherde [...]. Häufig
35 mischten sich die Europäer in die internen Auseinandersetzungen der Eingeborenen ein, und es gelang ihnen, etwa durch Waffenlieferungen, die Machtkonstellation in ihrem Sinne zu verändern oder das bisher bestehende Gleichgewicht zu zerstören. [...]
40 Nicht selten versuchte man auch auf die innertribalen Machtverhältnisse Einfluss zu nehmen, zuweilen absichtslos, indem man mit unzuständigen Partnern verhandelte, zuweilen absichtsvoll, indem man genehme Stammesführer stützte, immer aber in unzu-
45 reichender Kenntnis von Stammesstruktur und Herrschaftsfolge. [...] Oft entstanden Konflikte auch im Zusammenhang mit dem Warenhandel, den dadurch geweckten neuen Bedürfnissen und der Erschöpfung der Ressourcen [...].
50 Unter bestimmten Umständen jedoch konnte es geschehen, dass die Kulturberührung in eine Kulturbeziehung überging oder dass sich, weit seltener zwar, der Kulturzusammenstoß zur Kulturbeziehung wandelte. Unter der Kulturbeziehung [...] verstehen wir
55 ein dauerndes Verhältnis wechselseitiger Kontakte auf der Basis eines machtpolitischen Gleichgewichts oder einer Patt-Situation. Bedingung einer Kulturbeziehung war das Spiel von Angebot und Nachfrage [...]. Unentbehrlich für den reibungslosen Verlauf der
60 sich auf den Handel stützenden Kulturbeziehung war eine Mittlerschicht [...]. Diese Mittlerschicht, die zwischen den Kulturen stand und sich einer Mischsprache bediente, konnte zuweilen eine solche Bedeutung gewinnen, dass die Interessen der weißen
65 Faktoreibeamten, aber auch jene der einheimischen Lokalregierung, gefährdet wurden. [...] Zweierlei darf freilich nicht vergessen werden, wenn von der Friedlichkeit solcher kommerzieller Kulturbeziehungen die Rede ist: zuerst, dass diese Friedlichkeit meist nur
70 so lange anhielt, als die Waren geliefert werden konnten und gefragt blieben, und ferner, dass dieselbe Kulturbeziehung, die in einer bestimmten Region pazifizierend wirkte, bereits in deren unmittelbarer Nachbarschaft Kulturzusammenstöße schlimmster
75 Art auslösen konnte. [...]

Urs Bitterli, Alte Welt – neue Welt. Formen des europäisch-überseeischen Kulturkontaktes vom 15. bis zum 18. Jahrhundert, C.H. Beck, München 1986, S. 17–48.*

1 *Modus vivendi*: Übereinkunft, Verständigung

M10 Der Historiker Urs Bitterli über Akkulturation und Kulturverflechtung als Formen des Kulturkontakts (1976)

Akkulturation und vor allem Kulturverflechtung [setzen] ein länger dauerndes Zusammenleben und Zusammenwirken von Bevölkerungsgruppen verschiedener Kultur im selben geografischen Raum voraus.
5 Während bei der Beziehung, die wir als Kulturkontakt bezeichnet haben, Aspekte des Handels oder der Mission in der Regel im Vordergrund stehen [...], vollzieht sich besonders die Kulturverflechtung vor dem

Hintergrund einer intensiven gesellschaftlichen Durchdringung. Diese Durchdringung tritt dann an die Stelle des historisch häufiger zu beobachtenden Kulturzusammenstoßes, wenn sich zwischen zwei oder mehreren Kulturen die zwingende Notwendigkeit zur existenzsichernden Zusammenarbeit und das Bewusstsein einer verpflichtenden Aufeinanderangewiesenheit ergibt. Damit dieser Sonderfall eintritt, müssen verschiedene Vorbedingungen in ganz bestimmtem Grad und bestimmtem Mischverhältnis gegeben sein; die wichtigsten aufeinander einwirkenden Faktoren sind die Mentalität der sich begegnenden Völker, ihre Anpassungsfähigkeit und Anpassungsbereitschaft, die geografischen und demografischen Gegebenheiten.

Akkulturation und Kulturverflechtung sind Prozesse, die sich über mehrere Generationen hin erstrecken und nie als eigentlich abgeschlossen gelten können; sie bereiten sich bereits in der Phase der Kulturberührung durch den Austausch gewisser Verhaltensformen unter den Beteiligten vor, erreichen aber ihre historische Eigenständigkeit erst, wenn sich aus der engen und ständigen Begegnung der Kulturen eine neue Mischkultur ergibt, die alle Bereiche des wirtschaftlichen, sozialen und religiösen Lebens der Partner enthält und die Widersprüchlichkeiten der ursprünglichen kulturellen Situation zunehmend in sich aufhebt. […] Jede Kulturverflechtung wird eingeleitet und genährt durch die Übertragung von spezifischen Verhaltensweisen, Vorstellungen, Wertbegriffen und Techniken von einer bisher in sich geschlossenen Kultur auf eine andere und umgekehrt. Bereits in der Frühphase der Kulturberührung findet ein solcher Austausch, allerdings nur in beschränkten Bereichen, statt. […] Dieser Prozess der gegenseitigen Anpassung, der sich beim Kulturkontakt intensiviert und selbst in bestimmten Fällen des Kulturzusammenstoßes […] nicht zum Stillstand kommt, wird von den modernen Ethnologen in der Regel als „Akkulturation" bezeichnet. […]

In jenen Fällen, da ein über längere Zeiträume hin sich entwickelnder Akkulturationsprozess Elemente beider oder mehrerer beteiligter Kulturen so sehr amalgamiert, dass eine eigenständige Mischkultur entsteht, wird man von Kulturverflechtung sprechen können. Natürlich bleibt es eine Ermessensfrage festzustellen, wann ein Akkulturationsvorgang zur Kulturverflechtung wird, denn auch die neugeschaffene Mischkultur bleibt dem Wandel unterworfen und wird in ihrer Dynamik weiterhin vom Phänomen der Akkulturation mitbestimmt. Ein gewichtiges Indiz für den Tatbestand der Kulturverflechtung scheint es indessen zu sein, wenn neben der wechselseitigen Übertragung bestimmter Kulturelemente zugleich eine Vermischung der Rassen und folglich eine biologisch-ethnische Nivellierung zu beobachten ist.

Urs Bitterli, Die ‚Wilden' und die ‚Zivilisierten'. Grundzüge einer Geistes- und Kulturgeschichte der europäisch-überseeischen Begegnung, C. H. Beck, München 1976, S. 161 f., 167.*

1 Gruppenarbeit: Arbeiten Sie arbeitsteilig auf Grundlage von M 9 und M 10 die Definitionen der Begriffe „Kulturberührung", „Kulturbeziehung", „Akkulturation", „Kulturverflechtung" und „Kulturzusammenstoß" nach Bitterli heraus.
2 Wahlaufgabe: Interpretieren Sie die verschiedenen Formen des Zusammenlebens bzw. des Konflikts, indem Sie diese a) entweder zeichnerisch oder b) szenisch darstellen. Achten Sie jeweils auf die Verwendung der jeweiligen Fachbegriffe.
Tipp: Vergessen Sie nicht, im Falle einer szenischen Darstellung diese zu dokumentieren.
3 Interpretieren Sie das Ölgemälde „Der Kampf auf der Brücke" (M 1, S. 152) vor dem Hintergrund der Typologie Bitterlis.
4 Zusatzaufgabe: siehe S. 478.

M 11 Der britische Kulturhistoriker Peter Burke über verschiedene Formen kulturellen Austausches (2000)

Meinen nun folgenden Überlegungen liegen zwei Annahmen zugrunde: Zum einen geht es hier mehr um einen Austausch nach beiden Richtungen als um eine einseitige Anleihe, also eher um „Transkulturation" als um „Akkulturation". Zum anderen wird im Zuge eines kulturellen Austausches normalerweise auch dasjenige, was entliehen wird, den Bedürfnissen des Entleihenden angepasst, es findet also eine doppelte Bewegung von De- und Rekontextualisierung statt. Dieser Prozess mag mit Missverständnissen einhergehen, die zuweilen auch als „schöpferische" oder „konstruktive" Fehlschlüsse beschrieben werden, weil sie den Angehörigen zweier unterschiedlicher Kulturen einen offenen Konflikt zu vermeiden helfen. […]

1. Es war ein Grundsatz der scholastischen Philosophie[1], dass das, „was auch immer empfangen wird, nach Maßen des Empfängers empfangen wird" […].
2. Eine zweite Art, die Transformation von Überlieferung zu denken, stellt die Idee der Nachahmung dar, sei es nun im positiven wie im negativen Sinne. Der positive Aspekt ist […] eine schöpferische Imitation [Nachahmung], [die] dann vorliegt, wenn […] geschätzten Vorbildern nachgeeifert wird.
3. Eine weitere Alternative zur Vorstellung, die kulturelle Erbschaft sei passiv, ist der Gedanke der Aneig-

nung oder, deutlicher, der „Plünderung" [der Fachausdruck heißt hier „Approbation"]; seinen ursprünglichen Kontext bilden die Debatten, die die nun als Kirchenväter verehrten Theologen über den christlichen Umgang mit heidnischen Kulturen führten. Basilius von Caesarea etwa befürwortete eine selektive Aneignung der heidnischen Antike nach dem Beispiel der Bienen, die „sich weder allen Blumen im gleichen Maß zuwenden noch die ausgewählten vollständig mitzunehmen suchen, sondern nur das nehmen, was für ihr eigenes Werk von Interesse ist, und das übrige unberührt zurücklassen". [...]

4. Die drei bislang erwähnten Begriffe übernehmen die Perspektive des Empfängers. Vom Standpunkt des Entleihenden oder Gebenden aus wurde der Austausch mithilfe des Begriffs der „Akkomodation", der Anpassung, untersucht. Cicero[2] hat den Ausdruck im Kontext der Rhetorik gebraucht, um den Redner auf die Notwendigkeit hinzuweisen, dass er seinen Stil auf die Zuhörerschaft einzustellen habe. [...]

5. Eine weitere Möglichkeit, über kulturellen Austausch zu sprechen, bestand darin, die Sprache des Mischens oder des Synkretismus zu gebrauchen. [...] Im 19. Jahrhundert erlangte [...] [der Begriff] „Synkretismus" eine positive Konnotation, und zwar im Kontext religionswissenschaftlicher Studien zur Antike, insbesondere für die Identifikation von zweien oder mehreren Göttern [d. h. wenn sich die Bedeutung zweier verschiedener Gottheiten in einer neuen Gottheit vereinigen] [...]. Von der Altertumswissenschaft ging der Begriff dann auf die ethnologische Forschung [...] über. [...]

6. Eine Alternative zum Synkretismus [...] stellt die anschaulichere botanische bzw. rassenkundliche Metapher der „Hybridität" oder „Hybridisierung" dar, wie sie im 19. und 20. Jahrhundert besonders populär war [...]. „Alle Kulturen sind", schreibt Said [palästinensischer Kulturtheoretiker, 1935–2003], „ineinander verstrickt; keine ist vereinzelt und rein, alle sind hybrid, heterogen."

Peter Burke, Kultureller Austausch, übers. v. Burkhardt Wolf, edition suhrkamp, Frankfurt/Main 2000, S. 14–24.

1 *die Scholastik*: dominierende philosophische Richtung im europäischen Mittelalter
2 *Cicero (106–43 v.Chr.)*: röm. Politiker und Redner

1 Arbeiten Sie die verschiedenen Formen kulturellen Austausches nach Burke heraus.
2 **Vertiefung:** Erläutern Sie die verschiedenen Formen kulturellen Austausches nach Burke, indem Sie für jede Form entweder ein historisches Beispiel oder ein Beispiel aus Ihrer Alltagswelt finden. Beziehen Sie das Bild M 12 in Ihre Überlegungen mit ein.
3 Setzen Sie die Modelle von Bitterli und Burke in Beziehung und erörtern Sie anhand eines oder mehrerer Beispiele die Vor- und Nachteile beider Modelle.
4 **Zusatzaufgabe:** siehe S. 479.

M 12 Opferdarbringungen auf einem Altar beim mexikanischen „Tag der Toten", bei dem sich indigene, naturreligiöse und christliche Elemente mischen, Fotografie, 2016

2.2 Ursachen und Verlauf der „Völkerwanderung"

M1 „Kampf auf der Brücke", Ölgemälde von Arnold Böcklin, 1892.
Das Gemälde zeigt den Kampf zwischen Römern und „Germanen". Böcklin hat das Aufeinandertreffen dieser gegensätzlichen Kulturen in verschiedenen Varianten gemalt.

330	Gründung Konstantinopels (später Byzanz) durch Kaiser Konstantin
375	Die Hunnen unterwerfen die Greutungen (Ostgoten) und drängen die Terwingen (Westgoten) nach Westen; Kaiser Valens erlaubt den Terwingen die Ansiedlung auf römischem Gebiet
378	Rebellion der Terwingen
379	Ansiedelung der Greutungen in Pannonien und Föderatenvertrag
382	Friedensschluss und Föderatenvertrag mit den Terwingen
395	Teilung des Römischen Reiches in eine West- und eine Osthälfte
402	Ravenna wird Sitz des weströmischen Kaiserhofes
406/07	Zusammenbruch der römischen Rheingrenzen; Vandalen, Sueben und Alanen plündern Gallien; Beginn jahrzehntelanger Bürgerkriege im Weströmischen Reich
410	Plünderung Roms durch die Westgoten unter Alarich

2.2 Ursachen und Verlauf der „Völkerwanderung"

Die Geschichte des Menschen ist auch eine Geschichte von Wanderungsbewegungen. Angefangen bei der Entwicklung des modernen Menschen, des *Homo sapiens*, der sich nach aktueller Forschungsmeinung von Afrika aus über die ganze Welt verbreitete, über die Kolonisation der Griechen im Mittelmeerraum und um das Schwarze Meer herum sowie die Kreuzzüge des Mittelalters, die Kolonialisierungsprozesse der Neuzeit, die Beschleunigung der Mobilität im Zuge der Globalisierung oder bis zu den jüngsten Flüchtlingsströmen: Migration ist eine anthropologische Konstante, der Mensch ist ein *Homo migrans*. So unterschiedlich Ursachen, Bedingungen und Verläufe einzelner Migrationsbewegungen in der Geschichte waren, so vielfältig waren auch die Chancen und mögliche Probleme dieser Migrationsbewegungen, die zum Kulturkontakt, aber auch zum Kulturkonflikt führen konnten. Die Geschichte der „Völkerwanderung" ist in diesem Kontext deshalb von besonderem Interesse, weil damit drei wesentliche Transformationsprozesse der Spätantike einhergingen:

- erstens die sukzessive Auflösung der römischen Antike,
- zweitens der Untergang des (West-)Römischen Reiches sowie
- drittens die Entstehung einer neuen politischen Ordnung, die das Mittelalter in Europa entscheidend prägen sollte.

Die Rolle der „Völkerwanderung" in diesem Transformationsprozess zu verorten, stellt bis heute eine spannende und noch nicht gänzlich abgeschlossene Aufgabe dar.

1 **Begriffscluster:** Reaktivieren Sie Ihr Vorwissen, indem Sie im Kurs ein Begriffscluster zum Thema „Völkerwanderung" erstellen. Berücksichtigen Sie dabei alle Begriffe und Assoziationen, die Ihnen hierfür relevant erscheinen.
2 Analysieren Sie das Ölgemälde „Kampf auf der Brücke" (M 1) hinsichtlich seiner wesentlichen Bildelemente und seiner Kernaussage.
Tipps: siehe S. 479.
3 Arnold Böcklin setzt den „Kampf" zwischen Römern und „Germanen" auf einer Brücke in Szene. Interpretieren Sie diese Umsetzung. Berücksichtigen Sie dabei die Überlegungen zu Kulturkonflikt und Kulturkontakt aus Kapitel 1, S. 142 ff.

Ansiedlung der Westgoten in Aquitanien; Errichtung des Tolosanischen Reiches; in den folgenden Jahrzehnten entstehen weitere „germanische" Reiche auf weströmischem Gebiet	451 Der Hunnenanführer Attila greift Rom an; Belagerung von Städten in Gallien; Schlacht auf den Katalaunischen Feldern zwischen Hunnen und Römern; Niederlage der Hunnen	476 Der „Germane" Odoaker wird zum König von Italien ausgerufen; faktisches Ende des Weströmischen Kaisertums
	493 Der Ostgote Theoderich tötet Odoaker	497 Theoderichs Herrschaft wird offiziell von Ostrom anerkannt

| 430 | 440 | 450 | 460 | 470 | 480 | 490 | 500 |

2.2 Ursachen und Verlauf der „Völkerwanderung"

> **In diesem Kapitel geht es um**
> – die Krise des Römischen Reiches im 3. Jahrhundert n. Chr.,
> – die Ursachen der Migrationsbewegungen „germanischer" Personenverbände außerhalb des Römischen Reiches,
> – das Verhältnis vom Römern und „Germanen", insbesondere der Goten, im Inneren des Reiches,
> – den politischen Auflösungsprozess des Römischen Reiches im 4. Jahrhundert n. Chr. und
> – die damit einhergehende Gründung von „Germanenreichen" auf dem Gebiet des Imperium Romanum.

Die Zerstörung des Ostgotenreiches durch die Hunnen

In seinen *Res gestae* (ca. 391–394 n. Chr.) berichtet der spätantike Geschichtsschreiber Ammianus Marcellinus über Ereignisse um das Jahr 375 n. Chr.: „[Es] verbreitete sich das Gerücht bei den übrigen Gotenstämmen*, dass dieses vorher noch nie gesehene Menschengeschlecht, das sich wie ein Sturmwind von hohen Bergen aus einem abgelegenen Winkel aufgemacht hatte, jeden Widerstand zerbricht und in Trümmer legt. Darum suchte der größte Teil des Volks […] nach Wohnsitzen, die den Barbaren völlig unbekannt waren. […] Als ob sie gemeinsam überlegt hätten, fassten auch die übrigen denselben Plan." Um welches „Menschengeschlecht" handelte es sich? Und warum gerieten die „Barbaren" an den Außengrenzen Roms offenbar in Panik?

Etwa im Jahr 375 n. Chr. erschien der **nomadische Reiterverband der Hunnen** am Kaspischen Meer und zog weiter in westliche Richtung. Auf dem Gebiet der heutigen Ukraine trafen die laut antiker Quellen extrem kriegerischen Hunnen zunächst auf die Alanen, die sie rasch militärisch unterwarfen und deren Gebiet sie umfassend plünderten. Danach zogen sie weiter nach Westen, besiegten zunächst die Greutungen unter deren Führer Ermanarich und schließlich die Terwingen. Auf der Flucht vor den Hunnen führte Fritigern, Anführer der Terwingen, die Überlebenden an die Grenze der römischen Provinz Thrakien. Durch die Kriegszüge der Hunnen mussten auch andere gotische Personenverbände ihre Siedlungsgebiete verlassen und suchten im Osten des Römischen Reich eine neue Lebensgrundlage. Der oströmische Kaiser Valens gewährte

„Gotenstämme"
Die „Goten" waren kein einheitlicher Stamm bzw. kein einheitliches Volk. Das gilt auch für die „Westgoten" und die „Ostgoten", weshalb hier die Bezeichnung Greutungen (Ostgoten), Terwingen (frühe Westgoten) und Visigoten (Westgoten auf römischem Gebiet) verwendet werden. Siehe auch den Abschnitt zur Ethnogenese, S. 143 f.

▶ M 5: Sextus Aurelius Victor über die Reichskrise

M 1 Die Schlacht von Adrianopel 378 n. Chr., Detail auf der Vorderseite eines römischen Sarkophags, Marmor

den Terwingen schließlich eine **Ansiedlung in Thrakien, erstmals innerhalb der Reichsgrenzen**. Schon bald ergaben sich Probleme mit den angesiedelten „Barbaren"*: Die Römer hatten, laut Ammianus, die Zahl der Immigranten unterschätzt und die fremden Krieger nicht entwaffnet. Die Goten litten unter schlechter Versorgung, korrupten römischen Beamten und fühlten sich weiterhin von den Hunnen bedroht. Im Jahr 377 n. Chr. lehnten sich die Terwingen gegen die Römer auf, welche am 9. August 378 n. Chr. in der **Schlacht bei Adrianopel** besiegt wurden – Kaiser Valens fiel. Die Gruppe um die Terwingen hatte inzwischen auch Greutungen, Alanen, geflüchtete Hunnen und auch unzufriedene Römer aufgenommen, sodass man aufgrund dieser veränderten Zusammensetzung in den Folgejahren von den Visigoten spricht.

Diese Visigoten wurden schließlich 382 n. Chr. als *foederati* durch den oströmischen Kaiser Theodosius I., den Nachfolger Valens', in Thrakien angesiedelt. Als *foederati* erhielten sie **einen legitimen Rechtsstatus** und neben Land auch Jahreszahlungen sowie eine Steuerbefreiung. Im Gegenzug mussten sie als Soldaten dem Römischen Reich dienen. Die Visigoten erkannten den Kaiser zwar an, behielten aber ihre Anführer und ihr eigenes Recht. So entstand, obwohl das Land offiziell römisches Staatsgebiet blieb, ein relativ **autonomes Herrschaftsgebiet** innerhalb der Grenzen des Imperium Romanum. Durch den Vertrag (*foedum*) änderten sich die Möglichkeiten der Kulturbeziehung und des Kulturtransfers – früher allenfalls im Rahmen von Handelsbeziehungen oder Beutezügen gegeben – grundlegend: Gab es schon vorher „germanische" Söldner im römischen Heer, die dort z. B. als Konsul Karriere machen konnten, griffen die römischen Kaiser nun immer öfter auf die militärische Hilfe der Streitkräfte der foederati zurück. Manche Zeitgenossen sahen darin eine gefährliche Entwicklung, da es bisher dem römischen Selbstverständnis entsprach, gegenüber den Barbaren das Heft des politischen und militärischen Handelns sicher in den eigenen Händen zu halten.

Barbar
ursprüngliche Bezeichnung der Griechen für all jene, die schlecht oder kein Griechisch sprachen; später eine abwertende Bezeichnung für Menschen, die außerhalb der Bezugskultur lebten und als unzivilisiert und ungebildet galten

▶ **M 6: Sextus Aurelius Victor über das Verhältnis Senat und Armee**

Die Krise des Römischen Reiches im 3. Jahrhundert n. Chr.

Das Römische Reich erlebte im 3. Jahrhundert einen **grundlegenden Transformationsprozess*** in politischen, wirtschaftlichen und sozialen Bereichen. Dies wirkte sich langfristig auf die Durchsetzungsfähigkeit der Zentralgewalt aus. Obwohl die Monarchie selbst nicht infrage gestellt wurde, reduzierte sich die Legitimation des Kaisers auf die Akklamation durch das Heer – die dynastische Erbfolge sowie die Zustimmung der Aristokratie in Gestalt des Senats fielen weg. Zwischen 235 und 284/5 gab es insgesamt 49 Kaiser, Gegenkaiser oder Usurpatoren*, die von ihrem Heer ausgerufen wurden: die „Soldatenkaiser". Das Militär wurde dadurch zu einem bedeutenden Machtfaktor. Gleichzeitig verlor es schrittweise seine Verankerung in der Gesamtgesellschaft: Die vormals freien Bauern gerieten durch immer höhere Abgaben- und Steuerbelastung in unfreie Pachtverhältnisse und konnten bzw. mussten als quasi Angestellte (*Kolonen*) eines Großgrundbesitzers keinen Militärdienst mehr leisten. Aristokraten, die die Militärlaufbahn bisher als wichtige Stufen der Karriereleiter nutzten, wurden zunehmend durch Berufsoffiziere ersetzt. Auch mussten immer mehr Nichtrömer, in der Regel „Germanen", in das Heer integriert werden, um dessen Schlagkraft aufrechtzuerhalten – zumal das Reich im Osten durch das persische Sassanidenreich und im Norden durch zahlreiche Angriffe und Plünderungszüge verschiedener „Germanenstämme" unter Druck gesetzt wurde. Im Jahr 284 konnte sich **Diokletian**, ebenfalls ein Soldatenkaiser, gegen mehrere Gegenkaiser durchsetzen und das Reich nach innen und außen mittels umfangreicher Reformen stabilisieren. Die von ihm eingeführte **Vierkaiserherrschaft** (*Tetrarchie*) teilte das Reich in vier Herrschaftsbereiche auf (ein Kaiser, ein Mitkaiser sowie jeweils ein caesar als Unterkaiser), konnte sich aber nicht durchsetzen. Um das Reich besser regieren zu können, wurden zudem die ca. 50 Provinzen in über 100 Provinzen aufgeteilt und dabei verkleinert. Die Statthalter der Provinzen verloren das Oberkommando über das Militär und waren nur noch für die Verwaltung (v. a. Steuer-

Transformationsprozess
grundlegender Wechsel oder Austausch eines politischen Systems und gegebenenfalls auch der gesellschaftlichen und wirtschaftlichen Ordnung

Usurpator
jemand, der widerrechtlich die Staatsgewalt an sich reißt

M2 Spätrömischer vergoldeter Silberhelm aus einem Grab bei Deurne (heute Niederlande), 4. Jahrhundert n. Chr.

Die Inschrift des Helmes weist den Träger als römischen Soldaten aus. Weitere aufgefundene Gegenstände in dem Grab lassen vermuten, dass der Helm einem Germanen in römischen Diensten gehörte.

erhebung und Rechtsprechung) zuständig. Durch diese Trennung von Zivil- und Militärgewalt erhoffte sich der Kaiser mehr Effektivität und Effizienz für beide Bereiche, sie sorgte jedoch auch dafür, dass das Militär sich weiter verselbstständigte. Die Truppenstärke wurde deutlich angehoben und zwei voneinander unabhängige Armeetypen geschaffen: Die fest stationierten Grenztruppen (*limitanei*) sicherten die Grenzen und waren vergleichsweise schlecht ausgestattet. Die Heere der Feldarmee (*comitatenses*) waren mobil und begleiteten den jeweiligen Kaiser bzw. den Caesaren. Diokletians Nachfolger Konstantin setzte die Reformen zum Teil fort. Mit ihm erhielt auch das **Christentum** eine immer stärker staatstragende Rolle. Mit Konstantin gab es dann zwei – später auch mehrere – Oberbefehlshaber der Armee, die **Heermeister** (*magister militum*), wobei ab dem Ende des 4. Jahrhunderts zunehmend „germanische" Anführer diesen Posten bekleideten.

Ab Mitte des 3. Jahrhunderts geriet das von Rom geschickt eingesetzte außenpolitische Gleichgewicht ins Wanken. Verfolgten die Römer an den Außengrenzen bis dahin eine weitgehend erfolgreiche, proaktive Politik, die eine Mischung aus Präventivschlägen, Grenzsicherung und Handelsbeziehungen darstellte, so führten die Konflikte mit dem Sassanidenreich wie auch mit den „Germanenstämmen" im Norden zu Problemen: Sachsen, Franken, Markomannen, Quaden und Goten unternahmen mal kürzere, mal längere Beutezüge auf das Reichsterritorium. So hatten beispielsweise seit 213 n. Chr. die Alamannen immer wieder Feldzüge gegen die Römer geführt. Im Jahr 260 n. Chr. musste Rom Teile des Limes gegen die vorrückenden Alamannen aufgeben. Diese drangen bis nach Rom vor und errichteten kurzfristig ein eigenes Reich auf gallischem Boden. Der Finanzbedarf des Reiches nahm dabei stetig zu: Die vergrößerten Truppen mussten finanziert werden, die Feldherren, Usurpatoren und Kaiser sicherten sich durch höheren Sold sowie Versorgungszusagen die Treue ihrer Armee, die unterschiedlichen „Germanenstämme" ließen sich oft nur durch Tributzahlungen davon abbringen, ins Reich einzufallen. Fanden doch Plünderungszüge statt, konnten in deren Folge viele Bürger in den Grenzgebieten den ständig erhöhten Steuerforderungen nicht mehr nachkommen und Sonderabgaben nicht bezahlen. Die Kaiser ließen dennoch immer mehr Münzen prägen, was zu einer hohen Inflation führte. Der einst so florierende Handel reduzierte sich stellenweise auf Naturalwirtschaft. Die Inflation konnte zwar unter Diokletian und Konstantin eingehegt werden. Allerdings verloren viele selbstständige Kleinbauern ihre Güter, wohingegen die Großgrundbesitzer ihren Besitz deutlich ausweiten konnten. Die Reformen unter Diokletian und Konstantin führten zwar zu einer vorübergehenden Stabilisierung des Reiches, leiteten aber strukturell bedeutsame Transformationsprozesse ein, die grundlegend für die spätantike Zeit der „Völkerwanderung" sein sollten.

Das Ende des Weströmischen Reiches

Seit dem 2. Jahrhundert n. Chr. gewann der Ostteil des Reiches immer mehr an Bedeutung, sowohl militärisch als auch wirtschaftlich. Mit der **Gründung Konstantinopels** durch Kaiser Konstantin im Jahre 330 n. Chr. wurde die Grundlage für ein **zweites Machtzentrum neben Rom** gelegt: Die Stadt verfügte über einen Kaiserpalast, ein Forum, öffentliche Stätten (z. B. Bäderanlagen) und einen eigenen Senat, der die gleichen Rechte wie der Senat in Rom erhielt. Beide Reichsteile verfügten über eigene Heeresteile. Dass Konstantinopel von Beginn an christlich geprägt war, trug ebenfalls dazu bei, dass sich die beiden Teile des Reiches immer weiter auseinanderentwickelten. Nach der Herrschaft des letzten gesamtrömischen Kaisers Theodosius (379–395 n. Chr.) kam es im Jahr 395 n. Chr. zu einer faktischen **Trennung in ein weströmisches und ein oströmisches Reich** – obgleich es eine formale Trennung nie gegeben hat. Theodosius' Sohn Honorius regierte im Westen, sein anderer Sohn Arcadius regierte den Ostteil. Indessen schritt die Transformation des Westreiches rasch voran. Die Situation der ehemals freien Kleinbauern (*Kolonen*) verschärfte sich zunehmend. Sie waren nun an die Scholle gebunden, durften also das von einem Großgrundbesitzer gepachtete Land nicht mehr frei verlassen. Im Gegenzug wurden die Großgrundbesitzer immer mehr zum Schutzherrn der Kolonen, was dazu führte, dass der Einfluss der Zentralgewalt zurückging. Auch die Anzahl „germanischer" Söldner in der Armee nahm weiterhin stetig zu. Nachdem im Jahre 395 n. Chr. die Hunnen über die Donau in das Gebiet der von Theodosius angesiedelten Visigoten eindrangen, verließen diese unter ihrem Anführer Alarich I. ihr Siedlungsgebiet und zogen plündernd durch das Römische Reich, schließlich auch 401 n. Chr. nach Italien und bis vor die Tore Roms. Da Kaiser Honorius die Versorgung und Entlohnung der Visigoten ablehnte – diese hatten im Jahre 394 n. Chr. Kaiser Theodosius im Kampf gegen den Usurpator Eugenius erfolgreich unterstützt und ihre Bündnistreue bewiesen –, wurde Rom 410 n. Chr. in einer für die Visigoten ausweglosen Lage geplündert; eine effektive Verteidigung konnte nicht (mehr) arrangiert werden. Den Visigoten ging es dabei nicht in erster Linie darum, Rom zu brandschatzen und zu plündern – sie erstrebten eine Integration in das Reich.

Die Auseinandersetzungen mit den Goten in Italien führten dazu, dass Stilicho (M 3), ein weströmischer Heerführer „germanischer" Herkunft, Truppen aus dem Norden abziehen musste, wodurch die Angeln, Sachsen und Jüten in die Provinz Britannien, die Vandalen, Sueben und Burgunder in Gallien eindringen konnten. Durch die eigenständigen „germanischen" Herrschaftsgebiete auf weströmischen Boden verlor das weströmische Kaisertum immer mehr an Handlungsspielraum, Durchsetzungsvermögen und damit an Bedeutung. Nachdem die Vandalen ein Reich in Nordafrika – Roms Kornkammer – und die Hunnen unter Attila Rom mehrere Jahre lang bis zu Attilas Tod im Jahre 453 n. Chr. militärisch stark unter Druck setzten, wurde im Jahre 476 n. Chr. der letzte weströmische Kaiser Romulus von Odoaker, einem meuternden Offizier innerhalb der „germanischen" Truppen, abgesetzt. Odoaker setzte keinen neuen Kaiser ein, sondern ließ sich von seinen Truppen zum König (*rex*) Italiens ausrufen. Damit hörte das Weströmische Reich faktisch auf zu existieren – auch wenn einige seiner Institutionen, z. B. der Senat, noch weiterbestanden.

▶ M 7: Ammianus Marcellinus

▶ M 4, S. 145: Karte zu den Wanderungsbewegungen im 4. und 5. Jh.

▶ Kap. 2.3: Das Ostgotenreich in Italien (S. 172 ff.)

Die Entstehung weiterer Germanenreiche auf römischem Boden

Odoaker wurde ab 489 n. Chr. vom terwingischen Heermeister **Theoderich** im Auftrag des oströmischen Kaisers Zeno bekämpft und schließlich 493 n. Chr. von Theoderich getötet. Da Theoderich als *princeps Romanus* – quasi als Stellvertreter des Kaisers – über Westrom herrschte und weil die wesentlichen politischen Strukturen erhalten blieben, sehen einige Historiker das **Reich der Terwingen (Ostgotenreich)** auf römischem Boden als Nachfolgereich Westroms. Nach internen Machtkämpfen um die Nachfolge des Theoderich und nachdem der oströmische Kaiser Justinian in diese Auseinandersetzungen eingegriffen hatte, endete das Reich der Terwingen 552 bzw. 554 n. Chr.

Die Visigoten hingegen konnten sich nach der Einnahme Roms Jahr 410 n. Chr. nicht in Italien festsetzen. Sie zogen unter ihrem Anführer Athaulf zunächst nach Gallien und erhielten dann im Jahr 418 n. Chr. von Constantius III. einen Föderatenvertrag, der eine Ansiedlung in Aquitanien (im Südwesten des heutigen Frankreichs) vorsah. Nach der Schlacht auf den Katalaunischen Feldern im Jahr 451 n. Chr., bei der die Visigoten auf der Seite Roms u. a. gegen die Hunnen und die Ostgoten kämpften, konnte sich die Herrschaft der Visigoten unter Theoderich II. stabilisieren: Man spricht vom **Tolosanischen** Reich mit dem heutigen Toulouse als Hauptsitz. Unter dem König Eurich expandierte das Tolosanische Reich deutlich und wurde im Jahr 476 n. Chr. mit dem Ende des Weströmischen Reiches eigenständig. Die gallisch-römische Oberschicht passte sich den neuen Herrschern an und arbeitete mit diesen zusammen, wodurch römische Verwaltungsstrukturen erhalten blieben. Nach ihrer Expansion in die Provinz Hispania verloren die Visigoten unter Alarich II. ihre gallischen Gebiete an den Merowinger Chlod-

M 3 Elfenbein-Tafel mit dem Bildnis eines hochrangigen römischen Soldaten, möglicherweise Stilicho

Stilicho (365–408) war der Sohn einer Römerin und eines römischen Offiziers vandalischer Herkunft. Als Heermeister machte er unter den Kaisern Theodosius I. und Honorius Karriere und stieg zum mächtigsten Mann im römischen Westreich auf.

wig I. und gerieten für kurze Zeit unter ostgotische Herrschaft. Seit 526 n. Chr. erlebte das Reich der Visigoten eine Blütezeit, in der es fast ganz Spanien beherrschte. Neue Residenzstadt wurde Toledo. Das **Toledanische Reich** der Visigoten war durch die Übernahme und Bewahrung römischer Aspekte gekennzeichnet (z. B. Übernahme der spätlateinischen Sprache oder auch der römischen Rechtstradition). Es endete schließlich im Zuge der muslimischen Expansion im Jahr 711 n. Chr.

▶ Kap. 2.4: Das Merowingerreich unter Chlodwig (S. 194 ff.)

▶ M 4: Karte zum Ende des Weströmischen Reiches 476

Neben den Terwingen und den Visigoten gelang es auch den Burgundern, den Sueben, den Langobarden und den Franken, eigenständige Reiche auf römischem Boden zu gründen, die jedoch – mit Ausnahme des **Frankenreiches** – nicht über die Spätantike hinaus Bestand hatten. Das **Burgunderreich** wurde später zu einem der Kerngebiete des Frankenreiches. Das **Langobardenreich** konnte sich im Norden des heutigen Italiens ab dem zweiten Drittel des 6. Jahrhunderts herausbilden, fiel aber im Jahr 774 n. Chr. ebenfalls an das Frankenreich unter Karl dem Großen. Es wird von seiner Organisationsstruktur bereits den frühmittelalterlichen Königreichen zugeordnet. Auch die **Alamannen** konnten ein relativ autonomes Herrschaftsgebiet ausbilden. Von ihrem Siedlungsgebiet nördlich des Bodensees gelang ihnen vom 3. bis zum 6. Jahrhundert eine stetige Expansion. Bündnisse und militärische Auseinandersetzungen mit dem Römischen Reich wechselten dabei häufig – je nach Interessenlage der beteiligten Parteien. Auch das Alamannenreich ging ab dem 6. Jahrhundert Schritt für Schritt im Ostfränkischen Reich auf. Der Gründung dieser „Germanenreiche" ging meist der Versuch Westroms voraus, die jeweiligen Anführer zu einer Kooperation und Integration zu bewegen oder auch die jeweiligen Anführer gegeneinander auszuspielen. Die „germanischen" Verbände, die sich auf den Etappen ihrer „Wanderschaft" und der politischen Stabilisierung auf römischem Gebiet stark veränderten und auch Römer in ihren Personenverband aufnahmen, konnten nach einiger Zeit aufgrund der Schwäche der römischen Zentralgewalt ein relativ autonomes Herrschaftsgebiet errichten. Dabei arbeiteten sie in der Regel mit der römischen Oberschicht zusammen und übernahmen römische Institutionen und römisches Recht. Oft boten die neuen Reiche für die Bevölkerung sogar günstigere Lebensbedingungen und stellten eine Möglichkeit dar, sich der römischen Zentralgewalt zu entziehen.

▶ Zur Ethnogenese siehe Kap. 2.1, S. 143 f.

▶ M 14: Salvian von Marseille über soziale Probleme

Das Ende des Weströmischen Reiches aus heutiger Sicht

Das Ende des Weströmischen Reiches beschäftigt Historiker bis heute. Die moderne Geschichtswissenschaft beschreibt und erklärt den Übergang von der griechisch-römischen Antike zum frühen Mittelalter – und damit zu einer neuen politischen Ordnung des europäischen Gebiets – als Ergebnis eines komplexen Zusammenspiels verschiedener Faktoren. Die „Völkerwanderung" wird im Rahmen einer **strukturellen Interdependenz*** gedeutet, in der Faktoren wie die außenpolitische und militärische, die innenpolitische und wirtschaftliche Lage sowie die Migrationsbewegungen außerhalb aber auch innerhalb des Reiches in den Blick genommen werden. Je nachdem, welche Faktoren am stärksten gewichtet werden, spricht man von

strukturelle Interdependenz
Wechselspiel verschiedener Faktoren, die aufeinander einwirken und voneinander abhängig sind

1. der Dekadenztheorie (innere Schwäche: politisch, wirtschaftlich, gesellschaftlich),
2. der Katastrophentheorie (Einfälle der „Germanen"),
3. der sozioökonomischen Theorie (wirtschaftliche Verelendung, große Unterschiede zwischen Arm und Reich) oder
4. der Kontinuitätstheorie (kein Bruch, sondern ein allmählicher Wandel).

Seit Beginn der 2000er-Jahre haben sich zwei Forschungsrichtungen etabliert, die eine Kombination der oben genannten Theorien darstellen. Historiker wie Peter Heather oder Bryan Ward-Perkins gehen davon aus, dass die Wanderungsbewegungen „germanischer" Personenverbände, die damit verbundenen militärischen Auseinandersetzungen zwischen Römern und „Germanen" sowie die Veränderungen der römischen Politik und Gesellschaft (*Romanitas**) den Untergang des Römisches Reiches maßgeblich ver-

▶ M 16: Peter Heather

Romanitas
Begriff für die Gesamtheit des politischen und kulturellen Selbstverständnisses der Römer

Ursachen und Verlauf der „Völkerwanderung" **2.2**

ursacht hätten. In dieser Deutung erscheint das Ende des Weströmischen Reiches als ein **Zusammenbruch**, der im Wesentlichen durch Gewaltakte von außen und durch die Vereinnahmung römischer Strukturen durch die „Germanen" verursacht wurde. Dem steht ein Deutungsmuster entgegen, das in der „Völkerwanderung" eine Ursache und ein Anzeichen eines grundsätzlichen Wandels der antiken Welt sieht und als **Transformations-Ansatz** bezeichnet wird. Vertreter dieses Ansatzes wie Walter Pohl weisen auf Kontinuitäten bei den politischen Strukturen und der Lebenswelt der Menschen hin.

Eine interaktive Karte zur „Völkerwanderung"

cornelsen.de/Webcodes
Code: rehuno

▶ **M 15:** Walter Pohl

M 4 Das Ende des Weströmischen Reiches 476

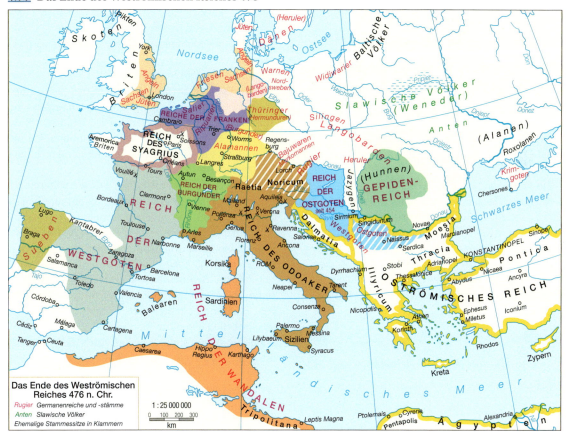

1 Gliedern Sie auf der Grundlage der beiden Karten M 4, S. 145, und M 4 die „Völkerwanderung" in verschiedene Phasen.
2 Erläutern Sie auf der Grundlage des Darstellungstextes und der beiden Karten den Verlauf der „Völkerwanderung". Verfassen Sie dazu einen Lexikonartikel.
Tipp: Nutzen Sie Ihre Ergebnisse aus Aufgabe 1. Bearbeiten Sie zudem den Darstellungstext, indem Sie Schlüsselbegriffe und -namen auf einem Blatt notieren und diesen Zeiträume zuordnen.
3 Lernprojekt: Arbeiten Sie auf der Grundlage der Darstellung den Zusammenhang der verschiedenen Ursachen und Folgen der „Völkerwanderung" heraus. Stellen Sie Ihre Ergebnisse grafisch dar, etwa in Form einer Concept-Map. Ergänzen Sie Ihr Lernprodukt schrittweise, nachdem Sie die weiteren Materialien dieses Kapitels ausgewertet haben.
4 Vertiefung „Pro-und-Kontra-Liste": Der Untergang des Imperium Romanum – Selbstmord oder Zerstörung von außen? Erstellen Sie eine Liste mit Argumenten für und gegen diese These.

2.2 Ursachen und Verlauf der „Völkerwanderung"

Hinweise zur Arbeit mit den Materialien
Die Materialien M 5 und M 6 thematisieren die Krise der römischen Zentralgewalt sowie der „Romanitas" und deren außen- und sicherheitspolitische Konsequenzen. Die Sequenz zu den Anfängen der „Völkerwanderung" richtet den Blick zunächst auf die Ansiedelung der „Westgoten" auf römischem Territorium (M 7, M 10), um dann die zeitgenössische Rezeption und Deutung dieser Vorgänge zu spiegeln (M 8 und M 9). Die folgende Sequenz nimmt den römisch-„germanischen" Kulturkontakt einerseits (M 11) sowie den Zerfall der weströmischen Herrschaft andererseits (M 14) in den Blick. Dabei bezieht M 13 die problematischen Lebensbedingungen der römischen Bürger exemplarisch als Krisensymptom mit ein. M 15 und M 16 bieten abschließend zwei kontroverse Deutungen über das Ende des Römischen Reiches, wobei hier der Einfluss der „Völkerwanderung" im Mittelpunkt der Erarbeitung und Reflexion steht.

Zur Vernetzung mit dem Kernmodul
Bei der Bearbeitung der Materialien M 5 und M 6 bietet sich ein Bezug zu Fernand Braudel und dessen Überlegungen zu historischen Transformationsprozessen an (M 5, S. 146 f.). Die Arbeitsaufträge zu M 7 bis M 10 stellen eine Verbindung sowohl zu den Motiven von Migrationsbewegungen (M 6, S. 147) als auch zu den Theorien von Kulturkontakt und Kulturkonflikt (M 9–M 11, S. 149 ff.) her.

Die Krise des Römischen Reiches im 3. Jahrhundert

M 5 Der römische Geschichtsschreiber Sextus Aurelius Victor (ca. 320–390 n. Chr.) über die Reichskrise im 3. Jahrhundert n. Chr.
Aurelius Victor verfasste 360/361 eine römische Kaisergeschichte, die anhand einer Charakterisierung der Kaiser von Augustus bis Constantius II. wichtige Auskünfte über die Geschichte des Reichs gibt. Aurelius Victor hatte mehrfach wichtige Positionen wie die des Statthalters inne. Die Regierungszeit des Publius Licinius Egnatius Gallienus (218–268 n. Chr.) fällt in die Kernzeit der Krise des Römischen Reiches im 3. Jahrhundert n. Chr.

Um dieselbe Zeit[1] zog Licinius Gallienus, nachdem er die Germanen tatkräftig von Gallien ferngehalten hatte, eilends nach Illyrien hinab. Dort brachte er In-
5 gebus[2], dem Befehlshaber Pannoniens, den, als er von der Niederlage Valerians[3] vernommen, der Ehrgeiz zu herrschen gepackt hatte, bei Mursia eine schwere Schlappe bei, und bald darauf auch dem Regalianus[4], der nach Übernahme der von der Katastrophe bei Mursia verschonten Soldaten den Krieg erneuert hatte. Als dies erfolgreich und über alle Erwartung gut 10 verlaufen war, gab er, nach Menschenart vom Glück enthemmt, mitsamt seinem Sohne Saloninus, dem er die Würde eines Caesar übertragen hatte, die römische Sache derart sozusagen einem Schiffbruch preis, dass die Goten, Thrakien ungehindert durch- 15 querend, Makedonien, Achaia und die Kleinasien benachbarten Gebiete, die Parther[5] hingegen Mesopotamien[6] heimsuchten, [...] dass die Streitmacht der Alamannen damals in gleicher Weise Italien und die Stämme der Franken, nachdem sie Gallien verheert 20 hatten, Spanien in Besitz nahmen, wo sie Tarraco verwüsteten und nahezu ausplünderten, ja dass ein Teil von ihnen, der sich beizeiten der Schiffe bemächtigt hatte, bis nach Afrika vordrang – und außerdem ging jenseits der Donau verloren, was Trajan[7] hinzu- 25 erworben hatte.
So wurde, als ob von überallher Stürme wüteten, im ganzen Erdkreis Kleines mit dem Größten, das Unterste mit dem Obersten zusammengeworfen. Und zugleich drang nach Rom eine Pestseuche vor, wie sie 30 sich oft bei allzu drückenden Sorgen und seelischer Niedergeschlagenheit einstellt. Unterdessen besuchte Gallienus die Kneipen und Lasterhöhlen und klebte an Freundschaften mit Kupplern und Weinhändlern, während er seiner Gattin Salonina sowie einer 35 schändlichen Liebe zur Tochter des Germanenkönigs Attalus, namens Pipa, verfallen war[8]; daher kam es auch noch zu weit schlimmeren bürgerlichen Wirren.

Sextus Aurelius Victor, Die römischen Kaiser (Liber de Caesaribus), 33,1–33,7, hg., übers. u. erl. v. Kirsten Groß-Albenhausen und Manfred Fuhrmann, Artemis & Winkler, Zürich 1997, S. 89–93.*

1 Berichtet wird vom Zeitraum 258 bis 260 n. Chr.
2 *Ingebus, auch Ingenuus:* röm. Statthalter und Usurpator gegen Gallienus
3 *Valerian:* Vater des Licinius Gallienus und von 253 bis 260 röm. Kaiser.
4 *Regalianus:* röm. Senator, Statthalter und Usurpator gegen Gallienus
5 *Partherreich:* dominierende Macht des ersten vorchristlichen sowie des ersten und zweiten nachchristlichen Jahrhunderts auf dem Gebiet des heutigen Iran
6 *Mesopotamien:* Zweistromland, das sich vom heutigen Aleppo in Syrien bis zum Persischen Golf erstreckt
7 *Trajan (53–117 n. Chr.):* röm. Kaiser von 98 bis 117, unter ihm erreichte das Römische Reich seine größte Ausdehnung: das Dakerreich (heute Rumänien/Bulgarien), Armenien und Mesopotamien wurden erobert
8 Der Markomannenkönig überließ seine Tochter dem Gallienus im Tausch gegen einen Teil der Provinz *Pannonia Superior*, in der Mitte des heutigen Ungarn gelegen.

1 Fassen Sie die Ausführungen des Aurelius Victor zusammen und ordnen Sie die Quelle in die Reichskrise des 3. Jahrhunderts ein.
2 Analysieren Sie das geschilderte Verhältnis von innen- und außenpolitischen Entwicklungen.
3 Beurteilen Sie das Verhalten der Römer, wie es von Aurelius Victor geschildert wird.
4 **Vertiefung:** Interpretieren Sie die Passagen über das Verhältnis des Gallienus zu Pipa vor dem Hintergrund der Theorien von Kulturkontakt und Kulturkonflikt (M 9–M 11, S. 149 ff.).

M 6 Der römische Geschichtsschreiber Sextus Aurelius Victor über das Verhältnis von Senat und Armee im 3. Jahrhundert n. Chr.
Die Schilderung bezieht sich auf die Regierungszeit des Marcus Aurelius Probus (276–282 n. Chr.).
Von nun an erstarkte die Macht der Truppen und dem Senat blieb die Regierung sowie das Recht der Kaiserwahl bis auf unsere Zeit entzogen, wobei ungewiss ist, ob er es selbst aus Schlaffheit so wünschte
5 oder aus Furcht oder Abscheu vor Streitigkeiten. Zwar hätte er das Recht zum Kriegsdienst, das ihm der Erlass des Gallienus entzogen hatte, wieder wahrnehmen können, dank des Zugeständnisses, das die Legionen unter der maßvollen Herrschaft des Tacitus
10 machten; auch hätte sich nicht Florianus[1] blindlings erhoben noch würde aufgrund des Urteils der gemeinen Soldaten irgendwem, und sei er tüchtig, die Herrschaft anvertraut, wenn der erlauchteste, so bedeutende Stand sich nicht vom Lager fernhielte. Doch
15 während sich die Senatoren ihrer Muße erfreuten und zugleich um ihren Reichtum bangten, dessen Genuss und Überfluss sie für wichtiger halten als die Ewigkeit, bahnten sie den Soldaten, die fast noch Barbaren waren[2], den Weg, über sie selbst und ihre
20 Nachfahren zu herrschen.

Sextus Aurelius Victor, Die römischen Kaiser (Liber de Caesaribus), 37,5-37,7, hg., übers. und erläutert von Kirsten Groß-Albenhausen und Manfred Fuhrmann, Artemis & Winkler, Zürich 1997, S. 109–111.

1 *Florianus:* Marcus Annius Florianus, röm. Kaiser, der vom Usurpator Marcus Aurelius Probus besiegt und 276 n. Chr. vermutlich von Überläufern aus dem eigenen Heer ermordet wurde
2 Gemeint sind „Germanen", die über die Armee innerhalb der römischen Gesellschaft aufsteigen – sie werden z. B. Offiziere oder Konsul – und das römische Bürgerrecht erhalten.

1 Charakterisieren Sie die veränderte Rolle des Senats in der römischen Politik vor dem Hintergrund der *Romanitas*, d. h. dem Selbstverständnis der Römer.
Tipp: Lesen Sie auf S. 158 f. zur *Romanitas*.
2 Erklären Sie Aurelius' Kritik an dieser Entwicklung.

Die Anfänge der „Völkerwanderung"

M 7 Der römische Geschichtsschreiber Ammianus Marcellinus (ca. 330–395/400 n. Chr.) über die Auswirkungen des Hunnenzuges und den Übergang der terwingischen Goten an der Donau
Ammianus war griechischer Herkunft, verfasste seine „Res gestae" aber auf Latein. Er diente bis 363 n. Chr. als ranghoher Offizier in der Armee.
[Es] verbreitete sich das Gerücht bei den übrigen Gotenstämmen, dass dieses vorher noch nie gesehene Menschengeschlecht[1], das sich wie ein Sturmwind von hohen Bergen aus einem abgelegenen Winkel aufgemacht hatte, jeden Widerstand zerbricht und
5 in Trümmer legt. Darum suchte der größte Teil des Volks, der Athanarich im Stich gelassen hatte und infolge des Mangels an Lebensmitteln bereits stark vermindert war, nach Wohnsitzen, die den Barbaren völlig unbekannt waren. Lange beriet man, welche
10 Sitze man auswählen sollte, und dachte dann an Thrakien als Schlupfwinkel, das aus doppeltem Grund geeignet war: Erstens hat es sehr fruchtbaren Boden, und zweitens wird es durch die Weite der Donauströmung von den Gebieten getrennt, die für die
15 Schrecken eines ausländischen Kriegsgottes offen daliegen. Als ob sie gemeinsam überlegt hätten, fassten auch die übrigen denselben Plan.
Unter Alavivs[2] Führung besetzten sie daher die Donauufer, schickten Unterhändler zu Valens und er-
20 suchten mit demütiger Bitte um Aufnahme. Sie versprachen, ein friedfertiges Leben zu führen und Hilfstruppen zu stellen, wenn es die Umstände erforderten. Während dies in fernen Gegenden vor sich ging, verbreiteten schreckliche Gerüchte die Nach-
25 richt, die Völker des Nordens verursachten neue und ungewöhnlich große Bewegungen: Über das ganze Gebiet von den Markomannen und Quaden bis zum Schwarzen Meer sei eine Menge von unbekannten Barbarenvölkern mit unvorhergesehener Gewalt aus
30 ihren Wohnsitzen verdrängt worden und ziehe im Donaugebiet in einzelnen Banden mit ihren Familien umher. Ganz zu Anfang wurde diese Nachricht von den Unsrigen kaum beachtet, und zwar aus dem Grund, weil man es in diesen Gebieten schon ge-
35 wohnt ist, nichts anderes als Nachrichten über Kriege zu hören, die bei weit entfernten Völkern geführt oder beigelegt worden sind. Allmählich gingen jedoch zuverlässige Nachrichten über diese Vorgänge ein und wurden durch die Ankunft von Gesandten
40 der Barbaren bestätigt. Sie baten unter Flehen und Beschwörungen darum, ihr landflüchtiges Volk diesseits des Stroms aufzunehmen. Diese Angelegenheit gab mehr zu Freude Veranlassung als zur Furcht. […]

Denn aus den entferntesten Ländern bringe es so viele Rekruten und biete sie ihm wider Erwarten an, dass er seine eigenen mit den fremdstämmigen Streitkräften vereinigen und sich ein unbesiegbares Heer schaffen könne. Anstelle des Mannschaftsersatzes, dessen Kosten jährlich nach Provinzen bezahlt würden, käme jetzt eine große Menge Goldes ein. In dieser Erwartung wurden mehrere Beamte ausgesandt, die die wilde Menge mit ihren Fahrzeugen herüberbringen sollten. [...] So erhielten die Goten mit Genehmigung des Kaisers die Möglichkeit, die Donau zu überschreiten und Teile von Thrakien zu besiedeln, und setzten Tag und Nacht scharenweise auf Schiffen, Flößen und ausgehöhlten Baumstämmen über. [...]

So wurde mit stürmischem Bemühen das Verderben der römischen Welt herbeigeführt. Es ist jedenfalls keineswegs dunkel oder ungewiss, dass die unheilbringenden Beamten, die die Überfahrt der Barbarenmenge leiteten, zwar oft versuchten, deren Anzahl rechnerisch zu erfassen, doch es schließlich als vergeblich aufgaben [...]. Mögen die alten Erinnerungen wieder aufleben, die persische Heere nach Griechenland führten. [...] All dies hat man nach einstimmiger Meinung der Nachwelt wie eine fabelhafte Erzählung gelesen. Nachdem sich nun aber unzählige Völkermassen über unsere Provinzen ergossen hatten, wobei sie sich nicht nur über die weiten Ebenen ausbreiteten, sondern überhaupt alle Gebiete und alle Höhen der Gebirge besetzten, wurde die Glaubwürdigkeit des Altertums durch ein neues Beispiel bestätigt. Als Erste fanden Alaviv und Fritigern Aufnahme. Ihnen sollten durch kaiserliche Entscheidung für den Augenblick Lebensmittel und Äcker zur Bearbeitung zu gewiesen werden.

Ammianus Marcellinus, Römische Geschichte, Lateinisch und Deutsch und mit einem Kommentar versehen von Wolfgang Seyfarth, Akademie-Verlag, Berlin 1971, S. 253f.*

1 Gemeint sind die Hunnen.
2 *Alaviv:* Anführer der terwingischen Goten

1 Geben Sie die Kernaussagen des Ammianus wieder.
2 Arbeiten Sie die Auswirkungen des Hunnenzuges auf die „germanischen" Personenverbände und das Römische Reich heraus. Greifen Sie dabei auf Theorien zu Migration zurück.
   ▶ M 6–M 8, S. 147 ff.
3 **Vertiefung:** Charakterisieren Sie die Position des Ammianus im Hinblick auf die geschilderten Vorgänge.
4 Beurteilen Sie die Entscheidung des Kaisers, die Goten auf Römischen Reich siedeln zu lassen.

M 8 **Der römische Geschichtsschreiber Ammianus Marcellinus (ca. 330–395/400 n. Chr.) über den Umgang der Römer mit den Goten**

In dieser Zeit waren die Riegel unserer Grenzverteidigung geöffnet. Während das Barbarenland Schwärme von Kriegern wie Asche vom Ätna überall hinausstieß, hätten wir in unserer schwierigen Lage Heerführer gebraucht, die durch berühmte Taten einen Ruf gewonnen hatten. Doch es war, als ob eine unheilvolle Gottheit sie auswählte, und so wurden Schufte zusammengesucht und waren Leiter des Heerwesens, unter ihnen vor allem Lupicinus und Maximus, [...] beide von gleicher Unbesonnenheit. Ihre lauernde Habgier war die Quelle aller Übel. Anderes will ich übergehen von dem, was die Genannten selbst oder gewiss mit ihrer Duldung andere aus übelsten Beweggründen an den bisher noch harmlosen zugewanderten Fremden verbrochen haben; doch folgendes widerliche und unerhörte Ereignis wird nicht vergessen werden, von dem sie kein Richter, auch wenn sie es in ihrem Fall selbst wären, gnädig freisprechen könnte: Als die über den Strom gekommenen Barbaren von Mangel an Lebensmitteln heimgesucht wurden, erdachten jene allgemein verhassten Heerführer ein niederträchtiges Geschäft. Sie brachten so viele Hunde auf, wie es ihre Unersättlichkeit vermochte, und gaben je einen für einen Sklaven, und unter diesen wurden sogar Verwandte von Häuptlingen fortgeführt.

Ammianus Marcellinus, Römische Geschichte, Lateinisch und Deutsch und mit einem Kommentar versehen von Wolfgang Seyfarth, Bd. 4, Akademie-Verlag, Berlin 1971, S. 255f.*

1 **Wahlaufgabe:** Bearbeiten Sie entweder a) oder b).
   a) Beschreiben Sie, wie sich das Verhältnis von Römern und Goten laut Ammianus gestaltete.
   b) Arbeiten Sie heraus, wie Ammianus das Verhalten der Römer im Umgang mit den Fremden charakterisiert. Berücksichtigen Sie dabei auch M 7.
2 Nehmen Sie vor dem Hintergrund der Theorien von Kulturkonflikt und Kulturkontakt Stellung zu den von Ammianus geschilderten Vorgängen.
   ▶ M 9–M 11, S. 149 ff.

M 9 **Synesios von Kyrene (griechischer Philosoph und Bischof, ca. 370–412) an den oströmischen Kaiser Arcadius über die Goten und ihre Rolle im römischen Reich**

Statt dass man die Skythen [= Goten] Waffen tragen lässt, sollte man aus dem Kreise der Leute, die an ihrer Scholle hängen, Männer anfordern, ihren Boden zu verteidigen, und die Aushebungen so weit ausdehnen, bis wir auch den Philosophen aus seiner Studierstube, den Handwerker aus der Werkstatt holen und den Händler aus seinem Laden und den Pöbel, der vor lauter Müßiggang in den Theatern sein Leben zubringt, einmal dazu bringen, ernst zu machen, ehe er vom Lachen zum Weinen gebracht wird. […] Ist es nicht eine Schande, dass das an Männern so gesegnete Reich Fremden den Kriegsruhm überlässt? […] Bevor es also dahin kommt, wohin es bereits treibt, müssen wir den Römergeist wiedererwecken und uns daran gewöhnen, unsere Siege wieder mit eigener Hand zu erringen. […] Demnach verdränge man sie [die Goten] zuerst von den öffentlichen Ämtern und schließe sie aus von den Würden eines Senators, sie, die das als Schande ansehen, was einst den Römern das Heiligste schien und war. Will mir doch scheinen, dass sich jetzt auch die Rat gebende Themis[1] selbst und der Gott der Heere das Gesicht verhüllen, wenn der Mann im Pelzrock Leute im römischen Kriegsmantel anführt und wenn einer den Pelz, den er umhatte, auszieht, die Toga anlegt und mit römischen Beamten über die vorliegenden Aufgaben berät und dabei den ersten Platz behauptet […], wobei Leute, denen er von Rechts wegen zukäme, hinten zu sitzen haben. Doch kaum, dass sie aus dem Senate gekommen sind, sind sie schon wieder in ihren Pelzkleidern und spotten dann, wenn sie unter ihren Leuten sind, über die Toga, in der sich das Schwert so schwer ziehen lasse.

Wilhelm Capelle, Die Germanen der Völkerwanderung, Kröner, Stuttgart 1940, zit. nach: Geschichte in Quellen: Altertum, bearb. von Walter Arend, 3. Aufl., bsv, München 1978, S. 789.*

1 *Themis:* griechische Göttin der Gerechtigkeit, Ordnung und der Philosophie

1 Fassen Sie die Kernaussagen des Synesios zusammen.
2 Beurteilen Sie die Position des Synesios vor dem Hintergrund der politischen Entwicklung im Römischen Reich. Gehen Sie dabei insbesondere auf die Rolle von „Germanen" im römischen Gemeinwesen ein.
3 **Zusatzaufgabe:** siehe S. 479.

M 10 Paulus Orosius berichtet über die Migrationsbewegungen der „Germanen" um das Jahr 415 n. Chr.
Die Germanen, die die Alpen, Rätien und ganz Italien durchzogen haben, kommen schon bis Ravenna[1]. Die Alamannen durchstreifen Gallien und kommen sogar nach Italien herüber. Griechenland, Makedonien, der Pontus[2] und Kleinasien werden durch die Überschwemmung der Goten vernichtet, denn Dakien jenseits der (Donau)grenze ist für immer verloren. Quaden und Sarmaten verheeren Pannonien. Die Germanen jenseits des Meeres nehmen das ausgesogene Spanien in Besitz. Die Parther[3] rauben Mesopotamien und reißen Syrien an sich.

Zit. nach: Geschichte in Quellen: Altertum, bearb. von Walter Arend, bsv, München 1965, S. 790.

1 Ravenna war seit 402 n. Chr. Kaiserresidenz.
2 *Pontus:* Region an der Südküste des Schwarzen Meeres, im Nordosten der heutigen Türkei
3 *Parther:* siehe Fußnote 5 zu M 5, S. 160

1 Ordnen Sie die in der Quelle geschilderten Vorgänge mithilfe des Darstellungstextes und der Karte M 4, S. 145 historisch ein.
2 Vergleichen Sie die in M 10 geschilderte Lage des Römischen Reiches mit der Situation des Reiches im 3. Jahrhundert.

Römer und „Germanen" im Kulturkontakt

M 11 Der spätantike Geschichtsschreiber und Theologe Paulus Orosius (ca. 385–418 n. Chr.) über das Verhältnis von Römern und Goten nach der „Plünderung" Roms im Jahr 410 n. Chr.
Die „Geschichte gegen die Heiden", aus der der vorliegende Auszug stammt, verteidigt das Christentum gegen das Argument, der Niedergang der römischen Welt sei durch die Abkehr von den alten, römischen Göttern herbeigeführt worden. Galla Placidia war die Tochter des Kaisers Theodosius (347–395 n. Chr.). Sie war ein Teil der „Beute" Alarichs, als dieser Rom plünderte. Nach dem Tode Alarichs heiratete sie dessen Nachfolger Athaulf. Auch nach dem Tode Athaulfs nahm sie wesentlichen Einfluss auf die römische Politik.
Die gotischen Völker führte damals der König Athaulf. Er hatte, wie ich schon sagte, nach dem Einbruch in die Stadt [Rom] und dem Tode Alarichs Placidia, die Schwester des Kaisers, geehelicht und war Alarich im Königtum nachgefolgt. […] Dieser an Geist, Kräften und Begabung überragende Mann pflegte zu erzählen: er habe brennend danach gestrebt, den römischen Namen auszulöschen und das ganze Römische Reich zu einem einzigen Reich der Goten zu machen, auf dass […] Gotia sei und heiße, was Romania gewesen, und Athaulf werde, was einst Kaiser Augustus war; aber nachdem er durch mancherlei Erfahrung zu der Erkenntnis gekommen sei, dass einerseits die Goten wegen ihrer zügellosen Wildheit in keiner Weise Gesetzen gehorchen könnten, man andererseits aber dem Staat die Gesetze, ohne die ein Staat kein Staat ist, nicht nehmen dürfe, da habe er sich anders entschlossen; nun wolle er danach trachten, sich durch die völlige Wiederherstellung und die Erhöhung des römischen Namens mit-

tels der Macht der Goten Ruhm zu erwerben; er wolle bei den Nachkommen als Begründer der römischen Erneuerung gelten, da er nicht ihr Veränderer sein könne. Darum bemühte er sich, Krieg zu vermeiden und eine friedliche Ordnung zu schaffen; zu allen guten Taten lenkte ihn in erster Linie der Rat und die Rede seiner Gattin Placidia [...]. Als er aber gerade besonders eifrig um Friedensverhandlungen bemüht war, wurde er bei Barcelona in Spanien, wie es heißt, durch die Tücke der Seinen, erschlagen.

Paulus Orosius, Historiarum adversum paganos libri septem (Die sieben Bücher der Geschichten gegen die Heiden) VII, 43; zit. nach: Pedro Barcelo, Altertum. Grundkurs Geschichte, Beltz, 2. Aufl., Weinheim 1994, S. 389.*

1 Fassen Sie die Kernaussagen der Quelle M 11 sowie die politischen Ziele des Athaulfs zusammen.
2 Arbeiten Sie heraus, wie der Gote Athaulf durch Paulus Orosius dargestellt wird.
   Tipp: Beachten Sie den biografischen Hintergrund und den dargestellten Einfluss der Galla Placidia.
3 Setzen Sie sich vor dem Hintergrund der Situation des Römischen Reiches mit der Plausibilität der Kernaussagen der Quelle auseinander.
4 Erörtern Sie das Verhältnis von Römern und „Germanen" exemplarisch anhand der Rolle der Galla Placidia und vor dem Hintergrund der Frage nach Kulturkontakt und Kulturkonflikt.

M 12 Frauenporträt aus der Zeit des Theodosius (möglicherweise Galla Placidia), 375–425 n. Chr.

M 13 Johannes von Antiochia (Johannes Chrysostomos, 349–407 n. Chr., Erzbischof von Konstantinopel) über die Lage der Kolonen

Chrysostomos kritisierte als Prediger vehement den Missbrauch kirchlicher und weltlicher Macht. Der vorliegende Kommentar zum Evangelium des Matthäus bezieht sich auf Mt. 18,21–35). Den Text finden Sie hier:

cornelsen.de/Webcodes
Code: sesudu

Aber wir wollen auch von ihnen[1] absehen und auf andere zu sprechen kommen, die gerechter zu sein scheinen. Wer mag das wohl sein? Die Besitzer von Grund und Boden, welche von der Erde ihren Reichtum ziehen? Könnte es aber noch ungerechtere Menschen geben als sie? Wenn man nämlich untersucht, wie sie mit den armen und elenden Landleuten verfahren, kommt man zu der Überzeugung, dass sie unmenschlicher sind als Barbaren. Den Leuten, die ihr Leben lang hungern und sich quälen müssen, legen sie fortwährend unerschwingliche Abgaben auf, bürden auf ihre Schultern mühsame Dienstleistungen und gebrauchen sie wie Esel und Maulesel, [...] gestatten ihnen auch nicht die mindeste Erholung, und gleichviel, ob die Erde Erträgnis abwirft oder nicht, man saugt sie aus und kennt keine Nachsicht ihnen gegenüber. Gibt es etwas Erbarmenswerteres als diese Leute, wenn sie sich den ganzen Winter über abgeplagt haben, von Kälte, Regenwetter und Nachtwachen aufgerieben sind und nun mit leeren Händen dastehen, ja obendrein noch in Schulden stecken, wenn sie dann, mehr als vor Hunger und Misserfolg, vor den Quälereien der Verwalter zittern und beben, vor den Vorladungen, dem Einsperren, der Rechenschaft, dem Eintreiben des Pachtes, vor den unerbittlichen Forderungen? [...] Von ihren Arbeiten, von ihrem Schweiße füllt man Speicher und Keller, ohne sie auch nur ein Weniges mit heim nehmen zu lassen, man heimst vielmehr die ganze Ernte in die eigenen Truhen und wirft jenen ein Spottgeld als Lohn dafür hin. Ja man ersinnt sogar neue Arten von Zinsen, wie sie nicht einmal die heidnischen Gesetze kennen, und schreibt Schuldbriefe, die von Fluchwürdigkeit strotzen.

Johannes von Antiochia, Kommentar zum Evangelium des hl. Matthäus; zit. nach der Bibliothek der Kirchenväter: http://www.unifr.ch/bkv/kapitel470-2.htm (Download vom 27. Juli 2018).*

1 Gemeint sind die Geschäfte machenden Arbeiter und Handwerker.

1 **Wahlaufgabe:** Bearbeiten Sie entweder a) oder b).
   a) Beschreiben Sie die Lebensumstände der Kolonen.
   b) Setzen Sie die Kernaussagen von M 13 in Beziehung zu den Ausführungen in M 14.

2 Erläutern Sie, inwiefern die geschilderten Verhältnisse zur Desintegration des Römischen Reiches bzw. zur Auflösung der *Romanitas* geführt haben könnten.

M 14 Der gallorömische Kirchenvater Salvian von Marseille (um 400 bis ca. 475 n. Chr.) beschreibt in seinem Werk „*De gubernatione Dei*" um 450 n. Chr. die sozialen Probleme seiner Zeit

Fast alle Barbaren, wenn sie nur ein Volk unter einem König sind, lieben einander; fast alle Römer verfolgen einander. […] [J]a, es ist so weit gekommen, dass viele von ihnen, und zwar solche aus nicht niedrigem
5 Geschlecht und mit guter Bildung, zu den Feinden fliehen, um nicht unter dem Druck der staatlichen Verfolgung zu sterben. Sie suchen bei den Barbaren die Menschlichkeit der Römer, weil sie bei den Römern die barbarische Unmenschlichkeit nicht ertra-
10 gen können. Und obwohl sie von denen, zu denen sie flüchten, in Gebräuchen und Sprache abweichen, ja sogar schon, wenn ich so sagen darf, durch den üblen Geruch der Leiber und Barbarenkleider sich abgestoßen fühlen, wollen sie doch lieber bei den Barbaren
15 unter der ungewohnten Lebenshaltung leiden als bei den Römern unter wütender Ungerechtigkeit. […] Denn lieber leben sie unter dem Schein der Gefangenschaft frei als unter dem Schein der Freiheit als Gefangene. […] Und ich für meinen Teil kann mich
20 nur wundern, dass nicht überhaupt alle dürftigen und armen Steuerzahler es so machen. Es gibt dafür nur einen Hinderungsgrund, nämlich den, dass sie ihre geringe Habe und ihre Hütten und ihre Familien nicht hinüberbringen können. […] Das Volk der Go-
25 ten ist treulos, aber züchtig; die Alanen sind unzüchtig, aber weniger treulos; die Franken sind lügnerisch, aber gastfreundlich, die Sachsen sind wild und grausam, aber von bewundernswerter Keuschheit; alle Völker haben, kurz gesagt, zwar ihre besonderen Feh-
30 ler, aber auch einige gute Eigenschaften. […] Was für eine Hoffnung, frage ich, kann der römische Staat noch haben, wenn die Barbaren keuscher und reiner sind als die Römer? […] Unsere lasterhaften Sitten allein haben uns besiegt.

Salvianus von Massilia, Von der Weltregierung Gottes. Vier Bücher an die Kirche. Briefe, übers. u. mit Einl. versehen von Anton Mayer, Kösel & Pustet, München 1935, S. 12 ff.*

1 Erläutern Sie, warum viele Römer nach Ansicht Salvians bereit waren, sich der Herrschaft der Germanen unterzuordnen.

2 Diskutieren Sie die Konsequenzen für den römischen Staat bzw. die *Romanitas*, die sich aus dieser Binnenmigration ergeben könnten.

Geschichte kontrovers: Die „Völkerwanderung" und der Untergang des Römischen Reiches

M 15 Der Historiker Walter Pohl über das Ende Roms und die Rolle der „Völkerwanderung" (2002)

Starb Rom oder wurde es umgebracht? Eigentlich ist die Forschung inzwischen von derartigen zugespitzten, monokausalen Erklärungen abgekommen und sieht die „Umwandlung der römischen Welt" als
5 komplexen Prozess, in dem auch die Barbaren ihren Platz hatten. […] Nach der Liste der Einheiten in der *Notitia Dignitatum*[1] aus dem frühen 5. Jahrhundert ergibt sich für das Westreich eine Sollstärke von 113 000 Mann für die mobile Feldarmee (*comitatenses*), die
10 entlang der Grenzen stationierten *limitanei* sollten etwa 135 000 umfassen. […] Die tatsächlich einsetzbare Armee des 4. und 5. Jahrhunderts hat freilich kaum diese Stärke erreicht. Römische Heere konnten aber bei Bedarf durch zusätzliche Rekrutierung rasch
15 verstärkt werden […]. Das setzte freilich Mittel für die Versorgung und Besoldung der Soldaten voraus, für die ein Großteil der Steuereinnahmen […] aufgewendet wurde. […] Am Ende der Regierungszeit Justinians, 565, war nach der […] Schätzung Agathias[2] die
20 Gesamtstärke der Armee auf etwa 150 000 zurückgegangen. Die Größe barbarischer Armeen ist schwieriger zu schätzen, da viele Autoren ihre Anzahl und damit ihre Gefährlichkeit weit übertreiben. Nach der fundierten Schätzung von Herwig Wolfram brachten
25 die Könige der Völkerwanderungszeit kaum je mehr als 30 000 Kämpfer ins Feld. Zudem waren die gut ausgebildeten und ausgerüsteten, disziplinierten römischen Armeen, wenn sie professionell geführt waren, ihren barbarischen Gegnern meist weit überle-
30 gen. Wie war es dennoch möglich, dass im Westen des Imperiums im Laufe des 5. Jahrhunderts Barbarenkönige die Macht übernahmen?
Eine Beobachtung drängt sich gleich auf, gerade weil sie einer langen Tradition der Geschichtsschreibung
35 über den „Fall Roms" widerspricht: Wer die Herrschaft über die Provinzen des Westens übernahm, darüber entschieden nur selten große Schlachten zwischen römischen und barbarischen Heeren. […] Verfolgt man in den zeitgenössischen Geschichts-
40 werken die Ereignisse am Ende des 4. und am Beginn des 5. Jahrhunderts, so sieht man sich mit einer ermüdenden Folge von Usurpationen, Hofintrigen, politischen Morden und Thronkämpfen konfrontiert. Jedes Mal, wenn zwischen den Rivalen um die Kaiser-
45 würde die Waffen sprachen, wurden barbarische

Truppenteile und Verbündete aufgeboten; in Bedrängnis geratene Imperatoren waren zu fast allen Zugeständnissen bereit, um ihre Unterstützung zu finden. [...] Fast alle Machtgruppen, die in den folgenden Jahrzehnten um die Kontrolle des Imperiums rangen, waren rivalisierende Allianzen von Römern und Barbaren. Die Kaiser, die einander im 5. Jahrhundert teils in rascher Folge abwechselten, waren Römer; doch die militärische Macht geriet zunehmend in die Hand barbarischer Heermeister, *magistri militum*. [...] Die Usurpationen des späten 4. und frühen 5. Jahrhunderts entblößten große Teile des Westreiches von den dort stationierten Truppen. [...] Innerhalb des römischen politischen Systems war im Westen offenbar keine Stabilität mehr möglich. Gerade jene Balance der Macht, die selbst unter der autoritären Kaiserherrschaft des Dominats [Kaisertum der Spätantike] für einen Interessenausgleich sorgen sollte, hatte nun dazu geführt, dass die Gewalten einander blockierten. Mächtige und reiche Senatoren, unter deren Kontrolle die Administration stand, lebten in scharfer Rivalität zueinander; zudem versuchten sie den Einfluss der Armee, deren halbbarbarische Offiziere sie verachteten, zurückzudrängen, und stützten sich dabei auf ihre Privatarmeen aus barbarischen Söldnern. [...]

Die Rolle der Barbaren in diesem Prozess gesellschaftlichen Wandels [...] ist widersprüchlich. Von „den Germanen", die ein dekadentes Römerreich hinwegfegten, bleibt in diesem Bild wenig. Überhaupt ist die „Völkerwanderung" als „große Erzählung" der traditionellen europäischen Geschichtsschreibung in all ihrer Dramatik schwer aufrechtzuerhalten; sie zerfällt in viele einzelne Erzählstränge. Sicherlich gaben Barbareneinfälle seit dem 3. Jahrhundert den Anlass zu einer Erhöhung der Truppenstärke und insgesamt zur verstärkten Militarisierung des Imperiums. Doch standen Barbaren im „Kampf um Rom" immer auf beiden Seiten, und ohne seine barbarischen Kontingente wäre das Imperium vielleicht schon früher gefallen. Andererseits waren es zum Großteil gerade diese Barbaren im Dienste Roms, die schließlich in den verschiedenen Teilen des Reiches die Macht übernahmen. Davor lag ein jahrhundertelanger Lernprozess, in dem Barbaren Erfahrungen im und mit dem Römischen Reich sammelten. [...] Alle bedeutenden Reichsgründungen setzten zumindest eine Generation Aufenthalt in den römischen Provinzen voraus: die Westgoten waren um 375 über die Donau gegangen und errichteten 418 ihr tolosanisches Reich [...]. Die Integration der Zuwanderer und ein gewisser Ausgleich mit der einheimischen Bevölkerungsmehrheit waren [...] eine Voraussetzung aller barbarischen Reichsgründungen auf römischem Boden.

Walter Pohl, Die Völkerwanderung. Eroberung und Integration, Kohlhammer, Stuttgart 2002, S. 31–38.*

1 *Notitia Dignitatum:* röm. Staatshandbuch, vermutlich zwischen 425 und 433 entstanden
2 *Agathias (ca. 536–582):* oström. Historiker

M 16 **Der britische Historiker Peter Heather über die Zerstörung der zentralen *Romanitas* als Ursache für den Untergang des Römischen Reiches (2007)**

Unter „Romanitas" versteht Heather die Gesamtheit kultureller Verhaltensmuster, die das Römische Reich prägten.

Was 476 an sein Ende gelangte, waren jegliche Bemühungen, das Weströmische Reich als überwölbendes, überregionales politisches Gebilde zu erhalten. [...] Am einfachsten ausgedrückt bestand der römische Staat aus einem Entscheidungszentrum – Kaiser, Hof und Verwaltung –, Instrumenten der Steuererhebung und einem Berufsheer, dessen Macht sein Herrschaftsgebiet bestimmte und verteidigte. Genauso wichtig waren die zentral geschaffenen Rechtsstrukturen, die römischen Grundbesitzern in den Provinzen ihre Stellung verliehen und sie schützten. In den gesellschaftlichen Kreisen dieser Grundbesitzer galten die meisten der kulturellen Normen, die das Phänomen der *Romanitas* ausmachten. Ihre Mitarbeit auf den höheren Ebenen der Bürokratie, des Hofs und bis zu einem gewissen Maße auch der Armee hielten das Zentrum des Reichs und seine vielen örtlichen Gemeinden zusammen. Nach 476 war es mit all dem vorbei. [D]ie entscheidenden zentralisierenden Strukturen des Imperiums [waren] verschwunden. Es gab keinen einzelnen Gesetzgeber, dessen Autorität als maßgeblich anerkannt wurde. Kein zentral kontrolliertes Steuersystem garantierte eine zentral kontrollierte Berufsarmee [...]. Es gab also doch einen historisch bedeutsamen Prozess, der in der Absetzung des letzten römischen Kaisers im Westen im September 476 seinen Höhepunkt fand. Mehr noch, die zentrale These dieses Buches lautet: Es gibt im Prozess der Desintegration des Reiches im Westen einen logischen Zusammenhang zwischen dem endgültigen Zusammenbruch und früheren Gebietsverlusten. Dieser Zusammenhang ergibt sich aus der Überschneidung von drei Argumentationssträngen. Erstens waren die Angriffe von 376 und 405 bis 408 keine Zufallsereignisse, sondern zwei Krisenmomente, die aus ein und derselben strategischen Revolution hervorgingen: dem Aufstieg der Hunnenmacht in Zentral- und Osteuropa. Es ist vollkommen unstrittig, dass das Auftauchen der Terwingen und Greutungen an den Ufern der Donau im Sommer 376 von den Hunnen ausgelöst wurde. Dass diese auch für eine zweite Welle von Invasionen verantwortlich waren, zu der es eine Generation später kam – Radagaisus' Angriff auf Italien 405/06, die Rheinüberquerung der Vandalen, Alanen und Sueben Ende 406 und wenig später der Vorstoß der Burgunder nach Westen –, ist manchmal behauptet worden, aber nie auf einhellige Zustimmung gestoßen. [...] 376 drangen die Hunnen nicht, wie oft angenommen, in großer Zahl weit nach Westen bis zur Donaugrenze vor. Im nächsten Jahrzehnt waren es Goten – und nicht Hunnen –, die immer noch die größten Widersacher Roms waren; und selbst im Jahr 395 befanden sich die meisten Hunnen immer noch viel näher am Kaukasus. Spätestens jedoch um 420 [...] hatten sie sich in großer Zahl im Herzen Mitteleuropas niedergelassen, im Großen Ungarischen Tiefland. Keine schriftliche Quelle spricht explizit aus, dass die Hunnen diesen Schritt in den Jahren 405 bis 408 taten und damit die zweite Invasionswelle auslösten [und dies] die „Schuld" für die Krise von 405 bis 408 darstellt. [...] Zweitens trennen zwar etwa 65 Jahre die Entthronung des Romulus Augustulus von der letzten dieser Invasionen, beide Phänomene hängen jedoch ursächlich miteinander zusammen. Die verschiedenen Krisen, mit denen sich das Westreich in den Jahren dazwischen konfrontiert sah, waren nichts anderes als die langsame Herausarbeitung der politischen Konsequenzen der vorangegangenen Invasionen. Die Schäden, die die weströmischen Provinzen durch lange sich hinziehende Kriegführung mit den Invasoren erlitten, führten gemeinsam mit den ständigen Gebietsverlusten zu massiven Rückgängen der Steuereinnahmen für den Zentralstaat. Die Westgoten richteten zum Beispiel in der Gegend um Rom in den Jahren 408 und 410 so schwere Schäden an, dass diese Provinzen noch zehn Jahre später nur noch ein Siebtel ihrer normalen Steuern an die Staatskasse ablieferten. Nach 406 zogen auch die Vandalen, Alanen und Sueben fünf Jahre lang eine Schneise der Zerstörung durch Gallien, bevor sie den größten Teil Hispaniens der Herrschaft des Zentrums für fast zwei weitere Jahrzehnte entrissen. Es kam noch schlimmer: Die Vandalen und Alanen verlagerten den Schwerpunkt ihrer Operationen nach Nordafrika. 439 bemächtigten sie sich der reichsten Provinzen Westroms. [...] Während der römische Staat an Macht verlor, was nicht unbemerkt blieb, sahen sich die Grundbesitzereliten in den römischen Provinzen zu verschiedenen Zeiten und an verschiedenen Orten einer unangenehmen neuen Realität gegenüber. [...]

Da sie sich durch den Boden definierten, auf dem sie standen, mussten selbst die Begriffsstutzigsten oder die Treuesten schließlich erkennen, dass ihren Interessen am besten durch Anpassung an die neuen herrschenden Mächte vor Ort gedient war. [...]
Der dritte Argumentationsstrang betrifft die paradoxe Rolle, die die Hunnen bei diesen revolutionären Ereignissen nach 440 spielten [...]. Von weit größerer Bedeutung war der indirekte Einfluss der Hunnen auf das Römische Reich in den vorangegangenen Generationen, als die von ihnen ausgelöste Unsicherheit in Mittel- und Osteuropa verschiedene Barbarenvölker über die römische Grenze zwang. Während Attila den Heeren des Reichs gewaltige Einzelniederlagen beibrachte, drohte er nie einen großen Teil von Steuerzahlern dem westlichen Reich zu entfremden. Doch genau das bewirkten die Gruppen, die bei den Krisen von 376 bis 378 und 405 bis 408 über die Grenze geflohen waren. [...] Bei all dem spielten bewaffnete Außenstehende, die auf römischem Territorium Krieg führten, die Hauptrolle. [...] Einigen der ersten Goten von 376 wurde der Donauübergang durch eine Vereinbarung mit Kaiser Valens gestattet, dies jedoch nur, weil sein Heer bereits in Kämpfe an der persischen Grenze verwickelt war. Ansonsten verlief kein Schritt dieses Prozesses ohne Gewalt, selbst wenn dann irgendeine Art von diplomatischer Vereinbarung folgte. Aber diese Vereinbarungen waren nicht mehr als eine Anerkennung der letzten durch Krieg gemachten Gewinne [...].

Peter Heather, Der Untergang des römischen Weltreichs, aus dem Englischen von Klaus Kochmann, Klett-Cotta, Stuttgart 2007, S. 495–499.*

Kooperative Partnerarbeit: Bearbeiten Sie die beiden Materialien M 15 und M 16 zunächst jeder für sich und stellen Sie sich anschließend Ihre Ergebnisse vor. Ergänzen Sie gegebenenfalls. Bearbeiten Sie die Materialien unter folgenden Fragestellungen:

1 Fassen Sie die jeweiligen Kernaussagen zusammen.
   Tipp: Fertigen Sie eine Tabelle an, in der Sie Stichpunkte zu beiden Positionen eintragen können.
2 Arbeiten Sie die von Pohl bzw. Heather behaupteten Faktoren für das Ende der Römischen Reiches heraus.
3 Charakterisieren Sie auf Grundlage von Aufgabe 2 die Rollen, die den Prozessen der „Völkerwanderung" zugeschrieben werden.
4 Vergleichen Sie die Beurteilung Heathers mit derjenigen von Pohl.
5 **Vertiefung:** Entwickeln Sie eine eigene Beurteilung. Verfassen Sie dazu einen Leserbrief oder einen historischen Essay.

Methode

Schriftliche Quellen interpretieren

M1 Große Adlerfibel aus dem Schatzfund von Pietroasa (heute Pietroasele/Rumänien) aus Gold, Almandin und Bergkristall

Die wertvollen Materialien, die Adlerform und die Pendilien (= Anhänger) stellen die Fibel in römischen Kontext. Hergestellt – und vielleicht sogar getragen – wurde sie jedoch von Barbaren außerhalb des Römischen Reiches.

Quellen bilden die Grundlage unserer historischen Kenntnisse. Erst ihre systematische Analyse und Interpretation ermöglicht uns die Rekonstruktion und Deutung von Geschichte. Quellen können konkrete Sachzeugnisse wie Bauwerke, Münzen, Schmuck, Malereien, Skulpturen oder Gebrauchsgegenstände und abstrakte wie Sprache oder historische Landschaften sein. Schriftliche Zeugnisse werden von der Geschichtswissenschaft seit dem 19. Jahrhundert unterteilt in **erzählende Quellen**, die zum Zweck der Überlieferung verfasst wurden, zum Beispiel Chroniken, Geschichtsepen, Mono- und Biografien, sowie in **dokumentarische Quellen**, zum Beispiel Urkunden, Akten, Gesetzestexte und Zeitungen, die gesellschaftliche und private Ereignisse und Prozesse unmittelbar und meist unkommentiert wiedergeben. Zudem können Quellen in Tradition und Überrest unterschieden werden: Einer **Tradition** haftet bereits eine bestimmte Deutung von Geschichte an – sie ist im Rahmen dieser Wirkungsabsicht entstanden, z. B. Biografien. Ein **Überrest** ist ohne diese Wirkungsabsicht aus der Vergangenheit erhalten, z. B. eine antike Vase.

Bei der Untersuchung schriftlicher Quellen kommt es darauf an, zusätzlich zur Analyse der formalen und inhaltlichen Merkmale deren präzise Einordnung in den historischen Kontext vorzunehmen und ihren Aussagegehalt kritisch zu überprüfen. Denn Quellen vermitteln nie objektives Wissen über die Vergangenheit, sondern spiegeln bestimmte Wahrnehmungen wider, die sich je nach der Perspektive der Beteiligten erheblich unterscheiden können. Diese Standortgebundenheit der historischen Akteure, zum Beispiel die Zugehörigkeit zu einer sozialen Schicht, muss daher bei der Interpretation der Quelle berücksichtigt werden.

Arbeitsschritte zur Interpretation

1. Leitfrage
– Welche Fragestellung bestimmt die Untersuchung der Quelle?

2. Analyse
Formale Analyse
– Um welche Quellengattung (z. B. Brief, Rede, Vertrag) und welchen Quellentyp (erzählende oder dokumentarische Quelle, Tradition oder Überrest) handelt es sich?
– Wann, wo und in welchem Zusammenhang ist der Text entstanden bzw. veröffentlicht worden?
– Welche Informationen über den Autor liegen vor (z. B. Amt, Stellung, Funktion, soziale Schicht)?
– Was ist das Thema des Textes?
– Wer ist der Adressatenkreis (z. B. Öffentlichkeit, Institution, Privatperson)?

Inhaltliche Analyse
– Welches sind die Kernaussagen des Textes (z. B. gedanklicher Aufbau, Argumentationsschritte)?
– Welche Begriffe sind von zentraler Bedeutung (Schlüsselbegriffe, Teilbegriffe)?
– Welche Sprache wird im Text verwendet (z. B. sachlich/emotional, informativ/argumentativ, neutral/wertend, appellative/manipulierende Wirkungsabsicht)?
– Welche Position vertritt der Verfasser (z. B. hinsichtlich Überzeugungen, Interessen, Ideologien)?
– Welche Intention verfolgt der Verfasser des Textes, d. h. welche Ansicht über ein historisches Ereignis oder einen historischen Prozess möchte er kommunizieren (z. B. Ablehnung, Befürwortung, kritischer Kommentar)?
– Welche Wirkung soll der Text bei den Adressaten erzielen?

3. Historischer Kontext
– Auf welches konkrete Ereignis oder welche konkreten Vorgänge, Konflikte, Lebensumstände nimmt der Text Bezug? Welcher Epoche oder epochalen Entwicklung ist der Text zuzuordnen?

4. Urteilsbildung
Beurteilung nach sachlichen Aspekten und im Hinblick auf die Zeit (Sachurteil)
– Misst der Text den historischen Inhalten, Themen, Fragen oder Problemen eine dem historischen Kontext angemessene Bedeutung bzw. einen angemessenen Stellenwert zu?
– Wird im Text ein (einseitiger) politisch-ideologischer Standpunkt deutlich? Ist dieser Standpunkt in Bezug auf den historischen Gegenstand angemessen/verzerrend/lückenhaft etc.?
– Inwieweit trägt der Text zum Verstehen des historischen Kontextes bei?
– Welche weiterführende Problematisierung ergibt sich aus dem Verhältnis der Textaussagen und dem historischen Kontext?
Stellungnahme auf Grundlage heutiger Wertmaßstäbe (Werturteil)
– Wie sind die Kernaussagen, die Position oder die Intention des Textes vor dem Hintergrund heute akzeptierter moralischer Vorstellungen, Normen, ethischer Reflexionen, politischer oder ökologischer Wertmaßstäbe zu beurteilen?

Übungsaufgabe

M2 Der spätantike Geschichtsschreiber Ammianus Marcellinus (ca. 330–395/400 n. Chr.) über die Beziehungen der Römer zu den Greutungen vor deren Ansiedelung auf römischem Gebiet

Nach dem Sieg über Prokop[1] in Phrygien und der Beendigung des Bürgerkrieges wurde der Befehlshaber der Reiterei Victor zu den Goten gesandt, um in Erfahrung zu bringen, aus welchem Grund dieses Volk, das mit den Römern befreundet und ihnen durch ein langes Friedensbündnis verpflichtet war, dem Usurpator geholfen hatte, als er mit den rechtmäßigen Kaisern Krieg begann. Um ihr Vorgehen nachdrücklich zu verteidigen, brachten sie einen Brief Prokops vor, der darin behauptete, die ihm als einem Verwandten der Familie Constantins zukommende Kaiserherrschaft übernommen zu haben. Sie beharrten darauf, dass es ein verzeihlicher Irrtum gewesen sei.

Als Valens den Bericht Victors zur Kenntnis nahm, zeigte er sich unzufrieden mit dieser oberflächlichen Entschuldigung und zog daher gegen die Goten zu Felde. [...] Mit Beginn des Frühjahrs versammelte er sein Heer und [...] überschritt er die Donau, ohne auf Widerstand zu stoßen. Schon stieg sein Selbstvertrauen, [...] [d]enn alle Goten waren aus Furcht vor dem anrückenden Heer und seinem großen Aufwand in die Berge der Serrer gezogen [...] Mit gleicher Beharrlichkeit fiel er auch im dritten Jahr [...] in das Barbarenland ein. Nach anstrengenden Märschen griff er das kriegerische Volk der Greutungen an, die sich damals in weiter Ferne aufhielten. Nach einigen leichten Gefechten wagte es Athanarich, der zu jener Zeit ein sehr mächtiger Herrscher war, mit einem Heer Widerstand zu leisten, das ihm nach seiner Meinung hierfür vollkommen ausreichte. Doch zwang der Kaiser ihn, sich aus Furcht vor einer Niederlage zurückzuziehen. [...]

Nach den verschiedenen Ereignissen dieser drei Jahre war es aus mehreren Gründen an der Zeit, den Krieg zu beenden: erstens, weil die Furcht der Feinde infolge der lang andauernden Anwesenheit des Kaisers zunahm, zweitens, weil die Barbaren infolge der Unmöglichkeit des Handelsverkehrs so sehr äußersten Mangel am Notwendigsten litten, dass sie immer wieder Bittgesandtschaften schickten und Verzeihung und Frieden verlangten.

Ammianus Marcellinus, Römische Geschichte, 27,5, 1-8, Lateinisch und Deutsch und mit einem Kommentar versehen von Wolfgang Seyfarth, Bd. IV, Buch 26-32, Akademie-Verlag, Berlin 1971, S. 65–69.*

1 *Prokop:* ein Usurpator

1 Interpretieren Sie M 2 mithilfe der Arbeitsschritte.
▶ Lösungshinweise finden Sie auf S. 490 f.

Anwenden und wiederholen

Anwenden

M1 Der deutsche Althistoriker Alexander Demandt über den Untergang des Römischen Reiches und die Rolle der „Völkerwanderung" (1998)

Somit lässt sich die Auflösung des Reiches nicht nur als gescheiterte Abwehr, sondern ebenso als missglückte Einbürgerung der Germanen auffassen. Ob den Römern daraus ein Vorwurf gemacht werden kann, ist schwer zu entscheiden, denn die Integrationsfähigkeit eines zivilisatorisch noch so überlegenen, politisch noch so liberalen Systems findet irgendwo eine Grenze. In der unterschiedlichen Lebens- und Denkweise kulturell eigenständiger, aber zusammenwohnender Gruppen ist immer Stoff zum Streit verborgen. Für sich betrachtet, ist das Verhalten beider Seiten verständlich: auf römischer Seite der Wunsch, was man hatte, zu behalten (das konservative Prinzip), und auf germanischer Seite der Wunsch, die eigene Lage zu verbessern (das progressive Prinzip). Das Ende des Imperiums ist unter diesem Blickwinkel das Resultat des misslungenen Ausgleichs der beiden Prinzipien. Misslungen deswegen, weil die Römer schließlich doch das verloren, was sie hatten, die Germanen aber nicht das gewannen, was sie suchten. Die ihnen so begehrenswert erscheinende römische Kultur vermochten sie nicht fortzuführen, das eroberte Land haben sie nicht zu halten verstanden. Mit Ausnahme des Frankenreiches sind die germanischen Staatsbildungen auf Reichsboden wieder verschwunden.

Die Annahme einer innenbürtigen Dekadenz, derenthalben ein beliebiger Anstoß zum Kollaps führen musste, überzeugt nicht. Die germanische Bedrohung war kein auswechselbarer Zufall. Dies mag man für die übrigen Barbarenangriffe behaupten. Berber und Blemmyer, Sarazenen, Sarmaten und Picten konnten sich mit den Germanen schon mengenmäßig nicht messen. Nicht einmal die Perser, jene „mächtige Nation, die unter den Völkern nach Rom an zweiter Stelle steht", bildeten eine gleichrangige Gefahr. Zwar waren sie den Germanen kulturell überlegen, aber sie besaßen nicht dieselben Menschenreserven und suchten keinen Siedlungsraum. […]

Die Ablösung der römischen durch die germanische Herrschaft ist ein Vorgang, zu dem wir aus der vorindustriellen Zeit mehrere Parallelen kennen. Die Kulturzonen des Mittelmeerraumes waren stets aus den Barbarenregionen bedroht. […] Schließlich fielen aus den asiatischen Steppen immer wieder Reiternomaden über die südlichen Kulturlande her: die Hunnen über das sassanidische und das Römische Reich, die Avaren, Bulgaren und Türken über das Byzantinische Imperium. Der Machtübernahme ging gewöhnlich eine friedliche Einwanderung voraus, eine kulturelle Angleichung folgte.

Die für die Spätantike aufgeworfene Frage stellt sich in allen angeführten Fällen ähnlich. Stets zeigt sich bei den Kulturstaaten eine Tendenz zur Abkapselung gegen das barbarische Ausland, die jedoch nie verhindern konnte, dass die Barbaren sich in der Kriegstechnik auf die Höhe der Kulturvölker erhoben. Und indem bei den Barbaren der Wunsch nach dem Reichtum der Kulturländer umso größer wurde, je mehr sie von ihm erfuhren, und in den Kulturländern die Wehrkraft sank, je länger das Leben im friedlichen Wohlstand andauerte, erfolgte irgendwann der Einmarsch.

Alexander Demandt, Geschichte der Spätantike. Das Römische Reich von Diocletian bis Justinian 284–565 n. Chr., C. H. Beck, München 1998. S. 471 f.*

1 Fassen Sie – nach einer kurzen Vorstellung des Materials – die Kernaussagen Alexander Demandts zusammen.
2 Ordnen Sie die Kernaussagen des Materials in den historischen Zusammenhang ein.
3 Vergleichen Sie die Deutung von Demandt mit weiteren Ihnen bekannten Deutungen vom Untergang des Römischen Reiches und der Rolle der „Völkerwanderung" in diesem Prozess.
4 Beurteilen Sie die von Demandt vorgetragene Deutung vom Untergang des Römischen Reichs im Zusammenhang mit den Prozessen der Zeit der „Völkerwanderung".

M2 „Germanen bei einem Gelage", Lithografie von Johannes Gehrts, entstanden um 1906

Wiederholen

M 3 „Germanenzug", Holzstich nach einer Zeichnung von Johannes Gehrts, 1890

Zentrale Begriffe
Ethnogenese
foedum/foederati
„Germanenreiche"
Greutungen
Hunnenzug
magister militum
Migration
Personenverband
Reichskrise
Reichsteilung
Rechtsstatus
Romanitas
Terwingen
Visigoten
„Völkerwanderung"

1 Beschreiben Sie die wesentlichen Bildelemente des Holzstichs „Germanenzug" von Johannes Gehrts (M 3). Nutzen Sie bei Bedarf die Formulierungshilfen.
2 Charakterisieren Sie die Art und Weise, wie Gehrts die „Germanen" sowie den „Germanenzug" im Holzstich (M 3) darstellt.
3 Vergleichen Sie ausgehend von Ihren Ergebnissen aus Aufgabe 2 die Darstellung der „Germanen" bei Gehrts mit den Darstellungen bei Synesios von Kyrene (M 9, S. 162 f.), Paulus Orosius (M 11, S. 163 f.) sowie bei Salvian von Marseille (M 14, S. 165).
4 Entwickeln Sie unter Rückgriff auf den Darstellungstext sowie auf die Karten M 4, S. 145, und M 4, S. 159, eine zeitliche Gliederung der „Völkerwanderung" in verschiedene Phasen. Berücksichtigen Sie dabei den Zeitraum vom Höhepunkt der Reichskrise im 3. Jahrhundert n. Chr. bis zum Ende des Weströmischen Reiches 476 n. Chr.
5 Erläutern Sie die vielschichtigen Interaktionen zwischen Römern und „Barbaren" zur Zeit der „Völkerwanderung".
6 Beurteilen Sie ausgehend von Ihren Ergebnissen aus Aufgabe 4 die Kernaussage des Holzstichs „Germanenzug" (M 3).
7 **Wahlaufgabe:** Bearbeiten Sie entweder a, b oder c.
Nehmen Sie Ihre Ergebnisse zu Aufgabe 4, S. 159 zur Hand (Pro-und-Kontra-Liste). Ergänzen Sie bzw. modifizieren Sie die Liste. Setzen Sie sich abschließend mit der Frage auseinander, ob das Römische Reich Selbstmord begangen hat oder von außen zerstört wurde. Verfassen Sie dazu
a) ein Sachurteil in Form eines Klausurtextes,
b) einen Leserbrief oder
c) einen Essay.
8 **Vertiefung:** Dekonstruieren Sie das im vorliegenden Holzstich geschaffene Bild von den „Germanen". Gehen Sie dabei auch auf die ethnogenetischen Prozesse während der „Völkerwanderung" sowie die Rolle von „Germanen" im Weströmischen Reich ein.

Formulierungshilfen für eine Bildbeschreibung
– Auf dem Bild ist/sind … zu sehen.
– Die dargestellten Personen sind mit … bekleidet.
– Ihre Gestik/Mimik/Körperhaltung ist durch … gekennzeichnet.
– Folgende Gegenstände/Symbole werden verwendet …
– Farbgebung/Perspektiven/Proportionen sind … gestaltet … und erzielen die Wirkung, dass …
– Der Holzstich versucht, folgendes Bild der historischen Ereignisse zu erzeugen: …

2.3 Das Ostgotenreich in Italien

M1 Innenraum der Walhalla, Fotografie von 2017.

Der bayerische König Ludwig I. (1786–1868) ließ die „Walhalla", benannt nach dem Kriegerparadies der germanischen Mythologie, ab 1830 bei Donaustauf (bei Regensburg) an der Donau als Gedächtnisort erbauen, um bedeutende Persönlichkeiten „teutscher Zunge" zu ehren. Im Inneren des als Tempel konzipierten Gebäudes befindet sich eine überlebensgroße Figur König Ludwigs I. Entlang der Wände sind die Büsten und Gedenktafeln der von Ludwig I. und seinen Beratern ausgewählten „Walhallagenossen" aufgereiht, eine Zusammenstellung der im 19. Jahrhundert als vorbildlich erachteten Herrscher, Feldherren, Wissenschaftler und Künstler. Im Bildausschnitt links oben sieht man die Gedenktafel für den Ostgotenkönig Theoderich.

375	Die Ostgoten geraten in den Einflussbereich der Hunnen
447	Angriff der Hunnen unter Attila auf das Oströmische Reich
452	Zug Attilas gegen das Weströmische Reich
453	Tod Attilas

2.3 Das Ostgotenreich in Italien

Die Welt der Spätantike scheint uns heute fremd. Die Menschen in den Berichten aus jener Zeit tragen Namen, die an Science-Fiction erinnern: Zeno, der oströmische Kaiser aus dem Stamm der Isaurier, liegt im Streit mit Vandalen aus Nordafrika; der weströmische Kaiser Olybrius hält sich 472 n. Chr. nur wenige Monate an der Macht, um anschließend im Dunkel der Geschichte zu verschwinden. Dazu kommen unbekannte Gebietsnamen und sich verändernde Reichsgrenzen. Rugier und Skiren tauchen auf, Sueben und Alamannen und als Leser ist man geradezu dankbar für das Erscheinen der aus „Asterix" bekannten Goten oder für die Hunnen, die es Hägar, dem Wikinger, so oft schwermachen. Im 19. Jahrhundert dagegen war die Faszination für die Spätantike groß: Der Ostgote Theoderich galt als Vorbild „deutschen Kampfesmuts", „deutscher Manneskraft" und vorbildhaftem Integrationswillens, dem es gelang, ein orientierungsloses Reich zu übernehmen und die darin lebenden Bevölkerungsgruppen zu einer friedlichen Koexistenz zu führen.

Welche Fragen die heutige Beschäftigung mit dem ostgotischen Reich beantworten kann, untersucht das folgende Kapitel.

1 Beschreiben Sie das Bild M 1.
   Tipp: siehe S. 479.
2 Erläutern Sie, welche Verbindung zwischen dem Bayernkönig Ludwig I. und Theoderich durch die Aufnahme Theoderichs in die Walhalla dargestellt wird. Diskutieren Sie diese Verbindung.
3 Formulieren Sie Fragestellungen zu Theoderich und dem Ostgotenreich aus Ihrer Sicht.
4 Stellen Sie Hypothesen zur Bedeutung der Ostgoten für die deutsche Geschichte auf.

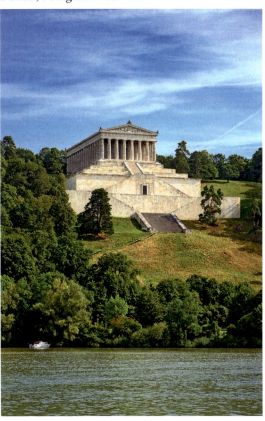

M2 Außenaufnahme der Walhalla oberhalb der Donau, Fotografie von 2017

474	Theoderich wird König der Ostgoten
476	Odoaker verdrängt den letzten weströmischen Kaiser Romulus Augustulus
seit 481	Theoderich steht als Heermeister mit seinen Truppen in oströmischen Diensten
489	Kaiser Zeno schickt Theoderich nach Italien, um Odoaker zu vertreiben
493	Theoderich erschlägt Odoaker
um 500	Taufe des fränkischen Königs Chlodwig
508	Theoderich erobert die von den Franken besetzten Gebiete zurück
511	Theoderich übernimmt das Westgotische Reich
526	Tod Theoderichs
534	Tod des Thronfolgers Athalarich; Regentschaftsübernahme Amalasunthas
535	Ermordung Amalasunthas
535–540	Kaiser Justinians Feldherr Belisar zieht gen Italien
552	Ende des Ostgotenreichs

2.3 Das Ostgotenreich in Italien

> *In diesem Kapitel geht es um*
> - *die Ethnogenese der Ostgoten,*
> - *Theoderich als römischen Heermeister,*
> - *die Eroberung und Errichtung des Ostgotenreichs sowie*
> - *die sozialen und rechtlichen Beziehungen zwischen Goten und Römern.*

Von Attila zu Theoderich

▶ Kap. 2.2: Ursachen und Verlauf der „Völkerwanderung" (S. 152 ff.)

Seit Mitte des 5. Jahrhunderts waren die römischen Kaiser stark geschwächt und herrschten de facto nur noch über ein Rumpfgebiet, zu dem neben Italien Dalmatien und die Gebiete des heutigen Österreich gehörten. In den anderen Teilen des Imperiums hatten inzwischen Westgoten, Vandalen, Franken und Burgunder die Macht übernommen. 447 n. Chr. fiel der Hunnenkönig Attila an der Spitze eines multiethnischen Heeres in das Oströmische Reich ein, besiegte auf dem Gebiet des heutigen Bulgariens die dort stationierten römischen Truppen und zog anschließend mit seinen Kriegern plündernd über die gesamte Balkanhalbinsel bis nach Mittelgriechenland. Der römisch-gotische Geschichtsschreiber Jordanes berichtet, dass in Attilas Heer neben Hunnen auch Gepiden und Goten kämpften, da sich die niedergeworfenen Verbände der Gegner häufig – meist nicht ganz freiwillig – Attilas Männern anschlossen.

Amaler
gotisches Herrschergeschlecht

Das Oströmische Reich wurde zu dieser Zeit an vielen Grenzen zugleich bedroht, sodass Kaiser Theodosius II. (408–450) keine andere Möglichkeit sah, als alle Forderungen Attilas zu erfüllen: Hunnische Überläufer wurden ausgeliefert, hohe Tribute und Jahrgelder gezahlt. 452 zog Attila mit seinen Kriegern gegen das Westreich und eroberte einige norditalienische Städte. Nach kurzer Zeit – vermutlich aufgrund einer Intervention Papst Leos I. – zog er sich aber wieder nach Osten zurück und starb bereits ein Jahr später. Nach seinem Tod zerfiel Attilas Machtbasis rasch und seinen Söhnen gelang es nicht, die unterworfenen Völker weiter an der Seite der Hunnen zu halten. Es kam zu massiven Abspaltungs- und Auflösungserscheinungen, in deren Folge sich auch die Ostgoten unter der Führung der drei Brüder Valamir, Thiudimir und Vidimir aus dem Geschlecht der Amaler* von den hunnischen Herrschern befreiten.

M1 Vermutliches Bildnis von Theoderich in der Kirche Sant'Apollinare Nuovo in Ravenna, 5. oder 6. Jh.

Die Kirche St. Apollinare Nuovo wurde Ende des 5. Jahrhunderts im Auftrag Theoderichs errichtet. Forscher vermuten, dass das Porträt zu Lebzeiten Theoderichs angefertigt wurde und ihn zeigt, später aber in eine Darstellung des oströmischen Kaisers Justinian umgearbeitet wurde, der 552 den letzten Ostgotenkönig besiegte. Die Inschrift „IUSTINIAN" stammt aus dem 19. Jahrhundert.

Theoderich der Große

Der mittlere der drei Ostgotenführer, Thiudimir, besaß einen Sohn, **Flavius Theoderich**, der aus der Masse an Namen und Orten heraus als eine der bekanntesten Figuren der Spätantike ragt. **474 zum König der Ostgoten** aufgestiegen und durch Heirat, Adoption oder andere familiäre Bande mit vielen Großen der damaligen Welt verbunden, gelang es ihm, seine Machtbasis zu sichern, das Ostgotenreich auszuweiten und für die Dauer seiner Herrschaft auf bemerkenswerte Art zu konsolidieren.

Mindestens zehn Jahre seiner Kindheit verbrachte Theoderich als **Geisel des byzantinischen Kaisers Leo I. in Konstantinopel**. Der Junge diente als Faustpfand und sollte die Einhaltung eines Vertrages sichern, der zwischen Theoderichs Onkel Valamir und dem oströmischen Kaiser Leo I. (Regierungszeit 457–474) geschlossen worden war und in dessen Zuge der Onkel 300 Pfund Gold jährlich erhielt. Wahrscheinlich lernte Theoderich am Hofe Leos die Grundlagen der römischen Verwaltung und Heeresführung. Geiseln wie er waren wertvoll und man behandelte sie gut. 469 kehrte Theoderich schließlich in seine Heimatregion Pannonien, eine Gegend im heutigen Ungarn, zurück.

Der Niedergang des Weströmischen Reiches

Seit Ende des 4. Jahrhunderts wurden die weströmischen Kaiser zunehmend durch die Oberkommandierenden ihrer Streitkräfte, die **Heermeister** (*magistri militum*), als eigentliche Machthaber abgelöst. Zum einen begünstigten dynastische Zufälle den Machtzuwachs der Heermeister. Einige Kaiser gelangten als Kinder auf den Thron, Heermeister als Berater führten daher zunächst die Regentschaft für sie. Zum anderen war das Römische Reich während seines gesamten Bestehens immer wieder mit Angriffen und Einfällen „barbarischer", d. h. nicht-römischer Truppen konfrontiert. Die zur Sicherheit an den Außengrenzen eingesetzten römischen Heerführer gewannen daher immer größere Bedeutung. Barbarische Heertruppen wurden zur Grenzsicherung immer wieder dem römischen Heer eingegliedert. Und schließlich war das Römische Reich im Laufe der Jahre so expandiert, dass die Herrschaft über alle Herrschaftsgebiete den Kaisern entglitt, zumal sie mit vielen innenpolitischen Problemen – häufige militärische Auseinandersetzungen innerhalb des Reiches bis hin zu Bürgerkriegen – konfrontiert waren. Als 476 der Offizier **Odoaker*** den letzten weströmischen Kaiser Romulus Augustulus, ein Kind noch, vom Thron drängte, erlosch das weströmische Kaisertum. Odoaker schickte die weströmischen Reichsinsignien* an den Kaiser in Ostrom und setzte sich selbst als Regent ein. Die seit Jahrzehnten benötigte Zustimmung Ostroms zur Regentschaft im Westen war nicht mehr erforderlich.

▶ Kap. 2.2: Ursachen und Verlauf der „Völkerwanderung" (S. 152 ff.)

Odoaker (433–493)
Heerführer vermutlich thüringisch-skirischer Abstammung; setzte den letzten weströmischen Kaiser ab und wurde anschließend von Ostrom faktisch als Regent Westroms anerkannt

Reichsinsignien
Die römischen Kaiser trugen als Zeichen ihrer Macht einen purpurfarbigen Mantel und ein reich verziertes Diadem.

Theoderich als römischer Heermeister

Nach seiner Rückkehr vom kaiserlichen Hof in Konstantinopel nach Pannonien diente Theoderich seit 481 als römischer Heermeister mit seinen Truppen im Dienste des oströmischen Kaisers Zeno. Als es ihm gelang, weitere ostgotische Verbände unter seine Führung zu bringen und sein Verband mit ca. 20 000 Kriegern eine der größten Streitmächte der gesamten germanischen Welt darstellte, wurde er für Zeno zu einer unkontrollierbaren Gefahr. Zeno schickte Theoderich daher 489 nach Italien, um dort Odoaker zu besiegen. Er hoffte wahrscheinlich, sich auf diese Weise gleich beider „Barbaren" entledigen zu können, die das römische Kaisertum in seinen Augen bedrohten: Odoaker hatte den letzten weströmischen König abgesetzt, Theoderich suchte im heutigen Ungarn Streit und fette Beute. Ob Theoderich in der Lage sein würde, Italien dem weströmischen Reich zurückzuerobern oder nicht, erschien dabei zweitrangig. Nach verlustreichen Kämpfen verschanzte sich Odoaker, der bislang stets siegreich gewesen war, in Ravenna, um das die zweijährige Rabenschlacht* entbrannte. Da sich keiner der beiden Kontrahenten letztlich durchsetzen konnte, schmiedeten die beiden Heerführer 493 zunächst ein Bündnis. Dieses wurde jedoch nur drei Wochen später von Theoderich gebrochen, der Odoaker eigenhändig ermordete.

▶ M 9: Herrschaftslegitimation Theoderichs

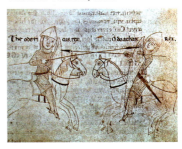

M2 Der Kampf Theoderichs mit Odoaker, Federzeichnung aus der „*Chronica Theodericiana*", aus dem Kloster Mons Olivetus in Verona, 1181

Das Ostgotenreich in Italien

Theoderich gab von nun an vor, „an Stelle des Kaisers" Italien zu regieren. Nach einem jahrelangen Hin und Her war Ostrom unter dem neuen Kaiser Anastasius schließlich bereit, Theoderich als **rechtmäßigen Herrscher Italiens** zu akzeptieren, und sandte ihm sogar die Reichsinsignien zurück. Theoderich war nun nicht nur als *rex* bzw. König der Ostgoten der Anführer seiner gotischen Krieger, sondern zugleich auch das Haupt der weströmischen Regierung. Seine offizielle Selbstbezeichnung war *Flavius Theodericus rex*. Die Reichsinsignien trug er nie, sondern unterstellte sich offiziell immer dem amtierenden Kaiser im Osten. Er ließ daher auch keine Münzen mit seinem Antlitz prägen und verfügte nur Verordnungen, keine Gesetze. Mit dieser Strategie der „selbstbewussten Unterwerfung" trat er dem oströmischen Kaiser nicht anmaßend gegenüber und vermied, erneute Probleme aufgrund einer Machtkonkurrenz heraufzubeschwören.

Ravenna/Raben
Raben ist der deutsche Name für die italienische Stadt Ravenna, in der Theoderich, nachdem er Odoaker getötet hatte, seine Machtbasis ausbaute.

▶ M 10: Errichtung des Ostgotenreichs

2.3 Das Ostgotenreich in Italien

Auch innenpolitisch gestaltete Theoderich in den folgenden Jahren eine geschickte **Konsolidierungspolitik**, um seine Macht zu sichern. Die **Ansiedlung** seiner ca. 20 000 Ostgoten gelang, indem die Neuankömmlinge mit Ländereien versorgt wurden, die sie selbst verwalten oder bewirtschaften konnten, oder indem sie feste Anteile an den staatlichen Steuereinnahmen bekamen. Das vergebene Land entstammte zum großen Teil staatlichem Besitz oder dem Erbe Odoakers und seiner Gefolgsleute, die im Kampf gefallen waren. So wurden die Eroberer mit Land versorgt, während die römischen Eliten keine schmerzhaften Einbußen erlitten.

Bei der **Verwaltung** des Ostgotenreiches beließ Theoderich römische Experten an den Spitzen der Provinzen und Städte sowie in vielen Ämtern. In Gegenden, in denen besonders viele Ostgoten siedelten, setzte er gotische Verwalter neben die römischen ein. Der Senat in Rom behielt weitreichende Machtbefugnisse. Sich selbst umgab Theoderich mit einem „Rat der Ostgoten", beließ aber viele alte höfische Ämter und besetzte sie mit Römern. Mit dieser „Strategie der Umarmung" erreichte er, dass Römer wie Ostgoten weitgehend zufrieden mit ihren Lebensumständen und mit seiner Herrschaft waren und sich loyal ihm gegenüber zeigten. Viele Ostgoten lernten Latein; bald gab es Eheschließungen zwischen Goten und Römern.

Auch in **religiösen Fragen** zeigte sich Theoderich tolerant: Er selbst war arianischer Christ, während im römischen Katholizismus der Arianismus* inzwischen als Irrlehre galt. Theoderich zwang aber niemanden zum Übertritt und pflegte gute Beziehungen zu den römisch-katholischen Bischöfen.

Außenpolitisch setzte Theoderich vor allem auf eine gezielte **Heiratspolitik**: Er selbst heiratete kurz nach seiner Machtübernahme die Schwester des Frankenkönigs Chlodwig, dessen Machtbereich sich über den Norden Frankreichs sowie Teile Belgiens, der Niederlande und Deutschlands erstreckte. Seine Tochter Ostrogotha verheiratete er mit dem Sohn des Burgunderkönigs. Die andere Tochter, Theodegotha, gab er um 495 dem Westgotenkönig Alarich zur Frau. Amalasuntha schließlich, die jüngste seiner drei Töchter, verheiratete er mit einem weiteren Westgoten, in der Hoffnung, die Verbindung der beiden Reiche zu sichern.

▶ M 14: Theoderichs Herrschaftskonzept

▶ M 15: Rechtliches Verhältnis zwischen Goten und Römern

▶ Kernmodul: M 8, S. 241 f.: Verzahnung der ostgotischen und römischen Herrschaft

Arianismus
Lehre des Arius (4. Jahrhundert), wonach Christus mit Gott nicht wesensgleich, auch nicht Gottes Sohn, sondern Gottes vornehmstes Geschöpf sei

▶ Kap. 2.4: Das Merowingerreich unter Chlodwig (S. 194 ff.)

M 3 Das Ostgotenreich 493–552

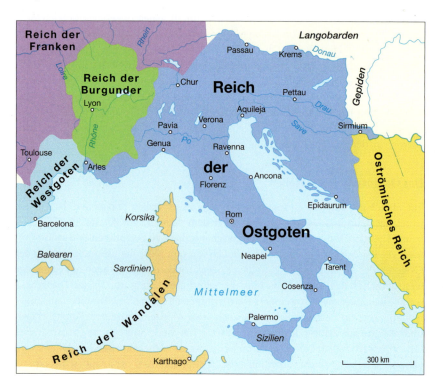

2.3 Das Ostgotenreich in Italien

Militärisch agierte Theoderich, als um 500 der Frankenkönig Chlodwig die Alemannen im heutigen Baden-Württemberg und dann 508 Teile des Westgotischen Reiches eroberte und damit die Gefahr drohte, die Franken könnten nach Italien vordringen. Theoderich eroberte 508 die usurpierten Gebiete zurück und übernahm 511 schließlich
45 das gesamte Westgotische Reich auf dem Gebiet des heutigen Spaniens.

Theoderichs Herrschaftsjahre gelten in den Quellen der Zeit und der folgenden Jahrhunderte als ungewöhnlich friedlich und erfolgreich. Seine letzten Jahre allerdings wurden überschattet von Entscheidungen, die die Stabilität des Reiches erschütterten. Den **römischen Philosophen Boethius** und dessen Schwiegervater Symmachus ließ Theo-
50 derich wegen Hochverrats hinrichten, vermutlich zu Unrecht, vor allem aber zum Missfallen des Senats. In Sorge um seine Nachfolge bestimmte er schließlich seinen Enkel **Athalarich** als Nachfolger, einen zu diesem Zeitpunkt minderjährigen Jungen.

Ein virtueller Rundgang durch die Kirche Sant'Apollinare Nuovo
cornelsen.de/Webcodes
Code: fayaqi

M4 Mosaik aus der Kirche Sant'Apollinare Nuovo in Ravenna, das Theoderichs Palast darstellt, um 500, Fotografie von 2010

Die Nachfolge Theoderichs

Theoderich starb 526, Athalarich war zu diesem Zeitpunkt zehn Jahre alt war. Dessen Mutter **Amalasuntha** übernahm daher die Regierungsgeschäfte an seiner Stelle. Als Athalarich 534, erst achtzehnjährig, an den Folgen übermäßigen Alkoholkonsums starb, stand Amalasuntha vor einem Problem: Frauen waren nach gotischem Verständnis
5 nicht als Herrscherinnen vorgesehen. Zunächst hatten sich die gotischen Adligen mit Amalasunthas Regentschaft arrangiert, wenn auch offenbar sehr widerstrebend. Nach Athalarichs Tod wuchs jedoch dieser Widerstand enorm. Ihr Cousin und Mitregent Theodahad ermordete sie nach kurzer Zeit.

Nachdem Theodahad die Goten im Kampf gegen den von Kaiser Justinian entsandten
10 oströmischen Feldherrn Belisar nicht überzeugend hatte führen können, setzten seine Soldaten ihn ab und ernannten Witiges, der Amalasunthas Tochter Matasuntha geheiratet hatte, zum neuen König. Witiges ließ Theodahad töten und kämpfte zunächst erfolgreich gegen Belisar. 540 wurde er jedoch gefangen genommen und nach Konstantinopel geschickt. Zum neuen König ernannte das gotische Heer 541 Totila, der wiede-
15 rum erfolgreich um die Rückeroberung Italiens kämpfte, bis er in der Schlacht fiel. Mit dem letzten Ostgotenkönig Teja, der ebenfalls in der Schlacht fiel, **endete 552 schließlich das ostgotische Reich**. Die Mehrheit der besiegten ostgotischen Krieger reihte sich in das römische Heer ein.

M5 König Theoderich (ca. 451 n. Chr. bis 526 n. Chr.) in einer mittelalterlichen Handschrift des 12. Jahrhunderts

1 Skizzieren Sie die Entstehung des Ostgotenreiches unter Theoderich mithilfe der Karte M3 und des Darstellungstextes.
2 **Lernplakat:** Arbeiten Sie die Beziehungen zwischen den Goten und Römern sowie weiteren Gruppen wie Franken, Vandalen und Hunnen aus dem Darstellungstext heraus. Stellen Sie Ihre Ergebnisse in Form eines Lernplakates grafisch dar.

> **Hinweise zur Arbeit mit den Materialien**
> Das Kapitel liefert Material und Arbeitsanregungen zu folgenden Aspekten:
> M 6 und M 7 beschäftigen sich anhand zweier Historikerdarstellungen mit der **Ethnogenese der Ostgoten**. M 9 fragt nach **Theoderichs Position als römischer Heermeister** und der Legitimierung seiner Herrschaft über das Ostgotenreich.
> M 10, eine Historikerdarstellung zur **Errichtung des Ostgotenreiches**, beleuchtet die Ansiedlungspolitik Theoderichs genauer. Die Quellen M 11 und M 12 thematisieren **Theoderichs Herrschaftsverständnis**.
> M 14 und M 15 beleuchten die **sozialen und rechtlichen Beziehungen zwischen Goten und Römern**.
> Die Materialien M 16 bis M 22 beschäftigen sich mit der **Bedeutung archäologischer Funde** und können entweder in Form eines Stationenlernens oder eines Gruppenpuzzles bearbeitet werden.
>
> **Zur Vernetzung mit dem Kernmodul**
> M 10 lässt sich verknüpfen mit M 8 aus dem Kernmodulkapitel 2.6, S. 241 f. Beide Texte beschäftigen sich mit der Ansiedlungspolitik Theoderichs. Der Kernmodultext fragt dabei nach der **Integrationsleistung dieser Ansiedlungspolitik** im Kontext von Kulturkonflikt und Kulturbeziehungen.

Die Ethnogenese der Goten

M 6 Der Historiker Herwig Wolfram über die Entstehung und das Selbstverständnis der Ostgoten (2013)

Um ein Volk, ein Ethnos, zu definieren, gibt es mehrere wohlüberlegte Kriterien, die das Wir-Bewusstsein der Gruppe betonen. Dazu gehört, dass jedes Volk sich und seine Umwelt ethnisiert: Spätestens seit
5 dem 1. vorchristlichen Jahrhundert sind für die Germanen die Südwestvölker die Welschen und die Völker im Osten die Wenden. Im Norden leben die zauberkundigen Finnen, eine Bezeichnung, die sicher nichts Gutes meint [...].
10 Die ethnozentrische Betrachtungsweise sieht das Eigene positiv und wertet das Fremde [...] ab. Dazu zählt die Tendenz, selbst allgemeine menschliche Eigenschaften und Fähigkeiten, ja das Menschsein schlechthin [...] dem anderen abzusprechen oder sei-
15 ne Fähigkeiten zu entstellen. [...]
Die heutige Suche nach den ethnischen Ursprüngen wäre bald zu Ende, wäre die Überlieferung nicht irgendwann verschriftlicht worden. Erst wenn sich die Identität einen dauerhaften Text schafft, schafft der Text eine dauerhafte Identität, sofern diese nicht von 20 außen gestört oder gar zerstört wird. Ein scheinbarer Zirkel und dennoch die Wirklichkeit. Stammbäume bildeten die Grundlage für die Entstehung größerer politischer Einheiten und damit für das Zusammengehörigkeitsgefühl der Eliten [...]. 25
Ohne den Kitt[1] der römischen, die christliche Heilsgeschichte einschließenden Historie, ohne die im Auftrag der Könige oder Königinnen geschaffenen ethnografischen Identitäten hätten die „originalen" Überlieferungen nicht einmal in Bruchstücken über- 30 dauert, hätten nicht den Stoff geliefert, der die „Umgestaltung der römischen Welt" und damit die Entstehung Europas bewirkte. [...]
Die niedergeschriebenen Herkunftsgeschichten verhelfen bestenfalls zum Einstieg in die Suche nach den 35 Ursprüngen, sie dokumentieren diese ebenso wenig wie Moses die Erschaffung der Welt. Wie kann jedoch die im Namen manifestierte Identität eines Volkes erhalten bleiben, bevor ihr ein Text Dauerhaftigkeit verlieh, oder gar dort, wo ein Text seine Bedeutung 40 verloren hat? Eine Antwort auf diese Frage wurde im Wirken eines „Traditionskerns" gesucht. [Der Historiker] Reinhard Wenskus hat 1961 diesen Begriff gebraucht und damit ein Erklärungsmodell für die Tatsache angeboten, dass Völkernamen weite Räume 45 und lange Zeiten überdauern können. [...]
Die damit verbundenen ethnischen Identitäten sind ständigen Veränderungen unterworfen, sodass eine ununterbrochene genetische Kontinuität in jedem Fall auszuschließen ist. Der Fortschritt von Wenskus 50 lag eben darin, dass er die biologistischen Modelle aufgab und nach funktionalen Gruppen suchte, die an der Namenskontinuität – aus welchem Grund auch immer – festhielten. Waren es Dichter und Sänger, Priester und Könige, deren Wissen um die Ur- 55 sprünge einen Wert besaß, weil die Erhaltung der Tradition zu ihrer Funktion als Repräsentanten des Volkes gehörte? [...]
In jüngster Zeit führt man die „Gotischkeit der gotischen (Edlen) Freien" gegen den Begriff „Traditions- 60 kern" ins Treffen. Ein solches Vorgehen ist sicher politisch sehr korrekt, republikanisch und anti-royal, aber doch nichts anderes als ein Rückfall in den Romantizismus des 19. Jahrhunderts, in die etwa schon durch Otto von Bismarck bekämpfte Vorstellung 65 vom „deutschen Volksgeist". Wenn aber das Wort „Traditionskern" stört, geben wir den Kern feierlich auf und sprechen ab sofort von Traditionsträgern. Dass Könige und ihre Familien solche Träger von Traditionen waren, kann freilich vielfach belegt werden. 70 Das Gleiche gilt von nichtköniglichen Anführern und ihren Sippen, die den „Königen an Würde und Glück

nicht nachstanden". Wie die Namensgebung in seiner Familie beweist, berief sich Theoderich der Große auf
75 die amalische Tradition, bereits lange bevor der um 490 geborene Cassiodor[2] daraus das ebenso großartige wie konstruierte System der *genealogie Ostrogotharum*[3] machen konnte. Was immer jedoch Cassiodor aus der Familientradition seines Herrn
80 konstruierte, die durch entsprechende Gründerväter bestimmte Abfolge von gautisch-amalisch-ostrogothischen Ethnogenesen gibt Sinn, kann eigentlich nicht von einem Römer erfunden worden sein [...].
Folgt der Schluss: Die ethnischen Traditionen wur-
85 den innerhalb der Grenzen des ehemaligen Römerreiches von Königen garantiert. [...] Die Verschriftlichung der Herkunftsgeschichten geschah für gewöhnlich im Auftrag von Königen und Königinnen.

Herwig Wolfram, Gotische Studien. Volk und Herrschaft im Frühen Mittelalter, C. H. Beck, München 2005, S. 225 ff.*

1 *der Kitt:* Klebstoff
2 *Cassiodor (ca. 485–580):* stammte aus einer wohlhabenden römischen Familie, deren Mitglieder schon seit Generationen hohe Staatsämter bekleideten; diente im Ostgotenreich als hoher Beamter und verfasste als Gelehrter Schriften zum Thema Bildung und Geschichte der Goten
3 Die Goten beriefen sich auf einen von Cassiodor verfassten Stammbaum, der Theoderichs Familie 17 Generationen zurückverfolgte, bis hin zu einem fabulösen Urahnen namens Gapt.

M7 **Der Historiker Hans-Ulrich Wiemer über die Entstehung der Goten (2018)**

Was keine Spuren hinterlässt, ist unwiederbringlich verloren. Zur Quelle historischer Erkenntnis werden die Überreste der Vergangenheit erst dadurch, dass wir Fragen an sie stellen. Welche Fragen das sind,
5 hängt davon ab, was jeweils als bedeutsam empfunden wird. [...] Historische Forschung ist daher von kulturellen Bedingungen abhängig, die dem zeitlichen Wandel unterliegen. [...] Geschichtsschreibung ist nicht möglich, ohne dem Geschehen Sinn zuzu-
10 schreiben; sie bietet daher Handlungsorientierungen an und bewertet politische Herrschaft und soziale Ungleichheit. [...]
Im Falle Theoderichs und der Goten müssen diese Binsenwahrheiten auch deshalb in Erinnerung gerufen werden, weil das Thema lange Zeit eine große
15 Rolle im nationalen Selbstverständnis der Deutschen spielte und zeitweise in hohem Maße politisiert war. Der König wurde hierzulande bis weit ins 20. Jahrhundert hinein als eine Gestalt der deutschen Geschichte betrachtet. Der gotische Herrscher galt als
20 germanischer „Volkskönig", der in Italien ein kurzlebiges, aber glanzvolles Reich begründet habe. Außerhalb der Wissenschaft ist diese Vorstellung nach wie vor anzutreffen. Gote, Germane, Deutscher – diese drei Begriffe werden dabei als Synonyme behandelt. 25
Dahinter steht der Syllogismus[1]: Die Goten waren Germanen. Wenn daher die ersten Deutschen Germanen waren, so müssen auch die Goten Deutsche gewesen sein. [...] Außerhalb der historischen Wissenschaften, in den Medien und im populären Ge- 30
schichtsbild, hält sich die Gleichsetzung von Deutschen und Germanen bis heute.
Dieser Identifikation lag im 19. Jahrhundert, als sich die moderne Geschichtswissenschaft herausbildete, die Vorstellung zugrunde, dass das deutsche Volk ei- 35
nen uralten und unzerstörbaren Wesenskern besitze, der sich in grauer Vorzeit herausgebildet und allem späteren Wandel zum Trotz bis in die Gegenwart erhalten habe. Man sprach von „Volksseele" oder „Volkscharakter" und glaubte, dessen Merkmale dort 40
am reinsten fassen zu können, wo man den Ursprüngen am nächsten komme. Die Ursprünge des deutschen Volkes suchte man daher im „germanischen Altertum", denn die Germanen waren ja das Volk der Frühzeit, von dem die Deutschen der Gegenwart ab- 45
stammten. Die Germanen waren die Vorfahren der Deutschen. [...]
Der Mediävist[2] Reinhard Wenskus (1916–2002) hatte bereits 1961 ein neues, dynamisches Verständnis der Entstehung ethnischer Gruppen entwickelt, das der 50
Kontinuitätsthese [= die Vorstellung, dass die deutsche Geschichte germanische Wurzeln habe] die Grundlage entzog. Wenskus legte dar, dass gemeinsame Abstammung, also tatsächliche biologische Verwandtschaft, für die Herausbildung ethnischer 55
Identität in der Vormoderne in der Regel keineswegs gegeben, aber auch gar nicht erforderlich war, obwohl die Angehörigen ethnischer Gruppen genau das glaubten oder zumindest behaupteten. Die Abstammungsgemeinschaft ist nach Wenskus [...] kein 60
brauchbares Modell, wenn man verstehen will, wie sie tatsächlich entstanden und weshalb sie häufig auch bald wieder verschwanden. Die *gentes*[3] der Völkerwanderungszeit waren heterogene und instabile [...] Gebilde, die durch den Zusammenschluss ver- 65
schiedener Gruppen unter gemeinsamen Anführern entstanden und in der Regel auch schnell wieder zerfielen. Die Zahl derjenigen ethnischen Gruppen, die über Jahrhunderte hinweg Bestand hatten, ist verhältnismäßig gering. Die Stabilisierung und Konsoli- 70
dierung[4] einer Gruppe gelang nach Wenskus dann, wenn sich der Glaube an gemeinsame Abstammung in ihr allgemein durchsetzte; Wenskus verwendete für diesen Prozess den Begriff Stammesbildung. Das Wort Stammesbildung wurde freilich schon bald als 75

altmodisch empfunden und durch den Neologismus⁵ Ethnogenese ersetzt. [...]

Inzwischen hat sich die Einsicht, dass ethnische Identität ein soziales Konstrukt ist, in den histori-
80 schen Wissenschaften allgemein durchgesetzt. Die Vorstellung, die Germanen seien eine Abstammungsgemeinschaft mit unveränderlichen Wesensmerkmalen gewesen, die sich in eine Vielfalt von Stämmen aufgespalten habe, ist aufgegeben, die These von der
85 germanischen Kontinuität überholt. [...] Freilich ist dieser Konsens primär negativ bestimmt: Man glaubt heute zu wissen, was ein Volk nicht ist. Umstritten ist dagegen noch immer, wie der Glaube an gemeinsame Abstammung entsteht und worauf er sich gründet.
90 Wenskus selbst hielt Merkmale wie gemeinsame Sprache, Sitten und Bräuche für sekundär; seiner Ansicht nach kam es auf die Existenz von Personengruppen an, die Überlieferungen vermitteln konnten, die geeignet waren, den Glauben an gemeinsame
95 Herkunft zu stiften. Wenskus sprach von Traditionskernen und dachte dabei an Adelsfamilien, aus denen Könige hervorgingen. Dieses Verständnis von Ethnogenese liegt auch der Deutung zugrunde, welche die Geschichte der Goten seit den 70er-Jahren
100 durch den Mediävisten Herwig Wolfram (*1934) erfahren hat. Goten waren demnach diejenigen, die sich einer Adelsfamilie anschlossen, die sich selbst als gotisch bezeichnete, gleichgültig, welcher Herkunft ihre Anhänger selbst waren. Wer so argumen-
105 tiert, identifiziert als Träger gotischer Identität die königlichen Familien der Amaler und Balthen.

Dieser Interpretation steht in der Forschung eine andere gegenüber, der zufolge gotische Identität auf einem Ensemble von Merkmalen beruhte, [...] auf ge-
110 teilten Erfahrungen, einer gemeinsamen Sprache, gemeinsamen Sitten und Bräuchen und seit der Bekehrung zum Christentum auch auf dem gemeinsamen Bekenntnis zu einer Form des Christentums, die im Römischen Reich seit Kaiser Theodosius I. (379
115 bis 395) Arianismus genannt und als Irrglaube verfolgt wurde.

Hans-Ulrich Wiemer, Theoderich der Große, König der Goten, Herrscher der Römer, C. H. Beck, München 2018, S. 61 ff. und 67 ff.*

1 *der Syllogismus:* logischer Schluss, der auf zwei Voraussetzungen beruht
2 *der Mediävist:* Historiker mit Forschungsschwerpunkt Mittelalter
3 *gens,* Plural: *gentes* (lat.): Stamm, Ethnie
4 *die Konsolidierung:* Verfestigung
5 *der Neologismus:* Wortneuschöpfung

1 **Partnerarbeit:** Untersuchen Sie zu zweit die Texte M 6 und M 7.
   a) Arbeiten Sie heraus, wie Wolfram und Wiemer die Ethnogenese der Goten erklären.
      Tipp: Lesen Sie noch einmal in Kapitel 2.1 zum Begriff „Ethnogenese" nach (siehe S. 143 f.).
   b) Untersuchen Sie, inwiefern die Autoren aufeinander Bezug nehmen.
2 Diskutieren Sie anschließend im Plenum, welche Position Ihnen am überzeugendsten erscheint.

M 8 **Ostgotische Adlerfibel aus Gold und den Schmucksteinen Almandin und Lapislazuli, um 500, gefunden in Italien**

Theoderich als römischer Heermeister

M9 Der Historiker Helmut Last über die Herrschaftslegitimation Theoderichs (2013)

In Italien, dem Zentrum des Westreichs, hatte ein germanischer Söldnerführer die Macht erlangt, der, zum König ausgerufen, eine von Ostrom unabhängige Politik betrieb. Das Gleiche traf für das Vandalen-
5 reich unter Geiserich in Nordafrika, für das Westgotenreich unter Eurich in Gallien und Spanien und letztlich auch für die Reichsgründungen der Franken und Burgunder in Gallien zu. Alle diese Volksstämme waren unter der Führung von Heerkönigen […] in das
10 Römische Reich eingedrungen und hatten zunächst als Föderaten[1] Aufnahme gefunden, bevor sie infolge der Schwäche des Weströmischen Reiches und schließlich seiner Auflösung danach strebten, selbstständige Staaten zu bilden. […]
15 Die entscheidende Frage wird sein, wie das Ostgotenreich Theoderichs in diesem Umfeld einzuordnen ist. War Theoderich ein germanischer Heerkönig oder ein vom oströmischen Kaiser Zeno beauftragter Heermeister[2] und Stellvertreter, der nur für den Kai-
20 ser Italien regieren sollte? War er staatsrechtlich, mit der Folge politischer Abhängigkeit von Ostrom, fest in das Reich eingebunden, oder betrieben Theoderich und auch die anderen germanischen *regna*[3] eine selbstständige Politik gegenüber Konstantinopel mit
25 der Konsequenz, dass ihre Außenpolitik auch nach völkerrechtlichen Kriterien zu bemessen ist?
[…] Der Umfang der Herrschaftsbefugnisse Theoderichs ist den Quellen nicht eindeutig zu entnehmen. Nach Anonymus Valesianus[4] sollte Theoderich ge-
30 mäß der Abmachung mit Zeno[5] bis zu dessen persönlicher Ankunft in Italien an seiner Stelle regieren. Unklar bleibt, ob Theoderich diese Aufgabe als *magister militum*[2] und *patricius*[6], also nur als kaiserlicher Beamter, wahrnehmen sollte oder ob das „praeregna-
35 re"[7] gegenüber den reinen Beamtenfunktionen größere Herrschaftsbefugnisse beinhaltete. Selbst wenn Zeno dies zugestanden hätte – dafür könnten die Ausführungen von Jordanes[8] sprechen, nach denen Zeno Theoderich den Senat und das römische Volk
40 anvertraut hatte – wäre die Fortdauer einer solchen Zusage nach seinem Tod fragwürdig geworden. […] Eine sichere Rechtsgrundlage für die Ausübung seiner Herrschaft auch über die Römer fehlte von diesem Zeitpunkt [Zenos Tod] an. Die Königserhebung
45 Theoderichs im Jahr 493 war eine „Demonstration der Autonomie" […], die die selbstständige Herrschaft Theoderichs über Italien und seine Bewohner aufgrund seiner Eroberung zum Ausdruck bringen sollte. Das Heer bildete, wie auch in den übrigen Ger-
50 manenreichen, die reale Grundlage für die neu gewonnene Herrschaft. Diese verschaffte ihm einen eigenen Handlungsspielraum in Italien, griff aber gleichzeitig in die Rechte des Kaisers ein. […] [Der Historiker] Wolfram spricht von einer „übermagis-
55 tratlichen"[9] Gewalt Theoderichs, mit der offensichtlich eine erweiterte Machtfunktion gegenüber den Ämtern eines *magister militum* und des *patricius* gemeint ist. Aus dieser Sicht lässt sich auch das Zögern [Kaiser] Anastasius' erklären, der mit einer neuen Situation konfrontiert, erst nach fünf erfolgreichen
60 Regierungsjahren Theoderichs entschied, sich mit diesem Novum aufgrund der tatsächlichen Machtverhältnisse abzufinden und die von Theoderich im Voraus in Anspruch genommene faktische Herrschaft über Italien und die Römer zu sanktionieren.
65 Von diesem Zeitpunkt an konnte Theoderich behaupten, über Italien mit kaiserähnlicher Machtfülle zu regieren.

Helmut Last, Die Außenpolitik Theoderichs des Großen, BOD, Norderstedt 2013, S. 24 ff. und 93 f.*

1 *der Föderat:* nichtrömischer Vertragspartner
2 *der Heermeister:* lat. *magister militum*, in der spätantiken römischen Armee der Oberbefehlshaber eines Heeres
3 *regnum (lat.):* Herrschaft; Mehrzahl: *regna*
4 *Anonymus Valesianus:* Name eines lateinischen Textes, der im 17. Jh. vom französischen Gelehrten Henricus Valesius veröffentlicht wurde. Der Text enthält unter anderem Beschreibungen der Ostgotenherrschaft in Italien.
5 *Zeno:* oströmischer Kaiser, Regierungszeit 474–491
6 *patricius (lat.):* hoher Ehrentitel im spätrömischen Reich
7 *praeregnare (lat.):* das im römischen Recht beschriebene *praeregnare* sieht vor, dass jemand während der Abwesenheit des Kaisers dessen Regentschaft ausübt
8 *Jordanes:* römisch-gotischer Geschichtsschreiber des 6. Jh.
9 *die Magistratur:* Bezeichnung für die höchsten Ämter im Römischen Reich

1 Arbeiten Sie heraus, wie Last Theoderichs Position gegenüber Rom darstellt. Untersuchen Sie hierzu, welche Argumente und Belege Last anführt, um seine Behauptungen zu belegen und zu begründen.
2 Erläutern Sie, welchen Einfluss die Heermeister im spätantiken Rom hatten.
Tipp: Lesen Sie hierzu noch einmal im Darstellungstext, S. 175 nach.
3 Geben Sie die Kernaussagen des Textes zur Bedeutung des Heermeisters im späten Römischen Reich wieder.
4 Arbeiten Sie heraus, welche Unterscheidung Last zwischen den Regenten des Frankenreiches und dem Ostgoten Theoderich vornimmt.
5 **Vertiefung:** Der Historiker Guido M. Berndt spricht von einer Gewaltgemeinschaft, wenn er von Theoderichs Goten spricht. Erläutern Sie – ausgehend von M 9 – diesen Begriff.
6 Beurteilen Sie, ob diese Bezeichnung berechtigt ist.

Die Errichtung des Ostgotenreichs in Italien

M 10 Der britische Althistoriker Peter Heather über Theoderichs Landnahme (2013)

Der neue Herrscher Italiens war in einer Hinsicht eindeutig nichtrömisch: Er hatte seine Armee aus dem Balkan mitgebracht. Einige seiner Soldaten, vor allem aus den Reihen der früheren thrakischen Goten[1],
5 standen schon seit langem auf der Soldliste der Römer. [...] Zu diesem Zeitpunkt, im Jahr 493, kämpfte ein Teil dieser Truppen bereits seit 20 Jahren für ihn. In dieser Zeit waren die Krieger Tausende Kilometer marschiert, hatten unzählige Scharmützel ausge-
10 fochten und dazu einige größere Kämpfe überstanden, sowohl vor als auch nach dem Einzug in Italien. [...] Nachdem sie ihrem Anführer durch ihre Waffen und ihre Ausdauer dazu verholfen hatten, sich die Herrschaft über das ungeheuer reiche Italien zu si-
15 chern, erhofften sich seine Gefolgsleute eine reichliche und gebührende Belohnung.
[...] Bei der Belohnung durfte sich Theoderich nicht knauserig zeigen. Frühmittelalterliche Herrscher, die ihre Anhänger nicht in dem Maße belohnten, wie die-
20 se es erwarteten, hatten vielfach nur ein kurzes Leben. Und Reichtum wurde in der Antike und im Mittelalter in erster Linie durch Grundbesitz verkörpert und durch die Einnahmen, die man daraus erzielen konnte. Hierin lag die Schwierigkeit. Auch vieles an-
25 dere würde sich wunderbar entwickeln, wenn die italo-römische Grundbesitzerelite, die weltliche wie die kirchliche, nicht ins Abseits gedrängt wurde, aber woher sollte sich Theoderich die nötigen Mittel beschaffen, wenn nicht aus den Gütern der etablierten
30 Schichten Italiens? [...] Wie Theoderichs Regime dieses Problem bewältigte, wird in den *Variae*[2] kaum erwähnt, [...] aber die Grundlinien der gefundenen Regelung lassen sich rekonstruieren. Die beiden Informationen, die Cassiodor[3] liefert, sind gleicher-
35 maßen wichtig. Zum einen holte sich Theoderich einen römischen Frontmann, der ihm helfen sollte, eine Lösung zu finden: Petrus Marcellinus Felix Liberius [...]. Er hatte seine Ämterlaufbahn unter Odoaker begonnen und Pluspunkte gesammelt, weil er bis
40 zum Schluss zu seinem Herrn hielt und erst dann zu Theoderich überlief, als der frühere Herrscher als ein Klumpen (oder als ein zweigeteilter Klumpen, wenn man unserer Quelle Glauben schenken darf) auf dem Boden des besagten Speisesaals in Ravenna lag. Zu
45 diesem Zeitpunkt stellte sich Liberius in Theoderichs Dienste und wurde nun zum Lohn für seine Mühen zum Prätorianerpräfekten[4] ernannt und mit der Aufgabe betraut, die Soldaten der Armee in ländlichen Gebieten anzusiedeln. Zum anderen teilt uns Cassio-
50 dor mit, dass die Gotenarmee durch die gefundene Lösung angemessen belohnt wurde, während die Römer „fast überhaupt keinen Verlust spürten". Dieselbe Formulierung taucht in einem Brief des Geistlichen Ennodius – der sich an Theoderichs Hof aufhielt in
55 der Hoffnung, einen der zahlreichen Posten zu ergattern – an Liberius auf; dies war also offenkundig die offizielle Linie der Regierung.
In totalitären Regimes – auch im Altertum und Mittelalter – hat die offizielle Linie nicht unbedingt viel
60 mit der Wirklichkeit zu tun. Was wissen wir also genau über Liberius' Vorgehen? Seine Aufgabe wurde bestimmt und zum Teil auch kompliziert durch strategische Erfordernisse, denn Theoderich konnte es sich nicht leisten, seine bewaffneten Anhänger, die
65 Grundlage seiner militärischen Stärke, in kleinen Gruppen über ganz Italien zu verstreuen. Als oströmische Truppen Ende der 530er-Jahre in Italien einmarschierten, stießen sie auf konzentrierte Ansammlungen von Goten im Nordosten und Nordwes-
70 ten, im Umkreis Ravennas und in der Küstenregion südlich davon, zu beiden Seiten der Hauptstraßen durch den Apennin von Ravenna nach Rom. Diese Verteilung erscheint sehr sinnvoll, denn dadurch waren alle infrage kommenden Einfallsstraßen für einen
75 Angriff von Norden abgedeckt [...].
Am einfachsten waren die Gebiete außerhalb dieser Siedlungskomplexe zu handhaben. Ein Drittel der normalen Steuereinnahmen aus diesen unangetasteten Gebieten (wofür die lateinischsprachigen Büro-
80 kraten gewohnt einfallsreich die Bezeichnung *tertiae* – „Dritte" – gefunden hatten) war für den Unterhalt der Armee reserviert [...].
Einige Truppenteile Odoakers[5] wurden von Theoderich übernommen, andere dagegen nicht; die Besitz-
85 tümer der Letzteren waren eine Vermögensmasse, die ohne Kostenaufwand von der Politik neu verteilt werden konnte. Hinzu kam weiteres preisgünstiges Land in Form der Grundstücke, die sich im Besitz der Städte oder Körperschaften unterschiedlicher Art
90 (Badehäuser, Gilden[6] etc.) befanden. [...] Die römischen Grundeigentümer blieben gesund und munter, und dem Regime wurde später nie ungerechte Ansiedlungspolitik vorgeworfen, auch als die Oströmer es in den 530er-Jahren in Misskredit zu bringen ver-
95 suchten [...]. Auch Theoderichs Armee war anscheinend zufrieden. Hin und wieder musste der König einen der alten Würdenträger hinrichten lassen, aber es gibt keine Anzeichen für größere Aufstände, die ja stattgefunden hätten, wenn die Erwartungen der
100 Truppe im Allgemeinen nicht erfüllt worden wären. In den *Variae* wird auch so wenig über die Armee berichtet, dass in der jüngeren Forschung argumentiert

wurde, Theoderichs ursprüngliche Gefolgsleute seien so zufrieden mit ihren Zuteilungen gewesen, dass die ursprüngliche Armee in den 490er-Jahren in der Landwirtschaft aufging und die Veteranen sich damit begnügten, Oliven anzubauen und Trauben zu pressen. Aber wenn man nicht davon ausgeht, dass Theoderichs Armee in kultureller Hinsicht weitgehend gotisch geprägt war, erscheint diese Vorstellung sehr zweifelhaft.

Peter Heather, Die Wiedergeburt Roms, übers. v. Hans Freundl und Heike Schlatterer, Klett-Cotta, München 2014, S. 88–93.*

1 *thrakische Goten:* Goten, die (im Gegensatz zu den mindestens zwei anderen Gotengruppen) aus Thrakien stammen, also aus einem Gebiet, das heute zu Bulgarien, Griechenland und zur Türkei gehört
2 *Variae:* Briefsammlung, die der römische Beamte Cassiodor im Auftrag von Theoderich und einigen seiner Nachfolger verfasste und gegen Ende des ostgotischen Reiches in 12 Büchern veröffentlichte
3 *Cassiodor (ca. 485–580):* römischer Staatsmann, Gelehrter und Schriftsteller, Theoderichs Kanzleichef, Verfasser der *Variae* (siehe Fußnote 2)
4 *der Prätorianerpräfekt:* Titel des höchsten zivilen Verwaltungsbeamten
5 Der Heerführer Odoaker hatte vor Theoderich in Italien geherrscht und war von diesem nach dreijähriger Schlacht besiegt und ermordet worden.
6 *die Gilde:* Vereinigung von Kaufleuten
7 *der Präfekt:* Amtstitel

1 Nennen Sie Maßnahmen, die Theoderich ergreift, um die Kriegstüchtigkeit der Goten zu bewahren.
2 **Vertiefung:** Heather behauptet, das Gotenreich sei ein „totalitäres Regime" (Z. 58) gewesen. Setzen Sie sich in Form eines Essays mit seiner Argumentation auseinander.
3 Skizzieren Sie, inwiefern Theoderich bei der Ansiedlung seiner Goten ein Ausgleich zwischen diesen und der römischen Bevölkerung gelang.
Kernmodul: ▶ Berücksichtigen Sie auch M 8, S. 241 f.

Theoderichs Herrschaftsverständnis

M 11 Aus dem Theoderich-Panegyricus des Ennodius (um 500)

Bischof Ennodius von Pavia verfasste – vermutlich anlässlich Theoderichs erster Reise nach Rom im Jahr 500 – einen Panegyricus, eine Lobrede, auf den König:

So sei endlich gegrüßt, du Bedeutendster der Könige, an dessen Herrschaft die Kraft des Adels ihr gemäße Züge wiedererkannte. Sei gegrüßt, Sicherheit des Staates: Denn es wäre unrecht, gesondert darüber zu erzählen, was von dir zugleich geschaffen wurde, und die Errungenschaften ein und derselben Zeit mit Worten zu trennen. Wenn ich die Kriege meines Königs zähle, komme ich auf ebenso viele wie Triumphe. Kein Feind begegnete dir im Kampf, ohne zu deiner Verherrlichung beizutragen: Wer sich deinem Willen widersetzte, kämpfte ja doch nur, um dir Siegeszeichen zu verschaffen. Denn immer schuf er dir Ruhm, entweder, indem er sich dir unterwarf, deiner Menschlichkeit, oder, indem er die Waffen anmaßend ergriff, deiner Tapferkeit. Wer die in der Schlacht erblickte, wurde besiegt, wer dir in Frieden begegnete, musste nichts fürchten […].

[Ennodius beschreibt im Folgenden ein Gespräch zwischen dem kampfbereiten König und seiner Familie vor der entscheidenden Schlacht zwischen Odoaker und Theoderich.]

Sobald die Morgenröte in ihrem goldenen Zweigespann den Aufgang der Sonne anzeigte und sich aus dem Wasser des Ozeans der Flammenball der Sonne erhob, ertönte bereits dumpf das Signalhorn; das Heer wartete schon auf dich, ohne an sich selbst zu denken. Während du nun deine Brust mit schützendem Stahl umgabst, dich mit Beinschienen wappnetest und das Schwert, den Beschützer der Freiheit, um deine Seite gürtetest, da bestärktest du deine tugendhafte Mutter und deine ehrwürdige Schwester, die zu dir gekommen waren, um nach dir zu sehen. Während sie in ihrer weiblichen Sorge zwischen Hoffnung und Angst schwankten und sich in Angst über den Ausgang der Schlacht am Glanz deines Antlitzes ergötzten, sprachst du zu ihnen folgende Worte: „Du weißt, Mutter, dass du durch den Ruhm deines Kindes bei allen Völkern bekannt bist, dass du am Tage meiner Geburt glücklich einen Mann zur Welt brachtest: Der Tag ist da, an dem das Schlachtfeld das Geschlecht deines Kindes verkünden soll. Mit Waffen muss ich mich darum bemühen, dass der Glanz meiner Ahnen nicht durch mich verloren geht. Zu Unrecht berufen wir uns auf die Auszeichnungen der Väter, wenn wir nicht auch durch eigene Taten Unterstützung erhalten."

Ennodius von Pavia, Der Theoderich-Panegyricus des Ennodius, übers. und hg. v. Christian Rohr, Monumenta Germaniae Historica, München 1995, S. 199 ff. und 227.*

M 12 König Theoderich an alle Goten (um 508)

Bei Cassiodor (siehe Fußnote 3 zu M 10) findet sich ein Waffenruf für den Zug gegen die Gallier, vermutlich im Jahr 508 verfasst:

Die Goten braucht man es eher nur wissen lassen, wo es bewaffnete Konflikte gibt, als sie dazu überreden zu müssen; denn es freut einen kriegerischen Stamm, sich zu erproben! Anstrengung scheut gewiss der nicht, der den Ruhm der Tapferkeit begehrt. Daher haben wir also mit der Hilfe Gottes, durch den alles zum Erfolg führt, wenn er es bewirkt, zum Allgemeinwohl ein Heer nach Gallien abzusenden beschlossen, damit einerseits auch Ihr zu Eurem Vorteil einen Anlass haben könnt, andererseits wir [das], was wir schon gegeben haben, sichtbarlich Verdienten übertragen haben. In der Ruhe bleibt nämlich die löbliche Stärke verborgen, und wenn es keinen Raum hat, sich zu erproben, ist das ganze Strahlen der Verdienste verdunkelt.

Und daher haben wir durch unseren Gefolgsmann Nandus dafür gesorgt, Euch zu ermahnen, dass Ihr zum Kriegszug in Gottes Namen in der gewohnten Weise mit Waffen, Pferden und allem Notwendigen reichlich versorgt, am zunächst kommenden 8. Tage der Kalenden[1] des Juli [24.5.508] Euch mit allen Mitteln und mit Gottes Hilfe in Bewegung setzt, auf dass Ihr sowohl zeigt, wie die Tapferkeit Eurer Väter auch in Euch wohnt, als auch, wie Ihr mit Erfolg unserem Befehl nachkommt.

Führt Eure Jungschar in das Kriegshandwerk ein, unter Eurer Führung mögen sie sehen, was den Nachkommen zu erzählen sie begierig werden sollen! Denn was man in der Jugend nicht lernt, kann man in reiferem Alter nicht. Die Falkenweibchen, die stets von Beute leben, scheuchen ihre ob ihrer Jugend noch schwache Brut aus den Horsten, damit sie sich nicht an schlaffes Nichtstun gewöhnen; mit den Flügeln schlagen sie die Säumigen, zwingen die Zarten zum Flug, damit sie sich so entwickeln, wie es ihre Mutterliebe erwartet. Ihr aber, die sowohl die Natur erhöht, als auch die Begierde nach Hochschätzung kühn gemacht hat, müht Euch, solche Söhne zu hinterlassen, wie sie ohne Zweifel Eure Väter an Euch gehabt haben!

Cassiodor, Variae, I, 24: zit. nach: Ludwig Janus (Hg.), Briefe des Ostgotenkönigs Theoderich des Großen und seiner Nachfolger. Aus den „Variae" des Cassiodor, übers. v. Peter Dinzelbacher, Mattes, Heidelberg 2010, S. 46 f.

1 **die Kalenden:** erster Tag im Monat

1 **Plenum:** Erarbeiten Sie im Plenum, welche Vorstellungen von Herrschaftslegitimation Sie kennen. Beantworten Sie dazu folgende Fragen: Wie wird Herrschaft legitimiert? Wer darf in einem Staat die Macht ausüben?

2 **Partner-/Gruppenarbeit:** Untersuchen Sie arbeitsteilig eine der beiden Quellen M 11 und M 12 zum Herrschaftsverständnis Theoderichs. Welche Formen oder Symbole der Machtlegitimation im Verhältnis zwischen Herrscher und Beherrschten werden deutlich?

Tipp: Nutzen Sie die Methodenseite „Schriftliche Quellen interpretieren", S. 168 f.

M 13 **Cassiodor (vollständiger Name: Flavius Magnus Aurelius Cassiodorus Senator), römischer Staatsmann und Gelehrter (ca. 485–580), Zeichnung in einer mittelalterlichen Handschrift des 12. Jahrhunderts.**

Die Zeichnung entstammt einer Handschrift von Cassiodors „Variae". Diese Sammlung (siehe M 10 und M 12) wurde von Cassiodor um 538 angefertigt und enthält über 400 Briefe, Edikte und andere offizielle Schriftstücke, die Einblicke in die Verwaltung des ostgotischen Königreichs erlaubt. Cassiodor bekleidete unter Theoderich und dessen Tochter Amalasuntha hohe Ämter am ostgotischen Hof.

Soziale und rechtliche Beziehungen zwischen Goten und Römern

M 14 **Der Historiker Hans-Ulrich Wiemer über Theoderichs Herrschaftskonzept (2018)**

Im März des Jahres 493 hatte Theoderich das Ziel, mit dem er im August 489 nach Italien gekommen war, erreicht: Er hatte Odovakar beseitigt und dessen Heer zerschlagen. Theoderich war nun alleiniger und unumschränkter Herr über das Land, in welchem fast ein halbes Jahrtausend lang römische Kaiser geherrscht hatten. Im Hochgefühl des Sieges ließ er sich von seinen Gefolgsleuten zum König ausrufen. Theoderichs Macht beruhte in diesem Augenblick auf dem Gehorsam der Männer, die mit ihm nach Italien gezogen und dort für ihn gekämpft hatten. [...] Aus diesem Grund war die wirtschaftliche Versorgung des Heeres [...] seine erste und dringlichste Sorge. Aber Theoderich war sich voll bewusst, dass eine Herrschaft, die auf nackte Gewalt gegründet ist, selten lange währt: Wenn er ein Land wie Italien dauerhaft beherrschen wollte, benötigte er die Unterstützung derjenigen, die dort über Reichtum und soziale Macht verfügten. Nur wenn die maßgeblichen Kreise bereit waren, die Herrschaft eines gotischen Königs zu akzeptieren, konnte Theoderich seine Herrschaft verstetigen. [...] Wer als Anführer von 20 000 bis 25 000 Kriegern über Millionen von Untertanen herrschen wollte, musste die Senatoren und die katholischen Bischöfe Italiens für sich gewinnen. [...] Theoderich stand also vor der doppelten Aufgabe, sich die Loyalität der Krieger zu sichern, die mit ihm nach Italien gekommen waren, aber zugleich die einheimischen Eliten zur Kooperation zu bewegen. Diese Aufgabe war nicht leicht zu lösen: Seine Krieger verlangten eine Belohnung, die ihr Auskommen auf angemessene Art und Weise sicherte. Diese Forderung war nur zu erfüllen, wenn erhebliche Ressourcen mobilisiert wurden, und kollidierte daher mit den Interessen der einheimischen Eliten, die erwarteten, dass ihr materieller Besitzstand, ihre rechtlichen Privilegien und ihr soziales Prestige gewahrt blieben. [...]

Theoderich konnte die Herrschaft in Italien über mehr als 30 Jahre, bis zu seinem Tod im Jahre 526, nahezu unangefochten behaupten, ja sie sogar auf Südfrankreich und die Iberische Halbinsel ausdehnen, weil es ihm gelang, die skizzierten Aufgaben zu lösen. Wohl schon in den ersten Jahren seiner Herrschaft entwickelte Theoderich ein politisches Konzept, das sich aus der Sicht des modernen Betrachters auf die Formel Integration durch Separation bringen lässt: Der König verwandelte die mobile Kriegergruppe, mit der er Italien erobert hatte, in ein stehendes Heer. Zu diesem Zweck stattete er die Angehörigen seines Heeres mit Landgütern aus, deren Erträge ihnen ein sorgenfreies Auskommen sicherten. Wer zu diesem *exercitus Gothorum* gehörte, war gegenüber dem König zum Dienst als Krieger verpflichtet, sobald und solange er dazu fähig war. Dieses Heer aber wurde mit den Goten im Reich Theoderichs gleichgesetzt – soweit diese männlich und kriegstauglich waren. Es handelte sich also um eine militärische Funktionselite, die zugleich ethnisch definiert wurde. Offiziell galt die Gleichung: Wer für den König Waffen führt, ist Gote [...]. Die königliche Kanzlei verkündete unaufhörlich, dass Theoderich über zwei Völker herrsche, über Goten und Römer. Die Goten sollten das Reich gegen innere und äußere Feinde verteidigen, die Römer den Frieden genießen und pünktlich ihre Steuern zahlen. [...]

Für die weltlichen und kirchlichen Eliten war entscheidend, dass der König nicht daran dachte, die überkommenen Strukturen der spätrömischen Zivilverwaltung grundlegend zu verändern. Theoderich ließ die Behörden auf provinzialer und zentraler Ebene bestehen und übernahm das in ihnen beschäftigte Personal. Auf diese Weise entstand eine Art Doppelstaat: Auf der einen Seite stand die nach spätrömischen Muster organisierte Zivilverwaltung, deren Personal ausschließlich aus Römern bestand, die der lateinischen Sprache mächtig waren. Auf der anderen Seite stand die gotische Militärverwaltung, deren Personal aus dem Heer rekrutiert wurde. Bei ihr lag der Gerichtsstand für die Goten; mit Römern bekam sie es nur dann zu tun, wenn diese mit Goten in Streit gerieten.

Das Herrschaftskonzept Theoderichs zielte also keineswegs darauf ab, Goten und Römer zu einem Volk zu verschmelzen, wie man mitunter gemeint hat. [...] Theoderich war im Gegensatz darum bemüht, eine soziale Scheidewand zwischen Eroberern und Einheimischen zu errichten, indem er seine Untertanen in zwei Völker einteilte, die unterschiedliche Aufgaben erfüllen und verschiedene Rollen spielen sollten, die Goten als Krieger, die Römer als Zivilisten.

Hans-Ulrich Wiemer, *Theoderich der Große. König der Goten, Herrscher der Römer*, C. H. Beck, München 2018, S. 193–197.*

1 Wahlaufgabe: Bearbeiten Sie entweder Aufgabe a) oder b).
   a) Charakterisieren Sie anhand von M 14 die römisch-gotischen Beziehungen.
   b) Erstellen Sie eine Mindmap zum Thema „Theoderichs Herrschaftskonzept".
Tipp: Nutzen Sie die Methodenseite „Darstellungen analysieren", S. 230 f.

M 15 Die Historikerin Verena Postel über das rechtliche Verhältnis zwischen „Barbaren" und Römischem Reich" (2004)

Rom formulierte sein Verhältnis zu den sich neu formierenden germanischen *gentes*[1] in den Termini traditioneller römischer Außenpolitik. Es schloss Verträge mit barbarischen Königen und *gentes*, die, als *foedera amicitae*[2] bezeichnet, die völkerrechtliche Terminologie der Antike fortsetzten. Völkerrechtliche Freundschaftsverhältnisse unbefristeter Art waren als *amicitia* definiert worden. Sie beinhalteten eine wechselseitige Anerkennung der Partner, den Ausschluss feindlicher Handlungen und waren Voraussetzung diplomatischer Beziehungen, ohne die Gleichrangigkeit der Partner festzulegen.

Die Fortsetzung dieser Terminologie bedeutete zweierlei: Rom bestimmte weiterhin die Sprache der Politik, die Barbaren übernahmen die Formen politischer Kommunikation, andererseits schloss dieses Eintreten der Barbaren in den Horizont der römischen politischen Kultur jedoch keineswegs aus, dass sich die neuen *gentes* innerhalb des weiten Mantels der diplomatischen Beziehungen zu Rom zu voller Souveränität emanzipierten, wie es in der Folge in den Königreichen der West- und Ostgoten, Vandalen, Burgunder und Franken geschah. Im Jahr 466 etwa brach der Westgotenkönig Aurich das *foedus*³ mit Rom und regierte fortan als König eigenen Rechts. [...]

Die sog. „Familie der Könige", die der Ostgotenkönig Theoderich durch zahlreiche Heiratsverbindungen in deutlicher *imitatio imperii*⁴ um sich versammelte und die die Dimension einer internationalen Friedensordnung gewann, war nichts anderes als die produktive Weiterentwicklung der *pax*⁵ *Romana*, des römischen Systems informeller Herrschaft über Klientelkönigreiche. Sie hatte demgemäß auch eine kulturmissionarische Komponente, wie z. B. der Verkehr mit dem fränkischen Königshof zeigt. Die Gesandtschaft, die mit Chlodwig das Problem der Alemannen verhandeln sollte, begleitete ein Kitharöde⁶, „ein Orpheus, der mit seinen süßen Klängen die wilden Herzen eines fremden Volkes bezwingen sollte" (Cassiodor, Variae II, 40). Kein Geringerer als Boethius war vom Gotenkönig beauftragt worden, seine Kennerschaft unter Beweis zu stellen und einen geeigneten Mann zu finden. Das Begleitschreiben selbst war eine der ersten Leistungen des neuen Quästors⁷ Cassiodor. Zur selben Zeit begann Boethius sich auch darum zu kümmern, einen Stundenmesser für den Burgunderkönig zu konstruieren, und Cassiodor verfasste dazu die erläuternden Bemerkungen: Es sei Verpflichtung und Fähigkeit des italischen Gotenreiches, den barbarischen Königen Galliens die Kultur zu bringen. [...]

Die Geschichte der außenpolitischen Beziehungen im Frühmittelalter zeigt eindrucksvoll, wie die germanischen *gentes*, die bei ihrem Eindringen in den römischen Kulturkreis wie etwa auch im Bereich der schriftlichen Gesetzgebung römische Verfahrensweisen kennen lernten, sich zunächst in diese einbinden ließen, sie dann aber eigenständig nutzten und entsprechend ihrem wachsenden politischen Gewicht eigenen Zielen dienstbar machten. Es ergibt sich gleichsam eine Dreistufigkeit in der Anwendung außenpolitischer *amicitia*. Was Ostgoten und Franken von Byzanz gelernt hatten, wandten sie eine Ebene tiefer auf ihre eigenen zwischenstaatlichen Beziehungen zu ihren Grenznachbarn an. Das Paradigma *amicitia* blieb von der Antike bis ins hohe Mittelalter das maßgebliche Schema zur Regelung außenpolitischer Beziehungen sowohl zwischen gleichrangigen als auch zwischen ungleichen Partnern.

Verena Postel, Die Ursprünge Europas. Migration und Integration im Frühen Mittelalter, Kohlhammer, Stuttgart 2004, S. 45 f.*

1 *gens (lat.):* Geschlecht, Familie
2 *foedera amicitae:* in Freundschaft verbundene Bündnispartner
3 *foedus, lat.:* der Vertrag
4 *imitatio imperii, lat.:* Nachahmung des (römischen) Reiches
5 *pax, lat.:* der Frieden
6 *der Kitharöde:* ein Dichter, der seine Gedichte selbst sang und sich dabei auf der Leier Kithara begleitete
7 *der Quästor:* römische Amtsbezeichnung

1 Geben Sie die Kernaussagen des Textes wieder.
   Tipp: Notieren Sie hierfür auf einem Blatt sieben Begriffe aus dem Text, mit deren Hilfe Sie den Inhalt des Textes wiedergeben können. Legen Sie das Buch beiseite und formulieren Sie mithilfe der sieben Begriffe eine strukturierte Inhaltsangabe.
2 Arbeiten Sie heraus, wie Postel Kontinuität und Wandel im Verhältnis zwischen barbarischen Völkern und dem Römischem Reich darstellt.

Stationenlernen/Gruppenpuzzle: Zur Bedeutung archäologischer Funde

1 Bearbeiten Sie die folgenden Materialien entweder im Rahmen einer Stationenarbeit oder als Gruppenpuzzle, indem Sie eine gemeinsame Präsentation erstellen.

M 16 Der Historiker Walter Pohl über die Bedeutung von Grabbeigaben (2008)

[Vor kurzem] fand das „größte Begräbnis aller Zeiten" statt – so haben es zumindest die Medien genannt. Begraben wurde, am 8. April 2005, Papst Johannes Paul II. Als Einstieg in das komplexe Verhältnis von Spuren, Texten und Identitäten ist das Beispiel gut geeignet. Zahlreiche Texte in Zeitungen haben vom Ereignis erzählt, die Rituale gedeutet, die Objekte beschrieben, obwohl sie dabei keineswegs ganz übereinstimmten. Der Papst wurde in einem einfachen Zypressensarg bestattet, verziert mit dem Buchstaben M für Maria (würden Archäologen der Zukunft das deuten können?). Der Zypressensarg wurde dann von einem Zinksarg umschlossen, auf dem ein Kreuz, der Name und das Wappen des Papstes angebracht sind, und der wieder in einem Eichensarg ruht. Sein Gesicht wurde mit einem Seidentuch bedeckt. An Grabbeigaben erhielt der Papst seine Mitra[1]; einen Beutel mit 27 im Vatikan geprägten Gold- und Silbermünzen, also eine für jedes Pontifikatsjahr[2]; sowie eine in einem Eisenbehälter versiegelte Urkundenrolle, die auf Latein einen kurzen Text über sein Leben enthielt. Darauf erfuhr man, auf die Minute genau, das Sterbedatum sowie dass er der 264. Papst war. „Seine Erinnerung", so heißt es, „bleibt im Herzen der ganzen Kirche sowie der Menschheit." Abweichend sind die Angaben darüber, ob auch ein Behälter mit Erde aus seiner polnischen Heimatstadt mitgegeben wurde […]. Begräbnisse von großen Führungsfiguren sind immer außergewöhnlich, aber einige Beobachtungen lassen sich machen. Archäologen würden sich ähnliche Texte über die Bestatteten in frühmittelalterlichen Gräbern wünschen […].

Die symbolischen Hinweise auf die Identität des Bestatteten sind freilich widersprüchlich. Rangabzeichen fehlen im Übrigen, bis auf Ornat und Mitra; der Ring wird bei Päpsten nicht mitgegeben, der Bischofsstab ebenfalls nicht. Auch christliche Symbole fehlen sonst im Sarg. Dafür könnten die Münzen spätere Archäologen zur irrigen Annahme verleiten, hier sollte der irdische Reichtum des Papstes symbolisiert werden, oder gar, das Geld sollte ihm Reise und Aufenthalt im Jenseits erleichtern. […]

Das Papstbegräbnis war jedenfalls ein Moment äußerster Aufmerksamkeit, der zur Gemeinschaftsstiftung und zur Selbstvergewisserung genutzt wurde. Zeremoniell und Grabausstattung wurden allgemein für höchst berichtenswert gehalten, wobei die Bedeutung der einzelnen Gegenstände mehr oder weniger gut erklärt wurde. Überschießende Sinngebung also, wobei gerade das wenig betont wurde, was nahelag und ohnehin selbstverständlich schien, und scheinbar Fernerliegendes symbolisch hervorgehoben wurde. Berichte von außergewöhnlichen Begräbnissen gibt es vereinzelt auch aus dem Frühmittelalter, etwa die berühmte Bestattung Alarichs I. *cum multas opes*[3] im Busento und die Attilas. Auch Attila lag, glaubt man Jordanes, in drei Särgen: einem eisernen, der die Siege über viele Völker, einem silbernen und einem goldenen, die die Geschenke Ost- und Westroms versinnbildlichen sollten; er erhielt reiche Grabbeigaben, wie sie eines Königs würdig waren, darunter Waffen besiegter Feinde. Von Symbolen ethnischer Zugehörigkeit ist hier wie anderswo nicht die Rede, nur von einem standesgemäßen Begräbnis. Die Waffen der Feinde taugen ja gerade nicht als Zeichen der Zugehörigkeit. Für die Grammatik der Grabbeigaben sind die schriftlichen Mitteilungen aus dem Frühmittelalter leider sehr wenig aussagekräftig. Doch zeigen Beispiele wie der Bericht vom Begräbnis Attilas zugleich, dass Rituale wie verwendete Objekte bei der Bestattung reiche Bedeutungen aufwiesen.

Walter Pohl, Spuren, Texte, Identitäten, in: Sebastian Brather (Hg.), Zwischen Spätantike und Frühmittelalter. Archäologie des 4. bis 7. Jahrhunderts im Westen, de Gruyter, Berlin 2008, S. 13 ff.*

1 *die Mitra:* traditionelle Kopfbedeckung der Bischöfe
2 *das Pontifikat:* Amtszeit des Papstes
3 *cum multas opes (lat.):* mit vielen Schätzen

1 Geben Sie die wesentlichen Aussagen Pohls zur Bestattung Papst Johannes Pauls II. wieder.
2 Nehmen Sie Stellung zu der Behauptung, das Papstbegräbnis sei ein „Moment äußerster Aufmerksamkeit" gewesen, „der zur Gemeinschaftsstiftung und Selbstvergewisserung" (Z. 43 ff.) genutzt worden sei.
3 Untersuchen Sie aktuelle Euro- und Cent-Münzen: Welche Informationen könnten spätere Historiker aus ihnen über unsere Gesellschaft herausarbeiten?
Tipp: siehe S. 479.

M 17 Aus einer Studieneinführung zur archäologischen Quellenkritik (2016)

Wie jede historische Analyse muss sich auch die Archäologie der Eigenschaften ihrer Quellen bewusst sein – ihrer Lückenhaftigkeit, aber auch ihrer Subjektivität. Auch archäologische Quellen sind nicht zwangsläufig neutral, sondern durch vielfältige Formationsprozesse oft sehr tendenziös. Das zu erkennen und einzuschätzen ist häufig nicht einfach. […] Die Archäologie […] bemüht sich um die Rekonstruktion einer vergangenen „Realität". Die rekonstruierte Realität stimmt aber nur bedingt mit der vergangenen „Realität" überein, denn diese ist in hohem Maße fiktiv: Aus Zeitgeschichte und persönlichen Erfahrungen lernen wir, wie unterschiedlich ein Geschehen wahrgenommen werden kann. Mit diesem Problem müssen sich die Quelleninterpretation und die Synthese auseinandersetzen. Viel grundlegender ist aber das Problem, dass die Quellen ohnehin nur einen sehr kleinen Ausschnitt einer vergangenen Realität erfassen und keineswegs objektiv sind. Viele archäologische Auswertungen gehen unbewusst von einer sogenannten Pompeji-Prämisse aus. Der archäologische Befund wird als ein direktes, allenfalls unvollständiges Abbild einer einstigen Realität gesehen – eine Vorstellung, die selbst in Pompeji, das beim Vesuv-Ausbruch 79 n. Chr. verschüttet wurde, nur bedingt stimmt. […]

In den Geschichtswissenschaften kann sich die Quellenkritik auf die auch universitär verankerten Historischen Grundwissenschaften stützen. Aufbauend auf einer philologischen Textkritik und der Beschäftigung mit Urkunden wurde nicht nur eine Quellensystematik, sondern auch ein an klaren Kriterien orientiertes, methodisches Vorgehen entwickelt, das einerseits nach der physischen Gestalt (äußere Quellenkritik) und andererseits nach dem Informationsgehalt (innere Quellenkritik) fragt. Sie prüft die Entstehungsumstände der Quelle ebenso wie deren Überlieferung über die Zeiten hinweg.

Dieses Grundschema einer Quellenkritik kann prinzipiell auch auf materielle Quellen übertragen werden, doch spielen die Überlieferungsbedingungen eine wesentlich größere Rolle. Der Informationsgehalt archäologischer Quellen lässt sich nur zu einem geringen Teil am Einzelobjekt festmachen, sondern er beruht auf der komplexen Befundsituation, die Informationen zu funktionalen Zusammenhängen, zur Einbindung von Objekten in Handlungsabläufe, zu sozialen Kontexten und nicht zuletzt auch zur Datierung liefert. [...]

Die *primäre* Befundsituation bezieht sich auf das Handeln der Menschen in der zu rekonstruierenden Vergangenheit. Sie umfasst also den systematischen Kontext, vor allem aber auch die Bedingungen, unter denen sich dieses Handeln materialisierte und unter denen die Spuren aus der aktiven Lebenswelt ausschieden.

Die *sekundäre* Befundformation umfasst die Prozesse nach der Einbettung in den Boden, also vor allem Fragen der Erhaltung bei der Bodenlagerung. Am Ende der sekundären Formation steht das archäologische Potenzial, also alle Befunde, die theoretisch den Methoden der archäologischen Quellenerschließung zugänglich sind.

Die *tertiäre* Befundformation betrifft die Gegenwart und umfasst die Erschließung und Analyse der archäologischen Daten, liegt also in der Gegenwart des Forschers und teilweise in dessen Verantwortung.

Barbara Scholkmann, Hauke Kenzler, Rainer Schreg, Archäologie des Mittelalters und der Neuzeit. Grundwissen, WBG, Darmstadt 2016, S. 101–104.*

1 Erklären Sie mithilfe des Textes M 17 und des Schemas M 19 die Überlieferungsprozesse, die Archäologen bei ihrer Arbeit berücksichtigen müssen.
2 Setzen Sie die Begriffe „vergangene Realität" und „rekonstruierte Realität" in Beziehung zueinander.
3 Zusatzaufgabe: siehe S. 4/9.

M 18 Fundstücke aus einem germanischen Kammergrab werden im Landesamt für Denkmalpflege in München (Bayern) unter einem Binokular untersucht, Fotografie, 2017.
Die Fundstücke stammen aus einem spätantiken Grab aus Pförring und werden auf die Zeit zwischen 400 und 450 nach Christus datiert.

M 19 Schematische Darstellung der archäologischen Quellenkritik

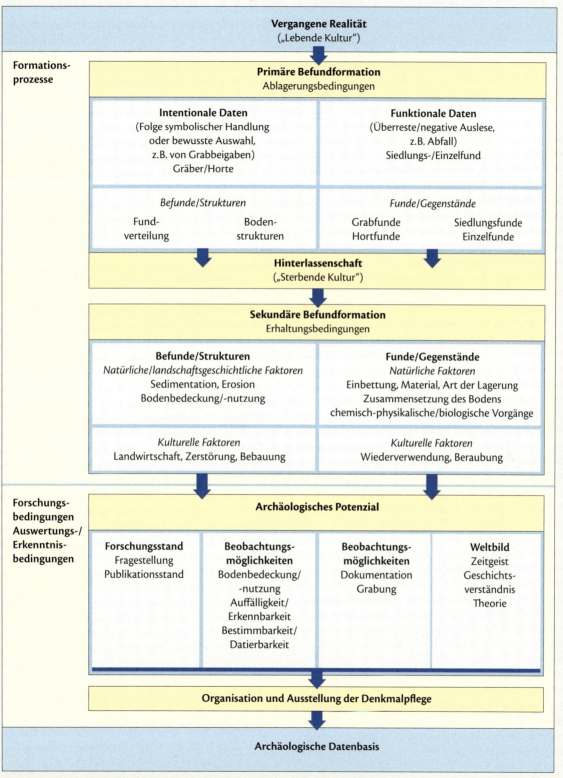

Zit. nach: Barbara Scholkmann, Hauke Kenzler, Rainer Schreg (Hg.), Archäologie des Mittelalters und der Neuzeit. Grundwissen, Wissenschaftliche Buchgesellschaft, Darmstadt 2016, S. 106 (leicht vereinfacht).

M 20 Der deutsche Archäologe Günter P. Fehring über Bestattungssitten in Spätantike und Mittelalter (2000)

Als Gräberfelder oder Friedhöfe bezeichnen wir im Gegensatz zu den um die Kirchen gelegenen Kirchhöfen die in der Regel außerhalb einer Siedlung gelegenen, in vorchristlicher Zeit wurzelnden Bestattungsplätze. [...] Bestattungsart und Grabformen, die menschlichen Überreste und die Beigabenausstattung sind Gegenstand, des Weiteren Aussagen zu Totenkult und Besiedlung, Bevölkerung, Gesellschaft und Wirtschaft Ziel der Untersuchungen. Unter den Beisetzungsarten löste die Körperbestattung die Totenverbrennung ab – jedoch mit zeitlichen, regionalen und auch sozialen Unterschieden: Während die im spätrömischen Reich übliche Körperbestattung von einigen fränkischen Völkern schon im 4. Jh. übernommen wurde, blieb sie etwa bei den Alamannen zunächst den sogenannten Fürstengräbern vorbehalten. Zahlreiche „gemischt belegte" Friedhöfe, etwa Norddeutschlands und Skandinaviens, weisen trotz der Verbote Karls des Großen neben Körper- noch lange Brandbestattungen auf; diese erlöschen hier wie auch bei den Nordwestslawen unter dem Einfluss des Christentums endgültig erst im Verlauf des hohen Mittelalters. [...]

Körperbestattungen

In der Regel wurden die Bestatteten in gestreckter Rückenlage, mit den Armen entlang dem Körper, beigesetzt. Die Ausrichtung spiegelt unterschiedliche Glaubensvorstellungen. Sicher ist, dass sich die West-Ost-Orientierung, d. h. die Bestattung des Verstorbenen mit Blick nach Osten, unter dem Einfluss des Christentums durchsetzte. [...] Die Grabgrube nahm den Toten auf einem Totenbrett oder in einem Bohlen- bzw. Baumsarg auf, der häufig seinerseits von einer hölzernen Grabkammer oder in der Spätzeit von einem Steinplatten- oder gemauerten Grab umschlossen war. [...]

Beigabensitte

Sie erfährt im frühen Mittelalter einen letzten Höhepunkt, unter den Einwirkungen des Christentums kommt sie dann in der Folgezeit fast zum Erlöschen. Die Beigaben dürften als Eigentum der Verstorbenen, aber auch als Geschenke der Hinterbliebenen oder als Bestandteil des Bestattungsritus zu werten sein. Dazu gehören Tracht, Schmuck und Waffenausstattung, Speise und Trank, Insignien eines Amtes, Geräte zur Ausübung eines Berufes, zuweilen auch Schiff und Wagen, Pferde und Hunde, seltener Gefolge und Gesinde. Beigaben erlauben die zeitliche Einordnung, die Unterscheidung von Männer- und Frauenbestattungen, Einblicke in die Tragweise von Tracht und Schmuck sowie die Bewaffnung, Erkenntnisse über soziale Kennzeichen, kultische Sitten und religiöse Vorstellungen; sie erlauben schließlich über die Gliederung des Gräberfeldes auch Rückschlüsse auf die sozialen, wirtschaftlichen und Siedlungsverhältnisse der Lebens- und Bestattungsgemeinschaft. [...] Auch nach dem Aufhören der frühmittelalterlichen Beigabensitte sind den Toten gelegentlich Gegenstände sehr unterschiedlicher Art mit ins Grab gegeben worden. Nicht selten tragen Angehörige des Hochadels nebst kostbaren Gewändern auch Schmuck und Waffen. [...] Ebenso kommt bei Frauenbestattungen des hohen und späten Mittelalters insbesondere in Südwestdeutschland häufig eine Schere vor, die der Volkskunde als Grabbeigabe der toten Wöchnerin geläufig ist. Funde wie diese bilden neues Quellenmaterial zu Totenkult und Bestattungsbrauch im Spannungsfeld zwischen christlichem Glauben und heidnisch geprägtem Aberglauben.

Günter P. Fehring, Die Archäologie des Mittelalters, Wissenschaftliche Buchgesellschaft, 3., verb. u. aktual. Aufl., Stuttgart 2000, S. 54 ff. und 70.*

M 21 Befunde aus dem ostgotischen Gräberfeld von Globasnitz in Österreich

Um die Jahrtausendwende herum entdeckten Archäologen im österreichischen Globasnitz ein ostgotisches Gräberfeld, das reichen Einblick in die Bestattungssitten der Goten gab. Die Goten, so scheint es, behielten nach der Trennung von den Hunnen zumindest teilweise die Sitte bei, ihren Kindern die Schädel zusammenzubinden, sodass eine lange, fließende Stirn entstand, sogenannte Turmschädel. Von 1999 bis 2001 wurden [...] 170 Gräber freigelegt. [...] Bei einigen Bestattungen konnten Totenbretter, also hölzerne Unterlagen für den Verstorbenen, aufgrund ganz geringer Holzreste festgestellt werden. [...] Alle Bestattungen waren mit der Blickrichtung nach Osten begraben. [...] In einem Fall konnte eine etwa 40-jährige Frau mit Kinderlähmung nachgewiesen werden, bei der beide Unterschenkel durch die Lähmung der Streckmuskel angezogen waren. Die gravierende Behinderung der Frau zeigt an, dass sie auf sozial verantwortliche Mitmenschen angewiesen war und dank der Fürsorge ein beachtliches Alter erreichen konnte. Wie die Funde belegen, waren in dem Gräberfeld auch ostgotische Soldaten und Offiziere begraben. Diese Tatsache könnte auch für Knochenverletzungen (Oberarmbruch, Schienbeinbruch), die bereits häufiger als in anderen Gräberfeldern schon während der Ausgrabungen aufgefallen sind, eine Rolle spielen. Nach der Restaurierung des umgeform-

ten Schädels eines Ostgoten ist nun klar, dass der 18-jährige Mann durch einen Schlag an der rechten Schläfe starb. [...]
Bisher wurden drei Männer und eine Frau entdeckt, die einen umgeformten Schädel besaßen. Es ist wahrscheinlich, dass nach der Restaurierung des Skelettmaterials weitere derartige Umformungen erkennbar sein werden, da sich viele Schädel in flach gedrücktem Zustand fanden. Ein solcher Turmschädel wurde durch das Umwickeln des Kopfes mit Binden im Säuglingsalter und während des Wachstums erreicht. [...] Bislang wurde angenommen, dass diese Sitte von hunnischen Stämmen übernommen wurde. Inzwischen gehen die Forscher davon aus, dass dieser Brauch schon früher bei den germanischen Völkerschaften verbreitet war. Allerdings ließ sich aufgrund der Grabungen die Ursache für die Schädelumformungen noch nicht erschließen. Eine Zugehörigkeit zu einer gehobenen Schicht war aufgrund besonderer Beifunde nicht festzustellen. Um eine Modeerscheinung (Schönheitsideal) zu erschließen, gibt es zu wenig Individuen, an denen diese künstliche Deformierung geübt wurde. [...]
In Frauengräbern kamen eiserne und bronzene Armreife, Körbchenohrringe, Polyederohrringe[1] mit Glaseinlagen, hunderte kleine Glasperlen mit 0,2 cm Durchmesser von Halsketten, Beinkämme sowie eiserne und bronzene Fingerringe zutage. [...] In drei Frauengräbern wurden je zweimal ein Schlüssel im Beckenbereich und einmal auf der Brust gefunden. Ein vierter Eisenschlüssel stammt aus einem zerstörten Grab. Der römische Lexikograph berichtet in der 2. Hälfte des 2. Jahrhunderts v. Chr. [...] von einem römischen Brauch, den Frauen einen Schlüssel [...] zu schenken, der Schlüssel als Amulett (des Aufsperrens) sollte also die Geburt erleichtern. [...] Die genannten eisernen Armreife dürfen nicht ausschließlich unter dem Gesichtspunkt des Schmuckes gesehen werden, da schon Plinius [...] über die Übel abwehrende Bedeutung des Eisens berichtet. [...]
In Grab 11 wurden 1999 gotische Adlerkopfbeschläge, ein Feuerschläger und weitere fragile Eisen- und Bronzeobjekte samt einem Erdblock geborgen. [...] Es handelt sich um die Schnalle und Beschläge eines gotischen Militärgürtels sowie um die eiserne Fibel eines Mantels. Die eiserne Schnalle besitzt Einlegearbeiten aus Silber und Kupfer. Der Schnallenrahmen wird durch silberne und kupferne Fäden in kleine Felder geteilt, denen zum Teil kleinere Kreuzrosetten eingefügt sind. Am Schnallendom bilden die Silberdrähte ein Schnurornament; zusätzlich ist er mit einem Kreuz verziert. [...] Am Gürtel trug der Soldat ursprünglich eine kleine Tasche, an der ein Feuerschläger befestigt war. Im Inneren des Täschchens befanden sich neben dem vorauszusetzenden, naturgemäß nicht erhaltenen Zunderschwamm auch vier Feuersteine. Der Feuerschläger besitzt in der Mitte eine Schnalle, durch welchen der Taschenriemen mit bronzener Riemenzunge gezogen werden konnte. Im Rost des Feuerstahls erhielten sich Reste eines Wollstoffs, die vermutlich von einem Mantel stammen, an dem die eiserne Gewandspange befestigt war. [...] Der rote Gürtel war das Rangabzeichen eines Offiziers. Daraus ergibt sich, dass den Militärangehörigen keine Waffen mit ins Grab gegeben wurden. Deshalb sind Gräber von Soldaten des ostgotischen Heeres nicht erkennbar, wenn sie nicht ein Rangabzeichen enthalten.

Franz Glaser, Gräberfeld der Ostgotenzeit (493–536) in Iuenna/Globasnitz, in: Fundberichte aus Österreich, hg. v. Bundesdenkmalamt Wien, Bd. 41, Verlag Ferdinand Berger & Söhne, Wien 2003, S. 431–438.*

1 *das Polyeder:* Vieleck (im geometrischen Sinn)

1 Arbeiten Sie aus M 20 und M 21 heraus, welche Informationen Gräber und ihre Grabbeigaben liefern können. Beziehen Sie auch das Bild M 22 in Ihre Überlegungen mit ein.
2 Weisen Sie nach, inwiefern in der im Gräberfeld abgebildeten Kultur christliche und vorchristliche Elemente eine Rolle spielten.
3 Erörtern Sie die Frage, ob Blumenschmuck und Kränze ein Überbleibsel aus vorchristlicher Zeit sind.

M 22 Die französische Bildhauerin Elisabeth Daynès hält die Rekonstruktion eines deformierten Schädels („Turmschädel") einer ostgotischen Frau, Fotografie, 2007.
Die Rekonstruktion basiert auf den Funden von Globasnitz.

Anwenden

M 1 Die Historikerin Anne Poguntke erläutert die Funktionen spätantiker Heermeister (2014)

Eine zweite Problematik stellen in diesem Rahmen die Begrifflichkeiten „Handlungsspielräume" und „Loyalität" dar. Beide Begriffe sind eher unscharf, kaum fest zu umgrenzen und wohl jeder Leser ver-
5 bindet seine eigenen Assoziationen damit. Um Missverständnissen vorzubeugen, seien daher vorab noch einige Worte dazu verloren: Unter dem Begriff „Handlungsspielräume" verstehe ich die den Heermeistern offenstehenden Möglichkeiten, im Rahmen
10 der ihnen vom Kaiser zugebilligten Funktionen frei agieren zu können. Die *magistri militum* können gewissermaßen als Teilhaber kaiserlicher Herrschaft angesehen werden. So war der Heermeister einer der zahlreichen Repräsentanten kaiserlicher Herrschaft;
15 in den weitläufigen Territorien des Reiches (Regionalkommando) ebenso wie in der Hauptstadt selbst (Praesentalheermeister). Er vertrat den Kaiser sowie seinen herrschaftlichen Anspruch sowohl an den Grenzen des Reiches gegenüber benachbarten Völ-
20 kern als auch im Reich selbst – gegenüber Usurpatoren[1], Aufständischen und anderen „Unruhestiftern". Dazu gehörten auch die Leitung von Friedensverhandlungen sowie der Schutz verschiedener, meist den Regionalheermeistern untergeordneter Berei-
25 che. Die Übernahme richterlicher Funktionen in Fällen, die römische Soldaten betrafen, gehörte ebenso zum Aufgabenbereich des Heermeisters wie die Regelung kirchlicher Angelegenheiten, unter anderem die Vermittlung in Kirchenstreitigkeiten. Neben die-
30 sen diplomatischen Aufträgen diente vor allem der *magister militum praesentalis*, da er über die nötige Nähe zum Kaiserhof verfügte, als Ratgeber […]. Bemerkenswert für das Verhältnis zwischen *magister militum* und Kaiser ist die Tatsache, dass sowohl
35 Handlungen der Heermeister auf den Herrscher zurückfielen, als auch in entgegengesetzter Richtung das Empfinden der Bevölkerung gegenüber dem Kaiser auf dessen „Vertreter" projiziert wurde.

Loyalität bezieht sich auf das Verhältnis zwischen
40 Heermeister und Kaiser, vornehmlich das Verhalten des Amtsträgers gegenüber dem Herrscher. Kennzeichen von Loyalität sind die Erfüllung der zugewiesenen Funktionen und Aufgaben durch den Heermeister – möglichst zur Zufriedenheit des Herr-
45 schers – sowie die Unterstützung und das Festhalten am Herrscher auch in Krisenzeiten. Es meint aber keinesfalls einen Macht- oder Interessenverzicht seitens des *magister militum*. Gerade in Krisenzeiten konnten dadurch die Durchführung zugeteilter Auf-
50 gaben und die Durchsetzung eigener Bestrebungen zum Interessen-, d. h. Loyalitätskonflikt führen. In solchen Situationen waren es neben der persönlichen Einstellung des Heermeisters (die wir in keinem Fall nachvollziehen können und die daher als Argu-
55 ment im wissenschaftlichen Bereich wegfällt) weitere strukturelle Faktoren, die sein Verhalten beeinflussten. Hierzu zählen vor allem die Bereiche Heer/Soldaten, finanzielle Lage des Reiches sowie soziale Stellung des *magister militum*. Auch die kaiserliche
60 Autorität und Legitimität/Legitimation sind entscheidende Einflussfaktoren.

Anne Poguntke, Handlungsspielräume (ost-)römischer Heermeister um 500, in: Mischa Meier, Steffen Patzold (Hg.), Chlodwigs Welt. Organisation und Herrschaft um 500, Franz Steiner Verlag, Stuttgart 2014, S. 397 f.*

1 *der Usurpator:* jemand, der widerrechtlich die [Staats-]Gewalt an sich reißt

1 Arbeiten Sie aus M 1 heraus, wodurch nach Poguntkes Ansicht die Handlungsspielräume des spätantiken Heermeisters gekennzeichnet sind.
2 Übertragen Sie die Informationen aus dem Text auf das Verhältnis zwischen dem ostgotischen Heermeister Theoderich und dem oströmischen Kaiser Zeno und skizzieren Sie dieses.

Präsentation

Theoderich-Darstellungen im historischen Kontext

Recherchieren Sie Darstellungen von Theoderich aus unterschiedlichen Zeiten. Erarbeiten Sie Gemeinsamkeiten und Unterschiede und überprüfen Sie, inwieweit die Unterschiede aus dem historischen Entstehungskontext erklärt werden können. Erstellen Sie eine Präsentation Ihrer Ergebnisse.

Wiederholen

M2 Medaille König Theoderichs, um 500.

Diese Münze ist die einzige ihrer Art, obwohl angenommen wird, dass es mehrere Exemplare gegeben haben muss. Vermutlich wurde die Münze im Rahmen einer Ehrung als Geschenk an Soldaten ausgegeben und später zu einer Fibel umgearbeitet, deshalb befindet sich auf der Rückseite der Rest einer Nadel. Die auf der Vorderseite abgebildete Siegesgöttin Victoria steht auf einer Weltkugel und hält in der Hand einen Siegeskranz, wie ihn römische Feldherren bei ihrer siegreichen Heimkehr erhielten.
Inschrift der Vorderseite: Rex Theodericus Pius Princ(eps) I(nvictus) s(emper) (dt.: „König Theoderich, der geheiligte, auf immer unbesiegbare Anführer"), Rückseite: Rex Theodericus Victor Gentium (dt.: „König Theoderich, Sieger über die nicht-römischen Völker")

Zentrale Begriffe
Ansiedlung
Archäologie
„Barbaren"
Ethnogenese
Heermeister
Hunnen
Integration
Konsolidierungspolitik
Ostgoten
Oströmisches Reich
Reichsinsignien
Römer
Senat
Weströmisches Reich

Formulierungshilfen für eine Erörterung
– Einerseits …, andererseits …
– Im Gegensatz zu …
– Zentrale Merkmale waren …
– Eine wichtige/untergeordnete Rolle spielte …
– etwas leitet eine (positive/negative) Entwicklung ein
– etwas fördert/verstärkt/hemmt einen Prozess
– etwas vergrößert/verkleinert den Handlungsspielraum
– etwas hat Auswirkungen auf
– kurzfristige Effekte/langfristige Folgen

1 **Wahlaufgabe:** Bearbeiten Sie entweder Aufgabe a) oder b).
 a) Beschreibung Sie die Veränderung, die das Amt des Heermeisters in der Spätantike durchlief.
 b) Erläuterung Sie, inwiefern das Amt des Heermeisters die Grundlage für Theoderichs Herrschaft über das Ostgotenreich war.
2 Erstellen Sie mithilfe der zentralen Begriffe eine Visualisierung zur Entstehung des Ostgotenreichs.
3 Beschreiben Sie die Medaille König Theoderichs (M 2) und beurteilen Sie, inwieweit er sich hier als römischer Herrscher darstellt.
 Tipp: Beachten Sie hierbei sowohl Theoderichs Kleidung und Frisur als auch die Inschrift.
4 Erläutern Sie die einzelnen Aspekte von Theoderichs Konsolidierungspolitik. Nutzen Sie die sprachlichen Hilfen.
5 **Vertiefung:** „Integration durch Separation" – so fasst der Historiker Hans-Ulrich Wiemer in seiner 2018 erschienenen Theoderich-Biografie dessen innenpolitisches Herrschaftskonzept zusammen. Erläutern Sie, was Wiemer damit meint, und begründen Sie, ob Sie diese Aussage für zutreffend halten.
6 Überprüfen Sie Ihre zu Beginn des Kapitels formulierten Thesen. Beantworten Sie Ihre Fragen.

2.4 Das Merowingerreich unter Chlodwig

M1 Kopie eines Siegelrings mit der Aufschrift „CHILDERICI REGIS" sowie Mantelbesätze in Bienenform, Schwertscheiden und -griffe; alle Gegenstände befanden sich in dem 1653 entdeckten Grab des Merowingerkönigs Childerich (457–482)

M2 Rekonstruktion des Grabhügels des Frankenkönigs Childerich I. mit darüberliegender Pferdebestattung

spätes 3. Jh.	Erste Erwähnung der Franken im Zusammenhang mit Germaneneinfällen ins Römische Reich
358	Aufnahme der Salfranken als Föderaten in Toxandrien unter Kaiser Julian
458/63–482	Herrschaft Childerichs
482–511	Herrschaft Chlodwigs
486	Beginn der Expansion in Gallien
zwischen 492 und 500	Taufe Chlodwigs
508	Eroberung der Westgotenhauptstadt Toulouse
511	Tod Chlodwigs und Reichsteilung zwischen seinen vier Söhnen

2.4 Das Merowingerreich unter Chlodwig

In der Nacht auf den 6. November 1831 brachen Diebe in die französische Nationalbibliothek in Paris ein und entwendeten eine beträchtliche Menge an Gold und Edelsteinen. Dieser Raub sorgte für großes Aufsehen, denn bei dem erbeuteten Schatz handelte es sich um die Grabbeigaben eines ungewöhnlichen Mannes: 1653 hatte man in der
5 Stadt Tournai, im heutigen Belgien, bei Bauarbeiten eine Grabkammer entdeckt, in der ein großer Fürst bestattet war. Erkennbar war dies an den kostbaren Grabbeigaben: Dem Toten hatte man prunkvolle, golden verzierte Waffen, wertvolle Kleider sowie zahlreiche Münzen mit in die Grabkammer gegeben. Über diese Kammer war ein großer Rundhügel aufgeworfen, in dem die Skelette von 23 Hengsten bestattet wurden
10 (M2). Das große Hügelgrab und die Tieropfer sowie die zahlreichen Grabbeigaben unterschiedlicher Herkunft (M1, M3) ergaben jedoch ein widersprüchliches Bild. Wer war dieser vornehme Mann?
Die Untersuchung der Grabbeigaben konnte diese Frage eindeutig beantworten: Im Grab fand sich ein Siegelring mit der Aufschrift „CHILDERICI REGIS" (M1), was über-
15 setzt so viel bedeutet wie: „[Besitz] des Königs Childerich". Childerich kannte man bis dahin nur aus den eher legendenhaft anmutenden „Geschichtsbüchern" des Gregor von Tours, eines Bischofs aus dem 6. Jahrhundert. Darin führt Gregor Childerich als einen der ersten Könige aus dem fränkischen Geschlecht der Merowinger auf und verortet ihn im späten 5. Jahrhundert. Mit der Entdeckung des Grabes war der Beweis für die
20 Existenz König Childerichs erbracht – eine Sensation. Die Begeisterung war insbesondere am französischen Hof groß, beanspruchte das französische Königshaus der Bourbonen doch die Merowinger als ihre Stammväter. Da Tournai zur damaligen Zeit jedoch im habsburgischen Herrschaftsbereich lag, kam der Schatz nach einer gründlichen Untersuchung durch den Altertumsforscher Jean-Jacques Chifflet zunächst nach Wien.
25 Hier wurden von einigen Stücken Kopien angefertigt – zum Glück! Denn nachdem die Originale einige Jahre später als Geschenk der Habsburger an den französischen König Ludwig XIV. doch noch ihren Weg nach Paris gefunden hatten, ereignete sich der anfangs beschriebene Diebstahl. Die Empörung darüber war besonders groß, als sich herausstellte, dass die Diebe den Schatz fast restlos eingeschmolzen und somit unwieder-
30 bringlich zerstört hatten.

M3 Zeichnung der Funde aus dem Childerich-Grab, Holzstich nach Zeichnung von Ludwig Lindenschmit (1809–1893)

1 Stellen Sie Vermutungen darüber an, warum sich die Grabbeigaben Childerichs für die Forscher zunächst widersprüchlich darstellten.
Tipp: siehe S. 479.
2 Diskutieren Sie im Plenum, inwiefern das französische Königshauses Childerich als Ahnherren beanspruchen konnte.
3 Notieren Sie auf einem Zettel, was Sie selbst über Childerich und sein Herrschergeschlecht, die Merowinger, wissen. Tauschen Sie sich mit einem Partner darüber aus. Notieren Sie gemeinsam Hypothesen und/oder Fragen zu den Merowingern.

751 | Sturz des letzten Merowingerkönigs durch den Karolinger Pippin

2.4 Das Merowingerreich unter Chlodwig

> *In diesem Kapitel geht es um*
> – *die Errichtung des Frankenreiches,*
> – *die Bedeutung des Christentums für die Beziehungen von Franken und Galloromanen,*
> – *das Herrschaftsverständnis Chlodwigs,*
> – *die Staatsorganisation der Merowinger und*
> – *einen Ausblick auf die Zeit der Karolinger.*

Die Anfänge am Rande des Römischen Reiches

Die **Franken*** erscheinen in den antiken römischen Quellen erstmalig im Zusammenhang mit Überfällen auf die römischen Provinzen *belgica* (Belgien) und *germania inferior* (Niedergermanien) in der zweiten Hälfte des 3. Jahrhunderts. Zu diesem Zeitpunkt handelte es sich bei ihnen anscheinend um einen losen Zusammenschluss von germanischen Gruppen aus dem Gebiet rechts des Niederrheins bis zur Ems (Chamaven, Brukterer, Chattuarier und möglicherweise auch Amsivarier). Man kann also bei den Franken wie bei anderen Verbänden der Völkerwanderungszeit nicht von einem ethnisch einheitlichen „Volk" im Sinne einer Abstammungsgemeinschaft sprechen, vielmehr dauerte es wohl sehr lange, bis eine eigenständige fränkische Identität entstand. Im 4. und 5. Jahrhundert traten fränkische Kriegerverbände als Föderaten* in den Dienst des Römischen Imperiums oder wurden als sogenannte Laeten* zwangsweise in diesen aufgenommen. In beiden Fällen wurden sie in den römischen Provinzen zwischen Seine und Rhein angesiedelt. Dabei konnten einige fränkische Anführer steile Karrieren im römischen Heer machen: Merobaudes etwa wurde nicht nur zum römischen Heermeister, sondern unter Kaiser Gratian auch zweimal (377 und 383 n. Chr.) zum Konsul ernannt. Der Franke Bauto wurde 380 zum Heermeister und 385 zum Konsul ernannt und soll dabei große Reichtümer angehäuft haben. Seine Tochter heiratete sogar den oströmischen Kaiser Arcadius. An diesen Beispielen lässt sich erkennen, dass sich die fränkische Oberschicht teilweise erfolgreich in Gesellschaft und Staatswesen des Imperiums einfügte.

Der Beginn des merowingischen Herrschergeschlechts: Childerich I.

Eine Teilgruppe der Franken wurde Mitte des 5. Jahrhunderts in der Region Toxandrien in der Provinz *germania secunda* als Föderaten angesiedelt und von den römischen Autoren als *salii* (Salfranken) bezeichnet. Ihr erster historisch bezeugter Fürst war **Childerich**, der laut **Gregor von Tours*** ein Sohn Merowechs gewesen ist. Nach diesem Merowech ist das Herrschergeschlecht der Merowinger benannt. Andere Quellen führen Merowechs Ursprung auf ein Meeresungeheuer – halb Stier, halb Mensch – zurück. Childerich ist im Gegensatz zu seinen sagenumwobenen Stammvätern eindeutig nachweisbar, denn 1653 fand man sein Grab im belgischen Tournai, das neben reichen Grabbeigaben auch seinen Siegelring enthielt (siehe M 1–M 3, S. 194 f.).

Die Grabbeigaben Childerichs geben Hinweise zu Stellung und Selbstverständnis des 482 n. Chr. gestorbenen Merowingers, der auf der einen Seite germanischer Heerkönig und auf der anderen Seite Amtsträger des römischen Imperiums war. So trug der Tote die prunkvolle Uniform und Bewaffnung eines Generals in römischen Diensten. Ein reicher Schatz aus oströmischen Münzen lässt eine Kooperation mit dem Kaiserhof in Konstantinopel vermuten. Childerich, der in einzelnen Quellen als Statthalter der Pro-

---

Franke
Die Bezeichnung geht auf dieselbe germanische Wurzel zurück wie das heutige deutsche Wort „frech" und bedeutete „mutig", „kühn" und eben „frech". Die häufige Übersetzung von Franke als „freier Mann" geht wahrscheinlich auf die spätere Gleichsetzung von Franken mit freien Menschen im Gegensatz zur unterworfenen galloromanischen Bevölkerung zurück.

▶ M 21: Zur Ethnogenese der Franken + Kap. 2.1 (S. 143 f.)

Föderaten
(von lat. *foedus* = Vertrag)
Gruppen von nicht-römischen Kriegern, die befehligt von ihren eigenen Anführern für das Imperium kämpften, meist in den Grenzprovinzen, und dafür mit Land und anderen Gütern ausgestattet wurden

Laeten
germanische Kriegsgefangene, die in der Spätantike als halbfreie (d. h. persönlich freie, aber an einen Herrn gebundene) Wehrbauern die Grenzen des Imperiums verteidigen mussten

Gregor von Tours (538–594)
Wichtigster Chronist seiner Zeit und Verfasser eines Geschichtswerks über die Entstehung und Entwicklung des Frankenreichs. Trotz der enormen Bedeutung seiner Werke als Quellen für eine ansonsten schlecht dokumentierte Zeit ist diesen gegenüber dennoch Vorsicht geboten, da er als Bischof und Mitglied einer alten galloromanischen Senatorenfamilie nicht um eine objektive Darstellung bemüht war, sondern die zu seiner Zeit teilweise bereits über 100 Jahre zurückliegenden Ereignisse im Sinne einer christlichen Heilsgeschichte deutete.

vinz *belgica secunda* bezeichnet wird, stützte seine Herrschaft also zumindest teilweise auf das Imperium und ließ sich durch dieses legitimieren. Auf der anderen Seite weisen Teile seiner Bewaffnung (fränkische Wurfaxt) und seines Schmucks (goldene Armringe) sowie vor allem sein Großhügelgrab ihn klar als germanischen Heerführer aus. Insbesondere die 23 geopferten Hengste fallen als heidnisches Element auf. Ähnliches ist bei anderen fränkischen Gräbern dieser Zeit nicht zu finden, wohl aber bei den Thüringern, aus deren Reihen die Ehefrau Childerichs stammte. Im Gegensatz zur Begräbnisstätte seines Vaters erbaute Childerichs offiziell zum Christentum übergetretener Sohn und Nachfolger Chlodwig die Apostelkirche in Paris als Grablege seines Geschlechts.

Über Childerichs Herrschaft ist wenig Gesichertes bekannt. Gregor von Tours verbreitete eine Legende, nach der Childerich angeblich wegen sexueller Ausschweifungen zeitweise von seinen fränkischen Gefolgsleuten vertrieben worden sei und bei den Thüringern Unterschlupf fand. Es ist jedoch leicht zu erkennen, dass Gregor hier den Heiden Childerich als Gegenbild zu seinem zum Christentum konvertierten Sohn Chlodwig moralisch diskreditieren möchte. Besser belegt ist dagegen die Annahme, dass Childerich zeitweise mit dem römischen Heermeister Aegidius zusammenarbeitete und diesen bei Feldzügen gegen andere germanische Verbände unterstützte. Gleichzeitig gibt es jedoch auch Hinweise auf eine starke Konkurrenz der beiden Heerführer.

▶ **M 5: Brief des Bischofs Remigius von Reims an Chlodwig**

Zur Aussprache der Merowingernamen
Während wir das „Ch" etwa in Chlodwig oder Chlothar heute meist als „K" sprechen, wurde es von den Zeitgenossen wahrscheinlich bloß angehaucht, also eher „hLudwig" und „hLothar" als „Klodwig" und „Klothar".

M 1 Fränkische Expansion unter Childerich und Chlodwig

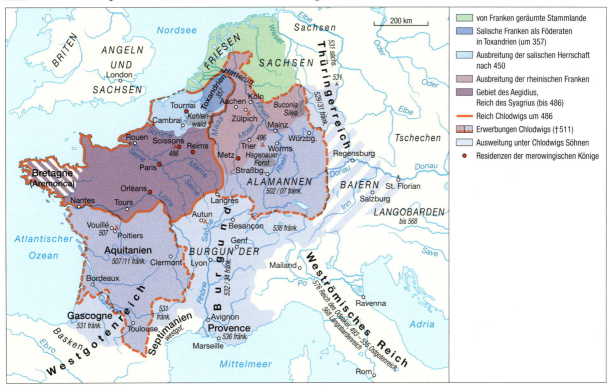

Beginn der Herrschaft Chlodwigs und erste Erfolge

Nach Childerichs Tod 482 erbte sein 16-jähriger Sohn Chlodwig das Königtum. Dies geht aus einem Gratulationsschreiben des Bischofs Remigius von Reims hervor, das gleichzeitig auch die Akzeptanz der fränkischen Herrscherfamilie durch die galloromische Oberschicht bezeugt. Chlodwigs Reich lag wohl innerhalb der Provinz *belgica secunda* und grenzte somit an das südlich liegende Reich des Syagrius, das sich bis zur

▶ **M 5: Brief des Bischofs Remigius von Reims an Chlodwig**

2.4 Das Merowingerreich unter Chlodwig

▶ M 1: Karte der fränkischen Expansion

Syagrius
Sohn des römischen Heermeisters Aegidius, der sich im zerfallenden Weströmischen Imperium als regionaler Machthaber in Nordgallien halten konnte und vermutlich ein Bündnis mit Childerich unterhielt. Syagrius erbte diesen Machtbereich ca. 464 und konnte seine Herrschaft über den Zusammenbruch des westlichen Kaisertums 476 hinaus behaupten.

▶ M 12 a: Gregor von Tours über den „Krug von Soissons"

▶ Kap. 2.3: Das Ostgotenreich (S. 172 ff.)

Loire erstreckte und im Westen an das Gebiet der Westgoten und östlich davon an das der Burgunder grenzte.

Nach einigen Jahren der **Herrschaftskonsolidierung** begann Chlodwig sich in die seit dem Ende der weströmischen Kaiserherrschaft 476 herrschenden Verteilungskonflikte zwischen den germanischen Reichen auf dem Boden des einstigen Imperiums einzumischen. Dazu sicherte er sich zunächst die Unterstützung anderer fränkischer Kleinkönige, etwa die seines Vetters Ragnachar, der seinen Herrschaftssitz in Cambrai hatte. Als Erstes **eroberten die Franken das Reich des Syagrius***. Dieser floh, als seine Niederlage absehbar war, an den Hof des jungen Westgotenkönigs Alarich II., der ihn jedoch später an Chlodwig auslieferte. Bei der Inbesitznahme der eroberten Gebiete kam es möglicherweise zu Konflikten mit der einheimischen Bevölkerung, jedenfalls dehnten die Franken ihre direkte Herrschaft vorerst nur bis zur Seine und erst **494 bis an die Loire** aus. Offensichtlich brauchte es Zeit, bis die gallorömische Bevölkerung und insbesondere die Oberschicht der eroberten Gebiete Chlodwig genauso vertrauten wie die Bevölkerung in seinem ursprünglichen Herrschaftsgebiet. Eine wichtige Rolle bei dieser Vertrauensbildung spielten die **Bischöfe**, die nicht nur als Vertreter der Kirche, sondern überwiegend auch als Angehörige der senatorischen Aristokratie des alten Reiches agierten. Einige Quellen berichten von der Aufgeschlossenheit des jungen, heidnischen Königs gegenüber den Bischöfen. Ein Beispiel hierfür ist die Episode um den Krug von Soissons, von der Gregor von Tours etwa 100 Jahre später berichtet.

Mit den benachbarten Burgundern schloss Chlodwig nach kurzem Kampf einen Frieden, der durch seine Vermählung mit Chrodehilde, der Nichte des Burgunderkönigs Gundobad, zwischen 492 und 494 bekräftigt wurde. Ein weiteres Heiratsbündnis ergab sich mit den Ostgoten: Deren König Theoderich versuchte durch eine aktive Heiratspolitik den Frieden zwischen den germanischen Reichen zu fördern. 493 ehelichte Theoderich selbst Chlodwigs Schwester Audofleda und zeigte durch diese Heirat, dass er die aufstrebende Macht des Merowingerkönigs erkannt hatte und ihn sich als Bündnispartner wünschte.

Chlodwigs Taufe

Schlacht an der Milvischen Brücke 312
In der Schlacht an der Milvischen Brücke am 28. Oktober 312 besiegte Konstantin I. seinen Rivalen Maxentius und wurde damit zum alleinigen Herrscher im römischen Westreich. Vor dem Kampf soll Konstantin eine Vision gehabt haben. Demnach sei ihm am Himmel das Kreuz erschienen, das er daraufhin auf die Fahnen seiner Truppen aufbringen ließ.
Auch wenn viele Historiker diese Legende für unglaubwürdig halten und sich Konstantin offiziell erst kurz vor seinem Tod 337 taufen ließ, war Konstantin der erste römische Kaiser, der 313 die Gleichstellung des Christentums mit anderen Religionen im Römischen Reich verfügte.

▶ Zum Arianismus siehe Kap. 2.3: Das Ostgotenreich (S. 176)

▶ M 12 b: Gregor von Tours über Chlodwigs Taufe

Ob auch Chlodwigs eigene Ehe mit der Burgunderprinzessin Chrodehilde Bestandteil von Theoderichs Heiratspolitik war, ist in der Forschung umstritten. Nach Gregor von Tours war hier jedoch kein irdischer, sondern ein göttlicher Plan am Werke, denn Chrodehilde war katholisch und leitete als „Werkzeug Gottes" den Übertritt ihres Gemahls zu dieser aus Gregors Sicht rechten christlichen Lehre ein. Die meisten anderen Germanenkönige dieser Zeit, auch Theoderich, waren Anhänger des Arianismus. Gregor berichtet weiter, dass Chrodehildes Überzeugungsversuche bei ihrem Ehemann zunächst erfolglos geblieben seien, bis dieser während einer Schlacht mit den Alemannen in harter Bedrängnis ein Stoßgebet an den Gott seiner Gemahlin gerichtet und um eine Wendung des Schlachtenglücks gebeten habe. Daraufhin hätten die Feinde die Flucht ergriffen. Die Ähnlichkeit dieser Erzählung mit dem **Bekehrungserlebnis des ersten christlichen Kaisers Konstantin der Große** in der Schlacht an der Milvischen Brücke* im Jahre 312 ist vom christlichen Autoren Gregor gewollt. Dabei ist schwer abzuschätzen, ob die beschriebene Schlacht gegen die Alemannen tatsächlich stattgefunden hat oder ob Gregor sie erfand, um die Bedeutung Chlodwigs als neuen Konstantin zu unterstreichen. Zusammen mit Chlodwig, so schildert es Gregor, empfingen auch 3 000 freie Franken die Taufe. Tatsächlich wurden im Anschluss an Chlodwigs Taufe die **Franken ebenfalls in katholischer Tradition christianisiert**. Das Datum von Chlodwigs Taufe ist nicht eindeutig belegt. Gregor gibt das Jahr 496 an, Forschungen haben jedoch ergeben, dass dieses Datum eine spätere Ergänzung des Originaltexts darstellt. Mehrheitlich wird angenommen, dass die Taufe nach der Eheschließung mit Chrodechilde (zwischen 492 und 494) und vor dem Jahr 500 stattfand.

Weitere Expansion des Frankenreiches unter Chlodwig

In den letzten Jahren des 5. und den ersten des 6. Jahrhunderts führte Chlodwig erfolgreiche **Feldzüge gegen die Thüringer (491) und Alamannen (506)** und konnte so sein Reich weiter ausdehnen. Dagegen stellte sich der Krieg gegen den Burgunderkönig Gundobad im Bündnis mit dessen Bruder Godegisil im Jahr 500 als zeitweiliger Rückschlag heraus, da sich Gundobad in der stark befestigten römischen Stadt Avignon verschanzt hatte. Den Franken gelang es nicht, diese zu erobern, sodass sie nach einer Tributzahlung der eingeschlossenen Burgunder abzogen. Während Chlodwig in diesem Krieg lediglich seine Ziele verfehlte, verlor sein Verbündeter Godegisil sein Leben, da Gundobad nach der Aufhebung der Belagerung mit seinen westgotischen Verbündeten gegen seinen Bruder zog, ihn rasch besiegte und anschließend tötete. Da die Westgoten in dieser Schlacht zahlreiche fränkische Hilfstruppen aus dem Heer des Godegisil gefangen nehmen konnten, war Chlodwig gezwungen, Friede mit dem Westgotenkönig Alarich II. zu schließen, was seinen Expansionsplänen im Südwesten Galliens entgegenstand. Aber Letztere waren nur aufgeschoben, nicht aufgehoben, und so begann der große **Feldzug gegen die Westgoten im Jahr 507**. Auf der Seite Chlodwigs und seiner Franken standen dabei nicht nur verwandte rheinfränkische Verbände, sondern auch die Burgunder. Selbst Byzanz ergriff Partei für Chlodwig: Durch einen Flottenangriff auf Theoderich und seine Ostgoten in Italien wurden diese davon abgehalten, auf Seiten der Westgoten einzugreifen. Wie schon sein Vater Childerich scheint also auch Chlodwig **gute Verbindungen nach Konstantinopel** unterhalten zu haben. Die Westgoten unterlagen in der entscheidenden Schlacht im Spätsommer 507 nahe Poitiers, in der auch ihr König Alarich II. den Tod fand. Die Franken und Burgunder eroberten im Frühjahr 508 die Hauptstadt der Westgoten, das heutige Toulouse, und Chlodwig dehnte sein Reich bis an die Garonne aus. Weiter kamen die Franken nur deshalb nicht, weil der Ostgotenkönig Theoderich mit einem Heer von Italien aus in Südgallien einfiel, belagerte Städte befreite, die Heere der Franken und Burgunder zum Rückzug zwang und die Reste des Westgotenreichs seinem Einflussbereich einverleibte. Chlodwig konnte so zwar nicht ganz Gallien erobern, jedoch den größten Teil und stand somit drei Jahre vor seinem Tod auf dem Gipfel seiner Macht.

Nach seinem Tod im November des Jahres 511 wurde das von Chlodwig eroberte Reich unter seinen vier Söhnen aufgeteilt, später jedoch mehrfach wiedervereinigt, erweitert und erneut geteilt. Spätestens im 8. Jahrhundert verlor das Geschlecht der Merowinger an Macht: Neben ihm war durch das Amt des königlichen **Hausmeiers*** eine neue Dynastie aufgestiegen, die bald die Regierungsgeschäfte kontrollierte und die Könige auf Repräsentationsaufgaben beschränkte. Der Erste aus dieser Hausmeier-Dynastie, der sich 751 selbst die Krone aufsetzte und den letzten Merowinger Childerich III. mit päpstlicher Zustimmung ins Kloster verbannte, war **Pippin der Jüngere**. Nach Pippins

M2 Chlodwigs Taufe durch Bischof Remigius von Reims, Ölgemälde eines französisch-flämischen Meisters, um 1500

▶ Kap. 2.3: Das Ostgotenreich (S. 172 ff.)

Hausmeier (*maior domus*)
ursprünglich Verwalter des königlichen Hofes, konnten ihre Amtsgewalt seit dem späten 6. Jahrhundert immer weiter ausdehnen, im Ostteil des Frankenreiches ab 687 erblich

Vater, Karl Martell, wurde dieses Geschlecht als das der „Karolinger" benannt. Der bekannteste Karolinger war aber **Karl der Große**, Pippins Sohn: Er begründete ein neues römisches Kaisertum, als er am 25. Dezember 800 in Rom von Papst Leo III. zum Kaiser gesalbt und gekrönt wurde, und brachte das Frankenreich zu seiner größten Ausdehnung und Machtentfaltung.

Franken und Römer – Herrschaft und Gesellschaft in Chlodwigs Reich

Wie schon Childerich erfreute sich auch sein Sohn der Achtung durch den Kaiserhof in Konstantinopel. So erkannte der oströmische Kaiser Anastasius Chlodwigs herausragende Stellung nach dem fast vollständigen Sieg über die Westgoten an und schickte ihm eine Gesandtschaft, die ihn 508 in Tours erreichte und ihm die Ernennung zum Patricius* und Ehrenkonsul sowie die damit verbundenen Insignien übergab. Chlodwigs Herrschaft wurde somit von höchster Stelle bestätigt. Gleichzeitig unterstrich Byzanz damit aber den fortwährenden Anspruch auch auf den Westteil des alten Reiches, indem es Chlodwig und damit sein Herrschaftsgebiet zumindest symbolisch in die Hierarchie und Struktur des Reiches einband. Gregor von Tours berichtet vom feierlichen Ritt des in die purpurnen Gewänder eines römischen Konsuls gekleideten Chlodwig von der Martinskirche vor den Toren von Tours zur Bischofskirche in der Mitte der Stadt – eine beeindruckende Demonstration seiner Macht und der Anerkennung durch den Kaiser. Sie war sicherlich in erster Linie an seine gallorömischen Untertanen gerichtet und sollte seine **Legitimität als Herrscher in der Kontinuität des Imperiums** unterstreichen. Gleichzeitig wollte Chlodwig – mithilfe des langen römischen Soldatenmantels – sicherlich auch Assoziationen mit dem weit über Tours hinaus populären Stadtheiligen Sankt Martin* wecken.

Daneben blieb auch nach der Erweiterung und Konsolidierung des Reiches die **Zusammenarbeit mit der gallorömischen Oberschicht**, vertreten insbesondere durch die Bischöfe, wichtig zur Sicherung der Herrschaft. Dies bestätigt der einzige erhaltene Brief von Chlodwigs eigener Hand. Chlodwig rief nach Art der römischen Kaiser alle Bischöfe seines Reiches zu einem Konzil zusammen und gab ihnen dabei Themen zur Beratung vor. Die Ergebnisse dieses Konzils von Orléans im Jahre 511 zeigen am Beispiel des Rechts die Entstehung einer neuen Ordnung. Die Bischöfe mussten dabei zwischen den Grundsätzen des salfränkischen Stammesrechts, dass gerade erst auf Chlodwigs Geheiß hin im *Pactus legis Salicae* kodifiziert worden war, und dem römischen Recht, zusammengefasst im *Codex Theodosianus*, vermitteln.

Das fränkische Recht gibt in gewissem Umfang auch Auskunft über die **soziale Schichtung im Merowingerreich**. Zuerst wird dabei zwischen Franken (*salici*) und Galloromanen (*romani*) unterschieden: Die **Franken**, man kann etwa von 200 000 ausgehen, stellten nur in ihren traditionellen Gebieten in Toxandrien die Mehrheit der Bevölkerung und siedelten darüber hinaus verstreut bis zur Loire. Im restlichen Reich fehlten sie als permanente Bewohner. Dort wurde die Herrschaft indirekt durch die Zusammenarbeit mit den Bischöfen und direkt durch königliche Boten und Beamte durchgesetzt. Die eingesessene **galloromanische Bevölkerung** stellte fast im ganzen Reich die Mehrheit und umfasste zu Chlodwigs Zeit etwa 6 bis 7 Millionen Menschen. Grundsätzlich gab es in beiden Gruppen **Freie und Unfreie** mit einem gewissen Zwischenspektrum, auf dem sich etwa die Laeten befanden, halbfreie Franken bzw. Angehörige anderer germanischer Gruppen. Die Wergelder*, die der *Pactus legis Salicae* für diese verschiedenen Gruppen festlegt, verweisen auf ihre jeweilige Bedeutung innerhalb der Gesellschaft.

In diesen Wergeldlisten fällt die **Abwesenheit eines dezidierten fränkischen Adels** auf. Zwar nennt die Einleitung der Rechtssammlung noch „die Franken und ihre Großen". Doch im weiteren Verlauf wird nirgends eine soziale Gruppe erwähnt, die einem erblichen, mit Standesrechten versehenem Adel entspricht, wie ihn etwa das europäische Mittelalter kennt. Der Königsdienst verdreifachte zwar das persönliche Wergeld und

---

Patricius
Hoher Ehrentitel, der nur an die engsten Vertrauten des Kaisers verliehen wurde; Diese wurden damit symbolisch mit den Verwandten des Kaisers gleichgestellt.

Martin von Tours (um 316/317–397) wurde als Sohn eines römischen Offiziers zunächst Soldat. Der Legende nach begegnete er an einem kalten Wintertag einem fast unbekleideten Bettler. Während andere achtlos vorbeigingen, teilte Martin aus Mitleid seinen langen Militärmantel mit dem Schwert in zwei Hälften und gab eine dem Bettler. In der Nacht träumte er, dass der Bettler Jesus Christus gewesen sei. Er ließ sich daraufhin taufen und wurde später Bischof von Tours und ein wichtiger Heiliger der katholischen Kirche. Sein Heiligentag, der 11. November, wird bis heute mit Umzügen begangen.

▶ M 7: Brief Chlodwigs an seine Bischöfe

▶ M 11: Konzil von Orléans

▶ M 9: *Pactus legis Salicae*

▶ M 10: Wergelder

Wergeld (von althochdt. *Wer* = Mann)
Bußzahlung bei Tötungsdelikten, die der Täter als Wiedergutmachung an die Familie des Getöteten (bzw. bei Unfreien an dessen Herren) leistete, um die sonst fällige Blutrache abzulösen

hob dementsprechend die gesellschaftliche Stellung – der Königsdienst wird als einer der Ursprünge des europäischen Adels des Mittelalters angesehen –, doch galt dies nicht allein für Franken: Auch ein Römer im Königsdienst erfuhr diese Verdreifachung des Wergelds. Die Forschung ist daher bei der Frage, ob es einen fränkischen Adel gegeben habe, geteilter Meinung; einiges spricht aber dafür, bei den Franken eher von einer aristokratischen Oberschicht von Landbesitzerfamilien ähnlich den senatorischen Familien der galloromanischen Oberschicht auszugehen als von einem voll entwickelten Standesadel. Diese Oberschicht ist aber, insofern sie Zugang zum König hatte und ihre Mitglieder in dessen Dienst unterbringen konnte, auch an der Ausübung der Herrschaft im Reich beteiligt gewesen, ähnlich wie die galloromanische Oberschicht durch die überwiegende Besetzung der Bischofsstühle an der Herrschaft partizipierte.

Von den weltlichen Amtsträgern im Königsdienst sind zur Zeit Chlodwigs nur die **Grafen** (*grafiones*) klar nachzuweisen, denn das salfränkische Recht nennt sie als Bezirksverwalter und Richter. Sie verwalteten vermutlich je eine Stadt mit dem dazugehörigen Umland und fungierten auf dieser Ebene auch als militärische Befehlshaber. Erst später im 6. Jahrhundert sind zusätzlich **Herzöge** nachzuweisen, die über den Grafen standen und analoge Aufgaben in größeren Amtsbezirken erfüllten. Zu dieser Zeit erweitert sich das Spektrum der königlichen Amtsträger insgesamt, so treten nun etwa die den Grafen untergeordneten **Vikare** erstmals auf. Genauso können nun die **Hofämter des Königshofes** erstmals nachgewiesen werden, dazu zählte der bereits erwähnte Hausmeier (*maior domus*) sowie unter diesem auch der Marschall (*comes stabuli*), dessen Sorge die königlichen Pferde unterstellt waren, der Schenk (*buticularius*), der die Lebensmittelversorgung des Hofes überwachte, und der Kämmerer (*cubicularius*), der den Königsschatz verwaltete. Sowohl die genannten Verwaltungsämter als auch die Hofämter lassen bereits die späteren Strukturen des Hochmittelalters erkennen und scheinen daher die Grundlage sowohl für den Adel als auch den Königshof dieser Epoche gebildet zu haben.

M3 Handschrift der „*lex Salica*" aus der Bibliothek Sankt Gallen, 5. Jahrhundert

Überblicksartikel aus SPIEGEL GESCHICHTE 6/2012 über die Merowinger
cornelsen.de/Webcodes
Code: sizori

Informationen des Landschaftsmuseums Obermain zur Merowingerzeit
cornelsen.de/Webcodes
Code: niyise

1 Stellen Sie die Spannungspole und bestimmenden Aspekte der Herrschaft der merowingischen Könige Childerich und Chlodwig grafisch mithilfe eines Organigramms, einer Concept-Map oder einer anderen Visualisierungsform dar.
Tipp: Lesen Sie dazu noch einmal S. 196f.
2 Diskutieren Sie die These des Historikers Bernhard Jussen, dass die frühen merowingischen Herrscher vor Chlodwig eher *warlords* als Könige gewesen seien.
3 **Tabelle:** Stellen Sie die Interessen der alten gallorömischen Oberschicht und der neuen fränkischen Herrscher in einer Tabelle gegenüber und arbeiten Sie heraus, wo Spannungen entstehen konnten und wo Kooperation möglich war.
4 **Partnerarbeit:** Je ein Partner versetzt sich in die Position Chlodwigs und einer in die Theoderichs. Formulieren Sie nun je einen Brief anlässlich des Westgotenfeldzugs 507/8 an den jeweils anderen. Beachten Sie dabei sowohl die persönliche Stellung der beiden zueinander als auch die jeweiligen politischen Interessen.
5 Nehmen Sie Stellung zur Bedeutung der Beziehungen zwischen Chlodwig und dem Kaiserhof in Konstantinopel.

2.4 Das Merowingerreich unter Chlodwig

Hinweise zur Arbeit mit den Materialien

Das Material M 5 kann im Zusammenhang mit der Auftaktseite (S. 194 f.) genutzt werden. Die Materialien M 4, M 6 bis M 8 sowie M 11 thematisieren die Kooperation der fränkischen Könige (hier Chlodwigs) mit der gallorömischen Oberschicht, vertreten durch die Bischöfe, und bieten als Primärquellen einen direkten Zugang zum Selbstverständnis der Protagonisten. M 9 bis M 11 bieten Einblick in die Rechtsgeschichte und drehen sich um den Ausgleich fränkischer und galloromanischer Interessen und Rechtsvorstellungen. M 12 stellt mit Gregor von Tours' Geschichtswerk die Hauptquelle zu dieser Thematik vor; gleichzeitig zeigt es deutlich die Schwierigkeiten im Umgang mit Sekundärquellen auf. Die Historikerdarstellung M 14 sowie die Bildmaterialien M 15 bis M 18 beleuchten die Situation der merowingischen Frauen – quellenbedingt hauptsächlich die ihrer aristokratischen Vertreterinnen. M 20 fragt nach der Bedeutung der Konfessionswahl Chlodwigs aus heutiger fachwissenschaftlicher Sicht. Der Historikertext M 21 ordnet die Ethnogenese der Franken ebenfalls aus heutiger fachwissenschaftlicher Sicht ein.

Zur Vernetzung mit dem Kernmodul

Die Materialien zur Kooperation der Merowinger mit der galloromanischen Oberschicht (M 4–M 12) sind sehr gut geeignet für eine Gegenüberstellung mit den Theorien zum Kulturkontakt (M 9–M 11, S. 149 ff.). Die Erläuterungen Fehrs und von Rummels zur Ethnogenese der Franken (M 19) bieten eine Konkretisierung der allgemeinen Ausführungen zu dieser Thematik im Darstellungstext des Kapitels 1 (S. 143 f.).

M 4 Aus dem Brief des Bischofs Remigius von Reims an Chlodwig anlässlich dessen Herrschaftsübernahme (nach 482 n. Chr.)

Es ist die bedeutungsvolle Kunde zu uns gedrungen, dass du die Verwaltung der (Provinz) *Belgica* II übernommen hast. Und es ist nichts Ungewohntes, dass du begonnen hast so zu sein, wie deine Eltern immer
5 gewesen sind. Dies ist vor allem so zu halten, damit das Urteil des Herrn an dir nicht schwankend wird, wo die Deinen sich verdient gemacht haben, der (= Gott) durch den Fleiß deiner Demut zur höchsten Spitze gelangt ist, weil, wie man sagt, die Handlun-
10 gen des Menschen von ihrem Ergebnis her geprüft werden. Du musst dir Berater nehmen, die deinem Ruf nützen können. Und deine Wohltaten sollen rein und ehrenhaft sein, und du sollst deinen Bischöfen vertrauen und immer zu deren Ratschlag zurückkeh-
15 ren. Wenn du gut mit ihnen stehst, kann deine Provinz besser bestehen. Richte deine Bürger auf, bringe den Unterdrückten Hilfe, unterstütze die Witwen, ernähre die Waisen mehr, als dass du sie belehrst, damit alle dich lieben und fürchten. Die Gerechtigkeit spreche aus deinem Mund, erwarte nichts von den 20
Armen und Fremden, und nehme keine Geschenke oder überhaupt irgendeine (Bestechung) an. Dein Palast stehe allen offen, damit keiner traurig weggehe. Was auch immer du an väterlichem Vermögen besitzt: Befreie damit Gefangene und erlöse sie vom 25
Joch der Sklaverei. Wenn irgendjemand vor dein Angesicht kommt, soll er nicht spüren, dass er ein Fremder ist. Scherze mit der Jugend, und berate dich mit den älteren Männern, wenn du edel regieren und urteilen willst. 30

Zit. nach: Reinhold Kaiser/Sebastian Scholz, Quellen zur Geschichte der Franken und der Merowinger, Kohlhammer, Stuttgart 2012, S. 100 f.

1 Arbeiten Sie aus diesem Brief Remigius' Vorstellung eines idealen Herrschers heraus.
2 Beurteilen Sie Remigius' Intention hinter diesem Brief unter Beachtung der Herrschaft Chlodwigs kurz zuvor verstorbenen Vaters Childerich.
3 **Partnerarbeit:** Formulieren Sie eine Antwort des jungen Chlodwig an Remigius. Tauschen Sie Ihre Ergebnisse aus und geben Sie dem Partner ein Feedback hinsichtlich Plausibilität, Stil und möglicher Ergänzungen.

M 5 Moderne Rekonstruktionszeichnung des Königs Childerich anhand seiner Grabbeigaben

1 Informieren Sie sich über die einzelnen Ausstattungsgegenstände und Waffen, die auf dem Bild zu sehen sind, und ordnen Sie diese als römisch oder germanisch/fränkisch ein.

M6 Aus dem Brief des Bischofs Avitus von Vienne an Chlodwig anlässlich dessen Taufe (zwischen 496 und 506 n. Chr.)

Als ihr für euch gewählt habt, habt ihr für alle entschieden. Euer Glaube ist unser Sieg. Die meisten pflegen in einem solchen Fall, wenn sie entweder durch die Ermahnung des Priesters oder einiger Ge-
5 fährten im Hinblick auf das erstrebenswerte Heil des Glaubens zur Überlegung bewegt werden, die Gewohnheiten des Volkes und den von den Vätern beachteten Brauch dagegenzustellen. Und so ziehen sie in verderblicher Weise die Rücksicht ihrem Heil vor
10 und während sie weiter ihren Eltern unnütze Ehrfurcht durch die Beibehaltung der Ungläubigkeit erweisen, gestehen sie, dass sie überhaupt nicht wissen, was sie wählen sollen. [...] Aus altehrwürdigem Stamm mit dem bloßen Adel der Geburt zufrieden,
15 wolltet ihr, dass alles, was die hohe Stellung des Adels schmücken kann, von euch für eure Familie ausgehe. [...] Ihr erfüllt eure Verantwortung gegenüber den Vorfahren, dass ihr auf der Erde regiert; ihr habt zugunsten der Nachkommen entschieden, dass ihr im
20 Himmel regiert. [...] Ich möchte aber eurem Lob eine gewisse Ermahnung hinzufügen, falls eurem Urteil oder eurer Wahrnehmung etwas entginge. Werden wir etwa dem Vollkommenen den Glauben predigen, den ihr vor der Vollkommenheit ohne Prediger gese-
25 hen habt? Oder vielleicht die Demut, die ihr durch eure Ergebenheit gegen uns schon längst gezeigt habt? Oder das Mitleid, welches das gerade erst von euch befreite, kriegsgefangene Volk durch seine Freude der Welt bekannt macht und durch seine Tränen
30 Gott? Nur eine Sache gibt es, von der wir wünschen, dass sie vermehrt wird: Dass, weil Gott euer Volk durch euch ganz zu dem seinen machen wird, ihr auch den entfernteren Völkern, die, weil sie bisher in natürlicher Unwissenheit befangen sind, kein Keim
35 der verkehrten Lehren verdorben hat, den Samen des Glaubens vom guten Schatz eures Herzen darreicht. Schämt euch nicht und zögert nicht, auch durch in dieser Angelegenheit entsandte Gesandtschaften an der Sache Gottes weiterzubauen, der eure Sache so
40 sehr erhöht hat. Auf dass die fremden Völker der Heiden um der Religion willen zuerst eurem Befehl dienen wollen, und während sie noch andere Eigentümlichkeiten zu haben scheinen, eher nach dem Volk als nach dem Fürsten unterschieden werden.

Zit. nach: Reinhold Kaiser/Sebastian Scholz, Quellen zur Geschichte der Franken und der Merowinger, Kohlhammer, Stuttgart 2012, S. 104–107.*

1 Fassen Sie Avitus' Aussage und Intention kurz zusammen.

2 Arbeiten Sie anhand dieser Quelle und M 2 das Verhältnis der römisch geprägten und geführten Kirche zu Chlodwig und den neuen fränkischen Herrschern heraus.

3 Vertiefung: Erläutern Sie Avitus' Hoffnung in Z. 31–36 im historischen Kontext.
Tipp: Lesen Sie zu noch einmal die Darstellungstexte auf S. 176 und S. 198. Beachten Sie außerdem die Karte M 1, S. 197.

M7 Brief Chlodwigs an seine Bischöfe (507/511 n. Chr.)

Da die Kunde von dem ergangen ist, was geschehen und unserem ganzen Heer geboten wurde, bevor wir in das Land der Goten eindrangen, kann sie Eurer Seligkeit nicht entgangen sein.
5 Als Erstes haben wir auch in Bezug auf das geistliche Amt aller Kirchen befohlen, dass keiner in irgendeiner Weise versuche zu rauben, weder die Gott geweihten Frauen noch die Witwen, von denen erwiesen ist, dass sie dem Dienst des Herrn geweiht sind;
10 das Gleiche soll gelten für die Kleriker und die Söhne der oben genannten, sowohl der Kleriker wie der Witwen, die bekanntermaßen mit ihnen in ihrem Hause wohnen; ebenso für die Sklaven der Kirchen, von denen durch Eide der Bischöfe erwiesen ist, dass
15 sie den Kirchen entzogen worden sind. Der Befehl ist zu beachten, dass keiner von ihnen irgendeine Gewalt oder irgendeinen Schaden erleide. Damit dies nun völlig bekannt werde, befehlen wir, dass, wenn irgendwelche von den oben genannten Personen die
20 Gewalt der Gefangenschaft erduldet haben, sei es in den Kirchen, sei es außerhalb der Kirche, so sollen sie vollständig und ohne Verzug zurückgegeben werden. Bezüglich der übrigen gefangenen Laien aber, die außerhalb des Friedens gefangen wurden, und wenn
25 das bewiesen ist, soll das bischöfliche Schreiben (*apostolia*), für wen Ihr es nach Eurem Willen auch ausstellen wollt, nicht abgelehnt werden. Bezüglich derjenigen, sowohl Kleriker wie Laien, die in unserem Frieden gefangen genommen worden sind, wenn
30 ihr dies wahrhaftig durch Eure mit Eurem Siegel besiegelten Briefen anerkennt, so sollen sie auf jeden Fall zu uns geschickt werden, und Ihr sollt wissen, dass die erlassene Verfügung von unserer Seite bestätigt werden muss. So bittet indessen unser Volk, dass,
35 für wen auch immer Ihr Eure Briefe auszustellen geruht, Ihr nicht säumt, unter Eid im Namen Gottes und mit Eurem Segen auszusagen, dass diese Sache, die verlangt wird, wahr ist. Denn es sind Abänderungen und Fälschungen vieler gefunden worden, sodass

verständlich wird, was geschrieben steht: Es kommt der Gerechte mit dem Ungerechten um.

Zit. nach: Reinhold Kaiser/Sebastian Scholz, Quellen zur Geschichte der Franken und der Merowinger, Kohlhammer, Stuttgart 2012, S. 107–109.

1 Skizzieren Sie die hier berichteten Verfügungen Chlodwigs bezüglich der Kirche und der Bischöfe.
2 Beurteilen Sie Sinn und Zweck dieser Verfügungen vor dem Hintergrund der vorhergegangenen Eroberung großer Teile des Westgotenreiches.

M 8 Beginn des Briefs Chlodwigs I. an die Bischöfe (507/508), Abschrift aus der *„Collectio canonum Remensis"*, Ende des 8. Jh.

M 9 Auszug aus dem *Pactus legis Salicae* (507–511 n. Chr.)

§ 1 Mit des Herrn Hilfe ist beschlossen und übereingekommen unter den Franken und ihren Großen, dass sie, um das Streben nach Frieden untereinander zu wahren, allem Aufkommen von [gewaltsamen] Streitigkeiten Einhalt tun müssten und, weil sie vor den übrigen neben ihnen gesessenen Völkern durch des Armes Stärke hervorragten, sie ebenso auch an Ansehen des Gesetzes übertreffen sollten, sodass Strafklagen gemäß der Art der Ansprüche Erledigung fänden.

Zit. nach: Reinhold Kaiser/Sebastian Scholz, Quellen zur Geschichte der Franken und der Merowinger, Kohlhammer, Stuttgart 2012, S. 109.

M 10 Tabelle mit den Wergeldern[1] aus dem *Pactus legis Salicae*

Unfreie	45 solidi[2]
Laeten (halbfreie Germanen)	100 solidi
Freier Römer	100 solidi
Freier Franke	200 solidi
Römer im Königsdienst	300 solidi
Franke im Königsdienst	600 solidi

Zit. nach: Eugen Ewig, Die Merowinger und das Frankenreich, Kohlhammer, Stuttgart 2012, S. 83.

1 *Wergeld:* (von althochdt. *Wer* = Mann) Bußzahlung bei Tötungsdelikten, die der Täter als Wiedergutmachung an die Familie des Getöteten (bzw. bei Unfreien an dessen Herren) leistete, um die sonst fällige Blutrache abzulösen
2 *solidus:* römisch-byzantinische Gold- oder später Silbermünze, ihr Wert wird mit etwa einer Kuh veranschlagt

1 Erläutern Sie den inhaltlichen Zusammenhang von M 9 und M 10.
2 Nehmen Sie anhand des Materials Stellung zum Verhältnis von Franken und Galloromanen.
Tipp: siehe S. 479.
3 **Vertiefung:** Informieren Sie sich in der Fachliteratur zur im Darstellungstext skizzierten wissenschaftlichen Kontroverse über die fränkische Sozialstruktur und bereiten Sie dazu einen Kurzvortrag vor.
Literaturtipps
Martina Hartmann, Die Merowinger, C. H. Beck, München 2012.
Ulrich Nonn, Die Franken, Kohlhammer, Stuttgart 2010.

M 11 Auszüge aus den Beschlüssen des Konzils von Orléans (511 n. Chr.)

Als mit Gottes Willen und auf Anweisung des äußerst ruhmreichen Königs Chlodwig in der Stadt Orléans ein Konzil der höchsten Bischöfe versammelt war, hat es ihnen allen nach gemeinsamer Verhandlung gefallen, das, was sie mündlich festgesetzt haben, auch durch das Zeugnis der Schrift zu bekräftigen.
1. Bezüglich der Totschläger, Ehebrecher und Diebe, wenn sie in die Kirche flüchten, bestimmen wir, dass beachtet werden soll, was die kirchlichen Bestimmungen [*canones*] festlegen und das römische Recht festsetzt: dass es keinesfalls erlaubt sei, sie aus den Vorhöfen der Kirche oder aus dem Haus der Kirche oder dem Haus des Bischofs wegzuführen; sondern sie sollen nur übergeben werden, wenn sie durch auf die Evangelien geleistete Eide vor dem Tode, der Verstümmelung und aller Art Strafen sicher sind, und

zwar in der Weise, dass der Verbrecher sich mit demjenigen, gegen den er sich vergangen hat, über einen Schadensausgleich einigt. […]

3. Ein Sklave, der wegen irgendeiner Schuld zur Kirche flieht, soll, wenn er von seinem Herrn einen Eid hinsichtlich der begangenen Tat empfangen hat, (dass er nicht bestraft wird,) gezwungen werden, sofort in die Knechtschaft seines Herrn zurückzukehren. Wenn der Herr aber, nachdem er sich durch die geleisteten Eide verbürgt hat, es billigt, dass der Sklave für dieselbe Schuld, von der er befreit wurde, irgendeine Strafe erlitten hat, soll er wegen der Verachtung der Kirche und der Verletzung der Treue von der Gemeinschaft und der Mahlgemeinschaft mit den Katholiken ausgeschlossen werden, so wie es oben bestimmt worden ist. […]

10. Hinsichtlich der häretischen[1] Priester, die zum katholischen Glauben in vollkommener Treue und freiwillig kommen, und hinsichtlich der Kirchen, welche bisher die Goten in ihrer Verdrehtheit innehatten, sind wir der Meinung, dass dies beachtet werden soll: Wenn sich die Priester getreulich bekehren und den katholischen Glauben unverfälscht bekennen und sie so in Rechtschaffenheit ein würdiges Leben hinsichtlich ihrer Sitten und Handlungen bewahren, sollen sie das Amt, von dem der Bischof der Meinung ist, dass sie ihm würdig sind, mit dem Segen der aufgelegten Hand empfangen. Und die Kirchen sollen auf gleiche Weise geweiht werden, in der unsere Kirchen erneuert zu werden pflegen. […]

14. Als wir die alten *Kanones* lasen, glaubten wir, dass die früheren Bestimmungen erneuert werden müssen, dass von den Dingen, die zum Altar als Gaben des Glaubens gebracht werden, der Bischof die Hälfte für sich beanspruchen soll und die andere Hälfte soll der Klerus erhalten und sie muss gemäß der Weihegrade ausgeteilt werden. Und die Landgüter sollen mit allen Erträgen in der Verfügungsgewalt der Bischöfe verbleiben. […]

25. Dass es keinem Bürger erlaubt ist, Ostern, Weihnachten oder Pfingsten auf seinem Landgut zu feiern, wenn ihn nicht tatsächlich eine Krankheit dort festgehalten hat. […]

27. Die Bittprozessionen, und zwar die Bittgänge an den drei Tagen vor Christi Himmelfahrt, sollen von allen Kirchen gefeiert werden, sodass das vorangehende dreitägige Fasten am Fest Christi Himmelfahrt beendet wird. An diesen drei Fastentagen sollen die Sklaven und Dienerinnen von jeder Arbeit befreit werden, damit möglichst das ganze Volk zusammenkommt. An diesen drei Tagen sollen alle enthaltsam sein und nur Speisen zu sich nehmen, die während der 40-tägigen Fastenzeit erlaubt sind.

Zit. nach: Reinhold Kaiser/Sebastian Scholz, Quellen zur Geschichte der Franken und der Merowinger, Kohlhammer, Stuttgart 2012, S. 112–120.*

1 *Häretiker:* jemand, der von der offiziellen Kirchenlehre abweicht

1 Geben Sie den Inhalt der einzelnen Artikel knapp und in eigenen Worten wieder.
2 Erläutern Sie anhand von Artikel 1 und 3, inwiefern hier zwischen fränkischen und römischen Rechtsvorstellungen vermittelt wird.
   Tipp: Informieren Sie sich dazu ggf. über die Themen Kirchenasyl und Wergeld.
3 Interpretieren Sie Artikel 10 vor dem Hintergrund des Feldzugs gegen die Westgoten 507/8.
   Tipp: Lesen Sie hierzu noch einmal den Darstellungstext, S. 199.
4 Nehmen Sie anhand der Materialien M 6–M 11 Stellung zur Bedeutung des Christentums für das Zusammenleben von Franken und Galloromanen.
5 Zusatzaufgabe: siehe S. 479.

M 12 Auszüge aus dem Geschichtswerk *decem libri historiarum* des Gregor von Tours (573–594 n. Chr.)

a) Der Krug von Soissons
In dieser Zeit sind viele Kirchen von Chlodwigs Heer geplündert worden, weil jener bis dahin in einem fanatischen Aberglauben befangen war. Die Feinde hatten also aus einer bestimmten Kirche einen Krug von wunderbarer Größe und Schönheit geraubt, zusammen mit den übrigen kostbaren Geräten des Gottesdienstes. Der Bischof jener Kirche aber sandte einen Boten an den König und bat, dass, wenn er schon von den heiligen Geräten nichts zurückbekommen könne, seine Kirche wenigstens den Krug zurückerhalte. Als der König dies hörte, sagte er zu dem Boten: „Folge uns bis Soissons, weil dort alle Sachen, die wir erbeutet haben, aufgeteilt werden müssen. Und wenn mir das Los jenes Gefäß zuteilt, werde ich erfüllen, was der Bischof erbittet." Daraufhin kam er nach Soissons, und als die gesamte Beute in die Mitte gelegt worden war, sprach der König: „Ich bitte euch, tapferste Kämpfer, verweigert es mir nicht, dass mir wenigstens dieses Gefäß" – er sprach nämlich von jenem oben erwähnten Krug – „über meinen Teil hinaus zufällt." Als der König dies gesagt hatte, sprachen jene, die vernünftiger waren: „Alles, ruhmreicher König, was wir sehen, ist dein, und wir selbst sind deiner Herrschaft unterworfen. Tue nun, was dir gut zu sein scheint. Keiner vermag nämlich deiner Macht zu wi-

derstehen." Als sie dies gesagt hatten, hieb ein leichtsinniger, neidischer und unbedachter Mann mit lautem Geschrei seine erhobene Doppelaxt in den Krug und sprach: „Nichts sollst du von hier erhalten, außer dem, was dir das Los wirklich geschenkt hat." Als alle darauf erstarrten, bezwang der König die Beleidigung mit der Sanftheit der Geduld. Er übergab den empfangenen Krug dem Boten der Kirche und bewahrte die versteckte Wunde unter seiner Brust. Als aber ein Jahr vergangen war, ließ er das ganze Heer mit der Waffenrüstung zusammenkommen, um auf dem Märzfeld[1] den Glanz dieser Waffen zu zeigen. Sobald er aber entschieden hatte, alle zu mustern, kam er zu dem Zerstörer des Kruges. Er sagte ihm: „Keiner trägt die Waffen so ungepflegt wie du. Denn weder deine Lanze noch dein Schwert noch deine Axt sind brauchbar." Und er ergriff seine Axt und warf sie auf die Erde. Aber als sich jener ein wenig vorbeugte, um sie aufzuheben, hieb der König, nachdem er ausgeholt hatte, seine Axt in dessen Haupt. „So", sagte er, „hast du es mit jenem Krug in Soissons gemacht." Nachdem dieser gestorben war, befahl er den anderen wegzugehen und er flößte ihnen durch diesen Vorfall große Furcht ein. [...]

b) Chlodwigs Bekehrung und Taufe
Aber die Königin hörte nicht auf, den König zu bedrängen, er möge den wahren Gott erkennen und die Götzen verwerfen. Aber er konnte auf keine Weise dazu bewegt werden, an Gott zu glauben, bis endlich einst der Krieg gegen die Alemannen seinen Anfang nahm, in welchem der König durch die Not getrieben wurde zu bekennen, was er zuvor bewusst verneint hatte. Es geschah aber, dass, als die beiden Heere miteinander kämpften, hitzig gemordet wurde und das Heer Chlodwigs begann, hart an den völligen Untergang zu geraten. Als jener das sah, sprach er mit zum Himmel erhobenen Augen, im Herzen berührt und zu Tränen bewegt: „Jesus Christus, Chrodechilde verkündet, du seiest der Sohn des lebendigen Gottes, der, wie man sagt, den Bedrängten Hilfe bringt, und den Sieg denen gewährt, die auf dich hoffen. Demütig flehe ich den Ruhm deiner Macht an. Wenn du mir den Sieg über diese Feinde gewährst und ich jene Macht erfahre, von der das deinem Namen geweihte Volk sagt, dass es sie bei dir bestätigt gefunden habe, werde ich an dich glauben und mich in deinem Namen taufen lassen. Denn ich habe meine Götter angerufen, aber, wie ich erfahre, sind sie weit davon entfernt, mir zu helfen. Deshalb glaube ich, dass diese keine Macht haben, die denen nicht zur Hilfe kommen, die ihnen dienen. Dich nun rufe ich an, und ich wünsche, an dich zu glauben, nur entreiße mich meinen Feinden." Und als er dies gesprochen hatte, wandten sich die Alemannen um und begannen zu fliehen. Und als sie sahen, dass ihr König getötet worden war, unterwarfen sie sich der Herrschaft Chlodwigs und sprachen: „Wir bitten darum, dass unser Volk nicht weiter zugrunde geht, wir gehören ja schon dir." [...]
Damals ließ die Königin heimlich den heiligen Remigius, den Bischof von Reims, zu sich holen und sie bat ihn, dem König das Wort des Heils zu eröffnen. Nachdem Chlodwig herbeigeholt worden war, begann der Bischof ihm im Geheimen beizubringen, dass er an den wahren Gott, den Schöpfer von Himmel und Erde glaube und die Götzen verwerfe, die weder ihm noch anderen nützen könnten. Aber jener sagte: „Gern hörte ich dir zu, heiligster Vater; aber es gibt noch ein Hindernis, weil das Volk, das mir folgt, es nicht duldet, seine Götter zu verlassen. Aber ich gehe und spreche mit Ihnen gemäß deinem Wort." Als er aber mit den Seinigen zusammenkam, rief das ganze Volk zugleich, noch bevor jener sprach, weil ihm die Macht Gottes zuvorkam: „Wir verwerfen die sterblichen Götter, frommer König, und wir sind bereit, dem unsterblichen Gott zu folgen, den Remigius verkündet." Dies wurde dem Bischof gemeldet, der von großer Freude erfüllt befahl, das Taufbad vorzubereiten. [...] Zuerst verlangte der König, vom Bischof getauft zu werden. Er ging wie ein neuer Konstantin zum Taufbade hin, um die Krankheit des alten Aussatzes zu tilgen und die schmutzigen Flecken, die er von früheren Zeiten her trug, durch das frische Wasser zu beseitigen. Als dieser zur Taufe herantrat, sprach der heilige Mann Gottes mit beredtem Mund so zu ihm: „Neige fromm den Nacken, Sicamber[2]; verehre, was du verbrannt hast, verbrenne, was du verehrt hast." [...] Also bekannte der König den allmächtigen Gott in der Dreieinigkeit, wurde im Namen des Vaters, des Sohnes und des Heiligen Geistes getauft und mit dem heiligen Salböl mit dem Zeichen des Kreuzes Christi bezeichnet. Von seinem Heer aber sind mehr als 3 000 getauft worden.

Zit. nach: Reinhold Kaiser/Sebastian Scholz, Quellen zur Geschichte der Franken und der Merowinger, Kohlhammer, Stuttgart 2012, S. 139–141, 143–146.*

1 *Märzfeld:* jährliche Heeresversammlung am 1. März
2 *Sicamber:* eigtl. Name eines fränkischen Teilstammes, der Sugambrer, hier im übergreifenden Sinn gemeint: Franke

1 Analysieren Sie die Erzählung über den Krug von Soissons (M 12 a) in Hinblick auf die Aussageabsicht Gregors.

2 Nehmen Sie Stellung zum Quellenwert der Bekehrungs- und Taufgeschichte (M 12 b).

Formulierungshilfen:
- Dieser Ausschnitt aus dem Geschichtswerk des Bischofs Gregor von Tours entstand etwa 100 Jahre nach dem beschriebenen Ereignis, daher …
- Der soziopolitische Hintergrund Gregors als Bischof der römischen Kirche könnte Einfluss auf seine Darstellung …
- Im ersten/zweiten/… Abschnitt ist ein deutlicher Einfluss der/des … zu erkennen, daher …
- Die Darstellung Chlodwigs/der Schlacht/der Bekehrung/der Taufe/… erinnert stark an … und ist daher mit Vorsicht zu behandeln.
- Insgesamt ist der Quellenwert dieses Berichts in Bezug auf die folgenden Punkte in Frage zu stellen/besonders hervorzuheben/als problematisch einzuschätzen/völlig zu verwerfen/…

M 13 Darstellung der Taufe Chlodwigs I. durch Bischof Remigius von Reims in den *Grandes chroniques de France* nach Gregor von Tours, französische Buchmalerei, 1375/79

M 14 Die Historikerin Martina Hartmann über die Stellung der Frau und die Ehe in der Merowingerzeit (2012)

Die besondere Wertschätzung der freien Frau im gebärfähigen Alter für Familie und Gesellschaft ist an der […] Höhe des Wergeldes, das die *Lex Salica* festlegt, abzulesen – es lag ja deutlich über dem für einen getöteten freien Mann.[1] Rückhalt und Schutz bot der Frau die Familie oder Sippe, und zwar bis zu ihrer Heirat die eigene und nach ihrer Eheschließung die
5 des Mannes. Die Familie wachte auch über die Ehre der Frau, und die verschiedenen Volksrechte, nicht nur die *Lex Salica*, enthalten Bußsummen etwa für die unsittliche Berührung einer Frau oder den Frauenraub. Im Zweifelsfall verteidigte die Sippe auch selbst ihre Ehre, indem sie gegen Leute vorging, die 10 die Ehre eines weiblichen Mitgliedes ihrer Familie verletzt hatten. Die Strafgewalt wurde aber auch gegenüber den eigenen Mitgliedern wahrgenommen, etwa wenn diese sich sexuelle Verfehlungen hatten zuschulden kommen lassen. 15
Dass es nicht in jedem Fall eine Gleichbehandlung von Männern und Frauen gab, zeigen die Rechtsfolgen im Falle von Ehebruch durch eine verheiratete Frau: Während der Mann nur wegen Treuebruch verfolgt wurde oder sogar straffrei blieb, konnten Frauen 20 zum Tod durch Ertränken verurteilt werden. Bisweilen kam es aber auch zur Blutrache der Sippe an dem am Ehebruch beteiligten Mann, um die Ehre wiederherzustellen. Ungleich war letztlich auch die Behandlung der Frau im Erbrecht: Der *Lex Salica* zufol- 25 ge konnte sie nicht erben, sondern nur die Männer der Sippe. Es gibt jedoch eine Reihe von Quellenzeugnissen, die zeigen, dass man diese Bestimmung ignorierte oder umging und sogar auch Grundbesitz an Töchter oder Witwen vererbte. Benachteiligt wurde 30 eine Frau dann, wenn sie unterhalb ihres Standes heiraten wollte, denn eine freie Frau, die einen Unfreien wählte, verlor ihre Freiheit. Dies konnte nur durch Freilassung des erwählten Mannes umgangen werden, und auch ein Freier konnte eine Unfreie nur 35 nach vorheriger Freilassung heiraten. Dies dürfte nicht zuletzt bei den Merowingerkönigen, die Frauen aus dem Gesinde heirateten, in dieser Weise gehandhabt worden sein. Bei einer Heirat zwischen Unfreien musste, wie schon erwähnt, der Herr die Heiratser- 40 laubnis geben.
Das Heiratsalter von Männern lag in der Merowingerzeit vermutlich niedriger als in der Spätantike, wie sich aus Grabinschriften schließen lässt. Es sank bei Männern von 30 Jahren auf 22 bis 25 Jahre, wäh- 45 rend es bei Frauen konstant bei 15 bis 18 Jahren blieb. Es scheint so, als wäre das Heiratsalter bei den Merowingerkönigen mitunter niedriger gewesen und habe mit dem Mündigkeitsalter von 14 bis 15 Jahren übereingestimmt. Die spätmerowingischen Könige müs- 50 sen unter 20 Jahren gewesen sein, als sie ihre Söhne zeugten.
Eine Eheschließung setzte bei Freien die Erlaubnis der Brauteltern voraus, bei Unfreien die des Herrn. Es gab wohl eine Art von Verlobung, bei der der Bräuti- 55 gam an die Brauteltern eine symbolische Zahlung leistete oder ihnen einen Ring übergab. In der Oberschicht wurde auch ein Brautschatz übergeben und nach der Brautnacht die sogenannte Morgengabe. Die Eltern sollten der Braut nach ihren Möglichkei- 60 ten eine Mitgift geben. Genaueres wissen wir darüber aber eigentlich nur von königlichen Eheschließun-

gen, beispielsweise im Hinblick auf die beiden westgotischen Prinzessinnen Brunichild und Galswinth:
65 Die Mitgift der zukünftigen Merowingerköniginnen soll jeweils sehr üppig ausgefallen sein, und von Chilperich I. wird berichtet, dass er Galswinth als Brautschatz und Morgengabe die Steuern von fünf Städten seines Reiches übertrug. Im Vertrag von Andelot
70 (587) wurde Brunichild dies als Erbe ihrer Schwester zugesprochen.
Regelrechte Feste zur Feier einer Vermählung gab es sicher auch eher bei der Oberschicht und in der Königsfamilie als in ärmeren Kreisen. Als weitere Zere-
75 monie im Rahmen einer Eheschließung erwähnt Gregor von Tours die Übergabe von Schuhen und einem Ring an die Braut. Aber auch Ehescheidung war in der Merowingerzeit im Unterschied zur späteren Karolingerzeit durchaus noch möglich, wie eine Rei-
80 he von Formularen für Scheidungsbriefe nahelegt. Die Frau durfte in solch einem Fall sogar ihr Vermögen behalten.

Martina Hartmann, Die Merowinger, C. H. Beck, München 2012, S. 85–87.*

85 1 Das Wergeld für eine freie fränkische Frau im gebärfähigen Alter betrug 600 solidi.

1 **Tabelle:** Stellen Sie die hier dargestellte gesellschaftliche Situation von Frauen und Männern in einer Tabelle gegenüber.
2 **Wahlaufgabe:** Nehmen Sie Stellung zu der Behauptung, dass die Lage der Frauen im Merowingerreich im Vergleich zu anderen Orten und Zeiten relativ positiv gewesen sei. Wählen Sie eine der folgenden Textsorten aus:
   a) eine Stellungnahme in Form eines Klausurtextes,
   b) einen Leserbrief in einer Zeitung oder Fachzeitschrift,
   c) einen Debattenbeitrag für eine Plenumsdiskussion.
3 **Zusatzaufgabe:** siehe S. 479.

M 15 Goldener Siegelring der merowingischen Königin Arnegunde mit Monogramm „ARNEGUNDIS REGINE", 6. Jahrhundert

M 16 Schmuck (Ohrringe, Siegelring, Schmucknadel, zwei Scheibenfibeln sowie eine Schnalle mit Gegenbeschlag) der merowingischen Königin Arnegunde, 6. Jahrhundert.
Der Siegelring und die anderen Schmuckstücke wurden im Grab der Königin Arnegunde in der Basilika Saint-Denis bei Paris gefunden.

M 17 Rekonstruktionszeichnung von Kleidung und Schmuck der Königin Arnegunde

M 18 Die Historikerin Martina Hartmann über die Kleidung der Merowingerköniginnen (2012)

Die byzantinischen Quellen lassen zwar erkennen, dass die Franken sich anders kleideten als die Römer, aber über Dinge wie Kleidung, die ja für jeden Zeitgenossen zu den Selbstverständlichkeiten des Alltags gehörte, wurde nicht ausführlich geschrieben. Auch Gregor von Tours schildert zwar den „abenteuerlichen Aufzug" von betrügerischen Wanderpredigern oder den aufwändigen Schmuck von Merowingerköniginnen, aber nicht die Alltagskleidung einfacher Bauern oder Krieger. Wiederum ist es die Archäologie, die uns in diesem Punkt weiterhilft, wenn es auch besonderen detektivischen Scharfsinn erfordert, die in den Gräbern gefundene Kleidung zu rekonstruieren, da empfindliche Materialien wie Stoffe sich im Boden auflösen oder Haarnadeln und Schmuckfibeln verrutschen, wenn der Körper verwest. Als ein glücklicher Umstand im Hinblick auf die ans Licht gebrachten Merowingergräber erscheint die Tatsache, dass bei den Römern unter Einfluss des Christentums seit dem 4. Jahrhundert der Brauch zurückging, die Toten mit mehr oder weniger reichen Grabbeigaben zu bestatten – anders als zunächst bei den Franken. Bei ihnen wurden Frauen üblicherweise mit ihrem Schmuck und anderen Beigaben in die Erde gelegt und Männer mit ihren Waffen und Werkzeugen. Daher kann man römische und fränkische Grabverhältnisse recht gut unterscheiden.

Es ergibt sich folgendes Bild: Im 5. Jahrhundert trugen die Fränkinnen ein röhrenförmiges Gewand, eigentlich ein rechteckiges Stück Stoff, das an der Seite zusammengenäht und auf den Schultern von einem Paar Spangen, die man als Fibeln bezeichnet, gehalten wurden. Eine weitere Fibel hielt den darüber getragenen Mantel. Im Laufe der Zeit wurden die Fibeln allerdings zu Schmuckelementen oder Statussymbolen, da die Fränkinnen unter römischen Einfluss begannen, eine Tunika zu tragen. Die Gewänder der einfachen Fränkinnen waren aus Leinen oder Schafwolle, während die Königinnen Seide trugen. Das Grab der Königin Arnegunde in Saint-Denis und das Totenhemd der Königin Balthild in Chelles belegen dies. [...]

In anderen Frauengräbern fand man neben Schmuck auch kostbare Kämme und andere nützliche Gebrauchsgegenstände wie Messer und Schere in kleinen Lederbeuteln. Kein Wunder also, dass Gregor von Tours mehr als einmal von Grabräubern erzählt, die oft bereits wenige Tage nach der Bestattung einer vornehmen Frau oder eines vornehmen Mannes Gräber gewaltsam öffneten und vor allem den Schmuck stahlen. Im fränkischen Volksrecht, der *lex salica*, gibt es gleich zwei Stellen, an denen harte Strafen für Grabraub angedroht werden.

Martina Hartmann, Die Merowinger, C. H. Beck, München 2012, S. 107f.*

1 Erläutern Sie anhand der Bilder M 16 und M 17 sowie der Informationen aus dem Text M 18 die Kleidung der merowingischen Frauen.
Tipp: Ordnen Sie dabei den in M 16 abgebildeten Objekten ihren jeweiligen Platz in der Rekonstruktionszeichnung M 17 zu.

M 19 Porträtkopf des merowingischen Königs Chlodwig, Skulptur aus dem 13. Jh.
Fragment aus einer Darstellung der Taufe Chlodwigs vom nördlichen Portal der Kathedrale von Reims in Frankreich.

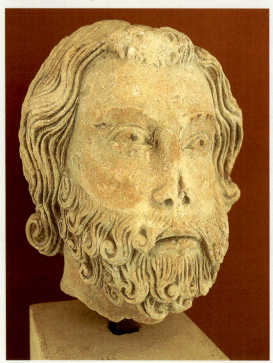

M 20 Der Historiker Bernhard Jussen über die Bedeutung der Konfessionswahl für die Konsolidierung der Herrschaft Chlodwigs (2014)

Lange hatte die Geschichtswissenschaft den Erfolg Chlodwigs auf seine Taufe geschoben. Denn Chlodwig hatte das Christentum angenommen, das die Päpste vertraten und dem auch die romanische Aristokratie im Westen anhing, während die anderen Germanen es mit dem im Osten des Reiches sehr verbreiteten Glauben eines gewissen Arius († 336) hielten, den die Päpste schon seit mehr als einem Jahrhundert mit aller Kraft bekämpften. In älteren Büchern findet man stets die Vorstellung, dass die religiösen Differenzen zwischen Germanen und Romanen – Anhängern des Arius und Anhängern der Päpste – so konfliktuös gewesen seien, dass sie eine langfristige Stabilisierung etwa der gotischen Herrschaften verhindert hätten.

Im Kern unterschieden sich die beiden Bekenntnisse durch ihre Auffassung vom Wesen Christi. Die Päpste beharrten darauf, dass Christus „eines Wesens mit dem Vater" sei, während das Christentum Theoderichs, Geiserichs und der meisten anderen Germanenherrscher in Christus ein Geschöpf des Vaters sah, zwar auch einen Gott, aber einen kleineren. Diese beiden Christologien waren zwar dogmatisch nicht zu harmonisieren, aber im rituellen Vollzug waren sie nicht zu unterscheiden. Die Kultausübung war gleich, es gab kein rituelles Fanal, an dem man die Bekenntnisse sofort hätte erkennen können wie etwa 1000 Jahre später die Anhänger Luthers an der Kommunion in beiderlei Gestalt[1]. Warum sollten die politisch ambitionierten Romanen im Westen des Reiches so versessen darauf gewesen sein, dass die Germanen Christus für „eines Wesens mit dem Vater" hielten? Warum sollten sie nicht ebenso leidenschaftslos gewesen sein wie ihre Standesgenossen im Osten des Imperiums? Und weshalb hat kein Germanenherrscher außer Chlodwig den strategischen Vorteil genutzt, den das Bekenntnis zu Christus als „eines Wesens mit dem Vater" bot?

Inzwischen weist die Forschungsliteratur bisweilen darauf hin, dass das Wesen Christi wohl doch nicht so wichtig für die Weltgeschichte war. Auch die Burgunder waren, wenn auch einige ihrer Herrscher dem Arius anhingen, weitgehend Anhänger des römischen Glaubens, was sie nicht vor dem Untergang bewahrt hat. Bei den Goten sind keinerlei Konflikte mit den Romanen erkennbar, die den unterschiedlichen Bekenntnissen zuzuschreiben wären. Der westgotische, der fränkische wie der burgundische Herrscher haben im frühen 6. Jahrhundert Synoden für die katholischen Bischöfe ihres jeweiligen Herrschaftsbereichs einberufen, ohne dass Bekenntnisprobleme überliefert wären. Anscheinend hat das Bekenntnis die Zeitgenossen unter gotischer Herrschaft nicht besonders beschäftigt.

55 Dennoch dürfte die Bekenntnisfrage strukturell wichtig gewesen sein. Denn auch, wenn die Zeitgenossen im Italien Theoderichs sich wenig dafür interessiert haben mögen, manifestierte die Bekenntnisfrage die Trennungspolitik. Die Liturgie[2] der Ro-
60 manen unter gotischer Herrschaft und der Eroberer mag nicht unterscheidbar gewesen sein, auf jeden Fall aber traf man sich nicht in derselben Kirche. Die Franken hingegen besuchten dieselben heiligen Stätten wie die Galloromanen. Wichtiger dürfte aber
65 sein, dass zwar die Oberitaliener auf Bekenntnisfragen gelassen reagieren konnten, nicht aber die Gallier. Denn wo Politik noch mit Konsulardiptychen[3] repräsentiert wurde, wo es noch einen Senat gab und der Kaiser die zentrale Autorität blieb, war das Be-
70 kenntnis politisch nicht lebenswichtig. In Gallien aber war genau dies anders. Hier gab es das alte politische System nicht mehr. Das neue System bestand aus nichts anderem als aus Religion, das Zeichensystem war das religiöse Zeichensystem, der Argumen-
75 tationsapparat war der religiöse. In Gallien war lebenswichtig, was in Oberitalien eine Differenz unter vielen war. Die Taufe manifestierte den Eintritt in das noch junge politische Sinn- und Legitimationssystem. Unter den Augen der alten politischen Elite des
80 untergegangenen politischen Systems unterwarf sich der junge fränkische Politiker mit der Taufe dem politischen Sinnsystem, mit dem die alte Elite ihr Überleben sicherte.

Bernhard Jussen, Chlodwig der Gallier, in: Mischa Meier/Steffen Patzold (Hg.), Chlodwigs Welt. Organisation von Herrschaft um 500, Franz Steiner Verlag, Stuttgart 2014, S. 27–43, hier S. 41 f.

1 *Kommunion in beiderlei Gestalt:* meint, dass in der Heiligen Messe sowohl der Leib Christi in der Gestalt des Brotes („Brotkommunion") als auch das Blut Christi in der Gestalt des Weines („Kelchkommunion") empfangen wird.
2 *Liturgie:* Ordnung und Gesamtheit der religiösen Zeremonien und Riten des jüdischen und des christlichen Gottesdienstes
3 *Konsulardiptychen:* Elfenbeintäfelchen, die römische Konsuln bei Amtsantritt verschenkten

1 Geben Sie Jussens Position zur Bedeutung der Wahl des katholischen Bekenntnisses für die Herrschaftssicherung Chlodwigs mit eigenen Worten knapp und präzise wieder.
2 **Vertiefung:** Nehmen Sie Stellung zu Jussens These, „dass das Wesen Christi wohl doch nicht so wichtig für die Weltgeschichte war" (Z. 40 f.). Beziehen Sie dabei auch Kenntnisse aus den anderen Kapiteln mit ein.

M 21 Die Historiker Hubert Fehr und Philipp von Rummel zur Ethnogenese der Franken (2011)
Letztlich entstanden die Franken als ethnische Gruppe vor allem nach der Gründung des Merowingerreiches auf ehemals römischem Boden. Ausgangspunkt war zunächst die gemeinsame Identität als Angehöriger des fränkischen Heeres. Unter den anderen Be-
5 wohnern des Frankenreiches entwickelte sich wohl erst allmählich ein immer stärker werdendes Gefühl der Zusammengehörigkeit. Ein ganzes Bündel von Faktoren dürfte das bewirkt haben: die gemeinsamen militärischen Erfolge, die seit Chlodwigs Übertritt
10 zur katholischen Konfession einheitliche Religion und das von Chlodwig erlassene fränkische Recht, die *Lex salica*. Allmählich entsprach dieses Bewusstsein dem, was die moderne Forschung als „ethnische Identität" bezeichnet – erst jetzt entstand ein fränki-
15 sches „Volk". Dieses bestand sicher nur zum Teil aus Menschen, deren Vorfahren aus der Germania eingewandert waren. Beim Großteil der frühmittelalterlichen Franken handelte es sich aller Wahrscheinlichkeit nach um Nachfahren der vormals römischen
20 Bevölkerung, die ihre alte kulturelle Prägung abgestreift und den stark militärisch geprägten fränkischen Lebensstil übernommen hatten.

Da das Frankenreich weder politisch noch rechtlich einheitlich war, bildete es nicht nur den Rahmen für
25 die Herausbildung der Franken, sondern auch für weitere ethnische Gruppen. Während sich die fränkische Identität vor allem auf den Geltungsbereich des fränkischen Reiches nördlich der Loire beschränkte, entwickelten sich auch in den später eroberten Ge-
30 bieten im Süden sowie östlich des Rheins neue Identitäten. Deren Kristallisationspunkte bildeten die neuen Verwaltungseinheiten, welche die Frankenkönige dort zur Sicherung ihrer Macht einrichteten. In entsprechender Weise entstanden die Alemannen in
35 Südwestdeutschland und der Nordschweiz sowie die Bajuwaren.

Hubert Fehr und Philipp von Rummel (Hg.), Die Völkerwanderung, Konrad Theiss Verlag, Stuttgart 2011, S. 95 ff.

1 Fassen Sie die Erkenntnisse der Autoren zur Entstehung der Franken in eigenen Worten zusammen.
2 **Vertiefung:** Vergleichen Sie mit der Ethnogenese der Ostgoten.
   ▶ Kap. 2.3: Das Ostgotenreich in Italien (S. 172 ff.)

Methode

Geschichtskarten interpretieren

Karten gehören zu unserem Alltag – ob als Straßenkarten, in Navigationsgeräten oder im Internet. Meist werden dort aktuelle geografische Verhältnisse gezeigt. Für die Darstellung historischer Phänomene und Entwicklungen haben Karten eine wichtige Funktion: Sie können **Raumbeziehungen** visuell darstellen und so den **Zusammenhang zwischen räumlichen Bedingungen** (Lage von Staaten, Grenzen, Verkehrswegen) **und historischen Prozessen** verdeutlichen. Daher finden sich solche Karten in Schulbüchern, aber auch in wissenschaftlicher und populärer Literatur und in historischen Dokumentationen im Fernsehen.

Begrifflich und inhaltlich zu unterscheiden sind **„Geschichtskarten"** und **„historische Karten"**. „Geschichtskarten" wollen (heute) ein Phänomen aus der Vergangenheit behandeln, also Geschichte in kartografischer Form darstellen. „Historische Karten" dagegen stammen aus der Vergangenheit und stellen – aus damaliger Perspektive – entweder die damalige Gegenwart oder eine Vergangenheit dar. Für die Geschichtswissenschaft sind Letztere Quellen, Erstere dagegen Darstellungen. Allerdings können Geschichtskarten mit der Zeit historische Karten werden – ein Geschichtsatlas aus den 1950er-Jahren z. B. ist heute eine historische Quelle, die es erlaubt, das Geschichtsverständnis dieser Zeit zu rekonstruieren.

Für die Darstellung von Geschichte in kartografischer Form gibt es bekannte Konventionen und Elemente, die für die Darstellungsabsicht eingesetzt werden können: Kartentitel, Legende, Farbgebung, verwendete Symbole und Zeichen, Schrift usw. Bei der kritischen Analyse solcher Karten geht es nicht so sehr darum, die dargestellten Informationen zu ermitteln, sondern vor allem die Aussageabsicht der Karte. Hierfür ist insbesondere der Kontext wichtig, also Fragen wie: Wer hat die Karte entworfen bzw. in Auftrag gegeben? In welchem Zusammenhang ist sie erschienen? An wen richtete sie sich?

Arbeitsschritte zur Interpretation

1. Erster Eindruck
– Was sind Ihre ersten Assoziationen und Eindrücke beim Betrachten der Karte?
– Was fällt Ihnen hinsichtlich der inhaltlichen Dichte und Komplexität auf?

2. Formale Merkmale
– Wie lautet der Titel der Karte?
– Wer ist der Verfasser bzw. Auftraggeber der Karte (ggf. Recherche)?
– Was ist das Thema der Karte (dargestellter geografischer Raum, Zeit, Ereignisse)?
– Wie sind Legende(n), Maßstab, Farbgebung, Symbole, Schrift etc. gestaltet?
– Wie ist der Verwendungskontext und wer sind die Adressaten?

3. Analyse der einzelnen Elemente
– Was bedeuten die einzelnen inhaltlichen Elemente, z. B. Grenzen und Grenzveränderungen, Wanderungen und Kriegszüge, Schlachten und Belagerungen, Standorte (Industrie, Handel, Militär etc.), Bevölkerungs-, Bestands- und Absatzzahlen?
– Lassen sich die Behauptungen anhand anderer Quellen überprüfen?

4. Interpretation/ Gesamtaussage
– Was ist die Intention und Aussageabsicht der Karte? Welche Erkenntnis wird beim Betrachter intendiert?
– Sind Schwerpunktsetzungen erkennbar? Wo liegt der inhaltliche Fokus der Karte?
– Wird eine bestimmte Sichtweise bezüglich einer historischen Fragestellung bevorzugt?
– Sind Missinterpretationen möglich? Vereinfacht die Karte Sachverhalte zu stark?
– Sind implizite oder gar explizite Wertungen erkennbar?
– Was wird nicht dargestellt? Aus welchen Gründen?
– Manipuliert die Karte den Betrachter? Werden Informationen zurückgehalten oder falsch dargestellt? Wem könnte dies nutzen? Wer könnte dies wollen?

Geschichtskarten interpretieren

Übungsbeispiel

M1 Die Ausbreitung der merowingisch-fränkischen Herrschaft vom 4. bis 6. Jahrhundert

1 Interpretieren Sie die Karte, indem Sie die vier Arbeitsschritte von S. 212 durchführen und auf dieser Grundlage einen zusammenhängenden Text formulieren.
▶ Lösungshinweise finden Sie auf S. 492.

Wiederholen

Anwenden

M1 Auszug aus dem neunten Band der zehn Historienbüchern des Gregor von Tours (Bischof von Tours 573–594)

Gregor schrieb seine Historienbücher ab ca. 575 sukzessive nieder. Hier berichtet er über Ereignisse des Jahres 589, in die er als Bischof und Berater direkt mit einbezogen war.

König Childebert[1] aber befahl, weil Bischof Maroveus[2] ihn eingeladen hatte, den Steuereinnehmern, nämlich Florentianus, dem Hausmeier der Königin, und Romulfus, seinem Pfalzgrafen, nach Poitiers zu
5 gehen, damit das Volk die Steuer, die es zur Zeit seines Vaters zu leisten hatte, nach erfolgter Veranlagung und nach Erneuerung des Vorgangs wieder zahlen sollte. Viele waren nämlich von diesen gestorben und deshalb lag die Last der Steuer auf den Witwen,
10 Waisen und Kranken. Die Steuereinnehmer untersuchten dies genau, entbanden die Armen und Schwachen und unterwarfen jene, die nach der Rechtslage steuerpflichtig waren, der öffentlichen Steuer.
15 Und so sind sie nach Tours geschickt worden. Aber als sie dem Volk die Steuerzahlung auferlegen wollten und sagten, dass sie das Steuerbuch in den Händen hätten, und wie viel die Leute zur Zeit der früheren Könige gezahlt hätten, antwortete ich und sagte:
20 „Es ist bekannt, dass die Stadt Tours zur Zeit des Königs Chlothar[3] veranlagt worden ist und jene Steuerbücher an den König gingen. Aber weil der König sich vor dem heiligen Bischof Martin fürchtete, sind sie verbrannt worden. Nach dem Tod des Königs Chlo-
25 thar hat das Volk hier dem König Charibert[4] den Eid geleistet. Zugleich hat auch jener eidlich versichert, dass er dem Volk keine neuen Gesetze und Gewohnheiten auferlege, sondern er bewahre diesen hier eben jenen Zustand, in dem sie unter der Herrschaft
30 des Vaters gelebt hatten. Und er gelobte, dass er ihnen keine neue Anordnung auferlegen werde hinsichtlich der Steuerschätzung. [...] Nach dessen [Chariberts] Tod hatte König Sigibert[5] diese Stadt inne und er hat ihr nicht die Last irgendeiner Steuer auf-
35 gebürdet. Und so regiert nun Childebert im 14. Jahr nach dem Tod seines Vaters und er hat nichts gefordert, und diese Stadt hat nicht von irgendeiner Steuerlast beschwert geseufzt. Nun aber liegt es in eurer Macht, ob ihr die Steuer erheben wollt oder nicht.
40 Aber seht zu, dass ihr keinen Schaden anrichtet, wenn ihr beschließt, gegen den Eid dieses Königs vorzugehen." Als ich dies sagte, sprachen sie: „Seht, wir haben das Steuerbuch in den Händen, in dem die Steuer für dieses Volk vermerkt ist." Und ich sagte:
45 „Dies Buch ist nicht vom Schatz des Königs geschickt worden und hat über so viele Jahre niemals Geltung gehabt. Es ist nämlich nicht verwunderlich, wenn es aus Feindseligkeiten gegen diese Bürger in dem Haus irgendeines Mannes aufbewahrt worden ist. Es hat
50 aber Gott über jene geurteilt, die dieses Steuerbuch zur Beraubung unserer Bürger hervorgeholt haben, nachdem eine so lange Zeit vergangen ist." Während aber dies geschah, wurde der Sohn des Audinus, der das betreffende Steuerbuch hervorgeholt hatte, am
55 selben Tag vom Fieber befallen und starb am dritten Tag. Danach schickten wir Boten an den König, damit er einen Erlass zurückschicke, was er in diesem Falle befehle. Aber unverzüglich schickte man einen Brief mit dem Beschluss, dass aus Ehrfurcht gegenüber dem heiligen Martin das Volk von Tours nicht
60 veranlagt werden solle. Nachdem dies vorgelesen worden war, kehrten die Männer, die deshalb geschickt worden waren, sofort in ihre Heimat zurück.

Zit. nach: Reinhold Kaiser/Sebastian Scholz (Hg.), Quellen zur Geschichte der Franken und der Merowinger, Stuttgart 2012, S. 148–150.*

1 *Childebert II. (570–596):* Urenkel Chlodwigs und König ab 575
2 *Maroveus, auch Marovée:* Bischof von Poitiers 573–594
3 *Chlothar (um 495–561):* Sohn Chlodwigs, Großvater Childeberts II.
4 *Charibert (um 520–567):* Sohn Chlothars, blieb ohne Erben
5 *Sigibert (um 535–575):* Sohn Chlothars, Vater Childeberts II.

1 Fassen Sie – nach einer quellenkritischen Einleitung – Gregors Bericht in eigenen Worten zusammen.
2 Erörtern Sie kritisch, welche Erkenntnisse über das Steuerwesen zur Zeit der Merowinger anhand von Z. 1–18 dieser Quelle gewonnen werden können.
3 Beurteilen Sie den Quellenwert der Ausführungen in Z. 19–81 vor dem Hintergrund der Eigeninteressen des Autors.
Tipp: Lesen Sie die biografischen Informationen zu Gregor von Tours auf S. 196.

Wiederholen

M2 „Le Baptême de C ("Die Taufe Chlodwigs"), Ölgemälde von Jean-François Gigoux, 1844

Zentrale Begriffe
Arianismus
Bischof
Burgunder
Byzanz
Föderaten
Galloromanen
Heermeister
Königsdienst
lex Salica
Ostgoten
Salfranken
Taufe
Wergeld
Westgoten

1 Charakterisieren Sie das Zusammenleben von Franken und Galloromanen in Chlodwigs Reich.
   Tipp: Nutzen Sie bei Bedarf die Formulierungshilfen.
2 Beurteilen Sie die Bedeutung der Taufe für den politischen Erfolg Chlodwigs.
3 Beschreiben Sie das Gemälde M 2 formal und inhaltlich.
4 Deuten Sie die Aussageabsicht des Malers.
5 **Vertiefung:** Beurteilen Sie, inwiefern er Vorstellungen seiner Zeit auf das ausgehende 5. Jahrhundert projiziert. Vergleichen Sie mit M 2, S. 199 und M 13, S. 207.
6 Nehmen Sie Stellung zur Frage, ob Chlodwig als frühmittelalterlicher König oder spätantiker Amtsträger des Imperiums anzusehen ist.
7 **Wahlaufgabe:** Bearbeiten Sie eine der Teilaufgaben a, b, oder c.
   Setzen Sie sich mit der Frage auseinander, ob Chlodwig 486 dem Römischen Reich den „Todesstoß" versetzte oder ob er die Reichsidee zumindest in seinem Reich vor dem endgültigen Verfall rettete. Verfassen Sie dazu
   a) ein Sachurteil in Form eines Klausurtextes,
   b) eine fiktive Verteidigungsrede Chlodwigs gegen den ebenso fiktiven Vorwurf eines galloromanischen Aristokraten, das Reich zerstört zu haben, oder
   c) einen Leserbrief, in dem Sie auf einen selbst erdachten medialen Beitrag zu dieser Thematik reagieren.

Formulierungshilfen
– Das quantitative Verhältnis der Bevölkerungsgruppen …
– Die Kooperation mit der senatorischen galloromanischen Oberschicht …
– Auf der einen Seite bot der Übertritt zum katholischen Bekenntnis Vorteile in der Zusammenarbeit mit den Bischöfen, da …
– Andererseits lässt sich etwa im Falle des Ostgoten Theoderich/Westgoten Geiserich/Vaters Chlodwigs Childerich beobachten …
– Im Fokus/Hintergrund/Vordergrund des Gemäldes ist … zu erkennen, …
– Deutlich tritt in dem Gemälde eine Längsspaltung in eine linke und rechte Hälfte auf, die linke zeigt …, während die rechte …
– Der Maler betont besonders die Rolle des/der …
– Der Maler zeichnet Chlodwig als …

2.5 Die Rezeption der „Völkerwanderung"

M1 Die Plünderung Roms durch die Visigoten unter der Führung Alarichs I. im Jahr 410 n. Chr., undatierte Gravur, 19. Jahrhundert

410	Plünderung Roms durch die Goten unter Führung Alarichs
um 500	Taufe Chlodwigs
um 1200	Das „Nibelungenlied" wird aufgezeichnet
13.–15. Jh.	Der französische Königsmythos um Chlodwig entwickelt

Die Rezeption der „Völkerwanderung" 2.5

Das in der Vergangenheit Geschehene wird erst dann zu „Geschichte", wenn die Ereignisse von den Menschen auf Grundlage einer spezifischen Perspektive, eines Erkenntnisinteresses wahrgenommen, in eine Abfolge gebracht, nacherzählt und damit rekonstruiert werden. „Geschichte" kann dabei auch zur Legitimation politischer Ideen sowie
5 politischem oder moralischem Handeln genutzt werden. Daher ist bei der Beschäftigung mit „Geschichte" auch ihre Rezeption bedeutsam.
Die Auseinandersetzung mit der Rezeption von Geschichte ist ebenso wichtig wie die ihr vorausgehende Rekonstruktion von Geschichte aus Quellen. Unter der Rezeption von Geschichte versteht man, wie diese Geschichte in einer bestimmten Zeit und auf
10 der Grundlage bestimmter Perspektiven dargestellt und gedeutet wird. Daher handelt es sich auch bei der Rezeption von Geschichte um eine Rekonstruktion von Geschichte, die als solche zu dekonstruieren ist.
Die „Völkerwanderung" ist im Zusammenhang mit den „germanischen Reichsgründungen", dem Ende des Weströmischen Reiches, der Herausbildung einer mittelalterlichen
15 politischen Ordnung sowie im Kontext der deutschen Nationalstaatsbildung und der NS-Ideologie in unterschiedliche, sehr komplexe Rezeptionsprozesse eingebunden: Der Mythos von der Wanderung germanischer „Völker" prägte beispielsweise die Mythen der Nationen und Nationalstaatsbildung; der Mythos des heldenhaften und mutigen „Germanen" verschmolz in der nationalsozialistischen Propaganda mit der Konstrukti-
20 on des „Ariers". Das folgende Kapitel beleuchtet unterschiedliche Rezeptionen der „Völkerwanderung" in ihren verschiedenen politischen Kontexten.

1 Ordnen Sie das auf der Gravur gezeigte Ereignis in seinen historischen Kontext ein. Analysieren Sie darauf aufbauend die Gravur zur Plünderung Roms.
2 Interpretieren Sie auf der Grundlage Ihrer bisherigen Ergebnisse die Gravur, insbesondere hinsichtlich der in ihr zutage tretenden Deutung des Geschehens.
Tipp: siehe S. 479 f.
3 **Vertiefung:** Beziehen Sie in Aufgabe 2 Überlegungen zu Kulturkonflikt und Kulturkontakt sowie zu historischen Transformationsprozessen ein (siehe S. 146 ff.).

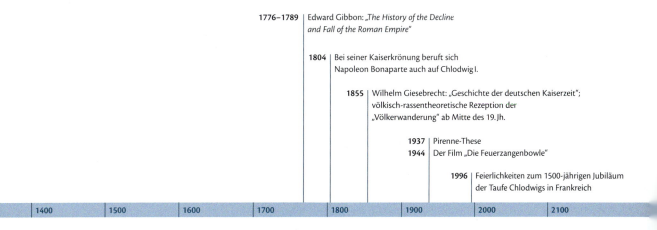

2.5 Die Rezeption der „Völkerwanderung"

In diesem Kapitel geht es um
- *die Begriffsbedeutung von „Völkerwanderung", „invasions barbares" und „migration periods" sowie*
- *unterschiedliche Interpretationen der Wanderungsbewegungen des 4. bis 6. Jahrhunderts.*

Unterschiedliche Begriffe für ein historisches Phänomen

Der deutsche Begriff „Völkerwanderung" ist in der aktuellen Forschung umstritten. Er entstand im späten 18. Jahrhundert und spiegelt die Vorstellung wider, die die Menschen der damaligen Zeit von den spätantiken Geschehnissen hatten: Sie nahmen an, dass ganze Völker „wanderten". Die Geschichtswissenschaft hat inzwischen herausgearbeitet, dass diese Vorstellung nicht haltbar ist. Zudem legt der Begriff nahe, dass die Gestaltungsmacht damals bei den wandernden Gruppen gelegen haben soll. In den romanischen Sprachen wird demgegenüber eine andere Perspektive eingenommen: Wenn diese von *Barbarian invasions* (Englisch), *invasions barbares* (Französisch) oder *invasioni barbariche* (Italienisch) sprechen, nehmen sie eher einen römischen Blickwinkel ein, verweisen damit auf jenes Gebilde, das von den Geschehnissen in besonderer Weise betroffen war, und suggerieren eine katastrophische Deutung. Wegen ihrer immanenten Wertung ist diese Bezeichnung ebenfalls in die Kritik geraten, im Englischen wird inzwischen oft die neutralere Bezeichnung *migration period* verwendet.

▶ Kap. 2.1: Wandlungsprozesse in der Geschichte (S. 140 ff., bes. S. 143 ff.)

Antike Deutungen

Schon die antiken Geschichtsschreiber interpretierten die Wanderungsbewegungen des 4. bis 6. Jahrhunderts unterschiedlich. Die **Plünderung Roms** durch die Westgoten unter Alarich im Jahre 410 wurde von den Zeitgenossen als Katastrophe wahrgenommen. Einigen Autoren schien diese Schreckensnachricht aber zu bestätigen, was sie zuvor vorhergesagt hatten: Dass die Abwendung von den alten Göttern und die Hinwendung zum Christentum dieses Schicksal provoziert habe und der Gotensturm auf Rom die gerechte **Strafe der Götter** sei. Gegen diese Kritiker des Christentums wendet sich **Augustinus** in seinem Hauptwerk, dem „Gottesstaat". Aber noch der griechische Geschichtsschreiber Zosimos erklärte um 500 den Niedergang des Reiches mit der Abwendung von den alten Göttern und sah die ins Reich eindringenden Gruppen als Strafe dieser Götter an. Der Untergang des Ostreiches schien sich ihm in diesem Zusammenhang als eine ausgewiesene Tatsache darzustellen. Dagegen interpretierte Gregor von Tours die Regentschaft Chlodwigs als durch seine Taufe und die Anerkennung des Kaiserhofs legitimierte Fortsetzung des römischen Imperiums.

▶ Kap. 2.2: Verlauf der „Völkerwanderung" (S. 152–171, bes. S. 157)

▶ M 2: Augustinus

▶ Kap. 2.4: Das Merowingerreich (S. 194 ff.)

Die „Völkerwanderung" in Sagen und Legenden

In allen von den Wanderungsbewegungen des 4. bis 6. Jahrhunderts betroffenen Kulturräumen hinterließen diese Spuren in der mündlich überlieferten Tradition: von der britischen **Artussage** über den **Nibelungenstoff** im deutschsprachigen und skandinavischen Raum bis hin zur Geschichte des legendären Wandalenfürsten und Drachentöters **Krak**, der in Polen seit dem Mittelalter als Gründer der Stadt Krakau und Wegbereiter polnischer Staatlichkeit galt. Besonders im 19. Jahrhundert wurden solche Sagen und Legenden genutzt, um den im Entstehen begriffenen modernen Nationen scheinbare

▶ M 12–M 14: Nibelungenlied

218

Historizität und somit Legitimität zu verleihen. So entwickelte sich aus der Sagengestalt Siegfried ein deutscher Nationalheld, der neben dem zum „Hermann, dem Deutschen" erklärten Cheruskerfürsten Arminius, dem Frankenkönig Karl, um den man sich mit Frankreich stritt, und dem Stauferkaiser Friedrich Barbarossa als Vorkämpfer der Nation stilisiert und zur **Begründung des jungen Nationalstaatsgedanken** herangezogen wurde.

Die französische Tradition

In ähnlicher Weise zogen die französischen Könige den fränkischen Herrscher Chlodwig (im Französischen *Clovis*) zur Legitimierung der eigenen Herrschaft heran und führten ihr Geschlecht auf den Merowinger zurück. So avancierten die Merowinger zu den **Gründern** nicht bloß der fränkischen, sondern **der französischen Monarchie** und somit spätestens im ausgehenden 18. Jahrhundert der französischen Nation. Man erklärte Chlodwig wahlweise zum ersten oder fünften König Frankreichs, je nachdem, ob man seine mythischen Vorväter mitzählte oder nicht. Und ebenso wie Karl der Große (Charlemagne) und Ludwig IX. (Saint-Louis) wurde auch Chlodwig in Frankreich als Heiliger verehrt, auch wenn ihm im Gegensatz zu den beiden anderen die offizielle Heiligsprechung durch den Papst fehlte.

Perspektiven des 18. bis 20. Jahrhunderts

Autoren seit dem 18. Jahrhundert erweiterten die antirömische Betrachtungsweise, indem sie die angebliche Dekadenz und Verweichlichung Roms, die zum Teil mit der Einführung des Christentums erklärt wurde, der angenommenen Integrität und Virilität der „germanischen" Eroberer gegenüberstellten. So erklärte etwa der britische Historiker **Edward Gibbon** die Übernahme der römischen Kultur und Staatlichkeit durch die nachfolgenden „germanischen" Staatsgründungen als Verlagerung der *Romanitas* in nördlichere Gefilde. Und der deutsche Historiker **Wilhelm Giesebrecht** stellte 1855 in seiner „Geschichte der deutschen Kaiserzeit" die Eroberung Roms als durch dessen Verderbnis, Stolz und Feigheit hervorgerufen und Alarich als gerechten Rächer der von Rom betrogenen „germanischen" Hilfstruppen dar. Diese Deutungen sind im Kontext des entstehenden Nationalismus im späten 18. und 19. Jahrhundert zu sehen, in dessen Interpretation die Migrationsereignisse des 4. bis 6. Jahrhunderts als Aufbegehren der vorgeblich bereits hier sich erhebenden Nationen gegen die Unterdrückung des universalistischen und somit antinationalen Imperiums zu sehen seien.

Diese Sichtweise wurde von Vertretern der am Ende des 19. und zu Beginn des 20. Jahrhunderts aufkommenden **völkischen Ideologie**, wie dem Arzt und Schriftsteller Ludwig Wilser, ausgebaut und fand auf diesem Wege Eingang in die **Ideologie des Nationalsozialismus**. So entwickelte der französische Diplomat und Privatgelehrte **Arthur de Gobineau** in der Mitte des 19. Jahrhunderts die Vorstellung von der „arischen Herrenrasse", die mit den unwissenschaftlichen Germanenvorstellungen der völkischen Bewegung des frühen 20. Jahrhunderts verschmolz und im Nationalsozialismus zur Staatsräson erhoben wurde.

M1 Die Plünderung Roms durch die Barbaren 410, Ölgemälde von Joseph-Noël Sylvestre, 1890

▶ M 3, M 10, M 11:
Chlodwigs Bedeutung für Frankreich

▶ M 4: Edward Gibbon

▶ M 5: Wilhelm Giesebrecht

Spiegel-Artikel zur „Feuerzangenbowle"
cornelsen.de/Webcodes
Code: meqaga

▶ M 6: Ludwig Wilser

▶ M 13–M 14: Der Film „Die Feuerzangenbowle" (1944)

---

1 Erläutern Sie, inwiefern die Ereignisse der „Völkerwanderungszeit" für verschiedene Zwecke dienstbar gemacht werden konnten.
2 Diskutieren Sie im Plenum, ob man den Begriff „Völkerwanderung" nicht durch einen neutraleren Begriff wie Migrationsperiode ersetzen sollte.
3 **Vertiefung/Projekt:** Recherchieren Sie an Ihrer Schule, in einer öffentlichen Bibliothek oder innerhalb der Familie nach alten Schulbüchern aus verschiedenen Zeiten. Analysieren und vergleichen Sie, wie darin jeweils die „Völkerwanderung" dargestellt wird.

2.5 Die Rezeption der „Völkerwanderung"

Hinweise zur Arbeit mit den Materialien

M 2 gibt Einblick in die antike Interpretation des Niedergangs Roms, da Augustinus hier seine Sichtweise gegen die heidnischer Kritiker des Christentums verteidigt. M 3, ein aktueller Historikertext, legt die Vereinnahmung des Frankenkönigs Chlodwig durch die französischen Könige des Hochmittelalters anhand der Quellen dar. M 5 illustriert die bauliche Manifestierung derselben am Beispiel der Kathedrale von Reims und M 4 legt die Fortsetzung derselben Praxis bis in die Moderne dar. M 6 bis M 8 stellen mit dem Nibelungenlied die Rezeption der Völkerwanderungszeit in der Sage vor. M 9 bis M 11 (und mit Einschränkungen auch M 12) stellen Primärquellen für die Rezeptionsgeschichte des „langen 19. Jahrhunderts" dar und machen die Denkweise der meisten Gelehrten dieser Zeit exemplarisch erfahrbar. M 13 und M 14 beleuchten am Beispiel einer Szene aus dem bekannten NS-Film „Die Feuerzangenbowle" die filmische Rezeption der „Völkerwanderung".

Zur Vernetzung mit dem Kernmodul

Der Wandel in der Rezeption der Völkerwanderungszeit lässt sich aus dem Blickwinkel der École des Annales (M 5, S. 146 f.) lohnenswert analysieren. Darüber hinaus kann zum besseren Verständnis der Ausführungen in M 4 bis M 6 die Karte M 4, S. 145 herangezogen werden.

M 2 Der Theologe und Philosoph Augustinus von Hippo (354–430 n. Chr.) beginnt sein Werk „Der Gottesstaat" (*De Civitate Dei*, verfasst 413 bis 426 n. Chr.) mit der Plünderung Roms durch Alarich im Jahr 410 n. Chr.

Aus diesem irdischen Staat [gemeint ist die Stadt Rom] gehen die Feinde hervor, gegen die der Gottesstaat verteidigt werden soll. Allerdings sind unter ihnen viele, die sich vom Irrtum ihrer Gottlosigkeit ab-
5 wenden und durchaus würdige Bürger des Gottesstaates werden […]. Sind nicht auch jene Römer dem Namen Christi feindlich gesinnt, die um Christi willen von den Barbaren geschont wurden? Das bezeugen die Stätten der Märtyrer und die Basili-
10 ken der Apostel, die bei jener Verwüstung der Stadt alle Flüchtlinge aufgenommen haben, sowohl die ihrigen als auch die fremden. Bis an ihre Schwellen ließ der blutdürstige Feind seinen Zorn toben; hier fand die Raserei des Schlächters ihre Grenze: Mitleidige
15 Feinde, die auch außerhalb dieser Stätten schonungsvoll verfuhren, brachten die Menschen dort-
hin, damit sie nicht den anderen in die Hände fielen, die nicht die gleiche Barmherzigkeit aufbrachten. Und sobald selbst die Mordlustigen, die andernorts nach Feindesart tobten, an jene Stätten kamen, wo 20 verwehrt war, was draußen nach dem Kriegsrecht als erlaubt galt, wurde ihrer ganzen mörderischen Wildheit Einhalt geboten, und die Gier, Gefangene zu machen, war gebrochen. Auf die Art sind viele davongekommen, die heute das christliche Zeitalter 25 verleumden und die Leiden, die die Stadt erduldet hat, Christus zuschreiben. Die Wohltaten hingegen, die ihnen um der Ehre Christi willen zuteilwurden, so dass sie ihr Leben behielten, schrieben sie nicht unserm Christus, sondern ihrem Schicksal zu. Dächten 30 Sie freilich richtig, müssten sie viel eher all das, was sie an Bitterem und Hartem von den Feinden erlitten haben, auf jene göttliche Vorsehung zurückführen, die oft genug die verderbten Sitten der Menschen durch Kriege zu bessern oder auch auszurotten pflegt 35 oder die gerechte lobenswerte Lebensart der Sterblichen durch solche Heimsuchungen auf die Probe stellt, um sie, geprüft, in ein besseres Leben zu führen oder zu andrer Bewährung auf dieser Erde zurückzubehalten. Was ihnen aber, sei es wo immer, um des 40 Namens Christi willen an Gutem zuteilwurde, die Schonung, die ihnen der wilde Barbar ganz gegen sonstigen Kriegsbrauch wegen des Namens Christi an jenen Stätten erwies, […] das müssten sie doch den christlichen Zeiten zuschreiben. 45

Aurelius Augustinus, Der Gottesstaat (De Civitate Dei), in: Aurelius Augustinus' Werke, hg. und übers. von Carl Johann Perl, Bd. 1, Buch I–XIV, Schöning, Paderborn 1979, S. 3–5.*

1 Erklären Sie, welche Rolle und welche Bedeutung die Christen laut Augustinus bei der Plünderung Roms hatten.

2 Interpretieren Sie die Darstellung des Augustinus im Hinblick darauf, wie die Römer und Nicht-Christen die Rolle und die Bedeutung der Christen gedeutet haben sollen.

3 **Vertiefung:** Nehmen Sie zu der von Augustinus entworfenen Deutung der Ereignisse von 410 n. Chr. kritisch Stellung.

Tipp: Vergegenwärtigen Sie sich noch einmal den historischen Kontext der Plünderung Roms.
▶ Kap. 2.2, S. 152 ff.

M 3 Der Historiker Uwe Ludwig erläutert die Vereinnahmung Chlodwigs durch die französischen Könige seit dem Mittelalter (1997)

Im Jahre 1371 beauftragte König Karl V. von Frankreich (1364–1380) seinen Hofbeamten und -literaten Raoul de Presles damit, die „*Civitas Dei*" des Augustinus ins Französische zu übertragen. Der 1375 fertiggestellten Übersetzung des Werkes schickte Raoul einen Prolog voraus, in dem er auf die Begründung der christlichen Monarchie im Frankenreich durch König Chlodwig (482–511) einging: Das Wappen der drei Lilien, das Karl V. als Symbol der heiligen Dreifaltigkeit führe – so Raoul unter Bezugnahme auf den Lilienschild des französischen Herrschers – sei Chlodwig, dem ersten christlichen König, von einem Engel des Herrn vor dem Kampf gegen König Caudat übergeben worden, der ein Sarazene und Feind des christlichen Glaubens gewesen und mit viel Kriegsvolk aus Alemannien ins Frankenreich eingefallen sei. Unter diesem vom Himmel gesandten Zeichen habe Chlodwig den Eindringling Caudat siegreich zurückgeschlagen, um im Anschluss die Taufe zu empfangen.

Wenn hier *Alemainge* mit Alemannien und France mit Frankenreich übersetzt wurde, so gilt es freilich zu beachten, dass französische Texte des späteren Mittelalters nicht zwischen Alemannien und Deutschland auf der einen sowie zwischen Frankenreich und Frankreich auf der anderen Seite differenzieren. Die *Grandes Chroniques de France*, um 1274 im Kloster Saint-Denis kompiliert, schlagen eine Brücke von den Alemannen der Merowingerzeit zu den Deutschen des Spätmittelalters: Chlodwig sei gegen *Li rois d'Alemaigne* (den König von Alemannien-Deutschland) zu Felde gezogen, woran sich die Erläuterung anschließt, dass dort damals Könige – also keine Kaiser, wie in der Gegenwart des Autors – regierten. Eine solche Kontinuität stellt auch Raoul de Presles her, wenn er Karl V. als Nachfolger Chlodwigs anspricht, der den Angriff Caudats, des sarazenischen, d.i. heidnischen Königs und Feindes des Christentums, auf Frankreich mithilfe der himmlischen Insignien abgewehrt habe. Dem aus Alemannien-Deutschland eingedrungenen Heiden Caudat fällt folgerichtig die Rolle eines Vorgängers des gegenwärtigen deutschen Königs zu, der die römische Kaiserwürde innehat. So stehen sich in Chlodwig und Caudat der fränkisch-französische und der alemannisch-deutsche König gegenüber.

Chlodwig und die Franken als „Franzosen", die Alemannen und ihr sagenhafter Herrscher Caudat als „Deutsche" – bis in unser Jahrhundert bestimmt diese Gleichung ausgesprochen oder unausgesprochen das Geschichtsbewusstsein beider Völker: Selbst der Umgang mit dem Prolog des Raoul de Presles liefert ein beredtes Zeugnis für die fortdauernde Wirksamkeit dieser tiefverwurzelten Geschichtsbilder. […]
Die herausragende Stellung, die Chlodwig noch heute im französischen Geschichtsbewusstsein einnimmt, ist im ausgehenden Mittelalter grundgelegt worden. Damals, in der Zeit vom 13. bis zum 15. Jahrhundert, wurden jene historiografischen[1] und legendarischen Elemente zu einer festen Einheit verwoben, die den Kern des französischen Königsmythos und des Gründungsmythos der französischen Nation und des französischen Staates ausmachen: die Überlieferung von dem Schlachtensieg Chlodwigs über die Alemannen mit der hieran anschließenden Taufe und die Legenden von der hl. Ampulle, der Gabe der Heilkraft, der Oriflamme[2] und dem Lilienschild.
Auf den fränkischen Geschichtsschreiber Gregor von Tours (gest. 594) geht die Tradition zurück, wonach König Chlodwig im Jahre 496 in einer Schlacht gegen die Alemannen das Gelübde abgelegt habe, sich zum Glauben seiner christlichen Gemahlin Chlothilde [=Chrodechild] zu bekehren, wenn ihm der Sieg über die Feinde zufallen werde, und dass er, nachdem er die Alemannen niedergerungen hatte, in Reims von Bischof Remigius getauft worden sei. Der Bericht Gregors hat in späteren Bearbeitungen mancherlei Umformung und Anreicherung erfahren, um schließlich in die „offizielle" Darstellung der am französischen Königshof geführten *Grandes Chroniques* Eingang zu finden. Von der Sainte-Ampoule, dem mit himmlischem Salböl gefüllten Fläschchen, das eine Taube zur Taufe Chlodwigs durch den hl. Remigius herbeigebracht habe, spricht erstmals Erzbischof Hinkmar von Reims anlässlich der Metzer Krönung Karls des Kahlen im Jahre 869. Seit dem 12. Jahrhundert setzt sich die Auffassung durch, dass der Reimser Metropolit bei der Weihe des französischen Herrschers die Salbung mit der von Gott zur Taufe Chlodwigs gesandten himmlischen Essenz vollziehe, die am Remigiusgrabe in der Abteikirche Saint-Remi in Reims aufbewahrt werde. […]
Seit dem 13. Jahrhundert nun treten diese Legenden recht unterschiedlicher Provenienz mehr und mehr in den Dienst der von der Zentralgewalt ausgehenden Bemühungen, die Position des französischen Monarchen nach innen und außen zu stärken: Das Königtum und seine Propagandisten werten sie in Dichtung, Geschichtsschreibung, Publizistik und staatstheoretischer Literatur aus, um die einzigartige, von Gott begründete Stellung des französischen Herrschers als Regent über das von einem „auserwählten Volk" bewohnte „heilige Land" Frankreich

ideologisch zu untermauern. In der Umgebung von König Philippe II. Auguste (1180–1223) liefert die mit dem Himmelsöl vorgenommene Salbung den Beleg dafür, dass der französische Monarch eine höhere Würde bekleide als die übrigen gekrönten Häupter und dass Frankreich über alle anderen Reiche emporrage.

Uwe Ludwig, Chlodwig, die Franzosen und die Deutschen. Beobachtungen zum Nachleben eines Frankenkönigs, in: Frankreich-Jahrbuch 1997, hg. v. Deutsch-Französischen Institut, VS Verlag für Sozialwissenschaften, Wiesbaden 2012, S. 241–261, hier S. 241–244.*

1 *Historiografie:* Geschichtsschreibung
2 *Oriflamme:* (von lat. *„aurea flamma"* „Goldflamme" oder „Goldfeuer") die vom 12. bis zum Anfang des 15. Jahrhunderts geführte Reichs- und Kriegsfahne der französischen Könige

1 Fassen Sie Ludwigs Thesen zur Rezeption und Dienstbarmachung Chlodwigs durch die französischen Herrscher des ausgehenden Mittelalters in eigenen Worten zusammen.
2 Informieren Sie sich über die Konkurrenz des französischen Königtums mit dem Kaisertum des Heiligen Römischen Reiches und diskutieren Sie die politische Bedeutung Chlodwigs für das französische Königtum.

M 4 Der Historiker Uwe Ludwig schreibt ein Jahr nach den französischen Feierlichkeiten zum 1500-jährigen Jubiläum der Taufe Chlodwigs (1997)

Wenn auch das Urteil über die Rolle Chlodwigs in der Geschichte Frankreichs je nach Weltanschauung und Parteizugehörigkeit unterschiedlich ausfällt, so kann sich der Frankenkönig im öffentlichen Bewusstsein doch die Funktion eines Einigers der Nation bewahren. Über die Parteigrenzen hinweg besteht weitgehend Konsens darüber, dass diese Einigungstat aufs engste mit dem Schlachtensieg über die rechtsrheinischen Nachbarn verknüpft ist, in denen man die Germanen oder die Deutschen zu sehen geneigt ist. […] Zu Beginn des Jahrhunderts kann die Gestalt Chlodwigs noch der Legitimation dynastischer Interessen dienstbar gemacht werden, sei es in ihrer bonapartistischen, sei es in ihrer bourbonischen Spielart. Um das von ihm neugeschaffene Kaisertum in die Tradition der französischen Geschichte zu stellen, beruft sich Napoleon I. nicht nur auf Karl den Großen, sondern auch auf Chlodwig. Aus Anlass der Kaiserkrönung Napoleons wird der Hauptfassade von Notre-Dame in Paris ein gotisierender Triumphbogen vorgeblendet, auf dessen Säulen Standbilder von Carolus Magnus und von Clodoveus aufgestellt werden. Zwischen ihnen schreitet der Korse hindurch, als er die Krönungskirche am 2. Dezember 1804 betritt. […] Als sich Papst Leo XIII. 1896 aus Anlass des 1400. Jahrestages der Taufe Chlodwigs in einer Weihnachtsbotschaft an die Stadt Reims wandte, zitierte er das von Gregor von Tours überlieferte Bekehrungsversprechen des Frankenkönigs auf dem Schlachtfeld. Er sprach aber nicht von den Alemannen, sondern von den *„armees teutonnes"*, deren Ansturm Chlodwig zur Ablegung des Gelübdes veranlasst hätte. Er sprach auch nicht von den Franken, in denen die feierliche Verpflichtung ihres Königs neuen Kampfesmut entfacht hätte: Frankreich (*„la France"*) war es, das sich siegesgewiss den grausamen Feinden entgegenstellte und sie vernichtete.

Uwe Ludwig, Chlodwig, die Franzosen und die Deutschen. Beobachtungen zum Nachleben eines Frankenkönigs, in: Frankreich-Jahrbuch 1997, hg. v. Deutsch-Französischen Institut, VS Verlag für Sozialwissenschaften, Wiesbaden 2012, S. 241–261, hier S. 252–257.*

1 Erläutern Sie, warum Chlodwig als französische Identifikationsfigur mit der französischen Revolution in die Kritik geriet und warum er trotzdem zur Legitimation der napoleonischen Monarchie geeignet erschien.
2 Nehmen Sie Stellung dazu, ob und inwiefern noch heute nationale Identifikationsfiguren zu Legitimationszwecken herangezogen werden (in Deutschland, Frankreich oder andernorts).
3 **Wahlaufgabe:** Informieren Sie sich über die Feierlichkeiten von 1996 zum 1500-jährigen Jubiläum der Taufe Chlodwigs und nehmen Sie Stellung in Form
   a) einer Stellungnahme nach den Vorgaben eines Klausurtextes,
   b) eines Leserbriefes in einer französischen Zeitung im Jahr 1996 oder
   c) in Form einer Parlamentsrede in der französischen Nationalversammlung.

M 5 Figurendarstellung zur Taufe Chlodwigs an der Kathedrale Notre-Dame in Reims, Frankreich, 13. Jahrhundert

M6 Aus dem mittelhochdeutschen „Nibelungenlied", um 1200 (in der Übersetzung aus dem Mittelhochdeutschen von Karl Simrock, 1827)

Der Sagenstoff um die Nibelungen war im germanischen und skandinavischen Sprachraum in unterschiedlichen mündlichen Formen weit verbreitet. Im deutschen Sprachraum wurde das mittelhochdeutsche „Nibelungenlied" um 1200 verschriftlicht. Das Epos berichtet vom jungen Helden Siegfried, der durch die Berührung mit Drachenblut fast unverwundbar wird. Er heiratet Kriemhild, die Schwester des Burgunderkönigs Gunther, wird jedoch später von dessen Gefolgsmann Hagen von Tronje durch eine List getötet. Kriemhild schwört Rache an Hagen, ihr Bruder will seinen Gefolgsmann aber nicht verraten und hält ihm die Treue gegen die eigene Schwester. Um ihre Rachepläne umsetzen zu können, heiratet Kriemhild den mächtigen Hunnenkönig Etzel (Atilla), mit dem sie den gemeinsamen Sohn Ortlieb bekommt, und lädt ihre Brüder zu einem Fest an Etzels Hof. Unter den Gästen ist auch Dietrich von Bern, der im Exil am Hof Etzels lebende König von Verona, der seit dem Mittelalter mit Theoderich dem Großen gleichgesetzt wurde (obwohl Sagengestalt und historischer Gotenkönig nur wenige Gemeinsamkeiten aufweisen). Der folgende Auszug spielt im Festsaal von Etzels Hof, nachdem Gunthers Männer Etzels Bruder Blödel (Bleda), der sie – angestachelt durch Kriemhild – angegriffen hatte, erschlagen haben.

Ich hörte schon lange von Kriemhilden sagen,
Dass sie nicht ungerochen ihr Herzleid wolle tragen.
Nun trinken wir die Minne und zahlen Etzels Wein:
Der junge Vogt der Heunen muss hier der allererste sein.

5 Ortlieb das Kind erschlug da Hagen der Degen gut,
Dass vom Schwerte nieder zur Hand ihm floss das Blut
Und das Haupt heraufsprang der Königin in den Schoß.
Da hob sich unter Degen ein Morden grimmig und groß.
[...]

10 Auch sprangen von den Tischen die drei Kön'ge hehr.
Sie wollten's gerne schlichten eh' Schadens würde mehr.
Doch strebten ihre Kräfte umsonst dawider an,
Da Volker mit Hagen so sehr zu wüten begann.

Nun sah der Vogt vom Rheine er scheide nicht den Streit:
15 Da schlug der König selber manche Wunde weit
Durch die lichten Panzer den argen Feinden sein.
Der Held war behende das zeigte hier der Augenschein.

Da kam auch zu dem Streite der starke Gernot:
Wohl schlug er den Heunen manchen Helden tot
20 Mit dem scharfen Schwerte das Rüdeger ihm gab:
Damit bracht' er manche von Etzels Recken ins Grab.

Der jüngste Sohn Frau Utens auch zu dem Streite sprang:
Sein Gewaffen herrlich durch die Helme klang
König Etzels Recken aus der Heunen Land;
Da tat viel große Wunder des kühnen Geiselher Hand. 25

Wie tapfer alle waren die Kön'ge wie ihr Lehn,
Jedennoch sah man Volkern voran all andern stehn
Bei den starken Feinden er war ein Degen gut:
Er förderte mit Wunden manchen nieder in das Blut.

Auch wehrten sich gewaltig die in Etzels Lehn. 30
Die Gäste sah man hauend auf und nieder gehn
Mit den lichten Schwertern durch des Königs Saal.
Allenthalben hörte man von Wehruf größlichen Schall.

Da wollten die da draußen zu ihren Freunden drin:
Sie fanden an der Türe gar wenig Gewinn; 35
Da wollten die da drinnen gerne vor den Saal:
Dankwart ließ keinen die Stieg' empor noch zutal. [...]

Als der Vogt von Berne recht dies ersah,
Wie der starke Hagen die Helme brach allda,
Der Fürst der Amelungen sprang auf eine Bank. 40
Er sprach: „Hier schenkt Hagen den allerbittersten Trank."

Der Wirt war sehr in Sorgen das tat ihm wahrlich Not.
Was schlug man lieber Freunde ihm vor den Augen tot!
Er selbst war kaum geborgen vor seiner Feinde Schar.
Er saß in großen Ängsten was half ihm, dass er König 45
war?

Kriemhild die Reiche rief Dietrichen an:
„Hilf mir mit dem Leben edler Held, hindann,
Bei aller Fürsten Tugend aus Amelungenland:
Denn erreicht mich Hagen hab' ich den Tod an der Hand."

„Wie soll ich euch helfen" sprach da Dietrich, 50
„Edle Königstochter? ich sorge selbst um mich.
Es sind so sehr im Zorne die Gunthern untertan,
Dass ich zu dieser Stunde niemand Frieden schaffen kann."

„Nicht also, Herr Dietrich edler Degen gut!
Lass uns heut' erscheinen deinen tugendreichen Mut 55
Und hilf mir von hinnen oder ich bleibe tot."
Es trieb zu solcher Sorge Kriemhilden wahrhafte Not.

„Ich will es versuchen ob euch zu helfen ist,
Jedoch sah ich wahrlich nicht in langer Frist
In so bitterm Zorne manchen Ritter gut: 60
Ich seh' ja durch die Helme von Hieben springen das Blut."

Mit Kraft begann zu rufen der Ritter auserkorn,
Dass seine Stimme hallte wie ein Büffelhorn
Und dass die weite Veste von seiner Kraft erscholl.
65 Dietrichens Stärke die war gewaltig und voll.

Da hörte König Gunther rufen diesen Mann
In dem harten Sturme zu horchen hub er an:
Er sprach: „Dietrichs Stimme ist in mein Ohr gekommen.
Ihm haben unsre Degen wohl der Seinen wen benommen."

70 „Ich seh ihn auf dem Tische winken mit der Hand.
Ihr Vettern und Freunde von Burgundenland,
Haltet ein mit Streiten lasst hören erst und sehn,
Was hier diesem Degen von meinen Mannen sei geschehn."

Als so der König Gunther bat und auch gebot,
75 Da senkten sie die Schwerter in des Streites Not.
Das war Gewalt bewiesen dass niemand da mehr schlug.
Er fragte den von Berne um die Märe schnell genug.

Er sprach: „Viel edler Dietrich was ist euch geschehen
Hier von meinen Freunden? Ihr sollt mich willig sehn:
80 Zur Sühne und zur Buße bin ich euch bereit.
Was euch jemand täte das war' mir inniglich leid."

Da sprach der edle Dietrich „Mir ist nichts geschehn!
Lasst mich aus dem Hause mit euerm Frieden gehn
Von diesem harten Streite mit dem Gesinde mein.
85 Dafür will ich in Wahrheit stets zu Dienst beflissen sein."

„Was müsst ihr also flehen?" sprach da Wolfhart,
„Es hält der Fiedelspieler die Tür' nicht so verwahrt,
Wir erschließen sie so mächtig dass man ins Freie kann."
„Nun schweig", sprach da Dietrich „du hast den Teufel getan!"

90 Da sprach der König Gunther „Das sei euch freigestellt:
Führt aus dem Hause so viel euch gefällt,
Ohne meine Feinde die sollen hier bestehn.
Von ihnen ist mir Leides bei den Heunen viel geschehn."

Als das der Berner hörte mit einem Arm umschloss
95 Er die edle Königin ihre Angst war groß!
Da führt' er an dem andern Etzeln aus dem Haus.
Auch folgten Dietrichen sechshundert Degen hinaus.

Karl Simrock, Das Nibelungenlied, zit. nach: http://gutenberg.spiegel.de/buch/das-nibelungenlied-5833/33 (Download vom 10.10.2018).

1 Fassen Sie das Geschehen in Stichpunkten zusammen.
2 **Kurzvortrag/Präsentation:** Der Nibelungenstoff ist deutlich älter als seine schriftliche Fassung im Nibelungenlied. Informieren Sie sich über die Entstehung der Sage.
3 Analysieren Sie, inwieweit der Auszug vom Untergang der Burgunder einen literarischen Umgang mit den Geschehnissen der Völkerwanderungszeit darstellt bzw. in welchen Passagen auf historische Tradierungen Bezug genommen worden sein könnte.

M7 Dietrich von Bern überwältigt Hagen, während Kriemhild die Szene beobachtet, Miniatur aus dem „Nibelungenlied" in der Fassung des Hundeshagenschen Kodex, um 1440

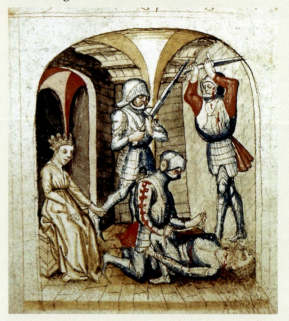

M8 Stimmen zum „Nibelungenlied"
Die ersten Neuausgaben des Nibelungenliedes aus dem 18. Jahrhundert fanden wenig Anklang beim aufklärerischen Publikum. Im von der Romantik geprägten 19. Jahrhundert wurde es jedoch zum deutschen „Nationalepos" erhoben. Dabei wurde nicht nur Siegfried als Held verehrt, sondern auch die „Treue" Gunthers zu seinem Gefolgsmann und Siegfrieds Mörder Hagen als „Nibelungentreue" zur „deutschen Tugend" stilisiert.

a) Der Philosoph Georg Wilhelm Friedrich Hegel (1770–1831):
Die Burgunder, Kriemhildens Rache, Siegfrieds Taten, der ganze Lebenszustand, das Schicksal des gesamten untergehenden Geschlechts, das nordische Wesen, König Etzel usf. – das alles hat mit unserem häuslichen, bürgerlichen, rechtlichem Leben, unse-

ren Institutionen und Verfassungen in nichts mehr irgendeinen lebendigen Zusammenhang. [...] Desgleichen jetzt noch zu etwas Nationalem und gar zu einem Volksbuche machen zu wollen, ist der trivialste, platteste Einfall gewesen. In Tagen scheinbar neu auflodernder Jugendbegeisterung war es ein Zeichen von dem Greisenalter einer in der Annäherung des Todes wieder kindisch gewordenen Zeit, die sich an Abgestorbenem erlabte [...].

Georg Wilhelm Friedrich Hegel, Vorlesungen über die Ästhetik, Bd. 3, Duncker und Humblot, Berlin 1838, S. 348 f.*

b) Friedrich von der Hagen (in der Einleitung zu seiner Nibelungen-Übersetzung von 1807):
Die Sage von den Nibelungen, eine der größten und bedeutendsten überall, und insonderheit für uns, ist eine deutsche Ur- und Stammsage, die auf sich selber wurzelt, ruht und treibt, so wie sie im Norden noch tief in die Götter-Sage verwachsen ist. Sie ragt mit dieser über die Geschichte hinaus und ist selber eins ihrer ältesten Denkmale. [...] Kein anderes Lied mag ein vaterländisches Herz so rühren und ergreifen, so ergötzen und stärken.

Zit. nach: Friedrich von der Hagen, Der Nibelungen Lied, Verlag Josef Mar, 3. Aufl., Breslau 1920, S. 1 f.*

1 Nehmen Sie Stellung zu den Zitaten.

M 9 Der britische Historiker und Aufklärer Edward Gibbon (1737–1794) vergleicht in seinem Hauptwerk *The History of the Decline and Fall of the Roman Empire* (veröffentlicht zwischen 1776 und 1789) die Ursachen für den Untergang des Römischen Reiches mit dem Zustand Europas im 18. Jahrhundert

Die Geschichte seines Sturzes ist einfach und einleuchtend, und statt zu fragen, warum das Römische Reich zerstört wurde, sollten wir vielmehr staunen, dass es so lange bestand. Die siegreichen Legionen [...] unterdrückten zuerst die Freiheit der Republik und verletzten dann die Majestät des Purpurs. [...] Da das Glück eines künftigen Lebens das große Ziel der Religion ist, vernehmen wir, dass die Einführung oder wenigstens der Missbrauch des Christentums nicht ohne einigen Einfluss auf das Sinken und den Sturz des Römischen Reiches gewesen ist. Die Geistlichkeit predigte mit Erfolg die Lehren der Geduld und Feigheit; die tätigen Tugenden der bürgerlichen Gesellschaft wurden entmutigt und die letzten Überreste des kriegerischen Geistes im Kloster begraben. [...] Glaube, Eifer, Forschgier und die irdischeren Leidenschaften der Bosheit und des Ehrgeizes entzündeten die Flamme religiöser Zwietracht; die Kirche, ja selbst der Staat wurden durch religiöse Parteien zerrüttet, deren Kämpfe zuweilen blutig, stets unversöhnlich waren; [...] die römische Welt wurde durch eine neue Art der Tyrannei unterdrückt [...].
Diese furchtbare Umwälzung lässt sich mit Nutzen zur Belehrung des gegenwärtigen Jahrhunderts anwenden. Es ist die Pflicht eines Patrioten, das ausschließliche Interesse und den Ruhm seines Vaterlandes vorzuziehen und zu befördern; ein Philosoph darf seine Blicke erweitern und Europa als eine große Republik betrachten, deren verschiedene Bewohner fast dieselbe Höhe der Gesittung und Kultur erreicht haben. Das Gleichgewicht wird weiter schwanken, und der Wohlstand unseres eigenen wie der benachbarten Königreiche mag abwechselnd gehoben oder herabgedrückt werden; aber diese vereinzelten Ereignisse können unserem allgemeinen Glückszustande, dem System der Künste, Gesetze und Sitten, welches die Europäer und ihre Kolonien so vorteilhaft von dem übrigen Menschengeschlechte unterscheidet, keinen wesentlichen Abbruch tun. Die wilden Nationen des Erdballs sind die gemeinsamen Feinde der zivilisierten Gesellschaft, und wir mögen mit besorglicher Neugierde fragen, ob Europa von einer Wiederholung jener Drangsale, die einst die Waffen und die Einrichtungen Roms vernichtet haben, fortwährend bedroht ist. Diese scheinbare Sicherheit darf uns jedoch nicht verleiten zu vergessen, dass neue Feinde und unbekannte Gefahren möglicher Weise aus einem dunklen Volke, das auf der Weltkarte kaum sichtbar ist, erstehen können. Die Araber [...], die ihre Eroberungen von Indien bis Spanien ausdehnten, haben in Armut und Verachtung geschmachtet, bis Mohammed diesen wilden Körpern die Seele des Enthusiasmus einhauchte.

Edward Gibbon, Verfall und Untergang des Römischen Reiches, hg. v. Dero Saunders, aus dem Engl. von Johann Sporschil, Greno Verlag, Nördlingen 1987, S. 557 ff.*

1 Arbeiten Sie heraus, welche Rolle Gibbon dem Christentum beim Untergang des Römischen Reiches beimisst. Setzen Sie Ihre Erkenntnisse in Beziehung zu Ihren Ergebnissen zu M 2.

2 Weisen Sie im Text nach, dass die „Völkerwanderung" als Deutungsrahmen für Gibbons Ausführungen gelten kann.

3 Erläutern Sie auf der Grundlage Ihrer Ergebnisse aus Aufgabe 2 die Rolle „der Araber" in den Ausführungen Gibbons.

4 Vertiefung: Nehmen Sie Stellung zu den Kernaussagen Gibbons. Ziehen Sie dabei auch Vergleiche zu Ihren Ergebnissen aus der Arbeit mit Kapitel 2.2 (S. 154 ff.).

M 10 Der deutsche Historiker Wilhelm von Giesebrecht über das Ende des Römischen Reichs (1855)

Der Auszug stammt aus der Einleitung des ersten Bandes von Giesebrechts vielbeachtetem Hauptwerk „Geschichte der deutschen Kaiserzeit", nach dessen Veröffentlichung er 1857 den Lehrstuhl für Geschichte an der Universität Königsberg erhielt. Zuvor hatte er bereits Gregor von Tours' Geschichtsbücher übersetzt, die für den folgenden Auszug eine wichtige Quelle bilden.

Römer und Goten, Franken und Burgunder, Alanen und Alamannen, Britannen und Sachsen – denn auch sächsische Seeräuber hatten sich wieder an den Mündungen der Loire festgesetzt – alle diese Völker kämpften noch um den Besitz Galliens, alles war hier in wildgärender Bewegung: Da führte der Hunne Attila sein gewaltiges Heer – auf 700 000 Mann wird es angegeben – im Jahre 451 über den Rhein und drang bis in das Herz des Landes, bis an die Loire, in glücklichen Kämpfen vor.

Einst schien sich an der unteren Donau der Kampf zwischen Römern und Deutschen entscheiden zu sollen, aber vor einem gewaltigeren Feinde hatten hier die streitenden Parteien den Kampfplatz geräumt. Die östlichen germanischen Stämme waren den Hunnen erlegen, Konstantinopel zahlte demselben Feinde Tribut und hatte die Donaumündungen ihm geräumt. Römer und Germanen beugten sich im Osten vor den Mongolen. Aber im Westen hatten die Deutschen den Streit gegen Rom sofort aufs Neue begonnen und mit besserem Erfolge geführt, als je zuvor; nur der Kampfplatz war geändert und auf gallischem Boden sollte sich entscheiden, was an der Donau nicht zum Austrag gebracht werden konnte. Schon war der Sieg ihnen gewiss, da stürmte auch hier der Mongole herbei, um die auf dem neuen Platz streitenden Kämpen[1] abermals zu trennen und beide seinem Willen auch hier zu unterwerfen. Nicht darum handelte es sich in diesem Moment, ob die Zukunft der Welt den Römern oder Germanen gehören sollte, sondern ob das ganze Europa den Hunnen dienstbar würde. [...]

Als Attila in Gallien vordrang, traf der erste vernichtende Stoß das Reich der Burgunder und den Teil der Franken, der zwischen Rhein und Maas saß, dann wurde das Land der Römer und Westgoten angegriffen. Attila rückte gegen Orléans, aber die Stadt, durch den Zuspruch ihres Bischofs Namatius ermutigt, hielt ihm für den Augenblick stand, und wunderbarer Weise erschien ihr noch in der letzten Stunde Hilfe. Aetius[2] war es gelungen, in der dringenden Gefahr die von den Hunnen bedrohten germanischen Stämme in Gallien mit den Römern zu vereinigen. So wurde Orléans entsetzt, und Attila wandte sich schon zum Rückzug. Das vereinte Heer der Römer, Westgoten und salischen Franken folgte ihm nach, und auf den weiten Ebenen an der Marne, Aube und Seine zwischen Troyes und Chalons kam es zu einer jener mörderischen Schlachten[3], die auf Jahrhunderte hin über die Schicksale der Menschen entscheiden. Attila, besonders durch die Westgoten bedrängt, siegte nicht: Da schwand sein Glück mit seinem Schlachtenruhm. [...]

Sobald die hunnische Macht zerfallen war, erhoben sich die germanischen Völker wieder zur Freiheit, Roms Herrschaft aber zerfiel im Abendlande für immer; der lange Kampf entschied sich. Aetius fiel durch Mord und Kaiser Valentinian war sein Mörder; Aetius fand seinen Rächer und auch Valentinian endete bald nachher durch Mörderhand. Italien war ohne Schutz; die Vandalen, die mit ihrer Flotte das Mittelmeer beherrschten, plünderten die Küsten, drangen gegen Rom vor und eroberten abermals die Stadt, die schonungsloser, als einst von den Goten, behandelt wurde. Eine kaiserliche Macht gab es nicht mehr [...].

Das umstrittenste Land war noch immer Gallien. Im Süden erhielt sich die Macht der Westgoten, im mittleren Teile erhob sich nach Attilas Abzug abermals das Burgunderreich, und vom Norden her drangen die Franken unter ihrem großen König Chlodovech [= Chlodwig] vor, während selbst nach dem Verfall des Westreichs sich hier noch Syagrius, ein römischer Befehlshaber, gegen die Germanen zu behaupten versuchte. In der Schlacht bei Soissons schlug Chlodovech endlich dem Syagrius aufs Haupt und nahm das letzte Römerland in Gallien, wie überhaupt im Abendlande ein. Das römische Westreich hatte aufgehört, und der Kampf, der mehrere Jahrhunderte lang die Welt bewegt hatte, war beendet.

Die Zerstörung des römischen Reichs im Abendlande ist die wichtigste und folgenreichste Tat, welche je von den Deutschen ausgeführt ist, und alle Stämme haben ihren Anteil an dem großen Ergebnis, obgleich sie ohne gemeinsamen Plan und ohne Verabredung oder Verbindung sich, gleichsam willenlos dem Geschicke dienend, in den Weltkampf stürzten und nach errungenem Siege sich bald genug wieder trennten und jeder seinen besonderen Weg einschlug. Aber ob sie sich voneinander entfernten, es blieb ihnen gemeinsam die Erinnerung an den gewaltigen Völkerkrieg und die überstandenen Stürme jener Zeit, und diese Erinnerung gestaltete sich zu einer reichen Sage, aus der die deutschen Sänger immer neue Nahrung schöpften, wie die griechischen Sänger einst aus der Sage vom Kampfe vor Troja. Die

Heldenlieder der früheren Zeit verklangen schon früh, nicht einmal Armins Name erhielt sich im Gesange; die vielgestaltige, immer neue Lieder zeugende Heldensage aber, die sich an die Goten Ermanrich und Theoderich, an den Burgunder Günther und den Hunnen Attila anschließt, lebte fort und fort und war allen deutschen Stämmen gemein. Es ist, als ob sie doch ein dunkles Gefühl davon in sich getragen hätten, wie mächtig und groß die Geschicke seien, die sich damals um sie und durch sie vollzogen.

Wilhelm Giesebrecht, Geschichte der deutschen Kaiserzeit, Bd. 1, C. A. Schwetschke und Sohn, Braunschweig 1855, S. 58–62.

1 *Kämpe*: veraltet für Kämpfer/Krieger
2 *Aetius (um 390–454)*: weströmischer Heermeister
3 Gemeint ist die Schlacht auf den Katalaunischen Feldern 451.

1 Ordnen Sie Giesebrechts Ausführungen auf Grundlage Ihrer Erkenntnisse aus den Kapiteln 2.1 bis 2.4 historisch ein und vergleichen Sie diese dabei mit den Thesen heutiger Historiker.
2 Der Verleger bewarb die Veröffentlichung dieses Bandes 1855 mit der Schlagzeile „Deutschlands Macht und Einheit im Spiegel der Geschichte!". Nehmen Sie anhand des vorliegenden Auszugs Stellung zu dieser Schlagzeile.

M11 Der Arzt und Schriftsteller Ludwig Wilser (1850–1923) über die „Völkerwanderung" im Rahmen seiner Überlegungen zu einer völkischen „Rassengeschichte" (1911)

Ungefähr ein Jahrtausend später, als der große Frankenkönig Karl sich in Rom zum Kaiser des neuen Römischen Reiches krönen ließ, konnte man Europa germanisch nennen. Dies war das Endergebnis jener an gewaltsamen Umwälzungen, aber auch an lebensfähigen Neubildungen, an Blut und Greueln, aber auch an unsterblichen, in unserem Heldensang fortlebenden Kriegstaten reichen Zeit, die mit dem Kimbernzug begann und nach der Eroberung Italiens durch die Langobarden zu Ende ging, die wir in den Geschichtsbüchern als „Völkerwanderung" verzeichnet finden. Als Grundursache aller dieser Erscheinungen muss der tieferblickende Forscher dieselben Beweggründe erkennen, die auch im Tierreich Wanderzüge veranlassen: starke Vermehrung einer gutgerüsteten, widerstandsfähigen Art in engem, nicht genügende Nahrung hervorbringenden Raum. [...] Dem [...] Auszug der Kimbern und ihrer stammesverwandten Verbündeten, der Teutonen und Umbronen, scheinen ähnliche keltische Volksbewegungen vorausgegangen zu sein, sodass es schwer zu entscheiden ist, wann die keltische Völkerwanderung aufgehört und die germanische angefangen hat.

[Im Folgenden werden die Konflikte verschiedener „Germanenstämme" mit dem römischen Feldherrn Cäsar beschrieben.]

Römer und Germanen ließen vorläufig von gegenseitigen Angriffen ab; Rhein und Donau schieden ihren Machtbereich. Erst in der anderen Hälfte des zweiten Jahrhunderts erfolgte unter der Führung der schwäbischen Markomannen wieder ein gewaltiger, das Reich in seinen Grundfesten erschütternder Vorstoß, dessen endliche Abwehr teils der Tatkraft des kriegerischen Kaisers Marc Aurel, teils dem Golde seines verweichlichten Sohnes Commodus zu verdanken war. Aber diesmal dauerte die Waffenruhe nicht lange. Schon zu Anfang des nächsten Jahrhunderts erfolgten neue stürmische Angriffe, und zwar an zwei Enden des Reiches zugleich, am Main durch die Alemannen, die alten, als Hauptvolk der Schwaben geehrten Germanen unter neuem Namen, und an der unteren Donau durch die der Hauptmacht vorauseilenden ersten Schwärme der Goten. [...]

In den meisten Darstellungen der deutschen Geschichte lässt man die Völkerwanderung erst gegen Ende des vierten Jahrhunderts, mit dem Auftreten der Hunnen, eines aus Asien stammenden und aus der rundköpfigen Menschenart (*Homo brachycephalus*) hervorgegangenen Volkes, beginnen. Doch reichen, wie wir gesehen, die Anfänge aller dieser Vorgänge in viel frühere Zeit zurück, und der Hunnensturm bedeutet nicht mehr als einen neuen Auftritt in dem großen Völkerschauspiel.

Auch das fünfte Jahrhundert ist von wildem Kriegsgetümmel und gewaltigen Heerfahrten erfüllt. [...] Ein Teil der Angeln fuhr, mit Sachsen und Jüten verbündet, nach dem seitdem ihren Namen tragenden Britannien hinüber, wo mehrere germanische Königreiche entstanden. [...] Die Ostgoten bildeten mit anderen Germanen einen Teil des hunnischen Reiches und zogen in Attilas Heer mit nach Gallien, wo sie von ihren eigenen Stammesbrüdern und den Franken in der blutigen Völkerschlacht auf den Katalaunischen Feldern geschlagen wurden. Später richteten auch sie ihre Blicke nach Italien, eroberten unter dem großen Theoderich, dem Dietrich von Bern der Heldensage, dieses Land, stürzten den Rugier Odoaker und gründeten das zu hoher Macht und Blüte gelangende Königreich der „Goten und Italiker". [...]

[...] Die von den Goten verlassenen Wohnsitze im Osten nahmen die Wenden oder Slaven, weite und fruchtbare Landstriche „mehr mit der Pflugschar als mit dem Schwert" erobernd. An der Ostseeküste waren die ästischen oder litauischen Völker verblieben, von denen die Pruthener (von got. *froths*, klug, edel) oder Pruzen, freilich durch eine starke germanische Einwanderung verstärkt, man kann fast sagen ersetzt, unter dem Namen „Preußen" eine so hervorragende Rolle in der Geschichte des neuen Deutschlands gespielt haben. Noch in demselben Jahrhundert entschied in dem Streit zwischen Franken und Allemannen über die Vorherrschaft in Germanien das Waffenglück zugunsten der ersteren.

Ludwig Wilser, Europäische Völkerkunde und Herkunft der Deutschen, Verlag des vaterländischen Schriften-Verbandes, Berlin 1911, S. 26–30.*

1 Arbeiten Sie heraus, wie Wilser die „Völkerwanderung" und die beteiligten Akteure charakterisiert.
  Tipp: Berücksichtigen Sie dabei den Unterschied zwischen beschreibenden und wertenden Aussagen.
2 Weisen Sie in M 11 jene Vorstellungen über die Zeit der „Völkerwanderung" nach, die nach aktuellen Erkenntnissen dekonstruiert werden müssen.
3 **Vertiefung:** Informieren Sie sich über die ideologischen Strömungen des Sozialdarwinismus und des Chauvinismus sowie über die ideologischen Grundannahmen der völkischen Bewegung in Europa. Erläutern Sie auf Grundlage Ihrer Ergebnisse das Geschichtsbild, das Wilser vermitteln möchte.
4 Nehmen Sie auf der Grundlage Ihrer bisherigen Ergebnisse kritisch Stellung zu Wilsers Ausführungen.

M 12 Der belgische Historiker Henri Pirenne (1862–1935) entwickelt in seinem Werk „Mahomet und Karl der Große" (posthum 1937 veröffentlicht) eine nach ihm benannte These über das Ende der kulturellen Einheit und Bedeutung des Mittelmeerraumes

Aus allem Vorausgehenden ergeben sich, wie mir scheint, zwei wesentliche Feststellungen:
1. Die germanische Völkerwanderung hat weder die Einheit der vom Mittelmeer getragenen Kulturwelt zerstört noch das vernichtet, was an wesentlichen Elementen der römischen Kultur, wie sie noch im 5. Jahrhundert bestand, als es im Westen keinen Kaiser mehr gibt, festzustellen ist. Trotz der Wirren und Verluste, die der Germaneneinbruch zur Folge hatte, erscheinen neue Prinzipien ebenso wenig auf wirtschaftlichem und sozialem Gebiet wie im Bereich von Sprache und Verfassung. […]
2. Das Abbrechen der antiken Tradition ist durch den raschen unvorhergesehenen Vormarsch des Islam ausgelöst worden. Die Folge war, dass die Einheit des Mittelmeerraumes zerstört und der Orient endgültig vom Abendlande geschieden wurde. […] Das westliche Mittelmeer ist zu einem mohammedanischen See geworden und hört auf, wie bis dahin immer noch, Straße für Waren und Gedanken zu sein. Das Abendland ist abgesperrt und gezwungen, aus sich selbst in dem geschlossenen Raum zu leben. Zum ersten Mal überhaupt hat sich die Achse des geschichtlichen Lebens vom Mittelmeer weg nach Norden verlagert. […] Das Mittelalter – um die überkommene Bezeichnung zu gebrauchen – beginnt. Die Zeit des Übergangs ist lang gewesen. Man kann sagen, dass sie das ganze Jahrhundert zwischen 650 und 750 ausfüllt. In dieser Zeit der Wirren geht die antike Tradition verloren, und neue Elemente gewinnen das Übergewicht. Im Jahr 800 wird die Entwicklung durch die Geburt des neuen Kaisertums vollendet.

Henri Pirenne, Mahomet und Karl der Große. Untergang der Antike am Mittelmeer und Aufstieg des germanischen Mittelalters, übersetzt von Paul E. Hübinger, Fischer, Frankfurt/M. 1963, S. 242 f.*

1 Arbeiten Sie heraus, welche Rolle Henri Pirenne der „Völkerwanderung" im Prozess des Untergangs der antiken Welt zuweist.
2 Vergleichen Sie die Deutung Pirennes mit Ihnen bekannten Deutungen von der Auflösung der spätantiken Welt (z. B. Heather oder Pohl).
   ▶ Pohl, M 15, S. 165 f. oder Heather, M 16, S. 166 f.
3 Erörtern Sie auf der Grundlage Ihrer Ergebnisse aus Aufgabe 2 die globalgeschichtliche Perspektive Pirennes.

Die „Völkerwanderung" im Kontext nationalsozialistischer Propaganda – der Film „Die Feuerzangenbowle" (1944)

M 13 Titelbild des Films „Die Feuerzangenbowle" mit dem Hauptdarsteller Heinz Rühmann, 1944.
„Die Feuerzangenbowle" ist eine deutsche Filmkomödie, die auf dem Roman von Heinrich Spoerl basiert, von diesem aber in einigen Aspekten abweicht. Der Film weist Bezüge zur nationalsozialistischen Ideologie auf – im Unterschied zu einer ersten Version aus dem Jahr 1934 mit dem Titel „So ein Flegel".

M 14 Transkription einer Unterrichtsszene aus dem Film „Die Feuerzangenbowle" (1944)
Dr. Brett: Sie sehen Pfeiffer, bei mir ist das anders. Damit Sie von vornherein im Bilde sind: Ich pflege meine Klasse vor die Wahl zu stellen – Krieg oder Frieden. Die Klasse hat sich für Frieden entschlossen, sie fährt ganz gut dabei. (*Die Schüler nicken zustimmend.*) [...]
Dr. Brett sitzt am Pult und beginnt mit dem Unterricht: Sie haben für heute die Völkerwanderung repetiert. Nun, Knebel [*ein weiterer Schüler*], erzähl'n Sie uns mal. Welchen Volksstamm können Sie denn am besten?
Knebel: Die äh...Goten.
Dr. Brett: Fein, dann brauch ich Sie nach den Goten also nicht zu fragen. *[lächelt und setzt sich]* Schön, dann erzähl'n Sie uns doch mal etwas über die Goten.
[Der Schüler Knebel schaut kurz verzweifelt zu Boden:] Die Goten saßen ursprünglich ... Ursprünglich saßen die Goten in ... *[Knebel wendet sich dem Banknachbarn Pfeiffer zu, damit dieser ihm die Lösung sagt.]*
Dr. Brett sieht dies und fordert Knebel auf: Ach Knebel, treten Sie doch mal raus.
Knebel steht auf und beginnt erneut: Es saßen die Goten ursprünglich in ... *[Wieder dreht er sich hilfesuchend zu Pfeiffer um. Er schaut dann auf die Landkarte, die über dem Lehrerpult hängt. Die Kamera fokussiert auf die Karte. Der Schüler Pfeiffer zeigt Knebel mithilfe der Lichtreflexion eines Taschenspiegels Wanderungsbewegungen und auf die in der Karte (Stand 1944) eingezeichneten Länder.]*
Knebel: Schweden.
Dr. Brett: Richtig. Und von dort gingen sie?
Knebel: Und von dort gingen sie in die Gegend von Danzig. Und von da gingen sie dann nach Russland. Und von da nach *[kurzes Zögern]* ja und da wussten sie eigentlich nicht recht, was sie machen sollten, und äh *[erneutes Zögern]* ... und von da zerfielen sie dann in die Ost- und Westgoten.
Dr. Brett (ohne von seinem Buch aufzuschauen): Gut Knebel, Sie können sich setzen. Vier.
Knebel: Wieso Vier Herr Doktor? Ich hab' doch alles gekonnt, ich hätte eher 'ne Zwei verdient *[Knebel setzt sich wieder.]*
Dr. Brett geht lächelnd vor das Pult zu den beiden Schülern: Die Zwei bekommt Pfeiffer.

Heinrich Spoerl, Die Feuerzangenbowle, 1944/Transkription von Markus Rassiller (Filmszene ab 25:26 min.).*

1 Informieren Sie sich über die gesamte Handlung des Films.
2 Überprüfen Sie, inwiefern in der transkribierten Filmszene Elemente der nationalsozialistischen Ideologie mithilfe der „Völkerwanderung" transportiert werden.
3 Interpretieren Sie auf Grundlage Ihrer Ergebnisse die dargestellte Filmszene. Gehen Sie dabei auch auf die filmische Umsetzung ein.

Methode

Darstellungen analysieren

Geschichte entsteht erst durch die Rekonstruktion des Geschehens, das uns in schriftlichen, gegenständlichen, sachlichen und z. T. auch mündlichen Quellen überliefert ist. Aus ihnen rekonstruierten Historiker mögliche Darstellungen der Vergangenheit und präsentieren ihre **Version der Vergangenheit** in selbst verfassten Darstellungen, die man auch Sekundärtexte nennt. Darstellungen lassen sich in fachwissenschaftliche und in populärwissenschaftliche bzw. „nichtwissenschaftliche" Darstellungen gliedern.
Die **fachwissenschaftlichen Texte** wenden sich an ein professionelles Publikum, bei dem Grundkenntnisse des Faches, der Methoden und der Begrifflichkeit vorausgesetzt werden. Einzelergebnisse werden durch Verweise und Fußnoten belegt. **Populärwissenschaftliche Darstellungen** wenden sich an ein breiteres Publikum und verzichten in der Regel auf detaillierte Belege historischer Befunde und Interpretationen. Sie präsentieren komplexe historische Zusammenhänge anschaulich und vereinfacht. Zu dieser Gruppe zählen beispielsweise publizistische Texte, historische Essays in Zeitungen und Magazinen sowie Schulbuchtexte.
Erkenntnisse der Geschichtswissenschaft sind immer vom Erkenntnisinteresse bzw. der Fragestellung der jeweiligen Gegenwart bedingt. Die Fragestellungen an die Geschichte und auch ihre Antworten sind geprägt von gesellschaftlichen und individuellen Faktoren (**Standortgebundenheit**): Sie sind vor dem Hintergrund des gesellschaftlichen, sozialen, religiösen und politischen Kontextes ideologiekritisch zu betrachten. Die unterschiedlichen Deutungen von Geschichte münden zum Teil in **historischer Kontroversität**, mit der man sich kritisch-reflektiert auseinandersetzen muss.

Arbeitsschritte zur Analyse

1. Leitfrage — Welche Fragestellung bestimmt die Untersuchung der Darstellung?
2. Analyse
Formale Aspekte
– Wer ist der Autor (ggf. zusätzliche Informationen über den Verfasser)?
– Um welche Textsorte handelt es sich?
– Mit welchem Thema setzt sich der Autor auseinander?
– Wann und wo ist der Text veröffentlicht worden?
– Gab es einen konkreten Anlass für die Veröffentlichung?
– An welche Zielgruppe richtet sich der Text (Historiker, interessierte Öffentlichkeit)?
Inhaltliche Aspekte
– Was sind die wesentlichen Textaussagen?
  – anhand der Argumentationsstruktur: These(n) und Argumente
  – anhand der Sinnabschnitte: wesentliche Aspekte und Hauptaussage
– Wie ist die Textsprache (z. B. appellierend, sachlich oder polemisch)?
– Welche Überzeugungen vertritt der Autor? Lässt er sich einer bestimmten Position oder Ideologie zuordnen (politisch/religiös o. Ä.)?

3. Historischer Kontext
– Auf welchen historischen Gegenstand bezieht sich der Text?
– Welche in der Darstellung angesprochenen Sachaspekte bedürfen der Erläuterung?

4. Urteil
– Ist der Text überzeugend im Hinblick auf die fachliche Richtigkeit (historischer Kontext) sowie auf die Schlüssigkeit der Darstellung?
– Was ergibt ggf. ein Vergleich mit anderen Darstellungen zum gleichen Thema?
– Wie lässt sich der dargestellte historische Gegenstand im Hinblick auf die Leitfrage beurteilen?
– Welche Gesichtspunkte des Themas werden kaum oder gar nicht berücksichtigt?
– Wie lässt sich die Darstellung des historischen Gegenstandes aus heutiger Sicht und auf Grundlage heutiger politischer/moralischer Vorstellungen bewerten?

Übungsaufgabe

M1 Verena Postel, Professorin für mittelalterliche Geschichte, leitet ihre Monografie „Die Ursprünge Europas" (2004) folgendermaßen ein:

In diesen Tagen der Erweiterung Europas nach Osten, der kontroversen Diskussion um einen möglichen EU-Beitritt der Türkei, der vielerorts spürbaren Furcht vor einer Migrationsbewegung aus den Beitrittsländern, die die Integrationsfähigkeit der Europäischen Gemeinschaft überfordern könnte, besitzt die Frage nach der Identität Europas besondere Brisanz. Kann die Geschichtswissenschaft diese Frage aus ihrer Sicht „historisch" klären? Dieses Buch möchte einen Beitrag dazu leisten, indem es diejenige Phase der Geschichte beleuchtet, in der die Weichen gestellt wurden für die geografische Ausdehnung, die religiöse Prägung, die politische Verfassung und den kulturellen Charakter Europas. „Europa" als politischer Begriff verdankt seinen Ursprung dieser historischen Umbruchperiode. In der Antike rein geografisch zur Bezeichnung eines der drei bekannten Erdteile neben Asien und Afrika verwandt, wandelte sich sein Charakter gegen Ende des 5. Jhs. Angesichts der Bedrohung durch die Westwanderung der Hunnen seit 375 und anschließend der Goten und das Vordringen des Islam entwickelte sich eine Art Gemeinschaftsgefühl der Betroffenen: Der Hunnenkönig Attila wurde z. B. als „Räuber an Europa" verunglimpft, und Bischof Isidor von Sevilla bemerkte zu Beginn des 7. Jhs., dass die „Völker Europas" vor den Goten zitterten. Bei diesem Autor findet sich auch die Bezeichnung *„Europenses"* für die Menschen nördlich der Pyrenäen und der Alpen. Dies erscheint folgerichtig angesichts der politischen Schwerpunktverlagerung vom Mittelmeerraum in den nordalpinen Raum, den wir in dieser Zeit beobachten. Europa – das war künftig die mittelalterliche Welt in Abgrenzung zu Byzanz und dem Islam. [...]

Im Verlauf des 4.–7. Jahrhunderts verwandelte sich das römische Westreich infolge der Zuwanderung germanischer *gentes* in eine Pluralität von Königreichen der Burgunder, West- und Ostgoten, Vandalen, Franken, Langobarden. Ein Großreich zerfiel in kleinere Einheiten, nachdem es lange Zeit vermocht hatte, die einsickernden Heerkönige mit ihren Kriegerscharen zu versorgen, zu integrieren, zu assimilieren und durch deren Verwendung im Heer für seine Zwecke nutzbar zu machen. [...] Erst das Sesshaftwerden in ehemals römischem Gebiet katalysierte die Ethnogenese. [...] Die Neuankömmlinge bedienten sich der römischen Eliten, des traditionellen Herrschaftsapparates des spätrömischen *imperium*, um einen Anteil an den Reichtümern, die der Mittelmeerraum auch in der Spätantike noch produzierte, für sich zu gewinnen. Gerade die Führungsschichten imitierten römische Lebensformen. Geben und Nehmen herrschte auch im Bereich der Sozialbeziehungen: „Germanisches" Gefolgschaftswesen und verwandte römische Klientelstrukturen, römische Militär- und Kaisergewalt, senatorialadlige Grundherrschaft und geistliche Leitungsgewalt konvergierten zu einer neuen, mittelalterlichen Form von Herrschaft. [...] Vielerorts entwickelte sich ein friedliches Miteinander zwischen römischer Provinzialbevölkerung und Zuwanderern. Nur Vandalen und Langobarden kamen als brutale Eroberer, während z. B. die föderierten Westgoten zunächst sogar im Dienste der Römer als Garanten der bestehenden Sozialordnung in Gallien wirkten.

Diesen vielgestaltigen Charakter Europas, das von seinen Ursprüngen her romanische, christliche und gentile Traditionen verschmolz, hervorzuheben ist Anliegen dieses Buches. Denn nur diejenigen frühmittelalterlichen *regna* wurden im weiteren Verlauf der Geschichte zu Staaten, in denen diese Integration gelang: Aus dem Frankenreich entstanden im Hochmittelalter Frankreich und Deutschland, aus dem Westgotenreich langfristig Spanien.

Verena Postel, Die Ursprünge Europas. Migration und Integration im frühen Mittelalter, Kohlhammer, Stuttgart 2004, S. 11.*

1 Interpretieren Sie M 1 mithilfe der Arbeitsschritte zur Analyse und Interpretation historischer Darstellungstexte.
▶ Lösungshinweise finden Sie auf S. 493 f.

Anwenden

M1 „Auch Rom erlebte seinen 11. September"
Berthold Seewald, Geschichtsredakteur der Tageszeitung „Die Welt", zieht 2010 Parallelen zwischen der Plünderung Roms durch die Visigoten unter der Führung Alarichs im Jahr 410 n. Chr. mit den Terroranschlägen des 11. September 2001 in den USA.

Vor 1600 Jahren ging die Welt unter. Ein Heer, bestehend aus Goten, Hunnen und Alanen unter der Führung eines gewissen Alarich, eroberte Rom und plünderte es, drei ganze Tage lang. Der Tempelschatz aus
5 Jerusalem und noch viel mehr sollen damals zur Beute gehört haben. Noch viele Jahre später konnte ein Gotenkönig es sich leisten, seiner Frau Körbe voller Edelsteine zu schenken.

Doch was sind die materiellen Verluste gegen die ide-
10 elle und emotionale Wirkung, die vom 24. August 410 ausging? Es ist nicht zu viel gesagt, den Vergleich mit dem 11. September 2001 zu ziehen – und am Ende können wir nur jenen zustimmen, die den Gotensturm welthistorisch gar für wirkungsmächtiger
15 halten als den islamistischen Anschlag. Dafür sprechen schon die historischen Größenordnungen. [...]

410 n. Chr. standen zum ersten Mal nach ziemlich genau 800 Jahren wieder auswärtige Feinde in Rom.
20 Nach den Galliern des Brennos um 390 v. Chr. hatte kein auswärtiger Feind mehr die Stadt am Tiber siegreich betreten. Nicht einmal Hannibal wagte, nachdem er bei Cannae zwei konsularische Heere vernichtet hatte, den Marsch auf Rom. Seit Karthagos
25 und der orientalischen Könige Niederwerfung waren mehr als 600 Jahre ins Land gegangen, in denen von Rom aus die Mittelmeerwelt regiert wurde, mehr als 400 Jahre gaben ihr römische Kaiser Ordnung und Sinn. Nur wenige Jahrzehnte weniger war Rom Zen-
30 trum des Christentums. Und es sollten nach 410 noch mehr als 200 Jahre vergehen, in denen Imperatoren den Weltkreis beherrschten. Wenn 9/11 von Amerika aus also ein globales Datum gesetzt wurde, dann ging ihm Rom 8/24 darin sicherlich voraus. [...]

35 Schon die Analyse der Täter durch die Zeitzeugen weist Parallelen auf. Nach 9/11 fehlte es nicht an Stimmen, die den Tag als Auftakt zum *Clash of Civilizations* deuteten. Das war auch 410 der Fall: Barbaren gegen Rom, lautete die Frontstellung. Das aber mobi-
40 lisierte die uralten Ängste der zivilisierten Städtebewohner vor den kulturlosen Wanderern aus Nord und Süd. [...]

378 hatte das Heer des in Konstantinopel residierenden Kaisers Valens bei Adrianopel eine vernichtende Niederlage gegen die Goten erlitten – die schwerste,
45 die Rom seit Varus' Untergang hatte hinnehmen müssen. Der Kaiser war gefallen. Von dort schien sich eine Linie bis zum Sturm ihrer Nachfahren auf Rom zu ziehen. Doch das Gegenteil war der Fall. Die Goten, die sich damals Siedlungsgebiete innerhalb der
50 Reichsgrenzen erzwangen, waren längst in der militärischen Hierarchie Ostroms integriert worden. Alarich aber führte einen zusammengewürfelten Haufen, dem eben jenes Privileg einer ordentlichen Teilhabe am römischen Staat verwehrt worden war.
55 Ihre späte Geburt war ihr Unglück. In der Heimat ihrer Ahnen in den Steppen jenseits des Schwarzen Meeres wetterleuchtete der Hunnensturm. Und die Pfründe, die die römische Zivilisation bot, waren vergeben – an ihre Stammesgenossen.
60 Denn das hatten Alarichs Goten mit den Islamisten der Gegenwart gemein: Sie lebten nicht jenseits der Zivilisation, die sie bekämpften, sondern an ihrem Rand, waren von ihr geprägt, rangen um ein Verhältnis mit ihr. Auch die Terroristen von New York und
65 Washington hatten im Westen gelebt. Aber sie suchten ihn zu zerstören, weil sie ihn für ihre Identitätskrise verantwortlich machten. Alarich dagegen griff ihn an, weil Rom ihm nicht erlaubte, die westliche Identität voll und ganz anzunehmen.
70

Berthold Seewald, Auch Rom erlebte seinen 11. September, in: „Die Welt" vom 7. August 2010 (zit. nach: https://www.welt.de/103304060, Download vom 26.09.2018).*

1 Analysieren Sie das vorliegende Material formal und inhaltlich.
   Tipp: Nutzen Sie die Hinweise auf S. 230.
2 Arbeiten Sie heraus, auf welche Kernaussagen Seewald seinen Vergleich der beiden in Rede stehenden historischen Ereignisse stützt.
3 Überprüfen Sie die Kernthese Seewalds auf Grundlage Ihrer bisherigen Kenntnisse und unter Rückgriff auf ausgewählte Materialien aus Kapitel 2.2.
4 Nehmen Sie Stellung zu dem von Seewald avisierten Vergleich der einschneidenden Ereignisse in den Jahren 410 und 2001.

Die Rezeption der „Völkerwanderung" 2.5

Wiederholen

M2 „Der Einzug Alarichs in Rom", kolorierter Holzstich nach einer Zeichnung von Hermann Knackfuss (1848–1915), um 1890

1 Beschreiben Sie die wesentlichen Bildelemente des abgedruckten Holzstichs von Hermann Knackfuss (M2).
   Tipp: Nutzen Sie ggf. die Formulierungshilfen.
2 Charakterisieren Sie anschließend die Darstellung der „Germanen" sowie des Alarich im Holzstich.
3 **Wahlaufgabe:** Bearbeiten Sie eine der Aufgaben a, b oder c.
   a) Setzen Sie den Holzstich in Beziehung zu anderen Materialien der Rezeptionsgeschichte der „Völkerwanderung".
   b) Interpretieren Sie auf Grundlage Ihrer bisherigen Ergebnisse die im Holzstich vermittelte Gesamtdeutung dieses historischen Ereignisses.
   c) **Vertiefung:** Interpretieren Sie auf Grundlage Ihrer bisherigen Ergebnisse die im Holzstich vermittelte Gesamtdeutung dieses historischen Ereignisses. Berücksichtigen Sie bei Ihrer Interpretation zentrale Aspekte von Kulturkontakt und Kulturkonflikt.
4 Vergleichen Sie ausgehend von den Materialien M 3, M 10, M 11 die Rezeption der „Völkerwanderung" im französischen Kontext mit derjenigen innerhalb des deutschen Rezeptionsrahmens.
5 Entwickeln Sie unter Rückgriff auf den Darstellungstext sowie auf die Materialien in diesem Kapitel eine grobe zeitliche Gliederung, die die Rezeptionsgeschichte der „Völkerwanderung" in Phasen gliedert.
6 Überprüfen Sie, inwieweit das Konzept der „Wanderung" auch innerhalb der Rezeption der Völkerwanderung eine Rolle spielt, und legen Sie dessen Bedeutung dar. **Vertiefung:** Greifen Sie dabei auf Motive und Formen von Migrationsprozessen zurück (siehe Kapitel 2.1 und 2.6).

Zentrale Begriffe
Identität
„invasions barbares"
Kontinuität
Legitimierung
„migration period"
Nationalismus
Nationalmythos
Perspektive
Rezeption
Tradition
„Völkerwanderung"
Völkische Ideologie
Wandel

Formulierungshilfen
– Auf dem Holzstich ist/sind … zu sehen.
– Alarich ist mit … bekleidet/dargestellt …
– Seine Gestik/Mimik/Körperhaltung ist durch … kennzeichnet.
– Weitere Personen sind …
– Im Vordergrund befindet sich …
– Im Hintergrund ist zu erkennen …
– Folgende Gegenstände/Symbole werden verwendet …
– Die Farbgebung/Perspektiven/ Proportionen sind … gestaltet … und erzielen die Wirkung, dass …
– Der Holzstich versucht, folgendes Bild der historischen Ereignisse zu erzeugen: …

2.6 Kernmodul

> *Hinweise zur Arbeit mit den Materialien*
>
> *Die Materialien M1 bis M5 greifen Bedingungen, Formen und Folgen von Migration im Kontext der Ursachen und des Verlaufes der „Völkerwanderung" auf. Sie spezifizieren damit zum einen die allgemeinen theoretischen Überlegungen von M6 bis M8 aus dem Einführungskapitel (S. 147ff.). Zum anderen ergänzen sie die Arbeit mit Materialien aus Kapitel 2.2 (siehe Tabelle). Die Materialien M6 bis M10 tragen der Tatsache Rechnung, dass Migration zur Begegnung unterschiedlicher Kulturen führt und damit ein Spannungsfeld zwischen Kulturkontakt und Kulturkonflikt entsteht. Hier werden – jeweils in Bezug auf Inhalte aus den Kapiteln 2.2 bis 2.4 – die unterschiedlichen Formen des Zusammenlebens einerseits, aber auch Formen und Bedingungen der Integration der „Barbaren" in das römische System andererseits in den Blick gerückt. M11 greift in Ergänzung zum Beitrag von Fernand Braudel (Kap. 2.1, M5, S. 146f.) eine allgemeine theoretische Perspektive auf historische Transformationsprozesse auf. Mithilfe der Kategorien „Ereignis" und „Struktur" können die Veränderungen bzw. der historische Wandel während der Zeit der Spätantike begrifflich verhandelt werden.*

Themenfelder des Kernmoduls	Materialien im Kernmodul (Kapitel 2.6)	Materialien in der Einführung (Kapitel 2.1)
Theorien und Kontroversen zu Kulturkontakt und Kulturkonflikt	M6, M7, M8, M9 und M10	M2, M9, M10, M11, M12
Historische Erklärungsmodelle zu Transformationsprozessen	M11	M5, M12
Geschichtswissenschaftliche Konzepte zur Erklärung von Bedingungen, Formen und Folgen von Migration	M1, M2, M3, M4, M5	M6, M7, M8

Thematische Anknüpfungspunkte des verbindlichen Wahlmoduls	Kapitel des verbindlichen Wahlmoduls	Materialien zum verbindlichen Wahlmodul
Ursachen und Verlauf (Wanderung, Ansiedlung und Rechtsstatus der Goten im Römischen Reich; Ende des Weströmischen Reichs und Entstehung von germanischen Reichen)	Kapitel 2.2	M 1 (Auftaktseite), M 5, M 8, M 9, M 11, M 13, M 14
Das Ostgotenreich in Italien (Herrschaftsverständnis Theoderichs; soziale und rechtliche Beziehungen zwischen Goten und Römern)	Kapitel 2.3	M 10, M 12, M 15
Das Merowingerreich unter Chlodwig (Bedeutung des Christentums für die Beziehungen von Franken und Galloromanen; Herrschaftsverständnis Chlodwigs; Staatsorganisation des Merowingerreichs)	Kapitel 2.4	M 4–M 12, M 19
„Franken" und Araber im Heiligen Land und die Folgen	Kapitel 2.7	M 13, M 14
Spanische Herrschaftspraxis in der „Neuen Welt"	Kapitel 2.8	M 7–M 15
Ursachen und Verlauf (Krise des Römischen Reichs im 3. Jh.; Reichsteilung 395; Wanderung, Ansiedlung und Rechtsstatus der Goten im Römischen Reich; Ende des Weströmischen Reichs und Entstehung von germanischen Reichen)	Kapitel 2.2	M 5, M 6, M 9, M 13
Das Ostgotenreich in Italien (Errichtung des Ostgotenreichs; Herrschaftsverständnis Theoderichs; soziale und rechtliche Beziehungen zwischen Goten und Römern)	Kapitel 2.3	M 1, M 7, M 8
Das Merowingerreich unter Chlodwig (Errichtung des Frankenreichs 486; Bedeutung des Christentums für die Beziehungen von Franken und Galloromanen; Ausblick auf die Zeit der Karolinger)	Kapitel 2.4	M 18
Ursachen und Verlauf (Hunnenzug und Zerstörung des Ostgotenreichs um 375; Wanderung, Ansiedlung und Rechtsstatus der Goten im Römischen Reich; Ende des Weströmischen Reichs und Entstehung von germanischen Reichen)	Kapitel 2.2	M 7, M 10, M 14

Bedingungen, Formen und Folgen von Migration

M 1 Der Althistoriker Uwe Walter über Migrationen in der Antike (2004)

Als These lässt sich formulieren, dass es alle wesentlichen Typen von Migration mit Ausnahme der sog. ethnischen Säuberung bereits in der Antike gab. […]
5 Denn Heimat, Unterwegssein und Fremde, die drei strukturellen Angelpunkte jeder Migrationsgeschichte, bilden ebenso wie Nomadentum und Sesshaftigkeit, Kolonisierung oder Vertreibung gleichsam anthropologische Universalien […]. Als Migration im engeren Sinn lassen sich vorläufig individuelle oder
10 kollektive Wanderungsbewegungen definieren, die zwei Bedingungen erfüllen:
– Sie führen zu einer dauerhaften Verlegung des Wohn- und Aufenthaltsortes; Phänomene wie Transhumanz (Wanderweidewirtschaft), Saison-
15 arbeit oder Tourismus sind damit ausgeschlossen.
– Sie sind gekennzeichnet durch das Überschreiten einer geografischen, politischen, kulturellen oder auch mentalen Grenze. Ein derart differenzierter
20 Begriff von Grenze ermöglicht es, auch jene Wanderungsbewegungen als Migration zu erfassen, die sich, wie im Fall des Römischen Reiches, innerhalb staatlicher Grenzen vollziehen, bei den Wandernden aber das subjektive Bewusstsein einer Grenz-
25 überschreitung hervorgerufen haben dürften […].
Eine gängige Unterscheidung der Ursachen und Umstände von Migration taugt nur bedingt. Zwar gibt es unzweifelhaft erzwungene Migrationen durch Verbannung, Vertreibung oder Deportation. Aber auch
30 bei den meisten „freiwilligen" Wanderungsbewegungen dürfte in Wahrheit ein Bündel mehr oder minder zwingender Umstände die Bewegung verursacht haben; das gilt etwa für das Ausweichen vor einfallenden Feinden oder vor den Folgen von Naturkatastro-
35 phen. Aufschlussreicher wird es sein, in jedem einzelnen Fall die wirksamen Schub- und Sogfaktoren zu bestimmen, also die unbefriedigenden oder gar bedrohlichen Lebensbedingungen am Ausgangsort beziehungsweise die objektiv besseren oder sub-
40 jektiv verheißungsvolleren Zustände am Zielort. Ganz formaler Natur, aber dennoch wichtig ist schließlich die Unterscheidung von individueller und kollektiver Migration.
Im gängigen Verständnis wird die antike Geschichte
45 von zwei großen, einschneidenden Wanderungsbewegungen gleichsam eingerahmt. Von der germanischen Völkerwanderung war ja schon die Rede. Schwieriger ist es mit der sog. Dorischen Wanderung:
Um 1200, so die früher gängige Ansicht, sollen im Zu-
50 sammenhang mit einer großen Bevölkerungsbewegung, die den gesamten östlichen Mittelmeerraum umfasste, die kriegerischen Dorier aus Nordgriechenland nach Süden vorgedrungen sein, um sich auf der Peloponnes anzusiedeln und bis nach Kreta zu
55 gelangen. Das Bild ist ein mechanisches: Es gibt große, kohärente Völker, die nach längerer Sesshaftigkeit „aus einem Unruhezentrum hervorbrechend" die Welt in Bewegung setzen und andere Völker verdrängen, die sich wiederum neue Wohnsitze suchen.
60 Auf einem solchen Wanderzug trifft ein solches „jugendfrisches Volk aus dem Norden" auf eine altgewordene Hochkultur, die bereits „deutliche Verfallserscheinungen" zeigt und nur noch eines „äußeren Anstoßes" bedarf, um zu stürzen. […] Dieses Modell
65 ist von einer Spengler'schen Kulturbiologie geprägt, zudem erkennbar den […] Vorgängen der germanischen Völkerwanderung am Ende der Antike nachgebildet. Implizite Grundlagen einer solchen Grundvorstellung sind ein romantischer Stammes- und
70 Volksbegriff, ferner die Unterscheidung von alten, immobil gewordenen und jungen, dynamischen Völkern sowie drittens ein konfliktorientierter, mechanistischer Raumbegriff, der sich in Konzepten wie Landnahme, Verdrängung, Überschichtung und Le-
75 bensraum ausdrückt. In einem einschlägigen Buch aus d. J. 1932 heißt es dazu in aller Deutlichkeit: „Die großen Bewegungen der einander schiebenden und drängenden Völker sind die wahren Magistralen der Weltgeschichte. Sie äußern sich in langen Ketten von
80 Wanderungen, Raub- und Kriegszügen und Eroberungen. Tief unter der farbigen Fülle der Geschichtsereignisse wirken diese einfachen mechanischen Elementarmächte, und sie sind es im Grunde, welche die verschiedenen Geschichtsepochen voneinander
85 trennen."

Uwe Walter, Paradigmen für fast alle Typen: Migrationen in der Geschichte; in: Geschichte, Politik und ihre Didaktik, 32/1–2, Aschendorff, Münster 2004, S. 62–74, hier S. 62f.*

1 Fassen Sie die Kerngedanken Walters zusammen.
2 Erklären Sie, inwiefern Walter hier eine Dekonstruktion der „Völkerwanderung" vornimmt. Gehen Sie dabei auf die Epocheneinteilung von Geschichte ein.
Tipp: Vergegenwärtigen Sie sich den Zusammenhang von Rekonstruktion und Dekonstruktion. Zusätzlich können Sie sich im Internet informieren:

Informationen der Universität Eichstädt zum reflektierten Geschichtsbewusstsein

cornelsen.de/Webcodes
Code: vijavo

M2 Der Historiker Bernhard Jussen über die Ursachen von Migrationsbewegungen in der Zeit der „Völkerwanderung" (2014)

Mit heutigen Migrationsproblemen im Kopf sehen Historiker auch die früheren Migrationen in neuem Licht. Wie heute, so gab es auch seinerzeit sehr viele Gründe und sehr verschiedene Arten der Migration: dauerhafte Armutsmigrationen, Massenfluchten vor aggressiven Nachbarn, Plünderungsmigrationen ohne Besiedelungseffekte, militärische Anheuerung, Zwangsumsiedlung nach einer Niederlage gegen die römische Armee, nomadische Wanderung, Expertenmigration oder Migration infolge von Sklavenhandel, um nur die augenfälligsten zu nennen. Hier migrierten Individuen oder Familien, dort große, gut organisierte Gruppen von Kriegern samt Frauen, Kindern und Nichtkriegern ins Imperium (im 5. Jahrhundert etwa unter Führung der Goten Theoderich oder Alarich). Hier migrierte man kollektiv stoßartig und dort schleichend, gewissermaßen einsickernd über einen langen Zeitraum. Die einen (Goten, Vandalen) wanderten über weite Distanzen, die anderen (Franken) offenbar nur auf die andere Seite der – nicht überall scharf markierten – Grenze. So führte die Einwanderung fränkischer Bauern und Krieger in die nördlichen Randzonen des Imperiums zu völlig anderen Besiedelungssituationen und zu völlig anderen Beziehungen zwischen Zuwanderern und Einheimischen als die Vorstöße der Goten, Burgunder oder Vandalen tief ins Innere des Imperiums. [...] Das expansive römische Imperium hat einen Großteil der Migrationen selbst ausgelöst. Denn Imperien wie das römische waren [...] nicht nur Unterdrückungssysteme. Sie schafften zugleich Frieden und Sicherheit in sehr großen Regionen, die sich durch bessere Entwicklungs- und Wohlstandschancen von ihrer Umgebung abhoben. Dies gilt auch für das römische Imperium der alten Welt. Sein Glanz und seine im Westen bis weit ins nichtrömische Gebiet ausstrahlende Aura und Interventionsfähigkeit, seine im Vergleich mit den nördlichen Nachbarregionen unerreichbar überlegenen Kulturleistungen und Repräsentationsformen zogen Mengen von Menschen aus den Nachbarregionen an. Nur an der Ostgrenze des Imperiums stand den Römern mit den Persern eine ebenso hoch entwickelte kulturelle Alternative gegenüber. Die Gesellschaften in Reichweite dieser imperialen Aura waren durchweg Mangelgesellschaften. So drängten sie hin zu dieser viel reicheren, sichereren und unvergleichbar größeren Kultur. [...]

Aus heutigen Gesellschaften sind wir gewohnt, dass nicht zuletzt Experten migrieren – Personen mit seltenen und gesuchten Kompetenzen. Auch in dieser Form muss die Migration [...] gedacht werden. Für die frühen Jahrhunderte sind die einfachsten Beispiele fränkische Kriegsexperten, die ins Imperium migrierten. So finden wir Ende des 4. Jahrhunderts fünf Franken als Oberbefehlshaber (*magister militum*) im römischen Militär [...]. Kurzum, in der aktuellen Geschichtswissenschaft ist kaum noch etwas übrig geblieben von jener Geschichte, die bis vor kurzem mithilfe von „Völkerwanderungskarten" erzählt wurde, schon gar nichts von der früher erzählten Geschichte eines zunehmend marode und wehrlos werdenden Imperiums, das von brandschatzenden und plündernden Horden [...] überrannt wurde. Mit dem Wissen über heutige Migrationsprobleme – von gewaltsamen Vertreibungen über politische Fluchtbewegungen bis hin zu Armuts- und Wirtschaftsmigrationen, von kleinen Bevölkerungsverschiebungen [...] bis hin zur allgegenwärtigen Expertenmigration – kommt man auch den Phänomenen vor anderthalb Jahrtausenden näher.

Bernhard Jussen, Die Franken. Geschichte, Gesellschaft, Kultur, C. H. Beck, München 2014, S. 18 f. *

1 Arbeiten Sie heraus, welche Anlässe, Motive, Formen sowie individuellen und kollektiven Folgen der Migration zur Zeit der „Völkerwanderung" Jussen benennt.
2 Vergleichen Sie das Modell von Jussen mit dem Modell der Soziologin Ingrid Oswald aus dem Kapitel 2.1 (M 7, S. 147 f.).
3 Erörtern Sie auf Grundlage Ihrer Ergebnisse aus Aufgabe 2, inwiefern das allgemeine Modell der Migrationssoziologie auf konkrete historische Transformationsprozesse wie die „Völkerwanderung" angewendet werden kann.
Tipp: Erstellen Sie dazu ein Schaubild, das sich an der Abbildung zu M 7, S. 147 f. orientiert.

M3 Der Historiker Walter Pohl über Charakter und Bedeutung der „barbarischen" Wanderungen am Beispiel der Goten (2008)

„Völkerwanderung" ist ein Begriff, der im 16. Jahrhundert als Bezeichnung für die Zeit zwischen etwa 375 und 568 geprägt wurde, die Zeit, in der das Römische Imperium schrittweise in die ‚barbarischen' Königreiche der Goten, Vandalen, Burgunder, Franken, Langobarden und anderer zerfiel [...]. Dieser Begriff ruft immer noch Bilder von wandernden Volksstämmen hervor, Hunnen oder Germanen, die aus den barbarischen Grenzländern in die römischen Gebiete einfallen und die antike Hochkultur Roms zerstören. Die jüngere Forschung hat gezeigt, dass diese veraltete Sicht im besten Fall eine krasse Vereinfachung eines höchst komplexen Prozesses bietet, der (Ein-)Wanderung, Integration und soziale und politische Wandlungsprozesse umfasst. Aber immer noch finden den höchst kontroverse Debatten statt, die sich mit Ausmaß und Wirkung dieser „barbarischen" Wanderungen beschäftigen [...].

Die oft dramatischen Ereignisse während der „barbarischen" Wanderungen, die römische und griechische Autoren in leuchtenden Farben ausgemalt haben (zeitgenössische Berichte aus der Perspektive der Wandernden existieren nicht), erregten bei der Nachwelt bleibendes Interesse. Die großartigen und tragischen Taten der Goten, Vandalen, Burgunder oder Hunnen wurden zu einer immer wieder gebrauchten Quelle für Bewunderung und Schrecken, für retrospektive Identifikation oder für Stereotypen der Ausgrenzung. Das hat dazu geführt, dass Ausmaß, Einheitlichkeit und Bedeutung der Wanderungen oft übertrieben wurden. Gegen diese veralteten Ansichten müssen einige Punkte hervorgehoben werden. Die militärischen Invasionen, die in [den uns überlieferten] Quellen im Vordergrund stehen, waren nur Episoden im Rahmen einer langen Geschichte von „barbarischen" Wanderungen auf römischen Boden, die weit vor 375 begonnen hatte. Die Gründe für diese Wanderungen lagen vor allem an ‚Pull-Faktoren', dem Sog des Imperiums für seine Nachbarn: dem ständigen Bedarf Roms an militärischer und agrarischer Arbeitskraft und dem außergewöhnlichen Reichtum der römischen Kernländer. In der Spätantike bildeten die Barbaren die Peripherie einer römischen Welt im weiteren Sinn, und viele von ihnen waren mit der römischen Lebensweise durchaus vertraut [...]. Kleinere und größere Gruppen wanderten, oft entlang generationenalter Routen, in die römischen Provinzen, und diese Wanderungen konnten ganz verschiedene Form annehmen: Versklavung durch römische Händler oder Militärs, barbarische Raubzüge, bäuerliche Niederlassung, vorübergehender oder dauerhafter Militärdienst, Anschluss an bereits etablierte Gruppen oder Wanderungen ohne ein klares Ziel. Kaum eine der größeren wandernden Gruppen war ethnisch homogen. Obwohl viele der Ethnonyme1 [...] so oder ähnlich bereits in viel früheren Quellen erwähnt werden, ist leicht nachweisbar, dass nicht einfach geschlossene Völker wanderten, sondern dass sich auf römischem Boden neue Zusammenschlüsse bildeten. Die Führungsschicht der neuen Königreiche war teils sehr unterschiedlicher Herkunft – zum Beispiel wurden die Vandalen von ursprünglich iranischen Alanen begleitet, die Goten von Hunnen, die Langobarden von Sarmaten und von römischen Provinzialen.

Walter Pohl, Völkerwanderung; in: Migrationen im Mittelalter. Ein Handbuch, hg. v. Michael Borgolte, de Gruyter, Berlin 2014, S. 231 und 235.*

1 *Ethnonyme:* Volksbezeichnungen

1 Fassen Sie die Kernaussagen Walter Pohls über den Charakter und die Bedeutung der sogenannten „barbarischen" Wanderungen zusammen.
2 Arbeiten Sie auf Grundlage von M1 (Walter) bis M3 (Pohl) die Push- und Pull-Faktoren für Migrationsbewegungen zur Zeit der „Völkerwanderung" heraus. Erstellen Sie eine tabellarische Übersicht.
3 Vertiefung: Analysieren Sie die Ausführungen Bernhard Jussens (M2) und Walter Pohls (M3) im Hinblick auf mögliche Formen von Kulturkontakt und Kulturkonflikt zwischen ‚Barbaren' und Römern.

M4 **Der Althistoriker Mischa Meier über das Phänomen Mobilität zur Zeit der „Völkerwanderung" (2016)**

In der Forschung vollzieht sich zurzeit ein Paradigmenwechsel: Hatte man bisher außergewöhnlichen Migrationsphänomenen wie der „Völkerwanderung" als Ausnahmeerscheinungen innerhalb der Geschichte des Altertums besondere Aufmerksamkeit gewidmet, so wird inzwischen zunehmend anerkannt, dass Mobilität ein nahezu omnipräsentes Phänomen darstellte – keineswegs eine erklärungsbedürftige, punktuelle Sonderentwicklung, sondern tendenziell der Normalzustand. Menschen waren in Bewegung: räumlich, sozial, kulturell. Migration wiederum [...] stellt innerhalb dieser prinzipiellen Disposition lediglich ein Teilphänomen dar. Es ist während der „Völkerwanderung" weder neu noch begrenzt auf Immigration beziehungsweise Invasion. Vielmehr konstituierte das Römische Reich bereits seit Jahrhunderten einen Raum für Binnenmigrationen unterschiedlichster Art, und auch Ein- und Auswanderungen sowie ein kontinuierlicher grenzüberschreitender Austausch gehörten selbstverständlich zum Alltag. Denn das Römische Reich übte aufgrund des vergleichsweise hohen Lebensstandards nicht nur eine generelle Anziehungskraft aus, sondern der Zuzug aus dem *Barbaricum* wurde mitunter sogar großzügig gefördert, wenn etwa Mangel an Arbeitskräften und insbesondere an Rekruten herrschte. [...]

Auch außerhalb des *Imperium Romanum* waren Menschen grundsätzlich mobil. Immer wieder – insbesondere seit dem 3. Jahrhundert – kam es zu Drucksituationen an den römischen Grenzen, wenn Mobilität tendenziell zunahm, was aus unterschiedlichen Gründen geschehen konnte, die großenteils innerhalb des römischen Kontextes zu lokalisieren sind. Während der „Völkerwanderung" wurden die Römer also keineswegs mit einem grundlegend neuartigen Phänomen konfrontiert. Ungewöhnlich war lediglich die Massivität, mit der in einigen Grenzregionen nunmehr der Druck zunahm (zunächst an Donau und Rhein, später dann auch in anderen Regionen); ungewöhnlich war sodann die Intensität, mit der sich insbesondere seit dem frühen 5. Jahrhundert innere Probleme (Bürgerkriege) mit dem Geschehen an der Peripherie des Reichs vermengten, was zwangsläufig eine beträchtliche Ressourcenverknappung nach sich zog; ungewöhnlich war schließlich auch die Diversität und Variabilität der einzelnen Verbände, mit denen die Römer innerhalb weniger Jahrzehnte konfrontiert wurden und die plötzlich Herausforderungen konstituierten, denen die römische Regierung auch angesichts einer zunehmend angespannten innenpolitischen Lage zumindest im lateinischsprachigen Westen mittelfristig nicht gewachsen war.

Mischa Meier, Die „Völkerwanderung", in: Aus Politik und Zeitgeschichte 26–27, 2016, S. 6.*

1 Charakterisieren Sie die Bedeutung, die Mischa Meier der „Völkerwanderung" vor dem Hintergrund des allgemeinen Phänomens von Migration und Mobilität in der Antike zuweist.
2 Diskutieren Sie – auch im Rückgriff auf M 1 (Walter) und auf Ihre Erkenntnisse zum Thema „Völkerwanderung" –, inwiefern die Transformationsprozesse, die zur Zeit der „Völkerwanderung" rekonstruiert werden können, kennzeichnend für die Spätantike einerseits und die Entwicklung des Römischen Reiches andererseits waren.

M 5 Der Althistoriker Mischa Meier über Motive und Zusammensetzung von wandernden Personengruppen und Verbänden (2016)

[Die] barbarischen Verbände konnten allerdings ganz unterschiedlichen Charakter haben, und bereits aus diesem Grund erweist sich auch der Terminus „Völkerwanderung" zunehmend als problematisch. Seit dem 3. Jahrhundert beobachten wir an den römischen Grenzen vom Rhein bis nach Nordafrika Bewegungen durch mobile Gruppen unterschiedlicher Ausprägung: kleinere Kriegerverbände, die sich temporär, allmählich dann auch längerfristig zu größeren Gebilden zusammenschließen konnten (beispielsweise Franken oder Alemannen); kriegerische, aufgrund ihrer sozialen Struktur höchst aggressive nomadische Reiterverbände aus der eurasischen Steppe, deren Angriffe auf andere außerrömische Gruppen verstärkte Migrationsbewegungen auslösen konnten (Hunnen, Bulgaren oder Awaren); wandernde Großgruppen, denen sich im Lauf der Jahre eine zunehmende Zahl von Menschen anschloss und die mit kampftüchtigen Männern sowie Frauen und Kindern durch die Lande zogen (Terwingen oder Vandalen); Kleingruppen, die über Jahrzehnte hin, manchmal miteinander kooperierend, häufiger jedoch für sich, in römische Gebiete einsickerten (die frühen Slawen); Reitergruppen, die durch die Annahme einer übergreifenden Ideologie ungeahnte expansive Gewalt zu entfalten vermochten (Araber).
In all diesen Fällen ist es ausgesprochen schwierig, klare Abgrenzungen zwischen Kategorien wie „Wanderzug", „Migranten", „Armee" oder „Plünderverband" zu ziehen, da die einzelnen Gruppen in der Regel situativ handelten und überdies in ihrer Komposition zumeist höchst instabil, ja geradezu fluide waren und sich daher in permanenten Veränderungsprozessen befanden. Zudem wurde seit dem späten 4. Jahrhundert unter anderem durch den Zustrom römischer Deserteure, entlaufener Sklaven, unzufriedener Provinzbewohner nicht zuletzt aber auch durch die verbreitete Praxis, die Anführer allzu umtriebiger Verbände mit römischen Titeln und Ämtern auszustatten – eine Differenzierung zwischen „römisch" und „barbarisch" zunehmend schwierig.

Mischa Meier, Wandernde Völker? in: DAMALS, 7, 2016, S. 17f.*

1 Arbeiten Sie die verschiedenen Formen der wandernden Personengruppen bzw. Verbände heraus und stellen Sie Gemeinsamkeiten und Unterschiede dar.
 Tipp: siehe S. 480.
2 Erläutern Sie, wie Meier den Begriff „Völkerwanderung" hier dekonstruiert.
3 **Vertiefung:** Setzen Sie sich auf der Grundlage von Meiers Ausführungen über die Zusammensetzung der wandernden Personengruppen bzw. Verbände kritisch mit dem Begriff der Ethnogenese (siehe S. 143 f.) auseinander.

Kulturkontakt und Kulturkonflikt

M6 Der Althistoriker Mischa Meier über Formen kultureller Begegnung zwischen Römern und „Barbaren" am Beispiel der Goten (2017)

Beginnen wir mit den Goten, die 376 mit römischer Genehmigung die Donau überschritten. Soweit erkennbar, handelte es sich bei ihnen größtenteils um Flüchtlinge. Sowohl die gotischen Greuthungen [Ost-
5 goten] aus den Steppen des nördlichen Schwarzmeergebietes als auch die Terwingen [Westgoten], die jenseits der unteren Donau siedelten, hatten bis dahin politische Strukturen besessen, die wir zwar im Einzelnen nicht kennen, die ihnen aber offenbar
10 großflächige Organisationsleistungen ermöglichten. Die Terwingen, durch wechselseitige Kontakte und intensiven Austausch mit dem Imperium eng vernetzt und daher sicherlich mit den dort herrschenden Verhältnissen bestens vertraut, übernahmen für
15 Rom sogar die Funktion einer Ordnungsmacht im Raum jenseits der Donau. Diese Strukturen wurden durch einen römisch-terwingischen Krieg (367–369), insbesondere aber durch die Attacken der Hunnen, die sich seit Mitte des 4. Jahrhunderts offenbar mas-
20 siv verschärften, schwer in Mitleidenschaft gezogen. Jene Goten, die 376 die Donau erreichten, scheinen sich in einem fortgeschrittenen politischen Auflösungsprozess befunden zu haben, was den Römern möglicherweise eine leichtere Kontrollierbarkeit
25 suggerierte. Aus verschiedenen Gründen gelang es dem Reich jedoch nicht, die seit 376 eintreffenden Menschenmassen zu bewältigen, was Konflikte generierte, die sich schließlich in einem Aufstand der Goten entluden, dessen Höhepunkt die militärische
30 Katastrophe Roms in der Schlacht von Adrianopel (heute Edirne, Nordwesttürkei) war, in der Kaiser Valens fiel (378). Die anschließenden Jahre standen im Zeichen der Bemühungen der römischen Führung, die marodierenden gotischen Gruppen, die sich in-
35 folge der chaotischen Ereignisse auf dem Balkan verteilten, wieder unter Kontrolle zu bringen. Mit dem berühmten Vertrag des Jahres 382 wurde schließlich die größte gotische Gruppierung als teilautonomer Verband auf Reichsboden angesiedelt. Die Goten ver-
40 pflichteten sich zur Heeresfolge (unter eigenen Anführern) und erhielten im Gegenzug finanzielle Leistungen von der römischen Regierung. In der Forschung wird seit langem darüber diskutiert, ob Rom mit diesem Vertrag den schleichenden Verlust
45 seiner territorialen Integrität, wie er dann im Westen vor allem im 5. Jahrhundert zu beobachten ist, eingeleitet hat oder ob lediglich Elemente einer schon längst bestehenden Praxis fortentwickelt worden sind. Wir werden uns die Goten an der Donau, deren Zahl sicherlich mehrere zehntausend Personen um-
50 fasst hat, als großdimensionierten Flüchtlingstreck vorstellen müssen, in dem sich Frauen, Kinder und ein umfangreicher Tross befunden haben werden. Dieser scheinbar ungeordnete Haufen war jedoch auf römischem Gebiet dazu in der Lage, sich militärisch
55 in einer Weise (neu?) zu organisieren, dass er immerhin die römische Orientarmee weitgehend vernichten konnte.

Mischa Meier, Die „Völkerwanderung", in: geschichte für heute, Heft 2/2017: Menschen in Bewegung, S. 14 f.*

1 Charakterisieren Sie den Kulturkontakt und Kulturkonflikt zwischen den Westgoten und den Römern.
2 Erörtern Sie die Auswirkungen dieses Kulturkontakts bzw. Kulturkonflikts auf den westgotischen Personenverband. Greifen Sie dabei auf Ihre Erkenntnisse aus dem Kapitel 2.2 sowie auf ein Modell aus dem Kapitel 2.1 zurück.

M7 Die Historikerin Verena Postel über Franken und Römer im 4. Jahrhundert (2004)

Fränkische Teilstämme wurden unter ihren eigenen Königen auf Reichsboden angesiedelt, als Reichsangehörige mit der Pflicht zum Heeresdienst, eine Vorstufe zu den ab 380/382 einsetzenden Ansiedlungsverträgen (*foedera*) mit den Goten. Diese Inte-
5 grationspolitik, die Übernahme hoher Kommandostellen im Heer durch Franken, scheint erfolgreich gewesen zu sein, wie durch Grabfunde bestätigt wird. Spätestens seit Valentinian I. erfreuten sich Personen der germanischen Oberschicht als Anführer von
10 Söldnerverbänden des mobilen Feldheeres besonderer Anerkennung seitens der römischen Militärverwaltung. […] Franken kämpften für die Römer gegen ihre eigenen Stammesgenossen, wie das Beispiel des römischen Heermeisters Arbogast zeigt, eines Fran-
15 ken, der eine Strafexpedition gegen die Brukterer und Chamaven unternahm. Das *cingulum militiae* als Rang- und Amtsabzeichen der zivilen und militärischen Verwaltung war das sichtbare Zeichen der römischen Amtsgewalt (*potestas*), auf die gestützt auch
20 den germanischen Offizieren und (später) Verwaltungsbeamten die Kompetenzen des römischen *iudex* zukamen: Regierung, Verwaltung des Sprengels und Gerichtsbarkeit. Die Franken haben auf diese Weise u. a. über das Militär die Grundlagen römi-
25 scher Staatlichkeit übernommen und auf die Germania ausgedehnt. Wie tief die Loyalität der Franken zum römischen *imperium* ging, zeigt die bekannte Grabinschrift eines in Pannonien beigesetzten Soldaten aus dem 3. Jhd.: *Francus ego cives, miles Romanus*
30

in armis/Franke bin ich im zivilen Leben, im Krieg diene ich als römischer Soldat [...]. Die Doppelidentität als Franke und Römer [...] geht aus dem Vers hervor.

In dieser loyalen Einstellung versuchten Franken den Durchmarsch der Vandalen, Alanen und Sueben 406 über den Rhein bei Mainz zu verhindern, freilich erfolglos. Auch auf den Katalaunischen Feldern 451 hatten Franken gekämpft, teilweise zur Abwehr der Hunnen aufseiten des Aetius, teils auf gegnerischer Seite. Dies belegt, dass es in der Völkerwanderungszeit nicht um pränationale Abstammungsgemeinschaften ging, die sich als Einheiten gegenüber den Römern durchsetzen wollten, es geht um sehr differenzierte Prozesse, in denen kleine Gruppen je für sich an der überlegenen politischen, kulturellen und wirtschaftlichen Macht noch des spätrömischen Reiches partizipieren wollten. [...]

Selbst in der dritten Phase der vormerowingischen Geschichte der Franken, derjenigen der politischen Verselbstständigung gegenüber Rom, suchte man noch die Anlehnung an römische Amtsträger, um sich zu etablieren. So gingen die Rheinfranken mit den Burgundern unter ihrem König Gundowech [...] ein Bündnis ein, um die alemannische Expansion einzudämmen. [...]

Ein vergleichbares Sich-Aufstützen auf Repräsentanten der römischen Militärmacht findet sich auch bei den Salfranken, die im Laufe des 5. Jhds. die Hegemonie innerhalb des Stammesschwarms der Franken übernahmen, und zwar unter Führung der Sippe Chlodios, der auch Merovech und Childerich angehörten. Sie verbündeten sich mit dem römischen Heermeister Aegidius (456/7–464), der zeitweise bei ihnen die Stellung eines Königs gehabt haben soll. Mitte des 5. Jhds. wurden sie als Föderaten anerkannt. Childerich übernahm die Führung der Franken vor dem Jahre 463 und war der letzte fränkische Heerführer, der die Tradition des Militärdienstes als föderierter Germane fortsetzte. Unter dem Oberbefehl des nordgallischen Heermeisters Aegidius trat er 463 gegen die Westgoten an, erneut dann 469, diesmal unter der Führung des römischen Befehlshabers Paulus. [...] Er war ein föderierter römischer General, der die Verwaltung der [Provinz] Belgica II innehatte und an seinen Sohn Chlodwig weitergab. Dessen Aufstieg wurde auch durch die diplomatischen Fähigkeiten seines Vaters geebnet.

Verena Postel, *Die Ursprünge Europas. Migration und Integration im frühen Mittelalter*, Kohlhammer, Stuttgart 2004, S. 129 f.*

1 Geben Sie die Kernaussagen und den grundsätzlichen Gedankengang von Verena Postel wieder.

2 Erläutern Sie die zentrale These Postels (Z. 41–48) vor dem Hintergrund dieses Textes und Ihrer Erkenntnisse aus Kapitel 2.4, S. 194 ff.

3 Beurteilen Sie die hier und in Kapitel 2.4 dargestellten Beziehungen zwischen Franken und Römern unter Bezugnahme auf das Modell von Urs Bitterli (M 9, M 10, S. 149 f.).

M 8 Der Historiker Walter Pohl über die Verzahnung der ostgotischen und römischen Herrschaft in Italien (2002)

Wie Odoaker hat Theoderich darauf verzichtet, sich zum Kaiser erheben zu lassen. [...] Tatsächlich hatte die Stilllegung des westlichen Kaisertums durch Odoaker die Situation beruhigt, und auch Theoderich gelang als König ein recht dauerhafter politischer Ausgleich. Der Königstitel signalisierte gerade durch seine Marginalität innerhalb des traditionellen römischen Systems, dass dieses nicht ersetzt, sondern nur ergänzt werden sollte. Das erlaubte vor allem dem Senat, seine gewohnte und immer schon eifersüchtig gehütete Rolle als Organ politischer Einflussnahme neben einer monarchischen Spitze weiter zu spielen.

Diese Senatoren waren es, deren Loyalität Theoderich durch gezielte Politik gewinnen und lange erhalten konnte. [...] Theoderich förderte die Städte, restaurierte öffentliche Bauten und Aquädukte, bediente sich römischen Zeremoniells (wie bei der Dreißigjahrfeier seines Königtums in Rom im Jahr 500) und drückte seine Achtung vor den Senatoren und der katholischen Kirche aus. Er respektierte die Eigenständigkeit der zivilen Verwaltung; mit dem *magister officiorum* und dem Prätorianerpräfekten an der Spitze blieben die bürokratische Hierarchie der ehemals kaiserlichen Verwaltung, die Steuerverwaltung und die anderen Behörden im vollen Umfang funktionstüchtig. Ebenso erhielt sich die traditionelle republikanische Ämterlaufbahn bis hin zum Konsul, dessen Ernennung kaiserliches Vorrecht blieb. Theoderichs Ideologie unterstrich den römischen Charakter, die *romanitas*, der gotischen Herrschaft, die ebenso wie ihr kaiserliches Vorbild als Quelle der *civilitas*, der gesetzlich begründeten Ordnung, gelten sollte. Auf dieser gemeinsamen ‚staatsbürgerlichen' Grundlage sollten Goten und Römer geregelt und harmonisch zusammenleben. [...] Entscheidend für die Senatoren und die besitzenden Schichten in Italien war nach der gotischen Eroberung zunächst, dass die Ansiedlung und Versorgung der Goten unter möglichster Schonung ihrer Rechte durchgeführt wurde. [...]

Die Ansiedlung von Barbaren, denen unkultiviertes Land und eventuell noch zusätzliche Mittel als Starthilfe zur Verfügung gestellt wurden, hatte ebenso wie die von Veteranen lange Tradition; manche Barbaren mochten mit dieser Form der Absicherung ihr Auskommen finden. Die Führungsgruppen der Westgoten, Burgunder oder Ostgoten waren damit kaum zufriedenzustellen; sie legten sicherlich Wert auf regelmäßige und standesgemäße Einkünfte.

Die Frage, ob das durch Steueranteile oder Landzuweisung geschah, entschärft sich allerdings, wenn man davon ausgeht, dass zumindest die vornehmeren Goten das Land in der Regel nicht selbst bestellten, sondern von den Erträgen lebten. Im spätantiken Italien ging offenbar ein nicht unbeträchtlicher Teil der [...] Einkünfte aus landwirtschaftlichen Erträgen an nicht auf den betreffenden Gütern wohnende, meist wohl stadtsässige Besitzer. Ob die Goten in Form von derartigen ‚privaten' Besitztiteln oder von ‚öffentlichen' Steueranteilen versorgt wurden, macht für eine in städtischen Garnisonen stationierte Truppe zunächst keinen grundlegenden Unterschied. Längerfristig strebten die Goten sicherlich nach dem materiellen Besitz an Landgütern, auf denen sie leben konnten.

Walter Pohl, Die Völkerwanderung. Eroberung und Integration, Kohlhammer, Stuttgart 2002, S. 136–139.*

1 Fassen Sie den Gedankengang Pohls zusammen.
2 Charakterisieren Sie die Chancen und die möglichen Probleme der Machtsicherungsstrategie der Ostgoten in Italien.
3 **Vertiefung:** Erläutern Sie auf der Grundlage Ihrer Ergebnisse aus Aufgabe 1 Möglichkeiten des Kulturkontaktes und Kulturkonfliktes zwischen Ostgoten und Römern. Berücksichtigen Sie hierbei die Texte von Bitterli aus dem Kapitel 1 (M 9, M 10, S. 149 f.).

M9 Der Historiker Patrick Geary über den Wandel von Identitäten im Merowingerreich (2002)

Die Herausbildung starker regionaler Identitäten mit eigenen Territorialrechten und eigener aristokratischer Führungsschicht, die gleichwohl am katholischen Glauben festhielt und an die zentrale fränkische Autorität gebunden blieb, bewirkte eine tiefgreifende Veränderung in der ethnischen Terminologie, die seit Jahrhunderten gebräuchlich gewesen war. Im 4. und 5. Jahrhundert hatte die tiefe Spaltung zwischen Römern und Barbaren eine dichotome [gespaltene] Welt konstruiert, die von beiden Seiten anerkannt wurde wie von jenen Gruppen, die selbst ein lebendiger Beweis dafür waren, dass solch groben Einteilungen der Realität mitnichten entsprachen. Obwohl der Begriff „barbarisch" in der klassischen Antike eine gewisse Verachtung zum Ausdruck brachte, übernahmen ihn die föderierten Armeen in der militärischen Welt der Spätantike als neutrale oder sogar positive Kennzeichnung ihrer nichtrömischen Identität. [...] Zu Beginn des 7. Jahrhunderts war die Unterscheidung zwischen Römern und Barbaren nichtssagend geworden. Es bedeutete nichts mehr, römischer Bürger zu sein. Nicht Sprache, Brauch oder Recht unterteilte die Bevölkerung der verschiedenen Regionen in getrennte Gruppen, sondern die Schichtenzugehörigkeit, und die gesamte Gesellschaft – [...] mit Ausnahme der jüdischen Minderheit – war in einem gemeinsamen Glauben vereint. So wuchs dem Begriff *barbarus* nach und nach eine neue Bedeutung zu: die des Fremden und schließlich die des so heidnischen Fremden. [...]

Mit dem Verschwinden der Barbaren aus dem Imperium verschwanden auch die Römer selbst. Möglicherweise vollzog sich ihr Untergang sogar noch rascher. Gregor von Tours, der Historiker aus dem 6. Jahrhundert, der oft als Repräsentant der gallorömischen Aristokratie betrachtet wird, bezeichnet sich selbst, seine Familie und jene Menschen, die er als gesellschaftlich und kulturell ebenbürtig ansah, nie als Römer, sondern benutzt stattdessen die regionalen, seit dem dritten Jahrhundert gebräuchlichen Namen oder spricht von der senatorischen Klasse. In Gregors Geschichte gibt es gar keine „Römer". [...] Im 8. Jahrhundert bezeichnet der Begriff die Herkunft aus einer Region, die so etwa durch Aquitanien im Westen und durch Rätien in den Alpen begrenzt war, und um die Mitte des 9. Jahrhunderts schließlich wird der Terminus *Romanus* in der fränkischen Sphäre genauso verwendet wie ehemals im langobardischen Königreich: Er bezeichnet den Einwohner der Stadt Rom. Im westlichen römischen Imperium gab es keine Römer oder Barbaren mehr.

Patrick Geary, Europäische Völker im frühen Mittelalter. Zur Legende vom Werden der Nationen, Fischer, Frankfurt/M. 2002, S. 157 f. (übers. v. Elisabeth Vorspohl).*

1 Geben Sie die Kernaussagen von Patrick Geary wieder.
2 Erläutern Sie Gearys Aussage: „Mit dem Verschwinden der Barbaren aus dem Imperium verschwanden auch die Römer selbst" (Z. 31 f.).
3 Ordnen Sie den hier beschriebenen Identitätswandel in Bitterlis Modell der Kulturbegegnung ein (M 9, M 10, S. 149 f.).

Transformationsprozesse

M 10 Die Historiker Andreas Suter und Manfred Hettling über die Frage, wie historischer Wandel beschrieben und gedeutet werden kann (2001)

In den Sozialwissenschaften und der Sozialgeschichte wurde seit den 1970er-Jahren historischer Wandel vor allem durch die Beschreibung und Erklärung des Wandels von Strukturen und Prozessen erfasst. Demgegenüber trat die Bedeutung von einzelnen Ereignissen – und auch einzelner Personen – deutlich in den Hintergrund. Seit einigen Jahren wird aber wieder verstärkt die Frage diskutiert, ob bei der Erklärung historischen Wandels nicht auch „das Ereignis" stärker in den Blick genommen werden müsse.

In Frage gestellt wurde die Annahme, dass historischer Wandel nur mit langsam sich verändernden Strukturen und Prozessen erklärt werden könne. Dagegen hat 1989/1991 im realsozialistischen Osteuropa – und durch die Implosion des Staatskommunismus auch in Westeuropa – sowohl bereits lange zuvor in Gang gekommene Strukturveränderungen sichtbar werden lassen als auch ganz neuartige strukturelle Veränderungen ausgelöst. Man denke beispielsweise an den Kollaps des DDR-Sozialismus im Herbst 1989. Die Maueröffnung am 9. November ist eines der spektakulärsten Symbole für diesen Wandel. Ausgelöst wurde dieses „Ereignis" durch das Politbüromitglied Schabowski, der auf einer Pressekonferenz seinen berühmt gewordenen „Zettel" aus der Tasche wühlte, um Reiseerleichterungen zu verkünden. Dass diese Nachricht von DDR-Bürgern synchron und massenhaft als Maueröffnung verstanden wurde und dass die verunsicherten Grenztruppen vor den plötzlich vor ihnen stehenden Massen kapitulierten, das lässt sich nicht hinreichend erklären, ohne sowohl auf Strukturveränderungen im Staatssozialismus (man denke etwa an *Solidarność* in Polen und den durch Gorbatschow initiierten Reformschub in der Sowjetunion [...]) als auch auf dadurch ermöglichte Ereignisse wie die Leipziger Montagsdemonstration am 9. Oktober zurückzugreifen. [...]

So falsch es demnach wäre, historischen Wandel ohne Berücksichtigung von langsam sich verändernden Strukturen und Prozessen zu erklären, so falsch wäre es umgekehrt, die partielle Differenz von Ereignissen zu ihrem strukturellen Kontext zu vernachlässigen. Fragwürdig wurde damit auch die Annahme, dass Strukturen und Prozesse menschliches Handeln bestimmen, ja determinieren könnten – was eine Bedingung des Erfolges der Sozialgeschichte in den letzten Jahrzehnten war. Im Rückgriff auf Strukturen als erklärende Faktoren glaubte man, historische Gesetze fassen zu können und damit die sinnhafte und situative Komplexität menschlichen Handelns in berechenbare Regelmäßigkeiten und auf erklärende Modelle bringen zu können. Vergessen wurde dabei oft eine Erkenntnis bereits der Theoriediskussion der Jahrhundertwende, dass jeder Versuch, die Geschichte als Gesetzeswissenschaft zu etablieren, zum Scheitern verurteilt ist. In der betonten Abgrenzung von einer vor allem [...] auf Faktenrekonstruktion und erzählende Präsentation von Ereignissen konzentrierten Geschichtsschreibung haben sozialgeschichtliche Theorieentwürfe deshalb oft die Ereignishaftigkeit des Geschehens ausgeblendet oder sich in der Illusion von Geschichte als Gesetzeswissenschaft verfangen. Das Unerwartete, das „1989" für Zeitgenossen auszeichnete, konnte damit bekannte, aber in den Hintergrund der Diskussion gerückte theoretische Erkenntnisse wieder bedenkenswert werden lassen. Denn das Überraschende, das Ereignissen grundsätzlich eignet, verweist darauf, dass „jedes Ereignis mehr und zugleich weniger zeitigt, als in seinen strukturellen Vorgegebenheiten enthalten ist" (R. Koselleck). Jedem Ereignis ist mit anderen Worten eine aus langfristigen Strukturen nicht vollständig zu erklärende und prospektiv[1] nicht voraussagbare singuläre Qualität eigen, welche aus der Geschichte einen grundsätzlich offenen Prozess macht. Das verweist auf eine unaufhebbare Differenz zwischen der Ebene der Erfahrung, des Handelns und der Ereignisse als komplexen Handlungssequenzen einerseits und derjenigen der Strukturen andererseits.

Andreas Suter und Manfred Hettling, Struktur und Ereignis – Wege zu einer Sozialgeschichte des Ereignisses, in: dies. (Hg.), Struktur und Ereignis, Sonderheft 19 der Zeitschrift für Historische Sozialwissenschaft, Vandenhoeck & Ruprecht, Göttingen 2001, S. 8 f.*

1 *prospektiv:* vorausschauend

---

1 Erarbeiten Sie die Kernaussagen der Autoren im Hinblick auf das Verhältnis von Ereignis und Struktur.

2 Erläutern Sie anhand selbst gewählter Beispiele aus dem Themenbereich „Völkerwanderung", inwiefern die Transformation der spätantiken Welt einerseits durch einzelne Ereignisse und/oder Personen, andererseits durch langfristige strukturelle Veränderungen bzw. Prozesse adäquat beschrieben und erklärt werden kann.

3 **Vertiefung:** Überprüfen Sie, ob sich der vorgestellte Ansatz auch auf die Theorien zu Kulturkonflikt, Kulturkontakt und Migration übertragen lässt. Erarbeiten Sie dafür Beispiele aus dem Themenbereich „Völkerwanderung" und diskutieren Sie diese.

2.7 Wahlmodul: Die Kreuzzüge

M1 Karte von Jerusalem aus einer lateinischen Handschrift, um 1200.
Jerusalemkarten aus der Zeit der Kreuzzüge reduzieren die Stadt auf einen viergeteilten Kreis. Im oberen Teil: der Felsendom (lat. templum domini) und die al-Aqsa-Moschee (lat. templum Salomonis); im linken Teil: das Grab Jesu als Rundbau. Ganz unten: eine Szene aus einer Kreuzfahrerlegende, nach der der heilige Georg eine Gruppe von Muslimen in die Flucht schlägt.

1071	Das Byzantinische Reich stößt nach Anatolien und Armenien vor
1076–1078	Die Seldschuken erobern Syrien und Palästina; die freie christliche Pilgerfahrt (seit 7. Jh.) nach Jerusalem wird unterbrochen; die Seldschuken rücken bis Anatolien vor; Byzanz bittet den Papst um Hilfe
1095	Kreuzzugsaufruf Papst Urbans II.
1096–1099	Erster Kreuzzug
1098	Grafschaft Edessa/Syrien wird erster Kreuzfahrerstaat; Eroberung Antiochias
1099	Fürstentum Antiochia wird Kreuzfahrerstaat; Eroberung Jerusalems (Juni/Juli); Jerusalem wird Kreuzfahrerstaat
1146–1149	Zweiter Kreuzzug
1187	Rückeroberung Jerusalems und großer Teile der Kreuzfahrerstaaten durch den Sultan von Ägypten und Syrien, den Aiyubiden Salah ad-Din
1189–1192	Dritter Kreuzzug
1191	Die Christen erobern Akkon zurück
1192	Teilweise Rückeroberung des Königreiches Jerusalem durch Richard I., doch ohne die Stadt selbst; dreijähriger Waffenstillstand zwischen Richard und Salah ad-Din

Die Kreuzzugsaufrufe der „Franken", d. h. des christlich-lateinischen Europas, waren vor allem Aufrufe zum Kampf gegen Muslime. Denn die Kriege im Namen Gottes stempelten insbesondere die Muslime zu „barbarischen Heiden" ab, deren Tötung gewollt war. Dieses Aufeinanderprallen der Kulturen wurde weniger in der muslimischen als vielmehr in der christlich-europäischen Kultur des Mittelalters mythologisch ausgelegt –
5 mit weit reichenden Folgen: Noch heute wird der Begriff „Kreuzzug" in Reden und Debatten angeführt, z. B. beim „Kreuzzug gegen Abtreibung" oder nach den Terroranschlägen vom 11. September 2001, als der amerikanische Präsident George W. Bush einen „Kreuzzug gegen das Böse" ankündigte.

Das Aufeinandertreffen der Kulturen in den Kreuzfahrerstaaten war jedoch nicht aus-
10 schließlich von Konflikt geprägt: Zwischen einzelnen „Franken" und Arabern gab es auch friedliche Kontakte unterschiedlicher Ausprägungen.

1 Analysieren Sie die Darstellung Jerusalems in der historischen Karte M 1.
 Tipp: Ziehen Sie moderne Reiseführer hinzu und informieren Sie sich über die heiligen Stätten.
2 Erläutern Sie, welches Bild des Zusammenlebens zwischen europäischen Kreuzfahrern und Arabern in der Darstellung deutlich wird.
3 Sammeln Sie in einer Mind- oder Concept-Map alle Informationen, Assoziationen und Fragen, die Ihnen zum Thema „Kreuzzüge" einfallen.
4 Wählen Sie aus Ihren Ergebnisse aus Aufgabe 1 zwei bis drei Punkte aus, die Sie am interessantesten finden, sammeln Sie diese im Plenum (z. B. mithilfe einer Moderationswand und -karten) und versuchen Sie, die Einträge nach übergeordneten Begriffen zu ordnen.

-1204 | Vierter Kreuzzug; die christlich-lateinischen Kreuzfahrer erobern und plündern das christlich-orthodoxe Konstantinopel und weite Teile des Byzantinischen Reiches; sie begründen in Byzanz ein lateinisches Kaisertum (bis 1261)

1217–1221 | Fünfter Kreuzzug

1228/29 | Kreuzzug Kaiser Friedrichs II. (vom Papst gebannt); durch Vertragsschluss mit Ägypten Rückgewinnung von Jerusalem und Teilen Palästinas

1248–1254 | Sechster Kreuzzug

1263 | Beginn der Rückeroberung christlicher Gebiete in Palästina und Syrien durch die Mamluken

1270–1272 | Siebter Kreuzzug

1291 | Die Mamluken erobern Akkon und damit den letzten Sitz der Kreuzfahrer

| 1200 | 1250 | 1300 |

2.7 Wahlmodul: Die Kreuzzüge

> *In diesem Kapitel geht es um*
> *– die Entwicklung des Kreuzzuggedankens,*
> *– den Verlauf des ersten Kreuzzuges,*
> *– das Leben in den Kreuzfahrerstaaten und*
> *– Begegnung und Konflikt der Kulturen.*

Der Kreuzzugsgedanke

▶ M 6: Kreuzzugsaufruf Urbans II.

▶ M 4: Karte zu den Seldschuken

Im Jahre 1095 hielt **Papst Urban II.** während eines Konzils außerhalb der Stadt Clermont in Frankreich eine wortgewaltige Rede. Seine Ausführungen sind nur in vier späteren, unterschiedlichen Fassungen überliefert. Demnach rief er die Ritterschaft dazu auf, sich zu bewaffnen und Glaubensbrüdern im Orient zu Hilfe zu eilen. Papst Urban reagierte damit auf ein Hilfegesuch des byzantinischen Kaisers Alexios, der durch das Vordringen der muslimischen Seldschuken bedrängt war. Auch kursierten Gerüchte von Übergriffen auf christliche Pilger. Wahrscheinlich bereits in dieser Rede, auf jeden Fall aber in späteren Briefen, propagierte der Papst als Ziel, das Grab Christi, das **Heilige Grab** in Jerusalem, zu befreien. Dieses Ziel wurde zum zentralen Bestandteil des Kreuzzugsgedankens. Die **Jerusalemverehrung** spielte im Bewusstsein der Christen bereits seit Jahrhunderten im Rahmen der Pilgerfahrt eine große Rolle. Sowohl Pilger als auch Kreuzfahrer legten als Pilgerzeichen ein Kreuz an und ein Gelübde ab. Neu war, dass die Läuterung des Sünders durch den **bewaffneten Kampf** erfolgen konnte. In diesem Sinne verkündete der Papst den Nachlass der Sünden, einen vollkommenen Ablass. Ein solcher Kampf wurde als **Heiliger Krieg** angesehen, weil er angeblich auf dem Willen Gottes beruhte. Diese Vorstellung wurde mit der ritterlichen Aufgabe des Herrendienstes verknüpft. Der einflussreiche Zisterzienserabt und spätere Kreuzzugsprediger Bernhard von Clairvaux (um 1090–1153) bezeichnete Palästina als Eigentum des Herrn Jesu und forderte jeden Ritter des Herrn (*miles christi*) auf, in den Kampf zu ziehen, um seinen obersten Herren wieder in sein Recht einzusetzen.

M 1 Ein Kreuzfahrer begibt sich in den Schutz Gottes und nimmt als *miles christi* die Kreuzfahrt auf sich, englische Buchmalerei aus dem „Westminster Abbey Psalter", 1175

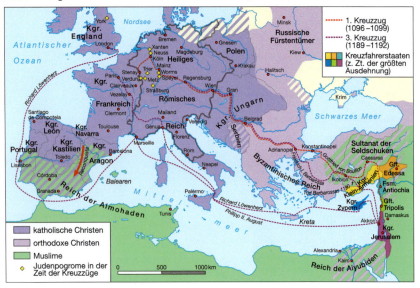

M 2 Europa und der Nahe Osten Ende des 12. Jahrhunderts

Die politische Situation in Europa

Mit seinem Aufruf hatte sich der Papst an die Ritter und nicht an den Kaiser und die Könige gewandt. Denn seit 1075 befand sich das Papsttum mit dem französischen, römisch-deutschen und englischen König im **Streit um die Investitur*** der Bischöfe und Äbte. Der römisch-deutsche König, der Salier Heinrich IV., war seit 1080 gebannt und
5 sollte es bis zu seinem Tode bleiben, weil er auf die Investitur der deutschen Reichsbischöfe nicht verzichten wollte. Den französischen König Philipp I. hatte Urban 1094 wegen eines ehebrecherischen Verhältnisses exkommunizieren lassen. In diesen Konflikten wurde das bisherige Verhältnis von geistlicher und weltlicher Gewalt im römisch-lateinischen Westen infrage gestellt. Auch mit seiner Rede in Clermont demonstrierte
10 der Papst, dass er die führende Rolle in der lateinischen Christenheit beanspruchte.

Beweggründe der Kreuzfahrer

Urbans Aufruf fand großen Widerhall. Die **Gründe** dafür werden unterschiedlich diskutiert. Einige Historiker heben **soziale Faktoren** hervor. In der feudalen Gesellschaft Europas war die Macht der lokalen Herren gestärkt worden, während die Belastungen der niederen Ritter und Bauern drückender wurden. Auch gab es in Westeuropa einen Be-
5 völkerungsanstieg. Die daraus entstandene Landknappheit führte z. B. beim französischen Adel zu Beschränkungen bei der Erbfolge und Heirat, was in Einzelfällen die Annahme des Kreuzes begünstigte. Einige Anführer des ersten Kreuzzuges erstrebten zudem eine eigene Herrschaft im Heiligen Land. Entscheidend für die Teilnahme am Kreuzzug waren aber offenbar **religiöse Gründe**. Das ausgehende 11. Jahrhundert war
10 eine religiös bewegte Zeit, in der viele Menschen vom Glauben an einen Heiligen Krieg, an den ritterlichen Dienst als *miles christi*, vom Ideal einer **Nachfolge Christi*** (*imitatio Christi*), von Jerusalemsehnsucht und dem Buß- und Ablassgedanken erfasst wurden.

Der Verlauf des ersten Kreuzzuges

1096 traten verschiedene soziale Gruppen von Kreuzfahrern, begleitet von Frauen und Kindern (M 3), den Weg ins Heilige Land an. Als erste Gruppe brach der **Volkskreuzzug** auf, dessen Teilnehmer aus allen Schichten der Bevölkerung stammten. Ein erster Haufen wurde 1096 bei Nikäa von den Seldschuken* vernichtet, ein zweiter bereits in
5 Ungarn aufgerieben. Bei der anderen Gruppe handelte es sich um mehrere wohlausgerüstete **Ritterheere**, deren hochadlige Fürsten aus Frankreich, Flandern und dem süditalienischen Normannenstaat kamen. In mehreren Schüben zogen sie bis Konstantinopel und vereinigten sich 1097 dort. Auf einem entbehrungsreichen Zug durch Anatolien und Syrien und unter hohen Verlusten gelangten sie 1099 nach **Jerusalem**. Im Juli nah-
10 men sie die Stadt ein und töteten dabei fast alle muslimischen und jüdischen Bewohner in einem grausamen Blutbad – Schätzungen gehen von 20 000 Opfern aus.

Judenpogrome vom Sommer 1096

Einige Gruppen des Volkskreuzzuges zerstörten zu Beginn ihres Aufbruches im Sommer 1096 in einer Serie von **Massakern** die blühenden rheinischen und lothringischen jüdischen Gemeinden und überfielen auch diejenigen in Regensburg und Prag. Damit kamen latente Spannungen gegenüber den Juden, die bei den Christen als Mörder Jesu
5 angesehen wurden und deren teilweiser Wohlstand sozialen Neid hervorgerufen hatte, offen zum Ausbruch. Die Kreuzzügler bezogen die Forderung des Papstes, zunächst die Feinde Christi im eigenen Land zu bekämpfen, auf die Juden. Obwohl die geistlichen und weltlichen Stadtherren meist versuchten, die Juden zu schützen, wurden die jüdischen Gemeinden von **Rouen, Metz, Speyer, Mainz, Worms und Köln** vernichtet.

Investiturstreit
Bis 1075 wurden im Heiligen Römischen Reich, in Frankreich und England die Bischöfe und Äbte durch die Könige eingesetzt. Seit 1075 beanspruchten die Päpste dieses Recht. Mit dem Ruf nach der Freiheit der Kirche (*libertas ecclesiae*) strebten sie eine von weltlichen Einflüssen unabhängige Institution an. Seit 1078 wurde die Investitur durch die Könige, nun als Laieninvestitur bezeichnet, bei Strafe des Kirchenausschlusses (Bann) verboten. Zur Einigung kam es 1104 in Frankreich, 1107 in England und 1122 im Heiligen Römischen Reich. Gemäß dem Wormser Konkordat von 1122 stand die Investitur in das geistliche Amt (Übergabe von Ring und Stab) dem Papst, die Einweisung in die weltlichen Hoheitsrechte (Übergabe des Zepters) dem König zu.

Nachfolge Christi (*imitatio christi*)
Dazu gibt das Matthäus-Evangelium den Beleg: „Wenn einer mir nachfolgen will, der verleugne sich selbst, nehme sein Kreuz auf sich und folge mir nach."

M 3 Peter der Einsiedler mit Kreuzfahrerinnen, englische Buchmalerei, um 1350.
Von kirchlicher Seite war die Teilnahme von Frauen nicht erwünscht. Jedoch nahmen Frauen aus allen Ständen, als Gefährtinnen ihrer Ehemänner oder auch als Ledige, daran teil.

Seldschuken
alttürkisches Herrschergeschlecht, andere Bezeichnung Turkmenen; 1071 Sieg über die Byzantiner bei Manzikert und Einnahme Jerusalems; 1078 Eroberung von Syrien und Palästina; 1098 Verlust von Jerusalem an die Fatimiden

▶ **M 7: Wilhelm von Tyros' Bericht über die Eroberung Jerusalems**

2.7 Wahlmodul: Die Kreuzzüge

Ritualmordlegende
Christen beschuldigen fälschlicherweise die Juden, ein Christenkind getötet zu haben, um an ihm die Passion Christi nachzuvollziehen oder aber sein Blut zur magischen Entsühnung zu verwenden.

Hostienfrevellegende
Juden wurden verleumdet, im Beisein von Glaubensgenossen die Hostie „gemartert" zu haben, sodass Blut herausgetreten sei; nach dem Glauben der Christen war dies das Blut Christi.

▶ **M 4: Karte zu den Seldschuken**

Rumseldschuken
Abspaltung vom Reich der Seldschuken; das Reich in Anatolien wurde um 1080 unter Führung des seldschukischen Prinzen Süleyman gegründet. Der Name Rum bezieht sich auf die Rhomäer, die Byzantiner, denen sie sehr zusetzten.

Schiiten
Abgeleitet von Schiat Ali, d. h. Partei Alis. Die Schiiten erkennen nur Ali und seine Nachkommen als rechtmäßige Imame an. So stehen sie den Sunniten ablehnend gegenüber. Sie bilden etwa 14 Prozent der Muslime.

Infolge dieser Katastrophe stellten die Päpste die Juden zwar unter ihren Schutz und garantierten deren ungestörte Religionsausübung, ebenso intensivierten die weltlichen Herrscher ihre Schutzbeziehungen. Gleichzeitig wurden die Juden aber durch neue Gesetze von beiden Gewalten rechtlich stärker isoliert und benachteiligt. Das Verhältnis zwischen Juden und Christen blieb durch die Ausschreitungen im Zuge des ersten Kreuzzuges nachhaltig belastet, und in der Folgezeit, als sich die Gemeinden zum Teil neu bildeten, wurden von den Christen verleumderische Legenden zur eigenen Entlastung bei erneuten Übergriffen erfunden, wie die Vorwürfe des **Ritualmordes***, des **Hostienfrevels*** oder der **Brunnenvergiftung**.

Die Lage der islamischen Staatenwelt im Nahen Osten

Als eine Folge des ersten Kreuzzuges entstanden christliche Herrschaften, die Kreuzfahrerstaaten: das Königreich Jerusalem, das Fürstentum Antiochia und die Grafschaften Edessa und Tripolis. Dass es zu diesen christlichen Herrschaften kommen konnte, lag nicht zuletzt an der Konstellation der islamischen Mächte im Nahen Osten. Der Abbasidenkalif in Bagdad wurde zwar weiterhin als religiöse Macht des sunnitischen Islam respektiert und repräsentierte als solcher die Einheit der *Umma*. Jedoch lag die reale Macht seit 1055 bei dem islamischen Sultan Melikschah und seinem bedeutenden Wesir Niza al-Mulk, die ein seldschukisches Großreich mit Sitz in Isfahan, weit entfernt von Palästina, regierten. Ab 1077 verselbstständigte sich in Anatolien das Reich der Rumseldschuken* (1077–1243). Das ägyptische Reich der Fatimiden (969–1171) bildete die zweite Großmacht, dessen schiitische* Kalifen jedoch die Legitimität des sunnitischen Kalifen in Bagdad bestritten. Politische Zersplitterung und Rivalität sowie religiöse Gegensätze verhinderten somit ein einheitliches Vorgehen gegen die Kreuzfahrer. Der fast gleichzeitige Tod der Staatsmänner des Seldschukenreiches (1092) sowie der Kalifen von Bagdad und Kairo (1094) bedingten zudem ein politisches Vakuum, da es sowohl im Fatimiden- wie im Seldschukenreich zu Thronwirren kam.

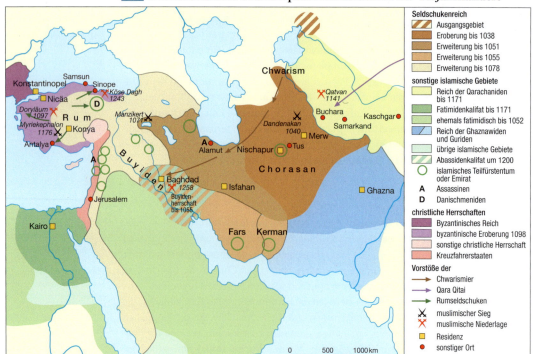

M 4 Die Seldschuken und die späten Abbasiden im 11.–13. Jahrhundert

Das Leben in den Kreuzfahrerstaaten

In der Folgezeit konnten sich die Kreuzfahrerstaaten in Palästina etablieren. Mit der Zeit bildeten sie jeweils eigene Dynastien aus und machten das westeuropäische Lehnssystem zur Grundlage ihrer Herrschaft. Aus Landknappheit wurden auch Geldlehen ausgegeben. Die adlige Führungsschicht wurde durch Zuzug aus Europa ergänzt. Die Kreuzfahrerstaaten waren von einer starken ethnischen und konfessionellen Vielfalt geprägt. Nach einigen Jahren setzten die Eroberer im Umgang mit den anderen Konfessionen ältere islamische Traditionen fort und übernahmen im Wesentlichen das Dhimmi-System. Hinsichtlich ihrer Rechte standen die übrigen christlichen Religionen, Muslime und Juden hinter den lateinischen Christen zurück, auch wenn sie ihre Religion weiter ausüben durften. Teilweise mussten Muslime christlichen Herren als Sklaven dienen. Die Landwirtschaft, Binnen- und Fernhandel sowie das Geschäft mit den Pilgern prägten die Wirtschaft, die durch Handelskontakte zur islamischen Welt und zu den oberitalienischen Adelsrepubliken Pisa, Genua und Venedig sowie durch die Eroberung und Sicherung eigener Küstenstädte blühte. Zur Verteidigung der Herrschaften wurden **Ritterorden** gegründet. Diese Ritterschaft war in der Lebensführung an die Regeln von Mönchsgemeinschaften gebunden. Als erster Orden wurde 1120 der Templerorden gegründet, später entstanden Johanniterorden und Deutscher Orden.

▶ M 12 und M 13:
Zu Akkulturation und Assimilation

Das Ende der Kreuzfahrerstaaten

Der erste Kreuzzug von 1096 bildete den Auftakt für weitere, die die Herrschaft im Heiligen Land sichern sollten. Hierzu nahmen auch Könige und Kaiser das Kreuz. Eine Wende für die Sache der Muslime trat durch den **Aiyubiden* Salah ad-Din** (in Europa „Saladin" genannt) ein. Als Nachfolger der Fatimiden und Sultan über Ägypten und Syrien (Reg. 1175–1193) mit den Städten Damaskus und Aleppo erkannte er die Oberhoheit des sunnitischen Kalifen von Bagdad an. Durch einen Vertragsbruch provoziert, propagierte er den Dschihad und konnte 1187 Akkon und Jerusalem erobern. Die Kreuzzugsbewegung wurde auch durch Spannungen mit dem byzantinischen Reich geschwächt. 1204 führte der vierte Kreuzzug zur **Eroberung von Konstantinopel** durch ein Kreuzfahrerheer und zur **Gründung des lateinischen Kaiserreiches**, das bis 1261 Bestand hatte. Durch weitere Kreuzzüge, Kriege und Vertragspolitik konnten die Kreuzfahrerstaaten Terrain zurückgewinnen, bis sich ihnen mit dem ägyptischen Mamlukenstaat unter dem Sultanat Baibars (Reg. 1260–1277) und seines Nachfolgers Qalawun (Reg. 1279 bis 1290) eine starke Zentralmacht entgegenstellte, die die Städte und Festungen der Kreuzfahrerstaaten völlig zerstörte und die christlichen Bewohner vernichtete. 1291 fiel als letzte Festung **Akkon**. Die Verteidiger wurden getötet, Frauen und Kinder in die Sklaverei verkauft.

Aiyubiden
ägyptisch-syrisches Herrschergeschlecht kurdischen Ursprungs

Lernmodule zum Thema „Kreuzzüge"

cornelsen.de/Webcodes
Code: sasici

▶ M 11: Abu'l-Fida
über den Fall von Akkon

M 5 **Münze des Königreichs Jerusalem mit einer Abbildung der Grabeskirche, 12. Jahrhundert**

1 Arbeiten Sie die Gründe heraus, die die Ritter zur Kreuzfahrt veranlasst haben.
2 Erklären Sie die politischen Kräfteverhältnisse im lateinischen Westen und islamischen Nahen Osten und deren Auswirkungen.

2.7 Wahlmodul: Die Kreuzzüge

> **Hinweise zur Arbeit mit den Materialien**
> Die Karten M 2 und M 4 bieten eine räumliche Orientierung. Anhand Urbans Kreuzzugsaufruf (M 6) und Wilhelm von Tyros' Bericht über die Eroberung Jerusalems 1099 (M 7) lässt sich die Rechtfertigung des Kreuzzugsgedankens aus christlicher Perspektive erarbeiten. Zwei moderne religionswissenschaftliche Texte beschäftigen sich mit dem Begriff und Konzept des Dschihad (M 8 und M 9). Die arabische Sicht präsentieren zwei arabische Quellen zur Eroberung Jerusalems 1187 durch Salah ad-Dins Heer (M 10) und zum Fall von Akkon (M 11). Die Materialien M 12 und M 13 beleuchten das Leben in den Kreuzfahrerstaaten aus zeitgenössischer christlicher wie muslimischer Sicht.
>
> **Zur Vernetzung mit dem Kernmodul**
> Die Materialien M 12 und M 13 lassen sich mit den Theorien von Kulturkontakt und Kulturkonflikt (M 9–M 11, S. 149 f.) in Beziehung setzen.

Zur Problematik von Krieg und Gewalt

M 6 **Kreuzzugsaufruf von Papst Urban II. (1095)**

Niederschrift der Rede von Clermont in der Version des Benediktiners Robert von Reims, um 1107.

„Ihr Volk der Franken, ihr Volk nördlich der Alpen, ihr seid, wie eure vielen Taten erhellen, Gottes geliebtes und auserwähltes Volk, herausgehoben aus allen Völkern durch die Lage des Landes, die Katholizität
5 des Glaubens und die Hochschätzung für die heilige Kirche. An euch richtet sich unsere Rede, an euch ergeht unsere Mahnung; wir wollen euch wissen lassen, welcher traurige Anlass uns in euer Gebiet geführt, welche Not uns hierher gezogen hat; sie betrifft euch
10 und alle Gläubigen. Aus dem Land Jerusalem und der Stadt Konstantinopel kam schlimme Nachricht und drang schon oft an unser Ohr: Das Volk im Perserreich, ein fremdes Volk, ein ganz gottfernes Volk, eine Brut von ziellosem Gemüt und ohne Vertrauen auf
15 Gott (Psalm 77,8), hat die Länder der dortigen Christen besetzt, durch Mord, Raub und Brand entvölkert und die Gefangenen teils in sein Land abgeführt, teils elend umgebracht; es hat die Kirchen Gottes gründlich zerstört oder für seinen Kult beschlagnahmt. Sie
20 beflecken die Altäre mit ihren Abscheulichkeiten und stürzen sie um; sie beschneiden die Christen und gießen das Blut der Beschneidung auf die Altäre oder in die Taufbecken. Denen, die sie schändlich misshandeln und töten wollen, schlitzen sie den Bauch auf,
25 ziehen den Anfang der Gedärme heraus, binden ihn an einen Pfahl und treiben sie mit Geißelhieben so lange rundherum, bis die Eingeweide ganz herausgezogen sind und sie am Boden zusammenbrechen. [...] Wem anders obliegt nun die Aufgabe, diese Schmach zu rächen, dieses Land zu befreien, als 30 euch? Euch verlieh Gott mehr als den übrigen Völkern ausgezeichneten Waffenruhm, hohen Mut, körperliche Gewandtheit und die Kraft, den Scheitel eurer Widersacher zu beugen. [...] Tretet den Weg zum Heiligen Grab an, nehmt das Land dort dem gottlo- 35 sen Volk, macht es euch untertan! Gott gab dieses Land in den Besitz der Söhne Israels; die Bibel sagt, dass dort Milch und Honig fließen (2. Buch Mose 3,8). Jerusalem ist der Mittelpunkt der Erde, das fruchtbarste aller Länder, als wäre es ein zweites Paradies 40 der Wonne. Der Erlöser der Menschheit hat es durch seine Ankunft verherrlicht, durch seinen Lebenswandel geschmückt, durch sein Leiden geweiht, durch sein Sterben erlöst, durch sein Grab ausgezeichnet. Diese Königsstadt also, in der Erdmitte gelegen, wird 45 jetzt von ihren Feinden gefangen gehalten und von denen, die Gott nicht kennen, dem Heidentum versklavt. Sie erbittet und ersehnt Befreiung, sie erfleht unablässig eure Hilfe. [...] Schlagt also diesen Weg ein zur Vergebung eurer Sünden; nie verwelkender Ruhm 50 ist euch im Himmelreich gewiss."
Als Papst Urban dies und derartiges mehr in geistreicher Rede vorgetragen hatte, führte er die Leidenschaft aller Anwesenden so sehr zu einem Willen zusammen, dass sie riefen: „Gott will es, Gott will es!" 55

Arno Borst, Lebensformen im Mittelalter, Ullstein, Frankfurt/M. 1979, S. 318–320.*

1 Analysieren Sie, welche Forderung der Papst laut Überlieferung aufstellt und wie er diese begründet.
2 Erläutern Sie die Quelle im Hinblick auf zentrale Elemente des Kreuzzugsgedankens.
3 Charakterisieren Sie die Art seiner Darstellung.
4 Beurteilen Sie, welche Intentionen Robert mit seiner Art der Darstellung verbindet.
   Tipp: Nutzen Sie die Hinweise auf S. 168 f.

M 7 **Der Geschichtsschreiber Wilhelm von Tyrus zur Einnahme Jerusalems im Jahre 1099 durch die Kreuzfahrer (1169)**

Wilhelm war Kanzler König Balduins IV. von Jerusalem.
Es wurden aber in der Stadt so viele Feinde erschlagen und so viel Blut vergossen, dass die Sieger selber mit Ekel und Schrecken erfüllt werden mussten. Der größte Teil der Bevölkerung hatte sich in den Tempelhof geflüchtet. [...] Diese Flucht brachte den Leu- 5 ten zwar keine Rettung; denn sogleich begab sich Herr Tankrad mit dem größten Teil des Heeres dorthin. Er brach mit Gewalt in den Tempel ein und

machte Unzählige nieder. Er soll auch eine unermessliche Menge von Gold, Silber und Edelsteinen weggenommen haben, nachher jedoch, als das Getümmel sich gelegt hatte, alles an den alten Platz zurückgebracht haben. Sofort gingen auch die übrigen Fürsten, nachdem sie niedergemacht hatten, was ihnen in anderen Stadtteilen unter die Hände gekommen war, nach dem Tempel, hinter dessen Einfriedung sich die Bevölkerung [...] geflüchtet hatte. Sie drangen mit einer Menge von Reitern und Fußgängern hinein und stießen, was sie dort fanden, mit den Schwertern nieder [...]. Es geschah sicherlich nach gerechtem Urteil Gottes, dass die, welche das Heiligtum des Herrn mit ihren abergläubischen Gebräuchen entweiht und dem gläubigen Volk entzogen hatten, es mit ihrem eigenen Blut reinigen und den Frevel mit ihrem Blut sühnen mussten. [...] Als endlich auf diese Weise die Ordnung in der Stadt hergestellt war, legten sie (die Franken) die Waffen nieder, wuschen sich die Hände, zogen reine Kleider an und gingen dann demütigen und zerknirschten Herzens, unter Seufzen und Weinen, mit bloßen Füßen an den ehrwürdigen Orten umher, welche der Erlöser durch seine Gegenwart heiligen und verherrlichen mochte, und küssten sie in großer Andacht. Bei der Kirche zu den Leiden und der Auferstehung des Herrn kamen ihnen sodann das gläubige Volk der Stadt und der Klerus, welche beide seit so vielen Jahren ein unverschuldetes Joch getragen hatten, voll Dankes gegen ihren Erlöser, der ihnen wieder die Freiheit geschenkt, entgegen und geleiteten sie unter Lobliedern und geistlichen Gesängen nach der vorgenannten Kirche.

Wilhelm von Tyrus, Geschichte der Kreuzzüge und des Königreichs Jerusalem, aus dem Latein. v. Eduard Heinrich von Kausler und Rudolf Kausler, Krabbe Verlag, Stuttgart 1844, S. 19 f.*

1 Analysieren Sie die dargestellten Vorgänge und ordnen Sie diese in den historischen Kontext ein.
2 Charakterisieren Sie die Perspektive des Autors.
3 Beurteilen Sie das Verhalten der Kreuzfahrer.
4 Bewerten Sie dieses aus heutiger Sicht.

M8 Der Theologe Hans Küng erklärt die Bedeutung des Begriffes Dschihad im Koran (2004)
Das arabische Wort *dschihad* meint nicht die beiden deutschen Worte „Heiliger Krieg", sondern deckt ein weites Bedeutungsfeld ab. Es bedeutet zunächst nur „Anstrengung" und wird an manchen Stellen des Korans als moralisches „Sichabmühen" auf dem Wege Gottes verstanden [...]. Die Wortkombination „Heiliger Krieg" kommt im Koran nicht vor: Krieg kann in islamischer Auffassung nie heilig sein. Aber an anderen Stellen wird das Wort Dschihad als gewaltsamer „Kampf" verstanden im Sinne einer kriegerischen Auseinandersetzung: „Ihr müsst an Gott und seinen Gesandten glauben und mit eurem Vermögen und in eigener Person um Gottes Willen euch abmühen", wofür unmittelbar das Eingehen in das Paradies versprochen wird.

Hans Küng, Der Islam, Piper, München 2004, S. 710 f.*

M9 Der Religionshistoriker James Turner Johnson zur Entwicklung des *Dschihad* (2002)
Für den Krieg wird im Koran nie das Wort *Dschihad* verwendet, sondern immer der Ausdruck „*qital*" (Kampf). Die spezifische Anbindung der Idee des *Dschihad* an den Krieg stammt [...] aus der Zeit nach der Niederschrift des Korans [...] Ende des achten Jahrhunderts. Diese Lehre vertritt zunächst die Auffassung, wonach die islamische Gemeinschaft (*Umma*) eine zugleich religiöse und politische Einheit bildet, die nur von einem Führer geleitet werden kann, der in der Nachfolge des Propheten Muhammad steht. [...] Jene Gemeinschaft bewohnt ein bestimmtes Gebiet, die *Dar-al-islam*. Dieses Gebiet sei dadurch gekennzeichnet, dass es in Einklang mit dem göttlichen Gesetz regiert werde. Schon aus der Definition ergab sich, dass es ein Gebiet des Friedens sei, denn die Unterwerfung unter das Gesetz Gottes bringe Frieden mit sich. Die gesamte übrige Welt wurde mit dem „Gebiet des Krieges" (*Dar-alharb*) gleichgesetzt, das nach dieser Vorstellung wesensgemäß mit sich selbst und mit der *Dar-al-islam* im Krieg liegt. Nach dieser Beschreibung rührt jeder Konflikt aus der *Daral-harb* her. [...] Dementsprechend stellten die frühislamischen Rechtsgelehrten eine Definition auf, wonach es zwei Formen des Dschihad gibt. Die erste ist eine offensive, expansionistische Form. Über sie wird vom Kalifen/Imam mit der ihm zukommenden Autorität entschieden. Sie gilt als kollektive Pflicht der gesamten Gemeinde und wird von der Gemeinschaft als Ganzer geführt. Die zweite Form ist eine durch die Notlage ausgelöste Reaktion zur Verteidigung der *Dar-al-islam* gegen eine bestimmte Aggression vonseiten der *Dar-alharb*. Sie wird als individuelle Pflicht derjenigen aufgefasst, die in unmittelbarer Nachbarschaft des Angriffsorts wohnen und sich mit Waffen dagegen wehren können.

James Turner Johnson, Religion und Gewalt, in: NZZ Nr. 51, 2002, S. 51.*

1 Arbeiten Sie anhand von M 8 und M 9 Herkunft, Bedeutung und rechtliche Ausprägung des Begriffes *Dschihad* für das Mittelalter heraus.

M 10 Der Literat Imad ad-Din (1125–1201) über den Dschihad Saladins und die Eroberung Jerusalems 1187

Ad-Din war Sekretär und enger Vertrauter Saladins.
Nachdem nun [...] ein jeder die Vereinigung mit den Seinen erreicht hatte, zogen wir nach Karak[1] mit den Emiren und der ausgesuchten Leibgarde, zum *Dschihad* paarten wir um Gottes Sache willen die *Fatiha*[2]
5 mit (der Sure) *al-Ihlas*.[3] Vorher hatten wir die Soldaten und Heerscharen zum *Dschihad* von allen Seiten zusammengerufen und deren vollzähliges Eintreffen zum festgesetzten Termin abgewartet. [...] Nachdem wir dann noch Asqalan[4] erobert hatten, schritten wir
10 zur Belagerung von al-Quds[5] [...]. Dort zitterte und klopfte das Herz des Unglaubens; seine Einwohner meinten, sie befänden sich in guter Hut und seien vor unserem Ansturm sicher. Wir aber stellten Belagerungsmaschinen gegen sie auf, die die Mauerwände
15 durch den Ansprung ihrer Steine zerbrachen. [...] Die geschleuderten Felsblöcke erfüllten dem Felsendom gegenüber ihre Beistandspflicht. [...] Man legte Brechen und brach die Mauern; die Steinblöcke warfen die Seiten jener Umwallung nieder – da „merkten die
20 Ungläubigen, für wen der Lohn der (paradiesischen) Wohnstätte bestimmt war"[6]. Des Todes und der Gefangenschaft waren sie sicher, da kamen ihre Anführer heraus, sich in Unterwerfung demütigend und inständig um Gnade flehend; wir aber ließen uns auf
25 nichts anderes ein als darauf, der Männer Blut zu vergießen und Kinder und Frauen gefangen wegzuführen: Da drohten sie mit Tötung der (muslimischen) Gefangenen, Zerstörung (alles) Aufgebauten und Einreißung der Gebäude; hierauf (erst) nahmen wir
30 ihre Kapitulation an unter der Bedingung (der Abführung) einer Kontribution, die ihrem Kaufpreis im Falle ihrer Gefangennahme entsprochen hätte. So blieben sie davor bewahrt, (gefangen) weggeschleppt zu werden, während sie in Wirklichkeit doch ganz aus-
35 geplündert waren. Wer von ihnen das Lösegeld erlegt hatte, durfte durch das Freilassungsdekret abziehen, wer es nicht bezahlen konnte, musste unter das Sklavenjoch treten.

Jörg Kraemer, Der Sturz des Königreichs Jerusalem (1187) in der Darstellung des Imad ad-Din al-Katib al-Isfahan, Verlag Otto Harrasowitz, Wiesbaden 1952, S. 12, 18; übers. v. Jörg Kraemer.

1 *Karak:* heute Kerak, Kreuzfahrerburg
2 *Fatiha:* Sure 1
3 *al-Ihlas:* Sure 112; in beiden Suren wird Gott gepriesen
4 *Asqalan:* Askalon
5 *al-Quds:* Jerusalem
6 Anspielung auf Koransure, siehe z. B. 4,95

1 Zeigen Sie auf, wie der Autor den Ablauf der Eroberung Jerusalems darstellt.
2 Recherchieren Sie den Verlauf und das Ergebnis des gesamten Feldzuges von Salah ad-Din.
3 Arbeiten Sie die Einstellung des Autors gegenüber den Kreuzfahrern heraus.
4 **Zusatzaufgabe:** siehe S. 480.
5 **Präsentation:** „Saladin – Mythos und Realität": Recherchieren Sie, welches Bild von Saladin in den Medien Film, Internet und Literatur (z. B. Lessing, Nathan der Weise) gezeichnet wird, und konzipieren Sie einen Kurzbeitrag für ein Schulbuch.

M 11 Der Geschichtsschreiber Abu'l-Fida (1273 bis 1331) über den Fall von Akkon 1291

Der Autor war Teilnehmer am Feldzug des Mamlukensultans al-Malik al-Asraf (Reg. 1290–1293).
Der Belagerungsgürtel zog sich immer enger zusammen, bis Gott schließlich Freitag, den 17. Gumada II (426) (17. Juni 1291), den Angreifern erlaubte, die
5 Stadt im Sturm zu erobern. [...] Die Muslime richteten in Akkon ein ungeheures Blutbad an und machten unermessliche Beute. Der Sultan zwang alle, die sich in den Türmen verschanzt hatten, zur Übergabe; sie kamen heraus und wurden bis auf den letzten
10 Mann vor der Stadt enthauptet.[1] Darauf ließ er die Stadt selbst zerstören und dem Erdboden gleichmachen. Eine wunderbare Fügung war, dass die Franken Akkon um die Mittagszeit am Freitag, dem 17. Gumada II 587 (17. Juni 1191), Saladin entrissen und alle
15 Muslime gefangen genommen und umgebracht hatten [...]; Gott, der alles vorausweiß, bestimmte, dass es in diesem Jahr am Freitag, dem 17. Gumada II, durch die Hand eines anderen Saladin[2], Sultan al-Malik al-Asrafs 426 (1291), zurückerobert werde.

Francesco Gabrieli (Hg.), Die Kreuzzüge aus arabischer Sicht, übers. v. Francesco Gabrieli, Lutz Richter-Bernburg und Barbara von Kaltenborn-Stachau, Bechtermünz-Verlag, Augsburg 2000, S. 409.*

1 Der Autor verschweigt den Wortbruch des Sultans, der freien Abzug zugesagt hatte.
2 trug auch den Namen Salah ad-Din

1 Recherchieren Sie die Geschichte der Stadt und Festung Akkon im Rahmen der Kreuzzüge und legen Sie eine Datentabelle an.
2 Analysieren Sie das Vorgehen des Sultans.
3 Beurteilen Sie den Bezug des Autors auf Saladin.
4 **Vertiefung: Heiliger Krieg und Dschihad:** Beurteilen Sie vergleichend die Konzepte und bewerten Sie das Handeln der muslimischen Herrscher.

Zu Akkulturation und Assimilation

M 12 Der Geschichtsschreiber Fulcher von Chartres über das Leben der Christen im Heiligen Land, ca. 1100

Fulcher war Kreuzritter im Heer des Stephan von Blois, 1097 Kaplan Balduins I. in Edessa und lebte später in Jerusalem.

Wir, die wir Abendländer waren, sind Orientalen geworden; dieser, der Römer oder Franke war, ist hier Galiläer oder Bewohner Palästinas geworden; jener, der in Reims oder Chartres wohnte, betrachtet sich
5 als Bürger von Tyrus oder Antiochia. Wir haben schon unsere Geburtsorte vergessen; mehrere von uns wissen sie schon nicht mehr oder wenigstens hören sie nicht mehr davon sprechen. Manche von uns besitzen in diesem Land Häuser und Diener, die ih-
10 nen gehören wie nach Erbrecht; ein anderer hat eine Frau geheiratet, die durchaus nicht seine Landsmännin ist, eine Syrerin oder Armenierin oder sogar eine Sarazenin, die die Gnade der Taufe empfangen hat; der andere hat seinen Schwiegersohn oder seine
15 Schwiegertochter bei sich oder seinen Schwiegervater oder seinen Stiefsohn; er ist umgeben von seinen Neffen oder sogar Großneffen; der eine bebaut Weingärten, der andere Felder; sie sprechen verschiedene Sprachen und haben es doch alle schon fertig ge-
20 bracht, sich zu verstehen. Die verschiedensten Mundarten sind jetzt der einen wie der anderen Nation gemeinsam, und das Vertrauen nähert die entferntesten Rassen einander an.

Régine Pernoud (Hg.), Die Kreuzzüge in Augenzeugenberichten, übers. v. Carl Hagen Thürnau, Karl Rauch Verlag, Düsseldorf 1961, S. 125.

M 13 Der arabische Schriftsteller Usama ibn Munqidh (1095–1188) zum Leben der Franken

Emir von Schaizar, Syrien, erlebte einige Kreuzzüge mit und beschreibt in seiner Autobiografie „Buch der Belehrung durch Beispiele" das Leben der „Franken".

Es gibt unter den Franken einige, die sich im Lande angesiedelt und begonnen haben, auf vertrautem Fuße mit den Muslimen zu leben. Sie sind besser als die anderen, die gerade neu aus ihren Heimatländern
5 gekommen sind, aber jene sind eine Ausnahme und man kann sie nicht als Regel nehmen. Hierzu so viel: Einmal schickte ich einen Gefährten in ein Geschäft nach Antiochia, dessen Oberhaupt Todros (der Grieche) ibn as-Safi war, mit dem ich befreundet war und
10 der in Antiochia eine wirksame Herrschaft ausübte. Er sagte eines Tages zu meinem Gefährten: „Ein fränkischer Freund hat mich eingeladen. Komm doch mit, dann siehst du ihre Gebräuche." „Ich ging mit", erzählte mein Freund, „und wir kamen zum Hause eines der alten Ritter, die mit dem ersten Zug der
15 Franken gekommen waren. Er hatte sich von seinem Amt und Dienst zurückgezogen und lebte von den Einkünften seines Besitzes in Antiochia. Er ließ einen schönen Tisch bringen mit ganz reinlichen und vorzüglichen Speisen. Als er sah, dass ich nicht zulangte,
20 sagte er: ‚Iss getrost, denn ich esse nie von den Speisen der Franken, sondern habe ägyptische Köchinnen und esse nur, was sie zubereiten. Schweinefleisch kommt mir nicht ins Haus.' Ich aß also, sah mich aber vor, und wir gingen. Später überquerte ich den Markt,
25 als eine fränkische Frau mich belästigte und in ihrer barbarischen Sprache mir unverständliche Worte hervorstieß. Eine Menge Franken sammelten sich um mich und ich war schon meines Todes sicher: Da erschien der Ritter, erkannte mich, kam herbei und
30 sagte zu der Frau: ‚Was hast du mit diesem Muslim?' ‚Er hat meinen Bruder Urso getötet!', erwiderte sie. Dieser Urso war ein Ritter aus Apamea, der von einem Soldaten aus Hama getötet worden war. Er fuhr sie an: ‚Das hier ist ein Bürger, ein Kaufmann, der
35 nicht in den Krieg zieht und sich nicht aufhält, wo man kämpft.' Dann herrschte er die Menge an, die sich angesammelt hatte. Sie zerstreute sich und er nahm mich bei der Hand. So hatte die Tatsache, dass ich bei ihm gespeist hatte, zur Folge, dass mir das Le-
40 ben gerettet wurde."

Francesco Gabrieli (Hg.), Die Kreuzzüge aus arabischer Sicht, übers. v. Francesco Gabrieli, Lutz Richter-Bernburg und Barbara von Kaltenborn-Stachau, Bechtermünz-Verlag, Augsburg 2000, S. 121 f.

---

1 Skizzieren Sie die in M 12 und M 13 dargestellten Erfahrungen zum Leben in den Kreuzfahrerstaaten.
2 Diskutieren Sie im Plenum, ob und inwieweit Prozesse von Akkulturation bis hin zur Assimilation zu erkennen sind.
▶ Nutzen Sie die Materialien M 9 bis M 11, S. 149 ff.

Anwenden

M1 Positionen der Forschung zum Leben in den Kreuzfahrerstaaten

a) Die Sicht des Historikers Franco Cardini (2000)

Trotzdem entwickelte sich im Lauf der Zeit eine Kultur der Verständigung und des Dialogs mit der muslimischen Welt. Die frisch aus Europa eintreffenden Krieger und Pilger empörten sich über diese Gesellschaft von *poulains*, von „Bastards", die sich nicht selten mit syrischen und armenischen Familien verschwägert hatten, die arabisch, armenisch und griechisch sprachen und sich ortsüblichen Bräuchen entsprechend kleideten, aßen und lebten. Die Europäer, die jede neue Kreuzzugsexpedition als Kampf ohne Pardon ansahen, betrachteten diese „koloniale" Kreuzfahrergesellschaft als korrupt und islamisiert. Die „überseeischen Franken", die zweihundert Jahre lang immer wieder auf den Beistand ihrer europäischen Glaubensbrüder angewiesen waren, betrachteten wiederum die Europäer als unkultiviert und gefährlich und bemühten sich lieber um eine möglichst weitgehende diplomatische Verständigung mit den Sarazenen, als den Westen um militärischen, vom Papst sanktionierten Beistand zu bitten. Denn die Anführer der Kreuzfahrer aus dem Westen, Fürsten und Abenteurer, waren eher begierig, Beute zu machen, als den Rat zur Mäßigung anzunehmen. Sie schlugen alle taktischen und logistischen Anregungen in den Wind.

Franco Cardini, Europa und der Islam, übers. v. Rita Seuß, C. H. Beck, München 2000, S. 86 ff.

b) Die Sicht des Historikers Rudolf Hiestand (1997)

Durch ihre Entstehung und ihre Struktur waren die Kreuzfahrerstaaten in mehrfacher Hinsicht eine multikulturelle Gesellschaft. Zuerst galt dies für die fränkischen Bewohner, die aus allen Teilen des Abendlandes kamen, Franzosen, Italiener, Engländer, Deutsche, Spanier, Ungarn usw. Mit dem Französischen als Umgangssprache wohnten sie Seite an Seite und rasch gingen sie untereinander Ehen ein. Daneben gab es in großer Zahl Griechen, christlich-orthodoxe Araber sowie Angehörige der orientalischen Nationalkirchen, Armenier, Jakobiten und Maroniten, darüber hinaus in Galiläa jüdische und um Nablus samaritanische Siedlungen. Dazu kamen Muslime, vor allem auf dem Land, wo sie teilweise die Mehrheit stellten. Alle genossen die freie Ausübung ihres Glaubens, wenn sie auch nicht gleichberechtigt waren, weil die Franken sich die Lehen vorbehielten und auch die Gerichtsbußen abgestuft waren.

An den Muslimen wurde der innere Widerspruch der Kreuzfahrerstaaten sichtbar. Ideologisch bildete der Kampf gegen die Glaubensfeinde ihre Basis. Andererseits musste man sich in die neue Umgebung eingliedern. Gesandte gingen hin und her, vornehme Muslime zogen mit dem König auf die Jagd, brachten und empfingen Geschenke und fanden in Krisenzeiten monatelang Aufnahme. Erst recht musste man mit den Muslimen im Inneren, die wirtschaftlich unentbehrlich waren, einen *Modus vivendi*[1] herstellen, was den lateinischen Klerus ärgerte, neu ankommende Kreuzfahrer empörte und für westliche Chronisten ein Tabu darstellte.

Rudolf Hiestand, „Wir sind Orientalen geworden", in: Damals, Nr. 10, 1997, S. 25 f.

[1] *Modus vivendi (lat.):* Form eines erträglichen Zusammenlebens

1. Fassen Sie die Kernaussagen der beiden Historiker in eigenen Worten zusammen.
2. Analysieren Sie die Positionen der Historiker zur Problematik der Akkulturationsprozesse.
3. **Vertiefung:** Beziehen Sie in Ihre Überlegungen zu Aufgabe 2 Ihnen bekannte zeitgenössische Stimmen mit ein.
   Tipp: siehe S. 480.
4. Ordnen Sie die beiden Positionen in Ihnen bekannte Konzepte und Theorien zu Kulturkontakt ein.
5. **Präsentation:** Verfassen Sie einen kurzen Beitrag zu der Frage: Die Kreuzfahrerstaaten – eine beispielhafte „multikulturelle Gesellschaft"?

Wiederholen

M2 „Die Eroberung der Stadt Maarat an-Numan (bei Antiochia) durch die Kreuzfahrer unter Bohemund von Tarent im Dezember 1098", Ölgemälde von Henri Decaisne, 1843

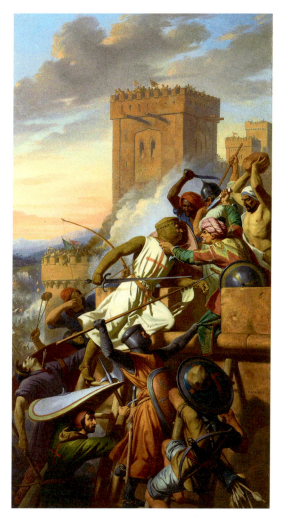

Zentrale Begriffe
Christentum
Dhimmi-System
Dschihad
Heiliger Krieg
imitatio christi
Investitur
Koran
Kreuzzug
miles christi
Pogrom
Seldschuken

1. Beschreiben Sie M 2 und ordnen Sie das Bild in den historischen Kontext ein. Nutzen Sie bei Bedarf die Formulierungshilfen.
2. Interpretieren Sie das Bild M 2 und gehen Sie dabei auf die Perspektive des Malers ein.
3. Charakterisieren Sie unter Rückgriff auf den Darstellungstext sowie auf die Karte M 2, S. 246 den zeitlichen Ablauf der Kreuzzüge. Gehen Sie dabei auf die Motive und Rechtfertigungsstrategie der Kreuzfahrer ein.
4. **Vertiefung:** Begründen Sie das Urteil, durch den ersten Kreuzzug sei das Verhältnis zwischen Juden und Christen nachhaltig belastet worden.
5. Erklären Sie, inwiefern in den Kreuzfahrerstaaten auch Prozesse von Akkulturation bis hin zur Assimilation zu erkennen waren.
6. **Wahlaufgabe:** Bearbeiten Sie entweder Aufgabe a) oder b).
   a) Nehmen Sie Ihre anfangs erstellte Mindmap (siehe S. 245) zur Hand und integrieren Sie die zentralen Begriffe in sinnvoller Weise. Erstellen Sie ggf. eine neue Skizze.
   b) **Partnerarbeit:** Erklären Sie Ihrem Partner/Ihrer Partnerin die zentralen Begriffe im Kontext des Themenfeldes Kreuzzüge.

Formulierungshilfen
– Auf dem Bild ist/sind … zu sehen.
– Die dargestellten Personen sind mit … bekleidet.
– Ihre Gestik/Mimik/Körperhaltung ist durch … gekennzeichnet.
– Folgende Gegenstände/Symbole werden verwendet …
– Farbgebung/Perspektiven/Proportionen sind … gestaltet … und erzielen die Wirkung, dass …
– Die Miniatur versucht, folgendes Bild der historischen Ereignisse zu erzeugen: …

2.8 Wahlmodul: Spanischer Kolonialismus

M1 „Die Ankunft der Spanier unter Cortés in Veracruz 1519", Fresko von Diego Rivera, 1951

| um 1200 | Gründung der Stadt Cuzco durch die Inka (Gründungsmythos) | Anfang des 14. Jh. | Gründung der Stadt Tenochtitlán durch den Stamm der Mexica (Azteken) |

| 1150 | 1200 | 1250 | 1300 | 1350 | 1400 | 1450 |

Am 12. Oktober 1492 landete der Genueser Seefahrer Christoph Kolumbus auf der Insel Guanahani und „entdeckte" für die Europäer einen neuen Kontinent: Amerika. Bereits während seines ersten Aufenthalts in der „Neuen Welt" wurde aus dem Entdecker Kolumbus ein Eroberer: Er taufte die Insel in „San Salvador" um und nahm sie für die spanische Krone in Besitz. Die Eroberung der entdeckten Gebiete in Übersee ebnete den Weg für die Kolonisation. Aus der anfänglichen „Kulturberührung", so der Historiker Urs Bitterli, entwickelte sich nach kurzer Zeit ein „Kulturzusammenstoß", dem in Amerika schätzungsweise 70 Millionen Menschen zum Opfer fielen.

Die Entdeckungsfahrten leiteten die „Europäisierung" der Welt ein. Auf der Suche nach neuen Handelswegen und Sklavenmärkten, nach Gewürzen und Edelmetallen erschlossen die Europäer in einem Zeitraum von fast vier Jahrhunderten nahezu alle Erdteile. Die Portugiesen und Spanier teilten die „Neue Welt" Mittel- und Südamerikas unter sich auf, ließen ihre transatlantischen Besitzansprüche durch den Papst bestätigen und gingen gewaltsam gegen die Altamerikaner vor. Sie zerstörten deren Hochkulturen, nahmen Land und Bewohner in Besitz und errichteten im Namen ihrer europäischen Herrscherdynastien Kolonialreiche von gewaltiger räumlicher Ausdehnung. Dabei rechtfertigten sie ihr Vorgehen mit dem christlichen Missionsgedanken. Die errichteten Kolonialreiche bestanden teilweise bis in das 20. Jahrhundert. Viele Historiker sehen heute in der europäischen Expansion den Beginn des Globalisierungsprozesses, der auch Europa nachhaltig beeinflusste.

1 Begriffscluster: Reaktivieren Sie Ihr Vorwissen, indem Sie im Kurs ein Begriffscluster zum Thema „Spanischer Kolonialismus" erstellen. Berücksichtigen Sie dabei alle Begriffe und Assoziationen, die Ihnen hierfür relevant erscheinen.

2 Beschreiben Sie das Bild M 1. Gehen Sie darauf ein, was Ihr Interesse erweckt, welche dargestellten Szenen Sie erstaunen und was Ihnen ggf. unklar ist.

2	Vertrag zwischen Kolumbus und den spanischen Königen; „Entdeckung" Amerikas durch Kolumbus
4	Vertrag von Tordesillas: Aufteilung der überseeischen Gebiete zwischen Spanien und Portugal
8	Vasco da Gama umsegelt Afrika und erreicht Indien
3	Gründung des Königlichen Handelshauses (*Casa de la Contratación*) in Sevilla; Erlass der spanischen Krone, der erstmals das System der Encomienda bzw. des Repartimiento regelte
1519–1521	Eroberung des Azteken-Reiches durch die Spanier unter Cortés
1524	Bildung des Indienrates als oberste Verwaltungsinstanz für die spanischen Kolonien
1532–1534	Eroberung des Inka-Reiches durch die Spanier unter Pizarro
1542/43	Erlass der „Neuen Gesetze" durch die spanische Krone
1545	Teilweise Rücknahme der „Neuen Gesetze"
1568	Erste Sklaventransporte von Westafrika nach Amerika
Ende 16. Jh.	Spanisches Weltreich: Höhepunkt der territorialen Ausdehnung
1792	Dänemark verbietet als erstes europäisches Land die Sklaverei

2.8 Wahlmodul: Spanischer Kolonialismus

Landnahme in Amerika

Als **Christoph Kolumbus** 1493 den ersten Bericht über seine Entdeckungen verfasste, hielt er es für erwähnenswert, dass er keinen Ungeheuern in Menschengestalt begegnet sei. Diese merkwürdigen Wesen, die angeblich die Randzonen der mittelalterlichen Weltkarten bevölkert hatten, wurden durch die **Entdeckungsreisen des 15./16. Jahrhunderts** in das Reich der Fabel verwiesen. Stattdessen trafen die Europäer auf Menschen, die anders aussahen, eine andere Lebensweise pflegten und über einen niedrigen technischen Entwicklungsstand verfügten. Es bildeten sich zwei Betrachtungsmuster für die Fremden heraus: Einerseits wurden sie als primitive Barbaren verachtet und andererseits als „edle Wilde" bestaunt.

Diese Betrachtungsmuster sind nicht zu trennen von der Diskussion über die europäischen Ansprüche auf die „Neue Welt". Neben dem Entdeckungs- oder Finderrecht auf unbewohnte Inseln beriefen sich die Eroberer auf das päpstliche Verleihungsrecht und den Staatsvertrag zwischen den europäischen Seemächten. Zunächst hatte 1493 Papst Alexander VI. (Borgia) den Spaniern die Herrschaft über alle aktuellen und künftigen Entdeckungen im westlichen Ozean verliehen, damit sie die „barbarischen" Bewohner zum christlichen Glauben führten. Im **Vertrag von Tordesillas** von 1494 einigten sich Spanier und Portugiesen darauf, dass die Entdeckungen im Westen den Spaniern und diejenigen im Osten den Portugiesen gehören sollten. Die anderen europäischen Mächte und einige spanische Mönche akzeptierten diese Legitimationen jedoch nicht. Die juristischen Kontroversen drehten sich um den **Status der Indios** als Menschen: Waren sie Barbaren ohne Recht auf ihr Land oder waren sie Kinder Gottes, die in die Hände habgieriger und grausamer Eroberer gefallen waren?

M1 Fabelwesen: Einäugiger Mensch, Holzschnitt aus Sebastian Münsters „Kosmographie", 1550

M2 Fabelwesen: Kopfloser Mensch, Holzschnitt aus Sebastian Münsters „Kosmographie", 1550

Neben dem Papst und den Monarchen betraf die Frage nach den Besitzansprüchen auch die Interessen der **Konquistadoren*** und Siedler. Sie hatten nach der Eroberung
25 das Land unter sich aufgeteilt und viele der indigenen Bewohner* zum Arbeitseinsatz gezwungen. 1503 erkannte die spanische Krone diese Praxis faktisch an. Im System der **Encomienda** bzw. des **Repartimiento** erhielten die spanischen Landbesetzer den Boden und eine bestimmte Anzahl von Indios als Arbeitskräfte von der Krone offiziell zugeteilt. Die spanischen Herren sollten ihre Indios angemessen unterbringen und entloh-
30 nen sowie in der christlichen Religion unterweisen. Da der Königshof aber tausende Kilometer von den Kolonien entfernt lag, kümmerten sich die Konquistadoren nicht um ihre Fürsorgepflichten. Stattdessen beuteten sie die Indios hemmungslos aus. Dies führte zusammen mit den von den Europäern eingeschleppten Krankheiten zu einem dramatischen Rückgang der Bevölkerung. In der Karibik ging die Zahl der Indios in den
35 ersten einhundert Jahren der spanischen Herrschaft um bis zu 90 Prozent zurück.

Konquistador
Sammelbegriff für die spanischen und portugiesischen Entdecker, Abenteurer und Soldaten, die während des 16. und 17. Jh. große Teile Nord- und Südamerikas und der Philippinen als Kolonien in Besitz nahmen

Indigene Völker
(lat. *indiges* = eingeboren) sind die Nachkommen einer Bevölkerung vor einer Eroberung oder Kolonisation eines Staates oder einer Region, die sich als eigenständiges Volk verstehen und ihre sozialen, wirtschaftlichen und kulturellen Institutionen beibehalten.

Kontroverse über Indios

Diese Zustände in den Kolonien schwächten die fragwürdige Herrschaftslegitimation der Spanier. Spanische Mönche, die in Amerika missionieren sollten, mussten erkennen, dass ihre Landsleute durch ihr Verhalten alle Missionsbemühungen zunichte machten. Ohne Erfolge bei der Mission aber entfiel die vom Papst verliehene Berechtigung zur
5 Herrschaft. Angesichts der brutalen Unterdrückung der Indios konnten die Spanier nicht mehr behaupten, durch ihre Herrschaft die Indios zu zivilisieren. Besonders scharfe Kritik an diesen Zuständen übte der Dominikanermönch und ehemalige Konquistador **Bartolomé de Las Casas**. Seit 1512 setzte er sich hartnäckig für die Indios ein und initiierte eine Grundsatzdebatte über deren Status. Las Casas berichtete, dass die Indios
10 im Einklang mit der Schöpfung lebten. 1537 revidierte Papst Paul III. die Aussagen seines Vorgängers, indem er verkündete, dass die Indios „wahre Menschen" mit dem Anrecht auf ihren Besitz seien. Einige Gelehrte folgten dem Papst nicht und blieben bei der Ansicht, Indios seien von Natur aus Sklaven. Die spanische Herrschaft war ihrer Meinung nach notwendig, um die Indios von ihrer barbarischen Lebensweise abzubringen.
15 Häufig führten sie in diesem Zusammenhang Kannibalismus und Menschenopfer als „unnatürliche Schandtaten" der Indios an. Diese Phänomene waren nur in einem Teil der vielfältigen altamerikanischen Kulturen tatsächlich anzutreffen, wurden jedoch in zahlreichen Berichten europäischer Reisender besonders hervorgehoben und als durchgängig auftretende Praktiken dargestellt. Das sollte die Reiseberichte für das europä-
20 ische Publikum besonders interessant machen.

▶ M 9: Bartolomé de Las Casas

▶ M 10: Juan Gines de Sepulveda

▶ M 7: Kolorierter Holzschnitt aus Kolumbus' „Neuer Welt"

M 3 Bartolomé de Las Casas (1474–1566), Gemälde von Antonio Lara, 1566

Las Casas war als Konquistador nach Amerika gekommen, hatte aus moralischen Gründen „seine" Indios aber zurückgegeben und sich als Mönch dem Dominikanerorden angeschlossen.

Indianerschutzpolitik

Faktisch hatte die spanische Krone im 16. Jahrhundert keine auswärtigen Mächte zu fürchten, aber die Misshandlung der Indios drohte die moralische Autorität des Herrschers zu untergraben. Zudem verloren die Kolonien durch den Bevölkerungsrückgang an Wert. In der Vorstellung des Königshauses blieben die Indios Barbaren, die nun je-
5 doch im Sinne der Papstbulle von 1493 christianisiert und vor der Willkür der Herren wirksam geschützt werden sollten. Der Versuch, 1542 durch die **„Neuen Gesetze"** das Encomienda-System abzuschaffen, scheiterte noch am Widerstand der mächtigen Grundbesitzer in Amerika.
Im Rahmen der **„Indianerschutzpolitik"** ging Kaiser Karl V. nun dazu über, die Indios in
10 eigenen Dörfern anzusiedeln, zu denen nur Missionare und staatliche Beamte Zutritt hatten. Auf diese Weise gelang es, den Bevölkerungsrückgang zu stoppen. Auf den Plantagen der Konquistadoren machte sich dennoch ein gravierender Mangel an Arbeitskräften bemerkbar. Diese Lücke schlossen afrikanische Sklaven, die die Spanier und Portugiesen daraufhin nach Amerika importierten.

2.8 Wahlmodul: Spanischer Kolonialismus

M4 Internationaler Waren- und Sklavenhandel im 17. und 18. Jahrhundert

Afrikaner als Sklaven und Sklavenhändler

M5 Statuette „Mohr mit Smaragdstufe", Dresden, 1724

Der Begriff Smaragdstufe bezeichnet die auf dem Tablett befindliche Erdplatte, in der die Smaragde noch feststecken.

Der **Sklavenhandel in Afrika** reicht bis in die Antike zurück. Seit dem frühen Mittelalter waren dort islamische Sklavenhändler tätig. Im 15. Jahrhundert begannen die Portugiesen an der Westküste Afrikas Sklaven aufzukaufen, um sie bei anderen Afrikanern gegen Gold einzutauschen. Die dunkelhäutigen Afrikaner bewährten sich als Arbeitskräfte und noch im späten 15. Jahrhundert wurden sie auch auf die Iberische Halbinsel gebracht. Da die Afrikaner das tropische Klima aus ihrer Heimat gewohnt waren, schienen sie der ideale Ersatz für die Indios als Arbeitskräfte in den amerikanischen Kolonien zu sein. Portugiesen und – seit der zweiten Hälfte des 16. Jahrhunderts auch – Briten, Franzosen und Niederländer brachten bis zum 18. Jahrhundert schätzungsweise zwischen 11 und 15 Millionen Menschen gewaltsam nach Amerika. Anders als bei den Indios stieß der Einsatz der afrikanischen Sklaven zunächst nicht auf Kritik in Europa. Vermutlich hat dazu beigetragen, dass die Europäer selbst kaum Menschen versklavten. Dies übernahmen arabische und vor allem afrikanische Sklavenjäger, die ihre Opfer an die Küste brachten und den Europäern verkauften. Zu diesem Zweck unterhielten die Europäer **Stützpunkte an der Küste**. Ins Landesinnere stießen sie kaum vor. Beim Verkauf agierten die afrikanischen Händler nicht anders als ihre europäischen Geschäftspartner, indem jeder versuchte, möglichst viel zu verdienen. Aus diesem Grunde dominierten im 16./17. Jahrhundert bei den Europäern negative Klischees über angeblich „boshafte und habgierige Afrikaner". Einige wenige Reisende differenzierten zwischen der Vielzahl unterschiedlicher afrikanischer Kulturen und berichteten auch von positiven Erfahrungen.

Neue Perspektiven in der Aufklärung

Adlige und reiche Bürgerfamilien nahmen seit dem 15. Jahrhundert gern „Mohren" als exotische Diener auf. Dieser „Trend" verstärkte sich im 18. Jahrhundert und veränderte so das Bild der Afrikaner in Europa. Einige der Afrikaner konnten mit Unterstützung ihrer Gönner eine gute Bildung erwerben. Der aus Ghana stammende Anton Wilhelm
5 Amo promovierte als Schützling des Herzogs von Braunschweig-Wolfenbüttel 1734 als erster Afrikaner an der Universität Wittenberg. Die negativen Klischees verloren angesichts dieser Erfahrungen ihre Dominanz. Die Philosophen der Aufklärung unterstützten diese Entwicklung. Grundsätzlich gingen sie von einem ursprünglichen **Naturzustand der Menschheit** aus. Dabei griffen sie häufig das Bild des „edlen Wilden" auf. Bei
10 den Afrikanern lobte man beispielsweise deren „kindliche Unschuld" und Gastfreundschaft. Zudem sahen die Aufklärer in der Freiheit den natürlichen Zustand des Menschen. Aus diesem Grund erklärten sie die **Sklaverei zur widernatürlichen Einrichtung**. Diese Auffassungen beeinflussten auch die Herrschaftspraxis in einigen europäischen Monarchien: 1772 verfügte im **„Somerset-Fall"** ein englisches Gericht, dass ein entlau-
15 fener Sklave, der in England aufgegriffen worden war, nicht an den Eigentümer zurückgegeben werden durfte. Dänemark verbot 1792 als erstes europäisches Land grundsätzlich jede Form von Sklaverei, Großbritannien folgte erst 1833. Dagegen änderte sich in Übersee am Schicksal der Sklaven zunächst nichts. Die schrittweise **Abschaffung der Sklaverei** in Europa bedeutete aber nicht das Ende jeglicher **Diskriminierung**. Für die
20 Gelehrten stellte die europäische Zivilisation weiterhin die höchste bekannte Kulturstufe dar. Das Abendland war im 18. und 19. Jahrhundert der Maßstab, an dem alle anderen Kulturen gemessen wurden. Einige Gelehrte der Aufklärung verbanden zudem die äußeren Merkmale der Menschen mit geistigen Fähigkeiten und Charaktereigenschaften. Dem europäischen Typ sprachen sie dabei die besten Eigenschaften zu; Afrikaner
25 und Asiaten ordneten sie dagegen auf einer angeblich niedrigeren Stufe ein.

Blicke auf die Europäer

Was Indios und Afrikaner von den Europäern dachten, kann nur ansatzweise ermittelt werden. Die indigenen Kulturgüter in Amerika haben die Spanier weitgehend vernichtet. Die wenigen überlieferten Zeugnisse sind nicht unabhängig, da europäische Missionare entschieden, ob sie überhaupt „überlieferungswürdig" seien. Die **indianischen**
5 **Berichte** stellen die Europäer als goldgierig und grausam dar. Nach Ansicht der älteren Forschung nahmen die Indios die Europäer als „weiße Götter" wahr. Angesichts des unvertrauten Aussehens, der großen Schiffe sowie der den Indios unbekannten Feuerwaffen und Pferde ist dies nicht völlig auszuschließen, aber auch nicht hinreichend belegt. Von der **Sicht der Afrikaner** ist noch weniger bekannt. Einige Europäer erzählen,
10 wie die Afrikaner sie wahrnehmen. Dabei steht die Bewunderung der „Wilden" für die Europäer im Vordergrund; es wird aber auch von Ablehnung und Angst berichtet. Aus dem 18. Jahrhundert sind Berichte von in Europa oder Nordamerika lebenden Afrikanern bekannt. Allerdings wurden diese für ein „weißes" Publikum geschrieben und müssen daher kritisch interpretiert werden.

▶ M 5: Statuette „Mohr mit Smaragdstufe"

▶ M 14: Willem Bosman

M 6 Olaudah Equiano oder Gustavus Vassa (ca. 1750–1797), Kupferstich, London, 1789

Equiano wurde wahrscheinlich als Junge aus Afrika nach Amerika verschleppt. Er war Sklave in den USA, Westindien und Großbritannien, konnte sich aber freikaufen, schrieb eine Autobiografie und engagierte sich gegen die Sklaverei.

▶ M 12, M 13: Die Spanier in den Augen der Azteken und Inka

▶ M 11: Felix Hinz

E-Learning-Projekt zu den spanischen Entdeckungen und Eroberungen
cornelsen.de/Webcodes
Code: baciju

1 Beschreiben Sie den Umgang der Europäer mit der indigenen Bevölkerung in Amerika.
2 Vergleichen Sie die Positionen in der Grundsatzdebatte über den Status der Indios.
3 Erläutern Sie das Selbst- und Fremdbild der Europäer in der Frühen Neuzeit.
4 Erklären Sie die Schwierigkeiten bei der Untersuchung amerikanischer und afrikanischer Perspektiven auf die Europäer in der Frühen Neuzeit.
5 Interpretieren Sie die Karte M 4. Nutzen Sie dazu die Informationen aus dem Darstellungstext.

2.8 Wahlmodul: Spanischer Kolonialismus

> **Hinweise zur Arbeit mit den Materialien**
> Die vorliegenden Materialien thematisieren die Ankunft der Spanier in Mittel- und Südamerika aus unterschiedlicher Perspektive: Die Materialien M 8 bis M 10 spiegeln mit Texten von Kolumbus, de Las Casas und Sepulveda den europäischen Blick auf die indigene Bevölkerung der „Neuen Welt" und werden ergänzt von einer bildlichen Quelle (M 7). Die Materialien M 11 bis M 13 beleuchten die indigene Sicht auf die europäischen Konquistadoren. M 14 und M 15 beschäftigen sich mit den Beziehungen von Europäern und Afrikanern, nachdem seit dem Ende des 16. Jahrhunderts verstärkt afrikanische Sklaven nach Amerika importiert wurden, um fehlende Arbeitskräfte zu ersetzen.
>
> **Zur Vernetzung mit dem Kernmodul**
> Es bietet sich an, die Materialien dieser Themeneinheit in Beziehung zu setzen mit Bitterlis Ausführungen zu Kulturberührung, -zusammenstoß und -beziehung (M 9, M 10, S. 149 f.).

Die Indios in europäischer Perspektive

M 7 Kolorierter Holzschnitt aus der Erstausgabe des ersten Briefes aus Kolumbus' „Neuer Welt" (1493)

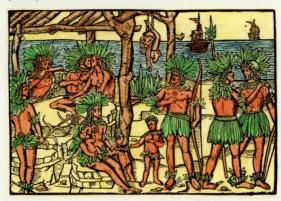

M 8 Christoph Kolumbus, Der erste Brief aus der „Neuen Welt" (1493)

Auf dieser und allen anderen Inseln, die ich gesehen habe oder von denen ich Kenntnis besitze, laufen die Bewohner beiderlei Geschlechts nackt wie am Tage ihrer Geburt umher. Die einzige Ausnahme bilden einige Frauen, die ihre Scham mit Blättern oder einem Baumwolltuch bedecken, welches sie sich zu diesem Zweck selbst weben. Die Menschen auf diesen Inseln kennen keine Form des Eisens. Sie haben auch keine Waffen, kennen diese nämlich nicht und wären für Waffen auch gar nicht geeignet, und zwar nicht weil ihnen dazu die körperlichen Voraussetzungen fehlten [...], sondern weil sie furchtsam sind und angsterfüllt. [...] Sobald sie sich aber sicher fühlen, legen sie jede Furcht ab und sind im höchsten Maße ehrlich und vertrauenswürdig und mit allem, was sie haben, überaus großzügig. Einem Bittsteller verweigert keiner, was er besitzt. Ja, sie fordern uns sogar selbst dazu auf, uns an sie zu wenden. Überhaupt begegnen sie allen Menschen mit großer Liebe. [...] Und so habe ich denn keine Ungeheuer erblickt und habe auch nirgendwo von solchen gehört, mit Ausnahme der Berichte über eine Insel namens Carib, die zweite, die man auf der Überfahrt von Spanien nach Indien erreicht. [...] Die Bewohner von Carib essen nämlich Menschenfleisch. Sie haben viele verschiedene Arten von Ruderbooten, mit denen sie zu allen Inseln Indiens fahren und dort plündern und rauben, so viel sie können. Sie unterscheiden sich in keiner Weise von den anderen, außer dass sie langes Haar wie sonst nur Frauen tragen.

Christoph Kolumbus, Der erste Brief aus der Neuen Welt, hg. und übers. v. Robert Wallisch, Reclam, Stuttgart 2000, S. 19–33.*

1 Vergleichen Sie den Holzschnitt (M 7) mit dem Brief von Kolumbus (M 8) und diskutieren Sie den Erkenntniswert der Darstellungen.

M 9 Der Dominikanermönch Bartolomé de Las Casas über Indios (1542, veröffentlicht 1550)

Westindien wurde im Jahre 1492 entdeckt. Im folgenden Jahr siedelten sich spanische Christen an. So hat sich denn seit neunundvierzig Jahren eine große Anzahl Spanier dorthin begeben. Und das erste Land, in das sie eindrangen, um sich anzusiedeln, war die große und überaus fruchtbare Insel Española[1]. [...] Überall rings um sie gibt es unzählige andere, sehr große Inseln [...]. Das Festland, das dieser Insel am nächsten liegt, ist etwas mehr als zweihundertfünfzig Meilen entfernt und davon wurde bisher über zehntausend Meilen entdeckt [...] und alles wimmelt dort in dem Gebiet von Menschen. [...] All diese unzähligen Leute von jeder Art schuf Gott ganz arglos, ohne Bosheit und Doppelzüngigkeit, ihrem natürlichen Herren und den Christen, denen sie nun dienen höchst gehorsam und treu, sie sind die demütigsten, geduldigsten, friedfertigsten und ruhigsten Menschen, die es auf der Welt gibt, sie kennen keinen Zwist und keinen Hader, sie sind keine Störenfriede und keine Zänker, ohne Groll, Hass oder Rachsucht. Zugleich sind es Leute von zartester, schwächlichster und empfindlichster Konstitution, die am schlechtesten Mühsal ertragen können und jeder Krankheit am leichtesten erliegen, sodass nicht einmal unsere Fürsten- oder Herrensöhne, die in Behaglichkeit und Wohlleben aufgezogen werden, empfindlicher als sie sind, selbst wenn sie zu denen gehören, die bei den Indios den Bauernstand bilden.

Außerdem sind sie bitterarme Leute, die ganz wenige Güter besitzen und besitzen wollen. Und darum sind sie nicht hochmütig, ehrgeizig oder habsüchtig. [...] Gewöhnlich gehen sie nackt einher und haben lediglich die Scham verhüllt, und sie bedecken sich höchstens noch mit einem Baumwollmantel, der ein etwas anderthalb oder zwei Ellen großes Tuch ist. [...] Auch haben sie einen klaren, unverdorbenen und scharfen Verstand, sind sehr geeignet und empfänglich für jede gute Lehre, und außerordentlich befähigt, unseren heiligen katholischen Glauben zu empfangen und tugendhafte Sitten anzunehmen, und von allen Menschen, die Gott in dieser Welt geschaffen hat, sind sie diejenigen, bei denen es hierfür die geringsten Hindernisse gibt.

Bartolomé de Las Casas, Kurzgefasster Bericht von der Verwüstung der Westindischen Länder, hg. v. Michael Sievernich, übers. v. Ulrich Kunzmann, Insel, Frankfurt/M. 2006, S. 15 f. © Übersetzung bei Verlag Schöningh Paderborn 1995.*

1 *Española (auch:* Hispaniola): zweitgrößte Antilleninsel, auf der die heutigen Staaten Dominikanische Republik und Haiti liegen; hier landete Kolumbus auf seiner ersten Reise

1 Analysieren Sie M 9 hinsichtlich der Darstellung der Indios durch Las Casas.
2 Vergleichen Sie die Aussagen von Las Casas mit dem Text von Kolumbus (M 8).

M 10 Juan Gines de Sepulveda (1489–1573), Theologe, Jurist und Chronist von Kaiser Karl V., „Dialog über die gerechten Kriegsgründe" (1544)
In Sepulvedas Streitschrift wird ein fiktiver Gesprächspartner mit „Du" angeredet.

Wenn ich das Gesamtergebnis der vorhergehenden Erörterung recht begreife, hast Du vier Gründe dargelegt, weshalb die Spanier mit diesen Barbaren gerechterweise Krieg beginnen können. Erstens, weil sie von Natur aus Sklaven und Barbaren sind, unzivilisiert und unmenschlich, lehnen sie die Herrschaft klügerer, mächtigerer und vollkommenerer Menschen ab, eine Herrschaft, die sie zu ihren großen Vorteilen annehmen müssen; dies ist eine von Natur aus gerechte Sache, wo der Inhalt der Form, der Körper der Seele, der Trieb der Vernunft, die unvernünftigen Tiere den Menschen, die Frauen den Männern, die Söhne den Vätern, in der Tat das Unvollkommene dem Vollkommenen und das Schlechte dem Besseren gehorchen muss, damit es beiden Seiten zugute kommt. Dies nämlich ist die natürliche Ordnung, die aufgrund des göttlichen und ewigen Gesetzes überall eingehalten werden muss [...]. Als zweiten Grund hast Du angeführt, dass die frevelhaften Begierden und die unnatürlichen Schandtaten, Menschenfleisch zu verspeisen, beseitigt werden sollen, Verbrechen, die gegen die Natur ganz besonders verstoßen, und dass nicht – was Gottes Zorn vor allem reizt – Dämonen anstelle Gottes verehrt werden sollen, und zwar durch die Opferung von Menschen nach einem unnatürlichen Ritus. Als dritten Grund hast Du angeführt, was für mich großes Gewicht besitzt, um die Gerechtigkeit dieses Krieges darzutun, es sollten große Ungerechtigkeiten an zahlreichen unschuldigen Menschen, welche die Barbaren alljährlich opferten, verhindert werden. [...] An vierter Stelle hast Du dargelegt, dass die christliche Religion mithilfe der Predigt des Evangeliums mit geeigneten Gründen verbreitet werden müsse, wenn sich eine Gelegenheit dazu bietet, und jetzt ist der Weg für die Prediger und Lehrer der Sitten und der Religion offen und sicher; dieser Weg ist so gesichert, dass sie nicht nur selbst geschützt die Lehre des Evangeliums übermitteln können, sondern dass den Barbarenvölkern jegliche Furcht vor ihren Fürsten und Priestern genommen wurde, sodass sie frei und ungestraft die christliche Religion annehmen können [...]. Es ist offensichtlich, dass dies nur durch die Unterwerfung der Barbaren durch Krieg oder auf andere Art und Weise geschehen konnte.

Christoph Strosetzki (Hg.), Der Griff nach der neuen Welt, Fischer, Frankfurt/M. 1991, S. 256 f.*

1 Fassen Sie die wesentlichen Aussagen zusammen.
2 Nehmen Sie Stellung zu Sepulvedas Aussagen.
   Tipp: Nutzen Sie auch den Darstellungstext.
3 **Vertiefung:** Formulieren Sie eine Antwort auf die Streitschrift des Autors. Sprechen Sie Ihren fiktiven Gesprächspartner auch mit „Du" an.

Die Europäer in der Perspektive der Indios

M 11 Der Historiker Felix Hinz über die Frage: Waren die Europäer für die Azteken „weiße Götter"? (2005)
Wenn mit den Götter-Legenden um Quetzalcóatl[1] argumentiert wird, wird Folgendes meist nicht hinreichend beachtet: Spricht man von Quetzalcóatl, so muss man den Gott von dem sagenhaften toltekischen Priesterfürsten Quetzalcóatl Topiltzin, der sich nach dem Gott benannte, unterscheiden. Nur

Letzerer hätte die Legitimation der Herrschaft Moctezumas II.² infrage stellen können, doch es bestand kein Zweifel daran, dass er sterblich und tot war. Der Gott wiederum hatte nichts mit Tollan³ zu tun, und es gibt überhaupt keinen Grund für die Annahme, dass sich Moctezuma vor ihm besonders gefürchtet haben sollte. [...]

Quetzalcóatl war [...] einer der Hauptgötter im mexikanischen Pantheon, aber die mesoamerikanischen Götter waren nicht allmächtig. Ähnlich wie in der antiken europäischen Welt war jeder Krieg der Menschen auch ein Krieg der Götter, die ihnen jeweils beistanden. Die Mexica hatten Cholula⁴ unterworfen, in dem sich das zentrale Quetzalcóatl-Heiligtum befand, und Huitzilopochtli⁵ hatte sich als der Stärkere erwiesen. [...] Falls die Spanier mit Götternamen bedacht wurden, dann [...] nur mangels anderer Namen für jemand Fremden, dem man eine besondere Beachtung schenkte.

Felix Hinz, „Hispanisierung" in Neu-Spanien 1519–1568. Transformation kollektiver Identitäten von Mexica, Tlaxkalteken und Spaniern, Bd. 1, Verlag Dr. Kovac, Hamburg 2005, S. 155–157.*

1 *Quetzalcóatl:* aztekischer Gott
2 *Moctezuma II.:* 1502 bis 1520 aztekischer Herrscher
3 *Tollán:* aztekischer Name der toltekischen Stadt Tula im heutigen Mexiko
4 *Cholula:* Stadt im heutigen Mexiko
5 *Huitzilopochtli:* aztekischer Kriegs- und Sonnengott und Schutzpatron der Stadt Tenochtitlán

1 Widerlegen Sie mithilfe von M 11 die Annahme der älteren Forschung, dass die Spanier von den Azteken für Götter gehalten wurden.

M 12 Die Spanier in den Augen der Azteken

Der Mönch Bernadino de Sahagún ließ 1579 von indianischen Schreibern die Geschichte der spanischen Eroberung Mexikos (1519–1521) aufschreiben.

Moctezuma sandte noch einmal verschiedene Fürsten aus. Tzihuacpopocatzin hatte die Führung dieser Gesandtschaft. Er nahm viele große Vasallen mit. Sie zogen aus, um die Spanier zwischen dem Popocatépetl und dem Iztactépetl zu treffen [...]. Sie schenkten den Göttern¹ goldene Banner und Fahnen aus Quetzalfedern² und goldene Halsketten. Als sie das Gold in den Händen hatten, brach Lachen aus den Gesichtern der Spanier hervor, ihre Augen funkelten vor Vergnügen, sie waren entzückt. Wie Affen griffen sie nach dem Gold und befingerten es [...]. Gefräßig wurden sie in ihrem Hunger nach Gold, sie wühlten wie hungrige Schweine nach Gold. Sie rissen die goldenen Banner an sich, prüften sie Zoll für Zoll, schwenkten sie hin und her, und auf das unverständ-liche fremde Rauschen im Wind antworteten sie mit ihren wilden, barbarischen Reden.

Wolfgang Behringer, Lust an der Geschichte. Amerika. Die Entdeckung und Entstehung einer neuen Welt, Piper, München 1992, S. 157f.*

1 *Götter:* gemeint sind hier die Spanier
2 *Quetzal:* Vogelart in Lateinamerika

M 13 Die Spanier in der Sicht eines Nachfahren der Inka, Holzschnitt aus der Bilderchronik des Poma de Ayala, um 1615.

Guaman Poma de Ayala (um 1550–um 1615), indigener Schriftsteller aus dem heutigen Peru, erlernte die spanische Sprache und verfasste eine illustrierte Chronik seines Volks. Im Bild fragt ein Inka, wozu der Spanier das Gold braucht. Der Spanier antwortet: „Wir essen es."

1 Beschreiben und interpretieren Sie M 13. Berücksichtigen Sie auch M 12.
2 Bewerten Sie die Sicht der indigenen Bevölkerung auf die Spanier (M 12, M 13).
3 **Vertiefung:** Schreiben Sie ein fiktives Interview mit einem Indio über die spanischen Eroberungen in Amerika.

Europäer und Afrikaner

M 14 Willem Bosman, der ehemals hochrangigste niederländische Vertreter in Westafrika (1704)

Die Neger sind alle, ohne Ausnahme, listig, boshaft und betrügerisch und sehr selten vertrauenswürdig; sie sind darauf bedacht, sich keine Gelegenheit entgehen zu lassen, einen Europäer oder auch einen der
5 ihren zu hintergehen. [...] Diese entarteten Laster gehen Hand in Hand mit ihren Schwestern, Faulheit und Müßiggang; diesen sind sie so sehr verfallen, dass nur die äußerste Notwendigkeit sie zur Arbeit zwingen kann. Im Übrigen sind sie so [...] wenig be-
10 troffen von ihren Missgeschicken, dass man kaum je anhand einer Veränderung an ihnen beobachten kann, ob ihnen Gutes oder Schlimmes zugestoßen sei. [...] Sie mögen Hüte sehr gern und können nie genug dafür ausgeben. Ihre Arme, Beine und Hüften
15 sind mit Gold und mit [...] Korallen geschmückt. [...] Das gemeine Volk, wie etwa Schankwirte, Fischer und Ähnliche, ist sehr ärmlich gekleidet, einige mit einer oder zwei Ellen dünnen Tuchs, andere mit einer Art von Riemen, den sie bloß zwischen den Beinen
20 hochziehen und um sich schlingen, um knapp ihre Scham zu verbergen. [...] Die Männer hier sind nicht so sehr der üppigen Aufmachung ergeben; die Hoffart aber, unter den Wilden genauso wie in den Niederlanden und in ganz Europa, scheint ihren Thron
25 unter dem weiblichen Geschlecht aufgeschlagen zu haben, und dementsprechend ist die Frauenkleidung reicher als jene der Männer. Die Damen flechten ihr Haar sehr kunstvoll, platzieren ihre Fetische, Korallen und das Elfenbein mit abwägender Miene und
30 gehen weit feiner einher als die Männer. [...]
Die Niederkunft ist hier so wenig mühsam, wie es die Männer nur wünschen können: Da gibt es kein langes Wochenbett, keine teuren Klatsch- und Jammergelage. Einmal war ich zufällig in der Nähe des Hau-
35 ses, worin eine Negerin innerhalb einer Viertelstunde von zwei Kindern entbunden wurde. Noch am selbigen Tag sah ich sie zum Strand gehen, wo sie sich wusch, ohne überhaupt daran zu denken, sie könnte nochmals in ihr Bett zurückkehren. [...] Kaum ist das
40 Kind geboren, so schickt man nach dem Priester, der eine Menge von Bändern und Korallen und anderem Flitterzeug um Kopf, Leib, Arme und Beine des Säuglings wickelt. Danach treibt er die Geister aus, ihrem gewohnten Brauch gemäß, wodurch sie das Kind ge-
45 gen alle Krankheiten und bösen Unfälle gewappnet glauben [...].

Urs Bitterli (Hg.), Die Entdeckung und Eroberung der Welt. Dokumente und Berichte. Bd. 1: Amerika, Afrika, C. H. Beck, München 1980, S. 212–214.*

1 Analysieren Sie M 14 im Hinblick auf die Darstellung der Afrikaner.
2 Bewerten Sie diese Darstellung.
3 **Zusatzaufgabe:** siehe S. 480.

M 15 Bericht des Kapitäns Cadamosto (1455)

Der Italiener Cadamosto stand in portugiesischen Diensten und erkundete 1455 die Mündung des Gambiaflusses in Westafrika.

Nachdem wir etwa vier Meilen flussaufwärts gesegelt waren, bemerkten wir plötzlich einige Kanus, die sich von hinten näherten. Weil wir das gesehen hatten, drehten wir in ihre Richtung. [...] Sie überprüften den
5 Kurs und begannen zu rudern, wobei sie uns wie ein Wunder bestaunten. Wir schätzten, dass sie insgesamt höchstens 150 Mann seien. Sie schienen gut gebaute Körper zu haben, waren sehr schwarz und alle mit Baumwollhemden bekleidet: Einige trugen weiße
10 Kappen auf dem Kopf, ganz ähnlich wie es die Deutschen tun, außer dass sie auf jeder Seite einen weißen Flügel und eine Feder in der Mitte der Kappe hatten. [...] Als wir sie erreichten, legten sie die Ruder weg und ohne jede andere Begrüßung fingen sie an, ihre
15 Pfeile abzuschießen. Als Antwort auf diesen Angriff schickte unser Schiff vier Geschützsalven. [...] Daraufhin drehten die Neger ab, [...] wir warfen die Anker und versuchten mit ihnen zu verhandeln. Nach heftigem Gestikulieren und Rufen unserer Überset-
20 zer kam eines der Kanus auf Bogenschießweite heran. Wir fragten sie nach den Gründen für den Angriff, obwohl wir doch Männer des Friedens seien und Handel treiben. Zudem hätten wir friedliche und freundschaftliche Beziehungen mit den Negern des
25 Königreiches von Senega und wir wollten mit ihnen ein vergleichbares Verhältnis, wenn sie das möchten. Wir erwähnten, dass wir von einem fernen Land kämen und passende Geschenke für ihren König und Herren hätten. [...] Sie antworteten, dass sie von un-
30 serem Kommen und Handel mit Senega gehört hatten. Die Senega aber konnten nur schlechte Menschen sein, wenn sie unsere Freundschaft suchten. Sie nämlich waren davon überzeugt, dass wir Christen Menschenfleisch essen würden und dass wir die
35 Neger nur kauften, um sie zu verspeisen. Sie wollten unsere Freundschaft auf keinen Fall!

G. R. Crone (Hg.), The Voyages of Cadamosto and other Documents on Western Afrika, Ashgate Verlag, Farnham 2010, S. 58–60, übersetzt aus dem Englischen von Björn Onken.*

1 Beschreiben Sie die Haltung der Afrikaner gegenüber den Europäern.
2 Erklären Sie das Verhalten der Einheimischen.

Anwenden

M1 Der Historiker Reinhard Wendt über die Rückwirkungen auf Europa (2006)

Die Kontakte mit der überseeischen Welt bedeuteten für Europa weder Zerstörung noch Überformung. Tiefgreifende Veränderungen jedoch sind sehr wohl auszumachen. Zwischen 1500 und 1800 wurden
5 schätzungsweise 85 000–90 000 Tonnen Edelmetall von Amerika nach Spanien verschifft, 80–85 % der damaligen Weltproduktion. Es floss in den opulenten Schmuck von Kirchen, in staatliche Kassen und in private Taschen, vermehrte die Geldmenge, förderte
10 besonders in Spanien die Inflation, landete letztlich aber zu einem erheblichen Teil in Italien und besonders in den Niederlanden, wo Spanien die überseeischen Reichtümer für seine kostspieligen Kriege ausgab und einen guten Teil der Waren bezog, die es für
15 die Erschließung der Neuen Welt benötigte. Vom Gewürzgeschäft profitierten die Nordwesteuropäer gleichfalls in zunehmendem Maße. Zunächst entwickelte sich Antwerpen zum zentralen Umschlagplatz, und nach der Zerschlagung des portugiesischen
20 Handelsreiches wurden die Niederländer zu den wichtigsten Importeuren.

Die Nachfrage nach Gewürzen hatte den Prozess der europäischen Expansion wesentlich beflügelt, und nachdem nun Direktkontakte zu den Produktionsge-
25 bieten etabliert worden waren, stieg der Import im Laufe des 16. Jahrhunderts um das Doppelte. Da die Suche nach neuen ökonomisch attraktiven Nahrungs- und Genussmitteln zu den konstituierenden Komponenten der Expansion gehörte, spielte sie bei
30 der westlichen Erkundung der überseeischen Welt stets eine wichtige Rolle. Zunehmende Asienkontakte und die fortschreitende Erschließung der Neuen Welt erweiterten die Palette dieser Handelsgüter erheblich. Daneben lernte man bislang unbekannte
35 Feldfrüchte, Gemüse und Obstsorten kennen, die in Europa heimisch gemacht werden konnten. Importierte wie akklimatisierte Nahrungs- und Genussmittel bescherten Europa in den nächsten Jahrhunderten nicht nur neue Konsumgewohnheiten, sondern
40 auch neue Lebensformen, den *„five o'clock tea"* etwa, die Zigarettenpause oder den Kommunikationsraum „Kaffeehaus". Für das europäische Geistesleben gingen von der Erschließung der überseeischen Welt ebenfalls eine Reihe wichtiger Anstöße aus. Das Wis-
45 sen über die Welt, ihre geografische Gestalt, ihre naturräumliche Vielfalt, über die Menschen, Kulturen und Religionen der verschiedenen Erdteile nahm zu. [...] Die von Missionaren begonnene Debatte um den Schutz der Indianer führte zur Definition von Kriterien, die die Rechtmäßigkeit der Konquista zu begründen 50 suchten und dabei wesentlich zur Entstehung des modernen Völkerrechts beitrugen. Eine zentrale Rolle spielte dabei Las Casas' Ordensbruder Francisco de Vitoria (ca. 1492–1546), der lediglich drei naturrechtliche Grundprinzipien gelten ließ, die die Spa- 55 nier zur Herrschaftsausübung in der Neuen Welt berechtigten: Es musste ihnen erlaubt sein, in den indianischen Gebieten frei leben, reisen und Handel treiben zu können. Zum zweiten durfte die Verkündung des Evangeliums nicht behindert werden. War 60 beides nicht gegeben, konnten die Spanier ihre diesbezüglichen Rechte mithilfe der Eroberung durchsetzen. Drittens verstießen tyrannische, inhumane Regime gegen das Naturrecht und forderten zur Intervention heraus. Während den Spaniern das Na- 65 turrecht prinzipielle Handlungsfreiheit einräumte, konnten sie diese in ihrem Herrschaftsbereich anderen Nationen verweigern, da der päpstliche Missionsauftrag Verpflichtungen mit sich brachte und Kosten verursachte, die gedeckt werden mussten. Der Legiti- 70 mationscharakter dieser Positionen sowie ihre geringen praktischen Folgen hinterlassen heute einen schalen Beigeschmack. Dennoch ist festzuhalten, dass spätere Kolonialmächte nicht einmal eine solche Diskussion für nötig hielten. 75

Reinhard Wendt, Begegnung der Kulturen, in: Anette Völker-Rasor (Hg.), Frühe Neuzeit, 2. Aufl., Oldenbourg, München 2006, S. 69–86, hier S. 82 ff.*

1 Analysieren Sie M 1 hinsichtlich der politischen, wirtschaftlichen und geistigen Folgen des Kolonialismus für Europa.
2 Überprüfen Sie die These des Autors: „Der Legitimationscharakter dieser Positionen [naturrechtliche Grundprinzipien nach de Vitoria] sowie ihre geringen praktischen Folgen hinterlassen heute einen schalen Beigeschmack" (Z. 70 ff.).

Wiederholen

M2 „Die Ankunft des Kolumbus in der Neuen Welt 1492", Gemälde von William J. Aylward, 1875

Zentrale Begriffe
Encomienda
Entdeckungsreisen
Indios
„Indianerschutzpolitik"
„Neue Gesetze"
„Neue Welt"
Konquistadoren
Repartimiento
Sklaverei
Vertrag von Tordesillas

1 Erläutern Sie, womit die europäischen Eroberer ihren Anspruch auf die „Neue Welt" und ihre Bewohner rechtfertigten.
2 Erläutern Sie den Umgang mit der indigenen Bevölkerung.
3 Beschreiben Sie das Gemälde M 2.
   Tipp: Nutzen Sie bei Bedarf die Formulierungshilfen.
4 Charakterisieren Sie anschließend die Darstellung der Europäer sowie der indigenen Bevölkerung im Gemälde. Welche Wirkung soll das Bild erzielen?
5 **Wahlaufgabe**: Bearbeiten Sie entweder Aufgabe a) oder b).
   a) Charakterisieren Sie die „Indianerschutzpolitik" der spanischen Krone.
   b) Erklären Sie den Zusammenhang zwischen Sklavenhandel und „Indianerschutzpolitik".
6 Erläutern Sie das Selbst- und Fremdbild der Europäer in der Frühen Neuzeit.
7 Erläutern Sie Bitterlis Begrifflichkeiten Kulturberührung, -zusammenstoß und -beziehung (M 9, M 10, S. 17 f.) am Beispiel des spanischen Kolonialismus.
8 **Vertiefung:** Erörtern Sie die These des amerikanischen Ethnologen Matthew Restall aus dem Jahre 2003: „Wir leben nach wie vor in der langen Periode der ungleichen Beziehungen und der schrittweisen Globalisierung von Ressourcen." Beziehen Sie diese These auf das Beispiel der europäischen Kolonisation Amerikas und deren Folgen.

Formulierungshilfen für die Bildbeschreibung
– Auf dem Gemälde ist/sind ... zu sehen.
– Kolumbus ist mit ... bekleidet/ dargestellt ...
– Seine Gestik/Mimik/Körperhaltung ist durch ... kennzeichnet.
– Weitere Personen sind ...
– Im Vordergrund befindet sich ...
– Im Hintergrund ist zu erkennen ...
– Folgende Gegenstände/Symbole werden verwendet ...
– Die Farbgebung/Perspektiven/ Proportionen sind ... gestaltet ... und erzielen die Wirkung, dass ...
– Das Gemälde versucht, folgendes Bild der historischen Ereignisse zu erzeugen: ...

3 Das deutsch-polnische Verhältnis

Die nationale Zugehörigkeit bildet ein wichtiges Identifikationskriterium, das sich im Laufe der Geschichte herausgebildet und dabei diverse Wandlungen durchlaufen hat. Der vergleichende Blick auf die Herausbildung der Nationalstaaten Deutschland und Polen sowie die Beschäftigung mit den deutsch-polnischen Beziehungen zeigt zum einen, wie stark die Identitäten auf beiden Seiten von einer gemeinsamen Geschichte geprägt sind, und zum anderen, welche Wirkmacht die Konzepte Nation, Nationalismus und Nationalstaat als „gedachte Ordnungen" haben: Sie können mithilfe von Feindbildern und Stereotypen destruktiv eingesetzt werden, bieten aber auch die Möglichkeit, sich auf der Grundlage vertiefter Kenntnisse und mit Verständnis für den jeweils anderen Partner für gute Beziehungen einzusetzen.

Schauplatz

Testen Sie Ihr Vorwissen zum deutsch-polnischen Verhältnis

1 Bestimmen Sie jeweils, welche der vier Jahreszahlen, der im Bild dargestellten Ereignisse und der Personen nicht in die Reihe passen. Erläutern Sie Ihre Wahl.
2 Formulieren Sie jeweils einen passenden Oberbegriff zur Gruppe.

a)

1848	1866
1864	1871

b)

c)

3 Partnerarbeit:
a) Bringen Sie die Bilder in eine zeitliche Reihenfolge und stellen Sie Vermutungen über den jeweiligen historischen Kontext an.
b) Tauschen Sie sich darüber aus, welche Belastungen und Chancen diese Ereignisse für das heutige deutsch-polnische Verhältnis bedeuten.

4 Richtig oder falsch? Korrigieren Sie die Aussagen, wenn es nötig ist.

- Insgesamt gibt es in der Geschichte fünf polnische Teilungen.
- Es gab zu Beginn des 19. Jahrhunderts in Deutschland eine weit verbreitete Polenbegeisterung, die sich in Liedern und Gedichten niederschlug.
- Bismarck erteilte der polnischstämmigen Bevölkerung im Kaiserreich einige Sonderrechte, um sie nicht als Wähler an die stärker werdende SPD zu verlieren.
- In Polen wurde während des Zweiten Weltkrieges ein Generalgouvernement gegründet, in dem die Nationalsozialisten schreckliche Verbrechen an der Zivilbevölkerung begingen.
- Seit 1991 gibt es keinen Grenzkonflikt zwischen der BRD und der Polnischen Republik mehr.

5 Wer hat's gesagt? Versuchen Sie die Zitate den genannten Personen zuzuordnen. Tauschen Sie sich dazu in Partnerarbeit aus.

„Haut doch die Polen, dass sie am Leben verzagen; ich habe alles Mitgefühl für ihre Lage, aber wir können, wenn wir bestehen wollen, nichts andres tun, als sie ausrotten; der Wolf kann auch nichts dafür, dass er von Gott geschaffen ist, wie er ist, und man schießt ihn doch dafür tot, wenn man kann."

„Es ist seltsam, aber immer wieder verspüre ich Lust, nach Polen zu reisen. Dieses Land zieht mich an. Im Hinblick auf Atmosphäre und Landschaft ist es wie Heimat für mich. Im Westen, wo ich schon über die Hälfte meines Lebens verbracht habe, fühle ich mich bis zum heutigen Tag wie ein Gast."

„Unsere beiden Länder sollten es sich zur Aufgabe machen, dass die alte Ost-West-Spaltung überwunden und eine neue Spaltung verhindert wird."

- Marion Gräfin Dönhoff, deutsche Publizistin
- Fürst Otto von Bismarck, deutscher Reichskanzler
- Bronislaw Komorowski, polnischer Präsident

3.1 Einführung: Zur Geschichte des deutsch-polnischen Verhältnisses

> *In diesem Kapitel geht es um*
> – *einen allgemeinen historischen Überblick über die deutsch-polnische Geschichte,*
> – *die unterschiedlichen Vorstellungen von der Entstehung der beiden Nationen,*
> – *die deutsch-polnischen Beziehungen heutzutage.*

M1 Robert Szecówka (Pseudonym „Robs"; geb. 1935), Karikatur „Wie schön ist unser Land", 2000

▶ M 1–M 3: Nation und Nationalismus

▶ M 7–M 9: Nationalhymnen

Kernmodul: ▶ Kap. 3.7, S. 372–376, Nation – Begriff und Mythos: Anderson (M 1), Wehler (M 2), Münkler (M 3)

Die Geschichte von Deutschen und Polen, von Deutschland und dem Staat Polen zeigt, dass beide Länder und ihre Menschen aufs engste miteinander verwoben sind. Die Identitäten sind auf beiden Seiten von einer gemeinsamen Geschichte geprägt, aber auch von gesamteuropäischen oder globalen Entwicklungen, in die beide Länder eingebunden sind.

Die Beziehungen zwischen den beiden Ländern waren aber nicht nur, wie oft dargestellt, von Kriegen und Konflikten geprägt. „Grausame Germanen" mit Pickelhaube oder Hakenkreuz prägten ebenso wenig die gemeinsame Vergangenheit wie das Schlagwort von der „polnischen Wirtschaft". Dies sind Stereotype, die vor allem ein Ergebnis der in der zweiten Hälfte des 19. Jahrhunderts entstandenen Nationalismen sind. Und auch die Überzeugung von einer vermeintlichen Erbfeindschaft zwischen der deutschen und der polnischen Nation stammt aus jener Zeit.

Grundlagen des Nationskonzepts

Eine Ursache für das Entstehen von Stereotypen und angeblichen Feindschaften war lange die fälschliche Vorstellung, dass **Nationen*** „natürliche" Größen seien, die es schon immer gegeben habe. Gefühle nationaler Zusammengehörigkeit entstanden und entstehen jedoch in den unterschiedlichen Gesellschaften unter bestimmten historischen Bedingungen und können und konnten verschiedene Erscheinungsformen annehmen. „Natürlich" sind sie nicht. Nationen und Nationalismus sind das Ergebnis vielschichtiger geschichtlicher Prozesse, in denen sich Gruppen der Gesellschaft zusammenfinden und das Bewusstsein einer nationalen Gemeinschaft herausbilden. Einige moderne Historiker bezeichnen daher Nationen als gedachte Gemeinschaften bzw. Ordnungen. Nach dieser Auffassung ist die Nation zuallererst eine Vorstellung. Nation, Nationalismus und Nationalstaat ziehen ihre Macht und ihr Identifikationspotenzial daraus, dass die Menschen an sie glauben. Dies zeigt sich auch in der deutschen und polnischen Geschichte.

Einführung: Zur Geschichte des deutsch-polnischen Verhältnisses 3.1

Vom Mittelalter zum „Teilungstrauma" des 18. Jahrhunderts

Die Geschichte von Deutschen und Polen war trotz kleinerer Konflikte in Mittelalter und Früher Neuzeit über weite Strecken fruchtbar. Natürlich gab es auch Auseinandersetzungen, doch prägender war, besonders im Mittelalter, der friedliche Kontakt. Seine große Zeit erlebte Polen im 16. Jahrhundert. Politisch äußerte sich dies in erfolg-
5 reichen Kriegen und in der „Lubliner Union", einer Realunion zwischen Polen und Litauen. Der kulturelle Reichtum und die Toleranz dieses „goldenen Zeitalters" machte die Adelsrepublik in ganz Europa bekannt. Die Kriege des 17. Jahrhunderts führten das Land jedoch in eine Krise. Diese weckte wiederum die Expansionsgelüste der Nachbarmächte Schweden, Russland und Preußen und ermöglichte ihnen, sich in die inneren
10 Angelegenheiten Polens einzumischen. Die polnischen Reformversuche des 18. Jahrhunderts führten zwar 1791 zur ersten schriftlichen Verfassung Europas, konnten aber den Untergang des Landes nicht mehr verhindern: Zwischen 1772 und 1795 teilten Russland, Preußen und Österreich das Land vollständig unter sich auf.

▶ **Kap. 3.2: Ursprünge und Auflösung des Königreichs Polen (S. 280 ff.)**

Polen und Deutsche im „langen 19. Jahrhundert"

Auf der geteilten polnischen Nation lasteten schwere Hypotheken: Politisch war sie mit den Teilungsmächten verfeindet. Gesellschaftlich war sie zerrissen: Auf der einen Seite stand der Adel, der gegenüber dem König an seiner im europäischen Vergleich starken Eigenständigkeit festhalten wollte; auf der anderen Seite war die Landbevölkerung, die
5 am Rande des Existenzminimums lebte. Das gesamte 19. Jahrhundert über suchten die Polen nach den Grundlagen für einen eigenen Staat – vergeblich. Weder die napoleonischen Kriege zu Beginn des 19. Jahrhunderts mit dem kurzlebigen autonomen Herzogtum Warschau noch der Wiener Kongress 1814/15 noch die Aufstände und Aufstandsversuche in den folgenden Jahrzehnten brachten eine Lösung.
10 Das Schicksal des nicht vorhandenen Nationalstaats teilte die polnische Nation im 19. Jahrhundert mit der deutschen. In Deutschland entwickelte sich eine deutsche Identität vor allem infolge der nationalen Erhebung in den Befreiungskriegen gegen Napoleon heraus, der in den ersten Jahren des 19. Jahrhunderts weite Teile Europas erobert hatte. Das Bestreben nach einer demokratischen Nation, die ihren Ausdruck in der
15 **1848er-Revolution** fand, einte schließlich Deutschland und Polen in ihrem Bestreben nach der Bildung eigener Nationalstaaten. In der ersten Hälfte des 19. Jahrhunderts gab es in Deutschland eine große **„Polenbegeisterung"**.
Doch die 1848er-Revolution scheiterte in ganz Europa am Widerstand der aristokratischen Kräfte. Das Pendel schlug nun in Richtung Völkeregoismus aus. In der Mitte Eu-
20 ropas wurde unter Führung des preußischen Ministerpräsidenten **Otto von Bismarck** das **Deutsche Kaiserreich 1871** gegründet – mit gravierenden Folgen: Teile Polens, die zu Preußen gehört hatten, gehörten fortan zum Reich, der deutsche Nationalismus verlor seinen liberalen Charakter und die Regierung ging erbittert gegen Minderheiten und Gegner vor. Die **Germanisierungsbestrebungen** im neu gegründeten deutschen Kai-
25 serreich (sowie die Russifizierungsbestrebungen im Zarenreich) wurden für die polnische Nation und das Zusammengehörigkeitsgefühl der Polen zur Gefahr.
Erst der Ausgang des Ersten Weltkriegs bot die unverhoffte Lösung: Da er für alle drei ehemaligen Teilungsmächte des 18. Jahrhunderts (Preußen, Österreich-Ungarn, Russland) mit einer Niederlage endete, konnte **Polen 1918** mit Unterstützung der West-
30 mächte (Frankreich, England, USA) neu entstehen. Die Beziehungen Polens mit Deutschland wurden indes durch Grenzfragen stark belastet. Für die deutsche Politik waren die im Versailler Vertrag (und nach Plebisziten) an Polen abgetretenen preußischen Gebiete Anlass, hartnäckig eine Revision der gezogenen Grenzen anzustreben. Die Regierungen Polens sahen ihren schwierigen Zugang zur Ostsee und ihre deutsche
35 Minderheit als Probleme, die sie zu Forderungen an Deutschland nutzten.

▶ **Kap. 3.3: Nationalismus und Nationalstaatsbildung in Deutschland und Polen im Vergleich (S. 294 ff.)**

▶ **Kap. 3.4: Deutsch-polnisches Verhältnis 1871 bis 1920er-Jahre (S. 314 ff.)**

Wahlmodul: ▶ **Kap. 3.8: Erster Weltkrieg (S. 382 ff.)**

3.1 Einführung: Zur Geschichte des deutsch-polnischen Verhältnisses

Nationalsozialismus, Zweiter Weltkrieg und die Folgen nach 1945

▶ Kap. 3.5: Die deutsche Besatzung Polens im Zweiten Weltkrieg (S. 336 ff.)

Das in Deutschland seit 1933 herrschende, rassistische NS-Regime brachte am Ende unermessliches Leid über Polen. Der Zweite Weltkrieg (1939–1945) begann mit dem **deutschen Überfall auf Polen.** Nach der raschen militärischen Eroberung des ganzen Landes begannen die deutschen Besatzer alsbald mit der Ausrottung von Juden und der polnischen Intelligenz. Gewaltsame Gebietsaneignungen, der „Sklavenstaat" Generalgouvernement, Konzentrations- und Vernichtungslager, Vertreibungen, Zwangsarbeit, brutale Willkürherrschaft und Vernichtung von Menschen und nationalen Symbolen prägten die sechs Jahre **deutscher Besatzungsherrschaft in Polen.** Grundlage war die menschenverachtende Ideologie des Nationalsozialismus. Im Untergrund formierte sich militärischer und ziviler Widerstand der Polen. In dem brutal niedergeschlagenen Warschauer Aufstand von 1944 fand er seinen Höhepunkt.

▶ Kap. 3.6: Das deutsch-polnische Verhältnis nach dem Zweiten Weltkrieg (S. 354 ff.)

Der Zweite Weltkrieg vernichtete nicht nur Städte und Menschen, sondern er zerstörte ganze Gesellschaften. Durch **Flucht, Vertreibung und Zwangsumsiedlung** mussten in Europa über 20 Millionen Menschen ihre Heimat verlassen. Der von Deutschland begonnene Krieg war die Ursache der Migrationsprozesse: Aus den an das Deutsche Reich angegliederten Gebieten Polens wurden Polen in das Generalgouvernement vertrieben. Mit Kriegsende wurden Deutsche vertrieben, und zwar aus den ehemaligen deutschen Ostprovinzen, die nach dem Krieg an Polen gingen.

Die historischen Hypotheken wogen schwer. Eine Verständigung zwischen Deutschland und Polen schien kaum möglich. Erschwerend kamen zwei Entwicklungen hinzu: Seit 1948 herrschte in Polen eine kommunistische Diktatur. Deutschland entstand ein Jahr danach in Form zweier verschiedener Staaten wieder, der kommunistischen DDR und der demokratischen Bundesrepublik. Dessen ungeachtet fanden sich aber auf allen Seiten Politikerinnen, Politiker und Intellektuelle, die an einer Verbesserung der Beziehungen interessiert waren. Der Briefwechsel der katholischen Bischöfe Mitte der 1960er-Jahre war ein Markstein in dieser Entwicklung. Die **Ostpolitik Willy Brandts** führte 1970 schließlich zur Anerkennung der **Oder-Neiße-Grenze.** Das Aufbegehren der Gewerkschaft **Solidarność** ließ in Deutschland weitere Sympathien für Polen entstehen, während gleichzeitig die Zahl der zwischenmenschlichen Kontakte anstieg.

Im Laufe der 1980er-Jahre geriet das polnische kommunistische Regime zunehmend ins Wanken, verursacht durch die schlechte Wirtschaftslage, die Perestroika-Politik in der Sowjetunion und die Proteste der *Solidarność*. Bei den Verhandlungen am „runden Tisch" wurde das kommunistische Regime Polens schließlich genötigt, sein Machtmonopol aufzugeben. Die erste nichtkommunistische Regierung in Polen – zugleich die erste im damaligen Sowjetblock – etablierte die **Dritte Republik Polen.** Mit dem neuen, dem demokratischen Polen schloss das vereinigte Deutschland einen **„Vertrag über gute Nachbarschaft und freundschaftliche Zusammenarbeit" (1991).** Die Regierungen beider Länder arbeiteten eng zusammen.

Es ist fast paradox. Trotz aller Konflikte hatten die Deutschen mit keinem anderen Volk Europas so intensive Beziehungen wie mit Polen: Migrationen, Arbeitsaufenthalte und Eheschließungen führten im Laufe von Jahrhunderten zu einem engen Netz von Verwandtschafts- und Freundschaftsbeziehungen. Beide Nationen hatten großen Anteil am Kultur- und Alltagsleben der jeweils anderen. Die Vielzahl deutscher Nachnamen in Polen und polnischer Nachnamen in Deutschland zeugt von der Verflechtung.

Internetseiten zur deutsch-polnischen Geschichte
cornelsen.de/Webcodes
Code: wosuba

Fragen des deutschen Selbstverständnisses

Kernmodul: ▶ Kap. 3.7, S. 376–380, „deutscher Sonderweg": Bracher (M 4), Winkler (M 5)

In der Bundesrepublik prägte die Auseinandersetzung mit der NS-Vergangenheit seit den 1970er-Jahren die historische Diskussion. Hier entwickelten Historikerinnen und Historiker das **Konzept des „deutschen Sonderwegs".** Demnach habe Deutschland seit der Französischen Revolution, im Vergleich zu anderen Staaten des Westens, mit seiner späten Nationalstaatsgründung 1871 und der NS-Barbarei einen historischen „Sonderweg" beschritten und erst spät zur liberalen Demokratie gefunden. Ein Diskussionspunkt bleibt dabei die Frage, inwieweit die „Sonderwegthese" dazu dient, die Westbindung der Bundesrepublik, also die Bindung der bundesrepublikanischen Identität an die demokratischen und liberalen Werte des Westens, zu legitimieren.

Die Frage des **deutschen Selbstverständnisses nach dem Ende der bipolaren Welt 1989/90** stellt sich wieder neu. Auf EU-Ebene wurde die Europäische Union um die Länder Osteuropas erweitert. Weltpolitisch treten neue Akteure und Regionen wie China oder die islamischen Länder neben die alten Weltmächte USA und Russland auf den Plan. Digitalisierung und globaler Finanzkapitalismus, weltweite Verkehrsverbindungen und Migrationsströme, wachsender Populismus und nationale Abgrenzungsstrategien verändern den globalen Rahmen. All das beeinflusst die **Identitäten*** von Gesellschaften und Individuen sowie das **nationale Selbstverständnis**.

Im Zuge dieser globalen Veränderungen hat sich u. a. das **Konzept der „transnationalen Geschichtsschreibung"** herausgebildet. Mit diesem Ansatz versucht man herauszufinden, in welcher Form historische Ereignisse und Entwicklungen auf globaler Ebene oder auch europäischer Ebene auf Gesellschaften und Individuen einwirken.

Gegenwärtige Herausforderungen

Leider sind einmal in die Welt getragene Stereotype und Feindbilder schwer zu überwinden. Denn sie sind einfach und eingängig und paaren sich gut mit Vorurteilen und Unwissen. Aber es kann gelingen. Die Beziehungen zwischen Deutschen und Polen haben sich in den letzten Jahren intensiv und vielfältig entwickelt. Sie zeigen, dass mit Begegnungen und dem steigenden Wissen um Kultur, Geschichte und die Ängste des jeweils anderen Feindbilder abgebaut und Konflikte entschärft werden können. Doch gab und gibt es immer wieder Herausforderungen, die sich nicht zuletzt um Deutungen der Geschichte drehen, so z. B. auch beim deutschen **Zentrum gegen Vertreibungen**. Umbrüche und Zäsuren in der Geschichte werden von Individuen und Gesellschaften unterschiedlich verarbeitet. Vor allem in den östlichen Staaten Europas hat der Systemwechsel von der kommunistischen Diktatur in die liberale, marktwirtschaftliche Demokratie – im Westen bejubelt – die Menschen vor neue Herausforderungen gestellt und verunsichert. Wirtschafts- und Finanzkrisen oder auch die Flüchtlingskrise scheinen das gewohnte Leben zusätzlich durcheinanderzubringen.

Angesichts dieser Veränderungen entdecken viele Menschen die eigene Geschichte bzw. die Geschichte ihres Landes wieder. Aber nicht alle ziehen aus der Geschichte Einsichten zu einem vertieften Verständnis der Wirklichkeit oder zur Gestaltung einer besseren Zukunft. Manche wenden sich der Geschichte zu, weil sie nach Selbstvergewisserung suchten. Die Idee der Nation gewährt ihnen ein Gefühl der Stärke und der Besonderheit. In vielen europäischen Ländern machen populistische Parteien sich dies zunutze, auch in Polen und Deutschland. Mit Vereinfachungen, Stereotypen und dem Beschwören nationaler Größe erhalten sie vor allem in Krisenzeiten größeren Zulauf. Aus der Beschäftigung mit der Geschichte lassen sich gewiss keine Patentrezepte für ein konfliktfreies Miteinander zweier Staaten ableiten. Aber die Beschäftigung mit der Vergangenheit kann den Blick dafür schärfen,
– dass Nationen aus bestimmten Motiven heraus konstruiert werden,
– dass sie vielfältig und widersprüchlich sind und
– dass man nationale Ideologien nicht verklären, aber nationalpolitisches Denken auch nicht grundsätzlich ablehnen sollte.

1 Erläutern Sie die Grundlagen des Nationskonzepts (Darstellung S. 272 und 274 f.). Beziehen Sie die Karikatur M 1, S. 272, mit ein.
2 Quiz: Lösen Sie nach der Lektüre der Darstellung das Polen-Quiz (s. Webcode).

Wahlmodul: ▶ Kap. 3.9: Nationalsozialismus und dt. Selbstverständnis

Identität
Die Summe der Eigentümlichkeiten im Wesen eines Menschen, die ihn kennzeichnet und von anderen unterscheidet. Sie kann vielfältig sein und sich verändern: Eine Person kann sich als Angehörige einer Nation fühlen und/oder einer Religion und/oder eines Geschlechts und/oder einer Region, eines Dorfes, eines Vereins usw. Auch ist zwischen objektiv erkennbaren Merkmalen und subjektivem Empfinden dieser Merkmale zu unterscheiden.

Kernmodul: ▶ Kap. 3.7, S. 380 f., Transnationale Geschichtsschreibung: Patel (M 6), Osterhammel (M 7)

▶ M 4–M 6: Deutsche und Polen heute

▶ Kap. 3.6, S. 368 f., M 18, M 19: Zentrum gegen Vertreibungen

Polen-Quiz
cornelsen.de/Webcodes
Code: nisebu

3.1 Einführung: Zur Geschichte des deutsch-polnischen Verhältnisses

> **Hinweise zur Arbeit mit den Materialien**
> Der Einstieg zur Geschichte des deutsch-polnischen Verhältnisses setzt drei Schwerpunkte:
> – M 1–M 3 sind mit dem Thema „Nation und Nationalismus" dem Kernmodul des Rahmenthemas „Frage nach der deutschen Identität" gewidmet und ermöglichen einen strukturierten Erstzugriff.
> – M 4–M 6 bieten sich für einen aktuellen Blick zum Stand der deutsch-polnischen Beziehungen an.
> – Vertiefung: Ein Vergleich der Nationalhymnen von Deutschland und Polen kann mithilfe von M 7–M 9 erarbeitet werden; ein Webcode führt zu Vertonungen.

1 **Partnerarbeit:** Sammeln Sie Merkmale, die Ihrer Meinung nach Kennzeichen einer Nation sind.
2 Nennen Sie anschließend die zentralen Elemente einer Nation, die in M 2 vom Autor aufgeführt werden.
3 **Tabelle:** Erläutern Sie die Merkmale von Nation in M 2, indem Sie in einer Tabelle zu den Merkmalen von Deutsch eigene Beispiele finden.

Nation und Nationalismus

M 2 Der Politikwissenschaftler Karl W. Deutsch über Nationenbildung und Nationalstaat (1966)
Eine Nation ist ein Volk im Besitze eines Staates. Um einen Staat in Besitz zu nehmen, müssen einige Mitglieder dieses Volkes den Hauptteil der Führungskräfte dieses Staates stellen, und eine größere Zahl von Volksangehörigen muss sich mit diesem Staat irgendwie identifizieren und ihn unterstützen. Ein Volk wiederum ist ein ausgedehntes Allzweck-Kommunikationsnetz von Menschen. Es ist eine Ansammlung von Individuen, die schnell und effektiv über Distanzen hinweg und über unterschiedliche Themen und Sachverhalte miteinander kommunizieren können. Dazu müssen sie ergänzende Kommunikationsgewohnheiten haben, gewöhnlich eine Sprache und immer eine Kultur als gemeinsamen Bestand von gemeinsamen Bedeutungen und Erinnerungen, der es wahrscheinlich macht, dass diese Individuen in der Gegenwart und in der nahen Zukunft gemeinsame Präferenzen und Wahrnehmungen miteinander teilen. Die Angehörigen ein und desselben Volkes sind in Bezug auf ihre Gewohnheiten und ihre Charakterzüge einander ähnlich und ergänzen einander in Bezug auf andere Gewohnheiten. Wenn ein bedeutender Teil der Angehörigen eines Volkes nach politischer Macht für seine ethnische oder sprachliche Gruppe strebt, können wir es als Nationalität bezeichnen. Wenn solche Macht erlangt worden ist – gewöhnlich mit der Beherrschung eines Staatsapparates –, bezeichnen wir es als Nation.

Karl W. Deutsch, Nationenbildung – Nationalstaat – Integration, hg. von Abraham Ashkenasi, Peter W. Schulze, Übers. Norman Gonzales, VS Verlag für Sozialwissenschaften, Düsseldorf 1972, S. 204.

M 3 Der Historiker Friedrich Meinecke über Typologien von Nationen (1907)
Man wird, trotz aller gleich zu machenden Vorbehalte, die Nationen einteilen können in Kulturnationen und Staatsnationen, in solche, die vorzugsweise auf einem irgendwelchen gemeinsam erlebten Kulturbesitz beruhen, und solche, die vorzugsweise auf der vereinigenden Kraft einer gemeinsamen politischen Geschichte und Verfassung beruhen. Gemeinsprache, gemeinsame Literatur und gemeinsame Religion sind die wichtigsten und wirksamsten Kulturgüter, die eine Kulturnation schaffen und zusammenhalten.

Friedrich Meinecke, Weltbürgertum und Nationalstaat (1907), in: Friedrich Meinecke, Werke, Bd. 5, Oldenbourg, München 1962, S. 10.

1 Erläutern Sie anhand von M 3 die beiden Typen von Nationen, die der Autor unterscheidet.
2 Lesen Sie wiederholend die Darstellung S. 272–275 und stellen Sie anhand der historischen Basisinformationen eine Hypothese zu der Frage auf, ob und ggf. inwieweit Polen eine Staatsnation oder eine Kulturnation ist.
3 **Vertiefung:** In der Geschichtsschreibung wird üblicherweise Frankreich als Paradebeispiel für eine Staatsnation, Deutschland als eine klassische Kulturnation genannt. Überprüfen und diskutieren Sie ausgehend von M 3 und mithilfe eigener Recherchen zur Geschichte beider Länder diese These.
4 **Zusatzaufgabe:** Siehe S. 480.

Das deutsch-polnische Verhältnis heute

M 4 Aus der Studie „Im Osten was Neues? Das Bild Polens und Russlands in Deutschland 2013"
Die Deutschen beurteilen die deutsch-polnischen Beziehungen als sehr gut. Zum ersten Mal ist die Zahl der positiven Antworten so hoch und beträgt 70%. Das Ergebnis ist auch zum ersten Mal den polnischen Antworten aus der gleichen Zeit sehr ähnlich (73% der Polen schätzen die Beziehungen positiv ein). […]

Polen und seine Bevölkerung werden vom deutschen Bürger hauptsächlich mit Situationen aus dem Alltag assoziiert, darunter mit der Arbeit (40 % aller Assoziationen). Diese Tendenz verstetigt sich seit Jahren. Ein Großteil der Assoziationen bezieht sich auf Kriminalität (14,5 %). Mit Diebstahl werden die Polen eher in Westdeutschland assoziiert, was darauf hindeutet, dass es sich hier um Stereotype handelt, die in den Neunzigerjahren von den deutschen Medien verbreitet wurden. Die Ostdeutschen dagegen, die vor allem in den Grenzregionen von den Diebstählen betroffen sind, erwähnen die Möglichkeit des billigen Einkaufens in Polen.
Die Deutschen betonen auch die Professionalität polnischer Arbeiter (gute Arbeiter/gute Handwerker) wie auch die Tatsache, dass die Leistungen der Arbeiter aus Polen billiger sind. Eine wachsende assoziative Gruppe stellen die Landschaft, die Regionen und die Städte in Polen dar. Historische Assoziationen mit Polen spielen für die Deutschen eine untergeordnete Rolle. […]
Aus sieben Bevölkerungsgruppen, nach denen in den Untersuchungen gefragt wurde, empfinden die Deutschen am meisten Sympathie für die Holländer (55 %) und die Franzosen (50 %). In der weiteren Reihenfolge stehen die Amerikaner (43 %) und die Briten (37 %). Den Polen bringen etwa ein Viertel der Deutschen Sympathie entgegen, womit diese auf dem sechsten Platz, dem vorletzten vor Russland (15 %), aber hinter den Griechen (34 %) rangieren. […]
Die Akzeptanz den Polen gegenüber dominiert in allen untersuchten gesellschaftlichen Rollen deutlich über ihre Ablehnung. Allgemein haben 61 % der Deutschen keine Vorbehalte gegenüber Polen in unterschiedlichen gesellschaftlichen Rollen. Am liebsten sehen die Deutschen einen Polen als Arbeitskollegen (79 %), Nachbarn (77 %) oder als Einwohner in Deutschland (74 %). Unter den Befragten haben 62 % der Deutschen nichts dagegen, wenn ein Pole die deutsche Staatsbürgerschaft erhält. Eine geringere Akzeptanz bezieht sich auf gesellschaftliche Rollen, die mit mehr Nähe verbunden sind, wie Freund (57 %) oder Schwiegersohn/Schwiegertochter (49 %) sowie mit Unterordnung unter einen polnischen Chef (53 %). […]
Die Wahrnehmung der Charaktereigenschaften der Polen hat seit 2006 eine entschiedene Verbesserung erfahren. Heute meinen die Deutschen viel öfter, dass die Polen freundlich (Anstieg um 33 Prozentpunkte), unternehmerisch (plus 15 Prozentpunkte), gebildet (plus 14 Prozentpunkte), modern (plus 8 Prozentpunkte) oder religiös (plus 7 Prozentpunkte) sind. Die Verbesserung ist jedoch fast bei jedem Merkmal zu sehen. Deutlich weniger Deutsche als im Jahr 2006 empfinden die Polen heute als rückständig, schlecht organisiert, verantwortungslos, intolerant, passiv-abwartend oder unfreundlich. […]
Die Personen, die in Polen nach dem Jahr 1989 waren oder Kontakte mit den in Deutschland lebenden Polen haben, zeigen ein deutlich besseres Verhältnis zu Polen als jene, die keine persönliche Beziehung zu Polen haben. Es zeigt sich, wie wichtig es für die Verbesserung der Wahrnehmung ist, dass immer mehr Polen und Deutsche in Kontakt treten. […]
Die Ergebnisse zeigen deutlich, dass die entschiedene Verbesserung des deutschen Polenbildes in den letzten Jahren ein Mythos ist. Die Sicht der deutschen Eliten auf Polen ist positiv, aber in der Gesellschaft herrschen noch immer Stereotype vor, zum Beispiel das Bild des Polen als Autodieb. Wenn man allerdings berücksichtigt, wie verbreitet die antipolnische Rhetorik in Deutschland jahrelang gewesen ist, sind dennoch große Fortschritte sowie positive Tendenzen zu bemerken.

Jacek Kucharczyk, Agnieszka Łada, Cornelius Ochmann, Łukasz Wenerski, Im Osten was Neues? Das Bild Polens und Russlands in Deutschland 2013. Auszüge und Zusammenfassung der Studie „Im Osten was Neues? Das Bild Polens und Russlands in Deutschland" von J. Kucharczyk, A. Łada, C. Ochmann und Ł. Wenerski, Bertelsmann-Stiftung, Gütersloh 2013, S. 4, 7 f. und 10 f. Zit. nach: https://www.bertelsmann-stiftung.de/fileadmin/files/BSt/Presse/imported/downloads/xcms_bst_dms_38167_38168_2.pdf (13.08.2018).*

1 **Kursumfrage:** Führen Sie eine Umfrage in Ihrem Kurs durch: Was denken Sie, welche Merkmale von Polen Deutsche am häufigsten nennen, wenn sie in Umfragen zu ihrem Polenbild befragt würden?
2 **Wahlaufgabe:** Bearbeiten Sie entweder Aufgabe a) oder b).
   a) Vergleichen Sie Ihre Ergebnisse aus Ihrer Kursumfrage (Aufgabe 1) mit den Ergebnissen aus der in M 4 zitierten Studie über deutsche Polenbilder.
   b) Entwickeln Sie Thesen zu den Ursachen des Wandels bzw. des Verharrens der deutschen Polenbilder, wie sie in M 4 dargestellt sind.
3 **Vertiefung:** Wiederholen Sie Ihre Umfrage aus Aufgabe 1 noch einmal nach Beendigung Ihrer Kursarbeit zur Geschichte des deutsch-polnischen Verhältnisses.

M 5 Ergebnisse einer Umfrage zum Deutschlandbild der Polen (2010)
Heute ist eine eindeutige Mehrheit in Polen der Meinung, dass die Vereinigung beider deutscher Staaten vorteilhaft sowohl für Europa (79 %) als auch für Polen (74 %) gewesen ist. 77 % sagen, im Ergebnis habe

die Wiedervereinigung die polnisch-deutschen Beziehungen verbessert.
68 % der Befragten stimmen der Feststellung zu, dass die deutsche Einheit zur Stabilität der politischen Lage in Europa beigetragen hat; 61 % sind der Meinung, dass die Wiedervereinigung in der Folge den Beitritt Polens und anderer Länder zur Europäischen Union ermöglicht hat.
Die Hälfte der Befragten (50 %) vertritt aber auch die Auffassung, die deutsche Vereinigung habe zu einer politischen und wirtschaftlichen Dominanz Deutschlands in Europa geführt, immerhin etwas mehr als ein Drittel (37 %) unterstützt die These, infolge der Vereinigung seien nationalistische Stimmungen in Deutschland aufgekommen.
Drei Viertel der Polen bewerten die deutsch-polnischen Beziehungen gut (71 %) oder sehr gut (4 %). Nach jahrelang fallender Tendenz (2000: 83 %; 2005: 79 %; 2008: 66 %; 2009: 57 %) ist damit der Prozentsatz der positiven Bewertung deutlich gestiegen. Am geringsten ist die positive Einschätzung übrigens bei den Jüngsten, den 15- bis 19-Jährigen (69 %) […].
Unter den Problemen werden an erster Stelle die Bestrebungen einzelner Vertriebener, ihr ehemaliges Eigentum in Polen zurückzubekommen (44 %) angekreuzt. An zweiter und dritter Position wählen die Befragten die Streitigkeiten um das Gedenken an die Vertreibungen (37 %) sowie die Frage der Rechte der *Polonia*, der in Deutschland lebenden Polen (25 %). Das sind Themen, die im Zusammenhang mit Deutschland häufig in Medien und Politik in Polen verhandelt werden. Als weitere Problemthemen werden genannt: das Misstrauen eines Teils der polnischen öffentlichen Meinung und der Politiker gegen Deutschland (21 %), Unterschiede in der Russlandpolitik sowie fehlende Arbeitnehmerfreizügigkeit für Polen in Deutschland (jeweils 20 %), unterschiedliche Interessen in der Energiepolitik (16 %) sowie ein zu geringes Interesse in Deutschland an Polen (13 %). Nur für 6 % ist noch die polnisch-deutsche Grenze ein Problem. […]
Über die Hälfte der befragten Polen (54 %) meint, dass Deutschland zwar die Erreichung eigener Ziele in der EU anstrebt, allerdings dabei die Interessen anderer Staaten berücksichtigt. […]
Nach Jahren der Krise und des Konflikts in den deutsch-polnischen Beziehungen überraschen und beruhigen die sehr positiven Ergebnisse der Untersuchung. Zu wünschen wäre, dass die Bewertung Polens in Deutschland ebenso freundlich ausfiele, was in zurückliegenden Umfragen aber nicht der Fall war. […]

Angesichts der viel kritischeren Bewertungen Deutschlands in der veröffentlichten Meinung und in Teilen der polnischen Politik drängt sich jedoch der Eindruck einer gewissen Spaltung des Meinungsbildes in Polen zwischen der Bevölkerung einerseits und Medien/Politik andererseits auf. Ein ähnliches Phänomen war in den letzten Jahren in Bezug auf die Europapolitik in Polen zu beobachten. Auch dort gehört Polen nach den Umfragen von Eurostat durchgehend zu den europafreundlichsten Ländern, wogegen in Medien und Politik in Polen oft eine skeptischere Perspektive vorherrschte.

Konrad Adenauer Stiftung e. V., Auslandsbüro Polen, Länderbericht „20 Jahre nach der Wiedervereinigung: Positives Meinungsbild in Polen über Deutschland, Eine Umfrage im Auftrag der Konrad Adenauer Stifttung", 30. September 2010. Zit. nach: http://www.kas.de/wf/doc/kas_20676-1522-1-30.pdf?100930181923 (13. 08. 2018).*

1 Geben Sie die zentralen Befunde aus der Umfrage in M 5 wieder.
2 Diskutieren Sie über das Ergebnis in M 5, dass es erkennbare Unterschiede zwischen der Bevölkerung und den Medien/der Politik in Polen gibt.
3 **Internetrecherche:** Informieren Sie sich über die aktuelle Wahrnehmung von Deutschen in Polen und stellen Sie diese im Kurs vor.
4 **Zusatzaufgabe:** Zu M 6, siehe S. 480.

M 6 Heutige deutsch-polnische Grenze bei Ahlbeck auf Usedom, Mecklenburg-Vorpommern, Fotografie, ca. 2011

Einführung: Zur Geschichte des deutsch-polnischen Verhältnisses 3.1

Vertiefung: Nationalhymnen im Vergleich

M 7 Nationalhymnen

Eine Nationalhymne ist der feierliche Lobgesang, das Lied oder Musikstück (Hymne), mit dem sich ein Staat zu besonderen Anlässen präsentiert. Diese Staatshymne wird beispielsweise bei Staatsempfängen, internationalen Sportereignissen oder bei besonderen staatlichen Ereignissen gespielt oder gesungen. Hymnen greifen häufig historische Aspekte auf, die für eine Nation und die eigene Identität wichtig sind. Manchmal wechseln Länder in bestimmten historischen Situationen auch ihre Hymnen bzw. Strophen oder andere Textbestandteile.

Originalbeitrag von Robert Quast, Bad Iburg.

M 8 „Das Lied der Deutschen"

Text: August Heinrich Hoffmann von Fallersleben, 1841. Melodie: Joseph Haydn, 1796/97 (ursprünglich komponiert für das Lied „Gott erhalte Franz, den Kaiser" zu Ehren von Franz II., Kaiser des Heiligen Römischen Reiches Deutscher Nation). Seit 1991 ist ausschließlich die 3. Strophe die Nationalhymne der Bundesrepublik Deutschland.

Deutschland, Deutschland über alles,
über alles in der Welt,
wenn es stets zu Schutz und Trutze
brüderlich zusammenhält,
von der Maas bis an die Memel,
von der Etsch bis an den Belt –
Deutschland, Deutschland über alles,
über alles in der Welt.

Deutsche Frauen, deutsche Treue,
deutscher Wein und deutscher Sang
sollen in der Welt behalten
ihren alten schönen Klang,
uns zu edler Tat begeistern
unser ganzes Leben lang.
Deutsche Frauen, deutsche Treue,
deutscher Wein und deutscher Sang.

Einigkeit und Recht und Freiheit
für das deutsche Vaterland!
Danach lasst uns alle streben
brüderlich mit Herz und Hand!
Einigkeit und Recht und Freiheit
sind des Glückes Unterpfand.
Blüh im Glanze dieses Glückes,
blühe, deutsches Vaterland.

Text: August Heinrich Hoffmann von Fallersleben, 1841.

M 9 „Mazurek Dąbrowskiego" (dt. Dabrowski-Mazurka)

Das Lied wurde benannt nach dem polnischen General Jan Henryk Dąbrowski. Seit 1796 baute er in Norditalien im Dienste Frankreichs eine Polnische Legion auf, um von dort aus mithilfe Frankreichs Polen zu befreien. Józef Wybicki schrieb 1797 den Text für die Polnische Legion, die Melodie schrieb vermutlich Michael Kleophas Oginski. Das Lied ist seit 1927 Nationalhymne der Republik Polen.

Noch ist Polen nicht verloren,
solange wir leben.
Was uns fremde Übermacht nahm,
werden wir uns mit dem Säbel zurückholen.

Marsch, marsch, Dąbrowski,
Von der italienischen Erde nach Polen.
Unter deiner Führung
vereinen wir uns mit der Nation.

Wir werden Weichsel und Warthe durchschreiten,
Wir werden Polen sein,
Bonaparte gab uns ein Beispiel,
wie wir zu siegen haben.

Marsch, marsch, Dąbrowski …

Wie Czarniecki bis nach Posen
Nach der schwedischen Besetzung,
Zur Rettung des Vaterlands
kehren wir übers Meer zurück.

Marsch, marsch, Dąbrowski …

Da spricht schon ein Vater zu seiner Basia weinend:
„Höre nur, es heißt, dass die Unseren
die Kesselpauken schlagen."

Marsch, marsch, Dąbrowski …

Text Józef Wybicki, 1797. Zit. nach: Nationalhymnen. Texte und Melodien, Philipp Reclam jun., Stuttgart 1982, S. 132.

1 Ordnen Sie die Entstehung der Texte M 8 und M 9 historisch ein. Recherchieren Sie weitere Informationen.
2 Vergleichen Sie die Texte beider Lieder in ihren heutigen Funktionen als Nationalhymnen.
3 **Audios:** Vergleichen Sie Ihre Eindrücke von den Vertonungen der Hymnen und diskutieren Sie sie.

Audios: Musik der Nationalhymnen Deutschland, Polen
cornelsen.de/Webcodes
Code: zumuda

3.2 Ursprünge und Auflösung des Königreichs Polen

M1 Kolorierter Kupferstich von Johannes Esaias Nilson, Augsburg, nach 1773.

Das Bild wurde vor allem im 19. Jahrhundert in Europa vielfach gedruckt und war in Nachzeichnungen und anderen Varianten weit verbreitet. Die drei Textbanner am oberen Bildrand beginnen alle mit den Worten (lateinisch) „Iura Reg[alia] …" (deutsch: königliche Rechte).

| 966 | Herzog Mieszko I. tritt zum Christentum über |
| 1025 | Bolesław Chrobry, erster König Polens |

12.–14. Jh. Landesausbau in Osteuropa

Ursprünge und Auflösung des Königreichs Polen 3.2

Seit dem 6. Jahrhundert interessierten sich griechische und lateinische Autoren in ihren Schriften für die Slawen, die in großen Teilen Mittel- und Osteuropas lebten, also auch in den Gebieten des heutigen Polen. Die Slawen bildeten damals keine feste Einheit und außerhalb von Kriegs- und Krisenzeiten gab es in ihren Kulturen auch keine fest gefügte
5 Fürstenherrschaft. Dies änderte sich in den folgenden Jahrhunderten. Um das Jahr 1000 taucht zum ersten Mal in den Quellen der Name „Polen" (lateinisch Polonia) auf. Im 15. Jahrhundert reichte das europäische Großreich Polen-Litauen von der Ostsee bis zum Schwarzen Meer und war Mitte des 18. Jahrhunderts ungefähr doppelt so groß wie die Bundesrepublik Deutschland heute. Doch nur wenige Jahrzehnte später war das
10 Großreich nach mehreren Teilungen von der europäischen Landkarte verschwunden und seine Existenz 1794 als unabhängiger Staat beendet – und zwar für mehr als ein Jahrhundert.

1 Sammeln Sie selbstständig Informationen über das Bild M 1 und beschreiben Sie es.
2 Erläutern Sie, welche Botschaft das Bild M 1 vermitteln will.
3 **Partnerarbeit:** Entwickeln Sie gemeinsam Fragen, die sich Ihrer Meinung nach aus der Untersuchung des Bildmaterials ergeben. Notieren Sie diese, sodass Sie sie nach Bearbeitung des Kapitels 3.2 noch einmal aufrufen und bearbeiten können (siehe S. 293, Aufg. 6). Denken Sie bei der Formulierung Ihrer Fragen auch an mögliche Bezüge zu unserer heutigen Zeit.

Zum Kupferstich von Nilson
cornelsen.de/Webcodes
Code: horoju

1386	Polnisch-litauische Personalunion
1410	Schlacht bei Tannenberg bzw. Grunwald
1569	Polnisch-litauische Realunion (Lubliner Union)
1652	Liberum veto des polnischen Adels
1772	Erste polnische Teilung
1791	Erste geschriebene Verfassung Polens
1793	Zweite polnische Teilung
1794	Kościuszko-Aufstand
1795	Dritte polnische Teilung

3.2 Ursprünge und Auflösung des Königreichs Polen

> *In diesem Kapitel geht es um*
> – *die Ursprünge Polens und den Landesausbau in Osteuropa seit dem Mittelalter,*
> – *die Merkmale der Gesellschaft und die politische Entwicklung des Großreichs Polen-Litauen (bis zur Mitte des 18. Jahrhunderts),*
> – *die polnischen Teilungen Ende des 18. Jahrhunderts und deren Folgen.*

Ursprünge Polens

M1 Gustav Grunenberg, Statue der Hedwig von Andechs (1174–1243), errichtet 1893, Dombrücke Breslau, Foto, 2002

Personalunion
Verbindung zweier getrennter Staaten durch eine Person.

Realunion
Verbindung zweier Staaten, die eine Person als Staatsoberhaupt haben.

Seit dem Mittelalter sind die Geschichten von Deutschen und Polen eng miteinander verflochten. Als im Jahre 966 Herzog **Mieszko I.** (der erste historisch belegte polnische Herrscher) aus dem Geschlecht der **Piasten** sich taufen ließ und die Christianisierung in seinen Gebieten einleitete, vollzog ein deutscher Bischof die Zeremonie. Später heiratete Mieszko die Tochter aus einem deutschen Fürstengeschlecht. Im Jahr 1000 zeigten sich erstmals engere Beziehungen zum Kaisertum des Heiligen Römischen Reichs Deutscher Nation: Kaiser Otto III. pilgerte nach Polen, um gemeinsam mit dem polnischen Herzog **Bolesław Chrobry,** der sich kurz darauf mit Einverständnis des Papstes zum ersten polnischen König krönte (1025), am Grab des Märtyrers Adalbert von Prag zu beten. Auch die Heirat des polnischen Herzogs Heinrich I. mit **Hedwig von Andechs*** aus Bayern verband die Länder. Hedwig, die Ordensniederlassungen gründete und Arme und Kranke unterstützte, wird bis heute in Polen verehrt. Weil die Piasten eng mit dem Kaisertum im Heiligen Römischen Reich verbunden waren, konnten sie ihren Herrschaftsraum im 12./13. Jahrhundert ausweiten. Doch familiäre Streitigkeiten um die Nachfolgeregelung zersplitterten das Land, das infolgedessen von anderen Mächten bedrängt oder abhängig wurde. Erst 1320 erfolgte die dauerhafte Erhebung zum Königreich. Ludwik I. Wielki (1370–1382) hatte keine Söhne und musste die Zustimmung des polnischen Adels zur Nachfolge der Töchter mit Konzessionen erkaufen: Der Adel bekam weitgehende Steuerfreiheit, er erhielt den politischen Alleinvertretungsanspruch sowie die Mitwirkung an der Königswahl. Allein aus dem Adel sollten die Kron- und Landesbeamten sowie die meisten Bischöfe ernannt werden. Durch die Ehe von Ludwiks Tochter Jadwiga mit dem Großfürsten von Litauen, **Jagiełło,** wurde 1386 eine polnisch-litauische **Personalunion*** begründet. 1569 wurde aus ihr eine **Realunion*.**

Der Landesausbau* in Osteuropa

Landesausbau
In der Forschung waren früher Begriffe wie „Ostsiedlung" oder „Ostkolonisation" gebräuchlich. Sie werden heute aus mehreren Gründen nicht mehr verwendet, unter anderem weil sie den Prozess zu stark aus deutscher Perspektive betrachten.

▶ M 4–M 6: Landesausbau

Für die deutsch-polnischen Beziehungen im Mittelalter war der friedliche Landesausbau von großer Bedeutung. Es handelt sich dabei um die von den Territorialherren in Ostmitteleuropa bewusst betriebene Politik, die Wirtschaft und Gesellschaft ihrer Länder zu modernisieren. Die überwiegend aus den deutschen Ländern stammenden Bauern, Handwerker und Kaufleute sollten die riesigen unbesiedelten Flächen östlich der Elbe urbar machen. Auch entstand ein dichtes Netz neuer, nach deutschem Vorbild gegründeter Städte, die sich zu Zentren deutsch-polnischer Begegnung entwickelten. Insgesamt haben sich vom 12. bis 14. Jahrhundert etwa eine halbe Million Menschen Richtung Osteuropa aufgemacht. Um die Ansiedlung in Polen zu befördern, versprachen die polnischen Herrscher den Neusiedlern Privilegien, u. a. Steuerfreiheit und Abgabenbefreiung. Auf diese Weise profitierten beide Seiten. Im Zuge der Siedlungsprozesse bildeten sich neue Sprachgebiete, Sprachgrenzen und neue Stämme, z. B. die Schlesier. Die deutschen Siedler gingen von Polen aus weiter nach Osten und bildeten die Basis für die jahrhundertelangen kulturellen deutschen Einflüsse in Osteuropa.

Der Deutsche Orden in Polen

Der polnische Herzog Konrad I. von Masowien rief im Jahr 1226 die Ritter des christlichen Deutschen Ordens zu Hilfe. Sie sollten ihn bei der Abwehr der Angriffe heidnischer **Prußen*** aus dem Osten unterstützen. Durch seine häufigen Kämpfe mit den heidnischen Prußen wuchs der Deutsche Orden jedoch in Polen nach und nach zu einer eigenständigen Militärmacht heran. Nachdem die Prußen besiegt waren, wurde der Orden für die Fürsten in den nördlichen Gebieten Polens immer gefährlicher. 1309 verlegte der Orden seinen Sitz von Venedig in die zu diesem Zweck errichtete Marienburg an der Nogat. Der Konflikt zwischen Polen und dem Deutschen Orden gipfelte in der Schlacht bei Tannenberg **1410** (in polnischer Tradition: Schlacht von Grunwald). Das Heer des Deutschen Ordens stand einer polnisch-litauischen Armee gegenüber. Die Schlacht endete mit einer verheerenden Niederlage für den Orden, dessen Einfluss danach stark zurückging. Obwohl die Schlacht bei Tannenberg zu den größten des Mittelalters zählte, geriet sie in der Folgezeit schnell in Vergessenheit. Erst im 19. Jahrhundert, im historischen Kontext des europäischen Nationalismus und der preußisch-polnischen bzw. deutsch-polnischen Auseinandersetzungen, wurde aus den Konflikten zwischen dem Deutschen Orden und Polen ein Sinnbild konstruiert, das einen angeblich dauerhaften deutsch-polnischen Gegensatz belegen sollte.
Nach der Auflösung des Ordens 1525 entstand auf dem Restgebiet das Herzogtum **Preußen als polnisches Lehen.** 1657 verzichtete Polen auf diese Lehnshoheit.

Prußen
Westbaltischer Volksstamm zwischen Weichsel und Memel. Wurde nach seiner Niederlage im Zuge der Siedlungsprozesse in Osteuropa assimiliert (= verschmolzen). Er gab jedoch dem Gebiet, das später Ostpreußen hieß, und seinen Bewohnern den Namen. Daraus entwickelte sich die Bezeichnung Preußen.

M2 Die Marienburg an der Nogat, Sitz des Deutschen Ordens im Mittelalter, Foto, 2011

Die Union Polens mit Litauen

Mit der **Lubliner Union 1569** unter Zygmunt II. August, dem polnischen König aus der Dynastie der Jagiellonen, wurde aus der polnisch-litauischen Personalunion eine Realunion, die bis zur Auflösung 1795 bestand. Der neue Großstaat erhielt einen gemeinsamen Reichstag **(Sejm*)**, und auch Außenpolitik und Münzwesen wurden zusammengeführt. Die „Republik der beiden Nationen", so wurde sie fortan genannt, reichte von Danzig bis kurz vor die Krim, von Estland bis in die heutige Slowakei. Tatsächlich lebten hier jedoch viele Nationalitäten und Religionen.
Der Adel (polnisch: *szlachta*), der zwischen 6 % und 10 % der Bevölkerung ausmachte, viel mehr als in anderen Ländern Europas, spielte eine dominierende Rolle, was 1572 zur Errichtung einer Wahlmonarchie führte. Mit der Wahl der Könige konnte der Adel die Königsmacht zugunsten eigener Vorrechte immer stärker aushöhlen (Adelsrepublik*). Einen großen Einfluss auf die Politik gewannen dabei die sogenannten **Magnaten**. Das waren meist hochadlige Besitzer riesiger Ländereien (im Gegensatz zur Masse der kleinen Landadligen), von denen einige sogar Städte gründeten oder sich Privatarmeen hielten, um ihre Interessen durchzusetzen. Seit 1652 galt im Sejm das Recht des *Liberum veto**. Es besagte, dass eine Gegenstimme ausreiche, um einen Beschluss des polnischen Reichstags zu blockieren. Die Wirkkraft des Vetos ging so weit, dass dadurch auch alle anderen Beschlüsse der jeweiligen Sitzungsperiode aufgehoben waren. Durch dieses Recht wurde die Wahl des Königs von Polen häufig zu einer gesamteuropäischen Angelegenheit. Denn meist standen sich mehrere ausländische Kandidaten gegenüber, die versuchten, eine Mehrheit des Adels auf ihre Seite zu bringen. 1697 bestieg der **sächsische Kurfürst als August II.** den Thron. Es folgten Kriege gegen Schweden, z. B. im Großen Nordischen Krieg 1700–1721, welche die geschwächte Zentralmacht derart strapazierten, dass der König auf fremde Hilfe angewiesen war, vor allem aus dem Zarenreich Russland. Das kriegszerstörte Polen wurde nun zum Spielball der Politik der Großmächte, denn es war innenpolitisch zerrissen zwischen den Einzelinteressen von Magnaten, übrigem Adel und Königshof. Dass die wirtschaftliche Grundlage des Landes, der Getreideexport nach Mittel- und Westeuropa, durch Kriege und sinkende Konkurrenzfähigkeit ins Wanken geriet, kam als weiteres Problem hinzu.

Sejm
War das seit Ende des 15. Jh. regelmäßig tagende Parlament (seine Wurzeln gehen ins 12. Jh. zurück). Es bildete sich aus regionalen Versammlungen und bestand aus zwei Kammern: Abgeordnetenhaus und Senat. Der Sejm kam alle zwei Jahre zusammen, außerplanmäßige Sitzungen waren möglich.

Adelsrepublik
„Republik" bezeichnet eigentlich nicht-monarchische Staatsformen. „Adelsrepublik" meint hingegen eine Form des Ständestaates, in dem Staat und Herrschaft in der Hand des Adels oder (in Städten) in der Hand von reichen Patrizierfamilien liegen und sich vererben.

Liberum veto
(lateinisch: „Ich verbiete."). Da alle Beschlüsse im Sejm einstimmig gefällt werden mussten, konnte ein einzelner Abgeordneter alle Beschlüsse verhindern.

▶ M 7: Adelsrepublik

▶ M 8–M 12: Erste Teilung Polens

3.2 Ursprünge und Auflösung des Königreichs Polen

Die erste polnische Teilung (1772)

Unter dem zweiten Sachsenkönig, August III. (1733–1763), wurden die Schwäche des Staats, die Stärke der Magnaten und die zerstörerische Einflussnahme der europäischen Nachbarn sehr bedrohlich. In weiten Kreisen setzte sich die Überzeugung durch, dass in der Adelsrepublik tiefgreifende Reformen notwendig seien.

Unterstützt von König **Stanisław II. August Poniatowski** (1764–1795), dem mit russischer Hilfe auf den Thron gebrachten letzten polnischen König, wurden tatsächlich Reformprojekte in Angriff genommen. Im Vordergrund stand die Modernisierung von Armee und Wirtschaft, des politischen Systems und des Bildungswesens. Doch gingen diese Reformen vielen Gruppen in Polen wie auch den Monarchen der Nachbarmächte bald zu weit. Sie schürten innenpolitische Konflikte und erzwangen 1768 eine teilweise Rücknahme der Beschlüsse. Gegen die offene Interessenpolitik Russlands gab es bald im ganzen Land Aufstände. Mit der Kriegserklärung des Osmanischen Reichs an Russlands 1768 weitete sich der Bürgerkrieg zum europäischen Konflikt. Auf Drängen von **König Friedrich II. von Preußen** wurde Polen 1772 dann zum ersten Mal zwischen Preußen, Russland (unter Zarin Katharina II.) und Österreich (unter Kaiser Joseph II.) geteilt. Das Land musste große Gebiete und 4,5 Millionen Einwohner abtreten.

Die zweite und dritte polnische Teilung (1793, 1795)

▶ M 13: Verfassung 1791

Kernmodul: ▶ Kap. 3.7, S. 373–376, Nation – Begriff und Mythos: Anderson (M 1), Wehler (M 2), Münkler (M 3)

Für die polnische und die europäische Öffentlichkeit war die **erste Teilung Polens** ein Schock. Sie weckte aber auch neue Reformkräfte und einte die verschiedenen Interessengruppen im Land. Polen erhielt nun rasch beispielhafte Verwaltungs- und Bildungseinrichtungen und weitere Reformen folgten. Der Sejm verabschiedete am 3. Mai 1791 die erste geschriebene **Verfassung Polens**, die zugleich die erste geschriebene Verfassung Europas war. Sie sah unter anderem die Abschaffung der freien Königswahl und des *Liberum veto* vor. Weitere Inhalte wie die Gewaltenteilung zwischen Legislative, Exekutive, Judikative, ein nach dem Mehrheitsprinzip entscheidender Reichstag sowie eine aus Kronrat und Ministern gebildete Regierung waren Kennzeichen einer modernen Staatsverfassung.

Der auf seine Vorrechte bedachte Adel widersetzte sich in Teilen den Reformen. Mithilfe der russischen Zarin Katharina II. gelang es, die Reformpartei 1792 faktisch zur Rücknahme der Mai-Verfassung zu zwingen. Russland intervenierte mit einer 100 000 Mann starken Armee und ließ sich in der **zweiten Teilung 1793** mit großen Gebieten Polens entschädigen, ebenso das wohlwollend neutrale Preußen (insgesamt verlor Polen 286 000 km² mit 3,5 Millionen Einwohnern). **Tadeusz Kościuszko*** (gesprochen: *tadeusch koschtschjuschko*), der als Offizier im amerikanischen Unabhängigkeitskrieg gekämpft hatte, führte einen Volksaufstand gegen die erneute Teilung an. Dieser brach jedoch im Oktober 1794 zusammen.

Das restliche Polen verschwand nach der **dritten Teilung 1795** als selbstständiger Staat Europas. Polen war eine Nation ohne Staat geworden. Dieser Verlust des eigenen Staates war insbesondere für die polnischen Eliten ein Trauma, das die Nation das gesamte 19. Jahrhundert und darüber hinaus prägen sollte.

M 3 Tadeusz Kościuszko (1746–1817), Kupferstich, 19. Jh.

Podcast „Polnische Teilungen"
Webcode
xedoci

1 Beschreiben Sie anhand der Darstellung die Folgen der deutschen Besiedlung Osteuropas im Mittelalter.
2 **Schaubild:** Stellen Sie mithilfe der Darstellung die Ursachen, den Verlauf und die Auswirkungen der polnischen Teilungen in einem Schaubild dar.
   Tipp: Siehe Hilfen S. 480 f.
3 Listen Sie mithilfe der Darstellung deutsch-polnische Berührungspunkte bis Ende des 18. Jahrhunderts auf.

3.2 Ursprünge und Auflösung des Königreichs Polen

Hinweise zur Arbeit mit den Materialien
Der Materialteil setzt folgende Schwerpunkte:
- M 4–M 6 thematisieren den **Landesausbau** in Osteuropa seit dem Mittelalter und die Folgen.
- M 7 ist eine Quelle zur polnischen **Adelsrepublik**.
- M 8–M 12: Mithilfe dieser Materialien können die polnischen Teilungen ausgehend von der ersten Teilung Polens exemplarisch und mehrperspektivisch untersucht und bewertet werden.
- M 13, Vertiefung: Als Vertiefung bieten sich die Auszüge aus der polnischen **Verfassung vom Mai 1791** an, die unter der Frage beurteilt werden kann: Bedeutete die Verfassung 1791 eine Schwächung des polnischen Staates oder zeigte sie einen Weg in eine stabile, moderne politische Zukunft?
- Methodentraining: S. 290 f. zu „Geschichtskarten".

Zur Vernetzung mit dem Kernmodul
- Kernmodul „Transnationale Geschichtsschreibung": M 6 (Patel), M 7 (Osterhammel)
- Kernmodul „Nation: Begriff und Mythos": Anderson (M 1), Wehler (M 2), Münkler (M 3)

Landesausbau in Osteuropa

M 4 Buchillustration aus dem „Sachsenspiegel" aus der Heidelberger Handschrift, um 1300.
Zu sehen sind unter anderem: ein Leihbrief, ein Grundherr, weitere Personen, Tätigkeiten.

M 5 Der polnische Fürstbischof und Geschichtsschreiber Martin Kromer (1512–1589) schreibt über die Ansiedlung Deutscher in der Zeit Kasimirs des Großen (1333–1370)

Als [Kasimir der Große] Polen [...] teils wegen der vorangegangenen Kriege und Einfälle der Barbaren, teils wegen verheerender Seuchen fast verödet und entvölkert sah, verteilte er Ackerland an Deutsche,
5 die man herbeirief oder die auch von selbst kamen. Von diesen Ansiedlern sind bis zum heutigen Tag nicht geringe Reste in den unterhalb des Gebirges liegenden und an Ungarn grenzenden Gegenden [...] vorhanden. [...] Durch Mühe und Arbeit begann Po-
10 len bevölkerter zu werden und von gehobener Kultur in den Dörfern und Städten. Sie sind nämlich wirtschaftlicher und umsichtiger in Erwerb und Sicherung ihrer Angelegenheiten, und sie wohnen reinlicher.
15 Kasimir war auch gegen sie und die übrigen Stadt- und Landbewohner recht freigiebig und nachsichtig. Er duldete nicht, dass sie durch zu harte Arbeit und Abgaben oder durch irgendein Unrecht seiner Amtsträger, der Großen und Adligen, bedrückt wurden,
20 und er strafte alle, die dergleichen wagten. [...] Auch ließ er nicht nur die Deutschen ihr sächsisches oder Magdeburger Recht gebrauchen, sondern gestattete dies auch den Polen mit Ausnahme des Adels.

Zit. nach: Herbert Helbig, Lorenz Weinrich (Hg.), Urkunden und erzählende Quellen zur deutschen Ostsiedlung im Mittelalter, 2. Teil, Wissenschaftliche Buchgesellschaft, Darmstadt 1970, S. 349–351.*

M 6 Der Historiker Wolfgang Wippermann über die Gesellschaft in Polen-Litauen seit dem Spätmittelalter (1992)

Seit 1466 gehörte halb, seit 1525 ganz Preußen zu Polen. Seine Bewohner sprachen jedoch weiterhin deutsch. Die polnischen Könige störte dies nicht, im Gegenteil, hatten sie doch mit Siedlern aus Deutsch-
5 land ausgesprochen gute Erfahrungen gemacht. Deutsche und flämische Bauern und Bürger trugen ebenso wie Juden, die Mitte des 14. Jahrhunderts aus Deutschland vertrieben und in Polen mit offenen Armen empfangen wurden, zum wirtschaftlichen Auf-
10 bau Polens bei. Einige von ihnen übernahmen die polnische Sprache und wurden polonisiert, andere dagegen behielten ihre deutsche Sprache und Kultur bei. So war es im polnischen Schlesien, wo bald fast ausschließlich deutsch gesprochen wurde, ohne dass
15 dies von den Zeitgenossen als nationales Glück oder Unglück angesehen wurde. [...]
Die Ansiedlung von Deutschen (und Juden) in Polen stellte vielmehr einen ebenso wichtigen wie positiven Wendepunkt in der Geschichte der deutsch-polni-
20 schen Beziehungen dar. Seit diesem Zeitpunkt lebten Deutsche und Polen friedlich [...] zusammen. Die polnische Zentralgewalt störte es noch nicht einmal, dass viele dieser Deutschen Protestanten waren. Während in Deutschland blutige Religionskriege tob-
25 ten, herrschte in Polen religiöse Toleranz. Katholiken und Protestanten lebten hier ebenso friedlich zusammen wie Orthodoxe und Juden.

Wolfgang Wippermann, Geschichte der deutsch-polnischen Beziehungen. Darstellung und Dokumente, Pädagogisches Zentrum Berlin, Berlin 1992, S. 15 f.*

1 **Partnerarbeit:** Teilen Sie arbeitsteilig die Quellen M 4 und M 5 untereinander auf.
  a) Arbeiten Sie aus Ihrer jeweiligen Quelle Merkmale des Landesausbaus in Osteuropa heraus.
  b) Tragen Sie Ihre Befunde zusammen (Tabelle).
     Tipp: Siehe Hilfen S. 481.
  c) Analysieren Sie Ihre Ergebnisse und präsentieren Sie sie gemeinsam.
2 Charakterisieren Sie ausgehend von M 6 die Gesellschaft in Polen-Litauen zwischen Spätmittelalter und Beginn der Neuzeit.
  Kernmodul: ▶ Berücksichtigen Sie auch M 6 und M 7 (S. 380 f.).
3 **Zusatzaufgabe:** Siehe S. 481.

Die Adelsrepublik Polen-Litauen

M 7 König Friedrich II. über die politischen und gesellschaftlichen Strukturen des Landes (1752)

Die Republik hält an der alten feudalen Regierungsform fest, die alle anderen Mächte Europas schon abgeschafft haben. Ihre Nachbarn sind daran interessiert, die republikanische Monarchie im Zustand der
5 Schwäche zu erhalten, unterstützen die Freiheit und Unabhängigkeit der Großen gegen den Ehrgeiz der Könige. Die Republik wird nur beunruhigt bei Gelegenheit der Königswahl. In zwei mächtige Parteien gespalten ist sie für niemanden gefährlich, und ihre
10 Nachbarn sind beinahe gesichert gegen alles, was sie unternehmen würden, weil nichts leichter ist, als ihre Reichstage zu sprengen.

Zit. nach: Felix Esche, Jürgen Vietig (Hg.), Deutsche und Polen. Eine Chronik. Begleitbuch zur vierteiligen ARD-Fernsehreihe Deutsche und Polen, Nicolai, Berlin 2002, S. 71.

1 Erläutern Sie ausgehend von M 7 und mithilfe der Darstellung (S. 283) die politische Lage der polnisch-litauischen Republik im 18. Jahrhundert.
  Tipp: Sammeln Sie zunächst Begriffe, die Sie in diesem Zusammenhang für zentral halten.

Die polnische Teilung 1772

M 8 Aus dem Vertrag zwischen Russland und Preußen vom 25. Juli 1772

Im Namen der Heiligen Dreifaltigkeit. Der Geist des Umsturzes, die Unruhen und der Bürgerkrieg, von denen das Königreich Polen seit vielen Jahren erschüttert wird, […] lassen zu Recht die völlige Auflösung
5 des Staates befürchten. Ebenso ist zu befürchten, dass die hierdurch berührten Interessen aller Nachbarn Polens gestört werden, dass die gute Eintracht zwischen ihnen verschlechtert und ein allgemeiner Krieg entfacht wird […].
Und gleichzeitig haben die benachbarten Mächte der 10 Republik ebenso alte wie legitime Ansprüche und Rechte auf polnische Gebiete, die sie niemals haben verwirklichen können. Es besteht die Gefahr, dass sie diese Ansprüche unwiederbringlich verlieren, wenn sie nicht Maßnahmen ergreifen, sie abzusichern und 15 ihre Anerkennung selbst durchzusetzen; und das zugleich mit der Wiederherstellung von Ruhe und Ordnung im Innern der Republik.

Zit. nach: Friedrich Wilhelm Ghillany, Diplomatisches Handbuch. Sammlung der wichtigsten europäischen Friedensschlüsse, Teil 1, Beck, Nördlingen 1855, S. 201.*

1 Arbeiten Sie aus M 8 die Begründung für die Teilung Polens heraus.
2 **Partnerarbeit:** Überprüfen Sie diese Begründung vor dem Hintergrund des historischen Kontexts in gemeinsamer Partnerarbeit. Beziehen Sie die Darstellung, S. 284, in Ihre Überlegungen mit ein.

M 9 Positionen der Teilungsmächte

a) Aus einem Brief der russischen Zarin Katharina II. an Joseph II., den Sohn der österreichischen Kaiserin Maria Theresia (1774)

In ihrem gemeinsamen Vorgehen gegen Polen haben sich die drei Höfe weniger von Eroberungslust leiten lassen als von großen und praktischen Gesichtspunkten. Sie wollten Ordnung und Ruhe, wie der Wohlstand und die Sicherheit ihrer eigenen Grenzen sie 5 erforderten, in ein Land bringen, das oft genug Wirren, ja der Anarchie ausgesetzt war. Die so herbeigezwungene Teilung hat zu einer wohl abgewogenen Vergrößerung der drei Mächte geführt, der wahrhaft nobelsten und imposantesten Tat, die Europa mit einem solchen Unternehmen überhaupt geschenkt 10 werden konnte.

Zit. nach: Alfred Ritter von Arneth (Hg.), Joseph II. und Katharina von Russland. Ihr Briefwechsel, Braumüller, Wien 1869, S. 3.

b) Der Preußenkönig Friedrich II. über Polen (1772)

Es bedurfte des Zusammentreffens einzigartiger Umstände, um diese Teilung herbeizuführen und die Gemüter dafür zu gewinnen; sie musste erfolgen, um einem allgemeinen Kriege vorzubeugen. Man stand vor der Wahl, Russland im Laufe seiner gewaltigen 5 Eroberungen aufzuhalten, oder, was klüger war, daraus auf geschickte Weise Nutzen zu ziehen. […] Um das Gleichgewicht zwischen den nordischen Mächten einigermaßen aufrechtzuerhalten, musste sich der König [von Preußen] an dieser Teilung notwendig 10 beteiligen. [...] Er [Friedrich II.] ergriff also die Gelegenheit, die sich darbot, beim Schopfe, und durch Verhandlungen und Ränke gelang es ihm, seine Monarchie durch die Einverleibung Westpreußens für ihre früheren Verluste zu entschädigen. Diese Erwerbung war eine der wichtigsten, die man machen konnte.

Zit. nach: Gustav Berthold Volz (Hg.), Die Werke Friedrichs des Großen, Bd. V, Hobbing, Berlin 1913, S. 36.*

c) Die österreichische Kaiserin Maria Theresia (1772)

Maria hatte die Verhandlungen über die Teilungen ihrem Sohn und Mitregenten Joseph II. überlassen.

Ich bekenne, dass es mich Opfer kostet, mich über eine Sache zu entscheiden, von deren Gerechtigkeit ich keineswegs versichert bin, selbst wenn sie nutzbringend wäre. [...] Ich begreife nicht die Politik, welche erlaubt, dass, wenn zwei sich ihrer Überlegenheit bedienen, um einen Unschuldigen zu unterdrücken, der Dritte [...] die gleiche Ungerechtigkeit nachahmen und begehen kann und soll; mir scheint dies vielmehr unhaltbar zu sein. [...] Alles, was uns zufallen könnte, wird an Größe und an Zweckmäßigkeit niemals auch nur die Hälfte des Anteils der anderen erreichen; man muss sich also nicht mehr dabei aufhalten und sich nicht ködern lassen durch eine ungleiche Teilung. [...] Ich wage mich noch weiter vor, indem ich sage, es ist nicht eine Handlung der Großmut, sondern nur eine Wirkung echter Grundsätze, niemand Unrecht zu tun. [...] Unsere Monarchie kann verzichten auf eine Vergrößerung dieser Art. [...] Trachten wir doch lieber danach, die Begehren der anderen zu vermindern, statt daran zu denken, mit ihnen auf so ungleiche Bedingungen hin zu teilen. Suchen wir eher für schwach als für unredlich zu gelten.

Zit. nach: Eberhard Büssem, Michael Neher (Hg.), Arbeitsbuch Geschichte. Neuzeit, Bd. 1: Quellen. utb, München 1977, S. 333ff.*

1 Arbeiten Sie aus M 9a bis c die Gründe heraus, die die Nachbarmächte für die Teilung Polens angeben.
2 Vergleichen Sie die Argumente der Teilungsmächte miteinander.

M 10 Aus dem Schreiben des polnischen Königs Stanisław II. August an die Höfe von Wien, St. Petersburg und Berlin vom 17. September 1772

Die Besitzrechte der Republik auf alle diese Provinzen sind so fest und authentisch wie nur möglich. [...] Welche Besitztitel können es denn sein, welche die drei Höfe ihnen entgegensetzen könnten? Wenn es Titel sind, welch aus dem Dunkel vergangener Zeiten gezogen werden, jener Zeiten vorübergehender Umwälzungen, die in der kurzen Frist einiger Monate oder Jahre Staaten erhoben und zerstörten, [Gebiete] gaben und nahmen, dann müssten derartige Titel, wenn man sie anerkennen wollte, dazu führen, dass es Polen wäre, das sich Provinzen, die ihm einst gehört haben, angliedern müsste; Provinzen, die eben denselben Mächten gehören, die heute Ansprüche stellen [...].

Solche Besitzansprüche können nicht anerkannt werden, ohne dass nicht die Sicherheit des Besitzes aller Staaten der Welt unsicher, ohne dass nicht die Basis aller Throne erschüttert wird.

Zit. nach: Hagen Schulze, Ina-Ulrike Paul (Hg.), Europäische Geschichte. Quellen und Materialien, bsv, München 1994, S. 171f.*

1 Arbeiten Sie aus M 10 die Argumente und die Sichtweise des polnischen Königs zu den Positionen der Großmächte (M 9 a–c) heraus.
2 Nehmen Sie Stellung zum letzten Satz (Z. 15–18). Bewerten Sie ihn auch vor dem Hintergrund internationaler politischer Entwicklungen der Gegenwart.
3 **Zusatzaufgabe:** Siehe S. 481.

M 11 Der Historiker Michael G. Müller über Preußen und die Teilung Polens 1772 (2003)

Gewiss, der Teilungsakt war die Folge einer internationalen Krise, die Preußen weder ausgelöst noch in ihrem Ablauf bestimmt hat; desgleichen trifft zu, dass die Bereitschaft aller drei Beteiligten, Polen als eine Art Verfügungsmasse für die Bewältigung ihrer Konflikte zu behandeln, offenbar groß war. Doch allein für Preußen stellte die Herbeiführung der Teilung im Krisenverlauf einen Zweck an sich dar; erst der massive Einsatz der preußischen Diplomatie hat die Krise in dieser Richtung kanalisiert [...]. So weit nun, von 1772 aus betrachtet, der Weg zur zweiten und dritten Teilung Polens und zur Auflösung des Reiches noch gewesen sein mag – in der Rückschau erkennen wir doch klar, dass die Entwicklung seitdem in eigener Dynamik darauf zutrieb. Allzu groß war das preußische Interesse an weiteren Annexionen und allzu stark die von 1772 ausgehende Rivalität zwischen den drei Teilungsmächten, als dass die amputierte polnische Republik sich in diesem Staatensystem hätte behaupten können.

Michael G. Müller, Das Ende zweier Republiken. Die Teilungen Polens und die Auflösung des alten Reiches, in: Andreas Lawaty, Hubert Orłowski (Hg.), Deutsche und Polen. Geschichte – Kultur – Politik, C. H. Beck, München 2003, S. 51.*

1 Erörtern Sie inwiefern innen- oder außenpolitische Faktoren für die Teilung hauptverantwortlich waren.
Tipp: Siehe die Formulierungshilfen für eine historische Erörterung, S. 293.

M 12 Tadeusz Reytan protestiert gegen den Teilungsvertrag des Sejm (in der Sitzungsperiode 1773–1776), Ölgemälde von Jan Matejko (1838–1893), 1866.
Der Sejm war eingesetzt worden, um die erste polnische Teilung zu legalisieren. Tadeusz Reytan war Mitglied des Sejm und stellte sich den Abgeordneten beim Verlassen des Hauses aus Protest gegen den Vertrag in den Weg. Er wurde zu einer Gefängnisstrafe verurteilt, erhielt aber schließlich freies Geleit. Er wurde später zum Symbol für die Unabhängigkeit Polens. – Jan Matejko war der bedeutendste Historienmaler Polens.

1 Bild M 12 entstand rund hundert Jahre nach den polnischen Teilungen. Analysieren Sie es unter der Überschrift „Das polnische Teilungstrauma".
Tipp: Recherchieren Sie für die Bildanalyse auch Informationen im Internet.

Vertiefung

M 13 Aus der polnischen Verfassung vom 3. Mai 1791 – der ersten schriftlichen Verfassung Europas

Im Namen Gottes des Allmächtigen! Stanislaus August, von Gottes Gnaden und kraft des Willens der Nation König von Polen, Großherzog von Litauen […], gemeinschaftlich mit den konföderier-
5 ten Ständen, die in gedoppelter Zahl versammelt sind, die polnische Nation zu repräsentieren.
Da wir überzeugt sind, dass unser aller gemeinschaftliches Schicksal einzig und allein von der Gründung und Vervollkommnung der Nationalverfassung ab-
10 hängt, und durch eine lange Erfahrung die verjährten Fehler unserer Regierungsverfassung kennengelernt haben; da wir die Lage, worin sich Europa befindet, und den zu Ende eilenden Augenblick, der uns wieder zu uns selbst gebracht hat, zu benutzen wün-
15 schen; da wir frei von den schändenden Befehlen auswärtiger Übermacht, die äußere Unabhängigkeit und innere Freiheit der Nation, deren Schicksal unsern Händen anvertraut ist, höher schätzen als unser Leben und unsere persönliche Glückseligkeit; da wir
20 uns zu gleicher Zeit auch die Segnungen und die Dankbarkeit unserer Zeitgenossen und der künftigen Geschlechter zu verdienen wünschen; so beschließen wir, ungeachtet der Hindernisse, welche bei uns selbst Leidenschaft entgegenstellen könnte, der allgemeinen Wohlfahrt wegen, zur Gründung der Frei-
25 heit, zur Erhaltung unseres Vaterlandes und seiner Grenzen, mit der festesten Entschlossenheit unseres Geistes gegenwärtige Verfassung, und erklären sie durchaus für heilig und unverletzbar, bis die Nation in der gesetzlich vorgeschriebenen Zeit, durch ihre
30 ausdrückliche Willenserklärung, die Abänderung dieses oder jenes Artikels für notwendig erachten wird. Eben dieser Verfassung sollen auch alle ferne-

ren Beschlüsse des jetzigen Reichstages in jeder
35 Rücksicht angemessen sein.
I. Herrschende Religion.
Die herrschende Nationalreligion ist und bleibt der heilige römisch-katholische Glaube mit allen seinen Rechten. Der Übergang von dem herrschenden Glauben zu irgendeiner anderen Konfession wird bei den Strafen der Apostasie[1] untersagt. [...] Wir [sichern] hiermit, unseren Landesbeschlüssen gemäß, die Freiheit aller religiösen Gebräuche und Bekenntnisse in den polnischen Landen.
45 *II. Edelleute, Landadel.*
Mit Hochachtung des Andenkens unserer Vorfahren, der Stifter unseres freien Staates, sichern wir dem Adelstande aufs feierlichste alle seine Gerechtsame[2], Freiheiten und Prärogativen[3], und den Vorrang im
50 Privatleben und öffentlichen Leben. [Wir] verehren, verbürgen und bestätigen [...] die persönliche Sicherheit und alles irgendjemandem rechtmäßig zukommende Eigentum, als das wahrhafte Band der Gesellschaft, als den Augapfel der bürgerlichen Freiheit.
55 [...]
IV. Bauern, Landleute.
Das Landvolk, unter dessen Händen die fruchtbarste Quelle der Reichtümer des Landes hervorfließt [...], nehmen wir [...] unter den Schutz des Gesetzes und
60 der Landesregierung. [...]
V. Regierung [...].
Jede Gewalt in der menschlichen Gesellschaft entspringt aus dem Willen der Nation. Um nun die bürgerliche Freiheit, die Ordnung in der Gesellschaft
65 und die Verletzlichkeit der Staaten der Republik auf immer sicherzustellen, soll die Regierungsform der polnischen Nation aus drei Gewalten [...] bestehen, nämlich: aus der gesetzgebenden Gewalt, bei den versammelten Ständen; aus der höchsten vollziehen-
70 den Gewalt, beim Könige und dem Staatsrat, und aus der richterlichen Gewalt, bei den zu diesem Ende niedergesetzten oder noch niederzusetzenden Gerichtsstellen.

Karl Heinrich Ludwig Politz, Die europäischen Verfassungen seit dem Jahre 1789, 3. Bd., F. A. Brockhaus, Leipzig 1833, o. S. Zit. nach: www.verfassungen.eu/pl/verf91.htm (19. April 2018).*

1 *die Apostasie (griechisch):* Abfall, Wegtreten von einer Gruppe. Der Begriff stammt aus der christlichen Tradition (vor allem der katholischen Kirche). Er bedeutet den Abfall von einer Religions- bzw. Konfessionsgruppe oder deren vollständige Ablehnung (meist mit Kirchenausschluss geahndet).
2 *der Gerechtsame:* im 18./19. Jh. gebräuchliches Wort für Rechte oder Vorrechte.
3 *die Prärogative (lat.):* Vorrechte und Privilegien im Sinne einer ausschließlichen Zuständigkeit.

1 **Partnerarbeit:** Erarbeiten Sie die Aufgaben a) bis d) gemeinsam.
   a) Gliedern Sie die Auszüge aus der polnischen Verfassung von 1791 (M 13) in Abschnitte und benennen Sie wichtige Inhalte in Stichpunkten.
   b) Ordnen Sie die Verfassung M 13 mithilfe der Zeitleiste (S. 280 f.) und der Darstellung (S. 282 ff.) in den historischen Kontext ein.
   c) Analysieren Sie das Herrschaftsverständnis, welches insbesondere in der Präambel deutlich wird.
   d) Erklären Sie Ihre Befunde aus Aufgabe 1 c.
2 **Wahlaufgabe:** Bearbeiten Sie Aufgabe a) oder b).
   a) Überprüfen Sie, inwiefern die Verfassung ein Zeichen für die Modernisierung der polnischen Gesellschaft war. Klären Sie dabei zunächst, welche Merkmale eine moderne Gesellschaft kennzeichnen.
   Tipp: Siehe im Begriffslexikon die Erläuterungen zu „Moderne"/„Modernisierung"
   b) **Eine Rede verfassen:** Stellen Sie sich vor, sie müssten anlässlich eines historische Gedenkjahres in Polen oder Deutschland eine Rede schreiben, in der Sie die Verfassung von 1791 aus Ihrer persönlichen heutigen Sicht bewerten.
Kernmodul: ▶ „Nation: Begriff und Mythos", S. 373–376, M 1–M 3

Vollständiger Text der Verfassung

cornelsen.de/Webcodes
Code: xanova

Methode

Geschichtskarten und historische Karten interpretieren

Karten gehören zu unserem Alltag – ob in der alten Form als Straßenkarten oder digital in Navigationsgeräten oder im Internet wie bei Google Maps, OpenStreetMap. Meist werden dort aktuelle geografische Verhältnisse gezeigt, die im Alltag helfen: Wo finde ich meine Sporthalle? Wie komme ich von A nach B?

Für die Darstellung historischer Phänomene und Entwicklungen haben Karten eine andere wichtige Funktion: Sie können Raumbeziehungen visuell (= bildlich) darstellen. Auf diese Weise verdeutlichen sie den Zusammenhang zwischen räumlichen Bedingungen (Lage von Staaten, Grenzen, Verkehrswegen) und historischen Prozessen und Zuständen aus Politik, Wirtschaft, Gesellschaft, Kultur oder Religion. Daher finden sich solche Karten in Schulbüchern, aber auch in wissenschaftlicher und populärer Literatur oder in historischen TV-Dokumentationen.

Begrifflich und inhaltlich zu unterscheiden sind Geschichtskarten und historische Karten. **Geschichtskarten** wollen (heute) ein Phänomen aus der Vergangenheit behandeln, schauen also aus der Perspektive von heute in kartografischer Form zurück. **Historische Karten** dagegen stammen aus der Vergangenheit selbst. Sie stellen – aus damaliger Perspektive – entweder die damalige Gegenwart oder eine Vergangenheit dar, manchmal sogar, wie z. B. in M 1, S. 280, in karikierender Absicht. Für die Geschichtswissenschaft sind historische Karten Quellen, Geschichtskarten dagegen Darstellungen.

Allerdings können Geschichtskarten mit der Zeit historische Karten werden – ein Geschichtsatlas aus den 1950er-Jahren z. B. ist heute eine historische Quelle, die es erlaubt, das Geschichtsverständnis dieser Zeit zu rekonstruieren.

Für die Darstellung von Geschichte in kartografischer Form gibt es bekannte Konventionen und Elemente, die für die **Darstellungsabsicht** eingesetzt werden können: Kartentitel, Legende, Farbgebung, verwendete Symbole und Zeichen, Schrift usw.

Bei der **kritischen Analyse** geht es nicht so sehr darum, die dargestellten Informationen einer Karte zu ermitteln, sondern vor allem um ihre Aussageabsicht. Hierfür ist vor allem der Zusammenhang (= Kontext) wichtig, in dem sie erschienen ist.

M1 Aus dem Leben von Franciszek Smuglewicz, polnisch-litauischer Maler
1745 geboren in Warschau
1763 Übersiedlung nach Rom
1784 Rückkehr von Rom nach Warschau
1797 Übersiedlung nach Wilna
1800 Einladung von Zar Paul I. nach Petersburg
1807 gestorben in Wilna

Mögliche Arbeitsschritte für die Analyse

Leitfrage	– Welche (historischen oder gegenwärtigen) Aussagen will die Karte dem Betrachter vermitteln?
Analyse	– Erster Eindruck/Wirkung der Karte auf den Betrachter
	– Analyse der wichtigsten Kartenelemente: Titel, Maßstab, Legende, Farbgebung, verwendete Symbole, Schrift etc.
	– Ermittlung des Sachverhalts, also der Informationen, die die Karte liefert
	– Recherche der Kartenverfasser, Auftraggeber etc.
	– Analyse des Kontextes, in dem die Karte verwendet wird (Wer hat die Karte entworfen bzw. in Auftrag gegeben? In welchem Zusammenhang ist sie erschienen? An wen richtet sie sich?)
	– Ggf. Vergleich mit anderen Karten zum gleichen Thema
Beurteilung	– Welche Schwerpunktsetzungen, expliziten und/oder impliziten Wertungen sind erkennbar?

Übungsbeispiel

M 2 Die polnischen Teilungen im 18. Jahrhundert

1. Stellen Sie zunächst fest, ob es sich bei M 2 um eine historische oder eine Geschichtskarte handelt, und geben Sie eine kurze Begründung für Ihre Zuordnung.
2. Analysieren Sie anschließend Karte M 2 mithilfe der systematischen Arbeitsschritte S. 290.
3. Franciszek Smuglewicz (M 1), ein polnisch-litauischer Maler und Zeichner, lebte in der zweiten Hälfte des 18. Jahrhunderts. Beschreiben Sie mithilfe der Karte M 2, inwieweit die in M 1 genannten Stationen/Orte seines Lebens von den Teilungen berührt worden sind.
   ▶ Lösungshinweise finden Sie auf S. 494.

Anwenden

Anwendung

M1 Aus dem Geheimartikel des Vertrags zwischen Russland, Österreich und Preußen vom 15./26. Januar 1797

Da die beiden kaiserlichen Höfe ebenso wie Seine Majestät der König von Preußen es für notwendig erachten, alles zu zerstören, was die Erinnerung an die Existenz des Königreichs Polen zurückrufen könnte,
5 [...] kommen die Hohen Vertragsschließenden Parteien überein und verpflichten sich, niemals in Ihre Titel die Benennung oder die Zusatzbezeichnung „Königreich Polen" aufzunehmen, eine Bezeichnung, die von jetzt an und für immer unterdrückt bleiben
10 muss; gleichwohl sind sie frei, Nebentitel anzunehmen, die zu Ihrer Herrschaft gehören, bzw. den Titel des Oberhaupts verschiedener Provinzen dieses Königreichs, die unter Ihre Herrschaft gekommen sind.
15 Der Vorliegende Artikel hat die gleiche Kraft und Geltung, als wenn er wortwörtlich in den Vertrag eingebunden wäre [...].

Zit. nach: Frédéric de Martens, Recueil des Traités et Conventions conclus par la Russie avec les Puissances étrangères, Bd. 2, A. Dvrient, St. Petersbourg 1875, S. 303f. Übers. Zeile 1–10: Hans Henning Hahn, in: Hilke Günther-Arndt u. a. (Hg.), Geschichtsbuch Oberstufe, Bd. 1, Cornelsen, Berlin 2006, S. 381. Übers. Zeile 11–18: Robert Quast, Bad Iburg.*

1 Analysieren Sie die Quelle M1.
   Tipp: Siehe wiederholend die Arbeitsschritte S. 310 zur systematischen Analyse schriftlicher Quellen.
2 Ordnen Sie M1 in den historischen Kontext ein.
3 **Zusatzaufgabe:** Siehe S. 481.
4 **Flugblatt:** Verfassen Sie ausgehend von M1 und aufgrund Ihrer Kenntnisse zu den polnischen Teilungen einen Text für ein Flugblatt aus der Sicht eines/einer polnischen Aufständigen, der/die seinerzeit gegen die Teilung kämpfte.

Präsentation

Ein Panoramagemälde als Teil der Erinnerungskultur:

Das Panorama der Schlacht von Racławice 1784, erstellt 1894 zum 100. Jahrestag

1 Halten Sie ein kurzes Referat über die historischen Hintergründe der Schlacht von Racławice und des Panoramabildes zum gleichnamigen Ereignis, das einen der wichtigsten Orte polnischer Erinnerungskultur darstellt. Das 114 Meter lange Bild wird in Breslau ausgestellt und jährlich von zahlreichen Schulklassen besucht. Stellen Sie die Entstehungsgeschichte des Bildes dar und präsentieren Sie zentrale Ausschnitte.

Internettipps

Website des Panorama-Museums.
Fachaufsatz Erinnerungskultur Polen.

cornelsen.de/Webcodes
Code: voyobo

M2 Schülerinnen vor dem Panoramagemälde von Racławice, Breslau, Foto, 2015

Wiederholen

M 3 *The Polish plumb-cake* (engl. *plumb* = Lot, Blei), Karikatur von John Lodge, veröffentlich in einer englischen Zeitschrift, London, 1. September 1774

Zentrale Begriffe
Landesausbau
Personal- und Realunion
Lubliner Union 1569
Adelsrepublik
Sejm
Liberum veto
Polnische Teilungen
Teilungsmächte
Mai-Verfassung 1791
Kościuszko-Aufstand
„Polnisches Teilungstrauma"

1 Beschreiben Sie die Ursprünge Polens und Merkmale seiner Gesellschaft in der Frühen Neuzeit.
2 **Gruppenarbeit:** Recherchieren Sie in kleinen Gruppen biografische Informationen zu folgenden Personen. Erstellen Sie ein begründetes Ranking, und zwar aus der Perspektive ihrer jeweiligen Bedeutung für die Geschichte Polens bis Ende des 18. Jahrhunderts. Ergänzen Sie ggf. Personen.

Mieszko I.	Martin Kromer	Hedwig von Andechs
Kurfürst August II.	Friedrich II.	Maria Theresia
Stanisław II.	Tadeusz Reytan	Tadeusz Kościuszko

3 Beschreiben Sie M 3 und analysieren Sie das Bild im Hinblick auf seine Aussage.
   Tipp: Siehe die Hilfen S. 481.
4 **Wahlaufgabe:** Bearbeiten Sie Aufgabe a) oder b).
   a) **Flugblatt:** Erstellen Sie ein zeitgenössisches Flugblatt zur Teilung Polens 1792 aus polnischer Sicht.
   b) Erörtern Sie, inwieweit der polnische Staat aufgrund innenpolitischer Schwächen hauptverantwortlich für seine endgültige Aufteilung war.
5 **Vertiefung:** Beurteilen Sie den Versuch des polnischen Königs, mit der Verfassung von 1791 das Land seinerzeit zu sichern und zu stabilisieren.
6 Gehen Sie auf Ihre Fragen von der Einstiegsseite ein (siehe S. 281): Halten Sie Ihre Antworten in Stichpunkten fest. Klären Sie noch offene Aspekte.

Formulierungshilfen für eine historische Erörterung
– Einerseits ... andererseits ...
– Im Gegensatz zu ...
– Zentrale Merkmale waren ...
– Eine wichtige/untergeordnete Rolle spielte ...
– langfristige Ursachen/kurzfristige Auslöser
– etwas leitet eine (positive/negative) Entwicklung ein
– etwas fördert/verstärkt/hemmt einen Prozess
– etwas vergrößert/verkleinert den Handlungsspielraum
– etwas hat Auswirkungen auf
– kurzfristige Effekte/langfristige Folgen

3.3 Nationalismus und Nationalstaatsbildung im 19. Jahrhundert: Deutschland und Polen im Vergleich

M1 *Finis Poloniae* (Das Ende Polens) 1831, Gemälde von Dietrich von Monten, 1832.
Im Hintergrund u. a. ein Grenzstein mit der Aufschrift „Finis Poloniae". Das Bildmotiv fand sich im 19. Jh. auch auf Gebrauchsgegenständen wie Tabakdosen oder Tabakpfeifenköpfen.

1807	Herzogtum Warschau
1814/15	Wiener Kongress, Deutscher Bund, Königreich Polen („Kongresspolen") unter russischer Herrschaft
1817	Wartburgfest
1819	Karlsbader Beschlüsse
1830	Julirevolution in Frankreich, Novemberaufstand in „Kongresspolen"
1832	Hambacher Fest
1834	Deutscher Zollverein

3.3 Nationalismus und Nationalstaatsbildung im 19. Jahrhundert: Deutschland und Polen im Vergleich

Nationalismus und Nationalstaatsentwicklungen sind keine natürlichen Gegebenheiten, sondern Ergebnisse historischer Entwicklungen. Sie sind von Menschen gedacht und gemacht, insbesondere seit der Amerikanischen und der Französischen Revolution. In Europa haben sich Nationalstaaten nicht nur auf unterschiedliche Weise, sondern auch zu verschiedenen Zeiten gebildet: in Deutschland z. B. 1870/71, in Polen 1918. Die Bedeutung von Nationen kann abnehmen, wie z. B. im Zuge der europäischen Einigung im 20. Jahrhundert. Ihre Bedeutung kann aber auch steigen und mit aggressiven Formen der Ab- und Ausgrenzung einhergehen – insbesondere in Umbruchsituationen, die Menschen als krisenhaft empfinden und in denen Politiker und Politikerinnen, soziale Gruppen und andere einen aggressiven Nationalismus propagieren.

M2 Die Proklamierung des deutschen Kaiserreiches am 18. Januar 1871 im Spiegelsaal von Versailles, Gemälde von Anton von Werner, 1885.
Das Gemälde war ein Geschenk Kaiser Wilhelms I. (oben auf dem Podest) an Bismarck (in weißer Uniform, die er aber tatsächlich nicht getragen hatte).

1 Vergleichen Sie die Bilder M 1 und M 2 und sammeln Sie selbstständig Informationen zu den dargestellten Ereignissen.
2 **Partnerarbeit:** Entwickeln Sie gemeinsam Vermutungen zur polnischen und deutschen Geschichte des 19. Jahrhunderts, die sich Ihrer Meinung nach aus der Untersuchung des Bildmaterials ergeben. Notieren Sie diese, sodass Sie sie nach Bearbeitung des Kapitels 3.3 noch einmal aufrufen und bearbeiten können.

Internetseiten zu den Bildern „Kaiserproklamation" und *Finis Poloniae*
cornelsen.de/Webcodes
Code: xowehi

1848/49 | Revolutionen in Europa
1863 | Januaraufstand im russischen Teilungsgebiet Polens
1864 | Deutsch-Dänischer Krieg
1866 | Österreichisch-Preußischer Krieg, Norddeutscher Bund
1870/71 | Deutsch-Französischer Krieg
Jan. 1871: Gründung des Deutschen Kaiserreichs
ab 1871: „Kulturkampf"
1878 | Sozialistengesetze

3.3 Nationalismus und Nationalstaatsbildung im 19. Jahrhundert: Deutschland und Polen im Vergleich

> *In diesem Kapitel geht es um*
> - *die nationale Einheitsbewegung in Deutschland und ihren Versuch, einen liberalen und demokratischen Verfassungsstaat zu erstreiten,*
> - *die Gründung des Deutschen Reiches 1871 und seine Merkmale als Nationalstaat,*
> - *Versuche der Polen, sich im 19. Jahrhundert ihren Nationalstaat zu erkämpfen.*

Nationalbewusstsein und Nationalbewegung in Deutschland im frühen 19. Jahrhundert

Kernmodul: ▶ Kap. 3.7, S. 373–376
Nation – Begriff und Mythos:
Anderson (M 1), Wehler (M 2),
Münkler (M 3)

Die Geschichte der modernen deutschen Nation begann bereits Ende des 18. Jahrhunderts. Das **Heilige Römische Reich Deutscher Nation** war damals in viele Staaten, Fürstentümer, Reichsstädte, kleinste weltliche und kirchliche Herrschaften zerteilt. 1806 wurde es im Zuge der Herrschaft Napoleons in Europa aufgelöst. Das Bewusstsein einer nationalen Zusammengehörigkeit der vielen Herrschaften entstand zuerst in einer Bildungselite der Städte. Hier traten die Bindungen an Stadt oder Region allmählich in den Hintergrund, die Identifikation mit der Nation wurde wichtiger. Wenn das gebildete Bürgertum in Deutschland von Nation sprach, dachte es an eine **Kulturnation**, die in gemeinsamer Sprache und Geschichte wurzelte.

Um 1800 strahlte die Französische Revolution auch auf Deutschland aus. Sie bewirkte eine allmähliche Umwandlung des kulturellen Nationalbewusstseins in einen **politischen Nationalismus**. Das Ziel war noch nicht die Schaffung eines Nationalstaates. Vielmehr ging es zunächst um eine grundlegende politische Reform der Einzelstaaten im **Deutschen Bund***, der nach dem Ende des Heiligen Römischen Reiches auf dem Wiener Kongress 1815 gegründet worden war. Ähnlich wie in Frankreich sollte die Herrschaft der Monarchen eingeschränkt, die politischen und sozialen Privilegien des Adels beschnitten und die Nation an den politischen Entscheidungen beteiligt werden. Die Nation, das war die Gemeinschaft der rechtlich gleichgestellten Staatsbürger. Diese Idee gewann nun in der Bevölkerung immer breitere Unterstützung. Ein starker Motor des nationalen Gedankens waren die **Befreiungskriege 1813/14** gegen Napoleon: In einer „nationalen Erhebung" sollte die französische Armee besiegt und die Fremdherrschaft beendet werden.

Um dieses nationale Gefühl in politische Partizipation (d. h. Teilhabe) umzusetzen, entstand im frühen 19. Jahrhundert eine organisierte Nationalbewegung. Sänger und Turner, Studenten und Professoren, Landwirte und Industrielle knüpften ein immer dichteres Netz von Personen und Organisationen über die Einzelstaaten des Deutschen Bundes hinweg. Sie erweiterten ihre Forderungen nach nationaler Mitbestimmung und Freiheit zunehmend durch die Forderung nach nationaler Einheit.

Diese Ziele wurden von den studentischen Burschenschaften auf dem **Wartburgfest 1817** in Eisenach formuliert. Es wurde anlässlich des dreihundertjährigen Gedenkens an die Reformation Martin Luthers und des vierjährigen Jubiläums der Völkerschlacht bei Leipzig ausgerichtet. Die auf dem Fest formulierten Ziele stießen jedoch auf Widerstand der Obrigkeit. Nach dem Mord des Studenten Karl Ludwig Sand an dem Schriftsteller August Kotzebue, der sich kritisch gegenüber den Burschenschaften und der Einheitsidee geäußert hatte, wurden im Deutschen Bund mit den **Karlsbader Beschlüssen*** strenge Überwachungs- und Zensurmaßnahmen verabschiedet.

Deutscher Bund
Auf dem Wiener Kongress 1814/15 gegründeter deutscher Staatenbund, der ab 1815 die bestehenden monarchischen politischen Verhältnisse in Deutschland sichern sollte.

Karlsbader Beschlüsse
Initiiert von dem österreichischen Kanzler Klemens Wenzel Fürst von Metternich, verabschiedet am 20. Sept. 1819. Inhalte waren:
– Presse-/Literaturzensur,
– Burschenschaftsverbot,
– Überwachung der Universitäten, Berufsverbote für liberale Professoren,
– Verbot der Turnvereine.

Nationalismus und Nationalstaatsbildung im 19. Jahrhundert: Deutschland und Polen im Vergleich 3.3

Liberalismus und Nationalismus in Deutschland im „Vormärz"

Der Nationalismus schöpfte in den 1830er- und 1840er-Jahren seine Kraft wesentlich daraus, dass seine nationalen Aktivitäten politisch meist mit liberalen oder radikal-demokratischen Zielen verknüpft waren und durch vielfältige kulturnationale Bestrebungen gestützt wurden. Als nach der französischen **Julirevolution 1830** in einigen deutschen Klein- und Mittelstaaten Verfassungsforderungen des Bürgertums und sozialer Protest der Unterschichten politische Unruhen hervorriefen, war die deutsche Einheit sofort wieder im Gespräch.

▶ M 4–M 5: „Vormärz"

Die gestärkte nationalliberale Bewegung versammelte im Mai 1832 etwa 30 000 Menschen auf einer Burgruine in der Pfalz zum **Hambacher Fest**. Stürmisch forderten die zahlreichen Redner nationale Einheit, Pressefreiheit und vereinzelt auch Demokratie für Deutschland. Nachdem sich die Hoffnungen der nationalliberalen Bewegung nicht erfüllten, die sie 1840 an die Thronbesteigung Friedrich Wilhelms IV. von Preußen geknüpft hatten, belebte Frankreichs Besitzanspruch auf das linke Rheinufer im selben Jahr die nationalen Gefühle in Deutschland. In zahlreichen Liedern wurde in dieser **„Rheinkrise"** beschworen, der Rhein sei „Deutschlands Strom, nicht Deutschlands Grenze". Ähnlich wie in den Befreiungskriegen 1813/14 entwickelte die deutsche Nationalbewegung in dieser Zeit eine starke antifranzösische Stoßrichtung. Obwohl in dieser Fremdenfeindlichkeit eine Tendenz zur Verabsolutierung der eigenen Nation angelegt war, behielt der deutsche Nationalismus bis zur Reichsgründung 1871 aber im Wesent-

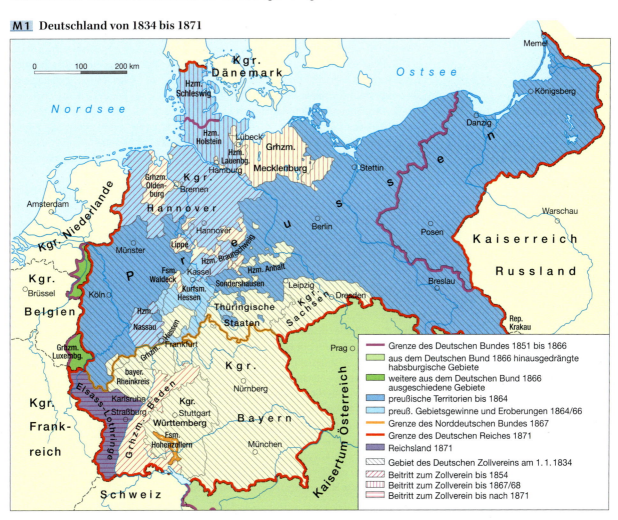

M 1 Deutschland von 1834 bis 1871

lichen seine freiheitliche Ausrichtung. Diese drückte sich in der Formel „Einheit *und* Freiheit" aus.

Der 1834 gegründete **Deutsche Zollverein** förderte zusätzlich die wirtschaftliche Integration zwischen verschiedenen Regionen und Ländern. Landwirte, Kaufleute und Industrielle schufen Netzwerke über die 39 souveränen Einzelstaaten des Deutschen Bundes hinweg. Außerdem erweiterten sie ihre Forderungen nach wirtschaftlicher und politischer Freiheit zunehmend durch die Forderung nach nationaler Einheit. Aber auch das Engagement der deutschen Nationalbewegung trug entscheidend dazu bei, dass die deutsche Nation lange vor der Reichsgründung in den Köpfen einer immer größeren Zahl von Menschen existierte. War diese Bewegung bis zur Revolution 1848/49 vornehmlich eine städtische Bewegung, nahm danach die Zahl der Vereine auf dem Land und in kleinen Landstädten deutlich zu. Über solche Vereine fand die ländliche Bevölkerung Anschluss an die Nationalbewegung.

Die Revolution 1848/49 in Deutschland

Die 1840er-Jahre waren durch Wirtschaftskrisen, Hungersnöte und eine fortdauernde Unterdrückung der nationalen und liberalen Bewegungen geprägt. Dies führte 1848 in vielen Ländern Europas zur Revolution. In Deutschland war es das erste Mal, dass die unteren Schichten und das Bürgertum eine demokratische Abstimmung über die Zukunft Deutschlands erkämpften. Die **Nationalversammlung**, das erste demokratisch gewählte Parlament in der deutschen Geschichte, trat am 18. Mai 1848 in der **Frankfurter Paulskirche** erstmals zusammen, um über die politische Zukunft Deutschlands zu debattieren. Die Beratungen zeigten, dass die Mehrheit der Abgeordneten an eine **großdeutsche Lösung*** dachte, das hieß: ein mächtiges Reich unter Einschluss des Vielvölkerstaates Österreich und damit auch nicht-deutscher Völker. Daraus ergaben sich allerdings unübersehbare Probleme für den Gedanken eines deutschen Nationalstaates. Die Anhänger der **kleindeutschen Lösung***, die ein Deutschland ohne Österreich wünschten, war für die Deutsch-Österreicher undenkbar. Ein Kompromiss hätte in einer losen Föderation der deutschen Staaten mit Österreich bestehen können, etwa in einem Staatenbund. Diesen lehnte aber die Mehrheit der Parlamentarier in der Paulskirche ab.

Die Frage, ob der deutsche Nationalstaat als **Monarchie** oder **Republik** verfasst sein sollte, war dagegen praktisch vorentschieden. Die Liberalen wollten keinen Nationalstaat ohne die Mitwirkung der Fürsten, und selbst die äußerste Linke dachte bei Republik an eine parlamentarische Monarchie, in der der Monarch als Präsident nur repräsentative Aufgaben besitzt. Offen war, ob das künftige Deutschland ein Erbkaisertum oder ein Wahlkaisertum wie im Mittelalter haben sollte.

Am 27./28. Oktober 1848 verabschiedete die Nationalversammlung vorab die **Grundrechte**. Die Staatsorganisation im Verfassungswerk, das am 28. März 1849 verkündet wurde, stellte einen Kompromiss zwischen Monarchie und Republik, zwischen **Zentralismus*** und **Föderalismus*** dar. Der deutsche Nationalstaat sollte einen Erbkaiser an der Spitze haben, dem nur ein aufschiebendes Veto zustand. Gegenüber der **Regierung** besaß damit das Parlament, also der **Reichstag**, das Übergewicht. In einer äußerst knappen Abstimmung entschieden sich die Abgeordneten für die kleindeutsche Lösung. Folgerichtig wählte die Nationalversammlung den preußischen König **Friedrich Wilhelm IV.** zum Kaiser der Deutschen.

Zwar scheiterte die deutsche Nationalbewegung in der Revolution 1848/49 bei dem Versuch, einen demokratisch-parlamentarischen Nationalstaat zu gründen. Der preußische König lehnte Anfang April 1849 die Annahme der Kaiserkrone aus der Hand der Parlamentarier ab. Die Revolution zeigte aber, dass sich der Nationalismus mit seinem Bestreben, einen Nationalstaat zu schaffen, nicht mehr unterdrücken ließ.

Kleindeutsche/großdeutsche Lösung
Im Entstehungsprozess des deutschen Nationalstaats wurde die Frage diskutiert, ob Österreich einbezogen („großdeutsch") oder ausgeschlossen sein sollte („kleindeutsch"). Die kleindeutsche Lösung mit Preußen als Führungsmacht setzte sich durch.

Zentralismus
Konzentration aller staatlichen Macht bei einer zentralen Instanz.

Föderalismus
Verteilung staatlicher Macht zwischen Zentralinstanz und Bundesländern.

Audio: Gedenkveranstaltung 1948 zur Revolution 1848

cornelsen.de/Webcodes
Code: hipuyi

▶ M 6–M 9: Revolution und Nation 1848/49

Die Reichseinigungskriege und die deutsche Reichsgründung 1870/71

Die um 1850 zunehmende wirtschaftliche und gesellschaftliche Integration mündete nicht automatisch in einen Nationalstaat. Die Entscheidung für die kleindeutsche Lösung wurde vor allem durch mehrere militärische Siege Preußens bestimmt: zunächst 1864 im **Deutsch-Dänischen Krieg,** dann 1866 im **Österreichisch-Preußischen Krieg** und schließlich 1870/71 im **Deutsch-Französischen Krieg.** Eine herausragende Bedeutung bei der Entstehung und politischen Gestaltung des Deutschen Reiches kam dem preußischen Ministerpräsidenten **Otto von Bismarck*** zu. Auf seine Politik ist es zurückzuführen, dass das Deutsche Reich kein freiheitlich-parlamentarischer Nationalstaat, sondern ein autoritärer Macht-, Obrigkeits- und Militärstaat wurde. Damit blieben liberale Strömungen außen vor, wie z. B. im Deutschen Nationalverein, der sich 1859 nach dem Vorbild der italienischen „Società nationale" gegründet hatte und bis 1867 (dem Gründungsjahr des **Norddeutschen Bundes**) bestand. Weil sie Freiheit *und* Einheit angestrebt hatten, waren viele aus der Nationalbewegung enttäuscht über das **Deutsche Kaiserreich.** Nach der Reichsgründung mussten die verschiedenen Rechts- und Wirtschaftsordnungen vereinheitlicht werden. Dabei konnte Bismarck auf die vom Zollverein und Norddeutschen Bund geleisteten Vorarbeiten aufbauen.

Das Kaiserreich war eine konstitutionelle Monarchie mit dem **Monarchen** als alleinigem Inhaber der Souveränität. Der **Kanzler** als oberster Beamter musste zwar die kaiserlichen Anordnungen gegenzeichnen, war aber gänzlich vom Kaiser abhängig und leitete die Reichspolitik fast nur im zivilen Bereich. Der **Reichstag** wurde nach einem gleichen, geheimen, direkten Mehrheitswahlrecht für Männer über 25 Jahre gewählt. Die Volksvertretung nahm in der Verfassung nur eine schwache Stellung ein. Wenn der Kaiser zustimmte, konnte der aus den Bevollmächtigten der Bundesstaaten zusammengesetzte **Bundesrat** den Reichstag auflösen. Der Bundesrat musste den Gesetzen zustimmen, die der Reichstag aufgrund seines Gesetzesinitiativrechtes verabschiedete. Der Reichstag besaß das Recht der jährlichen Haushaltsbewilligung. Allerdings konnte er nicht über alle Einnahmen und Ausgaben, besonders nicht über den Militäretat, frei verfügen. Der Kanzler war dem Reichstag nur theoretisch verpflichtet, in der Praxis musste er lediglich einer Auskunftspflicht genügen. Der Reichstag durfte ihm nicht das Misstrauen aussprechen. Bei auswärtigen Verträgen hatte er nur ein Mitwirkungsrecht

▶ M 10–M 11: Reichsgründung

M2 Otto von Bismarck, Ölgemälde von Franz Lenbach, 1880

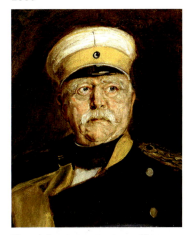

Bismarck entstammte einer adligen Rittergutsbesitzer- und Offiziersfamilie. Konservativer Abgeordneter im Preußischen Landtag, Gegner der Revolution 1848. 1862–1890 preußischer Ministerpräsident, 1871–1890 deutscher Reichskanzler.

M3 Die Verfassung des Deutschen Reichs von 1871

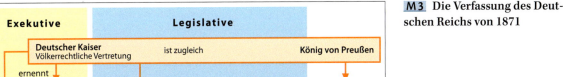

bezüglich Handel, Verkehr und Zöllen. Selbst Kriegserklärungen waren allein Sache des Kaisers und des Bundesrates. Auch der Einzelne war gegenüber dem Staat durch das **Fehlen von Grundrechten** in einer schwachen Position. Auch kannte die Verfassung (anders als der Entwurf von 1848) keinen Schutz nationaler Minderheiten, z. B. für die Elsässer, Lothringer, Dänen oder die 2,4 Millionen Polen.

Kampf gegen „Reichsfeinde" im Deutschen Kaiserreich

Nach der Reichsgründung bekämpfte Reichskanzler Bismarck von ihm zu „Reichsfeinden" erklärte Gruppen und Menschen, die mit ihren Ansichten und Aktivitäten angeblich die „nationale Einheit" gefährdeten. Zunächst wandte er sich gegen die **Katholiken** und ihre politische Vertretung, die **Zentrumspartei**. Er fand Unterstützung bei den Liberalen, die im Zentrum die Gegenaufklärung und den Sachwalter des Papstes sahen. Die Machtprobe mit dem Katholizismus (**„Kulturkampf"**) beinhaltete Folgendes:
– Mithilfe des alten preußischen Kanzelparagrafen wurde das Behandeln staatlicher Angelegenheiten „in einer den öffentlichen Frieden gefährdenden Weise" im geistlichen Amt zum Straftatbestand erhoben.
– 1871 wurde der Jesuitenorden in Deutschland verboten.
– 1875 wurde die obligatorische Zivilehe eingeführt.
– Oppositionelle Geistliche konnten aus dem Reich verbannt werden.

Dieser Machtkampf geriet jedoch zu einer Niederlage für Bismarck. In den Landtags- und Reichstagswahlen 1873/74 konnte das Zentrum seine Sitze verdoppeln und war 1881 sogar stärkste Partei im Reichstag. 1879/80 gab es einen Kompromiss: Die Kirchengesetze wurden gemildert, Kanzelparagraf und Zivilehe blieben erhalten.

Beim Kampf gegen die **Sozialdemokratie** setzte Bismarck auf zweierlei: einerseits auf seine neue **Sozialgesetzgebung***. Er wollte damit die Anhänger der Partei mit dem Staat versöhnen und in die Gesellschaft integrieren. Andererseits erließ er die **„Sozialistengesetze"**: Er verbot darin nicht nur sozialistische Organisationen und Propaganda, sondern er ermöglichte auch die Ausweisung sozialistischer Agitatoren und verschärfte polizeiliche Kontrollen. Das Gesetz hatte allerdings Lücken: Es berührte weder das aktive noch das passive Wahlrecht. Die Sozialdemokratie konnte daher ihre Kandidaten legal zur Wahl stellen – und die Zahl ihrer Wähler stieg stetig an. Mit 1 427 000 Stimmen erhielt die Sozialdemokratie bei der Reichstagswahl 1890 mehr als jede andere Partei. Bei der Parteiarbeit musste sie jedoch auf andere Formen der Organisation zurückgreifen: Ausweichmöglichkeiten boten Vereine für Sport, Bildung, Musik und Wandern sowie Unterstützungsvereine. Die staatliche Unterdrückung förderte damit die Ausgrenzung und Radikalisierung, aber auch die Selbstausgrenzung der Partei.

Der Nationalismus verlor nach 1871 seine liberale und demokratische Ausrichtung. Der neue **Reichsnationalismus** wurde exklusiver und aggressiver. Er richtete sich gegen ernannte „Feinde der Nation" von außen, z. B. Frankreich, aber auch gegen ernannte Feinde im Inneren, wie Katholiken und Sozialdemokraten, Juden und ethnische Minderheiten, wie Polen und Dänen. Nation und Einheit wurden „ohne Freiheit" gedacht.

Nation und Nationalismus in Polen im „langen" 19. Jahrhundert

Nach dem Untergang der polnisch-litauischen Adelsrepublik und der Aufteilung des Landes zwischen Russland, Österreich und Preußen Ende des 18. Jahrhunderts lebten die Polen in einer **„Nation ohne Staat"**. Der Wiener Kongress 1814/15 löste das 1807 von Napoleon geschaffene Großherzogtum Warschau auf und gründete das aus den polnischen Zentralgebieten gebildete **Königreich Polen (= „Kongresspolen")**. Es war durch Personalunion mit Russland verbunden, sodass der russische Zar nun zugleich König von Polen war. Dass sich die Polen weder mit den Teilungen des 18. Jahrhunderts noch mit „Kongresspolen" abfinden wollten, zeigte sich besonders nach der französi-

---

Bismarck'sche Sozialgesetzgebung
Das Gesetzespaket umfasste:
– Krankenversicherung (1883),
– Unfallversicherung (1884),
– Invaliditäts- und Altersversicherung (1889).
Das Ziel war, die Auswüchse der Industrialisierung zurückzudrängen (z. B. Einschränkung der Kinderarbeit) und die politische Radikalisierung der Arbeiter einzudämmen. Ungewollt wurde sie langfristig zum Vorbild für die Entwicklung eines modernen Sozialstaats.

▶ M 12–M 14: Kampf gegen „Reichsfeinde"

Kernmodul: ▶ Kap. 3.7, S. 373–376
Nation – Begriff und Mythos: Anderson (M 1), Wehler (M 2), Münkler (M 3)

schen Julirevolution 1830, die der Nationalbewegung neuen Auftrieb gab. Der polnische **Novemberaufstand 1830** wurde getragen von Offizieren und Intellektuellen. Nach anfänglichen militärischen Erfolgen erreichten sie den Abzug der russischen Truppen und erklärten das Ende der Herrschaft der Zarenfamilie Romanov in Polen. Russland eroberte jedoch 1831 Warschau zurück, schlug – mit Unterstützung Preußens – den Aufstand nieder und gliederte Polen ins Zarenreich ein. Tausende von Freiheitskämpfern starben, viele gingen ins Exil. Die **„Große Emigration"** führte über Deutschland nach Frankreich, wo Paris für Jahrzehnte zur heimlichen Hauptstadt Polens aufstieg. Obwohl die preußische Regierung die russische Politik unterstützte, stieß der polnische Aufstand in Deutschland auf positive Resonanz, weil auch die Deutschen Restauration und Kleinstaaterei überwinden und die nationale Einigung Deutschlands erreichen wollten. Zahlreiche Menschen in den deutschen Staaten empfingen die polnischen Emigranten mit großer Begeisterung (**Polenbegeisterung**). Von Dresden bis Freiburg entstanden Hunderte von Polenvereinen, die Geld- und Kleidersammlungen durchführten. Broschüren und andere Veröffentlichungen feierten die „geschlagenen Helden". Auf dem Hambacher Fest wehte 1832 auch die Fahne Polens; mehrfach wurde die polnische Nationalhymne gesungen: „Noch ist Polen nicht verloren."

Fand der **polnische Aufstand 1846 in der preußischen Provinz Posen** (siehe Karte, S. 291), wo 60 % Polen, 34 % Deutsche und 6 % Einwohner jüdischen Glaubens lebten, noch viele Unterstützer in deutschen Ländern, wurden 1848/49 aus ursprünglich gemeinsamen nationalen Zielen konkurrierende Bestrebungen. Dem wachsenden deutschen Nationalgefühl im Frankfurter Paulskirchenparlament war die polnische Unabhängigkeitsbewegung ein Dorn im Auge. Die Abgeordneten diskutierten die Frage: Sollte die preußische Provinz Posen zum neuen Deutschland oder zu einem neuen polnischen Staat gehören? In der **„Posendebatte"** im Juli 1848 stimmte am Ende nur noch eine Minderheit radikal-demokratischer Abgeordneter für eine Solidaritätsresolution mit den nationalen Zielen der Polen.

Nationalstaat Deutschland 19. Jh.
cornelsen.de/Webcodes
Code: toyibe

▶ M 4–M 5: Deutschland und Polen im „Vormärz"

▶ M 6–M 7: Posendebatte

Der Nationalismus in Polen bis zum Anfang des 20. Jahrhunderts

Auch andere polnische Aufstände wurden blutig niedergeschlagen (1846 in Galizien, 1848 in weiteren österreichischen und preußischen Teilungsgebieten). Der **polnische Aufstand 1863/64*** gegen die russische Besatzung war noch aussichtsloser als der von 1830/31. Obwohl die polnische Unabhängigkeit nun nicht mehr mit Waffengewalt zu erringen war, konnten die Polen ihr Nationalbewusstsein lebendig halten – nicht zuletzt durch eine Strategie der begrenzten Kooperation mit den Besatzungsmächten, die man nach den Erfahrungen der vergeblichen Aufstände anwandte. Die **katholische Kirche** spielte beim Fortleben der nationalen Ideen eine zentrale Rolle, weil sie den Zusammenhalt aufrechterhielt. Auch Teile des höheren und niederen Adels, die Intelligenz und die mit der Industrialisierung auch in Polen erstarkenden sozialistischen Parteien kämpften weiter. Ein **unabhängiger polnischer Staat** entstand jedoch erst Ende des Ersten Weltkriegs **1918** mithilfe der westlichen Siegermächte.

Nationalismus Polen 19. Jh.
cornelsen.de/Webcodes
Code: vugusa

▶ M 15–M 18: Polnischer Nationalismus 19. Jh.

1 Zeigen Sie mithilfe der Darstellung, dass die Geschichte der modernen deutschen Nation nicht erst mit der Gründung des Deutschen Reiches 1870/71 begann.
2 Schaubild: Erstellen Sie ein Schaubild, in dem Sie politische Interessenskonflikte in Deutschland im 19. Jahrhundert anhand der Darstellung aufzeigen.
 Tipp: Siehe Hilfen S. 481.
3 Wahlaufgabe: Bearbeiten Sie Aufgabe a) oder b).
  a) Digitale Zeittafel: Erstellen Sie mithilfe der Darstellung eine digitale Zeittafel zum polnischen Nationalismus im 19. Jahrhundert.
  b) Mindmap: Erstellen Sie mithilfe der Darstellung eine Mindmap zum Thema „Nationalismus und Nationalstaat im 19. Jahrhundert".

> **Hinweise zur Arbeit mit den Materialien**
> Der Materialteil setzt folgende Arbeitsschwerpunkte:
> – M 4–M 5: nehmen Deutschland und Polen im „**Vormärz**" in den Blick.
> Die folgenden drei Schwerpunkte beziehen sich auf Deutschland:
> – M 6–M 9 Nationalismus und Nationalstaat in der Zeit der **Revolution 1848/49.**
> – M 10, M 11 widmen sich den **Reichseinigungskriegen** und der **Reichsgründung 1870/71.**
> – M 12–M 14 ermöglichen die Bewertung des deutschen **Nationalismus in der Kaiserzeit.**
> – M 15–M 18 behandeln den **polnischen Nationalismus.**
> – Vertiefung: Eine Untersuchung der Frage, auf welche Weise sich der Nationalismus im 19. Jahrhundert in Deutschland verändert hat und welche Gründe es für diese **Transformation** gab (s. auch S. 312).
> – Methodentraining: S. 310 f. zu „Schriftlichen Quellen".
>
> **Vernetzung mit dem Kernmodul:**
> – Kernmodul „**Nation – Begriff und Mythos**":
>   Theorie-Materialien, S. 373–376, M 1 (Anderson), M 2 (Wehler), M 3 (Münkler)
> – Kernmodul „**Deutungen des deutschen Selbstverständnisses**": Sonderwegsdebatte:
>   Theorie-Materialien, S. 376–380, M 4 (Bracher), M 5 (Winkler).

Nationen im „Vormärz": Deutschland und Polen

M 4 Aus der Rede des Journalisten Philipp Jakob Siebenpfeiffer auf dem Hambacher Fest (1832)
Und es wird kommen der Tag, der Tag des edelsten Siegstolzes, wo der Deutsche vom Alpengebirg und der Nordsee, vom Rhein, der Donau und der Elbe den Bruder im Bruder umarmt [...], wo alle Hoheitszeichen der Trennung und Hemmung und Bedrückung verschwinden samt den Konstitutiönchen, die man etlichen mürrischen Kindern der großen Familie als Spielzeug verlieh; wo freie Straßen und freie Ströme den freien Umschwung aller Nationalkräfte und Säfte bezeugen; wo die Fürsten die bunten Hermeline feudalistischer Gottstatthalterschaft mit der männlichen Toga deutscher Nationalwürde vertauschen und der Beamte, der Krieger, statt mit der Bedientenjacke des Herrn und Meisters mit der Volksbinde sich schmückt. [...] [Wo] jeder Stamm, im Innern frei und selbstständig, zu bürgerlicher Freiheit sich entwickelt und ein starkes selbst gewobenes Bruderband alle umschließt zu politischer Einheit und Kraft [...]. [W]o das deutsche Weib, nicht mehr die dienstpflichtige Magd des herrschenden Mannes, sondern die freie Genossin des freien Bürgers, unsern Söhnen und Töchtern schon als stammelnden Säuglingen die Freiheit einflößt. [...]
[W]o der Bürger nicht in höriger Untertänigkeit den Launen des Herrschers, [...] sondern dem Gesetze gehorcht und auf den Tafeln des Gesetzes den eigenen Willen liest und im Richter den frei erwählten Mann seines Vertrauens erblickt; [...] es lebe das freie, das einige Deutschland! Hoch leben die Polen, der Deutschen Verbündete! [...]
Hoch lebe jedes Volk, das seine Ketten bricht und mit uns den Bund der Freiheit schwört! Vaterland – Volkshoheit – Völkerbund hoch!

Das Nationalfest der Deutschen zu Hambach, beschrieben von Johann Georg August Wirth, Philipp Christmann, Neustadt 1832, S. 34 ff.*

1 Geben Sie die zentralen Aussagen von M 4 aus der Zeit des „Vormärz" wieder.
Tipp. Zum Begriff „Vormärz" siehe das Begriffslexikon im Anhang.
2 Arbeiten Sie die von Siebenpfeiffer entworfenen politischen Ziele heraus.
3 Überprüfen Sie, aus welchen Motiven der Redner die Polen als „Verbündete" bezeichnet.

M 5 Aus dem Tagebuch von Jozef Alfons Potrykowski vom 21. Januar 1832
Potrykowski war Teilnehmer des polnischen Aufstands 1830/31 und später Aktivist in der Pariser Emigration.
Drei Meilen nach Eilenburg überschritten wir die preußische Grenze, d.h. die Grenze, die der Wiener Kongress zwischen Sachsen und Preußen gezogen hat und damit Sachsen Gebiete weggenommen und sie Preußen gegeben hat. Kaum hatten wir die neue Grenze Sachsens überschritten, als wir eine große Anzahl sächsischer Jugend, Arbeiter, vor allem aber Studenten und Schüler vorfanden, die uns entgegenkamen. Rufe: „Es leben die Polen. Es lebe Polen!" hallten zum ersten Mal um unsere Ohren, und diese Rufe waren so zahlreich, so beständig, dass wir unsere eigene Unterhaltung nicht mehr vernehmen konnten. In dem Maße, wie wir uns der Stadt näherten, vergrößerte sich die Volksmenge und wurde schließlich so zahlreich, dass wir mit unseren Fuhrwerken keinen Schritt mehr weiterfahren konnten, die Hochrufe wurden aber zu einem einzigen unablässigen Ruf. [...] Hier wurden plötzlich aus allen Fuhrwerken die Pferde ausgespannt, und die Jugend, zum größten Teil die akademische Jugend, bei ihnen aber auch

sehr hübsch gekleidete Damen, Fräuleins, dazu Handwerker und Bürger unterschiedlichen Standes und Alters zogen unsere Wagen, wobei sie niemandem von uns erlaubten auszusteigen. Man kann ohne die kleinste Übertreibung sagen, dass die ganze Stadt uns entgegenkam, uns hochleben ließ und uns Kusshände zuwarf. [...] Am besten gefiel mir ein Transparent, das eine Deutsche darstellte, die Polen die Ketten herunterriss und zerbrach, mit der Aufschrift „Noch ist Polen nicht verloren, und es wird nicht verloren sein, solange Deutschland lebt."

Zit. nach: Hilke Günther-Arndt u. a. (Hg.), Geschichtsbuch Oberstufe, Bd. 1, Cornelsen, Berlin 1995, S. 382. Übers. Hans-Henning Hahn.*

1 Fassen Sie die Reaktionen der deutschen Bevölkerung zusammen (M 5).
2 Erläutern Sie diese Redaktion vor dem Hintergrund der „Vormärz"-Zeit.
3 **Internetrecherche:** Finden Sie weitere Beispiele für die in M 9 geschilderten Haltungen zu Polen.
Kernmodul: ▶ Kap. 3.7, S. 373–376, M 1–M 3

Die Posendebatte in der Frankfurter Paulskirche

M 6 Wilhelm Jordan, Rede in der Nationalversammlung vom 24. Juli 1848

Ich sage, die Politik, die uns zuruft: gebt Polen frei, es koste, was es wolle, ist eine kurzsichtige, eine selbstvergessene Politik, eine Politik der Schwäche [...]. Es ist hohe Zeit für uns, endlich einmal zu erwachen, aus jener träumerischen Selbstvergessenheit, in der wir schwärmten für alle möglichen Nationalitäten, während wir selbst in schmachvoller Unfreiheit darniederlagen und von aller Welt mit Füßen getreten wurden, zu erwachen zu einem gesunden Volksegoismus, um das Wort einmal gerade heraus zu sagen, welcher die Wohlfahrt und Ehre des Vaterlandes in allen Fragen obenanstellt. [...] [I]ch gebe es ohne Winkelzüge zu: Unser Recht ist kein anderes als das Recht des Stärkeren, das Recht der Eroberung. Ja, wir haben erobert. Die Deutschen haben polnische Länder erobert, aber diese Eroberungen sind auf einem Wege, auf eine Weise geschehen, dass sie nicht mehr zurückgegeben werden können. Es sind, wie man es schon so oft gesagt hat, nicht sowohl Eroberungen des Schwertes, als Eroberungen der Pflugschar. [...] Der letzte Akt dieser Eroberung, die viel verschriene Teilung Polens war nicht, wie man sie genannt hat, ein Völkermord, sondern weiter nichts als die Proklamation eines bereits erfolgten Todes, nichts als die Bestattung einer längst in der Auflösung begriffenen Leiche. [...] Es war lediglich der Polen eigene Schuld, wenn sie ihr Land in deutsche Hände kommen ließen, und es wäre eine eigentümliche Gerechtigkeit, wenn wir das auf diese Weise und auf dem rechtlichsten Wege erworbene Land nun auf einmal aus kosmopolitischer Großmut samt den Deutschen, die darauf sitzen, in fremde Untertänigkeit hinausgeben wollten.

Zit. nach: Franz Wigard (Hg.), Stenographische Berichte über die Verhandlungen der deutschen constituierenden Nationalversammlung zu Frankfurt/Main 1848, Johannes David Sauerländer Verlag, Frankfurt/Main 1848, S. 1123 ff.*

M 7 Protestnote zum Polen-Entscheid, 1848

Deutsches Volk, das Unglaubliche ist geschehen! Die Mehrheit Deiner Vertreter hat die Revolution verleugnet und die teuersten Sympathien freier Völker verscherzt! Sie hat eine neue Teilung Polens ohne sichere Ermittlung der dortigen Bevölkerungsverhältnisse vorgenommen und die alten Theilungen für immer genehmigt [...]. Das ist der Sinn ihres heutigen Beschlusses in der Polensache. [...] Dies ist ein unerhörtes Unglück, welches uns den Herzen unserer polnischen Brüder entfremdet, Misstrauen zwischen ihnen und uns gesät [...] hat [...].
Die Mehrheit der Nationalversammlung hat keinen Sinn und kein Herz für die Befreiung unserer Nachbarvölker gezeigt. Sie hat kein Wort des Friedens für Italien, keine Silbe des Mitgefühls für Polen gehabt. Es hat sich vielmehr ein brutaler Völkeregoismus erhoben, [...] der die polnische Nation für immer aus der Reihe der Völker ausstreichen und die Slaven in Österreich zu keiner freien und eignen Gestaltung ihrer Angelegenheiten kommen lassen will. [...]
331 Stimmen gegen 101 Stimmen haben die Erklärung der Teilung Polens für ein schmachvolles Unrecht und die Anerkenntnis der heiligen Pflicht des deutschen Volkes zur Wiederherstellung eines selbstständigen Polens mitzuwirken verweigert. Und diese 331 sind zu einem Theile dieselben Leute, welche im Vorparlament jene schönen Beschlüsse fassten! [...] Wir, die wir der Minderheit der Nationalversammlung angehören, wir erklären feierlich, vor aller Welt [...]: Das Ende Polens wäre das Ende Deutschlands, die Teilung Polens durch die deutsche Nation teilt Deutschland zwischen Russland und Frankreich, zwischen Republik und Despotie, zwischen französische Freiheit und russische Knute, Deutsche, rettet Deutschland.
Die radical-demokratische Partei der constituirenden deutschen Nationalversammlung
Frankfurt am Main, den 27. Juli 1848

Zit. nach: Walter Grab (Hg.), Die Revolution von 1848/49, Reclam, Stuttgart 1998, S. 106 ff.*

1 Stellen Sie mithilfe der Darstellung, S. 301, die zentralen Aspekte der Posendebatte vor.
2 Vergleichen Sie die Argumentationen in der Rede M 6 und der Protestnote M 7.
3 Stellen Sie die Haltung der Nationalversammlung zu Polen von 1848 der Haltung im „Vormärz" gegenüber.
4 **Zusatzaufgabe:** Siehe S. 481.
5 Analysieren Sie Bild M 8 vor dem Hintergrund des Nationalismus im 19. Jahrhundert.
Tipp: Siehe Hilfe S. 481.
6 Vergleichen Sie die Botschaft des Bildes mit Positionen der Posendebatte (M 6–M 8).

M 8 Die universale demokratische und soziale Republik. Der Pakt, Lithografie von Frédéric Sorrieu, 1848

M 9 Der Historiker Hans-Werner Hahn zur Bedeutung der Revolution 1848/49 in Deutschland (2010)

Die neuere Forschung relativiert daher die ältere Auffassung von der „gescheiterten Revolution" und rückt auch Erfolge und langfristige Wirkungen der Jahre 1848/49 deutlicher ins Blickfeld. Zu den Erfolgen gehörte nicht nur der in vielen einzelstaatlichen Gesetzen vollzogene Abbau feudaler Lasten und ständischer Vorrechte. Auch die gescheiterte Paulskirchenverfassung hat nicht zuletzt durch den Grundrechtekatalog Maßstäbe für eine von Gleichheit und Freiheit geprägte Ordnung gesetzt, die auch unter obrigkeitsstaatlichen Strukturen fortwirkten und in den späteren deutschen Verfassungen und Gesetzen ihren Niederschlag finden sollten. In der Geschichte der deutschen Parteien und Parlamente hat die Revolution von 1848/49 ebenfalls wichtige und nachhaltige Traditionen begründet. Sie hat in Deutschland eine nationale Öffentlichkeit geschaffen, die es in dieser Form vorher nicht gab, und den Politisierungsprozess der Gesellschaft vorangetrieben. Für die Formierung der großen Parteirichtungen vom Liberalismus über die Arbeiterbewegung, den politischen Katholizismus bis hin zu den Konservativen und das Entstehen großer nationaler Verbände waren die Organisationsbestrebungen der Revolutionsmonate eine wichtige Grunderfahrung. […] Die Revolution von 1848/49 hat den gesellschaftlichen und wirtschaftlichen Modernisierungsprozess durch die Fortschritte bei der Agrarreform und zahlreiche andere Gesellschafts- und Wirtschaftsreformen nachhaltig gefördert. Sie hat Hemmnisse der kapitalistischen Entwicklung beseitigt und die Regierungen veranlasst, auch aus Gründen der Revolutionsprävention den wirtschaftlichen Wandel nachhaltiger zu fördern und die vormärzliche Pauperismuskrise [Armutskrise] zu überwinden.

Hans-Werner Hahn, Helmut Berding, Reformen, Restauration und Revolution 1806–1848/49, 10. Aufl., Klett-Cotta, Stuttgart 2010, S. 467f. (= Gebhardt. Handbuch der deutschen Geschichte 14).*

1 Arbeiten Sie die Positionen Hahns aus M 9 heraus.
2 **Wahlaufgabe:** Bearbeiten Sie Aufgabe a) oder b).
  a) Beurteilen Sie ausgehend von M 6 bis M 9, inwiefern die Revolution 1848/49 in Deutschland „erfolgreich" war oder „gescheitert" ist.
  b) **Fernsehkommentar:** „Was hat die Revolution 1848/49 heute mit uns zu tun?" Verfassen Sie einen Kommentar für einen Fernsehsender, der anlässlich eines Jahrestages zu 1848/49 einen Beitrag von Ihnen zur oben genannten Fragestellung wünscht.

Die Gründung des Deutschen Reiches 1870/71

M 10 Der Historiker Jörg Fisch über die Reichseinigungskriege und die Reichsgründung (2002)

Die einzigartige Stellung Otto von Bismarcks […] in der Geschichte der nationalen Einigung Deutschlands ergab sich daraus, dass er die Lehren aus den Vorgängen in Italien und den Erfahrungen mit dem
5 preußisch-österreichischen Dualismus zog und die Frage der Einigung konsequent als Machtfrage behandelte. Zunächst gelang es ihm, den Deutschen Bund, und mit ihm Österreich, 1864 in einen Krieg gegen Dänemark hineinzuziehen, der sich eine natio-
10 nale Interpretation lieh. Dänemark versuchte, das überwiegend deutschsprachige Schleswig-Holstein (Holstein gehörte zum Deutschen Bund) stärker zu integrieren und verletzte dadurch internationale Vereinbarungen.
15 Der Deutsche Bund errang einen raschen Sieg und eroberte Schleswig-Holstein. Über der Frage der Behandlung der eroberten Gebiete provozierte Bismarck 1866 den Bruch zwischen Preußen und Österreich. Der Dualismus, der die deutsche Frage so lange
20 blockiert hatte, sollte nun gewaltsam aufgelöst werden. Die Entscheidung fiel weit rascher und eindeutiger, als irgendjemand erwartet hatte. Die kleineren norddeutschen Staaten schlossen sich überwiegend Preußen an; die mittelgroßen norddeutschen und die
25 süddeutschen Staaten hielten zu Österreich. Preußen warf die feindlichen norddeutschen Staaten nach Kriegsbeginn (15. Juni) in kürzester Zeit nieder und konzentrierte sich dann auf Österreich, dessen Heer es […] eine kriegsentscheidende Niederlage bei-
30 brachte. […] Je länger die Auseinandersetzungen dauerten und je umfangreicher die Machtverschiebungen zugunsten Preußens wurden, umso größer wurde die Wahrscheinlichkeit eines Eingreifens der Großmächte, insbesondere Frankreichs, das traditio-
35 nell Wert auf ein zersplittertes Deutschland legte. Bismarck setzte deshalb, gegen heftigen Widerstand König Wilhelms I. und der Militärs, einen geradezu blitzartigen Friedensschluss mit Österreich durch, um Frankreich jeden Vorwand für eine Einmischung
40 zu entziehen. […]
Bismarck verzichtete darauf, die kleindeutsche Einigung konsequent zu Ende zu führen. Ein Zusammenschluss unter preußischen Vorzeichen wäre im Süden wenig populär gewesen und hätte, mehr oder
45 weniger erzwungen, zu ähnlichen Problemen wie im italienischen Süden führen können. Nördlich des Mains annektierte Preußen mit Hannover, Kurhessen, Nassau und Frankfurt einen Teil der unterworfenen Staaten. Die übrigen sowie die Bundesgenossen
50 schloss es im von ihm dominierten Norddeutschen Bund zusammen, der nun nicht mehr wie der Deutsche Bund staatenbündisch, sondern bundesstaatlich aufgebaut war und einen wirklichen Nationalstaat bildete, ohne dessen Namen zu führen.
55 Die Staaten südlich des Mains blieben selbstständig. Doch sie wurden so eng an den Norddeutschen Bund gekettet, dass die Weichen in Richtung Anschluss unwiderruflich gestellt waren. Bayern, Württemberg, Baden und Hessen-Darmstadt mussten mit Preußen
60 Militärbündnisse abschließen. Sie waren außerdem Mitglieder des Zollvereins, der zentralisiert wurde und politische Strukturen in Form eines Parlaments und einer Exekutive erhielt. […]
Es war klar, dass Napoleon III. [aus Frankreich] für
65 seine Zustimmung zu einem deutschen Nationalstaat einen Preis verlangen würde […]. Die Wahrscheinlichkeit einer gewaltsamen Lösung [war] groß. Dazu kam es im Zusammenhang der spanischen Thronfolgekrise von 1870. Die regierenden spani-
70 schen Generäle boten dem Erbprinzen Leopold von Hohenzollern-Sigmaringen, dem Angehörigen einer katholischen Seitenlinie der preußischen Dynastie, den Thron an. Bismarck förderte die Kandidatur unter der Hand. Trotzdem lehnte Leopold schließlich
75 ab. Doch Frankreich verlangte nun einen förmlichen preußischen Verzicht auf alle Zeiten – ein Ansinnen, das Preußen von sich wies. Das führte am 19. Juli zur französischen Kriegserklärung. Die Frage, in welchem Umfang Bismarck Frankreich bewusst zum
80 Krieg provoziert hat, ist bis heute umstritten. 1870 aber war in den Augen der Welt Frankreich der Angreifer. Das machte ein Eingreifen Großbritanniens und Russlands gegen Preußen weniger wahrscheinlich, und es bewog die süddeutschen Staaten zum
85 sofortigen Kriegseintritt an Preußens Seite. Die preußisch-deutsche Armee zeigte sich erneut überlegen. […] In dieser Zeit [bis Febr. 1871] erfolgte, durch den Beitritt der süddeutschen Staaten, die Ausweitung des Norddeutschen Bundes zum Deutschen Reich,
90 das am 18. Januar 1871 in Versailles gewissermaßen von außen ausgerufen wurde. Die kleindeutsche Einigung war zu ihrem Abschluss gelangt. Sie hatte sich durch zwei Besonderheiten ausgezeichnet.
1. Die Einigung war das Resultat von drei Kriegen.
95 Damit war sie in der Tat nach Bismarcks berühmtem Ausspruch mit „Eisen und Blut" herbeigeführt worden. […]
2. An der Wiege des deutschen Nationalstaats stand keine Einigung, sondern eine potenzielle Teilung:
100 der Ausschluss Österreichs und damit vor allem der deutschsprachigen österreichischen Gebiete vom Nationalstaat, obwohl deren Bewohner sich bislang

in nicht geringerem Maße als Deutsche verstanden hatten als die Deutschen des neuen Reiches. [...] Unter außenpolitischen Gesichtspunkten war die kleindeutsche Lösung wahrscheinlich die einzige, die einige Aussicht auf Duldung seitens der Großmächte hatte.

Jörg Fisch, Europa zwischen Wachstum und Gleichheit 1850–1914, UTB, Stuttgart 2002, S. 80–82.*

1 **Schaubild:** Erstellen Sie ein Schaubild mit den wichtigsten Phasen des Reichsgründungsprozesses anhand von M 10.
  Tipp: Notieren Sie für jede Phase zentrale Ereignisse, Entscheidungen, Personen und Vorgänge.
2 „Nicht durch Reden und Mehrheitsbeschlüsse" würden die großen Fragen der Zeit entschieden, sondern „durch Eisen und Blut", erklärte Bismarck am 30. September 1862 vor der Budgetkommission des preußischen Abgeordnetenhauses.
  Wahlaufgabe: Bearbeiten Sie Aufgabe a) oder b).
  a) Zeigen Sie Chancen und Risiken dieses politischen Bekenntnisses vor dem Hintergrund der Entstehung des Deutschen Reiches auf.
  b) **Referat:** Untersuchen Sie, ob dieses Zitat die Persönlichkeit und Politik Bismarcks in der Reichsgründungszeit charakterisiert. Ziehen Sie weitere Literatur hinzu.
  Tipp: Siehe Hilfen S. 481.

M 11 Der Historiker Dieter Langewiesche über die deutsche Reichsgründung 1870/71 (1989)

Die politische Nationalbewegung war eingebunden in den ökonomischen und den soziokulturellen Nationsbildungsprozess, ohne den sie die Massen nicht hätte bewegen können. Die Idee der Nation stiftete eine neue Ordnungsvorstellung, die [...] der immer stärker großräumig organisierten Gesellschaft angemessenere Bezugspunkte bot als das alte, langsam zerfasernde Geflecht lokaler Bindungen.
Vor dem Hintergrund dieser grundlegenden gesellschaftlichen Entwicklungen lässt sich nun Bismarcks nationalpolitischer Ort in der deutschen Geschichte sozialgeschichtlich bestimmen: Erst der weit vorangeschrittene Prozess der inneren Nationsbildung erlaubte es der preußischen Politik, die Einigungskriege zu führen. Es waren keine Eroberungskriege alter Art mehr, keine dynastischen Kriege, sondern nationale Einigungskriege. Damit wird nicht behauptet, Bismarck habe die Kriege als Einigungskriege geplant. Es kommt hier nur auf die Wirkung dieser Kriege an. Die Kriege gegen Dänemark, dann gegen Österreich und schließlich gegen Frankreich konnten zu Einigungskriegen werden, weil der Prozess der gesellschaftlichen Nationsbildung weit genug vorangeschritten war. Diese Möglichkeit gesehen und genutzt zu haben, ist die große historische Leistung Bismarcks, sein Anteil an der Revolutionierung der staatlichen Ordnung zwischen 1866 und 1871. [...] Bismarcks Diplomatie hat die Gefahr des europäischen Krieges vermieden, und sein – begrenztes – Zusammenwirken mit der nationalen Bewegung hat es ermöglicht, aus den Staatenkriegen Reichseinigungskriege werden zu lassen. [...]
Dieser hohe Anteil Bismarcks und der preußischen Politik an der Nationalstaatsgründung rechtfertigt es, mit den Zeitgenossen von einer Revolution von oben zu sprechen, aber – noch einmal – sie wurde nur möglich aufgrund des vorangegangenen Prozesses der inneren Nationsbildung. Insofern ist die Reichsgründung als eine Symbiose zwischen der von Bismarck geführten Revolution von oben und den gesellschaftlichen Bewegungen zu verstehen. [...]
Dieser innere Ausbau wurde [...] vorangetrieben [...] von der Gesellschaft, die im Parlament ihren politischen Wirkungsort besaß. Dieses gesellschaftliche Fundament der Gründung und des Ausbaus des deutschen Nationalstaats gehört unbedingt mit zum Begriff der „Revolution von oben", sonst würde man ihn missverstehen als eine unangebrachte Heroisierung der in der Tat großen nationalpolitischen Leistung Bismarcks. Der Begriff „Revolution von oben", bezogen auf die Reichsgründung, scheint mir dann sinnvoll zu sein, wenn er in doppelter Weise als Einschränkung verstanden wird: Er begrenzt Bismarcks individuellen Anteil und den des Krieges an der Nationsbildung, indem er auf die gesellschaftlichen Voraussetzungen der als Revolution verstandenen Nationalstaatsgründung verweist; und der Begriff schärft zugleich den Blick für die Grenzen, die den gesellschaftlichen Mitwirkungschancen, und damit auch den Parlamentarisierungs- und Demokratisierungschancen, durch diese Form der deutschen Nationalstaatsgründung gezogen wurden. In dieser Präzisierung halte ich es für sinnvoll, die Reichsgründung als eine Revolution von oben zu bezeichnen.

Dieter Langewiesche, „Revolution von oben"? Krieg und Nationalstaatsgründung in Deutschland, in: ders. (Hg.), Revolution und Krieg, Schöningh, Paderborn 1989, S. 128–133.*

1 **Partnerarbeit:**
  a) Arbeiten Sie jeder für sich die Argumente heraus, mit denen Langewiesche die Reichsgründung charakterisiert (M 11).
  b) Diskutieren Sie gemeinsam seine These.
  c) Halten Sie Ihre Ergebnisse fest.
2 **Zusatzaufgabe:** Siehe S. 481.

Nationalismus und Nationalstaatsbildung im 19. Jahrhundert: Deutschland und Polen im Vergleich 3.3

Nationalismus im Deutschen Kaiserreich: Der Kampf gegen „Reichsfeinde"

1 Wahlaufgabe: Bearbeiten Sie Aufgabe a), b) oder c):
a) M 12 a bis d zur Situation der Katholiken;
b) M 13 zur Situation der Juden;
c) M 14 zur Lage der Sozialisten.
Kernmodul: ▶ Kap. 3.7, S. 373–376, M 1–M 3

M 12 Aus den „Kulturkampfgesetzen"

a) Ergänzung des Strafgesetzbuchs vom 10. Dezember 1871 des Deutschen Reiches (Auszug)
Ein Geistlicher oder anderer Religionsdiener, welcher in Ausübung [...] seines Berufes öffentlich vor einer Menschenmenge, oder welcher in einer Kirche oder an einem andern zu religiösen Versammlungen bestimmten Orte vor mehreren Angelegenheiten des Staates in einer den öffentlichen Frieden gefährdenden Weise zum Gegenstande einer Verkündigung oder Erörterung macht, wird mit Gefängnis oder Festungshaft bis zu zwei Jahren bestraft.

b) Gesetz über die Vorbildung und Anstellung der Geistlichen vom 11. Mai 1873 in Preußen
§ 1. Ein geistliches Amt darf in einer der christlichen Kirchen nur einem Deutschen übertragen werden, welcher seine wissenschaftliche Vorbildung nach den Vorschriften dieses Gesetzes dargetan hat, und gegen dessen Anstellung kein Einspruch von der Staatsregierung erhoben worden ist. [...] § 4. Zur Bekleidung eines geistlichen Amts ist die Ablegung der Entlassungsprüfung auf einem deutschen Gymnasium, die Zurücklegung eines dreijährigen theologischen Studiums auf einer deutschen Staatsuniversität, sowie die Ablegung einer wissenschaftlichen Staatsprüfung erforderlich. [...] § 8. Die Staatsprüfung [...] wird darauf gerichtet, ob der Kandidat sich die für seinen Beruf erforderliche allgemeine wissenschaftliche Bildung, insbesondere auf dem Gebiet der Philosophie, der Geschichte und der deutschen Literatur erworben habe.

c) Gesetz, betreffend die Beaufsichtigung des Unterrichts- und Erziehungswesens, vom 11. März 1872 (preußisches Schulaufsichtsgesetz)
Unter Aufhebung aller in einzelnen Landesteilen entgegenstehenden Bestimmungen steht die Aufsicht über alle öffentlichen und Privat-Unterrichts- und Erziehungsanstalten dem Staate zu. [...]
Die Ernennung der Lokal- und Kreisschulinspektoren und die Abgrenzung ihrer Aufsichtsbezirke gebührt dem Staate allein.

d) Gesetz, betreffend den Orden der Gesellschaft Jesu, vom 4. Juli 1872
§ 1. Der Orden der Gesellschaft Jesu und die ihm verwandten Orden und ordensähnlichen Kongregationen sind vom Gebiete des Deutschen Reiches ausgeschlossen. [...] § 2. Die Angehörigen des Ordens der Gesellschaft Jesu [...] können, wenn sie Ausländer sind, aus dem Bundesgebiete ausgewiesen werden; wenn sie Inländer sind, kann ihnen der Aufenthalt in bestimmten Bezirken oder Orten versagt oder angewiesen werden.

M 16 a–d zit. nach: Johannes B. Kißling, Geschichte des Kulturkampfes im Deutschen Reiche, Bd. 2, Herder, Freiburg 1911, S. 460 ff.*

1 Arbeiten Sie aus M 12 a–d die Motive der Maßnahmen gegen den Katholizismus in Deutschland heraus.
2 Überprüfen Sie mithilfe der Darstellung, S. 300, und einer Internetrecherche, inwiefern die Maßnahmen gegen den Katholizismus erfolgreich waren.

M 13 Postkarte von 1879

1 Bewerten Sie ausgehend von M 14 und unter Einbeziehung der Darstellung, S. 300, den Umgang mit Minderheiten im Kaiserreich.
Tipp: Siehe auch Hilfen S. 481.

M 14 Aus den Memoiren August Bebels über die Wirkungen des „Sozialistengesetzes" (1910)

Binnen wenigen Tagen war die gesamte Parteipresse mit Ausnahme des Offenbacher Tageblatts und der Fränkischen Tagespost in Nürnberg unterdrückt. Das gleiche Schicksal teilte die Gewerkschaftspresse mit
5 Ausnahme des Organs des Buchdruckerverbandes, des „Korrespondenten". Auch war der Verband der Buchdrucker, abgesehen von den Hirsch-Dunckerschen Vereinen, die einzige Gewerkschaftsorganisation, die von der Auflösung verschont blieb. Alle übri-
10 gen fielen dem Gesetz zum Opfer. Ebenso verfielen der Auflösung die zahlreichen lokalen sozialdemokratischen Arbeitervereine, nicht minder die Bildungs-, Gesang- und Turnvereine, an deren Spitze Sozialdemokraten standen. [...] Das Trümmerfeld
15 des Zerstörten wurde erweitert durch die Verbote der nicht periodisch erscheinenden Literatur. [...]
[A]m 29. November [1878 wurden wir] mit der Nachricht überrascht, dass am Abend zuvor der „Reichsanzeiger" eine Proklamation des Ministeriums veröf-
20 fentlichte, wonach der kleine Belagerungszustand über Berlin verhängt wurde. Dieser Hiobsbotschaft folgte am nächsten Tage die Mitteilung, dass 67 unserer bekanntesten Parteigenossen, darunter J. Auer, Heinrich Rackow, F. W. Fritzsche, Fischer, bis auf ei-
25 nen sämtliche Familienväter, ausgewiesen worden seien. Einige mussten binnen 24 Stunden die Stadt verlassen, die meisten anderen binnen 48 Stunden, einigen wenigen räumte man eine Frist von drei Tagen ein. [...]
30 Damals gingen die Gerichte noch nicht so weit, Sammlungen für die Ausgewiesenen zu bestrafen, später aber, als die Behörden solche Sammlungen ausdrücklich aufgrund des Sozialistengesetzes verboten, wurde die Rechtsprechung eine andere. [...]
35 Die fortgesetzten Ausweisungen und die Schikanierung der Ausgewiesenen durch die Polizei hatten aber einen Erfolg, den unsere Staatsretter nicht vorausgesehen. Durch die Verfolgungen aufs Äußerste erbittert, zogen sie von Stadt zu Stadt, suchten über-
40 all die Parteigenossen auf, die sie mit offenen Armen aufnahmen, und übertrugen jetzt ihren Zorn und ihre Erbitterung auf ihre Gastgeber, die sie zum Zusammenschluss und zum Handeln anfeuerten.

Zit. nach: August Bebel, Aus meinem Leben, Dietz Verlag, Berlin (Ost) 1961, S. 626 ff.*

1 Beschreiben Sie die Wirkungen des Sozialistengesetzes auf SPD-Organisationen und ihre Mitglieder.
2 Nehmen Sie Stellung zur Verfolgung der Sozialdemokraten im Kaiserreich.
Tipp: siehe dazu auch Darstellung, S. 300.

Polnischer Nationalismus im 19. Jahrhundert

M 15 Adam Mickiewicz über sein Land (1832)

Denn das polnische Volk ist nicht gestorben; sein Körper liegt im Grabe, und seine Seele wanderte aus der Erde, d. h. dem öffentlichen Leben der Völker, in die Hölle, d. h. dem Alltagsleben der Völker, die Skla-
5 verei leiden im eigenen Lande und außerhalb, um ihre Leiden zu sehen. Aber am dritten Tage kehrt die Seele wieder zurück in ihren Körper, und das Volk wird auferstehen und alle Völker Europas von der Sklaverei befreien. [...] Und so wie mit der Auferste-
10 hung Christi auf der ganzen Erde die Blutopfer aufhörten, so werden mit der Auferstehung des polnischen Volkes in der Christenheit die Kriege aufhören.

Zit. nach: Die Bücher des polnischen Volkes, in: Adam Mickiewicz, Dichtung und Prosa. Ein Lesebuch von Karl Dedecius, Suhrkamp, Frankfurt/M. 1994, S. 316. Übers. Manfred Mack.*

M 16 Der polnische Dichter Kazimierz Brodziński vor der „Warschauer Gesellschaft der Freunde der Wissenschaft" über Nationen, 3. Juni 1831

Eine Nation ist eine eingeborene Idee, die von allen denen, die sie vereint, verwirklicht wird. Sie ist eine Familie mit eigenem Schicksal und eigener Mission. Ist sie nicht wie ein Mensch, dessen Wünsche, Vor-
5 stellungen und Fühlen ihn vorantreiben? Die Rückschläge formen ihren Charakter. Gott schuf die Völker als getrennte Individuen wie die Menschen, damit sie als seine Instrumente die ganze Menschheit beeinflussen und die notwendige Harmonie der Welt
10 errichten könnten [...]. Der Unterschied zwischen einem Volk und einem Menschen liegt darin, dass ein Mensch für sein Volk sterben kann, nicht aber das Volk für die Menschheit, solange es sich seiner selbst bewusst ist und sich als Volk fühlt. Darüber hinaus
15 wird in einer reifen Nation jedermann bereit sein, sein Leben zu opfern, damit die Nation für die Menschheit lebe [...]. Es ist die Idee der polnischen Nation, unter der Sonne der Religion den Baum der Freiheit und Brüderlichkeit zu hegen; die Rechte von
20 Thron und Volk auf einer Waage zu wägen, die vom Himmel selber stammt; der großen Zeit gemäß zu wachsen und am Werk der Menschheit mitzuwirken. In allen Stürmen hat sie die Grenze bewacht, die Barbarei und Kultur trennt. Wunderbar wird sie sich aus
25 dem Grab erheben und von dem Verbrechen gegen die Freiheit der Völker künden, das Unrecht, das ihr zugefügt wurde, bezeugen und so der Welt als warnendes Beispiel dienen.

Zit. nach: Peter Alter (Hg.), Nationalismus. Piper, München 1994, S. 135 f.*

1 **Partnerarbeit:** Arbeiten Sie arbeitsteilig zentrale Merkmale des polnischen Nationalismus aus M 15 und M 16 heraus.
2 Erklären Sie gemeinsam die Entstehung dieser Auffassungen im historischen Kontext.
Tipp: Siehe auch die Darstellung in Kapitel 3.2.

M 17 Aus dem Artikel „Und was hier tun?" der *„Gazeta Polska"*, einer Zeitung aus dem preußischen Teilungsgebiet (1848)

O, wir alle, die wir rufen: „Und was hier tun?" – schauen wir uns um, und wenn wir nicht alles sehen, was uns fehlt, wenn wir nicht verstehen, dass nur durch stetige, emsige Arbeit, durch ständiges und unermüdliches Verbessern der in einem Augenblick zerstörten langjährigen Arbeit wir die moralischen und materiellen Reserven sammeln können, die einst das Vaterland fordern wird. [...] Lernen wir also und erkennen wir, bis wir gelernt haben und wissen werden: Dass es nicht reicht, dass jeder seine Bereitschaft zeigt, im Rat zu sitzen und in den Krieg zu gehen [...], dass jede Nation zu ihrer Existenz, und besonders eine, die wieder von den Toten auferstehen will, moralische und materielle Kräfte benötigt, und zwar reale, grundlegende. [...] Und die einen werden sich den politischen Wissenschaften widmen, der schwierigen Kunst des Regierens, andere werden die Verwaltung öffentlicher Gelder erlernen, andere werden sich der Erziehung der Jugend widmen; diese werden sich vorbereiten darauf, musterhafte Kapläne zu werden, jene werden sich mit dem gründlichen Studium verschiedener Wissenschaften und Fähigkeiten befassen, von denen jede der Gesellschaft nützlich sein wird. Denn das Vaterland wird einst rufen: „Gebt mir Ratsleute, gebt mir Finanziers, gebt mir Pädagogen, gebt mir christliche Hirten, gebt mir Gesetzgeber und Richter, gebt mir Spezialisten und Ärzte und Mathematiker und Physiker und Bauleute und Mechaniker und Verwalter." [...] Und diejenigen, die in den Dörfern leben, werden Tag und Nacht mit Tat und Wort arbeiten, um noch ungebildete, unaufgeklärte Brüder zu bilden, sie aufzurichten und dahin zu führen, dass sie sich selbst und die Gemeinschaft eines einzigen Vaterlandes erkennen [...]. Und zu dieser Arbeit benötigt man nicht schlaue und gebildete Köpfe, sondern vor allem ein christliches und polnisches Herz. [...] Und alle, wo das nur möglich sein wird, werden sich um dieses oder jenes [...] Ziel vereinigen, werden sich klug und stark organisieren.

Zit. nach: Hilke Günther-Arndt u. a. (Hg.), Geschichtsbuch Oberstufe, Bd. 1, Cornelsen, Berlin 1995, S. 383 f. übers. Hans-Henning Hahn.*

1 Geben Sie die zentralen Aussagen von M 17 wieder.
2 Erklären Sie die Ursachen für diese Strategie der polnischen Nationalisten.

M 18 Aus dem Manifest des „Nationalen Zentralkomitees" anlässlich des „Januaraufstandes" im russischen Teilungsgebiet vom 22. Januar 1863

Polen will und kann sich nicht widerstandslos dieser schändlichen Gewalt unterwerfen; es muss energischen Widerstand leisten, will es nicht vor der Nachwelt schmachvoll dastehen. Die Schar der tapferen, opferwilligen Jugend [...] hat geschworen, das verfluchte Joch abzuwerfen oder unterzugehen. Ihr nach, polnische Nation, ihr nach! Nach der schrecklichen Schmach der Unfreiheit, nach unerhörten Qualen der Unterdrückung ruft das Nationale Zentralkomitee, jetzt deine einzige legale Nationalregierung, dich auf zur schon letzten Schlacht, auf das Feld des Ruhms und des Sieges. [...] Ja, du wirst deine Freiheit, deine Unabhängigkeit mit so großer Tapferkeit, so heiligem Opfermut erringen, wie noch kein Volk es in der Geschichte vermochte. Dem wiedererstehenden Vaterland gibst du ohne Bedauern, Schwachheit oder Zögern dein Blut, dein Leben und deine gesamte Habe, die es benötigt. Dafür gibt dir das Nationale Zentralkomitee die Zusage, dass die Energien deiner Tapferkeit nicht vertan werden, dass dein Opfer nicht umsonst sein wird. [...] Sofort am ersten Tag seines öffentlichen Auftretens, als ersten Akt des heiligen Kampfes erklärt das Nationale Zentralkomitee alle Söhne Polens ohne Unterschied des Glaubens und des Stammes, der Herkunft und des Standes zu freien und gleichen Bürgern des Landes. Der Boden, den das ackerbauende Volk bisher als Zinsbauer oder Fronbauer bearbeitete, wird von diesem Augenblick an sein bedingungsloses Eigentum mit dem Recht ewiger Erblichkeit sein. [...] Denn die Stunde der gemeinsamen Befreiung hat schon geschlagen, das alte Schwert ist gezogen.

Zit. nach: Hilke Günther-Arndt u. a. (Hg.), Geschichtsbuch Oberstufe, Bd. 1, Cornelsen, Berlin 1995, S. 384. übers. Hans-Henning Hahn.*

1 Erarbeiten Sie aus M 18 Ziele und Strategie der polnischen Nationalisten.
2 **Partnerarbeit:** Vergleichen Sie gemeinsam die beiden Strategien in M 17 und M 18 miteinander.
3 Beurteilen Sie, welches Konzept der polnischen Nationalisten erfolgversprechender war.
Kernmodul: ▶ Kap. 3.7, S. 373–376, M 1–M 3

Methode

Schriftliche Quellen interpretieren

M1 Rudolf von Bennigsen (1824 bis 1902), Stich, o. J.

Der Vorsitzende der Nationalliberalen war Mitunterzeichner von M2. Er unterstützte Bismarcks Außenpolitik, geriet innenpolitisch oft in Konflikt mit ihm, bis er 1883 die Politik verließ.

In der Gegenwart zeigt sich die Geschichte in Form von Quellen. Sie bilden die Grundlage unserer historischen Kenntnisse. Doch nicht die Quellen selbst stellen das Wissen dar, erst ihre systematische Analyse ermöglicht eine adäquate Rekonstruktion und Deutung von Geschichte. Daher gehört es zu den grundlegenden Kompetenzen im Geschichtsunterricht, Quellen angemessen erschließen und interpretieren zu können. Zu den Quellen zählen konkrete Sachzeugnisse wie Bauwerke, Münzen, Schmuck oder Gebrauchsgegenstände und abstrakte Zeugnisse wie Sprache oder historische Landschaften.

Die bedeutsamsten Quellen sind schriftliche Zeugnisse. Sie werden unterteilt in **erzählende Quellen,** die zum Zweck der Überlieferung verfasst wurden, z. B. Chroniken, Geschichtsepen, Monografien und Biografien, sowie in **dokumentarische Quellen,** z. B. Urkunden, Akten, Gesetzestexte und Zeitungen, die gesellschaftliche und private Ereignisse und Prozesse unmittelbar und meist unkommentiert wiedergeben.

Bei der Untersuchung schriftlicher Quellen kommt es darauf an, zunächst eine **Leitfrage (1)** zu stellen, unter der man die Quelle untersuchen will. Zusätzlich zur Analyse **formaler** und **inhaltlicher Aspekte (2)** bedarf es einer Einordnung in den historischen **Kontext (3)**, um abschließend den Aussagegehalt der Quelle kritisch zu **beurteilen (4)**. Nur wenn man bei der Interpretation Tatsachen und Meinungen unterscheidet, ist das Ergebnis der Quellenarbeit eine weitgehende Annäherung an die historische Wirklichkeit.

Arbeitsschritte für die Analyse

1. Leitfrage
– Welche Fragestellung bestimmt die Untersuchung der Quelle?

2. Analyse
Formale Aspekte
– Wer ist der Autor (ggf. Amt, Stellung, Funktion, soziale Schicht)?
– Wann und wo ist der Text entstanden bzw. veröffentlicht worden?
– Um welche Textart handelt es sich (z. B. Brief, Rede, Vertrag)?
– Was ist das Thema des Textes?
– An wen ist der Text gerichtet (z. B. Privatperson, Institution, Machthaber, Öffentlichkeit, Nachwelt)?

Inhaltliche Aspekte
– Was sind die wesentlichen Textaussagen (z. B. anhand des gedanklichen Aufbaus bzw. einzelner Abschnitte)?
– Welche Begriffe sind von zentraler Bedeutung (Schlüsselbegriffe)?
– Wie ist die Textsprache (z. B. sachlich, emotional, appellativ, informativ, argumentativ, manipulierend, ggf. rhetorische Mittel)?

3. Historischer Kontext
– In welchen historischen Zusammenhang (Ereignis, Epoche, Prozess bzw. Konflikt) lässt sich die Quelle einordnen?

4. Urteil
Sachurteil (es erfolgt aus der Sicht des historischen Gegenstands der damaligen Zeit)
– Welchen politisch-ideologischen Standpunkt nimmt der Autor ein?
– Welche Intention verfolgt der Verfasser des Textes?
– Inwieweit ist der Text glaubwürdig? Enthält er Widersprüche?
– Welche Wirkung sollte der Text bei den Adressaten erzielen?

Werturteil
– Wie lässt sich der Text im Hinblick auf die Leitfrage aus heutiger Sicht, nach unseren Maßstäben und Normen bewerten?

Übungsbeispiel

M 2 Aus einer Erklärung des Deutschen Nationalvereins vom 19. Juli 1859

Der Text entstand 1859 bei einem Treffen von Liberalen in Hannover. Die Erklärung trug 25 Unterschriften, davon stammten 20 von liberalen Abgeordneten der Zweiten Hannoverschen Kammer. Zu den Unterzeichnern gehörten führende deutsche liberale Politiker, z. B. Rudolf von Bennigsen (1824–1902).

Das Verlangen nach einer mehr einheitlichen Verfassung Deutschlands unter Betheiligung von Vertretern des deutschen Volks an der Leitung seiner Geschicke musste daher immer größer werden. Nur
5 eine größere Concentrirung der militairischen und politischen Gewalt, verbunden mit einem deutschen Parlament, wird eine Befriedigung des politischen Geistes in Deutschland, eine reiche Entwickelung seiner inneren Kräfte, und eine kräftige Vertretung
10 und Vertheidigung seiner Interessen gegen äußere Mächte herbeiführen können. Solange das deutsche Volk an einer Reform seiner Verfassung noch nicht verzweifelt und nicht allein von einer revolutionären Erhebung Rettung vor inneren und äußeren Gefah-
15 ren sucht, ist der natürlichste Weg, dass eine der beiden großen deutschen Regierungen die Reform unserer Bundesverfassung ins Leben zu führen unternimmt.
Oesterreich ist dazu außer Stande. Seine Interessen
20 sind keine rein deutschen, können es auch niemals werden. Daneben wird die neuerdings selbst von der Regierung als nothwendig anerkannte Reform seiner inneren Zustände Oesterreichs volle Aufmerksamkeit auf lange Jahre in Anspruch nehmen. [...]
25 Unsere Hoffnung richten wir daher auf Preußens Regierung, welche durch den im vorigen Jahre aus freiem Antriebe eingeführten Systemwechsel ihrem Volke und ganz Deutschland gezeigt hat, dass sie als ihre Aufgabe erkannt hat, ihre Interessen und die ihres
30 Landes in Uebereinstimmung zu bringen. [...]
Die Ziele der preußischen Politik fallen mit denen Deutschlands im Wesentlichen zusammen. Wir dürfen hoffen, dass die preußische Regierung immer mehr in der Erkenntnis wachsen wird, dass eine
35 Trennung Preußens von Deutschland und die Verfolgung angeblich rein preußischer Großmachtzwecke nur zu Preußens Ruin führen kann. Und das deutsche Volk hat in den letzten Wochen in den meisten Theilen unsers Vaterlandes mit Einmüthigkeit zu erken-
40 nen gegeben, dass für die Zeiten der Gefahr und des Krieges die Vertretung unserer Interessen und die Leitung unserer militairischen Kräfte vertrauensvoll in Preußens Hände gelegt werden solle, sobald nur klare Ziele, eine feste Leitung, und ein entschiedenes Handeln von Preußen zu erwarten ist. [...]
45 Ein großer Theil von Deutschland – und wir mit ihm – hegt daher die Erwartung, dass Preußen in der Zeit der Ruhe und Vorbereitung, welche uns jetzt vielleicht nur für kurze Zeit gewährt ist, die Initiative für eine möglichst rasche Einführung einer einheitli-
50 chen und freien Bundesverfassung ergreift. [...]
Die deutschen Bundesregierungen werden freilich dem Ganzen Opfer bringen müssen, wenn eine mehr concentrirte Verfassung in Deutschland eingeführt werden soll. Schwerlich werden sie aber angesichts
55 der bevorstehenden Krisen sich lange der Überzeugung verschließen, dass für die Interessen des Vaterlandes nicht allein, sondern auch für ihre eigenen eine einheitlichere Gewalt in Deutschland eine Nothwendigkeit ist. Umgeben von autokratisch re-
60 gierten, stark centralisirten Militairstaaten können in Mitteleuropa nur straffer organisirte Völker und Staaten ihre Unabhängigkeit und Existenz auf die Dauer retten. Und besser ist es doch, einen Theil seiner Regierungsbefugnisse auf eine deutsche Bundes-
65 gewalt zu übertragen, als sie ganz an Frankreich oder Rußland zu verlieren.
Groß sind die Gefahren für Europa und Deutschland. Nur rasche Entschlüsse können Hülfe bringen. Möge daher Preußen nicht länger zögern, möge es offen an
70 den patriotischen Sinn der Regierungen und den nationalen Geist des Volkes sich wenden, und schon in nächster Zeit Schritte thun, welche die Einberufung eines deutschen Parlaments und die mehr einheitliche Organisation der militairischen und politischen
75 Kräfte Deutschlands herbeiführen, ehe neue Kämpfe in Europa ausbrechen und ein unvorbereitetes und zersplittertes Deutschland mit schweren Gefahren bedrohen.

Zit. nach: Hagen Schulze, Der Weg zum Nationalstaat. Die deutsche Nationalbewegung vom 18. Jahrhundert bis zur Reichsgründung, dtv, München 1985, S. 165–167.*

1 Stellen Sie zunächst fest, ob es sich bei M 2 um eine dokumentarische oder eine erzählende schriftliche Quelle handelt, und geben Sie eine kurze Begründung für Ihre Zuordnung.
2 Analysieren Sie anschließend die schriftliche Quelle M 2 mithilfe der systematischen Arbeitsschritte S. 310 und der Darstellung S. 299.
3 **Zusatzaufgabe:** Siehe S. 481.
▶ Lösungshinweise finden Sie auf S. 494 f.

Anwenden

M1 Der Historiker Hans-Ulrich Wehler zum deutschen Nationalismus (2006 und 2001)

a) Der deutsche Nationalismus blieb rund achtzig Jahre lang primär eine liberale Oppositions- und Emanzipationsideologie. Sie richtete sich gegen den Status quo der Staaten im Deutschen Bund, denn sie sollten ja in einen gesamtdeutschen konstitutionellen Nationalstaat eingeschmolzen werden.

Sie wendete sich auch gegen die antiquierte Sozialhierarchie im Inneren der Staaten, denn die Reformidee der liberalen „bürgerlichen Gesellschaft" war aufs Engste mit dem nationalen Ziel verschwistert. [...]

So wie zahlreiche Modernisierungsphänomene ihre schwarze Kehrseite besitzen, besaß auch der deutsche Nationalismus von Anfang an [...] seine Schattenseite [...], da die aggressive Wendung gegen die äußeren und inneren Feinde der Nation zu den existenziellen Bestandteilen des Nationalismus gehörte, zumal seine Anhänger frühzeitig den sozialpsychischen Mechanismus erkannt hatten, dass die „In-group" durch die Bekämpfung von „Out-groups" zusammengeschweißt wurde. Mit diesem Kernbestand an strukturprägenden Elementen hielt sich [...] der Liberalnationalismus der deutschen Nationalbewegung bis zur Reichsgründung.

Hans-Ulrich Wehler, Deutsche Gesellschaftsgeschichte, Bd. 3, 2. Aufl., C. H. Beck, München 2006, S. 945.*

b) Das Ziel eines deutschen Nationalstaats war 1871 erreicht worden, der Einigungsnationalismus hatte sich damit erschöpft. Das neue Reich hatte aber nicht die Volkssouveränität als Legitimitätsspender in seiner Verfassung verankert, vielmehr beruhte es auf einer Legitimationsbasis, die ganz und gar nicht den Vorstellungen des älteren Liberalnationalismus entsprach. Zu diesem Fundament gehörte die erfolgreich stabilisierte Fürstenherrschaft, die der Kaiser als „Reichsmonarch" symbolisch repräsentierte. Dazu gehörten die blendenden Erfolge des Militärs, dessen Nimbus auch für den neuen Reichsnationalismus, wie der internationale Vergleich lehrt, eine exklusive Bedeutung gewann. Dazu gehörte schließlich das Element der charismatischen Herrschaft Bismarcks als einer einzigartigen Führungsfigur – der Nationalstaat galt geradezu als das „Werk" des „Reichsgründers".

Zugleich aber erfuhr der Begriff der Nation eine folgenschwere Verengung. Denn nach den äußeren folgten die inneren Einigungskriege Bismarcks und seiner Alliierten: erst gegen die katholische Bevölkerung, dann gegen die Sozialdemokratie. Beide wurden jahrelang als vermeintliche „Reichsfeinde" aus dem sakrosankten Tempelbereich der Nation ausgrenzt. [...] Der viel beschworenen Einheit der Nation wurden dadurch Verletzungen zugefügt, die selbst bis zur Mitte des nächsten Jahrhunderts noch nicht völlig ausgeheilt waren. [...]

Als noch folgenschwerer erwies sich der Versuch des neuen politischen, rassistisch aufgeladenen Antisemitismus, die jüdischen Deutschen durch eine biologistische Stigmatisierung ebenfalls aus der Nation zu verbannen. Zwar stemmte sich noch entschlossener Widerstand diesem Aberwitz entgegen, auch kamen die verschiedenen Antisemitenparteien nie über maximal 350 000 Wähler hinaus. Aber dieses radikale Exklusionsdenken, das sich durchaus als Spielart des Reichsnationalismus mit seinem Ideal der purifizierten Nation entpuppte, fraß sich dennoch heimlich in die konservativen Parteien und Verbände, in das akademische Milieu, in die damalige rechtsliberale Mitte immer tiefer ein.

Hans-Ulrich Wehler, Nationalismus, München, C. H. Beck, 2001, S. 62 ff.*

1 Ordnen Sie die von Wehler (M 1 a und b) dargestellte Entwicklung des deutschen Nationalismus in groben Zügen in die Geschichte des 19. Jahrhunderts ein.

2 Beurteilen Sie Wehlers These, dass der deutsche demokratische Einheitsnationalismus als Impulsgeber für den späteren Reichsnationalismus gedient habe.

Tipp:
a) Klären Sie nach der Lektüre von M 1 zunächst fremde Begriffe; siehe Hilfen S. 482.
b) Geben Sie anschließend Wehlers Thesen, Argumente und Schlussfolgerungen mit eigenen Worten wieder.

Nationalismus und Nationalstaatsbildung im 19. Jahrhundert: Deutschland und Polen im Vergleich 3.3

Wiederholen

M2 Die Eröffnung des Deutschen Reichstages im Weißen Saal des Berliner Stadtschlosses durch Kaiser Wilhelm II. am 25. Juni 1888, Ölgemälde von Anton von Werner, 1893

Zentrale Begriffe
Nation
Polnischer Unabhängigkeits- und Freiheitskampf
„Kongresspolen"
Liberalismus
Nationalismus
Nationalbewegung
Nationalstaat
Deutscher Bund
Hambacher Fest
Deutscher Zollverein
Revolution 1848/49
Frankfurter Paulskirche
Otto von Bismarck
Reichseinigungskriege
Reichsnationalismus
„Kulturkampf"
„Sozialistengesetze"
Antisemitismus

1 Interpretieren Sie Gemälde M 2 im Kontext der deutschen Nationalstaatsbildung des 19. Jahrhunderts.
2 Stellen Sie ausgehend von Ihren Ergebnissen auf Aufgabe 1 die politischen Konfliktlinien des 19. Jahrhunderts in Deutschland dar.
3 **Wahlaufgabe:** Bearbeiten Sie entweder Aufgabe a) oder b).
   a) Erstellen Sie einen fiktiven Tagebucheintrag eines Teilnehmers/einer Teilnehmerin des polnischen Aufstandes von 1863.
   b) **Flugblatt:** Entwerfen Sie ein Flugblatt (print oder digital), das sich kritisch mit den „Sozialistengesetzen", dem „Kulturkampf" oder dem Antisemitismus im Kaiserreich auseinandersetzt.
4 Untersuchen Sie Möglichkeiten und Grenzen der deutschen und der polnischen Nationalbewegung im 19. Jahrhundert.
   Tipp: Erstellen Sie zunächst eine Tabelle mit Stichworten.
5 **Vertiefung:** Vergleichen Sie zusammenfassend die deutsche mit der polnischen Nationalgeschichte im 19. Jahrhundert. Gehen Sie dabei kriterienorientiert vor (betrachten Sie z. B. Nationskonzepte, Träger der Nation, Realisierungsversuche zur Nationalstaatsbildung).
   Tipp: Siehe auch die Formulierungshilfen.
6 Gehen Sie auf Ihre Hypothesen und Fragen von der Einstiegsseite ein (siehe S. 295). Halten Sie Ihre Antworten in Stichpunkten fest und klären Sie noch offene Aspekte.

Formulierungshilfen für einen historischen Vergleich
– Wenn man … und … vergleicht, kann man feststellen, dass …
– Trotz zahlreicher Gemeinsamkeiten gibt es auch Unterschiede …
– Unterschiede sind …
– betont stärker/weniger
– in einem Punkt (fast) identisch sein/ identische Ziele verfolgen
– Während … eine Gemeinsamkeit darstellt, ist … unterschiedlich
– Es gibt (viele/kaum) Parallelen zwischen … und …

3.4 Konfliktfeld Nationalstaat: Deutschland und Polen von 1871 bis in die 1920er-Jahre

M1 Jan Matejko, Schlacht bei Grunwald, Ölgemälde, 1878.
Matejko schuf dieses Historiengemälde zwischen 1872 und 1878. Es prägte in Polen die Vorstellung vieler Generationen über die Schlacht bei Grunwald 1410 (s. Kap. 2.2, S. 283). Heute hängt das Bild im Nationalmuseum Polens in Warschau.

1873 | Deutsch als Unterrichtssprache in Posen
1876 | Deutsch als Amtssprache in den Ostprovinzen
1886 | Ansiedlungsgesetz des Preußischen Landtags für Posen und Westpreußen
1894 | Ostmarkenverein in Deutschland gegründet

1871–1918 Deutsches Kaiserreich

Konfliktfeld Nationalstaat: Deutschland und Polen von 1871 bis in die 1920er-Jahre 3.4

Wer sich mit dem deutsch-polnischen Verhältnis in der Zeit von 1871 bis in die 1920er-Jahre beschäftigt, sollte einen Schritt zurücktreten und mit einem Blick auf Europa beginnen. Europa um 1900 – das war eine Welt im Umbruch, wie wir sie auch im 21. Jahrhundert mit Digitalisierung, Globalisierung und wachsendem Populismus erleben.

In den Industrieländern wuchs die Bevölkerung in bis dahin unbekannte Höhen: in Europa 1850 bis 1913 von 266 auf 401 Millionen. Die Eisenbahn erreichte erstmals auch entlegene Regionen, und neue Verkehrsmittel wie Omnibus und Pkw, Ozeanriesen und Luftschiffe kündeten ein mobiles Zeitalter an. Gleichzeitig begann die Massenkommunikation – mit Unterseekabeln, Telefon und Kino sowie Satz- und Rotationsmaschinen für riesige Zeitungsauflagen.

Die Menschen wurden räumlich mobiler und auch politisch mobil. Überall gründeten sie Vereine und Parteien. Werbung in Politik und Wirtschaft, „Propaganda" genannt, Sensationsmeldungen und neue Bilderwelten veränderten die Kommunikation – und damit auch die „Köpfe" und das Verhalten der Menschen. Die Reaktionen auf die Umbrüche waren teilweise extrem: Fortschrittsoptimisten auf der einen Seite, auf der anderen Seite Pessimisten und Kulturkritiker. Ein aggressiver Nationalismus griff um sich. „Nationale Mythen" (wie z. B. in Gemälde M 1), Überhöhungen der „eigenen" Nation und stereotype Bilder von „den anderen" waren weit verbreitet. Und es gab Krieg. Im Zuge des Imperialismus eroberten die großen Industrienationen fremde Länder und beuteten sie aus. Der Erste Weltkrieg (1914–1918) kostete Millionen Menschen das Leben. An seinem Ende fegte er in Europa die alten Monarchien hinweg. Überall auf der Welt entstanden neue Grenzen, wie in Deutschland, und neue Staaten, wie Polen.

1 Recherchieren Sie im Internet Informationen zu Gemälde M 1 und beschreiben Sie das Bild.
2 **Wahlaufgabe:** Bearbeiten Sie Aufgabe a) oder b).
   Tipp: Siehe auch die Formulierungshilfen.
   a) Stellen Sie Vermutungen an, warum Gemälde M 1 eine solch große Bedeutung für die Polen gehabt haben könnte.
   b) Stellen Sie Vermutungen zu den Beweggründen des Künstlers an, ein solches Bild zu malen.
3 Formulieren Sie anhand dieser Doppelseite Fragen oder Hypothesen zum deutsch-polnischen Verhältnis im Zeitraum 1871–1920er-Jahre.

Internetseiten zum Gemälde „Schlacht bei Grunwald"

cornelsen.de/Webcodes
Code: howife

Formulierungshilfen „Vermutungen formulieren"
– Vielleicht war ... ein Symbol für
– Eventuell stand ... für ...
– Möglicherweise stellte ... dar
– Bei ... handelte es sich wahrscheinlich um ...
– Seine Motive/Gründe waren möglicherweise ...
– Mit Blick auf seine Biografie könnte ...
– Vermutlich bedeutete es seinerzeit ...
– Es ging dem Künstler vielleicht um .../ darum .../nicht darum ...
– Vor dem Hintergrund der zeitgenössischen ..., wollte er/sie eventuell ...

3.4 Konfliktfeld Nationalstaat: Deutschland und Polen von 1871 bis in die 1920er-Jahre

> *In diesem Kapitel geht es um*
> - den Umgang mit Polen als Minderheit im 1871 gegründeten deutschen Kaiserreich,
> - die Gründung der Zweiten Republik Polen am Ende des Ersten Weltkriegs 1918 und den Umgang mit Deutschen als Minderheit in der neuen Republik Polen,
> - Bilder und Stereotype über die jeweils „andere" Nation,
> - die Rolle nationaler Mythen im deutsch-polnischen Verhältnis am Beispiel des Mythos von Tannenberg bzw. Grunwald.
> - Das Kapitel insgesamt ist im Sinne transnationaler Geschichtsschreibung angelegt.

Kernmodul: ▶ „Transnationale Geschichte", S. 380 f., M 6 (Patel), M 7 (Osterhammel)

Umgang mit nationalen Minderheiten: Sprachenpolitik im Kaiserreich

Nach dem Ende des Deutsch-Französischen Krieges wurde 1871 das Deutsche Kaiserreich gegründet. Hierbei kam es zur „kleindeutschen Lösung" mit Preußen als starker Macht und ohne den Vielvölkerstaat Österreich. Aber auch ohne Österreich gab es im neuen deutschen Nationalstaat Bevölkerungsgruppen unterschiedlicher Herkunft:
- die französischstämmigen Elsässer und Lothringer im Südwesten,
- die Dänen in Schleswig und Holstein im Norden sowie
- die polnische Minderheit in Posen und Westpreußen im Osten des Reiches, die seit 1793 zu Preußen gehörten.

Anders als die 1849 in der Frankfurter Paulskirche beschlossene Verfassung gewährte die **Reichsverfassung 1871 keinen nationalen Minderheitenschutz.** In der Kaiserzeit, in der in Deutschland die Nation immer stärker zum absoluten Wert geriet, sah man nationale Minderheiten als Problem bei der Entwicklung einer deutschen Identität. Eine deutsche Identität mithilfe der deutschen Sprache auf kultureller Ebene zu gestalten, wurde gleich zu Beginn des Kaiserreichs vorangetrieben. Diese Maßnahmen betrafen auch die 2,4 Millionen in Preußen lebenden Polen, deren Identität stärker auf das Dorf, die Stadt oder die Region ausgerichtet war. Sie fühlten sich eher als Preußen, weniger als Deutsche. Durch den starken Anpassungsdruck entstand bei ihnen ein Misstrauen gegenüber dem neuen deutschen Nationalstaat. Gesteigert wurde es dadurch, dass deutsche Nationalverbände und die politische Führung unter Reichskanzler **Otto von Bismarck** (Reg. 1871–1890) eine Politik verfolgten, die sich gegen die national-kulturellen Eigenarten der Polen richtete. Im Prinzip wurde damit weitergeführt, was Preußen seit den 1840er-Jahren gegenüber den Menschen in seiner polnischen Erwerbung Posen betrieben hatte. Dazu gehörten z. B. **Ausweisungen** oder die Einführung des Deutschen als **Amtssprache**. Die Durchsetzung der deutschen Amtssprache wurde ab 1876 intensiviert. Per Gesetz musste alles, was in den Behörden bearbeitet und in denselben eingereicht wurde, in Deutsch sein. Das bedeutete mit der Verabschiedung des Vereinsgesetzes 1908 z. B. auch, dass die Polen bei der Gründung von Vereinen Anträge und Satzungen in Deutsch einreichen mussten.

▶ „Kulturkampf": siehe S. 300
▶ M 7–M 10: Germanisierungspolitik

Da der polnische Nationalismus eng mit der katholischen Kirche verbunden war, verfolgte Reichskanzler Bismarck (der im **„Kulturkampf"** die katholische Kirche insgesamt als „Reichsfeind" bekämpfte) seine **Germanisierungspolitik** auch und vor allem gegen die Polen. Ausgehend von der Sprache, richtete sie sich gegen alle Eigenarten mit dem Ziel, den autoritären preußisch-deutschen Staatsanspruch durchzusetzen.

Schulpolitik im Kaiserreich

Mit dem **Schulaufsichtsgesetz von 1872** und dem Erlass des Oberpräsidenten von Posen zur Anwendung der deutschen Sprache im Unterricht von 1873 wurde die in den 1840er-Jahren begonnene Verdrängung der polnischen Sprache aus dem öffentlichen Leben fortgesetzt. Das Ziel des Gesetzes bestand darin, der zukünftigen Generation ihre
5 polnische Identität zu nehmen. Der Gedanke, der dahintersteckte, war: Wenn es gelang, bei den Kindern die Entwicklung der polnischen Sprache einzuschränken oder zu verhindern, dann konnte die Bindung zum polnischen Nationalismus und dem national gesinnten polnischen Adel gelockert oder sogar gelöst werden. Dieses Ansinnen wurde im Kontext des „Kulturkampfes" durch eine weitere Maßnahme unterstützt: Die katho-
10 lischen Würdenträger, die in der preußischen Provinz die Schulaufsicht führten, wurden von staatlichen Schulinspektoren abgelöst. Lediglich das Fach Religion dufte in polnischer Sprache unterrichtet werden – allerdings nur dort, wo die polnischen Schüler in Posen und Westpreußen nicht genug Deutsch konnten. Eine Verschärfung dieser Regelung erfolgte unter Reichskanzler Bernhard von Bülow (Reg. 1900–1909), der in Perso-
15 nalunion als Reichskanzler und preußischer Ministerpräsident eine „Neuauflage" der Germanisierungspolitik betrieb. 1901 wurde der Gebrauch der polnischen Sprache auch im Religionsunterricht verboten. Eine Wiederholung dieses Verbots erfolgte 1906, da es zuvor nicht durchzusetzen war. Die Folge war allerdings ein **Schulstreik in Wreschen**, der sich im selben Jahr von dort aus über die gesamte Provinz Posen ausdehnte.
20 Er wurde auf deutscher Seite durch die Lehrer und die Beamten des Schulsystems rigide bekämpft und am Ende niedergeschlagen.

▶ M 8: Wreschener Schulstreik

Freizügigkeit und Agrarrecht im Kaiserreich

Die Verfassung des Kaiserreichs gewährte den Bürgern ein Recht auf Freizügigkeit. Das bedeutet, dass die Menschen sich dort niederlassen konnten, wo sie wollten. Für die polnische Minderheit galt dies aber immer weniger. Sie wurde vertrieben oder enteignet oder ihr Besitz wurde aufgekauft. Die **Vertreibung** von Polen begann 1885, als die
5 preußische Regierung 32 000 nicht eingebürgerte Polen aus Berlin und den östlichen Provinzen ausweisen ließ. Ergänzend zur Ausweisung wurde 1886 für die Provinzen Posen und Westpreußen ein **Ansiedlungsgesetz** vom Preußischen Landtag verabschiedet, um deutsche Bürger (Bauern und Arbeiter) dort anzusiedeln. Zu diesem Zweck sollten Grundstücke von Polen erworben und an deutsche Siedler verkauft werden. Die dafür
10 gegründete **„Königlich Preußische Ansiedlungskommission"** verfügte über 100 Millionen Mark. Das Geld nutzte allerdings wenig, da ein polnischer Bauernverband sowie ein damit verbundenes System von Banken und Genossenschaften die preußischen Bemühungen unterliefen. Dazu gehörte z. B. der Aufkauf und die Teilung von Gütern sowie deren Verkauf an polnische Kleinbauern. 1904 versuchte der Preußische Landtag
15 per Gesetz einzuschreiten: Er erlaubte den preußischen Beamten vor Ort, die Teilung und eine Baugenehmigung für neue Bauernhäuser der Polen zu verweigern, wenn es dadurch zu einer Behinderung der Arbeit der Ansiedlungskommission kommen sollte. Verschärft wurde das Vorgehen durch das **Enteignungsgesetz 1908**. Dadurch war es möglich, „zur Stärkung des Deutschtums" polnischen Besitz bis zu siebzigtausend Hek-
20 tar gegen Entschädigung zu enteignen.

▶ M 10: Preußisches Enteignungsgesetz

▶ S. 330 f.: Methode „Karikaturen"

Auswirkungen der Germanisierungspolitik für die Polen im Kaiserreich

Die Germanisierungspolitik führte bei den Polen einerseits zu Verbitterung und Widerstand, andererseits aber auch zu Maßnahmen, die den Zusammenhalt unter Polen und die Abgrenzung zum Kaiserreich stärken sollten. Letzteres ist heute unter dem Begriff **„Politik der organischen Arbeit"** bekannt. Hierbei handelt es sich um ein Konzept der

Kernmodul: ▶ Kap. 3.7, S. 373–376, Nation – Begriff und Mythos: Anderson (M 1), Wehler (M 2), Münkler (M 3)

▶ M 9: „Politik der organischen Arbeit"

M1 Józef Piłsudski (1867 bis 1935), Marschall und erster Ministerpräsident Polens, Fotografie, um 1916

Germanisierungspolitik
cornelsen.de/Webcodes
Code: husofa

M2 Roman Dmowski (1864 bis 1939), polnischer Politiker und Publizist, Fotografie, vor 1936

polnischen Minderheit, das die Bildung von polnischen Organisationen im kulturellen, wirtschaftlichen und wissenschaftlichen Bereich umfasste. Das Ziel der Organisationen bestand darin, die „nationale Einheit" der Polen auch unter der Fremdherrschaft zu bewahren und der Germanisierungspolitik entgegenzuwirken. Durch die zahlreichen polnischen Organisationen entwickelte sich unter diesen Vorzeichen eine polnische Parallelgesellschaft mit eigenen Vereinen, Verbänden, Banken, Genossenschaften und Parteien. Sichtbar wurde dies besonders in der Stadt Posen, die ein Zentrum des „Polentums" darstellte und in der es zu jeder deutschen Organisation eine entsprechende polnische gab. Das galt auch für den polnischen **„Westmarkenverband"**, der antideutsch ausgerichtet war und der an die Größe Polens im Mittelalter anknüpfen wollte, als Polen seine größte territoriale Ausdehnung besaß. Auf deutscher Seite bestand als Gegenstück der **„Ostmarkenverein"**, der Posen als „Hauptstadt des deutschen Ostens" betrachtete und entsprechend propagandistisch auftrat. Der „Ostmarkenverein" wurde im Kontext der Germanisierungsmaßnahmen 1894 gegründet. Er wollte diese unterstützen, insbesondere durch Mitglieder wie Lehrer, leitende Angestellte oder auch Unternehmer, die als gesellschaftliche Multiplikatoren wirken konnten.

Der polnischen Minderheit gelang es, mit der Gründung ihrer eigenen Organisationen einige der diskriminierenden Maßnahmen zu umgehen. Das zeigte sich z. B. bei der Tätigkeit der preußischen Ansiedlungskommission, die polnische Güter aufkaufen sollte. War z. B. ein polnischer Bürger in eine finanzielle Notlage geraten, konnte er durch eine von Polen gegründete Bank unterstützt werden; sein Land musste er nicht mehr an die Ansiedlungskommission verkaufen. Beim Versuch, die polnische Sprache bei der nachwachsenden Generation in Vergessenheit zu bringen, versagten die Maßnahmen jedoch. Es wurden mancherorts polnische Schulen gegründet oder geheimer Unterricht gegeben, um vor allem die polnische Unterschicht zu bilden.

Insgesamt verfehlte die Germanisierungspolitik das Ziel, dass sich die Polen mit Deutschland identifizieren. Im Gegenteil: Der vom polnischen Adel getragene Nationalismus erfasste jetzt auch weite Teile der polnischen Unterschichten und förderte den Zusammenhalt und die Selbstabgrenzung der polnischen Minderheit.

Neue Grenzen am Ende des Ersten Weltkriegs: Die Gründung der Zweiten Polnischen Republik

Die Pariser Friedenskonferenzen veränderten nach dem Weltkrieg nicht nur die Grenzen Deutschlands, das den Krieg verloren hatte, sondern auch die Landkarte Ost- und Südosteuropas. Die Allianz der Siegermächte (Frankreich, Großbritannien, USA) löste die Vielvölkerstaaten Österreich-Ungarn und das Osmanische Reich auf und gliederte aus dem alten Russland Teile aus. Aus den Territorien der Verliererstaaten entstanden neue Staaten, so auch Polen. Mit entscheidend war die Haltung des amerikanischen Präsidenten Woodrow Wilson: Er war überzeugt, dass die Durchsetzung des **nationalen Selbstbestimmungsrechts** für mehr Gerechtigkeit und Frieden sorgen werde.

Seit Beginn des Weltkrieges hatten die Polen wieder Hoffnung auf die Gründung eines eigenen Staates geschöpft. Jedoch existierten unter den Polen zwei Strömungen, wie ein neuer Staat aussehen und welches Territorium er umfassen sollte. Auf der einen Seite stand der Sozialist **Józef Piłsudski** (M 1) mit seinen Anhängern. Im von Österreich beherrschten Teil Polens (Galizien) hatte er eine Armee ausgehoben und Österreich im Kampf gegen Russland während des Weltkriegs unterstützt. Sein Ziel war es, ein polnisches Staatsgebiet wie zur Zeit der Jagiellonen-Herrscher (14.–16. Jh.) zu gründen, d. h. ein Gebiet, das überwiegend nach Osten ausgerichtet war und sich gegen Russland gewendet hätte **(„jagiellonische Staatsidee")**. Politisch plädierte er für einen föderalistischen Staat, der auch Minderheiten den Schutz ihrer Kultur, Sprache und Religion gewähren sollte. Dem stand auf der anderen Seite der Publizist und Politiker **Roman Dmowski** (M 2) mit seinen Gefolgsleuten gegenüber. Sie favorisierten ein polnisches

Staatsterritorium, das eher nach Westen ausgerichtet war und sich so gegen Deutschland gewendet hätte. Mit ihrem Ansatz zielten sie auf ein Staatsterritorium aus der Zeit der Piasten-Herrscher (10.–14. Jh.): Polen sollte auf Kosten Deutschlands auch Danzig, Westpreußen, Schlesien und Posen umfassen; im Osten sollten die Gebiete, in denen viele Ukrainer und Weißrussen wohnten, den Russen überlassen bleiben (**„piastische Staatsidee"**). Politisch strebte Dmowski eine zentralistische und ethnisch einheitliche Republik an. Tatsächlich wurde das neue Polen 1918 staatspolitisch und territorial ein Kompromiss. Personell konnte sich Piłsudski durchsetzen, der als erster Staatspräsident Polen 1918 bis 1922 regierte.

Bei der Festlegung der **Ostgrenze Polens** hatten die Alliierten nur vage Empfehlungen gegeben. Tatsächlich kam es zu mehreren militärischen Konflikten mit der Roten Armee Russlands sowie mit den litauischen, weißrussischen und ukrainischen Unabhängigkeitsbewegungen. Polen konnte hier nur Teilerfolge erzielen.

An **Polens Westgrenze** gab es Kompromisslösungen, bei denen Deutschland im Rahmen des Versailler Vertrags Gebietsabtretungen hinnehmen musste. So gehörten die Provinz Posen, Teile Westund Ostpreußens sowie Teile Niederschlesiens zum neuen polnischen Staatsgebiet. **Danzig** wurde zur freien Stadt unter **Völkerbundmandat** gestellt. In Gebieten West- und Ostpreußens wurde per Volksabstimmung über die staatliche Zugehörigkeit der Gebiete entschieden; dabei votierte die Bevölkerung überwiegend für eine Zugehörigkeit zu Deutschland. Mit den Abstimmungen kehrte allerdings keine Ruhe ein, sondern es entstanden teils gewaltsame Auseinandersetzungen zwischen Polen und Deutschen, so auch 1919 bis 1921 in Oberschlesien. Nach der **Volksabstimmung in Oberschlesien am 20. März 1921** wurde die Region durch Beschluss des Völkerbunds im Oktober 1921 geteilt.

In der Weimarer Republik wurden die Gebietsabtretungen an Polen von deutscher Seite zwar formal anerkannt, aber bis in die Regierungsspitze nie wirklich akzeptiert. Eine gegen die **deutsche Ostgrenze** gerichtete Rhetorik durchzog die politischen Debatten. Auch hat es mit Blick auf die östlichen Grenzen nie ein Pedant zum Vertrag von Locarno gegeben (in dem man 1925 die deutsche Westgrenze anerkannte). In der Zeit der NS-Diktatur gingen die stetigen Revisionsbemühungen an der deutschen Ostgrenze in eine Propaganda zur „Heimholung" der u. a. in Polen lebenden deutschen Minderheit ins Reich über. 1939 überfiel das nationalsozialistische Deutschland Polen und entfesselte damit den Zweiten Weltkrieg.

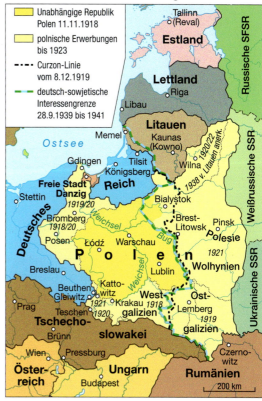

▶ **M 3** Polen in der Zwischenkriegszeit

▶ M 17: Gustav Stresemann 1927 zur deutschen Ostgrenze

Umgang mit nationalen Minderheiten: Deutsche in der Zweiten Polnischen Republik

Die **deutsche Minderheit in Polen** war nur eine von mehreren Minderheiten im neu entstandenen Polen. Denn das neue polnische Staatsgebiet umfasste neben den ehemals deutschen Gebieten auch solche von Österreich und Russland. Polen war daher gezwungen, die einzelnen nationalen Minderheiten in den Staat zu integrieren und darüber hinaus die unterschiedlichen Rechts-, Verwaltungs- und Bildungssysteme anzupassen.

Polen hatte die Rechte seiner Minoritäten zunächst in dem zum Versailler Vertrag gehörenden **Minderheitenschutzvertrag 1919** garantieren müssen. Doch die Polen und die Siegermächte entwerten diesen Schutz alsbald mit einer Serie von Handlungen und Verordnungen, die sich gegen die Minderheiten richteten. Seitens der Polen waren sie

▶ M 11–M 14: Polonisierungspolitik

teilweise eine Reaktion auf die Germanisierungspolitik der Kaiserzeit sowie auf die Russifizierung durch die Russen.

Für die deutsche Minderheit verband sich die **Polonisierungspolitik** mit erheblichen Einschränkungen. Es kam zu **Entlassungen** aus den staatlichen Einrichtungen, zur **Enteignung** von Grund und Boden durch die **Agrarreform 1925** sowie zu einer Einschränkung des deutschsprachigen Unterrichts durch die **Schulreform.** Ferner gab es **Sonderabgaben** und **Verbote des Landerwerbs** für Deutsche. Ziel der Politik war es, die Besitzverhältnisse im westlichen Polen zugunsten der polnischen Bevölkerung zu verändern. Bis 1926 ging der deutsche Besitzstand in Polen um 35 Prozent zurück. Die deutschen Revisionsbemühungen bezüglich der Ostgrenze wirkten sich auf das polnische Vorgehen gegen deutsche Industriebetriebe aus, die von den Polen allmählich enteignet wurden.

Die von polnischer Seite durchgeführten Maßnahmen sorgten unterdessen für eine massenhafte Ausreise von Angehörigen der deutschen Minderheit. Die Ausreisen wiederum wirkten sich negativ auf den Minderheitenschutzvertrag aus. Dieser besagte, dass in Polen in den ehemaligen deutschen Gebieten deutschsprachige Volksschulen zu garantieren seien. Ein polnisches Gesetz vom März 1920 schrieb indes eine Mindestzahl von über 40 Schülerinnen und Schülern vor, was aufgrund der Ausreisen deutscher Staatsbürger zunehmend schwieriger wurde. Reichte die Schülerzahl zwei Jahre hintereinander nicht, konnte die Schule ganz geschlossen werden.

Nationale Stereotype* im deutsch-polnischen Verhältnis

Das Weltbild, das in der Kaiserzeit hinter der Germanisierung und den Ideen von einer deutschen Identität stand, war von der Vorstellung einer ethnisch homogenen (d. h. einheitlichen) Nation geprägt, der gewisse Eigenschaften zugesprochen wurden.

In weiten Kreisen der kaiserzeitlichen Gesellschaft verbreiteten sich Vorstellungen von „deutschen Tugenden" – ein **Selbstbild** des 19. Jahrhunderts, in denen sich Deutsche als ordentlich, fleißig und sparsam darstellten. Vor dem Hintergrund dieses Selbstbildes kamen in Deutschland **Fremdbilder** über Polen auf, die ganz anders ausfielen als zu Zeiten der Polenbegeisterung in der ersten Hälfte des 19. Jahrhunderts. Es entwickelte sich die Vorstellung, dass die Polen unordentlich, faul und verschwendungssüchtig wären. Diese **Stereotype** vertieften sich im Verlauf des 19. Jahrhunderts und wurden durch den Gebrauch von Sammelausdrücken wie „polnische Wirtschaft" negativ verstärkt. Eine Verschärfung erfuhren diese Bilder auch durch die Literatur. Schriftsteller wie z. B. Ernst Moritz Arndt (1769–1860) bezeichneten seit Mitte des 19. Jahrhunderts die Polen und die östlichen slawischen Stämme als „minderwertig". Im Zuge der Germanisierungsmaßnahmen erfuhren solche Bilder vor allem in der Kaiserzeit eine rassistische Aufladung. Andere Dichter, wie z. B. Georg Herwegh (1817–1875), die über die Politik des neuen Kaiserreichs besorgt waren, blieben in der Minderheit.

Weniger drastisch waren die Bilder von Polen über Deutsche. Deutsche wurden seit dem 18. Jahrhundert in erster Linie als Lutheraner wahrgenommen – im Gegensatz zum weitgehend katholischen Glauben der Polen. Jedoch waren auch diese Stereotype negativ aufgeladen. Durch die Germanisierungspolitik wurde das Deutschenbild unter Polen am Ende des 19. Jahrhunderts immer negativer. Je näher der Erste Weltkrieg (1914 bis 1918) rückte, desto mehr wurden aus Stereotypen **Feindbilder,** die die Bereitschaft erhöhten, Krieg zu führen. Massive **Feindbildpropaganda** auf allen Seiten der kriegführenden Parteien vertiefte in Europa die Gräben zwischen den Nationen. Nach dem Ersten Weltkrieg, in der Weimarer Republik, setzte sich das Denken in Stereotypen fort. Nach den Gebietsabtretungen Deutschlands und der Gründung Polens 1918 entstanden Bilder, die Polen als militant und aggressiv darstellten und den neuen Staat als „Saison- und Räuberstaat" titulierten.

Nationale Stereotype
Stereotype sind schematisierte Selbst- und Fremdbilder. In vereinfachender und verallgemeinernder Weise und mit (emotional) wertender Tendenz sprechen sie einer Gruppe von Personen bestimmte Eigenschaften oder Verhaltensweisen zu oder ab bzw. betrachten diese als angeboren. Stereotype Bilder werden nicht aufgrund eigener Erfahrung erworben, sondern über Erziehung, Sozialisation und öffentliche Meinung vermittelt und angenommen.

Kernmodul: ▶ Kap. 3.7, S. 373–376, Nation – Begriff und Mythos: Anderson (M 1), Wehler (M 2), Münkler (M 3)

▶ M 5–M 6: Nationale Stereotype

▶ S. 330 f. und 332 f.: Karikaturen und politische Plakate

Nationale Mythen im Umfeld des Ersten Weltkriegs: Der Mythos von Grunwald bzw. Tannenberg

Die Ausbildung nationaler Identitäten war in den Jahrzehnten vor und nach dem Ersten Weltkrieg auch mit der Begründung und Belebung nationaler Mythen verbunden. Im deutsch-polnischen Verhältnis waren dies z. B. zwei Schlachten, die 1410 und 1914 in derselben Region Ostpreußens stattgefunden hatten und die als **Mythos von Grun-**
5 **wald** (so die örtliche Lokalisierung in der polnischen Tradition) bzw. **von Tannenberg** (so die örtliche Lokalisierung in der deutschen Tradition) „gepflegt" wurden. 1410 war es die Schlacht zwischen dem Deutschen Orden und der am Ende siegreichen polnisch-litauischen Armee (s. S. 283). Im August 1914 war es, umgekehrt, der Sieg einer deutschen Armee in einer Schlacht gegen Russland am Beginn des Ersten Weltkriegs.
10 Nach der letzten polnischen Teilung 1795, als die Polen keinen eigenen Nationalstaat mehr besaßen, geriet die Schlacht von 1410 für Polen zum Symbol der ehemaligen Einheit der Nation. Nur diese Einheit – so der zugeschriebene Grundgedanke – habe die Größe und den Sieg der Polen über den Deutschen Orden seinerzeit ermöglicht. Die zunehmende Bedeutung dieses Mythos für den polnischen Nationalismus zeigte sich in
15 der 1902 zum ersten Mal durchgeführten **Gedenkfeier.** 1910 kamen zur Feier aus Anlass des 500. Jahrestages sogar über 100 000 Polen zusammen. Auch Künstler thematisierten die Schlacht in **Grunwald-Denkmälern** und **-Historiengemälden**. Der Maler **Jan Matejko** hat mit einem riesigen Ölgemälde von 1878 die Vorstellungen vieler Polen über dieses Ereignis geprägt. In der Zweiten Polnischen Republik fand der Mythos als Ein-
20 heitssymbol auch Eingang in polnische Schullehrpläne.
In der deutschen **Geschichts- und Erinnerungskultur*** war das Ereignis von 1410 jahrhundertelang nur eine Randnotiz. Vor dem Hintergrund des wachsenden Nationalismus im 19. Jahrhundert jedoch verkehrte man die Niederlage allmählich in ein heldenhaftes Opferbild. In der Kaiserzeit wurde der Deutsche Orden unter rassistischen Vorzeichen
25 zur „Speerspitze des Kampfes gegen das Slawentum" stilisiert.
Während die Schlacht 1410 für die Deutschen nicht zu verherrlichen war, war dies bei der Schlacht vom August 1914 anders. Unter den Generälen Paul von Hindenburg (1847–1934; Oberbefehlshaber) und Erich Ludendorff (1865–1937) hatte die deutsche Armee die von General Alexander Samsonow (1859–1914) kommandierte russische
30 Armee geschlagen. Nach dem Sieg sprachen sich die beiden deutschen Befehlshaber dafür aus, der Schlacht den Namen Tannenberg zu geben und eine Verbindung zu der rund 500 Jahre zuvor erlittenen Niederlage herzustellen.
Der Tannenberg-Mythos wurde auch in der Weimarer Republik befördert. 1927 wurde ein **Denkmal in Tannenberg** errichtet, das architektonisch an eine mittelalterliche Or-
35 densburg erinnerte und einem Heldenkult dienen sollte. Die Nationalsozialisten verstärkten diesen Kult, als sie den 1934 verstorbenen Hindenburg (Reichspräsident 1925 bis 1934) im Tannenberg-Denkmal beisetzen ließen. Erst nach der NS-Zeit verblasste der Mythos in Deutschland. In Polen hat er bis heute eine gewisse Präsenz.

1 Stellen Sie mithilfe der Darstellung Merkmale der Germanisierungspolitik und der Polonisierungspolitik gegenüber.
   Tipp: Nutzen Sie eine Tabelle. Berücksichtigen Sie Gemeinsamkeiten und Unterschiede sowie Ziele, Maßnahmen und Reaktionen.
2 **Schaubild:** Skizzieren Sie in einem Schaubild anhand der Darstellung Hintergründe, Verlauf und Folgen der Staatsgründung Polens 1918.
3 Erläutern Sie den Begriff „Nationale Stereotype" und ziehen Sie anhand der Darstellung Beispiele aus dem deutsch-polnischen Verhältnis heran.
   Tipp: Gliedern Sie Ihre Beispiele nach Nationalität und Zeit.
4 Erläutern Sie die jeweiligen Erinnerungsformen an die Schlachten von Tannenberg bzw. Grunwald von 1410 und 1914 in Polen und Deutschland.

M 4 Eröffnung der Feier zur Grunwald-Schlacht am Denkmal in Grunwald, Polen, Fotografie, Juli 2017

Seit 1998 findet in Grunwald jährlich im Juli eine mehrtägige Feier mit einer Inszenierung der Schlacht von 1410 statt.

▶ Grunwald-Gemälde von Matejko: siehe S. 314, M 1

Geschichtskultur, Erinnerungskultur
Geschichtskultur meint alle Formen des historischen Lernens, des historischen Wissens und der historischen Produktionen in einer Gesellschaft: von der Geschichtswissenschaft über Denkmäler und Historienbilder, historische Märkte und Filme bis hin zu kommerzieller Werbung oder der Arbeit von Geschichtslehrer/-innen und -schüler/-innen. Erinnerungskultur meint hingegen Formen des Geschichtswissens, die für eine Gruppe, z. B. eine Nation, Werte darstellen und als soziale Verpflichtung gelten. Sie sollen die Identität der Gruppe und ihr gemeinsames Handeln stärken.

▶ M 18, M 19: Tannenberg-Denkmal und Grunwald-Denkmal

Kernmodul: ▶ S. 375 f., M 3 (Münkler)

Hinweise zur Arbeit mit den Materialien
Der Materialteil bietet folgende „Konfliktfelder" als Schwerpunkte:
- Im ersten Schwerpunkt geht es (Einstieg) um das Konfliktfeld „nationale Stereotype" (M 5, M 6).
- Als zweites Konfliktfeld bietet sich der Umgang mit Minderheiten an, und zwar am Beispiel der Germanisierungspolitik im Kaiserreich (M 7–M 10; u.a. Schulstreik von Wreschen; „Politik der organischen Arbeit").
- Schwerpunkt drei verfolgt das Thema Minderheiten am Beispiel Deutscher in Polen weiter (Gründung Zweite Polnische Republik, Polonisierungspolitik; M 11–M 14).
- **Vertiefung:** Als exemplarische Untersuchung bietet sich eine vergleichende Analyse von Flugblättern zur Volksabstimmung in Oberschlesien an (M 15, M 16).
- M 17 ist dem Konfliktfeld „Grenzen" gewidmet, d.h. der deutsch-polnischen Grenze in der Weimarer Republik.
- M 18 und M 19 behandeln „nationale Mythen" am Beispiel des Mythos von Grunwald bzw. Tannenberg.
- **Methodentraining:** Karikaturen interpretieren, S. 330 f.; Politische Plakate interpretieren, S. 332 f.

Vernetzung mit dem Kernmodul
- Kernmodul „Nation – Begriff und Mythos": Theorie-Materialien, S. 375 f., M 3 (Münkler).
- Kernmodul „Transnationale Geschichtsschreibung": Theorie-Materialien, S. 380 f., M 6 (Patel), M 7 (Osterhammel).

Geschichte kontrovers: Nationale Stereotype

M 5 Auszug aus dem Roman „Soll und Haben" von Gustav Freytag (1850)
Freytag (1816–1895) war einer der meist gelesenen deutschen Autoren im 19. Jh., „Soll und Haben" in Deutschland weit verbreitet. Anton Wohlfahrt, Sohn eines kleinen Beamten, war Lehrjunge im Kolonialwarenhaus des Kaufmanns Schröter.

[Der Kaufmann:] „Es wird dort drüben viel Pulver unnütz verschossen werden, alles Ausgaben, welche nichts einbringen, und Kosten, welche Land und Menschen ruinieren. Es gibt keine Rasse, welche so
5 wenig das Zeug hat, vorwärts zu kommen und sich durch ihre Kapitalien Menschlichkeit und Bildung zu erwerben, als die slawische. Was die Leute dort im Müßiggang durch den Druck der rohen Masse zusammengebracht haben, vergeuden sie in phantastischen Spielereien. Bei uns tun so etwas doch nur ein- 10 zelne bevorzugte Klassen, und die Nation kann es zur Not ertragen. Dort drüben erheben die Privilegierten den Anspruch, das Volk darzustellen. Als wenn Edelleute und leibeigene Bauern einen Staat bilden könnten! Sie haben nicht mehr Berechtigung dazu, als die- 15 ses Volk Sperlinge auf den Bäumen. Das Schlimme ist nur, dass wir ihre unglücklichen Versuche auch mit unserem Gelde bezahlen müssen."
„Sie haben keinen Bürgerstand", sagte Anton, eifrig beistimmend. 20
„Das heißt, sie haben keine Kultur", fuhr der Kaufmann fort; „es ist merkwürdig, wie unfähig sie sind, den Stand, welcher Zivilisation und Fortschritt darstellt, und welcher einen Haufen zerstreuter Ackerbauer zu einem Staate erhebt, aus sich heraus zu 25 schaffen."

Zit. nach: Gustav Freytag, Soll und Haben, Bd. 1, 20. Aufl., Verlag S. Hirzel, Leipzig 1922, S. 382 f.

1 Partnerarbeit: Sammeln Sie Beispiele, was Sie unter „stereotypen Bildern" verstehen; klären Sie, mit welcher Absicht sie Ihrer Meinung nach benutzt werden.

2 Erläutern Sie den Begriff „nationale Stereotype"
Tipp: Siehe Darstellung S. 320.

3 Analysieren Sie das Polenbild der Deutschen in M 5 mit Blick auf die dort verwendeten Zuschreibungen.

M 6 Aus dem Lied „Rota" (dt. Gelöbnis) der polnischen Schriftstellerin Maria Konopnicka (1908)
Konopnicka (1842–1910) hatte sich in der Urfassung ihres Textes gegen die Russen gewandt. Bei der Vertonung wurde es auf die Deutschen umgemünzt und erstmals bei der Einweihung des Grunwald-Denkmals in Krakau 1910 gesungen. Das Lied war in Polen weit verbreitet.

Wir lassen nicht vom Boden, sind sein Sohn.
Wir lassen unsere Sprach' nicht sterben.
Wir sind der Polen Volk, Nation,
der königlichen Piasten Erben.
Verdeutschen soll uns nicht der Feinde Heer. 5
Dazu verhelf uns Gott, der Herr!

Und bis zum letzten Tropfen Blut
verteidigen wir des Geistes Gut,
bis sich zu Schutt und Staub zerschlug
der Kreuzritter böse Brut. 10
Jedes Hauses Schwelle sei uns Festungswehr!
Dazu verhelf uns Gott, der Herr!

Nicht mehr wird der Deutsche uns spei'n ins Ge-
[sicht,
die Kinder uns nicht mehr germanisieren.
15 Bald kommt der Waffen ehernes Gericht,
der Geist wird uns anführen.
Blitzt nur der Freiheit goldenes Horn – zur Wehr!
Dazu verhelf uns Gott, der Herr!

Zit. nach: Kurt Lück, Der Mythos vom Deutschen in der polnischen Volksüberlieferung und Literatur, Verlag S. Hirzel, Leipzig 1938, S. 341.

1 Arbeiten Sie aus M 6 das polnische Selbst- und Deutschlandbild heraus.
2 Vergleichen Sie das Polenbild der Deutschen und das Deutschlandbild der Polen (M 5, M 6).
Kernmodul: ▶ S. 373–376, M 1–M 3

Germanisierungspolitik im Deutschen Kaiserreich

M 7 Denkschrift des preußischen Regierungspräsidenten von Bromberg in Pommern (1885)

Man muss sich vor allen Dingen der Illusion entschlagen, dass es möglich sei, die polnischen tonangebenden Kreise durch Konzessionen irgendwelcher Art zu gewinnen [...]: Die Polen besitzen volles Ver-
5 ständnis für eine zielbewusste und rücksichtslose Politik; in jedem Entgegenkommen der Machthaber aber erblicken sie nur ein Zeichen der Schwäche [...]. Die Polen wollen kein friedliches, gleichberechtigtes Zusammenleben mit den Deutschen. Sie wollen
10 Hammer oder Amboss sein. [...]
[Den] wichtigsten Schritt zur Germanisierung der Provinz Posen [sähe ich darin], wenn die königliche Staatsregierung sich entschließen könnte, zu dem alten Flottwellschen System¹ des Güterankaufs zu-
15 rückzukehren, [und wenn sie beginnen würde], durch Parzellierung angekaufter Güter und Ansiedlung deutscher Bauern auf den Teilstücken die Provinz nachhaltig mit deutschen Elementen zu durchsetzen.

Zit. nach: Martin Broszat, Zweihundert Jahre deutsche Polenpolitik, Ehrenwirt, München 1963, S. 113f.

1 *Eduard Heinrich von Flottwell (1786–1865) war 1830 bis 1841 preußischer Oberpräsident in der Provinz Posen. Über einen staatlichen Fonds finanzierte er den Ankauf polnischer Güter, um das Land anschließend an Deutsche zu verkaufen.*

1 Geben Sie aus M 7 die Gründe für die Germanisierungsforderung wieder.
2 Setzen Sie die Forderung in M 7 nach „Ansiedlung deutscher Bauern" in Beziehung zur Agrarrechtspolitik in der Kaiserzeit.
Tipp: Siehe Darstellung S. 317.

M 8 Der Schulstreik von Wreschen – aus einem offenen Brief des polnischen Schriftstellers Henryk Sienkiewicz zum Gerichtsurteil zum Schulstreit in Wreschen vom 22. November 1901

In Wreschen (preußische Provinz Posen) widersetzten sich die Schülerinnen und Schüler im Mai 1901 der Einführung der deutschen Sprache im Religionsunterricht und beim gemeinsamen Beten. Die verordnete Prügelstrafe rief Proteste der Eltern hervor. Ein preußisches Gericht verurteilte die Eltern zu Gefängnisstrafen. Der offene Brief von Sienkiewicz (1846–1916; 1905 erhielt er den Literaturnobelpreis) wurde in der Zeitschrift „Czas" (dt. Die Zeit) in Krakau veröffentlicht und fand in ganz Europa ein großes Echo.

Ein unerhörtes Urteil ist ergangen! Keinem der schulischen Henkersknechte ist ein Haar gekrümmt worden, es gab keine Überfälle oder Gewalttaten, aber trotzdem sind die Eltern dieser kleinen, von der preu-
5 ßischen Schule geknechteten Kinder von preußischen Gerichten zu langen Haftstrafen verurteilt worden, weil sie unter dem Einfluss von Verzweiflung und Mitleid zu laut Worte der Empörung gegen eine derartige Schule und derartige Lehrer geäußert
10 haben. Überall dort, wo sich eine entartete Kultur nicht in einen Zustand von Rohheit verwandelt hat, selbst bei jenen Deutschen, die in der Geschichte eine andere Rolle als jene preußischer Handlanger spielen möchten, ruft dieses Urteil jedoch Abscheu
15 und Verachtung hervor, erfüllt aber zugleich die Herzen mit Sorge um die Zukunft und mit Verwunderung. [...]
Was also sollen wir, auf denen Verbrechen und Rohheit direkt lasten, derweil tun? Ganz allgemein – aus-
20 harren! Vor allem aber jenen ausharren helfen, die direkte Opfer von Schurkerei und Gewalt geworden sind. Nach der Peinigung der Kinder sind die Eltern zu Gefängnis verurteilt worden, die für das tägliche Brot ihrer Kinder gearbeitet haben. Eine der Beschul-
25 digten, eine arme Mutter von sieben kleinen Kindern, ist zu zweieinhalb Jahren verurteilt worden. Ging es vielleicht auch darum, dass diese heldenhaften Kinder vor Hunger sterben? In einer Gesellschaft, die unter dem Einfluss des Ostmarkenvereins steht, ist
30 das – fürwahr – möglich.

Zit. nach: Matthias Kneip, Manfred Mack, Polnische Geschichte und deutsch-polnische Beziehungen, 2. Aufl., Cornelsen, Berlin 2009, S. 55. Übers. Peter Oliver Loew. (Original aus der Zeitschrift „Czas", Krakau, 22. November 1901).

1 Arbeiten Sie aus M 8 heraus, welche Absichten der Autor den Deutschen unterstellte.
2 Ordnen Sie den Streik historisch ein.

M9 Zur „Politik der organischen Arbeit" – aus der Neufassung des Parteiprogramms der „Nationaldemokratischen Partei" (DNP) von 1903

Hervorgegangen aus der „Polnischen Liga" (nationalistische Organisation Polens von 1887; seit 1893 „Nationalliga"), wurde die DNP im russischen Teilungsgebiet 1897 gegründet. M9 stand in der Liga-Zeitschrift „Przegląd Wszechpolski" (Allgemeinpolnische Rundschau) in deutscher Sprache.

Der heutige Stand und die Lage unseres Volkes bieten nicht die Bedingungen für eine bewaffnete oder diplomatische Aktion für die Sache der Unabhängigkeit, nicht einmal für die unmittelbare Vorbereitung einer solchen. Deshalb nimmt die Nationaldemokratische Partei die bestehenden Verhältnisse und den staatsrechtlichen Status zum Ausgangspunkt ihrer Handlungen und setzt sich als Ziel, in jedem der drei Teilgebiete eine Stellung zu erobern, die dem polnischen Element die möglichst größte seiner natürlichen und geschichtlichen Besonderheit entsprechende nationale Selbstständigkeit sichert, sowie eine möglichst weitere Entwicklung der nationalen Kräfte und einen allseitigen wirtschaftlichen, zivilisatorischen und politischen Fortschritt. Sie bringt es dadurch der Erlangung einer künftigen unabhängigen Existenz näher. [...]

Im Verhältnis zu fremdstämmigen Elementen, die auf dem historischen und geografischen Gebiet Polens wohnen und dort mit der polnischen Bevölkerung zusammenleben – insbesondere den Litauern, Ukrainern, schließlich den Deutschen dort, wo diese seit Jahrhunderten angesiedelt sind und einen bedeutenden Teil der Bevölkerung ausmachen – erstrebt die Nationaldemokratische Partei ein verträgliches Zusammenleben bei gegenseitiger Duldsamkeit der positiven kulturellen Betätigung jedes Volkstums. Dort jedoch, wo obige Elemente dem polnischen den Kampf ansagen, um ihm die eigene kulturelle Betätigung unmöglich zu machen, seinen zivilisatorischen Einfluss zu verhindern und es sogar aus seinen Wohnsitzen zu verdrängen, erstrebt die Partei eine allseitige Schwächung dieser feindlichen Richtungen, indem sie die unbegründeten Anmaßungen rücksichtslos bekämpft und gleichzeitig in dem betreffenden Gebiet das polnische Element und seine zivilisatorische Arbeit auf das energischste stärkt.

Zit. nach: Ellinor von Puttkamer, Die polnische Nationaldemokratie, Burgverlag, Krakau 1944, S. 142–147.*

1 Analysieren Sie M9 im Hinblick auf Merkmale der „Politik der organischen Arbeit".

M10 Der Historiker Hans-Ulrich Wehler über das preußische Enteignungsgesetz von 1908 (1995)

In den Ostprovinzen [...] war der Kampf um die „Germanisierung des Bodens" seit der Ansiedlungsgesetzgebung von 1886 in eine neue Phase getreten. In einer zähen Auseinandersetzung erwiesen sich die flexiblen, nationaldisziplinierten polnischen Genossenschaften dem schwerfälligen bürokratischen Apparat der deutschen Ansiedlungskommission als überlegen. Seit der Mitte der Neunzigerjahre wechselte kontinuierlich mehr deutscher Grundbesitz in polnische Hand als umgekehrt polnisches Adelsland in deutschen Besitz. Daraufhin wurde zuerst der Verfügungsfonds der Kommission aufgestockt, dann machte ein Gesetz seit dem Sommer 1904 „neue Ansiedlungen" im Geltungsbereich des Gesetzes von 1886 von der Genehmigung der Regierungspräsidenten abhängig. Damit wurde die polnische Minderheit einen weiteren Schritt aus der Rechtsgemeinschaft der preußisch-deutschen Staatsbürger hinausgedrängt, denn das Gesetz war weder mit der verfassungsrechtlich verbrieften Freizügigkeit im Reich vereinbar noch mit den Grundsätzen der preußischen Verfassung und des Bürgerlichen Gesetzbuchs [...].

Die Warnung von Kritikern der Germanisierungspolitik, dass ein gespaltenes Recht für Bürger desselben Staates die Gefahr der moralischen Korruption und die eklatante Verletzung von Verfassungsnormen heraufbeschwöre, verhallte unbeachtet.

Vielmehr ließ die Erfolglosigkeit des Kampfes um den Boden die Staatsregierung und ihre Verbündeten im Landtag die schärfste Waffe ins Auge fassen, die ihnen überhaupt noch zu Gebote stand: die Enteignung polnischen Grundbesitzes. Frühzeitig hatte der „Deutsche Ostmarkenverein" unter seinem Ziel, die preußischen Polen zu verdrängen oder „einzudeutschen", bereits die „Enteignung" jener polnischen Ländereien verstanden, deren „Bestand die Ausbreitung der angrenzenden deutschen Siedlungen" verhinderte. Seine Agitation blieb nicht wirkungslos, aber erst die Erfolglosigkeit der deutschen Siedlungspolitik, die allein im Jahre 1906 rund dreizehntausend Hektar deutschen Besitzes an die Polen verlor, bestimmte die Regierung im November 1907 dazu, dem Landtag eine Gesetzesvorlage zuzuleiten, die dem Staat eine Blankovollmacht zur Enteignung einräumte. Nachdem die Bedenken einiger Konservativer, dass damit künftigen staatssozialistischen Eingriffen ein Modell geliefert werde, ausgeräumt waren, trat das Gesetz im März 1908 in Kraft. [...]

Das Gesetz [...] kann geradezu als „das Musterbeispiel einer diskriminierenden, die Gleichheit vor dem

Gesetz verletzenden und daher auch nach damaligem Recht verfassungswidrigen Enteignungsermächtigung" gelten. Es erweiterte die Grundlage für eine prinzipiell „diskriminierende Ungleichbehandlung der Angehörigen einer bestimmten Nationalität". Unstreitig haben sich Regierung und Landtag „durch diesen verfassungswidrigen Gesetzgebungsakt schwer und nachhaltig kompromittiert", denn es war „durch nichts zu rechtfertigen, dass der Staat seine Behörden gesetzlich ermächtigte", die Polen trotz der durch „Verfassungssatz" und „Königswort" verbrieften Gleichberechtigung „aus dem rechtmäßig erworbenen Grundeigentum durch Zwangsakt zu entsetzen".

Eine ideologische Rechtfertigung gab es gleichwohl, und sie besaß für die Legislative und einen Großteil der politischen Öffentlichkeit eine zwingende Überzeugungskraft: Das war das radikalnationalistische Ideal der ethnisch homogenen Reichsnation, deren Germanisierungspolitik vor altmodischen Rechtsbarrieren nicht mehr haltmachen wollte.

Hans-Ulrich Wehler, Deutsche Gesellschaftsgeschichte, Bd. 3, C. H. Beck, München 1995, S. 964 und 1068 f.*

1 Erarbeiten Sie aus M 10 die Hintergründe und Ziele des preußischen Enteignungsgesetzes von 1908.
2 Nehmen Sie Stellung zu Wehlers Äußerung, das Enteignungsgesetz sei „diskriminierend" gewesen.
3 **Wahlaufgabe:** Bearbeiten Sie Aufgabe a) oder b).
   a) **Partnerarbeit:** Erklären Sie ausgehend von M 7 bis M 10 das Scheitern der Germanisierungspolitik.
   b) **Partnerarbeit:** Versetzen Sie sich (nach der Analyse von M 7 bis M 10) in die Lage eines liberal gesinnten Referenten in einem preußischen Ministerium, der entgegen dem allgemein vorherrschenden Zeitgeist nach dem Jahr 1908 Lösungen zur Verbesserung des deutsch-polnischen Verhältnisses entwickeln möchte, bei denen die jeweilige Minderheit nicht unterdrückt wird. Entwerfen Sie ein Diskussionspapier.

Die Zweite Polnische Republik und die Polonisierungspolitik

M 11 Über das Minderheitenschutzabkommen mit Polen von 1919

Der folgende Text ist ein Auszug aus den Papieren des US-amerikanischen Außenministeriums über die Verhandlungen zum Minderheitenschutzabkommen im Rahmen der Versailler Friedensverhandlungen:

[Paderewski¹ weist hin auf die] schändlichen Folgen, die sich daraus ergeben können, wenn fremde Mächte den Schutz über ethnische und religiöse Minderheiten übernehmen. Die polnische Nation hat nicht vergessen, dass die Aufteilung Polens Folge der Intervention fremder Mächte für religiöse Minderheiten war, und diese schmerzvolle Erinnerung lässt Polen die Einmischung von außen in innere Angelegenheiten des Staates mehr als alles andere fürchten. [...] Nach Abschluss des Friedensvertrages wird ein erheblicher Teil der polnischen Bevölkerung innerhalb des Deutsches Reiches verbleiben. Bisher war die polnische Bevölkerung in Deutschland nicht nur der Gleichberechtigung beraubt gewesen, sondern auch einem rigorosen System von Ausnahmegesetzen und Verwaltungsmaßnahmen unterworfen, welche die Vernichtung des polnischen Elements zum Ziel hatten. Der Friedensvertrag erlegt den Deutschen keinerlei Verpflichtungen auf, den Polen im Reich Gleichberechtigung zu garantieren. [...] Die Behandlung der polnischen Minderheiten in Deutschland und der deutschen Minderheiten in Polen kann daher nur auf der Basis der Gegenseitigkeit geregelt werden.

Zit. nach: Papers Relating to the Foreign Relations of the United States. The Paris Peace Conference 1919, Bd. VI, hg. von Joseph V. Fuller, United States Government Printing Office, Washington 1942, S. 533 ff. Übers. Christian Peters, Quakenbrück.*

1 Ignacy Jan Paderewski (1860–1941) war Pianist und erster polnische Ministerpräsident der Zweiten Polnischen Republik. Zusammen mit Roman Dmowski (s. S. 318) vertrat er das neu gegründete Polen 1919 bei den Pariser Friedensverhandlungen und unterzeichnete für Polen den Versailler Vertrag.

1 Erläutern Sie anhand von M 12 die Nationalitätenprobleme in der neuen Republik Polen.
2 Erarbeiten Sie aus M 11 die Haltung Ministerpräsident Paderewskis zum Minderheitenschutzabkommen.
   Tipp: Belegen Sie Ihre Ergebnisse mit Zitaten.
3 Beurteilen Sie die Argumente Paderewskis in M 11.

M 12 Die Bevölkerung Polens, 1920er-Jahre

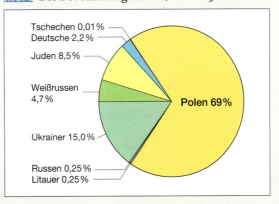

M 13 Aus einer Rede des Generals und polnischen Ministerpräsidenten Władysław Sikorski (Reg. 1922–1923) im Rathaus von Posen (1923)

Es liegt im unmittelbaren Interesse der [polnischen] Minderheit, dass dieser historische Prozess, nach langer Bedrückung durch die preußische Regierung, dieser Prozess, den man Entdeutschung der westlichen Woiwodschaften [= polnische Verwaltungsbezirke] nennt, in einem möglichst kurzen und raschen Tempo vollführt werde. Der Starke hat immer Recht, und der Schwache wird als besiegt angesehen, und man schiebt ihn auf den zweiten Platz. Ich stelle fest, dass am Vortage der Aufnahme der Liquidierungsaktion deutscher Güter unsere bisherige Nachgiebigkeit und unser Schwanken einer radikalen Änderung unterliegen müssen. Die Regierung, die ich repräsentiere, will, dass diese Angelegenheit innerhalb eines Jahres bestimmt geregelt wird [...].

Was nun die deutschen Kolonisten, die Entdeutschung der Städte und die Liquidierung der dazu bestimmten Industrieunternehmen betrifft, so betone ich, dass wer immer uns vor der Welt des Mangels an Humanität bezichtigt, nicht im Einklang ist mit der tatsächlichen Lage.

Zit. nach: Hugo Rasmus, Pommerellen, Westpreußen, 1919–1939, Herbig Verlag, München, Berlin 1989, S. 341.*

1 Führen Sie zu M 13 zunächst die Arbeitsschritte der formalen Analyse einer schriftlichen Quelle aus.
Tipp: Siehe Methodenseite S. 310.
2 Nehmen Sie Stellung zur These des Redners, „dass wer immer uns vor der Welt des Mangels an Humanität bezichtigt, nicht im Einklang ist mit der tatsächlichen Lage".

M 14 Die Historiker Breyer und Rogall zum Minderheitenschutzvertrag von 1919 (1996)

In Polen wurde der Minderheitenschutzvertrag von der Bevölkerung bis in die höchsten Regierungsstellen als eine einseitige Diskriminierung angesehen und die erzwungene Aufnahme seiner Bestimmungen in die Verfassungen von 1921 und 1935 als eine Einmischung betrachtet, die es zu beseitigen galt. [...]

Die restriktive polnische Politik gegenüber der deutschen Minderheit fand in den internen interministeriellen Richtlinien (poln. *wytyczne*) der Warschauer Kabinette von 1926 und 1938/39 ihre Stütze. Freilich kann nicht übersehen werden, dass das nationalpolitische Instrumentarium spiegelgleich dem der preußisch-deutschen „Ostmarkenpolitik" entsprach und teilweise direkt von dort entliehen war. [...]

Die Posener Deutschen: Die Deutschen im Posener Land traf der Umbruch am Ende des Ersten Weltkrieges, verglichen mit den anderen deutschen Bevölkerungsgruppen im neuen polnischen Staatsgebiet, am härtesten. Gewissermaßen über Nacht waren sie, die zwar in einer Grenzprovinz, aber innerhalb des deutschen Nationalstaats gelebt hatten, zu Auslandsdeutschen und von Angehörigen der staatlich privilegierten Mehrheitsnation zu einer nationalen Minderheit geworden. Erschwerend kam hinzu, dass sich im preußischen Teilgebiet vor allem seit der zweiten Hälfte des 19. Jahrhunderts in den führenden Kreisen der deutschen Bevölkerung die Vorstellung einer kulturellen Überlegenheit „der" Deutschen gegenüber „den" Polen verbreitet hatte. Diese Kulturträgermentalität bewirkte, dass für die Mehrheit der Posener Deutschen bis zum Ende des Ersten Weltkrieges die Wiederherstellung eines polnischen Staates oder gar die Abtretung der Provinz Posen an einen solchen gänzlich unvorstellbar war. Als dies [...] Ende 1918 nun zur konkreten Möglichkeit wurde, brach für die Posener Deutschen buchstäblich eine Welt zusammen. [...] Der vor allem psychologisch enorm tiefe Sturz der Posener Deutschen löste eine gewaltige Abwanderungswelle aus. Bis zur Übergabe des Posener Gebiets an Polen 1920 hatten es fast zwei Drittel der dortigen Deutschen bereits verlassen. [...] Neben den genannten psychologischen Gründen waren für diese Massenabwanderung natürlich auch erste Maßnahmen des polnischen Staates wie Internierungen, die Verhängung des Ausnahmezustands am 2. Juni 1919 über das Posener Gebiet, die Entlassung der deutschen staatlichen und kommunalen Beamten [...] verantwortlich. [...] Neben dem verwaltungsmäßigen Kampf gegen das Deutschtum, der sich nur in wenigen Fällen auf Ausnahmegesetze, sondern zumeist darauf stützte, dass er allgemeine Bestimmungen einseitig gegen die Deutschen auslegte, entfalteten auch nichtstaatliche Verbände wie der polnische „Westmarkenverband" eine wirkungsvolle Politik der Einschüchterung und wirtschaftlichen Schwächung der Deutschen, etwa durch Boykottmaßnahmen. Diese Konstellation sollte sich künftig als Teufelskreis erweisen, da jede Seite die andere als Aggressor und sich als Opfer beziehungsweise als Verteidiger legitimer Rechte betrachtete und jede Maßnahme der einen Seite entsprechende Gegen- oder – subjektiv gesehen – Schutzmaßnahmen der anderen Seite zur Folge hatte.

Richard Breyer, Joachim Rogall, Die Deutschen im polnischen Staat, in: Joachim Rogall (Hg.), Land der großen Ströme. Von Polen nach Litauen, Siedler Verlag, Berlin 1996, S. 378 ff.*

1. Beschreiben Sie ausgehend von M 14 die polnische Politik gegenüber Deutschen in Polen.
2. Vergleichen Sie ausgehend von M 14 die Polonisierungsmaßnahmen der polnischen Regierung mit den Germanisierungsmaßnahmen im Kaiserreich.
   Tipp: Siehe auch Ergebnisse aus Aufgabe 1, S. 323.
   Kernmodul: ▶ Ziehen Sie M 6, M 7, S. 380 f., hinzu.
3. **Zusatzaufgabe:** Siehe S. 482.

Vertiefung: Geschichte kontrovers
Die Volksabstimmung in Oberschlesien 1921

1. **Gruppenarbeit:**
   a) Arbeiten Sie in arbeitsgleichen Gruppen aus den beiden Quellen M 15 und M 16 die Argumente für einen Anschluss Oberschlesiens an Polen bzw. einen Anschluss an Deutschland heraus.
   b) Recherchieren Sie die Hintergründe der Auseinandersetzungen um die Volksabstimmung in Oberschlesien sowie über den Ausgang des Votums.
   c) Beurteilen Sie die Zugehörigkeit Oberschlesiens nach dem Ergebnis der Volksabstimmung.
   Tipp: Siehe auch Literaturhinweis S. 482 (Online-PDF).

M 15 Flugblatt zur Volksabstimmung in Oberschlesien (1921)

Oberschlesier! Das Schicksal Oberschlesiens liegt in den Händen seiner Bevölkerung und die überwiegende Mehrheit dieser Bevölkerung wünscht sich den Anschluss an Polen. Oberschlesische Brüder, wollt Ihr Euch mit Euren Stimmen dem Willen der ansässigen Bevölkerung entgegenstellen? Tuet es nicht – es liegt weder im Interesse der ansässigen Bevölkerung noch in Eurem Interesse! Sicherlich ist die Anhänglichkeit an Eure Heimat in Euch noch nicht erloschen. Mancher von Euch wünscht zurückzukehren, um sich ständig hier niederzulassen.
Dies kann nur dann geschehen, wenn Oberschlesien mit Polen vereint wird. Ihr wisst, dass in Deutschland 10 Millionen Menschen zu viel wohnen, dass daher in Oberschlesien, wenn es bei Deutschland bliebe, die einheimische Bevölkerung verdrängt würde und an ihre Stelle reichsdeutsche Kolonisten kämen.
Ihr seid polnischer Abstammung,
Ihr trägt polnische Namen, Euch wird der Preuße Oberschlesien für immer versperren!
Ein Weg steht Euch nur offen, um Euch vor den deutschen Steuern, von der wirtschaftlichen Erschöpfung, der Not und dem Hunger zu retten. Dieser Weg ist:
Oberschlesiens Anschluss an Polen!
Wenn Ihr aus Deutschland nach dem mit der Republik Polen vereinten Oberschlesien zurückkehrt und Euch hier niederlasset, werdet Ihr die Fesseln zerreißen, die Euch an Deutschland ketten und Euch von all den Lasten befreien, welche der Versailler Friedensvertrag den Deutschen auferlegt.
Behaltet die Augen offen und tuet das, was Euch das Interesse Oberschlesiens sowie Euer und Eurer Familien Interesse zu tun gebietet.
In Polen erwartet Euch Freiheit und Wohlstand – In Deutschland Knechtschaft und Elend!

Beuthen, im März 1921
Wojciech Korfanty[1]

Zit. nach: Matthias Kneip, Manfred Mack, Polnische Geschichte und deutsch-polnische Beziehungen, Cornelsen, Berlin 2007, S. 65.

[1] Korfanty (1873–1939), Sohn einer Bergarbeiterfamilie, war im Deutschen Reichstag zunächst Abgeordneter der katholischen Deutschen Zentrumspartei, bevor er 1903 bis 1912 ein Reichstagsmandat der polnischen Nationaldemokratischen Partei erhielt. 1918 ging er wieder nach Polen und organisierte 1919 bis 1921 die polnischen Aufstände in Oberschlesien. Die Warschauer Regierung ernannte ihn zum Plebiszitkommissar.

M 16 Flugblatt des Ostmarkenvereins zu polnischen Gebietsansprüchen von 1919

Brauchen und dürfen wir auf unsere Ostmarken verzichten?
Nein! Niemals! Unter keinen Umständen!
Warum nicht?
I. Wir besitzen ein historisches und moralisches Recht auf die Ostmarken, denn
1. sie sind vor der Einwanderung der Polen von germanischen Stämmen bewohnt gewesen;
2. nach der Besitzergreifung durch die Polen sind sie von den durch diese selbst ins Land gerufenen deutschen Bauern und Bürgern seit 8 Jahrhunderten in friedlicher Arbeit der deutschen Kultur erschlossen worden;
3. nach ihrer Eingliederung in den preußischen Staat 1772 und 1793 verdanken sie ihren gegenüber Galizien und Russisch-Polen unvergleichlichen kulturellen Aufstieg der Fürsorge des preußischen Staates. Alle kulturellen, sozialen und wirtschaftlichen Errungenschaften waren stets und sind noch heute nur deutsch. Eine polnische Kultur hat es dort nie gegeben.
II. Nach den Wilson'schen Thesen braucht kein Fußbreit unserer Ostmark an Polen abgetreten zu werden, denn
1. es gibt keinen einzigen unzweifelhaft polnischen Kreis in der Ostmark; wenn die Polen auch in manchen Kreisen, namentlich des Reg.-Bez. Posen die rein zahlenmäßige Überlegenheit besitzen, so über-

wiegen die Deutschen im Grundbesitz, steuerlicher und wirtschaftlicher Leistung;

2. Deutsche und Polen wohnen so durcheinandergemengt, dass es nicht möglich ist, eine reinliche Scheidung nach Nationalitäten durchzuführen; nach Wilson dürfen aber „Völker und Provinzen nicht von einer Staatsoberhoheit in eine andere, wie Steine in einem Spiel, herumgeschoben werden."

III. Die Ostmarken sind als landwirtschaftliches Überschussgebiet für Deutschland unentbehrlich, denn

1. die Hälfte unserer Brotration stammt aus den Ostmarken;
2. die Hälfte unserer Kartoffelration verdanken wir der ostmärkischen Landwirtschaft.

Der dauernde Verlust der Ostmarken bedeutet daher für Deutschland die dauernde Hungersnot!

3. Oberschlesien fördert ¼ unserer gesamten Kohlen;
4. Posen bildet die unbedingt notwendige Verbindungsbrücke zwischen Schlesien und Ostpreußen;
5. die Preisgabe der Ostmarken bedeutet die Verlegung der strategischen Grenze an die Oder, Berlin, die Reichshauptstadt, würde somit unter polnischem Geschützfeuer liegen.

Darum können und müssen die Ostmarken unbedingt beim Deutschen Reiche verbleiben!

In dieser Forderung sind alle Deutschen ohne Unterschied der Partei einig.

Zit. nach: Matthias Kneip, Manfred Mack, Polnische Geschichte und deutsch-polnische Beziehungen, Cornelsen, Berlin 2007, S. 66.

Die deutsche Ostgrenze in der Weimarer Republik

M 17 Gustav Stresemann (1878–1929), deutscher Außenminister 1923 bis 1929, zur Ostgrenze – Papier über eine Unterredung Stresemanns (1927)

Über das Verhältnis Deutschlands zu Polen habe er in Genf mit dem Marschall Piłsudski und dem Außenminister Zaleski eingehend gesprochen. Beiden Staatsmännern sei klar, dass Polen eine weitere Expansion nicht vertragen könne, da es mit Minderheiten schon übersättigt sei. [...]

Auch Piłsudski habe ihm auf eine Frage nach polnischen Wünschen, Ostpreußen zu besitzen, erwidert, hiervon könnten nur fünf bis sechs Narren sprechen, für die die Regierung nicht verantwortlich gemacht werden könne. Polen habe den Wunsch, in gute Beziehungen zu Deutschland zu treten, da es Anleihen und wirtschaftliche Förderung brauche. [...] Piłsudski habe [...] Verständnis für den deutschen Gesichtspunkt gezeigt, dass die noch im Korridor[1] lebenden Deutschen dort verblieben, um weitere Überfüllung Deutschlands durch vermehrte Rückwanderungen zu vermeiden.

Die Wirkung des Zollkrieges[2] und damit die Aussicht, Polen zu wirtschaftlichen Zugeständnissen zu zwingen, sei durch den englischen Kohlestreik[3] und die einsetzende wirtschaftliche Hochkonjunktur in Polen vereitelt worden. [...]

Eine Beseitigung des Korridors durch Kriege sei unmöglich. Wir hätten keine Machtmittel. Es sei daher die Frage zu prüfen, ob ein Rückerwerb des Korridors auf friedlichem Wege möglich sei. [...]

Eine Lösung sei nur denkbar durch Fortsetzung der Locarno-Politik, d. h. engen Verbundenheit von Berlin mit London und Paris. [...]

Man habe in Deutschland die Frage eines Ost-Locarno lebhaft erörtert und darunter eine Garantierung der Grenzen Polens verstanden.

Ein solches Ost-Locarno sei nicht zu befürchten und sei uns auch nie zugemutet worden. Als Polen bei der letzten Tagung des Völkerbundes im September d. J. eine Aktion unternommen habe, die ein solches Ziel verfolgte, sei es auf einen höchst energischen Druck, insbesondere der englischen Regierung, sehr schnell umgefallen. [...]

Frankreich müsse zunächst die Angst vor deutscher Bedrohung verlieren, sodann die Unhaltbarkeit der jetzigen Grenzziehung erkennen und sich schließlich zu einer Änderung dieser Grenzen verstehen.

Zit. nach: Henry Bernard (Hg.), Gustav Stresemann: Vermächtnis. Der Nachlass in drei Bänden, Bd. 3, Ullstein, Berlin 1933, S. 247 f.*

1 *der Polnische Korridor:* ein Landstreifen zwischen Pommern im Westen und dem Unterlauf der Weichsel im Osten. Deutschland musste ihn nach dem Ersten Weltkrieg an Polen abtreten, Ostpreußen wurde so vom übrigen Deutschland abgetrennt.
2 *Der deutsch-polnische Zollkrieg 1925–1934* war eine wirtschaftspolitische Auseinandersetzung insbesondere um polnische Kohleexporte, die zu zwei Dritteln nach Deutschland gingen.
3 *Mai bis September 1926*

1 Ordnen Sie M 17 in den historischen Kontext ein.
2 Arbeiten Sie aus M 17 heraus, weshalb nach Ansicht von Stresemann eine Veränderung der Ostgrenze erzielt werden sollte.
3 **Vertiefung:** Beurteilen Sie anhand von M 17 Stresemanns Absichten bezüglich der deutschen Ostgrenze.
Tipp: Recherchieren Sie hierzu auch im Internet zum Stichwort „Frankreich und England als Garantiemächte für Polen".
4 **Zusatzaufgabe:** Siehe S. 482.

Der Mythos von Grunwald bzw. Tannenberg

M 18 Deutsche Postkarte vom Tannenberg-Denkmal, undatiert

M 19 Grunwald-Denkmal in Krakau, Polen, errichtet 1910, Bildhauer: Antoni Wiwulski, Fotografie, 2005

1 Stellen Sie sich vor, Sie hätten auf dem Dachboden eines alten Hauses M 18 gefunden. Erstellen Sie ausgehend von einer Beschreibung eine ungefähre Datierung des Fundstücks und begründen Sie Ihr Ergebnis.
Tipp: Siehe Darstellung S. 321.

2 **Wahlaufgabe:** Bearbeiten Sie Aufgabe a) oder b).
Kernmodul: ▶ Ziehen Sie auch M 3, S. 375 f., hinzu.
a) Vergleichen Sie die Architektur von Grunwald-Denkmal (M 19) und Tannenberg-Denkmal (M 18).
b) Beurteilen Sie die Rolle des Mythos von Tannenberg bzw. Grunwald in der Geschichte des deutsch-polnischen Verhältnisses (M 18, M 19, Darstellung S. 321).

3 **Zusatzaufgabe:** Siehe S. 482.

Methode

Karikaturen interpretieren

Karikaturen (von ital. *caricare* = überladen, übertreiben) sind bildliche Darstellungen, bei denen gesellschaftliche und politische Zustände oder menschliche Verhaltensweisen bewusst **überzeichnet** und bis zur Lächerlichkeit **verzerrt** werden. Der Kontrast zur Realität soll den Betrachter zum Nachdenken bewegen.

Karikaturen gab es bereits in der Antike und im Mittelalter. Aber erst durch die Entwicklung des Buchdrucks um 1500 konnte die Karikatur breite gesellschaftliche Wirkungsmöglichkeiten entfalten.

Karikaturen sind eine besondere Form der **historischen Bildquelle,** durch die der Betrachter einen anschaulichen Eindruck von zeitgenössischen Auffassungen erhält. Um die „Botschaft" einer Karikatur zu „entschlüsseln", bedarf es einer Interpretation. Dabei müssen nicht nur die einzelnen Bildinhalte erfasst und gedeutet, sondern auch der historische Zusammenhang herangezogen werden. Es ist zu berücksichtigen, dass Karikaturen stets nur eine zeitgenössische Meinung darstellen.

Arbeitsschritte zur Interpretation

1. Leitfrage
– Welche Fragestellung bestimmt die Untersuchung der Karikatur?

2. Analyse
Formale Aspekte
– Wer ist der Zeichner und/bzw. Auftraggeber (ggf. soziale Herkunft, gesellschaftliche Stellung, Wertmaßstäbe)?
– Wann ist die Karikatur entstanden bzw. veröffentlicht worden?
– Gibt es einen Titel oder/und einen Zusatzkommentar?
– Was thematisiert die Karikatur?

Inhaltliche Aspekte
– Welche Gestaltungsmittel (Figurendarstellung wie Mimik, Gestik, Kleidung, Gegenstände, Symbole, Metaphern, Personifikationen, Vergleiche, Allegorien, Proportionen, Schrift) sind verwendet worden?
– Was bedeuten die einzelnen Gestaltungsmittel?
– Was ist die zentrale Bildaussage („Botschaft") der Karikatur?
– Welche Fragen bleiben bei der Deutung offen?

3. Historischer Kontext
– In welchen historischen Zusammenhang (Ereignis, Epoche, Prozess bzw. Konflikt) lässt sich die Karikatur einordnen?

4. Urteilen
Sachurteil
– Welche Intention verfolgten Zeichner bzw. Auftraggeber?
– Für wen wird Partei ergriffen?
– Welche Wirkung sollte beim zeitgenössischen Betrachter erzielt werden? Mit welchen anderen bildlichen und textlichen Quellen lässt sich die Karikatur ggf. vergleichen?
– Inwieweit gibt die Karikatur den historischen Gegenstand sachlich angemessen wieder?
– Welche Schlussfolgerungen lassen sich im Hinblick auf die Leitfrage ziehen?

Werturteil
– Wie lässt sich die Karikatur aus heutiger Sicht bewerten?

Karikaturen interpretieren

Übungsbeispiel

M1 Karikatur aus der Zeitschrift „Der wahre Jacob", Stuttgart, 16. November 1912. Farbdruck nach dem Entwurf von Hans Gabriel Jentzsch (1862–1930)

1 Erläutern Sie anhand der Darstellung, S. 330, die Bedeutung von Karikaturen als Kommunikationsmedium in der Zeit um 1900.
2 Analysieren Sie anschließend Karikatur M 1 mithilfe der systematischen Arbeitsschritte im Kontext der Politik des Deutschen Kaiserreichs.
▶ Lösungshinweise finden Sie auf S. 495 f.

Methode

Politische Plakate interpretieren

Politische Plakate machen Werbung für politische Inhalte, Parteien oder Vereine oder sie dienen der öffentlichen Information. Sie arbeiten mit „plakativen" Gestaltungsmitteln: Das Dargestellte soll auffällig und schnell zu verstehen sein und möglichst lange in Erinnerung bleiben. Um die Aufmerksamkeit des Betrachters zu erlangen, wird der **Inhalt zugespitzt.** Aufgrund ihres appellativen (= auffordernden) Charakters sind Plakate weniger dokumentarisch als andere Bildquellen. **Absichten und Positionen des Auftraggebers** kann man indes gut aus ihnen herausarbeiten.

Die große Zeit der politischen Plakate begann im und nach dem Ersten Weltkrieg. Unterstützt durch die Pressefreiheit und neue künstlerische Ausdrucksformen, kämpften Parteien in Deutschland seit Kriegsende mit Plakaten um Wählerstimmen.

Auf einem politischen Plakat werden die Inhalte häufig auf einen kurzen, prägnanten Text **(Slogan)** reduziert. Die Auftraggeber bzw. Parteien können mit ihren Plakaten Hoffnungen wecken, indem sie Konzepte zur Lösung politischer, sozialer und wirtschaftlicher Probleme anbieten, aber auch Ängste und Befürchtungen bedienen sowie Stereotype und Feindbilder beschwören, indem sie politische Gegner oder soziale Gruppen angreifen. Darüber hinaus versuchen Parteien, sich und ihre Kandidaten „von ihrer besten Seite" zu präsentieren.

Die Wirkung von Plakaten auf das tatsächliche Wahlverhalten der Bürgerinnen und Bürger ist umstritten. Doch geben Wahlplakate Aufschluss über das Selbstverständnis der Parteien und verweisen auf politische Grundhaltungen ihrer Zeit.

Arbeitsschritte für die Analyse

1. Leitfrage — Welche Fragestellung bestimmt die Untersuchung des Plakats?

2. Analyse
Formale Aspekte
– Wer hat das Plakat erstellt oder in Auftrag gegeben?
– Wann und wo ist das Plakat erschienen?
– Welcher Anlass führte zur Erstellung und Veröffentlichung des Plakats?
– An wen ist das Plakat gerichtet?

Inhaltliche Aspekte
– Was ist das Thema des Plakats?
– Was ist auf dem Plakat dargestellt und welche Gestaltungsmittel (Bilder, Personen, Gegenstände, Texte/Schlagwörter, Symbole, Muster, Anordnung der Bildgegenstände/Art der Komposition, Perspektive, Farben, Proportionen und Verhältnis von Bild und Text) wurden genutzt?

3. Historischer Kontext — In welchem historischen Kontext (Ereignis, Epoche, Prozess, Wahlkampf) ist das Plakat entstanden?

4. Urteilen
Sachurteil
– Wie lassen sich die Gestaltungsmittel deuten?
– Welche Wirkung sollte beim zeitgenössischen Beobachter erzielt werden?
– Welche Intention verfolgte der Ersteller bzw. Auftraggeber?
– Ist das Plakat repräsentativ für seine Zeit?
– Welche Schlussfolgerungen lassen sich im Hinblick auf die Leitfrage ziehen?

Werturteil
– Wie lässt sich das Plakat gemäß der Leitfrage aus heutiger Sicht bewerten?

Politische Plakate interpretieren

Übungsbeispiel

M 1 Deutsches Plakat zur Volksabstimmung in Oberschlesien am 20. März 1921, Farblithografie, Plakatdruckanstalt Dinse & Eckert, Berlin, 1920

Formulierungshilfen zur Analyse von Plakaten
- Bei dem Material handelt es sich um ein Plakat von ... aus der Zeit/dem Jahr ...
- Als Thema steht im Zentrum ...
- Die Begriffe/Slogans ...
- ... ist bekannt/ist nicht bekannt ...
- Zunächst wird der Blick des Betrachters auf ... gelenkt.
- Im Vordergrund/In der Bildmitte/Im Hintergrund ...
- Am oberen/unteren Bildrand ...
- Das Plakat zeigt ...
- Nicht dargestellt sind ...
- Die Figur/Person schaut in Richtung/macht ...
- Es hinterlässt einen Eindruck von ...
- Das Plakat verbindet sich mit der Absicht/zielt darauf ab, ...
- Meiner Meinung nach ...
- Aus heutiger Sicht ...

1 Analysieren Sie Plakat M 1 gemäß der systematischen Arbeitsschritte S. 332 und unter Zuhilfenahme der Darstellung, S. 319.
Tipp: Siehe die Formulierungshilfen oben.
▶ Lösungshinweise finden Sie auf S. 496 f.

Anwenden und wiederholen

Anwenden

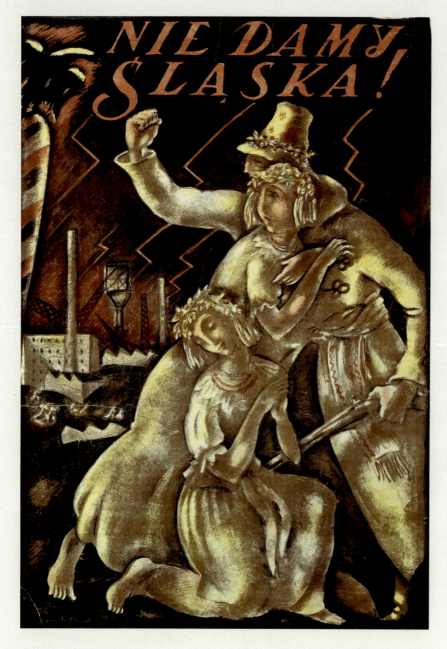

M1 „*Nie damy Śląska!*" (dt. „Wir geben Schlesien nicht her!"), polnisches Plakat zur Volksabstimmung in Oberschlesien am 20. März 1921 von Jerzy Gelbard (1894–1944), Druck: W. Główczewski, Warschau, 1920

1 Analysieren Sie das Plakat M 1.
   Tipp: Siehe Hilfen S. 482.
2 Vergleichen Sie Plakat M 1 auf dieser Seite mit Plakat M 1, S. 333.
3 Nehmen Sie ausgehend von dem Plakatvergleich in Aufgabe 2 Stellung zum deutsch-polnischen Verhältnis in der Zeit der Weimarer Republik.

Wiederholen

M2 „Der polnische Nimmersatt" von W. Malchow, publiziert in der Zeitschrift „Welt-Echo. Politische Wochenchronik", 7. März 1919

Der polnische Nimmersatt

Zentrale Begriffe
Germanisierungspolitik
Jagiellonische Staatsidee
Minderheitenschutzvertrag 1919
Nationale Minderheiten
Nationale Mythen
Nationale Stereotype
Nationales Selbstbestimmungsrecht
Pariser Friedenskonferenzen 1919/20
Piastische Staatsidee
„Politik der organischen Arbeit"
Polonisierungspolitik
Wreschener Schulstreik 1906
Zweite Polnische Republik

1 Interpretieren Sie M 2 im Kontext des deutsch-polnischen Verhältnisses zwischen Kaiserzeit und Weimarer Republik.
   Tipp: Siehe Hilfen S. 482.
2 **Partnerarbeit:** Im Folgenden sind Namen und Begriffe aufgelistet, die sich auf Konfliktfelder im deutsch-polnischen Verhältnis zwischen Kaiserzeit und Weimarer Republik beziehen. Ordnen Sie in gemeinsamer Arbeit die Namen und Begriffe Konfliktfeldern zu und begründen Sie Ihre Auswahl. Mehrfachzuordnungen sind möglich, ebenso Ergänzungen.

> Amtssprache – Ausweisungen – Otto von Bismarck – Denkmäler – Enteignungen – Plakate – Minderheiten – Minderheitenschutzvertrag 1919 – nationale Mythen – nationale Stereotype – nationales Selbstbestimmungsrecht – Oberschlesien – Ostmarkenverein – Józef Piłsudski – Politik der organischen Arbeit – Posen – Reichsverfassung 1871 – Schulpolitik – Vertreibungen – Volksabstimmungen – Westmarkenverein.

3 **Wahlaufgabe:** Bearbeiten Sie entweder Aufgabe a) oder b).
   a) Nehmen Sie Stellung zur Germanisierungspolitik im Deutschen Kaiserreich.
   b) Beurteilen Sie die Polonisierungspolitik der Zweiten Polnischen Republik.
4 **Vertiefung/Gruppenarbeit:** Entwickeln Sie einen Ansatz zur Lösung der deutsch-polnischen Probleme im Hinblick auf Oberschlesien nach dem Ersten Weltkrieg. Berücksichtigen Sie hierbei parallele zeitgenössische Lösungsansätze wie z. B. zur Stadt Danzig.
5 Gehen Sie auf Ihre Fragen und Hypothesen von der Einstiegsseite, S. 315, ein. Halten Sie Ihre Antworten in Stichpunkten fest und klären Sie noch offene Aspekte.

3.5 Die deutsche Besatzung Polens im Zweiten Weltkrieg

M1 Eine Mutter mit Kindern im Warschauer Ghetto, Fotografie, um 1942

1926 | Sturz der polnischen Regierung durch Anhänger von Marschall Piłsudski

1933 | Ernennung Adolf Hitlers zum Reichskanzler

1934 | Abschluss eines deutsch-polnischen Nichtangriffspakts

Die deutsche Besatzung Polens im Zweiten Weltkrieg 3.5

Der Zweite Weltkrieg markiert eine tiefe Zäsur in der Geschichte der deutsch-polnischen Beziehungen. War das Verhältnis der beiden Völker bis zur Mitte des 19. Jahrhunderts in kultureller, politischer und ökonomischer Form durchaus fruchtbar und weitgehend friedlich, so ist dieses bis zur Mitte des 20. Jahrhunderts völlig zerstört. Hauptverantwortlich dafür sind die in modernen Zeiten alles Dagewesene überschreitenden Verbrechen, die von Deutschen in Polen während des Zweiten Weltkrieges begangen wurden. Der Umgang mit der polnischen Gesellschaft während der Besatzungszeit steht im Fokus dieses Kapitels.

M2 Angehörige der polnischen Heimatarmee während des Warschauer Aufstands, Fotografie, 1944

1 Setzen Sie die beiden Fotografien in Beziehung. Gehen Sie dabei wie folgt vor:
   – Beschreiben Sie Details der Fotos.
     Tipp: Achten Sie besonders auf die Mimik der Personen.
   – Stellen Sie die Aufnahmesituationen dar.
   – Erklären Sie, wie durch die jeweilige Perspektive der Eindruck des Bildes erzeugt und verstärkt wird, und stellen Sie die Eindrücke gegeneinander.
   Klären Sie nun, welche Absicht hinter der jeweiligen Aufnahme steht.
2 Stellen Sie historische Zusammenhänge zwischen den Materialien her.
3 **Partnerarbeit:** Entwickeln Sie gemeinsam Fragen, die sich Ihrer Meinung nach aus der Untersuchung des Bildmaterials ergeben. Notieren Sie diese, sodass Sie sie nach Bearbeitung des Kapitels 3.5 noch einmal aufrufen und bearbeiten können (siehe S. 353). Denken Sie bei der Formulierung Ihrer Fragen auch an mögliche Bezüge zu unserer heutigen Zeit.

1939	28. April: Aufkündigung des Nichtangriffspakts durch das Deutsche Reich
	23. August: Hitler-Stalin-Pakt
	1. September: deutscher Überfall auf Polen, Beginn des Zweiten Weltkriegs
	17. September: Einmarsch der Roten Armee in Polen, Westpolen Teil des Deutschen Reichs, Ostpolen fällt an Sowjetunion, Restgebiet wird „Generalgouvernement" unter deutscher Besatzung
1943	Aufstand im Warschauer Ghetto (19. April–16. Mai)
1944	22. Juli: „Komitee zur nationalen Befreiung" tritt in Lublin als polnische Parallelregierung zusammen
	1. August: Beginn des Warschauer Aufstands gegen die deutschen Besatzer
	2. Oktober: Kapitulation der polnischen Heimatarmee
1945	Konferenzen in Jalta und Potsdam, Verschiebung Polens nach Westen

3.5 Die deutsche Besatzung Polens im Zweiten Weltkrieg

In diesem Kapitel geht es um
- *die ideologischen Grundlagen des Nationalsozialismus in Bezug auf Polen,*
- *die deutsche Besatzung in Polen während des Zweiten Weltkriegs,*
- *die polnische Reaktion auf die deutsche Okkupation.*

Die innenpolitische Situation in Polen in der Zwischenkriegszeit

Vor dem Hintergrund wachsender Korruption, politischer Instabilität, Streit um Ämter und Würden, vor allem aber angesichts einer seit 1925 bedrohlich werdenden Wirtschaftskrise mit steigender Arbeitslosigkeit und staatlicher Finanznot kam Piłsudski am 12. Mai 1926 durch einen Staatsstreich an die Macht. Er begann, gestützt auf seine außerordentlich große Autorität bei der Bevölkerung und auf die Loyalität der Streitkräfte, unter formaler Beibehaltung der Verfassung eine „moralische Diktatur" zu errichten, die zu einer „Gesundung" (*sanacja*) des politischen Lebens führen sollte. Im April 1935 wurde mithilfe eines „Ermächtigungsgesetzes" sogar eine auf Piłsudski zugeschnittene autoritäre Verfassung verabschiedet, doch nach seinem Tod am 12. Mai 1935 zerfiel das vom persönlichen Prestige und Charisma Piłsudskis geprägte System zunehmend.

Die außenpolitische Situation Polens vor dem Zweiten Weltkrieg

Polen war infolge der umstrittenen Grenzziehung nach 1918 mit allen Nachbarn außer Rumänien und Lettland verfeindet. Durch das Bündnis mit Frankreich von 1921 war das Land wichtigstes Glied in dem zwischen der Sowjetunion und Deutschland gelegenen Staatengürtel, der von der Ostsee bis zum Schwarzen Meer reichte. Die Kräfte Polens waren jedoch mit der Aufgabe, die beiden Nachbarn zu neutralisieren, überfordert. Die Weimarer Republik verweigerte eine von Piłsudski gewünschte Normalisierung, da sie eine Grenzrevision und militärische Gleichberechtigung forderte.

Die 1922 in **Rapallo*** zwischen Deutschland und der Sowjetunion besiegelte politische Verständigung rief in Polen größte Beunruhigung hervor („Rapallo-Komplex"). Die Sowjetunion und das nationalsozialistische Deutschland nutzten die jeweiligen Nichtangriffsverträge mit Polen (1932 bzw. 1934) nur als Atempause auf dem Weg zur Revision der Versailler Friedensordnung. Als Polen 1938 Litauen zur Anerkennung der gemeinsamen Grenze zwang und sich durch die Annexion des **Olsa-Gebiets*** an der Zerlegung der Tschechoslowakei nach dem Münchener Abkommen beteiligte, hatte es die Beziehungen zu zwei Nachbarn weiter vergiftet und seine moralische Position als östlicher Eckpfeiler des Westens zwischen den beiden totalitären Diktaturen Deutschland und Sowjetunion stark geschwächt.

Gleichzeitig drängte Adolf Hitler nach dem Anschluss Österreichs und der Zerstückelung der Tschechoslowakei nunmehr auf eine Regelung der **Danzig- und „Korridor"*-Frage** zugunsten Deutschlands. Die Zurückweisung seiner Avancen durch Polen und die britische Garantieerklärung für die „nationale Integrität" Polens am 31. März 1939 nahm Hitler zum Anlass, im April einen Angriffskrieg vorbereiten zu lassen und den Nichtangriffspakt aufzukündigen. Ein am 23. August unterzeichneter **deutsch-sowjetischer Nichtangriffsvertrag („Hitler-Stalin-Pakt")** sah in einem **geheimen Zusatzprotokoll** die Aufteilung Polens zwischen dem Dritten Reich und der Sowjetunion vor. Mit dem Überfall auf Polen am 1. September 1939 löste Hitler den Zweiten Weltkrieg aus. Mit dem Einmarsch der sowjetischen Truppen in Ostpolen am 17. September 1939 wurde die „vierte Teilung" Polens besiegelt.

Rapallo-Vertrag
Vertrag vom 16. April 1922, in dem die Beziehungen des Deutschen Reichs und der Russischen Sozialistischen Föderativen Sowjetrepublik nach dem Ersten Weltkrieg normalisiert wurden.

Olsa-Gebiet
Tschechisch-polnisches Grenzgebiet; im Münchener Abkommen wurde von England, Frankreich, Deutschland und Italien die Rückgabe des Sudetengebiets von der Tschechoslowakei an das Deutsche Reich beschlossen.

Korridor
Bezeichnung für den vormals deutschen Teil Polens zwischen Pommern und der Weichsel, der nach dem Ersten Weltkrieg abgetreten werden musste.

Geheimes Zusatzprotokoll

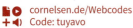
cornelsen.de/Webcodes
Code: tuyavo

▶ M 5–M 6: Angriffsplanungen

Kernmodul: ▶ S. 380 f., M 6 (Partel), M 7 (Osterhammel)

Der deutsche Radikalnationalismus

Eine entscheidende Ursache der deutschen Expansion war der nationalsozialistische Radikalnationalismus, der in der nationalsozialistischen Massenbewegung eine besonders starke Wirkung entfaltete. Dieser Nationalismus unterschied sich von anderen Formen des Nationalismus durch zwei eng miteinander verknüpfte Merkmale. Er beruhte
5 zum einen auf einer spezifischen **Volkstums- und Rassenpolitik,** die ihm eine aggressive und ausgrenzende Ausrichtung verlieh. Das „Volk" erschien den Nationalsozialisten als absoluter Wert und als eine Gemeinschaft, die unabhängig von politisch-staatlichen Grenzen existierte und auf gemeinsamer Rasse, Sprache und Kultur gründete. Diese uneingeschränkte Geltung des „Volks"-Begriffes und die Aufwertung der „germani-
10 schen Rasse" zur „Herrenrasse" erlaubte den Nationalsozialisten den Ausschluss von „nicht-deutschen" Mitgliedern aus der **„Volksgemeinschaft"** bzw. in der letzten Konsequenz deren Vernichtung. Hinzu kam – zweitens – die Idee von **„Lebensraum"** besonders im Osten. Der Überlegenheit der „germanischen Rasse" sollte dadurch Rechnung getragen werden, dass sie ihr Siedlungsgebiet erweiterte. Diese den Nationalsozialismus
15 leitende geopolitische Raumvorstellung überwand die Grenzen des 1871 entstandenen deutschen Nationalstaats. Der Vorwand, für das deutsche Volk „Lebensraum" zu erschließen, diente den Nationalsozialisten dazu, eine expansionistische Außen- und Kriegspolitik zu rechtfertigen. Weil der NS-Staat dabei seine Rassen- und Volkstumspolitik konsequent verwirklichte, wandelte sich die Außen- und Kriegspolitik während des
20 Zweiten Weltkrieges in eine **Kriegs- und Vernichtungspolitik** – das erste Opfer dieser Herrschaft war Polen.
Der Westen des von deutschen Truppen besetzten polnischen Staatsgebiets wurde dem Reich angegliedert, während der mittlere Teil des Landes, dessen Gebiete auch vor 1918 nicht zum Deutschen Reich gezählt hatten, mit ca. 12 Millionen Einwohnern zum
25 **„Generalgouvernement"** erklärt wurde. Die NS-Politik hatte sich im Rahmen ihrer „Lebensraumpolitik" zum Ziel gesetzt, die eingegliederten Ostgebiete innerhalb eines Jahrzehnts in völlig deutsch besiedeltes Land zu verwandeln und damit „ethnisch zu säubern". Die ersten Todesopfer waren bereits im Herbst 1939 bis zu 20 000 Angehörige der polnischen Führungseliten. Hunderttausende von Polen wurden zwangsweise in das
30 Generalgouvernement umgesiedelt und durch Volksdeutsche*, die deutschstämmige Bevölkerung in Ostmittel- und Südosteuropa, ersetzt.

Die deutsche Besatzung

Nach dem Überfall der deutschen Truppen auf Polen am 1. September 1939 und dem anschließenden Einmarsch der Roten Armee in Ostpolen am 17. September 1939 kapitulierten die letzten polnischen Verbände am 5. Oktober 1939. Infolge des deutsch-sowjetischen Abkommens vom 23. August 1939 wurde der westliche Teil Polens unter
5 deutsche, der östliche Teil unter sowjetische Besatzung gestellt. Der deutsche Teil umfasste ungefähr die Hälfte des polnischen Staatsgebiets und zwei Drittel der insgesamt 35 Millionen Einwohner zählenden Bevölkerung. Die polnische Regierung floh zuerst nach Frankreich, dann 1940 weiter nach London, wo sie als Exilregierung* bei den Alliierten polnische Interessen vertrat.
10 Die im Reichsgebiet verbliebenen Polen waren völlig entrechtet. Das Generalgouvernement hingegen sollte eine Art deutscher Kolonie sein, in der die Polen als „Untermenschen" ohne politisches und kulturelles Eigenleben für die deutsche „Herrenrasse" zu arbeiten hatten. Etwa 2,8 Millionen Polen wurden zur Zwangs- oder Sklavenarbeit ins Reich oder in die besetzten Gebiete deportiert. Ganz bewusst hatte Generalgouverneur
15 Hans Frank seinen Sitz auf der Krakauer Wawelburg genommen, in der einst die polnischen Könige gekrönt worden waren, um so ein für die Polen besonderes Symbol ihres nationalen Stolzes zu entehren. Neben dem Besatzungsregime Hans Franks trugen auch

M1 Angriff der deutschen Luftwaffe auf Warschau, Fotografie, 1939

▶ Kapitel 3.9: Nationalsozialismus und deutsches Selbstverständnis (S. 392 ff.)

▶ M 7: Ideologische Vorstellungen zur Gestaltung Osteuropas

▶ M 2: Karte

Volksdeutsche
Im Verständnis der Nationalsozialisten Deutsche, aber auch Deutschstämmige, die außerhalb der deutschen Staatsgrenzen von 1937 lebten. Dazu gehörten beispielsweise Südtiroler, Siebenbürger Sachsen und Sudetendeutsche.

Exilregierung
Regierung, die aufgrund der Besatzung des eigenen Landes in ein anderes flieht.

▶ M 8–M 11: Leben im besetzten Polen

▶ M 3: Hans Frank

3.5 Die deutsche Besatzung Polens im Zweiten Weltkrieg

M2 Polen im Zweiten Weltkrieg

M3 Hans Frank (1900–1946), Generalgouverneur in Polen, Fotografie, 1941.
Nach dem Zweiten Weltkrieg wurde Hans Frank in den Nürnberger Kriegsverbrecherprozessen schuldig gesprochen und hingerichtet.

Warschauer Ghetto
Das Warschauer Ghetto diente als Sammellager für Juden aus Polen und dem Deutschen Reich, bevor sie in die Vernichtungslager kamen. Der Zweck dieser Lager war nicht die Konzentration oder Zwangsarbeit, sondern die physische Vernichtung.

▶ M 14–M 16: Leben im Warschauer Ghetto

Auschwitz-Birkenau, Majdanek, Bełżec, Sobibor und Treblinka
die größten Vernichtungslager. Sie lagen alle im Generalgouvernement.

▶ M 12–M 13: Untergrundaktivitäten

die SS- und Sondereinheiten der Polizei dazu bei, durch Terror und willkürliche Massenverhaftungen die polnische und jüdische Bevölkerung in Furcht zu versetzen.
Die Anzahl der Juden im Generalgouvernement erhöhte sich durch die Deportierten aus den eingegliederten Ostgebieten und aus dem „Altreich" und später aus allen von den Deutschen besetzten Gebieten Europas. Im Warschauer Ghetto* vegetierten unter furchtbaren Bedingungen zeitweise 400 000 Menschen, bevor sie zur Ermordung in die Konzentrations- und Vernichtungslager kamen. In Auschwitz-Birkenau, Majdanek, Bełżec, Sobibor, Treblinka* und anderen Lagern wurden rund 4,5 Millionen Juden aus dem deutschen Machtbereich ermordet, außerdem Polen, sowjetische Kriegsgefangene, Sinti und Roma sowie weitere Minderheiten.
Das Vorgehen der deutschen Behörden im besetzten Polen diente generell der Zerstörung, der Knechtung und dem Völkermord. Es war in keiner Weise ihr Ziel, die Unterstützung oder Loyalität der Besetzten zu gewinnen. Die Vollstrecker der nationalsozialistischen Politik hatten die Aufgabe, jegliche Reste polnischer Staatlichkeit zu liquidieren und die polnische Nation als Gemeinschaft zu vernichten. Dass es dazu nicht kam, „kann einzig darauf zurückgeführt werden, dass Hitler den Krieg verlor" (Czesław Madajczyk).

Der polnische Widerstand

In Polen entwickelte sich trotz lebensgefährlicher Bedingungen ein gut funktionierender Untergrundstaat. Zu den Formen des Widerstands gehörten Untergrundzeitschriften, geheime Kulturveranstaltungen sowie ein geheimes Bildungswesen von der Grundschule bis zur Universität. Die Kriegserfahrungen und insbesondere die Erfahrungen der deutschen Okkupation, bei der bis zu 5 Millionen polnische Staatsbürger ihr Leben verloren, sollten nach 1945 für Jahrzehnte zu einem beherrschenden Thema in der politischen und kulturellen Öffentlichkeit werden.

Die brutale deutsche Besatzungspolitik führte dazu, dass sich immer weitere Bevölkerungskreise an Widerstandsaktionen beteiligten. Der bewaffnete Arm des polnischen Untergrundstaates, die „Heimatarmee" (*Armia Krajowa*), wuchs bis Ende 1943 auf 350 000 Mitglieder an.

Die Heimatarmee sah ihre Aufgabe in Spionage, Sabotage und Attentaten, um die Besatzer zu schwächen. Im April 1943 schlug die deutsche Besatzungsmacht den Aufstand der Juden im Warschauer Ghetto, der den Abtransport der verbliebenen 60 000 Juden in die Vernichtungslager aufhalten sollte, blutig nieder.

▶ M 17–M 21: Aufstände in Warschau

Am 1. August 1944 löste die Heimatarmee einen weiteren Aufstand in Warschau aus. Während die sowjetische Armee tatenlos auf der anderen Seite der Weichsel wartete, schlugen die deutschen Besatzer den Aufstand bis zum 2. Oktober brutal nieder und legten Warschau auf persönlichen Befehl Hitlers und Himmlers in Schutt und Asche. Der Aufstand kostete über 200 000 Soldaten und Zivilisten das Leben und wurde zum Symbol für den polnischen Willen zum Widerstand.

M 4 Denkmal zur Erinnerung an den Warschauer Aufstand von 1944, Wincenty Kuíma und Jacel Budyn 1989, Fotografie, 2012

Informationen und Bilder zum Denkmal
cornelsen.de/Webcodes
Code: rawene

Am 22. Juli 1944 bildete sich in Lublin aus moskautreuen Kräften ein „Polnisches Komitee der Nationalen Befreiung", das mit dem Aufbau einer kommunistisch orientierten Verwaltung begann, die dann nach Kriegsende die Herrschaft übernahm.

Die Erinnerung an die deutsche Besatzung ist heute noch in Polen allgegenwärtig. In den letzten Jahren sind aber Stimmen aufgekommen, welche die eigene polnische Beteiligung an antisemitischen Verbrechen in die Öffentlichkeit bringen wollen. Insbesondere die Frage nach der Erinnerung an das Massaker von Jedwabne und die Auseinandersetzungen um die Darstellung der Heimatarmee in dem in Deutschland veröffentlichten Film „Unsere Mütter, unsere Väter" 2013 zeigen auf, dass dieser Themenkomplex noch lange nicht hinreichend aufgearbeitet worden ist.

▶ M 22–M 24: Antisemitische Verbrechen der Polen

1 Erklären Sie folgende Begriffe: Lebensraumtheorie, Generalgouvernement, Ghetto, Vernichtungskrieg, Konzentrations- und Vernichtungslager, Heimatarmee.
2 **Schaubild:** Stellen Sie mithilfe der Darstellung die Ziele, die Maßnahmen und die Auswirkungen der Besatzung Polens in einem Schaubild dar.

3.5 Die deutsche Besatzung Polens im Zweiten Weltkrieg

Hinweise zur Arbeit mit den Materialien
Der Materialteil zu der Besatzung Polens im Zweiten Weltkrieg setzt folgende Schwerpunkte:
- M 5–M 6 führen in die deutsche und russische Planung des Angriffs auf Polen ein.
- M 7 zeigt die nationalsozialistischen ideologischen Grundlagen der Besetzung Polens und Osteuropas auf.
- M 8–M 11 thematisieren aufbauend auf der Behandlung der ideologischen Prämissen die deutsche Besatzungspraxis.
- M 12–M 13 zeigen im Perspektivenkontrast die polnische Reaktion auf die brutale Besatzungspraxis auf.
- M 14–M 16 dienen der Veranschaulichung der grausamen Zustände im Warschauer Ghetto.
- M 17–M 21 behandeln die Aufstände in Warschau in multiperspektivischer Form.
- M 22–M 24 vertiefen die Auseinandersetzung mit dem polnischen Antisemitismus.

Methodentraining: S. 350 f. zu „Darstellungen" ergänzen den inhaltlichen Schwerpunkt der Besetzung Polens auf methodischer Ebene.

Angriffsplanungen auf Polen

M 5 Ansprache Hitlers vor den Befehlshabern der Wehrmacht vom 22. August 1939

Es war mir klar, dass es früher oder später zu einer Auseinandersetzung mit Polen kommen musste. Ich fasste den Entschluss bereits im Frühjahr. […] Das Verhältnis zu Polen ist untragbar geworden […].
5 Spannungszustand auf die Dauer unerträglich. Vernichtung Polens im Vordergrund. Ziel ist Beseitigung der lebendigen Kräfte, nicht die Erreichung einer bestimmten Linie. Auch wenn im Westen Krieg ausbricht, bleibt Vernichtung Polens im Vordergrund
10 […]. Herz verschließen gegen Mitleid. Brutales Vorgehen […]. Der Stärkere hat das Recht. Größte Härte […]. Jede sich neu bildende lebendige polnische Kraft ist sofort wieder zu vernichten […]. Restlose Zertrümmerung Polens ist das militärische Ziel. Schnel-
15 ligkeit ist die Hauptsache. Verfolgung bis zur völligen Vernichtung.
Ich habe Befehl gegeben – und lasse jeden füsilieren, der auch nur ein Wort der Kritik äußert […]. So habe ich, einstweilen nur im Osten, meine Totenkopfver-
20 bände bereitgestellt mit dem Befehl, unbarmherzig und mitleidslos Mann, Weib und Kind polnischer Abstammung und Sprache in den Tod zu schicken […]. Polen wird entvölkert und mit Deutschen besiedelt […]. Seien Sie hart, seien Sie schonungslos, handeln
25 Sie schneller und brutaler als die andern. Die Bürger Westeuropas müssen vor Entsetzen erbeben. Das ist die humanste Kriegsführung.

Zit. nach: Akten zur deutschen Auswärtigen Politik 1918–1945. Aus dem Archiv des Deutschen Auswärtigen Amtes, Serie D (1937–45), Band 7, Baden-Baden: Impr. Nationale, Keppler, Frankfurt/Main 1961.

1 **Partnerarbeit:** Arbeiten Sie die zentralen Aussagen Hitlers zum Umgang mit Polen heraus (M5).
Tipp: Geben Sie dafür die zentrale Aussage für jeden Abschnitt in eigenen Worten wieder.
2 Nehmen Sie Stellung zu dem in der Ansprache entwickelten Menschenbild.

M6 David Low, *Rendezvous*, Karikatur, 1939

1 Analysieren Sie die Karikatur mithilfe der Methode auf S. 330.
2 **Wahlaufgabe:** Bearbeiten Sie entweder Aufgabe a) oder b).
   a) Recherchieren Sie zu den Hintergründen des Hitler-Stalin-Paktes.
   b) Verfassen Sie einen Kommentar zum Hitler-Stalin-Pakt aus polnischer Perspektive.

M 7 Der Agrarwissenschaftler Konrad Meyer über deutsche Planungen für den Osten (1941)

Der Reichsführer SS Heinrich Himmler war 1939 „Reichskommissar für die Festigung deutschen Volkstums" geworden. In seiner Dienststelle wurden umfangreiche Planungen für die „Germanisierung" des Ostens entwickelt. Der „Generalplan Ost" wurde mehrfach überarbeitet und – v. a. nach dem Überfall auf die Sowjetunion – seine Planungen reichten schließlich bis zum Ural. Kern der Planungen war die Vertreibung eines großen Teils der einheimischen Bevölkerung in den Gebieten und die Ansiedlung von deutschen Siedlern aus anderen Teilen Europas. Hauptplaner war der Agrarwissenschaftler und Raumplaner Konrad Meyer, der seine Grundüberlegungen 1941 in einem Beitrag für eine Studentenzeitung darlegte.

Jenes Wort, dass ein Land dem gehöre, der ihm als Erster Gesittung brachte, wird vor allem durch die deutsche Ostpolitik der vergangenen Jahrhunderte widerlegt. Wäre dieser Satz wahr, dann müsste der
5 gesamte Osten vom Baltikum bis zu den Karpaten heute deutsch sein; in Wirklichkeit aber wurden in diesem Raum nicht jene Gebiete ganz und eindeutig dem Deutschtum gewonnen, in die deutsche Gesittung und deutsche Arbeit getragen wurden, sondern
10 nur jene, in denen deutsche Bauernfäuste den Pflug führten. Sogar die Provinzen, in denen länger als ein Jahrhundert die staatliche Macht Preußens aufgerichtet war, wurden nach dem Erwachen des dort überschichteten fremden Volkstums im Augenblick
15 der Schwäche des Reiches dem deutschen Lebensraum wieder entrissen, weil man eben in all den früheren Jahren nicht daran gedacht hatte, dass erst ein Land dann wirklich dem eigenen Volkstum für ewige Zeiten gehört, wenn es bis in den letzten Winkel mit
20 eigenem Volkstum gefüllt ist.

Diese – durch das geschichtliche Werden erhärtete und unwiderleglich gewordene – Tatsache ist für unsere Zukunftsarbeit im neuen deutschen Osten der eherne und unverrückbare Ausgangspunkt unseres
25 Schaffens.

Somit wird im Mittelpunkt der neuen deutschen Ostbewegung der deutsche Bauer stehen müssen, oder aber wir begeben uns von vornherein in die Gefahr, dass wieder eines späten Tages fremdes – heute un-
30 terworfenes und unterwürfiges – Volkstum die deutsche Gestaltung am deutschen Lebensraum im Osten zunichte macht. [...]

Wer heute noch mit dem Gedanken spielt, als dünne Herrenschicht von Großgrundbesitzern das polni-
35 sche Volkstum überschichten zu können und damit der Eindeutschung Genüge zu leisten, der hat weder aus der Geschichte des Ostens noch aus dem erschütternden Erleben der volksdeutschen Passion des Herbstes 1939 gelernt. Wir müssen uns heute da-
40 rüber im Klaren sein, dass der Osten erst in dem Augenblick wirklich für alle Zeiten deutsch bleiben wird, in dem aus dem geschlossenen deutschen Siedlungsraum alles fremde Blut, das die einheitliche Geschlossenheit des grenzdeutschen Volkstums irgend-
45 wie gefährden könnte, restlos entfernt ist. Vor allem wird vom ersten Augenblick des Eindeutschungsvorgangs darauf zu achten sein, dass diese eindeutige Bereinigung der Volkstumslage im ländlichen Sektor so schnell wie möglich restlos durchgeführt wird. [...]
50 Gelingt es uns, im neuen deutschen Osten wirklich eine totale Lösung zu finden, dann wird dieses nationalsozialistische Wirken eines Tages vom neuen Raum auf das Gesamtreich herüberstrahlen und wird uns nach Jahrhunderten verfehlter Ostpolitik beweisen, wie schicksalhaft eng der deutsche Osten mit 55 dem deutschen Gesamtschicksal verbunden ist.

Konrad Meyer, Siedlungs- und Aufbauarbeit im deutschen Osten, in: Münchner Studentenzeitung „Die Bewegung", Folge 8, 1941, zit. nach: http://gplanost.x-berg.de/wprim.html#KMeyer (Download vom 13. Dezember 2015).*

1 **Partnerarbeit:** Arbeiten Sie Meyers Vorstellungen vom Osten und seiner Besiedlung heraus. Gehen Sie dabei auch auf die Folgen für die nichtdeutsche Bevölkerung ein.
2 **Internetrecherche** in arbeitsteiliger Gruppenarbeit:
    a) Bearbeiten Sie den im Internet verfügbaren Text des „Generalplans Ost". Stellen Sie diesen vor und vergleichen Sie ihn mit M7.
    b) Recherchieren Sie Meyers Lebenslauf und stellen Sie ihn auf einem Plakat in der Klasse vor.
3 **Zusatzaufgabe:** Siehe S. 482.

Die deutsche Besatzung

M8 Bekanntmachung des Kommandeurs der Sicherheitspolizei und des SD (KdS) für den Distrikt Warschau über die Hinrichtung in Skierniewice, Lipce und Rogów, Fotografie, 1943

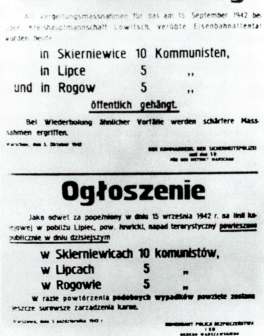

M9 Aus dem Bericht des deutschen Stadtkommissars vom 1. November 1939

Am 5.11. wird mit der Evakuierung der polnischen Bevölkerung begonnen werden, und zwar zunächst durch Herausnahme der sogenannten Intelligenz. In die dadurch freigemachten Wohnungen werden die
5 endgültig in Posen verbleibenden Baltendeutschen angesetzt. Da eine Verbringung der Polen in die dafür vorgesehenen östlichen Grenzgebiete noch nicht möglich ist, habe ich zunächst in dem ehemaligen Munitionsdepot in Glowno ein Auffanglager für 5 000
10 Menschen eingerichtet. [...]
Trotzdem reichen diese Lager noch längst nicht aus, um für alle endgültig nach Posen bestimmte Balten (rd. 20 000) Platz zu schaffen [...]. Berücksichtigt man schließlich noch, dass außer für die Balten auch noch
15 andere Wohnungen in Posen in ganz erheblicher Zahl freigemacht werden müssen (für Behörden, Behörden- und Militärangehörige, für reichsdeutsche Arbeitskräfte zuziehender Firmen), so bedarf es keiner näheren Ausführung, dass eine rasche endgültige
20 Lösung der Evakuiertenfrage eine wesentliche Voraussetzung der hier zu treffenden Raumbeschaffungsmaßnahmen ist.

Czesław Łuczak (Hg.), Diskriminierung der Polen in Wielkopolska zur Zeit der Hitlerokkupation, o. O., Poznań 1966, S. 159.*

1 Partnerarbeit: Arbeiten Sie mithilfe der Materialien M 8–M 9 die Merkmale und die Ziele der deutschen Besatzung in Polen heraus.
Tipp: Stellen Sie zunächst die Ziele mithilfe von Oberbegriffen dar.

M 10 Die Ankunft der polnischen Evakuierten im Generalgouvernement im Dezember 1939

Aus den zugesperrten Wagen konnte man das Weinen der Kinder und das Rufen der Erwachsenen hören. Niemand interessierte sich für den Zug, der nun schon zwei Tage da stand. An jenem Tage zeigte das
5 Thermometer – 20 Grad [...]. Während der Nacht hatten die Einwohner der Gegend den unglücklichen Gefangenen mit Wasser und Essen helfen wollen, aber die SS-Posten ließen das nicht zu und schossen auf jeden, der dem Zuge zu nahe kam. Zwei Bauern
10 wurden getötet [...]. Meine Zählung ergab 36 Wagen [...]. Um die Wagen bewegten sich einige Figuren mit schussbereiten Gewehren. Nach zwei Stunden kam eine Abteilung des sogenannten [Volksdeutschen] „Selbstschutzes" ungefähr in Kompaniestärke an [...].
15 Der Führer der Abteilung erklärte etwas lang und breit, worauf die SS-Leute sich längs des Zuges verteilten. Vor jeder Wagentür blieben zwei Soldaten mit gezogenem Revolver und Gummiknüppel stehen. Sechs Wagentüren öffneten sich gleichzeitig, und mit
20 Lumpen und mit Decken umhüllte Spukgestalten, weiß vor Frost, sprangen heraus. Einige warfen sich sofort auf die Knie und begannen, Schnee zu essen. Sie durften sich nicht vom Zuge entfernen. Viele Frauen drückten unter ihrem Schal Kinder an sich,
25 die oft gar nicht mehr am Leben waren. Mit Tritten und Schlägen wurden sie gezwungen, die kleinen Leichen in einen Waggon zu legen, der für diese Zwecke bereit stand. Dann wurden die steif gefrorenen Männer zum Verlassen der Wagen aufgefordert. Zuerst
30 warfen sie ihre Taschen und Bündel heraus, dann verzerrte tote Körper, die auf einen Haufen gelegt werden mussten. Die Frauen und Kinder standen wie versteinert und resigniert dabei und schauten auf die Leichen, unter denen sich ihre nächsten Angehörigen befanden. Als eine von den Frauen sich aus der
35 Gruppe löste und auf die Toten zusprang, ertönte ein Schuss; eine Leiche mehr wurde auf den Haufen gelegt. [...]
Die zwischen den Schienen stehenden sechsunddreißig Menschengruppen [insgesamt etwa 2 000 Perso-
40 nen] rührten sich eine ganze Weile überhaupt nicht. Man hielt es nicht für notwendig, ihnen zu sagen, wo sie jetzt waren und warum sie hierher transportiert worden waren. Die Evakuierten wurden von der Bevölkerung der benachbarten Dörfer aufgenommen;
45 viele [...] starben noch infolge des Transportes.

Stefan Tadeusz Norwid, Martyrium eines Volkes. Das okkupierte Polen, Berrmann Fischer, Stockholm 1945, S. 50 ff.*

1 Geben Sie die zentralen Aussagen des Berichts wieder.
2 Bewerten Sie den Umgang mit den polnischen Evakuierten aus den eingegliederten Gebieten in das Generalgouvernement.
3 Zusatzaufgabe: Siehe S. 482.

M 11 Erinnerungen von Frau Je. (Jg. 1916) in einem Interview an ihre Ansiedlung im annektierten polnischen Gebiet (2003)

Das war ein Dorf von sagen wir mal 800 bis 1 000 Familien. Und wir waren da etwa 20 Familien Umsiedler [...]. Ich war damals 24 Jahre alt, da wurden die Leute rausgetrieben aus ihrem Haus, in meiner Gegenwart.
5 [...] Ich kannte ja das Land nicht. Wir kamen ja aus einem Land, wo alles gewachsen ist. Überall. Aber hier war das anders. Da musste ich mich von ihnen (den Polen) belehren lassen. [...]
Mein Schwiegervater [...] hat sich aber nicht belehren lassen, und er hat den Kürzeren gezogen. So, und
10 da konnte ich nicht mehr mit ihm zusammenarbeiten, weil er immer den Knecht korrigieren wollte. Und der war 36 Jahre alt und hat das Land genau ge-

kannt, weil er da nicht weitab selber eine Wirtschaft gehabt hat. Und mir von aller Seite von den Polen gesagt wurde, dass die eine gute Wirtschaft hatten, und ich hab's selbst gesehen, er war ein guter Wirtschafter. Aber mein Schwiegervater wollte sich einfach von ihm nichts sagen lassen.
Ich hatte viel mehr […] hier (in Polen) gekriegt. […] Ich hatte ja (dort) nur drei Hektar. […] Sie haben uns das übergeben als Eigentum. Aber wir haben uns nicht als Eigentümer gefühlt. Wir haben uns gefühlt als Fremde. Ich hab mich (jedenfalls) immer so gefühlt: Das gehört mir nicht, und ich bin nur Verwalter da drüber. Und so haben sich die meisten gefühlt, auch meine Eltern. Wir waren froh, wie die Flucht gekommen ist und wir da weggekommen sind.

Ute Schmidt, Die Deutschen aus Bessarabien. Eine Minderheit aus Südosteuropa (1814 bis heute), Böhlau, Köln 2003, S. 370–372.*

1 In einem Handzettel für die Deutschen in Lettland, die zur Umsiedelung bewegt werden sollten, hieß es 1939: „Warum ruft uns der Führer? Weil er unsere Arbeitskraft und unsere Erfahrungen beim Wiederaufbau des schönen, von den Polen verwahrlosten Posener Landes braucht." Vergleichen Sie solche Werbung mit der Wirklichkeit (M 11) von deutschen Umsiedlern, was ihre Ankunft in den neuen Siedlungsgebieten angeht.
Tipp: Stellen Sie dazu die Unterschiede, Gemeinsamkeiten und Ähnlichkeiten in einer Tabelle gegenüber.

Die polnische Reaktion auf die Besatzung

M 12 Der deutsche Historiker Christoph Kleßmann über den geheimen Unterricht in Polen während der deutschen Besatzung (1971)
Der deutsche Historiker Christoph Kleßmann hat in einer Studie die Formen des kulturellen Widerstands der Polen gegen die deutsche Besatzungspolitik untersucht.

„Niemand von uns", so schreibt ein alter polnischer Lehrer über die „Schule in der Konspiration", „hat solche Erfolge in der pädagogischen Arbeit jemals in der legalen Schule erzielt. Die Ursachen dieses Phänomens zu ergründen, ist nicht leicht. Offenbar erlebte die geheim lernende Jugend dasselbe wie wir, die Lehrer. Sie fühlte, dass sie irgendetwas Außergewöhnliches, etwas Großes tat, sie fühlte sich als Held. […] Mein Traum ist es, eine solche Haltung, solchen Fleiß und Eifer, so viel Freundschaft und Vertrauen zwischen der Jugend und der Lehrerschaft in der heutigen Schule zu erreichen, wie sie im geheimen Unterricht bestanden." In solchen Sätzen drückt sich der Erinnerungs- und Erfahrungsgehalt aus, der die meisten nach dem Krieg geschriebenen Abhandlungen über das illegale Schulwesen kennzeichnet. Die heroisch getönte Stimmung ist zweifelsohne nicht nur spätere Zutat, sondern trifft sowohl die subjektiv erlebte als auch einen Teil der objektiven historischen Wirklichkeit dieser Zeit. Eine Schulbildung, die unter der ständigen Drohung von Verhaftung und KZ erworben wird, lässt sich nur schwer mit normalen Maßstäben messen. […]
Angesichts der entnationalisierenden Bildungspolitik der deutschen Schulbehörden lag es nahe, dass den im legalen Unterricht verbotenen Fächern Geschichte, Geografie und Literatur eine besondere Bedeutung eingeräumt wurde. […]

Christoph Kleßmann, Die Selbstbehauptung einer Nation. NS-Kulturpolitik und polnische Widerstandsbewegung im Generalgouvernement 1939–1945, Bertelsmann Universitätsverlag, Düsseldorf 1971, S. 123f.*

1 Partnerarbeit: Geben Sie die zentralen Aussagen zum Schulunterricht während der Besatzungszeit wieder.
2 Erläutern Sie die Befunde Kleßmanns.

M 13 Marek Edelmann über die Arbeit von Geheimdruckereien im Untergrund (1993)
Die Veröffentlichung der Zeitschriften erfolgt unter sehr schwierigen Bedingungen. Mit einem alten Vervielfältigungsgerät vom Skif arbeitet man die ganze Nacht durch. Meist gibt es kein elektrisches Licht. Die Arbeit bei dem Licht der Karbidlampen ist eine große Qual. Gegen zwei Uhr nachts leidet die ganze Belegschaft der Druckerei […] unter solch starken Augenschmerzen, dass es fast unmöglich wird, die Arbeit weiter fortzusetzen. Man darf jedoch keine Zeit verlieren. Um sieben Uhr früh muss die neue Ausgabe, egal wie viele Seiten sie umfasst, fertig zum Vertrieb sein. Die Leute arbeiten bis zur Erschöpfung. Es gibt in der Woche zwei bis drei solcher schlaflosen Nächte. Auch ist es nicht möglich, tagsüber auszuschlafen. Es muss doch nach außen der Anschein bewahrt werden, dass man mit der Druckerei nichts zu tun hat. […] Nach der schlaflosen Nacht ist auch der Tag voller Anspannung – ob alles angekommen ist, ob alles erledigt wurde, ob nichts aufgeflogen ist.

Zit. nach: Marek Edelman, Das Ghetto kämpft. Warschau 1941–43, übers. v. Ewa und Jerzy Czerwiakowski, Harald-Kater-Verlag, Berlin 1993, S. 39.*

1 Beschreiben Sie ausgehend von M13 die Arbeit der Untergrunddruckereien.
2 Partnerarbeit: Beurteilen Sie Möglichkeiten und Grenzen des Handelns der polnischen Untergrundbewegung.

Die Aufstände in Warschau

M 14 Bericht der vereinigten Untergrundorganisationen des Ghettos für die polnische Exilregierung in London und die Regierungen der Alliierten vom 15. November 1942

Im Glanz des unvergleichlichen, goldenen polnischen Herbstes funkelt und leuchtet eine Schicht Schnee. Dieser Schnee ist nichts anderes als die Federn und Daunen aus dem Bettzeug der Juden, das
5 mit dem ganzen Besitz, von den Schränken und Koffern voller Wäsche und Kleidung bis zu den Schüsseln, Töpfen, Tellern und anderen Haushaltsgegenständen der nach „Osten" evakuierten 500 000 Juden zurückgeblieben ist. Diese Sachen, die niemandem
10 mehr gehören, die Tischtücher, Mäntel, Federbetten, Pullover, Bücher, Wiegen, Dokumente und Photographien, sie liegen durcheinander in den Wohnungen, auf den Höfen, auf den Plätzen, in Haufen zusammengefegt und mit jenem Schnee bedeckt aus der
15 Zeit des tausendfachen deutschen Mordes an den Juden Warschaus, den aufgeschlitzten Eingeweiden ihres Bettzeugs.
Die unheimliche Stille unterbrechen Revolverschüsse, das Rattern der Maschinenpistolen, das Dröhnen
20 der Kraftfahrzeugmotoren und der Motorräder der deutschen Patrouillen, das Krachen der Türen und Möbel, die eingeschlagen werden, und die rauen Schreie „Alle Juden raus", der entsetzliche Zug der zum Tode verurteilten jüdischen Opfer […].
25 Die Häuser sind ausgestorben oder verwaisen allmählich, die Straßen sind versperrt mit Stacheldrahtverhauen, Bretterzäune trennen die einzelnen Wohnblocks voneinander ab, und vor allem sind die Menschen nicht mehr da, die noch vor zwei Monaten
30 die Hauptstraßen des Ghettos füllten, die zu ihren alltäglichen Beschäftigungen eilten, die etwas kauften oder verkauften, die arbeiteten: Eine Entvölkerung, wie sie nicht einmal die Zeiten der Schwarzen Pest aufwiesen, das ist das Bild des jüdischen Wohn-
35 bezirks in Warschau im September 1942. Ein Fetzen Mensch, der sich eine Wand entlang drückt, blutbespritzte Pflastersteine, der Rauch von den glimmenden und allmählich verlöschenden Feuern auf den Straßen und der scharfe Brandgeruch verleihen die-
40 ser Stadt des Todes ihre eigene Atmosphäre […].

Zit. nach Ruta Sakowska, Die zweite Etappe ist der Tod. NS-Ausrottungspolitik gegen die polnischen Juden, gesehen mit den Augen der Opfer, Publikation der Gedenkstätte Haus der Wannsee-Konferenz, Edition Hentrich, Berlin, 1993, S. 244–252.*

Der Bericht ausführlich
cornelsen.de/Webcodes
Code: rutahi

M 15 Verbindungsbrücke vom Warschauer Ghetto, Fotografie, undatiert

M 16 Verhungertes Kind auf dem Bürgersteig im Warschauer Ghetto, Fotografie, undatiert

1 Arbeiten Sie mithilfe der Materialien M 14–M 16 die Lebensbedingungen im Warschauer Ghetto heraus.
2 Nehmen Sie Stellung zu der nationalsozialistischen Politik in Polen.
3 **Zusatzaufgabe:** Siehe S. 482.

M 17 Manifest an die Polen (1943)

Das Manifest wurde während der ersten Tage des Aufstands des Warschauer Ghettos im April 1943 von der Jüdischen Kampforganisation ŻOB veröffentlicht. Die ŻOB vereinte Anhänger sehr unterschiedlicher Richtungen.

Polen, Bürger, Soldaten der Freiheit! Durch das Donnern der deutschen Kanonen, die die Heime unserer Mütter, Frauen und Kinder vernichten; durch den Lärm ihrer Maschinengewehre, die wir im Kampf gegen die feigen deutschen Polizisten und SS-Männer
5 in unsere Gewalt gebracht haben; durch den Rauch des Ghettos, das in Brand gesteckt wurde, und das Blut seiner gnadenlos getöteten Verteidiger, entbieten wir, die Sklaven des Ghettos, Euch unsere herzlichsten Grüße. Wir sind uns sehr wohl bewusst, dass
10 Ihr atemlos, mit gebrochenen Herzen, mit Tränen des Mitgefühls, mit Entsetzen und Begeisterung den

Kampf verfolgt habt, den wir in den letzten Tagen gegen die brutalen Besatzer geführt haben. [...] Es ist ein Kampf um unsere Freiheit und auch um die Eure; um unsere menschliche Würde und nationale Ehre wie um die Eure! Wir werden die blutrünstigen Taten von Oświęcim, Treblinka, Bełzec und Majdanek[1] vergelten! Lang lebe die Bruderschaft des Blutes und der Waffen in einem kämpfenden Polen! Lang lebe die Freiheit! Tod den Henkern und den Mördern! Wir müssen unseren gemeinsamen Kampf gegen die Besatzer bis zum Ende fortsetzen! Jüdische Kampf Organisation (ŻOB)

Zit. nach: Marek Edelman, Das Ghetto kämpft. Warschau 1941–43, übers. v. Ewa und Jerzy Czerwiakowski. Harald-Kater-Verlag, Berlin 1993, S. 92.*

1 das Konzentrationslager

1 Geben Sie die zentralen Aussagen von M 17 wieder.
2 Beurteilen Sie die Erfolgsaussichten des Aufstands.

M 18 „Mit Gewalt aus Bunkern hervorgeholt", Fotografie, Mai 1943.

Das Foto zeigt Juden, die während des Aufstands im Warschauer Ghetto von der SS zusammengetrieben werden. Der Junge im Zentrum des Bildes ist Zvi Nußbaum und überlebte das KZ Bergen-Belsen. Der SS-Mann mit Maschinenpistole wurde 1967 auf einem Foto in der DDR als Josef Blösche identifiziert und 1969 zum Tode verurteilt. Das Foto war Teil des Stroop-Berichts, in dem der SS-Führer Jürgen Stroop seine Aktionen im Rahmen des Ghetto-Aufstands dokumentierte.

1 Interpretieren Sie die Aufnahme.
2 Informieren Sie sich über den Stroop-Bericht und die Rolle des Fotos innerhalb des Berichts.
3 **Präsentation:** Erstellen Sie eine bildliche Dokumentation der Lebensbedingungen im Warschauer Ghetto.

Stroop-Bericht

cornelsen.de/Webcodes
Code: kuhuyu

M 19 Aus einer Rede Heinrich Himmlers am 21. September 1944 zum Warschauer Aufstand

Wir führen seit fünf Wochen den Kampf um Warschau. [...] Der Kampf ist der härteste, den wir seit Kriegsbeginn durchgeführt haben. Er ist vergleichbar mit dem Häuserkampf in Stalingrad. [...] Wie ich die Nachricht von dem Aufstand in Warschau hörte, ging ich sofort zum Führer. Ich darf Ihnen das als Beispiel sagen, wie man eine solche Nachricht in aller Ruhe auffassen muss. Ich sagte: „Mein Führer, der Zeitpunkt ist unsympathisch. Geschichtlich gesehen ist es ein Segen, dass die Polen das machen. Über die fünf, sechs Wochen kommen wir hier weg. Dann aber ist Warschau, die Hauptstadt, der Kopf, die Intelligenz dieses ehemaligen 16–17-Millionenvolkes ausgelöscht, dieses Volkes, das uns seit 700 Jahren den Osten blockiert und uns seit der ersten Schlacht bei Tannenberg im Wege liegt. Dann wird das polnische Problem für unsere Kinder und für alle, die nach uns kommen, ja schon für uns kein großes Problem mehr sein." Außerdem habe ich gleichzeitig den Befehl gegeben, dass Warschau restlos zerstört wird. Meine Herren! Sie können nun denken, ich sei ein furchtbarer Barbar. Wenn Sie so wollen: Ja, das bin ich, wenn es sein muss. Der Befehl lautete: Jeder Häuserblock ist niederzubrennen und zu sprengen, sodass sich in Warschau keine Etappe mehr festnisten kann.

Rede des Reichsführers SS vor den Wehrkreisbefehlshabern und Schulkommandeuren, 21. 9. 1944, o. O., o. J., Bestände des Berlin Document Center, Roll 38, Ordner 238 B.*

1 Geben Sie die Aussagen Himmlers zum Aufstand wieder.
2 Bewerten Sie Himmlers Aussage, dass der Aufstand ein „Segen" (Zeile 9 f.) gewesen sei.

M 20 Der Journalist Cord Aschenbrenner zum 60. Jahrestag des Warschauer Aufstands (2004)

[...] [W]ie überhaupt der Aufstand der Heimatarmee außerhalb Polens [...] zu den eher unbekannten Ereignissen des Zweiten Weltkriegs gehörte.
Dabei ragt der Kampf der Polen um ihre Hauptstadt aus der an Tragödien reichen Geschichte des Krieges heraus: ein Aufstand nach fast fünf Jahren grausamer Besatzungsherrschaft der Deutschen, inmitten der Großstadt Warschau, in der Hoffnung auf Hilfe durch die Westalliierten, die jedoch fast gänzlich ausblieb. Opfer der 63 Tage des Aufstands waren rund 16 000 Kämpfer – Männer, Frauen, Jugendliche – und wohl 180 000 Zivilisten, niedergemacht von SS und Wehrmacht und verraten von der Sowjetunion. Stalin hielt die Rote Armee fast bis zum Ende der Kämpfe in Sichtweite am östlichen Weichselufer zurück, um die

aufständischen Polen, denen er keinen Anteil an der Befreiung ihres Landes zugestehen wollte, verbluten zu lassen. Warschau mit seiner Altstadt lag nach dem Aufstand in Trümmern, was stehengeblieben war, wurde von den Deutschen sorgfältig zerstört. An den überlebenden Kämpfern der bürgerlichen AK rächte sich nach dem Krieg das kommunistische Regime in Polen.

Cord Aschenbrenner, Das erste Opfer des Kalten Krieges. Der Kampf um Warschau 1944, in: Neue Zürcher Zeitung vom 29. September 2004.*

M 21 Mitglieder der *Armia Krajowa* erkunden den Frontverlauf während des polnischen Aufstands in Warschau, Fotografie, 1944

1 Erläutern Sie mithilfe von M 20 die Bedeutung des Aufstands für die polnische Gesellschaft. Beziehen Sie M 21 in Ihre Überlegungen mit ein.
2 Überprüfen Sie, inwiefern der Aufstand auch heute noch geeignet ist, eine polnische Identität zu schaffen. Beziehen Sie Denkmal M 4 auf S. 341 in Ihre Überlegungen mit ein.
3 **Gruppenarbeit:** Erarbeiten Sie multimediale Präsentationen zur Rezeption der Heimatarmee in Polen in Vergangenheit und Gegenwart.

Vertiefung: Die Debatte um den polnischen Antisemitismus

M 22 Bericht über ein von Polen verübtes Massaker an Juden vom 10. Juli 1941 in Jedwabne
Mit Äxten, nagelbeschlagenen Knüppeln und anderen Folter- und Vernichtungswerkzeugen bewaffnet, trieben örtliche Rowdys alle Juden auf die Straße. [...]
Alten Juden wurde der Bart verbrannt, Säuglinge wurden an der Mutterbrust getötet, Leute wurden unter mörderischen Schlägen zum Singen und Tanzen gezwungen. Schließlich schritt man zur Hauptaktion, der Verbrennung. Das ganze Städtchen wurde umstellt, sodass keiner entkommen konnte; dann befahl man den Juden, sich in Viererreihen aufzustellen, vorneweg der über neunzigjährige Rabbiner und der Schlächter, die man die rote Fahne tragen ließ, und alle mussten sie singen, während man sie zur Scheune trieb. Auf dem Wege dorthin wurden sie von Rowdys bestialisch geschlagen. Neben dem Scheunentor standen einige Rowdys, die verschiedene Instrumente spielten, um die Schreie der unglücklichen Opfer zu übertönen. Einige versuchten sich zu wehren, aber sie waren wehrlos. Blutüberströmt und verletzt, wurden sie in die Scheune gestoßen. Dann wurde die Scheune mit Benzin begossen und in Brand gesteckt, woraufhin die Banditen die jüdischen Behausungen nach zurückgebliebenen Kranken und Kindern absuchten. Die Kranken, die sie fanden, trugen sie zur Scheune, die kleinen Kinder banden sie zu mehreren an den Beinchen zusammen und schleppten sie auf dem Rücken herbei, legten sie auf Mistgabeln und warfen sie auf die glühenden Kohlen.

Zit. nach: Jan Tomasz Gross, „Nachbarn". Der Mord an den Juden von Jedwabne, übers. v. Friedrich Griese, C. H. Beck, München 2001, S. 25 f.*

1 Geben Sie die zentralen Aussagen von M 22 wieder.
2 Recherchieren Sie die historischen Hintergründe des Massakers und entwickeln Sie daraus ein Motivprofil der Täter.
3 **Wahlaufgabe:** Bearbeiten Sie entweder Aufgabe a) oder b).
  a) Diskutieren Sie mögliche Entschädigungsleistungen für die Opfer von Jedwabne.
  b) **Präsentation:** Vergleichen Sie die Aufarbeitung von Verbrechen an den Juden in der Bundesrepublik mit der Aufarbeitung in Polen.

M 23

a) Der polnische Präsident Aleksander Kwasniewski am 60. Jahrestag des Massakers von Jedwabne an der Gedenkstelle, Fotografie 2001

b) Schmierereien am Denkmal aus dem Jahre 2011. Neben Hakenkreuzen wurde auch der Spruch aufgesprüht: „Sie waren brennbar." (Vorne im Bild)

1 **Wahlaufgabe:** Bearbeiten Sie entweder Aufgabe a) oder b).
Recherchieren Sie zu
a) weiteren antisemitischen Übergriffen in Polen im Zweiten Weltkrieg,
b) der heutigen Erinnerung an die polnischen Verbrechen an den Juden.

M24 Konrad Schuller über Widerstand und Antisemitismus (2013)

Der Journalist befasst sich mit der Diskussion um die Darstellung der polnischen Heimatarmee (Armia Krajowa, AK) in dem deutschen TV-Dreiteiler „Unsere Mütter, unsere Väter" im Jahr 2013.

Erstens sind viele Polen, von der nationalistischen Rechten bis weit in gemäßigte Kreise hinein, von der Sorge beseelt, dass ihr Land, ohne eigenes Zutun der Hauptschauplatz des Holocaust, im Ausland als Mit-
5 schuldiger des deutschen Judenmords dargestellt werden könnte – zumal jedes Jahr Legionen von Touristen hierherkommen, um Auschwitz und Majdanek zu besuchen. Regierung und Presse schreien jedes Mal auf, wenn im Ausland jemand in der naiven An-
10 sicht, „nur den Ort" zu bezeichnen, von „polnischen Lagern" spricht, und als dieser Fehler im vergangenen Jahr dem amerikanischen Präsidenten Barack Obama unterlief, kam es zu ernsten Turbulenzen zwischen Warschau und Washington.
15 Zweitens berührt das Bild vom „polnischen Antisemiten" einen besonders schmerzhaften Punkt der Gegenwartsdebatte an der Weichsel. Polen debattiert seit Jahren hitzig über die eigene „Mitschuld" am Holocaust, und in der Öffentlichkeit ist heute unbestrit-
20 ten, dass es während der deutschen Besatzung und unmittelbar danach tatsächlich immer wieder „polnische" Judenpogrome gegeben hat. Präsident Aleksander Kwasniewski hat der ernsten Selbstprüfung dieses Landes im Jahr 2001 Ausdruck gegeben, als er
25 im Dorf Jedwabne, wo polnische Bewohner unter deutscher Anleitung ihre jüdischen Mitbürger ermordeten, öffentlich um Vergebung bat.
Andererseits ist man in Polen auch stolz darauf, dass gerade hier, wo die deutschen Besatzer Hilfe für Ju-
30 den härter als anderswo bestraften (nämlich mit der Ermordung der ganzen Familie), ein ausgedehntes System des Untergrundbeistands existiert hat. Die mit der AK verbundene Organisation „Zegota" sorgte für Verstecke und falsche Papiere, und kein Volk der
35 Welt hat mehr „Gerechte unter den Völkern" hervorgebracht als eben die Polen. [...]
Das ZDF sei der tragischen Differenziertheit des polnisch-jüdischen Verhältnisses unter deutscher Besatzung keineswegs gerecht geworden, notiert man
40 in Warschau – und empfindet dies umso schmerzlicher, als in Polen selbst gerade eine bemerkenswerte Weiterentwicklung des lange Zeit einseitig-düsteren Deutschland-Bildes im Gang ist.

„Über Widerstand und Antisemitismus" (FAZ.NET vom 09.04.2013 von Konrad Schuller). © Alle Rechte vorbehalten. Frankfurter Allgemeine Zeitung GmbH, Frankfurt. Zur Verfügung gestellt vom Frankfurter Allgemeine Archiv.*

1 **Internetrecherche:** Recherchieren Sie die Hintergründe zum Film „Unsere Mütter, unsere Väter" und stellen Sie die Positionen in der Debatte in Polen vor.
2 Beurteilen Sie auf Basis Ihrer Ergebnisse aus Aufgabe 1, inwiefern die AK eine antisemitische Organisation war.
3 **Abschlussdiskussion:** Erörtern Sie, wie ein angemessenes polnisches Gedenken an die Opfer- und Täterrolle im Zweiten Weltkrieg aussehen könnte. Berücksichtigen Sie dabei auch neue Entwicklungen in Polen mit Bezug auf die Erinnerung an den Zweiten Weltkrieg.

Methode

Darstellungen analysieren

Zu den zentralen Aufgaben des Historikers gehört die Arbeit mit **Quellen,** die in schriftlicher, bildlicher und gegenständlicher Form einen direkten Zugang zur Geschichte bieten. Ihre Ergebnisse präsentieren die Wissenschaftler in selbst verfassten Darstellungen – häufig auch Sekundärtexte genannt –, in denen sie unter Beachtung wissenschaftlicher Standards ihre Quellenforschungen sowie ihre Schlussfolgerungen darlegen.

Darstellungen lassen sich in zwei große Gruppen gliedern:
– in fachwissenschaftliche und
– in populärwissenschaftliche bzw. „nichtwissenschaftliche" Darstellungen.

Die fachwissenschaftlichen Texte wenden sich an ein professionelles Publikum, bei dem Grundkenntnisse des Faches, der Methoden und der Begrifflichkeit vorausgesetzt werden können.

Zu den relevanten Kennzeichen fachwissenschaftlicher Darstellungen gehört, dass alle Einzelergebnisse durch Verweise auf Quellen oder andere wissenschaftliche Untersuchungen durch Fußnoten belegt werden. Populärwissenschaftliche Darstellungen, die sich an ein breiteres Publikum wenden, verzichten dagegen auf detailliert belegte Erkenntnisse historischer Befunde und Interpretationen. In erster Linie geht es darum, komplexe historische Zusammenhänge anschaulich und vereinfacht zu präsentieren. Zu dieser Gruppe werden beispielsweise publizistische Texte und historische Essays in Zeitungen und Magazinen sowie Schulbuchtexte gezählt.

Arbeitsschritte für die Analyse

1. Leitfrage
– Welche Fragestellung bestimmt die Untersuchung der Darstellung?

2. Analyse
Formale Aspekte
– Wer ist der Autor (ggf. zusätzliche Informationen über den Verfasser)?
– Um welche Textsorte handelt es sich?
– Mit welchem Thema setzt sich der Autor auseinander?
– Wann und wo ist der Text veröffentlicht worden?
– Gab es einen konkreten Anlass für die Veröffentlichung?
– An welche Zielgruppe richtet sich der Text (Historiker, interessierte Öffentlichkeit)?

Inhaltliche Aspekte
– Was sind die wesentlichen Textaussagen?
  – anhand der Argumentationsstruktur: These(n) und Argumente
  – anhand der Sinnabschnitte: wesentliche Aspekte und Hauptaussage
– Wie ist die Textsprache (z. B. appellierend, sachlich oder polemisch)?
– Welche Überzeugungen vertritt der Autor?

3. Beurteilung der Perspektive
– Ist der Text überzeugend im Hinblick auf die fachliche Richtigkeit (historischer Kontext) sowie auf die Schlüssigkeit der Darstellung?
– Was ergibt ggf. ein Vergleich mit anderen Darstellungen zum gleichen Thema?
– Wie lässt sich der dargestellte historische Gegenstand aus heutiger Sicht im Hinblick auf die Leitfrage bewerten?
– Welche Gesichtspunkte des Themas werden kaum oder gar nicht berücksichtigt?

M1 Hans-Jürgen Bömelburg und Bogdan Musiał, Deutsches Historisches Institut in Warschau (2000)

Nach neuesten Schätzungen, die nicht mehr von politischen Vorgaben entstellt sind, belief sich die Zahl der Toten auf etwa 5,5 bis 6 Millionen von den 35,1 Millionen Menschen, die im Vorkriegspolen gelebt hatten. Der Großteil dieser Opfer ist der deutschen Besatzungspolitik anzulasten, der Rest der Sowjetunion und anderen Parteien. [...]

Darüber hinaus waren 530 000 Polen dauerhaft körperlich behindert und 60 000 infolge der deutschen Repressionen und der Kriegsereignisse dauerhaft psychisch erkrankt. Etwa eine Million Polen waren wegen mangelhafter Ernährung und katastrophaler medizinischer Versorgung, schlechter Wohnverhältnisse und des Aufenthalts in verschiedenen Lagern schwer erkrankt. [...]

Territoriale Verluste: Vorkriegspolen umfasste 388 000 km². Aufgrund von territorialen Verschiebungen, welche die Alliierten festlegten, wurde Polen um 200 km nach Westen verschoben und territorial verkleinert. Es umfasst heute 312 000 km². Materielle Verluste: Immense materielle Verluste waren als Folge von gezielter Ausbeutung, Ausplünderung, gezielter Zerstörung (Warschau) und Kriegshandlungen zu verzeichnen. [...] Von den größeren Städten wurden Warschau zu 84 % und Posen zu 45 % zerstört. [...]

Große Schäden waren im kulturellen Bereich zu verzeichnen. Die Hochschulen waren zu 60 % zerstört, die Gymnasien fast zu 40 %, Berufsschulen zu 28 %, Grundschulen fast zu 17 %, Museen zu über 14 % und Theater zu 34 %. [...]

Die Verluste durch den Krieg und die Besatzungspolitik lassen sich nicht nur nach demografischen und materiellen Kategorien definieren. Als direkte Folge des Krieges ist die Etablierung des kommunistischen Systems in Polen anzusehen, das von den sowjetischen ‚Befreiern' eingerichtet wurde. [...] Die destruktiven Folgen des Zweiten Weltkrieges zeigen sich auch in einer moralisch-ethischen Zerrüttung eines wesentlichen Teils der polnischen Gesellschaft. Auf der einen Seite engagierten sich idealistisch und patriotisch eingestellte Personen im Widerstand gegen deutsche wie sowjetische Besatzer, was hohe Verluste zur Folge hatte. Auf der anderen Seite führten Krieg und Besatzung zur Verrohung und Demoralisierung von relativ breiten Kreisen der Gesellschaft. Krieg, Verarmung und der Werteverfall trieben viele Menschen in die Kriminalität. Die deutsche, aber auch die sowjetische Besatzung bedeutete nicht nur einen normativen Bruch, einen Bruch der moralischen Konventionen, sondern eine gezielte Förderung niedriger Instinkte und negativer Werte. Solidarität mit den Verfolgten war verboten und wurde bestraft, Denunziantentum, Verrat und Servilität zur Pflicht erhoben und belohnt.

Selbst die Hauptstadt des Landes wurde auf diese Weise zerstört und ihre Bewohner getötet oder vertrieben. Das Schicksal von Warschau ist im Westen wenig bekannt. Allein die Zahl der getöteten Einwohner Warschaus übersteigt die Zahl aller französischen Opfer während des Zweiten Weltkrieges um mehr als das Zweifache.

Hans-Jürgen Bömelburg, Bogdan Musiał, Polnische Verluste im Zweiten Weltkrieg: Versuch einer Bilanz, in: Włodzimierz Borodziej, Klaus Ziemer (Hg.), Deutsch-polnische Beziehungen 1939–1945–1949. Eine Einführung, Osnabrück 2000, S. 102–105.

1 Analysieren Sie M 1 mithilfe der Arbeitsschritte S. 350.
▶ Lösungshinweise finden Sie auf S. 497.

Erschließungshilfen

Einleitung	Materialvorstellung	Die Verfasser thematisieren/behandeln/beschäftigten sich/setzten sich auseinander mit der Frage/mit dem Thema ...
		Das zentrale Problem/Die zentrale Frage des Textes ist ...
		Die Autoren richten sich an ein fachwissenschaftliches/populärwissenschaftliches Publikum ...
Reproduktion	Wiedergabe der Position/Kernaussage	Die Autoren vertreten die These/Position/Meinung/Auffassung ...
		Sie behaupten ...
	Wiedergabe der Begründung/Argumentation/wesentlichen Aussagen	Als Begründung/Beleg der These/Behauptung führen die Autoren an ...
		Die Verfasser weisen darauf hin/betonen/unterstreichen/heben hervor ...
		Weiterhin/Außerdem/Darüber hinaus/Zudem argumentieren sie ...
	Abschließende Ausführungen	Am Ende unterstreichen/betonen die Autoren noch einmal ...
		Die Autoren schließen ihre Ausführungen mit ...

Anwenden

M1 Privatbrief aus Warschau über das Vorgehen der NS-Besatzungsmacht vom 21. November 1939

Hellmuth Stieff gehörte zu den Verschwörern des 20. Juli 1944 und wurde hingerichtet. Nach dem Polenfeldzug 1939 hatte er diesen Brief an seine Frau geschickt.

Warschau selbst macht einen trostlosen Anblick. Kaum ein Haus, das unberührt geblieben ist. Ganze Stadtviertel liegen in Trümmern oder sind ausgebrannt. Die bewohnbaren Häuser (etwa 50 %) tragen
5 mehr oder weniger alle Spuren der Beschießung in Gestalt von mit Brettern oder Pappe vernagelten Fensterhöhlen, Splitterwirkung von Bomben oder Artillerieeinschlägen. [...]
Die Masse der Millionenbevölkerung der Stadt vege-
10 tiert irgendwo und irgendwie, man kann nicht sagen wovon. Es ist eine unsagbare Tragödie, die sich dort abspielt. Man sieht auch gar nicht, wie das weiter werden soll. Selbst ein reiches Volk u. ein reicher Staat würden Mühe haben, all das wieder aufzubau-
15 en, was jahrelanger Arbeit doch eines ganzen Volkes bedurft hat, um es entstehen zu lassen. Der Staat dieser Hauptstadt ist vernichtet, Verdienstmöglichkeiten bestehen nicht mehr, weil die Erzeugungsstätten zerstört sind. Das noch vorhandene Geld und Kapital
20 reicht gerade noch dazu, dass die Bewohner es jetzt aufessen. Kreditgeber zum Aufbau sind nicht vorhanden, denn auch bei gutem Willen würde das unsere Kraft übersteigen. Eine öffentliche Fürsorge fehlt, denn wer soll die Mittel dafür aufbringen? Wer hat
25 das Geld, um neue Fensterscheiben einzusetzen, die Lichtleitungen in den Häusern zu reparieren, die Dächer instandzusetzen? Niemand! Es ist eine Stadt und eine Bevölkerung, die dem Untergang geweiht ist.
30 Es ist so grausam, dass man keinen Augenblick seines Lebens froh ist, wenn man in dieser Stadt weilt, dass es einen bedrückt, wenn man in einem prächtigen Hotelsaal Gänsebraten futtert und zugleich danach sieht, wie Damen, die vielleicht noch vor 3 Mo-
35 naten eine glänzende Rolle spielten, sich für ein Kommißbrot an unsere Landser verkaufen, um noch etwas länger vegetieren zu können. Der Krieg in dieser Auswirkung ist etwas Furchtbares, und auch der letzte Krieg hat solche Auswirkungen nicht zur Folge
40 gehabt. Damals wusste man, dass nachher irgendwie eine Aufbauarbeit einsetzt, weil irgendwer, neuer oder alter Staat, am Aufbau ein Interesse hat oder über die Mittel dazu verfügt. Dies Gefühl fehlt vollkommen, wenn man die Ruine Warschau erlebt hat.
45 Man bewegt sich dort nicht als Sieger, sondern als Schuldbewusster!
Mir geht es nicht allein so, die Herren, die dort leben müssen, empfinden dasselbe. Dazu kommt noch all das Unglaubliche, was dort am Rande passiert und
50 wo wir mit verschränkten Armen zusehen müssen! Die blühendste Phantasie einer Gräuelpropaganda ist arm gegen die Dinge, die eine organisierte Mörder-, Räuber- und Plündererbande unter angeblich höchster Duldung dort verbricht. Da kann man nicht
55 mehr von „berechtigter Empörung über an Volksdeutschen begangene Verbrechen" sprechen. Diese Ausrottung ganzer Geschlechter mit Frauen und Kindern ist nur von einem Untermenschentum möglich, das den Namen Deutsch nicht mehr verdient.

Ausgewählte Briefe von Generalmajor Hellmuth Stieff, Vierteljahrshefte für Zeitgeschichte, hg. vom Institut für Zeitgeschichte, Heft 3-1954; zit. nach: https://www.ifz-muenchen.de/heftarchiv/1954_3_5_rothfels.pdf (Download vom 15. Mai 2018).

1 Fassen Sie, nach einer quellenkritischen Einleitung, die zentralen Aussagen Stieffs zusammen.

2 Erläutern Sie ausgehend vom Material die deutsche Besatzungspraxis in Polen.

3 Beurteilen Sie, inwiefern Stieffs Position auf die Besatzung eine Ausnahme gewesen ist.

Wiederholen

M2 Deutsche Wehrmachtssoldaten bei der Niederschlagung des Aufstandes in Warschau, Fotografie, 1944

1 Interpretieren Sie M 2.
2 Beschreiben Sie die Ziele, Maßnahmen und Folgen der deutschen Besatzung Polens.
3 **Gruppenarbeit:** Recherchieren Sie auf der Homepage der Bundeszentrale für politische Bildung zur „Geheimsache Ghettofilm". Bereiten Sie mithilfe der dort zur Verfügung gestellten Materialien einzelne Szenen vor, an denen Sie die propagandistische Funktion der Aufnahmen aufzeigen können. Nutzen Sie die Formulierungshilfen auf dieser Seite.
4 **Wahlaufgabe:** Bearbeiten Sie entweder Aufgabe a) oder b).
   a) **Flugblatt:** Erstellen Sie ein zeitgenössisches Flugblatt aus polnischer Perspektive, in dem Sie zum Widerstand gegen die Besatzung Polens aufrufen.
   b) **Internetrecherche:** Recherchieren Sie zu polnischen Schicksalen im sowjetischen Teilungsbereich und präsentieren Sie diese im Kurs.
5 **Vertiefung:** Erörtern Sie, inwiefern die Aufstände in Warschau erfolgreiche oder sinnlose Protestversuche gegen die Besatzungsmacht waren.
6 Gehen Sie auf Ihre Fragen von der Einstiegsseite ein (siehe S. 337): Halten Sie Ihre Antworten in Stichpunkten fest. Klären Sie noch offene Aspekte.

Zentrale Begriffe

Antisemitismus
Generalgouvernement
Generalplan Ost
Ghetto
Heimatarmee (*Armia Krajowa*)
Hitler-Stalin-Pakt
„Lebensraum"
Konzentrationslager
Radikalnationalismus
Rassenpolitik
„Untermensch"
Völkermord
„Volksgemeinschaft"
Volkstumspolitik
Weltanschauungs- und Vernichtungskrieg
Zweiter Weltkrieg

Formulierungshilfen zum Thema Film

Einstellungsgröße/Kameraausschnitt
weit, total, halbtotal, nah, Großaufnahme, Detailaufnahme

Kameraperspektive
Horizontalwinkel: Normal-, Unter,- Obersicht
Vertikalwinkel: Profil, Frontalsicht

Kamerabewegung
Kameraschwenk: rechts-links, oben-unten, Reißschwenk
Kamerafahrt: Parallel-, Ran-, Wegfahrt, Zoom

Ton
Sprache, Geräusche, Musik
on-off, Ton-Bild-Verhältnis

3.6 Das deutsch-polnische Verhältnis nach dem Zweiten Weltkrieg

M1 Peter Leger, Karikatur, 1970.
Links der polnische Außenminister Stefan Jedrychowski, rechts der Außenminister der BRD, Walter Scheel.

	1950	Görlitzer Vertrag	
1945	Konferenzen in Jalta und Potsdam, Verschiebung Polens nach Westen		
1945–48	Vertreibung und Zwangsumsiedlung von Millionen Deutschen, Polen und Ukrainern		
1948	Kommunistische Herrschaft stalinistischer Prägung in Polen	1965 Ostdenkschrift der Evangelischen Kirche Deutschlands (EKD), Briefwechsel der katholischen Bischöfe Polens und Deutschlands	1970 Warschauer Vertrag (7. Dezember)

Das deutsch-polnische Verhältnis nach dem Zweiten Weltkrieg 3.6

Der Zweite Weltkrieg markierte eine tiefe Zäsur in der deutsch-polnischen Geschichte. Doch als Nachbarn mussten sich die Deutschen mit den Polen in zentralen Punkten einig werden und versöhnen, auch um die systembedingte Spaltung des Landes überwinden zu können.
Auf welche Weise der schwierige Weg zur Versöhnung erreicht wurde, wird in diesem Kapitel thematisiert.

1 Beschreiben Sie die Karikatur M 1 in allen Details.
2 Arbeiten Sie die im Bild enthaltene Symbolik heraus.
3 Recherchieren Sie zum Entstehungskontext des Mediums und formulieren Sie die Aussageabsicht des Mediums.
4 **Wahlaufgabe:** Bearbeiten Sie entweder Aufgabe a) oder b).
   a) Erfinden Sie einen eigenen Titel für die Karikatur und begründen Sie Ihre Entscheidung.
   b) Recherchieren Sie zu aktuellen Karikaturen zum deutsch-polnischen Verhältnis.
5 Recherchieren Sie den Hintergrund des Ortsschildes in M 2.
6 **Partnerarbeit:** Entwickeln Sie gemeinsam Fragen, die sich Ihrer Meinung nach aus der Untersuchung des Bildmaterials ergeben. Notieren Sie diese, sodass Sie sie nach Bearbeitung des Kapitels 3.6 noch einmal aufrufen und bearbeiten können. Denken Sie bei der Formulierung Ihrer Fragen auch an mögliche Bezüge zu unserer heutigen Zeit.

M 2 Ortsschild an der deutsch-polnischen Grenze, Fotografie, 2007

1978 | Der Erzbischof von Krakau, Karol Kardinal Wojtyła, wird zum Papst gewählt.
1980 | Landesweite Streikbewegung, Entstehung der *Solidarność*
1981 | Verhängung des Kriegsrechts (13. Dezember)
1989 | Verhandlungen am „Runden Tisch" (Februar bis April), Wahlen zu Sejm und Senat (4. Juni)
1990 | Wahl Lech Wałęsas zum Staatspräsidenten, deutsch-polnischer Grenzbestätigungsvertrag (14. November)
1991 | Deutsch-polnischer „Vertrag über gute Nachbarschaft und freundschaftliche Zusammenarbeit" (17. Juni)
1999 | Aufnahme Polens in die NATO
2004 | Beitritt Polens zur Europäischen Union (1. Mai)

3.6 Das deutsch-polnische Verhältnis nach dem Zweiten Weltkrieg

In diesem Kapitel geht es um
- *die Folgen des Zweiten Weltkriegs auf das deutsch-polnische Verhältnis,*
- *die Entspannungs- und Versöhnungspolitik der 1970er-Jahre,*
- *die Wiedervereinigung und die gegenwärtigen deutsch-polnischen Beziehungen.*

▶ Kap. 3.7, M 5 b (H. A. Winkler)

▶ M 6: Bevölkerungsveränderungen aufgrund des Zweiten Weltkriegs

Die Folgen des Zweiten Weltkriegs

Der von Deutschland entfesselte Zweite Weltkrieg bedeutete für Millionen Polen und Deutsche eine Zeit der Flucht und Vertreibung sowie der Zwangsumsiedlung. Mit dem Vordringen der Roten Armee im Osten, die im August 1944 in Ostpreußen die deutsche Grenze erreicht hatte und im Januar 1945 einen Zusammenbruch der deutschen Ostfront bewirkte, flüchteten zahlreiche Deutsche in den Westen. Entschieden die etwa 5
vier Millionen **Flüchtlinge** noch größtenteils selbst über ihre Flucht, den Zeitpunkt oder den Weg – allerdings nicht immer aus freien Stücken –, begann im Frühjahr 1945 die Vertreibung der Deutschen aus den bisherigen Siedlungsgebieten in Polen. Dass bei diesen „wilden Vertreibungen", die vielfach gewaltförmig verliefen, auf polnischer Seite Rache für das vom nationalsozialistischen Deutschland zugefügte Leid als Motiv für die 10
Behandlung der Deutschen eine Rolle spielte, ist nicht zu leugnen.

Den Zwangsumsiedlungen der Deutschen lagen aber auch politische Vorstellungen über den wieder entstehenden polnischen Nationalstaat zugrunde, der ethnisch möglichst homogen sein sollte. Darüber waren sich die Alliierten seit 1943 prinzipiell einig. Auf der **Potsdamer Konferenz*** im Juli/August 1945 beschlossen die Siegermächte des 15
Zweiten Weltkrieges u. a. die ausnahmslose Umsiedlung der verbliebenen Deutschen aus der Tschechoslowakei und Polen.

Potsdamer Konferenz
Konferenz vom 17. 7.–2. 8. 1945 mit den USA, dem Vereinigten Königreich und der Sowjetunion als Teilnehmern; es sollte die geopolitische Ordnung nach dem Zweiten Weltkrieg bestimmt werden.

Das sollte organisiert geschehen, da die Aufnahme von Millionen Menschen in den deutschen Besatzungszonen kaum noch zu bewältigen war. Alleine 1946 wurden so ca. drei Millionen Deutsche angesiedelt. Gewaltexzesse waren jetzt eher die Ausnahme. 20
Allerdings forderten auch Mangelernährung, Seuchen, der harte Winter und völlig unzureichende Transportbedingungen Opfer. Diese Lebensgrundlagen prägten die Existenz aller vertriebenen oder zwangsumgesiedelten Menschen.

Das Ziel der Alliierten, einen **homogenen polnischen Nationalstaat** zu gründen, führte nicht nur zur Vertreibung der Deutschen. Im Jahre 1944, also noch während des Krieges, 25
wurden durch die von Moskau eingesetzte polnische Führung „Evakuierungsverträge" mit den drei westlichen Sowjetrepubliken geschlossen, die eine gegenseitige Aussiedlung der jeweiligen nationalen Minderheiten (Ukrainer, Weißrussen, Litauer) vorsahen. Hintergrund dieser Umsiedlungen war die beabsichtigte **„Westverschiebung" Polens** – die Sowjetunion wollte die Gebiete, die ihr im Hitler-Stalin-Pakt zugefallen waren, nicht 30
wieder hergeben. Die westlichen Alliierten akzeptierten diese massive Grenzverschiebung. Etwa 1,5 Millionen Polen verließen nun die an die Sowjetunion abgetretenen Provinzen und zogen in das neue polnische Staatsgebiet. Sie – wie auch Siedler aus dem zentralen Teil des Landes – fanden vor allem in den ehemals deutschen, jetzt polnischen Nord- und Westgebieten eine neue Heimat. Vertreibung und Ansiedlung gingen 35
Hand in Hand, wobei die durch den Krieg und die deutsche Besatzung weitgehend zerstörten Aufnahmegebiete in Polen darauf überhaupt nicht vorbereitet waren.

Anerkennung der territorialen Veränderungen durch die DDR

Die kommunistische DDR, der östliche deutsche Teilstaat, erkannte auf Bestreben der Sowjetunion bereits 1950 im sogenannten Görlitzer Vertrag* die Oder-Neiße-Linie als polnische Westgrenze an. Die polnische Regierung reagierte auf die westdeutsche Nichtanerkennung der Oder-Neiße-Grenze, indem sie ihre Bevölkerung gegen eine angebliche revisionistische Bedrohung aus Westdeutschland zu mobilisieren versuchte.

Görlitzer Vertrag
Vertrag über eine provisorische Grenzregelung; endgültige Regelungen zum Grenzverlauf blieben offiziell im Zuständigkeitsbereich der Alliierten.

▶ M 8: Görlitzer Vertrag

Annäherung durch Anerkennung

Viele Flüchtlinge und Vertriebene im westlichen deutschen Teilstaat, der Bundesrepublik Deutschland, wollten und konnten das erlittene Leid nicht vergessen und hofften, eines Tages in ihre alte Heimat zurückkehren zu können. Bestärkt wurden sie durch die bundesrepublikanische Regierung, die sich weigerte, die neue polnische Westgrenze anzuerkennen.

▶ M 7: Charta der Heimatvertriebenen

Deutsche aus der Bundesrepublik und Polen besaßen in den 1950er-Jahren kaum Beziehungen miteinander. Erst in den 1960er-Jahren setzte ein allmählicher Wandel ein. Dieser wurde eingeleitet durch die Repräsentanten der beiden großen Kirchen. Im November 1965 richtete die katholische Kirche Polens ein Versöhnungsschreiben an die Glaubensbrüder in der Bundesrepublik. Dieser **Hirtenbrief der polnischen Bischöfe an ihre deutschen Amtsbrüder** enthielt den bekannten Satz „Wir vergeben und bitten um Vergebung", woraufhin die kommunistische Partei die Kirchenvertreter stark kritisierte. Auch die **Denkschrift des Rates der Evangelischen Kirche in Deutschland** vom Oktober 1965 über „Die Lage der Vertriebenen und das Verhältnis des deutschen Volkes zu seinen östlichen Nachbarn", in der neben der Versöhnung auch zur Anerkennung der polnischen Westgrenze aufgerufen wurde, fand in der Öffentlichkeit beider Länder ein großes Echo.

▶ M 9–M 11:
Deutsch-polnische Annäherung

M 1 Denkmal für Kardinal Bolesław Kominek, Hauptverfasser des Hirtenbriefs, in Breslau, Fotografie, 2015

Informationen zum Denkmal
cornelsen.de/Webcodes
Code: xuxida

Die wachsende internationale Entspannung veranlasste auch die Regierung der Bundesrepublik Deutschland seit den 1960er-Jahren, ihr Verhältnis zu den kommunistischen Staaten neu zu gestalten. Die Große Koalition aus SPD und CDU unter Bundeskanzler Kurt Georg Kiesinger (1966–1969) fand sich dazu grundsätzlich bereit. Allerdings zögerte man noch, die Oder-Neiße-Grenze anzuerkennen. Das wiederum

▶ M 12–M 17: Ostpolitik und die Folgen

3.6 Das deutsch-polnische Verhältnis nach dem Zweiten Weltkrieg

Willy Brandt
Von 1969 bis 1974 Regierungschef einer sozialliberalen Koalition von SPD und FDP und der vierte Bundeskanzler der Bundesrepublik Deutschland.

Ostverträge
1970 Vertrag von Moskau mit der Sowjetunion
Vertrag von Warschau mit Polen
1971 Viermächteabkommen über Berlin
Transitabkommen mit der DDR
1972 Grundlagenvertrag mit der DDR
1973 Prager Vertrag mit der Tschechoslowakei

wurde von polnischer Seite aber als Voraussetzung angesehen. Die nachfolgende sozialliberale Koalitionsregierung unter **Bundeskanzler Willy Brandt*** (1969–1974) wagte schließlich den entscheidenden Schritt und revolutionierte durch die Ostverträge* die diplomatischen Beziehungen. Bereits im Moskauer Vertrag vom August 1970 erklärte die Bundesrepublik, dass sie keinerlei Gebietsansprüche habe, und bezeichnete zugleich die Grenze zwischen Polen und der DDR als „unverletzlich". Diese Erklärung bildete auch den Kern des **Warschauer Vertrages**, der im Dezember 1970 zwischen der Bundesrepublik und Polen abgeschlossen wurde. In diesem Vertrag ging es – wie in allen Ostverträgen – u. a. um den Verzicht auf Gewalt oder Gewaltandrohung, die Förderung von Sicherheit und Entspannung sowie die Anerkennung der Grenzen in Europa. Vielleicht noch wichtiger als der Vertrag selbst war die spontane Geste von Willy Brandt unmittelbar vor der Vertragsunterzeichnung, der vor dem Denkmal, das an den Warschauer Ghetto-Aufstand von 1943 erinnert, niederkniete. Brandts Kniefall war der politische Durchbruch. Zwar gab es in der Bundesrepublik noch heftige Diskussionen über die Ratifizierung der Verträge von Moskau und Warschau, doch immer mehr Menschen

M2 Brandts Kniefall in Warschau, Fotografie, 1970

M3 Aktion Sühnezeichen in Majdanek, Fotografie, 1970.
Im Juli 1970 leisten 21 Jugendliche aus Hannover – organisiert von der Aktion Sühnezeichen – Dienst im ehemaligen deutschen Konzentrationslager Majdanek bei Lublin in Polen. Die Aktion Sühnezeichen wurde 1958 auf Anregung des Präses der EKD Lothar Kreyssig in Berlin gegründet und bot Jugendlichen die Möglichkeit zu gemeinnütziger Arbeit in Polen, Russland und Israel, um Zeichen der Versöhnung zu setzen.

im Westen erkannten, dass sie auf etwas verzichteten, was sie schon längst verloren hatten, und zwar als Folge eines Krieges, den Deutschland begonnen und im Osten mit beispielloser Brutalität geführt hatte. Dieses Umdenken erleichterte den Prozess der Versöhnung, der langsam und im Schatten der hohen Politik der Konferenzen und Verträge einsetzte.

Seit der Unterzeichnung des Warschauer Vertrages und der Aufnahme diplomatischer Beziehungen 1972 begann sich das deutsch-polnische Verhältnis zu entspannen. Wirtschaftliche und finanzielle Hilfen der nachfolgenden Bundesregierungen unter Helmut Schmidt und Helmut Kohl trugen dazu ebenso bei wie das fortgesetzte Bemühen der Kirchen in beiden Ländern. Auf verschiedenen Schulbuchkonferenzen im Rahmen der **Schulbuchkommission*** berieten zudem westdeutsche und polnische Historiker, Geografen und Pädagogen über eine Veränderung und Anpassung der Schulbücher, während Schulklassen und Jugendgruppen vermehrt Gedenkstättenfahrten nach Polen durchführten.

Eine weitere Intensivierung der Beziehungen zur Bundesrepublik Deutschland geschah durch den gewerkschaftlichen Kampf der **Solidarność*** für Demokratisierung in Polen. Um die Bewegung niederzuhalten, wurde sogar das Kriegsrecht eingeführt. Als es daraufhin in Polen zu einer großen Versorgungskrise kam, schickten viele Bürgerinnen und Bürger Pakete nach Polen. Außerdem erfuhr **Lech Wałęsa***, der als Vorsitzender der Solidarność mit dem Friedensnobelpreis ausgezeichnet worden war, im Westen große Anerkennung. Im April 1989 gelang es Solidarność, wieder offiziell zugelassen zu werden und halbfreie Wahlen zu erzwingen. Im Juni endeten sie mit einem großen Erfolg der Solidarność, Polen befand sich auf dem Weg zur Demokratisierung und ermöglichte historisch betrachtet damit auch den Wandel in Deutschland.

Deutsch-polnische Zusammenarbeit nach 1990

Mit dem Ende des Kommunismus 1989 veränderten sich die deutsch-polnischen Beziehungen grundlegend. Nach der Vereinigung der beiden deutschen Teilstaaten am 3. Oktober 1990 standen sich ein demokratisches Gesamtdeutschland und ein ebenfalls demokratisches Polen gegenüber. Bereits im Artikel 1(2) des am 12. September 1990 abgeschlossenen „**2+4-Vertrages**" wurde die völkerrechtlich verbindliche Regelung der deutsch-polnischen Grenze gefordert, weshalb kurze Zeit später, am 14. November 1990, der **deutsch-polnische Grenzbestätigungsvertrag** zwischen beiden Ländern abgeschlossen wurde.

Am 17. Juni 1991 folgte die Unterzeichnung des „**Vertrages über gute Nachbarschaft und freundschaftliche Zusammenarbeit zwischen der Bundesrepublik Deutschland und der Republik Polen**", der unter anderem die Zusammenarbeit in den Bereichen der Politik, der Wirtschaft, der Kultur und des Bildungswesens auf eine neue Grundlage stellen sollte.

Als Vorbild betrachtete man dabei die Gestaltung der Beziehungen zu Frankreich. Außerdem wurde in dem Vertrag die Existenz einer deutschen Minderheit in Polen bestätigt, die bis zum Jahr 1989 von polnischer Seite offiziell geleugnet worden war. Die damit verbundenen Regelungen der politischen und kulturellen Minderheitenrechte waren insofern von Bedeutung, als in Oberschlesien, wo seit 1945 der Großteil der verbliebenen deutschstämmigen bzw. sich zur deutschen Sprache und Kultur bekennenden Bevölkerung lebte, ein deutsches Kulturleben untersagt war. Im Gegenzug wurden auch die Rechte von deutschen Staatsbürgern, „die polnischer Abstammung sind oder die sich zur polnischen Sprache, Kultur oder Tradition bekennen", geregelt. Sie wurden allerdings nicht als Minderheit anerkannt, weil sie nach deutscher Rechtsauffassung keine historisch gewachsene Minderheit darstellen (wie Dänen und Sorben), sondern sich seit der Industrialisierung am Ende des 19. Jahrhunderts bis in die jüngste Zeit in Deutschland ansiedelten.

Schulbuchkommission
1972 gegründete deutsch-polnische Organisation, bis heute eine der zentralen Plattformen der Kooperation zwischen Historikern und Geografen beider Länder.

Solidarność
(dt. Solidarität) Eine im Jahre 1980 entstandene Gewerkschaft, die sich schnell zum Zentrum der polnischen Opposition entwickelte.

M4 Lech Wałęsa (r.) spricht vor Arbeitern in Bromberg, Fotografie, 21.3.1981

Vertragswerke im Rahmen der deutschen Wiedervereinigung
- 12.9.1990: „2 + 4-Vertrag" zwischen den Siegermächten des Zweiten Weltkriegs und den beiden deutschen Staaten bezüglich der deutschen Wiedervereinigung und Beendigung besatzungsrechtlicher Bestimmungen
- 14.11.1990: „Deutsch-polnischer Grenzbestätigungsvertrag" bzgl. der endgültigen Anerkennung der Oder-Neiße-Grenze durch die BRD
- 17.6.1991: „Vertrag zwischen der Bundesrepublik Deutschland und der Republik Polen über gute Nachbarschaft und freundschaftliche Zusammenarbeit" zur Verbesserung der Beziehungen zwischen den beiden Ländern

▶ M 17: Nachbarschaftsvertrag

▶ M 18–M 19: zur Diskussion zum Vertriebenenzentrum

M5 Unterzeichnung des deutsch-polnischen Nachbarschaftsvertrages vom 17. Juni 1991 durch den polnischen Ministerpräsidenten Jan Krzystof Bielecki und Bundeskanzler Helmut Kohl, Fotografie, 1991

Infolge des Nachbarschaftsvertrages wurden verschiedene politische und kulturelle Einrichtungen ins Leben gerufen, um der neuen Qualität der Beziehung Ausdruck zu verleihen. In Anlehnung an das bereits seit 1963 bestehende Deutsch-Französische Jugendwerk wurde das **Deutsch-Polnische Jugendwerk** mit Sitz in Potsdam und Warschau gegründet, um den Jugend- und Schüleraustausch zu fördern sowie andere Initiativen zur Begegnung zu entwickeln. Bereits 2004 hatte über eine Million Jugendliche aus Deutschland und Polen am Jugendaustausch teilgenommen. Erfreulicherweise stieg auch die Zahl der Städtepartnerschaften von 54 im Jahr 1989 auf 466 im Jahr 2006. Ebenso wurde die **Stiftung für Deutsch-Polnische Zusammenarbeit** eingerichtet, die seit 1991 Projekte zur deutsch-polnischen Verständigung finanziert.

Die neu geschaffenen politischen Verhältnisse hatten auch einen verstärkten Ausbau der Wirtschaftskontakte zur Folge. 2004 gingen 30 Prozent der polnischen Exporte nach Deutschland, der Anteil der Importe aus Deutschland betrug 24,2 Prozent. Mit dem Beitritt Polens zur Europäischen Union eröffneten sich auch für polnische Unternehmen neue Chancen auf dem deutschen Markt.

Trotz aller Regelungen in den Verträgen und dem Engagement beider Regierungen für den Aufbau einer guten Nachbarschaft in den 1990er-Jahren war das deutsch-polnische Verhältnis auf der politischen Ebene nicht vor Rückschlägen gefeit. Dabei spielten der Umgang mit der Geschichte und aktuelle europäische Fragen eine wichtige Rolle. Obwohl eine offene und selbstkritische Aufarbeitung der historischen Beziehungen weiter vorangetrieben wurde, führten verschiedene Diskussionen die Schwierigkeit der Aufarbeitung der Vergangenheit beider Länder immer wieder vor Augen. So war das Verhältnis in den letzten Jahren unter anderem geprägt von den Debatten um die Entschädigung von polnischen Zwangsarbeitern oder um die Gründung der „Preußischen Treuhand"*, die Entschädigungsansprüche für deutsche Vertriebene vor Gericht einklagen will. In Polen wurde – für deutsche Freunde Polens schwer verständlich – die Zuverlässigkeit des Verbündeten Deutschland infrage gestellt.

Preußische Treuhand
Im Jahre 2000 in Düsseldorf gegründete Organisation, die Eigentumsansprüche von Bewohnern der ehemaligen Ostgebiete des Deutschen Reiches durchsetzen möchte.

Kontroverse um das deutsche „Zentrum gegen Vertreibungen"

Seit den 1990er-Jahren wurden auch die Vertreibungen im Umfeld des Zweiten Weltkrieges verstärkt thematisiert. Das geschah nicht zuletzt unter dem Eindruck der „ethnischen Säuberungen" im jugoslawischen Bürgerkrieg. Erneut diskutierte die deutsche Öffentlichkeit darüber, dass bzw. ob die Deutschen im Zweiten Weltkrieg nicht nur Täter, sondern auch Opfer (vor allem des Bombenkriegs und der Vertreibungen) waren. Besonders kontrovers verlief die Debatte, als der deutsche **Bund der Vertriebenen** mit dem Projekt eines **„Zentrums gegen Vertreibungen"** auf den Plan trat. Auf seine Initiative hin wurde im Jahre 2000 eine Stiftung gegründet. Sie wollte in Berlin einen Ort schaffen, an dem des Schicksals der deutschen Vertriebenen nach 1945 vor dem Hintergrund der europäischen Geschichte des 20. Jahrhunderts in musealer Form gedacht werden sollte. Das Projekt wurde innerhalb Deutschlands kontrovers diskutiert und von polnischer Seite fast einhellig abgelehnt. Innerhalb des Deutschen Historischen Museums wurde am 30. Dezember daraufhin 2008 die **Stiftung Flucht, Vertreibung, Versöhnung** errichtet, die an Vertreibungen in der Geschichte erinnern soll. Diese Debatte zeigt, dass die Erinnerung an die gemeinsame Geschichte der ersten Hälfte des 20. Jahrhunderts auch mehr als sechzig Jahre später noch von traumatischen Erfahrungen geprägt ist.

Stereotyp
Vereinfachtes und klischeehaftes Urteil über eine Person oder eine Gruppe.

Interview mit der Direktorin der Stiftung „Flucht, Vertreibung, Versöhnung"

cornelsen.de/Webcodes
Code: watoba

Gegenwärtige Herausforderungen

Weitgehend unberührt von den historischen und politischen Fragen entwickelt sich die Zusammenarbeit auf wirtschaftlicher, kultureller und zwischenmenschlicher Ebene aber insgesamt positiv, wobei der Ausgangspunkt in Deutschland und in Polen auffallend unterschiedlich ist. Die Deutschen gelten in Polen zwar nicht als die beliebtesten, aber als die zuverlässigsten und vertrauenswürdigsten Nachbarn. Während das Interesse an Deutschland in Polen groß ist, sind Kenntnisse über Polen und Neugier auf den östlichen Nachbarn in Deutschland gering geblieben. Die Wahrnehmung Polens ist in weiten Kreisen der deutschen Gesellschaft noch immer geprägt von Stereotypen* oder Gleichgültigkeit. Ungeachtet der zahlreichen Fortschritte und einer zunehmenden Normalität und Freundschaftlichkeit im Verhältnis zwischen den Ländern bleibt noch viel zu tun, um in den Beziehungen noch mehr über die Zukunft als über die Vergangenheit zu sprechen und Deutschland und Polen wirklich zu einer „Interessengemeinschaft in Europa" zu entwickeln, wie es der polnische Außenminister Skubiszewski 1990 formulierte.

1 Erstellen Sie eine tabellarische chronologische Übersicht zu den deutsch-polnischen Beziehungen. Teilen Sie dazu die Geschichte in drei Phasen ein und geben Sie Ihren Teilen aussagekräftige Titel. Führen Sie dann politische und kulturelle Aspekte an, welche Ihrer Meinung die Phase prägen.
2 Recherchieren Sie zur Geschichte der Aktion Sühnezeichen (M 3). Stellen Sie einzelne Projekte vor.
3 **Pro-und-Kontra-Diskussion:** Informieren Sie sich über die verschiedenen Positionen in der Debatte um das „Zentrum gegen Vertreibungen". Führen Sie eine Podiumsdiskussion mit Vertretern der Befürworter und der Gegner durch.

3.6 Das deutsch-polnische Verhältnis nach dem Zweiten Weltkrieg

Hinweise zur Arbeit mit den Materialien

Der Materialteil zu der Besatzung Polens im Zweiten Weltkrieg setzt folgende Schwerpunkte:
- M 6 befasst sich zunächst mit Flucht, Vertreibung und Zwangsumsiedlung vor allem von Deutschen und Polen zwischen 1944 und 1948.
- M 7 bis M 11 behandeln die Entwicklung des deutsch-polnischen Verhältnisses in den beiden deutschen Staaten bis in die 1960er-Jahre.
- Mithilfe von M 12 bis M 16 werden die Veränderungen durch die Entspannungspolitik durch Willy Brandt vorgestellt.
- M 17 thematisiert den deutsch-polnischen Nachbarschaftsvertrag, welcher grundlegende Kooperationsziele bis heute definiert.
- Mithilfe der Kontroverse über das „Zentrum gegen Vertreibungen" in M 18 und M 19 wird die eigene Urteilsbildung angeregt.

Zur Vernetzung mit dem Kernmodul

Verknüpfung zum Kernmodulbereich **„Deutungen des deutschen Selbstverständnisses"**, M 5 b: Winklers Rede vor dem deutschen Bundestag.

Folgen des Zweiten Weltkrieges

M 6 Bevölkerungsveränderungen am Ende des Zweiten Weltkrieges

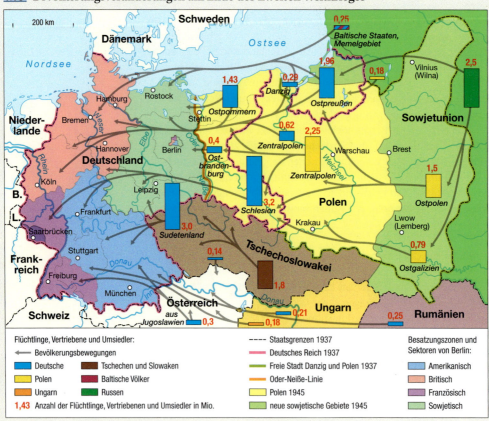

1 Arbeiten Sie aus der Karte die Bevölkerungsverschiebungen im Zweiten Weltkrieg heraus.
   Tipp: Nutzen Sie die methodischen Hinweise zur Arbeit mit Karten auf S. 290.
2 Erklären Sie die historischen Zusammenhänge dieser Transformation.

Die deutsch-polnischen Beziehungen vom Kriegsende bis in die 1960er-Jahre

M 7 Die Charta der deutschen Heimatvertriebenen (1950)

Im Bewusstsein ihrer Verantwortung vor Gott und den Menschen, im Bewusstsein ihrer Zugehörigkeit zum christlich-abendländischen Kulturkreis, im Bewusstsein ihres deutschen Volkstums und in der Erkenntnis der gemeinsamen Aufgabe aller europäischen Völker, haben die erwählten Vertreter von Millionen Heimatvertriebenen nach reiflicher Überlegung und nach Prüfung ihres Gewissens beschlossen, dem deutschen Volk und der Weltöffentlichkeit gegenüber eine feierliche Erklärung abzugeben, die die Pflichten und Rechte festlegt, welche die deutschen Heimatvertriebenen als ihr Grundgesetz und als unumgängliche Voraussetzung für die Herbeiführung eines freien und geeinten Europas ansehen.

1. Wir Heimatvertriebenen verzichten auf Rache und Vergeltung. Dieser Entschluss ist uns ernst und heilig im Gedenken an das unendliche Leid, welches im Besonderen das letzte Jahrzehnt über die Menschheit gebracht hat.
2. Wir werden jedes Beginnen mit allen Kräften unterstützen, das auf die Schaffung eines geeinten Europas gerichtet ist, in dem die Völker ohne Furcht und Zwang leben können.
3. Wir werden durch harte, unermüdliche Arbeit teilnehmen am Wiederaufbau Deutschlands und Europas.

Wir haben unsere Heimat verloren. Heimatlose sind Fremdlinge auf dieser Erde. Gott hat die Menschen in ihre Heimat hineingestellt. Den Menschen mit Zwang von seiner Heimat trennen, bedeutet, ihn im Geiste töten. Wir haben dieses Schicksal erlitten und erlebt. Daher fühlen wir uns berufen zu verlangen, daß das Recht auf die Heimat als eines der von Gott geschenkten Grundrechte der Menschheit anerkannt und verwirklicht wird. So lange dieses Recht für uns nicht verwirklicht ist, wollen wir aber nicht zur Untätigkeit verurteilt beiseite stehen, sondern in neuen, geläuterten Formen verständnisvollen und brüderlichen Zusammenlebens mit allen Gliedern unseres Volkes schaffen und wirken. Darum fordern und verlangen wir heute wie gestern:
1. Gleiches Recht als Staatsbürger nicht nur vor dem Gesetz, sondern auch in der Wirklichkeit des Alltags.
2. Gerechte und sinnvolle Verteilung der Lasten des letzten Krieges auf das ganze deutsche Volk und eine ehrliche Durchführung dieses Grundsatzes.
3. Sinnvollen Einbau aller Berufsgruppen der Heimatvertriebenen in das Leben des deutschen Volkes.
4. Tätige Einschaltung der deutschen Heimatvertriebenen in den Wiederaufbau Europas.

Die Völker der Welt sollen ihre Mitverantwortung am Schicksal der Heimatvertriebenen als der vom Leid dieser Zeit am schwersten Betroffenen empfinden.
Die Völker sollen handeln, wie es ihren christlichen Pflichten und ihrem Gewissen entspricht.
Die Völker müssen erkennen, dass das Schicksal der deutschen Heimatvertriebenen wie aller Flüchtlinge ein Weltproblem ist, dessen Lösung höchste sittliche Verantwortung und Verpflichtung zu gewaltiger Leistung fordert.
Wir rufen Völker und Menschen auf, die guten Willens sind, Hand anzulegen ans Werk, damit aus Schuld, Unglück, Leid, Armut und Elend für uns alle der Weg in eine bessere Zukunft gefunden wird.

Zit. nach: Homepage des BdV (http://www.bund-der-vertriebenen.de/charta-der-deutschen-heimatvertriebenen/charta-in-deutsch.html; Download vom 20.08.2018).

1 **Partnerarbeit:** Geben Sie die zentralen Aussagen der Charta der Heimatvertriebenen wieder.
2 Erläutern Sie die Forderungen mithilfe des historischen Kontexts.
   Tipp: Beziehen Sie den Darstellungstext mit in Ihre Überlegungen ein.
3 Überprüfen Sie die Aussage, dass die Heimatvertriebenen „vom Leid dieser Zeit am schwersten Betroffenen" gewesen seien.
4 Beurteilen Sie, inwiefern die Charta einen Schritt zur Versöhnung gewesen ist.

M 8 Der Görlitzer Vertrag (1950)

Der Präsident der Deutschen Demokratischen Republik und der Präsident der Republik Polen, geleitet von dem Wunsche, dem Willen zur Festigung des allgemeinen Friedens Ausdruck zu verleihen, und gewillt, einen Beitrag zum großen Werke der einträchtigen Zusammenarbeit friedliebender Völker zu leisten, in Anbetracht, dass diese Zusammenarbeit zwischen dem deutschen und dem polnischen Volke dank der Zerschlagung des deutschen Faschismus durch die UdSSR und dank der Entwicklung der demokratischen Kräfte in Deutschland möglich wurde, sowie gewillt, nach den tragischen Erfahrungen aus der Zeit des Hitlersystems eine unerschütterliche Grundlage für ein friedliches und gutnachbarliches, Zusammenleben beider Völker zu schaffen, geleitet von dem Wunsche, die gegenseitigen Beziehungen in Anlehnung an das die Grenze an der Oder und Lausitzer Neiße festlegende Potsdamer Abkommen zu stabilisieren und zu festigen, […]; in Anerkennung, dass die festgelegte und bestehende Grenze die unantastbare Friedens- und Freundschaftsgrenze ist, die die beiden Völker nicht trennt, sondern einigt.

Zit. nach: Abkommen zwischen der Deutschen Demokratischen Republik und der Republik Polen über die Markierung der festgelegten und bestehenden deutsch-polnischen Staatsgrenze vom 6. Juli 1950 (Görlitzer Vertrag), in: Ingo von Münch (Hg.), Ostverträge II. Deutsch-polnische Verträge, Walter de Gruyter: Berlin 1971, S. 115–118.*

1 Arbeiten Sie aus dem Material die Bestimmungen des Görlitzer Vertrags heraus.
Tipp: Nutzen Sie zunächst eigene Wörter, um den Inhalt wiederzugeben.

M9 Aus der Denkschrift der Evangelischen Kirche Deutschlands: „Die Lage der Vertriebenen und das Verhältnis des deutschen Volkes zu seinen östlichen Nachbarn" vom 1. Oktober 1965

Die leidvolle Geschichte deutscher Unterdrückungsmaßnahmen gegenüber dem immer wieder seiner politischen Selbstständigkeit beraubten polnischen Volk und die völkerrechtswidrige Behandlung, die dieses Volk während des Zweiten Weltkrieges auf Anordnung der nationalsozialistischen Staatsführung erfuhr, stellt uns heute unausweichlich vor die Frage, ob sich daraus nicht politische, vielleicht aber auch völkerrechtliche Einwendungen gegen einen deutschen Anspruch auf unverminderte Wiederherstellung seines früheren Staatsgebietes ergeben. […] Die rechtlichen Positionen begrenzen sich gegenseitig; Recht steht gegen Recht oder – noch deutlicher – Unrecht gegen Unrecht. In solcher Lage wird das Beharren auf gegensätzlichen Rechtsbehauptungen, mit denen jede Partei nur ihre Interessen verfolgt, unfruchtbar, ja zu einer Gefahr für den Frieden zwischen beiden Völkern. Auf dieser Ebene ist der Konflikt nicht zu lösen. Daher gilt es, einen Ausgleich zu suchen, der eine neue Ordnung zwischen Deutschen und Polen herstellt. Damit wird nicht gerechtfertigt, was in der Vergangenheit geschehen ist, aber das friedliche Zusammenleben beider Völker für die Zukunft ermöglicht. […]
In dieser abwartenden Haltung kommt zugleich der richtige Grundsatz zum Ausdruck, dass die im Zusammenhang mit den Kriegshandlungen geschehene Okkupation der Ostgebiete und die Übertragung ihrer Verwaltung an einen anderen Staat sich nicht ohne weiteres in eine völkerrechtlich und politisch gleichermaßen unvertretbare einseitige Annexion verwandeln kann und dass das Unrecht der Vertreibung nicht mit Stillschweigen übergangen werden darf. Die hier strittigen Fragen und alle territorialen Änderungen bedürfen gemeinsamer verträglicher Regelungen. Der Wert dieser Regelungen ist von der beiderseitigen Notwendigkeit und von der beiderseitigen Zustimmung zu dem damit angestrebten neuen Anfang abhängig. An dieser Stelle wird auch deutlich, dass der negative Begriff „Verzicht" eine ganz und gar unzulängliche Bezeichnung für den deutschen Beitrag zu einer Friedensregelung ist, die eine neue Partnerschaft zwischen Völkern begründen soll. Wenn die künftige Regelung der Gebietsfragen das Verhältnis zwischen den beteiligten Völkern stabilisieren soll, dann muss sie das Ergebnis eines wirklichen Dialogs und Ausdruck des Willens zur Versöhnung sein.
Es ist nicht die Aufgabe einer kirchlichen Denkschrift, Vermutungen darüber anzustellen, wann der richtige Zeitpunkt gekommen ist, die abwartende Haltung gegenüber unseren östlichen Nachbarvölkern aufzugeben. Aber das formale Argument, dass nur eine künftige gesamtdeutsche Regierung zu so weit tragenden Entscheidungen befugt sei, kann es nicht länger rechtfertigen, auch die Klärung der hier auf dem Spiele stehenden Grundsatzfragen auf unbestimmte Zeit zu verschieben. Das deutsche Volk muss auf die notwendigen Schritte vorbereitet werden, damit eine Regierung sich ermächtigt fühlen kann zu handeln, wenn es nottut.

Zit. nach: Hans-Adolf Jacobsen, Mieczysław Tomala (Hg.), Bonn–Warschau: 1945–1991. Die deutsch-polnischen Beziehungen. Analyse und Dokumentation, Verlag Wissenschaft und Politik, Köln 1992, S. 125–135.*

1 Geben Sie die zentralen Aussagen der Denkschrift wieder.
2 Überprüfen Sie durch Einbindung des Darstellungsteils, inwiefern die Denkschrift politisch fortschrittliche Positionen formulierte.
Tipp: Stellen Sie dazu mithilfe des Darstellungsteils die offizielle Meinung in der Bundesrepublik über die Vertreibung den Aussagen der Denkschrift gegenüber.
3 **Zusatzaufgabe:** Siehe S. 483.

M10 Aus der Botschaft der polnischen Bischöfe „an ihre deutschen Brüder in Christi Hirtenamt" vom 18. November 1965

Die Botschaft wurde anlässlich der Feierlichkeiten zur tausendjährigen Christianisierung Polens verfasst, zu welcher die deutschen Bischöfe eingeladen wurden.
Nach alledem, was in der Vergangenheit geschehen ist – leider erst in der allerneuesten Vergangenheit –, ist es nicht zu verwundern, dass das ganze polnische Volk unter dem schweren Druck eines elementaren Sicherheitsbedürfnisses steht und seinen nächsten

Nachbarn im Westen immer noch mit Misstrauen betrachtet. Diese geistige Haltung ist sozusagen unser Generationsproblem, das, Gott gebe es, bei gutem Willen schwinden wird und schwinden muss. [...]
10 Die Belastung der beiderseitigen Verhältnisse ist immer noch groß und wird vermehrt durch das sogenannte „heiße Eisen" dieser Nachbarschaft; die polnische Westgrenze an Oder und Neiße ist, wie wir wohl verstehen, für Deutschland eine äußerst bittere
15 Frucht des letzten Massenvernichtungskrieges – zusammen mit dem Leid der Millionen von Flüchtlingen und vertriebenen Deutschen (auf interalliierten Befehl der Siegermächte – Potsdam 1945! – geschehen).
20 Ein großer Teil der Bevölkerung hatte diese Gebiete aus Furcht vor der russischen Front verlassen und war nach dem Westen geflüchtet. Für unser Vaterland, das aus dem Massenmorden nicht als Siegerstaat, sondern bis zum Äußersten geschwächt hervorging,
25 ist es eine Existenzfrage (keine Frage „größeren Lebensraumes"!); es sei denn, dass man ein über 30-Millionen-Volk in den engen Korridor eines „Generalgouvernements" von 1939 bis 1945 hineinpressen wollte – ohne Westgebiete; aber auch ohne
30 Ostgebiete, aus denen seit 1945 Millionen von polnischen Menschen in die „Potsdamer Westgebiete" hinüberströmen mussten. [...]
Seid uns wegen dieser Aufzählung dessen, was [...] geschehen ist, liebe deutsche Brüder, nicht gram. Es
35 soll weniger eine Anklage als vielmehr eine eigene Rechtfertigung sein! [...]
Und trotz alledem, trotz dieser fast hoffnungslos mit Vergangenheit belasteten Lage, gerade aus dieser Lage heraus, Hochwürdige Brüder, rufen wir Ihnen
40 zu: versuchen wir zu vergessen! Keine Polemik, kein weiterer kalter Krieg, aber den Anfang eines Dialogs. [...]
Wenn echter guter Wille beiderseits besteht – und das ist wohl nicht zu bezweifeln –, dann muss ja ein
45 ernster Dialog gelingen und mit der Zeit gute Früchte bringen – trotz allem, trotz heißer Eisen. [...] In diesem allerchristlichsten und zugleich sehr menschlichen Geist strecken wir unsere Hände zu Ihnen hin in den Bänken des zu Ende gehenden Konzils, gewäh-
50 ren Vergebung und Bitten um Vergebung. Und wenn Sie, deutsche Bischöfe und Konzilsväter, unsere ausgestreckten Hände brüderlich erfassen, dann erst können wir wohl mit ruhigem Gewissen in Polen auf ganz christliche Art das Millennium feiern.

Zit. nach: Hans-Adolf Jacobsen, Mieczysław Tomala (Hg.), Bonn–Warschau: 1945–1991. Die deutsch-polnischen Beziehungen. Analyse und Dokumentation, Verlag Wissenschaft und Politik, Köln 1992, S. 135–142.*

1 Geben Sie die zentralen Argumente der polnischen Bischöfe wieder.
2 Vergleichen Sie die Forderungen von M 9 und M 10.
3 **Zusatzaufgabe:** Siehe S. 483.

M 11 Aus dem Schreiben des Präsidenten des Ministerrates der Volksrepublik Polen, Jözef Cyrankiewicz, an die Bischöfe der Römisch-Katholischen Kirche Polens vom 5. März 1966

[Ich] stelle mit aller Deutlichkeit fest, dass die Regierung der Polnischen Volksrepublik weder mit der Deduktion noch mit den Ansichten und den Argumenten des Episkopats, wie sie in diesem Schreiben Ausdruck finden, einverstanden sein kann. Sie gehen 5 an der Wahrheit und der Wirklichkeit vorbei. [...]
Im Zweiten Weltkrieg stellte Polen einen fundamentalen Teil der antihitlerischen Koalition der Staaten, die das Deutschland Hitlers zur Kapitulation zwangen. In nicht geringem Maße trug dazu der helden- 10 hafte Kampf des polnischen Soldaten und des ganzen polnischen Volkes bei. [...]
Die Regierung Volkspolens und das polnische Volk weisen entschieden die [...] These zurück, dass Polen die Westgebiete aus dem Grunde in Besitz genom- 15 men habe, weil dorthin Millionen von Polen aus den Ostgebieten umgesiedelt werden mussten. Das verstößt gegen die historischen, moralischen und politischen Rechte Polens auf die West- und Nordgebiete. Das arbeitet den westdeutschen Revisionisten direkt 20 in die Hand. [...]
Wenn die Rede von polnisch-deutscher Nachbarschaft ist: Polen ist Nachbar der Deutschen Demokratischen Republik. Mit diesem Staat unterhält es freundschaftliche und bundesgenössische Beziehun- 25 gen. Kein Grenzproblem stört diese Beziehungen, weil es ganz einfach kein solches Problem gibt. [...]
Die Umsiedlung der Deutschen erfolgte nicht auf „Befehl der Siegermächte", sondern gestützt auf einen internationalen Rechtsakt – den Potsdamer Ver- 30 trag –, geschlossen durch die großen Mächte im Namen der Vereinigten Nationen. Indem Polen die Deutschen umsiedelte, handelte es also im Namen internationalen Rechts. Die Bezeichnung der Umsiedlung mit dem Ausdruck „Vertreibung", der aus der 35 Terminologie der westdeutschen Revisionisten geschöpft ist, ist eine Beleidigung des legalen Handelns Polens und eine Beleidigung der historischen Wahrheit [...].
Denn die Bischöfe richten in ihrer Botschaft an die 40 deutschen Bischöfe die Worte: „wir strecken Euch am Ende des Konzils die Hände aus, erteilen Vergebung und bitten um Vergebung." [...] Aber schon die Bitte der Autoren der Botschaft an die deutschen Bischöfe,

dem polnischen Volk Vergebung zu gewähren, das auf seinem Gewissen keine Schuld weiß und keine Verbrechen gegenüber Deutschen beging, sondern nur in Verteidigung des von Hitlerdeutschland überfallenen Vaterlandes stand – diese Bitte ist für das polnische Volk beleidigend und für seine Würde erniedrigend.

Oskar Golombek (Hg.), Die katholische Kirche und die Völker-Vertreibung, 2. Aufl., Wienand, Köln 1968, S. 215, 224.*

1 **Partnerarbeit:** Vergleichen Sie die Argumentation der polnischen Regierung mit dem Hirtenbrief der Bischöfe.
Tipp: Stellen Sie dazu zunächst die Aussagen tabellarisch gegeneinander.
2 **Wahlaufgabe:** Bearbeiten Sie entweder Aufgabe a) oder b).
   a) Präsentieren Sie im Kurs, wie die deutschen Bischöfe auf den Hirtenbrief geantwortet haben.
   b) Verfassen Sie eine Antwort der polnischen Bischöfe auf die Einlassungen der kommunistischen Partei.

Die deutsch-polnischen Beziehungen während der „Neuen Ostpolitik"

M 12 Aus dem Vertrag zwischen der Bundesrepublik Deutschland und der Volksrepublik Polen über die Grundlagen der Normalisierung ihrer gegenseitigen Beziehungen („Warschauer Vertrag") vom 7. Dezember 1970

Artikel I (1) Die Bundesrepublik Deutschland und die Volksrepublik Polen stellen übereinstimmend fest, dass die bestehende Grenzlinie, deren Verlauf im Kapitel IX der Beschlüsse der Potsdamer Konferenz vom 2. August 1945 […] festgelegt worden ist, die westliche Staatsgrenze der Volksrepublik Polen bildet.
(2) Sie bekräftigen die Unverletzlichkeit ihrer bestehenden Grenzen jetzt und in der Zukunft und verpflichten sich gegenseitig zur uneingeschränkten Achtung ihrer territorialen Integrität.

Zit. nach: Bulletin des Presse- und Informationsamtes der Bundesregierung vom 8. Dezember 1970, Nr. 171, S. 1815 (http://www.auswaertiges-amt.de/Europa/Deutsch landInEuropa/BilateraleBeziehungen/Polen/Vertraege/WarschauerVertrag.pdf, Abgerufen am 17.8.2018).*

1 Arbeiten Sie die zentralen Bestimmungen des Warschauer Vertrages heraus.
2 **Partnerarbeit:** Erläutern Sie unter Einbeziehung des Darstellungsteils die politische Veränderung, die mit dem Vertrag in der BRD einherging.

M 13 Stimmen aus Bundestagsreden der Opposition (1972, 1973)

a) **Rainer Barzel (CDU) am 25. 2. 1972**
Hält man nun unseren Vorstellungen und unseren Prinzipien das gegenüber, was hier in Vertragsform vorliegt, so ist unser Urteil wohl begründet. Das Vertragswerk gibt den Sowjetrussen, den Polen und der DDR das meiste oder beinahe fast alles von dem, was sie wollen. Es bringt den Europäern und den Deutschen keinen Fortschritt – falls man, wie wir es tun, Fortschritt als reale Verbesserung für die Menschen, für ihre Rechte und deren soziale Basis im Alltag betrachtet.

b) **Franz Josef Strauß (CSU) am 24. 1. 1973**
Es ist auch unser ehrlicher Wunsch und unser ernstes Bestreben, Spannungen abzubauen und zu einem geregelten Nebeneinander zu kommen, aber wir können uns nichts unter dem von Ihnen, Herr Bundeskanzler, empfohlenen Miteinander mit einem kommunistischen Zwangsstaat vorstellen. Wir schätzen menschliche Erleichterungen und menschliche Begegnungen, auch wenn sie ein kanalisiertes und kontrolliertes Rinnsal darstellen, sehr hoch ein, sind aber nicht bereit, den Preis zu unterschätzen, den wir dafür bezahlen, den Ernst der Lage zu verkennen.

Zit. nach: Heinrich von Siegler (Hg.), Dokumentation zur Deutschlandfrage, Verlag für Zeitarchive GmbH, Bonn 1970, Bd. VII, S. 466 und Bd. VIII, S. 167.

1 Stellen Sie die Argumente gegen den Warschauer Vertrag zusammen.
2 Erörtern Sie, auch unter Einbindung von M 14, die Perspektiven auf die „Neue Ostpolitik" der sozialliberalen Koalition.

M 14 Schlesiertreffen in München, Fotografie, 1971

M 15 Warschauer Vertrag und Kniefall, aus den „Erinnerungen" von Willy Brandt (1989)

Ich hatte nichts geplant, aber Schloss Wilanow, wo ich untergebracht war, in dem Gefühl verlassen, die Besonderheit des Gedenkens am Ghetto-Monument zum Ausdruck bringen zu müssen. Am Abgrund der
5 deutschen Geschichte und unter der Last der Millionen Ermordeten tat ich, was Menschen tun, wenn die Sprache versagt. Ich weiß es auch nach zwanzig Jahren nicht besser als jener Berichterstatter, der festhielt: „Dann kniet er, der das nicht nötig hat, für alle,
10 die es nötig haben, aber nicht knien – weil sie es nicht wagen oder nicht können oder nicht wagen können." Zu Hause in der Bundesrepublik fehlte es weder an hämischen noch an dümmlichen Fragen, ob die Geste nicht „überzogen" gewesen sei. Auf polnischer Sei-
15 te registrierte ich Befangenheit. Am Tage des Geschehens sprach mich keiner meiner Gastgeber hierauf an. Ich schloss daraus, dass auch andere diesen Teil der Geschichte noch nicht verarbeitet hatten.

Willy Brandt, Erinnerungen, Propyläen, Frankfurt am Main u. a. 1989, S. 213–215.

M 16 Spiegel-Cover vom 14. Dezember 1970

1 Geben Sie Brandts Beschreibungen zum Ablauf des Besuchs in Warschau wieder (M 15).

2 Verfassen Sie einen zeitgenössischen Leserbrief an die Spiegel-Redaktion zu der Umfrage „Durfte Brandt knien?" (M 16).

3 Zusatzaufgabe: Siehe S. 483.

Formulierungshilfen für den Leserbrief
– Ich vertrete die Auffassung, dass …
– Für mich ist entscheidend, dass …
– Ein wichtiges Argument für/gegen … ist, dass …
– Hinzu kommt, dass …
– Für/gegen … spricht außerdem die Tatsache, dass …
– Es darf nicht übersehen werden, dass …
– Außerdem sollte man bedenken, dass …
– Sicherlich kann man einwenden, dass …
– Dem steht jedoch entgegen, dass …
– Aus diesen Gründen bin ich der Meinung, …

Die deutsch-polnischen Beziehungen seit der Wiedervereinigung

M 17 Vertrag über gute Nachbarschaft und freundschaftliche Zusammenarbeit vom 17. Juni 1991 (ausgewählte Artikel)

Die Bundesrepublik Deutschland und die Republik Polen
– IN DEM BESTREBEN, die leidvollen Kapitel der Vergangenheit abzuschließen, und entschlossen, an die
5 guten Traditionen und das freundschaftliche Zusammenleben in der jahrhundertelangen Geschichte Deutschlands und Polens anzuknüpfen,
ANGESICHTS der historischen Veränderungen in Europa, insbesondere der Herstellung der Einheit
10 Deutschlands und des tiefgreifenden politischen, wirtschaftlichen und sozialen Wandels in Polen,
ÜBERZEUGT von der Notwendigkeit, die Trennung Europas endgültig zu überwinden und eine gerechte und dauerhafte europäische Friedensordnung zu
15 schaffen, […]
IM BEWUSSTSEIN der Bedeutung, welche die Mitgliedschaft der Bundesrepublik Deutschland in der Europäischen Gemeinschaft und die politische und wirtschaftliche Heranführung der Republik Polen an
20 die Europäische Gemeinschaft für die künftigen Beziehungen der beiden Staaten haben,
EINGEDENK des unverwechselbaren Beitrags des deutschen und des polnischen Volkes zum gemeinsamen kulturellen Erbe Europas und der jahrhundertelangen gegenseitigen Bereicherung der Kulturen bei- 25
der Völker sowie der Bedeutung des Kulturaustauschs für das gegenseitige Verständnis und für die Aussöhnung der Völker, […] SIND wie folgt ÜBEREINGEKOMMEN:
Artikel 2 […] Sie betrachten Minderheiten und gleich- 30
gestellte Gruppen als natürliche Brücken zwischen dem deutschen und dem polnischen Volk und sind

zuversichtlich, dass diese Minderheiten und Gruppen einen wertvollen Beitrag zum Leben ihrer Gesellschaften leisten. [...]

Artikel 20 (1) Die Angehörigen der deutschen Minderheit in der Republik Polen, das heißt Personen polnischer Staatsangehörigkeit, die deutscher Abstammung sind oder die sich zur deutschen Sprache, Kultur oder Tradition bekennen, sowie Personen deutscher Staatsangehörigkeit in der Bundesrepublik Deutschland, die polnischer Abstammung sind oder die sich zur polnischen Sprache, Kultur oder Tradition bekennen, haben das Recht, einzeln oder in Gemeinschaft mit anderen Mitgliedern ihrer Gruppe ihre ethnische, kulturelle, sprachliche und religiöse Identität frei zum Ausdruck zu bringen, zu bewahren und weiterzuentwickeln; frei von jeglichen Versuchen, gegen ihren Willen assimiliert zu werden. [...]

Artikel 25 (1) Die Vertragsparteien bekräftigen ihre Bereitschaft, allen interessierten Personen umfassenden Zugang zur Sprache und Kultur des anderen Landes zu ermöglichen, und sie unterstützen entsprechende staatliche und private Initiativen und Institutionen [...]

Artikel 26 (1) Die Vertragsparteien unterstreichen die Notwendigkeit einer erheblichen Erweiterung der wissenschaftlichen und schulischen Zusammenarbeit. Sie werden insbesondere die direkte Zusammenarbeit und den Austausch zwischen Schulen, Hochschulen und wissenschaftlichen Forschungseinrichtungen fördern und weiter ausbauen, und zwar sowohl durch den Austausch von Schülern, Studenten, Lehrern und wissenschaftlichen Lehrkräften als auch durch gemeinsame Vorhaben. [...]

Artikel 30 (1) Die Vertragsparteien sind davon überzeugt, dass das gegenseitige Kennenlernen und das gegenseitige Verstehen der jungen Generation von grundlegender Bedeutung ist, um der Verständigung und der Versöhnung zwischen dem deutschen und polnischen Volk einen dauerhaften Charakter zu verleihen. Sie legen deshalb besonders großes Gewicht auf möglichst umfassende Kontakte und ein enges Zusammenwirken der deutschen und der polnischen Jugend. Die Vertragsparteien werden deshalb im Rahmen ihrer finanziellen Möglichkeiten die Begegnung und den Austausch von Jugendlichen in jeder Weise fördern. [...]

(2) Die Vertragsparteien errichten ein Deutsch-Polnisches Jugendwerk.

Zit. nach: Reiner Pommerin, Manuela Uhlmann (Hg.), Quellen zu den deutsch-polnischen Beziehungen 1815–1991, Wissenschaftliche Buchgesellschaft, Darmstadt 2001, S. 227 ff.*

1 **Partnerarbeit:** Geben Sie zentrale Inhalte des Nachbarschaftsvertrages wieder.
Tipp: Arbeiten Sie mit folgenden Oberkategorien:
– Aussagen zur historischen Entwicklung
– Minderheitenschutz
– Kooperationsvereinbarungen

2 **Recherche:** Überprüfen Sie mithilfe des Darstellungsteils und eigener Rechercheleistungen, ob die deutsch-polnische Zusammenarbeit bis heute ähnlich erfolgreich gewesen ist wie die deutsche Kooperation mit Frankreich.
Tipp: Recherchieren Sie dazu, die Teilnehmerzahlen des Deutsch-Französischen Jugendwerkes und die Stereotypen zu Franzosen und Polen in Deutschland.

Vertiefung

M 18 Der in Eger/Cheb geborene SPD-Politiker Peter Glotz (1939–2005) zu dem Projekt eines Zentrums gegen Vertreibungen (2004)

Der Plural war Programm. Es gilt aus den Vertreibungen des zwanzigsten Jahrhunderts – von Armeniern, Griechen, Türken, Wolgadeutschen, Krimtataren, Sudetendeutschen, Ostpreußen, Schlesiern, Kraina-Serben oder Kosovo-Albanern – etwas fürs 21. Jahrhundert zu lernen. Gedacht ist an eine unlösliche Verbindung von Vergangenheit und Gegenwart. [...]

Ein solches Zentrum wäre kein Affront gegenüber unseren östlichen Nachbarn. Es soll ein Affront gegen alle Vertreiber werden. Die Türken, die die Armenier vertrieben haben, müssen sich genauso gemeint fühlen wie die Deutschen, die unter Hitler gewaltige Völkerverschiebungen geplant und teilweise auch praktiziert haben. Aber auch Stalin hat Millionen von Menschen [...] kühl verschoben. Als der große Stratege der Vertreibung der Sudetendeutschen, der tschechische Exilpräsident Edvard Beneš, von der sowjetischen Führung die Vertreibung der Deutschen aus Böhmen und Mähren verlangte [...], sagte Molotow kühl: „Das ist nichts, das ist leicht." [...]

Natürlich muss jede Diskussion von Vertreibung [...] in den politischen Kontext gestellt werden. Man kann über die Vertreibung der Deutschen aus Pommern, Schlesien, Böhmen oder Mähren nicht reden, ohne über die Verbrechen Hitlers zu reden, die vorher stattgefunden haben. [...]

Dass Polen, Tschechen, Slowaken und andere Völker, die Opfer der hitlerschen Aggression waren, fürchten, die Deutschen könnten plötzlich den Spieß umdrehen und sie als die Schuldigen darstellen, muss man verstehen.

Man muss allerdings nicht jede nationalistische Instrumentalisierung dieser Angst akzeptieren.

Irgendwann müssen die Deutschen den Mut finden, auch Nachbarn wie den Polen oder den Tschechen, die viel unter Deutschen gelitten haben, zu sagen: Unsere Geschichte können wir nur selbst schreiben. Natürlich ist diese Geschichte an Empirie gebunden; man darf keine falschen Geschichten schreiben.

Auch sollten die Deutschen (und alle anderen) niemals den Versuch machen, Geschichte gegen die Nachbarn zu instrumentalisieren. Man muss aber intellektuell ehrlich bleiben. [...]

Das „Zentrum gegen Vertreibungen" soll in diesem Sinn Menschen auf den Zahn fühlen, ihnen Lernschmerz bereiten: Vertreibern, die Vertreibungsverbrechen schlicht leugnen (wie die Türken), Vertreibern, die die Vertreibung legalistisch interpretieren (die Großmächte hatten die Vertreibung im Potsdamer Abkommen doch abgesegnet) und sie immer noch für richtig halten (viele Tschechen und Polen), aber auch Vertriebenen, die die internationalen Beziehungen durch Entschädigungsforderungen in Unordnung bringen könnten (darunter viele Deutsche). Das „Zentrum" soll kein Mahnmal, keine Gedenkrotunde, kein Aufrechnungs-Tempel werden, sondern ein Dokumentationszentrum, das sich mit Vertreibungsverbrechen auseinandersetzt. Dazu gehört auch, selbstverständlich, eine historische Dimension.

Peter Glotz, Der Kampf gegen das Verbrechen der Vertreibung, in: Die Politische Meinung 417, 2004, S. 15–18.*

M 19 Aufruf: Für einen kritischen und aufgeklärten Vergangenheitsdiskurs (2003)

Kaum eines Themas wurde in der Geschichte der Bundesrepublik so umfassend erinnert und gedacht wie der Flucht und Vertreibung der Deutschen nach dem Zweiten Weltkrieg. In fast jeder deutschen Stadt steht ein Gedenkstein, fast überall erinnern lokale Mahnmale an diesen Teil der deutschen Geschichte. Die wissenschaftliche Forschung zum Thema war von Beginn an umfangreich, wie auch die literarische Verarbeitung und die öffentliche Auseinandersetzung.

Ungeachtet dessen steht das Thema Flucht und Vertreibung heute wieder auf der politischen Agenda. Ein „Zentrum gegen Vertreibungen" soll entstehen, in dem Erinnern und Gedenken ihren Platz bekommen sollen.

Die Erinnerung der Vertreibung hat ihren legitimen Ort im individuellen Gedenken der Menschen, fest verwurzelt in einer pluralen und kontroversen Erinnerungslandschaft der Bundesrepublik. Bei der aktuellen Forderung geht es aber um etwas anderes: Hier soll ein zentrales Mahnmal entstehen, mitgetragen aus öffentlichen Mitteln und abgesichert durch staatliche Weihen. Ein Zentrum, das ein einheitliches Geschichtsbild etablieren und durchsetzen soll. Die große Gefahr [...] besteht in einer staatlich sanktionierten Umdeutung der Vergangenheit, ja einer Revision der Geschichte und der Torpedierung eines auf europäischen Dialog angelegten gesellschaftlichen und politischen Diskurses.

Wir sagen es mit aller Deutlichkeit: Ein „Zentrum gegen Vertreibungen" würde der kritischen Aufarbeitung der Vergangenheit nicht nutzen, könnte aber stattdessen die unterschiedlichen Erfahrungen der europäischen Nationen infrage stellen und damit die europäische Integration behindern. Mehr noch: Aller mühsam erarbeiteter Fortschritt beim Bau eines gemeinsamen Hauses Europa könnte gefährdet werden. Dabei sehen wir vor allem zwei Gefahren in historischer und politischer Dimension. Historisch betrachtet droht eine Entkontextualisierung der Vergangenheit, die Negation des ursächlichen Zusammenhangs von NS-Volkstums- und Vernichtungspolitik auf der einen und Flucht und Vertreibung der Deutschen auf der anderen Seite. Die politische Gefahr besteht insbesondere in der Ethnisierung von gesellschaftlichen Konflikten, also der Umdeutung von politischen und sozialen Kontroversen in ethnische – und damit der Zementierung eines völkischen Verständnisses von Vergangenheit, Gegenwart und Zukunft.

http://www.bohemistik.de/zentrum.html (Download vom 15. Dezember 2015).*

1 Vergleichen Sie die Positionen zum Zentrum gegen Vertreibungen.
2 **Gruppenarbeit:** Entwickeln Sie mithilfe eigener Recherche eine eigene Position und führen Sie eine Debatte zum Zentrum gegen Vertreibungen durch.

Materialien zur Debatte um das Zentrum gegen Flucht und Vertreibungen von Zeitgeschichte online

cornelsen.de/Webcodes
Code: yopuge

Anwenden

M 1 Fernsehansprache von Bundeskanzler Willy Brandt am 7. Dezember 1970

Der Vertrag von Warschau soll einen Schlussstrich setzen unter Leiden und Opfer einer bösen Vergangenheit. Er soll eine Brücke schlagen zwischen den beiden Staaten und den beiden Völkern. Er soll den Weg dafür öffnen, dass getrennte Familien wieder zusammenfinden können. Und dass Grenzen weniger trennen als bisher. Und trotzdem: Dieser Vertrag konnte nur nach ernster Gewissenserforschung unterschrieben werden. Wir haben uns nicht leichten Herzens hierzu entschieden. Zu sehr sind wir geprägt von Erinnerungen und gezeichnet von zerstörten Hoffnungen. Aber guten Gewissens, denn wir sind überzeugt, dass Spannungen abgebaut, Verträge über Gewaltverzicht befolgt, die Beziehungen verbessert und die geeigneten Formen der Zusammenarbeit gefunden werden müssen, um zu einer europäischen Friedensordnung zu gelangen. [...]

Was ich im August Ihnen aus Moskau gesagt habe, liebe Mitbürgerinnen und Mitbürger, gilt auch für den Vertrag mit Polen: Er gibt nichts preis, was nicht längst verspielt worden ist. Verspielt nicht von uns, die wir in der Bundesrepublik Deutschland politische Verantwortung tragen und getragen haben. Sondern verspielt von einem verbrecherischen Regime, vom Nationalsozialismus. [...]

Wir dürfen nicht vergessen, dass dem polnischen Volk nach 1939 das Schlimmste zugefügt wurde, was es in seiner Geschichte hat durchmachen müssen. Dieses Unrecht ist nicht ohne Folgen geblieben. Großes Leid traf auch unser Volk, vor allem unsere ostdeutschen Landsleute. Wir müssen gerecht sein: Das schwerste Opfer haben jene gebracht, deren Väter, Söhne oder Brüder ihr Leben verloren haben. Aber nach ihnen hat am bittersten für den Krieg bezahlt, wer seine Heimat verlassen musste. Ich lehne Legenden ab, deutsche wie polnische. Die Geschichte des deutschen Ostens lässt sich nicht willkürlich umschreiben. Unsere polnischen Gesprächspartner wissen, was ich Ihnen zu Hause auch noch einmal in aller Klarheit sagen möchte: Dieser Vertrag bedeutet nicht, dass wir Unrecht anerkennen oder Gewalttaten rechtfertigen. Er bedeutet nicht, dass wir Vertreibungen nachträglich legitimieren. [...]

Namen wie Auschwitz werden beide Völker noch lange begleiten und uns daran erinnern, dass die Hölle auf Erden möglich ist; wir haben sie erlebt. Aber gerade diese Erfahrung zwingt uns, die Aufgaben der Zukunft entschlossen anzupacken. Die Flucht vor der Wirklichkeit schafft gefährliche Illusionen. Ich sage: Das Ja zu diesem Vertrag, zur Aussöhnung, zum Frieden, ist ein Bekenntnis zur deutschen Gesamtgeschichte. Ein klares Geschichtsbewusstsein duldet keine unerfüllbaren Ansprüche. [...]

Wir müssen unseren Blick in die Zukunft richten und die Moral als politische Kraft erkennen. Wir müssen die Kette des Unrechts durchbrechen. Indem wir dies tun, betreiben wir keine Politik des Verzichts, sondern eine Politik der Vernunft. [...] Nichts ist heute wichtiger als die Herstellung eines gesicherten Friedens. Dazu gibt es keine Alternative. Frieden ist nicht möglich ohne europäische Solidarität. Alles, was uns diesem Ziel näher bringt, ist ein guter Dienst an unserem Volk und vor allem ein Dienst für die, die nach uns kommen.

Zit. nach: Bundeskanzler Brandt. Reden und Interviews, Hamburg 1971, S. 250f.

1 Fassen Sie, nach einer quellenkritischen Einleitung, die zentralen Aussagen Willy Brandts zusammen.

2 Erläutern Sie – ausgehend vom Material – die historischen Hypotheken des deutsch-polnischen Verhältnisses.

3 Ordnen Sie das Material in den Kontext der deutsch-polnischen Beziehungen nach 1945 ein.

4 Beurteilen Sie, inwiefern der Warschauer Vertrag als ein Vorbereiter der deutschen Wiedervereinigung von 1990 gelten kann.

Präsentation

Rückgabe von Eigentum in den ehemaligen deutschen Ostgebieten?

Das Ende des Ost-West-Konflikts und die Aufnahme Polens in die Europäische Union haben in Polen Ängste geschürt, Deutsche könnten im Zuge des Europäisierungsprozesses Ansprüche auf eine Rückerstattung ihres früheren Eigentums geltend machen. Eine der Organisationen, die dies betreiben, ist die „Preußische Treuhand", die allerdings 2008 mit einer Klage vor dem Europäischen Gerichtshof für Menschenrechte unterlag.

Informieren Sie sich über die Begründung der Eigentumsansprüche sowie über das Gerichtsurteil von 2008. Stellen Sie beides in einem zweigeteilten Plakat gegenüber.

Literaturtipp: Eike Arnold, Die „Preußische Treuhand": Hintergründe und Auswirkungen, GRIN Verlag, München 2013 (36-seitige Studienarbeit).

Das deutsch-polnische Verhältnis nach dem Zweiten Weltkrieg   3.6

Wiederholen

M2 Robert Szecówka, „Altlasten", Zeichnung, 1991

1 Beschreiben Sie Flucht, Vertreibung und Zwangsumsiedlung der polnischen und deutschen Bevölkerung gegen Ende und nach dem Zweiten Weltkrieg.
2 Interpretieren Sie M 2.
3 **Wahlaufgabe:** Bearbeiten Sie entweder Aufgabe a), b) oder c).
   a) Erörtern Sie, ausgehend von M 2, welche politisch-historischen Entwicklungen die deutsch-polnischen Beziehungen prägten.
   b) Skizzieren Sie, ausgehend von der Formulierung „Annäherung durch Anerkennung", die Entwicklung der deutsch-polnischen Beziehungen zwischen 1945 und der Gegenwart.
   c) Erörtern Sie die Bedeutung des deutschen „Zentrums gegen Vertreibungen" für die deutsch-polnischen Beziehungen.
4 **Partnerarbeit:** Formulieren Sie Vorschläge, wie die Beziehungen beider Länder weiter verbessert werden können.
5 Hilde S., Jahrgang 1932, Vertriebene, vertritt die folgende Auffassung: „Lange habe ich gesagt: ,So oft wird im Fernsehen über den Holocaust berichtet. Aber was mit uns gemacht wurde, will niemand wissen.' Dann hat mein Mann immer geantwortet: ,Wir haben den Krieg verloren, da musst du zufrieden sein mit dem, wie es uns geht.'" Diskutieren und beurteilen Sie diese These aus deutscher und polnischer Sicht. Formulieren Sie ggf. eine Gegenthese.
6 **Recherche:** Stellen Sie mithilfe einer eigenen Internetrecherche die gegenwärtige politische Entwicklung in Polen dar. Gehen Sie auch auf den neuen Lehrplan für das Fach Geschichte ein.

Formulierungshilfen für eine Beschreibung:
– Ursachen für die Migrationsbewegungen waren …
– Als Reaktion auf den sowjetischen Vormarsch …
– Während der Flucht erlitten …
– Nach dem Kriegsende folgten die „wilden Vertreibungen", in denen …
– Ziel der Ausweisung der Deutschen war eine Homogenisierung der ethnischen Verhältnisse, um …
– Auch die polnischstämmige Bevölkerung wurde nach dem Potsdamer Abkommen …
– Die langfristigen Folgen der Zwangsmigrationen waren …

3.7 Kernmodul

> **Hinweise zur Arbeit mit den Materialien**
>
> Der Materialteil zum Kernmodul setzt folgende Schwerpunkte:
> - M 1 ist der zentrale Text zum Kernmodul, in dem Benedict Anderson die Nation als eine vorgestellte Gemeinschaft klassifiziert. Dieser Ansatz wird mit M 2 vertieft, in dem Hans-Ulrich Wehler Andersons Ansatz auf den Nationalismus überträgt.
> - M 3 behandelt den „historischen Mythos" – mithilfe dieser grundlegenden Theorie wird das Nationskonzept als Mythos dekonstruiert.
> - M 4 und M 5 zeigen anhand der Sonderwegsdebatte auf, wie sich das deutsche Selbstverständnis seit dem 19. Jahrhundert gewandelt hat.
> - M 6 und M 7 führen in das Konzept der „transnationalen Geschichtsschreibung" ein.

Themenfelder des Kernmoduls	Materialhinweise Kernmodul	Thematische Anknüpfungspunkte des verbindlichen Wahlmoduls	Kapitel des verbindlichen Wahlmoduls	Materialhinweise zum verbindlichen Wahlmodul
Nation: Begriff und Mythos	M1, M2 und M3	Die polnische Verfassung	Kapitel 3.2	M 14
		Deutschland im Vormärz Die Posendebatte Reichsgründung Nationalismus im Kaiserreich Polnische Aufstandsbewegung	Kapitel 3.3	M 7 M 9, M 10 M 13, M 14 M 16–M 18 M 19–M 24
		Konzept der organischen Arbeit Nationale Stereotypen Grunwald und Tannenberg als deutsche und polnische Nationalmythen	Kapitel 3.4	M 9 M 5, M 6 M 18, M 19
Deutungen des deutschen Selbstverständnisses im 19. und 20. Jahrhundert: Der deutsche Sonderweg	M 4 und M 5	Die Auseinandersetzung um Freiheit und Einheit im 19. Jahrhundert	Kapitel 3.3	M 12
		Der Radikalnationalismus im Dritten Reich	Kapitel 3.5	M 7
Transnationale Geschichtsschreibung	M 6 und M 7	Ostsiedlung	Kapitel 3.2	M 3

Nation: Begriff und Mythos

M1 Benedict Anderson: Die Erfindung der Nation (1983)

Benedict Anderson, britisch-amerikanischer Politikwissenschafter, definiert den Nationsbegriff.

Es ist ratsam, zunächst den Begriff „Nation" kurz zu erörtern und eine praktikable Definition zu geben. Nationalismustheoretiker sind oft von drei Paradoxa irritiert:
1. Der objektiven Neuheit von Nationen aus dem Blickwinkel des Historikers steht das subjektive Alter in den Augen der Nationalisten gegenüber.
2. Der formalen Universalität von Nationalität als soziokulturellem Begriff – in der modernen Welt kann, sollte und wird jeder eine Nationalität „haben", so wie man ein Geschlecht „hat" – steht die [...] Besonderheit ihrer jeweiligen Ausprägungen gegenüber, wie zum Beispiel die definierte Einzigartigkeit der Nationalität „Griechisch".
3. Der „politischen" Macht des Nationalismus steht seine philosophische Armut oder gar Widersprüchlichkeit gegenüber. Mit anderen Worten: Anders als andere Ismen hat der Nationalismus nie große Denker hervorgebracht – keinen Hobbes, keinen Marx und keinen Weber. [...]

Ein Problem besteht auch darin, dass man unbewusst dazu neigt, die Existenz des Nationalismus zu hypostasieren[1], und „ihn" als eine Weltanschauung unter vielen einordnet. Es würde die Angelegenheit leichter machen, wenn man ihn begrifflich nicht wie „Liberalismus" oder „Faschismus" behandelte, sondern wie „Verwandtschaft" oder „Religion".

In einem solchermaßen anthropologischen Sinne schlage ich folgende Definition von Nation vor: Sie ist eine vorgestellte politische Gemeinschaft – vorgestellt als begrenzt und souverän.

Vorgestellt ist sie deswegen, weil die Mitglieder selbst der kleinsten Nation die meisten anderen niemals kennen, ihnen begegnen oder auch nur von ihnen hören werden, aber im Kopf eines jeden die Vorstellung ihrer Gemeinschaft existiert. [...]

Ernest Gellner[2] kommt mit einer gewissen Bissigkeit zu [dem] Schluss: „Nationalismus ist keineswegs das Erwachen von Nationen zu Selbstbewusstsein: man erfindet Nationen, wo es sie vorher nicht gab." [...] Diese Formulierung hat jedoch einen Nachteil: Gellner bemüht sich so sehr um den Nachweis, der Nationalismus spiegele falsche Tatsachen vor, dass er jene „Erfindung" mit „Herstellung" von „Falschem" assoziiert, anstatt mit „Vorstellen" und „Kreieren". Auf diese Weise legt er nahe, dass es „wahre" Gemeinschaften gebe, die sich von Nationen vorteilhaft absetzen.

In der Tat sind alle Gemeinschaften, die größer sind als die dörflichen mit ihren *Face-to-face*-Kontakten, vorgestellte Gemeinschaften. Gemeinschaften sollten nicht durch ihre Authentizität voneinander unterschieden werden, sondern durch die Art und Weise, in der sie vorgestellt werden. Javanische Dorfbewohner haben immer gewusst, dass sie mit Menschen in Verbindung stehen, die sie niemals gesehen haben, doch wurden diese Bindungen lange als Sonderfall angesehen – als unendlich dehnbare Netze von Verwandtschaft und Klientismus[3]. Bis vor kurzer Zeit gab es in der javanischen Sprache kein Wort für den abstrakten Begriff „Gesellschaft".

Wir können heute die französische Aristokratie des *Ancien Régime*[4] als Klasse begreifen; doch selbst hat sie sich nicht als solche verstanden. Auf die Frage „Wer ist der Comte de X?" hätte die normale Antwort nicht gelautet „ein Mitglied der Aristokratie", sondern „der Graf von X", „der Onkel der Baronne de Y" oder „ein Schützling des Duc de Z".

Die Nation wird als begrenzt vorgestellt, weil selbst die größte von ihnen mit vielleicht einer Milliarde Menschen in genau bestimmten, wenn auch variablen Grenzen lebt, jenseits derer andere Nationen liegen.

Keine Nation setzt sich mit der Menschheit gleich. Selbst die glühendsten Nationalisten träumen nicht von dem Tag, da alle Mitglieder der menschlichen Rasse ihrer Nation angehören werden [...].

Die Nation wird als souverän vorgestellt, weil ihr Begriff in einer Zeit geboren wurde, als Aufklärung und Revolution die Legitimität der als von Gottes Gnaden gedachten hierarchisch-dynastischen Reiche zerstörten. [...]

Deshalb träumen Nationen davon, frei zu sein und dies unmittelbar – wenn auch unter Gott. Maßstab und Symbol dieser Freiheit ist der souveräne Staat.

Schließlich wird die Nation als Gemeinschaft vorgestellt, weil sie, unabhängig von realer Ungleichheit und Ausbeutung, als „kameradschaftlicher" Verbund von Gleichen verstanden wird. Es war diese Brüderlichkeit, die es in den letzten zwei Jahrhunderten möglich gemacht hat, dass Millionen von Menschen für so begrenzte Vorstellungen weniger getötet haben als vielmehr bereitwillig gestorben sind.

Dieses Sterben konfrontiert uns mit dem zentralen Problem, vor das uns der Nationalismus stellt: Wie kommt es, dass die kümmerlichen Einbildungen der jüngeren Geschichte (von kaum mehr als zwei Jahr-

hunderten) so ungeheure Blutopfer gefordert haben?
Ich bin der Überzeugung, dass die Antwort in den kulturellen Wurzeln des Nationalismus liegt.

Benedict Anderson, Die Erfindung der Nation. Zur Karriere eines folgenreichen Konzepts, übers. v. Benedikt Burkhard u. Christoph Münz, Ullstein, Berlin [zuerst 1983] 1998, S. 14–16.*

1 *hypostasieren:* verdinglichen
2 *Ernest Gellner (geb. 1925):* Professor für Sozialanthropologie und Philosophie an der Universität Cambridge/Großbritannien, einer der prominentesten Vertreter der dekonstruktivistischen Nationsdefinition
3 *der Klientismus:* System personeller, ungleicher Abhängigkeitsbeziehungen zwischen einflussreichen Personen und ihren Klienten, d. h. den von ihnen abhängigen Personen
4 *das Ancien Régime (frz.):* „frühere Regierungsform", Zeit vor der Französischen Revolution bzw. vor den napoleonischen Kriegen

1 **Partnerarbeit:** Fassen Sie die zentralen Aussagen Andersons (M 1) zum Nationen-Begriff zusammen.
Tipp: Siehe Hilfen S. 483.
2 Wenden Sie die Definition der Nation nach Anderson auf die historische Entwicklung in Deutschland und in Polen im 19. Jahrhundert an.
3 **Vertiefung:** Erläutern Sie die Schlussthese Andersons zu den „kulturellen Wurzeln" des Nationalismus (Zeilen 99 f.).
4 **Zusatzaufgabe:** Siehe S. 483.

M 2 Der deutsche Historiker Hans-Ulrich Wehler über Nation und Nationalismus in der modernen Geschichte (2001)

Nationalismus soll heißen: das Ideensystem, die Doktrin, das Weltbild, das der Schaffung, Mobilisierung und Integration eines größeren Solidarverbandes (Nation genannt), vor allem aber der Legitimation neuzeitlicher politischer Herrschaft dient. Daher wird der Nationalstaat mit einer möglichst homogenen Nation zum Kardinalproblem des Nationalismus.

Nation soll heißen: jene zuerst „gedachte Ordnung", die unter Rückgriff auf die Traditionen eines ethnischen Herrschaftsverbandes entwickelt und allmählich durch den Nationalismus und seine Anhänger als souveräne Handlungseinheit geschaffen wird.

Daher führt die Auffassung, dass die Nation den Nationalismus hervorbringe, in die Irre. Umgekehrt ist vielmehr der Nationalismus der Demiurg¹ der neuen Wirklichkeit. [...]

Die konventionelle Auffassung von der Nation [...] insistiert darauf, dass diese Nation seit archaischen Urzeiten bestanden habe. Allenfalls sei sie einmal verdeckt, überfremdet, eingeschläfert worden, bis sie erneut erwachte oder geweckt wurde und damit wieder zum Bewusstsein ihrer selbst kam. [...]

Das neuere Verständnis von Nationalismus sieht in ihm [...] ein durchaus modernes Phänomen, das von der Loyalitätsbindung in älteren Herrschaftsverbänden prinzipiell unterschieden ist. [...]

Erst der Nationalismus erhebt die Nation zur obersten „Rechtfertigungs- und Sinngebungsinstanz" (Heinrich August Winkler), die andere Halbgötter: ob Stammeshäuptlinge, Könige oder Päpste, verdrängt; er selber gewinnt den Charakter einer politischen Religion. Der Staat muss auf seiner Legitimierung durch den Willen der Nation beruhen.

Anstelle der überlieferten „Staatsräson" orientiert sich der Nationalstaat primär an „nationalen Interessen", nicht selten auch an der „historischen Mission" seiner Nation.

Die nationale Identität erlaubt zwar die Koexistenz mit konfessionellen, regionalen, traditionalen Identitäten, ist aber im Prinzip der höchstrangige Wert. Das nationale Heimatland gilt jetzt als sakrosankt; ein Tausch (nach einem Erbfolgestreit) oder eine Abtretung von Teilen dieses Landes sind nicht mehr legitimierbar. [...]

Die neuere kulturgeschichtliche Schule hat in der Nationalismusforschung den Konstruktcharakter von Nationen weithin überzeugend nachgewiesen. Die „natürliche", „ewige" Substanz der Nation ist dabei genauso aufgelöst worden [...]. Stattdessen ist der Nachweis geführt worden, dass die Nation ein vom Nationalismus entworfenes flexibles Produkt der modernen Geschichte ist. [...] Im Extremfall gilt die Nation nur mehr als [...] pures Gespinst von Zuschreibungen. [...] [Doch] führt [...] ein irregeleiteter Konstruktivismus, führt der Glaube an die pure Erfindung einer „gedachten Ordnung" der Nation und aller in sie eingehenden Traditionen in die Irre.

Obwohl der Nationalismus und sein Ziel, die Nation im souveränen Nationalstaat, in der Tat moderne Phänomene sind, haben die Protagonisten des Nationalismus doch nicht das gesamte Konstrukt „erfunden", sondern es zum großen Teil aus Elementen der historischen Tradition zusammengesetzt, im Rückgriff also auf die Geschichte jener Herrschaftsverbände, in denen sich der Nationalismus entwickelte. So fand etwa der Nationalismus in England, in Nordamerika [...] und in Frankreich ethnische Verbünde (Ethnien) mit einer Fülle überlieferter Traditionen vor. Ethnie soll hier heißen: der durch ein stabiles Solidaritätsverständnis geprägte, selbstständige Herrschaftsverband mit einem gemeinsamen symbolischen Herkunftsmythos (der weithin auch wieder auf

„erfundenen Traditionen" beruht), mit dem wachen Bewusstsein gemeinsamer geschichtlicher Erfahrungen und einer engen Bindung an ein Territorium. Ethnisch heißt daher nicht etwa rassisch, sondern meint eine sozialkulturell-historisch distinkte Population mit einem eigenen Herrschaftssystem.

Aus diesem längst vorhandenen „Rohmaterial", aus dieser historischen Verfügungsmasse der Ethnien, konnten die Vordenker des Nationalismus ein Gutteil ihrer Konstruktionselemente entnehmen. Dort fanden sich bereits effektive Herrschaftsverbände über Jahrhunderte hinweg, bis hin zum neuzeitlichen Staat, eine gemeinsame Sprache und Kultur, gemeinsame Erinnerungen an Siege und Niederlagen, gemeinsame Sitten und Gebräuche wie Baustil, Kleidung, Nahrung, eine erfundene oder arrangierte ethnische Vergangenheit. Die neue „mentale Landkarte" des Nationalismus besaß daher an vielen Stellen die durchaus vertrauten Züge der eigenen Ethnie. [...]

Wie alle Utopien operierte auch die „gedachte Ordnung" der Nation nicht im luftleeren Raum. Der in der Tat erfindungsreiche Kunstgriff des Nationalismus bestand vielmehr darin, die andersartige Vergangenheit von Ethnien durch Neuinterpretation in eine nationale Vergangenheit zu verwandeln, sodass die Illusion einer lückenlosen, langlebigen Traditionskontinuität entstehen konnte. Unpassende Traditionen wurden ausgeblendet oder umgewandelt, sodass eine passende Vergangenheit entstand. Wegen dieser vermeintlich tiefen Wurzeln in der Urzeit der Geschichte konnten dann Krisen und Kriege als existenzielle Bewährungsproben traditionsgeheiligter Verbände verstanden werden, deren Bewältigung sogar Blutopfer verlangte und rechtfertigte. Denn das Behauptungsstreben uralter „Nationen" sei selbstlos, hieß es, keineswegs von materiellen Interessen bestimmt, und eben deshalb dürfe es das reine Opfer verlangen. [...]

Hans-Ulrich Wehler, Nationalismus. Geschichte, Formen, Folgen, C. H. Beck, München 2001, S. 13, 36–40.*

1 *der Demiurg:* Schöpfer

1 Gruppenarbeit:
a) Bilden Sie Dreier- oder Vierergruppen und analysieren Sie Hans-Ulrich Wehlers Verständnis von Nation und Nationalismus (M 2). Klären Sie zunächst unbekannte Begriffe und stellen Sie Leitfragen.
   Tipp: Vorschläge für Leitfragen siehe S. 483.
b) Präsentieren Sie Ihre Ergebnisse in Form einer Tabelle.

2 Überprüfen Sie gemeinsam im Kurs die Tragfähigkeit von Wehlers Darstellung zum Nationalismus anhand der deutschen und polnischen Geschichte des 19. und 20. Jahrhunderts.

3 Vertiefung: Verfassen Sie in verständlichen Worten eine eigene Definition von Nationalismus.

M 3 **Der deutsche Politikwissenschaftler Herfried Münkler über Aufgaben und Funktionen politischer Mythen (1994)**

Es ist bemerkenswert, dass fast alle politischen Gemeinwesen zum Zwecke ihrer Selbstdarstellung immer wieder auf Mythen zurückgegriffen haben. [...] In allen Fällen geht es darum, dass durch sie der Gemeinschaft, die sich auf sie beruft, Sinn und Identität verliehen wird.

Entweder handelt es sich um Erzählungen, die gegen die Dunkelheit des Vergangenen abgrenzen, indem sie von einem Gründungsakt, dem Beginn des Gemeinwesens, berichten, etwa in der Erzählung von den Wolfskindern Romulus und Remus, oder in dem Bericht von der Herausführung der Juden aus Ägypten durch Moses und den anschließenden 40-jährigen Marsch durch die Wüste [...], oder durch die Herausstellung jenes Mannes [Arminius bzw. Hermann der Cherusker], der mit einem Bündnis germanischer Stämme drei römische Legionen besiegt hat.

Immer wird ein Anfang markiert, der gleichwohl mehr ist als ein bloßes historisches Datum: Der politische Mythos unterscheidet sich vom historischen Bericht – auch wenn beide nicht immer sauber zu trennen sind [...] – darin, dass es ihm weniger um das Ereignis als solches, sondern mehr um die Sinnhaftigkeit des Vorgangs geht.

In politischen Mythen überlieferte Anfänge sind mehr als bloße Anfänge in der Zeit; sie enthalten Sinnversprechen, durch welche die Vergangenheit mit der Gegenwart verbunden wird, und zwar so, dass die Vergangenheit über die Gegenwart hinaus in die Zukunft verweist. So wird der politische Mythos, der ein vergangenes Ereignis beschwört, zum Garanten der Zukunft.

Aber das ist nicht die einzige Funktion, die Mythen in der Politik innehaben: Geht es im einen Fall darum, gegen das Dunkel der Vergangenheit abzugrenzen und einen mythisch-historischen Anfang zu markieren, so haben andere Mythen die politische Funktion, präzise historische Daten zu verwischen und tatsächliche Anfänge in eine unaufgehellte Vergangenheit zurückzubinden. Hier wird der historisch fassbare Anfang durch herkunftsmythische Vernetzung in

das Dunkel der Vergangenheit zurückverlegt [...]. Um eine solche mythische Ansippung handelt es sich auch bei der Inversion1 von Friedrich I. Barbarossa2
45 und Wilhelm I. Barbablanca [...], um die Hohenzollern an die Hohenstaufen ansippen und so das preußisch-deutsche Kaiserreich als Fortsetzung des mittelalterlichen Kaiserreichs darstellen zu können.
Für alle der bislang genannten Beispiele gilt: Der my-
50 thisch markierte oder aber auch mythisch verwischte Anfang einer Gemeinschaft – und genau dies macht den Unterschied zwischen einer mythischen Erzählung und einer historiografischen Darstellung aus – ist mehr als ein bloßer Anfang in der Zeit [...]:
55 Er ist der Beginn einer sinnhaften Entwicklung, in welche die Gemeinschaft bis in die Gegenwart und darüber hinaus eingebettet bleibt und die dafür sorgt, dass dem auch in Zukunft so sein wird. Im Unterschied zum Mythos nämlich ist die historische
60 Darstellung [...] nicht gegen den Verdacht gefeit, die Gründung Roms hätte auch unterbleiben [...] können.
Die mythische Ursprungserzählung ebenso wie die mythische Vernetzung von Geschichte ist ein Wegerzählen
65 des Schreckens der Kontingenz3, der Furcht vor Scheitern und Misslingen, der Drohung der Vergeblichkeit oder auch nur des schließlichen Untergangs.
Die mythische Erzählung versichert, dass Rom ge-
70 gründet werden musste und dass es ewig sein werde, dass der im Berg verborgene und schlafende Kaiser einmal wiederkehren werde, um das Reich zu erneuern, dem dann eine heilsgeschichtliche Funktion zukommt [...].
75 Politische Mythen versichern der Gemeinschaft, der sie gelten, dass das, was geschehen ist, geschehen musste, dass die Ereignisse nicht zufällig, sondern notwendig vonstatten gingen und dass sie mehr waren und sind als bloße Ereignisse, sondern ihnen eine
80 heilsgeschichtliche Dimension eigen ist.
Die [...] Gründung des Deutschen Reiches, der Sturm auf die Bastille [...] – sie alle integrieren politische Ereignisse sinnhaft in die Geschichte und enthalten Zukunftsversprechen, die weit über die der Gegenwart
85 hinausreichen. Indem sie Vergangenheit und Zukunft verbinden, erheben sie Gegenwart über sich selbst. Sie stiften Sinn von Zugehörigkeitsempfinden zu einem politischen Verband.
Es ist der Mythos, mit dessen Hilfe die Bevölkerung
90 mobilisiert werden soll, der eine politische Identität entfaltet, die Gemeinschaft festigt oder neu schafft und vieles mehr.

Herfried Münkler: Politische Mythen und nationale Identität. Vorüberlegungen zu einer Theorie politischer Mythen, in Wolfgang Frindte/Harald Pätzold (Hg.): Mythen der Deutschen, Deutsche Befindlichkeiten zwischen Geschichten und Geschichte, Leske + Budrich, Opladen 1994, S. 21–23, 26.*

1 *die Inversion:* in diesem Zusammenhang Bezugnahme auf, eine Verbindungslinie konstruieren
2 *Friederich I. Barbarossa:* Deutscher Kaiser 1155–1190, eine der schillerndsten Persönlichkeiten des mittelalterlichen deutschen Kaiserreiches
3 *die Kontingenz:* Nicht notwendig sein

1 Geben Sie die zentralen Aussagen Münklers zu politischen Mythen in einem Schaubild wieder (M 3).
2 **Wahlaufgabe:** Bearbeiten Sie entweder Aufgabe a) oder b).
  a) Verfassen Sie einen Zeitungsbericht zum Thema „Der Hermanns-Mythos im deutschen Kaiserreich".
  b) Recherchieren Sie zur Bedeutung des Ortes Katyn im polnischen Nationen-Verständnis.
3 **Vertiefung:** „Die Nation – ein Mythos?" Erörtern Sie die Frage nach Bearbeitung von Aufgabe 1.
  Tipp: Formulierungshilfe für eine historische Erörterung siehe S. 293.

Geschichte kontrovers: Deutungen des deutschen Selbstverständnisses im 19. und 20. Jahrhundert: die Sonderwegsdebatte

M4 Der deutsche Politikwissenschaftler und Zeithistoriker Karl Dietrich Bracher über den „Sonderweg" Deutschlands in die Katastrophe des Nationalsozialismus (1979, zuerst 1969)
Man kann vier große Entwicklungszusammenhänge unterscheiden, in denen sich die spezifisch politischen Voraussetzungen des Nationalsozialismus herausgebildet haben. [...]
1. Die geografische Mittellage im Herzen Europas und die besondere Führungsstellung im mittelalterlichen Imperium hatten Deutschland daran gehindert, gleichzeitig mit den westlichen Nationen eine zentral regierte, historisch-national begründete Staatlichkeit zu finden, nachdem das alte Reich in lose verbundene Territorialstaaten zerfallen war. [...] Die anfängliche Begeisterung für die Prinzipien der Französischen Revolution machte dann unter dem Eindruck des Terrors und der aggressiven Expansion der Revolution und Napoleons einer tief greifenden Ernüchterung Platz. Es begann die romantisch-mysti-

sche Begründung eines nationalen Sonderbewusstseins, einer Sonderstellung der Deutschen gegenüber dem Westen und seiner Revolutions- und Staatsphilosophie. [...] Während die Freiheitskriege gegen Napoleon die nationalen Interessen in den Vordergrund rückten, ermöglichten sie schließlich der Restauration den Sieg über innere Reform- und Revolutionsbestrebungen.

2. Die weltgeschichtliche Folge, die zumal nach dem Scheitern der bürgerlich-liberalen Revolution von 1848 auftrat, war eine Entfremdung und Trennung des deutschen Staatsdenkens von der westeuropäischen Entwicklung. Während das deutsche Sonderbewusstsein immer stärker antiwestliche Züge entwickelte, geriet auch die starke liberale Bewegung zunehmend in den Bann einer außenpolitisch bestimmten Freiheits- und Einheitskonzeption, die das innenpolitische Freiheits- und Verfassungsideal verdrängte. [...] Indem sie den Primat der äußeren Einheit vor der inneren Freiheit anerkannte, unterwarf sich die demokratische Verfassungs- und Reformbewegung erneut den vordemokratischen Gewalten der Höfe, des Militärs und der Bürokratie. An der Spitze des preußischen Obrigkeitsstaates, der Hauptstütze und dem Symbol der reaktionären Ordnungsmächte, vermochte Bismarck den ersehnten deutschen Nationalstaat, das „Zweite Reich", in einer Revolution von oben zu erzwingen.

Es war eine autoritäre Ersatzlösung für den 1848 erstrebten liberal-demokratischen Nationalstaat. Aber indem sie den äußeren Wunsch der Einheitsbewegung erfüllte, gelang es ihr überraschend schnell, die bürgerlich-liberale Emanzipationsbewegung in die Struktur eines scheinkonstitutionellen, halb absoluten Feudal-, Militär- und Beamtenstaates einzugliedern. [...]

Unter dem Eindruck der Bismarck'schen Erfolge akzeptierten weite Kreise des Bürgertums jene vulgäre, zynische Auffassung, dass es in der „Realpolitik" allein auf die Macht und nicht auf Recht und Moral ankomme. [...] Machtkultur und Untertanengeist waren die beiden Pole dieser Fehlhaltung. [...]

3. So war das Bismarck-Reich von Anfang an großen Spannungen ausgesetzt und mit Strukturfehlern belastet, die vom Glanz der Gründerzeit nur oberflächlich verdeckt wurden. Sie behinderten die Entfaltung eines funktionsfähigen parlamentarischen Systems und verantwortungsfreudiger Parteien.

Besonders katastrophal war der Niedergang der Liberalen, die noch in den Siebzigerjahren die absolute Mehrheit im Reich und in Preußen besessen hatten. Zugleich blockierte der militärisch-bürokratische Obrigkeitsstaat die Mitwirkung der wachsenden Arbeitermassen und ihrer sozialdemokratischen und gewerkschaftlichen Organisationen. [...] Es bestand eine tiefe Diskrepanz zwischen gewandelter gesellschaftlicher Struktur und politischer Ordnung, die mit der industriellen Revolution so tief geänderte soziale Situation fand keine angemessene Berücksichtigung.

Nach dem Sturz Bismarcks wuchs die Neigung, dies Problem durch eine Ablenkung des Interessendrucks nach außen (im Sinne eines Sozialimperialismus) zu neutralisieren. Auch außenpolitisch verstand sich das neue deutsche Einheitsreich als „verspätete Nation". Konservative und Liberale trafen sich in der Überzeugung, Deutschland müsse möglichst rasch den nationalen und imperialen Vorsprung der Weltmächte aufholen, es habe einen natürlichen Anspruch, als Großmacht die Hegemonie über Mitteleuropa zu erringen und sich an der kolonial- und wirtschaftspolitischen Durchdringung und Verteilung der Welt zu beteiligen. [...]

4. Die reale Lage der Weimarer Republik war zwar durch die eindeutige Niederlage des Deutschen Reiches und seine rigorose Beschneidung im Versailler Friedensvertrag bestimmt. Aber gerade der Protest, die Nichtanerkennung dieses Rückschlags hat dem Gedanken des nationalen Machtstaats auf Kosten der demokratischen Neuordnung eine besondere Intensität verliehen. Die Versuche zu einer friedlichen Aufbau- und Verständigungspolitik in Europa waren auch durch das Misstrauen der Westmächte, die Schwäche des Völkerbunds und die Isolationspolitik der USA beeinträchtigt. Sie standen aber vor allem unter dem Druck eines nationalistischen Revisionismus, der zumal während der Krisen zwischen 1918 und 1923 und erneut mit dem Ausbruch der Wirtschaftskrise von 1929 weite Kreise der deutschen Bevölkerung erfasste. Die Weimarer Außenpolitik, zwischen Ost und West, Widerstand und Erfüllung, Kooperation und Revision schwankend, vermochte diese Dynamik nicht aufzufangen. [...]

Aber freilich ist ohne die militärisch-politische und staatliche Ordnungstradition Preußens weder die Militarisierung des Denkens und Lebens in weiten Kreisen des Kaiserreichs und der Weimarer Republik noch vor allem dann der Aufbau und die Kampfkraft des totalen Staates zu denken. Die Allianz von Nationalismus und Militarismus im Ersten Weltkrieg war Hitlers großes Erlebnis, ihre Fortsetzung im Kampf gegen die Weimarer Republik und im Bündnis der reaktionären Nationalisten mit der nationalsozialistischen Revolutionsbewegung hat 1933 erst möglich gemacht. [...]

Karl Dietrich Bracher, Die deutsche Diktatur. Entstehung, Struktur, Folgen des Nationalsozialismus, 6. Aufl., Ullstein, Frankfurt/M. 1979, S. 16–23.*

1 Arbeitsteilige Gruppenarbeit:
a) Bilden Sie vier Gruppen und erklären Sie jeweils einen der von Bracher in M 4 genannten vier Entwicklungszusammenhänge, die den Aufstieg und die Durchsetzung des Nationalsozialismus in Deutschland begünstigt oder gefördert haben.
b) Präsentieren Sie Ihre Ergebnisse aus den vier Gruppenarbeiten in Form einer gemeinsamen Visualisierung.
Tipp: Clustering. Führen Sie die vier Entwicklungszusammenhänge in Form eines „Clusterings" als Gesamtüberblick zusammen. Zur Cluster-Methode, siehe S. 483.

M5 Der deutsche Historiker Heinrich August Winkler über das nationale Selbstverständnis

a) 1997
Wenn deutsche Historiker, Philosophen und Schriftsteller vor 1945 von einem besonderen deutschen Weg sprachen, der sich von dem Westeuropas abhebe, war das in der Regel positiv gemeint. Der angeb-
5 lich bloß äußerlichen Zivilisation des Westens stellten sie die innerliche Kultur Deutschlands, der demokratischen Mehrheitsherrschaft den starken Staat gegenüber, den Deutschland schon wegen seiner bedrohten Grenzen gebraucht habe und weiter-
10 hin brauche. Nach dem Zweiten Weltkrieg erschien der „deutsche Sonderweg" auch vielen Deutschen in einem neuen Licht: Er wurde zum Inbegriff jener Traditionen, die die „deutsche Katastrophe" der Jahre 1933 bis 1945 möglich gemacht hatten.
15 Der Ausgangspunkt der wissenschaftlichen Debatte war die Frage, warum Deutschland als einziges hochentwickeltes Industrieland im Zuge der Weltwirtschaftskrise nach 1929 sein demokratisches System zugunsten einer totalitären Diktatur von rechts auf-
20 gab.
Die Antworten stimmten meist darin überein, dass Deutschland bis 1918 ein von vorindustriellen Eliten beherrschter Obrigkeitsstaat war und dass die erste deutsche Demokratie, die Weimarer Republik, vor al-
25 lem an diesem autoritären Erbe zugrunde gegangen ist. Das Ende des deutschen Sonderweges kam nach dieser Deutung erst im Gefolge des „Zusammenbruchs" von 1945: Dem ostelbischen Rittergutsbesitz, der bei der Zerstörung der Weimarer Republik eine entscheidende Rolle gespielt hatte, wurde durch den Verlust der deutschen Ostgebiete und die „Bodenreform" in der sowjetischen Besatzungszone im Wortsinn der Boden entzogen; es gab jahrelang kein deutsches Militär; das Land Preußen wurde durch ein Gesetz des Alliierten Kontrollrats 1947 formell aufgelöst; der deutsche Nationalismus war durch den Nationalsozialismus langfristig diskreditiert, ja historisch entlegitimiert.
In der neueren Diskussion, die lange vor der deutschen Wiedervereinigung begann, hat sich ein komplexeres Bild vom deutschen Sonderweg durchgesetzt. Neben den autoritären Traditionen wird jetzt die frühe Teildemokratisierung Deutschlands und in diesem Zusammenhang besonders das allgemeine gleiche Wahlrecht für Männer hervorgehoben, das Bismarck 1867 im Norddeutschen Bund und 1871 im Deutschen Reich einführte. Das Nebeneinander von nichtparlamentarischer Regierung und demokratischem Wahlrecht vor 1918 war einer der Widersprüche im deutschen Modernisierungsprozess, von denen später Hitler profitierte.
Er konnte, seit 1930 ein autoritäres Präsidialsystem an die Stelle der gescheiterten parlamentarischen Demokratie von Weimar getreten war, an beides appellieren: an die verbreiteten Ressentiments gegenüber dem neuen, angeblich „undeutschen" Parlamentarismus und an den seit langem verbrieften, nunmehr fast wirkungslos gewordenen Anspruch des Volkes auf politische Mitbestimmung. Der tiefere Grund für das Scheitern der ersten deutschen Demokratie und für Hitlers Triumph lag mithin darin, dass es Weimar nicht gelungen war, das zwiespältige Erbe zu meistern, das ihm das Kaiserreich hinterlassen hatte.
Nach dem Ende aller deutschen Sonderwege, des antiwestlichen des Deutschen Reiches, des postnationalen der alten Bundesrepublik und des internationalistischen der DDR, ist ganz Deutschland erstmals ein demokratischer, fest in den Westen integrierter Nationalstaat.

Heinrich August Winkler, Abschied von Sonderwegen. Die Deutschen vor und nach der Wiedervereinigung, in: ders., Streitfragen der deutschen Geschichte [zuerst 1994], C.H. Beck, München 1997, S. 144–147.*

1 Charakterisieren Sie anhand von M 5a die unterschiedlichen Versionen der Sonderwegs-These.
2 Fassen Sie die Kritik Winklers (M 5a) an den Sonderwegs-Thesen zusammen.
3 **Vertiefung:** Stellen Sie die Kritik Winklers an den Sonderwegs-Thesen der in M 4 entwickelten „negativen" Sonderwegs-These gegenüber.

b) Aus Winklers Rede zum 70. Jahrestag des Kriegsendes im Bundestag

Abgeschlossen ist die deutsche Auseinandersetzung mit der eigenen Vergangenheit nicht, und sie wird es auch niemals sein. Jede Generation wird ihren Zugang zum Verständnis einer so widerspruchsvollen Geschichte wie der deutschen suchen. Es gibt vieles Gelungene in dieser Geschichte, nicht zuletzt in der Zeit nach 1945, über das sich die Bürgerinnen und Bürger der Bundesrepublik Deutschland freuen und worauf sie stolz sein können. Aber die Aneignung dieser Geschichte muss auch die Bereitschaft einschließen, sich den dunklen Seiten der Vergangenheit zu stellen. Niemand erwartet von den Nachgeborenen, dass sie sich schuldig fühlen angesichts von Taten, die lange vor ihrer Geburt von Deutschen im Namen Deutschlands begangen wurden. Zur Verantwortung für das eigene Land gehört aber immer auch der Wille, sich der Geschichte dieses Landes im Ganzen bewusst zu werden. Das gilt für alle Deutschen, ob ihre Vorfahren vor 1945 in Deutschland lebten oder erst später hier eingewandert sind, und es gilt für die, die sich entschlossen haben oder noch entschließen werden, Deutsche zu werden. […]

Es gibt keine moralische Rechtfertigung dafür, die Erinnerung an solche Untaten in Deutschland nicht wachzuhalten und die moralischen Verpflichtungen zu vergessen, die sich daraus ergeben. […] Unter eine solche Geschichte lässt sich kein Schlussstrich ziehen.

Neben dem Vergessen gibt es freilich auch noch eine andere Gefahr im Umgang mit dem dunkelsten Kapitel der deutschen Geschichte: eine forcierte Aktualisierung zu politischen Zwecken. Wenn Deutschland sich an Versuchen der Völkergemeinschaft beteiligt, einen drohenden Völkermord oder andere Verbrechen gegen die Menschlichkeit zu verhindern, bedarf es nicht der Berufung auf Auschwitz. Auf der anderen Seite lässt sich weder aus dem Holocaust noch aus anderen nationalsozialistischen Verbrechen noch aus dem Zweiten Weltkrieg insgesamt ein deutsches Recht auf Wegsehen ableiten. Die Menschheitsverbrechen der Nationalsozialisten sind kein Argument, um ein Beiseitestehen Deutschlands in Fällen zu begründen, wo es zwingende Gründe gibt, zusammen mit anderen Staaten im Sinne der „responsibility to protect", einer Schutzverantwortung der Völkergemeinschaft, tätig zu werden.

Jede tagespolitisch motivierte Instrumentalisierung der Ermordung der europäischen Juden läuft auf die Banalisierung dieses Verbrechens hinaus.

Ein verantwortlicher Umgang mit der Geschichte zielt darauf ab, verantwortliches Handeln in der Gegenwart möglich zu machen. Daraus folgt zum einen, dass sich die Deutschen durch die Betrachtung ihrer Geschichte nicht lähmen lassen dürfen. Zum anderen gilt es, politische Entscheidungen nicht dadurch zu überhöhen, dass man sie als die jeweils einzig richtige Lehre aus der deutschen Vergangenheit ausgibt. Jeder Versuch, mit dem Hinweis auf den Nationalsozialismus eine deutsche Sondermoral zu begründen, führt in die Irre. […]

Mit dem Selbstverständnis eines Staatenverbundes wie der Europäischen Union ist die Hegemonie *eines* Landes unvereinbar. Dem wiedervereinigten Deutschland fällt innerhalb der EU schon aufgrund seiner Bevölkerungszahl und seiner Wirtschaftskraft eine besondere Verantwortung für den Zusammenhalt und die Weiterentwicklung dieser supranationalen Gemeinschaft zu. Dazu kommt die Verantwortung, die sich aus der deutschen Geschichte ergibt. Es ist eine an Höhen und Tiefen reiche Geschichte, die nicht aufgeht in den Jahren 1933 bis 1945 und die auch nicht zwangsläufig auf die Machtübertragung an Hitler hingeführt, wohl aber dieses Ereignis und seine Folgen ermöglicht hat. Sich dieser Geschichte zu stellen, ist beides: ein europäischer Imperativ und das Gebot eines aufgeklärten Patriotismus.

Um es in den Worten des dritten Bundespräsidenten Gustav Heinemann aus seiner Rede zum Amtsantritt am 1. Juli 1969 zu sagen: „Es gibt schwierige Vaterländer. Eines davon ist Deutschland. Aber es ist *unser* Vaterland."

Rede von Prof. Dr. Heinrich August Winkler zum 70. Jahrestag des Endes des Zweiten Weltkrieges 8. Mai 2015 (https://www.bundestag.de/dokumente/textarchiv/2015/kw19_gedenkstunde_wkii_rede_winkler/373858; Download vom 23. 8. 2018).*

1 Fassen Sie die zentralen Aussagen der Rede Winklers (M 5 b) zusammen.

2 Erläutern Sie die im Material dargestellte „Verantwortung", die sich nach Winkler aus der deutschen Geschichte ergibt.

3 Streitgespräch: Klären Sie in einem Streitgespräch im Kurs, welchen Stellenwert die Auseinandersetzung mit der deutschen Vergangenheit für das gegenwärtige Selbstverständnis der Deutschen besitzen sollte.

Formulierungshilfen „ein historisches Streitgespräch führen"
– Meiner Ansicht nach …
– Ich muss hier deutlich widersprechen, da …
– Man kann der Auffassung … zustimmen, aber man muss auch berücksichtigen, dass …
– Diese Einschätzung trifft nicht ganz zu …
– Man kann nicht ausschließlich aus der Perspektive von … argumentieren, sondern …
– Es ist Fakt, dass …
– Ein Beispiel für mein Argument ist, dass …
– Abschließend möchte ich noch einmal deutlich hervorheben …

4 Vertiefung: „Es gibt schwierige Vaterländer. Eines davon ist Deutschland. Aber es ist *unser* Vaterland." Nehmen Sie Stellung zu dieser Aussage von Gustav Heinemann (deutscher Bundespräsident 1969–1974).

Transnationale Geschichte

M 6 Klaus Kiran Patel zur transnationalen Geschichte (2010)
Der Autor lehrt als Professor für Europäische und Globalgeschichte in Maastricht.

Eine relativ offene – und damit in den Augen mancher eventuell vage – Definition haben Akira Iriye und Pierre-Yves Saunier kürzlich dem von ihnen herausgegebenen Palgrave Dictionary of Transnational History vorangestellt: Danach geht es bei der transnationalen Geschichte um die *„links and flows",* die *„people, ideas, products, processes and patterns that operate over, across, through, beyond, above, under, or in-between polities and societies".*

Zugleich lässt sich für Iriye und Saunier transnationale Geschichte nicht nur über ihren (breit gefassten) Gegenstand definieren. Sie verstehen diese auch als wissenschaftlichen Ansatz – nicht jedoch als Theorie oder Methode, sondern als *„an angle, a perspective".* Wenngleich der Begriff der Perspektive in der Geschichtswissenschaft untertheoretisiert ist, verweist er grundsätzlich auf das Beziehungsverhältnis zwischen dem Objekt der Analyse (der Vergangenheit) und dem Betrachter (der Historikerin/dem Historiker). Im Kern definiert sich der Ansatz transnationaler Geschichte demnach primär über das wissenschaftliche erkenntnisleitende Interesse, dass sie und wie sie den oben erwähnten *„links and flows"* nachzugehen trachtet. [...]

Zusammengefasst: Es wäre falsch zu meinen, dass sich hinter der transnationalen Geschichte ein bislang gänzlich unbeachteter Gegenstand oder ein völlig neuer Zugriff auf die Geschichte verberge. Verbindungen zwischen Gesellschaften haben stets die Aufmerksamkeit von Historikerinnen und Historikern gefunden – seien diese diplomatischer und politischer, kultureller und sozialer oder schließlich ökonomischer Natur.

Neu an der transnationalen Geschichte ist vielmehr zum einen die Idee, eine Alternative zur Dominanz einer national zentrierten Geschichtsschreibung zu bieten. Wenngleich die meisten Praktiker transnationale Geschichte gerade nicht als neues Paradigma oder neue Meistererzählung verstehen wollen, sehen sie in ihr mehr als lediglich eine zusätzliche Ebene, die sich wie in einem Zwiebelmodell zwischen die lokale, regionale und nationale Geschichte einerseits und die globale andererseits schieben ließe. Denn transnationale Geschichte steht quer zu einer solchen Logik der Schichten und kann das Lokale direkt mit dem Übernationalen oder Transkontinentalen verbinden.

[...] Ohne die vielen Forschungen in den letzten Jahrzehnten, die das Verständnis von Interaktionen über Grenzen hinweg verfeinert haben – sei es durch Arbeiten zum historischen Vergleich und zu kulturellen Transfers, zu Netzwerken und Diasporas, durch Inspirationen aus der Anthropologie oder den *postcolonial studies* –, ohne all dies wäre die transnationale Geschichte nicht denkbar.

Klaus Kiran Patel: Transnationale Geschichte, in: Europäische Geschichte Online (EGO), hg. vom Institut für Europäische Geschichte (IEG), Mainz 2010 (http://ieg-ego.eu/de/threads/theorien-und-methoden/transnationale-geschichte/klaus-kiran-patel-transnationale-geschichte/?searchterm=Klaus%20Kiran%20Patel&set_language=de, Download vom 13. 7. 2018).*

1 Arbeiten Sie mithilfe des Textes von Patel die Unterschiede der transnationalen zur traditionellen Geschichtsschreibung heraus (M6).
Tipp: Stellen Sie diese zunächst in Tabellenform dar.
2 Beschreiben Sie mögliche Themenfelder der transnationalen Geschichtsschreibung mit Blick auf das Kursthema „deutsch polnisches Verhältnis".
Tipp: Siehe Hilfe S. 483.

M 7 Jürgen Osterhammel über globalgeschichtliche Perspektiven des 19. Jahrhunderts (2010)

Weltgeschichte wird dann für den Historiker besonders gut legitimierbar, wenn sie an das Bewusstsein der Menschen in der Vergangenheit anschließen kann. Selbst heute, im Zeitalter von Satellitenkommunikation und Internet, leben Milliarden in engen, lokalen Verhältnissen, denen sie weder real noch mental entkommen können. Nur privilegierte Minderheiten denken und agieren „global". Doch schon im 19. Jahrhundert, oft und mit Recht als das Jahrhundert des Nationalismus und der Nationalstaaten bezeichnet, entdecken nicht erst heutige Historiker auf der Suche nach frühen Spuren von „Globalisierung" Handlungszusammenhänge der Überschreitung: transnational, transkontinental, transkulturell. Bereits vielen Zeitgenossen erschienen erweiterte Horizonte des Denkens und Handelns als eine besondere Signatur ihrer Epoche. Angehörige europäischer und asiatischer Mittel- und Unterschichten richteten Blicke und Hoffnungen auf gelobte Länder in weiter Ferne. Viele Millionen scheuten Fahrten ins Ungewisse nicht. Staatsführer und Militärs lernten in Kategorien von Weltpolitik zu denken. Das erste wahre Weltreich der Geschichte, das nun auch Australien und Neuseeland umfasste, entstand, das *British Empire*. Andere Imperien maßen sich ehrgeizig am britischen Muster. Handel und Finanzen verdichteten sich noch stärker als in den Jahrhunderten der frühen Neuzeit zu einem integrierten Weltsystem. Um 1910 wurden wirtschaftliche Veränderungen in Johannesburg, Buenos Aires oder Tokyo unverzüglich in Hamburg, London, oder New York registriert. Wissenschaftler sammelten Informationen und Objekte in aller Welt; sie studierten Sprachen, Bräuche und Religionen entlegenster Völker. Die Kritiker der herrschenden Weltordnung begannen sich ebenfalls auf internationaler Ebene – oft weit über Europa hinaus – zu organisieren: Arbeiter, Frauen, Friedensaktivisten, Anti-Rassisten, Gegner des Kolonialismus. Das 19. Jahrhundert reflektiert seine eigene Globalität. [...]

Weltgeschichte bleibt eine Minderheitenperspektive, aber eine, die sich nicht länger als abseitig oder unseriös beiseiteschieben lässt. Die fundamentalen Fragen sind freilich auf allen räumlichen und logischen Ebenen dieselben „Wie verbindet der Historiker in der Interpretation eines einzelnen historischen Phänomens die quellenmäßig vorgegebene Individualität mit dem allgemeinen, abstrakten Wissen, das erst die Interpretation des Einzelnen möglich macht, und wie gelangt der Historiker zu empirisch gesicherten Aussagen über größere Einheiten und Prozesse der Geschichte?" [...]

Weltgeschichte zu schreiben ist auch ein Versuch, dem Spezialistentum der kleinteilig arbeitenden Fachhistorie ein wenig öffentliche Deutungskompetenz abzuringen. Weltgeschichte ist eine Möglichkeit der Geschichtsschreibung, ein Register, das gelegentlich ausprobiert werden sollte.

Jürgen Osterhammel, Die Verwandlung der Welt: Eine Geschichte des 19. Jahrhunderts (BpB 1044), C. H. Beck, Bonn 2010, S. 13 ff.*

1 Fassen Sie Osterhammels Definition von Weltgeschichte zusammen (M 7).
2 **Recherche:** Erläutern Sie, ausgehend von M 7, welche globalen Phänomene sich im 19. Jahrhundert entwickelt haben.
Tipp: Konzentrieren Sie sich auf folgende Aspekte: Energie, Industrie, Handel, Kommunikation, Migration, Wissenschaft.
3 Beurteilen Sie, inwiefern der Nationalismus ein globales Phänomen im 19. Jahrhundert gewesen ist.
4 **Vertiefung:** Seit den 2010er-Jahren lebt der Nationalismus in vielen Ländern wieder auf. Vergleichen Sie ausgehend von M 7 den Nationalismus um 1900 mit nationalistischen Entwicklungen der Gegenwart.
5 **Zusatzaufgabe:** Siehe S. 483.

Erklärvideo zur Transnationalen Geschichte
cornelsen.de/Webcodes
Code: diroyi

Präsentation

Blick auf den Zweiten Weltkrieg

Präsentieren Sie ausgewählte deutsche Reden zu den Jahrestagen des Kriegsendes und zeigen Sie auf, wie sich die Inhalte und der Blick auf die Ereignisse des Zweiten Weltkrieges verändert haben.

Heinrich August Winklers gesamte Rede im Bundestag, 8.5.2015
cornelsen.de/Webcodes
Code: yuvicu

3.8 Wahlmodul: Der Erste Weltkrieg

M1 Durch Gaseinsatz erblindete britische Soldaten (bei Estaires), Fotografie, 1918

1914 | Ermordung des österreichischen Thronfolgers in Sarajewo (Juni)
1914 | Österreich-Ungarn erklärt Serbien den Krieg (Juli)
1914 | Deutschland erklärt Russland und Frankreich, Großbritannien seinerseits Deutschland den Krieg (August)
1915 | Erster Einsatz von Giftgas durch deutsches Militär in Ypern, Belgien (April)

| 1912 | 1913 | 1914 | 1915 |

1912/13 Balkankriege

1914–1918 Erster Weltkrieg

1888–1918 Regierungszeit Kaiser Wilhelms II.

Als im Herbst des Jahres 1918 der Erste Weltkrieg zu Ende ging, lag das europäische Staatensystem in Trümmern. Der Krieg hatte nicht nur das Zeitalter des Imperialismus, sondern auch das „lange 19. Jahrhundert" (1789–1914) beendet, in dem Europa die Weltpolitik und die Weltwirtschaft bestimmt hatte. Die Bilanz dieser „Urkatastrophe
5 des 20. Jahrhunderts", wie der amerikanische Diplomat George F. Kennan den Ersten Weltkrieg einmal genannt hat, war verheerend: Weltweit starben rund neun Millionen Soldaten und mehr als sechs Millionen Zivilisten, Unzählige waren verletzt und verstümmelt worden, weite Landstriche Europas blieben verwüstet zurück. Die Grausamkeiten dieses „ersten industriellen Massenvernichtungskrieges" zerstörten bereits kurz
10 nach dessen Ausbruch nicht nur das Zutrauen, das in die Wissenschaft und die Industriezivilisation als Träger einer besseren, modernen Welt gesetzt worden war, sondern auch den Glauben an die Humanität des Menschen überhaupt.

M 2 Deutsche Soldaten auf dem Weg an die Westfront, Fotografie, Oktober 1914

1 Erklären Sie, was die dargestellten Personen auf dem Bild M 1 machen. Recherchieren Sie dazu den historischen Kontext, in dem das Bild entstand.
2 Erläutern Sie, welche Perspektive auf den Krieg in dem Bild deutlich wird.
3 Vergleichen Sie Ihre Ergebnisse mit der Wirkung von M 2.
4 **Partnerarbeit:** Entwickeln Sie gemeinsam Fragen, die sich Ihrer Meinung nach aus der Untersuchung der Bilder (M 1, M 2) und dem Einleitungstext auf dieser Seite ergeben. Notieren Sie diese, sodass Sie sie nach Bearbeitung des Kapitels noch einmal aufrufen und bearbeiten können (siehe S. 391).

| 1916 | Schlacht bei Verdun (Febr. bis Dez.) | 1917 | Kriegseintritt der USA | 1918 | „14 Punkte"-Plan des US-Präsidenten Wilson (Jan.) | 1918 | Revolution (Nov.) | 1919 | Friedensvertrag von Versailles |

1914–1918 Erster Weltkrieg
1888–1918 Regierungszeit Kaiser Wilhelms II.

3.8 Wahlmodul: Der Erste Weltkrieg

> *In diesem Kapitel geht es um*
> – die Auswirkungen des technisierten Krieges auf die Soldaten, die an der Front in Schützengräben Artilleriebeschuss und Giftgasangriffe erleben mussten,
> – die Folgen des Weltkriegs für die Heimatfront, die durch Wirtschaftsblockaden und Bombardements in die militärischen Planungen einbezogen wurde,
> – die gegenwärtig noch andauernde Diskussion um die Verantwortung für den Ausbruch des Kriegs.

Entente cordiale
frz., „Herzliches Einverständnis"; 1904 geschlossenes Abkommen zwischen Frankreich und Großbritannien, das koloniale Konflikte bereinigte und faktisch ein Bündnis zwischen beiden Ländern etablierte.

▶ M 10 (Bedeutung des Krieges)

Ursachen und Anlass

Zwischen Frankreich und Deutschland bestand seit dem Deutsch-Französischen Krieg (1870/71) und der deutschen Annexion Elsass-Lothringens durch das Deutsche Reich eine „Erbfeindschaft". Wilhelms politischer Kurs der imperialistischen „Weltpolitik" und die Abkehr von Bismarcks Bündnispolitik hatten die politische Isolation Deutschlands zur Folge. Trotz aller kolonialen Differenzen fanden Frankreich und Großbritannien 1904 zu einem Interessenausgleich (*„Entente cordiale"**) – ein Bündnis, das sich drei Jahre später unter Einbeziehung Russlands zur *„Triple Entente"* erweiterte. Ihr stand der Zweibund, gebildet von Deutschland und Österreich-Ungarn, gegenüber.

Das tödliche Attentat auf den österreichisch-ungarischen Thronfolger Franz Ferdinand und seine Frau, das serbische Nationalisten am 28. Juni 1914 im bosnischen Sarajewo verübten, löste in der nun folgenden „Julikrise" eine Eigendynamik der Bündnissysteme aus: Deutschland sicherte Österreich-Ungarn, das mit Serbien „abrechnen" wollte, Anfang Juli uneingeschränkte Unterstützung zu. Ermutigt durch diese „Blankovollmacht", stellte Österreich-Ungarn am 23. Juli an Serbien bewusst unannehmbare Forderungen. Obwohl Serbien den Forderungen weitgehend entgegenkam, erklärte Österreich-Ungarn am 28. Juli Serbien den Krieg. Russland ordnete zwei Tage später die Generalmobilmachung an, um Serbien militärisch beizustehen. Deutschland richtete ein Ultimatum an Russland, die Mobilmachung umgehend einzustellen. Russland ging nicht auf das deutsche Ansinnen ein, woraufhin die deutsche Kriegserklärung an Russland am 1. August und an Frankreich am 3. August 1914 folgte. Nach dem Einmarsch in das neutrale Belgien stellte sich Großbritannien auf die Seite der Entente und erklärte Deutschland am 4. August den Krieg.

M 1 Zeitungsmeldung zum Attentat von Sarajewo am 28. 6. 1914

Kernmodul: ▶ S. 376 ff., M 4 (Bracher)

Kernmodul: ▶ S. 380 f., „Transnationale Geschichte", M 6 (Patel), M 7 (Bracher)

Schlacht bei Verdun
Eine der größten und zugleich blutigsten Schlachten des Ersten Weltkriegs (Februar bis Dezember 1916). In ihr wurden mehr als eine halbe Millionen Soldaten getötet oder verwundet.

▶ M 5–M 7: Leben an der Front

Der technisierte Krieg und seine Folgen

Die jahrehundertealte Strategie des Bewegungskrieges erwies sich im Ersten Weltkrieg schnell als überholt. Als die Fronten zum Stillstand kamen, wurde deutlich, dass für keine Seite ein schneller Sieg möglich war. Der Bewegungskrieg wurde zum Stellungskrieg. Der Einsatz von Artillerie, Brandbomben und Giftgas forderte unzählige Menschenleben und verursachte große Umweltschäden: Ganze Landstriche waren von Granattrichtern und Schützengräben zerfurcht. Explodierten Minen oder Granaten, wurden riesige Mengen Erde hochgeschleudert und begruben Soldaten bei lebendigem Leib. Zum Inbegriff der Materialschlacht wurde die „Hölle von Verdun"*. Der Krieg beschleunigte auch die Erfindung und Weiterentwicklung von modernen Waffen wie Maschinengewehren, Flammenwerfern, Panzern, Kampfflugzeugen und U-Booten. Die Technisierung des Kriegs ließ die Opferzahlen in die Höhe schnellen: Von den insgesamt 65 Millionen an den Kampfhandlungen beteiligten Soldaten kamen mehr als acht Mil-

lionen ums Leben, über 21 Millionen erlitten Verletzungen. Die zivilen Opfer, die an Hunger und Entkräftung starben, werden auf sechs bis sieben Millionen geschätzt.
15 Die Zivilbevölkerung, in erster Linie die Frauen an der „Heimatfront", waren mit anderen Problemen konfrontiert. Der Krieg forderte große Mengen an Rohstoffen und Nahrungsmitteln, was zu Teuerung und allgemeinem Mangel führte. Zudem fehlte es an Brennstoffen zum Heizen und für das Aufkochen von Wäsche. Die Regierung rief die Bürger zum Sparen in allen Lebensbereichen auf. Die Aufrufe zur Kriegsanleihe*, mit
20 denen der Krieg finanziert wurde, wurden mit ausgeklügelter Propaganda im ganzen Land verbreitet. Die Rationierungsmaßnahmen der Regierung führten dazu, dass die Frauen häufig stundenlang in den Geschäften anstehen mussten, um karges Essen oder Konsumgüter erwerben zu können, die Lebensmittelkarten zuwiesen.

Das Kriegsende

Nach dem Kriegseintritts der USA 1917 auf Seiten der Alliierten endete der Krieg Ende 1918 mit der deutschen Kapitulation. US-Präsident Woodrow Wilson legte im Januar 1918 ein 14-Punkte-Programm vor, das als wesentlichen Leitgedanken das Selbstbestimmungsrecht der Völker beinhaltete. Wilson forderte unter anderem die Räumung
5 und Wiederherstellung der von den Mittelmächten völkerrechtswidrig besetzten Gebiete, besonders Belgiens. Deutschland und Österreich-Ungarn lehnten das 14-Punkte-Programm aber ab. Im Herbst 1917 hatte nämlich die Russische Revolution („Oktoberrevolution") die Mittelmächte entlastet und führte zum Kriegsende im Osten. Deutschland diktierte Anfang 1918 der neuen sowjetrussischen Regierung im Frieden
10 von Brest-Litowsk* harte Bedingungen. Das Ausscheiden Russlands aus dem Krieg veranlasste die OHL im Frühjahr 1918, doch noch eine Kriegswende durch letztlich aber erfolglose Offensiven an der Westfront herbeizuführen. Als der militärische Zusammenbruch immer näher rückte, forderte die OHL die Reichsregierung Ende September 1918 auf, den Alliierten ein sofortiges Waffenstillstandsangebot zu unterbreiten. Der
15 amerikanische Präsident lehnte es jedoch ab, mit Repräsentanten des deutschen Kaiserreichs zu verhandeln. Erst nach der erzwungenen Abdankung Kaiser Wilhelms II. am 9. November 1918 (Beginn der Novemberrevolution) wurde am 11. November 1918 in Compiègne ein Waffenstillstandsabkommen unterzeichnet.
Die Pariser Friedensverträge (1919 bis 1922) beendeten offiziell den Ersten Weltkrieg
20 und gaben dem Deutschen Reich die Schuld an dem Konflikt. Diese Frage nach der Kriegsschuld wird jedoch heute noch heiß diskutiert.

▶ M6–M9: Leben in der Heimat

Kriegsanleihe
Sparanleihe bei der die Bürger bei einem erfolgreichen Kriegsausgang durch hohe Zinsen belohnt werden sollten.

M2 Plakat zur 8. Kriegsanleihe, 1918

Frieden von Brest-Litowsk
Am 3. März 1918 geschlossener Friedensvertrag zwischen Russland und dem Deutschen Reich, in dem Russland auf die nördlichen baltischen Provinzen (Livland, Kurland, Estland, Litauen) sowie Polen verzichtete und die Unabhängigkeit Finnlands und der Ukraine anerkennen musste.

Stand der Kriegsschuldfrage
cornelsen.de/Webcodes
Code: besaxu

▶ M11–M12: Kriegsschuldfrage

1 Stellen Sie die Julikrise und die Folgen in einem Schaubild dar.
   Tipp: Ereigniskette. Schreiben Sie die Ereignisse in Kästchen und bringen Sie diese mit beschrifteten Pfeilen in eine sinnvolle Verbindung.
2 Beschreiben Sie die Folgen des Krieges für Soldaten und Zivilisten.
3 Skizzieren Sie das Ende des Krieges, indem Sie jeweils die Rolle und die Bedeutung der vier Hauptakteure z. B. in einer Tabelle festhalten.

Stationenpass Erster Weltkrieg

Station 1: Leben an der Front			
Station 2: Leben in der Heimat			
Station 3: Die historische Bedeutung des Krieges			
Station 4: Die Kontroverse um den Kriegsausbruch 1914			

3.8 Wahlmodul: Der Erste Weltkrieg

Hinweise zur Arbeit mit den Materialien
Der Materialteil zum Ersten Weltkrieg kann als Stationenarbeit durchgeführt werden. Jeder muss alle Stationen bearbeiten. Folgende Schwerpunkte gibt es:
- Station 1: M3–M5 zeigen die technischen Neuerungen des Krieges und die Folgen für die Soldaten auf.
- Station 2: M6–M9 behandeln die Auswirkungen auf die Zivilisten an der Heimatfront.
- Station 3: M10 stellt die Frage nach dem Charakter des Konfliktes und fordert zur Bewertung auf.
- Station 4: M11, M12 thematisieren die bis heute aktuelle Debatte um die Kriegsschuldfrage.

Zur Vernetzung mit dem Kernmodul
- Kernmodul „Sonderwegs-These": S. 376 ff., M 4 (Bracher).
- Kernmodul „Transnationale Geschichtsschreibung": S. 380 f., M 6 (Patel), M 7 (Osterhammel).

Station 1: Leben an der Front

M3 Augenzeugenbericht eines französischen Generals (1915)
Der französische General Henri Mordacq erlebte den ersten deutschen Gasangriff am 22. April 1915 vor Ypern, der etwa 4500 Tote forderte. Seine Meldung lautete:
Ich werde heftig angegriffen. Jetzt breiten sich ungeheure gelbliche Rauchwolken, die von den deutschen Gräben herkommen, über meine ganze Front aus. Die Schützen fangen an, die Gräben zu verlassen und
5 zurückzugehen. Viele fallen erstickt nieder. […] Ich stieg sofort zu Pferde und galoppierte in die Gräben. Als wir uns aber Boezinge auf 300 oder 400 Meter genähert hatten, fühlten wir heftiges Prickeln in der Nase und Kehle; in den Ohren sauste es; das Atmen
10 fiel schwer; ein unerträglicher Chlorgeruch umgab uns. […] In der Nähe des Dorfes war das Bild, das sich uns bot, mehr als bedauernswert – es war tragisch. Überall Flüchtlinge: Landwehrleute, Afrikaner, Schützen, Zuaven[1] und Artilleristen ohne Waffen –
15 verstört, mit ausgezogenen oder weit geöffneten Röcken und abgenommenen Halsbinden – liefen wie Wahnsinnige ins Ungewisse, verlangten laut schreiend nach Wasser, spuckten Blut, einige wälzten sich sogar am Boden und versuchten vergeblich, Luft zu
20 schöpfen.

[1] *der Zuave:* Infanterist aus den französischen Kolonien in Nordafrika

Herbert Krieger (Hg.), Handbuch des Geschichtsunterrichts, Bd. 5, Verlag Moritz Diesterweg, Frankfurt/M. 1965, S. 138.*

M4 Tanks (Panzer) aus Großbritannien bei Saint-Quentin/Frankreich, ausgerüstet mit Grabenüberbrückungsgerät, Fotografie, 1918

M5 Auszug aus einem Feldpostbrief von Anton Steiger vom 17. Juli 1916
Wie ein Fuchsloch war der Eingang. Dahinter führte eine ganz verschüttete Stiege in den Raum, in dem wir uns vier Tage lang befanden. Tote lagen unter dem Schutt, von einem schauten Beine heraus bis zu
5 den Knien […]; die ganze Zeit war es stockdunkel, da wir nur ein paar Kerzenstangen hatten. Dann war ein schrecklicher Modergeruch da unten, ein Modergeruch von Toten. Ich habe die vier Tage fast nichts essen können. Am dritten Tag schoss die französische
10 Artillerie bis abends halb zehn Uhr. Was das heißt: zehn Stunden im Untergrund liegen unter Granatfeuer, zehn Stunden den Tod des Lebendig-begraben-Werdens vor Augen oder die Aussicht, in die Luft zu fliegen, falls eine Granate da einschlägt, wo der
15 Sprengstoff liegt! Wir bekamen fast keine Luft mehr. Zum Schluss feuerten die Franzosen wahrscheinlich Gasgranaten vor unser Loch. Auf einmal steht der Feldwebel auf, es wird ihm schlecht und ein paar weitere stehen auf und fallen um. […] Alles wollte hin-
20 aus. Viele hatten nicht mehr die Kraft, sich hinauszuschwingen. Ich hatte sie Gott sei Dank noch, half sogar noch einem hinaus.

Zit. nach: http://www.lexikon-erster-weltkrieg.de/Feldpost:_Anton_Steiger (Download vom 1.9.2016).*

1 Arbeiten Sie mithilfe von M3 bis M5 Merkmale der Kriegsführung im Ersten Weltkrieg heraus.
   Tipp: Erstellen Sie eine Concept-Map; siehe S. 506.
2 Erklären Sie die Folgen des Krieges für die Soldaten.
3 **Wahlaufgabe:** Bearbeiten Sie entweder Aufgabe a) oder b).
   a) Recherchieren Sie Feldpostbriefe aus Ihrem Ort.
   b) Verfassen Sie einen eigenen Feldpostbrief.
4 **Zusatzaufgabe:** Siehe S. 484.

Station 2: Leben in der Heimat

M6 Doppeldecker der französischen Luftwaffe, Fotografie, o. J.

M7 Ausgabe von Kohlrübensuppe in Berlin, Fotografie, 1917

M8 Frauen in einer deutschen Munitionsfabrik, Fotografie, 1916

M9 Die Historikerin Barbara Guttmann (1989)

Als Arbeitskräfte und als Garantinnen des Bevölkerungswachstums wurden Frauen zum Objekt macht- und wohlfahrtsstaatlicher Interessen. [...] Erst der Sozialdemokrat Schulz hielt es aber für nötig, die Frage der Bevölkerungspolitik mit der Frauenfrage zu verbinden. Er forderte als Konsequenz das Frauenwahlrecht: „Die Frauen haben sich dieses Recht durch aufopferungsvolle Tätigkeit während des Krieges doppelt und dreifach erworben." [...] Die Sozialdemokraten wollten [...] die volle politische Gleichberechtigung der Frauen. [...] Die Nationalliberalen [...] vertraten ganz andere Vorstellungen von der künftigen Rolle der Frau. Zwar verband ihr Abgeordneter von Calker die Diskussion um die Rechte der Frauen ebenfalls mit der weiblichen Pflichterfüllung während des Krieges, er forderte jedoch eine Rückbesinnung auf die „eigentliche Domäne der Frau" [...], aber die Einführung des Frauenwahlrechts lehnte er ab. [...] Auch Staatssekretär Wallraf hielt eine politische Betätigung der Frauen für verfehlt. Er versicherte den Frauen den „Dank des Vaterlandes" für ihre Tätigkeit in „Heer und Heimat" und stellte fest, dass alte Vorurteile über die Grenzen weiblicher Kraft geschwunden seien. Doch schien es ihm bei Kriegsende vordringlich, die alten Verhältnisse wiederherzustellen [...]. Am Frauenbild der Politiker hatte sich nach fast vier Jahren Krieg dennoch wenig geändert. Die Aufgaben der Frau wurden nach wie vor am häuslichen Herd gesehen, die des Mannes im öffentlichen Leben.

Barbara Guttmann, Weibliche Heimarmee. Frauen in Deutschland 1914–1918, Deutscher Studienverlag, Weinheim 1989, S. 31–33.*

1 Arbeiten Sie aus M6 bis M9 die Folgen des Krieges für die Zivilbevölkerung heraus.
2 **Wahlaufgabe:** Bearbeiten Sie entweder Aufgabe a) oder b).
   a) Verfassen Sie mithilfe der Materialien einen Tagebucheintrag eines älteren Lehrers, der 1917 über die Familien seiner Schülerinnen und Schüler schreibt.
   b) Verfassen Sie mithilfe der Materialien den Dialog zwischen zwei Frauen, von denen sich eine 1918 für eine Freiwilligengruppe des Reichsheeres gemeldet hat, in der Frauen zu Fernsprecherinnen, Funkerinnen und Telegrafistinnen ausgebildet wurden.
3 Überprüfen Sie ausgehend von M9, ob und ggf. inwieweit der Krieg die Frauenemanzipation förderte.
4 **Zusatzaufgabe:** Siehe S. 484.

Station 3:
Die historische Bedeutung des Krieges

M 10 Die Historikerin Ute Frevert über die Bedeutung des Ersten Weltkriegs (2004)

Bereits die Zeitzeugen jener Tage spürten es: Der Krieg, der im August 1914 begann und im November 1918 sein Ende fand, war etwas Einschneidendes. Er setzte eine historische Zäsur, trennte Altes von Neuem. Er trug, wie Kurt Tucholsky[1] 1920 schrieb, „das bürgerliche Zeitalter" zu Grabe, und er eröffnete eine neue Epoche, deren Signatur den damals Lebenden noch verborgen blieb: „Was jetzt kommt, weiß niemand." Man möchte sie um ihre Ahnungslosigkeit beneiden. Was kam, war eine Ära der Katastrophen, wie der 1917 geborene Historiker Eric Hobsbawm die Zeit bis 1945 nannte. Für seinen Fachkollegen Ernst Nolte leitete der Erste Weltkrieg die Epoche des „europäischen Bürgerkriegs" ein, die mit der Niederlage des Nationalsozialismus endete. Für Mark Mazower, Jahrgang 1958, markiert er den Anfang eines Jahrhunderts, das Europa in einen „dunklen Kontinent" verwandelte und es zum Schauplatz erbitterter weltanschaulicher Konflikte machte. Historiker, gleich welcher Generation oder politischen Haltung, stimmen mit den Zeitgenossen darin überein, die Jahre 1914 bis 1918 als epochalen Bruch zu deuten.

Was brach da ab und auseinander? Tucholsky und andere sprachen von einer „bürgerlichen" Epoche, die 1914 zu Ende gegangen sei. Sie meinten damit das 19. Jahrhundert, in dem die Wertmaßstäbe des gebildeten Bürgertums den Ton angaben: die Hochschätzung von Individualität, persönlicher Leistung, rationaler Wissenschaft, gepflegter Geselligkeit, familiärer Intimität und zivilen Betragens. Dazu gehörte aber auch die Überzeugung, dass Konflikte durch Kompromiss und Ausgleich zu lösen seien statt durch Gewalt und physischen Zwang. Das galt für familiäre oder Nachbarschaftsstreitigkeiten nicht anders als für Arbeitskämpfe und außenpolitische Spannungen. Krieg und Gewalt hielt man zwar nicht für gänzlich illegitim, doch sollten sie sich möglichst auf Fälle existenzieller Gefährdung beschränken und in ihrem Ausmaß streng begrenzt werden.

Sicherlich war die Geschichte des 19. Jahrhunderts nicht ganz so zivil, wie von Tucholsky und anderen gesehen. Dafür enthielt sie zu viele dunkle Schattierungen: die sozialen Ungleichheiten einer kapitalistischen Klassengesellschaft, die Diskriminierungen von Frauen, den Antisemitismus, autoritäre Regierungssysteme. Die zwischenstaatlichen Beziehungen waren mitnichten nur durch friedliche Verhandlungen und freundliche Monarchenbesuche geprägt; Kriege wurden sehr viel häufiger aus machtpolitischem Kalkül heraus angezettelt als aus existenziellen Zwängen.

Dennoch überwog – bei Zeitgenossen ebenso wie bei späteren Historikern – der Eindruck einer fortschrittlichen Entwicklung. Langsam, aber stetig schien alles besser zu werden: Die Wirtschaft boomte, der gesamtgesellschaftliche Wohlstand wuchs, krasse Not verschwand; rasante technische Innovationen erweiterten die Handlungs- und Bewegungsspielräume von Millionen, sozialpolitische Maßnahmen dämpften den Klassenkonflikt. Außenpolitisch hatte man sich an Spannungen und Krisen gewöhnt – lebte aber auch in der Gewissheit, sie seien diplomatisch zu lösen. Allen Rivalitäten zum Trotz waren die europäischen Nationen ökonomisch und kulturell eng miteinander verbunden. Zudem einte sie das Bewusstsein der Überlegenheit gegenüber allen nichteuropäischen Kulturen und Zivilisationen. Die meisten Menschen blickten somit zur Jahrhundertwende hoffnungsvoll in die Zukunft. Der Krieg zerstörte diesen Optimismus. Er veränderte Europa und die Welt tiefgreifend und dauerhaft […].

Ute Frevert, Das Ende der Alten Welt, in: GEO Epoche, Der Erste Weltkrieg. Von Sarajevo bis Versailles: Die Zeitenwende 1914–1918 Ausgabe 14, Gruner+Jahr, Hamburg, 2004 S. 22–23.

[1] *Kurt Tucholsky (1880–1935):* deutscher Journalist und Schriftsteller

1 Geben Sie die zentralen Aussagen von Frevert (M 10) zur historischen Bedeutung des Krieges wieder.
2 Überprüfen Sie, ob und ggf. inwieweit der Erste Weltkrieg eine „historische Zäsur" darstellt.
Tipp: Klären Sie den Begriff „historische Zäsur".
3 **Wahlaufgabe:** Bearbeiten Sie entweder Aufgabe a) oder b).
Stellen Sie Aspekte zusammen, auf die eine Stellungnahme zur historischen Bedeutung des Ersten Weltkrieges aus der Sicht der „transnationalen Geschichtsschreibung" eingehen müsste, wie sie
a) der Historiker Patel (siehe S. 380, M 6) versteht oder
b) der Historiker Osterhammel (siehe S. 380 f., M 7).
Kernmodul: ▶ S. S. 380 f., M 6, M 7

Station 4:
Die Kontroverse um den Kriegsausbruch 1914

M 11 Der australische Historiker Christopher Clark (2013)

Der Kriegsausbruch von 1914 ist kein Agatha-Christie-Thriller, an dessen Ende wir den Schuldigen im Konservatorium über einen Leichnam gebeugt auf frischer Tat ertappen. In dieser Geschichte gibt es keine Tatwaffe als unwiderlegbaren Beweis, oder genauer: Es gibt sie in der Hand jedes einzelnen wichtigen Akteurs. So gesehen war der Kriegsausbruch eine Tragödie, kein Verbrechen. Wenn man dies anerkennt, so heißt das keineswegs, dass wir die kriegerische und imperialistische Paranoia der österreichischen und deutschen Politiker kleinreden sollten, die zu Recht die Aufmerksamkeit Fritz Fischers[1] und seiner historischen Schule auf sich zog. Aber die Deutschen waren nicht die einzigen Imperialisten, geschweige denn die Einzigen, die unter einer Art Paranoia litten. Die Krise, die im Jahr 1914 zum Krieg führte, war die Frucht einer gemeinsamen politischen Kultur. Aber sie war darüber hinaus multipolar und wahrhaft interaktiv – genau das macht sie zu dem komplexesten Ereignis der Moderne, und eben deshalb geht die Diskussion um den Ursprung des Ersten Weltkriegs weiter [...]. In den Köpfen vieler Staatsmänner hoben sich anscheinend die Hoffnung auf einen kurzen Krieg und die Angst vor einem langen gegenseitig auf und rückten so eine umfassende Einschätzung der Risiken in weite Ferne. [...] So gesehen waren die Protagonisten von 1914 Schlafwandler – wachsam, aber blind, von Albträumen geplagt, aber unfähig, die Realität der Gräuel zu erkennen, die sie in Kürze in die Welt setzen sollten.

Christopher Clark, Die Schlafwandler. Wie Europa in den Ersten Weltkrieg zog, übers. v. Norbert Juraschitz, Deutsche Verlags-Anstalt, München 2013, S. 715 ff.*

1 *Fritz Fischer:* deutscher Historiker, der die Alleinschuldthese Deutschlands am Kriegsausbruch formulierte; sie fand vor allem durch sein Buch „Griff nach der Weltmacht" (1961) Verbreitung

M 12 Die deutsche Historikerin Annika Mombauer (2014)

Dennoch muss der Hauptteil der Verantwortung für den Kriegsausbruch nach wie vor in den Entscheidungen Österreich-Ungarns und Deutschlands verortet werden. [...]
Es gab in der Julikrise 1914 nicht nur eine „schuldige" Regierung unter den Großmächten; alle trugen durch ihre Entscheidungen absichtlich oder unabsichtlich zur Verschlechterung der Situation bei. Aber die Verantwortung einiger Regierungen war gravierender als die anderer, die Folgen der Entscheidungen verhängnisvoller, die Absicht, einen Krieg vom Zaun zu brechen, stärker und daher auch letztendlich ausschlaggebender. Wenn wir den Fokus neuerdings wieder auf die Handlungen aller Großmächte legen, hilft das nicht, wie es in der Zwischenkriegszeit von David Lloyd George beschwichtigend behauptet wurde, Europas Mächte seien hilflos in einen Krieg geschlittert, den niemand gewollt habe. Wie wir gesehen haben, war dieser Krieg nicht das Resultat von „professionellen Fehlern" einer relativ kleinen Gruppe von Diplomaten, Politikern und Militärs. Der Krieg war kein „Unfall", er war nicht das Resultat von Fehlern oder Versäumnissen, und die Verantwortlichen von 1914 waren keine „Schlafwandler", sondern sie wussten im Gegenteil ganz genau, was sie taten. Der Krieg brach aus, weil einflussreiche Kreise in Wien und Berlin ihn herbeiführen wollten und ihn absichtlich riskierten und weil man in Paris und Petersburg bereit war, diesen Krieg zu führen, wenn er denn käme. Gewiss, es gab auch in Paris und Petersburg und zu einem viel geringeren Teil sogar in London im Juli 1914 Befürworter des Krieges, vor allem unter den Militärs. Aber die Entscheidung, im Sommer 1914 einen Krieg zu führen, war in Wien und Berlin getroffen worden.

Annika Mombauer, Die Julikrise. Europas Weg in den Ersten Weltkrieg, Verlag C. H. Beck, München 2014, S. 117 f.*

1. Stellen Sie die Forschungspositionen von Clark (M 11) und Mombauer (M 12) vergleichend gegenüber.
   Tipp: Nutzen Sie dafür eine Tabelle. Gehen Sie dabei auch auf den Sprachstil von Christopher Clark und Annika Mombauer ein.
2. **Wahlaufgabe:** Bearbeiten Sie entweder Aufgabe a) oder b).
   a) **Internetrecherche:** Die Thesen von Clark hatten nach 2013 eine größere historische Debatte ausgelöst. Recherchieren Sie zur Clark-Kontroverse und beurteilen Sie die Stichhaltigkeit seiner Thesen.
   b) **Zeitungsbericht:** Verfassen Sie ausgehend von M 11 und M 12 einen Bericht zum Ersten Weltkrieg für eine Ausgabe der Schülerzeitung Ihrer Schule.
3. **Zusatzaufgabe:** Siehe S. 484.

Anwenden und wiederholen

Anwenden

M1 US-amerikanisches Propagandaplakat mit Werbung für den Erwerb von Kriegsanleihen, 1917

Präsentation

Propaganda im Ersten Weltkrieg

Der Erste Weltkrieg brachte nicht nur technische Neuerungen in Bezug auf die Waffen. Um die Gesellschaft für den Krieg zu mobilisieren, wurde auch erstmals Massenpropaganda eingesetzt. Präsentieren Sie die Nutzung von Propaganda im Ersten Weltkrieg.

Literaturtipp
Anton Holzer, Die andere Front. Fotografie und Propaganda im Ersten Weltkrieg, 3. Auflage, Primus, Darmstadt 2012.

Der Erste Weltkrieg in der historischen Erinnerung

Der Weltkrieg hat in der historischen Erinnerung für die kriegsteilnehmenden Länder unterschiedliche Bedeutungen. Dies wird auch deutlich durch die Bezeichnung als „The Great War" in Großbritannien bzw. „La grande Guerre" in Frankreich. Recherchieren und präsentieren Sie die verschiedenen Erinnerungen an den Ersten Weltkrieg.

Literaturtipps
Martin Beier, Der Erste Weltkrieg in der internationalen Erinnerung, in: Aus Politik und Zeitgeschichte 64, 16–17/2014, S. 47–53.
Barbara Korte (Hg.), Der Erste Weltkrieg in der populären Erinnerungskultur, Klartext, Essen 2008, S. 7–24.

M2 Soldat des Maori-Bataillons aus Neuseeland am ANZAC-Day (*Australian and New Zealand Armee Corps Day*) am 25. April 2016

Wiederholen

M 3 Propagandaposter der USA zur Rekrutierung von Soldaten, 1917

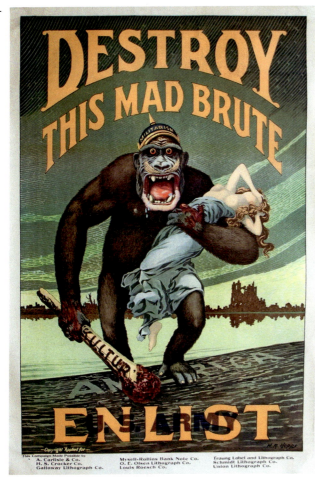

Zentrale Begriffe
Clark-Kontroverse
Gleichgewicht der Mächte
Hegemonie
„Industrialisierte" Kriegführung
Kriegsschuldfrage
Nation
Nationalismus
Weltpolitik

Formulierungshilfen „Propagandaplakate analysieren"
– Das vorliegende Material ist ein amerikanisches Propagandaplakat …
– Im Zentrum des Plakats ist ein überdimensionaler Affe abgebildet, der …
– Als Erstes fällt dem Betrachter ins Auge, …
– Im Vordergrund sieht man …
– Im Hintergrund sind … zu erkennen.
– Des Weiteren fallen die … ins Auge.
– Das Plakat ist überschrieben mit dem Slogan „…", welcher in knallroten Großbuchstaben gestaltet ist.
– Am unteren Bereich findet sich „…".
– Die dargestellte Szene wirkt auf den Betrachter, …
– Der überdimensionierte Affe mit Pickelhaube soll … darstellen.
– Die Frau …
– Die zentrale Aussage ist, dass die …
– Das Poster ist Teil der amerikanischen Kriegspropaganda und soll …

1 Interpretieren Sie das Plakat M 3.
   Tipp: Beachten Sie die Arbeitsschritte auf der Methodenseite 332 sowie die Formulierungshilfen auf dieser Seite. Achten Sie auch auf inhaltliche Details, z. B. den Helm oder die Keule.
2 Setzen Sie M 3 in Verbindung zur Sonderwegs-These (d. h. zur Vorstellung von der Geschichte Deutschlands im 19./20. Jahrhundert als einem „negativen" Sonderweg).
3 **Wahlaufgabe:** Bearbeiten Sie entweder Aufgabe a) oder b).
   a) Verfassen Sie einen Feldpostbrief eines Soldaten der Westfront an seine Familie.
   b) Verfassen Sie einen Tagebucheintrag einer Frau zum Kriegsalltag 1917.
4 **Partnerarbeit:** Tauschen Sie jeweils mit einem/einer Partner/in, der die jeweils andere Wahlaufgabe 3 bearbeitet hat, und verbessern Sie dessen Ergebnis.
5 **Vertiefung:** Recherchieren Sie zum Ersten Weltkrieg und seinen Folgen in Ihrer eigenen Heimatgemeinde. Stellen Sie Ihre Ergebnisse im Kurs vor.
6 Erörtern Sie die These, dass der Erste Weltkrieg die Folge des europäischen Nationalismus des 19. Jahrhunderts darstellt.
   Tipp: Siehe auch die Formulierungshilfen für eine „historische Erörterung", S. 293.
7 Geben Sie Antworten auf Ihre Fragen von der Einstiegsseite 383.

Kernmodul: ▶ Sonderwegsdebatte, S. 376 ff., M 4 (Bracher)

3.9 Wahlmodul: Nationalsozialismus und deutsches Selbstverständnis

M1 Judenverfolgung in Cuxhaven, Fotografie, 1933.
Auf dem Bild sind Oskar Dankner und seine angebliche Geliebte Adele Edelmann zu sehen, die am 27. Juli 1933, sechs Monate nach der Machtübernahme der Nationalsozialisten, durch die Straßen von Cuxhaven getrieben und dabei mit Peitschen geschlagen wurden.

1918	Novemberrevolution, Ausrufung der Republik, Ende der Monarchie in Deutschland
1919	Wahlen zur Nationalversammlung, Versailler Vertrag
1920	25-Punkte-Programm der NSDAP
1921	Wahl Hitlers zum NSDAP-Vorsitzenden
1923	Hitler-Putsch
1925	Veröffentlichung von Hitlers „Mein Kampf", Bd. 1
1929	Beginn der Weltwirtschaftskrise

1914–1918 Erster Weltkrieg
1919–1933 Weimarer Republik

3.9 Wahlmodul: Nationalsozialismus und deutsches Selbstverständnis

Die Ernennung Adolf Hitlers zum Reichskanzler am 30. Januar 1933 war ein tiefer Einschnitt in der deutschen Geschichte. Nach nur vierzehn Jahren endete die erste deutsche Demokratie, Hitler und die Nationalsozialisten veränderten Deutschland im atemberaubenden Tempo in eine totalitäre Diktatur.

Hitler und sein Programm, das für die Menschen in Zeiten der Weltwirtschaftskrise nach 1929 attraktiv erschien, wurzelten ideell jedoch tief im 19. Jahrhundert. Aus diesem Grund ist eine Auseinandersetzung mit den zentralen Ideologemen der Nationalsozialisten wichtig, auch um die Traditionen des Nationalismus in diesem Ideengerüst nachweisen zu können.

1 Erläutern Sie, welches Menschenbild der Nationalsozialisten in der Fotografie M 1 deutlich wird.

2 Stellen Sie weitere biografische Nachforschungen zu Oskar Dankner und Adele Edelman an.

3 Partnerarbeit: Entwickeln Sie gemeinsam Fragen, die sich Ihrer Meinung nach aus dem Bildmaterial ergeben. Notieren Sie diese, sodass Sie sie nach Bearbeitung des Kapitels noch einmal aufrufen und bearbeiten können.

1933	1936	1939	1941	1945
Ernennung Hitlers zum Reichskanzler, Reichstagsbrand, Außerkraftsetzung der Grundrechte, „Ermächtigungsgesetz"	Verkündung des „Vierjahresplans", Olympische Spiele in Garmisch-Partenkirchen und Berlin, Ernennung Himmlers zum Chef der deutschen Polizei	Deutscher Angriff auf Polen, Beginn des Zweiten Weltkriegs	Angriff auf die UdSSR, Kriegseintritt der USA	Kapitulation Deutschlands

1933–1945 NS-Herrschaft

3.9 Wahlmodul: Nationalsozialismus und deutsches Selbstverständnis

In diesem Kapitel geht es um
- *die ideologischen Grundlagen des Nationalsozialismus,*
- *die Auswirkungen dieser Ideologie nach 1933,*
- *die Bedeutung der Begriffe „Volksgemeinschaft" und „Untermenschen",*
- *die Auswirkungen dieser Klassifizierungen.*

NSDAP
Nationalsozialistische Deutsche Arbeiterpartei, gegründet 1920 in München, ab 1921 unter Führung von Adolf Hitler.

M 1 Adolf Hitler, Fotografie, 1920

„Mein Kampf"
Von Adolf Hitler in seiner Haftzeit nach einem gescheiterten Putschversuch verfasste Biografie.

▶ M 3 und M 4: zur NS-Ideologie

Kernmodul: ▶ S. 376–380, M 4, M 5 (Sonderwegsdebatte)

Antisemitismus im 19. und 20. Jahrhundert
cornelsen.de/Webcodes
Code: sosexa

▶ Bezug zum Antisemitismus im deutschen Kaiserreich: S. 300

Ideologie des Nationalsozialismus

Mit Beginn der 1930er-Jahre, als die Weltwirtschaftskrise in Deutschland das Vertrauen vieler Menschen in Regierung, Parlament und Parteien sowie in deren Fähigkeiten zur Lösung der ökonomischen und sozialen Probleme erschüttert hatte, gelang der **NSDAP*** der Durchbruch zu einer Massenpartei. Die Nationalsozialisten fanden in der Bevölkerung mit ihrer Forderung nach Beseitigung des „Weimarer Systems" und einem „starken Mann" an der Spitze des Deutschen Reiches zunehmend Rückhalt.
Ihr „Führer" **Adolf Hitler*** könne als Retter Deutschland aus der Wirtschaftskrise herausführen und den nationalen Wiederaufstieg des Reiches durchsetzen. Die politischen Lösungen, die Hitler und die Nationalsozialisten anboten, beruhten sowohl auf der charismatischen Führergestalt Adolf Hitlers als auch auf der ebenso radikalen wie aggressiven Ideologie der nationalsozialistischen Bewegung. Diese „Weltanschauung" verband die faschistischen Grundelemente Antiparlamentarismus, Antiliberalismus und Antimarxismus mit völkischen Auffassungen von imperialistischem Nationalismus, Antisemitismus und Rassismus. Dabei bestand das Prinzip der NS-Ideologie in der radikalen Vereinfachung der übernommenen Thesen und Argumente. Hitler, der seine Ansichten und Ziele bereits 1925 in seinem Buch „Mein Kampf"* formuliert hatte, glaubte umso mehr Zustimmung zu erlangen, je stärker er die nationalsozialistischen Leitgedanken auf wesentliche Inhalte reduzierte.

Rassenlehre, Antisemitismus und „Untermensch"-Propaganda

Einer der Grundpfeiler nationalsozialistischen Denkens war der Rassismus. Er beruhte erstens auf der pseudo-wissenschaftlichen Auffassung, dass biologische und damit erbliche Merkmale das gesamte menschliche, also auch das politisch-gesellschaftliche Verhalten bestimmen. Zweitens unterstellte der Rassismus die Höher- bzw. Minderwertigkeit unterschiedlicher „Rassen". Mit dieser Annahme untrennbar verbunden ist eine sozialdarwinistische Interpretation der Geschichte: Sie erschien als ein ständiger Kampf der Individuen und Völker, der Staaten und „Rassen", wobei sich stets die Stärkeren gegenüber den Schwächeren durchsetzten.
In der NS-Ideologie verbanden sich außerdem Rassismus und Antisemitismus zum Rassenantisemitismus, d. h., die Judenfeindschaft wurde nun nicht zuvorderst religiös oder sozial begründet, sondern es wurde argumentiert, dass die jüdische Rasse gegenüber der „arischen" bzw. germanischen minderwertig sei und sich nur der geistigen und materiellen Güter höherstehender Rassen bediene. Daraus wurde gefolgert, dass „die Juden" der oberste Feind der Menschheit seien.
Mit der Machtübernahme der Nationalsozialisten wurde der Rassenantisemitismus zum Dreh- und Angelpunkt staatlichen Handelns. Der Historiker Michael Wildt bezeichnet den nationalsozialistischen Judenhass im Unterschied zum Antisemitismus der Kaiserzeit als „Antisemitismus der Tat". Ideen bezüglich gesetzlicher Einschränkun-

gen oder erste Vernichtungsgedanken, wie sie z. B. der Philosoph und Antisemit Eugen Karl Dühring (1833–1921) angestellt hatte, gab es, aber sie blieben Theorie. In der NS-Zeit wurde daraus staatliche Politik. Die Nationalsozialisten klassifizierten auch Sinti und Roma, Menschen afrikanischer und asiatischer Herkunft sowie die slawischen Völker, vor allem Russen und Polen, als „minderwertige Rassen" bzw. als „Untermenschen". Pseudo-wissenschaftliche und programmatische NS-Schriften sprachen den „Untermenschen" pauschal Kraft, intellektuelle Leistungsfähigkeit, Kreativität, Moral und Ehrbarkeit ab. Die NS-Propaganda entmenschlichte sie zudem als Artfremde und Volksschädlinge, als „Ungeziefer" und „Parasiten". So bereitete der NS-Staat die Ausgrenzung, Entrechtung, Deportation und schließlich die Vernichtung von Millionen von Menschen ideologisch vor. Gleichzeitig senkte die kollektive Entmenschlichung die Hemmschwelle bei Soldaten, Polizisten und SS*, wehrlose Menschen auszubeuten und in den besetzten Ländern sowie in den Konzentrationslagern zu töten.

„Volksgemeinschafts"-Ideologie

Der „nationale Sozialismus", den die NSDAP vertrat, zielte nicht auf die sozialistische Umgestaltung der wirtschaftlichen und sozialen Verhältnisse, wie sie von den Arbeiterparteien und den Gewerkschaften angestrebt wurde. Die „nationale Wiedergeburt" des Deutschen Reiches konnte nach ihrer Auffassung nur gelingen, wenn Staat und Gesellschaft nicht länger von Klassenkampf und Parteienzwist bestimmt würden. Als Alternative zu sozialistischen und demokratischen Ordnungsvorstellungen formulierte die NS-Propaganda das Ideal der „Volksgemeinschaft", in der alle sozialen Gruppen – außer den Gegnern, die ausgegrenzt werden müssten – zu einem einheitlichen ethnischen Verband zusammengeschlossen seien. Damit jeder seinen natürlichen Platz in der Gesellschaft einnehmen könne, sollten alle sozialen Unterschiede eingeebnet werden. Die Verheißung der Nationalsozialisten, die deutsche Bevölkerung zu einer „Volksgemeinschaft" zusammenzuführen, war nach dem Ersten Weltkrieg ein wirksames Propagandamittel, um die Unzufriedenen für die NSDAP zu gewinnen. Nach der Machtübernahme 1933 trat ein anderes Ziel in den Vordergrund: Die Nationalsozialisten betrachteten die Schaffung einer homogenen und starken deutschen Nation als unabdingbare Voraussetzung für ihre Kriegs- und Expansionspolitik. Erst eine von allen inneren Konflikten und Schwächen befreite „Volksgemeinschaft" habe die Kraft und Willensstärke, den in ihren Augen erforderlichen „Lebensraum" im Osten gegen eine Welt äußerer Feinde zu erobern.

SS
1925 von Hitler begründete Organisation, die ursprünglich seine „Leibgarde" darstellte („Schutzstaffel"); nach 1933/34 entwickelte sich die SS zur zentralen Unterdrückungs- und Machtorganisation – die SS leitete auch die Konzentrations- wie Vernichtungslager.

M2 „Nürnberg 1933, einig das Volk, stark das Reich", Postkarte, 1933

▶ M 5 (Hitler über „Volksgemeinschaft")

Kernmodul: ▶ S. 374 f., M 2 (Wehler, Nation und Nationalismus)

1 **Schaubild:** Arbeiten Sie aus der Darstellung die zentralen Merkmale der „NS-Volksgemeinschafts"-Ideologie heraus und stellen Sie sie in einem Schaubild dar.
2 Erläutern Sie mithilfe der Darstellung die Begriffe „Rassenantisemitismus" und „Antisemitismus der Tat". Zeigen Sie dabei die Unterschiede zwischen dem traditionellen und dem nationalsozialistischen Antisemitismus auf.
Tipp: Sammeln Sie Merkmale des traditionellen Antisemitismus (S. 307) und stellen Sie diesen den Antisemitismus im Dritten Reich gegenüber.

3.9 Wahlmodul: Nationalsozialismus und deutsches Selbstverständnis

> *Hinweise zur Arbeit mit den Materialien*
> Der Materialteil setzt folgende Schwerpunkte:
> – M 3 zeigt mithilfe von Auszügen aus „Mein Kampf" zentrale Merkmale der NS-Ideologie auf.
> – M 4 behandelt die Auswirkungen der rassistischen Propaganda auf die Gesellschaft.
> – M 5 thematisiert die Idee der „Volksgemeinschaft", mit der die Nationalsozialisten für die Gesellschaft attraktiv waren.
>
> *Zur Vernetzung mit dem Kernmodul*
> – Kernmodul „Sonderwegsdebatte": S. 376 ff., M 4 (Bracher), S. 378 ff. (Winkler).
> – Kernmodul „Nation: Begriff und Mythos": S. 374 f., M 2 (Wehler).

M 3 Auszüge aus Hitlers „Mein Kampf" (1925)

a) „Der Jude"

Siegt der Jude mithilfe seines marxistischen Glaubensbekenntnisses über die Völker dieser Welt, dann wird seine Krone der Totenkranz der Menschheit sein, dann wird dieser Planet wieder wie einst vor Jahrmillionen menschenleer durch den Äther ziehen.
Die ewige Natur rächt unerbittlich die Übertretung ihrer Gebote.
So glaube ich heute im Sinne des allmächtigen Schöpfers zu handeln: Indem ich mich des Juden erwehre, kämpfe ich für das Werk des Herrn.

b) „Volk und Rasse"

Schon die oberflächlichste Betrachtung zeigt als nahezu ehernes Grundgesetz all der unzähligen Ausdrucksformen des Lebenswillens der Natur ihre in sich begrenzte Form der Fortpflanzung und Vermehrung. Jedes Tier paart sich nur mit einem Genossen der gleichen Art. Meise geht zu Meise, Fink zu Fink, der Storch zur Störchin, Feldmaus zu Feldmaus, Hausmaus zu Hausmaus, der Wolf zur Wölfin usw. [...]
Die Folge dieses in der Natur allgemein gültigen Triebes zur Rasseneinheit ist nicht nur die scharfe Abgrenzung der einzelnen Rassen nach außen, sondern auch ihre gleichmäßige Wesensart in sich selber. [...]
So wenig sie [= die Natur] aber schon eine Paarung von schwächeren Einzelwesen mit stärkeren wünscht, so viel weniger noch die Verschmelzung von höherer Rasse mit niederer, da ja andernfalls ihre ganze sonstige, vielleicht jahrhunderttausendelange Arbeit der Höherzüchtung mit einem Schlage wieder hinfällig wäre.
Die geschichtliche Erfahrung bietet hierfür zahllose Belege. Sie zeigt in erschreckender Deutlichkeit, dass bei jeder Blutsvermengung des Ariers mit niedrigeren Völkern als Ergebnis das Ende des Kulturträgers herauskam. [...] Den gewaltigsten Gegensatz zum Arier bildet der Jude.

c) „Antiparlamentarismus" und „Führerprinzip"

Die junge Bewegung ist ihrem Wesen und ihrer inneren Organisation nach antiparlamentarisch, d. h., sie lehnt im Allgemeinen wie in ihrem eigenen inneren Aufbau ein Prinzip der Majoritätsbestimmung ab, in dem der Führer nur zum Vollstrecker des Willens und der Meinung anderer degradiert wird. Die Bewegung vertritt im Kleinsten wie im Größten den Grundsatz der unbedingten Führerautorität, gepaart mit höchster Verantwortung. Die praktischen Folgen dieses Grundsatzes in der Bewegung sind nachstehende: Der erste Vorsitzende einer Ortsgruppe wird durch den nächsthöheren Führer eingesetzt, er ist der verantwortliche Leiter der Ortsgruppe. [...]
Der völkische Staat hat, angefangen bei der Gemeinde bis hinauf zur Leitung des Reiches, keinen Vertretungskörper, der etwa durch Majorität beschließt, sondern nur Beratungskörper, die dem jeweilig gewählten Führer zur Seite stehen und von ihm in die Arbeit eingeteilt werden, um nach Bedarf selber auf gewissen Gebieten wieder unbedingte Verantwortung zu übernehmen, genau so wie sie im Größeren der Führer oder Vorsitzende der jeweiligen Korporation selbst besitzt.

Adolf Hitler, Mein Kampf, Franz Eher Nachfolger, München 1942, S. 69 f., 311 ff., 378, 501 f.*

---

1 Analysieren Sie anhand von M 3 a bis c das von Hitler entworfene Menschenbild.
   Tipp: Sammeln Sie zunächst die zugeschriebenen Eigenschaften und die Bezüge zur Biologie.
2 Erklären Sie anhand von M 3 a bis c, was Hitler unter „Führerprinzip" versteht.
3 **Wahlaufgabe:** Bearbeiten Sie entweder Aufgabe a) oder b).
   Verfassen Sie zu den Aussagen in M 3 a bis c
   a) ein historisches Sachurteil oder
   b) ein Werturteil.

Formulierungshilfen „Urteile verfassen":
– Der Verfasser stellt die These/Behauptung auf ...
– Einer der wichtigsten Gründe für/gegen diese Meinung ...
– Dafür/Dagegen spricht ...
– Ich bin der Meinung/Ansicht/Auffassung, dass ...
– Mich stützend auf das Recht der Gleichheit der Menschen ...
– Ausgehend von dem erkenntnisleitenden Interesse, dass die Würde des Menschen unantastbar ist, ...
– Alles in allem zeigt sich daher, dass ...

M 4 Die Historikerinnen Hilde Kammer und Elisabet Bartsch über den Begriff des „Untermenschen" in der NS-Propaganda (2002)

Die wissenschaftlich eindeutig widerlegte nationalsozialistische Rassenkunde, deren Auswirkungen für Millionen Menschen den Tod bedeuteten, stellte die Behauptung auf, es gebe eine höherstehende nordi-
5 sche Rasse, zu der in ihrer Mehrzahl die Deutschen gehörten, und andere minderwertige Rassen, zu denen unter anderen Slawen, Sinti und Roma und Juden gehörten. Auf der Grundlage der Rassenkunde wurden Juden und Slawen in Zeitungen, in Reden,
10 Büchern, Filmen, auf Plakaten, auf Schulungsveranstaltungen der NSDAP, der SS, der Hitlerjugend und aller anderen Organisationen des Nationalsozialismus immer wieder und mit einhämmernden Wiederholungen diskriminiert, das heißt herabgewürdigt. In
15 einer Schrift der SS von 1935 hieß es: „[...] Der Untermensch – jene biologisch scheinbar völlig gleichgeartete Naturschöpfung mit Händen, Füßen und einer Art von Gehirn, mit Augen und Mund, ist doch eine ganz andere, eine furchtbare Kreatur, ist nur ein Wurf
20 zum Menschen hin, mit menschenähnlichen Gesichtszügen – geistig, seelisch jedoch tiefer stehend als jedes Tier [...]. Untermensch – sonst nichts [...]. Und diese Unterwelt der Untermenschen fand ihren Führer: – den ewigen Juden [...]." In einer der Reichs-
25 pressekonferenzen, durch die die gesamte Presse des Deutschen Reiches, gelenkt vom Propagandaministerium, ihre Anweisungen über Inhalt und Aufmachung ihrer Berichte erhielt, hieß es 1939, kurz nach Beginn des Zweiten Weltkrieges, 1939–1945: „[...] Da-
30 gegen muss erreicht werden, dass die gegenwärtige Abneigung gegen alles Polnische für Jahre aufrechterhalten wird [...]. Polen ist Untermenschentum. Polen, Juden, Zigeuner sind in einem Atemzug zu nennen [...]. Es muss auch der letzten Kuhmagd in
35 Deutschland klargemacht werden, dass das Polentum gleichwertig ist mit Untermenschentum [...], bis jeder in Deutschland jeden Polen, gleichgültig ob Landarbeiter oder Intellektuellen, im Unterbewusstsein schon als Ungeziefer ansieht. Diese Anweisung
40 wird ausdrücklich über das Propagandaministerium an alle Zeitungen gegeben." Menschen, die nicht mehr als Menschen angesehen wurden, als Untermenschen, als Volksschädlinge „auszurotten", war der nächste Schritt. Die als Untermenschen und „Pa-
45 rasiten" bezeichneten Menschen wie Ungeziefer „auszumerzen", wurde als Absicht öffentlich verkündet. Auf einer Kundgebung der NSDAP 1933 sprach Hermann Göring es aus: „Volksgenossen! Meine Maßnahmen werden nicht angekränkelt sein durch ir-
50 gendwelche juristischen Bedenken. Hier habe ich keine Gerechtigkeit zu üben, hier habe ich nur zu vernichten und auszurotten, weiter nichts."

Hilde Kammer, Elisabet Bartsch, Lexikon Nationalsozialismus. Begriffe, Organisationen und Institutionen, 6. Aufl., Rowohlt Taschenbuch Verlag, Reinbek bei Hamburg 2002, S. 253 f.*

1 Arbeiten Sie mithilfe von M 4 die Hauptmerkmale der NS-Auffassung vom Menschen heraus.
2 Zeigen Sie anhand von M 4 die Folgen der NS-Ideologie für Polinnen und Polen auf.
Tipp: Ziehen Sie auch Kapitel 3.5 hinzu.

M 5 Hitler über „Volksgemeinschaft", 1920

Wir wissen, dass im Augenblick, wo Einzelbeschäftigung aufhörte, den einzelnen zu ernähren, eine Gruppe gezwungen war, einem besonders Fähigen eine bestimmte Arbeit zuzuweisen, und dass, wo Tei-
5 lung der Arbeit erfolgt, der Zusammenschluss größerer Menschengruppen notwendig wurde. So ist in der Arbeit letzten Endes die Kraft zu suchen, die erst die Sippen, dann die Stämme zusammenband und die später endlich Staaten gründete.
10 Wenn wir als erste Notwendigkeit zur Staatenbildung die Auffassung der Arbeit als soziale Pflicht ansehen müssen, dann ist die zweite Notwendigkeit, die Voraussetzung hierzu: Rassen-Gesundheit und Rassenreinheit, und nichts kam diesen nordischen Erobe-
15 rern so sehr zugute als ihre geläuterte Kraft gegenüber den morschen faulen Südrassen. [...]
Wir sehen, dass hier schon in der Rasse zwei große Unterschiede liegen: Ariertum bedeutet sittliche Auffassung der Arbeit und dadurch das, was wir heute so
20 oft im Munde führen: Sozialismus, Gemeinsinn, Gemeinnutz vor Eigennutz – Judentum bedeutet egoistische Auffassung der Arbeit und dadurch Mammonismus und Materialismus, das konträre Gegenteil des Sozialismus [...]. Und in dieser Eigenschaft [...]
25 allein schon liegt die Notwendigkeit für den Juden, unbedingt staatenzerstörend auftreten zu müssen. Er kann nicht anders, ob er will oder nicht. [...]

Zit. nach: Eberhard Jäckel u. a. (Hg.), Hitler. Sämtliche Aufzeichnungen 1905–1924, DVA, Stuttgart 1980, Nr. 136, S. 184–195.*

1 Untersuchen Sie in M 5 den von Hitler vorgenommenen Kontrast zwischen „Ariern" und Juden.
2 Erklären Sie den Inklusions- bzw. Exklusionscharakter der „Volksgemeinschafts"-Ideologie.
3 **Zusatzaufgabe:** Siehe S. 484.
4 Interpretieren Sie M 3–M 5 im Kontext des deutschen Selbstverständnisses im 19. und 20. Jahrhundert.
Kernmodul: ▶ S. 376–380, M 4, M 5

Anwenden

M1 Predigt des katholischen Bischofs von Münster, Clemens August Graf von Galen am 3. August 1941

Im August 1939 hatte die NS-Regierung die Gesundheitsämter angewiesen, Geburtshelfern, Hebammen, Ärzten und Entbindungskliniken eine Meldepflicht für behinderte Neugeborene und Kleinkinder aufzuerlegen. Danach begann sie mit der „Kinder-Euthanasie", der rund 5000 Kinder zum Opfer fielen. Im Oktober 1939 dehnte der NS-Staat die Tötungen auf erwachsene Behinderte aus. Die Ermordungen, meist durch Gas, fanden in abseits gelegenen Anstalten statt. Bis 1945 wurden dadurch ca. 250 000 Menschen umgebracht.

Ich hatte bereits am 26. Juli bei der Provinzialverwaltung der Provinz Westfalen, der die Anstalten unterstehen, der die Kranken zur Pflege und Heilung anvertraut sind, schriftlich ernstesten Einspruch
5 erhoben. Es hat nichts genützt. Der erste Transport der schuldlos zum Tode Verurteilten ist von Marien tal abgegangen. Und aus der Heil- und Pflegeanstalt Warstein sind, wie ich höre, bereits 800 (achthundert) Kranke abtransportiert.
10 So müssen wir damit rechnen, dass die armen, wehrlosen Kranken über kurz oder lang umgebracht werden. Warum? Nicht weil sie ein todeswürdiges Verbrechen begangen haben, nicht etwa, weil sie ihren Wärter oder Pfleger angegriffen haben, sodass die-
15 sem nichts anderes übrigblieb, als dass er zur Erhaltung des eigenen Lebens in gerechter Notwehr dem Angreifer entgegentrat. Das sind Fälle, in denen neben der Tötung des bewaffneten Landesfeindes im gerechten Krieg Gewaltanwendung bis zur Tötung
20 erlaubt und nicht selten geboten ist.
Nein, hier handelt es sich um Menschen, unsere Mitmenschen, unsere Brüder und Schwestern – arme Menschen, kranke Menschen – „unproduktive Menschen" meinetwegen. Aber haben sie damit das Recht
25 auf das Leben verwirkt? Hast du, habe ich nur so lange das Recht zu leben, als wir produktiv sind, so lange wir als produktiv von andern anerkannt werden?
Wenn man den Grundsatz aufstellt und anwendet, dass man den „unproduktiven Menschen" töten darf,
30 dann wehe uns allen, wenn wir alt und altersschwach werden!
Wenn man die „unproduktiven Menschen" gewaltsam beseitigen darf, dann wehe unseren braven Soldaten, die als Schwerkriegsverletzte, als Krüppel, als
35 Invaliden in die Heimat zurückkehren!
Wenn einmal zugegeben wird, dass Menschen das Recht haben, „unproduktive Menschen" zu töten, und wenn es jetzt zunächst auch nur arme, wehrlose Geisteskranke betrifft, dann ist grundsätzlich der Mord an allen unproduktiven Menschen, also an den 40 unheilbar Kranken, den arbeitsunfähigen Krüppeln, den Invaliden der Arbeit und des Krieges, dann ist der Mord an uns allen, wenn wir alt und altersschwach und damit unproduktiv werden, freigegeben. Wer kann noch Vertrauen haben zu einem Arzt? Viel- 45 leicht meldet er den Kranken als „unproduktiv" an und erhält die Anweisung, ihn zu töten. Es ist nicht auszudenken, welche Verwilderung der Sitten, welch allgemein gegenseitiges Misstrauen bis in die Familien getragen wird, wenn diese furchtbare Lehre gedul- 50 det, angenommen und befolgt wird! Wehe den Menschen, wehe unserm deutschen Volke, wenn das heilige Gebot Gottes „Du sollst nicht töten", das der Herr unter Donner und Blitz verkündet hat, das Gott der Schöpfer von Anfang an in das Gewissen der 55 Menschen getrieben hat, nicht nur übertreten, sondern wenn diese Übertretung sogar geduldet und ungestraft ausgeübt wird!

Zit. nach: Herbert Michaelis/Ernst Schraepler, Ursachen und Folgen, Bd. 19, Wendler, Berlin 1975, S. 518 f.*

1 Ordnen Sie M 1 kurz in den historischen Kontext ein.
2 Arbeiten Sie anhand von M 1 heraus, inwieweit der politische und geistig-ideologische Herrschaftsanspruch der Nationalsozialisten für von Galen zur Herausforderung wurde.
3 Beurteilen Sie M 1 im Kontext des deutschen Selbstverständnisses im 19. und 20. Jahrhundert.
Kernmodul: ▶ S. 376–380, M 4, M 5

Präsentation

Polnische Sicht auf Zwangsmigrationen

Polen war durch die Besetzung durch Deutschland und die Sowjetunion doppelt betroffen. Deportationen innerhalb des Deutschen Reiches (vor allem zur Zwangsarbeit), aus den annektierten Gebieten ins „Generalgouvernement" sowie aus Ostpolen in die Sowjetunion waren die Folge.
Recherchieren Sie Erinnerungen von polnischen Zeitzeugen zu den Zwangsmigrationen. Stellen Sie wesentliche Zitate in Form einer Collage zusammen.

Literaturtipps
Hans-Jürgen Bömelburg u. a. (Hg.), Vertreibung aus dem Osten. Deutsche und Polen erinnern sich, Borussia, Olsztyn 2000.
Gerhard Besier u. a. (Hg.), Deutsche und Polen während und nach dem Zweiten Weltkrieg, LIT Verlag, Berlin 2007.

Wiederholen

M2 „Deutsche Symphonie", Ölgemälde von Hans Toepper, 1938

Zentrale Begriffe
Antisemitismus
Charismatische Herrschaft
„Lebensraum"
„Führerprinzip"
Radikalnationalismus
Rassenpolitik
„Untermensch"-Propaganda
Völkermord
„Volksgemeinschafts"-Ideologie

1. Arbeiten Sie aus M2 zentrale Merkmale der NS-Ideologie heraus.
   Tipp: Siehe die Formulierungshilfen zur Analyse von Gemälden auf dieser Seite.
2. Beschreiben Sie weitere Merkmale der nationalsozialistischen Ideologie und zeigen Sie die Wirkungen und Folgen auf.
3. **Wahlaufgabe:** Bearbeiten Sie entweder Aufgabe a) oder b).
   a) Beschreiben Sie die sich aus der NS-Ideologie ergebenden Konsequenzen für die konkrete Politik des NS-Staates.
   b) Analysieren Sie die politisch-sozialen Folgen der Angriffe des nationalsozialistischen Deutschland auf Polen.
4. **Vertiefung:** Im Jahre 1943 umriss Heinrich Himmler vor SS-Männern in Posen seine Vorstellungen vom „germanisch-deutschen Reich" mit den Worten: „Der Osten wird die Voraussetzung sein, dass das germanische Reich in der Welt in den kommenden Jahrhunderten fähig ist, die nächsten Stöße […] zurückzuschlagen, um abermals dann in den kommenden Generationen die Volkstumsgrenzen hinauszuschieben, um letzten Endes nur das zurückzuholen, was Goten und Vandalen, was unsere germanischen Vorfahren einst als Reich und ihr Land besessen haben." Erörtern Sie die zentralen Inhalte dieser „Reichsidee" und ordnen Sie sie in die Geschichte des Nationalismus ein. Prüfen Sie dabei, ob sich diese Definition als „Radikalnationalismus" bezeichnen lässt.
5. Notieren Sie stichpunktartig die Ergebnisse zu Ihren Fragen von der Einstiegsseite 393.

Formulierungshilfe für die Analyse eines Gemäldes
– Im Zentrum des Gemäldes …
– Im Vordergrund/Hintergrund …
– Am rechten/linken/oberen/unteren Bildrand …
– Das Gemälde wir dominiert von …
– Der Maler hat überwiegend … Farben verwendet.
– Die Wirkung der Farben …
– Der Blick/die Perspektive auf …
– Während … im Licht erscheinen, liegt … im Dunkeln.
– Der Blick der Personen richtet sich auf den Betrachter/nach oben …

Kernmodul: ▶ S. 374 f., M 2 (Nation und Nationalismus, Wehler)

4 Geschichts- und Erinnerungskultur

Geschichte tritt dem Menschen in unserer Zeit allgegenwärtig entgegen und fordert ihn zur Auseinandersetzung heraus. Die Begegnung mit Geschichte vollzieht sich nicht nur im Geschichtsunterricht: Gedenk- und Feiertage, Erinnerungsorte, Museen, Denkmäler, Fernseh- und Filmproduktionen, Internetseiten mit historischen Bezügen, öffentliche Kontroversen um Deutungen von Geschichte, Geschichtsbilder im kollektiven Bewusstsein von Nationen oder einzelner Gruppen und vieles andere mehr – Geschichts- und Erinnerungskultur ist wesentlicher Bestandteil unseres Lebens.

4.1 Kernmodul: Geschichts- und Erinnerungskultur

M1 Die weichen Uhren (Die Beharrlichkeit der Erinnerung), Ölgemälde von Salvador Dalí (1904–1989), 1931.
Dalí bezeichnete dieses Gemälde auch als die „Camemberts des Raums und der Zeit".

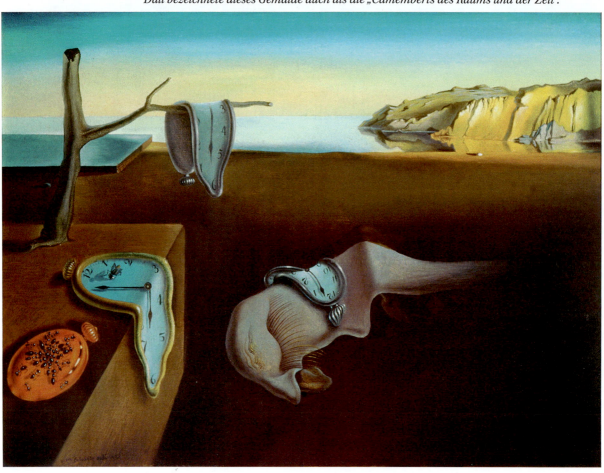

Kernmodul: Geschichts- und Erinnerungskultur 4.1

„So viel Geschichte war nie" – so überschrieb der Geschichtsdidaktiker Klaus Bergmann schon vor bald drei Jahrzehnten einen Aufsatz, in dem er sich mit den Herausforderungen historischer Bildung angesichts der „Allgegenwart" von Geschichte in unserer Lebenswelt auseinandersetzte. Ein Blick in die Fernseh- und Computerzeitschriften, in die Übersicht von Streaming-Diensten, in Verlagskataloge und Buchhandlungen, in Tageszeitungen und Broschüren der Tourismuswerbung bestätigt diese Diagnose ebenso wie ein Gang durch eine Stadtlandschaft, einen Souvenirshop oder virtuell durch die Internetlandschaft.

Dies war nicht immer so. Zwar war auch in früheren Zeiten die Erinnerung an Vergangenes von zentraler Bedeutung für das Selbstverständnis von Individuen und von gesellschaftlichen Gruppen. So führten z. B. die ostgotischen Könige ihre Regentschaft auf einen weit in die mythische Vergangenheit führenden Stammbaum zurück, der die Amaler „schon immer" zu Großem befähigt hätte. Es ist auch kein Zufall, dass die wichtigen Studien zum „kulturellen Gedächtnis" des Ägyptologen Jan Assmann ihre historischen Beispiele aus den frühen Hochkulturen wählen. Aber in der Vielfalt der Angebote und der Breite der Rezeption vollzog sich in den letzten Jahrzehnten ein so grundlegender Wandel, dass Historiker von einem *„memory-boom"* sprechen.

1 Interpretieren Sie das Gemälde M 1. Beziehen Sie den Titel und Dalís zusätzliche Bemerkung in Ihre Interpretation mit ein.
2 Nehmen Sie einen Filzstift und notieren Sie auf einzelnen Karten, was Ihnen zum Thema Erinnerung und Erinnerungspolitik einfällt. Pro Gedanken verwenden Sie eine Karte.
3 Hängen Sie Ihre Karten an die Tafel und sortieren Sie sie nach Oberbegriffen.
4 Bilden Sie Leitfragen für die Arbeit mit dem folgenden Kapitel.
5 **Geschichts-Tagebuch:** Sammeln Sie eigene geschichtskulturelle Erfahrungen in Ihrer Lebenswelt, indem Sie eine Woche lang ein „Geschichts-Tagebuch" führen. Notieren Sie hier alle Begegnungen mit Geschichte in Ihrem Alltag, tauschen Sie anschließend Ihre Erfahrungen aus und vergleichen Sie sie.

4.1 Kernmodul: Geschichts- und Erinnerungskultur

> *In diesem Kapitel geht es um*
> – Theorien zu Geschichtsbewusstsein und Geschichtskultur,
> – Formen historischer Erinnerung,
> – Funktion von und Umgang mit historischer Erinnerung.

Geschichte und Vergangenheit

Geschichtsunterricht in früheren Zeiten spielte sich häufig in dieser Form ab: Die Lehrperson, meist ein älterer Mann, häufig mit Bart und im Anzug, saß am Pult und erzählte davon, „wie es früher war". Der Titel eines Geschichtsbuches aus der DDR hieß beispielsweise „Der Geschichtslehrer erzählt". Dabei weiß niemand, wie „es" war. Unsere Informationen über die Vergangenheit sind bruchstückhaft und wie durch einen Zerrspiegel betrachtet: Bestimmte Aspekte werden vergrößert, andere verkleinert oder verschwinden ganz aus dem Bild. Fast jeder Mensch, der älter ist als fünfundzwanzig Jahre, weiß, wo er am 11. September 2001 war. Aber wer erinnert sich daran, wo er am 10. September 2001 war, als vor Sansibar eine Fähre verunglückte und 200 Menschen in den Tod riss? Zudem: Je weiter wir auf dem Zeitstrahl zurückgehen, desto dunkler und bruchstückhafter erscheint das, was wir zu wissen glauben. Damit aus Vergangenheit erinnerte Geschichte wird, müssen folgende Voraussetzungen erfüllt sein:
1. Nur woran erinnert wird, gilt tatsächlich und unwidersprochen als geschehen.
2. Die Überlieferungen müssen vermittelt und entschlüsselt werden.

M1 „Geschichtsunterricht", Karikatur von Ralf Stumpp

Walhalla
Nach Walhall, der Ruhestätte der nordischen Götter, benannte Gedenkstätte in der Nähe von Regensburg. In Form von Büsten und Gedenktafeln werden hier berühmte Deutsche geehrt. Siehe auch S. 172 f.

Überreste der Vergangenheit

In der Walhalla*, die der Erinnerung an Gestalten der deutschen Geschichte gewidmet ist, findet sich eine Tafel, die an Horsa erinnert, einen sagenhaften Helden, der im 5. Jahrhundert gemeinsam mit seinem Bruder Hengist nach Britannien übergesetzt sein und das Land erobert haben soll. Generationen von Deutschen galten Horsa und Hengist als erinnerungswürdige Vorbilder für Mut und Stärke. Glaubhafte Schriftquellen zu den Brüdern existieren allerdings nicht. Um zu Geschichte zu werden, sind also nicht in allen

M2 Ein Schüler gestaltet im Geschichtsunterricht einen „germanischen Hof", Fotografie, 1935.

Die Nationalsozialisten betreiben einen „Germanenkult": Sie sahen in den „Germanen" – wissenschaftlich falsch – die Vorläufer der Deutschen und behaupteten im Rahmen ihrer Rassentheorie, dass diese einer „höherwertigen Herrenrasse" angehörten. Siehe auch S. 143 f.

Fällen faktisch gesicherte Ereignisse notwendig. Dies verweist auf ein Problem der Geschichtswissenschaft: Kulturen, die keine Texte hinterlassen, sind ausschließlich über indirekte Beweise, Tonscherben, Höhlenmalereien, alte Sickergruben oder Reste von Bauwerken zu erschließen und geben häufig Rätsel auf. Selbst die Texte, die uns vorliegen – babylonische Erzählungen, ägyptische Papyri, nordische Runen, lateinische Abhandlungen –, sind für die meisten von uns verloren, wenn sie uns nicht durch Experten vermittelt werden. Historiker, Archäologen, Theologen, Sprachwissenschaftler sowie Lehrkräfte und museumspädagogisches Personal sorgen für die **Aufbereitung der Hinterlassenschaften** der Vergangenheit. Dabei wählen sie aus – mal mehr, mal weniger absichtsvoll, immer jedoch ausgehend von den Anforderungen ihrer eigenen Zeit. Geschichte ist also nicht das, was früher einmal war. Geschichte ist das, was jede Generation aus den Überresten der Vergangenheit herausliest. Damit bleibt sie **wandelbar in der Auswahl ihrer Fragestellungen, Herangehensweisen und Interpretation** der Ergebnisse.

Geschichtskultur, Erinnerungskultur, Geschichtspolitik

Die Historiker grenzen die Vielzahl von Angeboten auf dem Markt der Geschichtsvermittlung mit unterschiedlichen Begriffen voneinander ab. Die Gesamtheit der Erscheinungsformen von Geschichtswissen und den Umgang mit diesen in einer Gesellschaft bezeichnen die Historiker als **Geschichtskultur**. Das Wort **„Erinnerungskultur"** ist eine Sammelbezeichnung für den nicht spezifisch wissenschaftlichen Gebrauch der Geschichte in der Öffentlichkeit mit den verschiedensten Mitteln und für verschiedenste Zwecke. In einem weiteren Sinne ist das Wort ein Oberbegriff für alle denkbaren Formen der bewussten Erinnerung an historische Ereignisse, Persönlichkeiten und Prozesse. Und der Begriff **„Geschichtspolitik"** charakterisiert den Umgang politischer Einrichtungen und Persönlichkeiten mit nationalen Gedenktagen, historischen Orten und Akteuren, Höhen und Tiefen der eigenen Nationalgeschichte, Geschichtsmuseen und -ausstellungen sowie Denkmälern oder Gedenkstätten. Die Geschichtspolitik demokratischer Gesellschaften unterscheidet sich grundsätzlich von der Geschichtspolitik in Diktaturen. Während es in demokratisch verfassten Gesellschaften eine pluralistische Geschichtspolitik staatlicher und nichtstaatlicher Institutionen und Personen gibt, bestimmt in autoritären bis diktatorischen Ordnungen der Staat das Geschehen. Die teilweise heftigen Auseinandersetzungen um Denkmäler, Museen und Gedenktage zeigen, dass Deutungen der Geschichte stets auch ein Politikum sind. Geschichtspolitik lässt sich daher nicht abschaffen, sondern muss analysiert und durchschaut werden.

Funktionen im Umgang mit Geschichte

Die **Funktionen des Umgangs mit Geschichte** sind höchst unterschiedlich: Sie reichen von der absichtsvollen historischen Bildung in Institutionen wie Schule, Universität oder Museum über die Stiftung von kollektiven Identitäten wie bei Nationaldenkmälern und Nationalfeiertagen, die Legitimation gegenwärtigen politischen Handelns wie in Reden von Politikern bis hin zur Freizeitgestaltung und Unterhaltung. Allen gemeinsam aber ist, dass sich Menschen (Individuen wie Kollektive) hierbei jeweils in ein Verhältnis zur Vergangenheit setzen, dass sie Gegenwartserfahrungen, -interessen und -wünsche, aber auch -ängste verbinden mit einer Deutung der Vergangenheit, wobei dies sowohl in negativer Abgrenzung als auch in positiver Anknüpfung an Historisches geschehen kann: „Früher war alles besser" (oder: sicherer, überschaubarer, nicht so anonym usw.) oder „Früher war alles so schmutzig, gefährlich, unsicher – Gott sei Dank, dass es uns heute besser geht" oder „Heute ist das Leben in geordneten Bahnen, aber langweilig, früher war es abenteuerlich, exotisch" usw. Der Blick in die Vergangenheit ist also in hohem Maße geprägt von heutigem Wissen, heutigen Einstellungen und Gefüh-

M 3 Straßenschild „Petersallee" in Berlin, Fotografie, 2018

Um die Benennung von Straßen entbrennen immer wieder Konflikte. In Berlin wird derzeit die Umbenennung von Straßen im „afrikanischen Viertel" diskutiert. Noch sind viele Straßen nach Vertretern der deutschen Kolonialherrschaft benannt. So soll z. B. die Petersallee umbenannt werden, die ursprünglich nach dem Begründer der Kolonie Deutsch-Ostafrika, Carl Peters, benannt wurde. Peters ging mit großer Brutalität gegen die afrikanische Bevölkerung vor.

▶ M 7: Bernd Schönemann über die Gründe für die Entstehung von Geschichtskultur

▶ M 8: Klaus Bergmann über den „Warenwert" von Geschichte

len – dies gilt sowohl für diejenigen, die Geschichte als Wissenschaft darstellen, wie für diejenigen, die damit andere Absichten verfolgen; der entscheidende Unterschied ist aber, dass Erstere dies quellenbasiert und methodisch kontrolliert tun, in einem Dreischritt von Analyse – Sachurteil – Werturteil, während im Alltag häufig Werturteile über die Vergangenheit überwiegen.

▶ M 9: Eric Hobsbawm über die „Erfindung der Vergangenheit"

Formen historischer Erinnerung

Geschichte ist Teil unseres täglichen Lebens. Wir gehen an Denkmälern vorbei; die Straßen, in denen wir wohnen, haben Namen, die an vergangene Persönlichkeiten oder Wegmarken erinnern; sogar die Namen, die wir selbst tragen, sind Teil unserer Geschichtskultur. Auch als Freizeitvergnügen beschäftigen sich viele Menschen mit vergangenen Zeiten, indem sie sich in Geschichtsvereinen oder *Reenactment**-Gruppen engagieren oder z. B. auf populären Mittelaltermärkten in die Vergangenheit eintauchen.

Feiertage, Mittelaltermärkte, Erlebnistouren durch historische Gebäude, Lehrpläne, staatlich finanzierte Museen, Denkmäler, Schweigeminuten, Nationalhymnen – all dies ergibt die Geschichtskultur eines Landes. Nachdem im nationalsozialistischen Deutschland seit Juli 1933 jede Stadt ihre wichtigste Straße oder ihren zentralen Platz nach Adolf Hitler benennen musste, gibt es seit 1945 selbstverständlich keine Adolf-Hitler-Straßen mehr in Deutschland. Derzeit wird in vielen Städten und Gemeinden über die Umbenennung von Straßennamen mit deutlichem Bezug zur Kolonialgeschichte diskutiert. Was erinnerungswürdig ist und was nicht, ist Thema im Unterricht, in Bürgerinitiativen und in Stadtverordnetenversammlungen.

Living History/Reenactment
Während in den USA kaum ein Unterschied zwischen den Begriffen gemacht wird, bezeichnet in Deutschland *Living History* eher das Nachstellen historischen Alltagslebens, während *Reenactment* sich auf das Nachspielen konkreter historisch belegter Ereignisse bezieht.

Geschichtswissen

Der Mensch muss sich an etwas oder jemanden erinnern, um Straßen danach zu benennen – und auch, um sich über diese Benennung zu ärgern. Dass es eine „von-Treitschke-Straße" gibt, scheint dem Historiker erstaunlich, war der Historiker Heinrich von Treitschke doch einer der führenden Antisemiten des deutschen Kaiserreichs. Diesen mit Straßen zu beehren, ist also ein Teil der deutschen Geschichtskultur, über den nur verhandeln kann, wer **Geschichtswissen** mitbringt. Es ist allerdings nicht Teil dessen, was als **kollektives** Gedächtnis bezeichnet wird. Wer außerhalb von Geschichts-Leistungskursen und Universitäten weiß noch, wer Heinrich von Treitschke war? Wie aber wird Erinnerung wachgehalten? Neben dem kollektiven Gedächtnis einer Gruppe oder Gesellschaft zu Ereignissen wie der Überfahrt der Brüder Hengist und Horsa oder dem Beginn des Zweiten Weltkrieges gibt es das **private, kommunikative Gedächtnis**. Das erwähnte Beispiel vom 11. September gehört hierher: Eltern erzählen ihren Kindern von diesem Ereignis, vom Mauerfall, von der ersten Mondlandung, von John F. Kennedys Ermordung, von den Gänsen hinter Omas Haus und der Fettschicht auf der Milch, damals, in der Zeit vor der Anschnallpflicht, als alle auf der Leinwand und im Leben rauchten. Diese Form des Gedächtnisses reicht etwa 80 Jahre oder drei Generationen weit zurück. Wenn wir Zeitzeugen in die Schule einladen, haben wir teil an diesem kommunikativen Gedächtnis. Wenn wir rauschende und knisternde Tonaufnahmen von Interviews mit ehemaligen Sklaven aus den amerikanischen Südstaaten hören, erleben wir eine Spur dieses Gedächtnisses. Zwangsläufig aber berühren uns diese Stimmen aus dem 19. Jahrhundert von der anderen Seite der Welt weit weniger als die Geschichten, die unsere Eltern oder Großeltern uns erzählen.

▶ M 5: Maurice Halbwachs über das „kollektive Gedächtnis"

▶ M 6: Aleida und Jan Assmann über das kommunikative und das kulturelle Gedächtnis

M 4 Eine Schauspielerin verkörpert im Rahmen einer *Living-History*-Vorführung eine afroamerikanische Sklavin in Williamsburg, USA, Fotografie, 2017

Das kommunikative Gedächtnis verstummt nach 80 Jahren nicht einfach, sondern es verändert sich: **Neue Inhalte ersetzen die alten**, so wie neue Erzähler an die Stelle der alten treten. Diejenigen Menschen, die die Schrecken des Nationalsozialismus überlebt
30 haben, sind alt und werden in absehbarer Zeit nicht mehr da sein, um zu berichten. Historikern kommt dementsprechend die Aufgabe zu, die Spuren der Vergangenheit zu sammeln. Je mehr Quellen ihnen dabei zur Verfügung stehen, desto klarer kann das Bild werden, das sie zeichnen. Dabei ist aber weiterhin zu bedenken: Geschichte ist ein **Konstrukt**, Geschichte ist nicht gleich Vergangenheit.

Geschichtsbild

„Du sollst dir kein Bildnis machen" – dieser Satz steht schon in der Bibel. Und doch machen wir uns ständig und fortgesetzt ein Bild – voneinander, von der Welt, in der wir leben, und nicht zuletzt von der Welt, wie sie einmal war. Was für ein Bild von Geschichte steckt hinter der Walhalla mit ihren Gedenktafeln und Büsten? Dürfen wir König
5 Ludwig vorhalten, er habe zu wenig gewusst, um eine sinnvolle Geschichtsdarstellung zu präsentieren? Eher nicht. Die Walhalla ist Ausdruck von Ludwigs Geschichtsbild, und das war durchaus typisch für das 19. Jahrhundert. Unabhängig von unseren Kenntnissen haben wir alle ein Bild von Geschichte. Die Wissenslücken schließt die Fantasie. Dies tut sie allerdings nicht willkürlich, sondern in **Abhängigkeit von der Gesellschaft**, in
10 der wir leben. Unser Geschichtsbild wird geformt durch die Welt, die uns umgibt. Die Nachkriegsgeneration wuchs mit der Idee auf, der Nationalsozialismus sei von einigen wenigen Volksverführern quasi im Alleingang über das mehr oder minder unschuldige deutsche Volk gebracht worden. Dass diese Vorstellung falsch ist, spielte für die Wirkmächtigkeit dieses Bildes keine Rolle. Geschichtsbilder werden vorgeformt und lassen
15 sich nur mühsam durch Logik oder Argumente widerlegen. In der Zeit der „Filterblasen", in der wir online nur das präsentiert bekommen, was unsere bereits existierenden Vorstellungen bestätigt, gilt das umso mehr. Alles, was unser Geschichtsbild bestätigt, lässt sich mühelos integrieren. Störende Widersprüche filtern wir heraus. Dementsprechend eignen sich Geschichtsbilder hervorragend zur Manipulation großer Bevölke-
20 rungsgruppen.

▶ M 10: Alexander und Margarete Mitscherlich über die „Unfähigkeit zu trauern"

▶ M 11: Aleida Assmann über das Schweigen nach 1945

▶ M 12: Ralph Giordano über die „zweite Schuld"

Geschichtsbewusstsein

Das eigene Geschichtsbild immer wieder kritisch zu hinterfragen, ist hohe Kunst und Ziel des Geschichtsunterrichts. Diese Fähigkeit, eigene Vorstellungen infrage zu stellen, Interpretation von geschichtlichen Ereignissen mit einer Analyse gegenwärtiger Zustände und daraus abzuleitenden Erwartungen für die Zukunft zu verbinden, nennt man
5 „Geschichtsbewusstsein". Eine Zeitebene bildet dabei jeweils die zum Verständnis der nächsten Zeitebene notwendige Vorgeschichte: Die Gegenwart lässt sich nur aus der Vergangenheit verstehen und die Zukunft erwächst aus unserer Gegenwart. Wesentlicher Bestandteil des Geschichtsbewusstseins ist das Wissen, dass Geschichte niemals zeigt, was war, sondern immer eine **Konstruktion** dessen ist, was wir uns vorstellen, und
10 dass diese Konstruktion in jeder Epoche anders aussieht. Die Werkzeuge, mit denen wir unser Geschichtsbewusstsein erlangen und trainieren können, sind: **genaue Analyse, Sachurteil und historisches Werturteil**.

▶ M 13: Hans-Jürgen Pandel über Geschichtsunterricht

▶ M 14: Harald Welzer über Erinnerungskultur

1 Bestimmen Sie die Schlüsselbegriffe des Textes.
2 **Lernplakat:** Stellen Sie diese Schlüsselbegriffe in Form eines Strukturdiagramms auf einem Lernplakat dar.
3 Charakterisieren Sie die Bedeutung von Geschichte in unserer Gesellschaft.
4 Erläutern Sie die Begriffe „Geschichtskultur", „Erinnerungskultur" und „Geschichtspolitik" an eigenen Beispielen.

> **Hinweise zur Arbeit mit den Materialien**
> Die Materialien M 5 und M 6 beschäftigen sich mit den verschiedenen Formen des Gedächtnisses. M 7 bis M 9 thematisieren unterschiedliche Funktionen von Geschichtskultur. Die Materialien M 10 bis M 19 beleuchten den Wandel im erinnerungskulturellen und erinnerungspolitischen Umgang mit dem Nationalsozialismus.

Formen des Gedächtnisses

M 5 Maurice Halbwachs über das „kollektive Gedächtnis"

Der französische Soziologe Maurice Halbwachs (1877 bis 1945) entwickelte die Theorie des kollektiven Gedächtnisses. Halbwachs war Professor an der Sorbonne. Er wurde 1945 im KZ Buchenwald ermordet. Dieser Text entstammt einem nicht abgeschlossenen Manuskript, das 1950 von Halbwachs' Tochter herausgegeben wurde.

Wir würden sagen, jedes individuelle Gedächtnis ist ein „Ausblickspunkt" auf das kollektive Gedächtnis; dieser Ausblickspunkt wechselt je nach der Stelle, die wir darin einnehmen, und diese Stelle selbst wech-
5 selt den Beziehungen zufolge, die ich mit anderen Milieus unterhalte. Es ist demnach nicht erstaunlich, dass nicht alle das gemeinsame Werkzeug mit dem gleichen Nutzen anwenden. […]
Es scheint, als könne die Fähigkeit des Sicherinnerns
10 nur in dem Maße existieren und fortdauern, als sie mit einem individuellen Körper oder Geist verbunden ist. Nehmen wir jedoch an, dass die Erinnerungen auf zweierlei Art in Erscheinung treten – dass sie sich bald einem bestimmten Menschen zugesellen
15 können, der sie aus seiner Sicht betrachtet, bald sich innerhalb einer großen oder kleinen Gesellschaft verteilen können, von der sie eine bestimmte Anzahl von Teilbildern sind. Es würde also individuelle und, wenn man so will, kollektive „Gedächtnisse" geben.
20 Mit anderen Worten, das Individuum würde an zwei Arten von Gedächtnissen teilhaben. Aber je nachdem, ob es an dem einen oder dem anderen teilhat, würde es zwei sehr verschiedene und selbst gegensätzliche Haltungen einnehmen. Einerseits würden
25 seine Erinnerungen sich in den Rahmen seiner Persönlichkeit oder seines persönlichen Lebens einfügen – sogar die, die es mit anderen gemeinsam hat, würden von ihm allein unter dem Aspekt betrachtet, der es selber als sich von den anderen unterscheiden-
30 des Individuum interessiert. Andererseits würde es zu bestimmten Zeitpunkten fähig sein, einfach als Mitglied einer Gruppe aufzutreten, das dazu beiträgt, unpersönliche Erinnerungen wachzurufen und zu unterhalten – in dem Maße, als diese die Gruppe in-
35 teressieren. […] Das kollektive Gedächtnis andererseits umfasst die individuellen Gedächtnisse, aber verschmilzt nicht mit ihnen. Es entwickelt sich seinen Gesetzen gemäß, und dringen auch zuweilen bestimmte individuelle Erinnerungen in es ein, so ver-
40 ändern sie sich, sobald sie in eine Gesamtheit eingefügt werden, die nicht mehr ein persönliches Bewusstsein ist. Betrachten wir nun das individuelle Gedächtnis. Es ist nicht vollkommen isoliert und in sich abgeschlossen. Um seine eigene Vergangenheit
45 wachzurufen, muss ein Mensch oft Erinnerungen anderer zu Rate ziehen. Er nimmt auf Anhaltspunkte Bezug, die außerhalb seiner selbst liegen und von der Gesellschaft festgelegt worden sind. Mehr noch, das Tätigsein des individuellen Gedächtnisses ist nicht
50 möglich ohne jene Instrumente, die durch die Worte und Vorstellungen gebildet werden, die das Individuum nicht erfunden und die es seinem Milieu entliehen hat. Nichtsdestoweniger trifft es zu, dass man sich allein an das erinnert, was man zu einem be-
55 stimmten Zeitpunkt gesehen, getan, gefühlt, gedacht hat – das heißt, dass unser Gedächtnis nicht mit dem der anderen verwechselt werden kann. Es ist räumlich und zeitlich ziemlich eng begrenzt. Das kollektive Gedächtnis ebenfalls – aber seine Grenzen sind
60 nicht dieselben. […]
Im Laufe meines Lebens ist die nationale Gruppe, der ich angehöre, der Schauplatz einer bestimmten Anzahl von Ereignissen gewesen, von denen ich behaupte, dass ich mich an sie erinnere, die ich jedoch
65 nur aus den Zeitungen kenne oder durch die Zeugnisse jener, die unmittelbar in sie verwickelt gewesen sind. Sie nehmen im Gedächtnis der Nation einen bestimmten Raum ein. Aber ich habe ihnen nicht selbst beigewohnt. Wenn ich sie wiederaufleben las-
70 se, bin ich genötigt, mich völlig auf das Gedächtnis der anderen zu verlassen […]. Ich kenne sie oft weder besser noch anders als jene früheren Ereignisse, die vor meiner Geburt stattgefunden haben. Ich trage einen Bestand historischer Erinnerungen in mir, den
75 ich durch Unterhaltungen oder Lektüre bereichern kann. Dies jedoch ist ein entliehenes Gedächtnis und nicht das meine. Im nationalen Denken haben diese Ereignisse eine tiefe Spur hinterlassen, nicht nur, weil die Institutionen durch sie verändert wurden, son-
80 dern weil ihre Überlieferung innerhalb dieses oder jenes Bereiches der Gruppe sehr lebendig fortlebt – innerhalb einer politischen Partei, einer Provinz, einer Berufsklasse oder selbst innerhalb dieser oder jener Familie […].

85 Für mich sind dies Begriffe, Symbole; sie bieten sich mir in einer mehr oder minder volkstümlichen Form dar; ich kann sie mir vorstellen; es ist mir gleichwohl unmöglich, mich an sie zu erinnern. Mit einem Teil meiner Persönlichkeit bin ich der Gruppe verbunden,
90 sodass nichts, was in ihr vorgeht, solange ich an ihr teilhabe, nichts sogar, was sie beschäftigt und verändert hat, bevor ich in sie eintrat, mir völlig fremd ist. Aber wenn ich die Erinnerung an ein solches Ereignis in aller Vollständigkeit wiederherstellen wollte,
95 müsste ich all die deformierten und partiellen Wiedergaben vergleichend nebeneinanderstellen, die alle Mitglieder der Gruppe von ihm gemacht haben. Dagegen gehören meine persönlichen Erinnerungen ganz mir, sind ganz in mir beschlossen. [...]
100 Kommt man überein, dass wir unser persönliches Gedächtnis nur von innen her und das kollektive Gedächtnis von außen her kennen, so wird tatsächlich zwischen dem einen und dem anderen ein lebhafter Kontrast bestehen. Ich erinnere mich an Reims, weil
105 ich ein ganzes Jahr lang dort gelebt habe. Ebenso erinnere ich mich, dass Jeanne d'Arc in Reims gewesen ist und dass man dort Karl VII. gesalbt hat, weil ich es erzählen hörte oder weil ich es gelesen habe. Jeanne d'Arc ist so oft im Theater, im Film usw. dargestellt
110 worden, dass es mir wirklich keinerlei Mühe bereitet, mir Jeanne d'Arc in Reims vorzustellen. Gleichzeitig weiß ich wohl, dass ich nicht Zeuge des Ereignisses selbst habe sein können; ich mache hier bei den Worten halt, die ich gelesen oder gehört habe. [...] Ebenso
115 ist es mit allen historischen Geschehnissen, die wir kennen. Eigennamen, Jahreszahlen, Formeln, die eine lange Reihe von Einzelheiten zusammenfassen, bisweilen eine Anekdote oder ein Zitat [...]. Das bedeutet, dass die Geschichte in der Tat einem Friedhof
120 gleicht, dessen Raum abgemessen ist und auf dem jederzeit Platz für neue Gräber gefunden werden muss.

Maurice Halbwachs, Das kollektive Gedächtnis, übers. von Holde Lhoest-Offermann, Ferdinand Enke Verlag, Stuttgart 1967, S. 35 f.*

1 Klären Sie die Bedeutung der Begriffe oder Namen, die Ihnen in M 5 unklar sind.
2 Formulieren Sie für die einzelnen Abschnitte sinnvolle Teilüberschriften.
3 Fassen Sie die zentrale Aussage des Textes in wenigen Worten zusammen.
4 Stellen Sie die wesentlichen Aussagen Halbwachs' in einem Flussdiagramm dar.
5 Wie werden die Inhalte sprachlich präsentiert, was lässt sich über den Verfasser sagen, über den Zeitpunkt der Textentstehung und über die Zeit der Erstveröffentlichung? Ist der Text sachlich oder wertend? Lässt sich erkennen, was Halbwachs' persönliche Meinung zum Thema ist?
6 Diskutieren Sie die Aussage, die Geschichte sei wie ein Friedhof (Z. 120).

M6 Die Kulturwissenschaftler Aleida und Jan Assmann über das kommunikative und das kulturelle Gedächtnis (1994)

[Das kommunikative und das kulturelle Gedächtnis]
Das kommunikative Gedächtnis bezieht sich auf die rezente[1] Vergangenheit. Es sind dies Erinnerungen, die der Mensch mit seinen Zeitgenossen teilt. Der typische Fall ist das Generationen-Gedächtnis [...].
5 Dieses Gedächtnis wächst der Gruppe historisch zu; es entsteht in der Zeit und vergeht mit ihr, genauer: mit seinen Trägern. Wenn die Träger, die es verkörperten, gestorben sind, weicht es einem neuen Gedächtnis.
10

Tab. 1: Vergleich von kommunikativem Gedächtnis und kulturellem Gedächtnis

	Kommunikatives Gedächtnis	Kulturelles Gedächtnis
Inhalt	Geschichtserfahrungen im Rahmen diverser Biografien	mythische Urgeschichte, Ereignisse in einer absoluten Vergangenheit
Formen	informell, wenig geformt, naturwüchsig, entsteht durch Interaktion, Alltag	gestiftet, hoher Grad an Geformtheit, zeremonielle Kommunikation, Fest
Codes, Speicherung	lebendige Erinnerung in organischen Gedächtnissen, Erfahrungen und Hörensagen	feste Objektivationen [= Vergegenständlichungen], traditionelle symbolische Kodierung/Inszenierung in Wort, Bild, Tanz usw.
Zeitstruktur	80–100 Jahre, mit der Gegenwart mitwandernder Zeithorizont von 3–4 Generationen	absolute Vergangenheit einer mythischen Urzeit
Träger	unspezifisch, Zeitzeugen einer Erinnerungsgemeinschaft	spezialisierte Traditionsträger

Meist vergeht das kommunikative Gedächtnis leise und unmerklich. „In aller Stille" wird ein Gedächtniskapitel nach dem anderen geschlossen. Historisch signifikant wird das unmerkliche Absterben eines Gedächtnis-Abschnitts erst, wenn damit bleibende Erfahrungen verbunden sind, die dauerhaft sicherzustellen sind. Das ist der Fall der Gräuel der NS-Zeit. Nach diesen Jahrzehnten wird jene Generation ausgestorben sein, für die Hitlers Judenverfolgung und -vernichtung Gegenstand persönlich traumatischer Erfahrung ist. Was heute z. T. noch lebendige Erinnerung ist, wird morgen nur noch über externe Speicher-Medien vermittelt sein. Dieser Übergang drückt sich schon jetzt in einem Schub schriftlicher Erinnerungsarbeit der Betroffenen sowie einer intensivierten Sammelarbeit der Archivare aus.

Der Übergang aus dem kommunikativen Gedächtnis ins kulturelle Gedächtnis wird durch Medien gewährleistet. Medien sind die Bedingung der Möglichkeit dafür, dass spätere Generationen zu Zeugen eines längst vergangenen und in seinen Einzelheiten vergessenen Geschehens werden können. Sie erweitern drastisch den Radius der Zeitgenossenschaft. Durch Materialisierung auf Datenträgern sichern die Medien den lebendigen Erinnerungen einen Platz im kulturellen Gedächtnis. Das Foto, die Reportage, die Memoiren, der Film werden in der großen Datenbank objektivierter Vergangenheit archiviert. Der Weg in die aktuelle Erinnerung ist damit noch nicht automatisch geöffnet. Dazu bedarf es sozusagen Medien zweiten Grades, die die gespeicherten Daten wiederum aktivieren. Die Medien ersten Grades nennen wir Dokumente, die Medien zweiten Grades Monumente. Dokumente beruhen auf Kodifikation und Speicherung von Information, Monumente beruhen auf Kodifikation und Speicherung *plus sozial bestimmtem und praktiziertem Erinnerungswert*.

Das kommunikative Gedächtnis wird in den Situationen des Alltagslebens zirkuliert. Anders das kulturelle Gedächtnis, denn „Identitäten sind", wie [der Soziologe] N. Luhmann treffend bemerkt, „nicht für den Alltagsgebrauch bestimmt" [...]. Als Kommunikationsraum für die Zirkulation kulturellen Sinns kommen in erster Linie Feste, Feiern und andere Anlässe rituellen und zeremoniellen Handelns infrage. In dieser zeremoniellen Kommunikation wird das kulturelle Gedächtnis in der ganzen Multimedialität ihrer symbolischen Formen inszeniert: In mündlichen Stammesgesellschaften sind dies vor allem Rituale, Tänze, Mythen, Muster, Kleidung, Schmuck, Tätowierung, Wege, Male, Landschaften usw., in Schriftkulturen sind es die Formen symbolischer Repräsentation (Monumente), Ansprachen, Kommemorationsriten.

Vorrangiger Zweck dieser Übungen ist dabei jeweils die Sicherung und Kontinuierung einer sozialen Identität. [...]

Das mündlich-kommunikative Gedächtnis hat seine Bedeutung auch in schriftverwendenden Gesellschaften. Die Rekonstruktion dieses im engeren lebensweltlichen Horizont fundierten Gedächtnisses bildet den Gegenstand der *Oral History*[2], eines neueren Zweiges der Geschichtswissenschaft, welcher Methoden entwickelt hat, um das vergangene Alltagswissen als historische Quelle zu erschließen. Alle Untersuchungen der „*Oral History*" bestätigen, dass auch in literalen Gesellschaften[3] die lebendige Erinnerung nicht weiter als 80 Jahre zurückreicht [...]. Hier folgen dann anstelle der Ursprungsmythen die Daten der Schulbücher und Monumente, d. h. die objektivierte und offizielle Überlieferung der Historiografie. [...]

[Speicher- und Funktionsgedächtnis]

Die allgemeinste Beschreibung der Konsequenz von Schrift ist die, dass mehr gespeichert werden kann, als gebraucht und aktualisiert wird. Die Dimensionen des Gedächtnisses fallen auseinander in Vordergrund und Hintergrund, in die Bereiche des Bewohnten und des Unbewohnten, des Aktualisierten und des Latenten. [...] Diese verschiedenen Bezirke der Erinnerungslandschaft wollen wir hier als *Speicher- und Funktionsgedächtnis* voneinander unterscheiden. Das Speicher-Gedächtnis umschreibt eine Region, die stets größer ist als das Bewusstsein; das Funktions-Gedächtnis dagegen bezieht sich nur auf den jeweils bewohnten Bezirk. [...]

Das Speicher-Gedächtnis enthält eine unstrukturierte Menge von Elementen, einen unsortierten Vorrat. Auf der Ebene des individuellen Seelenhaushalts sind die Elemente dieses Gedächtnisses äußerst heterogen: teilweise inaktiv, unproduktiv, teilweise latent, außerhalb der Belichtung durch Aufmerksamkeit, teilweise überdeterminiert und daher zu sperrig für ein ordentliches Zurückholen, teilweise schmerzhaft oder skandalös und deshalb tief vergraben. Die Elemente des Speicher-Gedächtnisses gehören dem Individuum zwar zu, aber es ist weit davon entfernt, über sie zu verfügen. Auf kollektiver Ebene enthält das Speicher-Gedächtnis das unbrauchbar, obsolet[4] und fremd Gewordene, das neutrale, identitätsabstrakte Sachwissen, aber auch das Repertoire verpasster Möglichkeiten und alternativer Optionen.

Den Aspekt des Gedächtnisses, der tatsächlich bewohnt wird, nennen wir das Funktions-Gedächtnis. Es handelt sich dabei um ein Stück *angeeignetes Gedächtnis*, wie es aus einem Prozess der Auswahl, der Verknüpfung, der Sinnkonstitution [...] hervorgeht.

Die strukturlosen, unzusammenhängenden Elemente treten ins Funktions-Gedächtnis als komponiert, konstruiert, verbunden ein. Aus diesem konstruktiven Akt geht Sinn hervor, eine Qualität, die dem Speicher-Gedächtnis abgeht.

Als Konstruktion ist das Funktions-Gedächtnis an ein Subjekt gebunden, das sich als solches konstituiert, indem es sich als dessen Träger oder Zurechnungssubjekt versteht. Subjekte konstituieren sich durch ein Funktions-Gedächtnis, d. h. durch selektives und bewusstes Verfügen über Vergangenheit. Solche Subjekte mögen Kollektive, Institutionen oder Individuen sein – in allen Fällen besteht derselbe Zusammenhang zwischen Funktions-Gedächtnis und Identität. Das Speicher-Gedächtnis dagegen fundiert keine Identität. Seine nicht minder wesentliche Funktion besteht darin, mehr und anderes zu enthalten, als es das Funktions-Gedächtnis zulässt. Das kulturelle Gedächtnis verliert unter den Bedingungen externer Speicherungstechniken seine Konturen. Für diese grundsätzlich unbegrenzbare, ständig sich vermehrende, amorphe[5] Masse von Daten, Informationen, Erinnerungen gibt es kein Subjekt mehr, dem sie sich noch zuordnen ließe. Allenfalls könnte man noch von einem gänzlich abstrakten Welt- oder Menschheitsgedächtnis sprechen. [...]

Die Grenze zwischen dem Speicher- und dem Funktions-Gedächtnis ist [...] nicht immer klar zu ziehen, weil Inhalte und Speicherungsmedien weitgehend identisch sein können. Was freilich deutlich auseinandertritt, sind die Gebrauchsformen und Funktionen. Die wichtigsten Unterschiede stellen wir in einer Übersicht zusammen:

Tab. 3: Unterschiede zwischen Speicher-Gedächtnis und Funktions-Gedächtnis

	Speicher-Gedächtnis	Funktions-Gedächtnis
Inhalt	das Andere, Überschreitung der Gegenwart	das Eigene, Fundierung der Gegenwart auf einer bestimmten Vergangenheit
Zeitstruktur	anachron: Zweizeitigkeit, Gestern neben dem Heute, kontrapräsentisch	diachron: Anbindung des Gestern an das Heute
Formen	Unantastbarkeit der Texte, autonomer Status der Dokumente	selektiver = strategischer, perspektivischer Gebrauch von Erinnerungen
Medien und Institutionen	Literatur, Kunst, Museum, Wissenschaft	Feste, öffentliche Riten kollektiver Kommemoration
Träger	Individuen innerhalb der Kulturgemeinschaft	kollektivierte Handlungssubjekte

Aleida Assmann/Jan Assmann, Das Gestern im Heute. Medien und soziales Gedächtnis, in: Klaus Merten, Siegfried J. Schmidt, Siegfried Weischenberg (Hg.), Die Wirklichkeit der Medien. Eine Einführung in die Kommunikationswissenschaft, Westdeutscher Verlag, Opladen 1994, S. 119–123.*

1 *rezent:* gegenwärtig oder erst kürzlich vergangen
2 *Oral History:* Methode der Geschichtswissenschaft, die auf der Befragung von Zeitzeugen basiert; dabei sollen die Zeitzeugen möglichst wenig vom Historiker beeinflusst werden.
3 *literale Gesellschaft:* Gesellschaft mit schriftlicher Überlieferung; im Gegensatz zu oralen Gesellschaften, in denen das Wissen und die Tradition mündlich weitergegeben werden
4 *obsolet:* ungebräuchlich, veraltet
5 *amorph:* gestaltlos

1 Erläutern Sie, wie Assmann/Assmann (M 6) die Unterscheidung zwischen kommunikativem und kulturellem Gedächtnis bzw. zwischen Speicher- und Funktions-Gedächtnis begründen.
2 Ordnen Sie die folgenden Formen historischen Erinnerns den von Assmann/Assmann charakterisierten Gedächtnisarten zu: Oral History, Schulbuch, Gedenkfeier zum Reformationsjubiläum, Besuch eines vor- und frühgeschichtlichen Museums, Herrscherporträts, Feier am Tag der Deutschen Einheit, Fernsehdokumentation zum Kalten Krieg, Ausgabe des Nibelungenlieds, Tagebuch Ihrer Großmutter. Suchen Sie eigene Beispiele für die Begriffe kommunikatives und kulturelles Gedächtnis bzw. Speicher- und Funktions-Gedächtnis.
3 Erörtern Sie die Folgen von Computer und Internet für die Bewahrung und Weitergabe historischen Wissens.
4 **Abschlussdiskussion:** In einem Aufsatz von 1989 schrieb der britische Historiker Peter Burke: „Schon oft hieß es, die Sieger hätten die Geschichte geschrieben. Und doch könnte man auch sagen: Die Sieger haben die Geschichte vergessen. Sie können sich's leisten, während es den Verlierern unmöglich ist, das Geschehene hinzunehmen: Diese sind dazu verdammt, über das Geschehene nachzugrübeln, es wiederzubeleben und Alternativen zu reflektieren." Nehmen Sie Stellung zu dieser These Burkes.

Funktionen von Geschichtskultur

M7 Der Geschichtsdidaktiker Bernd Schönemann über die Gründe für die Entstehung von Geschichtskultur (2002)

Ungewissheit weckt das Bedürfnis nach Absicherung, und Kollektive erfüllen dieses Bedürfnis, indem sie „Netzwerke von Vorgeschichten" [...] konstruieren. Die Grundfunktion dieser Netzwerke, die historische Absicherung, lässt sich in mehrere Spezialfunktionen auffächern, wobei den beiden Funktionen der Identifikation und der Legitimation nach wie vor die größte Bedeutung zukommen dürfte – der Identifikation, weil sie kollektive Existenzen verbürgt, für Großgruppenkohäsion[1] sorgt und Abgrenzungen „nach außen" ermöglicht, der Legitimation, weil sie Herrschaften mit der nötigen Herkunft ausstattet und politische Entscheidungen [...] durch Rückgriff auf positive oder negative historische Beispiele affirmativ oder kritisch zu rechtfertigen weiß. Die Bedingung für die Wirkungsmöglichkeiten solcher Netzwerkkonstruktionen liegt in ihrer spezifischen Temporalstruktur: Nur weil sie Vergangenheitsdeutungen, Gegenwartserfahrungen und Zukunftserwartungen miteinander verschmolzen [...], können sie Situationen prinzipieller Ungewissheit den Anschein historisch-politischer Kalkulierbarkeit verleihen. Die spezifische Temporalstruktur der historischen Netzwerke bedingt freilich nicht nur ihre mögliche Wirksamkeit, sondern sie begrenzt zugleich ihre Haltbarkeitsdauer: Wenn die Gegenwart sich entscheidend wandelt, sei es in Form eines latenten Prozesses, dessen sich die Zeitgenossen erst langsam bewusst werden, oder sei es in Form grundstürzender Veränderungen, die sie unvermittelt realisieren müssen, dann bricht das sorgsam ausbalancierte System von Fluchtlinien, mit dem sie ihr Hier und Heute in eine sinnvolle Verbindung zum Gestern und Morgen zu stellen gewohnt waren, in sich zusammen und muss durch ein neues ersetzt werden.

Bernd Schönemann, Geschichtskultur als Forschungskonzept der Geschichtsdidaktik, in: Zeitschrift für Geschichtsdidaktik 2002, S. 80.*

1 *Kohäsion:* Zusammenhalt

1 Erläutern Sie Schönemanns Argumentation am Beispiel der veränderten geschichtskulturellen Rezeption der „Völkerwanderung".

M8 Der Geschichtsdidaktiker Klaus Bergmann über die Allgegenwart von Geschichte (1998)

So viel Geschichte wie heute war nie. Das meint in unserem Zusammenhang zunächst einmal die banale Feststellung, dass an der Front des historischen Prozesses, an der wir uns befinden, so viel an „Geschichtlichem" – Relikte, Bestandteile, Objektivationen vergangenen menschlichen Lebens – akkumuliert ist wie nie zuvor; das meint aber auch, dass in unserer Lebenswelt so viel über Geschichte „veröffentlicht" wird wie nie zuvor. Geschichte ist nicht mehr nur [...] – im Sinne mündlicher Überlieferung, weniger historiografischer Werke und zahlreicher Relikte – gegeben. [...] Geschichte ist überall, Geschichte ist allgegenwärtig. [...] Und nur so ist zu erklären, dass zwölf- bis dreizehnjährige Kinder übersprudeln, wenn man sie nach dem Mittelalter fragt. [...] Sie haben, mobiler als je eine Generation vor ihnen, Burgen und Schlösser, „mittelalterliche" Städte und Museen besucht; sie haben den Comic über „Prinz Eisenherz" gelesen, Filme und Videos über Robin Hood und Richard Löwenherz gesehen; sie waren auf „Mittelalter"-Festen und „Mittelalter"-Märkten und haben hier und da [...] viele, viele Informationen und Bruchstücke von Informationen über das Mittelalter aufgesogen. Sie hatten nicht die geringste Chance, der Geschichte zu entgehen, die ihnen überall begegnete und sich unmerklich und kaum messbar in ihrem Bewusstsein wie auch immer niederschlug. Das ist gemeint, wenn festgestellt wird: So viel Geschichte wie heute war nie. Die Niederschlagsmenge an Geschichte hat sich auf eine geradezu dramatische Weise vervielfacht, und das wirft Probleme für das historische Lernen in der Schule auf [...].

Es ist ein verblüffender Sachverhalt, dass die massenhafte Präsenz von „Geschichtlichem" und von Geschichte, die ja Auswirkungen auf das Bewusstsein der Zeitgenossen haben muss [...], bislang fast ausschließlich aus der Sicht derjenigen behandelt worden ist, die Geschichts-Bedürfnisse äußern oder Geschichte und geschichtliches Material gleichsam abnehmen. Selten ist bislang die andere Seite untersucht worden, die Seite derjenigen, die historisches Material und Geschichte vervielfältigen und in unterschiedlichsten Formen in die Öffentlichkeit bringen [...]. Fast immer ist die Seite der Geschichtskonsumenten, seltener die Seite der Betreiber und Anbieter von Geschichtlichem und Geschichte untersucht worden. Gewiss ungewollt ist dabei der Eindruck entstanden, es gebe als anthropologische Grundausstattung Geschichts-Bedürfnisse, die am Markt befriedigt würden. Es ist weitgehend übersehen worden, dass Bedürfnisse, auch Geschichts-Bedürfnisse, in bestimmten historischen Konstellationen entstehen oder auch vergehen, dass ihre Ausprägung abhängig ist von historischen Entwicklungen. Wichtiger aber für unsere Epoche scheint zu sein, dass Bedürfnisse und eben auch Geschichts-Bedürfnisse industriell-medial hergestellt werden, dass sie also nicht nur als Reflex auf historische Veränderungen entstehen, sich ausbilden, sich entfalten und virulent werden, sondern dass sie hervorgerufen und „gemacht" werden: Geschichtliches und Geschichte werden in der Marktwirtschaft zur Ware; Geschichtliches und Geschichte werden auf dem Markt angeboten, der Konkurrenz anderer Waren ausgesetzt und entsprechend den – immer wieder auch erst hergestellten – Bedürfnissen des Publikums und entsprechend den Konkurrenzzwängen durch andere Waren angeboten. Mit Geschichte werden Geschäfte gemacht.

Klaus Bergmann, „So viel Geschichte wie heute war nie" – historische Bildung angesichts der Allgegenwart von Geschichte, in: ders., Geschichtsdidaktik. Beiträge zu einer Theorie historischen Lernens, hg. von Ulrich Mayer u. a., Wochenschau Verlag Schwalbach/Ts. 1998, S. 15, 20 f.*

1 Erläutern Sie Bergmanns zentrale Thesen.
2 Suchen Sie Beispiele für die „Ware Geschichte".
3 Suchen Sie Gegenargumente und begründen Sie sie anhand von geschichtskulturellen Beispielen.
4 Diskutieren Sie die Bedeutung der geschilderten geschichtskulturellen Erfahrungen von Kindern und Jugendlichen für den Geschichtsunterricht.

M9 Der britische Historiker Eric Hobsbawm über die „Erfindung der Vergangenheit" (1994)

Die Geschichte ist das Rohmaterial für nationalistische, ethnische oder fundamentalistische Ideologien – wie Mohn der Rohstoff für Heroinabhängigkeit ist. Die Vergangenheit ist ein wesentliches, vielleicht sogar das entscheidende Element dieser Ideologien. [...] Das gilt sowohl für den religiösen Fundamentalismus in seinen jetzigen Ausprägungen [...] wie für den aktuellen Nationalismus. Die Vergangenheit verleiht den Heiligenschein der Legitimität. Die Vergangenheit bietet den ruhmreichen Hintergrund für eine Gegenwart, die selber nicht viel hermacht. [...] Bisher war ich der Meinung, dass der Beruf des Historikers, anders als beispielsweise jener des Kernphysikers, zumindest niemandem etwas zuleide täte. Inzwischen weiß ich es besser. Genauso wie die Werkstätten, in denen die IRA[1] inzwischen in der Lage ist, Kunstdünger in Sprengstoff zu verwandeln, können unsere Arbeitszimmer zu Bombenfabriken konvertiert werden. Dieser Zustand betrifft uns doppelt: Wir haben eine Verantwortung gegenüber historischen Tatsachen im Allgemeinen und für die Kritik des politisch-ideologischen Missbrauchs der Geschichte im Besonderen. [...]
Nur die wenigsten intoleranten Ideologien beruhen auf schlichter Lüge oder einer Erfindung, die jeglicher Beweise entbehrte. Schließlich fand 1389 im Kosovo[2] eine Schlacht statt; die serbischen Krieger und ihre Verbündeten wurden von den Türken besiegt, was tiefe Wunden im Volksgedächtnis der Serben hinterließ, aber deswegen noch lange nicht die Unterdrückung der Albaner rechtfertigt, die mittlerweile neunzig Prozent der dortigen Bevölkerung bilden, oder den Anspruch der Serben, dass dieses Land ihnen gehört. Dänemark beansprucht auch nicht den größten Teil von Ostengland, das vor dem 11. Jahrhundert von den Dänen besiedelt und beherrscht wurde [...].
Der ideologische Missbrauch von Geschichte wird häufiger mit Anachronismen als mit Lügen getrieben. Der griechische Nationalismus verweigert der ehemaligen jugoslawischen Teilrepublik Mazedonien sogar das Recht, diesen Namen zu führen[3], weil angeblich ganz Mazedonien griechisch und Teil eines griechischen Nationalstaats ist, angeblich schon seit der Zeit, als der Vater von Alexander dem Großen, der König von Mazedonien, Herrscher über das gesamte griechische Gebiet auf der Balkanhalbinsel wurde. [E]in griechischer Intellektueller muss schon sehr viel Mut aufbringen, wenn er sagen will, dass das in historischer Rücksicht der schiere Blödsinn ist. Im vierten vorchristlichen Jahrhundert gab es weder einen griechischen Nationalstaat noch sonst eine politische Einheit für die Griechen; das mazedonische Reich hatte nichts mit dem griechischen oder einem anderen modernen Nationalstaat zu tun, und außerdem ist es ziemlich sicher, dass die alten Griechen die mazedonischen Herrscher ebenso wie später die römischen als Barbaren und nicht als Griechen ansahen, obwohl sie bestimmt zu höflich und zu vorsichtig waren, um das offen auszusprechen. [...]
Diese und andere Versuche, Geschichte durch Mythen und Erfindungen zu ersetzen, sind mehr als nur ein schlechter historischer Witz. Schließlich entscheiden sie darüber, was Aufnahme in die Schulbücher findet. [...] Mythen und Erfindungen sind für eine Politik der Identität entscheidend, mit der heute Völkergruppen, indem sie sich nach Ethnien, Religion oder nach neuen oder alten Staatsgrenzen definieren, in einer unsicheren und wankenden Welt Sicherheit mit der Aussage zu gewinnen hoffen: „Wir sind anders und besser als die anderen." Täuschen wir uns nicht: Geschichte ist nicht die Erinnerung

der Ahnen oder die Tradition eines Volkes. Geschichte ist das, was man von Priestern, Lehrern, den Autoren der Geschichtsbücher und den Leuten gelernt hat, die Zeitschriftenartikel schreiben und Fernsehsendungen produzieren. Für Historiker ist es außerordentlich wichtig, sich ihrer Verantwortung bewusst zu sein, die vor allem darin besteht, sich von den Leidenschaften der Identitätspolitik eben nicht beeindrucken zu lassen – auch wenn sie sie selber erleben. [...]

Eric Hobsbawm, Die Erfindung der Vergangenheit, in: Die Zeit 37/1994 (aus dem Englischen von Willi Winkler).*

1 *IRA: Irish Republican Army*, Organisation, die gegen die britische Herrschaft in Nordirland kämpft.
2 *Kosovo:* Hobsbawm spielt hier auf den Konflikt zwischen Serbien und den Kosovo-Albanern an. Der Streit um die Kontrolle des Kosovos zwischen Serbien und Albanien führte 1998/99 zum offenen Krieg.
3 Mazedonien hat im Namensstreit mit Griechenland im Januar 2019 zugestimmt, das Land in „Nordmazedonien" umzubenennen.

1 Erläutern Sie ausgehend von M 9 anhand von Beispielen aus der aktuellen Politik, inwiefern die Vergangenheit ein wesentliches Element der Ideologie ist.
2 Gehen Sie folgendermaßen vor:
   – Markieren Sie zwei oder drei Punkte, die Sie als Ansatz für Ihre Erläuterung verwenden möchten.
   – Suchen Sie für jeden dieser Ansatzpunkte ein Beispiel (Nachrichten, Religionsunterricht etc.).
   – Erstellen Sie eine Gliederung, die Ihre Ausführungen vorstrukturiert.
   – Verfassen Sie auf Grundlage Ihrer Gliederung einen Text, den Sie anschließend im Rahmen einer Schreibkonferenz vorstellen und beurteilen lassen.

Erinnerungskultur und Erinnerungspolitik am Beispiel des Nationalsozialismus

M 10 „Die Unfähigkeit zu trauern" (1967)

In einer Untersuchung aus dem Jahr 1967 beschrieben die Frankfurter Psychoanalytiker Alexander und Margarete Mitscherlich die Unfähigkeit der Deutschen, zu trauern und die Geschichte des „Dritten Reiches" aufzuarbeiten.

Der Untergang des Dritten Reiches war [...] ein katastrophales Ereignis, auf das [...] die große Mehrheit innerlich nicht vorbereitet war. [...] Die Konfrontation mit der Einsicht, dass die gewaltigen Kriegsanstrengungen wie die ungeheuerlichen Verbrechen einer wahnhaften Inflation des Selbstgefühls, einem ins Groteske gesteigerten Narzissmus gedient hatten, hätte zur völligen Deflation des Selbstwertes führen, Melancholie auslösen müssen, wenn diese Gefahr nicht durch Verleugnungsarbeit [...] abgefangen worden wäre. [...]
Genau betrachtet sind es also drei Reaktionen, mit denen die Einsicht in die überwältigende Schuldlast ferngehalten wird. Zunächst ist es eine auffallende Gefühlsstarre, mit der auf die Leichenberge in den Konzentrationslagern, das Verschwinden der deutschen Heere in der Gefangenschaft, die Nachrichten über den millionenfachen Mord an Juden, Polen, Russen, über den Mord an politischen Gegnern aus den eigenen Reihen geantwortet wurde. Die Starre zeigt die emotionale Abwendung an; die Vergangenheit [...] versinkt traumartig. [...] Dieser schlagartig einsetzende Mechanismus der Derealisierung[1] des soeben noch wirklich gewesenen Dritten Reiches ermöglicht denn auch im zweiten Schritt, sich ohne Anzeichen gekränkten Stolzes leicht mit den Siegern zu identifizieren. Solcher Identitätswechsel hilft mit, die Gefühle des Betroffenseins abzuwenden, und bereitet auch die dritte Phase, das manische Ungeschehenmachen, die gewaltigen kollektiven Anstrengungen des Wiederaufbaus, vor.
Wenn aber Verleugnung, Vordrängung, Derealisierung[1] der Vergangenheit an die Stelle der Durcharbeitung treten, ist ein Wiederholungszwang unvermeidbar, auch wenn er sich kaschieren lässt. Nazisymbole und Nazivereinigungen kann man verbieten. Nazistrukturen (z. B. den autoritären Charakter) aus der Welt der Erziehung, des Verhaltens, der Umgangs- und Denkweisen, der Politik zu vertreiben, ist nicht möglich ohne Trauerarbeit. [...] Psychologisch und historisch ist das eine für Gegenwart und Zukunft gefährliche Haltung. [...] In der Pyramide der Verantwortung stellt sich das dann so dar, dass der „Führer" durch den politischen Druck von außen zu seinen Entscheidungen gezwungen war. Das löste eine Befehlskette aus, der sich niemand zu entziehen vermochte; allenthalben herrschte – so vernimmt man es in retrospektiver[2] Selbstrechtfertigung – ein alles entschuldender Befehlsnotstand. Bei den Versuchen, Schuld abzuschütteln, wird bemerkenswert wenig der Opfer gedacht [...]. Die Gefühle reichen nur noch zur Besetzung der eigenen Person, kaum zu Mitgefühlen irgendwelcher Art aus. Wenn irgendwo ein bedauernswertes Opfer auftaucht, dann ist es meist niemand anderer als man selbst.

Alexander und Margarete Mitscherlich, Die Unfähigkeit zu trauern. Grundlagen kollektiven Verhaltens, Piper, München 1967, S. 14.*

1 *Derealisierung:* verfremdete Wahrnehmung der Wirklichkeit
2 *retrospektiv:* zurückschauend, rückblickend

M 11 Die Kulturwissenschaftlerin Aleida Assmann über das Schweigen nach 1945 (2013)

Traumata sprengen das menschliche Gedächtnis und reißen Lücken in die Kommunikation zwischen den Generationen. [...] Wir können jedoch nicht über das Brechen des Schweigens sprechen, ohne nicht
5 noch einmal auf die Grundlegung des Schweigens nach 1945 zurückzukommen, das das Unterfutter der deutschen Erinnerungsgeschichte bildet. Dieses Schweigen haben bekanntlich Alexander und Margarete Mitscherlich zum Thema gemacht, als sie 1967
10 den Deutschen ihre Unfähigkeit zu trauern vorhielten. In ihrer psychoanalytischen Deutung hatten sich die Deutschen nach dem Krieg mit einem Panzer der Abwehr gegen ihre eigenen Gefühle gewappnet.
Ganz anders fiel die Analyse dieses Schweigens aus,
15 die der Philosoph Hermann Lübbe 1983 anlässlich einer Tagung im ehemaligen Reichstagsgebäude zum 50. Jahrestag der Machtergreifung vortrug. [...] Lübbe sprach in deutlicher Abgrenzung zu den Mitscherlichs nicht von Verdrängung, sondern von absichts-
20 vollem Schweigen. Natürlich könnte ein ganzes Volk nicht schlagartig vergessen, aber es könnte sich darauf einigen, über die schlimme Vergangenheit, die man soeben hinter sich hatte, zu schweigen. Vor allem wollte man nicht mehr Auskunft geben über die
25 eigene Begeisterung und Zustimmung, über alle Aktivitäten, Hoffnungen und Emotionen, die man in den eben zusammengebrochenen Staat investiert hatte. [...] Diejenigen, die Schuld auf sich geladen hatten, hatten sich selbstverständlich für ihre krimi-
30 nellen Handlungen vor Gericht zu verantworten. Lübbe nahm eine Trennung vor, die wir heute nicht mehr so leicht zu ziehen imstande sind, nämlich zwischen „in Schuld verstrickten Nazis" einerseits und „harmlosen Nazis" andererseits. Zu letzteren zählte
35 er sich selbst und viele andere, die aus Verblendung und Opportunismus das System unterstützt hatten und in die Partei eingetreten waren. Diese Gruppe hielt er, von sich selbst ausgehend, für die repräsentative Mehrheit der Deutschen. [...]
40 Die deutsche Bevölkerung, die eben noch das Deutsche Volk gewesen war, konnte sich schwerlich von heute auf morgen aus innerer Überzeugung zu dem neuen demokratischen System bekennen. Aber sie war bereit, ihre NS-Überzeugungen auf Distanz zu
45 halten und das Fundament der neuen Werte [...] anzunehmen. In der demokratischen Nachkriegsgesellschaft wurde sie damit zu einer „schweigenden Mehrheit", die dem neuen System, sei es aus Opportunismus oder Überzeugung, ihre Zustimmung gab.
50 Diese Zustimmung zum neuen Staat wuchs nicht zuletzt dadurch, dass den Menschen nicht täglich ihre vergangenen Verfehlungen vorgehalten wurden. [...] Im Gegenteil: Die Persilschein[1]-Geber läuterten bereitwillig die Persilschein-Pflichtigen und erleichterten ihnen durch diesen Vertrauensvorschuss die po-
55 sitive Einstimmung und Eingliederung in die neuen Verhältnisse. Eine moralische Verurteilung und brüske Umerziehung hätte, so Lübbe, möglicherweise das Gegenteil bewirkt. [...]
Innerlich entsprach dieser pragmatischen Haltung
60 die flexible Anpassung an das neue System ohne die Notwendigkeit einer expliziten moralischen Umkehr. Das allgemeine Schweigen ersparte der Kriegsgeneration, wie es im Lübbe-Idiom heißt, „gerechtigkeitsambitionierte Zudringlichkeiten". [...] Das biografi-
65 sche Innenleben war Privatsache. Es war nach Lübbe eben diese Latenz[2] – hergestellt durch Diskretion und Beschweigen all dessen, was im Erfahrungsgedächtnis millionenfach vorhanden und somit allgemein bekannt war –, die der neuen Bundesrepublik
70 zu einer schnellen gesellschaftlichen Integration und zu wirtschaftlichem Aufschwung verholfen hat. Aus pragmatischer Sicht, da ist Lübbe sicher zuzustimmen, war diese Praxis alternativlos. Millionen Parteigenossen, die jung und im NS-Staat in unteren Char-
75 gen tätig waren, hätten realistischerweise niemals sämtlich juristisch verfolgt und abgeurteilt werden können. Indem sie in der Lage waren, ihre Kräfte in das neue Regime zu investieren und es zu stützen, haben sie sich gewissermaßen selbst rehabilitiert.
80 [...]
Keine Frage, dass ein Klima gegenseitiger Verdächtigungen, Anschwärzungen und Denunziationen die notwendige historische Transformation der Volksgemeinschaft in die neue Zivilgesellschaft sicher ge-
85 stört hätte. Deshalb darf man aber nicht darüber hinwegsehen, dass das Beschweigen auch einen hohen Preis hatte: Die Remigranten[3] trafen (mit wenigen Ausnahmen) auf ein repressives[4] politisches Klima; auch die Verfolgten des NS-Regimes hatten lange
90 Zeit keine Chance auf Anerkennung. [...]
So unscheinbar und schleichend sich die mentalitätsgeschichtliche und moralische Transformation der (west-)deutschen Nachkriegsgesellschaft in der ersten Generation vollzog, so abrupt und öffentlich
95 fand sie in der zweiten Generation statt. [...] Das Schweigen hatte den Betroffenen eine Art der Selbstbeschränkung auferlegt, die möglicherweise der Gesellschaft, aber weder ihnen selbst noch ihren Kindern langfristig gutgetan hat. Was im großen Ganzen
100 heilsam gewesen sein mag, hat zugleich durch die Aufkündigung des intergenerationellen Dialogs gra-

vierende (zwischen-)menschliche Schäden hervorgebracht.

Aleida Assmann, Das neue Unbehagen an der Erinnerungskultur, C. H. Beck, München 2013, S. 43-47.*

1 *Persilschein:* Im Zuge der Entnazifizierung geforderte positive Aussagen von ehemaligen NS-Gegnern, die „die Westen" mutmaßlich in nationalsozialistische Straftaten Verstrickter „reinwuschen" und es ihnen so ermöglichten, wieder am öffentlichen Leben teilzunehmen.
2 *Latenz:* nicht unmittelbar erkennbar, aber doch vorhanden
3 *Remigranten:* Emigrant, der in sein Land zurückkehrt
4 *repressiv:* autoritär, unterdrückend

1 **Gruppenarbeit:** Bilden Sie zwei Gruppen und lesen Sie arbeitsteilig die Texte M 10 und M 11.
   a) Formulieren Sie jeweils die Kernthesen Ihres Textes.
   b) Erläutern Sie hierbei für M 10 die drei Reaktionen der Verleugnung.
   c) Erläutern Sie hierbei für M 11 den gesellschaftlichen „Deal".
   d) Verfassen Sie für jeden der beiden Texte eine sorgfältige Quellenkritik.
   e) Stellen Sie einander die beiden Texte und Ihre quellenkritischen Überlegungen vor.
   f) Vergleichen Sie die Positionen der beiden Texte miteinander.

M 12 Der Publizist Ralph Giordano über „Die zweite Schuld" (1987)

Der deutsch-jüdische Schriftsteller Ralph Giordano (1923–2014) überlebte den Holocaust gemeinsam mit seiner Familie versteckt in einem Keller in Hamburg. In seinem Werk setzte er sich immer wieder mit dem Holocaust auseinander.

Jede zweite Schuld setzt eine erste voraus – hier: die Schuld der Deutschen unter Hitler. Die zweite Schuld: die Verdrängung und Verleugnung der ersten nach 1945. Sie hat die politische Kultur der Bundesrepublik bis auf den heutigen Tag wesentlich mitgeprägt, eine Hypothek, an der noch lange zu tragen sein wird. Denn es handelt sich nicht bloß um einen rhetorischen Prozess, nicht um einen Ablauf im stillen Kämmerlein. Die zweite Schuld hat sich vielmehr tief eingefressen in den Gesellschaftskörper der zweiten deutschen Demokratie. Kern ist das, was in diesem Buch der „große Frieden mit den Tätern" genannt wird – ihre kalte Amnestierung[1] durch Bundesgesetze und durch die nahezu restlose soziale, politische und wirtschaftliche Eingliederung während der ersten zehn Jahre der Staatsgeschichte. [...]

Die zweite Schuld setzte unmittelbar nach der ersten ein. Heute, mit der riesigen Erfahrung von vier Jahrzehnten, kann gesagt werden, dass die hartnäckige Verweigerung aus Angst vor Selbstentblößung eine Mehrheit der alten und älteren Generationen nach dem Zweiten Weltkrieg weit stärker motiviert hat als das Wohl ihrer Kinder. [...]

Zu diesem Zweck haben sich die Eltern und Großeltern mit erstaunlicher Ausdauer vors Gesicht gehalten, was hier die „Maske" genannt werden soll. Sichtbar wurde dahinter nur der Teil, den der Selbstschutz zu lüften gestattete, und das war wenig genug. Der andere, größere Teil wurde seit 1945 vor Kindern und Kindeskindern fintenreich – und oft genug wohl auch qualvoll – verdeckt gehalten. Die Maske ist inzwischen von Millionen und Abermillionen ihrer Träger mit ins Grab genommen worden. Unter Hitler lag das Antlitz offen zutage, spiegelte sich in ihm, was damals von einer Mehrheit wirklich gedacht und gefühlt wurde. Gibt es doch überaus eindrucksvolle Foto- und Filmdokumente, die die ungestellte, geradezu hysterische Verlorenheit der Massen an Hitler auf das Verräterischste demonstrieren. Das spätere Bekenntnis der Zujubelnden jedoch zu Ursache, Wesen und Inhalt solch wollüstiger Hingabe fehlt fast vollständig. Dabei hätte niemand den Erfolg des Nationalsozialismus und seiner Wahnideen im Körper eines großen Volkes bis in die allerfeinsten Verästelungen genauer, umfassender und tiefgründiger enttarnen können als ebendas riesige Kollektiv der ehemaligen Hitleranhänger selbst – wenn es geständig gewesen wäre. Aber es war nicht geständig, und es verpasste so die einmalige Chance, zum eigenen, aber auch zum Wohle der Nachkommen, Herkunft und Beschaffenheit der deutschen Anfälligkeit für den Nationalsozialismus zu ergründen. [...]

Die zweite Schuld ist nach meiner festen Überzeugung Teil eines riesigen Rückzugsprozesses. Sie vollzieht sich unter Bedingungen, die sich gänzlich unterscheiden von der historischen Phase der ersten Schuld. Nationalsozialismus und Faschismus waren große, bestimmende Kräfte während der ersten Hälfte unseres Jahrhunderts. Der Sieg der Anti-Hitler-Koalition des Zweiten Weltkriegs und ihr rascher Zerfall danach haben ganz neue Verhältnisse geschaffen. [...] Es geht bei der Erörterung der zweiten Schuld nicht um die Frage, ob der Bundesrepublik ein zweiter 30. Januar 1933, eine zweite Etablierung des Nationalsozialismus, droht. Es geht vielmehr um ein schweres Vergehen schuldig gewordener Älterer an den schuldlos beladenen Söhnen, Töchtern und Enkeln – sie sind eigentlich Opfer der zweiten Schuld, denn was die Großeltern und Eltern nicht abgetragen haben, kommt auf sie über. [...] Generationen, die de jure, de facto, politisch und historisch, einfach schon von ihrem Lebensalter her, nur völlig schuldlos sein konnten, wurde so die Bürde unaufgearbeiteter Vergangenheit zugeschoben und die Kronzeugenschaft gerade von denen verweigert, die ihnen am nahesten standen, und so das Rüstzeug im Kampf gegen Neonazismus und Wiederholungsverfahren versagt.

Ralph Giordano, Die zweite Schuld oder Von der Last, Deutscher zu sein, Rasch und Röhring, Hamburg 1987, S. 11 f.*

1 *kalte Amnesie:* verdeckter Straferlass, der nicht durch ein Strafverfahren mit Freispruch, sondern durch Nichtverfolgung aufgrund einer Verjährung der Taten erzielt wird

1 Lesen Sie den Text M 12 und schreiben Sie sechs Schlüsselbegriffe auf ein Blatt.
2 Formulieren Sie die Kernthesen des Textes allein mithilfe der Schlüsselbegriffe.
3 Arbeiten Sie in der Gruppe die Argumente Giordanos heraus. Achten Sie sowohl auf sprachliche Eigenständigkeit als auch auf inhaltliche Korrektheit.
4 Diskutieren Sie Giordanos Thesen.

M 13 Der Geschichtsdidaktiker Hans-Jürgen Pandel über Geschichtsunterricht in Deutschland, 2015

Es gehörte eine Zeit lang zum guten Ton, Wissenschaftlern, also auch Historikern, vorzuwerfen, dass sie sich von der Lebenswelt abschließen und sich allein auf ihre interwissenschaftlichen Themen und ihre „flohknackerische Quellenforschung" (Alfred Schmidt) beschränken würden. Von dem Literaturkritiker Augustin de Sainte-Beuve (1804–1869) ist für solches Verhalten 1837 die Metapher vom Elfenbeinturm eingeführt worden. Inzwischen sind die Wissenschaftler, zumindest die meisten von ihnen, aus ihm ausgezogen. Der Elfenbeinturm ist aber nicht leer geblieben, sondern hat neue Bewohner. Es sind Geschichtslehrerinnen und Geschichtslehrer. Sie haben die Läden geschlossen und die Zugbrücke hochgezogen. Was in der Gegenwart, der Kultur, der Geschichtskultur geschieht, wollen sie nicht wahrnehmen. Sie vermitteln ihren Schülern nicht das, was sich heute in der Geschichtskultur zuträgt. […] Mächtige Helfer für solches kulturabstinentes Verhalten sind zur Zeit die Kultusministerien, die mit ihren sog. Bildungsstandards nochmals eine Mauer um den Elfenbeinturm ziehen. Obwohl sie es Kompetenzen nennen, schreiben sie Inhalte, einfaches Merkwissen vor. Sie legen genau fest, was im Unterricht in den nächsten Jahren gelehrt werden soll. Damit schließen sie die Geschichtskultur aus, denn sie können schließlich nicht wissen, was im nächsten Jahr geschieht. […] Auch wenn die neuen Richtlinien ihre „Standards" formulierungstechnisch mit Operatoren verbrämen, verlangen sie pures Merkwissen. Bei Formulierungen wie „Die Schülerinnen und Schüler können den Aufstieg des Nationalsozialismus erläutern" (bzw. können beschreiben, darstellen etc.), geht es doch stets um das abfragbare Wissen („Kenntnis des Aufstiegs des Nationalsozialismus"). Öffentlichkeit und Schulverwaltung können den Umgang der Schülerinnen und Schüler mit Geschichte nur unter der Kategorie Wissen bzw. Wissensdefizit fassen. Sämtliches Verhalten der Schülerinnen und Schüler wird unter der Wissenskategorie subsumiert. Die Schüler wüssten eben nichts. Was ist es aber, wenn die Schülerinnen und Schüler sehr genau wissen, was damals geschah, nur dass sie die Wertungen umkehren, die die *political correctness* einfordert? Da haben z. B. zwei Schüler in Sachsen-Anhalt einen ihrer Mitschüler gezwungen, mit dem bekannten Schild über den Hof zu gehen „Ich bin im Ort das größte Schwein und lass mich nur mit Juden ein". Nicht nur die Ideologie, sondern auch die Handlungsweise haben sie dem Geschichtsunterricht entnommen. Und der aufgeschreckte zuständige Staatssekretär wusste nichts anderes zu sagen, als dass den Schülerinnen und Schülern Wissen fehle. Diese beiden Schüler verfügten sehr wohl über entsprechendes Wissen, sie wussten über die diskriminierende Form des Plakats und ihres Verhaltens sehr wohl Bescheid. Harald Welzer geht sogar noch einen Schritt weiter und kehrt die These vom Wissensdefizit um. Er vermutet vielmehr, dass es sogar ein Übermaß an Wissen gibt, das genau die gegenteilige Wirkung hat. Defizit wie Übermaß wecken beide Zweifel, ob die bloße Kategorie „Wissen" hinlänglich ist oder ob sie unzureichend oder gar kontraproduktiv ist.

Hans-Jürgen Pandel, Geschichtskultur als Aufgabe der Geschichtskultur: Viel zu wissen ist zu wenig, in: Vadim Oswalt, Hans-Jürgen Pandel (Hg.), Geschichtskultur, Wochenschau-Verlag, Frankfurt/Main 2015, S. 19 ff.*

M 14 Der deutsche Soziologe und Sozialpsychologe Harald Welzer über Erinnerungskultur und Zukunftsgedächtnis (2010)

Die deutsche Erinnerungskultur zielt über die Vermittlungen des Geschichtsunterrichts, der politischen Bildung, der Gedenkstättenpädagogik, der Medien und des weiten pädagogischen Feldes der Holocaust Education auf eine historisch-moralische Bildung ab, die zum einen Nationalsozialismus und Holocaust historisch verständlich machen, zum anderen Persönlichkeiten bilden soll, die sich gegenüber massen- oder völkermörderischer Gewalt widerständig verhalten können. Erklärte Erziehungsziele sind das Einüben von Demokratiefähigkeit und die Entwicklung von Zivilcourage. [...] Geschichtsfeatures haben ebenso Hochkonjunktur wie die Figur des Zeitzeugen, und eine ganze Generation wurde neu erfunden, die der „Kinder des Weltkriegs", die heute im Rentenalter sind und sich auf die Suche nach den Ursachen ihrer „frühen Traumatisierungen" machen. Es hat sich ein Kult des Leidens und der Opferschaft zu etablieren begonnen, der Ansprüche an eine eigene, dann wieder nationale Erinnerung am besten zu begründen scheint. [...] Die Vermittlungen zwischen privater und öffentlicher Erinnerung pluralisieren sich. [...] Individuen gehören unterschiedlichen Erinnerungsmilieus an, wie sie durch Familien, lokale Gemeinschaften, Interessengruppen, pädagogische Rahmenvorgaben und nicht zuletzt durch die Massenmedien geschaffen werden. In Familien und kleinräumigen Erinnerungsgemeinschaften sind es gerade nicht die großen Erzählungen, sondern die kleinen, profanen Geschichten über partikulare Ereignisse und persönliche Erlebnisse, aus denen das gemeinsame Gedächtnis gebildet ist und in denen es sich tradiert. Die Episoden und Geschichten, die oft en passant im Rahmen anderer Zusammenhänge erzählt werden, fungieren als Bausteine einer erinnernden sozialen Kommunikation, die der gemeinsamen Aufrechterhaltung des Gedächtnisses der Erinnerungsgemeinschaft dient. [...] Die Familie stellt als Erinnerungsgemeinschaft ein Relais zwischen biografischem Erinnern auf der einen und öffentlicher Erinnerungskultur sowie offiziellen Geschichtsbildern auf der anderen Seite dar. [...] Was in der Familie beiläufig und absichtslos, aber emotional nah und damit immer auch als etwas vermittelt wird, was mit der eigenen Identität zu tun hat, kann andere Vorstellungen erzeugen als das, was über dieselbe historische Zeit in der Schule als Wissen vermittelt wird – und es kann für die Geschichtsdeutung wirksamer sein.

Harald Welzer, Erinnerungskultur und Zukunftsgedächtnis, in: Aus Politik und Zeitgeschichte 25–26/2010, S. 172 ff.*

1 **Arbeitsteilige Partnerarbeit:** Finden Sie sich in Zweiterteams zusammen und arbeiten Sie jeweils die Kernthesen von M 13 bzw. M 14 heraus.
2 Beurteilen Sie jeweils auf Grundlage Ihrer Erfahrung die sachliche Richtigkeit dieser Kernthese.
3 Stellen Sie einander Ihre Texte vor und vergleichen Sie die Positionen der beiden Autoren.
4 Entwickeln Sie möglichst konkrete Konzepte, die die von Pandel und Welzer angesprochenen Missstände beseitigen könnten.

M 15 „Him", Wachs-Skulptur von Maurizio Cattelan, 2001

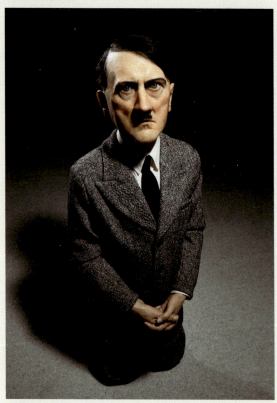

M 16 Die Museumspädagogin Alke Vieth über die Statue „Him" (2007)

„Ihm gelingen noch Kunst-Skandale", beginnt das Kunstmagazin „art" einen Artikel über den italienischen Künstler Maurizio Cattelan und seine 2001 entstandene Skulptur „Him". „Wie weit darf Kunst gehen?", ist die Frage, die sich an dieses Werk unbedingt anzuschließen scheint. [...] Dabei erweckt der erste Blick auf dieses Kunstwerk zunächst einen beinahe harmlosen Eindruck. Blass und schmal in steifem Salz-und-Pfeffer-Anzug kniet die 101 cm große Wachsfigur in einem Saal, der allein durch seine Größe und Leere mehr an einen Kirchen- als an einen Ausstellungsraum erinnert. Der Betrachter, der sich – Cattelans Inszenierung folgend – von hinten und aus weiter Ferne nähert, nimmt eine irritierend realistisch wirkende Rückenfigur wahr, die doch zu klein ist, um echt zu sein. Erst wer sie erreicht und von vorne erblickt, erkennt das in Wachs gegossene Antlitz Adolf Hitlers Die Augen sind auf einen Punkt in der Ferne fixiert, die Lippen schmal, die Wangen eingefallen. Der Betrachter kennt dieses Gesicht, er hat es unzählige Male in den Medien gesehen und er verbindet unzählige weitere Bilder mit ihm. In Sekundenschnelle ruft sein trainiertes Bildgedächtnis kollektive Bilderinnerungen auf. Allein die Haltung der Figur will so gar nicht passen. In diesem Saal wirkt sie wie zu einem Abendmahl platziert, dann vergessen und stehengelassen. Die Darstellung des Jahrhundertverbrechers in Büßerpose scheint entweder einer Verharmlosung oder einem schlechten Scherz gleichzukommen. Der Gedanke, dass gerade dieser Mensch einen Segen erwarten könne, scheint sich zu verbieten und die Frage drängt sich auf, ob es Vergebung für das unfassbare Grauen geben kann, das sich mit diesem Gesicht verbindet.

Alke Vierck, Führerbild und Bildführung. Maurizio Cattelans Him (2001) und Heinrich Hoffmanns Hitlerbilder, in: Inge Stephan, Alexandra Tacke (Hg.), NachBilder des Holocaust, Böhlau, Köln 2007, S. 171 f.*

1 Beschreiben Sie die Wirkung, die die Statue „Him" (M 15) auf Sie hat. Erschließen Sie aus Pose und Geste Bedeutungen und Wirkungen auf den Betrachter.
2 Analysieren und interpretieren Sie die Skulptur.
3 Vergleichen Sie diese künstlerische Darstellung mit der aus zahlreichen Fotografien bekannten üblichen Darstellung Hitlers (die häufig eine Selbstdarstellung war).
4 Setzen Sie sich auseinander mit der in M 16 aufgeworfenen Frage, wie weit Kunst gehen darf.

Aktuelle erinnerungspolitische Herausforderungen

M 17 Die Literaturwissenschaftlerin Aleida Assmann über das Erinnern in der Migrationsgesellschaft (2013)

Lange Zeit war man in einem traditionellen Einwanderungsland wie den USA davon ausgegangen, dass Vergessen die beste Grundlage für eine erfolgreiche Integrationspolitik ist. Um sich auf die neue Gesellschaft und Kultur radikal umstellen zu können, mussten die Einwanderer ihre Herkunftswelt radikal von sich abkoppeln und zurücklassen. [...] Das Ziel bestand [...] in einem allmählichen Ausbleichen der kulturellen Herkunft im Zuge der Übernahme einer neuen Identität. Aus dieser Einstellung heraus betrachtete man Erinnerungen, die die Migranten mit sich brachten, als problematisches Hemmnis des Einbürgerungsprozesses. An die Stelle trennender Erinnerungen sollte die Orientierung auf eine gemeinsame Zukunft treten. Wer bereit war, seine Geschichte hinter sich zu lassen – und dazu waren viele verfolgte und leidgeprüfte Einwanderer bereit, erhielt hier die große Chance, sein Leben noch einmal von vorn zu beginnen. In diesem Sinne hat der amerikanische Literaturkritiker Leslie Fiedler betont, dass die Amerikaner nicht wie die Europäer durch eine gemeinsame Geschichte zusammengehalten werden, sondern durch einen gemeinsamen Traum. Ihre Erinnerungen konnte man den Einwanderern zwar nicht so einfach abnehmen wie ein Gepäckstück, in dem illegale Güter versteckt sind, aber man konnte in einer Assimilationspolitik des Schmelztiegels (*melting pot*) auf die Abfeilung und Einschmelzung von Unterschieden hinarbeiten. Seit den 1980er-Jahren haben sich auch auf diesem Gebiet die Gewichte radikal verschoben. Mit der neuen Betonung kollektiver Identitäten kamen auch die so sorgfältig abgeschliffenen Differenzen und Konturen wieder zum Vorschein. Von nun an war es für das kulturelle Selbstbild absolut zentral, dass man an seinen Erinnerungen festhielt, die die Grundlage zur Zugehörigkeit zu distinktiven[1] Identitäten bildeten. [...]
Auch der Staat Kanada ist im Begriff, sein Selbstbild zu ändern. Die Regierung hat damit begonnen, sich auf eine „Politik der Reue" einzulassen und eine Wahrheitskommission einzusetzen, die die Verbrechen der Kolonialgeschichte untersucht. Mit dieser Wende kehrt eine vergessene Geschichte kolonialer Unterdrückung und Entrechtung ins Bewusstsein der Bewohner dieses Landes zurück. Diese derart modifizierte nationale Geschichte – und das ist das Entscheidende – soll in Zukunft auch von den Einwanderern mit übernommen und getragen werden. Damit steigen die Einwanderer nicht mehr nur in die offene Zukunft des Landes ein, sondern übernehmen mit ihrer Staatsbürgerschaft auch die Last der Vergangenheit. [...]
Die Erinnerung an Deutschlands NS-Vergangenheit ist seit den 1990er-Jahren zu einem obligatorischen Bestandteil des nationalen Gedächtnisses geworden. Als um das Jahr 2000 die Diskussion um Deutschlands Status als Einwandererland begann, geriet das soeben aufgebaute negative nationale Gedächtnis in die Kritik. Bis in die 1990er-Jahre war man davon ausgegangen, dass die sogenannten Gastarbeiter nach Auslaufen ihrer Arbeitsverträge wieder in ihre Herkunftsländer zurückkehren würden. Das änderte sich, als 1998 die Regierungskoalition von SPD und Grünen Deutschlands Status als Einwanderungsland bestätigte und das Einbürgerungsrecht reformierte. Damit stellten sich neue Fragen an das nationale Selbstbild und seine Geschichte: Sollte das Land mit dieser Umstellung sein nationales Narrativ zugunsten eines neuen pluralistischen Selbstbildes umbauen oder ging es darum, die neuen Immigranten auf das negative nationale Gedächtnis einzustellen? Die-

se Fragen wurden zum Gegenstand einer anhaltenden Kontroverse. Hanno Loewy zum Beispiel, Direktor des Jüdischen Museums in Hohenems, wehrte sich gegen die Alternative, den Migranten entweder ein Schuldgedächnis aufzudrängen oder sie aus der Erinnerungsgemeinschaft auszuschließen. Erinnerungsfragen, so Loewy, dürften nicht die Form einer Grenzkontrolle annehmen, die Migranten von einer vollen Mitgliedschaft in der deutschen Gesellschaft ausschließen.

Aleida Assmann, Das neue Unbehagen an der Erinnerungskultur. Eine Intervention, C. H. Beck, München 2013, S. 123 ff.*

1 distinktiv: abgegrenzt, klar unterschieden

1 Arbeiten Sie heraus, welche besonderen Anforderungen Assmann zufolge das Gedenken in der Migrationsgesellschaft fordert.
2 Erörtern Sie die Frage, inwieweit man mit der Staatsbürgerschaft eines Landes auch „die Last der Vergangenheit" übernimmt.
3 Zusatzaufgabe: Recherchieren Sie die – je nach Bundesland unterschiedlichen – Testfragen, die Bewerber um die deutsche Staatsbürgerschaft beantworten müssen. Untersuchen Sie, welches nationale Selbstbild in diesen Fragen deutlich wird, und stellen Sie Ihre Ergebnisse vor.

M 18 Der damalige Bürgermeister von Hamburg, Olaf Scholz (SPD), bei einer Einbürgerungsfeier im Hamburger Rathaus, 2012

M 19 Die Sozialwissenschaftler Harald Welzer und Dana Giesecke über eine „Renovierung der deutschen Erinnerungskultur" (2013)

Alltägliches Geschichtsbewusstsein setzt immer auf die Verlässlichkeit der Behauptung, etwas habe „hier", am authentischen Ort, sich zu einer bestimmten Zeit zugetragen. Die örtliche Beglaubigung des Historischen findet ihren Niederschlag noch heute in der Exkursion, die Studierende der Geschichte zu absolvieren haben und die der Soziologie nicht, obwohl gerade ihnen Ausflüge in die Wirklichkeit guttäten. Tatsächlich muss alles, was geschehen ist und bedeutsam war, durch einen Ort markiert sein – sei es der Limes, der Rütli, seien es Verdun oder Auschwitz. So geht es auch in der erinnerungskulturellen Praxis der Gegenwart um die Beglaubigung eines historischen Geschehens durch einen Ort, den man heute noch aufsuchen kann [...]. Genau deshalb ist Deutschland übersät mit Gedenktafeln, Gedenkorten, „Stolpersteinen" und zahllosen anderen örtlichen Markierungen. Solche Fixpunkte werden historisch genau in dem Augenblick gefunden und markiert, in dem das Bezugskollektiv nach Identität sucht – im Generationenwechsel zum Beispiel. Dann muss Identität über Ursprungsereignisse und -orte symbolisiert werden. Solange Traditionen stabil sind [...], bedarf es keiner Identitätsarbeit [...]. Stabile Identität ist fraglos. Fragile Identität dagegen braucht historische Vergewisserung: Orte, Stätten, Rituale, Anlässe. Nicht zufällig sind diese ja die Torwächter, die entscheiden, was aus dem kommunikativen in das kulturelle Gedächtnis überführt und auf relative Dauer gestellt wird.

Bei all dem schwingt immer schon mit, dass der Bezugspunkt des historischen Bewusstseins und der historischen Bildung nicht die Vergangenheit ist, sondern die Zukunft. [...] Historische Erfahrung und historisches Wissen haben Gebrauchswert nur, wenn sie sich auf eine Zukunft beziehen können, die jemand in einer jeweiligen Gegenwart erreichen möchte. [...]

Die dreistellige Relation Vergangenheit, Gegenwart und Zukunft, die Erinnerung per definitionem bildet, kann unter bestimmten erinnerungskulturellen Voraussetzungen vereinseitigt werden, sodass gesellschaftlich die mentalen Zeitreisen immer nur in die Vergangenheit und nicht mehr in die Gegenrichtung führen. Dafür kann die Schwerkraft sozialer Katastrophen verantwortlich sein, zumal die der nationalsozialistischen Verbrechen und des Holocaust. Wenn eine solche Vereinseitigung stattfindet, schrumpft der Zukunftshorizont und weitet sich im selben Maß die Vergangenheitsbezogenheit. In den Schulen lernen die Kinder dann viel über die Schrecken der Vergangenheit und darüber, was „nie wieder" zu geschehen habe, aber sie lernen wenig über die möglichen Zukünfte, die in der Gegenwart stecken. [...] In der Politik werden Entscheidungen neuerdings damit begründet, dass sie alternativlos seien, was nur dann möglich ist, wenn der Bezugspunkt des Politischen die schiere Gegenwart ist und eben nicht die Zukunft: Vorausentwürfe auf etwas Zukünftiges und davon ausgehende Entscheidungen können nie alternativlos sein. Deshalb ist Demokratie die Abwägung alternativer Möglichkeiten. Alternativlosigkeit markiert dagegen die Diktatur einer zukunftsvergessenen Gegenwart. [...]

Vieles an der geschichts- und erinnerungskulturellen Praxis ist schal geworden, petrifiziert, inhaltsleer – und zwar exakt wegen ihrer Vergangenheitsfixierung. Schülerinnen und Schüler werden zugleich in mehreren Fächern parallel mit dem Nationalsozialismus und dem Holocaust traktiert, wobei die Praxis, Fakten in einem Atemzug mit der dazugehörigen moralischen Botschaft zu vermitteln, seit Jahrzehnten unproblematisiert bleibt. Immer noch hält man es für eine gedenktafelrelevante Erkenntnis, wenn man dabei feststellt, dass auch an Ort X oder Y nationalsozialistische Verbrechen begangen worden sind. Das war überall in Deutschland und in den besetzten Gebieten der Fall, weshalb der Erkenntniswert des einzelnen Falles inzwischen gegen null geht. [...]

Eine repräsentative Befragung von Jugendlichen ab 14 Jahren, die TNS-Infratest im Auftrag der ZEIT im Jahr 2010 durchgeführt hat, kommt zu dem Ergebnis, dass mehr als zwei Drittel der befragten Jugendlichen sich für die Geschichte von Nationalsozialismus und Holocaust interessieren. [...] 80 Prozent halten Holocaustgedenken für sinnvoll. [...] Das Erziehungsziel historisch-politischer Bildung kann also als erreicht betrachtet werden – wahrscheinlich wäre man in anderen Feldern schulischer Curricula und pädagogischer Bemühungen über solche Quoten sehr glücklich. Aber das erfreuliche Gesamtergebnis hat einen Haken: 40 Prozent der Jugendlichen glauben, sich beim Thema NS-Zeit „politisch korrekt" verhalten zu müssen, 43 Prozent fühlen sich genötigt, „Betroffenheit" zu zeigen, wenn dieses Thema angesprochen wird, und 39 Prozent beklagen, dass man über die NS-Zeit keine Witze machen dürfe [...]. Hier zeigt sich also ein paradoxer Befund: Während die Bedeutung der Vermittlung der Geschichte von Nationalsozialismus und Holocaust von den Jugendlichen mehrheitlich akzeptiert wird und daraus auch Transfers für das eigene Verhalten abgeleitet werden, übersetzt sich die Vermittlungspraxis bei nicht wenigen in ein Gefühl der Freiheitseinschränkung – mithin das genaue Gegenteil dessen, was durch die Erziehung zur Demokratiefähigkeit und zur Zivilcourage erreicht werden soll. [...]

Es ist heute nicht mehr nötig zu fordern, dass an den Holocaust zu erinnern und der Opfer zu gedenken sei – daran hat gesamtgesellschaftlich außer ein paar Neonazis niemand auch nur den geringsten Zweifel und die geringste Kritik. [...] Während die bewusstseinsbildenden Funktionen der unermüdlichen Mahnung, man möge „nicht vergessen", radikal überschätzt werden, wird die negative Wirkung wiederholter Formeln auf intelligente Menschen radikal unterschätzt. Überhaupt kann man – mit Jan-Philipp Reemtsma – die Idee, „man könne erfolgversprechend vor Gegenwärtigem warnen, wenn man zeigt, wohin das mal geführt hat", für „nicht besonders gut halten" [...] oder [...] der begründeten Auffassung sein, dass man nichts über die SA wissen muss, um zu wissen, dass man das Haus der türkischen Nachbarn nicht anzünden darf. [...]

Harald Welzer, Dana Giesecke, Das Menschenmögliche. Zur Renovierung der deutschen Erinnerungskultur, Edition Körber-Stiftung, Hamburg 2012, S. 11–27.*

1 **Fishbowl-Diskussion:** Welzer und Giesecke fordern eine „Renovierung der deutschen Erinnerungskultur". Bereiten Sie hierzu eine Fishbowl-Diskussion vor, indem Sie Gruppen bilden, die unterschiedliche Beteiligte an der deutschen Geschichtskultur und -politik repräsentieren: Lehrerverbände, Schülerinnen und Schüler, Politiker unterschiedlicher Parteien, Didaktiker.
   a) Werten Sie den Text aus, um eine Argumentation vorzubereiten. Ziehen Sie gegebenenfalls die anderen Materialien hinzu.
   b) Wählen Sie ein Kursmitglied aus, um die Diskussion zu leiten und zu moderieren.
   c) Bilden Sie zwei Stuhlkreise: Im inneren Stuhlkreis sitzen die Diskutierenden und der oder die Moderatorin, im äußeren das Publikum. Im Innenkreis befindet sich ein „Gaststuhl", falls Kursteilnehmer aus dem Außenkreis etwas zur Diskussion beitragen wollen.

2 **Vertiefung:** Im Grundsatzprogramm der Partei „Alternative für Deutschland" (AfD) heißt es: „Die aktuelle Verengung der deutschen Erinnerungskultur auf die Zeit des Nationalsozialismus ist zugunsten einer erweiterten Geschichtsbetrachtung aufzubrechen, die auch die positiven, identitätsstiftenden Aspekte deutscher Geschichte mit umfasst." Vergleichen Sie diese Forderung mit den Aussagen von Welzer und Giesecke.

Wiederholen

Anwenden

M1 Der Ägyptologe und Kulturwissenschaftler Jan Assmann über „Erinnerungskultur" (2002)

Bei der Erinnerungskultur [...] handelt es sich um die Einhaltung einer sozialen Verpflichtung. Sie ist auf die Gruppe bezogen. Hier geht es um die Frage: „Was dürfen wir nicht vergessen?" Zu jeder Gruppe gehört, mehr oder weniger explizit, eine solche Frage. Dort, wo sie zentral ist und Identität und Selbstverständnis der Gruppe bestimmt, dürfen wir von „Gedächtnisgemeinschaften" (P. Nora) sprechen. Erinnerungskultur hat es mit „Gedächtnis, das Gemeinschaft stiftet", zu tun. [...] Es lässt sich schlechterdings keine soziale Gruppe denken, in der sich nicht – in wie abgeschwächter Form auch immer – Formen von Erinnerungskultur nachweisen ließen.

Jan Assmann, Das kulturelle Gedächtnis. Schrift, Erinnerung und politische Identität in frühen Hochkulturen, C. H. Beck, 4. Auflage. München 2002, S. 30.*

1 Wählen Sie jeweils eine Gruppe (z. B. Partei, Familie, Kirche, Verein, Nation) aus und erörtern Sie, was von dieser Gruppe „nicht vergessen werden darf".
2 Diskutieren Sie die Bedeutung von Erinnerungen für eine religiöse Gemeinschaft wie z. B. das Jesidentum, das Christentum, Judentum oder den Islam.

M2 Online-Werbung für eine „Erlebnisführung" in Trier (2019)

Ein Zenturio – im Glanz seiner Paraderüstung – entführt uns in jene Zeit, als Rom die Welt regierte – und der Kaiser in Trier die Geschicke des Imperiums leitete. Plötzlich stehen die Zuschauer inmitten jener ereignisreichen Zeit – und das nicht nur als passive Beobachter!
Spannend, unterhaltsam und humorvoll nimmt uns der Zenturio mit auf eine bewegte Zeitreise. Er entreißt den Mauern der Porta Nigra ihre vielfältigen Geheimnisse: kostbare und rätselhafte, vergnügliche und düstere.
Unversehens erwachen dabei all jene zum Leben, die in diesem Tor ein- und ausgingen: Kaiser und Krieger, Bischöfe und Barbaren, lebendig Eingemauerte und teuflische Dämonen. Und Schritt für Schritt drängt sich der Verdacht auf: Nicht nur die Porta Nigra – auch dieser Zenturio birgt ein großes, überraschendes Geheimnis...
Freuen Sie sich auf eine abwechslungsreiche Reise durch die Jahrtausende: manchmal gespenstisch, oft vergnüglich – und immer spannend.

Zit. nach: https://www.erlebnisfuehrungen.de/zenturio/ (Download 6. Februar 2019).

1 Erörtern Sie, welches Bild der Antike den Besuchern der Website und potenziellen Trier-Touristen vermittelt wird, und bewerten Sie diese Werbung.

M3 In der rekonstruierten eisenzeitlichen Wehrsiedlung Westgreußen in Thüringen spielen Darsteller des Funkenburgvereins die Schlacht um die Funkenburg nach, Fotografie, 2018

Wiederholen

M 4 In einem Waldgebiet bei Wildflecken/Bayern treffen sich jedes Jahr Mitglieder verschiedener Geschichtsvereine, um eine Schlacht aus dem amerikanischen Bürgerkrieg (Cold Harbor, 1864) nachzustellen, Fotografie, 2009

Zentrale Begriffe
Erinnerungskultur
Geschichtsbewusstsein
Geschichtskultur
Geschichtspolitik
Kollektives Gedächtnis
Kommunikatives Gedächtnis
Kulturelles Gedächtnis
Living History
Reenactment
Überreste
Vergangenheit

1 Viele der *Reenactment-* oder *Living-History*-Veranstaltungen lassen kriegerische Auseinandersetzungen wiederauferstehen (M 3, M 4). Stellen Sie begründete Mutmaßungen darüber an, warum diese historischen Ereignisse für die Nachstellung so attraktiv scheinen.
2 **Vertiefung:** Viele tausend Besucher kommen alljährlich in Polen zusammen, um die nachgespielte Schlacht von Grunwald zu sehen, bei der im Jahre 1410 die polnische Armee die zahlenmäßig überlegene Armee des Deutschen Ordens besiegte. Recherchieren Sie, welche Bedeutung die Schlacht für das Selbstverständnis des modernen Polens hat.
3 Überprüfen Sie die Behauptung, dass es einen engen Zusammenhang zwischen Nationalismus und *Reenactment* gibt.
4 **Wahlaufgabe:** Bearbeiten Sie a) oder b).
Zeitzeugen sind für die Erinnerung an die deutsche Geschichte des 20. Jahrhunderts bislang von überragender Bedeutung, doch immer weniger von ihnen leben noch.
  a) Recherchieren Sie bei verschiedenen Museen oder Gedenkstätten, wie die Institutionen mit dieser Situation in ihrer museumspädagogischen Arbeit umgehen.
  b) Entwickeln Sie eigene Ideen, das Gedenken weiterzutragen, auch wenn es keine Zeitzeugen mehr geben wird.

4.2 Geschichte im Film

M1 Charlie Chaplin als Anton Hynkel im Spielfilm „Der große Diktator" *(„The Great Dictator")*, USA, Standbild, 1940.
Für die US-amerikanische Satire schrieb Charlie Chaplin unter anderem das Drehbuch, führte Regie und übernahm beide Hauptrollen. In dieser Szene ist er als Anton Hynkel zu sehen, der Diktator des fiktiven Staates Tomanien. Der Film kam 1940 in die Kinos. Charlie Chaplin sagte später: „Hätte ich damals von den tatsächlichen Schrecken der deutschen Konzentrationslager gewusst, hätte ich ‚Der große Diktator' nicht machen können; ich hätte mich über den mörderischen Wahnsinn nicht lustig machen können."

| 1845 | Nebelbildapparat von Franz von Uchatius (fließender Übergang zweier Bilder) |
| 1872 | Serienfotografien von Eadweard Muybridge (z. B. Pferde rennen, Menschen springen) |

1840 — 1850 — 1860 — 1870 — 1880

Geschichte im Film 4.2

Filme mit historischen Themen sind in modernen Gesellschaften ein Teil der Geschichtskultur. Sofern sich Filmemacher einer möglichst genauen historischen Rekonstruktion verpflichtet fühlen, können Filme Erlebnisse mit hoher Realitätsnähe bieten. Alte Spielfilme wiederum können etwas über die Zeit vermitteln, in der sie gedreht
5 wurden: Spielfilme vom Anfang der 1940er-Jahre, wie z. B. der US-Film „Der große Diktator" von Charlie Chaplin (M 1), sagen etwas über die Haltung der USA über Deutschland in der Zeit des Nationalsozialismus aus.

Wer einen Film sieht, braucht keine eigenen „Bilder im Kopf" zu produzieren. Weil Filme dem Zuschauer fertige und „lebendige" Bilder liefern, sind sie eingängig und leicht zu
10 „konsumieren". Das Dargestellte gerät leichter als bei anderen Medien zur Wahrheit, bei geschichtlichen Filmen also zu einer vermeintlich historischen Wahrheit. Filme haben also eine hohe Suggestionskraft. Das macht sie zu einem besonderen Medium und einer besonderen Quelle. Wie alle historischen Quellen und Medien können aber auch Filme kritisch hinterfragt und „dekonstruiert" werden. Wie eine Autobiografie als histo-
15 rische Quelle die Sichtweise des Schreibers oder der Schreiberin spiegelt, so nehmen auch Filme immer eine bestimmte Perspektive ein und verwenden dafür gezielt ausgewählte filmsprachliche Mittel.

1 Sammeln Sie Informationen zu dem Film „Der große Diktator" von Charlie Chaplin (siehe z. B. M 1, Darstellung) und stellen Sie Vermutungen auf, warum der Film eine besondere historische Quelle darstellt.
2 Erläutern Sie anhand der Darstellung die Besonderheiten, die Filme mit historischen Themen für die Geschichtskultur haben können.
3 **Partnerarbeit:** Entwickeln Sie gemeinsam Fragen, die sich für Sie mit dem Thema „Geschichte im Film" verbinden. Notieren Sie diese, sodass Sie sie nach der Bearbeitung dieses Kapitels noch einmal aufrufen und bearbeiten können.

Erste Filmkamera von Louis le Prince (erster Spielfilm: zwei Sekunden) | 1890

1895 | „Bioskop" der Brüder Skladanowsky (zehnminütige Filme in einem Berliner Varieté)
„Cinematograph" der Brüder Lumière: Film „Arbeiter verlassen die Lumière-Werke" erster Dokumentarfilm | 1900

1901 | Erster abendfüllender Spielfilm: „Soldiers oft the cross", Australien

1910 | Filmschaffende lassen sich in Hollywood bei Los Angeles nieder
„Das befreite Jerusalem", Italien: erster historischer Spielfilm (Heldenepos der Kreuzzugszeit) | 1910

1915 | „The Birth of a Nation", USA (Historienfilm) | 1920

1922 | „Nanuk, der Eskimo", USA: erster Dokumentarfilm mit inszenierten Szenen

1927 | Beginn der Tonfilmära mit „Der Jazzsänger", USA | 1930

4.2 Geschichte im Film

Kernmodul: ▶ Kap.4.1: M 8, 412 f. (Geschichtskultur); M 10–M 16, S. 414–419 (Erinnerungskultur)

In diesem Kapitel geht es um
- *die Anfänge des Films sowie*
- *Formen der filmischen Geschichtsdarstellung in Kino und Fernsehen.*

Die Anfänge des Films

Die Geschichte der bewegten Bilder ist in der Menschheitsgeschichte ein sehr junges Phänomen. Versuche, durch Aneinanderreihen von fotografischen Bildern eine vermeintliche Bewegung darzustellen, begannen im 18. Jahrhundert. Ein erster Meilenstein war eine Entwicklung aus dem Jahr 1872: Dem Fotografen Eadweard Muybridge gelang es, durch Aneinanderreihung von Serienbildern in einem Projektor die Bewegung eines galoppierenden Pferdes darzustellen. Auf den Jahrmärkten wurden diese Bewegtbilder fortan ein Publikumsmagnet.

1895 zeigten die **Brüder Skladanowsky** mit ihrem „Bioskop" im Berliner Wintergarten-Varieté-Theater mehrere kurze Filme, die erstmals für ein zahlendes Publikum auf eine Leinwand geworfen und begeistert aufgenommen wurden.

Zeitgleich zu den Anfängen in Berlin stellten die **Brüder Lumière** in Paris ihren technisch weiterentwickelten Cinématographen vor, mit dem sie einem zahlenden Publikum mehrere kurze Filme präsentierten. Darunter war auch ein Film, der als einer der ersten Dokumentarfilme gilt: Er zeigt Arbeiterinnen und Arbeitern, die aus den Toren einer Fabrik strömen.

Das neue Medium eroberte in kürzester Zeit die Welt: zunächst als **Stummfilm** meist mit Musikbegleitung, seit 1927 dann als **Tonfilm,** der sich von den USA ausgehend in wenigen Jahren weltweit durchsetzte.

M1 Galoppierendes Pferd, Fotografien von Eadweard Muybridge, um 1878.
Fotosequenzen wie diese wurden mittels eines Zoopraxiskops abgespielt. Sie lockten in den 1870er-Jahren Menschenmengen an, die fasziniert waren.

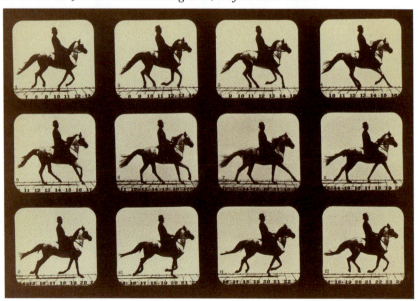

Nach den ersten dokumentarischen „Bewegtbildern" begannen Filmemacher rasch, das neue Medium auch für historische Geschichten und fiktive Erzählungen zu nutzen. „Le Voyage dans la Lune" (Frankreich, 1902) war einer der ersten Science-Fiction-Filme, in dem sechs Wissenschaftler zum Mond reisen und ihm mit ihrer Rakete schmerzhaft ins Auge stoßen (M 2).

1915 entstand in den USA der Historienfilm „Birth of a Nation". Bis heute gilt er als ein besonderes Ereignis in der Filmgeschichte – aber aus zwei völlig unterschiedlichen Gründen: zum einen, weil seine filmischen Mittel seinerzeit neu und spektakulär waren, zum anderen, weil er Rassismus und den gewalttätigen Ku-Klux-Klan verherrlichte und damit die gesellschaftlich problematischen Möglichkeiten von Filmen deutlich werden ließ.

M 2 Szenenfoto aus dem Stummfilm „*Le Voyage dans la Lune*" von George Méliès, Frankreich, 1902

Geschichte in Kino- und Fernsehfilmen

In Kino und Fernsehen prägen unterschiedliche Formate die Darstellung von Geschichte. In erster Linie zu nennen sind **Spielfilm** und **Fernsehfilm.** Beide präsentieren eine fiktive Geschichte, deren Schauplatz die Vergangenheit ist, wobei der Grad der „Authentizität" dieses historischen Schauplatzes sehr unterschiedlich ist. Die Geschichte wird mithilfe von Bild und Ton und unter Einsatz der entsprechenden filmtechnischen Mittel so erzählt, dass der Zuschauer fasziniert, berührt, unterhalten, manchmal auch belehrt werden soll. Die wichtigsten Mittel sind Emotionalisierung, Personalisierung,

▶ M 6, M 7: Historischer Spielfilm zur NS-Zeit „Holocaust – Die Geschichte der Familie Weiss"

▶ M 8, M 9: Historischer Spielfilm zur Antike „Attila, die Geißel Gottes"

Dramatisierung und Ästhetisierung, Ziel der Filmschaffenden ist es in der Regel nicht, Wissen über Geschichte zu vermitteln, sondern Geschichten zu erzählen, Erlebnisse zu ermöglichen.

Der Aufwand, mit dem dies geschieht, ist unterschiedlich groß – bei bedeutenden Hollywood-Produktionen, die einen weltweiten Markt in den Kinos, im DVD- und Blu-ray-Verkauf, bei Streamingdiensten und bei den Fernsehrechten erzielen, kann dieser Aufwand sehr erheblich sein. Fernsehfilme sind für einen beschränkteren Markt und daher mit einem kleineren Budget produziert – hier sind die Einschaltquoten das Messinstrument für den Erfolg. In Deutschland waren Filme wie „Die Flucht" (2007) oder „Die Sturmflut" (2006) mit über 11 Millionen Zuschauern außerordentlich erfolgreich, wobei die Aufmerksamkeit eines großen Publikums offenbar vor allem mit außergewöhnlichen historischen Situationen und Schicksalen erreicht werden kann.

▶ M 3–M 5: Geschichtsdokumentationen zur NS-Zeit im Vergleich

▶ M 10: Zur Dekonstruktion von Geschichtsfilmen

Geschichte wird im Fernsehen aber auch in anderer Weise präsentiert als nur im fiktiven Film, nämlich in Form der **Dokumentation.** Sowohl öffentlich-rechtliche als auch private Sender und Streamingdienste präsentieren, gerne zu Jubiläen oder Jahrestagen, wichtige historische Ereignisse oder Phänomene. Sie vermengen dabei Elemente wie Originalaufnahmen in Bild und/oder Ton, Zeitzeugenaussagen und Kommentare mit nachgestellten Spielszenen. Auch Rätsel, Abenteuer oder als „sensationell" verkaufte Quellenfunde sollen die Zuschauer vor den Bildschirm locken. Je häufiger diese Dokumentationen zur besten Sendezeit ausgestrahlt werden, umso stärker werden ähnliche Stilmittel wie beim Spielfilm eingesetzt. Dabei verschwimmen z. B. in den sogenannten **Dokudramen** die Grenzen zwischen dokumentarischer Information und gespielten Filmszenen.

Darüber hinaus wird Geschichte im Fernsehen auch noch in weiteren Formaten präsentiert. In **„Geschichtsquiz"** werden beliebige Inhalte behandelt, mit Vorliebe Kurioses und Seltsames aus der Geschichte. Unterhaltungssendungen, z. B. über die DDR oder die 1950er- oder 1960er-Jahre, verbinden Musik und Filmausschnitte aus der Zeit mit Erinnerungen von mehr oder weniger prominenten Zeitzeugen – und sind häufig nostalgisch verklärt.

In **„Zeitreisen",** manchmal auch **„Doku-Soaps"** genannt, werden historische Alltagssituationen von heutigen Menschen „nachgespielt", z. B. aus der Steinzeit („Das Experiment Steinzeit"), aus der Kaiserzeit („Das Abenteuer 1900 – Leben im Gutshaus") oder aus den 1950er-Jahren („Die Bräuteschule"). Sie ähneln in der Form der experimentellen Archäologie, unterscheiden sich aber in der Zielsetzung: Nicht wissenschaftlicher Erkenntnisgewinn, sondern Unterhaltung steht dabei im Vordergrund.

1 Skizzieren Sie mithilfe der Darstellung und M 1, M 2 die Anfänge in der historischen Entwicklung des Mediums Film.
2 **Wahlaufgabe:** Bearbeiten Sie Aufgabe a) oder b).
   a) Erläutern Sie anhand der Darstellung die verschiedenen Filmformate, in denen Geschichte im Kino und Fernsehen dargestellt wird. Nennen Sie weitere Beispiele.
   b) Erläutern Sie (s. Darstellung) die Strategien der Emotionalisierung, der Personalisierung, der Dramatisierung und der Ästhetisierung an selbst gewählten Filmbeispielen.
3 a) Denken Sie an einen Dokumentarfilm, der Ihnen gut gefallen hat. Notieren Sie auf einzelnen Karten, welche Merkmale diesen Film Ihrer Ansicht nach zu einem „guten" Dokumentarfilm macht.
   b) Clustern Sie anschließend im Plenum Ihre Karten und diskutieren Sie die Ergebnisse.
   c) Greifen Sie am Ende der Unterrichtseinheit noch einmal auf Ihr Cluster „Merkmale eines guten Dokumentarfilms" zurück und überprüfen Sie, ob sich Ihre Einschätzungen verändert haben.

Hinweise zur Arbeit mit den Materialien
- M 3 bis M 5 bieten sich für eine vergleichende Untersuchung zweier Geschichtsdokumentationen zur NS-Zeit als Teil der Geschichtskultur an.
- Am Beispiel der Film-Serie „Holocaust" (M 6, M 7) wird ein historischer Spielfilm u. a. unter den Aspekten Authentizitätsanspruchs und Bedeutung für die Erinnerungskultur analysiert.
- **Vertiefung:** Historischer Spielfilm zur Antike (M 8, M 9).
- M 10: Dekonstruktion von Geschichtsfilmen und deren Bedeutung für das Geschichtsbewusstsein.
- Methode: Historische Spielfilme analysieren, S. 436 ff.
- Methode: Historische Dokumentationen analysieren, S. 440 f.
- Methode: Verfassen einer Filmkritik, S. 442 f.
- Methode: Erstellen eines Erklärvideos, S. 444 f.

Vernetzung mit dem Kernmodul
- Theorie-Material S. 412 f., M 8 (Bergmann);
- Theorie-Materialien S. 414–419, M 10–M 16 (zur Erinnerungskultur am Beispiel des Nationalsozialismus).

Geschichtsdokumentationen im Vergleich

M 3 Der Historiker Horst Walter Blanke über die Wirkmechanismen von Geschichtsdokumentationen am Beispiel der ZDF-Geschichtsdokumentationen von Guido Knopp (2009)

Im Folgenden untersucht Blanke Knopps Dokumentationsfilm über NS-Propagandaminister Joseph Goebbels (1897–1945) aus der ZDF-Dokumentations-Reihe „Hitlers Helfer" (Erstausstrahlung 1996).

[Das Goebbels-Porträt] besteht im Wesentlichen aus Ausschnitten von Filmdokumenten unterschiedlicher Art und Interviews. [...] Die Interviews wurden offensichtlich im Studio gemacht [...]; die Befragten erscheinen zumeist im Halbprofil. Im fertigen Film werden die Statements der „Zeitzeugen" zum Teil im Off, zu einschlägigem Bildmaterial, wiedergegeben; die Fragen werden nicht mitüberliefert. [...] Die „Zeitzeugen" treten in gewissen Hinsicht als Experten auf, aber sie liefern nur z. T. wertvolle Informationen (Fakten), meist beschränken sie sich auf Einschätzungen (eben dieser Fakten). [...] Die Tonspur besteht zu einem nicht unerheblichen Teil aus den Off-Bemerkungen eines allwissenden Kommentators. Goebbels wird mit immer neuen Charakteristiken versehen: „der Trommler", „der Brandstifter schürt das Feuer", „der Zeremonienmeister", „der Meinungsmacher", „der Agitator", „der Schreibtischtäter", „ein komplexbeladener Herrenmensch, der sich nun ungehindert austobt", ein „ergebener Paladin[1]". Dieser Kommentator ist es, der die maßgebende Interpretation der im Film via Ton und Bild präsentierten Sachverhalte liefert. [...]

[Der Leiter der Abteilung Film in der Reichskulturkammer[2]] Hippler ist zweimal vertreten. Das erste Interviewschnipsel ist eingebettet in ein Kapitel über die Schaffung von Mythen[3], genauer: gerahmt durch einen Filmausschnitt, der Goebbels als Redner bei den Begräbnisfeierlichkeiten von Horst Wessel[4] zeigt, einerseits und Filmaufnahmen marschierender SS-Männer, die das Horst-Wessel-Lied („Die Fahne hoch") singen, andererseits. Hippler kommentiert die Rolle, die Goebbels gespielt hat, wie folgt: „Ich habe mehrerer solcher Begräbnisse mitgemacht, unter anderem auch das von dem Horst Wessel, dessen Tod ja nun geradezu ein Paradebeispiel dafür ist, was sich propagandistisch machen lässt." [...] Alles ist richtig: aber es bleibt unklar, wieso gerade Hippler ein solches Forum bekommt. Vermutlich deshalb, weil er gut artikuliert, Details richtig angesprochen und auf den Punkt gebracht hat. Er passt als Stichwortgeber hervorragend in Knopps Dokumentation. Der Hinweis auf die Funktion, die Hippler innehatte, [...] mag besondere Seriosität und Glaubwürdigkeit nahelegen. Dass er nicht nur ein Mann der Praxis war, sondern auch als Theoretiker des nationalsozialistischen Films in Erscheinung getreten ist, erfährt man bei Knopp freilich nicht. [...] Hippler war an führender Stelle mitverantwortlich für die filmische antisemitische Hetzkampagne, die den Holocaust propagandistisch vorzubereiten half. Diese Mittäterschaft wird von Knopp nicht nur nicht angesprochen, sondern geradezu verschleiert. [...]

Die Entscheidung, Geschichte in Form von Personenporträts zu präsentieren, verstellt weitgehend den Blick auf die Strukturen des Nationalsozialismus. Knopps Dokufilme fallen weit hinter den Forschungsstand der akademischen Geschichtswissenschaft zurück. Knopp scheut nicht davor zurück, in den Fällen, in denen er über keine bewegten Bilder verfügt, einzelne Szenen nachzustellen [...]. Zum Verständnis der geschichtlichen Abläufe sind diese Verbildlichungen nicht nur nicht notwendig, sondern geradezu überflüssig, ja dysfunktional[5] [...]. Interviews mit „Zeitzeugen" nehmen eine wichtige Stelle in den Knoppschen Dokufilmen ein [...]. Ein Großteil dieser aufwendig produzierten Interviewfragen scheint um ihrer selbst willen in den Film kompiliert[6] worden zu sein; mehrheitlich enthält er keine neuen Erkenntnisse [...]. Diese Interviews sind stark gekürzt; der

Fragesteller ist nicht sichtbar, sodass der ohnehin feststellbare Drang zum Apodiktischen[7] noch verstärkt wird. Über die Interviewten erfährt man – außer den Namen und die Berufsbezeichnung bzw.
75 Funktion innerhalb der NS-Gesellschaft – nichts.
Es ist eine weit verbreitete Grundsatzentscheidung innerhalb des Dokumentarfilmwesens, keine Täter zu befragen, weil diese – bewusst oder auch unbewusst – ihr Verhalten zu rechtfertigen versuchen
80 würden. Gegen diesen Grundsatz hat Knopp verstoßen, was ihm dann (zusammen mit der Praxis, die Interviewschnipsel nicht weiter zu kommentieren) das Problem beschert hat, dass eindeutige Lügen unkommentiert geblieben sind. [...] Die reißerische Zu-
85 spitzung einzelner Szenen, die nicht selten einhergeht mit dem schon angesprochenen Nachstellen einzelner Szenen, weckt, schürt und verstärkt Emotionen – und verhindert so eine Reflexion auf das Präsentierte. Sie ist insofern kontraproduktiv[8].
90 Die Knoppschen Filme präsentieren eine von mehreren möglichen „Wahrheiten" – allerdings erscheint seine Version als diejenige „wie es gewesen ist". Abweichende Forschungspositionen kommen nicht zu Wort. Durch die filmische Praxis, den Zusammen-
95 hang der Erzählung wesentlich durch die Off-Stimme zu gewährleisten, wird diese Tendenz noch verstärkt: der Off-Stimmen-Kommentator bekommt so den Status eines Unfehlbaren und Allwissenden.

Horst Walter Blanke, Stichwortgeber. Die Rolle der „Zeitzeugen" in G. Knopps Fernsehdokumentationen, in: Vadim Oswalt/ Hans-Jürgen Pandel (Hg.), Geschichtskultur. Die Anwesenheit der Vergangenheit in der Gegenwart, Wochenschau, Schwalbach 2009, S. 63–73.

1 *Paladin:* in etwa: Ritter
2 *Reichskulturkammer:* nationalsozialistische Institution. Nur Mitglieder der Reichskulturkammer durften zur Zeit des Nationalsozialismus im Bereich der Kultur tätig sein. Damit diente die Reichskulturkammer der Ausschaltung politisch Andersdenkender und rassistisch Verfolgter in Deutschland.
3 *Mythos (Pl. die Mythen):* Geschichte, die komplexe Zusammenhänge vereinfachend erklärt und dabei Personen oder Ereignisse aus der Vergangenheit überhöht und verklärt
4 *Horst Wessel:* Sturmführer der SA (1907–1930); von Kommunisten erschossen
5 *dysfunktional:* nicht funktionierend, in seiner Funktion gestört
6 *kompilieren:* zusammenstellen
7 *apodiktisch:* unumstößlich, unwiderlegbar
8 *kontraproduktiv:* nicht hilfreich, negativ

1 Fassen Sie die Beurteilung und zentralen Argumente Blanks (M 3) zu der ZDF-Dokumentation über Joseph Goebbels zusammen.
2 Erstellen Sie eine eigene Analyse des Zeitzeugeninterviews mit Fritz Hippler, die der Historiker Blank in M 3 (Z. 24 ff.) erwähnt. (Die Goebbels-Dokumentation finden Sie z. B. auf YouTube, die Aussagen Hipplers bei Minute 7:38 bis 8:35).
Tipp: Untersuchen Sie den Filmausschnitt, indem Sie z. B. auf den Einsatz von Licht, Musik, Kameraperspektive und Schnitt achten. Ziehen Sie auch die Methodenseite „Historische Dokumentationen analysieren", S. 440 f., hinzu.
3 **Vertiefung:** Entwickeln Sie in Partnerarbeit für die Goebbels-Filmdokumentation zu dem Abschnitt mit Fritz Hippler einen alternativen Ablauf, der auf Hipplers Zeitzeugenbericht verzichtet.
4 Diskutieren Sie Knopps Entscheidung, in seinen Sendungen auch Täter zu Wort kommen zu lassen.

M 4 Die Zeitschrift „Der Spiegel" schreibt zu einem Dokumentarfilm von Loretta Walz, in dem die Filmemacherin Überlebende des Frauenkonzentrationslagers Ravensbrück porträtiert (2005)

Das Lager hat misstrauisch gemacht. „Ich konnte den Männern meiner Generation nie trauen", sagt Maria Zeh. Sie saß mit ihnen im Café, sie war im Kino mit ihnen. Sie haben sich unterhalten. Die Männer waren nett. Vielleicht mochte sie die Männer. Und doch, im- 5 mer diese eine Frage: Wer war er? Was hat er im Krieg gemacht? Es gab doch diese ganzen Ämter im Dritten Reich, die Aufpasser, die Lagerkommandanten, die Schergen[1], wo waren die jetzt alle? Anna Kopp zum Beispiel hat kurz vor der Scheidung erfahren, dass ihr 10 Mann bei der SS war. Er erwähnte es nebenbei, während eines Streits: „Ach, ja, damit du es weißt, ich war bei der SS." Ein Schlag auf den Kopf sei das gewesen, sagt sie. Zumal der Ehemann das Schicksal seiner Frau kannte: Anna Kopp war während der Naziherr- 15 schaft Häftling des Frauenkonzentrationslagers Ravensbrück gewesen. Im Büro von Loretta Walz stehen Hunderte von VHS-Kassetten[2]. Eine ganze Wand, gefüllt mit 700 Stunden [...] Interviews mit mehr als 200 überlebenden Frauen aus Ravensbrück. Insge- 20 samt 25 Jahre hat die Berliner Filmemacherin Gespräche geführt und Lebensgeschichten gesammelt. [...] 25 Jahre Recherche? „Das hat sich so ergeben", sagt Walz. Immer wieder habe sich ein neuer Ansatz aufgetan, immer wieder ein neuer Aspekt. [...] Dass 25 Widerstandskämpferinnen aus Holland oder Frankreich nach der Befreiung von Ravensbrück in ihren Ländern gefeiert wurden, dass sie in ihren Heimatländern mit militärischen Ehren empfangen und später Straßen nach ihnen benannt wurden. Und dass in 30 Deutschland das Andenken schwerfällt. [...] Ravensbrück war das einzige große KZ auf deutschem Gebiet, das als Schutzhaftlager[3] für Frauen bestimmt war. Zwischen 1939 und 1945 waren 132 000 Frauen und Kinder, 20 000 Männer und 1 000 weibliche Jugendliche in Ravensbrück interniert. Die Deportierten[4] stammten aus über 40 Nationen […]. Zehntausende wurden ermordet, starben an Hunger, Krankheiten oder durch medizinische Experimente. Die Frauen wurden zudem als Zwangsarbeiterinnen in der Kriegsproduktion ausgebeutet.

Loretta Walz war Anfang 20 und Regieassistentin, als sie 1979 eine Überlebende von Ravensbrück traf. Diese nahm sie zu einem Treffen des Ravensbrück-Komittees mit, eine Versammlung, bei der sich die Überlebenden regelmäßig austauschen. Wichtigstes Thema dieses Treffens: Die Frauen wollten beginnen, ihre Geschichten aufzuschreiben und die Erinnerung an das Lager bewahren. Sie wollten zeigen, was aus einem wird, wenn der Terror über einen hereinfällt, wenn man dafür eingesperrt wird, dass man mit einem Juden ins Bett geht oder einen Kanten Brot für sein hungerndes Kind klaut. […] Als die Ravensbrückerinnen nicht wussten, wer das alles aufschreiben soll, schlug Walz vor, die Geschichten aufzuzeichnen. Die Frauen willigten ein. Es begann ein Vierteljahrhundertwerk, für das Loretta Walz quer durch Europa reiste, ständig um Finanzmittel kämpfte und immer wieder auf neue Entwicklungen reagieren musste […].

„Mich haben von Anfang an lebensgeschichtliche Interviews interessiert", sagt Walz. […] Sie wolle zeigen, wie das einschneidende Erlebnis eines Lageraufenthalts das weitere Leben und das Leben in der Familie bestimmt hat. Beispielsweise wenn die Frauen ihre Familien nicht belasten wollten, daher nicht vom Lager sprachen – und damit genau das Gegenteil erreichten. „Es gab sehr viele Selbstmorde in den folgenden Generationen", sagt Walz. Es gibt aber auch jene, die dem Schrecken irgendwie den Schneid abgekauft haben. Walz hat eine Polin erlebt, die im Gespräch bekräftigte, dass sie erst im Lager den Wert des Lebens erfahren hat. Sie habe danach bewusster gelebt, hat Medizin und Psychologie studiert und „jeden Tag bewusster wahrgenommen". Mit ihrer Einschätzung endet auch der Film: „Ich kam seelisch gestärkt aus dem Lager".

Dokumentation über Frauen-KZ: „Ich kam gestärkt aus dem Lager", in: Der Spiegel, zit. nach: http://www.spiegel.de/kultur/ gesellschaft/dokumentation-ueber-frauen-kz-ich-kam-seelisch-gestaerkt-aus-dem-lager-a-351152.html (Download vom 19. 02. 2019).*

1 *Scherge:* Handlanger, Erfüllungsgehilfe
2 *VHS-Kassette:* analoges Aufzeichnungs- und Wiedergabesystem für Filme, Vorläufer der DVD
3 *Schutzhaftlager:* Abteilung der NS-Konzentrationslager
4 *Deportierte:* durch staatliche Maßnahmen Verschleppter oder Verbannter

M5 Denkmal „Tragende" in der Mahn- und Gedenkstätte Ravensbrück, Fotografie, 2016.
Die Skulptur wurde 1957 von Will Lammert (1892 bis 1957) geschaffen.

1 Analysieren Sie anhand von M 4 das Vorgehen der Filmemacherin Loretta Walz bei der Erstellung ihrer historischen Dokumentation.
2 Vergleichen Sie das Vorgehen der Filmemacher Guido Knopp und Loretta Walz anhand von M 3, M 4.
3 **Vertiefung:** Schauen Sie sich die Dokumentationen „Die Frauen von Ravensbrück" und das Goebbels-Porträt von Guido Knopp gemeinsam im Kurs an: Beurteilen Sie die filmischen Mittel und deren Wirkung.
Tipp: Siehe Methodenseite „Historische Dokumentationen analysieren", S. 440 f.
4 An die Frauen von Ravensbrück erinnern verschiedene Mahnmale, z. B. das in M 5 abgebildete. Überprüfen Sie, welche Funktionen der Erinnerung dieses Mahnmal erfüllt.
5 **Zusatzaufgabe:** Siehe S. 484.
Kernmodul: ▶ Siehe M 8, S. 412 f.: Überprüfen Sie die Aussagen Bergmanns in M 8, S. 412 f., anhand der in M 3 bis M 5 vorgestellten Filmbeispiele.

Historische Spielfilme: Film-Serie „Holocaust – Die Geschichte der Familie Weiss"

M 6 Zum Film „Holocaust – Die Geschichte der Familie Weiss", USA, 1978

Der historische Spielfilm wurde unter der Regie von Marvin J. Chomsky im Jahr 1978 in den USA als vierteilige Serie produziert und im Januar 1979 im westdeutschen Fernsehen ausgestrahlt. Die vier Serienteile (mit einer Gesamtlaufzeit von 415 Minuten) umfassen einen Zeitraum von rund zehn Jahren:
- Teil 1: „Die hereinbrechende Dunkelheit" (1935–1940);
- Teil 2: „Die Straße nach Babi Yar" (1941–1942);
- Teil 3: „Die Endlösung" (1942–1944);
- Teil 4: „Die Überlebenden" (1944–1945).

Die Deutsche Inga Helms (gespielt von der Schauspielerin Meryl Streep) heiratet den Juden Karl Weiss (gespielt von James Woods). Am Beispiel der erfundenen Berliner Familie Weiss werden die realen Ereignisse der Verfolgung und Ermordung der deutschen Juden dargestellt. Bis auf den jüngsten Sohn Rudi Weiss, der nach Prag flüchtet und in den Widerstand geht (gespielt von Joseph Bottoms), werden alle Familienmitglieder von den Nationalsozialisten ermordet. Eingewoben ist in die Darstellung die Geschichte des Juristen Erik Dorf (gespielt von Michael Moriarty). Als Nationalsozialist macht er in der NS-Diktatur Karriere und ist maßgeblich an der Planung und Ausführung des organisierten Massenmordes beteiligt. Der Film thematisiert auch ausführlich bekannte Ereignisse wie z. B. den Aufstand im Warschauer Ghetto.

Originalbeitrag von Beate Sommersberg.

M 7 Ein Artikel aus „Der Spiegel" schreibt über die US-amerikanische Serie „Holocaust" (1979)

War das, endlich doch noch, die Katharsis[1]? War es, 34 Jahre nach Kriegs- und Nazi-Ende, das Ende der Unfähigkeit zu trauern? War es, im dreißigsten Jahr der Bundesrepublik Deutschland, die erste wahrhaftige Woche der Brüderlichkeit[2]? Es war, dies kann auf jeden Fall gesagt werden, eine auf unvorhergesehene Weise historische Woche: Eine amerikanische Fernsehserie von trivialer[3] Machart schaffte, was Hunderten von Büchern, Theaterstücken, Filmen und TV-Sendungen, Tausenden von Dokumenten und allen KZ-Prozessen in drei Jahrzehnten Nachkriegsgeschichte nicht gelungen war: die Deutschen über die in ihrem Namen begangenen Verbrechen an den Juden so ins Bild zu setzen, dass Millionen erschüttert wurden. [...] Auch, wie anders, für deren Nationalisten. Schon vor Wochen hatten Anonyme mit Vergeltung gedroht, vorletzten Donnerstag flogen die Fetzen: Um 20.40 Uhr zerriss ein Zehn-Kilo-Sprengsatz die Leitungen zum Südwestfunk-Sender Waldesch bei Koblenz. 21 Minuten später detonierte eine Bombe in der Richtfunkstelle Nottuln bei Münster. [...] Eine Gruppe namens „Internationale revolutionäre Nationalisten" bekannte sich inzwischen telefonisch zu den Attentaten und bestätigte damit den Verdacht von Bundesanwalt Rebmann, „dass der Anschlag aus Anlass des Fernsehfilms ‚Endlösung' mit rechtsradikaler Zielsetzung geplant und ausgeführt worden ist". Der Knall in Hunsrück und Münsterland indes machte das bundesdeutsche TV-Publikum erst richtig hellhörig für das Medienereignis „Holocaust", dem der Bericht „Endlösung" nur als Vorspiel diente und dessen Nachhall noch nicht annähernd abschätzbar ist. Vor kurzem noch musste den Deutschen das amerikanische Fremdwort, das sich aus den griechischen Wörtern *„holos"* (vollständig) und *„kaustos"* (verbrannt) zusammensetzt, als exotische Vokabel vorkommen, letzte Woche war es in aller Munde, bis hinauf zu Helmut Schmidt und Helmut Kohl, die „Holocaust" sogar in die Parlamentsdebatte warfen. [...] In Niedersachsen wurden gewerkschaftliche Veranstaltungen vorzeitig beendet oder abgesagt, „damit die Leute das sehen können, denn sonst würden die sowieso um neun Uhr verschwinden" (DGB-Sprecher Horst Runge[4]). An den Universitäten Bielefeld und Hamburg wurden die gesellschaftswissenschaftlichen Seminare ohne weitere Diskussion in „Holocaust"-Debatten umfunktioniert. [...] Am Dienstag schaute, trotz ungünstig später Sendezeit, jedes neunte Berliner Kind unter 13 Jahren dem Drama zu, in Nordrhein-Westfalen immerhin noch jedes 17. Überall registrierten Pädagogen ein „äußerst großes Bedürfnis der Schüler, darüber zu sprechen". [...]

Über 30 000 Anrufer, fast viermal mehr als während der US-Premiere von „Holocaust" beim Sender NBC, wählten sich in die deutschen Funkhäuser durch. Der WDR musste die Zahl der Telefonistinnen verdoppeln. [...] Es meldeten sich, wie erwartet, die Unbelehrbaren und die Schmierfinken mit antisemitischen Flüchen und Verwünschungen gegen den „linkslastigen Rotfunk". Das Ganze sei „Brunnenvergiftung"[5] und „Nestbeschmutzerei": „Was ist denn mit den vergewaltigten deutschen Frauen von 1945?" Die CSU-nahe „Schüler Union Bayern" forderte vom Bayerischen Rundfunk eine Nachfolgeserie über die Vertreibung Millionen Deutscher aus ihrer Heimat: Einseitige Schuldbekenntnisse wie in „Holocaust" seien der Jugend nicht zuzumuten. [...] Doch weit mehr noch, wie nicht erwartet, meldeten sich Irritierte, Betroffene, Überlebende. Manche schämten sich, klagten sich selbst an, einige weinten. Häufig wurden neue Dokumente, Prozessakten, Tagebücher und Gedichte angeboten. [...] In 18 Wochen zwischen Juli und November 1977 ließ die TV-Gesellschaft den Vielstünder von 150 Schauspielern und 1 000 Komparsen auf 150 Kilometer Film bannen. [...] Kaum waren die Dreharbeiten beendet, ließ man Fatales durchsickern: Ein Berliner habe die Crew mit Bierflaschen beworfen, ein schreiender Greis die Mimen verstört: „Ich habe euch Juden schon einmal getötet, ich werde euch noch einmal töten." Aufnahmegeräte seien mit Hakenkreuzen bepinselt worden, belichtete Filmrollen spurlos verschwunden.

Michael Moriarty, als Erik Dorf der Negativ-Held der Serie, klappte zusammen, als er mit seiner Filmfamilie „Stille Nacht, heilige Nacht" singen musste: „Wie konnten die so was tun!" Den Engländer Cyril Shaps (Häftling Weinberg) verließen die Kräfte, als er in KZ-Kluft durch Mauthausen torkelte. [...]

Was hier nun, vier Abende bis tief in die Nacht, bundesweit zum Vorschein kam und überwältigend wirkte, musste den Eindruck erwecken, als habe es in Deutschland bisher keine nachhaltigen Auseinandersetzungen mit der Vergangenheit gegeben. [...] Wenn „Holocaust" trotzdem Emotionen wie zum ersten Mal freisetzte und die üblichen Sperren und Blockaden durchbrach, die Deutsche vor dem schrecklichsten Kapitel ihrer Vergangenheit aufgerichtet haben, so liegt das daran, dass hier erstmals (relative) Geschichtstreue sich mit den trivialen Mitteln der amerikanischen Fernsehserie verbinden konnte, dass es den amerikanischen TV-Machern gelungen ist, die Judenausrottung in dem Schicksal zweier Familien zu personalisieren, ohne dadurch das kollektive Thema zu zerstören. Hatte man vor der deutschen Ausstrahlung noch meinen können, die US-Serie verhökere das Thema des Judenmordes zugunsten einer hemmungslos ans Gefühl appellierenden Seifenoper, so zeigte die Anteilnahme und Betroffenheit der Zuschauer, dass gerade diese, den von einer Nazi-Vergangenheit unbelasteten Amerikanern mögliche, Form eine reinigende (kathartische) Wirkung habe wie einst die griechische Tragödie [...].

Wissenschaftler wollen erkunden, ob die emotionale Bewegung während der Sendezeit eine längere gedankliche Auseinandersetzung mit dem Thema ausgelöst hat. Im Auftrag des WDR und der Bonner Bildungszentrale startete das Offenbacher Marplan-Institut für 180 000 Mark eine Repräsentativ-Umfrage in drei Stufen: Vor „Holocaust" wurde der allgemeine Wissensstand zu Nazi-Zeit und Judenvernichtung abgefragt; während der Sendung registrierten die Forscher die spontanen Reflexe; in acht Wochen wollen sie die Langzeitwirkung ausloten.

Der Erziehungswissenschaftler Lißmann begann eine Umfrage unter Jugendlichen zwischen 14 und 17 Jahren, mit denen er sich das Programm gemeinsam ansah. Das „Ausmaß der Betroffenheit" hat ihn dabei überrascht. Doch er fürchtet: Es könnte sein, dass „Holocaust" keine rational-kritische Auseinandersetzung aufkommen lässt.

Christoph Schlegel „„Holocaust": Die Vergangenheit kommt zurück, in: Der Spiegel, Nr. 5, 29.1.1979, S. 17 ff.

1 *Katharsis:* Läuterung, Befreiung, Reinigung
2 *Woche der Brüderlichkeit:* seit 1952 jährlich von den Gesellschaften für christlich-jüdische Zusammenarbeit veranstaltete Woche mit jeweils einem anderen Schwerpunktthema
3 *trivial:* alltäglich, gewöhnlich
4 *DGB:* Deutscher Gewerkschafts-Bund
5 *Brunnenvergiftung:* aus dem Mittelalter stammender Vorwurf gegen die Juden, angeblich die Pest durch Vergiftung von Brunnen verbreitet zu haben

1 Untersuchen Sie anhand von M 7 die Reaktionen auf den Film „Holocaust" in Deutschland 1979.
2 **Partnerarbeit:** In Diskussionen um historische Spielfilme ist der Begriff der „Authentizität" zentral.
   a) Definieren Sie jeder für sich diesen Begriff.
   b) Gleichen Sie Ihre Definitionen untereinander ab.
   c) Formulieren Sie abschließend im Plenum eine gemeinsame Definition.
3 **Vertiefung:** Schauen Sie sich (YouTube, DVD) die Serie oder Ausschnitte an und analysieren Sie die eingesetzten filmischen Mittel.
4 **Wahlaufgabe:** Teilen Sie sich in vier Gruppen auf und bearbeiten Sie Aufgabe a, b, c oder d. Bereiten Sie Ihr Ergebnis jeweils als Präsentation im Kurs vor.
   a) Recherchieren Sie über die Rezeption der Serie „Holocaust" in zeitgenössischen Medien.
   b) Vergleichen Sie die Serie „Holocaust" mit anderen Film- und Fernsehspielen zum Thema aus der Zeit vor 1990.
   c) Untersuchen Sie Ziele und Intentionen des Filmemachers von „Holocaust", Marvin Chomsky.
   d) Recherchieren Sie zu der Frage, inwieweit die Darstellung der Ereignisse sachlich richtig ist.
5 Der Film „Holocaust" gilt als medien- und erinnerungsgeschichtliche Zäsur. Nehmen Sie Stellung zur Aussage des deutschen Drehbuchautors Peter Märtesheimer, sachliche Fehler im Detail fielen dabei im Dienste einer „höheren Wahrheit" nicht ins Gewicht.

Kernmodul: ▶ Ziehen Sie M 10–M 16, S. 414–419 (Erinnerungskultur am Bsp. des Nationalsozialismus) hinzu.

Vertiefung: Historische Spielfilme zur Antike

M 8 Zum Film „Attila, die Geißel Gottes"

Das 1954 produzierte „Hollywood-Drama" war mit berühmten Schauspielern besetzt: Anthony Quinn als Hunnenkönig Atilla, der sich auf einem Feldzug gegen das Römische Reich befindet, und Sophia Loren als Römerin Honoria, die den König aufhalten will.

Historische Hintergründe: Attila war König der Hunnen, die im 5. Jahrhundert ein kurzlebiges Vielvölkerreich errichteten (mit dem heutigen Ungarn als zentralem Machtbereich). Attila führte zahlreiche Feldzüge, insbesondere in Italien gegen das Weströmische Reich (s. S. 157, 174). Die 1950er-Jahre, in denen der Film gedreht wurde, waren weltpolitisch vom Kalten Krieg zwischen der kommunistischen Sowjetunion und den demokratischen USA geprägt.

Originalbeitrag von Beate Sommersberg.

1 Beschreiben Sie mithilfe von M 8 das Filmbild M 9.
   Tipp: Berücksichtigen Sie Bildaufbau, Perspektive, Kostüme usw.
2 Analysieren Sie die wichtigsten Elemente der in M 9 verwendeten filmischen Mittel und diskutieren Sie deren mögliche Konsequenzen für die Rezeption bei Zuschauerinnen und Zuschauern.
3 **Vertiefung:** Arbeiten Sie aus M 9 heraus, welches Bild von den Hunnen hier präsentiert wird.
   Tipp: Berücksichtigen Sie die Entstehungszeit des Films (siehe M 9 und eigene Recherchen).
4 **Zusatzaufgabe:** siehe S. 484

Zur Dekonstruktion historischer Spielfilme und Dokumentationen

M 10 Der Historiker Martin Gronau über Geschichts(de)konstruktionen im Film (2009)

„Once upon a time ... in Nazi-occupied France." Mit diesem Zitat des klassischen Italo-Western beginnt Quentin Tarantinos am 21. August 2009 in den deutschen Kinos angelaufener Film *Inglourious Basterds* [USA/BRD 2009]. Das geschichtenhaft einführende „Es war einmal ..." schafft mit einem Schlag klare Verhältnisse in einem zumindest in Deutschland geschichtswissenschaftlich durchaus noch diskussionswürdigen Punkt des Umgangs mit der eigenen Vergangenheit: der Historisierung[1] des Dritten Reiches. Dass es in der von knackigen Dialogen und brutaler Gewalt getragenen filmischen Inszenierung eines jüdischen Rachefeldzugs nicht bei dieser ‚Vergeschichtlichung' jüngerer deutscher Vergangenheit bleibt, war – zum Glücke jedes Cineasten – abzusehen. Das von einer Nazi-Skalps[2] sammelnden jüdischen Spezialeinheit und einer nach Rache am Mord ihrer Familie sinnenden jüdischen Kinobesitzerin betriebene *„killin' Nazi business"* findet seinen Höhepunkt im filmintern schon auf das Jahr 1944 vorverlegten wortwörtlichen Niedermetzeln, in die Luft Jagen und Einäschern der gesamten Nazi-Führungsgruppe inklusive Adolf Hitlers; nicht auf dem Schlachtfeld, sondern äußerst selbstreferenziell[3] in einem Pariser Kino. Gerade weil in *Inglourious Basterds* eine dermaßen zugespitzte ‚Fiktionalisierung' der Vergangenheit betrieben wird, besteht für den

M 9 Szenenbild aus dem Film „Atilla, die Geißel Gottes", 1954

Zuschauer kaum die Gefahr, den jüdischen Traum eines schon 1944 gewaltsam erzwungenen Kriegsendes versehentlich als ‚historischen Fakt' zu interpretieren und mechanisch als ‚filmische Wahrheit' in das eigene Geschichtsbild zu transferieren.

Dadurch wird deutlich, dass die Historiophoty – nicht anders als die schriftliche Historiographie – von der Wahrnehmung und Interpretation ihres Rezipienten abhängig ist. Oder anders ausgedrückt: Der moderne Spiel- und Dokumentarfilm ist zwar ein wirkmächtiges Medium der Geschichten- und Geschichtsschreibung, jedoch kann er seine weit reichenden Potenziale letztlich nur im Prozess der Rezeption entfalten. [...] Zwar suggeriert[4] das Medium Film aufgrund seines impliziten[5] Photorealismus von sich aus Authentizität *par excellence;* in einer Zeit, in der [...] dank preiswerter digitaler Film- und Filmbearbeitungstechnik immer mehr Menschen selbst in die Rolle des Filmemachers schlüpfen können, werden filmische Geschichtsbilder jedoch auch in außerakademischen Kreisen verstärkt als trügerische Zerrbilder der historischen ‚Wirklichkeit' enttarnt. [...]

Fast suggestiv[6] mutet schließlich die Frage an, wer denn von sich nicht glaube, vor lauter Medienkompetenz immun gegen die subtile[7] Beeinflussung kognitiver[8] Wissensstrukturen durch das Medium Film zu sein. Die unbewusste und unreflektierte Adaption ‚fehlerhafter' filmischer Geschichtsbilder wird daher oft als ein Phänomen der anderen angesehen [...]. Was dabei häufig übersehen wird, ist, dass gerade diejenigen Spielfilme, deren Handlungen in einer ‚historischen' Filmrealität verortet sind, von sich aus weniger die Historie thematisieren, als vielmehr diverse Individualschicksale, die äußerst dekorativ in eine vermeintlich historische Kulisse eingebettet werden. Ahistorische und kulturübergreifende Basismotive wie Liebe, Hass, Sieg und Niederlage reduzieren Vergangenheit dabei auf „elementare kulturelle Strukturelemente", die aus der Gegenwart der Filmentstehung mehr oder weniger stimmig in die thematisierte Vergangenheit zurücktransferiert werden können. [...] Viel gesehenen Filmen wie Jean-Jacques Annauds „Der Name der Rose" [BRD/F/I 1986] ist es daher ein Leichtes, mithilfe diverser nicht handlungstragender Chiffren[9] wie ‚Gewalt', ‚Fanatismus' und ‚Dreck' ein vermeintlich reales Mittelalterszenario entstehen zu lassen, welches die Vorstellung eines dreckigen, von vielerlei körperlichen Gefahren und ideologischen Verblendungen besessenen ‚dunklen Zeitalters' in den Köpfen der Zuschauer zu verankern oder zumindest weiter zu festigen imstande ist. Gerade weil die durch Filme ermöglichte Beobachtung, Erfahrung und Rekonstruktion einer vermeintlichen Vergangenheit filmimmanent nur eine sekundäre Rolle spielt, hat es der stets nur wenig aufdringlich-belehrend wirkende Film geschafft, zu einem Leitmedium der modernen Erinnerungskultur zu avancieren.

Martin Gronau, Der Film als Ort der Geschichts(de)konstruktion, in: Aeon – Forum für junge Geschichtswissenschaft, Meine Verlag, Magdeburg 2009, S. 18–39.*

1 *Historisierung:* Geschichtswerdung; allmähliche Veränderung der Wahrnehmung eines Ereignisses während des Überganges von der Gegenwart zur Vergangenheit
2 *Skalp:* Kopfhaut
3 *selbstreferenziell:* auf sich selbst Bezug nehmend
4 *suggerieren:* jemandem unauffällig etwas einreden
5 *implizit:* mit gemeint, aber nicht ausdrücklich gesagt
6 *suggestiv:* einen anderen Menschen unbewusst stark beeinflussend
7 *subtil:* mit viel Feingefühl, schwer durchschaubar
8 *kognitiv:* das Wahrnehmen, Denken, Erkennen betreffend; hier im Sinne von: geistig
9 *Chiffre:* Zeichen

1 Arbeiten Sie aus M 10 heraus, welche Rolle Martin Gronau den Produzenten und den Rezipienten historischer Filme im Hinblick auf die Wirkung der Filme jeweils beimisst.
   a) Finden Sie weitere Beispiele für die in M 10 angesprochenen „fehlerhaften" Geschichtsbilder.
   Tipp: Siehe z. B. die Filme „Ritter der Kokosnuss", „Wickie", „Kampf um Rom", *Birth of a Nation*". Achten Sie darauf, welche „Basismotive" den Filmen jeweils zugrunde liegen.
   b) Erklären Sie, welche Gründe die Filmemacher gehabt haben könnten, von historisch belegbaren Fakten abzuweichen.
2 **Vertiefung:** Vergleichen Sie die Rolle und die Aktivitäten eines Filmzuschauers mit denen eines Computerspielers:
   a) Stellen Sie Gemeinsamkeiten und Unterschiede gegenüber.
   b) Erörtern Sie, welche Konsequenzen sich jeweils für die Rezeption von Geschichte ergeben.
3 Nehmen Sie Stellung zur Schlussthese des Historikers Gronau (M 10), eingängige historische Spielfilme hätten es einfacher als andere historische Filme, „zu einem Leitmedium der modernen Erinnerungskultur zu avancieren".
Kernmodul: ▶ Zum Begriff „Erinnerungskultur" siehe S. 405.

Methode

Historische Spielfilme analysieren

M 1 Szenenbilder aus „Jakob der Lügner", DDR, 1974

Für die Geschichtswissenschaft sind Spielfilme und historische Spielfilme von großem Interesse. **Spielfilme aus früheren Zeiten,** egal ob mit historischen oder anderen Erzählungen, sind eine **Quelle,** und zwar für die Mentalität der Zeit, in der sie gedreht wurden. Denn in ihnen spiegeln sich Vorstellungen, Sehnsüchte, Wünsche und Hoffnungen ebenso wie Ängste und Vorurteile einer Epoche. Beispiele sind Preußenfilme, die in der NS-Zeit produziert wurden; oder James-Bond-Filme aus der Zeit des Kalten Krieges.
Historische Spielfilme wiederum sind eine Form der **Geschichtsdarstellung.** Sie wählen historische Gegenstände aus, für die sich die Zuschauer und die Filmemacher interessieren, und erzählen hierzu eine Geschichte. Sie nutzen Verfahren wie Personalisierung, Dramatisierung, Kostümierung und Emotionalisierung sowie ausgewählte filmsprachliche Mittel, um Zuschauern ein bestimmtes Bild der Geschichte zu präsentieren.
Historische Spielfilme wollen einen anschaulichen Eindruck vergangenen Geschehens vermitteln und prägen dadurch unsere Vorstellungen von der Vergangenheit. Das ist ihr großer Vorteil und ihr großer Nachteil gleichermaßen. Denn Filmemacher sind nicht gebunden an das, was die Wissenschaft als gesichertes historisches Wissen erarbeitet hat. Bei der Analyse dieser Spielfilme geht es also vor allem um **Deutungen, Interpretationen** und **Schwerpunktsetzungen der jeweiligen Geschichtserzählung.**
Bei der Analyse von historischen Spielfilmen sind die **systematischen Schritte der Spielfilmanalyse** zu beachten, um sie für Historikerinnen und Historiker ertragreich zu machen. Wie bei Filmanalysen im Allgemeinen spielt auch bei der Analyse historischer Spielfilme die Untersuchung der **filmsprachlichen Mittel**, die die Filmemacher einsetzen, eine besondere Rolle.

1 Interpretieren Sie den historischen Spielfilm „Jakob der Lügner", DDR, 1974 (M 1).
Tipp: Nutzen Sie aus diesem Methodenteil die Arbeitsschritte, das Lexikon filmsprachlicher Mittel und die Szenenbilder. Recherchieren Sie selbstständig zum Film.
▶ Lösungshinweise finden Sie auf S. 498–500.

Arbeitsschritte zur Untersuchung historischer Spielfilme

Phase	Arbeitsschritte	Leitfragen/Vorgehen
Vor dem Film		
Verdeutlichen der eigenen Erwartungen	Erwartungen an den Film äußern, Fragen an den historischen Stoff artikulieren und die Relevanz des Themas verdeutlichen	Aufgrund von Vorinformationen: Worum wird es im Film gehen? Welche Probleme sind am im Film behandelten Thema besonders interessant?
Formale Untersuchung	Regisseur, Drehbuchautor, Auftraggeber; Filmgenre; Filmlänge; Entstehungszeit	Informationen sammeln
Untersuchung des Inhalts	Filminhalt benennen; knappe Handlungszusammenfassung; Hauptfiguren benennen	Informationen sammeln
Historischer Kontext	Entstehungsgeschichte des Films; politischer/gesellschaftlicher Hintergrund	Informationen sammeln und historisch einordnen
Während des Films		
Erste Eindrücke festhalten	Eigene Notizen machen	Was ist aufgefallen? Welche Szenen wurden sachlich bzw. emotional erlebt?

Historische Spielfilme analysieren

Phase	Arbeitsschritte	Leitfragen/Vorgehen
Nach dem Film		
Hypothesenbildung	Brainstorming zum im Film gezeigten Geschichtsbild	Welchen ersten Eindruck hinterlässt der Film? Wie deutet der Film die historischen Ereignisse? Welche Szenen sind wichtig für den Gesamtfilm?
Analyse der Erzählstrukturen	Retrospektivität bestimmen (Wird chronologisch oder rückblickend erzählt?)	Welcher Anfang, welches Ende wird gesetzt?
	Temporalität untersuchen	Wird die zeitliche Reihenfolge beachtet? Hat der Film Rückblenden? Erzählt er vom Ende her?
	Perspektive analysieren	Aus welcher Perspektive wird erzählt?
	Kohärenz und Widersprüche betrachten	Ist die Geschichte in sich schlüssig?
Analyse der Vergangenheitspartikel	Selektivität untersuchen	Welche historischen Ereignisse wurden (nicht) ausgewählt? Welche Leerstellen sind wie gefüllt? Aus welchem Grund wurde dies ggf. gemacht?
	Authentizitätsbemühungen ermitteln	Welche Authentizitätsbemühungen werden vorgenommen (z.B. schwarz/weiß, Verwendung von Filmdokumenten)?
	mit anderen Darstellungen/Quellen vergleichen	Welche anderen Filme/Darstellungen gibt es? Wie stellen sie die vergangenen Ereignisse dar?
	Quellennähe/-ferne bestimmen	Bei welchen Szenen besteht eine Quellennähe/-ferne (zu welchen Quellen)?
	Konstruktivität analysieren	Welche Erklärungen gibt die Filmgeschichte?
	Partialität prüfen	Welche Ursachen/Folgen werden dargestellt?
Figurenanalyse	Figureninventar anlegen	Welche historischen Personen treten auf?
	Figurencharakteristik verfassen	Welche Figuren sind fiktiv? Welche Typen repräsentieren sie? Sind Sympathien/Antipathien erkennbar? Beurteilen Figuren Vergangenes?
Analyse der filmästhetischen Mittel	Für die einzelnen filmsprachlichen Mittel siehe S. 438 f.	Welche filmischen Gestaltungsmittel werden oft eingesetzt? Welche Funktion erfüllen sie? Welche Deutung bezüglich der erzählten historischen Ereignisse lässt sich insgesamt ableiten?
Untersuchung von Wirkung und Bedeutung des Films	Wertungen des Films herausarbeiten	Welche Werte werden im Film ausdrücklich angesprochen, welche nur implizit?
	Orientierungsangebote für gegenwärtige/zeitgenössische Fragen bestimmen	Auf welche zeitgenössischen Fragen werden Antworten gegeben?
	Rezeption untersuchen	Warum fand der Film viele/wenige Zuschauer?
Gesamtinterpretation	Triftigkeit und Repräsentativität prüfen	Sind die erzählten Ereignisse historisch triftig? Welche Belege fehlen?
	vermitteltes Geschichtsbild beurteilen	Welche Positionen nehmen andere Darstellungen ein? Welche ist überzeugender? Warum?
	vermitteltes Geschichtsbild mit eigenen Vorstellungen vergleichen	Ist die Erzählung der zeitgenössischen Situation angemessen?

Zusammengestellt und von der Verfasserin bearbeitet nach: http://www.bpb.de/gesellschaft/bildung/kulturelle-bildung/143799/historische-spielfilme?p=all (Download vom 19.02.2019).

Methode

Lexikon filmsprachlicher Mittel

Filmsprachliches Mittel	Beispiel	Wirkung
Kamera: Einstellungsgrößen		
Panorama: Landschaft/Übersicht		Die Menschen im Bild sind klein (hilflos) im Gegensatz zur (überwältigenden) Landschaft; Individuen sind kaum unterscheidbar; schafft einen Überblick.
Totale		Abgebildet sind eine oder mehrere unterscheidbare Personen; im Vergleich zu den Figuren dominiert die Umgebung; ermöglicht den Einstieg in die Handlung.
Halbtotale		Die handelnden Figuren erscheinen als ebenso wichtig wie ihre Umgebung.
Amerikanisch		Wie im amerikanischen Western sieht man die Figuren „vom Colt an aufwärts". In dieser Einstellung ist die Körpersprache gut zu erkennen, deshalb werden Dialogszenen häufig so gefilmt.
Nahaufnahme		Häufig eingesetzte Einstellung, wenn die Mimik der handelnden Figuren wichtig ist; erleichtert die Identifikation mit den Figuren.
Großaufnahme		Aufnahme eines Gesichts. Die Gefühlsregungen der Figuren stehen im Vordergrund. Die Umgebung verliert an Bedeutung, die Zuschauer nähern sich der Gefühlswelt der Figuren.
Detail		Nur ein Detail wird gezeigt, auf das die Aufmerksamkeit der Zuschauer gelenkt werden soll, z. B. Teile des Gesichts, eine Hand, ein Ring, ein Messer. Das Detail erhält dadurch eine besondere Bedeutung.

Historische Spielfilme analysieren

Filmsprachliches Mittel	Beispiel	Wirkung
Kameraperspektiven		
Vogelperspektive		Die Zuschauer beobachten das Geschehen von oben, manchmal aus der Perspektive einer Figur, die von oben auf andere herabschaut. Betont z. B. die Größe/Macht des Betrachters bzw. die Machtlosigkeit der Betrachteten.
Froschperspektive		Figuren schauen von unten nach oben, oftmals hinauf zu einer Person. Darstellungen aus der Froschperspektive geben dem Betrachter das Gefühl, dass er oder die Person, aus deren Perspektive geschaut wird, klein und unbedeutend ist.
Normalsicht		Die Perspektive entspricht der Alltagswahrnehmung der Zuschauer. Sie vermittelt einen scheinbar realistischen Eindruck vom Geschehen.
Kamerabewegungen		
Schwenk, Fahrt, Statik, Zoom	Durch Schwenk und Fahrten werden z. B. Personen begleitet, verfolgt. Die Handlung kann an Tempo gewinnen oder sich verlangsamen. Schwenks verstärken die dramatische Wirkung.	
Dutch angle	Bezeichnet eine schräge Kameraeinstellung, erzeugt eine unruhige Wirkung, deutet häufig darauf hin, dass „etwas nicht stimmt".	
Beleuchtung		
Licht, Schatten, Farben	Licht und Schatten können spezielle Dramatisierungseffekte bewirken. Z. B. wenn Personen oder Personengruppen von hinten hell beleuchtet oder wenn im Dunkeln Scheinwerfer auf bestimmte Personen gerichtet sind.	
Schnitt und Montage		
Schnitt, Montage	Durch In-Beziehung-Setzen von Einstellungen wird die Geschichte erzählt. Schnelle Schnitte erzeugen z. B. Spannung.	
Ton		
Geräusche, Musik, Stille, Dialoge	Geräusche stellen manchmal nicht Sichtbares dar. Sie können aber auch dafür sorgen, dass eine Szene realistisch wirkt. Musik erfüllt die Funktionen der Dynamisierung, Emotionalisierung und Dramatisierung	

Methode

Historische Dokumentationen analysieren

M 1 Die Dokumentarfilmregisseurin Loretta Walz bei einer Veranstaltung mit Schülern in Oranienburg (Brandenburg), Fotografie, 2017

▶ M 3–M 5, S. 429–431: Historische Dokumentationen zur NS-Zeit im Vergleich

▶ S. 441: Arbeitsschritte zur Analyse historischer Dokumentationen

Historische Dokumentationen laufen mit Erfolg im Fernsehen und im Internet. Einer der Gründe liegt in dem vermeintlichen Versprechen, Wahrheit und Verlässlichkeit zu bieten. Dass auch Fachleute, also Geschichtswissenschaftler, Archäologen usw., Inhalte im Film präsentieren, verleiht dieser Filmgattung zusätzlich Seriosität. Anders als beim historischen Spielfilm, dessen fiktionaler Charakter vorab klar ist, ist daher die kritische Distanz bei Dokumentationen zunächst gering.

Sehr schnell gerät in Vergessenheit, dass z. B. auch Originalaufnahmen alter Wochenschauen aus der NS-Zeit eine bestimmte **Perspektive** einnehmen (also die der „Täter"). Wissenschaftler, die im Interview gezeigt werden, präsentieren jeweils ihren Standpunkt. Und auch Dokumentarfilmer treffen eine **Auswahl**. Selbst wenn Dokumentationen keine einseitigen politischen Ziele verfolgen, sind sie wie Spielfilme das Resultat von Auswahlprozessen. Sie stellen eine perspektivisch gebundene Geschichtserzählung dar. Sie zeigen das Geschichtsbild der Filmemacher.

„Für mich ist es ziemlich egal, mit welchen Mitteln ein Film arbeitet, ob er ein Schauspielerfilm ist mit inszenierten Bildern oder ein Dokumentarfilm. In einem guten Film geht es um die Wahrheit, nicht um die Wirklichkeit." Die Worte des sowjetischen Regisseurs Sergej Eisenstein von 1925 illustrieren die Unterschiede zwischen Filmwahrnehmung bzw. Filmerwartung und Filmproduktion. Der Zuschauer erwartet die Wirklichkeit, dem Filmemacher geht es um die (höhere) Wahrheit – auch wenn nicht jeder Dokumentarfilmer so rigoros bereit ist, im Interesse der Wahrheit die Wirklichkeit zu manipulieren wie Eisenstein.

Auch die historische Dokumentation ist also eine Form der perspektivisch gebundenen Geschichtserzählung. Dies zeigt auch der **Vergleich von Dokumentationen** zum selben Thema, z. B. zur Lage in Deutschland nach Kriegsende. Die ersten Minuten der Filmdokumentationen „Heimatlos" (1996) von Irmgard von zur Mühlen und die britische Dokumentation „A film about the Government of the British-occupied Zone of Germany" (1946) zeigen streckenweise ähnliche Bilder: Zerstörung, Flucht und Vertreibung im geschlagenen Deutschland von 1945. Während aber von zur Mühlens Film mit tragender Geigenmusik in Moll beginnt, schwillt die Musik im britischen Film an und springt gleich mehrfach in die Dur-Tonart. Der britische Film will Hoffnung für das zerstörte Deutschland signalisieren. Denn er diente dazu, den in Großbritannien gebliebenen Familien zu erläutern, warum es notwendig sei, Deutschland beim Wiederaufbau zu helfen. Anders der Film von zur Mühlens: „Hier sind „Menschen auf der Flucht. […] Unschuldige Opfer von Kriegen und von Abkommen, die von Regierungen beschlossen wurden." Ihm geht es also um das Leid und die Opferperspektive. Denn er stand im Kontext der 1996 beginnenden Debatte, ob ein Zentrum gegen Vertreibungen gebaut werden soll.

Historische Dokumentationen sind daher – wie alle historischen Quellen- und Materialgattungen – mithilfe systematischer Arbeitsschritte kritisch zu untersuchen.

1 Analysieren Sie die historische Dokumentation „Die Frauen von Ravensbrück" von Loretta Walz, Deutschland, 2005.
Tipp: Nutzen Sie die Arbeitsschritte dieses Methodenteils. Recherchieren Sie selbstständig zum Film. Nutzen Sie auch M 4, M 5, S. 430 f. Da eine Dokumentarfilmanalyse aufwendig ist, ist es sinnvoll, die Arbeitsschritte arbeitsteilig im Kurs aufzuteilen.
▶ Lösungshinweise finden Sie auf S. 500 f.

Arbeitsschritte zur Analyse historischer Dokumentationen

1. Quellenkritische Einleitung	– Wann und wo ist der Film entstanden? – Welche Themen werden behandelt? – Wer sind die Macher des Filmes? Sind die Auftraggeber bekannt? – An welche Zielgruppe richtet sich der Film? – Verfolgt der Film eine zentrale Aussage?
2. Analyse des Inhalts	– Stehen historische Persönlichkeiten oder unbekannte Personen im Mittelpunkt? – Zeigt der Film Sympathien für einzelne Personen oder Handlungen? – Welche Quellen nutzt der Film (Orte, Schriftquellen, Filme, Zeitzeugen etc.)? – Werden die genutzten Materialien kommentiert (Entstehungsort/-zeit; Auftraggeber)? – Welche Sichtweise zeigen die Materialien (Täter-/Opfersicht, mehrere Perspektiven)? – Lassen sich die Zeitzeugen einer Personengruppe zuordnen (Täter/Opfer)? – Relativieren oder rechtfertigen „Täter" ihr Handeln? – In welcher zeitlichen Nähe/Ferne stehen die Zeitzeugenberichte zu den geschilderten Ereignissen? – Werden unterschiedliche Quellen zum selben Inhalt eingesetzt (Multiperspektivität)? – Bei Experteninterviews: Wo arbeiten sie? Wie ist ihr Ruf? Publikationen zum Thema? – Nutzt der Film Spielszenen? Sind die Szenen sinnvoll oder dramatisieren sie nur? – Fehlen Inhalte oder Positionen zum Thema oder werden diese verkürzt? – Gibt es eine Überbetonung der Bedeutung Einzelner (zur NS-Zeit z. B. Hitler)? – Begründen die Filmemacher die Wahl ihrer Inhalte und Darstellungsformen?
3. Analyse der filmsprachlichen Mittel	– Welche filmsprachlichen Mittel werden eingesetzt (s. S. 438 f.)? Welche Wirkung erzielen sie?
4. Analyse der Dramaturgie	– Werden Musik oder andere Geräusche eingesetzt? Wie wirkt die Musik? Welche Funktion erfüllt die Musik (konterkarierend, unterstützend, Spannung erzeugend)? – Passen gesprochenes Wort und Bild zueinander? Passt die Musik dazu? – Gibt es einen Sprecher im Off? Oder ist der Kommentarsprecher sichtbar? – Ist die Stimme des Sprechers emotionalisierend oder sachlich? – Passen Bilder und Toninformationen zueinander? Oder sind Bilder nur „Füllmaterial"? – Erfüllen Schnitte und Blenden besondere Effekte (Kontrast, Schock, Überleitung)? – Werden Spannungselemente verwendet?
5. Analyse der Zielsetzung	– Gibt es zum Film eine von den Filmemachern formulierte Zielsetzung? – Wie werden gemessen an der Zielsetzung die Informationen präsentiert (sachlich/abwägend/objektiv; emotional/wertend/einseitig/subjektiv)? – Welche Themen des Films bieten den Zuschauern neue Informationen/Sichtweisen? – Geht der Film von erkenntnisleitenden Interessen aus (religiöse, moralische, politische Werte und Normen)? Sind diese explizit (d. h. ausdrücklich) oder implizit (d. h. nicht ausdrücklich, versteckt) formuliert? – Geht der Film in seinen Darstellungen und Bewertungen nur von heutigen Werten aus? Oder berücksichtigt der Film auch Werte der vergangenen Zeit, die er thematisiert?
6. Abschließender Kommentar	– Beurteilung gemessen am selbst gesteckten Ziel des Films? – Bewertung des persönlichen Gesamteindrucks (spannend/langweilig, informativ/manipulativ usw.)?

Methode

Verfassen einer Filmkritik

Es gibt im Internet **Bewertungsportale für Kino- und Fernsehfilme.** Zum Beispiel bietet das Portal „*Rotten Tomatoes*", dessen Miteigentümer u. a. die US-amerikanische Film- und Fernsehproduktionsgesellschaft *Warner Brothers Entertainment* ist, einen raschen Überblick darüber, wie Filmkritiker (*Tomatometer*) und Publikum (*Audience Score*) einen Film einschätzen. Wer einen Film gesehen hat, kann per Mausklick seine eigene Einschätzung nach einer vorgefertigten Skala zu einem Film hinzufügen. Eine Abstimmung per Mausklick nach wenigen, pauschalen Auswahlmöglichkeiten (z. B. „gefällt mir", „war langweilig") ist jedoch keine Filmkritik. Ungeachtet der Tatsache, dass Filmemacher und Schauspieler die Praxis solcher Bewertungsportale aus verschiedenen Gründen kritisieren, andere wiederum solche Kurzeinschätzungen positiv sehen: Eine solide Filmkritik können Bewertungsportale nicht ersetzen. Im Gegenteil, die vorgegebene aufklärerische Wirkung fällt oftmals hinter der Tatsache zurück, dass solche Portale den „Erfolg an der Kinokasse", also den finanziellen Erfolg, mit steuern.

▶ S. 443: Arbeitsschritte zum Verfassen einer Filmkritik

Das **Verfassen einer Filmkritik** – ob im Geschichtsunterricht, für Zeitungen oder Zeitschriften – erfordert ein Vorgehen in mehreren Schritten. Dafür ist es hilfreich, sich folgende vier Untersuchungsebenen (die sich teils überschneiden), bewusst zu machen:

– **Filmrealität (siehe Arbeitsschritte 2 und 5):** Der Filminhalt, die verwendeten filmsprachlichen Mittel (siehe S. 438 f.), die Darsteller, der Spannungsbogen, die Glaubwürdigkeit der Figuren und der Geschichte werden unter dem Begriff Filmrealität subsumiert.

– **Bezugsrealität (siehe Arbeitsschritt 3):** Unter Bezugsrealität versteht man die historische Epoche und die Problematik, die im Film angesprochen werden.

– **Bedingungsrealität (siehe Arbeitsschritt 4):** Jede Zeit und jede/-r Regisseur/-in bringt die Filme hervor, die ihr bzw. ihm gemäß sind. Ein Film, der 1974 unter den politischen Bedingungen der DDR den Roman von Jurek Becker „Jakob der Lügner" in Szene gesetzt hat, ist sicherlich ein anderer, als ein Film zum selben Roman aus den USA von 1999. Dies ist gemeint, wenn von Bedingungsrealität gesprochen wird.

– **Wirkungsrealität (siehe Arbeitsschritt 6):** Damit bezeichnet man alles, was mit der Rezeption des Films zu tun hat: Zuschauerzahlen, Laufzeit und Filmkritiken.

Am Ende einer Analyse, die diese vier Ebenen berücksichtigt, kann eine **persönliche Bewertung/Empfehlung** des Films erfolgen (siehe Arbeitsschritt 7).

„Jakob der Lügner", historischer Spielfilm, USA, 1999
Der Film unter der Regie von Peter Kassovitz ist eine weitere Verfilmung des gleichnamigen Romans von Jurek Becker. Eine erste Verfilmung entstand 1974 in der DDR (s. S. 436, M 1). Darsteller waren 1999 u. a. Robin Williams als Jakob und Hannah Taylor Gordon als das Mädchen Lina.
Zur Handlung:
Hauptprotagonist ist der Jude Jakob Heym, der in einem fiktiven Ghetto in Polen lebt. Er hört eines Tages zufällig für Juden verbotene Nachrichten in einem Radio mit, die von den militärischen Erfolgen der Sowjetunion gegen die Deutschen berichten. Als Hoffnungsschimmer für seine verzweifelten Freunde gibt er ihnen diese Nachricht weiter. Fortan verbreitet er weitere gute, aber erfundene Nachrichten weiter.

1 Verfassen Sie eine Filmkritik zu dem Film „Jakob der Lügner", USA, 1999.
Tipp: Nutzen Sie die Arbeitsschritte dieses Methodenteils und das Lexikon filmsprachlicher Mittel, S. 438 f. Recherchieren Sie selbstständig zum Film.
▶ Lösungshinweise finden Sie auf S. 502 f.

Arbeitsschritte zum Verfassen einer Filmkritik

1. Einstieg
- „Aufhänger": soll neugierig machen, einen Hinweis auf das geben, was in der Kritk folgt

2. Inhalt (Filmrealität)
- Filmtitel, Entstehungsjahr, Regisseur, Hauptdarsteller, Genre, Länge, Entstehungsland, Drehorte
- kurze Inhaltsangabe
- Wichtige Figuren und deren Ausgangssituation vorstellen: Lebensumstände, Charakter, ggf. Aussehen, sofern von Bedeutung. Warum verhält sich die Person so und nicht anders? Woher kommt die Figur?

3. Problematik (Bezugsrealität)
- Benennung des Problems/Themas, das der Film behandelt. Welche Figurenkonstellationen tauchen auf und sind für die Handlung bedeutsam?

4. Entstehung des Films (Bedingungsrealität)
- Hintergrundinformationen zu Regisseur, Produktionsfirma, -land und -zeitpunkt.
- Informationen zum ideologischen/politischen/gesellschaftlichen Hintergrund (z. B.: Welche Frauen-/Männer-/Familienbilder werden vermittelt? Welchen Personen werden für ihr Handeln welche politischen/gesellschaftlichen Motive zugeschrieben?)
- Vergleich mit anderen Filmen zum Thema
- Gibt es eine literarische Vorlage? Versucht der Film eine werkgetreue Verfilmung oder nur eine entfernte Anlehnung an das literarische Vorbild?

5. Filmische Mittel (Filmrealität)
- Zu den filmsprachlichen Mitteln: siehe S. 438 f.
- Untersuchung von Erzählstruktur und Rahmenhandlung (Wann und wo spielt der Film? Wie ist er aufgebaut? Gibt es wiederkehrende Motive? Blickt der Film aus der Gegenwart zurück?)
- Beschreibung von Spannungsaufbau und Spannungsbogen
- Untersuchung von Auffälligkeiten bei der Kameraführung (Fahrten, Perspektiven, Einstellungsgrößen), Schnitte und Montage
- Analyse der Farbgebung (Wirken Farben besonders leuchtend oder entsättigt? Welche Intention steckt hinter der Farbgebung?)
- Untersuchung von Kleidung, Ausstattung, Schauplätzen
- Analyse der Filmmusik (unterstützend, dramatisierend, Spannung erzeugend, kontrastierend)
- Bewertung der Glaubwürdigkeit der Figurendarstellung (schauspielerische Leistung und Entwicklung der Figuren innerhalb der erzählten Geschichte)
- Beurteilung der Authentizität (Sind Geschichte und Figuren glaubwürdig?)

6. Rezeption des Films (Wirkungsrealität)
- Angaben zu Laufzeit und Besucherzahlen, nationalem und internationalem Erfolg
- Verweis auf Kritiken von der Erstausstrahlung des Films, Zuschauerzahlen
- Verweis auf aktuelle Kritiken
- Einschätzung des Unterhaltungswertes
- Einschätzung der Verständlichkeit oder notwendiger Voraussetzungen
- Sind ggf. Altersempfehlungen gerechtfertigt?

7. Persönliche Bewertung
- Allgemeine persönliche Bewertung/Empfehlung

Methode

Ein Erklärvideo mithilfe eines Storyboards erstellen

▶ S. 445: Arbeitsschritte zur Erstellung eines Erklärvideos

Erklärvideos sind eine Möglichkeit, uns selbst oder anderen bestimmte Inhalte zu veranschaulichen. Erklärvideos sprechen mehrere Sinne an: Man hört, was der Kommentator sagt, und sieht dazu passende Bilder. Weil aber Erklärvideos bereits fertige Bilder im Kopf liefern, ist der Lerneffekt, wenn man sich ein Video nur ansieht, nicht immer nachhaltig. Wer indes zwischendurch den Pause-Knopf drückt, kann Inhalte mitschreiben oder abzeichnen und so aktiv das Gesehene und Gehörte verarbeiten.
Inhalt eines Erklärvideos können auch die Themen des Geschichtsabiturs sein. Entweder kann ein **Teilinhalt eines Halbjahresthemas** behandelt werden, z. B. „Perspektiven der Konfliktparteien in der Amerikanischen Revolution" (siehe S. 40–61). Ein Erklärvideo kann auch **alle Inhalte eines Halbjahresthemas** umfassen, z. B. „Die Völkerwanderung" (siehe S. 136–267). Auch die theoriegeleiteten **Kernmodule eines Halbjahresthemas** eignen sich für ein Erklärvideo, z. B. „Die Frage nach der deutschen Identität" am Beispiel des deutsch-polnischen Verhältnisses (siehe S. 372–381).
Ein Erklärvideo erfordert einige Vorarbeit. Grundlage für die Erstellung eines Erklärvideos ist die Anfertigung eines **Voice-Over-Scripts,** das auch ein **Storyboard** enthält. Ein Storyboard besteht aus einer Abfolge von Skizzen, die die Ideen der einzelnen Szenen und des Gesamtfilms übersichtlich festhalten. Beim Erklärvideo kann das Storyboard darstellen, was in den fertigen Bildern zu sehen sein soll, d. h. es kann
– die Themen der einzelnen Erklärsequenzen festhalten,
– darstellen, welche Sprecher es geben soll,
– zu verwendende Requisiten festhalten,
– bei der Verwendung von Begriffen, Texten und Bildelementen zeichnerisch darstellen, wo z. B. ein Pfeil auf ein Bild-/Textelement gezogen ist oder welcher Effekt eingebaut werden soll.
Ein fertiges Erklärvideo sollte folgende **Mindeststandards** erfüllen:
– ruckelfreie Bilder,
– eine klar verständliche Tonspur ohne störende Geräusche,
– die Inhalte in einfachen Bildern und einer klaren Sprache darstellen und auf Exkurse zu anderen Themen verzichten,
– Bild und Ton müssen zueinander passen, im Idealfall veranschaulicht das Bild das gesprochene Wort.

1 Erstellen Sie in Ihrem Kurs ein Erklärvideo zu einem Inhalt oder Kernmodul dieses Bandes und verfassen Sie dafür ein Storyboard.
Tipp: Nutzen Sie die Arbeitsschritte dieser Methodenseite. Teilen Sie sich die Arbeit in Gruppen zu zwei/drei Personen auf. Verschaffen Sie sich zunächst einen Überblick über Erklärvideos und darüber, welche Fehler man vermeiden sollte und was empfehlenswert ist.

Arbeitsschritte zur Erstellung eines Erklärvideos

1. Zum Thema Erklärvideos recherchieren	– Schauen Sie sich zunächst Erklärvideos im Internet an. Beurteilen Sie sie gemeinsam, um eigene Vorstellungen über das angedachte Video zu entwickeln.
2. Urheberrechte beachten	– Bei der Verwendung von Fremdbildern und Fremdtexten aus Printprodukten oder dem Internet ist auf die Urheberrechte zu achten.
3. Erklärvideo-Technik auswählen	– Für ein Erklärvideo bieten sich mehrere Techniken an: **1. Lege-Wisch-Technik:** Die einzelnen Bildelemente werden gezeichnet/ausgedruckt und ausgeschnitten. Im fertigen Film legt die Hand des Kommentators für die Zuschauenden sichtbar die einzelnen Bilder aus, wischt sie anschließend beiseite und ersetzt sie durch neue Bilder. **2. White-Board-Video:** Die einzelnen Bildelemente werden auf das Whiteboard gemalt und anschließend weggewischt. Die Zuschauenden sehen sowohl den Zeichenprozess als auch das Abwischen. **3. Zeichenvideo:** Hierfür benötigt man Zeichenprogramme auf dem Tablet (recherchieren Sie ein geeignetes Zeichenprogramm). Die Zuschauenden sehen, wie die Zeichnungen entstehen und verschwinden. **4. Stop-Motion-Video:** mit Knetmännchen (sehr aufwendige Technik).
4. *Voice-Over*-Script erstellen	– Für das Erklärvideo wird ein *Voice-Over*-Script erstellt, z. B. als dreispaltige Tabelle: – In die **linke Spalte** kommt der Text, den der Kommentator sprechen soll. Dabei ist es sinnvoll, den Text in Sinnabschnitte zu gliedern. Jeder Sinnabschnitt erhält eine neue Zeile. Beim Sprechertext ist darauf zu achten, dass das Thema kurz und einfach, aber zusammenhängend und nachvollziehbar erklärt wird. Der gesprochene Text sollte in jedem Fall zu dem gezeigten Bild passen. – In die **mittlere Spalte** kommen erste Ideen für die bildliche Umsetzung. Hierbei ist es notwendig, ggf. weitere Zeilen einzufügen, wenn der Text mehr Material liefert, als ausgewählte Bilder vorhanden sind. – Die **dritte Spalte** bleibt zunächst frei, sie wird für das Storyboard (5.) genutzt. – Je nach Komplexität des Inhalts sollte der Film ca. 5–10 Minuten lang sein.
5. Storyboard erstellen	– Es ist sinnvoll, weil zeitsparend, das Storyboard von Hand zu zeichnen (sofern man nicht über gute Vorerfahrungen mit digitalen Zeichenprogrammen verfügt). – Die dritte Spalte des *Voice-Over*-Scripts wird mit Zeichnungen gefüllt, die darstellen, was im fertigen Film zu sehen sein soll.
6. Film drehen	– Filme sollte man zu zweit drehen (1. Person: Kamera; 2. Person: Bildabfolge). – Die Tonspur kann parallel aufgenommen werden. Da man sich aber oft verspricht oder ungewollte Geräusche auftauchen, ist eine nachträgliche Tonaufnahme sinnvoller. – Ein Handy genügt für die Erstellung von Erklärvideos (für die Dauer der Aufnahmen kann das Handy an einen Stuhl gelehnt oder an der Tischplatte befestigt werden).
7. Film nachbearbeiten	– Die Bilder müssen am Computer (recherchieren Sie ein geeignetes Filmprogramm) in die richtige Reihenfolge gebracht werden. – Anschließend kann die Tonspur aufgenommen und ggf. geschnitten werden. – Bilder werden durch Zeitlupenfunktion oder durch Beschneiden in die richtige, zur Tonspur passende Länge gebracht.
8. Film hochladen	– Wenn der Film fertiggestellt ist, kann er auf einer Plattform hochgeladen werden.

Anwenden

M 1 Aus einer Filmkritik der Zeitung „Die Welt" über die amerikanische Verfilmung von „Jakob der Lügner" von 1999

Als „*Jakob the liar*" am 24. September in die US-Kinos kam, überprüften die Rezensionen vor allem den Verdacht, Robin Williams könnte als Produzent und Titelheld den Holocaust zur Märchenonkelei heruntersspielen. Nicht so, befand erleichtert die „*Washington Post*", Williams gebe den Jakob bemerkenswert zurückhaltend. [...] Weniger freundlich urteilte die „*New York Times*", die sich an den heftige Gefühle grimassierenden Nahaufnahmen des „weinenden 10 Clowns" störte. [...] Jedes Lachen oder Erschrecken nehme der Film vorweg. [...] Den entscheidenden Vorwurf brachte keine Kritik vor. „*Jakob the liar*" verfehlt das Thema seiner Vorlage „Jakob der Lügner". Und zwar auf eine so läppische, verlogene Weise, dass 15 es auf eine Fälschung hinausläuft, Jurek Beckers Namen im Abspann zu nennen. Als Becker 1997 starb – die Verhandlungen mit *Columbia Pictures* waren noch nicht abgeschlossen –, müssen auch die letzten Bedenken von Kassovitz und Ko-Drehbuchautor Di- 20 dier Decoin erloschen sein. Sie beschlossen, Jakob und seinen Kreis zu Widerstandshelden zu machen und sämtliche deutschen Figuren zu feigen, hurenden, mordenden Folterern. Nicht, dass es nicht den tapfersten Widerstand der Juden im Warschauer 25 Ghetto gegeben hätte und die entsetzlichste Barbarei ihrer Peiniger. Jurek Becker aber hat nichts davon gemeint und nichts davon geschrieben.
Melancholie und heiterer Sarkasmus durchströmt die Geschichte von dem in der Not erfundenen Radio 30 Jakob Heyms, der unter Todesdrohung das Ghetto mit den Meldungen von seiner bevorstehenden Befreiung durch die Rote Armee aufrichtet. Becker geht es um die Hoffnung spendende, paradoxe Gnade der Lüge, der gerade Menschen ohne Hoffnung bedürfen.
35 Williams, Kassovitz und der Verleih *Columbia* aber haben das Verdikt nachgeäfft, das die Zensoren der DDR über die erste Drehbuchfassung Beckers – bevor der Roman ein Bestseller wurde – verhängten: ohne Helden keine Verwendung im Sozialismus. Erst 40 recht kein Bedarf, scheint es, im rührseligen Entertainment-Kapitalismus. Nun ließe sich einwenden, dass naturgemäß alle Literaturverfilmungen ihren Vorlagen mehr oder minder Gewalt antun, und nicht immer zu deren Schaden. Seltener schon ist der be- 45 dauerliche Doppelmordfall, wo eine geglückte Verfilmung eines hinreißenden Romans in einem Remake zu Schanden kommt. Denn es gibt ja den DEFA-Film „Jakob der Lügner", 1974 in der Regie Frank Beyers nach dem Drehbuch Beckers entstanden und als erste (und einzige) DDR-Produktion für einen Oscar in 50 der Kategorie „Bester ausländischer Film" nominiert. [...] Doch keine Rezension von „*Jakob the liar*" erwähnte ihn [...]. Und mit keinem Wort gab *Columbia* in seinen Werbetrailern oder im Abspann Beyers überlegenem Film die Ehre. [...] 55
In Beyers Film und Beckers Roman stolpert Jakob eines Abends, von einem Posten wegen Überschreitung der 20-Uhr-Sperrstunde kommandiert, in das gefürchtete Revier des Ghettos und hört durch einen Zufall in einem Volksempfänger: „In einer erbitter- 60 ten Abwehrschlacht gelang es unseren heldenhaft kämpfenden Truppen, den bolschewistischen Angriff 20 Kilometer vor Bezanika zum Stehen zu bringen..." Zwar liegt Bezanika 400 Kilometer entfernt, aber Jakob hat seine Eingebung. Bald schwirrt das 65 Ghetto vor Gerüchten; und als dem ängstlichen Jakob kein Leugnen hilft – man versteht augenzwinkernd das Gegenteil –, beschließt er, dass „ein Lügner mit Gewissensbissen sein Leben lang ein Stümper bleibt" und zieht mit immer neuen Siegesmeldungen 70 der Sowjets vom Leder. In Beyers Film weiß man jeden Moment vom Grauen, das den Alltag regiert. Mord, Selbstmord, Hunger, Todesangst und Todesverachtung von Liebenden zeichnen Gesichter, Körpersprache, Galgenhumor. [...] Während aber Jurek 75 Becker den deutschen Wachhabenden, der Jakob aus dem Revier laufen lässt, beschreibt als einen „von der gemütlichen Sorte, mit dem man Lust hätte zu plaudern", erlebt Robin Williams' Jakob im Revier Folteropfer und brutalen Kommandoton. [...] 80

„Die Welt" vom 28. 10. 1999; zit. nach: https://www.welt.de/print-welt/article588326/Jakob-the-liar-ein-Doppelmordfall.html (Download vom 5. April 2019).

1 Fassen Sie die Filmkritik in M 1 zu dem historischen Spielfilm „Jakob der Lügner" zusammen.

2 Erläutern Sie, warum der Filmkritiker dem Film Fälschung vorwirft (Z. 14 ff.). Nehmen Sie dazu Stellung.

3 Erörtern Sie anhand filmischer Beispiele die Frage, was für bzw. gegen eine humoristische Darstellung des Nationalsozialismus spricht (z. B.: „Das Leben ist schön", eine Tragikkomödie von Roberto Benigni über einen jüdischen Italiener am Ende des Zweiten Weltkriegs; „Der große Diktator" von Charlie Chaplin (vgl. M 1, S. 424); „Er ist wieder da", eine beißende Satire von David Wendt über Adolf Hitler).

Wiederholen

M2 Szenenfoto aus dem Stummfilm „*Birth of a Nation*" von David Wark Griffith, USA, 1915.
Der weiße Schauspieler Walter Long tritt im Film mit schwarz angemaltem Gesicht als ehemaliger Sklave Gus auf.

Zentrale Begriffe
Authentizität
Dekonstruktion
Erinnerungskultur
Fiktion
Geschichtskultur
Historische Dokumentation
Historische Doku-Soap
Historischer Spielfilm
Historisches Dokudrama
Rekonstruktion
Stummfilm
Tonfilm

1 a) Analysieren Sie das Filmbild M 2.
   Tipp: Berücksichtigen Sie Bildaufbau, Perspektive, Personen, Kostüme usw.
   b) Verfassen Sie auf der Basis eigener Recherchen eine Filmkritik zu dem Film „*Birth of a Nation*" (M 2).
2 **Wahlaufgabe:** Bearbeiten Sie Aufgabe a) oder b).
   a) Benennen Sie jeweils drei Beispiele für historische Dokumentationen und historische Doku-Soaps.
   b) Benennen Sie jeweils drei Beispiele für historische Spielfilme und historische Dokudramen.
3 **Partnerarbeit:** Tauschen Sie gegenseitig Ihre Ergebnisse aus Aufgabe 2 aus und erläutern Sie sich gegenseitig die Gründe für Ihre Auswahl und Zuordnungen.
4 **Zeitungsartikel:** Verfassen Sie einen bebilderten Zeitungsartikel zur historischen Entwicklung des Mediums Film.
5 Setzen Sie sich – ausgehend von einem Beispiel dieses Kapitels – mit der besonderen Bedeutung historischer Spielfilme und/oder historischer Dokumentationen zur NS-Zeit für die Erinnerungskultur in Deutschland auseinander.
6 **Vertiefung:** Untersuchen Sie anhand eigener Recherchen einen historischen Spielfilme zur antiken römischen Geschichte. Arbeiten Sie heraus, inwieweit sich in dem Filmen die jeweiligen politischen Hintergründe der Zeit spiegeln, in denen er gedreht wurden (z. B. ein Film zum antiken Rom aus der Zeit des Kalten Krieges 1949–1989).
7 Gehen Sie auf Ihre Fragen von der Einstiegsseite, S. 425, ein und halten Sie Ihre Antworten in Stichpunkten fest.

Abiturvorbereitung

Hinweise zu den Operatoren

Operatoren sind Verben in Aufgabenstellungen, die Ihnen signalisieren, welche Tätigkeiten beim Lösen dieser Aufgaben von Ihnen erwartet werden. Schwerpunktmäßig sind sie einem der drei Anforderungsbereiche (AFB I, II oder III) zugeordnet.
Die folgenden Hinweise sollen Ihnen helfen, die Operatoren in Arbeitsaufträgen zu verstehen und sinnvoll zu bearbeiten.
Beachten Sie bitte: Operatoren werden durch die Formulierung bzw. Gestaltung der jeweiligen Aufgabenstellung und durch den Bezug zu den begleitenden Textmaterialien, Abbildungen und Problemstellungen präzisiert. **Lesen Sie sich also immer die Aufgabenstellung genau durch.**

Operator	Definition	Beispielaufgabe	Tipps und Formulierungshilfen
Anforderungsbereich (AFB) I			
beschreiben	strukturiert und fachsprachlich angemessen Materialien vorstellen und/oder Sachverhalte darlegen	Beschreiben Sie die wesentlichen Bildelemente des Holzstichs „Germanenzug" von Johannes Gehrts (M 3).	**Tipp:** Die Beschreibung eines Materials erfordert eine präzise und fachsprachlich angemessene Wortwahl. Außerdem sollten Sie sich eine sinnvolle Reihenfolge für die Präsentation der einzelnen (Bild-)Elemente überlegen. **Formulierungshilfen:** – Das Gemälde/der Holzstich … thematisiert … – Bei dem vorliegenden Material handelt es sich um … – Die Statistik befasst sich mit … – Hierbei zeigt die x-Achse …, die y-Achse stellt … dar. – Hier fällt auf, … – Es wird deutlich, dass…
gliedern	einen Raum, eine Zeit oder einen Sachverhalt nach selbst gewählten oder vorgegebenen Kriterien systematisierend ordnen	Gliedern Sie die verschiedenen Zeitebenen, die Braudel vorschlägt, mithilfe einer grafischen Darstellung.	– Der Autor schlägt drei Ebenen/Kategorien/Rubriken … vor. Die erste/zweite/dritte ist gekennzeichnet/charakterisiert durch … – Der Text lässt sich gliedern in … Abschnitte. – Die Abschnitte beschäftigen sich mit folgenden Themen: …
wiedergeben	Kenntnisse (Sachverhalte, Fachbegriffe, Daten, Fakten, Modelle) und/oder (Teil-)Aussagen mit eigenen Worten sprachlich distanziert, unkommentiert und strukturiert darstellen	Geben Sie den Inhalt der „Farewell Address" von George Washington mit eigenen Worten wieder.	– In dem Text geht es um … – Der Autor/die Autorin formuliert in seinem/ihrem Text … – Der Autor/die Autorin behauptet/verdeutlicht/kritisiert/erläutert/beschreibt/fasst zusammen/stellt klar … – Daraus entwickelt sich … – Die Folgen sind …

448

Operator	Definition	Beispielaufgabe	Tipps und Formulierungshilfen
zusammen-fassen	Sachverhalte auf wesentliche Aspekte reduzieren und sprachlich distanziert, unkommentiert und strukturiert wiedergeben	Fassen Sie Avitus' Aussage und Intention zusammen.	– Siehe „wiedergeben".
Anforderungsbereich (AFB) II			
analysieren	Materialien, Sachverhalte oder Räume beschreiben, kriterienorientiert oder aspektgeleitet erschließen und strukturiert darstellen	Analysieren Sie die Erzählung über den Krug von Soissons (M 12 a) in Hinblick auf die Aussageabsicht Gregors.	**Tipp:** Lesen Sie die Aufgabenstellung genau durch und werten Sie einen Sachverhalt oder das Material anhand der aufgeworfenen Frage/Problemstellung aus. Nutzen Sie die Methodenseiten S. 168 f. und S. 230 f.
charakterisieren	Sachverhalte in ihren Eigenarten beschreiben, typische Merkmale kennzeichnen und diese dann gegebenenfalls unter einem oder mehreren bestimmten Gesichtspunkten zusammenführen	Charakterisieren Sie das Zusammenleben von Franken und Galloromanen in Chlodwigs Reich.	– Es lässt sich beobachten, dass … – Ein typisches Kennzeichen für … – Allgemeine Merkmale waren …
einordnen	begründet eine Position/Material zuordnen oder einen Sachverhalt begründet in einen Zusammenhang stellen	Ordnen Sie das auf der Gravur gezeigte Ereignis in seinen historischen Kontext ein.	**Tipp:** Ordnen Sie Aussagen des Materials Ihnen bekannten Positionen bzw. Theorien zu. Stellen Sie bei Ihrer Einordnung Textbezüge her. – Die Gravur zeigt die Plünderung Roms als … – Die Aussage in Zeile xx zeigt, dass … – Seine politische Einstellung änderte sich, weil …
erklären	Sachverhalte so darstellen – ggf. mit Theorien und Modellen –, dass Bedingungen, Ursachen, Gesetzmäßigkeiten und/oder Funktionszusammenhänge verständlich werden	Erklären Sie, welche Rolle und welche Bedeutung die Christen laut Augustinus bei der Plünderung Roms hatten.	– Besonders diese Ereignisse führten zu … – Deshalb spricht man von … – In diesem Zusammenhang lässt sich feststellen, dass …
erläutern	Sachverhalte erklären und in ihren komplexen Beziehungen an Beispielen und/oder Theorien verdeutlichen (auf Grundlage von Kenntnissen bzw. Materialanalyse)	Erläutern Sie Gearys Aussage: „Mit dem Verschwinden der Barbaren aus dem Imperium verschwanden auch die Römer selbst" (Z. 31 f.).	**Tipp:** Die Vorgehensweise ist wie beim Operator „erklären", allerdings sollten Sie Ihre Erläuterung mit Beispielen verdeutlichen. – An dieser Stelle (Z. xx) wird deutlich, dass … – Wie der letzte Satz zeigt …

Operator	Definition	Beispielaufgabe	Tipps und Formulierungshilfen
gegenüberstellen	Sachverhalte, Aussagen oder Materialien kontrastierend darstellen und gewichten	Stellen Sie die Ansätze von Bade und Oswald hinsichtlich der Aspekte Anlässe, Motive, Formen sowie kollektive wie individuelle Folgen gegenüber.	**Tipp:** Achten Sie wie beim Vergleich darauf, nicht nur Gemeinsamkeiten, sondern auch Unterschiede der zu vergleichenden Sachverhalte darzulegen. Berücksichtigen Sie dabei den Ihnen bekannten historischen Kontext. Am Ende Ihrer Bearbeitung wird von Ihnen eine Gewichtung der Gemeinsamkeiten und Unterschiede erwartet. – Beide Texte/Bilder handeln von/stammen aus … – Beide Materialien thematisieren … – Während der Autor von Material A jedoch … betont, legt der Autor von Material B den Schwerpunkt auf … – Schlüssig und nachvollziehbar ist die Argumentation von … – Autor B vernachlässigt dagegen folgende Punkte …
herausarbeiten	Materialien auf bestimmte, explizit nicht unbedingt genannte Sachverhalte hin untersuchen und Zusammenhänge zwischen den Sachverhalten herstellen	Arbeiten Sie aus M 6 und M 7 die zentralen Merkmale der Beschreibung und Erklärung von Migration heraus.	**Tipp:** Erarbeiten Sie sich zunächst die wesentlichen Aussagen des Materials. Achten Sie dabei auf Zusammenhänge, auch auf solche, die nicht explizit im Text benannt werden. – Zu den wichtigsten Ergebnissen gehörte … – Die Hauptaussage des Autors lässt sich so wiedergeben: …
in Beziehung setzen	Zusammenhänge zwischen Materialien, Sachverhalten aspektgeleitet und kriterienorientiert herstellen und erläutern	Setzen Sie die Kernaussagen von M 13 in Beziehung zu den Ausführungen in M 14.	– Im Vergleich der beiden Texte zeigt sich … – Während Autor A stärker … thematisiert, legt Autor B den Schwerpunk auf … – Beiden gemeinsam ist … – Sie unterscheiden sich in der Bewertung von …
nachweisen	Materialien auf Bekanntes hin untersuchen und belegen	Weisen Sie nach, inwiefern in der im Gräberfeld abgebildeten Kultur christliche und vorchristliche Elemente eine Rolle spielten.	– Die Aussage von … lässt sich bei … wiederfinden/belegen/wird widerlegt. – Ein Beleg für … ist … – Dieser Fund stützt die These von … – Es lässt sich zeigen, dass …
vergleichen	Gemeinsamkeiten, Ähnlichkeiten und Unterschiede von Sachverhalten kriterienorientiert darlegen	Vergleichen Sie die Beurteilung Heathers mit derjenigen von Pohl.	**Tipp:** Achten Sie immer darauf, nicht nur Gemeinsamkeiten, sondern auch Unterschiede der zu vergleichenden Sachverhalte darzulegen. – Im Vergleich mit … – Die Entwicklung verlief ähnlich wie/anders als in …

Hinweise zu den Operatoren

Operator	Definition	Beispielaufgabe	Tipps und Formulierungshilfen
Anforderungsbereich (AFB) III			
beurteilen	den Stellenwert von Sachverhalten oder Prozessen in einem Zusammenhang bestimmen, um kriterienorientiert zu einem begründeten Sachurteil zu gelangen	Beurteilen Sie die von Demandt vorgetragene Deutung vom Untergang des Römischen Reichs im Zusammenhang mit den Prozessen der Zeit der „Völkerwanderung".	**Tipp:** Beachten Sie bei Ihrer Urteilsbildung auch die Ergebnisse der zuvor bearbeiteten Aufgabenstellungen. Vergessen Sie nicht, die Ihrem Sachurteil zugrunde gelegten Kriterien zu verdeutlichen. – Die eigentliche Absicht des Redners war es, … – Diese Sichtweise/Konstellation/Handlung führte dazu, dass … – Diese Entscheidung hatte negative Folgen: …
entwickeln	zu einem Sachverhalt oder zu einer Problemstellung eine Einschätzung, ein Lösungsmodell, eine Gegenposition oder ein begründetes Lösungskonzept darlegen	Entwickeln Sie eine begründete Empfehlung für den Besuch eines der beiden vorgestellten Museen.	– Nach Abwägung der Positionen/Analyse der Argumentationen plädiere ich dafür, dass … – Meiner Meinung nach …
erörtern	zu einer vorgegebenen Problemstellung eine reflektierte, abwägende Auseinandersetzung führen und zu einem begründeten Sach- und/oder Werturteil kommen	Erörtern Sie kritisch, welche Erkenntnisse über das Steuerwesen zur Zeit der Merowinger anhand von Z. 1–18 dieser Quelle gewonnen werden können.	**Tipp:** Wägen Sie das Für und Wider hinsichtlich der Frage/Aufgabenstellung ab und fällen Sie dann ein begründetes Sachurteil oder zusätzlich, wenn sich das vom Thema her anbietet, ein Werturteil. – Dafür/Dagegen spricht … – Insgesamt gesehen … – Die Behauptung/These/Argumentation passt (nicht) zu den Informationen aus dem Darstellungstext/den Aussagen des Historikers XY …
sich auseinandersetzen	zu einem Sachverhalt, einem Konzept, einer Problemstellung oder einer These usw. eine Argumentation entwickeln, die zu einem begründeten Sach- und/oder Werturteil führt	Setzen Sie sich mit der Frage auseinander, ob Chlodwig 486 dem Römischen Reich den „Todesstoß" versetzte oder ob er die Reichsidee zumindest in seinem Reich vor dem endgültigen Verfall rettete.	**Tipp:** Beziehen Sie ggf. (laut Aufgabenstellung) Materialien in Ihre Argumentation ein. An deren Ende kann ein Sach- oder ein Werturteil stehen. – Siehe „erörtern".
Stellung nehmen	Beurteilung mit zusätzlicher Reflexion individueller, sachbezogener und/oder politischer Wertmaßstäbe, die Pluralität gewährleisten und zu einem begründeten eigenen Werturteil führt	Nehmen Sie vor dem Hintergrund der Theorien von Kulturkonflikt und Kulturkontakt Stellung zu den von Ammianus geschilderten Vorgängen.	**Tipp:** Siehe „beurteilen". Zusätzlich haben Sie ein Werturteil zur Problemfrage zu fällen, dessen Maßstäbe bzw. Kriterien Sie nachvollziehbar verdeutlichen müssen. – Aus meiner Sicht …/meiner Meinung nach … – Nach den Maßstäben der freiheitlich-demokratischen Grundordnung … – Mich überzeugt (nicht), … – Andere sind möglicherweise der Ansicht, dass …

Operator	Definition	Beispielaufgabe	Tipps und Formulierungshilfen
überprüfen	Inhalte, Sachverhalte, Vermutungen oder Hypothesen auf der Grundlage eigener Kenntnisse oder mithilfe zusätzlicher Materialien auf ihre sachliche Richtigkeit bzw. auf ihre innere Logik hin untersuchen	Überprüfen Sie, inwiefern in der transkribierten Filmszene Elemente der nationalsozialistischen Ideologie mithilfe der „Völkerwanderung" transportiert werden.	– Die Behauptung/These/Argumentation passt (nicht) zu den Informationen aus dem Darstellungstext/den Aussagen des Historikers XY …
Operator, der Leistungen in allen drei Anforderungsbereichen verlangt			
interpretieren	Sinnzusammenhänge aus Quellen erschließen und ein begründetes Sachurteil oder eine Stellungnahme abgeben, die auf einer Analyse beruhen	Interpretieren Sie die Karte, indem Sie die fünf oben dargestellten Arbeitsschritte durchführen und auf dieser Grundlage einen zusammenhängenden Text formulieren.	Nutzen Sie die Methodenseiten S. 168 f. und S. 212 f.

Formulierungshilfen für die Bearbeitung von Quellen und Darstellungen

Arbeitsschritte	Strukturierungsfunktion	Formulierungsmöglichkeiten	Beispiel
Analyse formale Aspekte	Einleitung	– Der Verfasser thematisiert/behandelt/greift (auf)… – Er beschäftigt sich/setzt sich auseinander mit der Frage/mit dem Thema… – Die Autorin legt dar/führt aus/äußert sich zu… – Das zentrale Problem/Die zentrale Frage des Textes/Briefes/der Rede ist…	Der SPD-Politiker Philipp Scheidemann thematisiert in seiner Rede vor der Weimarer Nationalversammlung am 12. Mai 1919 den Versailler Vertrag.
inhaltliche Aspekte	Wiedergabe der Position/Kernaussage	– Die Autorin vertritt die These/Position/Meinung/Auffassung… – Er behauptet…	Der Historiker Detlev Peukert vertritt die These, der Untergang der Weimarer Republik sei auf „vier zerstörerische Prozesse" zurückzuführen (Z. xx).
	Wiedergabe der Begründung/Argumentation/wesentlichen Aussagen	– Sie belegt ihre These… – Als Begründung/Beleg seiner These/Behauptung führt der Autor an… – Der Reichskanzler legt dar/führt aus… – Die Historikerin argumentiert/kritisiert/bemängelt… – Der Verfasser weist darauf hin/betont/unterstreicht/hebt hervor/berücksichtigt… – Weiterhin/Außerdem/Darüber hinaus/Zudem argumentiert er…	Kennan betont, dass die Amerikaner in Deutschland Konkurrenten der Russen seien und daher in „wirklich wichtigen Dingen" keine Zugeständnisse machen dürften (Z. xx).
	Abschließende Ausführungen	– Am Ende unterstreicht/betont der Autor noch einmal… – Der Autor schließt seine Ausführungen mit… – Sie kommt am Ende ihrer Argumentation zu dem Schluss, dass… – Zum Abschluss seiner Rede… – Abschließend/Zusammenfassend führt die Abgeordnete aus…	Am Ende seines Briefes betont Bismarck noch einmal die Notwendigkeit eines Bündnisses mit Österreich (Z. xx).
Vergleich von Texten	Übereinstimmung	– Der Historiker ist derselben Meinung/Auffassung/Position… – Sie teilt dieselbe Meinung/Auffassung/Position… – Die Autoren stimmen darin überein…	Brandt und Grass stimmen darin überein, dass die Bildung einer Großen Koalition mit Risiken verbunden sei (vgl. M 1, Z. xx; M 2, Z. xx).
	Gegensatz	– Im Gegensatz zu… – Die Positionen widersprechen sich/weichen voneinander ab/sind unvereinbar/konträr…	Die Positionen der beiden anonymen Verfasser sind hinsichtlich ihrer Haltung zum Terror der Jakobiner unvereinbar.

Formulierungshilfen für die Bearbeitung von Quellen und Darstellungen

Arbeitsschritte	Strukturierungsfunktion	Formulierungsmöglichkeiten	Beispiel
Historischer Kontext		– Die Quelle(n) lassen sich/sind in … ein(zu)ordnen. – Die Texte sind im Zusammenhang mit … zu sehen. – Die Rede stammt aus der Zeit des/der …	Veröffentlicht wurden beide Zeitungsartikel in der Zeit der Jakobinerherrschaft, die von 1793 bis 1794 andauerte und auch als „Schreckens- und Gewaltherrschaft" bezeichnet wird.
Urteil Sachurteil	Intention des Autors	– Der Autor beabsichtigt/intendiert/will/ strebt an/fordert/plädiert für … – Die Politikerin verfolgt die Absicht/das Ziel … – Der Außenminister appelliert/ruft auf …	Der Ministerpräsident will mit seiner Rede die Abgeordneten von der Notwendigkeit wirtschaftlicher Reformen überzeugen.
	Beurteilung des Textes	– Die Argumentation ist (nicht) nachvollziehbar/überzeugend/stichhaltig/schlüssig … – Der Verfasser argumentiert einseitig/ widersprüchlich … – In seiner Darstellung beschränkt sich der Historiker nur auf …	Der britische Historiker Peter Heather begründet seine These in drei stichhaltigen Argumentationssträngen.
Werturteil	Bewertung des Textes	– Aus heutiger Sicht/Perspektive kann gesagt werden/lässt sich sagen … – Der Position/Meinung/Auffassung/ Ansicht des Autors stimme ich (nicht) zu … – Ich stimme der Position/… des Autors (nicht) zu … – Die Position/… der Verfasserin teile ich (nicht) … – Ich teile die Position/… des Historikers (nicht) … – Meiner Meinung/Auffassung/Ansicht zufolge/nach …	– Ich stimme der Kritik von Francisco de Vitoria am Vorgehen der Spanier in der Neuen Welt zu, weil … – Die Position des anonymen Verfassers des ersten Zeitungsartikels (M 1) teile ich nicht, da heute in unserer freiheitlichen Grundordnung Terror zur Durchsetzung politischer Ziele abgelehnt wird.

Tipps zur Vorbereitung auf die Abiturthemen

Übung 1: Inhalte der Lehrplanthemen wiederholen
Das Thema „Völkerwanderung" wird im vorliegenden Schulbuch in sechs Teilthemen gegliedert. Jedes Teilthema ist in Form eines Kapitels aufbereitet.
1. Ein kurzer Darstellungstext führt zu Beginn jedes Kapitels in das Teilthema ein. Daran schließt sich ein umfangreicher Materialienteil mit entsprechenden Aufgaben an. Lesen Sie die Darstellungstexte wiederholend und fertigen Sie eine Zusammenfassung an. Die Zwischenüberschriften und Fettdrucke können Ihnen hierbei Hilfestellung geben.
2. Suchen Sie sich aus jedem Kapitel drei bis vier Materialien aus und bearbeiten Sie die dazugehörigen Aufgaben.
3. Halten Sie Ihre Ergebnisse auf Karteikarten fest (s. unten).

Übung 2: Wichtige Daten merken und anwenden
Auf den Auftaktseiten der Kapitel finden Sie jeweils einen Zeitstrahl. Auf drei Arten können Sie damit für das Abitur üben:
1. Geben Sie jeden Eintrag des Zeitstrahls mit eigenen Worten wieder.
2. Schreiben Sie auf die Vorderseite einer Karteikarte ein Ereignis, auf die Rückseite das Datum (s. unten).
3. Vertiefen Sie Ihre Kenntnisse über zentrale Daten, indem Sie noch einmal die dazugehörigen Darstellungen und Materialien aus dem Kapitel durcharbeiten. Schreiben Sie auf Ihre Karteikarten,
    a) welche Ursachen zu einem Ereignis geführt haben,
    b) wie es abgelaufen ist,
    c) welche Folgen es gehabt hat.

Übung 3: Zentrale Begriffe verstehen und erklären
Zentrale Begriffe sind u. a. auf der Seite „Anwenden und wiederholen" aufgeführt. Erläuterungen dazu finden Sie im entsprechenden Kapitel und im Begriffslexikon auf S. 526–537.
1. Lesen Sie zu jedem Begriff die Erläuterung.
2. Klären Sie Fremdwörter.
3. Erläutern Sie den Inhalt jedes Begriffs anhand von historischen Beispielen. Halten Sie Ihre Ergebnisse auf Karteikarten fest (s. unten).

Ergebnisse sichern – Arbeitskartei anlegen
1. Halten Sie die Ergebnisse der Übungen 1 bis 3 auf Karteikarten fest: Notieren Sie auf der Vorderseite eine Frage, einen Begriff oder ein Datum, schreiben Sie auf die Rückseite Ihre Erläuterungen.
2. Wiederholen Sie mithilfe Ihrer Arbeitskartei die Inhalte, Daten und Begriffe der Schwerpunktthemen – alleine, in Partnerarbeit oder in Gruppen.

Übung 4: Methodentraining – Interpretation schriftlicher Quellen
Die Interpretation schriftlicher Quellen ist eine der zentralen Anforderungen im Abitur:
1. Prägen Sie sich die systematischen Arbeitsschritte zur Interpretation einer schriftlichen Quelle von S. 168 f. ein.
2. Merken Sie sich die „Faustregel" zur Analyse der formalen Merkmale schriftlicher Quellen und üben Sie die Beantwortung der „W-Fragen" anhand von fünf selbst ausgewählten schriftlichen Quellen des Schülerbuches.

„Faustregel"
für die Analyse der formalen Merkmale schriftlicher Quellen:

WER sagt WO, WANN, WAS, WARUM, zu WEM und WIE?

Probeklausur mit Lösungshinweisen: Amerikanische Revolution

1 Fassen Sie – nach einer quellenkritischen Einführung – den Inhalt von M 1 zusammen.
2 Erläutern Sie ausgehend von M 1 die wesentlichen Elemente des amerikanischen Verfassungssystems.
3 Analysieren Sie M 2 nach einer quellenkritischen Einführung.
4 Setzen Sie sich mit dem Bild George Washingtons, das in M 2 dargeboten wird, auch unter Bezugnahme auf M 1 auseinander.

M 1 George Washington in einem Brief an das amerikanische Volk, sog. „Farewell Address" (1796)

George Washington verfasste den Brief kurz vor Ende seiner zweiten Amtszeit.

[...] Da ihr durch Geburt oder Wahl Bürger eines gemeinsamen Landes seid, hat dieses Land ein Recht darauf, eure Zuneigung auf sich zu vereinen. Der Name „Amerikaner", der euch als Nation zusteht,
5 muss stets den gerechten patriotischen Stolz erhöhen, mehr als jede andere Bezeichnung, die sich aus lokalen Unterschieden herleitet. Abgesehen von geringfügigen Unterschieden habt ihr dieselbe Religion, dieselben Sitten, Gebräuche und politischen
10 Grundsätze. Ihr habt zusammen für eine gemeinsame Sache gekämpft und gesiegt. Die Unabhängigkeit und die Freiheit, die ihr besitzt, sind das Ergebnis [...] gemeinsamer Bemühungen, gemeinsamer Gefahren, Leiden und Erfolge.
15 Aber diese Überlegungen, so kraftvoll sie auch eure Gefühle ansprechen, werden erheblich übertroffen von denen, die unmittelbar euer Interesse ansprechen. Hier findet jeder Teil unseres Landes die gewichtigsten Motive, die Union des Ganzen sorgfältig
20 zu bewachen und zu bewahren. [...]
Mit solch kraftvollen und offensichtlichen Motiven für eine Union, die alle Teile unseres Landes betrifft, wird es – sofern die Erfahrung nicht ihre Undurchführbarkeit bewiesen hat – immer einen Grund ge-
25 ben, dem Patriotismus jener, die in irgendeiner Ecke versuchen, seinen Zusammenhalt zu schwächen, zu misstrauen. [...]
Für die Wirksamkeit und Dauerhaftigkeit eurer Union ist eine Regierung für das Ganze unverzichtbar.
30 [...] Als Ergebnis eurer eigenen unbeeinflussten und unbedrängten Wahl hat dieses Regierungssystem, das nach vollständiger Untersuchung und reifer Überlegung angenommen wurde, das vollständig frei in seinen Prinzipien, in der Verteilung seiner Gewal-
35 ten ist, das Sicherheit mit Tatkraft vereint und das in sich selbst eine Vorkehrung für seine eigene Ergänzung beinhaltet, einen gerechten Anspruch auf euer Vertrauen und eure Unterstützung. Achtung seiner Autorität, Einhaltung seiner Gesetze, Zustimmung
40 zu seinen Maßnahmen sind Pflichten, die die Grundprinzipien wahrer Freiheit fordern. Die Basis unseres politischen Systems ist das Recht des Volkes, die Grundsätze seines Regierungssystems festzulegen und zu verändern. Aber die zu einem bestimmten
45 Zeitpunkt existierende Verfassung ist absolut verbindlich für alle, bis sie durch einen ausdrücklichen und authentischen Akt des ganzen Volkes geändert wird. Die Idee der Macht und des Rechts des Volkes selbst setzt die Pflicht jedes einzelnen voraus, der
50 existierenden Ordnung zu gehorchen. [...]
Es ist gleichermaßen wichtig, dass die Denkgewohnheiten in einem freien Land diejenigen, denen seine Regierung anvertraut ist, zur Vorsicht mahnen sollten, sich auf ihren jeweiligen verfassungsgemäßen
55 Aufgabenbereich zu beschränken [...]. Der Geist des Übergreifens auf Befugnisse anderer tendiert dazu, die Befugnisse aller Abteilungen in einer zu vereinen und so ungeachtet der Regierungsform tatsächlich einen Despotismus zu schaffen. Eine rechte Ein-
60 schätzung dieser Liebe zur Macht und der Neigung, sie zu missbrauchen, die das menschliche Herz beherrscht, reicht aus, um uns von der Wahrheit dieser Position zu überzeugen. Die Notwendigkeit gegenseitiger Kontrollen bei der Ausübung politischer Macht
65 durch deren Teilung und Aufteilung auf unterschiedliche Stellen und durch die Einsetzung jeder von ihnen als Wächter des öffentlichen Wohls gegen Eingriffe der anderen ist in alter und neuer Zeit durch Experimente belegt worden, von denen einige in un-
70 serem eigenen Land und unter unseren eigenen Augen erfolgten. Sie zu erhalten muss genauso notwendig sein, wie sie einzurichten. Wenn nach der Meinung des Volkes die Verteilung oder die Ausprägung der verfassungsmäßigen Gewalten in irgendei-
75 nem Punkt falsch ist, soll er in der Weise, die die Verfassung vorsieht, durch eine Ergänzung korrigiert werden. Doch verhindert jede Veränderung durch Ersetzung [einer Verfassungsbestimmung]; denn obwohl dies zunächst ein Mittel zum Guten sein mag,
80 ist es das übliche Mittel, durch das freie Regierungssysteme zerstört werden. [...]

Zit. nach: Richard D. Brown (Hg.), Major Problems in the Era of the American Revolution 1760-1791. Documents and Essays, Heath and Company, Lexington, Toronto: D. C. 1992, S. 576–584. Übersetzt von Joachim Biermann.*

M2 „Washington Crossing the Delaware", Ölgemälde von Emanuel Leutze, 1851.

Das Gemälde zeigt George Washington als General der Revolutionsarmee beim Überqueren des Delaware am Morgen des 26. Dezember 1776. Der deutsch-amerikanischer Maler Emanuel Leutze (1816–1868) lebte und arbeitete von 1825–1841 und 1859–1868 in den USA. Er fertigte insgesamt drei Versionen des Bildes an: die erste Version von 1848 befand sich in Bremen und wurde im Zweiten Weltkrieg zerstört; die zweite, hier abgebildete Version entstand 1851 und hängt im Metropolitan Museum in New York; eine dritte Version hing bis 2015 im Weißen Haus in Washington und befindet sich jetzt im Minnesota Marine Art Museum in Winona.

Lösungshinweise

Aufgabe 1

Vorbemerkung
Der Operator verlangt von Ihnen, dass Sie die Inhalte des Briefs George Washingtons an das amerikanische Volk auf wesentliche Aspekte reduzieren und diese sprachlich distanziert, unkommentiert und strukturiert wiedergeben.

Formale Aspekte
Autor: George Washington, General der Revolutionsarmee im Unabhängigkeitskrieg, von 1789 bis 1797 erster Präsident der USA; einer der Gründerväter der USA
Textsorte: Quelle; öffentlicher (Abschieds-)Brief („Farewell Address")
Adressaten: in erster Linie das amerikanische Volk
Historischer Kontext: neun Jahre nach der Verabschiedung der amerikanischen Verfassung im Jahr 1787 und sieben Jahre nach der Wahl George Washingtons zum ersten Präsidenten der USA
Thema: Die amerikanischen Bürger hätten gemeinsam für die Unabhängigkeit und die Bildung einer Nation gekämpft und für die Grundsätze der Verfassung gestimmt. Diese politischen Grundsätze müssten auch in Zukunft von allen Seiten eingehalten werden.
Intention: Verpflichtung seiner Landsleute auf die Ideale der Staatsgründung und auf die Einhaltung der Verfassung – auch nach seinem Rückzug aus der Politik – und eindringliche Warnung vor einer Abkehr von diesen Werten

Inhaltliche Aspekte
– Vergegenwärtigung des gemeinsamen Kampfs für eine „amerikanische" Nation
– Appell an alle Amerikaner, ihre Nation als Ergebnis des gemeinsamen Kampfes für Freiheit und Unabhängigkeit zu lieben und höher zu stellen als unwesentliche

Unterschiede in Religion, Tradition oder politischen Überzeugungen
- Warnung vor denjenigen, die versuchten, die Gemeinschaft zugunsten von Partikularinteressen zu schwächen
- Plädoyer für die Verteidigung des amerikanischen Bundesstaates und der Verfassung, die von allen Staaten verabschiedet worden sei
- Das aufgrund freier Wahl gebildete politische System der USA beinhalte auch die eindringliche Verpflichtung, sich an die Grundsätze der Verfassung zu halten, solange sie nicht durch den Willen des Volkes geändert werde.
- Mahnung an die verantwortlichen Politiker, die Notwendigkeit der Gewalten- und Aufgabenteilung und gegenseitigen Kontrolle anzuerkennen, da sonst die Gefahr des Machtmissbrauchs und einer Gewaltherrschaft bestehe
- Warnung, wenn das Volk Veränderungen in den Grundsätzen der Gewaltenteilung wolle, diese nur durch Ergänzungen der Verfassung, nicht jedoch durch Tilgung bestehender und Einfügung neuer Verfassungsbestimmungen vorzunehmen, da dies die Freiheit zerstören könne

Aufgabe 2

Vorbemerkung
Die Aufgabe verlangt von Ihnen in diesem Fall, einen Sachverhalt materialbezogen zu erklären und in seinen Zusammenhängen zu verdeutlichen. Nehmen Sie die Aufgabenstellung ernst und gehen Sie tatsächlich bei Ihrer Erläuterung vom Text aus, vergessen aber auch im weiteren Verlauf Ihrer Ausführungen die Textbezüge nicht.

Inhaltliche Aspekte
Ein guter Ausgangspunkt ist der letzte Abschnitt des Textes, in dem Washington seinen Landsleuten die Beibehaltung der Gewaltenteilung ans Herz legt (Z. 51 ff.) Diese, gewöhnlich als System von *checks and balances* bezeichnet, ist in der Tat Grundlage der US-Verfassung. Diese sieht in Anlehnung an Montesquieu drei voneinander getrennte Gewalten vor: die Exekutive mit dem Präsidenten an der Spitze, die Legislative mit den beiden Kammern des Kongresses, dem amerikanischen Parlament (Senat und Repräsentantenhaus), sowie die Jurisdiktion mit dem *Supreme Court* an der Spitze. Diese einzelnen Zweige der Regierung sollten Sie hier auch in ihren Details weiter erläutern.
Washington geht ganz selbstverständlich von der „unbeeinflussten und unbedrängten Wahl" (Z. 30 f.) der Bürger der USA aus, die er hier aber lediglich auf die Annahme der Verfassung bzw. des Regierungssystems bezieht. Die freie und gleiche Wahl ist weiterer wichtiger Bestandteil des Verfassungssystems; auch hier sollten Detailerläuterungen Ihrerseits folgen.
Während die US-Verfassung von 1787 im Wesentlichen nur die organisatorischen Aspekte des Systems regelt, bilden die ersten zehn Zusatzartikel (*Amendments*) der Verfassung, die auf der *Virginia Bill of Rights* von 1776 beruhen, die weltanschauliche Grundlage, auf die Washington ebenfalls zum Teil eingeht. Er betont vor allem die Freiheit der Bürger, die durch die Verfassung gewahrt wird (vgl. Z. 12, 41). Hinzuzufügen wären noch die Aspekte Gleichheit, Schutz des Eigentums und Sicherheit, die das genannte Dokument ebenso wie die Unabhängigkeitserklärung von 1776 benennt. Ein anderer wesentlicher Aspekt aus der *Virginia Bill of Rights* ist das Recht der Bürger, die Regierung zu reformieren oder zu verändern. Er spricht es mehrfach an (Z. 30 ff., 41 f., 72 ff.). Am Ende des Textauszugs warnt er allerdings davor, Verfassungsregelungen komplett abzuschaffen, was bis dahin nicht Teil des Verfassungssystems war. Nicht angesprochen, aber erläuterungsbedürftig sind weitere Grundrechte wie die Religionsfreiheit und die Pressefreiheit.
Schließlich ist indirekt auch noch ein weiteres grundlegendes Verfassungselement in Washingtons Schreiben zu erkennen, nämlich das bundesstaatliche Prinzip. Von Z. 1–27 bildet es den Hintergrund seines Appells an die Bürger, sich als stolze Amerikaner zu fühlen (Z. 3 ff.), die viele Gemeinsamkeiten hätten (Z. 7 ff.), und das Interesse des Ganzen aus wohlerwogenen Gründen über Partikularinteressen stellen sollten (Z. 19 ff.). Dieser Grundsatz des amerikanischen Verfassungssystems war, worauf Sie hier hinweisen sollten, sehr umstritten; insbesondere die Anti-Föderalisten wollten einen möglichst schwachen Gesamtstaat. Washington legt seinen Mitbürgern hier vor diesem Hintergrund aber eine starke Union (Z. 17 ff.) ans Herz.

Aufgabe 3

Vorbemerkung
Sie sollten beachten, dass eine Analyse immer auch eine Beschreibung beinhaltet; im Falle einer bildlichen Darstellung sollten Sie dabei besonders auch auf sprachliche Präzision achten. Für die Analyse gibt die Aufgabe keine speziellen Aspekte oder Kriterien vor, sodass Sie diese selbst entwickeln müssen. Im Kontext der gesamten Klausur (vgl. Aufgabe 4) wie auch aus der Bildaussage heraus sollte Ihnen klar sein, dass es hier um die Art und Weise der Darstellung George Washingtons geht.

Formale Aspekte
Maler: Emanuel Leutze, ein Deutscher mit vielfältigen Verbindungen in die USA. Er verbrachte seine Jugend in den USA, was nahelegt, dass er mit dem dortigen demo-

kratischen System sympathisierte. Damit korrespondiert, dass er die erste Version des Gemäldes in Deutschland im Revolutionsjahr 1848 malte.

Material: Zweite Version eines Historiengemäldes, das einerseits historische Darstellung ist, da Leutze ein Ereignis porträtierte, das vor seiner Lebenszeit lag, andererseits als Quelle zur Rezeption George Washingtons im 19. Jahrhundert dienen kann.

Adressaten: Dazu liegen Ihnen keine Informationen vor; angesichts der Größe des Gemäldes ist aber eine öffentliche Wirkungsabsicht anzunehmen.

Historischer Kontext: Da es sich vorwiegend um eine Darstellung handelt, können Sie dazu wenig sagen. Wenn Sie Kenntnisse zur Revolution von 1848 in Deutschland haben, wäre es aber sinnvoll, das Gemälde in diesem Kontext des demokratischen Aufbruchs in Deutschland zu verorten.

Thema: Darstellung eines Ereignisses im Zuge des amerikanischen Unabhängigkeitskrieges: Aufbruch Washingtons und seiner Soldaten zu einer militärischen Aktion.

Lösungshinweise

Beschreibung: Sie sollten in diesem Kontext nicht zu detailliert vorgehen, sondern Wesentliches fokussieren. Es wird der Aufbruch mehrerer Boote, besetzt mit Soldaten, zur Überquerung eines von Eisschollen bedeckten Flusses (des Delaware) dargestellt. Im Boot im Vordergrund ist Washington als vierte Figur von links besonders hervorgehoben: Er überragt aufgrund seiner halb stehenden Position alle anderen Personen und richtet den entschlossenen Blick in Fahrtrichtung nach vorn. Hinter ihm steht ein Fahnenträger, der eine im Fahrtwind wehende US-Fahne hält, die alle überragt und im Zentrum des Bildes platziert ist. Die Kleidung der beiden zentralen Figuren weht ebenfalls im Fahrtwind, was zusammen mit den Ruderbewegungen der übrigen Bootsinsassen der Gruppe einen höchst dynamischen Eindruck verleiht. Im Bildhintergrund wird der Himmel von der aufgehenden Morgensonne erhellt, und zwar so, dass Washingtons Kopf sich im hellen Zentrum des Sonnenaufgangs befindet.

Analyse: Leutze hebt mit diesem Bild ganz deutlich die Person George Washingtons hervor, der durch seine Position und Platzierung in der Bildkomposition den Blick des Betrachters auf sich zieht. Dadurch dass er und die US-Fahne aus den übrigen Bildelementen herausragen, wird zwischen beiden eine Beziehung suggeriert – der General Washington setzt sich für die gerade gegründeten USA ein. Da das Bild nach Washingtons Tod gemalt wurde, ist auch seine Präsidentschaft hier mitzudenken: Washingtons Rolle als einer der Gründerväter der USA wird hier stilisiert; sie begann mit seiner prominenten Rolle als General im Unabhängigkeitskrieg. Das Gemälde stellt sich deutlich in die Tradition der Glorifizierung und Heroisierung George Washingtons. Die übrigen Personen werden zu Statisten. Wenn es Ihnen auffällt, können Sie noch darauf verweisen, dass für die beabsichtigte Passage die Position Washingtons höchst unrealistisch ist (er könnte leicht aus dem Boot stürzen) und offenbar allein der Hervorhebung seiner Person dient.

Aufgabe 4

Vorbemerkung

Der Operator verlangt von Ihnen, dass Sie zu einer Problemstellung, hier zu dem von Leutze dargebotenen Bild George Washingtons, eine Argumentation entwickeln, die zu einem begründeten Sach- und/oder Werturteil führt. Schwerpunktmäßig könnten Sie sich auf die Rolle George Washingtons in der Amerikanischen Revolution sowie deren Bewertung in der Forschung beziehen und sich argumentativ auf Kapitel 5 in Ihrem Lehrwerk, vor allem auf die Darstellungen von Hochgeschwender, Ellis und Lerg, stützen.

Lösungshinweise

Bei der Bildanalyse in Aufgabe 3 haben Sie schon wesentliche Details der Heroisierung und Glorifizierung Washingtons analysiert. Sie haben auf Wirkungsabsichten des Monumentalgemäldes wie Dynamik, Entschlossenheit, Tapferkeit, Aufbruchstimmung und Hoffnung verwiesen. Aus Ihrer Zeitleiste (S. 62 f.) ist Ihnen auch der historische Hintergrund – der Überraschungsangriff Washingtons als General der Revolutionsarmee auf die mit den Briten verbündeten Hessen in Trenton bei New York im Dezember 1776 – bekannt, bei dem die Amerikaner siegreich waren. Möglicherweise können Sie auch die Anlehnungen Leutzes an Darstellungen Napoleons oder anderer großer Feldherren hervorheben.

Ein Beleg dafür, dass die Darstellung Leutzes völlig in Einklang mit der Heroisierung und Romantisierung der Gründerväter in den USA stand, ist die Tatsache, dass die dritte Version des Gemäldes bis 2015 im Weißen Haus in Washington hing. Hochgeschwender (M 8, S. 89) beschreibt die Bedeutung der Amerikanischen Revolution für die USA sogar als einen „zentralen, sakral aufgeladenen Referenzrahmen der patriotischen Identität" (ebd., Z. 5 f.), in dem die Gründerväter die Rolle von weisen und vorausschauenden Patriarchen, ja sogar von „Heiligenfiguren" (ebd., Z. 14.) zugewiesen bekamen. Nach Ellis sei Washington „der Gründervater schlechthin" (M 9, S. 89 f., Z. 51) gewesen. Charlotte A. Lerg (M 5, S. 87 f., Z. 5 ff.) bezeichnet den Kampf um die Unabhängigkeit im Jahr 1776 als den entscheidenden Gründungsmythos für die nationale Identität der USA, der bis heute ein bedeutender Teil der öffentlichen Erinnerungskultur sei und das amerikanische Selbstverständnis bis heute präge.

Die sakrale Überhöhung George Washingtons können Sie mit den Aussagen von Ellis im Vorwort seiner Washington-Biografie kontrastieren (M 9, S. 89 f.). Nach Ellis schwanke das Bild George Washingtons in der Forschung zwischen „Held" und „Schurke" (ebd., Z. 16 f.). Für ihn sei Washington auf alle Fälle der „ehrgeizigste[...], entschlossenste[...] und kraftvollste[...] Mensch[...] einer Epoche" (ebd., Z. 53 ff.) gewesen, in der es „an würdigen Rivalen wahrhaft nicht gefehlt" (ebd., Z. 55 f.) habe.

Als negative Folge der Verklärung der revolutionären Vergangenheit können Sie in Übereinstimmung mit Hochgeschwender erwähnen, dass die jeweilige Politikergeneration in den USA an den Heroen der Revolutionszeit gemessen worden sei und im Vergleich dazu immer schlechter abgeschnitten habe. Möglicherweise habe die Glorifizierung der Revolutionszeit auch dazu beigetragen, dass die Legitimität der Union in der Bevölkerung reduziert worden sei (M 8, S. 89, Z. 36 ff.). Ebenso können Sie sich mit dem auf dem Gemälde dargestellten Charakter des amerikanischen Unabhängigkeitskriegs auseinandersetzen, der nach Heideking eher einem „Volks- oder Guerillakampf" (M 17, S. 76 f., Z. 11) geähnelt und sich nach und nach zu einer „breiten aggressiven Volksbewegung" (ebd., Z. 32 f.) entwickelt habe.

In M 1, in der „Farewell Address", wirkt Washington eher als Bewahrer und Mahner, der seine Landsleute auf zentrale amerikanische Grundüberzeugungen verpflichten möchte. Weitere Charakteristika sind die Überhöhung des amerikanischen Patriotismus, die bedingungslose Einhaltung der Verfassung, die die „Erfüllung der Revolution" (vgl. auch Ellis, M 4, S. 87, Z. 27 f.) bedeute, und ein sich durchziehender Kollektivismus (z. B. Z. 33 ff.). Davon ausgehend können Sie die von Ellis in weiten Teilen der akademischen Welt erwähnte Überzeugung diskutieren, dass Washington eine Mitschuld „an der Schaffung einer Nation, die imperialistisch, rassistisch, elitär und patriarchalisch" (Ellis, M 9, S. 89 f., Z. 19 ff.) gewesen sei, trage.

In Bezug auf die Verfassung können Sie auch argumentieren, dass Washington kein politischer Visionär oder Vordenker gewesen ist, sondern dass die Verfassung in weitaus höherem Maße von Männern wie Jefferson, Hamilton, Madison oder auch Adams ausgearbeitet worden ist.

Lohnend wäre es ebenfalls, wenn Sie sich mit dem Geschichtsbild „Männer machen Geschichte", das in dem Gemälde vermittelt wird, auseinandersetzen oder auch mit der Funktion von (Gründungs-)Mythen.

Probeklausur mit Lösungshinweisen: Die „Völkerwanderung"

1 Fassen Sie – nach einer quellenkritischen Einleitung – den Inhalt des Ihnen vorliegenden Materials M 1 zusammen.
2 Erläutern Sie die von Prokop geschilderten Ereignisse in den Zeilen 29 ff. vor ihrem historischen Hintergrund unter Bezug auf eine Ihnen bekannte Theorie zu Formen des Kulturkontakts.
3 Überprüfen Sie das bei Prokop dargebotene Bild Theoderichs und seiner Herrschaft.

M1 Aus Prokops „Gotenkriege" (um 550/51)

Der griechische Geschichtsschreiber Prokopios von Caesarea (um ca. 500 bis 562), meist Prokop genannt, verfasste seine „Gotenkriege" – kurz vor dem Ende des Ostgotenreichs in Italien – zur Zeit Kaiser Justinians (527–565), dessen Gotenpolitik in Italien er vehement ablehnte. Zu Beginn seines fünften Buches berichtet er über die Situation in Italien zwischen 476 bis 526 Folgendes:

Während Kaiser Zenon in Byzanz regierte, gebot über den Westen Augustus, der bei den Römern auch den Spottnamen Augustulus hatte; denn bereits in früher Jugend war er zum Thron gelangt. Für ihn führte sein Vater Orestes, ein sehr kluger Mann, die Regierungsgeschäfte. Die Römer hatten einige Zeit zuvor Skiren, Alanen und andere gotische Völkerschaften als Bundesgenossen aufgenommen [...] in gleichem Maße, wie die Barbaren bei den Römern zu Macht und Ansehen gelangten, hatten deren Truppen an Ruhm eingebüßt, und unter der wohlklingenden Bezeichnung „Bundesgenossen" herrschten die Fremdlinge schrankenlos über die Einheimischen. Schamlos erpressten sie vieles von ihnen und forderten schließlich, das gesamte italische Ackerland solle unter sie aufgeteilt werden. Zunächst verlangten sie von Orestes die Abtretung eines Drittels, und da er sich entschieden weigerte, wurde er sogleich beseitigt. Nun war bei den Barbaren auch ein kaiserlicher Doryphor[1] mit Namen Odoakar. Dieser erklärte sich bereit, ihre Wünsche zu erfüllen, wenn sie ihn zum Herrscher machten. Obwohl er so auf ungesetzliche Weise zur Macht gelangt war, tat er dem Kaiser sonst kein Leid, ließ ihn vielmehr als Privatmann weiter leben. Den Barbaren übergab er das verlangte Drittel Ackerland und gewann sie auf diese Weise als verlässliche Helfer, sodass er sich etwa zehn Jahre als Usurpator behaupten konnte.

Zur gleichen Zeit erhoben auch die Goten, die der Kaiser in Thrakien angesiedelt hatte, die Waffen gegen die Römer. Theoderich[2], der in Byzanz Patrizierrang[3] erhalten hatte und sogar zur Würde eines Konsuls aufgestiegen war, führte sie. Doch Kaiser Zenon, ein geschickter Politiker, veranlasste ihn, nach Italien zu ziehen; er sollte dort Odoakar bekämpfen und das Westreich für sich und seine Goten gewinnen. Denn ihm als Mitglied des Senates stehe es doch mehr an, einen Gewaltherrscher zu stürzen und dann über sämtliche Römer und Italiker zu regieren, als sich in einen so gefahrvollen Kampf mit dem Kaiser einzulassen. Theoderich fand an dem Vorschlag Gefallen und zog nach Italien, mit ihm das Volk der Goten. Weiber und Kinder setzten sie auf Wagen und luden Hausrat soweit als möglich dazu. Als sie an das Jonische Meer[4] kamen, fehlte es ihnen an Schiffen zur Überfahrt. So mussten die Goten das Meer umgehen und durch das Land der Taulantier[5] und ihrer Nachbarn ziehen. Odoakar trat ihnen mit Heeresmacht entgegen, wurde aber in zahlreichen Schlachten besiegt und musste sich auf Ravenna und die anderen stärksten Festungen zurückziehen. Daraufhin begannen die Goten mit der Belagerung und nahmen schließlich auf verschiedene Art sämtliche Plätze ein; nur das Kastell Caesena, dreihundert Stadien[6] von Ravenna entfernt, und diese Stadt selbst, in der sich auch Odoakar befand, waren weder durch gütliche Verhandlungen noch durch Gewalt zu gewinnen. [...]

Die Belagerung Ravennas durch die Goten und Theodorich zog sich schon ins dritte Jahr, sodass sie des untätigen Sitzens überdrüssig wurden. Da auch Odoakar und seine Leute an allem Lebensnotwendigen Mangel litten, kam durch Vermittlung des Bischofs von Ravenna ein Vertrag zustande, wonach Theoderich und Odoakar gleichberechtigt und gemeinsam in Ravenna die Regierung führen sollten. Einige Zeit hielten sich beide an die Abmachung, dann soll Theodorich einem Anschlag Odoakars gegen sein Leben auf die Spur gekommen sein. Mit erheuchelter Freundlichkeit lud er ihn zu einem Gastmahl und ließ ihn dort niedermachen. Hierauf gewann Theoderich die überlebenden feindlichen Barbaren für sich, sodass er jetzt unangefochten über Goten und Italiker herrschte. Die Insignien und die Bezeichnung eines römischen Kaisers anzunehmen, lehnte er ab. Zeitlebens ließ er sich nur „Rex" nennen – so heißen die Barbaren ihre Führer –, regierte aber über seine Untertanen mit kaiserlicher Machtfülle. Nachdrücklich sorgte er für Gerechtigkeit und wahrte die Gesetze, er

80 schützte das Land vor den umwohnenden Barbaren und bewies höchste Klugheit und Tapferkeit. Seinen Untertanen tat er fast nie ein Unrecht an und ließ es auch von keinem anderen zu, lediglich den Teil an Ländereien, den Odoakar seinen Leuten überlassen
85 hatte, durften die Goten unter sich aufteilen. So war Theodorich dem Namen nach ein Gewaltherrscher, in Wirklichkeit jedoch ein echter Kaiser und stand keinem seiner berühmten Vorgänger irgendwie nach. Die Goten und Italiker liebten ihn daher sehr, was
90 sonst menschlicher Art nicht entspricht. Denn in den Kreisen der Bürger verfolgt die eine Partei diese, die andere jene Ziele. So kommt es, dass die Regierung jeweils denen zusagt, die mit ihren Maßnahmen einverstanden sind, bei den Andersgesinnten aber auf
95 Ablehnung stößt. Theodorich starb nach 37-jähriger Regierung, ein Schrecken aller Feinde, doch tief betrauert von seinen Untertanen.

Prokop, Gotenkriege, zit. nach: Otto Veh, Prokop, Gotenkriege, Griechisch-Deutsch, München 1978², S. 7ff.

1 *Doryphor:* Leibwächter
2 *Theodorich:* Der Herausgeber dieser Prokop-Ausgabe, Veh, schreibt so stets den Namen des Theoderich.
3 *Patrizierrang:* hoher Ehrentitel für engste Vertraute des Kaisers
4 *Jonisches Meer:* Das Jonische oder Adriatische Meer ist ein Teil des Mittelmeeres zwischen Italien und der Balkanhalbinsel.
5 *Taulantier:* illyrischer Stamm an der Adriaküste auf dem Gebiet des heutigen Albaniens
6 *Stadien (Pl.):* Stadion, antikes Längenmaß

Lösungshinweise

Aufgabe 1

Vorbemerkung
Der Operator verlangt von Ihnen, dass Sie die von Prokop geschilderten Ereignisse auf wesentliche Aspekte reduzieren und diese sprachlich distanziert, unkommentiert und strukturiert wiedergeben.

Formale Aspekte
Autor: Prokopios von Caesarea, ein griechischer Geschichtsschreiber aus der oströmischen Reichshälfte und nahezu Zeitgenosse der Ereignisse
Textsorte: Ursprünglich eine Darstellung der Ereignisse zwischen 476 bis 526 in Italien, die uns heute als Quelle dient; wenn Sie im Unterricht über Charakteristika und Probleme antiker Historiographie (z. B. Quellenlage, Rückblicke, geografische und ethnografische Exkurse oder Objektivität) gesprochen haben, können Sie auch darauf eingehen.
Adressaten: gelehrtes Publikum in Ostrom

Historischer Kontext: zwischen 476 und 526; zunehmender Druck auf das Weströmische Reich durch eindringende „germanische" Personenverbände; Ausweitung „germanischer" Reichsgründungen auf weströmischem Boden infolge der politischen Destabilisierung; Absetzung vom Romulus „Augustulus" im Jahr 476 und Machtübernahme durch Odoaker als König von Italien; de facto Ende der weströmischen Herrschaft; Feldzug der Terwingen unter Theodorich gegen Odoaker, der im Jahr 493 von Theodorich getötet wird; Herrschaft Theoderichs über Italien als „Rex", von Ostrom 497 offiziell anerkannt; Tod Theoderichs im Jahr 526; 552 Ende des Reichs der Terwingen
Thema: Ursachen der Absetzung des letzten weströmischen Kaisers Romulus „Augustulus" im Jahr 476 durch Odoaker, einen Offizier gotischer Herkunft, und dessen Machtübernahme in Italien; Aufbruch der Terwingen unter Theodorich im Auftrag des oströmischen Kaisers Zenon und Kampf gegen Odoaker, Sieg über Odoaker und Errichtung des Terwingenreichs auf römischem Boden
Intention: Prokop verfolgt mit seiner Darstellung der Gotenkriege das Ziel, die Mitwelt über bedeutsame Ereignisse zu informieren; im vorliegenden Auszug ist auch die Kritik an der Integrationspolitik der weströmischen Kaiser und deren Folgen zu erkennen sowie die Würdigung des taktischen Geschicks Zenons, der die drohende Auseinandersetzung mit den Terwingen umgangen habe, indem er den Aufbruch Theodorichs nach Italien veranlasst habe.

Inhaltliche Aspekte
In der Regierungszeit von Kaiser Zenon in Ostrom und Romulus „Augustulus" in Westrom, dessen Regierungsgeschäfte von seinem Vater Orestes geführt worden seien, habe die Aufnahme gotischer Personenverbände ins Weströmische Reich eine Machtverschiebung zugunsten dieser und politische Destabilisierungsprozesse bewirkt. Zur Durchsetzung ihrer Forderungen hätten die Goten sogar den Vater des Kaisers ermordet. Odoaker, ein römischer Offizier „germanischer" Herkunft, habe sich daraufhin auf einen Handel mit den Goten eingelassen, den Kaiser abgesetzt und selber die Herrschaft übernommen.

Zenon dagegen habe die drohende militärische Auseinandersetzung mit den in Thrakien angesiedelten Goten geschickt vermieden, indem er Theodorich, ihren Anführer, zum Aufbruch nach Italien und zum Feldzug gegen Odoaker habe veranlassen können. Nachdem er nach langjährigen Kämpfen zunächst mit Odoaker kooperiert, ihn dann aber wegen eines vermeintlichen Verrats habe ermorden lassen, habe sich Theodorich in Italien schließlich durchsetzen können.

Theoderich habe bis zu seinem Tod gerecht und von seinen Untertanen, sowohl Goten als auch Italikern, geliebt geherrscht. Er habe lediglich den Titel „Rex" geführt, in Wirklichkeit aber kaiserliche Machtfülle besessen.

Aufgabe 2

Vorbemerkung
Der Operator verlangt von Ihnen, dass Sie die von Prokop geschilderten historischen Sachverhalte in den Z. 29 ff. durch Ihr Vorwissen und Ihre Einsichten in den historischen Zusammenhang der Errichtung des Ostgotenreichs in Italien einordnen und begründen sowie durch zusätzliche Informationen und Beispiele verdeutlichen. In Ihren Ausführungen sollen Sie auch auf eine Ihnen bekannte Theorie zu Formen des Kulturkontakts, z. B. von Burke oder Bitterli, Bezug nehmen.

Inhaltliche Aspekte
Prokop schildert in den Zeilen 29 ff. den Aufbruch der Terwingen nach Italien, den Sieg über Odoaker nach jahrelangen verlustreichen Kämpfen und die Errichtung des Ostgotenreichs in Italien. Wie Ihnen bekannt ist, hat Theoderich nach seiner Rückkehr aus Konstantinopel nach Pannonien als römischer Heermeister mit seinen Truppen im Dienst des oströmischen Kaisers Zeno gedient (vgl. zur Stellung Theoderichs auch Z. 31 ff.). Theoderich gelang es, weitere ostgotische Verbände unter seine Führung zubringen und seine Streitkräfte zu vergrößern, sodass er zu einer großen Bedrohung für Ostrom wurde. Der Kaiser konnte Theoderich dazu veranlassen, mit seinen „Stammesverbänden" zum Kampf gegen Odoaker aufzubrechen (Z. 33 ff.). Er erhoffte sich dadurch, gleich zwei Rivalen aus dem Weg zu räumen. Zu Prokops Darstellung des Aufbruchs Theoderichs „mit ihm das Volk der Goten. Weiber und Kinder setzten sie auf Wagen und luden Hausrat soweit als möglich dazu" (Z. 42 ff.) können Sie erläutern, dass es sich bei den Wanderungsbewegungen in der Regel um heterogene Gruppen, nicht um geschlossene Stammesverbände handelte. In Italien trat Odoaker Theoderichs Truppen entgegen (Z. 48 ff.), konnte aber keinen entscheidenden Sieg erringen. Daraufhin zog sich Odoaker mit seinen Truppen in seinen Regierungssitz Ravenna zurück, um das eine zweijährige Schlacht entbrannte (Z. 50 ff.). In dieser Schlacht konnte sich keine der beiden Parteien durchsetzen, sodass Theoderich und Odoaker ein Bündnis schlossen (Z. 63 ff.), das von Theoderich schon nach drei Wochen gebrochen wurde, indem er Odoaker wohl mit eigenen Händen ermordete (Z. 67 ff.; dieses Ereignis sollte auch in Ihren Ausführungen zu Aufgabe 3 eine Rolle spielen, vgl. unten). Nachdem sich Theoderich in Italien durchgesetzt hatte, erklärte er, dass er „an Stelle des Kaisers" in Italien herrschte. Der Nachfolger Zenons, Anastasius, war bereit, Theoderich als rechtmäßigen Herrscher Italiens anzuerkennen, und schickte ihm sogar die Reichsinsignien zurück, die von Theoderich aber nie getragen wurden, da er sich nach außen taktisch klug dem oströmischen Kaiser unterstellte (Z. 74 ff.). Auch im Innern stand Theoderich vor einigen Problemen, um seine Herrschaft zu konsolidieren. Bei einem Zahlenverhältnis von ca. 20 000–25 000 Kriegern und einigen Millionen Einheimischen musste Theoderich einerseits für die wirtschaftliche Versorgung seiner Soldaten sorgen, um sich ihre Loyalität zu sichern; auf der anderen Seite war er auf die Unterstützung der einheimischen Eliten, vor allem der Senatoren und der lateinischen Kirche, angewiesen, die erwarteten, dass ihr materieller Besitzstand, ihre rechtlichen Privilegien und ihr sozialer Status gewahrt blieben (vgl. M 14 Hans-Ulrich Wiemer, S. 184, Z. 27 ff.). Nach Prokop hätten die Goten nur das von Odoaker übereignete Drittel unter sich aufgeteilt (Z. 83 ff.); auf alle Fälle scheint Theoderich die Veteranenversorgung geschickt gelöst zu haben.

Für den Bezug auf Formen des Kulturkontakts bietet sich das Modell Peter Burkes an. Burke beschreibt einen kulturellen Austausch als aktiven Prozess nach beiden Richtungen hin, bei dem das Entliehene jeweils an die Bedürfnisse des Entleihenden („Akkomodation") angepasst werde. Alternativ zum Synkretismus könne der kulturelle Austausch auch als „Hybridisierung" betrachtet werden; denn alle Kulturen seien hybrid bzw. heterogen. Als „Rex" war Theoderich sowohl das Oberhaupt seiner gotischen Krieger als auch der weströmischen Regierung (vgl. Z. 76). Der Königstitel ersetzte nicht das römische System, sondern ergänzte es nur. Theoderich selbst nannte sich *Flavius Theodericus rex*. Die Ostgoten stellten sich ganz bewusst in die Tradition römischen Rechts und römischer Verwaltungsabläufe, übernahmen römische Strukturen, u. a. auch die Ämterlaufbahn, und passten diese ihren Bedürfnissen an. Auch der Senat behielt weiterhin politischen Einfluss. Theoderich unterstrich stets den römischen Charakter seiner Herrschaft und verwendete z. B. bei der Dreißigjahrfeier seiner Herrschaft in Rom im Jahr 500 das römische Zeremoniell, sodass er die Anerkennung der Senatoren und der lateinischen Kirche gewann. Über die aktive Übernahme auf Seiten der Italiker können Sie nur Vermutungen anstellen, indem Sie z. B. auf Einflüsse in der Sprache, auf die Bauten in Ravenna oder auf Modernisierungsprozesse in der römischen Verwaltung eingehen.

Der Ihnen ebenfalls bekannte Schweizer Historiker Bitterli knüpft die Akkulturation und Kulturverflechtung an bestimmte Voraussetzungen. So müsse sich aus der engen und ständigen Berührung der Kulturen im selben geografischen Raum eine „neue Mischkultur" ergeben, die wirtschaftliche, soziale, religiöse und kulturelle Bereiche umfasse und letztlich eine biologisch-ethnische Nivellierung zur Folge habe. Jede Kulturverflechtung werde eingeleitet und genährt durch die Übertragung von spezifischen Verhaltensweisen, Vorstellungen, Wertbegriffen und Techniken von einer bisher in sich geschlossenen Kultur auf eine andere und umgekehrt. Dieser Prozess erstrecke sich über mehrere Generationen. Prokop spricht an mehreren Stellen von „Goten" und „Italikern" (vgl. Z. 73, 89) oder Untertanen, nicht von einer Vermischung der beiden Ethnien. Aus den Darstellungstexten in Ihrem Lehrbuch wissen Sie, dass es in der Tat keine Verschmelzung von Goten und Römern gegeben zu haben scheint, sondern eine Art „Doppelstaat" (Wiemer), eine Trennung zwischen den Aufgaben und Rollen der arianischen Eroberer und der lateinischen Einheimischen. In diesem System waren die Goten für die Militärverwaltung zuständig, die Römer für die Zivilverwaltung und für das Entrichten von Steuern. Für beide Bevölkerungsgruppen wurden sogar unterschiedliche Gerichtsstände eingerichtet, sodass ihre Berührungspunkte gering blieben. Zum Schluss Ihrer Erläuterungen können Sie auch auf die Grenzen des Modells von Bitterli für die Zeit der „Völkerwanderung" verweisen, denn auch Kategorien wie „Kulturberührung" und „Kulturbeziehung" passen von ihrer Definition her nicht exakt zum Zusammenleben der Ostgoten und Italiker im Ostgotenreich.

Aufgabe 3

Vorbemerkung
Der Operator „überprüfen" verlangt von Ihnen, einen Sachverhalt (hier das Bild, das Prokop von Theoderich vermittelt), auf der Grundlage Ihrer Kenntnisse zu untersuchen, wobei es sowohl um die sachliche Richtigkeit als auch um die innere Logik der Aussagen geht.

Inhaltliche Aspekte
Sie werden sicherlich erkannt haben, dass Prokop Theoderich und seine Herrschaft weitgehend positiv darstellt, ja teilweise seine Darstellung zu einer Art Apotheose steigert, wenn er z. B. schreibt, dass die Liebe sowohl der Goten als auch der Italiker zu Theoderich gleichermaßen groß gewesen sei, „was sonst menschlicher Art nicht entspricht" (Z. 89 f.). Dem Text ist somit auf jeden Fall zu attestieren, dass hier eine Glorifizierung des Theoderich stattfindet, die der Realität nicht vollständig standhalten kann.

Sie könnten sodann zunächst die sachliche Richtigkeit der Darstellung überprüfen. Dabei sollte deutlich werden, dass der äußere Verlauf der Geschehnisse durchaus zutreffend gezeichnet wird: Theoderich und seine Goten zogen tatsächlich im Auftrag Zenons nach Italien, bekämpften Odoaker und seine Leute und belagerten Ravenna für längere Zeit. Auch der vorübergehende Kompromiss mit Odoaker und seine anschließende Tötung im Auftrag Theoderichs sind historisch belegt. Schließlich entspricht auch die langjährige erfolgreiche Herrschaft Theoderichs über Italien im Grundsatz den Tatsachen.

Wenn es allerdings um die Motive der Handelnden geht, wird die Einseitigkeit des Berichts des Prokop klar, auch wenn er negative Aspekte zumindest andeutet. So ist die Entsendung Theoderichs und seiner Truppen nach Italien auch ein Versuch Zenons gewesen, die von diesen für das Oströmische Reich ausgehende Gefahr zu beseitigen; Prokop geht darauf ein, wenn er schreibt, der Kaiser habe Theoderich gegenüber die Herrschaft in Italien als vorteilhafter dargestellt, „als sich in einen so gefahrvollen Kampf mit dem Kaiser einzulassen" (Z. 39 ff.). Wenn es um die Tötung des Odoaker geht, so deutet Prokop an, Theoderich solle „einem Anschlag Odoakers gegen sein Leben auf die Spur gekommen sein" (Z. 67 ff.), während die historische Faktenlage wohl eher dafürspricht, dass er Odoaker schlicht aus dem Weg geräumt hat, es sich also um einen politischen Mord handelte.

Besonders deutlich wird Prokops Einseitigkeit in der Darstellung der Herrschaft Theoderichs über Italien. Es gab, wozu Sie Einzelheiten ausführen sollten, durchaus Gewalttaten des Theoderich zur Stabilisierung seiner Herrschaft, sodass er sicherlich nicht ausschließlich gerecht und gesetzestreu herrschte. Sie können sich hier sogar der Auffassung des Historikers Peter Heather anschließen, der von einem „totalitären Regime" spricht (vgl. S. 182 f.). Die scheinbare Bescheidenheit Theoderichs, den Kaisertitel nicht anzunehmen, kann man durchaus auch als Klugheit deuten, den oströmischen Kaiser nicht auf diese Weise herauszufordern. Auch die in der geschilderten Zufriedenheit von Italikern wie Goten möglicherweise angedeutete Verschmelzung dieser beiden Völker können Sie unter Hinweis auf Theoderichs politisches und militärisches Handeln (unter Rückverweis auf Ihre Ausführungen zu Aufgabe 2) begründet in Zweifel ziehen.

Zu welchem Fazit Sie abschließend kommen, ist Ihrer Einschätzung anheimgestellt. Man kann durchaus im Hinblick auf die Gesamtleistung Theoderichs zu der Auffassung gelangen, Prokop stelle im Großen und Ganzen diesen angemessen positiv dar. Genauso gibt es jedoch auch Anlass zu der Meinung, hier werde versucht, einen Mythos zu schaffen, der die gewalttätigen Seiten der Herrschaft des Theoderich ausblende.

Probeklausur mit Lösungshinweisen: Deutsch-polnisches Verhältnis

M1 Prophezeiung, Gedicht von Georg Herwegh (1871)

Georg Herwegh (1817–1875) war ein sozialistisch-revolutionärer Dichter; er kämpfte in der Märzrevolution 1848 aufseiten der radikaldemokratischen Kräfte in Baden. Im Februar 1871 veröffentlichte er nachstehendes Gedicht, das in unterschiedlichen Versionen erhalten ist.

Germania, der Sieg ist dein!
Die Fahnen wehn, die Glocken klingen,
Elsass ist dein und Lotharingen:
Du sprichst: „Jetzt muss der Bau gelingen,
5   bald holen wir den letzten Stein."

Gestützt auf deines Schwertes Knauf,
lobst du in frommen Telegrammen
den Herrn[1], von dem die Herren stammen[2],
und aus Zerstörung, Tod und Flammen
10 steigt heiß dein Dank zum Himmel auf.

Nach vierundzwanzig Schlachten liegt
der Feind am Boden überwunden;
bis in die Stadt voll Blut und Wunden[3],
die keinen Retterarm gefunden,
15 brichst du dir Bahn: du hast gesiegt!

Schwarz, weiß und rot! Um ein Rapier[4]
vereinigt stehen Süd und Norden;
du bist im ruhmgekrönten Morden
das erste Land der Welt geworden:
20 Germania, mir graut vor dir!

Mir graut vor dir, ich glaube fast,
dass du, in argen Wahn versunken,
mit falscher Größe suchst du prunken
und dass du, gottesgnadentrunken,
25 das Menschenrecht vergessen hast.

Zit. nach: Joachim Rohlfes (Hg.), Staat und Nation im 19. Jahrhundert, Klett, Stuttgart 1990, S. 123.

1 Anspielung auf das Kirchenlied „Lobet den Herren"
2 Gemeint ist das von den Herrschern („Herren") beanspruchte Konzept des Gottesgnadentums.
3 Paris
4 Degen

M2 Deutschland – August 1914, Ölgemälde von Friedrich August von Kaulbach, 1914.
Bei der auf dem Bild erkennbaren Krone handelt es sich um die mittelalterliche deutsche Kaiserkrone.

1 Arbeiten Sie nach einer quellenkritischen Einführung aus M 1 die Einstellung des Autors zur deutschen Nationalstaatsgründung heraus.
2 Analysieren Sie das Bild M 2 im Hinblick auf die darin zum Ausdruck kommende Aussage.
3 Vergleichen Sie das jeweilige deutsche Selbstverständnis in M 1 und M 2.
4 Erörtern Sie unter Einbeziehung von M 2, inwieweit sich Herweghs „Prophezeiung" (M 1) in der Zeit nach 1871 bewahrheitet hat.

Lösungshinweise

Aufgabe 1

Vorbemerkung

Die Aufgabenstellung fordert Sie auf, die dem Gedicht zugrunde liegende „Einstellung des Autors zur deutschen Nationalstaatsgründung" herauszuarbeiten. Das bedeutet für Sie, dass Sie sich die wesentlichen Aussagen des Gedichtes zu erarbeiten haben und dabei auf Zusammenhänge, auch solche, die nicht explizit aus dem Gedicht hervorgehen, zu achten haben. Eine vollständige Analyse des Gedichtes fordert der Operator „herausarbeiten" nicht.

Formale Aspekte

Autor: Georg Herwegh (1817–1875), Dichter, Gegner der Monarchie und Vertreter eines demokratisch-republikanischen Nationalstaats
Textsorte: Quelle, ein politisches Gedicht
Adressaten: Gleichgesinnte, die vom Charakter der Reichsgründung enttäuscht waren, aber auch die deutsche Bevölkerung insgesamt
Historischer Kontext: unmittelbar nach der Proklamation des deutschen Kaiserreichs am 18. Januar 1871 im Spiegelsaal von Versailles
Intention: Warnung vor dem durch Gewalt und Krieg gegründeten Kaiserreich

Inhaltliche Aspekte

Das Gedicht „Prophezeiung" ist zeitnah zur Reichsgründung erschienen. Herwegh äußert sich in diesem Gedicht ablehnend gegenüber der deutschen Nationalstaatsgründung infolge des Deutsch-Französischen Krieges. Die (kleindeutsche) Einigung sei zwar zu Ende geführt, aber auf militärischem Wege (Z. 16 f.: „Um ein Rapier vereinigt stehen Süd und Norden"). Die Öffentlichkeit sei in einem patriotischen Rausch, die Einigung werde feierlich begangen (Z. 2: „Die Fahnen wehn, die Glocken klingen"). Die Reichsfarben des neuen Reiches sind die Farben des von Preußen dominierten Norddeutschen Bundes. Im Ausruf „Schwarz, weiß und rot!" (Z. 16) klingen sie wie ein empörter Aufschrei. Die politische Einstellung des Autors gegen die konstitutionelle Monarchie, gegen preußischen Militarismus und für die Ideale der Revolution von 1848/49 ist zu spüren.
Das Deutsche Reich taucht personifiziert in Gestalt der bewaffneten „Germania" auf (Z. 6: „Gestützt auf deines Schwertes Knauf"). Diese „Germania" habe zwar gesiegt (Z. 1: „Germania, der Sieg ist dein!", Z. 15: „du hast gesiegt!") und sei „das erste Land der Welt geworden" (Z. 19). Für Herwegh ist diese Gründung aber mit Krieg, Tod und Gewalt verbunden (Z. 9 f.). Das Vorgehen der Armeen des Norddeutschen Bundes und der süddeutschen Staaten gegen Frankreich wird als „Morden" (Z. 18) bezeichnet, das von der Bevölkerung mit Ruhm überhäuft werde (Z. 18 „ruhmgekrönt"), und sogar als Verstoß gegen das „Menschenrecht" (Z. 25). Gespeist und legitimiert werde die Gewalt durch das Gottesgnadentum (Z. 24 „gottesgnadentrunken"). Als Akt der Barbarei werden die Kämpfe in Paris (Z. 13 ff. „Bis in die Stadt voll Blut und Wunden ...") dargestellt. In der ersten Strophe spricht Herwegh die Eroberung von Elsass-Lothringen im August 1870 und dessen Angliederung an das Deutsche Reich an.
Der Abscheu Herweghs gipfelt in dem warnenden Ausruf „Germania, mir graut vor dir!". Seine „Germania" ist gekennzeichnet von einem „argen Wahn" (Z. 22), von „falscher Größe" (Z. 23) und trügerischem Blendwerk (Z. 23 „prunken"). Folglich sei vom Deutschen Kaiserreich nichts Gutes zu erwarten. Auch der Titel „Prophezeiung" kündigt weiteres Unheil an.

Aufgabe 2

Vorbemerkung

Der Operator Analysieren verlangt von Ihnen sowohl eine Beschreibung des vorliegenden Materials als auch dessen kriterienorientierte oder aspektgeleitete Erschließung. Im vorliegenden Fall wird auf den Aspekt der Bildaussage fokussiert. Ihre Ausführungen habe zudem strukturiert zu sein. Dem tragen Sie Rechnung, wenn Sie zunächst die Bildbeschreibung vornehmen und anschließend die Bildaussage herausarbeiten. Denken Sie daran, dass der Bildbeschreibung eine zumindest knappe quellenkritische Einleitung vorausgehen muss.

Inhaltliche Aspekte

Das Gemälde „Deutschland – August 1914" von Friedrich August von Kaulbach ist aufgrund seiner Entstehungszeit als unmittelbare Reaktion auf den Beginn des Ersten Weltkriegs anzusehen.
Das Zentrum des Bildes wird dominiert durch eine mit Brustpanzer, Schwert und Schild ausgestattete Frauengestalt. Sie trägt einen schwarzen, knöchellangen Rock und Stiefel. Das Schild zeigt den Reichsadler, und auf dem Kopf trägt die Gestalt die mittelalterliche deutsche Kaiserkrone, wodurch sie eindeutig als Germania, d. h. die Personifizierung Deutschlands, gekennzeichnet ist. Germania ist mit finster-entschlossenem Gesichtsausdruck dargestellt. Dies wird durch den vorwärts gerichteten Ausfallschritt und das wehende blonde Haar noch unterstrichen. Im Hintergrund ist ein dunkler, im unteren Teil hinter Wolken auch blutrot gefärbter Himmel zu erkennen. Direkt hinter der Gestalt ist ein gelb-rot gefärbter

Streifen erkennbar, der am ehesten als ein von den Himmelsfarben geprägter Flusslauf interpretierbar ist.

Das Gemälde stellt – in der Gestalt der bewaffneten Germania – Deutschland für den gerade ausgebrochenen Krieg als kampfbereit dar. Jedem Feind tritt sie furchtlos entgegen, um das Land zu verteidigen. Wenn Ihnen das Gedicht „Die Wacht am Rhein" bekannt ist, können Sie hier darauf verweisen: Deutschland steht immer wachsam bereit, sich gegen einen Angriff des „Erbfeindes" Frankreich von jenseits des Rheins zu verteidigen.

Auf diesen Mythos greift das Bild zurück, ignoriert dabei allerdings die eigentlichen Zusammenhänge, die zum Ausbruch des Ersten Weltkriegs führten. Es zeigt zugleich, wie sehr das nationalistische Denken, der Militarismus und das imperialistische Weltmachtstreben die kriegerische Einstellung in Deutschland befördert hatte, ohne die die Bereitschaft des Reiches, sich auf den Ersten Weltkrieg einzulassen, kaum zu verstehen ist.

Aufgabe 3

Vorbemerkung

Bei einem Vergleich sollten Sie immer darauf achten, dass nicht nur Gemeinsamkeiten, sondern auch Unterschiede der zu vergleichenden Sachverhalte dargelegt werden müssen.

Inhaltliche Aspekte

Die beiden Materialien haben gemeinsam, dass ihre Urheber eine dezidiert deutsche Sicht vertreten, sich also als Deutsche verstehen und davon ausgehen, dass es eine deutsche Nation mit dem Anspruch auf einen Nationalstaat gibt. Ansonsten aber stehen sie im Kontrast zueinander. Herwegh entwickelt in M1 die in M2 zum Ausdruck kommenden Aspekte in gewisser Weise als eine negative Folie für seine eigenen Vorstellungen von Deutschland. Die beiden Materialien sind somit den beiden großen Strömungen des deutschen Nationalbewusstseins im 19. Jahrhundert zuzuordnen.

Herwegh steht in der Tradition der deutschen Nationalbewegung, die sich in der Auseinandersetzung mit der Französischen Revolution geformt hatte und in dem Staatsgründungsversuch von 1848/49 ihren Höhepunkt, aber durch dessen Scheitern auch ihre große Niederlage erlitten hatte. In der Folge löste sich die Hoffnung auf einen deutschen Nationalstaat immer klarer von liberal-demokratischen Gedanken und fand in nationalistischem Denken ihre Heimat, sodass viele der Gründung des deutschen Nationalstaats als autoritären Obrigkeitsstaat in der Folge des Krieges von 1870/71 zustimmten. Diesem Denken gibt Herwegh in kritischer Absicht Ausdruck, wenn er Germania angesichts der Reichsgründung 1871 die Worte in den Mund legt: „Jetzt muss der Bau gelingen" (Z.4).

Im neugegründeten Reich griff ein aggressiver Nationalismus immer weiter um sich und nahm auch militaristische Züge an. Eine Überhöhung der eigenen Nation in Abgrenzung von anderen Nationen wurde üblich und fand z.B. Ausdruck in der Verbreitung nationaler Mythen, wie sich auch in Kaulbachs Gemälde widerspiegelt. In der mittelalterlichen Symbolik von Reichskrone und ritterlicher Rüstung der Germania sah sich dieses deutsche Selbstverständnis auch in der Tradition des mittelalterlichen Reiches stehend (von Herwegh als „gottesgnadentrunken" kritisiert, Z.24). Die militaristische Einstellung, die (vgl. Aufg. 2) das Gemälde prägt, barg Gefahren, auf die Herwegh in seinem Gedicht sehr deutlich hinweist: Krieg bringt „Zerstörung, Tod und Flammen" (Z.9) und führt zu „ruhmgekrönte[m] Morden" (Z.18).

Mit dem Hinweis auf „das Menschenrecht" (Z.25), das das militaristisch-obrigkeitsstaatliche Deutschland vergesse, gibt Herwegh seinem Selbstverständnis Ausdruck: Für ihn verbindet sich in der Tradition der Französischen Revolution und der Revolution von 1848 nationalstaatliches Denken mit demokratischen und liberalen Werten, deren Fehlen er im gesamten Gedicht kritisiert.

Herwegh schreibt 1871 in unmittelbarer Reaktion auf die Reichsgründung. Die Zeile „Germania, mir graut vor dir!" (Z.20) macht deutlich, dass er sich das vereinigte Deutschland in dieser Form nicht gewünscht hat. Demgegenüber gibt Kaulbach in seinem Gemälde klar zu verstehen, dass er hinter dem Kaiserreich von 1871 und seinem militaristisch-nationalistischen Selbstverständnis steht.

Aufgabe 4

Vorbemerkung

Der Arbeitsauftrag verlangt eine das Für und Wider abwägende Auseinandersetzung hinsichtlich der Frage, ob sich die Aussagen Herweghs nach 1871 bewahrheitet haben. Im Rahmen Ihrer Bearbeitung fällen Sie ein begründetes Sach- und/oder Werturteil.

Inhaltliche Aspekte

Das vorliegende Gedicht Herweghs wird häufig als Hinweis auf den kaiserzeitlichen Chauvinismus bzw. sogar als Ankündigung des Ersten Weltkriegs verstanden.

Einige Stellen lesen sich in der Tat wie Vorausdeutungen künftigen Unheils (Z.5 „Bald holen wir den letzten Stein", Z.18 f. „Du bist im ruhmgekrönten Morden das erste Land der Welt geworden", die Wiederholung „Germania, mir graut vor dir! (Z.20)/Mir graut vor dir" (Z.21). Die

Personifikation der wehrhaften Germania Kaulbachs scheint die Befürchtungen Herweghs ikonografisch umzusetzen.

Unterstützt wird diese Interpretationsrichtung durch den Titel „Prophezeiung" und die letzte Strophe der vorliegenden Fassung. Aussagen wie „in argen Wahn versunken" (Z. 22), „mit falscher Größe suchst du prunken" (Z. 23) oder „und dass du, gottesgnadentrunken, das Menschenrecht vergessen hast" (Z. 24 f.) können wie Anspielungen auf die aggressiv-nationalistische Politik des Kaiserreichs verstanden werden, wie sie sich z. B. in der Behandlung der polnischen Minderheit und der Germanisierungspolitik im Osten des Reichs und später auch in der „Weltpolitik" Wilhelms II. zeigten.

Als weitere Belege für die Kritik Herweghs können Sie z. B. die Schwäche der Volksvertretung in der Verfassung vom April 1871 oder den Umgang mit „Reichsfeinden" zum Zweck der „nationalen Einheit" anführen. Gegen ein Reich aus „Eisen und Blut" spricht nach Langewiesche (Kursheft, S. 306) der Begriff der „Revolution von oben". Einerseits markiere diese Bezeichnung die Grenzen der Parlamentarisierungs- und Demokratisierungschancen der deutschen Nationalstaatsgründung, andererseits schränke sie aber auch den individuellen Anteil Bismarcks und des Krieges ein, da ihr ein Prozess der inneren Nationsbildung vorausgegangen sei. So können Sie z. B. herausstellen, dass die Verse Herweghs nachträglich – also nach dem Ersten Weltkrieg, der an Grausamkeit und Zerstörung alle bisher gemachten Erfahrungen überstieg – als Kassandrarufe gedeutet worden sind. Herwegh selber bezieht sich in seinem Gedicht ausschließlich auf den Deutsch-Französischen Krieg, der von ihm als Unrecht gebrandmarkt wird.

Die Außenpolitik des Deutschen Reiches war unter Bismarck zunächst durchaus nicht aggressiv ausgeprägt und nahm erst zur Zeit Wilhelms II. unter dem Einfluss imperialistischen Denkens militaristische Züge an. In weiten Teilen des Bürgertums sowie in nationalistischen und imperialistischen Vereinen traf eine solche Politik allerdings weithin auf große Zustimmung.

Für ein Werturteil können Sie auf die Wirkung seines Gedichtes eingehen. Herweghs pathetische Sprache und seine ablehnende Haltung gegenüber der Reichsgründung haben möglicherweise die von Bismarck angestrebte „nationale Einheit" behindert und einen radikalen Nationalismus befördert.

Probeklausur mit Lösungshinweisen: Geschichts- und Erinnerungskultur

Situation und Aufgabenstellung:

Ihr Geschichtskurs plant im Rahmen des Themas „Die DDR im deutschen kollektiven Gedächtnis" eine mehrtägige Exkursion in die neuen Bundesländer. Vorgesehen ist auch der Besuch eines DDR-Museums. Sie haben die Aufgabe erhalten, sich über unterschiedliche Angebote von DDR-Museen anhand deren Internet-Präsentation zu informieren, Ihrem Kurs zwei Museen vorzustellen und eines davon zu empfehlen. Gehen Sie in einem Dreischritt vor: Vorstellung der Konzepte, Einordnung in Ihnen bekannte Theorien zu Gedenken und Erinnerung sowie begründete Auswahl.

1 Beschreiben Sie die Konzeptionen der DDR-Museen in Berlin (M 1) und in Pirna (M 2).
2 Ordnen Sie den Umgang mit der Vergangenheit, der in der Gestaltung der beiden Museen deutlich wird, in Ihnen bekannte Theorien zu Gedenken und Erinnerung ein.
3 Ihr Kurs muss sich für den Besuch eines der beiden Museen entscheiden. Entwickeln Sie eine begründete Empfehlung, in der Sie Ihnen bekannte Aspekte der Diskussion um die Erinnerung an die DDR und ihre Geschichte einbeziehen.

M 1 Auszug aus der Homepage des DDR-Museums in Berlin

Das am 14. Juli 2006 eröffnete DDR-Museum in Berlin wird mit privaten Mitteln finanziert und befindet sich direkt an der Spree gegenüber dem Berliner Dom. Es bietet eine Ausstellungsfläche von ca. 1 000 m².

Mauer und Stacheldraht schirmten die DDR von der Außenwelt ab, im Inneren wachte die Staatssicherheit. Wie aber sah das Leben im Sozialismus, der Alltag in der SED-Diktatur aus? Bestand es nur aus
5 Spreewaldgurken, FKK und Plattenbauten? Oder aus Vollbeschäftigung und Schlangestehen?
Das Urteil der Historiker steht fest und ist im Kern wohl auch nicht revisionsbedürftig. Die DDR war ein Satellitenstaat von Moskaus Gnaden. Der Sicher-
10 heitsapparat war die eiserne Klammer, die das System zusammenhielt. Die Planwirtschaft erwies sich gegenüber der Marktwirtschaft als hoffnungslos unterlegen. Die großzügigen Sozialleistungen waren auf Dauer nicht finanzierbar und trugen nicht unwesent-
15 lich zum Kollaps der Wirtschaft bei. Das SED-System wurde 1989 von einer demokratischen Massenbewegung beseitigt. Die Wiedervereinigung entsprach dem Willen einer sehr großen Mehrheit der Bürger. Damit könnte man die Akte DDR schließen. Dennoch bleibt ein schwer erklärbarer Rest. Die DDR war 20 mehr als ein Kunstprodukt aus Ideologie und Macht – sie war das Leben von Millionen Menschen. Sie wuchsen in diesem Land auf, durchliefen die Bildungseinrichtungen, dienten in den „bewaffneten Organen", arbeiteten, gründeten Familien, richteten 25 ihre Wohnungen ein, zogen Kinder groß. Man konnte glücklich leben in der DDR. Die Politik und die Ideologie schienen manchmal unendlich weit weg zu sein.
Doch das Leben unter den Bedingungen des allge- 30 meinen Mangels war keineswegs eine Idylle, sondern eine ständige Jagd nach knappen Gütern. Die Menschen wurden auf ihre Weise damit fertig. Der Tauschhandel, die Feierabendarbeit, der Schwarzhandel blühten. Viele zogen sich ins Privatleben zu- 35 rück. Die Datsche wurde zum Symbol des DDR-Lebens. Gelebtes lebendig vermitteln, das steht im Mittelpunkt der Ausstellung. Ca. 16 Millionen Menschen lebten in der DDR. Kein Leben war wie das andere und doch gab es bestimmte Strukturen, mit 40 denen sich die meisten DDR-Bürger arrangieren mussten.
Alltag ist gelebte Geschichte – nachvollziehbar nur, wenn auch Sie als Besucher den Alltag in der DDR erleben. Genau dies ermöglicht die Dauerausstellung 45 des DDR Museum: Anfassen erlaubt! Den Trabi können Sie starten, die Küche durchstöbern oder in authentischen DDR-Kinosesseln Dokumentationen auf sich wirken lassen! Zahlreiche Stationen laden ein, Themen spielerisch und einprägsam zu erfassen. Der 50 Stasibereich fordert zur Selbst-Erfahrung auf – und zeigt Täter- und Opferperspektive.
Das DDR Museum ist keine herkömmliche Ausstellung, in der Exponate neben Exponaten in Vitrinen neben Vitrinen auf die Blicke der Besucher warten, 55 das DDR Museum fordert Sie als Besucher zum Erlebnis auf. Erst durch Ihre Hand erwacht die Ausstellung zum Leben!
Die Ausstellung ist eine Plattenbausiedlung im Kleinen. Die Ausstellungsmöbel sind Wohnblöcke der 60 Wohnungsbauserie 70, dem typischen Plattenbau-System der DDR. Diese begehbare Puppenstube scheint zunächst durch ihren ungewöhnlichen Maß-

stab irritierend, schafft aber einen authentischen Eindruck von der grauen Welt ihrer Vorbilder.

Was auf den ersten Eindruck trist und monoton wirkt, ist bei näherer Betrachtung nur Hülle für eine lebendige Alltagskultur. Die Platten sind Raumteiler und Vitrinenschränke zugleich, die mit der Benutzung durch Besucher Einblicke in ihr Inneres und Privates erlauben. Filme, Medien, Schubläden, Türen und Vitrinen mit Exponaten und Modellen erzählen Geschichten aus einem vergangenen Staat.

Die Platten mit ihren steingrauen Oberflächen sind industriell gefertigt, genau wie ihr Vorbild. Die Stützen und die Decke des Raumes sind in rot gehalten, der Einfluss des sozialistischen Gedankengutes ist in Parolen und Losungen zu lesen und es scheint, als würden die Leitsprüche des Sozialismus am historischen Ort des Palasthotels, eines der ehedem besten Häuser der DDR, verwittern.

Lassen Sie sich davon aber nicht zu lange aufhalten, denn nicht nur die Platten können durch den Besucher benutzt werden: Eine Plattenbauwohnung mit Wohnzimmer, Küche und Bad im 70er-Jahre-Design lädt Sie ein, in fremden Schränken zu wühlen, den Fernseher verbotenerweise auf Westfernsehen umzuschalten oder mit DDR-Bürgern zu telefonieren!

Ist Ihnen das zu anstrengend? Dann erholen Sie sich doch bei einer gemächlichen Simulationsfahrt im Trabant oder auf den authentischen Kinosesseln beim Genuss des „Augenzeugen"[1]! Oder Sie probieren sich an einer Weltneuheit, dem Museumsspiel – einer Mischung aus Brett- und Computerspiel –, und testen Ihr Wissen rund um die DDR! Das Einzige, was Sie hier nicht finden, ist eine klassisch-freistehende Vitrine!

www.ddr-museum.de (Download vom 6. Juni 2012)

1 „Der Augenzeuge" war die Kino-Wochenschau der DDR und existierte bis 1980.

M2 **Auszug aus der Homepage des DDR-Museums in Pirna**

Das DDR-Museum in Pirna wurde am 16. Juli 2005 eröffnet und befindet sich seit dem 1. Mai 2009 an seinem jetzigen Standort. Das Museum finanziert sich ebenfalls aus privaten Mitteln. Pirna liegt in Sachsen, in unmittelbarer Nähe zu Dresden im Nordwesten und zur Tschechischen Republik im Südosten. (Der folgende Text wird mit den auf der Homepage vorhandenen Rechtschreibfehlern wiedergegeben.)

Wenn Sie unser DDR-Museum betreten, befinden Sie sich in einem über 140 Jahre alten Gebäude, welches bis 1990 stets als Kaserne genutzt wurde. Gebaut für die kaiserliche Armee, bezogen es in den 30er Jahren die Nazis. Nach dem Krieg wurde es von der Kasernierten Volkspolizei und dann von der NVA[1] genutzt. Zu DDR-Zeiten waren hier die Pioniere und die Chemischen Truppen[2] untergebracht. Erstere übten mit schwerer Technik wie dem sowjetischen Kraz[3] mit Pontons[4] das Brücken legen über die Elbe.

Heute beherbergt die Kaserne das DDRMuseum Pirna, welches im Sommer 2005 eröffnete und Anfangs mit 250 qm Ausstellungsfläche begann und mittlerweile auf über 2 000 qm mit Innen und Außenausstellung dem Besucher viel Interessantes und wissenswertes über das alltägliche Leben der Menschen in der DDR berichtet.

Angefangen von der Geburt über den Kindergarten, über ein original eingerichtetes Schulklassenzimmer, wo man sich freilich auch mal an die Schulbank zum „büffeln" für Geschichte, Biologie oder auch dem beliebten Fach „Staatsbürgerkunde" setzen kann und natürlich in den originalen Schulbüchern blättern darf, geht es weiter zu den Jungen Pionieren mit ihren guten Taten und mit dem Eintritt ins Jugendalter wurden die meisten Schülerinnen und Schüler dann in die FDJ (Freie Deutsche Jugend) feierlich aufgenommen. Aber natürlich fuhren wir als Kinder auch sehr gerne ins Ferienlager und auch darüber wird berichtet.

Machte man als Jugendlicher mal einen Streich oder nahm etwas zu viel „Kreuz des Südens" (Aprikosenlikör), oder auch in der Disko Cola-Wodka zu sich, so war der ABV[5] nicht weit und brachte uns wieder auf den rechten Weg. Auch über die Arbeit des Abschnittsbevollmächtigten wird in einem originalen Dienstzimmer berichtet. Mit dem Trabi oder einem Motorrad von MZ aus Zschopau[6] ging es über Land und manchmal auch ins Ausland. In der ČSSR gab es viele Dinge die es bei uns nicht gab. Also rüber fahren und einkaufen. Aber für 60 Kronen = 20 Mark gab es nicht die Welt zu kaufen und somit muss etwas mehr Geld geschmuggelt werden. Doch HALT-ZOLLKONTROLLE! Wer wie was und wie viel schmuggelte zeigen uns unzählige originale Fotos, welche uns von ehemaligen DDR-Zollbeamten zur Verfügung gestellt wurden. Absolut interessant und vieles davon noch nie veröffentlicht.

Wie wir so ganz privat wohnten und mit was wir alles spielen durften, zeigt die größte Ausstellung im Museum. Eine komplett eingerichtete Wohnung mit Küche, Wohn- und Schlafzimmer, einem Bad, natürlich mit dem Wittigs Thaler Badeofen, einem Kinderzimmer und natürlich den vielen kleinen Alltagsdingen mit denen wir lebten.

Auch Urlaub machten wir gern. Ob mit dem FDGB[7] oder einfach zum Camping, Urlaub war immer schön und noch heute erinnern sich viele gern und mit einem Lächeln an die beliebte Urlaubszeit an Ostsee, in Thüringen, der Lausitz, im Spreewald, oder im Erzgebirge.

Aber so ein Land will bewacht sein und somit gab es die NVA, die Grenztruppen, die Marine und in den Betrieben und Kombinaten die Kampfgruppen der Arbeiterklasse. Auch über deren Arbeit berichten wir in verschiedenen Zimmern.

Natürlich ist das längst nicht alles was es zu sehen gibt. Zum Beispiel können Sie in unserem KONSUM mal sehen, was es unter dem Ladentisch gab, oder was man mit „harter Währung" im INTERSHOP[8] kaufen konnte.

Doch der Rundgang bietet noch mehr. Ein Zimmer mit originalen Fotoaufnahmen von der Staats- und Parteiführung aus den 60er bis in die 80er Jahre. Von Sport- und Filmgrößen bis hin zum Sandmännchen, zeigt Ihnen Hartmut Schorsch, der Fotoreporter der NBI[9], FÜR DICH und der Fernsehzeitschrift FF-DABEI interessante Menschen aus der DDR.

Wenn Sie uns jetzt fragen, was eigentlich unser größtes Ausstellungsstück ist, so sagen wir das „Lottchen"! Sie steht vor unserem Museum und ist über 25 Meter lang! Sie wurde in Gotha gebaut und fuhr von 1960 an täglich ihre Runden durch Dresden und von 1991 bis 2010 wurde sie bunt angemalt und ist für die Kleinen als Kinderstraßenbahn durch Dresden gerattert. Seit Ende 2010 steht sie nun bei uns und konnte somit der Presse entkommen.

Ein Dankeschön hiermit an die Dresdner Verkehrsbetriebe! Überhaupt an dieser Stelle ein RIESEN DANKESCHÖN an all die, die uns mit ihren kleinen und großen Spenden geholfen haben dieses Museum zur Geschichte der DDR zu erhalten!

Natürlich gibt es im Museum noch viel mehr zu sehen. Ob die Rundfunk- und Fernsehtechnik, ob die Kameras von PENTAGON oder Carl Zeiss, das Raumfahrtzimmer oder die LPG[10]-Ausstellung. Ob die sowjetischen Freunde, oder die benachbarte ČSSR mit Spybel und Hurvinek[11] und vieles mehr, es ist auf jeden Fall eine Reise oder vielmehr eine Zeitreise wert!

Wir freuen uns auf Sie – freuen Sie sich auf eine interessante und durchaus auch mal amüsante Reise in die jüngste, deutsche Geschichte!

Ihr Kollektiv des DDR-Museum Pirna

www.ddr-museum-pirna.de (Menüpunkt „Ausstellung"; Download vom 6. Juni 2012).

1 *NVA:* Abkürzung für die Nationale Volksarmee
2 *Chemische Truppen:* Truppenteil, der für die chemische Kriegsführung ausgebildet ist
3 *Kraz bzw. KrAZ:* Lkw-Typ des ehemaligen sowjetischen, heute ukrainischen Fahrzeugherstellers KrAZ, der vor allem im Ostblock genutzt wurde und wird
4 *Pontons:* große Schwimmkörper, die zu Behelfsbrücken zusammengefügt werden können
5 *ABV:* Abschnittsbevollmächtigter, Polizist der Volkspolizei, der polizeiliche Dienste in einzelnen Straßen oder Wohngebieten versah
6 *MZ aus Zschopau:* Motorrad aus den Motorradwerken Zschopau (Sachsen)
7 *FDGB:* Abkürzung für den Freien Deutschen Gewerkschaftsbund der DDR
8 *INTERSHOP:* DDR-Geschäft, in dem man nur mit westlicher Währung bezahlen konnte
9 *NBI:* Abkürzung für Neue Berliner Illustrierte
10 *LPG:* Abkürzung für Landwirtschaftliche Produktionsgenossenschaft
11 *Spybel und Hurvinek:* eigentlich Spejbl und Hurvínek; zwei bekannte tschechische Marionettentheater-Figuren

Lösungshinweise

Allgemeiner Hinweis

Die gesamte Aufgabenstellung dieser Klausur ist produktionsorientiert angelegt, d. h., Sie müssen Ihre Bearbeitung in den im Vorspann zur Aufgabenstellung skizzierten Rahmen einbetten, für Ihre Mitschülerinnen und Mitschüler im Geschichtskurs die beiden DDR-Museen vorzustellen. Entwickeln Sie die Vorstellung der Konzeption, die Einordnung in den Zusammenhang Ihrer Kursthematik zur Geschichts- und Erinnerungskultur und Ihre begründete Empfehlung im Sinne eines Vortrags oder Handouts für Ihre Mitschülerinnen und Mitschüler. Vergessen Sie dabei nicht, dass auch diese Aufgabenstellung mit Operatoren arbeitet, deren Definition Ihnen konkrete Vorgaben hinsichtlich der Ausgestaltung Ihrer Ausführungen macht.

Aufgabe 1

Der Operator „Beschreiben" verlangt von Ihnen eine strukturierte und fachsprachlich angemessene Vorstellung der beiden Materialien. Es bieten sich grundsätzlich zwei mögliche Strukturierungen an: eine gegenüberstellende Präsentation der beiden Konzeptionen oder ein Nacheinander. Im Folgenden werden beide Konzeptionen aufeinander folgend skizziert.

Das DDR-Museum in Berlin versteht sich als ein Museum, in dem der Besucher selbst Erfahrungen mit der DDR-Vergangenheit machen kann. Es will verschiedene Aspekte des Lebens in der DDR erfahr- und erlebbar machen. Aus diesem Grund wurden diverse Stationen gestaltet, die jeweils aktiv zu erleben sind, z. B. ein Nachbau einer DDR-Plattenbausiedlung im Kleinen, eine typische DDR-Wohnung, ein DDR-Kino, eine Simulationsfahrt in einem „Trabi" oder eine Station zur Tätigkeit der Stasi.

Es wird betont, dass das Museum keineswegs die Schattenseiten und Negativa der DDR verschweige, die Verantwortlichen wollen vielmehr das Leben in der DDR unter den seinerzeit gegebenen Rahmenbedingungen nachvollziehbar machen und zeigen, dass sich dieses Leben keineswegs auf Politik und Ideologie beschränkte. Prototypisch dafür wird darauf verwiesen, dass die Erfahrungen mit der Stasi an der entsprechenden Station sowohl aus Täter- wie auch aus Opferperspektive erlebt werden können.

Das DDR-Museum in Pirna folgt einem ähnlichen Konzept hinsichtlich der Möglichkeit, in nachgebauten Einrichtungen bzw. nachgestellten Situationen das Leben eines DDR-Bürgers nachvollziehen zu können; die Verantwortlichen betonen zudem, dass diese Reise in die DDR-Vergangenheit nicht nur interessant, sondern auch amüsant sei. Es wird hervorgehoben, dass das Museum in einer alten Kaserne untergebracht sei, die von der Kaiserzeit bis zur DDR-Zeit entsprechend genutzt worden sei. Die Ausstellung folgt dem Lebensverlauf eines DDR-Bürgers, beginnend mit Geburt und Kindergarten, und weist auf typische Erfahrungsbereiche hin wie die Erlebnisse als Junger Pionier oder als Bürger, der mit Trabi oder Motorrad in die ČSSR fuhr bzw. in diverse Urlaubsregionen der DDR reiste. Eine typische Wohnung aus DDR-Zeiten wird ebenso präsentiert wie die Arbeit der NVA oder der Reporter diverser DDR-Medien. Als Attraktion wird schließlich eine Original-Kinderstraßenbahn aus Dresden vorgestellt, die bis 2010 noch in Betrieb gewesen sei.

Aufgabe 2

Der Operator „Einordnen" verlangt von Ihnen, dass Sie die Konzeptionen der beiden Museen begründet Ihnen bekannten Positionen bzw. Theorien zu Gedenken und Erinnerung zuordnen.

Lohnenswert ist u. a. der Ansatz von Klaus Christoph zur „zweigleisige[n] Erinnerung", den Sie auf die Konzeptionen der beiden Museen anwenden können. Christoph verweist darauf, dass „zwei unterschiedliche Ebenen der Erinnerung", eine „eher kognitive", durch nachträgliche Reflexion gekennzeichnete und eine „eher situativ-emotionale", lebensgeschichtlich bedeutsame, existierten, die unterschiedlich bewertet werden könnten.

Die kognitive Sicht, die durch nachträgliche Reflexion gekennzeichnet ist, wird in der Konzeption des DDR-Museums in Berlin vor allem in Zeile 7 f. („Das Urteil der Historiker steht fest und ist im Kern wohl auch nicht revisionsbedürftig.") deutlich. Für den lebensgeschichtlichen Bezug, der überwiegt, lassen sich mehrere Stellen anführen, z. B. Z. 20 ff.: „Die DDR war mehr als ein Kunstprodukt aus Ideologie und Macht – sie war das Leben von Millionen Menschen." oder in der Zielsetzung „Gelebtes lebendig vermitteln" (Z. 37). Die folgenden Zeilen unterstreichen diesen persönlichen, biografischen Blickwinkel. Besonders in Z. 24 ff. ist die unterschiedliche Bewertung der beiden Ebenen zu erkennen („Man konnte glücklich leben in der DDR. Die Politik und die Ideologie schienen manchmal unendlich weit weg zu sein.").

Noch augenscheinlicher wird der „situativ-emotionale" Bezug in der Konzeption des DDR-Museums in Pirna. Der Schwerpunkt der Ausstellung liegt auf der Alltagsgeschichte, die [n]ostalgisch verklärt wird. Ab Z. 28 ff. übernimmt der Verfasser vorwiegend die Wir-Perspektive. Die individuelle Lebensgeschichte wird ausschließlich durch positive Erfahrungen und Erinnerungen (vgl. Z. 28 ff., 56 ff.) besetzt. Die DDR wird als eine Art „Urlaubs- und Freizeitparadies" (vgl. Z. 56 ff., Z. 37 ff.) mit vielen Gemeinschaftserlebnissen, einer „Kinderstraßenbahn" (vgl. Z. 85) sowie den beliebten Marionetten

"Spejbl und Hurvínek" (vgl. Z. 98) gekennzeichnet. Die Erinnerung an feste Größen der DDR-Öffentlichkeit und an Produkte des DDR-Alltags (vgl. Z. 72 ff., Z. 93 ff.) tritt plastisch vor Augen. Einrichtungen der SED-Diktatur wie NVA, Grenztruppen und die Kampftruppen der Arbeiterklasse werden als notwendige Instanzen verstanden, um dieses „Paradies" zu bewachen (vgl. Z. 62 ff.). So sei es die Aufgabe des „Abschnittsbevollmächtigten" gewesen, Jugendliche „auf den rechten Weg" zu bringen (vgl. Z. 34 f.). Schmuggelfahrten in die benachbarte ehemalige ČSSR und Grenzkontrollen suggerieren in der Erinnerung den Eindruck von Gefahr und Abenteuer (vgl. Z. 39 ff.). Verbrechen, Missstände und Repressionen des SED-Staates werden ausgeblendet, überformt durch die eigene, als sinnvoll erlebte Biografie, die nostalgisch verklärt wird. Eine kognitive, reflektierte Auseinandersetzung scheint nicht stattzufinden bzw. wird nicht intendiert. Die Begrifflichkeit der DDR wird bewusst bis zur Schlusswendung „Ihr Kollektiv des DDR-Museum Pirna" (vgl. Z. 104) übernommen, auch die Sowjets bleiben „Freunde" (vgl. Z. 96 f.) und die Tschechische Republik bleibt die „ČSSR" (vgl. z. B. Z. 97). Die Erinnerung ist „eingleisig", „ostalgisch" geworden. Daher bietet sich auch der Bezug zur Definition des „Geschichtsbewusstseins" von Jeismann[1] an. Vor allem im konzeptionellen Rahmen des DDR-Museums in Pirna scheint ein „Geschichtsbewusstsein" vorzuliegen, das „zu Klischees, Geschichtsbildern und Parolen"[2] erstarrt ist. In diesem Zusammenhang können Sie die Entstehung der „Ostalgie" seit den 1990er-Jahren aufgreifen. Möglich ist auch die Reflexion der Theorie „zum kommunikativen und kulturellen Gedächtnis" von Assmann[3]. Die Geschichtserfahrungen verschiedener Biografien, die sich auf die „rezente"[4] Vergangenheit beziehen, sind nach Assmann dem kommunikativen Gedächtnis zuzuordnen. Dieses entstehe durch Interaktionen mit den Zeitgenossen und werde in alltäglichen Situationen konstituiert. Daher sei es „informell, wenig geformt, naturwüchsig"[5], was sich besonders gut in Pirna zeigen lässt. Die Museen stellen die Überführung des kommunikativen Gedächtnisses in das kulturelle Gedächtnis und ins „gänzlich unbegrenzbare, ständig sich vermehrende"[6] Speichergedächtnis dar. Somit werde die Bindung an eine Identität, an ein Subjekt aufgehoben und der „Radius" der Zeitgenossen beträchtlich erhöht. Die anachrone Zeitstruktur des Speichergedächtnisses, die „Zweizeitigkeit des Gestern neben dem Heute"[7], geht aus beiden Konzeptionen hervor, eine Anbindung an konkrete, historisch-politische Ereignisse fehlt. Im Gegenteil: Das Leben in der DDR wird in der persönlichen Erinnerung und im Museum als „interessante und durchaus auch mal amüsante Reise in die jüngste, deutsche Geschichte" (vgl. Z. 101 f.) konserviert, nahezu rituell vergegenwärtigt.

Aufgabe 3

Diese Aufgabe enthält den zentralen Operator „Entwickeln", der im vorgegebenen Zusammenhang von Ihnen verlangt, zu einer Problemstellung, nämlich eine Empfehlung für Ihre Mitschülerinnen und Mitschüler abzugeben, eine begründete Einschätzung darzulegen. Dabei verweist Sie die Aufgabenstellung ausdrücklich auf den Zusammenhang der Erinnerungskultur, der verpflichtend einzubeziehen ist.

Diese Aufgabe aus dem AFB III erlaubt Ihnen mehrere Lösungswege und auch die Empfehlung jedes der beiden Museen. Zunächst einmal sollten Sie unter Rückgriff auf die beiden vorausgehenden Aufgaben, insbesondere Aufgabe 2, deutlich machen, dass beide Museen dem Bereich der sogenannten „Ostalgie" zuzuordnen sind und sich – auch ausweislich der Homepage-Texte – ausdrücklich vor allem an ehemalige DDR-Bürger richten. Gehen wir davon aus, dass Sie auf eine westdeutsche Schule gehen, so haben Sie den Konzepten der Museen Aspekte abzugewinnen, die für Ihre westdeutschen Mitschülerinnen und Mitschüler interessant erscheinen.

Beide Museen bieten ausgiebig die Möglichkeit, das Alltagsleben der DDR in vielfältigen Aspekten kennenzulernen und teilweise auch nachzuspielen. Weisen Sie Ihre Mitschülerinnen und Mitschüler darauf hin, dass sie damit ihren historischen Horizont erweitern und Erfahrungen sammeln können, die ihr Verständnis für die Besonderheiten der ehemaligen DDR und der heutigen ostdeutschen Bundesländer zu vertiefen vermögen.

Der Besuch eines der beiden Museen hilft insoweit, das Gefühl der „Ostalgie" zu verstehen und Einblick in das sich bildende kulturelle Gedächtnis der ehemaligen DDR-Bürger zu gewinnen.

Ihre Empfehlung wird sodann letztlich darauf fußen, welches Konzept Ihnen geeigneter erscheint, solche Einsichten und Erkenntnisse zu gewinnen. Für das DDR-Museum in Berlin spricht, dass man dort ein ausgewogenes Bild zu vermitteln versucht und neben der situativ-emotionalen Sicht auch die kognitive Wahrnehmung der Verhältnisse in der DDR nicht vernachlässigt. Die Einordnung persönlicher Erfahrungen in ein reflektiertes historisches Urteil über die DDR zählt sicherlich zu den Vorzügen des Museums.

Das DDR-Museum in Pirna hingegen blendet offenbar die negativen Aspekte aus und scheint im Gefühl der „Ostalgie" aufzugehen. Hier verlässt man sich ganz auf die positiven emotionalen Erinnerungen an die DDR und will das Wir-Gefühl ehemaliger DDR-Bürger bestärken. Für Sie und Ihre Mitschülerinnen und Mitschüler könnte es jedoch durchaus attraktiv sein, genau dies mit kritischem Bewusstsein zu betrachten und mithilfe Ihrer in Ihrem Geschichtskurs gewonnenen Erkenntnisse zu reflektieren. Genauso ist es aber denkbar, dass diese offenbar einseitig-emotionale Erinnerungskultur des Museums Sie zu einer negativen Empfehlung hinsichtlich der Pirnaer Ausstellung bringt.

1 Vgl. Wolfgang Jäger, *Theoriemodule Geschichte Oberstufe*, Cornelsen, Berlin 2011, S. 122 f.
2 Ebd., S. 122, Z. 24 f.
3 Siehe S. 409 ff. und *Theoriemodule*, a. a. O., S. 125 ff.
4 Ebd., S. 124, Z. 4.
5 Ebd., S. 125, Tab. 3.
6 Ebd., S. 126, Z. 164.
7 Ebd., S. 127, Tab. 3.

Anhang

Zusatzaufgaben und Tipps

Kapitel 1.1, S. 12–21: Einführung: Krisen, Umbrüche und Revolutionen

S. 15, zu Aufgabe 2/Darstellungstext
Erklären Sie auf Basis der Darstellung die Begriffe Verfassungsrevolution und Totalrevolution. Ordnen Sie Ihnen bekannte Revolutionsbeispiele diesen Begriffen zu.
Zu den Begriffsdefinitionen lesen Sie erneut S. 14. Beachten Sie die vier Ebenen, auf denen Revolutionen Veränderungen herbeiführen können: Politik, Wirtschaft, Gesellschaft und Kultur.
Mögliche Revolutionsbeispiele: 1848er-Revolution, Kulturrevolution in China, Friedliche Revolution 1989, Industrielle Revolution etc.

S. 15, Aufgabe 6
Zusatzaufgabe: Untersuchen Sie über einen bestimmten Zeitraum, beispielsweise zwei Wochen, eine Tageszeitung auf den Begriff Krise hin. Erstellen Sie eine Liste mit den Themenbereichen, in denen der Begriff verwendet wird, und stellen Sie die Ergebnisse im Kurs vor.

S. 16, zu M 3, Aufgabe 2
Nennen Sie Beispiele historischer Krisen und überprüfen Sie daran die Definition des Autors.
Tipp: Mögliche Beispiele für Krisen:
– Krise der Weimarer Republik
– Kubakrise
– Eurokrise

S. 18, zu M 3 und M 4
Zusatzaufgabe: Vergleichen Sie auf der Basis der Analysen von Rudolf Vierhaus und Peter Wende die Begriffe Krise und Revolution und stellen Sie die Ergebnisse in einer Tabelle gegenüber.

S. 21, zu M 9, Aufgabe 2
Podiumsdiskussion: „Life, Liberty, and the Pursuit of Happiness", die Grundwerte der Verfassung in den USA heute.
Tipp: Bilden Sie zunächst kleine Arbeitsgruppen und überlegen Sie, welche Grundwerte mit den Begriffen gemeint sind. Tauschen Sie dann Ihr Wissen und Ihre Ideen bezüglich des Lebens in den USA aus. Beziehen Sie Ihre Erkenntnisse aus Aufgabe 1 sowie aus M 8 „Antrittsrede von Präsident Trump" ein. Formulieren Sie eine zentrale These in Ihrer Gruppe. Jede Arbeitsgruppe stellt dann einen Teilnehmer der Podiumsdiskussion. Außerdem muss ein Moderator bestimmt werden, der das Wort erteilt und auf die Einhaltung der Redezeiten achtet. Jedes Mitglied des Podiums erhält eine Redezeit von maximal 5 Minuten, um die These seiner Gruppe vorzustellen.
Anschließend kann auf dem Podium oder gleich im ganzen Kurs diskutiert werden.

Kapitel 1.2, S. 22–39: Die Ursprünge des Konflikts

S. 28, zu Aufgabe 4/Darstellungstext
Beziehen Sie die Überlegungen von Crane Brinton bezüglich der Ursachen und Verlaufsmuster von Revolutionen (M 2, S. 97 f.) in Ihre Argumentation mit ein.
Tipp: Orientieren Sie sich an der Gliederung des Textes von Crane Brinton. Er nennt zunächst fünf Gemeinsamkeiten, die sich alle auf die Ursachen beziehen. Dann folgen Ausführungen zu den Phasen von Revolutionen, aus denen man die Verlaufsmuster herausarbeiten kann.

S. 29, zu M 5 und M 6
Zusatzaufgabe: Informieren Sie sich über die Geschichte und die Glaubensgrundsätze der Puritaner. Stellen Sie die Ergebnisse in einem Kurzreferat vor.

S. 31, zu M 7 und M 8, Aufgabe 1
Arbeiten Sie die Unterschiede zwischen Stadt und Land in den nordamerikanischen Kolonien heraus.
Tipp: Beschreiben Sie auf Basis der beiden Bilder Elemente des Landlebens (M 7) sowie des Stadtlebens (M 8). Ordnen Sie die Bilder dann den drei großen Regionen zu, die in M 9 unterschieden werden (Süden, Mittlerer Atlantik, Neuengland). Suchen Sie auf der Karte M 2 die größeren Städte heraus und ordnen Sie diese ebenfalls den Regionen zu. Bestimmen Sie das Stadt-Land-Verhältnis. Zur Herausarbei-

tung der Unterschiede benötigen Sie Vergleichskriterien.
Erstellen Sie zur besseren Übersicht eine Tabelle, z. B.:

	Stadt	Land
Wirtschaft		
Eliten		
Bevölkerungsstruktur		
Werte		
Interessen		

S. 34, zu M 15 und M 16, Aufgabe 2
Beurteilen Sie die Ernsthaftigkeit des Streits.
Tipp: Der Operator „beurteilen" verlangt ein begründetes Sachurteil. Erläutern Sie zunächst die Vorgeschichte des Streits. Greifen Sie dann die in Aufgabe 1 erarbeiteten Positionen noch einmal auf. Wägen Sie anschließend ab, ob es mögliche Kompromisse gibt. Je weniger realistische Kompromissmöglichkeiten Sie ermitteln, desto ernsthafter ist der Streit einzuschätzen.

S. 35, zu M 14 bis M 18
Zusatzaufgabe: Arbeiten Sie die wichtigsten Akteure im Streit um die britische Stempelsteuer heraus.

Kapitel 1.3, S. 40–61: Perspektiven der Konfliktparteien

S. 46, zu M 5
Zusatzaufgabe: Informieren Sie sich über die „Indirekte Herrschaft" und die „Direkte Herrschaft" in der Zeit des Kolonialismus und des Imperialismus. Analysieren Sie die britische Politik gegenüber den nordamerikanischen Kolonien auf der Basis dieser Begriffe.

S. 51, zu M 14, Aufgabe 2
Setzen Sie die Unionspläne in Beziehung zu den Ideen Thomas Jeffersons (M 13).
Tipp: Orientieren Sie sich bei dem Vergleich an folgenden Fragen:
– Welche Grundhaltung nehmen die Autoren gegenüber dem britischen König ein?
– Welchen Status sollen die Bewohner der nordamerikanischen Kolonien erhalten?
– Wie wird der Anspruch der Kolonien gegenüber Großbritannien begründet?

S. 51, zu M 14
Zusatzaufgabe: Verfassen Sie einen Antwortbrief des britischen Parlamentes auf den nordamerikanischen Unionsvorschlag.

S. 55, zu M 22, Aufgabe 3
Ordnen Sie das Material von Kapitel 1.3 in die Überlegungen von Crane Brinton zu den Revolutionsursachen ein.
Tipp: Greifen Sie auf Ihre Ergebnisse aus Kapitel 1.2, Aufgabe 4, Darstellungstext S. 28, sowie auf Ihre Unterlagen des Lernprojektes zurück.

S. 55, zu M 21 bis M 23
Zusatzaufgabe: Suchen Sie nach weiteren Beispielen für Ereignisse, die eine Revolution einleiteten, und vergleichen Sie.

Kapitel 1.4, S. 62–81: Unabhängigkeitserklärung und Unabhängigkeitskrieg

S. 71, zu M 5, Aufgabe 2
Vergleichen Sie das Dokument mit der Erklärung der Menschen- und Bürgerrechte in Frankreich, Kap. 1.7 M 14, S. 115 f.
Tipp: Arbeiten Sie erst Oberbegriffe wie Grundrecht, politische Organisation, Gerichtsbarkeit, Wirtschaft, Religion heraus und ordnen Sie die einzelnen Paragrafen der beiden Dokumente zu. Anschließend können Sie feinere Unterschiede der Formulierungen bestimmen.

S. 71, zu M 5
Zusatzaufgabe: Erarbeiten Sie eine eigene, „moderne" Liste mit für Sie grundlegenden Rechten.

S. 73, zu M 10, Aufgabe 2
Erklären Sie die konkrete Nennung von Angriffen auf Religion, Souveränität und Handel (Z. 19 f.).
Tipp: Lesen Sie erneut die Darstellungsteile von Kapitel 1.2 und 1.3 und achten Sie auf die Konflikte zwischen Kolonien und Mutterland.

S. 74, zu M 11
Zusatzaufgabe: Analysieren Sie das föderale System der Bundesrepublik.

S. 76, zu M 15, Aufgabe 3
Erörtern Sie auf der Basis von M 12 bis M 15, ob die Amerikanische Revolution die Modernisierung voranbrachte.
Tipp: Orientieren Sie sich an der Definition von Modernisierung von S. 14. Beachten Sie besonders

Prozesse der Säkularisierung und Rationalisierung. Unterscheiden Sie die Bereiche Politik, Wirtschaft, Gesellschaft und Kultur.

S. 77, zu M 18
Zusatzaufgabe: Setzen Sie sich mit der Rolle des Krieges im Prozess der Unabhängigkeit auseinander.

Kapitel 1.5, S. 82–95: Die Rezeption der Gründungsphase

S. 83, zu M 1 und M 2/Auftaktseite, Aufgabe 2
Vergleichen Sie die Plakate aus den USA und der DDR.
Tipp: Strukturieren Sie den Vergleich mithilfe folgender Kategorien: Auftraggeber – Zielgruppe – historischer Kontext – bildliche Gestaltung – inhaltliche Aussage.

S. 86, zu Aufgabe 4/Darstellungstext
Filmpräsentation: Wählen Sie einen Film oder eine Serie aus, die ein Ereignis US-amerikanischer Geschichte behandelt.

Beispiele:
Filme: 12 Years a Slave (19. Jh./2013); Der Butler (20. Jh./2013), Selma (20. Jh./2015), Good Morning, Vietnam (20. Jh./ 1987), Der Soldat James Ryan (20. Jh./1998.). TV-Serien: John Adams (18. Jh./2008), Turn (1778/2014), The Pacific (20. Jh./2010), NAM. Dienst in Vietnam (20. Jh./1987 bis 1990)

S. 89, zu M 8
Zusatzaufgabe: Tragen Sie in einer Mindmap Elemente zusammen, die für die deutsche nationale Identität eine Rolle spielen.

S. 90, zu M 10, Aufgabe 2
Vergleichen Sie die Darstellung mit den Bildmaterialien von S. 76, 93 und 95.
Tipp: Orientieren Sie sich bei dem Vergleich an der Präsentation von Washington in seinen verschiedenen Rollen, zum Beispiel als General oder Präsident. Beachten Sie auch die Entstehungszeit des jeweiligen Bildes. Stellen Sie jeweils die Kernaussagen einander gegenüber.

S. 91, zu M 11 und M 12
Zusatzaufgabe: Erörtern Sie den Beitrag der Populärkultur zur Rezeption von Geschichte in Deutschland.

Kapitel 1.6, S. 96–103: Kernmodul

S. 98, zu M 2
Zusatzaufgabe: Vergleichen Sie mit den Erläuterungen von Peter Wende zum Revolutionsbegriff (Kapitel 1.1, M 4, S. 17 f.).

S. 99, zu M 3, Aufgabe 1,
Erläutern Sie die Zusammenhänge zwischen Mensch, Gesellschaft und Ökonomie.
Tipp: Für die Visualisierung in einem Schaubild müssen Sie die Begriffe Mensch, Gesellschaft und Ökonomie noch einmal genauer bestimmen, z. B. Mensch: Arbeitskräfte, Besitzer der Produktionsmittel Gesellschaft: materielle Existenzbedingungen, juristischer und politischer Überbau, Bewusstseinsformen Ökonomie: Produktionsverhältnisse

S. 100, zu M 5, Aufgabe 2
Setzen Sie sich mit den Thesen von James C. Davies auseinander, indem Sie sie auf die Amerikanische Revolution anwenden.
Tipp: Die J-Kurve von James C. Davies soll vor allem den Ausbruch von Revolutionen erklären. Lesen Sie also noch mal Kapitel 1.2 und 1.3 im Hinblick auf die Erwartungen der Kolonisten und die tatsächliche Erfüllung.

S. 103, zu M 9, Aufgabe 2
Überprüfen Sie, inwiefern Eisenstadt über andere Revolutionstheorien hinausgeht.
Tipp: Legen Sie sich Karteikarten zu jedem Theoretiker an. Notieren Sie Grundbegriffe, Thesen und Definitionen.

S. 103, zu M 9
Zusatzaufgabe: Setzen Sie sich mit der Debatte um den Eurozentrismus der Geschichtswissenschaft auseinander. Informieren Sie sich mithilfe der Begriffe „Moderne" und „Eurozentrismus" im Internet.

Kapitel 1.7, S. 104–119: Wahlmodul: Die Französische Revolution

S. 105, zu Aufgabe 1/Auftaktseite
Tipp: Cluster-Methode, siehe auch S. 505.
Schritt 1: Blatt Papier vor sich hinlegen (am besten im Querformat).
Schritt 2: Kernbegriff oder Frage oder Thema in die Mitte schreiben, umkreisen.
Schritt 3: Gedanken freien Lauf lassen und alle Einfälle (Definitionen, Fragen, verwandte Themen, Teilaspekte) in neuen Kreisen um den Kernbegriff gruppieren;

alle verwandten Gedanken durch Linien miteinander verbinden.
Schritt 4: Wenn die Suche abgeschlossen ist, nach weiteren Verbindungen und Zusammenhängen zwischen den gefundenen Aspekten suchen und weitere Verbindungen markieren.

S. 110, zu Aufgabe 1/Darstellungstext
Beschreiben Sie auf Basis der Darstellung die Veränderungen auf der politischen Ebene in Frankreich von 1789 bis 1814.
Tipp: Erarbeiten Sie zunächst ein Raster mit zentralen Aspekten:
– Staatsform
– Wahlrecht
– Grundrechte
– politische Elite/Führung

S. 110, Darstellungstext
Zusatzaufgabe: Erläutern Sie die sozialen Veränderungen durch die Französische Revolution.

S. 113, Zu M 7 bis M 10
Zusatzaufgabe: Arbeiten Sie die verschiedenen Trägerschichten der Revolution in Frankreich heraus und vergleichen Sie mit den USA und Russland.

S. 114, zu M 11, Aufgabe 1
Arbeiten Sie die wichtigsten Bildelemente heraus und formulieren Sie eine Gesamtaussage.
Tipp: Nennen Sie zuerst die Bildelemente sortiert nach Vordergrund / Hintergrund / Seiten.
Ergänzen Sie durch die Herausarbeitung der Gestaltungsmittel:
– Figurendarstellung
– Farbgebung
– Perspektiven
– Verwendung von Licht und Schatten
Bewertung der Bildelemente: Was ist zentral und wird durch welche Mittel unterstrichen?
Formulieren Sie auf den Vorarbeiten aufbauend abschließend die Gesamtaussage.

S. 116, zu M 14, Aufgabe 4
Vergleichen Sie mit dem Grundgesetz der Bundesrepublik.
Tipp: Den Text des Grundgesetzes finden Sie auf der Internetseite des Deutschen Bundestages (www.bundestag.de/grundgesetz).
Konzentrieren Sie sich bei dem Vergleich auf die Präambel und die Grundrechte.

Kapitel 1.8, S. 120–135: Wahlmodul: Die Russische Revolution

S. 126, zu M 6
Zusatzaufgabe: Informieren Sie sich über die Akteure und deren Ziele im Bürgerkrieg in der Sowjetunion. Vergleichen Sie mit dem Unabhängigkeitskrieg in den USA.

S. 128, zu M 9, Aufgabe 1
Internetrecherche: Informieren Sie sich über führende Persönlichkeiten der Oppositionsgruppen.
Tipp: Lesen Sie erneut den Darstellungstext S. 122 ff. im Hinblick auf wichtige Akteure, z. B. Lenin, Trotzki, Kerenski.

S. 130, zu M13 und M 14
Zusatzaufgabe: Diskutieren Sie in Ihrem Kurs: Bewaffneter Kampf als legitimes Mittel der Politik?
Tipp: Die Diskussion kann auch in Zweiergruppen durchgeführt werden. Verwenden Sie die Methode des Schreibgesprächs, siehe S. 505.

S. 132, zu M 18, Aufgabe 1
Analysieren Sie die Umsetzung von Lenins Ideen in der Verfassung.
Tipp: Arbeiten Sie Lenins Revolutionstheorie (Kapitel 1.6, M 4, S. 99 f.) sowie seine Aprilthesen (M 17, S. 131 f.) im Hinblick auf konkrete politische Forderungen und Grundsätze durch. Gleichen Sie diese dann mit den Artikeln der Verfassung ab.

Kapitel 2.1, S. 140–151: Wandlungsprozesse in der Geschichte

S. 147, zu M 5, Aufgabe 1
Tipp: „Zyklische Schwankungen – Geschichte der langen Dauer – Ereignisgeschichte – Rezitativ der Konjunktur – kurze Zeit – Struktur". Klären Sie diese Begrifflichkeiten. Setzen Sie sie in Beziehung zueinander und ordnen Sie sie den drei von Braudel benannten Zeitebenen zu.

S. 150, zu M 10
Zusatzaufgabe: Urs Bitterli spricht in seinen Ausführungen von „in sich geschlossenen Kulturen" (Z. 39 f.) oder auch von „biologisch-ethnischer Nivellierung" (Z. 63 f.). Überprüfen Sie die Tragfähigkeit dieser Vorstellungen von Kultur im Hinblick auf die „Völkerwanderung". Greifen Sie dabei auf die Ausführungen von Walter Pohl (M 3, S. 237 f.) und Mischa Meier (M 5, S. 239) zurück.

S. 151, zu M 11

Zusatzaufgabe: Erörtern Sie anhand eines oder mehrerer Beispiele, inwiefern Migrationsprozesse notwendigerweise mit Formen von Kulturkontakt und Kulturkonflikt zusammenhängen. Greifen Sie dabei auch auf Erkenntnisse aus den weiteren Kapiteln über die „Völkerwanderung" (z. B. M 6, S. 240) und/oder auf Inhalte aus den Wahlmodulen zurück.

Kapitel 2.2, S. 152–171: Ursachen und Verlauf der „Völkerwanderung"

S. 153, zu M 1/Auftaktseite, Aufgabe 2

Tipp: Orientieren Sie sich bei der Beschreibung und Deutung des Gemäldes an folgenden Fragen:
- Was ist zu sehen (zunächst ohne Einbeziehen von Vorwissen und Deutung)?
- Welche Gestaltungsmittel wurden verwendet:
  - Figurendarstellung (Gestik, Mimik, Körperhaltung, Kleidung)
  - Gegenstände
  - Symbole
  - Farbgebung
  - Perspektiven
  - Proportionen
  - Verwendung von Licht und Schatten
  - ggf. Schrift
- Welches Bild des historischen Ereignisses versucht das Historienbild mit welchen Mitteln zu erzeugen?

S. 163, zu M 9

Zusatzaufgabe: Verfassen Sie eine Gegenrede aus der Sicht des Kaisers Arcadius.

Kapitel 2.3, S. 172–193: Das Ostgotenreich in Italien

S. 173, zu M 1/Auftaktseite, Aufgabe 1

Tipp: Orientieren Sie sich bei der Beschreibung und Deutung des Walhalla-Innenraumes an folgenden Fragen:
- Was ist zu sehen?
- Welche architektonischen Gestaltungsmittel wurden verwendet:
  - Materialien
  - Figuren (Körperhaltung, Kleidung)
  - Gegenstände/Symbole
  - Farbgebung
  - Perspektiven
  - Proportionen
- Welche Wirkung sollen die eingesetzten Mittel erzeugen?

S. 187, zu M 16, Aufgabe 3

Tipp: Fertigen Sie eine Tabelle mit folgenden Teilbereichen an: Technologie – Kultur – Religion – Wissenschaft – Architektur – Kleidung – Flora und Fauna.

S. 188, zu M 17

Zusatzaufgabe: Erläutern Sie die Chancen und Grenzen, die archäologische Funde für die Geschichtswissenschaft der Spätantike bieten.

Kapitel 2.4, S. 194–215: Das Merowingerreich unter Chlodwig

S. 195, zu Aufgabe 1/Auftaktseite

Tipp: Achten Sie auf die unterschiedlichen Gegenstände, die dem Toten mit ins Grab gelegt wurden, und deren Herkunft bzw. Verbreitung. Recherchieren Sie ggf. im Internet.

S. 201, zu Aufgabe 1/Darstellungstext

Tipp: Mit „Spannungspole" von Childerichs Herrschaft ist gemeint, dass er einerseits germanischer Heerkönig und andererseits Amtsträger des römischen Imperiums war. Lesen Sie hierzu noch einmal auf S. 196 f. nach.

S. 204, zu M 9/M 10, Aufgabe 2

Tipp: Beachten Sie neben den Unterschieden zwischen beiden Gruppen auch die Gemeinsamkeiten, beispielsweise verdreifacht der Königsdienst gleichermaßen das Wergeld von Römern und Franken.

S. 205, zu M 11

Zusatzaufgabe: Erläutern Sie Sinn und Zweck der Artikel 25 und 27 im historischen Kontext.

S. 208, zu M 14

Zusatzaufgabe: Informieren Sie sich über die Stellung der Frau im spätantiken Römischen Reich und vergleichen Sie die Stellung der römischen mit der der fränkischen Frau.

Kapitel 2.5, S. 216–233: Die Rezeption der „Völkerwanderung"

S. 217, zu M 1/Auftaktseite, Aufgabe 2

Tipp: Orientieren Sie sich bei der Beschreibung und Deutung der Gravur an folgenden Fragen:
- Was ist zu sehen (zunächst ohne Einbeziehen von Vorwissen und Deutung)?

– Welche Gestaltungsmittel wurden verwendet:
  – Figurendarstellung (Gestik, Mimik, Körperhaltung, Kleidung)
  – Gegenstände
  – Symbole
  – Farbgebung
  – Perspektiven
  – Proportionen
  – Verwendung von Licht und Schatten
  – ggf. Schrift
– Welches Bild des historischen Ereignisses versucht die Gravur mit welchen Mitteln zu erzeugen?

Kapitel 2.6, S. 234–243: Kernmodul

S. 239, zu M 5, Aufgabe 1

Tipp: Systematisieren Sie Ihre Ergebnisse nach dem Muster der folgenden Tabelle.

Personengruppe/ Verband	Beschreibung	Beispiele
kleinere Kriegerverbände	schlossen sich temporär, allmählich auch längerfristig zu größeren Gebilden zusammen	Franken oder Alemannen
nomadische Reiterverbände	…	
wandernde Großgruppen		
Kleingruppen		
Reitergruppen		

Kapitel 2.7, S. 244–255: Wahlmodul: Die Kreuzzüge

S. 252, zu M 10

Zusatzaufgabe: Vergleichen Sie ad-Dins Sicht des Dschihad mit den Formen, die das islamische Recht definiert hat.

S. 254, zu M 1, Aufgabe 3

Tipp: Sie könnten hier z. B. die Ausführungen von Bitterli (M 9, M 10, S. 149 f.) und Burke (M 11, S. 150 f.) berücksichtigen.

Kapitel 2.8, S. 256–267: Wahlmodul: Spanischer Kolonialismus

S. 265, zu M 14

Zusatzaufgabe: Vergleichen Sie die Darstellung der Afrikaner bei Bosman mit der Skulptur M 5, S. 260.

Kapitel 3.1, S. 272–279: Einführung

S. 276: Zusatzaufgabe zu M 3

4 Diskutieren Sie in Ihrem Kurs die These, dass die Bürgerinnen und Bürger der europäischen Nationalstaaten wie auch ihre Regierungen zugleich national und europäisch denken müssen. Reflektieren Sie in diesem Zusammenhang auch Ihr eigenes Denken und Handeln: Wann denken Sie national und wann in europäischen oder internationalen Dimensionen? Nennen Sie Beispiele.

S. 278: Zusatzaufgabe zu M 6

4 **Wahlaufgabe:** Recherchieren Sie im Internet Informationen zum Grenzübergang in Bild M 6 (z. B. unter dem Stichwort „Ostseeboulevard") und zum „Schengener Abkommen" und bearbeiten Sie anschließend Aufgabe a oder b.
  a) **Essay:** Verfassen Sie einen Essay zu der Frage, ob die deutsch-polnische Grenze heute etwas „Trennendes" oder etwas „Verbindendes" zwischen beiden Ländern und Völkern darstellt.
  b) **Gestaltungsentwurf Grenzstelle:** Stellen Sie sich vor, Sie sollten die Gestaltung der in M 6 gezeigten deutsch-polnischen Grenzstelle neu überarbeiten oder neu entwerfen. Skizzieren Sie einen Entwurf und begründen Sie die Auswahl und Anordnung Ihrer Gestaltungselemente.

Tipp: Halten Sie in Ihrer Skizze auch fest, über welche historischen Themen/Fragen zur Geschichte des deutsch-polnischen Verhältnisses Sie genauer Bescheid wissen müssten, um diese Aufgabe im Sinne einer weiterhin guten Beziehung beider Länder zu erfüllen.

Kapitel 3.2, S. 280–293: Ursprünge und Auflösung des Königreichs Polen

S. 284: Hilfe zu Aufgabe 2

Verwenden Sie folgende Basisbegriffe und -daten und ergänzen Sie sie mit eigenen:
– Lubliner Union 1569
– Liberum veto
– Königswahl
– Teilungsmächte

- 1772
- Verfassung 1791
- Kościuszko-Aufstand
- 1793
- 1795

S. 286: Hilfe zu M 6, Aufgabe 1 b

Unterscheiden Sie:
- Ursachen,
- Ziele,
- tatsächliche Abläufe,
- Folgen.

S. 286: Zusatzaufgabe zu M 4–M 6

3 Setzen Sie sich kritisch mit dem Begriff „Ostkolonisation" auseinander, der früher für den Landesausbau in Osteuropa verwendet wurde (siehe Darstellung, S. 282, und recherchieren Sie eigenständig).

S. 287: Zusatzaufgabe zu M 10

3 Untersuchen Sie die Frage, welche Haltung eigentlich Großbritannien, das im 18. Jahrhundert ebenfalls eine Großmacht war, zu den Teilungen Polens eingenommen hat. Erläutern und erklären Sie die britische Position. Recherchieren Sie hierzu eigenständig.

S. 292: Zusatzaufgabe zu M 1

3 Erklären Sie in Quelle M 1 die Übereinkunft in den Zeilen 10–14 (zum Tragen regionaler Herrschaftstitel durch die Regenten der drei Großmächte).

S. 293: Hilfen zu M 3, Aufgabe 3

Personen am Tisch (von links nach rechts):
- König Ludwig XV.
- Kaiser Joseph II.
- König Friedrich II.
- Zarin Katharina II.

Personen stehend:
- König Stanisław II. (links)
- Sultan Abdülhamid I. (rechts)

Unter dem Tisch:
eine Teufelsfigur, der im englischen Begleittext zur Karikatur von 1774 die Worte zugeschrieben sind: „Obwohl Sie seinen (Friedrichs II.) Willen erfüllt haben, werden sie den Raub nicht lange genießen können."

Schriftzug unter dem Bild (deutsche Übersetzung):
„Das Königreich Stanislaws steht nicht auf dem Spiel. Für vier solche Mägen ist es bloß ein Lot-Kuchen."

Kapitel 3.3, S. 294–313: Nationalismus und Nationalstaatsbildung im 19. Jahrhundert: Deutschland und Polen im Vergleich

S. 301: Hilfe zu Aufgabe 2

Beginnen Sie z. B. mit dem Gegensatz „liberale Nationalbewegung" versus „Adel". Denken Sie auch z. B. an politische Strömungen, Parteien, Personen, soziale Gruppen. Beschränken Sie sich auf die Beispiele Deutschland und Polen.

S. 304: Zusatzaufgabe zu M 6 und M 7

4 Stellen Sie sich vor, Sie sollen angesichts eines Jahrestages zur Erinnerung an die Posendebatte 1848 in Frankfurt/Main einen Leserbrief verfassen. Verfassen Sie diesen
 a) entweder aus der Sicht einer Zeitgenossin bzw. eines Zeitgenossen oder
 b) aus Ihrer heutigen Sicht.

S. 304: Hilfe zu M 8, Aufgabe 5

Dargestellt sind u. a.: eine weibliche Statue, eine Christus-Figur im Himmel; Schriftzüge u. a.: „*Droits de l'homme*", „*Fraternité*"; verschiedene Flaggen, am linken Bildrand: die amerikanische Flagge.

S. 306: Hilfe zu M 10, Aufgabe 2 b

Literaturtipps:
- Beate Althammer, Das Bismarckreich 1871–1890, Paderborn 2009.
- Christian Jansen, Gründerzeit und Nationsbildung 1849–1871, Paderborn 2011.
- Volker Ullrich, Otto von Bismarck, Reinbek bei Hamburg 1998.

S. 306: Zusatzaufgabe zu M 11

2 Formulieren Sie eine eigene These oder Definition des Nationalstaatsbildungsprozesses in Deutschland bis 1871.

S. 307: Hilfe zu M 13, Aufgabe 1

Schriftzüge u. a.:
- „Neu-Jerusalem am fränkischen Jordan."
- „Kaiser Wilhelm-Denkmal"
- „Einziges judenfreies Hotel in Frankfurt/M."
- „Hauptbahnhof rechter Ausgang"

S. 311: Zusatzaufgabe zu M 1 und M 2

3 a) Recherchieren Sie im Internet nach weiteren Personen, die neben der Person in M 1 (siehe S. 310) den Text M 2 mitunterzeichnet haben.
 b) Entwerfen Sie Kurzporträts; gehen Sie dabei insbesondere auf soziale Herkunft und politische Haltungen der Unterzeichner ein.

S. 312: Hilfe zu M 1 a und b, Aufgaben 1 und 2
Formulierungshilfen:
antiquiert: veraltet
charismatische Herrschaft: Herrschaft, die auf der besonderen Ausstrahlung einer Person beruht sowie auf einem Volk, das dieser Person aufgrund seiner Ausstrahlung folgt. Der Begriff wurde 1919 von dem Soziologen Max Weber geprägt.
exklusiv/Exklusionsdenken: politisches Denken, das als „anders" erklärte Menschen aus der Gesellschaft ausschließt.
Legitimität: Rechtmäßigkeit einer Herrschaft. Gemeint ist die rechtliche Anerkennung einer Herrschaft, z. B. eines Königs oder einer Regierung, durch Bezug auf gemeinsame höhere Werte, z. B. das Gottesgnadentum oder den Mehrheitswillen.
Nimbus: Ansehen, Glanz, Ruhm
primär: vor allem
sakrosankt: unantastbar, heilig
sozialpsychisch: Erlebnis- und Verhaltensweisen von Menschen unter dem Einfluss von gesellschaftlichen Bedingungen.
Status quo: gegenwärtiger Zustand
Stigmatisierung: Diskriminierung, Anprangern
Weitere Fachbegriffe und Personen:
siehe im Begriffs- und Personenlexikon

Kapitel 3.4, S. 314–335: Konfliktfeld Nationalstaat: Deutschland und Polen von 1871 bis in die 1920er-Jahre

S. 327: Zusatzaufgabe zu M 14
3 **Wahlaufgabe:** Bearbeiten Sie Aufgabe a oder b.
  a) **Zeitungsartikel:** Entwickeln Sie aus zeitgenössischer Perspektive in schriftlicher Form einen Lösungsansatz, um aus dem in M 14 (Z. 323) konstatierten „Teufelskreis" der Unterdrückung herauszukommen.
  b) **Eine Konferenz nachspielen:** Versetzen Sie sich in die Situation der Zeitgenossen und halten Sie eine deutsch-polnische Konferenz ab, auf der die Beteiligten Lösungsmöglichkeiten für den Umgang mit den jeweiligen Minderheiten erarbeiten.

S. 327: Hilfe zu M 15, M 16, Aufgabe 1
Literaturtipp (im Internet als PDF über die Online-Seite des Herder-Instituts einsehbar):
– Juliane Haubold-Stolle, Mythos Oberschlesien in der Weimarer Republik, in: Heidi Hein-Kirchner, Hans Henning Hahn: Politische Mythen im 19. und 20. Jahrhundert in Mittel- und Osteuropa, Verlag Herder-Institut, Marburg 2006, S. 279–300.

S. 328: Zusatzaufgabe zu M 17
4 Stellen Sie das Leben Gustav Stresemanns und sein politisches Wirken in der Weimarer Republik in einem Kurzreferat vor und beurteilen Sie insbesondere seine Rolle in der Außenpolitik.

S. 329: Zusatzaufgabe zu M 18, M19
3 Recherchieren Sie ausgehend von M 4, S. 321, im Internet nach einem Veranstaltungsprogramm einer polnischen Grunwald-Feier (die seit 1998 jährlich im Juli in Grunwald begangen werden). Fassen Sie das Programm zusammen und nehmen Sie Stellung.

S. 334: Hilfe zu M 1, Aufgabe 1
Dargestellt ist u. a. ein Grenzpfahl, auf dem die Figur eines Adlers zu sehen ist.
Methodische Hilfe: Siehe die systematischen Arbeitsschritte zur Analyse von Plakaten, S. 332.

S. 335: Hilfe zu M 2, Aufgabe 1
Inhaltlicher Hinweis: Denken Sie dabei auch an die zentralen Begriffe „nationale Stereotypen" und „nationale Mythen".
Methodische Hilfe: Siehe die systematischen Arbeitsschritte zur Analyse von Karikaturen.

Kapitel 3.5, S. 336–353: Die deutsche Besatzung Polens im Zweiten Weltkrieg

S. 343: Zusatzaufgabe zu M 7
3 Entwickeln Sie eine Beschreibung Osteuropas für den Fall, dass die Deutschen den Zweiten Weltkrieg gewonnen hätten.

S. 344: Zusatzaufgabe zu M 10
3 Recherchieren Sie im Internet zu weiteren Berichten zum Umgang der deutschen Besatzer im Generalgouvernement.

S. 346: Zusatzaufgabe zu M 16
3 Recherchieren Sie zu weiteren Fotos aus dem Warschauer Ghetto und stellen Sie die brutalen Lebensbedingungen mithilfe einer Fotocollage dar.

Kapitel 3.6, S. 354–371: Das deutsch-polnische Verhältnis nach dem Zweiten Weltkrieg

S. 364: Zusatzaufgabe zu M 9
Vergleichen Sie die Denkschrift mit der Charta der Heimatvertriebenen, die 1950 veröffentlicht wurde (M 7).
Beurteilen Sie, welches Dokument eher zur Versöhnung
angelegt war.

S. 365: Zusatzaufgabe zu M 10
3 Verfassen Sie ein Antwortschreiben aus Sicht der deutschen Bischöfe.

S. 367: Zusatzaufgabe zu M 16
3 Erklären Sie mithilfe des Darstellungsteils und einer Recherche die Reaktionen auf den Kniefall in der Bundesrepublik Deutschland und in Polen.

Kapitel 3.7, S. 372–381: Kernmodul

S. 374: Hilfe zu M 1, Aufgabe 1
Ordnen Sie den Text zunächst in Abschnitte und geben
Sie diesen Überschriften. Sie können die folgenden, *in ungeordneter Reihenfolge*(!) aufgeführten stichpunktartigen Vorschläge nutzen:
– Erörterung des Problemkreises, Nationsvorstellungen seien „begrenzt".
– Kernproblem des Nationalismus und Ursachen dieses Problems nach Anderson
– Erörterung des Problemkreises, Nationen seinen „souverän"
– Drei Paradoxa (d. h. Widersprüchlichkeiten) des Nationen-Begriffs
– Andersons Definition von Nation
– Erörterung des Problemkreises Nationen als „Gemeinschaften"
– Erörterung des Problemkreises „Erfindung" oder „Vorstellung" von Nationen

S. 374: Zusatzaufgabe zu M 1
4 **Wahlaufgabe:** Bearbeiten Sie Aufgabe a), b) oder c). Entwerfen Sie eine kurze Präsentation, in der Sie Andersons Konzept von Nation auf eine andere Nation als Deutschland oder Polen anwenden:
a) auf die USA,
b) auf Frankreich,
c) auf eine Nation Ihrer Wahl.

S. 375: Hilfe zu M 2, Aufgabe 1 a)
Nutzen Sie für Ihre Tabelle folgende Leitfragen:
– Wie entstehen Nationen, Nationalstaaten, Nationalismus?
– Wer definiert Nation?
– Welche Merkmale zeichnen eine Nation aus?
– Welche Kriterien sind bei der Begriffsbestimmung der Nation entscheidend?
– Welche Formen von Nationen gibt es?
– Welche Folgen haben nationales Denken und Fühlen für die Menschen, die sich zu einer nationalen Gemeinschaft bekennen?

S. 378: Hilfe zu M 4, Aufgabe 1 b)
Cluster-Methode:
Schritt 1: Blatt Papier vor sich hinlegen (am besten im Querformat).
Schritt 2: Kernbegriff oder Frage oder Thema in die Mitte schreiben, umkreisen.
Schritt 3: Gedanken freien Lauf lassen und alle Einfälle (Definitionen, Fragen, verwandte Themen, Teilaspekte) in neuen Kreisen um den Kernbegriff gruppieren; alle verwandten Gedanken durch Linien miteinander verbinden.
Schritt 4: Wenn die Suche abgeschlossen ist, nach weiteren Verbindungen und Zusammenhängen zwischen den gefundenen Aspekten suchen und weitere Verbindungen markieren.

S. 380: Hilfe zu M 6, Aufgabe 2
Als Starthilfe der Hinweis auf z. B. folgende Begriffe, die Sie verwenden können. Suchen Sie weitere:
– Ostbesiedlung
– Polenbegeisterung
– Posenfrage

S. 381: Zusatzaufgabe zu M 7
5 a) Sichten Sie das folgende Erklärvideo zum Thema „Nationalismus".

cornelsen.de/Webcodes
Code: hakedo

b) Überprüfen Sie, inwiefern die Aussagen und Erklärungen zum Nationalismus im Erklärvideo mit Ihren Merkmalen zum Begriff Nationalismus (Aufgabe 3) übereinstimmen.
c) Verbessern Sie kritische Aussagen im Video.
d) Erstellen Sie in Gruppen zu Ihrer jeweiligen Nationalismus-Definition ein eigenes kurzes Erklärvideo.

Kapitel 3.8, S. 382–391: Wahlmodul – Der Erste Weltkrieg

S. 386: Zusatzaufgabe zu M 5
4 Recherchieren Sie zu Feldpostbriefen aus Ihrer Heimatgemeinde. Stellen Sie Ihre Beispiele im Kurs vor.

S. 387: Zusatzaufgabe zu M 9
4 Verfassen Sie einen Brief aus der Perspektive einer deutschen Frau an ihren im Feld stehenden Mann im Jahre 1917.

S. 389: Zusatzaufgabe zu M 11/M 12
3 Verfassen Sie einen Bericht zum Ersten Weltkrieg für eine Ausgabe der Schülerzeitung an Ihrer Schule.

Kapitel 3.9, S. 392–399: Wahlmodul – Nationalsozialismus und deutsches Selbstverständnis

S. 397: Zusatzaufgabe zu M 5
3 Schauen Sie sich im Internet auf der Seite der Bundeszentrale für politische Bildung den Videobericht einer Tagung mit dem Thema „Volksgemeinschaft als Terror und Traum" an und erklären Sie, was der Tagungstitel bedeuten soll.
Link: http://www.bpb.de/mediathek/194406/volksgemeinschaft-als-terror-und-traum

Kapitel 4.2, S. 424–447, Geschichte im Film

S. 431, Zusatzaufgabe zu M 5
5 **Gruppenarbeit:** Entwerfen Sie in Gruppen ein Mahnmal für die Frauen von Ravensbrück. Bedenken Sie sowohl einen möglichen Standort als auch Größe, Material und ggf. Erläuterungstafeln.

S. 434, Zusatzaufgabe zu M 9, M 10
4 Untersuchen Sie anhand eigener Recherchen, wie die historische Figur des Hunnenkönigs Attila im Mittelalter, im 19. Jahrhundert oder im 20. Jahrhunderts „geschichtskulturell" verarbeitet wurde.
Tipp: Geschichtskulturell ist hier im weiten Sinne zu verstehen und meint z. B. mittelalterliche Dichtungen, Theaterstücke und Gemälde des 19. Jahrhunderts, andere Filme aus dem 20. Jahrhundert.

Lösungen zu den Methodenseiten

Zu Kapitel 1.2, S. 36–37: Schriftliche Quellen interpretieren

1. Leitfrage
Wie reagieren die nordamerikanischen Kolonien auf das Stempelsteuergesetz 1765?

2. Analyse
Formale Aspekte
Quellengattung: amtliches Schriftstück der Stadt Braintree in Massachusetts „Anweisungen zum britischen Stempelsteuergesetz" -> Primärquelle/Überrest; vermutlich stammt der Text aus der Einleitung der Schrift, die eigentlichen Anweisungen fehlen.
Autor: John Adams (1735–1826), geb. in Braintree, angesehener Anwalt. Er vertrat die Kolonie Massachusetts auf dem Ersten und Zweiten Kontinentalkongress (1775/1776) und war Mitautor der Verfassung von Massachusetts sowie der Unabhängigkeitserklärung. 1789 bis 1797 Vizepräsident, 1797 bis 1801 Präsident der USA.
Entstehung: Am 14. Oktober 1765, sieben Monate nach dem Stempelsteuergesetz, wurde die Anweisung von der Stadt Braintree veröffentlicht. Braintree ist eine Stadt in der Neuenglandkolonie Massachusetts mit puritanischer Prägung.
Adressat: Öffentlichkeit der Stadt Braintree, darüber hinaus die Öffentlichkeit von Massachusetts sowie die britischen Behörden in den Kolonien bzw. Regierung und Parlament im Mutterland.

Inhaltliche Aspekte
Textaussagen: Im Zentrum des Textes steht die Feststellung, dass die Stempelsteuer unrechtmäßig sei und die Stadt Braintree deshalb auf parlamentarischer Ebene Widerspruch einlege mit dem Ziel der Abschaffung der Steuer. Anschließend werden verschiedene Argumente aufgeführt. Es wird argumentiert, dass wichtige Rechte und Freiheiten der Bewohner der Kolonien nicht nur beschnitten, sondern sogar geraubt worden seien. Es wird die Verfassungswidrigkeit der Steuer festgestellt und auf die weitreichenden hohen Strafen bei Zuwiderhandlung sowie die Problematik der Gerichtsbarkeit des Admiralsgerichts hingewiesen. Außerdem werden die negativen Folgen für das Wirtschaftsleben des Landes erwähnt. Abschließend werden noch einmal grundsätzliche Belege für die Verfassungswidrigkeit aufgezählt und genauer erläutert: Prinzip des *„no taxation without representation"*, Verstoß gegen Freiheitsrechte, Verletzung von Eigentumsrechten. Daraus wird die Schlussfolgerung gezogen, dass es sich bei der Rechtsgrundlage für die Stempelsteuer um ein fiktives Recht handeln müsse.

Textsprache: Der Text ist engagiert, aber in sachlicher Sprache verfasst und argumentativ aufgebaut.
Schlüsselbegriffe:
– Rechte, Freiheit rauben
– Verfassungswidrigkeit
– Behinderung des Geschäftslebens (Handel, Verkehr)
– Recht und Machtbefugnis des Mutterlandes
– Recht auf Eigentum
– fiktives Recht

3. Historischer Kontext
Die Anweisung wurde sieben Monate nach Erlass des britischen Stempelsteuergesetzes veröffentlicht. Die wirtschaftlichen Belastungen durch die Steuer waren stark spürbar. Insgesamt litt die Neuenglandkolonie Massachusetts besonders stark unter Steuern und Zöllen, da es viel Handel und Gewerbe gab. Im Oktober 1765 tagte der Stempelsteuerkongress mit Vertretern aus neun nordamerikanischen Kolonien in New York. Der Stempelsteuerkongress beschäftigte sich auf überregionaler Ebene mit der Stempelsteuer und protestierte mit den gleichen Argumenten wie die Stadt Braintree gegen die britische Steuer. Zeitgleich kam es auch zu zum Teil gewaltsamen Protesten auf den Straßen, zu Boykotten von britischen Produkten sowie zur Blockade von britischen Steuereinrichtungen. 1766 wurde die Stempelsteuer von der britischen Regierung zurückgezogen.

4. Urteil
Sachurteil
Die Quelle ist repräsentativ für die Neuenglandkolonie. In der von Gewerbe und Handel geprägten Kolonie stellten die britischen Steuern und Zölle eine besondere Belastung dar. Die angeführten Argumente, vor allem der Verweis auf den Grundsatz, dass keine Steuerbewilligung rechtmäßig sein könne, wenn nicht die Betroffenen selbst an der Abstimmung beteiligt seien, wurden auch auf dem Stempelsteuerkongress vertreten. Die Anweisungen der Stadt Braintree zeigen deutlich die Bereitschaft, sich der britischen Steuerpolitik zu widersetzen. Ausdrücklich beschränkte man sich zunächst auf den parlamentarischen Weg des Protestes, doch weitere Maßnahmen wurden nicht ausgeschlossen und waren tatsächlich auf den Straßen der Städte auch schon zu sehen. Bewusst wählten die Stadtverantwortlichen den diplomatisch-politischen Weg und hofften auf britisches Nachgeben. Die Argumente wurden dabei mit rechtlicher Präzision und großem Nachdruck vorgetragen.

Werturteil
Die Anweisungen der Stadt Braintree haben aus heutiger Sicht ihre klare Berechtigung. In einer parlamentarischen Demokratie werden nicht nur Steuergesetze, sondern alle Gesetze vom Parlament verabschiedet. Und im Parlament sitzen die gewählten Vertreter aller Bürger. In einem Kolonialsystem des 18. und 19. Jahrhunderts war es jedoch nicht üblich, dass die Bewohner der Kolonien bei Gesetzen und Steuern mitbestimmen durften. Bei den nordamerikanischen Kolonien handelte es sich aber insofern um einen Sonderfall, als die protestierenden Bewohner europäische Einwanderer waren und die gleichen Rechte wie ihre britischen Landsleute für sich in Anspruch nahmen. In den dreizehn Kolonien bildeten sie die Mehrheit der Bevölkerung. Die indigene Bevölkerung Amerikas war in andere Gebiete verdrängt worden und über deren Rechte auf Mitbestimmung sowie über die Rechte der afrikanischen Sklaven dachte niemand nach. Der Streit um die Stempelsteuer spiegelt also grundsätzliche Probleme im Verhältnis der nordamerikanischen Kolonien zu Großbritannien in der zweiten Hälfte des 18. Jahrhunderts wider. Die Kolonien befanden sich bereits in einem Prozess der allmählichen Loslösung auf wirtschaftlicher, ideeller und politischer Ebene.

Zu Kapitel 1.3, S. 56–57: Darstellungen analysieren

1. Leitfrage
Wie wurden aus treuen Untertanen Rebellen, die für die Unabhängigkeit ihres Landes eintraten?

2. Analyse
Formale Aspekte
Autor: Jürgen Heideking (1947–2000), deutscher Historiker und bis zu seinem Tod Direktor des Instituts für angloamerikanische Geschichte der Universität Köln.
Textsorte: fachwissenschaftliche Darstellung
Thema: die ideologischen Ursprünge der Amerikanischen Revolution Veröffentlichung: 1996 in erster Auflage erschienenes Buch mit dem Titel „Geschichte der USA"
Adressaten: wissenschaftliche sowie breitere Öffentlichkeit
Intention: Der Autor möchte einen einführenden Überblick über die Geschichte der USA geben. Er will Voraussetzungen, Verlaufsformen und Begleiterscheinungen der Geschichte des Aufstiegs der englischen Kolonien zur dominierenden Macht im 20. Jahrhundert analysieren.

Inhaltliche Aspekte
Wesentliche Textaussagen:
- der Wandel auf ideeller Ebene hat sich erstaunlich rasch vollzogen
- die Ursprünge des Streits zwischen den nordamerikanischen Kolonien und Mutterland spielten sich auf „geistig-ideologischer" Ebene ab
- wirtschaftliche Interessen spielten eine kleinere Rolle als die Rechtsfragen
- Widerstand der Kolonisten beruhte „auf einem Geflecht von Denkgewohnheiten, Verhaltensweisen und Wertvorstellungen" (Z. 18 ff.)
- die gebildeten Kolonisten orientierten sich an verschiedenen Quellen: englische Juristen, liberale Natur und Vertragsrechtslehre von John Locke, Literatur der Aufklärung
- besonders einflussreich war die englische Oppositionsliteratur
- es entstand eine eigene „spezifisch amerikanische Country-Ideologie" (Z. 34), die v.a. durch Misstrauen gegenüber Macht, Wertschätzung bürgerlicher Tugenden und Freiheitsliebe gekennzeichnet war
- alle Ereignisse seit 1763 wurden aufgrund dieser Denkmuster als „Anschlag auf das Selbstbestimmungsrecht der Kolonisten" (Z. 51 f.) empfunden Überzeugung des Autors: Jürgen Heideking betont die ideellen Ursachen der Amerikanischen Revolution und unterstreicht damit ihren grundsätzlichen Charakter. Es sei nicht aufgrund materieller Belastungen durch die Steuern zum Bruch gekommen, sondern durch das Selbstbewusstsein und eine wachsende amerikanischkoloniale Identität. Die Unabhängigkeit und die Revolution sind für ihn deshalb schon 1763 unausweichlich.

3. Historischer Kontext
Jürgen Heideking setzt sich in diesem Textauszug mit der Vorgeschichte der Amerikanischen Revolution auseinander, als deren „offiziellen" Anfangspunkt er die Ereignisse von Lexington und Concord (Z. 8 f.) nennt. Mit diesen Kämpfen vom 18. und 19. April 1775 in Massachusetts zwischen britischen Soldaten und nordamerikanischen Milizen begann der Unabhängigkeitskrieg. Die Vorgeschichte beginnt Heideking mit dem Jahr 1763, also dem Ende des *French and Indian War* sowie der veränderten britischen Kolonialpolitik in Nordamerika durch eine Proklamation Georgs III. Es folgten die verschiedenen Steuergesetze (Zuckergesetz, 1764; Stempelsteuergesetz, 1765; Townshend-Gesetz, 1766) sowie der Ausbau der Kolonialverwaltung, stärkere Präsenz der britischen Soldaten in den Städten sowie die Zwangsmaßnahmen gegen Massachusetts nach der *Boston Tea Party* 1773/74.

4. Urteil
Der Text ist überzeugend sowohl im Hinblick auf die fachliche Richtigkeit als auch auf die Schlüssigkeit der Darstellung. Jürgen Heideking greift die Feststellung des Zeitgenossen und Akteurs John Adams auf, die Revolution habe in den Köpfen der Menschen stattgefunden

(Z. 6 f.), und belegt sie mithilfe von Sekundärliteratur und eigener Überlegungen. Bei seinen eigenen Thesen stellt er einen Zusammenhang her zwischen juristischen und philosophischen Schriften einerseits und dem Denken und den Werten der Kolonisten andererseits. Allerdings belegt er den Zusammenhang nicht mit Textausschnitten, sondern beschränkt sich auf die Nennung von prägenden Denkmustern. Diese Verkürzung ist vermutlich der Tatsache geschuldet, dass es sich um eine Überblicksdarstellung zur gesamten Geschichte der USA handelt, in der einzelnen Themen nicht viel Raum eingeräumt werden kann. Mit der Schlussfolgerung, dass die neuen Denkmuster der Kolonisten die Revolution bereits 1763 unausweichlich gemacht hätten, leistet er einen Beitrag zur Debatte um den Beginn der Revolution und ihre Vorgeschichte. Die Mehrheit der Historiker setzt den Beginn der Amerikanischen Revolution mit dem Jahr 1763 an (vgl. Michael Hochgeschwender, S. 19; Volker Depkat, S. 54 f.), sieht eine Unausweichlichkeit jedoch erst in den 1770er-Jahren gegeben. Außerdem positioniert sich Heideking in der historischen Debatte, indem er die Bedeutung von Mentalitäten, also Denkmustern und Werten, betont, die das Verhalten stärker strukturieren als wirtschaftliche Interessen etc. Das ist gerade in Bezug auf die Leitfrage aus heutiger Sicht sehr überzeugend. Verändertes, neues Denken ist ein wichtiger Faktor für gesellschaftliche Umbrüche bzw. Revolutionen (Studentenrevolte 1968, Friedliche Revolution 1989). Es kann friedliche Untertanen zu Rebellen machen. Doch darf man auch die „materiellen" Rahmenbedingungen wie „Diktatur", „Armut" oder „fehlende Zukunftsperspektiven" nicht vergessen.

Zu Kapitel 1.3, S. 58–59: Ein historisches Urteil entwickeln

Analyse der Darstellung

In dem vorliegenden Textauszug, entnommen dem Vorwort des Bandes „Sie schufen Amerika. Die Gründergeneration von John Adams bis George Washington", in deutscher Übersetzung 2005 erschienen, setzt sich der US-amerikanische Historiker Joseph J. Ellis mit der Bedeutung der Amerikanischen Revolution sowohl in der Geschichte als auch in der Wahrnehmung der Menschen auseinander. Er stellt dabei die These auf, dass es einen Kontrast gibt zwischen der einerseits völlig offenen Entwicklung der Ereignisse im historischen Kontext und der nachträglichen Deutung als „schicksalhafte Vorbestimmung". Ellis argumentiert zunächst, dass bereits einige Zeitgenossen wie Thomas Paine und Thomas Jefferson die Revolution als unausweichlich gedeutet haben. Dabei berufen sie sich auf die Logik und die Selbstverständlichkeit der Werte der Revolution. Doch erst durch den Erfolg der politischen Ideale im 19. und 20. Jahrhundert im Zuge der Errichtung von Demokratien in Europa sowie der Dekolonialisierung wurde die Amerikanische Revolution als Ausgangspunkt im kollektiven Gedächtnis verankert. Das ursprünglich „republikanische Experiment" (Z. 32) wurde trotz zahlreicher Widerstände zur politischen Norm der modernen Welt. Zu dieser Norm zählt Ellis eine auf dem Prinzip der Volkssouveränität beruhende repräsentative Staatsverfassung sowie eine auf den Energien der einzelnen Bürger aufbauende Marktwirtschaft. Ellis folgert weiter, dass die Selbstverständlichkeit dieser Normen heute und das Vertrauen in ihre Stabilität in der rückblickenden Deutung sowohl die Amerikanische Revolution also auch die weitere amerikanische Geschichte als „unausweichlich", ja sogar als „vorherbestimmt" erscheinen ließen. Damit seien gleichzeitig alle Faktoren, die gegen eine Revolution und ihren Erfolg gesprochen hätten, ausgeblendet worden, z. B. die Stärke der britischen Militärmacht, die Instabilität republikanischer Regierungssysteme oder die mangelnde bisherige Kooperation der dreizehn Kolonien. Abschließend formuliert Ellis für seine in den Hauptkapiteln folgenden Ausführungen den Anspruch, die Leistungen und Aspekte zu würdigen, die für den Erfolg der Amerikanischen Revolution gesorgt hätten.

Sachurteil

Zunächst kann festgestellt werden, dass Joseph J. Ellis Personen, Ereignisse und Entwicklungen historisch korrekt darstellt. Seine Argumentation ist überwiegend in sich stimmig. In seiner Ausgangsthese unterscheidet er zwei Ebenen, die Revolution im historischen Kontext und die nachträgliche Deutung bis heute. Der dauerhafte Erfolg der Revolution und die Etablierung ihrer Werte als weltweite Norm hätten die Revolution und ihren Ausgang rückblickend als unvermeidbar erscheinen lassen. Dies ist ein gängiges Muster. Der Erfolg kann den Blick auf die Risiken und auf die Offenheit bzw. sogar Zufälligkeit von historischen Ereignissen verstellen. Unstimmig ist jedoch der Verweis auf einige Zeitgenossen, die die Ereignisse bereits während der Revolution als unausweichlich deuteten. Damit wollten sie wahrscheinlich vor allem ihre Rolle als „Helden" und „Akteure der Bestimmung" betonen, jedoch belegen sie auch, dass bereits im historischen Kontext die Revolution als wegweisend wahrgenommen wurde.

Die Differenziertheit der Argumentation von Ellis muss kritisch beurteilt werden. Seine Kernthese von der rückblickenden Überhöhung der Revolution als schicksalhaft infolge der zwei jahrhundertelangen erfolgreichen Kämpfe um ihre Werte ist sehr überspitzt und schablonenartig. Als Belege finden sich viele ziemlich pauschale Verallgemeinerungen wie „überall in Asien, Afrika und

Lateinamerika" (Z. 26) oder „alle alternativen Formen der politischen Organisation [...] scheinen vergebliche Rückzugsgefechte zu führen" (Z. 42 ff.). Dies ist zum Teil sicherlich der Tatsache geschuldet, dass es sich bei dem Textausschnitt um die Einleitung zu einem Buch über die Gründerväter der USA handelt. Es gibt hier keinen Raum für differenzierte Analysen, es soll knapp auf die besonderen Leistungen der Gründerväter hingeführt werden, die dann im Buch dargelegt werden. Letztlich überzeugt der Ansatz, dass bei einer Beurteilung der Amerikanischen Revolution zwischen den Zeitgenossen und den nachfolgenden Generationen unterschieden werden muss. Sie sind bei ihren Deutungen ihrem jeweiligen historischen Kontext verhaftet. Und zu diesem Kontext gehört für die Generationen um die Jahrtausendwende auch, dass die durch die Amerikanische Revolution erstmals umgesetzten Werte zu anerkannten Normen der westlichen Welt wurden. Außerdem ist Ellis zuzustimmen, wenn er die Leistung der Akteure der Revolution nicht vom Ende, also dem Erfolg, aus betrachten möchte, sondern die Risiken und Unwägbarkeiten auf ihrem Weg in den Vordergrund stellen will.

Werturteil

Aus der heutigen Sicht nimmt die Amerikanische Revolution einen hohen Stellenwert ein. Sie wird einerseits gemeinsam mit der Französischen Revolution von 1789 als Ausgangspunkt für die Etablierung von modernen Demokratien betrachtet. Insbesondere die Niederschrift der Menschen- und Bürgerrechte sowie die Verantwortlichkeit eines von der Mehrheit der Bürger gewählten Gremiums für die Gesetze waren wichtige Schritte, die wir heute jedoch für selbstverständlich halten. Andererseits erhält die Amerikanische Revolution ihre Bedeutung, da sie den Gründungsakt für die spätere „Supermacht" USA bildete. Die rückblickende Überhöhung der Revolution als gottgewolltes Schicksal und das damit einhergehende Auserwähltheitsgefühl der USA zeigen im Allgemeinen Mechanismen der nationalen Identitätsbildung, aber im Besonderen auch die Gefahren von Gründungsmythen, wenn diese dafür sorgen, dass sich eine Nation über die anderen stellt.

Zu Kapitel 1.4, S. 78–79: Verfassungsschaubilder interpretieren

1. Historische Einordnung
- Staat: Deutsches Reich
- Verabschiedung: 16. April 1871, durch den Reichstag
- Inkraftsetzung: 4. Mai 1871
- Gültigkeitsdauer: blieb faktisch bis zum 9. November 1918 in Kraft; formalrechtlich aufgehoben mit der Weimarer Reichsverfassung vom 14. August 1919

2. Verfassungsorgane

Verfassungsorgane: Deutscher Kaiser, Reichskanzler, Reichsregierung (Exekutive), Landesregierungen der 25 Bundesstaaten, Reichstag, Bundesrat (Legislative), keine Judikative

Zusammensetzung und Aufgaben bzw. Befugnisse der Institutionen (exemplarisch):

- Deutscher Kaiser: zugleich König von Preußen; Aufgaben: Ernennung des Reichskanzlers, Oberbefehl über das Heer, Einberufung und Auflösung des Reichstages
- Reichstag: 397 Abgeordnete; Aufgaben: Etatbewilligung, Gesetzesinitiative und -beschlüsse, „Kontrolle" des Reichskanzlers
- Bundesrat: 58 Vertreter der Landesregierungen (17 aus Preußen); Aufgaben: Verwaltungsvorschriften für das Reich, Zustimmung zu Gesetzesbeschlüssen des Reichstages, Kontrolle der Exekutive (Reichsregierung)

3. Machtverteilung
- stärkste verfassungsrechtliche Stellung der Exekutive (Kaiser und Reichskanzler)
- Kaiser: fehlende demokratische Legitimation als Staatsoberhaupt; seine Macht war zwar an die Verfassung gebunden, seine Befugnisse entsprechen jedoch z. T. den Befugnissen eines vorkonstitutionellen Monarchen (vgl. Aufgaben bzw. Befugnisse)
- Reichskanzler: leitet zwar Regierungsgeschäfte, eine politische Verantwortung bestand jedoch nur dem Kaiser und nicht dem demokratisch gewählten Reichstag (Legislative) gegenüber; war allerdings auf politische Mehrheiten angewiesen, da ohne die Zustimmung des Parlaments kein Gesetz in Kraft treten konnte

4. Rechte des Volkes

Wahlberechtigung: Die Abgeordneten des Reichstages wurden alle drei Jahre (ab 1888 alle fünf Jahre) nach dem allgemeinen, geheimen, gleichen und direkten Mehrheitswahlrecht für männliche Staatsbürger über 25 Jahre gewählt.

5. Struktur des Staates

Staatsform: konstitutionelle Monarchie

Staatsaufbau: föderaler Aufbau (Bundesstaat), da Einzelstaaten über den Bundesrat an der Gesetzgebung des Reiches beteiligt waren; keine gleichberechtigte Stellung der Bundesstaaten, weil der preußische Ministerpräsident zugleich Reichskanzler war und den Vorsitz im Bundesrat innehatte sowie Preußen im Bundesrat mit 17 von 58 Stimmen über eine Sperrminorität (Veto mit 14 Stimmen) verfügte

6. Kritik
Fehlende Aspekte:
- *Organe:* die 25 Landesparlamente als Bestandteil der Legislative
- Gewährung von Grundrechten (Hinweis: Da die Verfassungen der Bundesstaaten bereits eigene Grundrechtskataloge beinhalteten, wurden auf Bundesebene keine Grundrechte festgeschrieben.)

Zu Kapitel 1.5, S. 92–93: Historische Gemälde interpretieren

1. Leitfrage
Welcher Stellenwert wird der Verfassung der USA 150 Jahre nach ihrer Unterzeichnung von dem Bild zugewiesen?

2. Analyse
Formale Aspekte
Künstler: Howard Chandler Christy (1872–1952), US-amerikanischer Maler und Illustrator
Auftraggeber: Das Bild wurde 1939 offiziell vom Kongress in Auftrag gegeben, die Vorbereitungen liefen seit 1937.
Zweck der Entstehung: 150. Jahrestag der Verfassungsunterzeichnung
Entstehungszeit: 1937–40
Ausstellungsort: Das Bild hängt im Kapitol in Washington, D. C., im Flügel des Repräsentantenhauses.
Größe/Materialien: Öl auf Leinwand, 6,1 m × 9,15 m

Inhaltliche Aspekte
Beschreibung
Bildelemente: Der dargestellte Raum ist die „Independence Hall" in Philadelphia. Auf der rechten Seite befindet sich ein Podest mit zwei Stufen, darauf ein Stuhl und ein Tisch mit der zu unterzeichnenden Verfassung; rund um das Podest sitzen und stehen 36 Personen; drei Personen befinden sich auf dem Podest. An der rechten Wand sind antike Säulennachbildungen zu sehen, zwischen einer Tempelportalnachbildung hängen vier Fahnen: die Nationalflagge, eine Flagge eines Dragonerregiments aus Maryland und zwei Regimentsfahnen aus Massachusetts und New Hampshire. Im Hintergrund sind drei große Fenster zu sehen, zwei von ihnen sind geöffnet und lassen Licht herein, das andere ist halb verhängt. Ein prächtiger Kronleuchter hängt an der Decke.
Darstellung der Personen: Alle Personen sind feierlich gekleidet, sie sitzen oder stehen und richten ihren Blick nach vorne zu dem Podest mit der Verfassung; einige Personen werden hervorgehoben durch Licht, durch besondere Gesten (ausgestreckter Arm) oder durch ihre Platzierung im Bild. Im Fokus des Bildes befindet sich George Washington, stehend auf dem Podest nach der Unterzeichnung der Verfassung. Er nimmt eine aufrechte, fast heldenhafte Haltung ein, sein Blick wendet sich zu der wartenden Menge, es scheint, als nehme er ihre Ehrbezeugungen entgegen. Im Hintergrund unterzeichnet ein Delegierter die Verfassung und der Sekretär steht daneben. Ebenfalls hervorgehoben, in der Bildmitte im Vordergrund, werden Benjamin Franklin und Alexander Hamilton. Franklin sitzt mit hellblau-leuchtendem Anzug als „alte Eminenz", während der junge Alexander Hamilton (30 Jahre) ihm etwas ins Ohr sagt. James Madison sitzt rechts von ihnen. John Dickinson, der gar nicht an der Zeremonie teilnahm, ist ebenfalls abgebildet, allerdings kaum erkennbar im Hintergrund. In der rechten unteren Ecke befinden sich weitere Zuschauer, eine Person blickt den Betrachter des Bildes direkt an, ebenso wie der sitzende Franklin in der Bildmitte.
Bildkomposition: Das Bild ist in zwei Bereiche geteilt, die große Personengruppe auf der linken Seite und das Podest mit dem stehenden Washington rechts. Der Lichteinfall von den Fenstern streift die Zuschauer, bescheint u. a. den sitzenden Franklin, taucht aber vor allem den Podest mit der Verfassung in helles Licht. Washington steht praktisch neben der Lichtachse, wird mehr durch seine Haltung als durch das Licht hervorgehoben. Die Gruppe erscheint als ein harmonisches Ganzes. Raumgestaltung, Kleidung, Haltung und die Flaggen unterstreichen den festlichen Charakter der Zeremonie.
Darstellungsmittel: Das Bild besticht durch seine kräftigen Farben und die Lichteffekte. Licht und Schatten werden benutzt, um einerseits Personen hervorzuheben, aber andererseits auch die gesamte Gruppe von Einzelpersonen zusammenzuhalten. Der Maler orientierte sich bei der Darstellung der Personen an schon existierenden Porträts. Er besuchte die „Independence Hall" zur gleichen Tageszeit wie die Unterzeichnung der Verfassung, um die Lichtverhältnisse zu studieren. Er informierte sich über die zeitgenössische Kleidung. Er bediente sich teilweise einer fast impressionistischen Maltechnik mit leichten, kurzen Pinselstrichen. Das Bild weist aber auch Ähnlichkeiten zu Darstellungen von vergleichbaren Ereignissen (Unterzeichnung Unabhängigkeitserklärung, Ballhausschwur) aus dem 18. und 19. Jahrhundert auf und zeigt sich deshalb auch als klassisches Historiengemälde, das historische Authentizität und Sachlichkeit mit Verklärung und Heroisierung mischt.
Deutung
Das Bild vermittelt die herausragende Bedeutung der Verfassung der USA. Dabei werden neben dem auf dem Tisch liegenden Dokument vor allem die Personen in den Vordergrund gerückt, die Wichtiges zur Erarbeitung des Textes beigetragen haben: Hamilton, Madison und Franklin. Hamilton und Madison waren die führenden Föderalisten, die sich für eine starke Zentralmacht ein-

setzten. Doch sie sind in die Gruppe der Delegierten eingebettet, die zur Unterzeichnung erschienen sind. Washington ist als Präsident der Verfassungskommission und als designierter erster Präsident ebenfalls hervorgehoben. Er verhielt sich während der Verhandlungen möglichst neutral, über der Verfassung stehend, was auch im Bild durch seine besondere Position unterstrichen wird. Einige Delegierte wie John Dickinson fügte der Maler hinzu, obwohl sie nicht dabei waren, andere wurden weggelassen. Licht, Farben und offene Fenster signalisieren den Aufbruch in eine neue Zeit. Die prächtige Ausstattung unterstreicht den festlichen Charakter des Staatsaktes und den Anspruch des noch jungen Staates auf eine herausragende Bedeutung. Die Flaggen symbolisieren den nationalen Stolz, der sich auch wesentlich auf die militärischen Leistungen im Unabhängigkeitskrieg gründet.

3. Historischer Kontext

Seit dem 25. Mai 1787 hatte eine Verfassungskommission in Philadelphia in der „Independence Hall" mit 55 Delegierten aus zwölf Bundesstaaten (Rhode Island fehlte) getagt. Es kam zu grundsätzlichen Streitigkeiten um die Machtverteilung zwischen der Zentralmacht und den einzelnen Bundesstaaten und mehreren Kompromissvorschlägen. Am 17. September 1787 wurde der Entwurf mit einer Abschlussrede von Benjamin Franklin aus Pennsylvania beendet und von insgesamt 39 Delegierten der Bundesstaaten sowie einem Sekretär als Zeuge unterzeichnet. Anschließend erfolgte die Ratifizierung durch die einzelnen Bundesstaaten. Bis zum Schluss war nicht klar, ob wirklich alle Bundesstaaten zustimmen würden. Besonders knapp waren die Abstimmungen in Virginia, New York und Massachusetts mit 53 %. Als letzter Staat stimmte Rhode Island, das nicht an den Beratungen teilgenommen hatte, am 29. Mai 1790 mit 52 % zu. Das war gut ein Jahr nach der Vereidigung Washingtons zum Präsidenten.

Das Bild sollte die Verfassung zu ihrem 150. Jahrestag feiern. Die Probleme aus der Entstehungszeit rücken auf dem Bild in den Hintergrund, Harmonie, Macht und Nationalstolz stehen im Vordergrund. Besonders werden ganz im Sinne des Gründervatermythos einige Persönlichkeiten hervorgehoben. Die Verfassung ist gleichzeitig ein Gemeinschaftswerk sowie die Leistung einiger herausragender Politiker. Das Bild wurde von einer zentralen Institution des Staates, nämlich dem Kongress (bestehend aus Senat und Repräsentantenhaus) in Auftrag gegeben und 1940 offiziell übergeben. Obwohl seine Entstehung vor allem wegen der Kosten umstritten war, wurde es nun breit rezipiert. Kongressabgeordnete sowie Besucher des Kongresses gingen täglich an ihm vorbei.

4. Urteil

Durch seine Platzierung im Repräsentantenhaus sollte es das Staatsverständnis der USA illustrieren, in dem die Verfassung eine zentrale Rolle spielt. Es richtete sich sowohl an die Abgeordneten als auch an die Besucher des Kongresses sowie die gesamte Öffentlichkeit. Es gehört zu den bekanntesten Bildern der USA.

Es entspricht jedoch nur zum Teil den historischen Fakten. Von 55 Delegierten sind 39 dargestellt. Einige Personen wurden weggelassen, einige hinzugefügt. Da es keine weiteren Bilder von der Unterzeichnung des Entwurfes gibt, kann die Authentizität der Darstellung nicht abgeglichen werden. Da die Verhandlungen vor allem durch Streit und harte Debatten gekennzeichnet waren, muss der festlich-harmonische Charakter eher in Zweifel gezogen werden. Die ausführlichen Recherchen des Malers zu Kleidung, Räumlichkeiten, historischen Porträts der Teilnehmer sollen dem Bild aber einen authentischen Charakter verleihen und so die Kernaussage, dass die Verfassung eine zu feiernde Errungenschaft und zentraler Bestandteil des nationalen Selbstverständnisses der USA ist, unterstreichen. Aus heutiger Sicht ist diese Kernaussage gut verständlich und positiv zu bewerten. Die eigentlichen Unterzeichner der Verfassung hätten aber vermutlich mehr Probleme mit dem Bild gehabt, da sie noch mitten im Grundsatzstreit steckten und das republikanische Experiment alles andere als sicher war.

Zu Kapitel 2.2, S. 168–169: Schriftliche Quellen interpretieren

1. Leitfrage

In der Regel kann die Leitfrage aus der Aufgabenstellung abgeleitet werden. Ist dies nicht der Fall, ist ein eigenständiger Zugriff zu wählen. Hierfür sollte auf das jeweilige Theoriemodul zurückgegriffen werden. In unserem Beispiel bietet sich der Rahmen „Theorien zu Kulturkontakt und Kulturkonflikt" an, da der Text zentral die Beziehungen der Römer zu den Greutungen thematisiert. Aufeinander aufbauende Leitfragen könnten etwa lauten:
– Was führte zu dem Konflikt zwischen den Greutungen und den Römern?
– Welche Folgen hatte dieser Konflikt im Hinblick auf das Verhältnis zwischen Römern und Greutungen?
– Welche exemplarische Bedeutung im Hinblick auf die weitere historische Entwicklung kann diesem Konflikt beigemessen werden?

2. Analyse

Bei der *formalen Analyse* ist nicht so sehr ein auf Vollständigkeit angelegtes Abarbeiten der verschiedenen Stichpunkte gefragt als vielmehr eine auf das Wesentliche fokussierende, aspektgeleitete Quellenkritik.

Das *Thema* des Textauszugs ergibt sich bereits aus der Fragestellung. Hier ist von Bedeutung, dass es sich um eine Darstellung eines römischen Geschichtsschreibers in Form einer Textquelle handelt. Es wird ausschließlich die römische Perspektive wiedergegeben – Quellen, die die Sichtweise der Goten wiedergeben, sind nicht überliefert. Wichtig ist zudem, dass der Autor selbst Soldat war, also über Insiderwissen im Hinblick auf militärische Taktiken und Gepflogenheiten innerhalb der Militärs verfügte.

Bei dem *Genre* der Darstellung handelt es sich um eine „Gesta-Schrift" (*res gestae*), also einen Tatenbericht, der die Taten berühmter Persönlichkeiten bzw. ganzer Völker in chronologischer Anordnung, allerdings mit dem Hauptaugenmerk auf eine erklärende, kommentierende und deutende Narrativierung, darstellt.

Die *inhaltliche Analyse* benennt zunächst die Kernaussagen des Quellenauszugs mit Zeilenbeleg:

Z. 1–14: Die Goten tragen einem römischen Gesandten die Gründe vor, warum sie Partei für den Usurpator Prokop ergriffen hatten und damit das Friedensbündnis in Gefahr geraten ließen.

Z. 15–20: Valens akzeptiert die Begründung der Goten nicht und geht gegen diese militärisch außerhalb des Reichsgebietes vor.

Z. 21–32: Die Goten unter der Führung Athanarichs fliehen aus Angst vor einer militärischen Niederlage.

Z. 34–42: Schließlich geben die „Barbaren" auf, da ihnen der Konflikt auch wirtschaftliche Nachteile brachte: Der wichtige Handelsverkehr mit dem Römischen Reich kommt zum Erliegen.

Im zweiten Schritt werden diese Kernaussagen in Beziehung gesetzt mit Aspekten, die die Intention und Position des Autors verdeutlichen: Der Bericht ist in sachlichem Stil verfasst, macht aber die Überlegenheit der Römer in kultureller und militärischer Hinsicht deutlich. Das Machtgefälle lässt sich ebenfalls daran erkennen, dass die Greutungen von der Aufrechterhaltung der Handelsbeziehungen immens profitieren. Eine Kritik an den internen Zuständen des Römischen Reiches wird hier nicht explizit deutlich. Allerdings gelingt es dem Kaiser auch nicht, die Greutungen zu besiegen – eine Demonstration militärischer Überlegenheit gelingt demnach nicht.

3. Historischer Kontext

Wie schon bei der Analyse ist auch hier nicht eine auf Vollständigkeit zielende Ausführung, sondern die begründete Auswahl von Teilaspekten des gesamten historischen Kontextes zielführend. Diese Auswahl soll helfen, die in der Quelle geschilderten Ereignisse bzw. Prozesse zu erklären bzw. zu erläutern. Als wichtige Aspekte können etwa genannt werden:

– Die Greutungen siedelten als *foederati* nach außerhalb des Römischen Reiches und pflegten intensive Handelsbeziehungen; sie profitierten offenbar auch von dem damit einhergehenden Kulturtransfer (Kulturkontakt).

– Der Föderatenvertrag sollte den Frieden sichern und dem Kaiser Unterstützung in Form der Heerfolge zusichern; es ist zu vermuten, dass die Goten ebenfalls die wichtige Aufgabe hatten, die Grenzen des Römischen Reiches zu sichern.

– Die „Barbaren" gewannen zunehmende Bedeutung für die militärische Absicherung des Reiches.

– Das militärische Vorgehen in den Jahren 367 bis 369 blieb weitgehend erfolglos, was auf eine Schwächung des römischen Heeres einerseits und auf eine zunehmende Stärke „barbarischer" Heere andererseits hindeutet.

– Die römische Innenpolitik war zu dieser Zeit in einer Phase relativer Stabilität, die von Usurpationen und von der zunehmenden Bedeutung des Militärs geprägt ist.

4. Urteilsbildung

Die Art der Urteilsbildung (Sach- oder Werturteil), die Zielrichtung der Argumentation sowie die Argumente selbst hängen jeweils stark von der konkreten Fragestellung ab, sie sollten sich direkt aus der Analyse sowie den Erläuterungen des historischen Kontextes ergeben. Bei den Materialien dieses Heftes ist ein expliziter Bezug auf eines der Theoriemodule wünschenswert, beim Übungsbeispiel passt der Bezug zu den Theorien zu Kulturkonflikt und Kulturkontakt. Im Hinblick auf das vorliegende Quellenmaterial bietet sich ein Sachurteil an, das einerseits Argumente für eine produktive Kulturbeziehung (z. B. Rolle der „Goten" als *foederati*, gegenseitige Abhängigkeit in militärischer, kultureller und wirtschaftlicher Hinsicht, Römer als „Kulturspender") anführen kann, andererseits aber auch die Problematik der Beziehungen zwischen Römern und „Goten" im Hinblick auf einen Kulturzusammenstoß (z. B. militärische Lösung des Konfliktes, vor allem aufgrund des Selbstverständnisses der Römer, mangelnde „Satisfaktionsfähigkeit" der „Goten", fehlende nicht-militärische Option der Konfliktlösung) in den Blick rücken sollte. Im Hinblick auf ein **Werturteil** könnte – aufbauend auf bereits genannte Aspekte des Sachurteils – die Angemessenheit des Handelns der Römer infrage gestellt werden. Diese treten als Aggressoren auf, die offenbar über keinerlei Strategien zur gewaltlosen Konfliktlösung verfügen bzw. keine Notwendigkeit dafür sehen, diese anzuwenden.

Zu Kapitel 2.4, S. 212–213: Geschichtskarten interpretieren

1. Erster Eindruck
Beim Betrachter erweckt diese Geschichtskarte durch ihre einfache Gestaltung auf den ersten Blick den Eindruck einer modernen politischen Karte. Er erwartet also unterbewusst die vertrauten modernen politischen Grenzen dieses sofort erkennbaren geografischen Raums, mit seinen bekannten Städtenamen und dem Schriftzug „Frankenreich" dort, wo auf einer modernen Karte „Frankreich" stehen würde. Die tatsächlichen Grenzen des gezeigten Reiches entsprechen aber nicht denen Frankreichs: Ein großer Teil fehlt, dafür kommen Teile anderer Länder hinzu. Diese Disparität von Erwartung und Realität erzeugt beim Betrachter womöglich zuerst ein befremdliches Gefühl. Inhaltlich ist die Karte nicht überladen, das Farbschema eher einfach und die Legende sofort verständlich.

2. Formale Merkmale
Titel: „Das Frankenreich unter Chlodwig 481–511"
Thema: Ausbreitung des Frankenreiches, insbesondere unter Chlodwig I.
Die *Legende* kennzeichnet fränkisches Herrschaftsgebiet zu verschiedenen Zeiten vor und während der Regentschaft Chlodwigs I. durch verschiedene Violetttöne und Schraffuren. Die Grenzen des Frankenreichs bei Chlodwigs Tod 511 sind rot eingezeichnet.
Die Karte zeigt neben dem Gebiet des heutigen Frankreich auch große Teile West- und Mitteleuropas. Dementsprechend ist der *Maßstab* zwar eher grob, aber erlaubt es noch, einige Details wie Flussläufe und im historischen Kontext bedeutsame Städte zu zeigen.
Der hauptsächliche *Verwendungskontext* ist der schulische Geschichtsunterricht. *Adressaten* sind dementsprechend Schüler und auch Lehrer.

3. Analyse der einzelnen Elemente
Die Karte zeigt die Ausbreitung des fränkischen Herrschaftsgebiets aus dem ursprünglichen Siedlungsgebiet im heutigen Nordwestdeutschland, den Niederlanden und Belgien über die zusammengefassten Gebiete fränkischer Herrscher zur Zeit Childerichs I., dem salfränkischen Gebiet in Toxandrien und dem der ripuarischen Franken im Rhein- und Moselraum, bis zu Chlodwigs I. Eroberungszügen gegen Syagrius und Alarich II., deren Reiche er ganz bzw. zu einem beträchtlichen Teil dem seinen einverleiben konnte, ebenso wie die Gebiete der rheinfränkischen Herrscher. Daneben werden die von Chlodwig unterworfenen und tributpflichtig gemachten alemannischen Gebiete schraffiert dargestellt.

4. Interpretation/Gesamtaussage
Die Karte hat durch ihren Verwendungskontext eine hauptsächlich sachlich-informative Intention; die angestrebte Erkenntnis beim Betrachter, also hauptsächlich den Schülerinnen und Schülern, umfasst im Wesentlichen die geografische Ausbreitung des Frankenreiches. Während die Eroberungen Chlodwigs und die Reichsgrenzen unter seiner Herrschaft relativ unstrittig sind, sind die „ursprünglichen Siedlungsgebiete" schraffiert dargestellt, um anzuzeigen, dass hier keine eindeutigen Grenzverläufe bestimmt werden können. Das dunkelviolett gekennzeichnete „Herrschaftsgebiet der Franken um 480" könnte zu der Annahme verleiten, es habe ein geschlossenes und einheitlich beherrschtes Reichsgebiet der Franken in den gezeigten Grenzen gegeben. Hier wird in der Karte nicht deutlich, dass auf diesem Gebiet verschiedene, als fränkisch geltende Gruppierungen und Herrscher, die weder geschlossen noch einander immer freundlich gesinnt waren, zusammengefasst werden, die erst später durch Chlodwig zwangsweise vereint werden.

Zu Kapitel 2.5, S. 230–231: Darstellungen analysieren

1. Leitfrage
In der Regel kann die Leitfrage aus der Aufgabenstellung abgeleitet werden. Ist dies nicht der Fall, ist ein eigenständiger Zugriff zu wählen. Hierfür sollte auf das jeweilige Theoriemodul zurückgegriffen werden. In diesem Beispiel bietet sich der Rahmen „Historische Erklärungsmodelle zu Transformationsprozessen" oder auch „Geschichts- und Erinnerungskultur" an, da der Text einerseits die Bedeutung der „Völkerwanderungszeit" für das heutige Geschichtsbewusstsein in den Mittelpunkt rückt und dabei auch ein Bild dieser Epoche konstruiert, das nicht unproblematisch ist. Andererseits werden auch langfristige historische Transformationsprozesse thematisiert und in dem zuvor skizzierten Zusammenhang gedeutet. Aufeinander aufbauende Leitfragen könnten etwa lauten:
– Gab es ein europäisches Bewusstsein zur Zeit der „Völkerwanderung"?
– Kann man bereits zu dieser Zeit von einem kulturellen oder politischen Gebilde „Europa" sprechen?
– Welchen Anteil hatte die „Völkerwanderung" an der Entstehung des mittelalterlichen Europa?
– Ist die Identität des mittelalterlichen oder auch des heutigen Europa von der Zeit der „Völkerwanderung" mit geprägt?

2. Analyse

Bei der formalen Analyse ist nicht so sehr ein auf Vollständigkeit angelegtes Abarbeiten der verschiedenen Stichpunkte gefragt, als vielmehr eine auf das Wesentliche fokussierende, aspektgeleitete Kritik der jeweiligen Rekonstruktion von Geschichte in Form eines Darstellungstextes. Das Thema des Textauszugs ergibt sich hier bereits aus der Fragestellung. Bei dem Text handelt es sich um eine fachwissenschaftliche Darstellung, wobei der hier abgedruckte Auszug aus der Einleitung sicher zuspitzende, vereinfachende und damit populärwissenschaftliche Züge trägt: Dem Kreis der Leser (historisch Interessierte, Studenten, in eher begrenztem Maße Fachpublikum, Hinweise dazu gibt auch die Publikation in einer entsprechenden Reihe) soll das Thema ansprechend und motivierend präsentiert werden. Dies versucht die Autorin durch Gegenwartsbezüge zu erreichen. Da die Autorin Professorin für mittelalterliche Geschichte ist, ist ihre Rekonstruktion (und damit die Deutung) stark von dieser Perspektive geprägt: Der „Völkerwanderungszeit" wird ihre Bedeutung vor dem Hintergrund der Entwicklung der mittelalterlichen Staatenwelt zugewiesen. Die inhaltliche Analyse benennt die Kernaussagen des Textauszugs mit Zeilenbeleg und setzt diese in Beziehung mit Aspekten, die die Intention und Position der Autorin verdeutlichen:

Z. 1–9: Aktuelle politische Entwicklungen wie Migrationsbewegungen erfordern eine Klärung der „Identität Europas".

Z. 10–34: Postel formuliert hier ihre Kernthese, dass mit dem Beginn der „Völkerwanderungszeit" und der Ausbreitung des Islam ein „Gemeinschaftsgefühl" (Z. 23) der Menschen entstanden sei. Mit der Verlagerung des politischen Schwerpunktes nördlich der Alpen – gemeint sind hier offenbar die Folgen, die das Ende des Weströmischen Reiches mit sich brachte – sei ein eigenständiger politischer Raum in Abgrenzung zu Byzanz und den islamischen Ländern entstanden.

Z. 36–45: Aufgreifen der „germanischen Reichsgründungen"

Z. 46–66: Schilderung der vielfältigen Kulturbeziehungen zwischen den Römern und den „germanischen" *gentes* zwischen Kulturkonflikt und Kulturkontakt

Z. 67–76: Europa wird als Ergebnis von romanischen, christlichen gentilen Traditionen gedeutet; damit wird auch eine Traditionslinie bis in die Gegenwart gezogen.

3. Historischer Kontext

Wie schon bei der Analyse ist auch hier nicht eine auf Vollständigkeit zielende Ausführung, sondern die begründete Auswahl von Teilaspekten des gesamten historischen Kontextes zielführend. Diese Auswahl soll helfen, die im Darstellungstext geschilderten Ereignisse, Prozesse und vor allem deren Deutung auf der Grundlage des Standortes der Autorin zu erklären bzw. zu erläutern. Als wichtige Aspekte können etwa genannt werden:

– Theoriebezüge: Kulturkonflikt und Kulturkontakt, Migration, Transformationsprozesse
– Zerfall des Weströmischen Reiches und Entstehung „germanischer" Reiche auf römischem Territorium
– Ethnogeneseprozesse zwischen Römern und „Barbaren" während des Römischen Reiches und in „germanischen" Nachfolgereichen, Fragen der Identitätsbildung, des Kulturtransfers sowie der Konservierung römischer Strukturen in nichtrömischen Reichen
– Entwicklung einzelner Reiche bis ins frühe Mittelalter

4. Urteilsbildung

Die Art der Urteilsbildung (Sach- oder Werturteil), die Zielrichtung der Argumentation sowie die Argumente selbst hängen jeweils stark von der konkreten Fragestellung ab. Oft bietet sich ein expliziter Bezug auf eines der Theoriemodule an. Ein Sachurteil beim vorliegenden Material könnte folgende Aspekte berücksichtigen:

– Der Text weist an mehreren Stellen Probleme im Hinblick auf fachliche Richtigkeit auf (z. B. im Hinblick auf das behauptete „Gemeinschaftsgefühl" in Z. 23, im Hinblick auf die Entstehung Spaniens aus dem Westgotenreich in Z. 75: hier ist die Darstellung sehr stark verkürzt und in dieser Formulierung nicht korrekt).
– Im Vergleich zu den Texten von Pohl oder Meier ergibt sich, dass von den „Völker Europas" nicht sinnvoll gesprochen werden kann; dies gilt auch für die Aussage, dass „[e]rst das Sesshaftwerden in ehemals römischem Gebiet" die Ethnogenese katalysierte (Z. 45 f.).
– Treffend ist die Darstellung von Kulturkontakt und Kulturkonflikt in den Zeilen 47–66.
– Insgesamt konstruiert die Darstellung den historischen Gegenstand jedoch so, dass eine deutlich verengte und historisch nicht abgesicherte Kontinuitätslinie von der Zeit der „Völkerwanderung" bis in die Gegenwart behauptet wird (vgl. auch die Argumentation von Mischa Meier, M 4–M 6, S. 238 ff.).

Im Hinblick auf ein Werturteil könnte – aufbauend auf bereits genannte Aspekte des Sachurteils – die Angemessenheit der Deutung vor dem Hintergrund der Intention der Autorin kritisch diskutiert werden. Zudem scheint eine Verknüpfung der Frage der Integrationsfähigkeit der Europäischen Gemeinschaft mit den Prozessen der „Völkerwanderungszeit" deutlich politisch oder populistisch motiviert zu sein – eine Übertragung der komplexen Situation der „Völkerwanderungszeit" auf die komplexen Situationen der Gegenwart unterschlägt mindestens 1 500 Jahre historischer Entwicklung und ist unredlich.

Zu Kapitel 3.2, S. 290–291: Geschichtskarten und historische Karten interpretieren

Leitfrage:
Wie wird der Gebietsstand Polens vor 1772 und die Verkleinerung des polnischen Staatsgebietes in den Teilungen dargestellt?

Analyse
Der erste Eindruck ist eine Vielfalt von unterschiedlichen Farbabstufungen und Staats- bzw. Landesbezeichnungen mit den Gebieten des heutigen Polens im Zentrum.
Der Kartentitel lautet: „Die polnischen Teilungen im 18. Jahrhundert".
Der Maßstab ist oben links angegeben, die Karte ist farbig gestaltet.
Topografisch sind Polen sowie ein schmaler Teil der im 18. Jahrhundert angrenzenden Länder dargestellt. Die Staaten, Staats- und Landesteile sind aufgeführt, mit wichtigen Städten. Außerdem sind die Aufstände des Jahres 1794 eingezeichnet.
Legende: Zunächst wird die Linie markiert, die das polnische Staatsgebiet vor 1772 zeigt. Sodann werden die drei Teilungen 1772, 1793 und 1795 in Farbabstufungen mit den Territorien angegeben, die an Preußen (blau), Russland (grün) und Österreich (gelb/orange) fielen. Schließlich wird das Zeichen für Aufstände mit Jahreszahl aufgeführt.
Die Karte zeigt den Gebietsstand Polens vor 1772 und die schrittweise Verkleinerung des polnischen Staatsgebietes in den Teilungen von 1772, 1793 und 1795. Und sie verdeutlicht die geografischen Schwerpunkte der polnischen Freiheits- und Unabhängigkeitsbewegung 1794.

Beurteilung
Die Geschichtskarte stellt die schrittweise Aufteilung des polnischen Staatsgebietes von 1792 durch die Nachbarn Preußen, Österreich und Russland dar. Diese drei Mächte teilen Polen nach und nach unter sich auf, bis nach der dritten Teilung die Polen nicht mehr über einen eigenen Staat verfügen. Österreich war an der zweiten Teilung allerdings nicht beteiligt. Die größten Teile hat 1793 und 1795 Russland an sich gerissen.
Die Staats- und Landesbezeichnungen verdeutlichen alte und neue Namen für bestimmte polnische Gebiete, die sich die Teilungsmächte einverleibt haben. Es wird deutlich, dass historisch gewachsene Landesteile teilweise auseinandergerissen wurden.
Die Karte markiert die Aufstände des Jahres 1794, die niedergeschlagen wurden. Andere Aufstände werden nicht angezeigt. Die Karte benutzt in Titel und Legende als Territorialbegriff „Polen", wie es in wissenschaftlicher und außerwissenschaftlicher Tradition üblich ist und womit die stärker polnische Perspektive auf diese Geschichte zum Ausdruck kommt. Präziser müsste es „Polen-Litauen" heißen, da die Realunion von Königreich Polen und Großfürstentum Litauen bis zur Auflösung 1795 bestand.

Zu Kapitel 3.3, S. 310–311: Schriftliche Quellen interpretieren

1. Leitfrage
Wie soll der deutsche Nationalstaat geschaffen werden und wie soll er aussehen?

2. Analyse
Formale Aspekte:
Autor: Die Erklärung trug 25 Unterschriften, davon stammten 20 von liberalen Abgeordneten der Zweiten Hannoverschen Kammer. Zu den Unterzeichnern gehörten führende liberale Politiker wie Rudolf von Benningsen und Johannes Miquel.
Entstehung: Der Text entstand 1859 bei einem Treffen von Liberalen in Hannover, deswegen wird er auch oft als „Hannoversche Erklärung" bezeichnet. Bei dem Treffen wurde von liberaler Seite die Gründung des Deutschen Nationalvereins programmatisch vorbereitet. Der Text ist eine öffentliche Erklärung. Zur gleichen Zeit trafen sich Demokraten in Eisenach und berieten über ihre politischen Ziele. Beide Programme flossen in die gemeinsame Eisenacher Erklärung vom 14. August ein, die der Gründung des Deutschen Nationalvereins im September als deutschlandweit agierendem Propagandaverein vorausging.
Thema des Textes ist die Schaffung eines deutschen Einheitsstaates und sein Aufbau. Im Mittelpunkt steht die Frage, wer diesen deutschen Nationalstaat herstellen soll: Preußen mit Unterstützung einer deutschen Volksbewegung oder Österreich.
Adressat: Der Text richtet sich an die preußische Regierung wie an die patriotische deutsche Bevölkerung, die die Einigungsbemühungen unterstützen sollte.

Inhaltliche Aspekte:
Textaussagen: Ein deutscher Einheitsstaat muss geschaffen werden, um die innere Entwicklung Deutschlands voranzutreiben und Deutschland gegen äußere Feinde zu schützen. Allein Preußen kann Deutschland einigen, Österreich ist dazu nicht in der Lage. Preußen soll dem deutschen Nationalstaat eine einheitliche und freie Verfassung mit einem Parlament geben. Die Einzelstaaten des Deutschen Bundes müssen Opfer bringen, d. h. auf Rechte verzichten, um den deutschen Nationalstaat zu ermöglichen.
Kernaussage: Der deutsche Nationalstaat muss von Preußen als kleindeutsch-preußischer Nationalstaat geschaffen werden.

Textsprache: Der Text ist sachlich und nüchtern aus der Sicht der deutschen Bevölkerung geschrieben. Er soll den Eindruck erwecken, dass die Bevölkerung auf einen kleindeutsch-preußischen Einheitsstaat hofft. Insofern besitzt der Text auch appellative, d. h. auffordernde Züge; er soll die preußische Regierung motivieren, die deutsche Einheit im Interesse des deutschen Volkes voranzutreiben. Die Volksbewegung soll diesen Prozess unterstützen.

Schlüsselbegriffe:
– einheitliche Verfassung Deutschlands
– Reform der deutschen Verfassung
– Österreich
– Preußen, preußische Regierung
– deutsche Bundesregierungen
– Gefahren für Europa und Deutschland

3. Historischer Kontext

Der Text ist geschrieben worden nach dem Scheitern der deutschen Revolution 1848/49 und vor den Einigungskriegen Preußens unter Bismarck. Den unmittelbaren Kontext bilden die verstärkten Reformdebatten des Deutschen Bundes, der wachsende Dualismus zwischen Österreich und Preußen sowie der 2. Italienische Unabhängigkeitskrieg von 1859, in dem italienische Teilstaaten mithilfe Frankreichs gegen Österreich für ihre nationale Selbstbestimmung kämpften. Liberale und demokratische Politiker wollten die deutsche Einheit ebenfalls aktiv vorantreiben, indem sie nach dem Vorbild der italienischen *Società nazionale* (gegr. 1856) mit dem Deutschen Nationalverein ein gemeinsames Agitationsmedium schufen.

4. Urteil

Sachurteil:
Die Autoren sind führende Persönlichkeiten mit liberaler Überzeugung, die einen kleindeutsch-preußischen Nationalstaat anstreben. Die preußische Regierung soll zu solchem Handeln aufgefordert werden. Der Text ist für den Anhänger des kleindeutsch-preußischen Nationalstaats insgesamt glaubwürdig und widerspruchsfrei. Das gilt nicht für die Verfechter der großdeutsch-österreichischen Lösung. Diese werden ausgeblendet. Deswegen sprechen die Autoren des Textes weder für die gesamte deutsche Bevölkerung noch für alle deutschen Bundesstaaten. Die süddeutschen Staaten und Österreich vertraten eine andere Position. Der Text sollte die preußische Regierung zum Handeln bewegen für einen kleindeutsch-preußischen Nationalstaat; es sollten durch die Argumente der Sicherheit und der Einheit neue Anhänger für eine kleindeutsche Lösung gewonnen werden, so dass eine breite nationale Volksbewegung die Regierung in ihrem Handeln bestärken konnte.

Werturteil:
Der Text spiegelt das Dilemma der deutschen Nationalbewegung wider. Für die Schaffung der Einheit wird Preußen als starker, notfalls auch militärisch handelnder Staat gebraucht. Dann soll sich aber dieser starke Staat quasi selbst beschränken und eine parlamentarisch-freiheitliche Demokratie einführen. Die Hoffnung des Deutschen Nationalvereins, mit der Einheit auch Freiheit zu erhalten, musste sich demnach zerschlagen. Über der Forderung nach mehr Freiheit im neu geschaffenen Deutschen Reich fiel die liberale Partei tatsächlich auseinander, in einen nationalliberalen Flügel, der Bismarcks Verdienste würdigte und lange mit ihm zusammenarbeitete, sowie einen freisinnigen Flügel, der sich mit der Einheit ohne weitgehende Freiheitsrechte nicht zufrieden geben wollte. Einer der Mitunterzeichner der Erklärung, Rudolf von Bennigsen, arbeitete als Führer der Nationalliberalen im Reichstag mit Bismarck eng zusammen, 1883 legte er aber im Zuge der Verlängerung der Sozialistengesetze alle Mandate nieder.

Zu Kapitel 3.4, S. 330–331: Karikaturen interpretieren

1. Leitfrage

Inwieweit beleuchtet die Karikatur Konfliktfelder im Prozess der Nationalstaatsbildung?

2. Analyse – Formale Aspekte

Bei dem Material handelt es sich um eine Karikatur von Hans Gabriel Jentzsch mit dem Titel „Aus Preußisch-Polen. Die beginnende Enteignung", die am 16. November 1912 in der Ausgabe der Zeitung „Der Wahre Jacob" erschienen ist. Die Bildunterschrift lautet:
„Die Auswanderer: Weshalb werden wir von Haus und Hof gejagt, Panje Landrat, und wohin sollen wir ziehen? Kein Mensch wird uns aufnehmen!
Der Landrat: Geht nur ins Kohlengebiet – da ist Platz für euch alle. Hier wird jetzt germanisiert."
„Panje" ist eine veraltete, aus dem Russischen und Polnischen stammende Anredeform für „Herr".

3. Analyse – Inhaltliche Aspekte

Auf dem Bild erkennt man im Bildzentrum, auf das der Blick des Betrachters zunächst gezogen wird, einen Reiter, der vornehm gekleidet auf einem schwarzen Pferd sitzt. Ihm gegenüber befindet sich eine größere Gruppe von Menschen, die eher ärmlich gekleidet sind, darunter auch etliche Ältere, Frauen, Kinder. Den Vordergrund dominierend sieht man einen Mann, der seinen Hut gezogen und den Kopf leicht nach vorne geneigt hat. Vor ihm steht eine Holzkarre mit Habseligkeiten, um den Hals trägt er eine Transporthilfe zum Schieben der Karre. Davor eine Frau mit Kind auf dem Arm. Zwischen ihm und dem Reiter im Bildzentrum gibt es eine Blickachse. Hinter dem Reiter, am Feldrand, stehen uniformierte Männer, die eine Pickelhaube aufhaben, ein Gewehr mit Bajonett tragen und den Reiter militärisch grüßen. Im Bildhintergrund erkennt man ein größeres Anwesen mit Kirchturm. Die Szenerie spielt an einem Feldrand.

Bei der ärmer gekleideten Gruppe handelt es sich um die polnischstämmige Bevölkerung in Preußen. Nach dem Titel und den Schriftzügen unter der Karikatur führt in dieser Szene ein preußischer Landrat zusammen mit den Soldaten die Enteignung und Vertreibung der Polen durch.

4. Historischer Kontext
Die Karikatur entstand 1912, das war das Jahr, in dem der preußische Staat vier polnische Güter auf Druck der „Ansiedlungskommission" (s. Darstellung, S. 317) und des „Ostmarkenvereins" (s. Darstellung, S. 318) enteignet hatte, um dort Deutsche ansiedeln zu können.

5. Urteil
Sachurteil:
Auf die Fragen der polnischstämmigen Bevölkerung nach einem Zufluchtsort wird ihnen beschieden, ins „Kohlengebiet" zu gehen, damit war seinerzeit das Ruhrgebiet gemeint. Hier ist der ironische Kern der Karikatur verortet, denn die „Germanisierung" in Ostpreußen wird ad absurdum geführt, wenn gleichzeitig der polnischen Bevölkerung mitgeteilt wird, dass sie einfach in einen anderen Teil Deutschlands gehen solle.

Die Karikatur kritisiert also die sinnlosen Germanisierungsbestrebungen in Preußen. Da das Medium in der Satirezeitschrift „Wahrer Jacob" erschienen ist, welcher ein sozialdemokratisches Blatt mit starker politischer Distanz zum Kaiserreich war, wird deutlich, dass der Zeichner das Vorgehen gegen eine Minderheit kritisieren will und dazu appelliert, diese Politik zu beenden. Sie ist damit auch ein Beleg dafür, dass in der Kaiserzeit nicht alle Bevölkerungsgruppen hinter der Germanisierungspolitik der Regierung standen.

Werturteil:
Gemessen an unseren heutigen Ansprüchen an einen freiheitlichen, demokratischen Staat, der Minderheiten, die sich im Rahmen des Grundgesetzes bewegen, toleriert und unterstützt, ist die Karikatur der zeitgenössische Ausdruck der Kritik an einer kaiserzeitlichen Gesellschaftspolitik, die auf Ausgrenzung und Diskriminierung gerichtet war und die zum Teil zynisch handelte, weil sie die Gefühle von Minderheiten verachtete bzw. deren Interessen missachtete.

Zu Kapitel 3.4, S. 332–333: Plakate interpretieren

1. Leitfrage:
Mit welchen Mitteln versuchen die Deutschen 1921 die Oberschlesier davon zu überzeugen, dass sie für die Zugehörigkeit zu Deutschland und nicht zu Polen stimmen sollen?

2. Analyse – Formale Aspekte
Auftraggeber: vermutlich die deutsche Regierung
Entstehungsort und -datum: unbekannt; 1921 Anlass: Nach Artikel 88 des Versailler Vertrags sollte die Bevölkerung in Teilen Oberschlesiens über ihre zukünftige Zugehörigkeit zu Deutschland oder Polen abstimmen. Die im Versailler Vertrag geforderten Grenzveränderungen und damit verbundene Volksabstimmungen leiteten sich aus Woodrow Wilsons Forderung nach dem Selbstbestimmungsrecht der Völker (14-Punkte-Programm des US-Präsidenten vom 8. Januar 1918) her.
Adressat: alle abstimmungsberechtigten Oberschlesier, vor allem aber die deutschen und deutschfreundlichen Wähler

3. Analyse – Inhaltliche Aspekte
Thema: Bedrohung des Wohlstandes im Falle einer Abstimmung zugunsten einer polnischen Zugehörigkeit von Schlesien

Beschreibung: Im Mittelpunkt steht ein Skelett. Während sein linker Arm mit ausgestreckten Fingern in die Höhe zeigt, hält das Skelett in seiner rechten Hand eine Fahnenstange mit Spitze, an der eine rote Fahne mit dem polnischen Staatswappen (Adler mit Krone) angebracht ist. Der Blick des Betrachters richtet sich sofort auf die das Bild beherrschende Fahne. Der dominierende Charakter der großen Fahne wird durch deren rote Farbe unterstrichen, in deren Mitte das Staatswappen leuchtet. Bei der Flagge handelt es sich nicht um die rot-weiße polnische Fahne. Vielmehr soll die einheitliche rote Färbung der Fahne verdeutlichen, dass ein Abstimmungserfolg Polens eine kommunistische Zukunft Oberschlesiens und damit Armut und Mühsal bedeute. Der in die Ferne blickende Totenkopf besitzt ein bedrohliches Aussehen, das durch die schwarzen Punkte in den Augen hervorgehoben wird. Die rot leuchtende Fahne hebt sich scharf vom hellen Skelett ab. Das Skelett steht breitbeinig in der Landschaft, die Oberschlesien symbolisieren soll. Das eine Bein ist in einer Ortschaft im Horizont verankert, während das andere Bein auf die Stadt im Vordergrund zugreift. Diese scheint die Heimat wohlhabender Menschen zu sein, die in ansehnlichen Häusern wohnen; die Rauchschwaden aus den Fabriken oder Gewerbebetrieben verdeutlichen ein reges und erfolgreiches Wirtschaftsleben. Die warmen und leuchtenden Braun- und

Gelbtöne, die die Wohnhäuser und die sie umgebende Landschaft prägen, sollen beim Betrachter ein angenehmes Gefühl erzeugen. Dass das Leben der Bewohner durch Wohlstand bestimmt wird, zeigen nicht nur die die Ortschaft umgebenden Felder und Wiesen, sondern auch der schwarze Rauch der Fabriken und Gewerbebetriebe im Hintergrund. Die üppigen Rauchschwaden zeigen, dass in dieser Stadt viel und intensiv gearbeitet wird. Nur durch eine florierende Wirtschaft, will das Bild sagen, kann auch Wohlstand entstehen. Die große rote Schrift unter dem Bild ermahnt die Oberschlesier, nicht zu vergessen, dass der Wohlstand nur durch die Zugehörigkeit zu Deutschland garantiert wird. Kommt Oberschlesien dagegen unter polnische Herrschaft, verbreitet sich wirtschaftlicher Abstieg, es kommt zum wirtschaftlichen Zusammenbruch und zu Armut. Das bedeute letztlich den Tod.

Wirkung: aus deutscher Sicht bedrohlich und angsteinflößend, zur prodeutschen Stimmabgabe anstachelnd; aus polnischer Sicht beleidigend, provokativ

Intention: Das Plakat besitzt eine antipolnische Stoßrichtung. Es soll Polen und die polnische Politik als wirtschaftsfeindlich und kommunistisch diffamieren. Bei den Deutschen wird so Angst, Wut, Hass gegen die Polen geschürt. Wer in Zukunft im Wohlstand leben will, so die zentrale These des Plakats, muss für die Zugehörigkeit zu Deutschland stimmen.

Bei der Volksabstimmung in Oberschlesien am 20. März 1921 stimmten etwa 60 Prozent der Bewohner für die weitere Zugehörigkeit zu Deutschland und etwa 40 Prozent für einen Anschluss an Polen. Daraufhin entschied die Botschafterkonferenz in Paris, Oberschlesien zu teilen und dem polnischen Staat anzugliedern.

4. Historischer Kontext

1918 war nicht klar, welche Grenzen das neu gegründete unabhängige Polen haben sollte. Siegermächte und Kriegsverlierer, z. B. Deutschland, hatten ebenso wie die Polen unterschiedliche Vorstellungen über die territoriale Gestalt Polens. Und in Oberschlesien, wo der Versailler Vertrag eine Abstimmung vorschrieb, musste die Bevölkerung für die polnischen oder deutschen Interessen gewonnen werden. So entstand ein heftiger Wahlkampf um die Wählerstimmen. Die Methoden der Wahlwerbung waren nicht immer vornehm und zurückhaltend, sondern für die jeweilige Gegenseite diffamierend und beleidigend.

5. Urteil

repräsentativ für die Zeit: Propagandaplakate, sowohl zur Diffamierung des Gegners als auch zum Lob der eigenen Politik, waren nach dem Ersten Weltkrieg und dem Versailler Vertrag weit verbreitet. Das Plakat beruht auf nationalen Stereotypen. Auch andere Staaten oder Parteien bedienten sich derartiger Denkweisen.

Bewertung aus heutiger Sicht: Das deutsche antipolnische Plakat aus dem Jahre 1921 zeichnet das Bild des Polen als brutale und tote Kreatur. Es weist auf die Bedrohung hin, die von dem polnischen Skelett für die oberschlesische Bevölkerung ausgeht. Die Schriftzüge „Schlesier, seid auf der Hut! – Der Tod Eures Wohlstandes naht sich." fordert zur Stimmabgabe für Deutschland bzw. gegen Polen auf.

Zu Kapitel 3.5, S. 350–351: Darstellungen analysieren

Die Verfasser Hans-Jürgen Bömelburg und Bogdan Musiał, die zum Veröffentlichungszeitpunkt für das Historische Institut in Warschau tätig sind, behandeln unter fachwissenschaftlicher Perspektive die Folgen des Zweiten Weltkrieges für Polen.

Sie vertreten dabei die These, dass die deutsche und sowjetische Besatzungspraxis gravierende Auswirkungen auf die polnische Gesellschaft hatten. Die Autoren verweisen zunächst auf die hohen Opferzahlen der Polen, bis zu 6 Millionen Polen starben, von denen die deutliche Mehrzahl Zivilisten waren. Besonders ist hier der Verweis auf die Tatsache, dass kein Land höhere Verluste pro tausend Einwohner habe hinnehmen müssen. Außerdem stellen Bömelburg und Musiał heraus, dass als Folge auch eine große Anzahl der Menschen dauerhaft behindert oder physisch krank war.

Neben den menschlichen Verlusten habe Polen aber durch alliierten Beschluss nach Kriegsende auch territoriale Verluste hinnehmen müssen, ferner sei ein Großteil der Städte zerstört gewesen. Daran anschließend verdeutlichen die Autoren den gravierenden Verlust an polnischen Kulturgütern durch Raub und Zerstörung.

Die Besatzung habe als Folge auch eine Spaltung der polnischen Gesellschaft bewirkt, da es in dieser Ausnahmesituation idealistische, aber auch ethisch bedenkenswerte Verhaltensmuster gegeben habe. Dies hätte sich in Widerstandshandlungen, aber auch in der Bereitschaft zur Kollaboration gezeigt.

Die Autoren schließen ihre Ausführungen mit dem Hinweis, dass es während des Zweiten Weltkrieges alleine in Warschau mehr Opfer gegeben habe als in ganz Frankreich. Dies sei im Westen weitgehend unbekannt.

Zu Kapitel 4.2, S. 436–439: Historische Spielfilme analysieren

I. Vor dem Film

I.1 Verdeutlichen der eigenen Erwartungen
Zum Beispiel könnten folgende Fragen gestellt werden: Welche Erwartungen haben Sie an die Verfilmung eines Romans? Wie wurde ein Roman in den 1970er-Jahren in der DDR zu einem Thema aus der NS-Zeit verfilmt?

I.2 Formale Untersuchung
Genre: Spielfilm
Entstehungszeit: 1974
Produktionsland: DDR
Regie: Frank Beyer
Länge: 96 Minuten

I.3 Untersuchung des Inhalts
Die Hauptfigur, Jakob Heym, lebt am Ende des Zweiten Weltkriegs in der Nähe der Ostfront in einem osteuropäischen jüdischen Ghetto, das die Deutschen im Zuge ihrer Besatzungsherrschaft eingerichtet haben. Wegen eines angeblichen Verstoßes gegen die Ghettoordnung muss Jakob auf das Revier. Dort hört er im Radio zufällig die Meldung, dass die Rote Armee weit vorgerückt sei und schon bei Bezanika stehe. Mischa, ein junger Mann, der mit Jakob am Güterbahnhof Kisten schleppen muss, will Kartoffeln von einem Waggon klauen. Doch Mischa läuft dabei Gefahr, sein Leben zu riskieren. Um Mischa davon abzuhalten, erzählt Jakob ihm von der vorrückenden sowjetischen Armee und behauptet, ein Radio zu besitzen, obwohl Radiobesitz im Ghetto bei Todesstrafe verboten ist. Jakobs Lüge verbreitet sich im gesamten Ghetto – und gibt Hoffnung.

I.4 Historischer Kontext
Der Film geht auf ein Drehbuch zurück, das der Autor Jurek Becker (1937 geb. in Lodz/Polen, gest. 1997 in Berlin) 1965 fertiggestellt hatte. Erst nach langwierigen Verhandlungen entschloss sich die DEFA, das Projekt 1974 umzusetzen. Der Film stieß größtenteils auf positive Resonanz und wurde für einen Auslands-Oscar nominiert. 1999 wurde der Roman in den USA ein zweites Mal verfilmt.

Da es sich bei der DEFA um die einzige ostdeutsche Filmgesellschaft handelte, die zudem vollständig in Staatsbesitz war, waren DEFA-Produktionen nicht auf wirtschaftliche Erfolge verpflichtet. Stattdessen war es die Aufgabe der Filme, das Publikum im sozialistischen Sinne der DDR zu erziehen. Die DDR als Ostblockstaat war z. B. an einer sehr positiven Darstellung der im Film immer wieder herbeigesehnten Roten Armee interessiert, um die in der politischen Öffentlichkeit der DDR zelebrierte Freundschaft mit der Sowjetunion zu demonstrieren. Der einzige Verweis auf die Westalliierten betrifft Winston Churchill (der im Film in wörtlicher Übersetzung des Begriffs „Prime Minister" als „Erster Minister" tituliert wird). Die Vorgabe an die DEFA-Studios lautete, möglichst „sozialistisch-realistische" Darstellungen auf die Leinwand zu bringen. Der DEFA-Film sollte sich bewusst gegen Filme des Westens absetzen, die seinerzeit mit Spezialeffekten (z. B. „*Star Wars*") aufwarteten.

Da der Film vor der Gründung der DDR (1949) spielt, finden sich naturgemäß keine Verweise auf die DDR. Wohl ist aber zu erkennen, dass die von den Juden zu entladenden Güterwaggons aus Kassel, also aus dem kapitalistischen Westen kommen.

II Während des Films

Erste Eindrücke festhalten
Was ist aufgefallen? Welche Szenen wurden sachlich bzw. emotional erlebt? Hilfreich ist beim Mitschreiben der ersten eigenen Eindrücke eine zweispaltige Tabelle: links mit kurzen Stichworten zu einer Szene, rechts daneben mit Stichpunkten zu eigenen Eindrücken.

III Nach dem Film

III.1 Hypothesenbildung
Schreiben Sie Ihre ersten Eindrücke als Hypothesen auf.

III.2 Erzählstrukturen analysieren
Die erste Szene des Filmes wird durch Tafeln unterbrochen, die eine Erklärung zum kommenden Geschehen liefern. „Die Geschichte von Jakob dem Lügner hat sich niemals so zugetragen" ist zu lesen. Gleichzeitig durchquert die Hauptfigur, Jakob Heym, den Hinterhof seines Hauses im Ghetto. Während er die Stufen zum Speicher erklimmt, erscheinen zwei weitere Tafeln: „Ganz bestimmt nicht", steht auf der ersten. „Vielleicht hat sie sich aber doch so zugetragen," steht auf der zweiten. Der Film erzählt also die Geschichte von einem weit späteren Blickpunkt aus und spielt von Anfang an mit der Frage nach der Authentizität des Erzählten.

Wie der Anfang des Filmes durch die in Stummfilmart zwischengeschalteten Tafeln in die Jetztzeit der Zuschauenden weist, wird die Filmhandlung immer wieder durch Rückblenden in die Zeit vor der NS-Besatzung durchbrochen. Diese Rückblenden verleihen den handelnden Figuren eine Tiefe, die das Ghetto ihnen nicht zugesteht.

Der gesamte Film wird aus Jakobs Sicht erzählt, erkennbar an den häufigen Rückansichten, die den Blick immer wieder auf den Gelben Stern auf seiner Schulter lenken. Man scheint Jakob über die Schulter zu schauen, während er seine täglichen Arbeiten verrichtet oder durch das Ghetto geht. Die Zuschauenden fühlen sich von Beginn an veranlasst, sich mit der Figur des Jakob zu identi-

fizieren, die Geschehnisse aus seiner Perspektive zu betrachten. Jedoch stellt sich im Verlauf des Films (viele Rückblenden) heraus, dass auch die Zuschauenden Jakob nicht so gut kennen, wie sie es glauben. Dass Jakob z. B. weit mehr Geheimnisse als das des imaginären Radios mit sich herumträgt; dass er diese Geheimnisse den übrigen Ghettobewohnern nicht anvertraut und möglicherweise auch sich selbst kaum eingestehen möchte.
Der Film beginnt mit Jakobs Besuch bei der etwa neunjährigen Lina, die er nach der Deportation ihrer Eltern bei sich auf dem Speicher versteckt hält. Er endet mit der Deportation aller Ghetto-Juden. In dieser letzten Szene sieht Jakob bekümmert aus dem Fenster des Waggons, während sich Lina nichts ahnend auf die Zukunft freut.

III.3 Vergangenheitspartikel untersuchen
Der Film übernimmt die Perspektive Jakobs so vollständig, dass das Weltgeschehen, das sich außerhalb der Ghettomauern abspielt, nur in Bruchstücken zu Jakob und den Ghettobewohnern dringt. So erfahren die Zuschauer zwar, dass die Rote Armee vorrückt, weil Jakob zufällig einen Ausschnitt aus einer Nachrichtensendung im Radio der SS-Wachposten mitanhört. Auch wenn der Ort Bezanika frei erfunden ist, lässt sich schließen, dass der Film kurz vor Kriegsende in Polen spielt. Weder das Vorrücken der westlichen Alliierten noch sonstige Geschehnisse der letzten Kriegsmonate werden explizit genannt. Auch tauchen wenige Namen von Nationalsozialisten auf. Der Film verengt die Perspektive absichtsvoll auf einige wenige jüdische Figuren innerhalb des Ghettos. Unterstützt wird diese Perspektive auch durch die Kamera, die beinahe ausschließlich in Halbtotalen und Nahaufnahmen durch den Film führt. Dieses Verfahren ist einerseits sinnvoll, da es sein Ziel erreicht, Identifikation mit Jakob zu verstärken, andererseits aber wirkt das Ghetto gleichsam aus der Zeit gefallen, die Brutalität wird beinahe durchgängig nur erzählt, wenn beispielsweise zwei Eheleute sich darüber unterhalten, was für ein Elend es heutzutage sei, ein Kind zu bekommen. Andere, modernere Filme wie beispielsweise „Schindlers Liste" sind hier eindrücklicher und expliziter.
Kollaborierende Juden und Deutsche, die nicht zum NS-Staat stehen, fehlen im Film. Er zeichnet ein Schwarz-Weiß-Bild der Menschen und reduziert die handelnden Personen auf im Dienste der Nationalsozialisten stehendes Wachpersonal und gefangene Juden. Die Zivilgesellschaft existiert in dieser Darstellung nicht.
Die Quellen, auf die der Drehbuchautor Becker sich bei seiner Geschichte vor allem stützen konnte, waren die Erzählungen seines Vaters. Becker selbst hatte nach eigenen Angaben keine Erinnerung an die Ghettojahre. Auch die Erzählungen des Vaters blieben für ihn bruchstückhaft. Mit dieser Existenz in einem nicht näher bestimmten historischen Raum, die Beckers Leben bestimmte, spielt der Film durchgängig. Die Tafeln, die zu Beginn eingeblendet werden, versichern, die Geschichte habe sich „so" nicht zugetragen. Das bedeutet, dass sie sich vielleicht doch, wenn auch „anders", zugetragen haben könnte. Während der Film behauptet, eine erdachte Geschichte zu erzählen, behauptet er gleichzeitig eine höhere Gültigkeit und Wahrheit für das Erdachte.
Es gibt eine interessante Szene, in der der jüdische Arzt Jakob aufsucht, um ihm Vorwürfe zu machen. Sein Radio bringe alle Ghettobewohner in größte Gefahr. Es sei nur eine Frage der Zeit, bis die Gestapo von dem Radio erführe und dann werde es für die Juden des Ghettos lebensgefährlich. Demgegenüber weist Jakob auf die dramatisch zurückgegangene Zahl an Selbstmorden hin, die er auf den Glauben an das Radio und die damit verbundene Hoffnung zurückführt. Diese Position, dass Jakobs Lüge den Menschen Hoffnung bringe, wird gestützt durch den Selbstmord seines besten Freundes Kowalski, der sich erhängt, als Jakob ihm gesteht, dass es das Radio niemals gegeben habe. Auch wenn Kowalski vorgibt, Jakobs Geständnis keinen Glauben zu schenken, raubt ihm das Geständnis die Hoffnung, die in diesen Tagen so überlebenswichtig ist.

III.4 Figureninventar analysieren
Es tauchen keinerlei historisch verbürgte Figuren auf. Die eingangs erwähnten Tafeln weisen ausdrücklich darauf hin, dass die Geschichte sich „so" nicht zugetragen habe. Die Figur des Jakob gab es so nicht. Die Figuren stehen eher für Typen als für individuelle Charaktere. Kowalski, der Freund und Frisör, ist tratschsüchtig, wie es Friseuren häufig angedichtet wird. Jakob ist gutmütig bis zur Selbstaufgabe, denn die Lüge vom Radio erfindet er ja nicht, um sich wichtig zu machen, sondern um Menschenleben zu retten. Interessant ist, dass die Figuren ihre deutschen Peiniger kaum je benennen. Nur Rosas Vater verflucht die deutschen Besatzer. Ansonsten kontrastiert das Handeln der Figuren, die füreinander einstehen, unausgesprochen das Verhalten der deutschen Besatzer, die als gewalttätig, lächerlich und brutal dargestellt werden. Die Sympathie des Filmes liegt auf Seiten der Gefangenen.
Auch wenn die Figuren fiktiv sind, so sind doch die Typen authentisch. Die wesentliche Eigenschaft, die Herzensgüte, eint die Figuren. Darüber hinaus aber haben alle glaubwürdige Schwächen und Vorlieben.

III.5 Filmsprachliche Mittel untersuchen
Der Film ist recht konventionell gedreht. Auffallend sind indes die häufigen Rückansichten, die zur Identifikation mit Jakob einladen; ferner die Enge im Ghetto, die es auch der Kamera nicht erlaubt, einmal die Weite des Raumes einzufangen.

Der Film verwendet unterschiedliche Farbschemata. Die aktuelle Handlung im Ghetto ist blass, beinahe farblos. Daneben gibt es etliche Sequenzen, die sich durch ihre starke Farbigkeit von der eigentlichen Geschichte abheben. Da sind zum einen die Erinnerungen Jakobs. Zum anderen gibt es die Vorstellungen Linas, die sich eine gemeinsame Zukunft mit „Onkel" Jakob erträumt und die an anderer Stelle das Märchen von der traurigen Prinzessin, das Jakob ihr als angebliche Radiosendung präsentiert, in leuchtend bunten Farben imaginiert. Diese Farbgebung verstärkt die Emotionalisierung der Filmbilder.

III.6 Wirkung und Bedeutung des Films untersuchen

Zu Wertungen im Film: Der Film ist ein Manifest der Nächstenliebe und ein Plädoyer, die Hoffnung nicht zu verlieren. Kowalski, der ärgerlich auf Jakob ist, weil der ihm keine weiteren Neuigkeiten verraten will, deckt den Freund dennoch bereitwillig, als dieser das Plumpsklo der Nationalsozialisten aufsucht, um dort nach Zeitungsschnipseln zu suchen, die ihm neue Nachrichten bieten können. Dass Kowalski hierfür von einem Wachposten heftig geschlagen wird und behauptet, beim nächsten Mal nicht für Jakob einstehen zu wollen, ändert nichts an der Tatsache, das hier einer dem anderen hilft, selbst wenn er damit sein Leben riskiert.

III.7 Gesamtinterpretation

Wie zuvor bereits dargelegt, vereinfacht der Film die unterschiedlichen Abstufungen von Kollaboration und Verstrickung der Deutschen. Im Film sind alle Deutschen Männer und sie sind alle Nationalsozialisten. Belegen lässt sich die Geschichte nicht, belegen lassen sich aber viele Geschichten von Juden, die einander unter den erbärmlichsten Bedingungen halfen. Primo Levi (ital. Schriftsteller, Holocaust-Überlebender) beschreibt die Befreiung von Auschwitz und erzählt, wie die KZ-Insassen selbst in den Tagen des grauenvollsten Elends noch ein rudimentäres menschliches Miteinander pflegten.
Indem der Film Menschlichkeit und Menschenwürde in den Mittelpunkt seiner Erzählung stellt, wirkt er in seiner Aussage etwas einfach. Aber genau in dem Einfachen und Menschlichen liegt eine gewisse Größe.

Zu Kapitel 4.2, S. 440–441: Historische Dokumentationen analysieren

1. Quellenkritische Einleitung

Der Film „Die Frauen von Ravensbrück" der deutschen Filmemacherin Loretta Walz entstand zwischen 1980 und 2005 und wurde 2005 uraufgeführt. Er zeigt ehemalige KZ-Insassinnen, die sich an ihre Haftzeit erinnern. Die Interviews finden vorrangig bei den Interviewten zu Hause statt, teilweise in Ravensbrück. Die russischen Zeitzeuginnen werden in einer Art Bibliothek interviewt.

Die Regisseurin Loretta Walz, geb. 1955, ist für ihre dokumentarischen Arbeiten zur NS-Zeit bekannt. „Die Frauen von Ravensbrück" wurde mit dem Adolf-Grimme-Preis ausgezeichnet. Mit diesem Film verdeutlicht sie zweierlei: die absolute Unmöglichkeit, die Sinnlosigkeit und Brutalität des NS-Regimes zu begreifen, und sie zeigt die vielfältigen Wege, die Menschen finden, mit traumatischen Erfahrungen und Erinnerungen umzugehen.

Da die Interviewserie erst im Jahr 1980 anlässlich eines Treffens der Überlebenden von Ravensbrück begann, muss der große zeitliche Abstand zu den geschilderten Geschehnissen in Rechnung gestellt werden. Die Vielzahl ähnlich lautender Aussagen und die Fülle an recherchiertem Material sprechen indes für die sachliche Richtigkeit der Aussagen. Hinzu kommt, dass Erinnerungen wie diese mit der Zeit nicht zwangsläufig verblassen. Illustriert wird dies am Beispiel von Violet Lecoq: Sichtlich berührt sieht sie ihre eigenen Aufzeichnungen durch, und anhand einer Zeichnung, die im Lager entstanden zu sein scheint, zählt sie die Namen der einzelnen Häftlinge auf. Bei einem einzigen Nachnamen wird sie unsicher. Es bleibt unklar, wann und wie die Drucke der Zeichnungen, auf die Lecoq sich bezieht, entstanden sind.

2. Analyse des Inhalts

Alle Frauen, die im Film zu Wort kommen, sind unbekannte Frauen aus europäischen Ländern. Ihnen allen wird Beachtung geschenkt. Ihre Geschichten ergeben erst in der Gesamtschau die historische Narration des Films. Die Art und Weise, wie die Zeitzeuginnen auftreten, wie sie sich nicht scheuen, ihre grauenhaften Erlebnisse vor laufender Kamera wiederzugeben, zeugt von der großen Sympathie, die ihnen von der Filmemacherin entgegengebracht wird. Da die Aussagen unkommentiert bleiben, bleibt diese Sympathiebekundung implizit.

Die Aussagen der Zeitzeuginnen und eines männlichen Zeitzeugen werden immer wieder durch dokumentarisches Material unterstützt: z. B. ausgewählte Privatfotografien, eine Luftbildaufnahme des Lagers, die Ruinen der Baracken. Die privaten Fotos bleiben unkommentiert. Sie illustrieren das Gehörte (die Tonspur) und verstärken die emotionale Wirkung: Die Zeitzeugin Anna Kopp beispielsweise spricht von einer Kaffeeeinladung zu dem Zeitpunkt, als Hitler in Österreich einmarschiert ist. Dazu wird ein Bild von ihr am Kaffeetisch gezeigt.

Durch den beinahe vollständigen Verzicht von Materialien aus der NS-Zeit verzichtet Loretta Walz auf die Übernahme der Täterperspektive, die die meisten TV-Dokumentationen unwillkürlich vollziehen, wenn sie beispielsweise auf Wochenschaumaterialien zurückgreifen. Auch kommentierende Experten wie Historiker/-innen oder Politikwissenschaftler kommen nicht zu Wort. In „Die Frauen von Ravensbrück" stehen die Opfer im Fokus. Lediglich eine der Frauen, die im Lager die Rolle einer Häftlingsärztin einnahm, nimmt eine etwas andere Position ein. Ilse Reibmayr war selbst im Alter von 27 Jahren ins Lager gekommen und wurde dort, da sie Gynäkologin war, in der Baracke eingesetzt, in die die schwangeren Häftlinge zur Entbindung gebracht wurden. Als Ärztin waren ihre Haftbedingungen etwas weniger hart als die der übrigen Insassen. Reibmayr beschreibt recht detailliert, worin ihre Aufgaben bestanden, die Hintergrundgeschichte jedoch wird nicht erwähnt. Anhand des Films allein bleibt unklar, wie Reibmayr in ihre Position gekommen ist, während sie ausführlich schildert, welche Anstrengungen die Insassen unternommen hätten, um den Frauen die Entbindung möglichst leicht zu machen, und welches Elend es gewesen sei, die Babys nacheinander an Unterernährung sterben zu sehen.

Die wenigen Aufnahmen, die offensichtlich zur Zeit des NS-Regimes entstanden sind und die das Lager oder die arbeitenden Frauen zeigen, blenden die Anwesenheit des Wachpersonals aus. Die Nationalsozialisten tauchen im Bild nicht auf und werden auch in den Zeugenaussagen kaum explizit erwähnt. Auch der Kommentar spricht allgemein von der SS, nicht von Personen oder Namen. Nur Ilse Reibmayr erläutert die Hierarchie innerhalb des Lagers und erwähnt hierbei einen der Lagerärzte, Dr. Percival Treite, der sich 1947 vor der Vollstreckung des gegen ihn ergangenen Todesurteils das Leben nahm. Insgesamt verzichtet der Film auf die Nennung von Namen, sowohl von Angehörigen der SS als auch von Mitgefangenen, die sich vom NS-Regime zur Kollaboration zwingen ließen. Dennoch, so Violet Lecoq, habe die Solidarität unter den Häftlingen überwogen und man habe versucht, einander so weit als möglich zu helfen. Die Zeichnungen der Violet Lecoq führen in der Art eines roten Fadens durch den Film und illustrieren die einzelnen Erzählabschnitte.

Die Hintergrundgeschichten der Frauen fehlen vollständig. Die Zuschauenden erfahren die Namen der Frauen und des Mannes, aber nur selten etwas über ihre Funktion im Lager, ihre Familie, ihre Herkunft oder ihren Weg in die Lager. Auch ihr Leben nach der NS-Zeit bleibt offen.

3. Analyse der filmsprachlichen Mittel
Loretta Walz setzt die ihr zur Verfügung stehenden filmischen Mittel sparsam ein. Der Film beginnt mit einer Kamerafahrt über eine Betonwand, die, wie sich im weiteren Verlauf des Films herausstellt, zu einer der Baracken in Ravensbrück gehört. Während die Filmemacherin aus dem Off erläutert, dass der Film aus den Erinnerungen der ehemaligen Häftlinge von Ravensbrück bestehe, werden Porträtfotografien der Frauen aus der Zeit vor ihrer Haft eingeblendet, während die Kamera die Wand entlangfährt und gleichzeitig den Fotos immer näherkommt. Vom Foto der fröhlich lachenden Inger Gulbrandsen schneidet der Film zum Interview mit Gulbrandsen, deren Stimme bereits während der Einblendung der Fotografie zu hören ist.

Erst nach sieben Minuten meldet Walz sich wieder zu Wort, indem sie in wenigen Worten die Entstehung des Frauenkonzentrationslagers Ravensbrück schildert.

Der Film arbeitet überwiegend mit Nahaufnahmen, wie sie für die Befragung von Zeitzeugen typisch sind. Lediglich bei den Szenen im ehemaligen Konzentrationslager gibt es einige wenige Fahrten und Totalen.

4. Analyse der Dramaturgie
Zu Beginn des Films ist Klaviermusik zu hören. Es handelt sich hierbei um eine Komposition von Jens-Uwe Bartholomäus. Die Musik verknüpft Teile des Films, ist dabei zurückhaltend und führt in einer sanften Moll-Melodie durch den Film. Dadurch unterstreicht sie zwar die Erzählungen, trägt aber kaum zu einer weiteren Emotionalisierung bei. Zwischen die Interviewschnipsel werden immer wieder Aufnahmen aus Ravensbrück geschnitten, wiederum unterlegt mit Bartholomäus' Klaviermusik.

Wie bereits erwähnt, spricht die Filmemacherin Loretta Walz einen kurzen Eingangskommentar. Während der Himmel über Ravensbrück auf dem Bildschirm langsam heller wird, die Klaviermusik im Hintergrund für melancholische Stimmung sorgt und der Klang einer pfeifenden Lokomotive näher zu kommen und die Zuschauenden in die Zeit des Nationalsozialismus zu versetzen scheint, erläutert sie in drei klaren Sätzen ihre 25-jährige Recherchearbeit. Anschließend erscheint der Filmtitel am Himmel.

Im weiteren Verlauf des Filmes gibt es nur wenige Momente, in denen Walz sich kommentierend zu Wort meldet, z. B. wenn Zusatzinformationen zu den Erzählungen der Frauen notwendig erscheinen. Ansonsten verzichtet der Film weitgehend auf Emotionalisierung, Dramatisierung und Spannungssteigerung. Er ist allein auf die Aussagen der Zeitzeuginnen fokussiert.

5. Analyse der Zielsetzung
Um den Film zu sehen, sind keine tieferen Vorinformationen notwendig. Die universelle Botschaft des Films transportieren die Frauen.

Viele Informationen über die Lebenswege der Frauen liefert der Film nicht. Da er aber sowohl im Internet als auch in Buchform dokumentiert ist, ist es leicht möglich, sich weiter mit den Biografien der Frauen zu beschäftigen.

Ein roter Faden des Films ist das Unverständnis der Frauen über das Geschehene. Die Augen der nach Ravensbrück zurückgekehrten Klawdia Glotowa, die durch die Ruinen des ehemaligen Lagers geht, während sie ihre Geschichte erzählt, sind auch sechzig Jahre nach den Geschehnissen fassungslos aufgerissen.

6. Abschließender Kommentar
Es wird eine Fülle an schockierenden und berührenden Geschichten präsentiert. Es werden Menschlichkeit und Solidarität deutlich, zu der Menschen auch unter den widrigsten Bedingungen fähig sind. Warum aber die Frauen inhaftiert wurden, warum eine Regierung, warum ein ganzes Volk es sich zum Ziel gesetzt hat, bestimmte Menschengruppen in Lagern gefangen zu halten und dort umzubringen, das bleibt auch nach dem Film unbegreiflich. Das große Verdienst dieses Films ist es, den unbegreiflichen Schicksalen individuelle Gesichter zu verleihen.

Zu Kapitel 4.2, S. 442–443: Verfassen einer Filmkritik

1. Einstieg
Lügen können Leben retten, so ließe sich vielleicht die Kernaussage des Romans „Jakob der Lügner" und seiner zwei Verfilmungen zusammenfassen.

2. Inhalt (Filmrealität)
Der US-Spielfilm „Jakob der Lügner" von 1999 zeigt den Komiker Robin Williams in der Rolle des jüdischen Ghettobewohners Jakob Heym, der im letzten Kriegswinter Hoffnung unter den Ghettobewohnern verbreitet, indem er behauptet, ein Radio zu besitzen und Nachrichten über den Kriegsverlauf zu empfangen (vgl. zum Inhalt S. 498). Gedreht wurde der 116 Minuten lange Film des ungarisch-französischen Regisseurs Peter Kassovitz (geb. 1938 in Budapest) an Schauplätzen in Polen und Ungarn. Kassovitz, der selbst den Holocaust als Kind jüdischer Eltern im Versteck überlebt hat, erhielt die Option, den Stoff neu zu verfilmen, bereits zu Jurek Beckers Lebzeiten. Kassovitz, der in Frankreich weitaus bekannter ist als in den USA oder in Deutschland, erzählt in dieser Romanverfilmung von Jakob, der vor dem Krieg eine Latkes-Bude betrieben hat. Und er erzählt von Jakobs Freunden, die einander so gut wie möglich unterstützen, um der stets drohenden Gefahr von Deportation und Ermordung zu entgehen. Das Ensemble aus Jakob, Mischa, Kowalski und Kirschbaum verbindet offenbar nicht nur die Gegenwart im Ghetto, sondern auch eine gemeinsame Vergangenheit, wie der Barbier Kowalski immer wieder betont.

3. Problematik (Bezugsrealität)
Die Situation, in der sich die Charaktere um Jakob befinden, ist akut lebensbedrohlich. Die Tatsache, dass die deutschen Bewacher des Ghettos nervöser werden, je näher die sowjetische Armee rückt, lässt sie ihren Gefangenen gegenüber nicht nachgiebiger werden. Dies zeigt sich an der Figur des frommen Herschel, der sich verbotenerweise einem Gefangenentransport nähert, um den in Viehwaggons Eingesperrten die Nachrichten aus Jakobs Radio mitzuteilen. Herschel bezahlt die Geste der Menschlichkeit mit dem Leben.

Aber die Menschlichkeit ist es, die die Ereignisse erst in Gang setzt. Denn wäre Jakob nicht am Wohlergehen seiner Freunde gelegen, hätte er die Geschichte vom Radio nicht erfunden, wäre Mischa nicht in die schöne Rosa verliebt, hätte er ihrem Vater nicht von Jakobs Radio berichtet usw.

Die Frage, ob man den Holocaust, das Grauen der Nationalsozialisten, zum Gegenstand von Spielfilmen machen kann, stellt sich auch bei diesem Film. Zumal wenn es sich, wie hier, nicht um einen zeitgenössischen Film wie „Der große Diktator" (siehe S. 424) handelt (dem man den spöttischen Umgang mit dem Thema ggf. verzeiht). Nach den Worten des Philosophen Theodor W. Adorno kann man „nach Auschwitz" keine Gedichte mehr schreiben, mithin auch keine Spielfilme über den Horror des Ghettos drehen. Diese Haltung ist jedoch in bildmächtigen Zeiten wie den unseren schwer umzusetzen, will man die Erinnerung und das Interesse an der Geschichte wachhalten. Jeder Film, der das Grauen der NS-Herrschaft beschreiben will, steckt in diesem Dilemma.

Die Frage ist also nicht *ob*, sondern *wie* ein Film über ein jüdisches Ghetto im letzten Kriegswinter aussehen kann und wie man vermeiden kann, einen rein nostalgischen Film vor historischer Kulisse zu drehen. Also einen Film, in dem der Nationalsozialismus den Hintergrund für zwischenmenschliche Beziehungsdramen bildet und zur reinen Staffage wird.

4. Entstehung des Films (Bedingungsrealität)
Kassovitz ist ein in Ungarn geborener französischer Regisseur, dessen Eltern 1943 als Juden deportiert wurden. Kassovitz und seine Familie überlebten den Krieg und das KZ. Diese Erfahrungen, so Kassovitz in vielen Interviews, hätten ihn dazu gebracht, den Romanstoff von Jurek Becker für die amerikanischen Kinozuschauer in zeitgemäßer Form zu verfilmen. Das Leben im Ghetto habe er so darstellen wollen, wie er selbst es in Erinnerung hatte. Das Team um Kassovitz legte Wert auf die Feststellung, dass für die Ausstattung des Filmes gründlich mithilfe von Originalfotografien recherchiert worden sei, um die Straßenzüge im Ghetto, die Kleidung der Bewohner möglichst authentisch aussehen zu lassen.

5. Filmische Mittel (Filmrealität)

Die Kamera wirkt in der Kassovitz-Verfilmung sehr beweglich. Während in Frank Beyers Version von 1974 eine ruhige Kamera, die nur an einer Stelle merklich in Bewegung gerät, das Eingesperrtsein der Menschen durch Halbtotalen und Nahaufnahmen der Kamera verdeutlicht, ist die Kamerabewegung bei Kassovitz anders: Sie schwebt durch ein geschäftiges Ghetto, das die tatsächlich lähmende Angst im Alltag der Menschen nicht einfangen kann. Das Ghetto wirkt trotz der Leichen, die am Wegrand liegen, beinahe heimelig.

Ähnlich wie bei Beyer 1974 wirken die Bilder von 1999 entsättigt und die rote Hakenkreuz-Flagge erscheint wie ein Fremdkörper in der Szenerie. Anders als in der DEFA-Verfilmung gelingt es jedoch den Zuschauenden kaum, nah an das Geschehen und die Figuren heranzurücken. Die große Nähe, die die Zuschauenden empfinden, wenn sie dem DEFA-Jakob über die Schulter schauen, fehlt hier. Robin Williams ist als Jakob Heym sympathisch und liebevoll, aber an keiner Stelle will die Dramaturgie die Zuschauenden in die Rolle Jakobs hineinziehen. Die Figuren bleiben farblos. Die Bindung, die diese Gemeinschaft zusammenschweißt, bleibt eine Behauptung. Die Frage, ob Jakob nun ein Radio besitzt, wird vielfach durchgesprochen. Die Gefühle aber, die Jakob zur Erfindung seiner Geschichte mit dem Radio antreiben, bleiben ausgespart. Irritierend ist auch die Darstellung des Mädchens Lina (gespielt von Hannah Taylor-Gordon). In Beckers Roman ist sie ein verlassenes, krankes Kind, das von Jakob und dem Arzt gesund gepflegt wird. Im US-Film ist Lina zumindest zu Beginn weder krank noch besonders schutzbedürftig. Im Gegenteil, sie bringt Jakob bei, wie man, von den Wachposten unbemerkt, das Ghetto durchqueren kann. Auch sonst nimmt sie die Zügel in die Hand. Die Darstellung dieser Figur ist etwas hollywoodmäßig flach. Eine Überraschung bietet der Schauspieler Robin Williams, den man von den 1970er-Jahren bis zu seinem Selbstmord 2014 durch witzige, „zappelige" Rollen kannte. Als Jakob wirkt Williams charismatisch und liebevoll besorgt. Die Szene, die schon bei der Erstverfilmung 1974 die gelungenste im ganzen Film war, diejenige nämlich, in der Jakob Lina eine Radiosendung vorspielt, gelingt auch 1999 hervorragend.

Ein Rätsel bleiben dagegen die Sprache und die Darstellung der Nationalsozialisten. Alle Nazis sprechen in der englischen Originalversion Englisch mit einem lächerlich wirkenden deutschen Akzent. Jakob und die anderen Ghettoinsassen wiederum sprechen klischeehafte (möglicherweise polnische) Akzente. Die Deutschen wiederum sprechen untereinander Deutsch, auch Robin Williams spricht im Moment höchster Not einige deutsche Brocken. Die Originalfassung bleibt hier schillernd.

Der Film hat sich erkennbar Mühe gegeben, Kostüme und Kulissen möglichst authentisch wirken zu lassen. Nicht verständlich ist, warum sich das von Kassovitz verfasste Drehbuch wenig Mühe gibt, die Geschichte glaubwürdig wirken zu lassen. Der Film beginnt damit, dass Jakob fälschlich beschuldigt wird, nach 20 Uhr auf der Straße gewesen zu sein. Im weiteren Verlauf des Films jedoch laufen die jüdischen Bewohner des Ghettos ununterbrochen, auch nach Einbruch der Dunkelheit, unbehelligt von der Gestapo durch die Straßen des Ghettos (um Jakob von der Notwendigkeit zu überzeugen, das Radio zu zerstören, damit er die übrigen Ghettobewohner nicht in Gefahr bringt). Auch andere Szenen sind historisch unglaubwürdig: z. B. wenn sich jüdische Ghettobewohner in Kowalskis Barbiersalon treffen, wo Rosa in wechselnden, blütenreinen Negligees zu sehen ist; oder die erhebliche Größe der zur Verfügung stehenden Ghetto-Wohnräume.

6. Rezeption des Films (Wirkungsrealität)

Der Film spielte insgesamt in der Filmbranche enttäuschende fünf Millionen US-Dollar ein, in Deutschland erreichte er sogar nur rd. 45.000 Euro. Bei einem Budget von 15 Millionen US-Dollar war dies wirtschaftlich ein großer Verlust. Die zum Teil positiven Reaktionen der ersten Tage verpufften rasch, die Zahl der Kopien sank innerhalb von zwei Monaten von 1 200 auf 8. Der Film war kein Erfolg, weder beim Publikum noch bei den Kritikern.

Tatsächlich ist er längst nicht so fesselnd wie die Verfilmung von 1974. Die zeitgenössischen Kritiken waren gespalten. Während man das Thema an sich begrüßte, beklagte z. B. „Die Zeit" den gekünstelten Off-Kommentar von Robin Williams am Filmanfang. „Jakob der Lügner" von 1999 ist indes kein schlechter Film. Er nimmt sich dem Roman gegenüber einige Freiheiten heraus, bemüht sich aber gleichzeitig erkennbar, wesentlichen Ideen des Romans treu zu bleiben. Allerdings vereinfacht er noch stärker als die Verfilmung von Frank Beyer 1974. Er dramatisiert und emotionalisiert den Stoff bis hin zu einer übergroßen Fokussierung auf den Hauptdarsteller Robin Williams.

7. Persönliche Bewertung

Resümierend lässt sich sagen, dass die Neuverfilmung von 1999 aus dem USA nicht an den Film von 1974 herankommt. Ihr Vorteil liegt in der Besetzung mit Robin Williams und Liev Schreiber, die den Stoff auch einem jüngeren Publikum zugänglich machen können.

Der Zweck des Filmes sei es, sagte Robin Williams in einem Interview, den Zuschauenden klarzumachen, dass die Opfer des Holocaust menschliche Wesen gewesen seien. Ob dieses Ziel tatsächlich erreicht wurde, bleibt fraglich.

Unterrichtsmethoden

Einen Kurzvortrag halten
- Vorbereitung: Sammeln und ordnen Sie alle Informationen zu Ihrem Thema (z. B. in einer Mindmap).
- Entwickeln Sie eine Ordnung für Ihren Vortrag: Legen Sie zu jedem Hauptpunkt eine Karteikarte mit den wichtigsten Informationen an und nummerieren Sie die Karteikarten in einer sinnvollen Reihenfolge.
- Überlegen Sie sich einen interessanten Einstieg und Schluss für Ihren Vortrag.
- Versuchen Sie möglichst frei vorzutragen. Sprechen Sie laut, deutlich und nicht zu schnell.
- Schauen Sie Ihr Publikum an. So sehen Sie auch, wenn es Zwischenfragen gibt.
- Unterstützen Sie Ihren Vortrag durch Anschauungsmaterial (Bilder, Grafiken, Gegenstände).

Informationen präsentieren (Referat)
Referat vorbereiten
1. Informationen sammeln (Bücher und Internet)
2. Quellenmaterial bei der Vorbereitung auswählen; überlegen, an welcher Stelle des Referats es eingebaut werden soll
3. Zeitvorgabe beachten, Bild-/Textquelle aufbereiten
4. Zuerst nach dem Inhalt, dann erst nach den Einzelheiten fragen; die Zuhörer Vermutungen anstellen lassen, z. B. „Was ist zu erkennen?"
5. Was sagt das Bild über das Thema aus? Aussagen visualisieren/Präsentation vorbereiten
6. Wie stelle ich mein Referat vor? Welches Medium nutze ich dafür?

Präsentieren

7. Liegen alle Materialien vor, die ich für den Vortrag brauche?

Ein Lernplakat gestalten
- Verwenden Sie für das Plakat mindestens die Größe DIN A2, besser DIN A1 (= 8 DIN-A4-Blätter).
- Beschränken Sie sich auf die wesentlichen Informationen.
- Die Informationen auf dem Plakat müssen sachlich stimmen (z. B. richtige Jahreszahlen).
- Das Thema des Plakats muss deutlich zu lesen sein.
- Formulieren Sie in Stichpunkten oder in kurzen Sätzen.
- Unterstreichen Sie Schlüsselbegriffe oder rahmen Sie sie ein.
- Verwenden Sie für die Schrift einen schwarzen oder dunkelblauen Stift. Andere Farben eignen sich für Pfeile, Linien oder Hervorhebungen.
- Achten Sie auf die Lesbarkeit der Schrift (Größe und Ordnung).
  Tipp: Sie können Hilfslinien mit Bleistift zeichnen und später wegradieren.
- Gliedern Sie Ihre Informationen durch unterschiedliche Schriftgrößen. Verwenden Sie Ordnungszahlen, wenn Sie eine bestimmte Reihenfolge darstellen möchten.

Eine Mindmap anfertigen
- Werten Sie Materialien (Bilder, Texte) zunächst aus, bevor Sie mit der Mindmap anfangen. Sammeln Sie Ihre Ergebnisse in Stichpunkten.
- Schreiben Sie das Thema in die Mitte des Blattes.

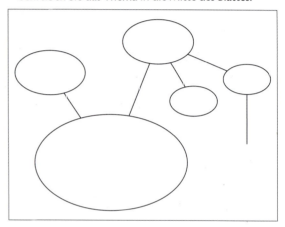

- Überlegen Sie sich eine Struktur für die Mindmap: Finden Sie zunächst Schlüsselbegriffe, die Sie auf die großen Äste schreiben.
  Tipp: Mindmaps weren meist im Uhrzeigersinn gelesen. Bedenken Sie das bei Ihrem Aufbau.
- Gruppieren Sie die zugehörigen Stichpunkte, Wörter und Namen. Gehen Sie vom Abstrakten zum Konkreten.
- Beschränken Sie sich auf 4–6 Hauptäste, um die Mindmap übersichtlich zu halten.
- Verdeutlichen Sie Verbindungen innerhalb der Mindmap mit Pfeilen.
- Arbeiten Sie mit Symbolen (z. B. Blitz für Konflikte). Geben Sie den Ästen unterschiedliche Farben.

Ein Begriffscluster erstellen

- Nehmen Sie ein DIN-A4- oder DIN-A3-Blatt, schreiben Sie einen Schlüsselbegriff darauf und kreisen Sie ihn ein.
- Schreiben Sie nun spontane Assoziationen um das Kernwort herum auf.
- Verwenden Sie diese Assoziationen als neue Schlüsselbegriffe und notieren Sie wiederum Assoziationen dazu.
- Die so entstehende Assoziationskette ergibt eine netzartige Skizze aus Ideen.

Der Unterschied zwischen Mindmapping und Clustern:
Beim Clustering liegt der Schwerpunkt auf der Ideenfindung und dabei insbesondere der assoziativen Verknüpfung von Ideen und Vorstellungen in Bildmustern. Daher eignet sich diese Methode besonders gut zur Stoffsammlung z. B. bei Problemerörterungen.

Das Mindmapping geht einen Schritt weiter, indem die notierten Begrifflichkeiten und Assoziationen durch die Baumstruktur bereits eine logische Ordnung erfahren. Dabei ist die Baumstruktur so offen angelegt ist, dass sie ständig mit weiteren Einfällen auf einer bestimmten Ebene ergänzt werden kann. Wegen seiner begrifflichen Hierarchisierung (= Über- und Unterordnung von Begriffen bzw. Gesichtspunkten) eignet sich das Mindmapping für die Stoffordnung z. B. bei Problemerörterungen gut.

Ein Schreibgespräch führen (Gruppenarbeit für 2 Personen)

- Bilden Sie Zweiergruppen.
- Nehmen Sie ein DIN-A2- oder DIN-A3-Blatt.
- Eine Frage oder ein Thema wird vorgegeben.
- Schreiben Sie abwechselnd Ihre Ideen oder Statements zum Thema links und rechts untereinander auf das Blatt.
- Lesen Sie die Aussage des anderen und reagieren Sie schriftlich darauf.
- Während der ganzen Zeit wird nicht gesprochen.

    Tipp: Sie können in dieser Form auch eine Mindmap zusammen gestalten oder eine Stichwortliste zum Wiederholen anlegen.

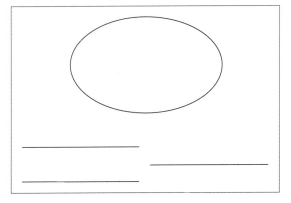

Ein Placemat gestalten (Gruppenarbeit für vier Personen)

- Finden Sie sich in Vierergruppen zusammen.
- Nehmen Sie ein DIN-A2- oder DIN-A3-Blatt und zeichnen Sie folgendes Schema darauf:

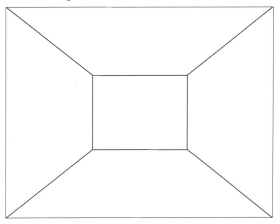

- Legen Sie das Blatt auf den Tisch. Vor jeder weißen Fläche sitzt ein Teilnehmer/eine Teilnehmerin aus Ihrer Gruppe.
- Es wird ein Thema gestellt. Jede/-r notiert in der festgelegten Zeit (ca. 5 min), was er/sie darüber weiß, wissen möchte und welche Ideen er/sie dazu hat.
- Drehen Sie das Blatt, sodass jeder lesen kann, was die anderen aufgeschrieben haben. Stellen Sie Fragen zum Verständnis (ca. 5 min).
- Entscheiden Sie am Ende als Gruppe, welche der Notizen Sie als Ergebnis in die Mitte des Blattes schreiben wollen. Einigen Sie sich auf 4–6 Stichpunkte (ca. 10 min).
- Präsentieren Sie Ihr Ergebnis dem Kurs.

Eine Concept-Map erstellen
- Mit einer Concept-Map lassen sich Beziehungen zwischen Ideen visuell darstellen. Konzepte werden häufig als Kreise oder Boxen dargestellt, die mit Linien oder Pfeilen verbunden werden. Verbindungswörter zeigen zudem, wie Ideen zusammenhängen.
- Nehmen Sie ein DIN-A4- oder DIN-A3-Blatt sowie mehrere Blätter für Vorskizzen.
- Bestimmen Sie einen zentralen Gedanken oder eine Frage, der/die eine Verbindung zu allen anderen Ideen in Ihrer Map aufweist, und schreiben ihn auf das Skizzenblatt.
- Listen Sie im nächsten Schritt damit verbundene Konzepte, Begriffe oder Ideen auf das Blatt auf.
  Tipp: Beschreiben Sie jedes Konzept so knapp wie möglich; ein bis zwei Wörter reichen pro Idee aus.
- Schreiben Sie den zentralen Begriff, Gedanken oder die zentrale Frage in einen Kasten oder ein Oval oben auf das eigentliche Konzeptblatt.
- Wählen Sie die nächstwichtigen Begriffe Ihrer Liste aus und setzen Sie sie in Kasten oder Oval unter den Schlüsselbegriff. Zeichnen Sie Pfeile zur Verbindung dieser Begriffe.
- Fahren Sie darunter mit den nächstwichtigen Schlüsselwörtern fort
- Erklären Sie die Zusammenhänge zwischen den Begriffen, indem Sie sie mit Linien verbinden und durch Beschriftung der Linien ihren Zusammenhang in ein oder zwei Wörtern erklären.
  Tipp: Der Zusammenhang kann ganz unterschiedlich sein: Ein Begriff kann Teil eines anderen sein, er kann entscheidend für einen anderen Begriff sein, er kann für die Produktion eines anderen Begriffes verwendet werden oder es kann eine Reihe anderer Verbindungen geben.

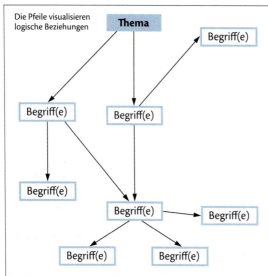

Fachmethoden

Darstellungen analysieren
Leitfrage
1. Welche Fragestellung bestimmt die Untersuchung der Darstellung?

Analyse formale Aspekte
2. Wer ist der Autor (ggf. zusätzliche Informationen über den Verfasser)?
3. Um welche Textsorte handelt es sich?
4. Mit welchem Thema setzt sich der Autor auseinander?
5. Wann und wo ist der Text veröffentlicht worden?
6. Gab es einen konkreten Anlass für die Veröffentlichung?
7. An welche Zielgruppe richtet sich der Text (Historiker, interessierte Öffentlichkeit)?
8. Welche Intentionen oder Interessen verfolgt der Verfasser?

Inhaltliche Aspekte
9. Was sind die wesentlichen Aussagen des Textes?
    a) anhand der Argumentationsstruktur: These(n) und Argumente
    b) anhand der Sinnabschnitte: wesentliche Aspekte und Hauptaussage
10. Wie ist die Textsprache (z. B. appellierend, sachlich oder polemisch)?
11. Welche Überzeugungen vertritt der Autor?

Historischer Kontext
12. Auf welchen historischen Gegenstand bezieht sich der Text?
13. Welche in der Darstellung angesprochenen Sachaspekte bedürfen der Erläuterung?

Urteil
14. Ist der Text überzeugend im Hinblick auf die fachliche Richtigkeit (historischer Kontext) sowie auf die Schlüssigkeit der Darstellung?
15. Welche Gesichtspunkte des Themas werden vom Autor kaum oder gar nicht berücksichtigt?
16. Was ergibt ggf. ein Vergleich mit anderen Darstellungen zum gleichen Thema?
17. Wie lässt sich der dargestellte historische Gegenstand aus heutiger Sicht im Hinblick auf die Leitfrage bewerten?

Kontroverse Texte untersuchen
Thema benennen und Vorwissen aktivieren
1. Was sind kontroverse Texte?
2. Um welches Thema handelt es sich? Welches Vorwissen habe ich dazu?

Texte analysieren
3. Wann wurden die Texte verfasst?
4. Welche Behauptungen werden dort aufgestellt?
5. Wie werden bestimmte Behauptungen und Einschätzungen begründet?

Wertungen und Interessen in den Texten erkennen und beurteilen
6. Wie wird der Leser durch die Texte beeinflusst?
7. Aus welchen Gründen wird das Thema so beurteilt?
8. Lässt sich die Beurteilung auf Sachwissen zurückführen oder ist sie unsachlich?

Zu einem eigenen Urteil gelangen
9. Welche Fragen bleiben offen?
10. Wie beurteile ich selbst den Gegenstand der Texte?

Schriftliche Quelle interpretieren
Leitfrage
1. Welche Fragestellung bestimmt die Untersuchung der Quelle?

Analyse formale Aspekte
2. Um welche Quellengattung handelt es sich (z. B. Brief, Rede, Vertrag)?
3. Wann und wo ist der Text entstanden bzw. veröffentlicht worden?
4. Wer ist der Autor (ggf. Amt, Stellung, Funktion, soziale Schicht)?
5. Was ist das Thema des Textes?
6. Wer ist der Adressat bzw. sind die Adressaten (z. B. Privatpersonen, Institutionen, Herrschende, Öffentlichkeit, Nachwelt)?
7. Welche Intentionen oder Interessen verfolgt der Autor?

Inhaltliche Aspekte
8. Was sind die wesentlichen Textaussagen?
9. Welche Begriffe sind von zentraler Bedeutung (Schlüsselbegriffe)?
10. Wie ist die Textsprache (z. B. sachlich, emotional, appellativ, informativ, argumentativ, manipulierend, ggf. rhetorische Mittel)?
11. Welche Überzeugungen, Interessen oder Intentionen vertritt der Autor?
12. Welche Wirkung soll der Text bei den Adressaten erzielen?

Historischer Kontext
13. In welchen historischen Zusammenhang lässt sich die Quelle einordnen?
14. Auf welches Ereignis, welchen Konflikt, welche Prozesse bzw. Epochen bezieht sich der Inhalt der Quelle?

Urteil
15. Beurteilung nach sachlichen Aspekten (Sachurteil):
    – Welchen politisch-ideologischen Standpunkt nimmt der Autor ein?
    – Inwieweit ist der Text glaubwürdig? Enthält der Text Widersprüche?
    – Welche Problematisierung ergibt sich aus dem Text?
16. Bewertung nach heutigen Wertmaßstäben (Werturteil) Wie lassen sich die Aussagen des Textes im Hinblick auf die Leitfrage aus heutiger Sicht bewerten?

Schriftliche Quellen vergleichen
Ersten Eindruck festhalten
1. Wie ist Ihr Eindruck nach dem ersten Lesen beider Quellen?

Informationen zu Verfassern und Texten sammeln
2. Wann wurden die Texte geschrieben?
3. Wie groß ist der zeitliche Abstand zwischen Ereignis und Bericht?
4. Waren die Autoren Augenzeugen? Wenn nicht: Wen geben sie als Informanten an?

Inhalt vergleichen
5. Geben Sie Hauptaussagen und Schlüsselbegriffe der Texte wieder und vergleichen Sie sie im nächsten Schritt.
6. Welche Informationen stimmen überein?
7. Gibt es Einzelheiten, die nicht in den Texten erscheinen, die unterschiedlich genau oder ausführlich wiedergegeben werden?
8. Was wird berichtet, ist es logisch oder enthält es Unstimmigkeiten?
9. Ist ein Urteil oder eine Meinung der beiden Verfasser zu erkennen?

Weitere Informationen sammeln
10. Ziehen Sie weitere Informationen hinzu, z. B. aus Sachbüchern, dem Schulbuch oder dem Internet.

Ergebnisse formulieren
11. Vergleichen Sie die Notizen aus den einzelnen Arbeitsschritten miteinander. Formulieren Sie eine eigene Meinung.

Bildquelle auswerten
Einzelne Elemente beschreiben
1. Was ist dargestellt (Personen, Gegenstände)?
2. In welchen Haltungen oder Bewegungen sind sie zu sehen?
3. Wie lässt sich die Situation beschreiben?
4. Was erscheint merkwürdig?

Zusätzliche Informationen hinzuziehen und Bedeutung der Bildelemente entschlüsseln
5. Welche Hinweise gibt die Bildunterschrift?
6. Welche Bedeutung würden Sie heute der entsprechenden Geste, Gebärde, Handlung oder dem Gegenstand zuordnen?
7. Recherchieren Sie Hintergrundinformationen zu den Symbolen (Bibliothek, Internet …).
8. Welche Einzelaussagen ergeben sich aus den Symbolen und Gesten?

Bildaussage formulieren
9. Welche Gegenstände oder Handlungen scheinen besonders wichtig für die Aussage des Bildes? Woran lässt sich das erkennen?
10. Welche Gesamtaussage lässt sich formulieren? Gibt es mehrere Deutungen?

Bilder vergleichen
Einzelheiten der zu vergleichenden Bilder erfassen
1. Welche Personen sind dargestellt?
2. Welches Verhältnis zwischen den Personen wird angedeutet?
3. Ist es eine naturgetreue, eine stilisierte oder eine vereinfachte Darstellung?
4. Beschreiben Sie Kleidung, Aussehen, Hintergrund, Bildrahmen.

Zusätzliche Informationen heranziehen
5. Ist der Titel der Bilder bekannt? Gibt es eine Bildunterschrift?
6. Wann sind die Bilder entstanden?
7. Wer sind die Künstler?
8. Sind Auftraggeber bekannt?

Bildaussage erkennen
9. Welchen Zweck verfolgt die Darstellung (z. B. Erinnerung, Erhöhung, Kritik, Veranschaulichung, Verschleierung …)?

Bilder vergleichen
10. Welche Gemeinsamkeiten lassen sich erkennen?
11. Wie unterscheiden sich die Bilder in Aufbau, Farbgebung, Gestaltung?
12. Wie lassen sich besondere Unterschiede, aber auch besondere Gemeinsamkeiten erklären?

Historische Gemälde interpretieren

Leitfrage
1. Welches historische Ereignis thematisiert das Bild?

Analyse formale Aspekte
2. Wer ist der Künstler? Wer ist der Auftraggeber?
3. Zu welchem Zweck entstand es? Wann entstand das Bild? Wo hing bzw. hängt es?
4. Wie groß ist das Bild? Welche Materialien wurden verwendet?

Inhaltliche Aspekte – Beschreibung
5. Welche Bildelemente sind zu sehen (Personen, Orte, Gegenstände, Landschaften, Symbole)?
6. Wie sind die Personen dargestellt (Gestik, Mimik, Körperhaltung, Kleidung)?
7. Wie ist die Bildkomposition (Personen, Umgebung, Gegenstände, Situation, Proportionen, Symbole in ihren Relationen) angelegt?
8. Welche Darstellungsmittel wurden eingesetzt (Technik, Farben, Lichtwirkung, Perspektive)?

Inhaltliche Aspekte – Deutung
9. Welche Bedeutung haben Bildelemente, Bildkomposition und Darstellungsmittel?
10. Was war die Intention des Malers? Welche Wirkung sollte beim zeitgenössischen Betrachter erzeugt werden?

Historischer Kontext
11. In welchen historischen Zusammenhang lässt sich das Bild einordnen?
12. Wie wurde es zeitgenössisch rezipiert? Wurde es verbreitet?

Urteil
13. Welche Funktion sollte das Bild erfüllen? An wen richtete es sich?
14. Entspricht das dargestellte Ereignis den historischen Fakten? (ggf. Vergleich mit wissenschaftlichen Erkenntnissen über das Ereignis)
15. Wie lässt sich das Bild aus heutiger Sicht bewerten?

Politische Plakate interpretieren

Leitfrage
1. Welche Fragestellung bestimmt die Untersuchung des Plakats?

Analyse formale Aspekte
2. Wer hat das Plakat erstellt oder in Auftrag gegeben?
3. Wann und wo ist das Plakat erschienen?
4. Welcher Anlass führte zur Erstellung und Veröffentlichung des Plakats?
5. An wen ist das Plakat gerichtet?

Inhaltliche Aspekte
6. Was ist das Thema des Plakats?
7. Was ist auf dem Plakat dargestellt und welche Gestaltungsmittel (Bilder, Personen, Gegenstände, Texte/Schlagwörter, Symbole, Muster, Anordnung der Bildgegenstände/ Art der Komposition, Perspektive, Farben, Proportionen und Verhältnis von Bild und Text) wurden genutzt?

Historischer Kontext
8. In welchem historischen Kontext (Ereignis, Epoche, Prozess, Wahlkampf) ist das Plakat entstanden?

Urteilen – Sachurteil
9. Wie lassen sich die Gestaltungsmittel deuten?
10. Welche Wirkung sollte beim zeitgenössischen Beobachter erzielt werden?
11. Welche Intention verfolgte der Ersteller bzw. Auftraggeber?
12. Ist das Plakat repräsentativ für seine Zeit?
13. Welche Schlussfolgerungen lassen sich im Hinblick auf die Leitfrage ziehen?

Werturteil
14. Wie lässt sich das Plakat gemäß der Leitfrage aus heutiger Sicht bewerten?

Karikatur analysieren

Ersten Eindruck festhalten
1. Wie wirkt die Karikatur auf Sie?

Einzelne Text- und Bildelemente beschreiben
2. Welche Personen, Gegenstände und anderen Details lassen sich erkennen? Achten Sie auf den Gesichtsausdruck, die Kleidung und die Körperhaltung. Beziehen Sie Beschriftungen mit ein.

Zusätzliche Informationen heranziehen und erste Deutung vornehmen
3. Wer ist der Zeichner?
4. Wann und wo ist die Karikatur entstanden?
5. Gibt es einen Titel?
6. Welches Thema hat die Karikatur?
7. Welche Bedeutung haben die Personen und Gegenstände?
8. Auf welches Ereignis bezieht sich die Karikatur?

Aussage formulieren
9. Was ist die Botschaft?
10. Was wird kritisiert?
11. Welche Wirkung könnte die Karikatur haben?

Historische Fotografie analysieren
Entstehung der Fotografie
1. Wann ist das Foto entstanden?
2. Was stellt es dar?
3. Wer hat in wessen Auftrag fotografiert?
4. Für welchen Adressaten ist die Fotografie angefertigt worden?
5. Welche Bildtechnik ist zu erkennen (Perspektive, Brennweite, Entfernung, Ausschnitt)?

Aussage und Deutung
6. Was ist er erste Eindruck?
7. Welche Gesamtaussage lässt sich formulieren?
8. Welche Fragen bleiben offen?

Schaubild auswerten
Einzelne Elemente des Schaubildes erfassen
1. Welche Fachbegriffe werden verwendet, wie sind sie zu klären?
2. Welche Bedeutung haben Farben und Pfeile?

Den Aufbau des Schaubildes untersuchen
3. Wie ist das Schaubild zu lesen?

Inhalt erschließen und bewerten
4. Welche Aussagen werden im Schaubild getroffen?
5. Sind die Aussagen historisch korrekt?

Historischen Zusammenhang einbeziehen
6. Welche weiteren Informationen zur Einordnung und Bedeutung des Schaubildes sind notwendig?

Verfassungsschaubild analysieren
Einzelne Elemente der Abbildung erfassen
1. Welche Fachbegriffe werden genannt?
2. Welche Bedeutung haben Farben, Pfeile etc.?

Formale Aspekte
3. Wie ist das Schaubild zu lesen (von unten nach oben, von links nach rechts)? Verändert sich die Aussage, wenn man einen anderen Einstieg nutzt?

Inhalt erschließen
4. Welche Verfassungsorgane sind dargestellt?
5. Wie ist die Gewaltenteilung umgesetzt?
6. Wer kontrolliert wen?
7. Wer darf wen wie oft wählen?
8. Um welche Staatsform handelt es sich?

Aussagen überprüfen
9. Sind die Angaben im Verfassungsschema historisch richtig?

Urteilen
10. Erkennt man Stärken und Schwächen dieser Verfassung?
11. Welche Fragen stellen sich nach dem Untersuchen des Schaubildes? Was ist unklar?

Statistik auswerten
Formale Aspekte
1. Gegenstand: Zeitabschnitt; historisches Ereignis, das dargestellt wird
2. Fundstelle: Ort, Zeit, Urheber der Daten (Institution oder Person, politische/öffentliche Stellung)
3. Adressatenbezug: Wer wird angesprochen?
4. Wie wird das Zahlenmaterial präsentiert (Tabelle oder Diagramm? Säulen-, Balken-, Linien-, Kurven-, Kreis- oder Stapeldiagramm)?

Inhaltliche Aspekte
5. Jahreszahlen, Spalten oder Achsenbezeichnungen, Strukturierungshilfen
6. Legende, z. B. die Zuordnung von Farben zu bestimmten Staaten
7. Aussageart des Diagramms: Wird ein Vergleich angestrebt oder eine Entwicklung aufgezeigt? Gibt es Auffälligkeiten?

Aussagekraft bewerten
8. Geben Sie der Statistik zunächst eine Überschrift: Worum geht es überhaupt?
9. Fassen Sie die Kernaussagen zusammen und erläutern Sie sie jeweils kurz.
10. Setzen Sie die Aussagen in ihren historischen Zusammenhang.
11. Bewerten Sie die Aussagekraft der statistischen Daten: Ist die grafische Darstellung angemessen? Wird der Sachverhalt zu sehr vereinfacht?

Geschichtskarten und historische Karten analysieren
Leitfrage
1. Welche (historischen oder gegenwärtigen) Aussagen will die Karte dem Betrachter vermitteln?

Analyse
2. Erster Eindruck/Wirkung der Karte auf den Betrachter
3. Analyse der wichtigsten Kartenelemente: Titel, Maßstab, Legende, Farbgebung, verwendete Symbole, Schrift etc.
4. Ermittlung des Sachverhalts, also der Informationen, die die Karte liefert
5. Recherche der Kartenverfasser, Auftraggeber etc.
6. Analyse des Kontextes, in dem die Karte verwendet wird (Wer hat die Karte entworfen bzw. in Auftrag gegeben? In welchem Zusammenhang ist sie erschienen? An wen richtet sie sich?)
7. Ggf. Vergleich mit anderen Karten zum gleichen Thema

Beurteilung
8. Welche Schwerpunktsetzungen, expliziten und/oder impliziten Wertungen sind erkennbar?

Werturteile erkennen

Klären, worauf sich das Urteil des Verfassers oder der Verfasserin bezieht
1. Welche Haltungen werden beurteilt?
2. Welche Handlungen werden beurteilt?

Den Maßstab erkennen
3. Lässt sich das Werturteil auf Sachwissen zurückführen oder ist es unsachlich?
4. Wird deutlich, welche Kriterien für die Bewertung verwendet werden (z. B. religiöse Sicht, Standpunkt der Menschenrechte, tolerante Grundeinstellung…)?
5. Lassen sich Informationen dazu finden, warum ein bestimmter Standpunkt vertreten wird?

Zu einem eigenen Urteil gelangen
6. Wie bewerten Sie selbst den Sachverhalt?
7. Wie ist Ihre Position gegenüber dem Werturteil, das Sie erkennen?
8. Wie urteilen andere Menschen darüber?

Internet nutzen

Suche beginnen
1. Welche Suchmaschine wähle ich aus?
2. Welche Internethinweise gibt das Schulbuch?

Suchabsicht festlegen
3. Welche Suchwörter helfen mir zur Beantwortung meiner Fragen weiter?

Überblick über das Suchergebnis bekommen
4. Welche Links sind interessant und brauchbar?
5. Welche Links stammen von glaubwürdigen Anbietern?

Ergebnisse ordnen
6. Wie gehe ich mit den Informationen einer Webseite um?

Informationen sichern und auswerten
7. Wie halte ich die gefundenen Informationen fest?

Historische Spielfilme analysieren
Siehe S. 436–439.

Historische Dokumentationen analysieren
Siehe S. 441.

Verfassen einer Filmkritik
Siehe S. 443.

Erklärvideo mithilfe eines Storyboards erstellen
Siehe S. 445.

Literaturhinweise

Die Amerikanische Revolution

Theorie und Methodentraining
Jäger, Wolfgang, Theoriemodule Oberstufe, Berlin 2011.
Jordan, Stefan, Theorien und Methoden der Geschichtswissenschaft. Orientierung Geschichte, 4., aktualisierte Auflage, Stuttgart 2018.
Rauh, Robert, Methodentrainer Geschichte Oberstufe. Quellenarbeit – Arbeitstechniken – Klausuren, Berlin 2010.

Revolutionstheorie
Arendt, Hannah, Über die Revolution, 6. Auflage, München 2016.
Brinton, Crane, Anatomie der Revolution, Wien 2017.
Davies, James C. (ed.), When Men Revolt and Why. A Reader in Political Violence and Revolution, New York 1971.
Eisenstadt, Shmuel N., Die großen Revolutionen und die Kulturen der Moderne, Wiesbaden 2006.
Grosser, Florian, Theorien der Revolution zur Einführung, Hamburg 2013.
Lenin, Wladimir I., Staat und Revolution, Berlin 2017.
Marx, Karl/Engels, Friedrich, Das Kommunistische Manifest, Hamburg 2009.
Tocqueville, Alexis de, Der alte Staat und die Revolution, 3. Auflage, Warendorf 2013.

Modernisierung
Eisenstadt, Shmuel N., Multiple Modernities, London 2002.
Weber, Max, Religion und Gesellschaft, Eggolsheim 2011.
Weber, Max, Gesammelte Aufsätze zur Religionssoziologie, Bd. 1, Tübingen 1988.
Wehler, Hans-Ulrich, Modernisierungstheorie und Geschichte, Göttingen 1975.
Wehler, Hans-Ulrich, Deutsche Gesellschaftsgeschichte. Bd. 1: Vom Feudalismus des Alten Reiches bis zur Defensiven Modernisierung der Reformära 1700–1815, München 1987.

Revolution und Geschichte
Fahrmeir, Andreas, Revolutionen und Reformen. Europa 1789–1850, München 2010.
von Hellfeld, Matthias, Das lange 19. Jahrhundert: Zwischen Revolution und Krieg 1776–1914, Berlin 2015.
Nautz, Jürgen, Die großen Revolutionen der Welt, Wiesbaden 2008.
Tilly, Charles, Die europäischen Revolutionen, München 1993.
Wende, Peter, Große Revolutionen der Geschichte: Von der Frühzeit bis zur Gegenwart, München 2000.

Dokumentensammlungen USA
Adams, Angela/Adams, Willi Paul, Die Amerikanische Revolution und die Verfassung. Dokumente, München 1995.
Hamilton, Alexander/Jay, John, Die Federalist Papers. Vollständige Ausgabe, München 2007.
Schambeck, Herbert/Widder, Helmut/Bergmann, Marcus (Hg.), Dokumente zur Geschichte der Vereinigten Staaten von Amerika, 2., erweiterte Auflage, Berlin 2007.

Geschichte der USA
Arens, Werner/Braun, Hans-Martin, Die Indianer Nordamerikas, München 2004.
Depkat, Volker, Geschichte der USA, Stuttgart 2016.
Dippel, Horst, Geschichte der USA, 10. Auflage, München 2015.
Emmerich, Alexander, Geschichte der USA, Stuttgart 2017.
Gassert, Philipp/Häberlein, Mark/Wala, Michael, Geschichte der USA, 2., überarbeitete Auflage, Stuttgart 2018.
GEO-Epoche, Heft 11: Amerikas Weg zur Weltmacht 1498–1898, Hamburg 2004.
Heideking, Jürgen/Mauch, Christof, Geschichte der USA, 6. Auflage, Tübingen 2008.
Howard, Dick, Die Grundlegung der amerikanischen Demokratie, Frankfurt/M. 2001.
Mauch, Christof (Hg.), Die Präsidenten der USA. 45 historische Porträts von George Washington bis Donald Trump, 1. fortgeführte und aktualisierte Auflage, München 2018.
Prätorius, Rainer, „In God We Trust". Religion und Politik in den USA., München 2003.
Sautter, Udo, Geschichte der Vereinigten Staaten von Amerika, 8. Auflage, Stuttgart 2013.
Stöver, Bernd, Geschichte der USA. Von der ersten Kolonie bis zur Gegenwart, München 2017.

Amerikanische Revolution

Dippel, Horst, Die Amerikanische Revolution. 1763–1787, Frankfurt/M. 1985.
Ellis, Joseph J., Sie schufen Amerika. Die Gründergeneration von John Adams bis George Washington, München 2005.
Ellis, Joseph J., Seine Exzellenz George Washington. Eine Biographie, München 2005.
Hochgeschwender, Michael, Die Amerikanische Revolution. Geburt einer Nation 1763–1815, München 2016.
Lerg, Charlotte A., Die Amerikanische Revolution, Tübingen u. a. 2010.

Französische Revolution

GEO-Epoche, Die Französische Revolution, Hamburg 2004.
Henke-Bockschatz, Gerhard/Kuhn, Axel, Die Französische Revolution, Stuttgart 2012.
Israel, Jonathan, Die Französische Revolution. Ideen machen Politik, Stuttgart 2017.
Kruse, Wolfgang, Die Französische Revolution, Paderborn 2005.
Reichardt, Rolf, Das Blut der Freiheit. Französische Revolution und demokratische Kultur, Frankfurt/M. 1998.
Schulin, Ernst, Die Französische Revolution, München 2013.
Schulze, Wilfried, Der 14. Juli 1789. Biographie eines Tages, Stuttgart 1989.
Thamer, Hans-Ulrich, Die Französische Revolution, München 2013.
Vovelle, Michel, Die Französische Revolution. Soziale Bewegung und Umbruch der Mentalitäten, Frankfurt/M. 1985.

Russische Revolution

Altrichter, Helmut, Kleine Geschichte der Sowjetunion 1917–1991, München 1993.
Aust, Martin, Die russische Revolution: Vom Zarenreich zum Sowjetimperium, München 2017.
Figes, Orlando, Die Tragödie eines Volkes. Die Epoche der Russischen Revolution,1891–1924, Berlin 2014.
Haumann, Heiko, Die Russische Revolution 1917, Tübingen 2016.
Hencke-Bockschatz, Gerhard/Wunderer, Hartmann, Die Russische Revolution, Stuttgart 2014.
Neutatz, Dietmar, Träume und Alpträume. Eine Geschichte Russlands im 20. Jahrhundert, München 2013.
Nolte, Hans Heinrich, Geschichte Russlands, Stuttgart 2012.

Die „Völkerwanderung"

Wandlungsprozesse in der Geschichte

Bitterli, Urs, Alte Welt – neue Welt. Formen des europäisch-überseeischen Kulturkontaktes vom 15. bis zum 18. Jahrhundert, München 1986.
Bitterli, Urs, Die „Wilden" und die „Zivilisierten". Grundzüge einer Geistes- und Kulturgeschichte der europäisch-überseeischen Begegnung, 3. Aufl., München 2004.
Huntington, Samuel P., Kampf der Kulturen. Die Neugestaltung der Weltpolitik im 21. Jahrhundert, München 1996.
Oltmer, Jochen, Migration. Geschichte und Zukunft der Gegenwart, Darmstadt 2017.
Sen, Amartya, Die Identitätsfalle. Warum es keinen Krieg der Kulturen gibt, München 2007.
Treibel, Annette, Migration in modernen Gesellschaften. 5. Aufl., Weinheim 2011.

Ursachen und Verlauf der Völkerwanderung

Heather, Peter J., Der Untergang des Römischen Weltreichs, übers. v. Klaus Kochmann, Stuttgart 2007.
Pohl, Walter, Die Völkerwanderung, Stuttgart 2002.
Rosen, Klaus, Die Völkerwanderung, 4. Aufl., München 2009.
von Rummel, Philipp/Fehr, Hubert, Die Völkerwanderung, Stuttgart 2011.
Schwarz, Jörg, Das europäische Mittelalter. Grundstrukturen – Völkerwanderung – Frankenreich, Stuttgart 2006.
Stickler, Timo, Die Hunnen, München 2007.

Ostgotenreich in Italien

Demandt, Alexander, Geschichte der Spätantike. Das Römische Reich von Diocletian bis Justinian 284–565 n. Chr., München 1998.
Die Erben Roms. Der neue Blick auf die Völkerwanderung. DAMALS. Das Magazin für Geschichte, Heft 7, 2016.
Die Völkerwanderung. Germanen gegen Rom. GEO Epoche, Nr. 76, Heft 12/15.
Gehrke, Hans-Joachim/Schneider, Helmuth (Hg.), Geschichte der Antike. Ein Studienbuch, Stuttgart 2000.
Goscinny, René/Uderzo, Albert, Asterix und die Goten, Egmont Comic Collection, Berlin, div. Auflagen.
Hartmann, Martina, Die Königin im Frühen Mittelalter, Stuttgart 2009.
Rosen, Klaus, Die Völkerwanderung, 4. Aufl., München 2009.
von Rummel, Philipp/Fehr, Hubert, Die Völkerwanderung, Stuttgart 2011.

Wiemer, Hans-Ulrich, Theoderich der Große. König der Goten, Herrscher der Römer, München 2018.
Wolfram, Herwig, Die Goten. Von den Anfängen bis zur Mitte des sechsten Jahrhunderts, München 2009.
Wolfram, Herwig, Die Goten und ihre Geschichte, 3. Aufl., München 2010.

Merowingerreich unter Chlodwig

Ewig, Eugen, Die Merowinger und das Frankenreich, Stuttgart 2012.
Hartmann, Martina, Die Merowinger, München 2012.
Jussen, Bernhard, Die Franken. Geschichte, Gesellschaft, Kultur, C. H. Beck, München 2014.
Kaiser, Reinhold/Sebastian Scholz, Quellen zur Geschichte der Franken und Merowinger. Vom 3. Jahrhundert bis 751, Stuttgart 2012.
Nonn, Ulrich, Die Franken, Stuttgart 2010.
Scholz, Sebastian, Die Merowinger, Stuttgart 2015.

Rezeption der Völkerwanderung

Die Völkerwanderung. Germanen gegen Rom. GEO Epoche, Nr. 76, Heft 12/15.
Geary, Patrick J., Europäische Völker im frühen Mittelalter. Zur Legende vom Werden der Nationen, Frankfurt/Main 2002.
Meier, Mischa/Patzold, Steffen, August 410 – Ein Kampf um Rom, Stuttgart 2010.
Postel, Verena, Die Ursprünge Europas. Migration und Integration im frühen Mittelalter, Stuttgart 2004.

Wechselwirkungen und Anpassungsprozesse in der Geschichte

Aßkamp, Rudolf/Jansen, Kai (Hg.), Triumph ohne Sieg. Roms Ende in Germanien, Darmstadt 2017.
Jäger, Wolfgang, Theoriemodule Geschichte Oberstufe, Berlin 2011.
Jordan, Stefan, Theorien und Methoden der Geschichtswissenschaft, Paderborn 2009.
Meier, Mischa, Der Völkerwanderung ins Auge blicken. Individuelle Handlungsspielräume im 5. Jahrhundert n. Chr., Heidelberg 2016.

Kreuzzüge

Gabrieli, Francesco (Hg.), Die Kreuzzüge aus arabischer Sicht, übers. v. Francesco Gabrieli, Lutz Richter-Bernburg und Barbara von Kaltenborn-Stachau, Augsburg 2000.
Maalouf, Armin, Der heilige Krieg der Barbaren. Die Kreuzzüge aus der Sicht der Araber, München 1997.
Mayer, Hans Eberhard, Geschichte der Kreuzzüge, 10., überarb. u. erw. Auflage, Stuttgart 2005.
Milger, Peter, Die Kreuzzüge. Krieg im Namen Gottes, München 2000.
Pernoud, Régine (Hg.), Die Kreuzzüge in Augenzeugenberichten, übers. v. Carl Hagen Thürnau, Düsseldorf 1961.
Riley-Smith, Jonathan (Hg.), Illustrierte Geschichte der Kreuzzüge, Frankfurt/M. 1999.
Runciman, Steven, Geschichte der Kreuzzüge, München 1995.

Spanischer Kolonialismus

Bitterli, Urs, Die Entdeckung Amerikas. Von Kolumbus bis Alexander von Humboldt, München 2006.
Delgado, Mariano (Hg.), Gott in Lateinamerika. Texte aus fünf Jahrhunderten. Ein Lesebuch zur Geschichte, Düsseldorf 1991.
Ertl, Thomas/Limberger, Michael (Hg.), Die Welt 1250–1500 (Globalgeschichte. Die Welt 1000–2000), Wien 2008.
Fässler, Peter E., Globalisierung. Ein historisches Kompendium, Köln 2007.
Feldbauer, Peter/Lehners, Jean-Paul (Hg.), Die Welt im 16. Jahrhundert (Globalgeschichte. Die Welt 1000–2000), Wien 2008.
Gründer, Horst, Eine Geschichte der europäischen Expansion. Von Entdeckern und Eroberern zum Kolonialismus, Stuttgart 2003.
Hausberger, Bernd (Hg.), Die Welt im 17. Jahrhundert (Globalgeschichte. Die Welt 1000–2000), Wien 2008.
León-Portilla, Miguel/Heuer, Renate (Hg.), Rückkehr der Götter. Die Aufzeichnungen der Azteken über den Untergang ihres Reiches, Frankfurt/M. 1986.
Wendt, Reinhard, Vom Kolonialismus zur Globalisierung. Europa und die Welt seit 1500, Paderborn 2016.

Das deutsch-polnische Verhältnis

Methodentraining Geschichte

Rauh, Robert, Methodentrainer Geschichte Oberstufe. Quellenarbeit – Arbeitstechniken – Klausurentraining, Berlin 2010.

Nation, Nationalismus, Nationalstaatsbildung

Alter, Peter, Nationalismus, Frankfurt/M. 1985.
Jansen, Christian/Borggräfe, Henning, Nation – Nationalität – Nationalismus, Frankfurt/M. 2007.
Juneja, Monica/Wenzlhuemer, Roland, Die Neuzeit 1789–1914, Konstanz 2013.
Kocka, Jürgen, Das lange 19. Jahrhundert. Arbeit, Nation und bürgerliche Gesellschaft, Stuttgart 2001.
Schulze, Hagen, Staat und Nation in der europäischen Geschichte, München 1994.
Wehler, Hans-Ulrich, Nationalismus: Geschichte – Formen – Folgen, München 2001.

Nationalstaatsbildung Polen

Alexander, Manfred, Kleine Geschichte Polens, Stuttgart 2008.

Borodziej, Wlodzimierz, Geschichte Polens im 20. Jahrhundert, München 2010.

Broszat, Martin, Zweihundert Jahre deutsche Polenpolitik, Frankfurt/M. 1972.

Heyde, Jürgen, Geschichte Polens, 3. Aufl., München 2011.

Jaworski, Rudolf/Lübke, Christian/Müller, Michael G., Eine kleine Geschichte Polens, Frankfurt/M. 2000.

Nationalstaatsbildung Deutschland

Althammer, Beate, Das Bismarckreich 1871–1890, Paderborn 2009.

Berghahn, Volker R., Das Kaiserreich 1871–1914. Industriegesellschaft, Bürgerliche Kultur und autoritärer Staat, Stuttgart 2006.

Conrad, Sebastian, Globalisierung und Nation im Deutschen Kaiserreich, (Taschenbuch) München 2010.

Fisch, Jörg, Europa zwischen Wachstum und Gleichheit 1850–1914, Stuttgart 2002.

Hahn, Hans-Werner/Berding, Helmut, Reformen, Restauration und Revolution, Stuttgart 2010.

Schulze, Hagen, Der Weg zum Nationalstaat. Die deutsche Nationalbewegung vom 18. Jahrhundert bis zur Reichsgründung, München 1985.

Ullmann, Hans-Peter, Politik im Deutschen Kaiserreich 1871–1918, München 1999.

Wehler, Hans-Ulrich, Deutsche Gesellschaftsgeschichte, Bd. 3: Von der „Deutschen Doppelrevolution" bis zum Beginn des Ersten Weltkrieges 1849–1914, München 1995

Winkler, Heinrich August, Der lange Weg nach Westen. Deutsche Geschichte I: Vom Ende des Alten Reiches bis zum Untergang der Weimarer Republik, (Taschenbuch) München 2014.

Deutsch-polnische Beziehungen (18. Jh. bis heute)

Bingen, Dieter/Ruchniewicz, Krzysztof (Hg.), Länderbericht Polen. Geschichte, Politik, Wirtschaft, Gesellschaft, Kultur, Bonn 2009.

Borodziej, Wlodzimierz/Ziemer, Klaus (Hg.), Deutschpolnische Beziehungen 1939 – 1945 – 1949. Eine Einführung, Bonn 2000.

Lawaty, Andreas/Orlowski, Hubert (Hg.), Deutsche und Polen. Geschichte, Kultur, Politik, München 2003.

Kneip, Matthias/Mack, Manfred/Deutsches Polen-Institut Darmstadt, Polnische Geschichte und deutsch-polnische Beziehungen, 2. Aufl., Berlin 2009.

Imperialismus und Erster Weltkrieg

Berghahn, Volker, Der Erste Weltkrieg, 2. Aufl., München 2004.

Epkenhans, Michael, Der Erste Weltkrieg, Paderborn 2015.

Leonhard, Jörn, Die Büchse der Pandora. Geschichte des Ersten Weltkriegs, München 2014.

Osterhammel, Jürgen, Kolonialismus. Geschichte – Formen – Folgen, 3. Aufl., München 2006.

Nationalsozialismus und Zweiter Weltkrieg

Benz, Wolfgang, u. a. (Hg.), Enzyklopädie des Nationalsozialismus, 5. Aufl., München 2007.

Hehl, Ulrich von, Nationalsozialistische Herrschaft, München 1996.

Herbert, Ulrich, Geschichte Deutschlands im 20. Jahrhundert, München 2014.

Müller, Rolf-Dieter, Der letzte deutsche Krieg 1939–1945, Stuttgart 2005.

Stargardt, Nicholas, Der deutsche Krieg 1939–1945, Frankfurt/M. 2015.

Wehler, Hans-Ulrich, Der Nationalsozialismus. Bewegung, Führerschaft, Verbrechen 1919–1945, München 2009.

Globalisierung

Osterhammel, Jürgen/Peterson, Niels P., Geschichte der Globalisierung. Dimensionen, Prozesse, Epochen, (Taschenbuch) München 2007.

Osterhammel, Jürgen, Die Verwandlung der Welt. Eine Geschichte des 19. Jahrhunderts, München 2016.

Geschichts- und Erinnerungskultur

Assmann, Aleida, Der lange Schatten der Vergangenheit. Erinnerungskultur und Geschichtspolitik, München 2006.

Assmann, Aleida, Erinnerungsräume. Formen und Wandlungen des kulturellen Gedächtnisses, 4., durchges. Aufl., München 2009.

Assmann, Jan, Das kulturelle Gedächtnis. Schrift, Erinnerung und politische Identität in frühen Hochkulturen, 6. Aufl., München 2007.

Cornelißen, Christoph, Was ist Erinnerungskultur? In: Geschichte in Wissenschaft und Unterricht 2003, S. 548–563.

Eckel, Jan/Moisel, Claudia (Hg.), Universalisierung des Holocaust? Erinnerungskultur und Geschichtspolitik in internationaler Perspektive, Göttingen 2008.

Ertl, Astrid, Kollektives Gedächtnis und Erinnerungskulturen. Eine Einführung, Stuttgart 2005.

François, Etienne/Puschner, Uwe (Hg.), Erinnerungstage. Wendepunkte der Geschichte von der Antike bis zur Gegenwart, München 2010.
Frei, Norbert, Vergangenheitspolitik. Die Anfänge der Bundesrepublik und die NS-Vergangenheit, 2. Auflage, München 1997.
Füßmann, Klaus, u. a. (Hg.), Historische Faszination. Geschichtskultur heute, Köln 1994.
Giesecke, Dana/Welzer, Harald, Das Menschenmögliche. Zur Renovierung der deutschen Erinnerungskultur, Hamburg 2012.

Geschichte im Film

GESCHICHTE LERNEN, Heft 42/1994: Geschichte im Film.
Graf, Bernhard, Geschichte erzählen in Film und Fernsehen, in: Baumgärtner, Ulrich und Schreiber, Waltraud (Hg.): Geschichts-Erzählung und Geschichtskultur. Zwei geschichtsdidaktische Leitbegriffe in der Diskussion, München 2001, S. 39–65.
Hey, Bernd, Zwischen Vergangenheitsbewältigung und heiler Welt. Nachkriegsdeutsche Befindlichkeiten im Spielfilm, in: Geschichte in Wissenschaft und Unterricht 52, 2001, S. 228–237.
Kracauer, Siegfried, Von Caligari zu Hitler. Eine psychologische Geschichte des deutschen Films. (Original 1947), Frankfurt/M. 1984.
Monaco, James, Film verstehen, Reinbek bei Hamburg 2001.
Näpel, Oliver, Historisches Lernen durch ‚Dokutainment'? – Ein geschichtsdidaktischer Aufriss. Chancen und Grenzen einer neuen Ästhetik populärer Geschichtsdokumentation, analysiert am Beispiel der Sendereihen Guido Knopps, in: Zeitschrift für Geschichtsdidaktik 2 (2003), S. 213–244.
Stettner, Peter, Dokumentarfilm als historische Quelle. In: Archivpflege in Westfalen-Lippe, hg. von Marcus Stumpf und Wolfgang Bockhorst, Münster 2008, S. 4–10.
Wendorf, Joachim/Lina, Michael, Probleme einer themengebundenen kritischen Filmquellen-Edition. In: GWU 8/1987, S. 490–496.
Wieber, Anja, Auf Sandalen durch die Jahrtausende – Eine Einführung in den Themenkreis „Antike und Film". In: Bewegte Antike. Antike Themen im modernen Film, hg. von Ulrich Eigler, Stuttgart [u. a.] 2002, S. 4–40.
Wilharm, Irmgard, Geschichte im Film. In: Geschichte lernen und lehren. Festschrift für Wolfgang Marienfeld zum 60. Geburtstag, hg. von Gerhard Schneider, Hannover 1986 (Theorie und Praxis Bd. 10), S. 283–295.
Wilharm, Irmgard, Bewegte Spuren. Studien zur Zeitgeschichte im Film, hg. von Detlef Endeward, Claus Füllberg-Stolberg, Peter Stettner, Hannover 2006.

Zeittafel

Zur „Völkerwanderung"

Spätes 3. Jh. n. Chr.	Erste Erwähnung der Franken im Zusammenhang mit Germaneneinfällen ins Römische Reich
330	Gründung Konstantinopels (später Byzanz) durch Kaiser Konstantin
358	Aufnahme der Salfranken als Föderaten in Toxandrien unter Kaiser Julian
375	Die Hunnen unterwerfen die Greutungen (Ostgoten) und drängen die Terwingen (Westgoten) nach Westen; Kaiser Valens erlaubt den Terwingen die Ansiedlung auf römischem Gebiet.
378	Rebellion der Terwingen
379	Ansiedelung der Greutungen in Pannonien und Föderatenvertrag
382	Friedensschluss und Föderatenvertrag mit den Terwingen
395	Teilung des Römische Reiches in eine West- und eine Osthälfte
402	Ravenna wird Sitz des weströmischen Kaiserhofes.
406/07	Zusammenbruch der römischen Rheingrenzen; Vandalen, Sueben und Alanen plündern Gallien; Beginn jahrzehntelanger Bürgerkriege im Weströmischen Reich
410	Plünderung Roms durch die Westgoten unter Alarich
418	Ansiedlung der Westgoten in Aquitanien; Errichtung des Tolosanischen Reiches; in den folgenden Jahrzehnten entstehen weitere „germanische" Reiche auf weströmischen Gebiet
447	Angriff der Hunnen unter Attila auf das Oströmische Reich
451	Der Hunnenanführer Attila greift Rom an; Belagerung von Städten in Gallien; Schlacht auf den Katalaunischen Feldern zwischen den Hunnen (mit den Ostgoten) und den Römern (mit den Westgoten); Niederlage der Hunnen
453	Tod Attilas
458/63–482	Herrschaft des Merowingerkönigs Childerich
474	Theoderich wird König der Ostgoten.
476	Der „Germane" Odoaker wird zum König von Italien ausgerufen; faktisches Ende des Weströmischen Kaisertums, das zuletzt von Romulus Augustulus bekleidet wurde
Seit 481	Theoderich steht als Heermeister mit seinen Truppen in oströmischen Diensten.
482–511	Herrschaft des Merowingerkönigs Chlodwig
486	Beginn der merowingischen Expansion in Gallien
489	Kaiser Zeno schickt Theoderich nach Italien, um Odoaker zu vertreiben.
493	Der Ostgote Theoderich tötet Odoaker.
497	Theoderichs Herrschaft wird offiziell von Ostrom anerkannt.
Um 500	Taufe des merowingischen Königs Chlodwig
508	Theoderich erobert die von den Franken besetzten Gebiete zurück; Eroberung der Westgotenhauptstadt Toulouse durch die Merowinger
511	Theoderich erobert das Westgotische Reich; Tod des merowingischen Königs Chlodwig und Teilung des Frankenreichs zwischen seinen vier Söhnen
526	Tod Theoderichs
534	Tod des ostgotischen Thronfolgers Athalarich; Regentschaftsübernahme durch seine Mutter Amalasunthas
535	Ermordung Amalasunthas
535–540	Kaiser Justinians Feldherr Belisar zieht gen Italien.
552	Ende des Ostgotenreichs
751	Sturz des letzten Merowingerkönigs durch den Karolinger Pippin

Um 1200	Das „Nibelungenlied", in dem Vorgänge der „Völkerwanderungszeit" thematisiert werden, wird von einem unbekannten Autor aufgezeichnet.
13.–15. Jh.	Der französische Königsmythos um den Merowingerkönig Chlodwig entwickelt sich.
1776–1789	Edward Gibbon deutet in „*The History of the Decline and Fall of the Roman Empire*" die „Völkerwanderung" bzw. die nachfolgenden „Germanenreiche" als Transformation und Erhaltung der *Romanitas* im nordeuropäischen Raum.
1804	Bei seiner Kaiserkrönung beruft sich Napoleon Bonaparte auch auf Chlodwig I.
Seit Mitte des 19. Jh.	Völkisch-rassentheoretische Rezeption der „Völkerwanderung"
1855	Wilhelm Giesebrechts „Geschichte der deutschen Kaiserzeit" erscheint.
1937	Die Pirenne-These besagt, dass die kulturelle und wirtschaftliche Einheit der antiken Mittelmeerwelt nicht durch die Völkerwanderung, sondern erst durch die islamische Expansion im 7. und frühen 8. Jahrhundert zerstört worden sei.
1996	Feierlichkeiten zum 1500-jährigen Jubiläum der Taufe Chlodwigs in Frankreich

Zu den Kreuzzügen

Ab 7. Jh.	Die Herrschaft der muslimischen Araber in Palästina lässt die freie Pilgerfahrt nach Jerusalem zu.
1071	Das Byzantinische Reich stößt nach Anatolien und Armenien vor, wird aber bei Mantzikert/Armenien von muslimischen Seldschuken zurückgeschlagen.
1076–1078	Die Seldschuken erobern Syrien und Palästina; die freie christliche Pilgerfahrt nach Jerusalem wird unterbrochen. Die Seldschuken rücken danach bis Anatolien vor. Byzanz bittet den Papst um Hilfe.
1095	Kreuzzugsaufruf Papst Urbans II.
1096–1099	Erster Kreuzzug
1098	Die Grafschaft Edessa/Syrien wird erster Kreuzfahrerstaat; Eroberung Antiochias.
1099	Das Fürstentum Antiochia wird Kreuzfahrerstaat; Eroberung Jerusalems (Juni/Juli); Jerusalem wird Kreuzfahrerstaat.
1144	Die Zangiden erklären den Dschihad gegen die Kreuzfahrer und erobern Edessa, was den zweiten Kreuzzug auslöst.
1146–1149	Zweiter Kreuzzug
1187	Rückeroberung Jerusalems und großer Teile der Kreuzfahrerstaaten durch den Sultan von Ägypten und Syrien, den Aiyubiden Salah ad-Din
1189–1192	Dritter Kreuzzug
1191	Die Christen erobern Akkon zurück.
1192	Teilweise Rückeroberung des Königreiches Jerusalem durch Richard I., doch ohne die Stadt selbst; dreijähriger Waffenstillstand zwischen Richard und Salah ad-Din
1202–1204	Vierter Kreuzzug. Die christlich-lateinischen Kreuzfahrer erobern und plündern das christlich-orthodoxe Konstantinopel und weite Teile des Byzantinischen Reiches. Sie begründen in Byzanz ein lateinisches Kaisertum (bis 1261).
1217–1221	Fünfter Kreuzzug
1228/29	Kreuzzug Kaiser Friedrichs II. (vom Papst gebannt); durch Vertragsschluss mit Ägypten Rückgewinnung von Jerusalem und Teilen Palästinas
1248–1254	Sechster Kreuzzug
1270–1272	Siebter Kreuzzug
1263	Beginn der Rückeroberung christlicher Gebiete in Palästina und Syrien durch die Mamluken
1291	Die Mamluken erobern Akkon und damit den letzten Sitz der Kreuzfahrer.

Zur Spanischen Kolonisation

Um 1200	Gründung der Stadt Cuzco durch die Inka (Gründungsmythos)
Anfang des 14. Jh.	Gründung der Stadt Tenochtitlán durch die Mexica (Azteken)
1488	Umsegelung der afrikanischen Südspitze durch Bartolomëu Diaz
1492	Anfertigung des ersten Globus durch Martin Behaim; Vertrag zwischen Kolumbus und den spanischen Königen; „Entdeckung" Amerikas durch Kolumbus
1494	Vertrag von Tordesillas: Aufteilung der überseeischen Gebiete zwischen Spanien und Portugal
1498	Vasco da Gama umsegelt Afrika und erreicht Indien.
1503	Gründung des Königlichen Handelshauses *(Casa de la Contratación)* in Sevilla; Erlass der spanischen Krone, der erstmals das System der *Encomienda* bzw. des *Repartimiento* regelte
1519–1521	Eroberung des Azteken-Reiches durch die Spanier unter Cortés
1519–1522	Erste Weltumsegelung durch Magallan
1524	Bildung des Indienrates *(Consejo Real y Supremo de las Indias)* als oberste Verwaltungsinstanz für die spanischen Kolonien
1532–1534	Eroberung des Inka-Reiches durch die Spanier unter Pizarro
1542/43	Erlass der „Neuen Gesetze" im Rahmen der Indianerschutzpolitik durch die spanische Krone
1545	Teilweise Rücknahme der „Neuen Gesetze"
1568	Erste Sklaventransporte von Westafrika nach Amerika
Ende 16. Jh.	Spanisches Weltreich: Höhepunkt der territorialen Ausdehnung
1792	Dänemark verbietet als erstes europäisches Land die Sklaverei.

Entstehung eines polnischen Reiches und Aufstieg der Jagiellonen

966	Taufe des Piastenfürsten Mieszko I. und damit Beginn der Christianisierung und der Staatlichkeit Polens
1000	Gründung des Erzbistums Gnesen. Treffen von Bolesław I. Chrobry (der Tapfere) mit Kaiser Otto III. in Gnesen
1025	Nach der Eroberung von Pomerellen, Schlesien, Krakau und der Oberlausitz krönt sich Bolesław I. Chrobry mit dem Segen des Papstes zum ersten polnischen König.
1138–1305	Aufspaltung des Landes in Teilfürstentümer
13. Jh.	Beginn des Landesausbaus in Osteuropa
1226	Fürst Konrad von Masowien ruft für den Kampf gegen die heidnischen Prußen den Deutschen Orden zu Hilfe. Als Gegenleistung erhalten die Ritter das Kulmer Land.
1241	Ein deutsch-polnisches Heer stoppt die Mongolen bei Liegnitz.
1308	Der Deutsche Orden erweitert sein Machtgebiet an der östlichen Ostsee, auch Danzig gehört jetzt zu seinem Herrschaftsbereich. Beginn der kriegerischen Auseinandersetzungen zwischen Polen und dem Deutschen Orden
1333–1370	Kazimierz III. Wielki (der Große) konsolidiert das Königreich Polen, er gründet Städte und öffnet das Land für die in Westeuropa verfolgten Juden. Unter seiner Regierung wird 1364 die Universität Krakau gegründet; mit seinem Tod erlischt die Dynastie der Piasten.
1348	Kazimierz III. Wielki erkennt offiziell die böhmische Herrschaft über Schlesien an.
1386	Der litauische Großfürst Jogaila lässt sich und sein Volk taufen, um als Władysław Jagiełło die polnische Thronerbin Jadwiga heiraten zu können. Die Personalunion Polens und Litauens wird begründet.
1410	In der Schlacht bei Tannenberg/Grunwald wird der Deutsche Orden von einem polnisch-litauischen Heer geschlagen.

1466	Im Zweiten Frieden von Thorn muss der Deutsche Orden dem polnischen König Westpreußen und das Ermland abtreten („Königliches Preußen'). Danzig kommt, mit großen Privilegien versehen, unter die Herrschaft der polnischen Krone.
Mitte des 15. Jh.	Das Reich der Jagiellonen reicht von der Ostsee bis zum Schwarzen Meer.
1525	Der Deutsche Orden in Preußen löst sich auf; sein Restgebiet wird als Herzogtum Preußen polnisches Lehen.
1569	Umwandlung der polnisch-litauischen Personal- in eine Realunion als Ergebnis des dreijährigen Sejms zu Lublin (Lubliner Union)

Niedergang und Teilungen Polens

1572	Der Tod König Zygmunts II. August bedeutet das Erlöschen der Dynastie der Jagiellonen auf dem polnischen Thron. Das Wahlkönigtum wird eingeführt.
1572–1795	Ausländische und polnische Könige wechseln sich auf dem polnischen Thron ab. Die Geschicke des Landes werden zunehmend von polnischen Magnatenfamilien bestimmt, die oft nur ihre eigenen Interessen verfolgen.
1683	Unter Führung des polnischen Königs Jan III. Sobieski siegen Truppen Polens und deutscher Staaten gegen die Türken vor Wien.
1697–1763	Mit August II. dem Starken und August III. regieren in Polen zwei sächsische Könige.
1700–1721	Großer Nordischer Krieg. Russland hilft Polen gegen die Schweden und gewinnt entscheidenden Einfluss auf die Geschicke des Landes.
1772	Bei der Ersten Teilung Polens fällt ein Drittel des Landes an die drei Nachbarn Preußen, Russland und Österreich.
1791	Aufgeklärte Kreise um König Stanisław August Poniatowski versuchen das Land durch Reformen zu retten. Der Vierjährige Sejm beschließt die „Verfassung vom 3. Mai", die erste geschriebene Verfassung Europas.
1793	Zweite Teilung Polens. Weitere Gebiete des Landes fallen an Preußen und Russland.
1794	Ein Aufstand im russischen Teilungsgebiet unter Führung des Freiheitskämpfers Tadeusz Kościuszko wird niedergeschlagen.
1795	Durch die Dritte Teilung wird das Land endgültig unter den drei Großmächten aufgeteilt und Polen verschwindet als eigenständiger Staat bis 1918 von der europäischen Landkarte.

Staatenlose Zeit Polens

1807	Gründung des halbsouveränen Herzogtums Warschau durch Napoleon
1815	Auf dem Wiener Kongress wird entschieden, das Herzogtum Warschau in ein „Königreich Polen" (auch „Kongresspolen" genannt) unter der Krone des russischen Zaren zu verwandeln, der zugleich König von Polen wird.
1830/31	Der „Novemberaufstand" gegen die Zarenherrschaft wird niedergeschlagen. Beginn der „Großen Emigration". Zeit der liberalen deutschen Polenbegeisterung
1846	Aufstand und Bauernunruhen in Galizien
1848	Unruhen im preußischen und österreichischen Teilungsgebiet („Völkerfrühling")
1863/64	Der „Januaraufstand" im russischen Teilungsgebiet wird niedergeschlagen.
1871	Nach der Reichsgründung zunehmende Germanisierung im preußischen Teilungsgebiet
1901–1906	Schulstreiks in Wreschen und an anderen Orten wegen des Verbots der polnischen Sprache im Schulunterricht
1916	Proklamation eines „Königreiches Polen" durch die Mittelmächte (5. November)

Zweite polnische Republik und Zweiter Weltkrieg

- **1918** Nach der Niederlage aller ehemaligen Teilungsmächte im Ersten Weltkrieg ist der Weg zur Wiedererstehung eines unabhängigen polnischen Staates frei. Am 11. November übernimmt Józef Piłsudski in Warschau die Macht. Staatsform und Grenzen sind noch nicht festgelegt.
- **1919** Im Versailler Vertrag wird festgelegt, dass ein Großteil der Provinzen Posen und Westpreußen zu Polen kommt.
- **1919–1921** Krieg zwischen Polen und Sowjetrussland. Polen besetzt Gebiete, die vor den Teilungen zur polnisch-litauischen Adelsrepublik gehörten.
- **1919–1921** Drei polnische Aufstände in Oberschlesien und Volksabstimmung über die staatliche Zugehörigkeit (20. März 1921: 40,4 Prozent für Polen, 59,6 Prozent für das Deutsche Reich). Durch Entscheidung der Botschafterkonferenz der Alliierten wird Oberschlesien geteilt, ein Viertel des Abstimmungsgebietes mit 42,5 Prozent der Bevölkerung und den wichtigsten Bodenschätzen kommt zu Polen.
- **1926** Nach dem gewaltsamen Sturz der Regierung durch Anhänger von Marschall Piłsudski nimmt das demokratische System autoritäre Züge an.
- **1934** Abschluss eines deutsch-polnischen Nichtangriffspaktes (1939 von Hitler aufgekündigt)
- **1939** 23. August: Hitler-Stalin-Pakt über die restlose Aufteilung Polens. Am 1. September überfällt die deutsche Wehrmacht Polen; der Zweite Weltkrieg beginnt. Am 17. September marschiert die Rote Armee in Polen ein. Die westlichen Gebiete Polens werden an das Deutsche Reich angegliedert, die östlichen Landesteile in die Sowjetunion inkorporiert. Das restliche Gebiet wird zum „Generalgouvernement" unter deutscher Besatzung. Bildung einer Exilregierung unter General Władysław Sikorski und Entstehung einer Untergrundarmee (Armia Krajowa).
- **1943** Der Aufstand im Warschauer Ghetto (19. April–16. Mai) wird von den Deutschen niedergeschlagen.
- **1944** Am 22. Juli wird in Chełm bei Lublin ein in Moskau vorbereitetes „Komitee zur nationalen Befreiung" als eine von Kommunisten dominierte Parallelregierung gebildet. Am 1. August beginnt der Warschauer Aufstand gegen die deutschen Besatzer; die Rote Armee schaut tatenlos zu. Nach der Kapitulation am 2. Oktober vertreiben die Deutschen die Bevölkerung und zerstören Warschau fast vollständig.

Kommunistische Zeit Polens

- **1945** Konferenzen in Jalta und Potsdam. Verschiebung Polens nach Westen. Deutschland verliert die Gebiete östlich von Oder und Lausitzer Neiße. Der östliche Teil Polens fällt an die Sowjetunion.
- **1945–1948** Vertreibung und Zwangsumsiedlung von Millionen Deutschen, Polen und Ukrainern
- **1948** Ausschaltung jeglicher Opposition, politische Unterdrückung und Etablierung einer kommunistischen Herrschaft stalinistischer Prägung.
- **1950** Görlitzer Vertrag zwischen der DDR und Polen (gegenseitige Anerkennung der Grenze)
- **1956** Arbeiteraufstand in Posen im Juni. Propagierung eines ‚polnischen Wegs zum Sozialismus'. Größere Freiräume für Kultur, Literatur und katholische Kirche, die allerdings später wieder eingeengt werden
- **1965** Die katholische Kirche Polens richtet ein Versöhnungsschreiben an die Glaubensbrüder in der Bundesrepublik. Die kommunistische Partei kritisiert die Kirchenvertreter stark. Im Oktober fordert der Rat der Evangelischen Kirche in Deutschland neben der Versöhnung auch die Anerkennung der polnischen Westgrenze.
- **1970** Der „Vertrag über die Grundlagen zur Normalisierung der gegenseitigen Beziehungen zwischen der Volksrepublik Polen und der Bundesrepublik Deutschland" (Warschauer Vertrag) wird unterzeichnet (7. Dezember).
- **1972** Aufnahme diplomatischer Beziehungen zwischen Polen und der Bundesrepublik Deutschland
- **1978** Am 16. Oktober wird der Erzbischof von Krakau, Karol Kardinal Wojtyła, als erster Pole zum Papst gewählt.
- **1980** Landesweite Streikbewegung, die Ende August zur Entstehung der *Solidarność*, der ersten unabhängigen Gewerkschaft in einem kommunistischen Land, führt.
- **1981** Verhängung des Kriegsrechts in Polen (13. Dezember); Verbot der *Solidarność*

Demokratisierung und Westorientierung Polens

1989 Wiederzulassung der Solidarność nach Streiks, Gespräche zwischen Opposition und kommunistischer Regierung am „Runden Tisch" (Februar bis April) halbfreie Wahlen am 4. Juni; am 24. August wird Tadeusz Mazowiecki erster nicht-kommunistischer Regierungschef; Beginn der Demokratisierung

1990 Gewerkschaftsführer Lech Wałęsa wird zum Staatspräsidenten gewählt; Abschluss des „deutsch-polnischen Grenzbestätigungsvertrags" (14. November) mit dem wiedervereinigten Deutschland: völkerrechtliche Anerkennung der Oder-Neiße-Grenze

1991 Der deutsch-polnische „Vertrag über gute Nachbarschaft und freundschaftliche Zusammenarbeit" wird am 17. Juni unterzeichnet. Im Herbst finden die ersten völlig freien Parlamentswahlen in Polen statt.

1999 Aufnahme Polens in die NATO

2004 Beitritt Polens zur Europäischen Union

Die Präsidenten der USA

	Präsident	Amtszeit	Partei
1	George Washington	1789–1797	–
2	John Adams	1797–1801	*Federalist*
3	Thomas Jefferson	1801–1809	*Democratic-Republican*
4	James Madison	1809–1817	*Democratic-Republican*
5	James Monroe	1817–1825	*Democratic-Republican*
6	John Quincy Adams	1825–1829	*Democratic-Republican*
7	Andrew Jackson	1829–1837	Demokrat
8	Martin van Buren	1837–1841	Demokrat
9	William Harrison	1841 (gest.)	*Nat. Republican (Whig)*
10	John Tyler	1841–1845	*Nat. Republican (Whig)*
11	James K. Polk	1845–1849	Demokrat
12	Zachary Taylor	1849–1850 (gest.)	*Nat. Republican (Whig)*
13	Millard Fillmore	1850–1853	*Nat. Republican (Whig)*
14	Franklin Pierce	1853–1857	Demokrat
15	James Buchanan	1857–1861	Demokrat
16	Abraham Lincoln	1861–1865 (erm.)	Republikaner
17	Andrew Johnson	1865–1869	Republikaner
18	Ulysses S. Grant	1869–1877	Republikaner
19	Rutherford B. Hayes	1877–1881	Republikaner
20	James A. Garfield	1881 (erm.)	Republikaner
21	Chester A. Arthur	1881–1885	Republikaner
22	Grover Cleveland	1885–1889	Demokrat
23	Benjamin Harrison	1889–1893	Republikaner
24	Grover Cleveland	1893–1897	Demokrat
25	William McKinley	1897–1901 (erm.)	Republikaner
26	Theodore Roosevelt	1901–1909	Republikaner
27	William H. Taft	1909–1913	Republikaner
28	Woodrow Wilson	1913–1921	Demokrat
29	Warren J. Harding	1921–1923 (gest.)	Republikaner
30	Calvin Coolidge	1923–1929	Republikaner
31	Herbert C. Hoover	1929–1933	Republikaner
32	Franklin D. Roosevelt	1933–1945 (gest.)	Demokrat
33	Harry S. Truman	1945–1953	Demokrat

	Präsident	Amtszeit	Partei
34	Dwight D. Eisenhower	1953–1961	Republikaner
35	John F. Kennedy	1961–1963 (erm.)	Demokrat
36	Lyndon B. Johnson	1963–1969	Demokrat
37	Richard M. Nixon	1969–1974 (Rück.)	Republikaner
38	Gerald R. Ford	1974–1977	Republikaner
39	Jimmy Carter	1977–1981	Demokrat
40	Ronald Reagan	1981–1989	Republikaner
41	George Bush	1989–1993	Republikaner
42	Bill Clinton	1993–2001	Demokrat
43	George W. Bush	2001–2009	Republikaner
44	Barack Obama	2009–2017	Demokrat
45	Donald Trump	2017–	Republikaner

Die Staaten der USA nach Beitrittsdatum

Staat	Abk.	Aufnahmedatum
1. Delaware	DE	7.12. 1787
2. Pennsylvania	PA	12.12. 1787
3. New Jersey	NJ	18.12. 1787
4. Georgia	GA	2.1. 1788
5. Connecticut	CT	9.1. 1788
6. Massachusetts	MA	6.2. 1788
7. Maryland	MD	28.4. 1788
8. South Carolina	SC	23.5. 1788
9. New Hampshire	NH	21.6. 1788
10. Virginia	VA	25.6. 1788
11. New York	NY	26.7. 1788
12. North Carolina	NC	21.11. 1788
13. Rhode Island	RI	29.5. 1790
14. Vermont	VT	4.3. 1791
15. Kentucky	KY	1.6. 1792
16. Tennessee	TN	1.6. 1796
17. Ohio	OH	1.3. 1803
18. Louisiana	LA	30.4. 1812
19. Indiana	IN	11.12. 1816
20. Mississippi	MS	10.12. 1817
21. Illinois	IL	3.12. 1818
22. Alabama	AL	14.12. 1819
23. Maine	ME	15.3. 1820
24. Missouri	MO	10.8. 1821
25. Arkansas	AR	15.6. 1836
26. Michigan	MI	26.1. 1837
27. Florida	FL	3.3. 1845
28. Texas	TX	29.12. 1845
29. Iowa	IA	18.12. 1846
30. Wisconsin	WI	29.5. 1848
31. California	CA	9.9. 1850
32. Minnesota	MN	11.5. 1858
33. Oregon	OR	14.2. 1859
34. Kansas	KS	29.1. 1861
35. West Virginia	WV	20.6. 1863
36. Nevada	NV	31.10. 1864
37. Nebraska	NE	1.3. 1867
38. Colorado	CO	1.8.1876
39. North Dakota	ND	2.11. 1889
40. South Dakota	SD	2.11. 1889
41. Montana	MT	8.11. 1889
42. Washington	WA	11.11. 1889
43. Idaho	ID	3.7. 1890
44. Wyoming	WY	10.7. 1890
45. Utah	UT	4.1. 1896
46. Oklahoma	OK	16.1. 1907
47. New Mexico	NM	6.1. 1912
48. Arizona	AZ	14.2. 1912
49. Alaska	AK	3.1. 1959
50. Hawaii	HI	21.8. 1959

Begriffslexikon

Absolutismus: Herrschaftsform des 17./18. Jh. mit einem starken Monarchen an der Spitze, der nach zentralisierter Macht und unbeschränkter Herrschaft strebt, welche er von Gott herleitet; er stützt sich auf Bürokratien und stehende Heere. Hauptvertreter: Frankreich unter Ludwig XIV. (1661–1715).

Adel: Bis um 1800 war der Adel in Europa die mächtigste Führungsschicht mit erblichen Vorrechten, politischen und militärischen Pflichten, mit Standesbewusstsein und besonderen Lebensformen. Adel war meist verbunden mit Grundbesitz und daraus begründeten Herrschafts- und Einkommensrechten (Grundherrschaft). Obwohl gesellschaftlich zur sozialen Oberschicht gehörend, konnte der Landadel wirtschaftlich z.T. zur Mittelschicht gehören.

Adelsrepublik: Eine Form des Ständestaates, in der Staat und Herrschaft in der Hand des Adels oder (in Städten) in der Hand von reichen Patrizierfamilien liegen und sich vererben.

Anti-Föderalisten: Politische Gruppe, die sich während der Verfassungsberatungen in den USA herausbildete und für weitgehende Rechte für die Einzelstaaten eintrat. Die Zentralgewalt sollte möglichst eingeschränkt und kontrolliert bleiben. Außerdem sollten die Freiheitsrechte des Einzelnen Vorrang haben. Die Gruppe setzte sich für eine frankreichfreundliche Außenpolitik ein. Ihr wichtigster Vertreter war Thomas Jefferson.

Antike: Epochenbezeichnung für den Zeitraum zwischen dem Ende der frühgriechischen mykenischen Zeit (12. Jahrhundert v. Chr.) und der Absetzung des letzten weströmischen Kaisers (476) beziehungsweise der Schließung der (platonischen) Akademie in Athen (529).

Antisemitismus: Ablehnung oder Bekämpfung von Juden aus rassischen, religiösen oder sozialen Gründen. Der Begriff wurde im Jahre 1879 als pseudowissenschaftlicher Begriff geprägt, um sich von der religiös motivierten Judenfeindschaft früherer Epochen, dem Antijudaismus, abzugrenzen. Er bezeichnet Ablehnung und Feindschaft gegenüber den Semiten, einer historischen Sprachfamilie, die neben hebräischen auch afrikanische und arabische Völker umfasst. Der Begriff ist daher nicht trennscharf. Judenfeindschaft gab es schon in der Antike und im Mittelalter. In der zweiten Hälfte des 19. Jh. entwickelte sich ein rassisch begründeter Antisemitismus, mit dem gesellschaftliche Konflikte auf die Juden als Feindbild übertragen wurden.

„Arier": Der Begriff „Arier" bezeichnete ursprünglich die indogermanischen Völker bzw. Sprachfamilien. Die „Rassenlehre" des 19. Jh. gab dem Begriff neue Inhalte, die durch keinerlei wissenschaftliche Erkenntnisse gestützt sind. Gemeint waren nun die Angehörigen der weißen „Rasse" mit den Germanen als Krönung. Die Ideologie des ▶ Nationalsozialismus benutzte den Begriff zur Ausgrenzung und Ermordung der Juden und anderer ausgegrenzter Gruppen von Menschen.

Aufklärung: Im umfassenden Sinne ist die Aufklärung eine europäische Geistesbewegung des 16.–17. Jh., die Kritik an den überkommenen transzendental begründeten religiösen und politischen Autoritäten übt; diese sollen ersetzt werden durch neue immanente Grundwerte wie irdisches Glück, Nützlichkeit, Humanität, Freiheit, Perfektibilität, die sich aus der menschlichen Vernunft und den Sinneserfahrungen ergeben. Mittel zur Durchsetzung waren vor allem Wissenschaft und Erziehung.

Autokratie: Sie vereint als Staats- bzw. Regierungsform alle Kompetenzen des politischen Systems in einer zentralen Kraft und sieht in keiner Weise die Beteiligung des Volkes an der Staatsgewalt vor. Als Autokratien gelten u. a. die absolute Monarchie und die Diktatur.

Barbar: Ursprüngliche Bezeichnung der Griechen für all jene, die schlecht oder kein Griechisch sprachen; später eine abwertende Bezeichnung für Menschen, die außerhalb der Bezugskultur lebten und als unzivilisiert und ungebildet galten.

Bastille: Alte Pariser Stadtfestung, diente als Staatsgefängnis, in vorrevolutionärer Publizistik als Symbol der Willkür angeprangert. 1789 nur von Militär besetzt (30 Schweizern und 25 Invaliden), schuf ihre Eroberung durch das Pariser Stadtvolk dennoch einen Mythos; bei ihrer Schleifung wurden ihre Steine wie Reliquien gehandelt. An ihrer Stelle steht auf dem heutigen Bastilleplatz eine Säule mit einer Freiheitsstatue; bei Jahresfeiern des 14. Juli in späterer Revolutionszeit oft Schauspiele mit der Erstürmung künstlicher „Bastillen".

Bolschewiki: (russ. = Mehrheitler) Revolutionäre Kaderpartei, die streng von oben nach unten organisiert war und den Anspruch hatte, dass ihre Mitglieder wichtige Posten in allen Massenorganisationen innehaben, um die verschiedenen gesellschaftlichen Schichten auf den Weg des Sozialismus zu führen.

Bürger/Bürgertum: In Mittelalter und Früher Neuzeit vor allem die freien und vollberechtigten Stadtbewohner, insbesondere die städtischen Kaufleute und Handwerker; im 19./20. Jh. die Angehörigen einer durch Besitz, Bildung und spezifische Einstellungen gekennzeichneten Schicht, die sich von Adel, Klerus, Bauern und Unterschichten (einschließlich Arbeitern) unterschied. Staatsbürger meint alle Einwohner eines Staates, ungeachtet ihrer sozialen Stellung.

Bürgerkrieg: Bewaffnete Auseinandersetzung zwischen verschiedenen (politischen) Gruppen innerhalb der eigenen Staatsgrenzen. Bürgerkriege werden oft geführt, um politische oder gesellschaftliche Verhältnisse gewaltsam zu verändern.

Bürokratie: Organisation und Verwaltung eines Staates durch fachlich spezialisierte und geschulte Beamte und Angestellte.

checks and balances: (wörtl.: Kontrollen und Gegengewichte) Bezeichnung für das US-amerikanische Verständnis vom System der Gewaltenteilung. Demnach werden Exekutive, Legislative und Judikative – Präsident/Regierung, Kongress (Senat und Repräsentantenhaus) und Oberstes Bundesgericht – als voneinander unabhängige, aber nicht als absolut getrennte Bereiche betrachtet. Durch ein umfassendes System der Kontrollen und Gegengewichte beeinflussen sie sich wechselseitig.

Christentum: Weltreligion, die sich aus dem Judentum entwickelt hat; gegründet auf Jesus Christus (der erstmalig als der jüdische Wanderprediger Jesus von Nazareth um 28–30 n. Chr. auftrat und in Jerusalem hingerichtet wurde), sein Leben und seine Lehre. Der Apostel Paulus trug zu einer raschen Ausbreitung des Christentums im Römischen Reich bei, bis es 313 vom ersten römischen Kaiser Konstantin anerkannt wurde. Im Jahr 1054 gab es eine große Glaubensspaltung in die lateinische Westkirche (römisch-katholische Kirche) und die griechische Ostkirche (orthodoxe Kirche), die das Christentum bis heute prägt.

Dekolonisation: Die einvernehmlich oder gewaltsam erlangte Aufhebung der Kolonialherrschaft. Die Länder Lateinamerikas erlangten in der Regel Anfang des 19. Jh. ihre Unabhängigkeit. Das Ende des Kolonialismus in Asien und Afrika begann dagegen, nach Ansätzen in der ersten Hälfte des 20. Jh., vor allem nach 1945.

„Deutscher Sonderweg": Eine These von Historikern (z. B. Hans-Ulrich Wehler) über die deutsche Geschichte. Sie besagt, dass die Entwicklung demokratischer und liberaler Strukturen in Deutschland seit der Französischen Revolution sich wesentlich vom westeuropäischen Normalfall unterscheidet, der z. B. von Frankreich oder Großbritannien repräsentiert wird. Die Führungsschichten in Deutschland hätten sich im 19. und frühen 20. Jh. durch eine vorwiegend (von Preußen geprägte) antiparlamentarische und antidemokratische Haltung ausgezeichnet; dem Volk und dessen politischen Teilhabebestrebungen hätten sie reserviert gegenübergestanden. Man hätte sich als vorwiegend kulturelle Nation verstanden, als „Land der Dichter und Denker", und habe ein übersteigertes Nationalgefühl entwickelt; diese habe letztlich auch den ▶ Nationalsozialisten den Weg an die Macht geebnet. Kritiker bemängeln, dass es keine Norm für die historische Entwicklung bzw. keinen „normalen" Weg zur liberalen Demokratie gebe. Der Historiker Heinrich-August Winkler spricht demgegenüber von „Deutschlands langem Weg nach Westen".

Deutsch-polnischer Grenzvertrag: Bestätigte am 14. November 1990 völkerrechtlich die Oder-Neiße-Linie als deutsch-polnische Grenze.

Deutsch-polnischer Nachbarschaftsvertrag: Geschlossen im Juni 1991; er regelte u. a. die Rechte der deutschen Minderheiten in Polen und der in Deutschland lebenden Polen.

Dhimmi (Sg.): Schutzbefohlener; nicht-muslimischer Bewohner unter islamischer Herrschaft; der Begriff bezog sich allerdings nur auf die Angehörigen einer Buchreligion (Jude, Christ, Zoroastrier). Ein Dhimmi musste der Obrigkeit eine Kopfsteuer entrichten (*dschizya*); dafür erhielt er insbesondere das Recht, seine Religion weiter ausüben zu können.

Diktatur: Ein auf Gewalt beruhendes, uneingeschränktes Herrschaftssystem eines Einzelnen, einer Gruppe oder Partei. In modernen Diktaturen ist die Gewaltenteilung aufgehoben; alle Lebensbereiche werden staatlich überwacht; jegliche Opposition wird unterdrückt. Typische Merkmale von Diktaturen im 20. Jh. sind staatliche Propaganda mit Aufbau von Feindbildern sowie Abschaffung der Meinungs- und Pressefreiheit; politische Machtmittel sind die Androhung und/oder Ausübung von Terror und Gewalt.

Direktorium: (franz. *Directoire*) Französische Regierung vom 26. Oktober 1795 bis zum 10. November 1799, die vom „Rat der Fünfhundert" gewählte kollektive Exekutive von fünf „Direktoren". Im übertragenen Sinne die ganze Revolutionsphase von 1795 bis 1799.

Dritter Stand: (franz. *Tiers État*) Nach dem Staatsrecht des französischen Ancien Régime Sammelbegriff für die gesamte politische Bevölkerung außer Geistlichkeit und Adel. Zugleich die Vertretung dieser Bevölkerung auf den Generalständen, bis 1614 ein Drittel der Ständevertreter insgesamt, 1789 auf die Hälfte vergrößert. Letzteres war ein Zugeständnis der Regierung an die politische Aufklärung, die den Begriff des „Tiers État" dem der Nation annäherte.

Dschihad: In allgemeiner Bedeutung „Anstrengung auf dem Wege Gottes", „zielgerichtetes Bemühen"; in spezieller Bedeutung auch der bewaffnete Kampf des Muslims zur Verbreitung und Sicherung islamischen Glaubens und islamischer Herrschaft.

Encomienda: (span. Anvertrauung) Das Encomienda-System wurde 1503 von Königin Isabella I. von Kastilien eingeführt. Dabei wurden den Konquistadoren sehr große Landgüter mitsamt der darin lebenden indigenen Bevölkerung anvertraut. Der Besitzer einer Encomienda konnte über die Arbeitskraft „seiner" Indigenen frei verfügen und war für deren Schutz und Missionierung zum christlichen Glauben zuständig. Die Indigenen wurden oft unter unmenschlichen Arbeitsbedingungen in der Hauswirtschaft, in den Gold- und Silberminen, auf den Plantagen oder beim Perlentauchen eingesetzt.

Erinnerungskultur: Sammelbegriff für die Gesamtheit des nicht spezifisch wissenschaftlichen Gebrauchs der Geschichte in der Öffentlichkeit mit den verschiedensten Mitteln und für die verschiedensten Zwecke, im weiteren Sinne Oberbegriff für alle denkbaren Formen der bewussten Erinnerung an historische Ereignisse, Persönlichkeiten und Prozesse.

Ethnogenese: Der Begriff beschreibt und erklärt die Entstehung kollektiver Identitäten bei Gruppen: In einem komplexen sozialen Prozess entsteht vor allem durch Selbstzuschreibungen und durch die Konstruktion eigener Abstammungsgeschichten eine spezifische Gruppenidentität.

Expansion: Ausdehnung, Ausbreitung. Die Expansion eines Staates hat die Vergrößerung des Staatsgebietes zulasten anderer Staaten zum Ziel; dies geschieht meist in Form der Kolonisation. Die europäische Expansion zu Beginn der Neuzeit stellt ein zentrales Ereignis der Weltgeschichte dar, in dessen Verlauf zuerst Spanien und Portugal und später weitere europäische Mächte Kolonialreiche in außereuropäischen Gebieten gründeten.

Föderalisten: Politische Gruppe, die sich im Zuge der Verfassungsberatungen herausbildete und für eine starke Zentralgewalt und eine pro-britische Außenpolitik eintrat. Formuliert wurde das Programm von Alexander Hamilton, James Madison und John Jay in den „Federalist Papers".

Föderaten: (von lat. *foedus* = Vertrag) Gruppen von nicht-römischen Kriegern, die befehligt von ihren eigenen Anführern für das Imperium kämpften, meist in den Grenzprovinzen, und dafür mit Land und anderen Gütern ausgestattet wurden.

Foedum: Vertragliche Regelung zwischen Römern und Barbaren mit gegenseitigen Rechten und Pflichten, z. B. bei der Heeresfolge.

Frankenreich: Königreich in Mitteleuropa zwischen dem 5. und 9. Jh., das sich auf dem westeuropäischen Gebiet des Römischen Reichs bildete und durch die Dynastien der Merowinger und Karolinger regiert wurde. Es war der bedeutendste Nachfolgestaat des 476 untergegangenen Weströmischen Reiches und die historisch wichtigste Reichsbildung in Europa seit der Antike. Unter Karl dem Großen erreichte das Frankenreich seine größte Macht und Ausdehnung (768–814).

Galloromanen: (*romani*) Die eingesessene galloromanische Bevölkerung stellte fast im ganzen Merowingerreich die Mehrheit und umfasste zu Chlodwigs Zeit etwa 6 bis 7 Millionen Menschen.

Generalstände: (franz. *États généraux*) Beratende Vollversammlung der drei Stände des Königreichs (Geistlichkeit, Adel, Dritter Stand), seit Anfang des 14. Jh. vom König zur Akklamation (d. h. Zustimmung durch Zuruf) und Steuerbewilligung unregelmäßig einberufen, vor 1789 zuletzt 1614. In Form der Beschwerdehefte („*Cahiers de doléances*") überbrachten sie dem König die Klagen und Reformwünsche der von ihnen vertretenen Bevölkerungsschichten.

Geschichtsbewusstsein: Geschichtliche Erinnerung einer Kultur, einer Gruppe oder eines Einzelnen.

Geschichtskultur: Gesamtheit der Erscheinungsformen von Geschichtswissen und dem Umgang mit diesen in einer Gesellschaft.

Gewaltenteilung: Aufteilung der staatlichen Gewalt in eine gesetzgebende (legislative), gesetzesvollziehende (exekutive) und Recht sprechende (judikative) Gewalt. Sie geht auf die Aufklärung zurück und soll die Konzentration der staatlichen Gewalt in einer Hand verhindern. Als Verfassungsorgane entwickelten sich aus dem Prinzip der Gewaltenteilung das Parlament, die Regierung und das selbstständige Gerichtswesen.

Görlitzer Vertrag: Geschlossen am 6. Juli 1950 zwischen der DDR und Polen. Die DDR erkannte darin die Oder-Neiße-Linie als die Grenze zu Polen an.

Grundrechte: Unantastbare, vom Staat zu achtende Rechte der Bürger, die in der Regel in der Verfassung festgeschrieben sind – in der Bundesrepublik Deutschland im Grundgesetz. Zu den Grundrechten gehören u. a. das Recht auf Leben, Religions-, Meinungs-, Presse-, Versammlungsfreiheit, Freizügigkeit, persönliche Sicherheit, Eigentum. Die Grundrechte gehen zurück auf die Aufklärung und wurden erstmals in der Amerik. und Frz. Revolution mit Verfassungsrang ausgestattet. In der Weimarer Reichsverfassung konnten sie – im Gegensatz zu der Verfassung der Bundesrepublik – abgeändert oder aufgehoben werden.

Heermeister: (lat. *magister militum*) In der spätantiken römischen Armee der Oberbefehlshaber eines Heeres.

Heiliger Krieg: Krieg oder Kampf, der aus einer Religion heraus begründet und damit gerechtfertigt wird, er würde im Namen und Einverständnis eines Gottes geschehen. Der Begriff wurde im Christentum sehr üblich für die Kreuzzüge.

Heiliges Römisches Reich (Deutscher Nation): Das deutsche Kaiserreich erhob im Mittelalter den Anspruch, als Kaiserreich den Königreichen übergeordnet zu sein. Die Kaiser sahen sich als gottgegebene Nachfolger der antiken römischen Kaiser, ihr Reich wurde daher „Heiliges" Römisches Reich genannt. Der Zusatz „Deutscher Nation" kam erst im 15. Jh. dazu. Das Territorium ging über die heutigen Grenzen Deutschlands weit hinaus und erfuhr häufig Veränderungen.

Hirtenbrief der polnischen Bischöfe an ihre deutschen Amtsbrüder: Der Brief wurde am 18. November 1965 von den polnischen katholischen Bischöfen an ihre deutschen Amtskollegen gesandt. Sie formulierten darin angesichts der Millionen Toten und Vertriebenen auf beiden Seiten infolge des Zweiten Weltkriegs eine Reihe historischer Ereignisse aus polnischer Sicht. Sie verwendeten u. a. den berühmten Satz „Wir vergeben und bitten um Vergebung" und leiteten damit erste Schritte zur Versöhnung zwischen Deutschen und Polen nach 1945 ein. Verfasser war der Breslauer Bischof Bolesław Kominek, der seinerzeit u. a. vom späteren polnischen Papst, Johannes Paul II., unterstützt wurde. Die damalige kommunistische Regierung Polens hingegen wollte eine Annäherung an die Bundesrepublik verhindern.

Holocaust/Shoah: Im Englischen bezeichnet Holocaust ein Opfer, das vollständig verbrannt wird. Der Begriff wurde übernommen (als Steigerung des Begriffs Völkermord = Genozid) für die Verfolgung und Ermordung von Millionen Juden durch die ▶Nationalsozialisten. Während die Wissenschaft den Begriff häufig nutzt, sprechen Überlebende meist von Shoah (hebr. = einzigartiges Opfer, totale Zerstörung).

Identität: (lat. *idem* ‚derselbe', ‚dasselbe', ‚der Gleiche') Bezeichnet die Eigentümlichkeit im Wesen eines Menschen, die ihn kennzeichnet und ihn als Individuum von anderen unterscheidet.

imitatio christi: (Nachfolge Christi) Lebensweise, die sich von Jesus Christus leiten lassen will und im Glauben an seine Lehre und sein Vorbild ihm ganz zu folgen versucht. Dazu gibt das Matthäus-Evangelium den Beleg: „Wenn einer mir nachfolgen will, der verleugne sich selbst, nehme sein Kreuz auf sich und folge mir nach."

Imperialismus: Im neuzeitlichen Verständnis bedeutet Imperialismus zunächst die Ausdehnung der Herrschaft eines Staates über andere Länder durch Eroberung, Annexion und Durchdringung; eine seiner Formen ist der Kolonialismus. Seit der Hochindustrialisierung (um 1900) bedeutet Imperialismus ein ausgeprägtes, in verschiedenen Formen auftretendes, zugleich wirtschaftliches und politisches Ausnutzungs- und Abhängigkeitsverhältnis, das zwischen industriell weit fortgeschrittenen und wirtschaftlich wenig entwickelten Staaten und Regionen bestand (besonders in Afrika und Asien). Vor allem die Zeit zwischen 1880 und 1918 gilt als Epoche des Imperialismus.

Indigene Bevölkerung: (lat. *indiges*: „eingeboren") Urbevölkerung eines Gebietes, das von anderen Völkern erobert und/oder kolonisiert wurde.

Integration: Enge Kontakte zwischen der Minderheit und der Mehrheitsgesellschaft, die von gegenseitigem Respekt und Toleranz geprägt sind.

Investitur: Einweisung in einen Besitz. Das Kirchenrecht verstand darunter die Übertragung eines Kirchenamtes mit symbolischer Überreichung der Insignien, wobei seit dem Hochmittelalter nur noch die tatsächliche Einweisung in ein Kirchenamt gemeint war. Im Lehnswesen ging es um die Übertragung weltlicher und geistlicher Befugnisse an den gewählten Abt oder Bischof durch den König.

Investiturstreit: Bis 1075 wurden im Heiligen Römischen Reich, in Frankreich und England die Bischöfe und Äbte durch die Könige eingesetzt. Seit 1075 beanspruchten die Päpste dieses Recht. Mit dem Ruf nach der Freiheit der Kirche (*libertas ecclesiae*) strebten sie eine von weltlichen Einflüssen unabhängige Institution an. Seit 1078 wurde die Investitur durch die Könige, nun als Laieninvestitur bezeichnet, bei Strafe des Kirchenausschlusses (Bann) verboten. Zur Einigung kam es 1104 in Frankreich, 1107 in England und 1122 im Heiligen Römischen Reich. Gemäß dem Wormser Konkordat von 1122 stand die Investitur in das geistliche Amt (Übergabe von Ring und Stab) dem Papst, die Einweisung in die weltlichen Hoheitsrechte (Übergabe des Zepters) dem König zu.

Kapitalismus: Wirtschaftsordnung, in der sich das Kapital in den Händen von Privatpersonen bzw. -personengruppen befindet (Kapitalisten und Unternehmer). Diesen stehen die Lohnarbeiter gegenüber. Der erwirtschaftete Gewinn geht wieder an den Unternehmer und führt zur Vermehrung des Kapitals. Die wichtigsten wirtschaftlichen Entscheidungen werden in den Unternehmen im Hinblick auf den Markt und die zu erwirtschaftenden Gewinne getroffen.

Karolinger: Fränkisches Adelsgeschlecht aus der Region Maas/Mosel (Metz, Verdun und Namur), das ab 751 im Frankenreich die Königswürde innehatte (bis 911). Sein berühmtester Vertreter war Karl der Große.

Klerus: Gesamtheit der Personen, die durch eine kirchliche Weihe in den Dienst der Kirche getreten sind (= Geistliche); besaßen bis ins 19. Jh. gesellschaftliche Vorrechte.

Kollektives Gedächtnis: Soziale Gruppen teilen Geschichten über die Vergangenheit, die für ihr gegenwärtiges Selbstbild relevant sind. Dieses Repertoire an Erzählungen bildet das kollektive Gedächtnis.

Kolonialismus: Errichtung von Handelsstützpunkten und Siedlungskolonien in militärisch und politisch schwächeren Ländern (vor allem Asien, Afrika und Amerika) sowie deren Inbesitznahme durch überlegene Staaten (insbesondere Europas) seit dem 16. Jh. Die Kolonialstaaten verfolgten vor allem wirtschaftliche und machtpolitische Ziele.

Kommunismus: Der Begriff wird in mehreren Bedeutungen benutzt. Einerseits kennzeichnet er die von Marx und Engels entwickelte politische Theorie einer klassenlosen Gesellschaft ohne Privatbesitz an Produktionsmitteln. Andererseits wird als Kommunismus auch die weltweite politische Bewegung bzw. die seit der Oktoberrevolution 1917 in Russland an die Macht gekommene Herrschaftsform bezeichnet. Oft wird der Begriff auch fälschlich für Sozialismus verwendet. Nach der politischen Lehre des Kommunismus wird die Aufhebung der bürgerlich-kapitalistischen Ordnung mit einer Revolution eingeleitet und nach einer Übergangsphase der Diktatur des Proletariats vollendet.

„Kongresspolen": Inoffizielle Bezeichnung für das russisch besetzte „Königreich Polen" (so der offizielle Name), das auf dem Wiener Kongress 1815 aus Teilen des früheren Großherzogtums Warschau geschaffen wurde. Es war in Personalunion mit Russland verbunden und abhängig. Es wurde nach dem polnischen Aufstand 1830/31 aufgelöst und 1867 direkt ins Zarenreich integriert.

Konquista: (span. Eroberung) Begriff für die Eroberung und Unterwerfung Mittel- und Südamerikas durch die Spanier. Die eroberten Gebiete der indigenen Hochkulturen wurden dem spanischen Königreich einverleibt und bildeten die Grundlage für die jahrhundertelange Herrschaft der Spanier in Mittel- und Südamerika.

Konquistador: Sammelbegriff für die spanischen und portugiesischen Entdecker, Abenteurer und Soldaten, die während des 16. und 17. Jh. große Teile Nord- und Südamerikas und der Philippinen als Kolonien in Besitz nahmen.

Koran: Die Heilige Schrift des Islams, bestehend aus 114 Suren (Abschnitten). Im Koran stehen die Offenbarungen Gottes (arab. Allah) an den Propheten Mohammed.

Kreuzzug: Von der lateinischen Kirche sanktionierte, strategisch, religiös und wirtschaftlich motivierte Kriege zwischen 1095 und 1272. Besonders im Hochmittelalter unternommener Kriegszug (christlicher Ritter) in den Vorderen Orient zur Befreiung heiliger Stätten von islamischer Herrschaft. Insgesamt gab es sieben Kreuzzüge.

Kriegsverbrechen: Handlungen von Angehörigen eines Krieg führenden Staates, die gegen Strafvorschriften des Staates oder internationale Strafbestimmungen verstoßen, z. B. Angriffskrieg, Mord, Grausamkeiten gegen die Zivilbevölkerung, systematischer Terror, Misshandlung und Tötung von Gefangenen, Zwangsarbeit fremder Staatsangehöriger und Völkermord (Genozid).

Krise: Eine über einen längeren Zeitraum anhaltende massive Störung des gesellschaftlichen, politischen oder wirtschaftlichen Systems.

Kulturberührung: Nach Bitterli das in seiner Dauer begrenzte, erstmalige oder mit großen Unterbrechungen erfolgende Zusammentreffen einer Gruppe von Europäern mit Vertretern einer überseeischen Kultur.

Kulturbeziehung: Nach Bitterli ein dauerndes Verhältnis wechselseitiger Kontakte auf der Basis eines machtpolitischen Gleichgewichts oder einer Patt-Situation.

Kulturelles Gedächtnis: siehe S. 409–411

Kulturkonflikt: Konflikt aufgrund von unterschiedlichen kulturellen Werten und Überzeugungen.

Kulturzusammenstoß: Nach Bitterli ein offen ausgetragener Konflikt infolge von Kulturbegegnungen und Kulturkontakten; die Kreuzzüge sind hierfür ein Beispiel. Es können auch nicht-militärische Konflikte entstehen, die längerfristige Aushandlungs- und Integrationsprozesse erforderlich machen.

Landesausbau: Erschließung und Besiedelung siedlungsleerer oder siedlungsarmer Räume innerhalb bereits besiedelter Gebiete oder Länder. Es handelt sich um europaweite Prozesse seit dem Mittelalter. Mittels Rodung und Urbarmachung wurden die landwirtschaftlichen Nutzflächen erweitert und Siedlungsraum für die Anlage neuer Städte und Dörfer geschaffen. Dieser Landesausbau führte zu einer großräumigen Veränderung der Natur- und Kulturlandschaft.

Liberalismus: Politische Bewegung seit dem 18. Jh.; betont die Freiheit des Individuums gegenüber kollektiven Ansprüchen von Staat und Kirche. Merkmale: Glaubens- und Meinungsfreiheit, Sicherung von Grundrechten des Bürgers gegen staatliche Eingriffe, Unabhängigkeit der Rechtsprechung (Gewaltenteilung), Teilnahme an politischen Entscheidungen; der wirtschaftliche Liberalismus fordert die uneingeschränkte Freiheit aller wirtschaftlichen Betätigungen.

Liberum veto: (lat. „ich verbiete") Da alle Beschlüsse im polnischen Sejm (eine Kammer des polnischen Parlaments) einstimmig gefällt werden mussten, konnte ein einzelner Abgeordneter alle Beschlüsse verhindern.

Living History: (engl. „gelebte Geschichte") Darstellung historischer Lebenswelten durch Personen, deren Kleidung, Ausrüstung und Gebrauchsgegenstände in Material und Stil möglichst realistisch der dargestellten Epoche entsprechen.

Loyalisten: Diese Gruppierung nordamerikanischer Siedler stand auch noch während des Unabhängigkeitskrieges zur britischen Krone. Sie setzten sich für den Verbleib der Kolonien im Britischen Empire ein, wollten nur durch Reformen eine Neuordnung erreichen. Sie wurden während des Unabhängigkeitskrieges von den Patrioten verfolgt. Viele verließen die USA nach dem Friedensschluss und der Anerkennung der Unabhängigkeit der USA durch Großbritannien 1783.

Mai-Verfassung: Die vom Vierjährigen Sejm am 3. Mai 1791 beschlossene Maiverfassung ist die erste schriftliche Verfassung in Europa. Sie entstand aus dem Geiste der Aufklärung heraus und unter maßgeblichem Einfluss der Ideen Rousseaus; sie entsprang den Bemühungen zur Reformierung und Rettung des 1772 erstmals von seinen Nachbarn geteilten Königreichs Polen-Litauen. Die Exekutive wurde ebenso gestärkt wie die Rolle der Regierung, der Einfluss von Senat und Landtagen dagegen geschwächt. Eine Erbmonarchie sollte auch den König mächtiger machen. Die bewaffnete Intervention Russlands sowie die weiteren polnischen Teilungen 1793 und 1795 verhinderten die Einführung der Verfassung.

Manifest Destiny: (wörtl.: offensichtliche Bestimmung) Bezeichnung für das zivilisatorische Sendungsbewusstsein der Amerikaner, dem der puritanische Auserwähltheitsglauben zugrunde liegt. Konkret meint der Mitte des 19. Jh. geprägte Begriff die Bestimmung der Amerikaner, das Land bis zum Pazifik zu erschließen. Der Begriff wird Ende des 19. Jh. zur Begründung imperialistischer Politik und der Vorherrschaft der USA auf dem Kontinent herangezogen; er gehört zum nationalen Selbstverständnis der USA.

Menschen- und Bürgerrechte: Der durch die Aufklärung verbreitete und in der Amerikanischen Revolution (1775–1783) und in der Französischen Revolution 1789 mit Verfassungsrang ausgestattete Begriff besagt, dass jeder Mensch unantastbare Rechte besitzt, die der Staat achten muss; so z. B. das Recht auf Leben, Glaubens- und Meinungsfreiheit, Versammlungs- und Vertragsfreiheit, Freizügigkeit, persönliche Sicherheit, Eigentum und Widerstand im Fall der Verletzung von Menschenrechten. Im 19. und 20. Jh. wurden auch soziale Menschenrechte, besonders von sozialdemokratisch-sozialistischer Seite, formuliert, so das Recht auf Arbeit, soziale Sicherheit und Bildung.

Menschewiki: (russ. = Minderheitler) Gemäßigter, am Prinzip der demokratisch organisierten Massenpartei festhaltender Flügel der 1898 gegründeten Sozialdemokratischen Arbeiterpartei Russlands; stand im Gegensatz zu den Bolschewiki; 1912 endgültige Spaltung von den Bolschewiki.

Mentalitätsgeschichte: Erforscht unbewusste Weltbilder, Einstellungen, Gedanken und Gefühle von Menschen unterschiedlicher Epochen. Dafür werden z. B. Briefe und Tagebucheinträge, aber auch Rituale oder Tischsitten untersucht.

Merowinger: Das älteste Königsgeschlecht der Franken vom 5. Jh. bis 751, das vom Geschlecht der Karolinger abgelöst wurde. Die Merowingerzeit bezeichnet den Übergang von der Spätantike zum Frühmittelalter im gallisch-germanischen Raum. Der erfolgreichste Merowingerherrscher war Chlodwig I.

Migration: (lat. *migrare* bzw. *migratio* = wandern, wegziehen bzw. Wanderung) Die auf einen längerfristigen Aufenthalt angelegte räumliche Verlagerung des Lebensmittelpunktes von Individuen, Familien, Gruppen oder auch ganzen Bevölkerungen. Sie kann freiwillig oder erzwungen erfolgen.

miles christi: (lat. christlicher Soldat) Bezeichnung für die Sichtweise eines Christen als Kämpfer oder Kriegsmann Jesu Christi in der Welt. Im 10. bzw. 11. Jahrhundert wandelte sich die Deutung des christlichen Streiters von der geistlichen Metapher zum wörtlich verstandenen „christlichen Ritter" und „Soldaten Gottes". In seinem Aufruf zum ersten Kreuzzug 1095 verlieh Papst Urban II. den Soldaten die Bezeichnung *Milites Christi*.

Militarismus: (lat. *militaris* = soldatisch, kriegerisch) Vorherrschen militärischer Werte, Normen, Ziele und Einrichtungen im politischen, gesellschaftlichen und wirtschaftlichen Leben eines Landes. Zeichen dafür können sein:
– ungerechtfertigte Einmischung des Militärs in die Innen- und Außenpolitik,
– gesteigerte Rüstung,
– militärische Erziehungsansprüche gegenüber der Bevölkerung (z. B. Missbrauch der Autorität).

Mobilität: Bewegung von Personen oder Gruppen innerhalb räumlicher, gesellschaftlicher, kultureller oder sozialer Systeme.

Modernisierung: Prozess der Entwicklung einer Gesellschaft; er bezieht sich auf den Übergang von der Agrar- zur Industriegesellschaft und ist meistens verbunden mit dem in der Aufklärung entwickelten Fortschrittsbegriff. Kennzeichen der Modernisierung sind: Verstädterung, Säkularisierung, Rationalisierung, Erhöhung des technischen Standards (Produktion von Gütern mit Maschinen), permanentes wirtschaftliches Wachstum, Ausbau und Verbesserung der technischen Infrastruktur (Verkehrswege, Massenkommunikationsmittel), Verbesserung des Bildungsstandes der Bevölkerung (Alphabetisierung, allgemeine Schulpflicht, Wissenschaft), räumliche und soziale Mobilität, Parlamentarisierung und Demokratisierung, Nationalstaatsbildung. Wegen seiner Verbindung mit dem Fortschrittsbegriff ist der Begriff Modernisierung politisch und wissenschaftlich umstritten. Zum einen, weil als Maßstab der jeweilige Entwicklungsstand der westlichen Zivilisation gilt, zum anderen, weil die „Kosten", vor allem ökologische Probleme, bisher wenig berücksichtigt wurden.

Mythos: Mythen sind meist mündlich überlieferte Sagen und Dichtungen von Göttern und Helden oder von anderen Personen und Ereignissen. Sie versuchen zu begründen, wie die jeweilige Gegenwart in der Vergangenheit verankert ist. Häufig wird eine glanzvolle Vergangenheit beschworen, die es in der Gegenwart wieder herzustellen gilt. Mythen enthalten irrationale Sinn- und Heilsversprechen, die in einer als trostlos empfundenen Gegenwart Halt geben sollen. Im 19. Jh. z. B. sollten sie häufig den nationalen Zusammenhalt in einem Staat stärken, aber auch nationale Bewegungen unterstützen, die eine Fremdherrschaft abschütteln wollten.

Narration: (lat. *narratio* ‚Erzählung') Der Begriff der Narration weist innerhalb der Geschichtswissenschaft darauf hin, dass Geschichte nicht per se besteht, sondern eine bestimmte Form von Erzählung ist, die verschiedenen Strukturen und Regeln folgt. Der Akt des Erzählens selbst wird dabei als Narrativität bezeichnet und gilt in der Geschichtswissenschaft als Strukturprinzip. Geschichte ist demnach immer eine interpretierende Erzählung eines historischen Ereignisses oder einer historischen Person, die nach bestimmten Merkmalen verfasst und konstruiert ist.

Nation: Bezeichnete im europäischen Mittelalter und in der Frühen Neuzeit Großgruppen mit gemeinsamer Herkunft; seit dem 12. Jh. stimmten z. B. die Teilnehmer auf kirchlichen Konzilien nach „Nationen" ab, ebenso organisierten sich Studenten an den Universitäten. Seit dem 18. Jh. wird der Begriff auf ganze Völker übertragen. Er bezeichnet Gruppen von Menschen, die ihnen bewusste Gemeinsamkeiten teilen (z. B. Sprache, Geschichte, Verfassung) oder viele kulturelle, wirtschaftliche und politische Bindungen. Staatsbürgernationen (= „subjektive" Nationen) haben sich historisch in einem vorhandenen Staatsgebiet durch gemeinsames politisches Handeln entwickelt (z. B. Frankreich). Kulturnationen (= „objektive" Nationen) verfügen über sprachlich-kulturelle Gemeinsamkeiten (z. B. eine Nationalliteratur) und Nationalbewusstsein, nicht jedoch über einen ▶ Nationalstaat (z. B. Deutschland vor 1871, Polen vor 1918).

Nationalismus: Meint die auf die moderne Nation und den Nationalstaat bezogene politische Ideologie zur Integration von Großgruppen durch Abgrenzung von anderen Großgruppen. Der demokratische Nationalismus entstand in Europa in der Französischen Revolution und war verbunden mit den Ideen der Menschen- und Bürgerrechte, des Selbstbestimmungsrechts und der Volkssouveränität. Im letzten Drittel des 19. Jh. wurde die Nation zum absoluten, allem anderen übergeordneten Wert. Zur politischen Macht wurde er insbesondere im Zuge des Imperialismus und zwischen dem Ersten und Zweiten Weltkrieg. Daraus hat sich die negative Besetzung des Begriffs in der politischen Öffentlichkeit nach dem Zweiten Weltkrieg ergeben, in der Nationalismus in der Regel als übersteigerte und aggressive Form des Nationalgefühls verstand wird.

Nationalsozialismus: Bezeichnung für die nach dem Ersten Weltkrieg in Deutschland aufkommende rechtsradikale Bewegung. Sie beruhte auf einem extremen Nationalismus, Rassismus und Expansionismus und stellte die deutsche Ausprägung des Faschismus dar. Der Nationalsozialismus bekämpfte wie andere faschistische Bewegungen (z. B. in Italien unter Benito Mussolini 1922 bis 1943) alle individuellen und demokratischen Freiheiten, die seit der Französischen Revolution 1789 erkämpft worden waren. Von anderen faschistischen Bewegungen unterscheidet er sich durch folgende Merkmale: die besondere ideologische Bedeutung der expansionistischen „Lebensraumpolitik", die ▶ „Rassenlehre" mit der Übersteigerung des „germanischen Herrenmenschen", den ▶ Antisemitismus und den Aufbau eines umfassenden Propaganda- und Vernichtungsapparates.

Nationalstaat: Bezeichnung für die annähernde Übereinstimmung von Staat und Nation durch staatliche Konstituierung einer gegebenen ▶ Nation. Der Nationalstaat löste im 19. Jh. den frühneuzeitlichen Territorialstaat absolutistischer Prägung ab.

Naturrecht: Das in der „Natur" des Menschen begründete, ihr „entspringende" Recht, das dem positiven oder von Menschen „gesetzten" Recht gegenübersteht und ihm übergeordnet ist. Historisch wurde das Naturrecht zur Begründung entgegengesetzter Positionen benutzt, und zwar abhängig vom Menschenbild: Entweder ging man davon aus, dass alle Menschen von Natur aus gleich seien, oder umgekehrt, dass alle Menschen von Natur aus verschieden seien. In der Neuzeit wurde es sowohl zur Legitimation des Absolutismus benutzt (Recht des Stärkeren) wie, über die Begründung des Widerstandsrechts, zu dessen Bekämpfung (Gleichheit aller Menschen).

„Neue Gesetze": (span. *Nuevas Leyes*) Teil des „Indianischen Rechts", 1542 zum Schutz der indigenen Bevölkerung erlassen. Durch sie sollten das *Encomienda*-System und die damit verbundene Zwangsarbeit und Grausamkeit reguliert und letztlich abgeschafft werden, was jedoch nur vereinzelt durchgesetzt wurde.

„Neue Welt": Bereits kurz nach der „Entdeckung" Amerikas begannen Europäer, die neu entdeckten Länder als „Neue Welt" zu bezeichnen, und stellten diese so den bereits bekannten Ländern Europas, Nordafrikas und Asiens gegenüber, die als „Alte Welt" galten.

Obrigkeitsstaat: Autoritäre Herrschaft, in der die Regierung und die Beamten dazu neigen, die Bürger wie Untertanen zu verwalten, zu versorgen und zu reglementieren.

Oströmisches Reich: (bzw. Byzantinisches Reich oder Ostrom) Kaiserreich im östlichen Mittelmeerraum, das im Verlauf der Spätantike nach der Reichsteilung von 395 aus der östlichen Hälfte des Römischen Reiches entstand. Hauptstadt des Reichs wurde die Stadt Byzanz, die nach dem Kaiser Konstantin Konstantinopel genannt wurde. Das Oströmische Reich existierte bis zur Eroberung durch die Osmanen 1453.

Parlament, die Parlamentarisierung: In parlamentarischen Regierungssystemen ist das Parlament das oberste Staatsorgan. Es entscheidet mit Mehrheit über die Gesetze und den Haushalt und kontrolliert oder wählt die Regierung. Das Parlament kann aus einer oder zwei Kammern (Häuser) bestehen. Im Einkammersystem besteht das Parlament nur aus der Versammlung der vom Wahlvolk gewählten Abgeordneten (Abgeordnetenhaus), im Zweikammersystem tritt dazu ein nach ständischen oder regionalen Gesichtspunkten gewähltes oder ernanntes Haus. Im demokratischen Parlamentarismus herrscht allgemeines und gleiches Wahlrecht.

Patrioten: So nannten sich die Siedler der nordamerikanischen Kolonien, die sich gegen die britische Krone erhoben und die Unabhängigkeit anstrebten. Das politische Spektrum der Gruppe war sehr breit. Es reichte von konservativen, eine starke Zentralmacht befürwortenden Föderalisten bis hin zu Sozialrevolutionären und aufständischen Farmern. Ein radikaler, schon früh aktiver Zweig waren die *„Sons of Liberty"*. Wichtige Vertreter waren u. a. John Adams, Samuel Adams, John Dickinson, Benjamin Franklin, Alexander Hamilton, Patrick Henry, Thomas Jefferson, George Washington.

Personalunion: Verbindung zweier getrennter Staaten durch eine Person.

Personenverbandsstaat: Bezeichnung der mittelalterlichen Herrschaftsordnung, die auf der rechtlichen Bindung zwischen Personen beruht. Im Gegensatz dazu geht das moderne Staatsverständnis von einem Gebiet aus, das von der durch Beamte ausgeübten Verwaltung einheitlich erfasst wird.

Piasten: Herrscherdynastie in Polen, die zwischen dem 10. und 17. Jahrhundert zahlreiche Herzöge und Könige stellte.

Piastische und Jagiellonische Ideen: Bezeichnungen für die beiden Grundkonzepte der geografisch-politischen Entwicklung des polnischen Staates in der Vergangenheit. Die piastische Idee stützt sich auf die gedachten oder realen mittelalterlichen Grenzen Polens, die sich auf westliche Gebiete an Oder, Warthe und Weichsel konzentrierten. Sie wurde Ende des 19. Jh. von den Nationaldemokraten wieder aufgegriffen und von den Kommunisten nach 1945 übernommen. Die jagiellonische Idee dagegen orientierte sich, maßgeblich propagiert unter anderem von Józef Piłsudski, an den Grenzen des polnisch-litauischen Staates, der weite Teile der heutigen Staaten Litauen, Weißrussland und Ukraine umfasste.

Pogrom: (russ. Verwüstung, Zerstörung) Gewalttätige Aktionen gegen Menschen, die einer abgrenzbaren gesellschaftlichen Gruppe (vor allem ethnische, politische oder religiöse Minderheiten) angehören oder von den Tätern einer realen bzw. vermeintlichen gesellschaftlichen Gruppe zugeordnet werden.

„Politik der organischen Arbeit": Eine politische Überzeugung der polnischen Eliten des 19. Jh. Nach dem Scheitern der polnischen Aufstände 1830/31, 1846, 1848 und 1863/64 waren sie der Überzeugung, dass ein anderer Weg zur Unabhängigkeit gefunden werden musste. Vor allem im preußischen, aber auch im österreichischen Teilungsgebiet wollte man den legalen, aber mühsamen Prozess der Modernisierung von Wirtschaft und Gesellschaft einleiten und zugleich das Nationalbewusstsein stärken. Zu diesem Zweck wurden verschiedene kulturelle und soziale Einrichtungen gegründet.

Proletariat: Nach marxistischer Lehre Angehörige einer sozialen Schicht, die nichts als ihre Arbeitskraft besitzen und diese gegen Lohn zur Verfügung stellen.

Prußen/Preußen: Westbaltische Bevölkerungsgruppe zwischen Weichsel und Memel. Wurde nach seiner Niederlage im Zuge der Siedlungsprozesse in Osteuropa assimiliert (= verschmolzen). Er gab jedoch dem Gebiet, das später Ostpreußen hieß, und dessen Bewohnern seinen Namen. Daraus entwickelte sich die Bezeichnung Preußen.

Puritaner: Bezeichnung für Mitglieder einer kirchlichen Reformbewegung in England seit Mitte des 16. Jahrhunderts. Die Puritaner wandten sich gegen alle katholischen Reste im Anglikanismus, traten für eine strikte Trennung von Kirche und Staat, für Toleranz und Gewissensfreiheit ein und kämpften für ein einfaches, gottgefälliges Leben. Nach ihrer Trennung von der anglikanischen Staatskirche wanderte ein Teil von ihnen über die Niederlande in die nordamerikanischen Kolonien aus. In England gelangten sie 1649 mit Cromwell an die Macht und versuchten ihre Grundsätze politisch durchzusetzen; nach 1660 wurden die Puritaner in England erneut verfolgt.

"Rassenlehre": Der Begriff bezeichnet die pseudo-wissenschaftliche Anwendung der biologischen Unterscheidung von menschlichen Gruppen ähnlicher erblicher Merkmale (z. B. der Hautfarbe) auf das gesellschaftlich-politische Leben; dabei wird die Höher- bzw. Minderwertigkeit verschiedener „Rassen" unterstellt. Der auf das 19. Jh. zurückgehende Rassismus (Sozialdarwinismus) erfuhr im ▶ Antisemitismus der ▶ Nationalsozialisten mit der systematischen Verfolgung und Vernichtung der Juden seine bisher fürchterlichste Konsequenz.

Realunion: Verbindung zweier Staaten, die eine Person als Staatsoberhaupt haben.

Reenactment: (engl. ‚Wiederaufführung', ‚Nachstellung') akribische Rekonstruktion eines historischen Ereignisses oder Artefaktes, das zur (Wieder-)Aufführung gebracht wird.

Reform: Neuordnung, Verbesserung und Umgestaltung von politischen und sozialen Verhältnissen im Rahmen der bestehenden Grundordnung; hierin, oft weniger in den Zielen, unterscheiden sich Reformen von Revolutionen als politisches Mittel zur Durchsetzung von Veränderungen.

Reichsinsignien: Herrschaftszeichen wie Krone, Zepter, Schwert und anderes. Die römischen Kaiser trugen als Zeichen ihrer Macht einen purpurfarbigen Mantel und ein reich verziertes Diadem.

Repartimiento: (span. Zuteilung) Löste als reformiertes System die *Encomienda* ab. Inhaltlich gab es jedoch keine Änderungen und es ging nach wie vor um die freie Verfügung der Konquistadoren über die Arbeitskraft „ihrer" Indigenen.

Republik: Staatsform, in der im Gegensatz zur Monarchie das Volk als Träger der Staatsgewalt angesehen wird. Dies können in der historischen Realität sowohl Demokratien als auch Diktaturen sein. Heute dient der Begriff vor allem zur Bezeichnung für nicht monarchische Staatsformen und ist mit der Idee der Volkssouveränität verbunden.

Revolution: Am Ende einer Revolution steht der tief greifende Umbau eines Staates und/oder Gesellschaft, also nicht nur ein Austausch von Führungsgruppen. Revolutionen sind erstens bewusst angestrebte und erfahrene Umwälzungen, die auf umfassenden politisch-gesellschaftlichen Wandel zielen. Zweitens werden sie von dem Bewusstsein getragen, dass die Umgestaltung der Verhältnisse zu einem Fortschritt der Menschheit führt. Drittens werden Revolutionen häufig durch gewaltsame Aktionen ausgelöst, die offen Widerstand gegen die bestehende Ordnung leisten. Klassische Beispiele sind die Amerikanische Revolution (1775–1783), die Französische Revolution 1789 und die Oktoberrevolution in Russland 1917. Revolutionen müssen aber nicht gewaltsam verlaufen, wie die friedliche Revolution in der DDR 1989 verdeutlicht.

Rezeption: (lat. *recipere* ‚aufnehmen') Allgemein die Aufnahme bzw. Übernahme fremden Gedanken- bzw. Kulturgutes; im engeren Sinne die verstehende Aufnahme und Aneignung eines Textes, eines Werks der bildenden Kunst o. Ä. durch den Leser, Hörer, Betrachter.

Romanitas: Begriff für die Gesamtheit des politischen und kulturellen Selbstverständnisses der Römer.

Römisches Reich: (lat. *Imperium Romanum*) Bezeichnet einen über viele Jahrhunderte existierenden Staat, der während seiner Glanzzeit zum Weltreich aufstieg und große Teile Europas beherrschte. Die antike staatsrechtliche Bezeichnung war *„Senatus Populusque Romanus"* (S.P.Q.R.). Es reichte ca. vom 8. Jh. v. Chr. bis zum 5. Jh. n. Chr. Generell kann die Geschichte des Römischen Reiches in vier Phasen unterteilt werden: Königszeit, Republik, Kaiserzeit, Spätantike.

Schreckensherrschaft: (franz. *la terreur*) Phase der Herrschaft der Jakobiner (1793–1794), die durch diktatorische Gewalt des Wohlfahrtsausschusses geprägt war; Höhepunkt Sommer 1794 mit über 1400 Hinrichtungen.

Sejm: das seit Ende des 15. Jh. regelmäßig tagende polnische Parlament (seine Wurzeln gehen ins 12. Jh. zurück). Es bildete sich aus regionalen Versammlungen und bestand aus zwei Kammern: Abgeordnetenhaus und Senat. Der Sejm kam alle zwei Jahre zusammen, außerplanmäßige Sitzungen waren möglich.

Selbstbestimmungsrecht: Ist das Recht von Völkern und Nationen, ihre staatliche Organisation frei und ohne fremde Einmischung zu bestimmen. Es war eine der Grundlagen für die Nationalstaatsgründungen seit dem 19. Jh.

Seldschuken: Alttürkisches Herrschergeschlecht, andere Bezeichnung Turkmenen; 1071 Sieg über die Byzantiner bei Manzikert und Einnahme Jerusalems; 1078 Eroberung von Syrien und Palästina; 1098 Verlust von Jerusalem an die Fatimiden.

Senat: („Rat der Alten", von lat. *senex* = der Greis): Rat, dem ursprünglich wohl 100, dann 300, unter Sulla 600, unter Caesar 900 und unter Augustus wieder 600 männliche Mitglieder angehörten. Die Senatoren wurden auf Lebenszeit berufen – in der späten Republik rekrutierten sie sich aus gewesenen Magistraten (vom Quästor an); seit dem 1. Jh. v. Chr. gelangten auch Familienoberhäupter aus den Provinzen in den Senat. Einberufen und geleitet wurde er von Konsuln, Prätoren oder Volkstribunen. Formal hatte der Senat nur das Recht, Magistraten auf Anfrage einen Ratschlag (*senatus consultum*) zu erteilen. Zusammensetzung und umfassende Zuständigkeit machten ihn aber zum wichtigsten Herrschaftsorgan.

Sklaverei: Rechtliche und wirtschaftliche Abhängigkeit eines Menschen als Eigentum eines anderen. In der Antike war Sklaverei bei allen Kulturvölkern verbreitet. Das Christentum verbot Sklaverei, bekämpfte sie aber nicht systematisch. Im 10. Jh. erlosch der gewerbsmäßige Sklavenhandel im Fränkischen Reich. Mit Hörigkeit und Leibeigenschaft bildeten sich im Mittelalter verdeckte Formen von Sklaverei aus. Mit der Entdeckung Amerikas und dem Kolonialismus begannen die Versklavung der indigenen Bevölkerung durch die Europäer und ein ausgedehnter Sklavenhandel mit Menschen aus Afrika. Die Abschaffung der Sklaverei wurzelt in der Aufklärung, die tatsächliche Beendigung begann Ende des 18. Jh. und zog sich bis ins 20. Jh. hin: Saudi-Arabien stellte die Sklaverei erst 1963 ab. In entlegenen Gebieten existiert Sklaverei noch heute (Kinderhandel, Zwangsprostitution).

Sowjet: (russ.) Rat. In den russ. Revolutionen Kampforganisation der Arbeiter, Bauern und Soldaten; seit den 1920er-Jahren waren die Sowjets Instrumente der Herrschaft der kommunistischen Partei. Die Räte vereinigten in sich die Legislative, die Exekutive und die Judikative. Die gewählten Delegierten waren den Wählern direkt verantwortlich, rechenschaftspflichtig und jederzeit abwählbar.

Sozialismus: Bis ins 20. Jh. synonym mit Kommunismus bezeichnete politische Theorie und Bewegung. Ursprüngliches Ziel des Sozialismus war die Schaffung gesellschaftlicher Gleichheit und Gerechtigkeit durch Aufhebung des Privateigentums, Einführung einer Planwirtschaft und Beseitigung der Klassenunterschiede. Ob die angestrebte Aufhebung der kapitalistischen Wirtschafts- und Gesellschaftsordnung durch eine Revolution oder durch Reformen zu erreichen sei, war von Anfang an in der sozialistischen Bewegung umstritten. Im Marxismus-Leninismus wurde Sozialismus als Vorstufe zum Kommunismus verstanden.

Stände/Ständegesellschaft: Stände waren im Mittelalter und in der Frühen Neuzeit einerseits gesellschaftliche Großgruppen, die sich voneinander durch jeweils eigenes Recht, Einkommensart, politische Stellung, Lebensführung und Ansehen unterschieden (Ständegesellschaft); man unterschied Klerus, Adel, Bürger und Bauern sowie unterständische Schichten. Stände waren andererseits Körperschaften zur Wahrnehmung politischer Rechte, etwa der Steuerbewilligung, in den Vertretungsorganen (Landtagen, Reichstagen) des frühneuzeitlichen „Ständestaates". Adel, Klerus, Vertreter der Städte und z. T. der Bauern traten als Stände gegenüber dem Landesherrn auf. Der Absolutismus höhlte die Rechte der Stände im 17./18. Jh. aus, mit den Revolutionen seit 1789 hörten die Stände auf, vorherrschendes Prinzip in der Gesellschaft zu sein.

Stereotype: Vorgefasste Meinung bei den Mitgliedern einer Gruppe über andere Menschengruppen oder über sich selbst. Soziale Stereotype werden nicht durch reale Erfahrungen erworben, sondern durch Vermittlung in Gruppen oder durch Medienbilder. Wenn man trotz gegenteiliger Erfahrung in der Realität an Stereotypen festhält, sprich man von Vorurteilen oder Feindbildern.

Toledanisches Reich: Seit 526 n. Chr. erlebte das Reich der Visigoten eine Blütezeit, in der es fast ganz Spanien beherrschte. Neue Residenzstadt wurde Toledo. Das *Toledanische Reich* der Visigoten war durch die Übernahme und Bewahrung römischer Aspekte gekennzeichnet (z. B. Übernahme der spätlateinischen Sprache oder auch der römischen Rechtstradition). Es endete im Zuge der muslimischen Expansion im Jahr 711 n. Chr.

Tolosanisches Reich: Nach der Schlacht auf den *Katalaunischen Feldern* im Jahr 451 n. Chr., bei der die Visigoten auf der Seite Roms u. a. gegen die Hunnen und die Ostgoten kämpften, konnte sich die Herrschaft der Visigoten unter Theoderich II. stabilisieren: Man spricht vom *Tolosanischen Reich* mit dem heutigen Toulouse als Hauptsitz. Unter dem König Eurich expandierte das Tolosanische Reich deutlich und wurde im Jahr 476 n. Chr. mit dem Ende des Weströmischen Reiches eigenständig.

Transformationsprozess: Grundlegender Wechsel oder Austausch des politischen Regimes und gegebenenfalls auch der gesellschaftlichen und wirtschaftlichen Ordnung.

Transnationale Geschichtsschreibung: Bedeutet im weitesten Sinne die Betrachtung von Geschichte über die Grenzen einzelner Nationen/Staaten hinaus. Meint häufig auch: eine Geschichtsbetrachtung, die nicht nur auf ein Land oder auf einen Kontinent, z. B. Europa, schaut, sondern global auf die Welt. Entstanden ist die transnationale Geschichtsschreibung an der Wende vom 20. zum 21. Jh. (nach dem Ende des Kalten Krieges), und zwar in Reaktion auf die veränderten Wahrnehmungen im Zeitalter der Globalisierung.

Trikolore: Im Juli 1789 entstandene dreifarbige Nationalflagge Frankreichs, zusammengesetzt aus den Farben der Stadt Paris (Blau und Rot).

Unabhängigkeitserklärung (1776): Erklärung der 13 englischen Kolonien in Amerika zur vollständigen Loslösung vom britischen Mutterland. Die Präambel beinhaltete erstmals in der Geschichte eine Erklärung der Menschenrechte.

Verfassung: Grundgesetz eines Staates, in dem die Regeln der Herrschaftsausübung und die Rechte und Pflichten der Bürger festgelegt sind. Demokratische Verfassungen beruhen auf der Volkssouveränität und dementsprechend kommt die Verfassung in einem Akt der

Verfassungsgebung zustande, an der das Volk direkt oder durch von ihm gewählte Vertreter (Verfassungsversammlung) teilnimmt. Eine demokratische Verfassung wird in der Regel schriftlich festgehalten (zuerst in den USA 1787), garantiert die Menschenrechte, legt die Verteilung der staatlichen Gewalt (Gewaltenteilung) und das Mitbestimmungsrecht des Volkes (Wahlrecht, Parlament) bei der Gesetzgebung fest.

Versailler Vertrag: Der Vertrag wurde im Juni 1919 nach der Kriegsniederlage von dem deutschen Außenminister Hermann Müller in Versailles (bei Paris) unterzeichnet (1920 in Kraft). Inhalte: alle Kolonien, Elsass-Lothringen, Danzig, das Memelland, der polnische „Korridor" sind abzutreten, nach Abstimmungen auch Eupen-Malmedy, Nordschleswig und Teile Oberschlesiens; das Saargebiet wird besetzt; Reparationen (Höhe offen); Heeresgröße ist auf 100 000 Mann festgelegt (Marine 15 000); Verbot, Österreich als Teil des Reiches zu integrieren; Festschreibung der Kriegsschuld Deutschlands. Folgen: In Deutschland muss der neue demokratische Staat für die Folgen des gescheiterten Kaiserreiches eintreten.

Vertrag von Tordesillas: 1494 einigten sich die Spanier und Portugiesen darauf, dass die Entdeckungen im Westen den Spaniern und diejenigen im Osten den Portugiesen gehören sollten.

Vierkaiserherrschaft: Die von Diokletian eingeführte Vierkaiserherrschaft (*Tetrarchie*) teilte das Reich in vier Herrschaftsbereiche auf (ein Kaiser, ein Mitkaiser sowie jeweils ein Caesar als Unterkaiser), konnte sich aber nicht durchsetzen.

Virginia Bill of Rights: Nach der Unabhängigkeitserklärung (1776) erließen die meisten US-Staaten neue Verfassungen und nahmen eine *Bill of Rights* auf (Grundrechtekatalog). Die berühmteste war die *Virginia Bill of Rights* vom Juni 1776. Denn sie bildete die Vorlage für den Grundrechtekatalog, der 1789 der US-Verfassung hinzugefügt und 1791 ratifiziert wurde (= 1. bis 10. Verfassungszusatz: Glaubens-, Rede-, Presse-, Versammlungsfreiheit; Unverletzlichkeit der Person, der Wohnung, des Eigentums; Recht auf Verteidigung).

Völkermord (Genozid): Der Begriff bezeichnet Handlungen, die in der Absicht begangen werden, eine nationale, ethnische, „rassische" oder religiöse Gruppe ganz oder teilweise zu zerstören.

„Völkisch": Das seit dem späten 19. Jh. gebrauchte Schlagwort bedeutete zunächst „volkstümlich", wurde dann aber rassistisch aufgeladen und bekam eine fremdenfeindliche Ausrichtung; es war mit dem ▶ Antisemitismus und einer Eroberungspolitik verbunden.

„Volksgemeinschaft": Nach der Ideologie des ▶ Nationalsozialismus bestimmten nicht Interessen oder Klassengegensätze Staat und Gesellschaft, sondern die Gemeinschaft, die sich dem Willen eines Führers unterordnet; die „Volksgemeinschaft" wurde als die einzige „natürliche" Lebensordnung im Staat ausgegeben. Das Prinzip der „Volksgemeinschaft" diente der Rechtfertigung des Verbots von Interessenorganisationen, beispielsweise von Gewerkschaften, und aller Parteien außer der NSDAP. Ebenso diente es der Ausgrenzung von verschiedenen Bevölkerungsgruppen sowie der Verfolgung von politischen Gegnern und Minderheiten.

Volkssouveränität: Grundprinzip der Legitimation demokratischer Herrschaft, nach dem alle Staatsgewalt vom Volke ausgeht. Entwickelte sich aus der frühneuzeitlichen Naturrechtslehre. Die Ausübung von Herrschaft ist an die Zustimmung des Volkes durch direkte Mitwirkung (Plebiszit) oder durch Wahlen gebunden; setzte sich in der Amerikanischen (1776) und Französischen Revolution (1789) als revolutionäres Prinzip gegen die absolute Monarchie durch. Die Volkssouveränität wird durch die Geltung der Menschen- und Bürgerrechte eingeschränkt.

„Vormärz": Historische Epochenbezeichnung für die Jahre ca. 1830–1848 in Europa, die sich mit politischem und sozialkritischem Aufbegehren gegen die Obrigkeit verbinden.

Warschauer Aufstand: Aufstand der nationalpolnischen Heimatarmee (*Armia Krajowa*) – unterstützt von weiteren Untergrundgruppen wie der kommunistischen Volksarmee (*Armia Ludowa*) – gegen die deutschen Besatzer zwischen August und Oktober 1944. Der Aufstand wurde von deutschen SS-Einheiten brutal niedergeschlagen. Rund 180 000 Polen, die meisten von ihnen Zivilisten, wurden getötet, rund 60 000 Menschen wurden in Konzentrationslager deportiert und hunderttausende Warschauer in Lager zwangsevakuiert. Systematisch zerstörten deutsche Verbände anschließend einen Großteil Warschaus.

Warschauer-Ghetto-Aufstand: Nach der Besetzung Polens 1939 richteten die deutschen Besatzer im Oktober 1940 ein jüdisches Ghetto in Warschau ein. Nachdem zwischen Juli und September 1942 mehr als 240 000 Juden aus dem Warschauer Ghetto in das Vernichtungslager Treblinka deportierten worden waren, erhoben sich am 19. April 1943 die im Ghetto verbliebenen Juden mit Waffengewalt gegen die SS-Truppen. Der Kampf der schlecht ausgerüsteten Aufständischen war ebenso verzweifelt wie aussichtslos. Am 16. Mai erklärte die SS die Kämpfe für beendet. Während der rund vier Wochen dauernden Kämpfe wurden mehr als 56 000 Juden von SS- und Polizeieinheiten getötet oder in Konzentrations- und Vernichtungslager deportiert. Nur wenigen gelang die Flucht. Das Areal, auf dem sich das Ghetto befunden hatte, wurde Häuserblock für Häuserblock von den Deutschen gesprengt.

Warschauer Vertrag 1970/72: Die Bundesrepublik erhob damit auch faktisch keine Ansprüche mehr auf ehemalige deutsche Gebiete östlich der Oder-Neiße-Linie.

Weströmisches Reich: (bzw. Westrom) Nach dem Tod von Kaiser Theodosius I. im Jahr 395 entstandener Teil des Römischen Reichs mit der Hauptstadt Ravenna (Italien). Auf dem Territorium entstanden während seiner relativ kurzen Existenz von 81 Jahren viele Reiche, die zu einer langsamen Schrumpfung des Reichsgebiets führten. Letztendlich zerfiel das Weströmische Reich 476 mit der Absetzung des letzten weströmischen Kaisers Romulus durch den Germanen Odoaker.

Wohlfahrtsausschuss: (franz. *Comité de salut public*) Parlamentsausschuss, am 6. April 1793 anstelle des ineffektiven Verteidigungsausschusses errichtet, zunächst sechs Mitglieder, nach dem 2. Juni und dem 4. Dezember 1793 reorganisiert, mit diktatorischen Regierungsvollmachten ausgestattet, ein Jahr lang wichtigste Institution der Terreur. Seine zwölf kollektiv entscheidenden Mitglieder waren für einzelne Sachgebiete spezialisiert, die führenden Mitglieder waren Robespierre, Couthon und Saint-Just. Nach dem 9. Thermidor (Sturz Robespierres) wurde der W. in seinen Befugnissen beschnitten, im Herbst 1795 ganz abgeschafft.

Zweite Polnische Republik: Begann im Herbst 1918 mit der Wiederbegründung des polnischen Staates am Ende des Ersten Weltkriegs.

Personenlexikon

Abu'l-Fida (1273–1331), arabischer Geschichtsschreiber und Geograph. *249, 252*

Adams, John (1735–1826), geb. und gest. in Braintree/Massachusetts, Vater von John Quincy Adams; absolvierte 1755 das Harvard College; Rechtsanwalt, Schriftsteller; schrieb im August 1765 anonym vier Artikel in der *Boston Gazette* über den Konflikt zwischen Individualrechten und Herrschaftsrechten; Delegierter des 1. (1774) und 2. Kontinentalkongresses (1775 bis 1777), Mitunterzeichner der Unabhängigkeitserklärung (1776), Hauptautor der Verfassung von Massachusetts (1780); 1778–1788 Reisen als US-Diplomat in Europa; schloss zusammen mit Franklin den „Frieden von Paris" (1783); US-Vizepräs. unter Washington; US-Präs. 1797–1801 (Federalist). *37, 42, 48, 57, 62, 64, 80, 84 f.*

Alarich I. (370–410), Anführer der Westgoten, plünderte 410 mit seinen Truppen Rom. *141, 143, 152, 157, 163, 176, 187, 216, 218 ff., 232 f., 237*

Alaviv, Herrscher der Terwingen an der unteren Donau im 4. Jahrhundert während der Regierungszeit des Ostkaisers Valens (364–378). *161 f.*

Alexander II. (1818–1881), Zar Russlands (1855–1881), bekannt für seine „Großen Reformen" und die Abschaffung der Leibeigenschaft, weshalb er als „Zar-Befreier" bezeichnet wurde. *122*

Amalasuntha (gest. 535), ostgotische Königin, Tochter Theoderichs des Großen, wurde 515 mit dem Westgoten Eutharich verheiratet, übernahm Regierungsgeschäfte für ihren minderjährigen Sohn Athalarich nach Theoderichs Tod, wurde anschließend als Königin ermordet. *173, 176 f., 184*

Ammianus Marcellinus (ca. 330–395/400), römischer Historiker und bedeutender spätantiker Geschichtsschreiber, griech. Herkunft, verfasste seine Werke in Latein, „*Res gestae*": letztes bedeutendes lateinisches Geschichtswerk der Antike, diente bis 363 als ranghoher Offizier in der Armee. *154 f., 161 f., 169*

Amo, Anton Wilhelm (1703–1753), erster bekannter Philosoph und Rechtswissenschaftler afrikanischer Herkunft in Deutschland, promovierte 1734 als erster Afrikaner an der Universität Wittenberg. *261*

Arcadius (377–408), ältester Sohn von Theodosius, übernahm mit knapp 18 Jahren die Herrschaft des Ostteils des Römischen Reiches, 395–408 Kaiser des Oströmischen Reiches. *156, 162, 196*

Arendt, Hannah (1906–1975), 1933 Emigration aus Deutschland; Professorin für politische Theorie und Philosophie in den USA; zu ihren bekanntesten Schriften zählen „Elemente und Ursprünge totaler Herrschaft" (1951; dt. 1955), „Eichmann in Jerusalem" (1961; als Buch 1963 erschienen), ihre Beobachtungen zum Prozess gegen den NS-Verbrecher Adolf Eichmann, und „Über die Revolution" (1963, dt. 1965). *13, 16, 71, 96, 100 f.*

Arnegunde (um 515/520–565/570), merowingische Königin, eine Ehefrau Clothars I. *208 f.*

Assmann, Aleida (geb. 1947) und **Assmann, Jan** (geb. 1938), die Literaturwissenschaftlerin und der Ägyptologe haben z. T. gemeinsam wichtige Werke zur kulturwissenschaftlichen Gedächtnisforschung verfasst. Dabei haben beide großen Anteil an der Entstehung der Theorien zum kulturellen Gedächtnis. Zusammen erhielten sie 2018 den Friedenspreis des Deutschen Buchhandels. *403, 406, 407, 409, 411, 416, 420, 422*

Athalarich (516–534), Enkel von Theoderich, wurde nach Theoderichs Tod mit 10 Jahren zum König der Ostgoten, starb mit 18 an den Folgen übermäßigen Alkoholkonsums. *173, 177*

Athaulf, Anführer der Visigoten von 410 bis 415. *157, 163 f.*

Attila (gest. 453), 434–453 König der Hunnen, unternahm viele Kriegszüge gegen Ostrom und Westrom, sein Machtbereich lag im heutigen Ungarn. *153, 157, 167, 172, 174, 187, 226 f., 231*

August II. (1670–1733), als Friedrich August I. ab 1694 Kurfürst und Herzog von Sachsen, als August II. ab 1697 in Personalunion auch König von Polen-Litauen. Absolutistischer Herrscher der europäischen Mittelmacht Sachsen, das wirtschaftlich, infrastrukturell und kulturell eine Blütezeit erlebte (Dresden als barocke Metropole). August verwickelte Sachsen glücklos in den Nordischen Krieg (1700–1721), der den russischen Einfluss in Polen stärkte. *283*

Augustinus von Hippo (354–430), auch: Aurelius Augustinus, einflussreicher Philosoph und Theologe der Spätantike, beschreibt den christlichen Glauben als Grundlage der Erkenntnis. *141, 218, 220 f.*

Avitus von Vienne (um 460–518), spätantiker Bischof und Heiliger der römisch-katholischen Kirche. *203*

Bade, Klaus J. (geb. 1944), deutscher Historiker, Migrationsforscher, Politikberater. *140, 146 ff.*

Bauto, (gest. vor 388; auch Baudogast genannt), spätantiker römischer Heermeister fränkischer Herkunft, 380 zum Heermeister und 385 zum Konsul ernannt. *196*

Bernhard von Clairvaux (um 1090–1153), mittelalterlicher Abt, Kreuzzugsprediger und bedeutender Mönch des Zisterzienserordens. *246*

Bismarck, Otto Fürst von (1815–1898): deutscher Politiker, trug maßgeblich und mit mehreren Kriegen zur deutschen Reichsgründung bei und war zwischen 1871 und 1890 Reichskanzler des Deutschen Reiches. *295, 299 f., 305 f., 310, 312 f., 316, 377 f., 384*

Bitterli, Urs (geb. 1935), Schweizer Historiker und Lehrer, der vor allem zu den Themen des frühneuzeitlichen Kolonialismus arbeitete. *142, 146, 149 ff., 241 f., 257, 262, 265, 267*

Böcklin, Arnold (1827–1901), Schweizer Maler, Zeichner, Grafiker und Bildhauer des Symbolismus. Er gilt als einer der bedeutendsten bildenden Künstler des 19. Jahrhunderts in Europa. *152 f.*

Boethius, Anicius Manlius Severinus (um 480–524), spätantiker römischer Gelehrter, Politiker, Philosoph und Theologe, Inhaber hoher Ämter unter Theoderich, verfasste Lehrbücher und übersetzte Werke griechischer Philosophen (Platon, Aristoteles), wegen angeblichen Hochverrats von Theoderich 524 hingerichtet. *177, 186*

Bolesław I. Chrobry (965/967–1025), seit 992 Herzog von Polen; 1025 erster König. In seiner Nachfolge konnte sich Polen allerdings bis um 1300 noch nicht als europäisches Königreich konsolidieren, insb. wegen fürstlicher Streitigkeiten im Innern. *282*

Bonaparte, Napoleon (1769–1821), aus Korsika stammender französischer Offizier, unter dem Direktorium schlug Napoleon als Brigadegeneral einen Aufstand von Königstreuen nieder, als Oberbefehlshaber der französischen Truppen 1796 siegreich gegen die österreichischen Heere, 1798 Feldzug gegen Ägypten, 1799 stürzte der siegreich aus Ägypten kommende Napoleon das Direktorium und regierte als Erster Konsul fast allein bis zu seiner Kaiserkrönung 1804, nach der Dreikaiserschlacht von Austerlitz 1805 gegen Österreich und Russland bestimmte er bis zur Völkerschlacht von Leipzig 1813 die europäische Politik; 1815, nach der Verbannung auf Elba und kurzer Rückkehr auf das Schlachtfeld, endgültig von den Engländern auf die Insel St. Helena verbannt, wo er 1821 starb. *14, 105, 107, 110, 133, 217, 222, 273, 296, 300, 376 f.*

Brandt, Willy (1913–1992), deutscher Politiker, emigrierte 1933 nach Norwegen, kehrte nach dem Krieg nach Deutschland zurück. Die Karriere des SPD-Politikers verlief über folgende Stationen: 1957–1966 Regierender Bürgermeister von Berlin (West), 1966–1969 Außenminister, 1969–1974 Bundeskanzler. Das Motto seiner Regierung hieß: „Mehr Demokratie wagen". Als Bundeskanzler leitete er die Neue Ostpolitik ein und suchte die Versöhnung mit Polen („Kniefall von Warschau"). *274, 358, 362, 367, 370*

Braudel, Fernand (1902–1985), französischer Historiker der Annales-Schule, die er durch seine Werke stark beeinflusste, unterschied verschiedene Zeitebenen bei der Rekonstruktion von Geschichte und prägte den Begriff Longue durée. *141, 146 f., 160, 234*

Brinton, Crane (1898–1968), US-amerik. Historiker, bedeutendstes Werk: *„The Anatomy of Revolution"* über die Theorie und den Verlauf von Revolutionen. *13, 16, 28, 55, 96 f., 99, 111, 113, 119, 127*

Bush, George Walker (geb. 1946), US-amerik. Politiker (Republikaner); Tätigkeiten in der Öl- und Gasindustrie; 1995–2000 Gouverneur von Texas; US-Präs. 2001–2009; verkündete nach dem 11. September 2001 den „Krieg gegen den Terrorismus". *20, 83*

Burke, Peter (geb. 1937), britischer Kulturhistoriker und Professor. *142, 146, 150 f.*

Caesar, Gaius Julius (100–44 v. Chr.), römischer Staatsmann, Feldherr und Schriftsteller, mitverantwortlich für das Ende der Römischen Republik und die spätere Umwandlung in ein Kaiserreich, wurde zum Diktator auf Lebenszeit ernannt und anschließend ermordet, der Name Caesar wurde zum Bestandteil des Titels aller nachfolgenden Herrscher des Römischen Reiches. *144*

Cassiodor (ca. 485–580), vollständiger Name: Flavius Magnus Aurelius Cassiodorus Senator, spätantiker römischer Staatsmann, Gelehrter und Schriftsteller, stammte aus einer wohlhabenden Familie, hoher Beamter unter Theoderich, verfasste Schriften zum Thema Bildung und Geschichte der Goten (u. a. Variae). *179, 182 ff., 186*

Childebert II. (570–596), fränkischer König aus dem Geschlecht der Merowinger, Urenkel von Chlodwig I. *214*

Childerich I. (436–482), erster historisch nachweisbarer fränkischer König aus dem Geschlecht der Merowinger, legte den Grundstein für den Aufstieg des späteren Frankenreichs unter seinem Sohn Chlodwig I., 1653 wurde sein Grab im belgischen Tournai entdeckt. *194 ff., 215, 241*

Chlodwig I. (466–511), fränkischer König, Sohn von Childerich I., erbte das Königtum mit 16 Jahren, wird als Begründer des Frankenreichs angesehen. *158, 173, 176 f., 186, 192, 194, 196 ff., 210 ff., 235, 241*

Chlothar I. (um 495–561), fränkischer König aus dem Geschlecht der Merowinger, Sohn von Chlodwig I. *197, 214*

Chrodehilde (um 474–544), Burgunderprinzessin, Ehefrau Chlodwigs I. *198*

Cicero, Marcus Tullius (106–43 v.Chr.), wichtiger römischer Politiker, Schriftsteller und herausragender Redner. *151*

Davies, James Chowning (1918–2012), amerik. Soziologe, bekannt für seine „J-Kurve", welche das Ausbrechen von Revolutionen durch steigende Erwartungen der Bevölkerung und sinkende tatsächliche Lebensumstände erklärt. *13, 96–98, 100, 128*

Demandt, Alexander (*1937), deutscher Althistoriker, der vor allem über Römische Geschichte und Römische Kulturgeschichte sowie über geschichtstheoretische Themen publiziert. Er lehrte von 1974 bis 2005 als Professor für Alte Geschichte am Friedrich-Meinecke-Institut der Freien Universität Berlin. *170, 271, 291*

Dickinson, John (1732–1808), Politiker und Gründervater der USA, Anwalt in Philadelphia, Gegner der britischen Politik gegenüber den 13 Kolonien, Delegierter des Stempelsteuerkongresses in New York, verfasste die Palmzweig-Petition an Georg III. *42, 45, 47, 50*

Diokletian (um 244–311), römischer Kaiser (284–305), beendete durch seine Reformen die Zeit der Soldatenkaiser, führte das Herrschaftsmodell der „Vierkaiserherrschaft" (Tetrarchie) ein. *155f.*

Dmowski, Roman (1864–1939), polnischer Politiker und führender Vertreter der nationaldemokratischen Bewegung; setzte zeitweilig auf eine enge Zusammenarbeit mit dem zaristischen Russland, in dessen Parlament er von 1907 bis 1909 saß. In seinem Weltbild, das von der Idee eines ethnisch und religiös einheitlichen polnischen Staates in sicheren Grenzen geprägt war, betrachtete er Preußen bzw. Deutschland aufgrund dessen starker Entpolonisierungspolitik und höherer Kultur als den gefährlicheren Gegner; er suchte den Ausgleich mit Russland. Polen sollte sich auf Kosten Deutschlands unter Einbezug Danzigs, Westpreußens, Schlesiens und Posens organisieren. Mit dieser sog. „piastischen" Staatsidee (in Anlehnung an den alten Dynastiebegriff) stand er im Gegensatz zur „jagiellonischen" Staatsidee von ▶ Piłsudski. Bei den Versailler Friedensverhandlungen 1919 wirkte er auf polnischer Seite führend mit, konnte seine territorialen Vorstellungen jedoch nur teilweise durchsetzen. In der Zwischenkriegszeit blieb er wichtigster Gegenspieler ▶ Piłsudskis. *318f.*

Doré, Gustave (1832–1883), französischer Maler und Grafiker, der sich vor allem als Illustrator einen Namen machte. *142*

Eisenstadt, Shmuel Noah (1923–2010), israelischer Soziologe, gilt als soziologischer Klassiker des 20. Jh., bedeutende Werke zur Jugend- und Migrationssoziologie, bekannt für sein Forschungsprogramm und These der „*Multiple Modernities*", welche die Vielfalt von Modernen im globalen Kontext aufzeigt. *14, 96, 103*

Engels, Friedrich (1820–1895), Sohn eines rheinischen Textilfabrikanten, engster Weggefährte Karl Marx', Mitbegründer des Marxismus. *13, 96, 99, 121, 123*

Ennodius von Pavia (473/474–521), auch: Magnus Felix Ennodius, Bischof von Pavia, verfasste viele christliche Schriften in Latein, u.a. eine Lobrede auf Theoderich (Panegyrius). *182f.*

Ermanarich (gest. 376), erster historischer König der Greutungen aus dem Geschlecht der Amaler. *154*

Eugenius (gest. 394), beanspruchte für sich als Usurpator von 392 bis 394 den Titel eines römischen Kaisers. Usurpator (gegen Kaiser Theodosius). *157*

Frank, Hans (1900–1946), in der NS-Zeit Generalgouverneur des im Zweiten Weltkrieg unter deutscher Besatzung stehenden polnischen „Generalgouvernements". Rassismus gegen Polen und andere slawische Völker und gegen Juden, Terror, willkürliche Massenverhaftungen, Verschleppungen und Vernichtungen in Konzentrations- und Vernichtungslagern prägten die Besatzungsherrschaft. Juden aus allen von Deutschland besetzten Gebieten Europas wurden vom NS-Staat ins „Generalgouvernement" deportiert. Er wurde als Hauptkriegsverbrecher 1946 zum Tode verurteilt und hingerichtet. *339f.*

Franklin, Benjamin (1706–1790), amerikanischer Politiker, Naturwissenschaftler und Schriftsteller, trat für die Unabhängigkeit der Kolonien in Nordamerika ein und unterzeichnete 1776 die Unabhängigkeitserklärung, von 1776 bis 1785 amerikanischer Gesandter in Paris. *11, 15, 42, 62, 64, 85f., 89*

Friedrich II. (1712–1786), seit 1740 preußischer König. Er führte drei Kriege gegen Österreich um den Besitz Schlesiens. Nach dem letzten, dem Siebenjährigen Krieg (1756–1763), war Preußen (neben Frankreich, Großbritannien, Österreich, Russland) fünfte Großmacht in Europa geworden. Friedrich galt als Vertreter des aufgeklärten Absolutismus, setzte Reformen durch und forcierte den Ausbau des Bildungssystems. In einem politischen Testament hatte er 1752 erstmals über einen Erwerb Polnisch-Preußens (des späteren Westpreußens) spekuliert. *284, 286f.*

Friedrich Wilhelm IV. (1795–1861), von 1840 bis 1861 König von Preußen. Während der Revolution von

1848/49 lehnte er die ihm von der Frankfurter Nationalversammlung angebotene Kaiserkrone ab. *298*

Fritigern (1. Hälfte 4. Jh.– um 382), terwingischer Anführer. *154, 162*

Fulcher von Chartres (1059–1127), Teilnehmer und einer der wichtigsten Geschichtsschreiber des Ersten Kreuzzuges (1096–1099). *253*

Galla Placidia (388–450), Tochter des römischen Kaisers Theodosius. *163 f.*

Geary, Patrick (geb. 1948), amerik. Historiker und Professor für mittelalterliche Geschichte. *242*

Gehrts, Johannes (1855–1921), deutscher Maler, Buchillustrator und Kostümbildner. *170 f., 268*

Georg III. (1738–1820), König von Großbritannien und Irland, der dritte britische Monarch aus dem Haus Hannover, seine Herrschaftszeit war von vielen bewaffneten Konflikten geprägt, Gewinn von französischen Kolonien in Kanada und Verlust vieler nordamerikanischer Kolonien im Amerikanischen Unabhängigkeitskrieg. *11, 27, 45 f., 53, 63, 72*

Gibbon, Edward (1737–1794), britischer Historiker und Aufklärer, Hauptwerk: „The History of the Decline and Fall of the Roman Empire" *217, 219, 225*

Giesebrecht, Wilhelm (1814–1889), deutscher Historiker, Hauptwerk: „Geschichte der deutschen Kaiserzeit". *217, 219, 226 f.*

Glotz, Peter (1939–2005), im Sudetenland geborener deutscher Politiker (SPD), arbeitete nach seinem Ausscheiden aus dem Bundestag 1996 als Publizist und Professor für Medienwissenschaften. Seit 2000 engagierte er sich zusammen mit Erika Steinbach (CDU) als Vorsitzender einer Stiftung für ein „Zentrum gegen Vertreibungen". *368*

Gobineau, Joseph Arthur de (1816–1882), französischer Diplomat und Schriftsteller, stellte die Theorie einer „arischen Herrenrasse" (Werk: „Versuch über die Ungleichheit der Menschenrassen") auf, gilt daher als ein Begründer des rassistischen Denkens. *219*

Gratian (359–383), mit vollständigem Namen Flavius Gratianus, war von 375 bis 383 Kaiser im Westen des Römischen Reiches, wurde aber bereits 367 von seinem Vater Valentinian I. zum Mitkaiser ernannt. Zusammen mit Theodosius I. erhob er das Christentum zur Staatsreligion im Römischen Reich. *196*

Gregor von Tours (538–594), Bischof von Tours, Hagiograph und wichtigster Geschichtsschreiber in der Übergangszeit zwischen Spätantike und Frühmittelalter, Hauptwerk: *Decem libri historiarum* („Zehn Bücher Geschichten") über die Entstehung und Entwicklung des Frankenreichs. *195 ff., 200, 202, 205, 207 ff., 214, 218, 221 f., 226, 242*

Grenville, George (1712–1770), britischer Politiker und Premierminister, setzte 1765 das Stempelsteuergesetz durch. *26 f.*

Hamilton, Alexander (1755–1804), geb. in Britisch-Westindien; US-amerik. Jurist, Offizier, Politiker; nahm am Unabhängigkeitskrieg (1775–1783) teil; 1787 Mitglied der Verfassunggebenden Versammlung; 1789–1795 unter Washington erster Finanzmin. der USA. Zu seiner zukunftsweisenden Finanz-, Zoll- und Währungspolitik (Hamiltonian System) gehörte auch die Gründung der US-Bank (1791). Unterstützte bei den Präsidentschaftswahlen 1800 seinen früheren Widersacher Jefferson. *65, 74 f., 83–87, 89, 93 f.*

Hancock, John (1754–1820), amerikanischer Politiker und Staatsanwalt, als Vertreter für den Bundesstaat Virginia im US-Repräsentantenhaus, Mitglied der von Alexander Hamilton gegründeten Föderalistischen Partei. *42, 52, 62*

Heather, Peter (geb. 1960), britischer Althistoriker mit Forschungsschwerpunkt auf der Spätantike. *158, 166 f., 182 f., 228*

Hegel, Georg Wilhelm Friedrich (1770–1831), bedeutender deutscher Philosoph, einflussreichster Vertreter des Idealismus, 1806–1816 Gymnasialdirektor in Nürnberg, 1816–1818 Professor für Philosophie in Heidelberg, seit 1818 in Berlin, wo er bis zu seinem Tod als Haupt einer einflussreichen Schule lehrte (Hegelianismus). *224 f.*

Heinrich IV. (1050–1106), aus der Familie der Salier, ab 1056 römisch-deutscher König, ab 1084 Kaiser. *247*

Henry, Patrick (1736–1799), Rechtsanwalt aus Virginia, berühmt für seine Rede „Give me Liberty, or give me Death" (1775), Vertreter der Amerikanischen Unabhängigkeitsbewegung, Gegner der Verfassung der USA, später Mitglied der Föderalistischen Partei. *42, 45, 51 f.*

Himmler, Heinrich (1900–1945), nahm 1923 am Hitler-Putsch teil, wurde 1929 Reichsführer SS, 1934 stellvertretender preußischer Gestapo-Chef und war seit 1936 Reichsführer SS und Chef der deutschen Polizei. Damit verfügte er über den gesamten NS-Unterdrückungs- und Terrorapparat. 1939 übernahm er auch das Reichskommissariat für die Festigung des deutschen Volkstums, wurde 1943 Reichsinnenminister und befehligte seit 1944 das Ersatzheer. 1945 geriet er in britische Gefangenschaft und entzog sich seiner Verantwortung durch Selbstmord. *341 f., 347, 399*

Hitler, Adolf (1889–1945), seit 1920 „Führer" der NSDAP. 1923 unternahm er einen Putschversuch. Aber erst 1933 erreichte er seine Ernennung zum Reichskanzler und errichtete in Deutschland bis 1945 eine Diktatur. Ihre Basis waren: Rassismus, Antisemitismus und „Untermenschen"-Propaganda, „Lebensraum"- und „Volksgemeinschafts"-Ideologie sowie Kriegs- und Vernichtungspolitik. Am 30. April 1945 entzog er sich durch Selbstmord im Bunker der Reichskanzlei seiner Verantwortung. *337f., 340–342, 344, 365, 368, 377–379, 393–397*

Hobbes, Thomas (1588–1679), englischer Philosoph, Mathematiker und Staatstheoretiker, Begründer des aufgeklärten Absolutismus, geht wie John Locke von einem Naturzustand des Menschen aus (seine Interpretation ist jedoch eher negativ und gekennzeichnet durch Leid und Ungerechtigkeit), Hauptwerk *„Leviathan"*: ein absolutistischer Staat sei die einzige Möglichkeit, diesen Naturzustand zu überwinden und ein friedliches Zusammenleben zu erreichen, gegen Gewaltenteilung. *63*

Hobsbawm, Eric John Ernest (1917–2012), brit. Universalhistoriker, veröffentliche zahlreiche Werke zur Sozialgeschichte des 19. und 20. Jahrhunderts. Sein berühmtestes Werk ist *„Das Zeitalter der Extreme"*, in dem er die Zeit vom Ersten Weltkrieg bis zum Zerfall der Sowjetunion analysiert. *405, 413, 414*

Honorius (384–423), Sohn von Theodosius, wurde nach dem Tod seines Vaters mit 10 Jahren Kaiser des Weströmischen Reiches (395–423). *156f.*

Hutchinson, Thomas (1711–1780), Historiker, Geschäftsmann, Gouverneur und Politiker der Loyalisten in der Province of Massachusetts Bay in den Jahren vor der Amerikanischen Revolution, forderte in seinen Briefen an den britischen Außenminister eine Einschränkung der kolonialen Rechte. *44, 48*

Imad ad-Din (1125–1201), arabischer Literat, Geschichtsschreiber, Sekretär und enger Vertrauter Saladins. *252*

Ingebus, auch Ingenuus, Statthalter und Usurpator gegen Gallienus, Befehlshaber Pannoniens. *160*

Jagiełło (ca. 1351–1434), litauischer Großfürst; erlangte als Władysław II. Jagiełło 1386 die polnische Königswürde, indem er zum Christentum übertrat und die 13-jährige Königstochter Jadwiga (sie war 1384 zum „König von Polen" gewählt worden) heiratete. Er begründete die polnische Dynastie der Jagiellonen (endete 1572). *282*

Jay, John (1745–1829), Politiker, Jurist, Diplomat, Gründervater der USA, Außenminister der USA (1784–1790), Oberster Richter der USA (1789–1795), Gouverneur in New York. *85f.*

Jefferson, Thomas (1743–1826), US-amerik. Politiker; Anwalt, Gutsbesitzer, Abgeordneter in Virginia; 1775 Delegierter des Kontinentalkongresses; Verfasser der Unabhängigkeitserklärung (1776); 1779–1781 Gouverneur von Virginia: Trennung von Kirche und Staat und Einrichtung öffentlicher Schulen; 1783/84 Kongressabgeordneter; 1785–1789 US-Gesandter in Paris; 1789 Außenmin. unter Washington, stand in Gegensatz zu Hamiltons Finanzpolitik, trat aus Protest zurück; Begründer der Partei der Democratic-Republican; 1797–1801 US-Vizepräs. unter John Adams; US-Präs. 1801–1809: Ankauf von Louisiana (1803), Gründung der University of Virginia (1819). *11, 15, 42, 45, 47, 50ff., 57, 59, 62, 64, 69, 71f., 75, 80f., 83ff., 89f., 118*

Johannes von Antiochia (349–407), auch: Johannes Chrysostomos, Erzbischof von Konstantinopel, gilt als einer der größten christl. Prediger, kritisierte den Missbrauch kirchlicher und weltlicher Macht. *164*

Jordanes, spätantiker römisch-gotischer Geschichtsschreiber und Gelehrter des 6. Jh. *174, 181, 187*

Joseph II. (1741–1790), seine Mutter, ▶ Maria Theresia, ernannte ihn nach dem Tod des Vaters 1765 nur zum Mitregenten im Habsburgerreich (= Österreich, Böhmen, Ungarn, Österreichische Niederlande). Joseph war im Gegensatz zu seiner Mutter ein Anhänger der Aufklärung. Erst nach dem Tod Marias 1780 konnte er allein regieren. 1765–1790 war er zugleich Kaiser des Heiligen Römischen Reiches Deutscher Nation (der Titel war zu dieser Zeit jedoch nur noch ein Ehrentitel, das Amt nur noch repräsentativ). *284, 286f.*

Justinian I. (um 482–565), oströmischer Kaiser und einer der bedeutendsten Herrscher in der Übergangsphase zwischen Antike und Mittelalter. *157, 165, 170, 173, 177*

Karl I. (747–814), der Große, König der Franken 768, Alleinherrscher 771, König der Langobarden 774, 800 vom Papst zum Kaiser gekrönt. *158, 190, 200, 219, 222, 227f.*

Karl V. (1500–1558), 1516 als Karl I. König von Spanien, seit 1519 Kaiser des Heiligen Römischen Reiches. *259, 263*

Karl V. (1338–1380), der Weise, 1364–1380 König von Frankreich. *221*

Katharina II. (1729–1796), geb. in Stettin, heiratete 1745 den damaligen russischen Thronfolger; nach einem Staatsstreich wurde sie 1762 Kaiserin (= Zarin) von Russland. Als Anhängerin des aufgeklärten Absolutismus setzte sie tatsächlich wenig Reformen um. Außenpolitisch vergrößerte sie den russischen Machtbereich (in zwei russisch-türkischen Kriegen, den Teilungen Polens, durch die Annexion der Krim). *284, 286*

Kerenski, Alexander (1881–1970), nach der Februarrevolution 1917 Justizminister in der ersten Provisorischen Regierung, seit Juli 1917 Ministerpräsident, er wurde von den Bolschewiki gestürzt, emigrierte 1918 und lebte seit 1940 in den USA. *223f., 129f.*

Kohl, Helmut (1930–2017), dt. Politiker (CDU), Bundeskanzler 1982–1998. Er beförderte 1989 die deutsche Einheit und in den 1990er-Jahren die europäische Einigung, insbesondere die Währungsunion. In Europa setzte sich Kohl für einen Ausgleich ein und bemühte sich, alte Spannungen zwischen den Nationen abzubauen. Kohl erhielt 1988 gemeinsam mit Mitterrand den Karlspreis. *359f.*

Kolumbus, Christoph (1451–1506), Seefahrer aus Genua, stieß 1492 auf Amerika, als er in spanischen Diensten eine Westroute nach Indien suchte, legte damit den Grundstein für die spanische Konquista. *140f., 257ff., 262f., 267*

Konstantin I. (ca. 285–337), der Große, römischer Kaiser im Westen 306, Alleinherrscher im Westen 312, Kaiser im Gesamtreich 324–377, Nachfolger von Diokletian, Gründung von Konstantinopel 330. *152, 156, 198*

Kościuszko, Tadeusz (1746–1816), Sohn einer litauischen Adelsfamilie; General im Amerikanischen Unabhängigkeitskrieg; 1786 Rückkehr nach Polen. Unterstützte die Reformen von König Stanisław I. und die Verfassung von 1791. Lebte 1793 in Sachsen. 1794 kehrte er nach Polen zurück und organisierte den Aufstand gegen die Teilungsmächte. Er ernannte sich im März 1794 selbst zum „Staatschef" und versprach u. a. den Bauern, sie von der Leibeigenschaft zu befreien. Lebte nach der Niederlage bis zu seinem Tode in Amerika, Frankreich und der Schweiz. *284*

Kyrene, Synesios von, griechischer Philosoph und Bischof, ca. 370–412. *162f., 171*

Las Casas, Bartolomé de (1474–1566), span. Dominikanermönch, Bischof von Chiapas (Mexiko), beteiligte sich an der Eroberung Kubas und erwarb dadurch eine Encomienda, aufgrund seiner Erfahrungen wurde er zu einem Kritiker des Encomienda-Systems und setzte sich für die Menschenrechte der Indios ein, Verfasser der „*Historia de las Indias*". *259, 262f., 266*

Lenin, Wladimir Iljitsch (1870–1924), russischer Revolutionär und Politiker, der als Anführer in Entsprechung zu seiner Theorie des Marxismus-Leninismus eine revolutionäre Umgestaltung Russlands durch Berufsrevolutionäre organisierte, nach der gewaltsamen Oktoberrevolution etablierte er die bolschewistische Regierung, sein einbalsamierter Körper liegt bis heute präpariert in einem Mausoleum auf dem Roten Platz in Moskau. *13, 15, 96, 99f., 120f., 124f., 127, 131ff.*

Leo I. (401–474), ab 457 Kaiser des spätantiken Oströmischen Reiches. *174*

Leo I. (400–461), Papst, auch: Leo der Große. *174*

Lincoln, Abraham (1809–1865), US-amerik. Jurist und Politiker (Republikaner); Gegner der Sklaverei; US-Präs. 1861–1865; im Bürgerkrieg (1861–1865) Proklamierung der Sklavenbefreiung in den Südstaaten (1863); 1865 Wiederaufbauprogramm für den Süden; 1865 von einem Südstaatler erschossen. *85f., 89*

Livingston, Robert (1746–1813), Politiker und Gründervater der USA, erster Außenminister der USA (1781–1783), amtierte 24 Jahre als erster Chancellor (Oberster Richter) of New York, deshalb bekannt als „The Chancellor". *62, 64*

Locke, John (1632–1704), englischer Philosoph, Vertreter des Empirismus, gilt als Begründer des Liberalismus, beeinflusste die Verfassung vieler liberaler Staaten (Verfassung und Unabhängigkeitserklärung der USA und Verfassung des revolutionären Frankreichs), einflussreiches Werk „*Two Treatises of Government*": eine Regierung ist nur legitim, wenn sie von allen Bürgern anerkannt wird und die Naturrechte Leben, Freiheit und Eigentum beschützt werden, sah in seiner Staatstheorie als Erster eine Gewaltenteilung vor. *57, 63*

Ludwig I. (1786–1868), König des Königreiches Bayern, ließ die „Walhalla" als Gedächtnisort erbauen. *172f.*

Ludwig XVI. (1754–1793), französischer König, verheiratet mit der österreichischen Kaisertochter Marie Antoinette, von der Dynamik der Revolution überfordert, nach seinem Fluchtversuch ins Ausland als Landesverräter guillotiniert. *104, 106f., 118*

Madison, James (1751–1836), US-amerik. Politiker; US-Präs. 1809–1817; hatte großen Einfluss auf die Verfassung der USA (1787). *65, 74f., 85f., 89*

Marc Aurel (121–180), römischer Kaiser (161–180) und um die Verwirklichung der Humanität bemühter „Philosophenkaiser". *143, 227*

Marcus Annius Florianus (gest. 276 bei Tarsus), römischer Kaiser, der vom Usurpator Marcus Aurelius Probus besiegt und vermutlich von Überläufern aus dem eigenen Heer ermordet wurde. *161*

Marcus Aurelius Probus (232–282), römischer Kaiser von 276 bis 282. *161*

Maria Theresia (1717–1780), aus dem Hause Habsburg stammend regierte sie von 1740 bis zu ihrem Tod als Erzherzogin von Österreich und Königin von Ungarn. Erreichte 1745 die Wahl ihres Gatten Franz I. Stephan zum römisch-deutschen Kaiser, führte die Regierungsgeschäfte aber ohne ihn. Obwohl nicht selbst zur Kaiserin gekrönt, wurde sie so tituliert. Nach dem Tod ihres Mannes 1765 machte sie ihren Sohn, ▶Joseph II. zum Mitregenten. Sie war in den Schlesischen Kriegen gegen Preußen unterlegen. Als Anhängerin des aufgeklärten Absolutismus setzte sie zahlreiche Reformen um. *286f.*

Marx, Karl (1818–1883), dt. Philosoph und Volkswirtschaftler, begründete mit Engels den wissenschaftlichen Sozialismus. Nach dem Verbot der „Rheinischen Zeitung", deren Chefredakteur er war, emigrierte er 1843 nach Paris; 1845 aus Paris ausgewiesen, Übersiedlung nach Brüssel, 1848 Rückkehr nach Deutschland, nach gescheiterter Revolution lebte er bis zu seinem Tod in London. Unter seiner Mitwirkung Gründung der Ersten Internationale 1864 in London. *13, 96, 99, 102, 121, 123*

Merobaudes (gest. 383 oder 388), römischer Heermeister fränkischer Herkunft. *68*

Mickiewicz, Adam (1798–1855), polnischer Dichter der Romantik, Anhänger der Französischen Revolution und Verfechter des Freiheitsgedankens in einem Europa ohne Staatsgrenzen. Wurde in Wilna von der zaristischen Polizei verfolgt; landete nach dem Gefängnis in Russland und musste später emigrieren. Bereiste viele Länder Europas. Nach seinem Tod zunächst auf dem polnischen Emigrantenfriedhof bei Paris beigesetzt, wurde er 1890 nach Krakau umgebettet. Sein Werk „Pan Tadeusz" gilt als polnisches Nationalepos; Denkmäler von ihm stehen bis heute in fast jeder Stadt Polens. *308*

Mieszko I. (gest. 922), erster urkundlich belegter Fürst über das Polanengebiet (dem späteren Polen) aus der Dynastie der Piasten (die Dynastie endete 1370). Der Legende nach hatte vier Generationen zuvor der Stammvater Piast einen früheren Herrscher über die Polanen verdrängt. Mieszko vergrößerte und festigte sein Herrschaftsgebiet durch Übertritt zum Christentum. 968 gründete er ein erstes Missionsbistum. *280, 282*

Montesquieu, Charles de Secondat, Baron de La Brède et de M. (1689–1755), französischer Intellektueller der Aufklärung, hatte mit seiner Schrift *„Vom Geist der Gesetze"* (1748) großen Einfluss auf die moderne Staatstheorie und Verfassungsentwicklung, besonders mit dem Grundsatz der Gewaltenteilung. *75, 109*

Munqidh, Usama ibn (1095–1188), arabischer Schriftsteller. *253*

Napoleon *siehe* Bonaparte, Napoleon

Nikolaus II. (1868–1918), letzter Zar Russlands, nach der Niederlage im Russisch-Japanischen Krieg halbherzig zu Reformen bereit, übernahm im Ersten Weltkrieg den Oberbefehl, trat angesichts der Februarrevolution zurück, 918 von den Bolschewiki zusammen mit seiner Familie exekutiert, 2000 von der russisch-orthod. Kirche heiliggesprochen. *121ff.*

Odoaker (um 433–493), germanischer Heerführer, setzte 476 den letzten weströmischen Kaiser Romulus ab und ließ sich zum König von Italien ausrufen, ab 489 Machtkampf mit Theoderich und 493 von diesem ermordet. *153, 157, 173, 175f., 182f., 227, 241*

Oswald, Ingrid, deutsche Soziologin, Privatdozentin am Institut für Sozialwissenschaften der Humboldt-Universität Berlin und Projektleiterin am „Centre for Independent Social Research" in St. Petersburg/Russland. *146ff., 237, 273*

Otis, James (1725–1783), US-amerik. Jurist, Politiker und Unabhängigkeitskämpfer, setzte sich für die Rechte der nordamerikanischen Kolonisten ein, wichtige Rolle im Stempelsteuerkongress (1765). *42*

Paine, Thomas (1737–1809), geb. in England, 1774 Auswanderung nach Nordamerika, gest. in New York; Politiker und Publizist; trat in seinen Schriften, u.a. *„The Common Sense Addressed to the Inhabitants of America"* (1776), für die Unabhängigkeit der USA ein; kämpfte seit 1786 in England für die Französische Revolution; floh 1792 nach Frankreich und wurde dort Mitglied des französischen Konvents. *41, 45, 53f., 64, 118*

Paulus Orosius (um 385–418), in Hispanien geborener spätantiker Geschichtsschreiber und christlicher Theologe. *163f., 171*

Peale, Charles Willson (1741–1827), US-amerik. Porträt- und Landschaftsmaler, besonders bekannt für seine Porträts wichtiger Persönlichkeiten der Amerikanischen Revolution. *42, 86*

Petrus Marcellinus Felix Liberius (um 465–um 554), weströmischer Diplomat und Prätoriumspräfekt (*praefectus praetorio*), der sowohl unter den Ostgoten als auch unter dem oströmischen Kaiser Justinian I. als Beamter und Feldherr diente. *182*

Philipp I. (1052–1108), ab 1060 König von Frankreich. *247*

Piłsudski, Józef (1867–1935), wichtigster polnischer Politiker der ersten Hälfte des 20. Jh. Ursprünglich ein Sozialist, der bewaffnete Anschläge gegen die russischen Besatzer durchführte. Seit 1908 stellte er im österreichischen Galizien Kampfeinheiten zusammen, die für die nationale Unabhängigkeit eintraten. Im Ersten Weltkrieg kämpfte er zunächst aufseiten der Mittelmächte (= Deutschland, Österreich u.a.), sagte sich dann aber von ihnen los. Als Vertreter der „jagiellonischen" Staatsidee (im Gegensatz zur „piastischen" von ▶Dmowski) sollte sich Polen auf Kosten Russlands nach Osten unter Einschluss litauischer, weißrussischer und ukrainischer Gebiete organisieren. 1918 bis 1922 war er Staatsoberhaupt Polens und führte 1920 erfolgreich Krieg gegen Sowjetrussland. 1923 wurde er politisch zurückgedrängt. 1926 putschte er mithilfe des Militärs gegen die gewählten Organe und regierte Polen de facto autoritär bis zu seinem Tod. *315, 318f., 328, 336, 338*

Pippin der Jüngere (714–768), fränkischer Hausmeier aus dem Geschlecht der Karolinger, ab 751 König der Franken, Vater von Karl dem Großen. *195, 199f.*

Pirenne, Henri (1862–1935), belgischer Historiker, bekannt für seine Pirenne-These aus dem Werk *„Mohammed und Karl der Große"*. *217, 228*

Pohl, Walter (*1953), österreichischer Historiker und Professor für Geschichte des Mittelalters und Historische Hilfswissenschaften an der Universität Wien. *165ff., 186f., 228, 237f., 241f., 270, 280, 285*

Poma de Ayala, Guaman (um 1550–1615), indigener Schriftsteller und Übersetzer im spanischen Vizekönigreich Peru, bekannt für sein Werk *Primer Nueva Corónica y Buen Gobierno* – eine illustrierte Chronik seines Volks. *264*

Postel, Verena (seit 2011 Verena Epp; *1959), deutsche Historikerin, Professorin für Mittelalterliche Geschichte und geschichtliche Landeskunde an der Philipps-Universität Marburg. *185f., 231, 240f., 284, 291*

Publius Licinius Egnatius Gallienus (218–268 n. Chr.), kurz Gallienus, war von 253 bis 260 neben seinem Vater, Kaiser Valerian, Mitregent des Römischen Reiches und 260 bis 268 alleiniger Herrscher. *160*

Regalianus, römischer Senator und Statthalter, Usurpator gegen Kaiser Gallienus. *160*

Remigius, Bischof von Reims (um 436–533), aus gallo-römischem Adel stammend, machte er es sich zur Aufgabe, die Franken für die römische Kirche zu christianisieren und zur Abkehr vom Arianismus zu bewegen, taufte um 500 den Merowingerkönig Chlodwig und 3 000 weitere Franken, wird daher als Wegbereiter des Christentums in Europa gesehen. *196, 199, 202, 206f., 221*

Revere, Paul (1734–1818), US-amerik. Freiheitskämpfer aus Boston, Silberschmied, Buchdrucker, Nationalheld der Amerikanischen Revolution, berühmt für seinen Mitternachtsritt (1775) von Boston nach Lexington und Concord zur Warnung der Einwohner vor den britischen Truppen. *43, 45, 82, 87f.*

Robespierre, Maximilien de (1758–1794), Rechtsanwalt, 1789 für den Dritten Stand in die Nationalversammlung gewählt, führendes Mitglied des Jakobinerklubs, betrieb die Hinrichtung des Königs und den Sturz der Girondisten, 1793 übte er über den Wohlfahrtsausschuss die Schreckensherrschaft aus, 1794 hingerichtet. *104, 109f., 118*

Rogers, Robert (1731–1795), britisch-amerik. Offizier, Gründer der „Rogers' Rangers" (kämpften im Siebenjährigen Krieg und Amerikanischen Unabhängigkeitskrieg auf der Seite der Loyalisten). *26*

Romulus Augustulus (460–nach 476), letzter weströmischer Kaiser, nach der Ermordung seines Vaters Orestes 476 von Odoaker abgesetzt. *157, 167, 173, 175*

Roosevelt, Theodore (1858–1919), US-amerik. Politiker (Republikaner); erlangte Popularität als Anführer eines Freiwilligenregiments („Raue Reiter") im Krieg 1898; 1901 US-Vizepräs. unter McKinley; 1901–1909 US-Präs.: kämpfte gegen Trusts und Kartelle, war aber ein Vertreter der Expansion (Kontrolle des Panamakanals); bewirkte 1903 die Lösung Panamas von Kolumbien, um den begonnenen Kanal fertigstellen zu können. *85*

Rousseau, Jean-Jacques (1712–1778), französisch-schweizerischer Schriftsteller, Philosoph und Komponist, lernte in Paris Diderot kennen, nach R. verderbe die Gesellschaft den ursprünglich guten Menschen, im „Contrat social" (1762) entwirft er ein politisches Modell einer Gesellschaft, in der sich der Einzelne total dem Gesetz unterordnet. *107, 109*

Said, Edward (1935–2003), US-amerik. Kultur- und Literaturtheoretiker und -kritiker palästinensischer Herkunft, wichtiges Werk: „Orientalismus". *151*

Salah ad-Din (1137/38–1193), erster Sultan von Ägypten (ab 1171) und Syrien (ab 1174), Rückeroberung von Jerusalem und großer Teile der Kreuzfahrerstaaten, wurde als „Sultan Saladin" zum Mythos der muslimischen Welt. *244, 249f., 252*

Salvian von Marseille (um 400–475), christlicher, gallorömischer Kirchenvater und Schriftsteller während der spätantiken Völkerwanderung im 5. Jh., Hauptwerk: *De gubernatione Die* („*Von der Herrschaft Gottes*"). *142, 158, 165, 171*

Seneca, L. Annaeus (um 1 v.Chr.–65 n. Chr.), römischer Philosoph, Staatsmann, Redner und als Stoiker einer der meistgelesenen Schriftsteller seiner Zeit. *140, 143*

Sepulveda, Juan Gines de (um 1489–1573), spanischer Humanist, Theologe, Jurist, Philosoph und Chronist von Kaiser Karl V. *259, 262f.*

Sextus Aurelius Victor (um 320–390), römischer spätantiker Geschichtsschreiber, verfasste 360/361 eine römische Kaisergeschichte („*Liber de Caesaribus*"). *154f., 160f.*

Sherman, Roger (1721–1793), US-amerik. Anwalt, Politiker und Gründervater der USA. *62, 64*

Siebenpfeiffer, Philipp Jakob (1789–1845), Jurist und politische Journalist, engagierte sich im Vormärz (= Zeit vor der Revolution 1848) in der liberalen Bewegung und organisierte mit Johann August Wirth 1832 das Hambacher Fest. *302*

Simiand, François (1873–1935), französischer Historiker der Wirtschafts- und Sozialgeschichte und Soziologe. *146*

Stalin, Josef (1879–1953), sowjetischer Politiker, errichtete von 1929 bis 1953 eine auf Polizei und Terror gestützte kommunistische Parteidiktatur. Im geheimen Zusatzabkommen des Hitler-Stalin-Pakts vom 23. Aug. 1939 steckten er und Hitler u. a. ihre territorialen Interessen in Polen ab. *347, 368*

Stanisław II. August Poniatowski (1732–1798), wurde 1764 mit starker Unterstützung der russischen Zarin Katharina II. zum König von Polen und Großfürst von Litauen gewählt. Regierte bis zu seiner Abdankung und Auflösung Polens 1795. Er beauftragte die polnische Verfassung vom Mai 1791 (erste geschriebene Verfassung Europas). Er war ein Anhänger der Aufklärung. Seine Versuche, den durch Adelsfraktionen zerrissenen polnischen Staat zu reformieren, waren vergeblich. *284*

Stilicho, Flavius (um 365–408), römischer Heermeister und Politiker, Sohn eines Vandalen, stieg zum mächtigsten Mann im römischen Westreich auf. *143, 157*

Stuart, Gilbert (1755–1828), US-amerik. Maler, malte u. a. Porträts der ersten sechs US-Präsidenten. *86*

Syagrius (um 430–486/487), letzter selbstständiger römischer Herrscher in Gallien, Sohn des römischen Heermeisters Aegidius, unterlag in der Schlacht bei Soissons Chlodwig I. und wurde auf dessen Befehl getötet. *197 f., 226*

Tacitus, Publius Cornelius (um 58–120), bedeutender römischer Politiker und Redner. *144*

Theoderich (um 454–526), der Große, bezeichnete sich selbst als *Flavius Theodericus rex*, König der Ostgoten (471–526), aufgewachsen als Geisel am Hof in Konstantinopel, besiegte und tötete Odoaker in Ravenna und begründete das Ostgotenreich in Italien. *153, 157, 172 ff., 192 f., 198 f., 201, 210 f., 215, 223, 227, 235, 237, 241*

Theoderich II. (um 426–466), König der Westgoten (453–466). *157*

Theodosius I. (347–395), der Große, letzter Kaiser des gesamtrömischen Reiches (379-395). *155, 157, 180*

Tocqueville, Alexis de (1805–1859), frz. Staatsmann, Historiker und Schriftsteller, im Auftrag der frz. Regierung bereiste er 1831 die USA; aus seinen Beobachtungen resultierte sein Hauptwerk „*De la démocratie en Amérique*" („Über die Demokratie in Amerika", 1835/1840), er gilt heute noch als „Klassiker" der Politikwissenschaft. *13, 96 f., 111*

Townshend, Charles (1725–1767), britischer Politiker, Aristokrat und Finanzminister, führte neue Zölle für die Einfuhr verschiedener Waren aus Großbritannien in die amerikanischen Kolonien ein („Townshend Acts"). *42 f.*

Trajan (53–117), römischer Kaiser (98–117), unter ihm erlebte das Römische Reich seine größte Ausdehnung. *160*

Trotzki, Leo (1879–1940), marxistischer Revolutionär und Politiker. *121, 125*

Trumbull, John (1756–1843), US-amerik. Maler, bekannt für seine historischen Gemälde während des Amerikanischen Unabhängigkeitskriegs, vier seiner Gemälde hängen heute im Kapitol in Washington, D.C. *62, 67, 86*

Tyrus, Wilhelm von (1130–1186), Erzbischof von Tyros, Kanzler des Königreichs Jerusalem und bedeutender Geschichtsschreiber des Mittelalters. *250 f.*

Urban II., Papst (Reg. 1088–1099), er rief 1095 zum ersten Kreuzzug auf. *264, 250*

Valens, Flavius (328–378), oströmischer Kaiser (364–378). *152, 154 f., 161, 167, 169, 232, 240*

Valerian (gest. um 260), auch: Publius Licinius Valerianus, römischer Kaiser (253–260), sein Sohn Gallienus fungierte als Mitkaiser. *160*

Vitoria, Francisco de (um 1483–1546), spanischer Dominikanermönch und Rechtsgelehrter, gilt aufgrund seiner Auseinandersetzung mit dem europäischen Herrschaftsanspruch in der „Neuen Welt" als ein Begründer des Völkerrechts. *266*

Wałęsa, Lech (geb. 1943), als Elektriker 1980 in Polen Streikführer auf der Danziger Werft; wurde 1981 zum Vorsitzenden der Gewerkschaft Solidarność gewählt. Nach Ausrufung des Kriegszustandes in Polen wurde er verhaftet und ein Jahr lang interniert. 1982 kehrte er als Arbeiter in die Werft zurück und erhielt 1983 den Friedensnobelpreis. Als De-facto-Anführer der Opposition nahm er 1989 an den Gesprächen am Runden Tisch teil und war 1990–1995 Präsident Polens. *355, 359*

Washington, George (1732–1797), nordamerik. Pflanzer; Oberbefehlshaber der Truppen der aufständischen Kolonien gegen England; organisierte die nordamerik. Milizen mithilfe europäischer Berufsoffiziere (F.W. von Steuben, La Fayette); siegte im Unabhängigkeitskrieg gegen England 1777 bei

Princeton, zwang die Engländer 1781 zur Kapitulation von Yorktown; 1787 Präs. des Verfassungskonvents, 1789 erster US-Präs. (bis 1789); 1797 Ablehnung einer dritten Wiederwahl, seither ist die Amtszeit der US-Präs. auf zwei Perioden begrenzt; gilt als Begründer der Unabhängigkeit der USA. *11, 15, 26, 41, 45, 52, 62f., 65, 67ff., 71, 76, 81–87, 89f., 94f., 118, 145ff.*

Weber, Max (1864–1920), dt. Soziologe, Jurist und Nationalökonom, gilt als einer der „Klassiker" der Soziologie und trug maßgeblich dazu bei, das Fach institutionell zu begründen. Hauptwerke: „*Wirtschaft und Gesellschaft*" (1922 postum), „*Wissenschaft als Beruf*" und „*Politik als Beruf*" (beide 1919). *14, 76, 96, 101ff., 111, 127, 135*

Wehler, Hans-Ulrich (1931–2014), dt. Historiker, seine fünfbändige „*Deutsche Gesellschaftsgeschichte*" zählt zu den Standardwerken der deutschen Geschichtsschreibung, Mitbegründer der sogenannten Bielefelder Schule, die die bis dahin hauptsächlich auf Politikgeschichte ausgerichtete Geschichtswissenschaft erneuerte zugunsten einer Gesellschaftsgeschichte. *14, 75, 96, 101ff., 111*

Wilhelm I. von Hohenzollern (1797–1888), seit 1858 Regent und seit 1861 König von Preußen sowie ab 1871 Deutscher Kaiser. *376*

Wilhelm II. (1859–1941), von 1888 bis 1918 der letzte deutsche Kaiser und König von Preußen. Er verfolgte (anders als seine Vorgänger und Bismarck) einen aggressiven deutschen Nationalismus und eine expansive deutsche Kolonialpolitik. *313*

Wilson, Woodrow (1856–1924), der US-Präsident führte die USA in den Ersten Weltkrieg und gestaltete die Friedensverhandlungen mit. Er war überzeugt, dass die Durchsetzung des nationalen Selbstbestimmungsrechts für mehr Gerechtigkeit und Frieden sorgen würde. Er formulierte die versöhnlich gemeinten „14 Punkte", die die Grundlage für den Waffenstillstand 1918 waren. 1920 erhielt er den Friedensnobelpreis. *318, 328, 383, 385*

Winthrop, John (1588–1649), geb. in England, 1630 Auswanderung nach Massachusetts; Gouverneur von Massachusetts; sein Tagebuch ist ein wichtiges Dokument für die Geschichte der puritanischen Neuenglandkolonien im 17. Jh. *24, 29, 39*

Wirth, Johann August (1798–1848), Jurist, Politiker und Schriftsteller; im Vormärz ein engagierter Liberaler und organisierte mit Philipp Jakob Siebenpfeiffer 1832 das Hambacher Fest. *302*

Wojtyła, Karol/Papst Johannes Paul II. (1920–2005), 1978 wurde der Pole und Gegner des kommunistischen Regimes zum Papst gewählt. In seinem langen Pontifikat setzte er sich entschieden für Freiheit und eine Aussöhnung mit dem Judentum ein. Er besaß eine konservative Auffassung in der kirchlichen Lehre und hatte eine breite Anhängerschaft in der polnischen Bevölkerung. *355*

Wolfram, Herwig (*1934), österreichischer Historiker und Mediävist. *165, 178ff.*

Zeno (425–491), auch: Zenon oder Flavius Zeno, oströmischer Kaiser (474–491), beauftragte Theoderich gegen Odoaker zu kämpfen. *157, 173, 175, 181, 192*

Sachregister

Fettdruck: Erläuterungen im Begriffslexikon S. 526
Kursiv gesetzte Begriffe: Erläuterungen in der Marginalspalte

11. September 2001 232
13 Artikel der Konföderation 64, 73
14-Punkte-Programm 385
2+4-Vertrag 359
25-Punkte-Programm der NSDAP 392

Abbasiden 232
Absolutismus 106
Adel 13, 25, 106 f., 200 f., 283
Adelsrepublik 273, 283, 286
Afrika, Afrikaner 260, 265
Agrarreform 123, 320
Aiyubiden 249
Akkomodation 151
Akkon 249, 252
„Akkulturation" 142, 148 ff., 253
Aktion Sühnezeichen 358
Alamannen/Alamannenreich 156, 158, 160, 163, 173, 190, 199
Alanen 154 f., 167
Alliierte 319, 339, 346, 351, 356 f., 385
Amaler 174, 180
„American Revolution" 84–88
Amerika, Entdeckung 140 f., 258
amicitia 185 f.
Amtssprache, deutsche 316
Ancien Régime 106 f., 111
Aneignung 150 f.
Angeln 144, 157, 227
Ansiedlung 155, 176, 182, 240 ff.
Ansiedlungsgesetz (1886) 317
Anti-Föderalisten 84
Antike 140, 236
Antiliberalismus 394
Antimarxismus 394
Antiparlamentarismus 394, 396
Antisemitismus 312, 348 f., 394
– polnischer 348
Aquitanien 157
Araber 225, 239, 246
Arbeiter- und Soldatenräte (Sowjets) 15, 122, 123
Archäologie 187
Arianismus 176, 180, 198, 210
„Arier" 396 f.

Aristokratie, römische 142, 155, 210, 242
Armee 156 f., 161, 166, 182 f., 239
Artussage 218
„Assemblies" 25
Assimilation 148, 231, 253
Aufklärung 14, 64, 75, 106 ff., 261
Auschwitz-Birkenau 340
Austausch, kultureller 142, 150 f.
Authentizität 427
Autokratie 121 f.
Azteken 256 f., 263 f.

Barbaren 143 f., 154, 155, 161–170, 185 f., 219, 237 f., 240 ff., 258 f., 263
Bastille 15, 44, 106 f., 119
Bauern 106 f., 111, 122 f., 127 f., 132
Befreiungskriege 296
Beigabensitte 190
Bekehrungserlebnis Konstantin d. Großen 198
belgica (röm. Provinz) 196
Belzec 340
Besitzbürgertum 109
Bestattungssitten 190
Bevölkerung, indigene amerikanische 24 ff., 32
Bewegtbilder 426
Bewegung, völkische 219
Bill of Rights 25, 64 ff., 70 f.
Binnenwanderungen 140, 147
Bischöfe 198, 203 f.
Bolschewiki 124 f., 128
Boston 44, 47 ff., 55, 60, 84 f., 88
„Boston Freedom Trail" 86, 88
Boston-Massaker 43, 84
„Boston Tea Party" 44, 48 f., 60 f.
Boykott 44
Britannien (Provinz) 157
Brüderlichkeit 104 f.
Brunnenvergiftung 248, 433
Bundesrat 299
Bürger/Bürgertum 98, 102, 106, 115 ff.
Bürgerkrieg
– Sowjetunion 125 f.
– USA 19, 80, 89 ff.
Burgunder/Burgunderreich 157 f., 174
Bürokratie 101
Burschenschaften 296
Byzanz 152, 199 f., 231, 244 f.

Caesar 155 f.
Charismatische Herrschaft 312, 394
Charta der Heimatvertriebenen 357, 363
„checks and balances" 65, 75 f.
Christen 253
Christentum 156, 176, 180, 198, 210, 225
Christianisierung 198, 282
Cinématograph 426
Clark-Kontroverse 389
Clash of Civilizations 232
„Code civil" 110
„Committees of Correspondence" 41
Concord 45, 52, 55, 57, 88
Conditio humana 140, 147

Danzig 319
Darstellungen analysieren (Methode) 230, 332
Darstellung, populärwissenschaftliche 203
decem libri historiarum (Gregor von Tours) 205 f., 214
Dekadenztheorie 158
Deklarationsgesetz (*„Declaratory Act"*) 42, 47
Dekolonialisierung (auch: **Dekolonisation** oder Entkolonialisierung) 141
Dekonstruktion 435 f.
Demonstrationen 23, 27, 124
Denkschrift des Rates der Evangelischen Kirchen in Deutschland 357, 364
Deputierte 16, 50, 123
„Der Gottesstaat" (Augustinus) 218, 220
„Der große Diktator" (Film) 424 f.
Deutsch-Dänischer Krieg 299
Deutscher Bund 296
Deutscher Nationalverein 311
Deutscher Orden 249, 283, 321
„Deutscher Sonderweg" 274 f., 376–380
Deutscher Zollverein 294, 298
Deutsches Kaiserreich 273, 295, 299, 323 ff.
Deutsch-Französischer Krieg 299
Deutsch-polnischer Grenzvertrag 355, 359
Deutsch-polnischer Nachbarschaftsvertrag 274, 360, 367 f.
Deutsch-Polnisches Jugendwerk 360, 368
Dhimmi 249
„Die Feuerzangenbowle" (Film) 229
Diktatur 109, 134
Diktatur des Proletariats 121, 133
Direktorium 107, 109 f.
Diskriminierung 261
Dokudrama 428
Dokumentation, historische, Analyse (Methode) 428, 440 f.

Doku-Soap 428
Doppelherrschaft 121, 123
Dorische Wanderung 236
Dritte Republik Polen 274
Dritter Stand 106 f., 112 f.
Dschihad 251
Duma 15, 121 ff., 129 f., 134

East India Company 44, 48, 61
„edle Wilde" 258
Ehe (Merowingerzeit) 207
Encomienda 259
England 24, 26, 28, 33 f., 51
Enklave, ethnische 148
Entdeckungsreisen (15./16. Jh.) 258
Enteignungsgesetz, Preußisches 317, 324 f.
Entente cordiale 384
Epoche des Übergangs 141
Erbfeindschaft 274, 384
Erbkaiser 298
Erinnerung, historische 406
Erinnerungskultur 321, 405, 414–419, 421 f.
Erinnerungspolitik 414–419
Erklärvideo erstellen (Methode) 444 f.
„Ermächtigungsgesetz" 393
Erster Weltkrieg 273, 318 f., 321, 382–391
Erwerbsmigration 147
Estland 283, 385
Ethnogenese 143 f., 178 ff., 259, 231
Europa, Ursprünge 231
Europäisierung 257
Euthanasie 398
Exilregierung 339, 346
Expansion
– fränkische 187
– muslimische 158

„Familie der Könige" 186
Februarrevolution 15, 121, 123
Feindbild, -propaganda 320
Feldarmee (*comitatenses*) 156
Fernsehfilm 427
Fibel 168, 181, 191, 208 f.
Filmgeschichte 426 f.
Filmkritik verfassen (Methode) 442 f.
filmsprachliche Mittel 436, 438
Flucht 147, 274
Flüchtlinge 356 f., 363, 365, 386
foedera amicitae 185 f.
Föderalismus 298
Föderalisten 14, 65, 84

Föderaten/foederati 155, 180, *196*
Föderatenvertrag 157
Foedum *143* f., 155
Franken 174, *196*, 200 f., 253
Frankenreich 142, 158, 200, 211, 221, 231
– Expansion 199 f., 213
Frankfurter Paulskirche 298
Fränkisches Recht (*Lex salica*) 201, 207 f., 211
Frankreich 26, 33 f., 69, 104–119, 273, 296, 300 f., 305, 318, 328, 338 f., 384, 386
Französische Verfassung von 1791 108, 116 f.
Frau
– Kleidung (Merowingerzeit) 209 f.
– Stellung der (Merowingerzeit) 207
Freie 200
Freiheit 13 f., 18 f., 24, 40, 63 f., 71 f., 74 f., 83 f., 100 f., 104 f., 107, 109, 115 f.
Freiheitsbaum 43
Freiheitsstatue 18, 105
Fremdbild 320
„French and Indian War" 22, 26, 28, 33, 45
Frieden von Brest-Litowsk 385
Friedensnobelpreis 359
Friedliche Revolution 1989 243
Front 386
„Frontier" 25
„Führerprinzip" 396
Funde, archäologische 186–191
Funktions-Gedächtnis 410 f.

Galloromanen 196 ff., 200 f.
Gedächtnis
– **kollektives** 406, 408 f.
– kommunikatives 406–411
– **kulturelles** 409–411
– Zukunfts- 417 f.
Gegenkaiser 155
Generalgouvernement 274, 339 f., 344
Generalmobilmachung 384
Generalplan Ost 342
Generalstände 107
gentes 179 f., 185 f., 231
Gepiden 174
Germanen 143
Germanenmythos 144
Germanenreich 142, 157 f., 181
germania inferior (röm. Provinz) 196
Germanisierung/-spolitik 273, 316 ff., 323 ff.
Geschichte 217, 404 f., 412 f.
– Umgang mit 405 f.
Geschichtsbewusstsein 407

Geschichtsbild 407
Geschichtsdekonstruktion 434 f.
Geschichtsdokumentation 429–431
Geschichtskarte 212, 290
Geschichtskarten interpretieren (Methode) 212
Geschichtskultur 321, 405 f., 412–414
Geschichtspolitik 405
Geschichtsquiz 428
Geschichtsunterricht 404, 407, 417
Geschichtswissen 406
Gesellschaft, literale 411
Gewaltenteilung 65, 69, 75, 108 f.
Girondisten 109
Gleichheit 97, 104 f., 108 f.
Globalisierungsprozess 140, 257
Glorious Revolution 13, 25
Görlitzer Vertrag 314, 357, 363 f.
Goten 143 f., 154, 180
– thrakische 182 f.
„Gotenstämme" 153
Gouverneur 25 f., 29, 32 f., 41, 48
Grabbeigaben 186 f.
– Childerichs 194 ff., 202
Gräberfeld von Globasnitz 190
Grabeskirche (Jerusalem) 249
Grafen (*grafiones*) 201
Grenztruppen (*limitanei*) 156, 165
Greutungen 154 f., 167, 169
Großbritannien 26, 35, 38, 42–46, 51, 60, 64 f., 105, 273, 318, 338, 384, 386
„Große Emigration" 301
Großgrundbesitzer 157 f.
Großhügelgrab 194, 197
„Gründerväter" 15, 83, 86, 89 f.
Grundlagenvertrag mit der DDR 358
Grundrechte 63 ff., 109 f.
Gründungsmythos 19, 89 f.
Guanahani 257

Hambacher Fest 297, 302
Hausmeier (*maior domus*) 199, 201
Heer, stehendes 185
Heermeister (*magister militum*) 156, 175, 181, 192, 237
Heiliger Krieg 246, 251
Heiliges Grab (Jerusalem) 246
Heiliges Römisches Reich (Deutscher Nation) 279, 282, 296
Heimatarmee, polnische Heimatarmee (*Armia Krajowa*) 337, 341, 347 ff.
„Heimatfront" 385
Heimatvertriebene 357, 363

Heiratspolitik 176
„Herrenrasse" 339
Herrschaftskonsolidierung 198, 210 f.
Herrschaftskonzept Theoderichs 184 f.
Herrschaftslegitimität 200
Herrscherbild, ideales 202
Herzog, Herzöge 201
Hessen 68
„Hessians" 68
Hirtenbrief der polnischen Bischöfe an ihre deutschen Amtsbrüder 357, 364 ff.
Hispania (Provinz) 157 f.
Historiengemälde 84
Historiografie 84 ff.
Hitler-Putsch 392
Hitler-Stalin-Pakt siehe Nichtangriffsvertrag, deutsch-sowjetischer
Hölle von Verdun 384
Hofämter, Königshof 201
Homo migrans 147, 152
Holocaust 349, 379
– Film-Serie 432 f.
Hostienfrevellegende 248
Hunnen 144 f., 154 f., 157, 166 f., 173 f., 226 f., 237 f., 240
Hybridität, Hybridisierung 151

Iberische Halbinsel 145, 185, 260
Identität 275, 321
– ethnische 148, 180, 211
– kollektive 143 f.
– nationale 321
– Wandel 242
Ideologie, völkische 219
imitatio christi siehe Nachfolge Christi
imitatio imperii 186
Imperialismus 315, 383
Imperium Romanum/Imperium, Römisches 142 f., 155, 196, 218, 240
Indianerschutzpolitik 259
Indigene Völker 259
Indios 258 f., 262 f.
Industrialisierung 122
Inka 264
Inkorporation 148
Integration 142 f., 148, 157 f., 166, 185, 231, 238
Interdependenz, strukturelle 158
„*invasions barbares*" 218
Investitur 247
Investiturstreit 247
Irrlehre 176
Islam 248

„Jakob der Lügner" (Film) 436, 442, 446
Jakobiner 107, 109 f.
Jerusalem 244 f., 250 ff.
Jerusalemverehrung 246
Johanniterorden 249
Juden 247 f., 274, 285, 300 f., 307, 312, 340 f., 346–349, 394, 396 f.
Judenpogrome 247 f.
Judenverfolgung 392
Jüten 157
Julirevolution (1830) 297

Kaiserreich, lateinisches 249
Kammergrab, germanisches 188
Kanada 26 f.
Kanzler 299
Kapitalismus 101 f., 132
Kapitulation Deutschlands (1945) 385, 393
Karikatur interpretieren (Methode) 330
Karlsbader Beschlüsse 294, 296
Karolinger 200
Karten, historische 212
Katastrophentheorie 158
Katholizismus 176, 198
Kirche, katholische 300 f., 316
Kleinbauern, freie (Kolonen) 155 ff., 164
Kleindeutsche/großdeutsche Lösung 298, 316
Klerus 107, 111
Kolonialismus, Spanischer 141 f., 256–267
Kolonialisten 67 f.
Kolonialreiche 257
Kolonien, nordamerikanische 51–55, 59 f., 63 f., 67 f., 70 ff., 94
Kommunismus 121
Konfessionswahl 210 f.
Konflikte 142
Kongregationalisten 24
„**Kongresspolen**" 294, 300
König (*rex*) 175
Königsdienst 200 f., 204
Konquista 259, 266
Konquistador 259
Konsolidierungspolitik 176
Konstantinopel 156, 174 f., 181, 196, 199 f., 249 f.
Kontinentalarmee („*Continental Army*") 41, 67 f., 85 f., 146
Kontinentalkongress 41 f., 44 f., 50–55, 60, 62, 64, 67, 70
Kontinuitätstheorie 158
Kontroversität, historische 230
Konzentrationslager 358, 395
Konzil von Orléans 204 f.

Koran 251
Körperbestattung 190
Korridor 338
Kościuszko-Aufstand 284
Krak 218
Krakau 329, 339
Kreuzfahrer 142, 246 ff., 250 f., 254 f.
Kreuzfahrerlegende 244
Kreuzfahrerstaaten 249, 254
Kreuzzüge 141, 244–255
Kreuzzugsaufruf, Papst Urban II. 250
Kreuzzugsgedanke 246
Kriegsanleihe 385, 390
Kriegsausbruch (1914) 389
Kriegsgefangene, sowjetische 340
Kriegsschuld 385, 389
Kriegsverbrechen, Kriegsverbrecherprozess 340
Krise 12, 16, 141
Krug von Soissons 205 f.
Kulaken 122
„**Kulturberührung**" 142, 149 f., 157
„**Kulturbeziehung**" 141 f., 149, 155
„Kulturkampf" 300, 307, 316 f.
Kulturkonflikt 141 ff., 152, 240 ff.
Kulturkontakt 142 f., 149 f., 153, 163 ff., 240 ff.
Kulturnation 276, 296
Kulturtransfer 155
„Kulturverflechtung" 142, 149 f.
„Kulturverlust" 148
„**Kulturzusammenstoß**" 142, 149 f., 257

Laeten 196, 200, 204
Land 24, 26, 32, 127 f., 132
Landesausbau 280, 282, 285 ff.
„langes 19. Jahrhundert" 273, 300 f., 383
Langobarden/Langobardenreich 158, 227, 231, 237 f.
Latein 176
Lebensmittelpunkt-Modell 147 f.
„Lebensraum" 339, 395
Leibeigenschaft 120, 122
Legitimierung/Legitimität 227, 248
Lettland 338
Lexington 45, 52, 55, 57, 67 f.
Lex salica siehe Fränkisches Recht
Liberalismus 101, 297 ff., 304, 373
Liberum veto 283 f.
Limes 156
Litauen 273, 282 f., 319, 338, 356, 385
Living History 406
longue durée 141

Loyalisten 41, 45, 51 ff., 69, 91
Loyalität 192
Lubliner Union (1569) 273, 283

Magistratur 181
Magna Charta Libertatum 25
Magnaten 283
Maiverfassung 273, 281, 283 f., 288 f.
Majdanek 340
„*Manifest Destiny*" 59, 83
Marienburg 283
Markomannen 156, 160 f., 227
Marschall 201
Massachusetts 24 ff., 29 f., 35, 37, 43 ff., 48, 52, 55, 57, 61, 65 f.
Massaker 247
Massenvernichtungskrieg 365, 383
Mediävist 180
„Mein Kampf" 394, 396
„memory-boom" 403
Menschen- und Bürgerrechte 69, 75, 105, 107, 115 f.
Menschewiki 123 f.
Mentalitätsgeschichte 326, 415
Merowinger/Merowingerreich 195 f., 199 f., 211, 242
Migration 140 f., 147 ff., 152, 236 f.
– Antike 236 f.
„*migration period*" 218
Migrationsgesellschaft, Erinnern 419 f.
miles christi 246
Militarismus 377
Milizen 26, 45, 52
Minderheitenschutz, -abkommen, -vertrag 316, 319 f., 325 f.
Mission, christliche 257
Mittelmächte 385
Mobilität 140 f., 238 f.
Moderne 14, 19, 69, 101 ff.
Modernisierung 14, 101 ff.
Monarchie 298
– konstitutionelle 299
Münchener Abkommen 338
Muslime 245–249
Mutterland 22–28, 44, 54 f., 64
Mythos 84, 86, 94, 217, 321, 329, 373–376, 430
– nationaler 315, 321
– politischer 375 f.

Nachfolge Christi (*imitatio Christi*) 247
Naher Osten 248 f.
Narration, Narrative 144, 419

Nation 81 f., 89, 107, 112, 115 f., 248, 272, 276, 279, 295, 300 f., 308 f., 315 f., 320, 373–376
„Nation ohne Staat" 300
Nationalbewegung 296
Nationalbewusstsein 296
Nationalepos 224
Nationales Zentralkomitee 309
Nationalfeiertag 15, 63, 117
Nationalhymne 279
– deutsche 279
– polnische 279
– **Nationalismus** 219, 272, 276, 295, 297 f., 300 f., 307 ff., 212, 339, 373 ff., 380, 393 f.
– deutscher 312
– politischer 296
– polnischer 308 f.
Nationalsozialismus 219, 274, 339, 376 ff., 394, 414
Nationalstaat 219, 276, 295 f., 374
– deutscher 298 f., 305, 312, 316
– polnischer 314, 356
Nationalversammlung 298
Nationenbildung 276
Nationskonzept 272
Naturrecht 45, 54, 63 f., 75, 266
„**Neue Gesetze**" 257, 259
Neuengland 24 f., 31, 52
Neue Ostpolitik 366, 370
„**Neue Welt**" 257 f., 262
New York 19, 23, 28, 30 f., 35, 55, 69, 105
Nibelungenlied 218, 223 f.
Nichtangriffspakt, deutsch-polnischer 336 ff.
Nichtangriffsvertrag, deutsch-sowjetischer 338, 356
Nordafrika 157, 167, 173, 181
Norddeutscher Bund 299
NSDAP 394
Novemberaufstand 1830 301 ff.
Novemberrevolution 1918 392

Oberschicht
– fränkische 196
– gallisch-römische/gallorömische/galloromanische 157 f., 197 f., 200 f.
– germanische 240
Oberschlesien 322, 327 f., 333 f., 359
– Volksabstimmung 319, 327 f., 333 f.
Oberste Heeresleitung (OHL) 385
Obrigkeitsstaat 377 f.
Oder-Neiße-Grenze 274
OHL siehe Oberste Heeresleitung
Oktoberrevolution 13, 15, 121, 124, 134

Olsa-Gebiet 338
Oral History 410 f.
origines gentium 144
Osmanisches Reich 318
Österreich 273, 284, 286 f., 292, 296, 298 f., 300 f., 305 f., 316, 318 f., 338
Österreichisch-Preußischer Krieg 299
Österreich-Ungarn 273, 291, 318, 384 f.
Ostfränkisches Reich 158
Ostgoten 154 f., 174, 178 f.
Ostgotenreich 142, 157, 175 ff., 182 ff.
Ostgrenze, deutsche 319 f., 328
– polnische 319
„Ostkolonisation" siehe Landesausbau
Ostmarkenverein 318, 327 f.
Ostpolitik 274
Ostpreußen 283, 319, 321, 328
Ostprovinzen 274
Ostrom 141, 175, 181
Oströmisches Reich 156
„Ostsiedlung" siehe Landesausbau
Ostverträge 358

Pactus legis Salicae 200 f., 204
Palästina 246–249
Panegyricus des Theoderich 182
Pannonien 162, 174 f.
Papst 257
Pariser Friedenskonferenzen (1919/20) 318
Pariser Friedensverträge 385
Parlament 25, 122
Parteien 17, 69, 86, 123
Patricius 181, 200
pax Romana 186
Patrioten 41, 45, 50 ff., 67, 76 f., 91
Pennsylvania 25, 31, 39, 68, 76
„Persilschein" 416
Personalunion 282, 300
Personenverband 144 f., 158
Petrograd 121, 123–126, 128, 130 f., 134
Philadelphia 23, 25, 31, 44 f., 54, 63, 65, 69, 85
Piasten 282, 319
Piastische und Jagiellonische Ideen 318 f.
Pilger 249
„Pilgrim Fathers" 24
Plakate interpretieren (Methode) 332
Plantagenwirtschaft 25, 30
„Plünderung" („Approbation") 151
Pogrom 247 f.
Polen, Königreich 280–293, 300

„Polenbegeisterung" 273, 301
Polen-Litauen, Großreich 281 f., 285 f.
„Politik der organischen Arbeit" 317, 324
Polizeisystem, russisches 127
Polnisches Komitee zur Nationalen Befreiung 341
Polnische Teilung, dritte 284, 291
– erste 284, 286 ff., 291
– zweite 284, 291
– „vierte" 338
Polonia 278
Polonisierung, -spolitik 319 f., 325 ff.
Pommern 323, 328, 338
Populärkultur 84, 86 f.
Portugal 257
Posen 301, 316–319, 323, 326 ff., 344
Posendebatte 301, 303 f.
Potsdamer Konferenz 356, 366
Präfekt 182 f.
Präsident 51, 66
Prätorianerpräfekt 182 f.
Prager Vertrag 358
Preußen, Prußen 273, 283 f., 286 f., 294, 298–301, 305, 307, 311, 316, 377 f.
Preußische Treuhand 360
princeps Romanus 157
Proletariat 102, 130 f.
Propaganda 300, 315, 319, 385, 390, 394 f., 397
Prußen siehe Preußen
Puritaner 24, 31
„Pursuit of Happiness" 19, 83
Putsch 13, 17

Quaden 156, 161, 163
Quästor 186
Quelle 436
– archäologische 187
– dokumentarische 168, 310
– erzählende 168, 310
– schriftliche 168, 310
Quellenkritik, archäologische 187 f.
– Schema 189

Rabenschlacht 175
Radikalnationalismus 339
Rapallo-Vertrag 338
Rassenantisemitismus 394
„Rassenlehre" 394 f.
Rassenpolitik 339
Rassismus 394
Rat („Council") 25, 29, 33
Rat der Ostgoten 176

Rat der Volkskommissare 121, 125
Ravenna/Raben 163, 174, *175*, 177
Ravensbrück 430 f.
Realität, konstruierte 187
– vergangene 187, 189
Realunion 273, 282 f.
Recht, römisches 142, 158
Reenactment 406
Reform 16 f.
Regime, totalitäres 182
Reichseinigungskriege 299, 305
„Reichsfeinde" 300, 307
Reichsgründung, deutsche 299, 305 f.
Reichsinsignien 175
Reichskrise 160
Reichskulturkammer 430
Reichsnationalismus 300
Reichstag 298 f.
Reichstagsbrand 393
Religion 73, 75 f., 225
Repartimiento 259
repräsentative Demokratie
Republik 75, 80, 105, 109, 117, 283, 286, 298, 319
Revolte 13
Revolution 12 ff., 17 f., 97–101, 103
– 1848/49 273, 298, 304
„Revolution von oben" 306
Revolutionsarmee siehe Kontinentalarmee
rex siehe König
Rezeption 84, 141, 216–233
„Rheinkrise" 297
Ritterorden 149
Ritualmordlegende 248
Rom, Plünderung (410 n. Chr.) 141, 163, 216, 218 ff., 232
Romanitas 158, 166, 219, 241
Römer 144, 162–165, 169, 200 f.
Römisches Reich 145, 155 f., 158, 160 f., 165 ff., 170, 196, 225
– Teilung 131, 156 f.
– Untergang 225 ff.
Rote Armee 125, 132, 319, 339, 347, 356
Rugier 173
Rumänien 338
Russland 121–135, 273, 276 f., 284, 286, 292, 300 f., 318 f., 321, 384
Rumseldschuken 248

Salfranken 194, 196, 200, 241
Sansculotten 109
Sarkophag, Portonaccio- 144
Schichtung, soziale 200

Schiiten 248
Schlacht an der Milvischen Brücke 198
– auf den Katalaunischen Feldern 157
– bei Tannenberg/Grunwald 283, 314, 321, 329
– von Adrianopel 154 f.
Schlesien 285, 319, 328, 334
Schmuck (Merowingerzeit) 208 f.
Schreckensherrschaft 109
Schulaufsichtsgesetz (1872) 317
Schulbuchkommission 359
Schulstreik, Wreschener 317, 323
Schweden 273, 283
Segregation 148
Sejm 283, 288
Selbstbestimmungsrecht 318, 385
Selbstbild 275, 320, 419 f.
Selbstverständnis, nationales 15, 275, 378 f.
Seldschuken 246 ff.
Senat 156 f., 161, 176, 241
Serbien 384
Shoah siehe Holocaust
Siebenjähriger Krieg 23, 26, 47
Siedler 24–27, 32, 67 f., 86
Siedlungsgrenze 33
Siedlungskolonie 24
Sinti und Roma 340, 395, 397
Skiren 173
Sklaven, 23–27, 66
– afrikanische 259 f.
Sklavenhandel 260
Sklaverei, Abschaffung 261
Slawen 281
Slowakei 283
Sobibor 264
Soldaten 22, 62, 68, 121, 123, 130 ff.
Soldatenkaiser 155
Söldner, germanische 155, 157, 181, 240
Solidarność 274, 359
Somerset-Fall 261
„Sons of Liberty" 23, 27, 41, 43 f., 47, 52, 55
Sowjets siehe Arbeiter- und Soldatenräte
Sowjetunion 274, 338, 356 ff.
Sozialdemokratie 300
Sozialgesetzgebung, Bismarcksche 300
Sozialismus 123 f., 132, 134
„Sozialistengesetze" 300, 308
Sozialrevolutionäre 123, 125, 135
Spanien 257
Spätantike 141, 156, 170, 173 f., 242
Spätlateinische Sprache 158

Speicher-Gedächtnis 410 f.
Spielfilm 427
– Analyse (Methode) 436–439
– historischer 432–439
SS („*Schutzstaffel*") 395
Staatenbund 64 f.
Staatsnation 276
Staatsstreich 13, 17, 122, 125
Stadt 122
Stamm 143 f.
Stände/Ständegesellschaft 106 f.
Statthalter 155
Stempelsteuer („Stamp Act") 34 f., 41 f., 47
Stempelsteuerkongress 27, 35, 41, 46 f.
Stempelsteuer-Unruhen 27
Stereotyp 272, 275, 277, 320, 322 f., 361
Stereotypen, nationale 320, 322 f.
Steuereintreiber 27, 41 f., 47, 50
Steuerwesen (Merowingerzeit) 214
Stiftung Flucht, Vertreibung, Versöhnung 361
Stiftung für Deutsch-Polnische Zusammenarbeit 360
Straßennamen, Umbenennung 405 f.
„Strategie der Umarmung" 176
Streik 122–125, 129
Stroop-Bericht 347
Struktur 146, 243
Stummfilm 426
Sudeten 338
Sudetendeutsche 368
Sueben 145, 157 f., 167, 173, 241
Sunniten 248
Synkretismus 151

Taufe Chlodwigs 198 f., 203, 206 f., 215, 222
Teegesetz („Tea Act") 44, 48
Teilungsmächte 273
„Teilungstrauma", polnisches 273, 288
Templerorden 249
„Terreur, La (Grand)" 107 ff.
Terwingen, Terwingerreich 154 f., 157 f., 167, 239 f.
Theorie, sozioökonomische 158
Thrakien 144, 154 f., 161 f.
Thüringer 199
Toledanisches Reich 158
Toledo 158
Tolosanisches Reich 157, 166
Tordesillas, Vertrag von 258
Totalrevolution 14
Toulouse 157, 199
Townshend-Programm 42, 47
Tradition (Quelle) 168

„Traditionskern" 178
Transformations-Ansatz 159
Transformationsprozess 141, *155 f.*, 243
Transitabkommen mit der DDR 358
Transkulturation 142, 150
Transnationale Geschichtsschreibung 275, 380 f.
Treblinka 340
Tribut, Tributzahlung 156, 174, 199
Tschechoslowakei 338, 356, 358
Tonfilm 426
Turmschädel 190 f.

Überreste 168, 404
Überseegeschichte 142
Ukraine 319, 356, 385
Umbruch 12 f., 16 ff.
„Umweltflucht" 147
Unabhängigkeitserklärung 64, 67, 70 ff., 85
Unabhängigkeitskrieg 52, 67 ff., 76 f.
Unerträgliche Gesetze („Intolerable Acts") siehe Zwangsgesetze
Unfreie 200
Union 51, 65, 69, 94
Untergrundstaat 340 f.
„Untermensch" 339, 394 f., 397
Urbanisierungsprozess 140 f.
USA siehe Vereinigte Staaten von Amerika
Usurpator 155, 169, 192

Vandalen 157, 167, 173 f., 231, 237 ff.
Verbesserungschance 147
Verdun, Schlacht bei 384
Vereinigte Staaten von Amerika (USA) 14, 28, 69, 73 ff., 83 ff., 273, 275, 318, 356, 385, 391
Verfassung 17, 63, 65 f., 69–76, 78 ff., 107–110, 115 ff., 122, 125, 130–133, 276, 284, 288 f., 311
– Deutsches Reich 299
– polnische 288 f.
Verfassunggebende Versammlung 65, 107, 125, 135
Verfassungsrevolution 14, 65, 75, 107
Vergangenheit 404 f., 413 f.
Vernichtungslager 274, 340 f. 395
Versailler Vertrag 273, 319, 392
Vertrag über gute Nachbarschaft und freundschaftliche Zusammenarbeit (1991) 274, 359, 367 f.
Vertrag von Moskau (1970) 358
Vertreibung 147, 274
Verwaltung 176
Vierkaiserherrschaft (Tetrarchie) 155
Viermächteabkommen über Berlin 358

Vikare 201
Virginia 24, 26, 34, 45, 51, 63 f., 70 f.
„Virginia Bill of Rights" 65, 70 f.
Visigoten 154 f., 157 f., 216, 232
Volk 143 f., 178
Völkerbund 319
Völkerbundmandat 319
Völkermord (Genozid) 303, 340, 379
Völkerwanderung 144, 170, 236–239
– Begriff 218
– antike Deutungen 218, 220
– französische Tradition 219, 221 f.
– Sagen und Legenden 218 f., 223 ff.
– Tradition im 18.-20. Jh. 219, 225–228
„Völkisch" 369, 394, 396
Volksdeutsche 339
„**Volksgemeinschaft**" 339, 395, 397
Volkskreuzzug 247
Volkssouveränität 19, 59, 65, 69, 75, 80, 94, 104, 107 f.
Volkstum 324, 342 f., 363
Volkstumspolitik 339, 369
„**Vormärz**" 297 f., 302 f.

Wahlmonarchie 283
Wahlrecht 79, 108 f.
Walhalla 172 f., 404
Wandel 158, 179, 242
– historischer 243
Wanderung 144 f., 147, 218
Wanderungsbewegungen 144, 153, 218, 236
– Karte, 4./5. Jh. n. Chr. 145
Warschauer Aufstand 274, 337, 341, 347 f.
Warschauer Ghetto 336, 340
Warschauer-Ghetto-Aufstand 347, 358
Warschauer Vertrag 1970/72 354, 358 f., 366 f.
Wartburgfest 296
Washington, D.C. 66
Wehrmacht, deutsche 342, 347, 353
Weimarer Republik 319 ff., 328, 338, 377 f.
„weiße Götter" 261, 263 f.
Weißrussland 319, 356
Weltpolitik 383 f.
Weltwirtschaftskrise 392 ff.
Wergeld 200 f., 204, 207
Westgoten/Westgotisches Reich 144, 156, 174, 177, 181, 199, 231
Westgrenze, polnische 319, 357, 365
Westmarkenverband 318
Westpreußen 316 f., 319
Westrom 141, 157

Weströmisches Reich 141, 156–159, 175, 217
Wiener Kongress 273, 296, 300
Wohlfahrtsausschuss 109

Zeitreise 428
Zentralismus 298
Zentralmacht 14, 65, 84
Zentrum gegen Vertreibungen 275, 361, 268 f.
Zentrumspartei 300
Zivilbevölkerung 385, 387
Zollbehörden 42
Zuckergesetz (*„Sugar Act"*) 26
Zusatzprotokoll, geheimes 338
Zwangsarbeit, Zwangsarbeiter 274, 340, 360
Zwangsgesetze (*„Coercive Acts"*) 44, 47 f., 60
Zwangsumsiedlung 147, 237
Zweibund 384
Zweite Polnische Republik 315, 318 f., 325 ff.
Zweiter Weltkrieg 274, 338–353, 356, 362

Bildquellen

Cover: Shutterstock.com/Jacob Lund

S. 2: PEFC Deutschland e.V.
S. 9: Huber-Images/Picture Finder
S. 10 li. Mi.: F1online/AGE/George Munday; **re. ob.:** www.colourbox.de/Colourbox.com; **re. 2. v. ob.:** Sergio Pitamitz/National Geographic Image Collection/Bridgeman Images; **re. 2. v. un.:** Adobe Stock/SMAK_Photo; **re. un.:** www.colourbox.de/Colourbox. com
S. 11 7 a: Bridgeman Images/© S.Bianchetti/Leemage; **7 b:** Photo © CCI/Bridgeman Images; **7 c:** Granger/Bridgeman Images
S. 12 M 1: F1online/Imagebroker RM/Stefan Kiefer
S. 13 M 2: akg-images
S. 18 M 5: F1online/Radius/Radius Images
S. 21 M 9: action press/CNP/Ron Sachs/AdMedia
S. 22 M 1: Tarker/Bridgeman Images
S. 24 M 1: Granger/Bridgeman Images
S. 26 M 3: akg-images/North Wind Picture Archives
S. 27 M 4: akg-images/North Wind Picture Archives
S. 30 M 7: mauritius images/imageBroker/H.-D. Falkenstein; **M 8:** Bridgeman Images/De Agostini Picture Library
S. 32 M 10: Peter Newark Western Americana/Bridgeman Images
S. 35 M 17: Granger/Bridgeman Images
S. 37 M 2: akg-images/John Parrot/Stocktrek Images
S. 38 M 2: Granger/Bridgeman Images
S. 39 M 3: akg-images
S. 40 M 1: interfoto e.k./Granger, NYC
S. 42 M 1: Philadelphia History Museum at the Atwater Kent/Courtesy of Historical Society of Pennsylvania Collection/Bridgeman Images
S. 43 M 2: akg-images
S. 44 M 3: Granger/Bridgeman Images
S. 45 M 4: Granger/Bridgeman Images
S. 47 M 7: Peter Newark American Pictures/Bridgeman Images
S. 49 M 11: Gilder Lehrman Collection, New York, USA/Bridgeman Image
S. 52 M 16: Granger/Bridgeman Images
S. 55 M 23: Granger/Bridgeman Images
S. 61 M 3: Private Collection/Bridgeman Images
S. 62 M 1: Capitol Collection, Washington, USA/Bridgeman Images
S. 63 M 2: Granger/Bridgeman Images
S. 64 M 1: Virginia Historical Society, Richmond, Virginia, USA/Bridgeman Images
S. 67 M 3: bpk
S. 71 M 6: bpk/British Library Board
S. 72 M 9: F1online/Imagebroker RM/H. Falkenstein
S. 76 M 16: Photo © Christie's Images/Bridgeman Images
S. 80 M 2: Granger/Bridgeman Images
S. 81 M 3: Granger/Bridgeman Images
S. 82 M 1: National Museum of American History, Smithsonian Institution, USA/Bridgeman Images
S. 83 M 2: akg-images; © VG Bild-Kunst, Bonn 2018/René Graetz, Plakat ‚Erzwingt den Frieden', nach 1949
S. 84 M 1: akg-images/North Wind Picture Archives
S. 85 M 2: Huber-Images/Picture Finder
S. 86 M 3: mauritius images/Tetra Images
S. 88 M 6: mauritius images/alamy stock photo/picturelibrary
S. 90 M 10: Museo de la Real Academia de Bellas Artes, Madrid, Spain/Bridgeman Images
S. 91 M 12: REUTERS/Rose Prouser
S. 93 M 1: Hall of Representatives, Washington D. C., USA/Bridgeman Images
S. 94 M 2: bpk/Smithsonian American Art Museum/Art Resource, NY
S. 95 M 3: bpk/adoc-photos
S. 104 M 1: bpk/RMN – Grand Palais/Bulloz
S. 105 M 2: action press/SIPA PRESS
S. 106 M 1: akg-images
S. 109 M 3: akg-images/Erich Lessing
S. 110 M 4: akg-images
S. 114 M 11: akg-images/Jacques-Louis David
S. 117 M 16: shutterstock/ilolab; **M 17:** mauritius images/COLIN Matthieu/hemis.fr
S. 118 M 2: bpk
S. 119 M 3: Chateau de Versailles, France/Bridgeman Images
S. 120 M 1: bpk/Alinari Archives; © VG Bild-Kunst, Bonn 2018/Aleksandr Michajlovic Gerasimov, Lenin auf der Tribüne, 1947
S. 122 M 1: Photo © Collection Gregoire/Bridgeman Images
S. 124 M 4: bpk/Scala; © VG Bild-Kunst, Bonn 2019, Pavel Fedorovich Nikonov, Lenin im Oktober 1917 im Smolny, o. J.
S. 128 M 10: Everett Collection/Bridgeman Images
S. 131 M 16: bpk/Münzkabinett, SMB/Reinhard Saczewski
S. 133 M 19: bpk/Voller Ernst – Fotoagentur/Jewgeni Chaldej
S. 135 M 3: akg-images/Erich Lessing
S. 137: akg-images/François Guénet
S. 138 li. un. (2 a): bpk/Museum für Vor- und Frühgeschichte, SMB/Klaus Göken; **re. ob. (2 b):** bpk/Scala;

re. Mi. (2 c): Bridgeman Images/Museum of London, UK; re. un. (2 d): bpk/Museum für Vor- und Frühgeschichte, SMB/Klaus Göken
S. 140 M 1: akg-images/Fototeca Gilardi
S. 142 M 2: akg-images
S. 143 M 3: akg-images/MPortfolio/Electa
S. 151 M 12: laif/Naftali Hilger
S. 152 M 1: akg-images/Erich Lessing
S. 154 M 1: akg-images/Erich Lessing
S. 156 M 2: akg-images
S. 157 M 3: Bridgeman Images/Basilica di San Giovanni Battista, Monza, Italy
S. 164 M 12: akg-images
S. 168 M 1: akg-images
S. 170 M 2: interfoto e.k./Bildarchiv Hansmann
S. 171 M 3: akg-images
S. 172 M 1: © Bayerische Schlösserverwaltung, Rainer Herrmann, München
S. 173 M 2: F1online/Imagebroker RF/Martin Siepmann
S. 174 M 1: akg-images/De Agostini Picture Lib./A. Dagli Orti
S. 175 M 2: akg-images/Album/Oronoz
S. 177 M 4: akg-images/Erich Lessing
S. 177 M 5: akg-images
S. 180 M 8: Bridgeman Images/Germanisches Nationalmuseum, Nuremberg
S. 184 M 13: akg-images
S. 188 M 18: dpa Picture-Alliance/dp/Sven Hoppe
S. 191 M 22: akg-images/E.DAYNES/P.PLAILLY/SCIENCE PHOTO LIBRARY
S. 193 M 2: Bridgeman Images/Granger
S. 194 M 1 li.: akg-images/Erich Lessing; M 1 re.: ddp images/David Hecker/dapd; M 2: bpk/Reiss-Engelhorn-Museen Mannheim/Jean Christen
S. 195 M 3: akg-images
S. 199 M 2: akg-images
S. 201 M 3: interfoto e.k./Sammlung Rauch
S. 202 M 5: bpk/Reiss-Engelhorn-Museen Mannheim/Jean Christen
S. 204 M 8: bpk/Staatsbibliothek zu Berlin
S. 207 M 13: akg-images
S. 208 M 15: akg-images/Erich Lessing; M 16: akg-images/CDA/Guillemot
S. 209 M 17: aus: M. Martin, Tradition und Wandel der fibelgeschmückten frühmittelalterlichen Frauenkleidung, Jahrbuch der Römisch-Germanischen Zentralmuseums Mainz, 38/2, 1991, S. 629 ff.
S. 210 M 19: akg-images/Hervé Champollion
S. 215 M 2: akg-images/Gilles Mermet
S. 216 M 1: Bridgeman Images/Tarker
S. 219 M 1: akg-images/Heritage Images/Fine Art Images
S. 222 M 5: akg-images/De Agostini Picture Lib./G. Dagli Orti
S. 224 M 7: bpk/Staatsbibliothek zu Berlin/Ruth Schacht
S. 229 M 13: Deutsche Kinemathek
S. 233 M 2: akg-images
S. 244 M 1: akg-images/Bible Land Pictures/Jerusalem Z. Radovan
S. 246 M 1: akg-images/British Library
S. 247 M 3: akg-images/British Library
S. 249 M 5: Bridgeman Images/The Israel Museum, Jerusalem, Israel
S. 255 M 2: bpk/RMN - Grand Palais/Gérard Blot
S. 256 M 1: bpk/Hermann Buresch/© Banco de México Diego Rivera Frida Kahlo Museums Trust/VG Bild-Kunst, Bonn 2019, Diego Rivera, Die Ankunft der Spanier unter Cortéz in Veracruz 1519, 1951
S. 258 M 1 u. M 2: akg-images
S. 259 M 3: Archivo de Indias, Seville, Spain/Mithra-Index/Bridgeman Images
S. 260 M 5: bpk/Staatliche Kunstsammlungen Dresden/Jürgen Karpinski
S. 261 M 6: bpk/British Library Board/Robana
S. 262 M 7: akg-images
S. 264 M 13: akg-images/De Agostini Picture Lib.
S. 267 M 2: interfoto e.k./Granger, NYC
S. 269: www.colourbox.de/Colourbox. com
S. 270 li. v. ob. n. un.: bpk; bpk/Nationalgalerie, SMB/Jörg P. Anders; akg-images; bpk; re. v. ob. n. un.: A.P.L.; bpk/Reichard & Lindner; Imago Stock & People GmbH/United Archives International; interfoto e.k./National Portrait Gallery
S. 271 v. ob. n. un.: culture-images GmbH/United Archives; dpa Picture-Alliance/dpa – Bildarchiv; Imago Stock & People GmbH/Rupert Oberhäuser; ddp images/Norbert Millauer/dapd
S. 272 M 1: Robert Szecowka
S. 278 M 6: LOOK-foto/age fotostock
S. 280 M 1: akg-images
S. 282 M 1: dpa Picture-Alliance/dpa – Bildarchiv
S. 283 M 2: Huber-Images/Reinhard Schmid
S. 284 M 3: Bridgeman Images/Tallandier
S. 285 M 4: akg-images
S. 288 M 12: akg-images/IAM
S. 292 M 2: Caro/Bastian/FOTOFINDER.COM
S. 293 M 3: Bridgeman Images/Private Collection/Photo © Liszt Collection
S. 294 M 1: akg-images
S. 295 M 2: Bridgeman Images/Schloss Friedrichsruhe, Germany
S. 299 M 2: akg-images
S. 304 M 8: Bridgeman Images/Musee de la Ville de Paris, Musee Carnavalet, Paris, France.
S. 307 M 13: bpk
S. 310 M 1: dpa Picture-Alliance/Bifab
S. 313 M 2: akg-images

S. 314 M 1: akg-images/World History Archive
S. 318 M 1: bpk; M 2: bpk/Bayerische Staatsbibliothek/Archiv Heinrich Hoffmann
S. 321 M 4: ddp images/Michal Fludra/NurPhoto/Sipa USA
S. 329 M 18: akg-images/arkivi; M 19: akg-images/Rainer Hackenberg
S. 331 M 1: akg-images
S. 333 M 1: Bridgeman Images/Deutsches Historisches Museum, Berlin, Germany/© DHM
S. 334 M 1: Bridgeman Images/Deutsches Historisches Museum, Berlin, Germany/© DHM
S. 335 M 2: bpk/Staatsbibliothek zu Berlin
S. 336 M 1: bpk
S. 337 M 2: bpk
S. 339 M 1: interfoto e.k./awkz
S. 340 M 3: SZ Photo/Scherl
S. 341 M 4: dpa Picture-Alliance/Winfried Roth
S. 342 M 6: interfoto e.k./DanielD
S. 343 M 8: bpk
S. 346 M 15: akg-images/Imagno/Votava
M 16: dpa Picture-Alliance
S. 347 M 18: SZ Photo/snapshot-photography
S. 348 M 21: akg-images; M 23: REUTERS/Peter Andrews
S. 349: dpa Picture-Alliance/dpa - Report
S. 353 M 2: interfoto e.k./UIG/Sovfoto;
S. 354 M 1: Peter Leger (Künstler), Haus der Geschichte, Bonn
S. 355 M 2: Caro/Muhs/FOTOFINDER.COM
S. 357 M 1: mauritius images/Anastasiya Piatrova/Alamy
S. 358 M 2: interfoto e.k./Friedrich; M 3: dpa Picture-Alliance/dpa - Report
S. 359 M 4: dpa Picture-Alliance/UPI
S. 360 M 5: SZ Photo/ap/dpa/picture alliance
S. 366 M 14: SZ Photo/dpa picture alliance/ap
S. 367 M 16: © DER SPIEGEL 51/1970
S. 371 M 2: Robert Szecowka
S. 382 M 1: F1online/AGE/SEM UIG
S. 383 M 2: akg-images
S. 384 M 1: bpk
S. 385 M 2: akg-images
S. 386 M 4: ddp images/United Archives
S. 387 M 6: SZ Photo/Scherl; M 7: SZ Photo/Süddeutsche Zeitung Photo; M 8: dpa Picture-Alliance/ullstein bild
S. 390 M 1: Bridgeman Images/Museum of Fine Arts, Boston, Massachusetts, USA/Gift of John T. Spaulding; M 2: VISUM/Panos Pictures/PANOS/Jocelyn Carlin
S. 391 M 3: GlowImages/Heritage Images RM
S. 392 M 1: SZ Photo/Scherl
S. 394 M 1: dpa Picture-Alliance/Glasshouse Images
S. 395 M 2: dpa Picture-Alliance/arkivi
S. 399 M 2: akg-images

S. 401: dpa Picture-Alliance/Soeren Stache
S. 402 M 1: akg-images/Erich Lessing/© Salvador Dali, Fundació Gala-Salvador Dali/VG Bild-Kunst, Bonn 2019, Salvador Dali, Die Beharrlichkeit der Erinnerung, 1931
S. 404 M 1: dpa Picture-Alliance/dieKLEINERT.de/Ralf Stumpp; M 2: SZ Photo/Scherl
S. 405 M 3: Imago Stock & People GmbH/Schöning
S. 406 M 4: The Colonial Williamsburg Foundation 2007
S. 418 M 15: Bridgeman Images/Photo © Christie's Images/Private Collection/Cattelan, Maurizio (b. 1960)/Polyester resin, wax, pigment, human hair and suit S. 101 cm x 41 cm. x 43 cm. Courtesy, Maurizio Cattelan's Archive
S. 420 M 18: laif/Frank Siemers
S. 422 M 3: Imago Stock & People GmbH/Karina Hessland
S. 423 M 4: laif/Daniel Pilar
S. 424 M 1: akg-images/Album/United Artists
S. 426 M 1: The Metropolitan Museum of Art/Gift of Joyce F. Menschel, 2015/lizenziert nach CC0 1.0 Universal
S. 427 M 2: akg-images/WHA/World History Archive
S. 431 M 5: Mahn- und Gedenkstätte Ravensbrück, Foto: Eberhard J. Schorr.
S. 434 M 8: Bridgeman Images/Attila fleau de dieu (Attila flagello di dio) de Franco Castellano et Giuseppe Moccia avec Anthony Quinn (Attila) et Sophia Loren 1954
S. 436 M 1, alle: ©DEFA-Stiftung/Herbert Kroiss
S. 440 M 1: dpa Picture-Alliance/Bernd Settnik
S. 447 M 2: Bridgeman Images/PVDE/Scene from "The Birth of a Nation" by director Griffith, D. W. (David Wark)
S. 457 M 2: interfoto e.k./Granger, NYC
S. 465 M 2: bpk/Deutsches Historisches Museum/Arne Psille

Illustrationen und Karten
Cornelsen/Carlos Borrell Eiköter, Berlin: U2 unten, U3, S. 77 M 18; S. 126 M 6; S. 145 M 4; S. 159 M 4; S. 176 M 3; S. 197 M 1; S. 213 M 1; S. 246 M 2; S. 248 M 4; S. 291 M 2; S. 319 M 3; S. 340 M 2; S. 362 M 6
Cornelsen/VDL: S. 66 M 2; S. 100 M 5; S. 139; S. 147 M 7; S. 189 M 19; S. 504, S. 505 beide; S. 506
Cornelsen/Klaus Kühner: S. 25 M 2
Cornelsen/Thomas Binder: S. 438 alle; S. 439 alle
Cornelsen/Volkhard Binder: U2 oben, S. 79 M 1; S. 108 M 2; S. 122 M 2; S. 125 M 5; S. 128 M 9; S. 260 M 4; S. 297 M 1; S. 299 M 3; S. 325 M 12.